Digital Image Processing USING MATLAB®

2nd Edition

MATLAB®을 이용한 디지털영상처리

Digital Image Processing USING MATLAB®

2nd Edition

MATLAB®을 이용한 디지털영상처리

Rafael C. Gonzalez
Richard E. Woods
Steven L. Eddins

유 현 중 역

Mc Graw Hill Education

Digital Image Processing Using MATLAB®, Second Edition

This Book was previously published by Pearson Education, Inc.

2 3 4 5 6 7 8 9 10 MHE-KOREA 20 15

Original: Digital Image Processing Using MATLAB®, 2/e
By Rafael C. Gonzalez, Richard E. Woods, Steven L. Eddins
ISBN 978-0-07-108478-9

Korean ISBN 89-6055-247-X 93560
978-89-6055-247-0

Printed in Korea

MATLAB®을 이용한 디지털영상처리, 2판

발 행 일 / 2012년 1월 2일 1쇄
2015년 11월 27일 2쇄
저 자 / Rafael C. Gonzalez, Richard E. Woods, Steven L. Eddins
역 자 / 유현중
발 행 처 / 맥그로힐에듀케이션코리아 유한회사
주 소 / 서울시 마포구 동교로 18길 38, 2-3층
(서교동, 지우빌딩)
전 화 / (02)325-2351
발 행 인 / 신디존스(CINDY JONES)
등록번호 / 제 2013-000122호(2012.12.28)

ISBN: 978-89-6055-247-0

판매처 / 한티미디어 문의 / 02)332-7993
판매정가 / 33,000원

머리말

MATLAB을 이용한 디지털영상처리의 이 판은 바뀐 내용이 많다. 이전 판에서와 마찬가지로, 책의 초점은 디지털영상처리 분야 문제들에 대한 솔루션이 일반적으로 많은 분량의 샘플 영상들을 사용하는 소프트웨어 시뮬레이션과 테스팅을 포함하는 방대한 실험 작업을 필요로 한다는 사실에 근거를 둔다. 알고리듬 개발은 보통 이론적 기초를 토대로 하지만, 알고리듬들을 실제로 구현하는 것은 거의 항상 파라미터 추정이 따르며, 알고리듬 수정과 후보 솔루션들의 비교가 필요한 경우가 많다. 따라서, 유연하고 포괄적이고 문서화가 잘 된 소프트웨어 개발 환경을 선정하는 것은 영상처리 솔루션의 비용, 개발 기간, 이식성과 관련하여 중요한 의미를 갖는 핵심 요소이다.

디지털영상처리 개념에 대한 이론적 원리와 소프트웨어적 구현을 모두 다루는 교재용 서적의 중요성에도 불구하고, 이러한 면을 다루어 저술된 책은 놀랍게도 거의 찾아보기 힘들다. 이 책의 첫 판이 2004년도에 바로 이러한 필요 때문에 저술되었다. 이 새 판 또한 똑같은 방향을 유지하고 있다. 이 책의 주요 목적은 최신 소프트웨어 툴을 사용해서 영상처리 알고리듬을 구현하는 토대를 제공하는 것이다. 부수적 목적은 디지털영상처리, 수학적 분석, 컴퓨터 프로그래밍에 대한 3, 4학년 정도 수준의 배경을 가진 사람이면 쉽게 읽을 수 있고, 포괄적인 책을 준비하는 것이었다. 초보적이나마 MATLAB에 관한 지식도 갖추고 있다면 도움이 되겠다.

이 목적들을 달성하기 위해 우리는 두 가지 핵심 요소가 필요하다고 느꼈다. 첫째는 영상처리 분야의 교과목에서 다루는 내용들 중에서도 대표적인 내용을 선정하는 것이다. 둘째는 지원 및 문서화가 잘 되어 있고, 실제로 널리 적용되는 소프트웨어 툴을 선정하는 것이었다.

첫 번째 목적을 달성하기 위해서 이 책의 이론적 개념의 대부분을, 세계적으로 30년 이상 교재로서 선호되어 온 Gonzalez와 Woods 공저인 Digital Image Processing(디지털영상처리) 책에서 선정하였다. 선정한 소프트웨어 툴은 MATLAB Image Processing ToolBox(IPT)이며, 마찬가지로 교육과 산업 응용 모두에서 명성을 갖고 있다. 이 판을 준비하는 데 따른 기본적 전략은 잘 설정된 이론적 개념들과 최신 소프트웨어 도구를 사용하는 구현의 완벽한 통합을 유지하는 것이었다.

이 책의 구성은 *Digital Image Processing* 책과 순서를 같이 한다. 그렇게 함으로써 독자는 이 책에 소개된 영상처리 개념들에 관한 더 상세한 설명을 쉽게 찾을 수 있으며, 최근 참고문헌도 확인할 수 있다. 그럼으로써 이론적 내용들을 간결하게 표현할 수 있었으며, 영상처리 문제들에 대한 솔루션의 소프트웨어 구현에 초점을 맞추는 것을 유지할 수 있었다. IPT는 MATLAB 환경에서 동작하므로, 계산 도구로서뿐만 아니라, 거의 모든 OS에서 지원되기 때문에 중요한 장점을 제공한다. 이 책의 독특한 점은 기존 MATLAB과 툴박스 기능을 개선한 새로운 코드를 개발하는 방법을 보여주는 데 중점을 둔 것이다. 이 특징은, 앞에서 언급했듯이, 영상처리 같은 광대한 양의 알고리듬 개발과 실험 작업이 필요한 분야에서 중요하다.

함수 및 프로그래밍의 기본에 관해 소개한 후, 영상처리의 주요 분야로 진입한다. 다뤄지는 주요분야로는 밝기 변환, 퍼지 영상처리, 선형 및 비선형 공간 필터링, 주파수 도메인 필터링, 영상 복원 및 재구성, 기하적 변환 및 영상 정합, 칼라 영상처리, 웨이블릿, 영상 데이터 압축, 모폴로지 영상처리, 영상 분할, 영역 및 경계선의 표현 및 묘사, 객체 인식이 포함된다. 이 내용들을 뒷받침하기 위해, MATLAB과 툴박스 함수들을 사용해서 영상처리 문제들을 해결하는 방법을 보여주는 많은 예제들을 제공한다. 이 책의 교육적 목적의 일환으로 함수가 없는 경우 새 함수를 직접 작성하고 문서화했다. 120개 이상의 새 함수들이 포함되어 있다. 이 함수들은 IPT의 기능을 40% 정도 높이며, 새로운 영상처리 소프트웨어 솔루션들을 구현하는 방법을 보여주는 중요한 역할을 한다.

이러한 내용이 소프트웨어 매뉴얼이 아닌 교재 형식으로 작성되었다. 필요한 내용이 모두 책 안에 포함되어 있으나, 다양한 분야에 대한 지원을 제공하도록 설계된 웹 사이트도 개설하였다(1.5절 참고). 교과목을 듣는 학생이나 독학하는 독자를 위해, 이 사이트에는 프로젝트와 이 책의 모든 영상을 포함하는 영상 데이타베이스뿐만 아니라 배경 내용에 관한 지도서와 리뷰가 담겨 있다. 이 사이트에는 강의하는 분들을 위해서 책의 모든 영상 및 그래프 자료를 담은 파워포인트 슬라이드를 포함하는 강의 발표 자료도 있다. 이미 영상처리와 툴박스에 익숙한 독자들에게는 최근 참고문헌, 새로운 구현 기술, 다른 곳에서는 쉽게 찾을 수 없는 지원 정보들이 있는 유용한 사이트이다. 새 책을 구매하면 이 책에서 개발된 모든 새로운 함수들의 실행 파일들을 무료로 내려받을 수 있는 자격이 주어진다.

이런 분야의 대부분의 책들에 공통되는 것은, 원고 작업이 끝난 후에도 발전은 지속된다는 것이다. 이런 이유로 근본적이고, 지식의 급변화에도 불구하고 응용적 가치가 지속될 가능성이 높은 재료를 선정하기 위해 많은 노력을 기울였다. 이 책의 독자들이 이러한 노력으로부터 혜택을 입을 것이고, 따라서 이 책의 내용이 각자의 일에서 시의적절하고 유용함을 발견할 것으로 믿는다.

감사의 글

이 책을 준비하는 데 도움을 준 기업 및 정부 기관뿐만 아니라 연구 모임의 많은 개개인에 신세를 졌다. 그들의 기여는 서로 다른 성격의 중요성을 갖기 때문에 알파벳 순으로 나열하는 외에는 다른 방법을 못 찾겠다. Mongi A. Abidi, Peter J. Acklam, Serge Beucher, Ernesto Bribiesca, Michael W. Davidson, Courtney Esposito, Naomi Fernandes, Susan L. Forsburg, Thomas R. Gest, Chris Griffin, Daniel A. Hammer, Roger Heady, Brian Johnson, Mike Karr, Lisa Kempler, Roy Lurie, Jeff Mather, Eugene McGoldrick, Ashley Mohamed, Joseph E. Pascente, David R. Pickens, Edgardo

Felipe Riveron, Michael Robinson, Brett Shoelson, Loren Shure, Inpakala Simon, Jack Sklanski, Sally Stowe, Craig Watson, Greg Wolodkin, and Mara Yale에게도 감사를 표한다. 그리고, 자료를 사용할 수 있게 허락해준, 그림의 제목에 표기된 여러 기관들에게도 감사한다.

R. C. G

R. E. W

S. L. E

저자들에 관하여

Rafel C. Gonzalez

R. C. Gonzalez는 1965년도에 마이애미 대학에서 B.S.E.E. 학위를, 각각 1967년과 1970년에 플로리다 대학(게인스빌 캠퍼스)에서 전기공학 M.E. 및 Ph.D. 학위를 받았다. 1970년도에 테네시 대학(녹스빌 캠퍼스, UTK)의 전기및컴퓨터과학과에서 교편을 잡았으며, 1973년에 부교수, 1978년에 정교수가 되었고, 1984년에 Distinguished Service 교수가 되었다. 1994년부터 1997년까지 학과장으로 재직했다. 현재는 UTK의 전기및컴퓨터과학과의 명예교수이다.

그는 테네시 대학에서 Image & Pattern Analysis Laboratory와 Robotics & Computer Vision Laboratory를 설립했다. 또한, 1982년에는 Perceptics Corporation을 설립했고, 1992년까지 사장으로 있었다. 이 기간 중 마지막 3년간은 Perceptics 사를 매입한 Westinghouse Corporation에서 전임 계약직으로 일했다. 그의 지휘 아래, Perceptics는 영상처리, 컴퓨터비젼, 레이저 디스크 저장 기술에서 매우 성공적이었다. 초기 10년간은 Perceptics 사는 일련의 혁신적인 제품을 만들어 냈는데, 다음과 같은 것들이다: 움직이는 차량의 번호판을 자동으로 읽는 세계 최초의 상용 컴퓨터비젼 시스템; Trident II Submarine Program에서 미사일의 로켓 모터를 검사하기 위해 미해군에 의해 전국의 여섯 개 공장에서 사용된 일련의 대규모 영상처리 및 보관 시스템; 고급 매킨토쉬 컴퓨터용인 시장을 선도하는 이미징 보드군; 조 바이트 단위 레이저 디스크 제품들.

패턴인식, 영상처리, 기계학습 분야에서 산업체 및 정부에 대해 많은 자문을 했다. 이 분야들에서의 학술적 수상 경력은 다음과 같다: 1977년 UTK College of Engineering Faculty Achievement Award; 1978년 UTK Chancellor's Research Scholar Award; 1980년 Magnavox Engineering Professor Award; 1980년 M. E. Brooks Distinguished Professor Award. 1981년에 테네시 대학의 IBM 교수가 되었으며, 1984년에 IBM에서 Distinguished Service Professor로 선정되었다. 1985년에는 마이애미 대학으로부터 Distinguished Alumnus Award를 수여했으며, 1986년에는 Phi Kappa Phi Scholar Award, 1992년에는 테네시 대학의 Nathan W. Dougherty Award for Excellence in Engineering을 수여했

다. 산업적 업적에 대한 수상은 다음과 같다: 1987년 IEEE Outstanding Engineer Award for Commercial Development in Tennessee; 1988년 Albert Rose National Award for Excellence in Commercial Image Processing, 1989년 B. Otto Wheeley Award for Excellence in Technology Transfer; 1989년 Coopers & Lybrand Entrepreneur of the Year Award; 1992년 IEEE Region 3 Outstanding Engineer Award; 1993년 Automated Imaging Association National Award for Technology Development.

Gonzalez 박사는 패턴인식, 영상처리, 로보틱스 분야에서 100편 이상의 기술 문헌, 두 권의 편저, 다섯 권의 교재를 단독 또는 공동 저술했다. 그의 책은 세계적으로 1000개 이상의 대학과 연구소에서 사용된다. 그의 이름은 Marquis *Who's Who in America*, Marquis *Who's Who in Engineering*, Marquis *Who's Who in the World*, 그리고 열 개의 다른 국내 및 국제 인명사전에 올라 있다. 두 개의 미국 특허의 공동 권리자이며, *IEEE Transactions on Systems, Man and Cybernetics*와 *International Journal of Computer and Information Sciences*의 부 편집인이다. Tau Beta Pi, Phi Kappa Phi, Eta Kappa Nu, Sigma Xi를 포함한, 다수의 전문 또는 명예 협회의 회원이다.

Richard E. Woods

Richard E. Woods는 테네시 대학(녹스빌 캠퍼스)에서 B.S., M.S, Ph.D. 학위를 받았다. 그의 전문적 경력의 범위는 기업적인 것부터 그보다는 보수적인 학술, 자문, 정부 및 산업적 직업을 망라한다. 가장 최근에는 의료용 핸드헬드 컴퓨터 시스템 개발 전문 회사인 MedData Interactive를 설립했다. 그는 또한 Perceptics Corporation의 공동 창업자이자 부사장이며, 정량적 영상 분석과 자동 의사결정 제품의 개발을 담당하고 있다.

Perceptics와 MedData 이전에는 테네시 대학의 전기 및 컴퓨터 공학과의 부교수였으며, 그 이전에는 Union Carbide Corporation의 컴퓨터 응용 엔지니어였다. 기술 자문가로서, NASA, Ballistic Missile Systems Command, Oack Ridge National Laboratory를 비롯한 다양한 우주 및 군사 연구소들을 위해 여러 개의 특수 목적 디지털 프로세서를 개발하는 데 관여해 왔다.

디지털신호처리 관련 여러 편의 기술 문헌을 발표했으며, *Digital Image Processing*의 공동 저자이다. Tau Beta Pi, Phi Kappa Phi, IEEE를 비롯한 몇 개의 전문 협회의 회원이다. 1986년에 테네시 대학의 Distinguished Engineering Alumnus로 선정되었다.

Steven L. Eddins

Steven L. Eddins는 MathWorks, Inc.의 영상처리 그룹의 개발 관리자이다. 회사의 Image Processing Toolbox의 몇 개 버전의 개발을 이끌었다. 영상처리 알고리듬의 최신 연구에 기반하고, 과학 및 공학적으로 응용이 다양한 소프트웨어 도구 개발 등에 관심이 있다.

MathWorks, Inc.에 합류하기 전인 1993년에는 일리노이대(시카고 캠퍼스)의 전기공학 및 컴퓨터과학과의 교수로 있었다. 그 곳에서 대학원 및 4학년 학생들에게 디지털영상처리, 컴퓨터비젼, 패턴인식, 필터 설계를 가르쳤으며, 영상 압축 분야의 연구를 수행했다.

Georgia Institute of Technology에서 전기공학 B.E.E.(1986)와 Ph.D.(1990) 학위를 받았다. IEEE의 시니어 회원이다.

이 책의 웹 사이트

*MATLAB*을 이용한 디지털영상처리는 필요한 내용을 모두 담고 있으나, 자매 웹 사이트에

www.ImageProcessingPlace.com

여러 주요 분야들에 대해 추가적인 지원을 제공한다.
학생 또는 독학 독자를 위해 이 사이트는 다음과 같은 것들을 담고 있다:

- MATLAB, 확률, 통계, 벡터, 매트릭스 같은 분야들에 관한 복습
- 견본 컴퓨터 프로젝트
- 이 책에서 다뤄진 주제들의 대부분에 관한 많은 튜토리얼을 포함하는 투토리얼 섹션
- 이 책의 모든 영상을 담고 있는 데이타베이스.

교수를 위해 이 사이트는 다음과 같은 것들을 담고 있다:

- 파워포인트 강의자료
- 기타 교육용 자료들에 대한 링크.

전문가를 위해 이 사이트는 다음과 같은 특화된 주제들을 추가로 담고 있다:

- 상용 사이트들에 대한 링크
- 선별된 신간 참고문헌
- 상용 영상 데이타베이스에 대한 링크.

이 웹 사이트는 이 책이 출간된 후에 등장하는 새로운 주제, 디지털 영상, 기타 관련 자료들을 포함함으로써 새 판이 나오기 전까지 이 책을 참신하게 유지시키는 데 이상적이다. 이 책을 만들면서 많은 주의를 기울였으나, 새 판이 나오기 전까지 새로 발견되는 오류도 이 웹 사이트를 통해 알리도록 하겠다.

역자 소개

1978년 서강대 전자공학과에 입학했고, 1982년 1월부터 국방과학연구소에서 육 · 해 · 공 전자전 기법/장비를 연구 · 개발했고, 1989년 미주리 대학으로 유학(리스닝 외 토플 섹션 2와 3에서 각각 65와 62점)을 가서 석 · 박사 학위를 받았고, 1996년 봄 귀국하여 삼성전자 수석연구원을 거쳐, 같은 해 가을부터 상명대학교에서 근무하고 있다.

역자 머리말

1996년도 가을에 강의를 시작하면서 원서를 교재로 선택했었으나, 학생들이 번역서를 필요로 함을 알게 된 후로는 참조할 수 있도록 번역서가 나와있는 원서를 사용하기 시작했다. 그러나 대부분의 학생들이 번역서에만 의존함을 곧 알게 되었고, 그래서 번역서 내용을 확인해보게 되었는데, 번역자들이 학생들에게 자신의 수준으로 왜곡해서 전달하고 있음을 발견하고는 분노하지 않을 수 없었다. 그에 따라, 전문가를 지향하는 학생들을 위한 책들 중에서도 영향력이 클 것으로 판단되는 책들을 번역해 줘야겠다고 결심하게 되었다.

첫 책을 번역할 때부터 많은 시간을 투여해야 하는데 대해 후회가 있었으나, Gonzalez와 Woods의 책은 항상 그런 수고를 할만한 가치가 있었고, 또한 영상처리 분야 책의 모범으로서 집필의 기준을 제공해주기도 한다. 1판에 비해 이번 판에서 많은 부분이 새로운 기법들로 바뀌었으며, 다루는 기법이 보다 많아졌고, 특히, 한층 더 실용적이 되었다.

독자들에게 번역 외 해석도 제공하기 위해서, 원서에 없는 보충 설명을 각주 등으로 추가하려 했으나, 공간 문제로 충분히 달지는 못 했다. 지속적으로 이 책의 자매 웹사이트(http://café.daum.net/RobotVision)에 보완 자료를 올려 공부하는데 도움이 될 수 있도록 만들겠다. 같은 의미에 대한 원서의 서로 다른 표현을 무조건 우리에게 익숙한 표현으로 바꾸는 대신에, 우리 정서나 상식으로도 이해하는데 문제가 없는 한 원서의 표현을 가능한 한 그대로 옮겼다. 소위 표준 외래어 표기가 원음을 왜곡해서 지나치게 단순화하거나 또는 그와 정반대로 불필요하게 원음 이상으로 혀를 굴려야 하게 만드는 경우는 따르지 않았다. 예를 들면, 표준 대신에 데이타, 칼라, 알고리듬, 레이블, 픽슬, 멤버쉽 등을 사용하였다.

업데이트 사항들뿐만 아니라, 이 책의 내용과 관련된 자료들도 위 카페에 꾸준히 올리도록 하겠다. 사람의 눈과 마찬가지로, 카메라 센서도 앱 등에서 필요로 하는 모든 센서들 중 가장 큰 비중을 차지할 것이다. 영상처리 기법의 실용성을 제약해왔던 하드웨어의 근래의 급속한 발전에 힘입어 영상처리의 응용 분야는 더욱 더 넓어질 것이다. 학생들이 영상처리 기법들을 쉽게 그리고 정확하게 이해하고, 실제로 구현하는데 이 책이 도움이 되기를 바란다.

역자 **유현중**

차 례

제8장 영상 압축 369

제9장 형태학적 영상처리 435

제10장 영상 분할 481

제11장 표현과 묘사 543

1 소개 *Introduction*

개요 *Preview*

디지털영상처리는 주어진 문제에 대해 제안된 솔루션의 실용성을 확증하기 위해 막대한 실험 작업이 필요한 분야이다. 이 장에서는 광범위한 범주의 디지털영상처리 문제들에 대한 솔루션을 위해, 잘 지원된 도구들을 제공하는 것이 목표인 프로토타이핑(prototyping) 환경으로 이론적 기반과 최신 소프트웨어가 어떻게 통합될 수 있는지에 대해 개괄적으로 설명한다.

1.1 배경 Background

영상처리 시스템 설계의 근원적인 중요한 특징은 수용할 만한 솔루션에 도달하기 전에 통상적으로 필요한 상당한 수준의 시험과 실험이다. 이 특징은 접근방식을 체계화하고 후보 솔루션들을 신속하게 프로토타입화하는 능력이, 실용적 시스템 구현에 도달하는 데 소요되는 비용과 시간을 줄이는 데 중요한 역할을 함을 암시한다.

잘 지원된 소프트웨어 환경에서 이론과 응용 간의 갭을 연결시켜 주도록 쓰여진 책이 거의 없었다. 이 책의 주요 목표는 최신 영상처리 소프트웨어 도구를 사용해서 광범위한 이론적 개념의 기초와 그 개념들을 구현하는 데 필요한 지식을 통합하는 것이다. 앞으로 다루게 될 내용들의 이론적 토대는 이 분야의 선도적 교재, 즉 Gonzalez와 Woods가 저술한 *Digital Image Processing*[†]에 기반하고 있다. 소프트웨어 코드와 지원 도구는 이 분야의 선도적 소프트웨어인 MathWorks사의 *MATLAB*®, *Image Processing Toolbox*™ (1.3절 참조)에 기반한다. 이 책의 내용은 Gonzalez-

[†] R. C. Gonzalez와 R. E. Woods, *Digital Image Processing*, 3판, Prentice Hall, Upper Saddle River, NJ, 2008.

Woods 교재와 똑 같은 디자인, 표기, 스타일을 공유해서, 두 책 간에 교차 참고하기가 용이하다.

이 책에는 필요한 내용이 모두 담겨 있으나, 모든 내용을 소화하려면 학부 또는 대학원의 관련 주제의 과목을 수강했거나, 또는 필요한 배경 지식에 대한 자습을 통해 어느 정도 기본적인 준비가 갖춰져 있어야 한다. 또한 MATLAB과 컴퓨터 프로그래밍에 어느 정도 익숙해 있어야 한다. MATLAB은 매트릭스 지향 언어이므로, 매트릭스 분석에 관한 기초 지식도 도움이 된다.

이 책은 원리에 기반한다. 매뉴얼이 아닌 교재 형식을 갖추었다. 따라서, 새로운 프로그래밍 개념의 개발에 앞서 이론과 소프트웨어 모두에 대한 기초 지식이 설명된다. 의료와 산업 검사에서부터 원격 감지와 천문학에 걸친 수많은 예를 통해 책의 내용 전달을 명확하게 하고 있다. 이러한 접근 방식은 단순한 개념에서부터 복잡한 구현으로의 체계적인 진전을 가능케 한다. 그러나, 이미 MATLAB, IPT, 영상처리 기초에 익숙한 독자들은 관심 있는 특정 응용으로 바로 진행할 수 있으며, 그런 경우 책의 함수들은 툴박스 함수 패밀리의 확장으로서 사용될 수 있다. 이 책에서 개발된 모든 새 함수들은 완전하게 주석을 붙였으며, 각 함수의 코드는 해당 장 또는 부록 C에 있다.

사용자 또는 주문형 함수라는 용어는 "표준" MATLAB 또는 IPT 함수가 아닌, 이 책에서 개발된 함수를 의미하는데 사용한다.

120개가 넘는 **사용자 함수**들이 앞으로 개발된다. 이 함수들은 IPT의 약 270개 함수 집합을 거의 45% 확장시킨다. 구체적 응용에 대해서 다루는 외에도, 새 함수들은 광범위한 디지털영상처리 문제들에 대한 프로토타입 솔루션들을 개발하기 위해 기존의 MATLAB과 툴박스 함수들을 새 코드와 어떻게 결합하는가에 대한 좋은 예가 된다. 이 책에서 개발되는 함수들뿐만 아니라 툴박스 함수들도 거의 모든 OS에서 실행다. 전체 목록은 이 책의 웹 사이트(1.5절 참조)에서 확인할 수 있다.

1.2 디지털영상처리란? What Is Digital Image Processing?

영상은 2차원 함수 $f(x, y)$로 정의될 수 있다. 여기서 x와 y는 **공간 좌표**이며, 임의의 좌표 쌍 (x, y)에서의 f의 크기(amplitude)를 그 점에서의 영상의 밝기(*intensity*) 또는 **그레이 레벨**이라고 부른다. x, y, f의 크기가 모두 유한한 불연속적 값일 때, 그 영상을 **디지털 영상**이라고 부른다. 디지털영상처리 분야는 디지털 이미지를 컴퓨터로 처리하는 것이다. 디지털 영상은 유한한 요소로 구성되어 있으며, 각 요소는 특정 위치와 값을 갖는다. 이 요소들을 **화소**, **영상 요소**, *pels*, 또는 **픽슬**[†](*pixels*)이라고 부른다. 픽슬이 디지털 영상의 요소들을 의미하기 위해 가장 널리 사용되는 용어이다. 1.7.5절에서 이 정의들을 고찰한다.

비젼은 우리 감각 중 가장 발달되어 있어서, 영상이 인식에 가장 중요한 역할을 한다는 것은 놀라운 일이 아니다. 그렇지만, 전자(electromagnetic, EM) 스펙트럼

[†] 역주: Pixel을 [píks əl](픽슬)이 아닌 [píksèl](픽셀)로 발음하는 경우는 거의 들을 수 없다.

의 가시 대역에 한정된 인간과 달리, 영상 기계들은 감마선에서 라디오파에 이르는 전 EM 스펙트럼을 거의 다룰 수 있다. 또한 영상 기계들은 초음파, 전자현미경, 컴퓨터 생성 영상 등과 같이, 인간이 그대로는 영상화시킬 수 없는 소스에 의해 생성된 영상들도 처리할 수 있다. 따라서, 디지털영상처리는 넓고 다양한 응용 분야를 다룰 수 있다.

영상처리와 영상분석, 컴퓨터비전 등의 관련 분야 간에는 확실한 경계가 없다. 영상처리는 입력과 출력이 모두 영상인 분야로 정의하기도 하는데, 이는 예외가 있고 다소 억지스러운 구분이라고 생각한다. 예를 들면, 만일 정의가 그렇다고 하면, 영상의 평균 밝기를 계산하는 것 같은 단순한 작업도 영상처리 연산에 들지 않는다. 한편, 컴퓨터를 이용해서 인간의 시각을 에뮬레이션하는 게 궁극적 목표인 컴퓨터비전과 같은 분야도 있다. 여기에는 입력 영상에 기반해서 학습하고 추론 및 동작을 취할 수 있는 기능이 포함된다. 이 분야는 인간의 지능을 에뮬레이션하는 게 목표인 인공지능(artificial intelligence, AI)의 한 분야이다. AI 분야는 실용 개발 관점에서는 초창기 상태이며, 처음 예상에 비해 훨씬 느리게 발전하고 있다. **영상분석**(**영상이해**라고도 부름) 분야는 영상처리와 컴퓨터비전의 중간 영역이다.

영상처리와 컴퓨터비전을 연속된 띠의 양쪽 끝에 두었을 때, 그 사이에 확실한 경계선을 그을 수 없다. 그러나, 한 가지 유용한 패러다임은 이 띠에서 세 가지 컴퓨터 처리를 고려하는 것이다. 즉, 저, 중, 고 수준 처리이다. **저수준** 처리는 노이즈를 제거하고, 명암을 개선하고, 날카롭게 만드는 등의 기초적인 연산을 포함한다. 저수준 처리의 특징은 입 · 출력이 일반적으로 모두 영상이라는 점이다. **중수준** 처리는 영역 분할(영상을 영역 또는 객체로 나누는 것)을 수행하고, 영역 분할된 객체들을 컴퓨터 처리에 적합한 형태로 기술하고, 각 객체를 분류(인식 또는 식별)하는 등의 작업을 포함한다. 중수준 처리의 특징은 입력은 일반적으로 영상이나, 출력은 영상에서 추출된 속성(예를 들면 경계선, 윤곽선, 각 객체의 이름)이다. 끝으로, **고수준** 처리는 연속 띠의 제일 끝 영역이며, 영상분석에서와 같이 인식된 객체들을 통합 분석하여 "의미를 찾아내는" 작업을 포함하며, 인간 시각과 연관된 인지 기능을 수행한다.

앞의 설명에 기반하고, 방금 논의된 처리들 간의 경계가 분명치 않음을 유념하면, 영상처리와 영상분석이 중첩되는 부분은 중수준 처리의 위 끝 쪽으로 보는 게 적당하다. 따라서, 이 책에서 우리가 **디지털영상처리**라고 부르는 것은 입 · 출력이 모두 영상인 처리들과, 영상으로부터 속성을 추출하는 처리들을 포함한다. 앞으로 알게 되듯이, 이 정의는 사회적 · 경제적으로 중요한 가치가 있는 넓은 분야들에 적용될 수 있다.

1.3 MATLAB과 IPT의 배경 지식

Background on MATLAB and the Image Processing Toolbox

MATLAB은 기술분야 연산을 위한 고성능 언어라고 할 수 있다. 계산, 시각화, 프로그래밍을 사용하기 쉬운 환경으로 통합하며, 문제와 솔루션을 우리에게 친숙한 수학적 표기법으로 표현한다. 대표적 용도는 다음과 같다:

- 수학적 계산
- 알고리듬 개발
- 데이타 획득
- 모델링, 시뮬레이션, 프로토타입화
- 데이타 분석, 탐색, 시각화
- 과학 및 공학 그래픽
- GUI 구축을 포함하는 앱 개발

MATLAB은 기본 데이타 요소가 매트릭스인 대화식 시스템이다. 그래서, 특히 매트릭스 표기를 포함하는 문제 같은 많은 기술적 계산 문제들에 대한 솔루션을 C 같은 스칼라형 비대화식 언어로 프로그램을 작성하는 데 걸리는 시간의 몇 분의 일 내에 체계적으로 작성할 수 있다.

MATLAB이라는 이름은 *Matrix Laboratory*를 나타낸다. MATLAB은 원래 이전에는 FORTRAN으로 프로그램을 작성해야 했던 매트릭스와 선형 대수 소프트웨어에 쉽게 접근할 수 있게 하기 위해 작성되었다. 현재 MATLAB에는 최신 프로세서와 메모리 구조에 최적화된 최신 수치계산 소프트웨어 기술이 들어가 있다.

대학 환경에서 MATLAB은 수학, 공학, 과학 분야의 입문 및 고급 과목들을 위한 표준 연산 도구이다. 산업 환경에서 MATLAB은 연구, 개발, 분석을 위한 연산 도구로서 최선의 선택이다. MATLAB은 툴박스(*Image Processing Toolbox*, IPT)라고 불리는 특정 응용을 위한 솔루션들을 갖고 있다. IPT는 디지털영상처리 문제들의 솔루션을 위해 MATLAB 환경의 역량을 확장시켜 주는 MATLAB 함수(*M*-함수 또는 *M*-파일로 부름)들의 집합이다. IPT를 보완하기 위한 다른 툴박스들로는 신호처리, 인공신경망, 퍼지 로직, 웨이블릿 툴박스들이 있다.

영상은 매트릭스로 다뤄질 수 있으므로, 영상처리 응용에 MATLAB 소프트웨어가 적격이다.

MATLAB & Simulink 학생 버전은 MATLAB, IPT, 그리고 그 밖의 다른 유용한 툴박스들의 모든 기능을 갖추고 있다. 학생 버전은 파격적 할인가격에 대학 구내서점과 MathWorks의 웹 사이트(www.mathworks.com)에서 구입할 수 있다.

1.4 이 책에서 다루는 영상처리 분야

Areas of Image Processing Covered in the Book

이 책의 각 장은 설명된 영상처리를 구현하는 데 필요한 MATLAB과 IPT 내용들을 포함한다. 특정 방법을 구현하기 위한 MATLAB 또는 툴박스 함수가 없을 경우, 사용자 함수를 개발하고 문서화한다. 앞에서 언급했듯이, 모든 새 함수들의 전체 목록이 제공된다. 뒤의 열 개의 장들에서는 다음 분야들의 내용이 다뤄진다.

2장: 밝기 변환 및 공간 필터링. 밝기 변환함수를 구현하기 위해 MATLAB과 IPT를 사용하는 방법을 자세히 다룬다. 선형 및 비선형 공간 필터들을 예제를 통해 자세히 다룬다. 퍼지 밝기 변환과 공간 필터링용 기본 함수들도 개발한다.

3장: 주파수 영역에서의 처리. 순방향 및 역방향 2-D 고속 푸리에 변환(FFT)을 계산하기 위한 IPT 함수들을 사용하는 방법, 푸리에 스펙트럼을 그리는 방법, 주파수 영역에서 필터링을 구현하는 방법을 보여준다. 또한 주어진 공간 필터로부터 주파수 영역 필터를 만드는 방법을 보여준다.

4장: 영상 복원. Wiener 필터와 같은 기존의 선형 복원 방법들, 블라인드 디컨볼루션(blind deconvolution)을 위한 Richardson-Lucy 방법과 최대-우도 측정(maximum-likelihood estimation)과 같은 반복적, 비선형 방법들을 다룬다. 투영으로부터의 영상 복원과 CT(computed tomography)에서의 그의 이용에 관해서도 논의한다.

5장: 기하 변환과 영상 정합. 동류(affine) 변환과 투영 변환 같은 기하적 영상 변환을 위한 기본 형태 및 구현 기법을 논의한다. 몇 가지 영상 정합 기법이 논의되며 변환, 정합, 시각화 방법에 관한 예제들이 제공된다.

6장: 칼라 영상처리. 의사칼라 및 풀칼라 영상처리를 다룬다. 디지털영상처리에 적용 가능한 칼라 모델들을 설명하고, 칼라 처리에서의 IPT의 기능을 추가 칼라 모델을 통해 확장한다. 또한 칼라를 이용한 경계선 검출 및 영역 분할도 다룬다.

7장: 웨이블릿. IPT에는 웨이블릿 변환함수가 없다. MathWorks가 웨이블릿 툴박스를 제공하지만, 이 장에서는 Gonzalez-Woods의 디지털영상처리 책의 7장에 설명된 모든 웨이블릿 변환을 구현할 수 있도록 독립적으로 웨이블릿 변환함수들을 개발한다.

8장: 영상 압축. 툴박스에는 데이타 압축 함수가 없다. 이 장에서는 이 목적을 위해 사용할 수 있는 함수들을 개발한다.

9장: 모폴로지 영상처리. 모폴로지 영상처리를 위해 툴박스에서 가용한 다양한 함수들을 예제를 통해 설명한다. 이진 및 그레이스케일 영상을 사용한다.

10장: 영상 분할. 영상 분할에 가용한 툴박스 함수들을 예제를 통해 설명한다. Hough 변환 처리를 위한 함수들을 개발하며, 영역 성장과 문턱처리 함수들도 개발한다.

11장: 표현과 묘사. 이 장에서는 객체 표현 및 묘사를 위한, 체인-코드와 다각형 표현을 포함한 몇 개의 새로운 함수들을 개발한다. 푸리에 묘사자, 텍스쳐, 적률 불변식(moment invariants)을 포함한 객체 묘사를 위한 새 함수들도 포함한다. 이 함수들은 IPT의 여러 영역 속성 함수들을 보완한다.

앞의 내용 외에도, 이 책에는 세 개의 부록이 있다.

부록 A: 이 부록에는 IPT와 이 책에서 개발된 사용자 영상처리 함수들에 대한 요약이 있다. 관련 MATLAB 함수들도 포함한다. 툴박스와 이 책의 모든 함수들에 대한 전체적인 개관을 제공하는 유용한 참고 내용이다.

부록 B: MATLAB에서 그래픽 사용자 인터페이스(GUI)를 구현하는 방법을 설명한다. GUI는 대화식 함수들에 대한 컨트롤을 단순화시키고 더 직관적으로 만듦으로, 이 책의 내용을 보완한다.

부록 C: 많은 사용자 함수들의 코드가 개발 시점에 책의 본문에 포함되어 있으나, 일부 함수들의 코드는 본문 중에서 설명의 흐름을 끊는 것을 피하기 위해 이 부록으로 옮겨졌다.

1.5 이 책의 웹 사이트 The Book Web Site

이 책의 중요한 특징은 책 웹 사이트에 실은 지원이다. 사이트 주소는

www.ImageProcessingPlace.com

이다. 이 사이트는 다음 분야에서 책에 대한 지원을 제공한다:

- 실행 버전들을 포함한 책의 모든 M-파일들
- 지도서
- 프로젝트
- 교육용 자료
- 책의 모든 영상을 포함한 데이타베이스에 대한 링크
- 책 수정 사항
- 관련 도서

이 사이트는 Gonzalez-Woods 책도 지원하므로, 강의 및 연구 주제에 대한 보완적 지원을 제공한다.

1.6 표기법 Notation

이 책의 공식들은 $f(x, y) = A \sin(ux + vy)$와 $\phi(u, v) = \tan^{-1}[I(u, v)/R(u, v)]$와 같이 익숙한 이탤릭체와 그리스 기호를 사용한다. 모든 MATLAB 함수 이름과 기호는 `fft2(f)`, `logical(A)`, `roipoly(f, c, r)`과 같이 모노스페이스 폰트를 사용한다.

처음 등장하는 MATLAB 또는 IPT 함수는 페이지 여백에 다음의 아이콘을 사용해서 강조한다.

마찬가지로, 책에서 개발된 새(사용자) 함수가 처음 등장하면 페이지 여백에 다음의 아이콘을 사용해서 강조한다.

function name

이 기호 ——▬는 함수 리스팅의 끝을 표시하기 위해 사용된다.

키보드 키에 대해서는 **Return, Tab**같이 굵은 글씨를 사용한다. 또한 **File, Edit** 같은 컴퓨터 스크린 또는 메뉴 상의 항목에 대해서도 굵은 글씨를 사용한다.

1.7 기초 Fundamentals

영상(2차원 수치 배열)이 특수한 한 경우인 다차원 배열을 처리하기 위한 광범위한 함수들을 제공함으로써 MATLAB은 디지털영상처리에 큰 역할을 하고 있다. 이미 언급했듯이, IPT는 MATLAB 수치계산 환경의 역량을 확장시키는 함수 집합이다. 이 절에서는 MATLAB의 기초 지식들을 소개하고, 기본적 IPT 속성 및 함수들을 설명하며, 프로그래밍 개념에 관한 논의를 시작한다. 따라서 이 절의 내용은 책의 나머지 부분에 있는 소프트웨어 관련 논의의 대부분을 위한 기초 작업이다.

1.7.1 MATLAB 데스크탑

MATLAB 데스크탑은 주작업 환경이다. MATLAB 명령을 실행하고, 출력을 표시하고, 파일과 변수를 수정 및 관리하며, 세션 히스토리를 표시하는 등의 작업을 위한 그래픽 도구 집합이다. 그림 1.1은 기본 설정 때의 MATLAB 데스크탑을 보여준다. 그림에서 명령 창(Command Window), 작업공간 브라우저(Workspace Browser), 현재 디렉터리 창(Current Directory Window), 명령 히스트리 창(Command History Window)을 볼 수 있다. 그리고 영상과 그래픽 표시에 사용되는 그림창(Figure Window)도 있다.

명령 창은 사용자가 프롬프트(>>)에서 MATLAB 명령을 입력하는 곳이다. 예를 들어, 사용자는 MATLAB 함수를 호출하거나 변수에 값을 부여할 수 있다. 한 세션에서 만든 변수 집합을 **작업공간**이라고 부르며, 그들의 값과 속성을 **작업공간 브라우저**를 통해 볼 수 있다.

맨 위의 창은 사용자의 **현재 디렉터리**를 보여주는데, 보통 사용자가 작업 중인 파일의 경로를 담고 있다. **현재 디렉터리 필드** 우측의 화살표나 브라우즈 버튼("...")을 사용해서 현재 디렉터리를 바꿀 수 있다. 현재 디렉터리의 파일들은 **현재 디렉터리 브라우저**를 이용해서 표시 및 관리된다.

Windows에서는 디렉터리를 폴더라고 부른다.

그림 1.1 MATLAB 데스크탑과 주요 구성 요소들.

명령 히스토리 창은 명령창에서 실행된 MATLAB 명령들의 기록을 표시한다. 이 기록에는 현재 및 이전 세션이 모두 포함되어 있다. 명령 히스토리 창에서 이전 명령(들)을 우측 클릭해서 복사하거나, 재실행시키거나, 파일에 저장할 수 있다. 이 기능은 한 작업 세션에서 다양한 명령들로 실험하거나, 이전 세션에서 수행된 작업을 재생할 때 유용하다.

MATLAB은 M-파일들과 다른 MATLAB 관련 파일들을 찾기 위해 **탐색 경로**를 사용하는데, 이 파일들은 컴퓨터 파일 시스템의 디렉터리에 정리되어 있다. MATLAB에서 실행되는 어떠한 파일도 현재 디렉터리 또는 탐색 경로 상의 디렉터리에 있어야 한다. MATLAB 및 MathWorks 툴박스들과 함께 제공되는 파일들은 디폴트로 탐색 경로에 포함되어 있다. 어떤 디렉터리들이 탐색 경로에 있는지를 확인하거나, 또는 탐색 경로를 추가 또는 수정하는 가장 쉬운 방법은 데스크탑의 **File** 메뉴의 **Set Path**를 선택한 후 **Set Path** 대화상자를 사용하는 것이다. 현재 디렉터리를 반복해서 변경하지 않아도 되게끔, 자주 사용되는 디렉터리는 탐색 경로에 추가시키는 습관을 들이면 좋다.

clear
clc

프롬프트에서 clear를 입력하면 작업공간의 모든 변수들이 제거된다. 이렇게 하면 시스템 메모리가 비워진다. 마찬가지로, clc를 입력하면 명령창의 내용이 제거된다. 여타 용도와 문법을 확인하려면 도움말 페이지를 본다.

1.7.2 MATLAB 편집기/디버거 사용하기

MATLAB 편집기/디버거(또는 단순히 편집기)는 데스크탑 도구들 중 가장 중요하고 쓸모 있는 것 중 하나이다. 주된 용도는 MATLAB 함수와 스크립트 파일들을 만들고 편집하는 것이다. 이 파일들은 pixeldup.m같이 확장자가 .m이기 때문에 *M*-파일로 불린다. 편집기는 서로 다른 MATLAB 코드 요소들을 색깔로 강조하며; 또한 코드를 분석해서 개선 제안을 제공한다. 편집기는 M-파일을 다루기 위한 최선의 도구이다. 편집기를 사용해서 사용자는 디버깅 브레이크포인트를 설정하고, 코드 실행 중 변수를 검사하고, 코드 라인별로 처리할 수 있다. 끝으로, 편집기는 MATLAB M-파일을 만들어서 HTML, LaTeX, Word, PowerPoint 같은 포맷으로 출력할 수 있다.

편집기를 열려면, 명령창의 프롬프트에서 edit라고 입력한다. 비슷하게, 프롬프트에서 edit filename을 입력하면 편집창에서 M-파일 filename.m이 편집 작업을 위해 열린다. 이 파일은 현재 디렉터리 또는 탐색 경로의 디렉터리에 있어야 한다.

1.7.3 도움말 얻기

도움말을 받는 기본적인 방법은 MATLAB 도움말 브라우저를 사용하는 것이다. 데스크탑 툴바의 물음표 기호(**?**)를 클릭하거나 명령창의 프롬프트에서 doc(한 단어)이라고 입력하면 분리된 창으로 열린다. 이 도움말 브라우저는 두 개의 틀(pane)로 구성되는데, 정보를 찾는 데 사용되는 **도움말 항해**(*navigator*) **틀**과 정보를 보여주는 **표시 틀**이 있다. 항해 틀의 탭들은 쉽게 이해할 수 있으며 탐색에 사용된다. 예를 들면, 특정 함수에 대한 도움말은 **Search** 탭을 선택하고, **Search for** 필드에 함수 이름을 입력해서 얻을 수 있다. 코드 개발 및 다른 MATLAB 작업을 하는 동안 쉽게 도움말을 받을 수 있도록, MATLAB 세션을 시작할 때 도움말 브라우저를 열어두는 습관을 들이면 좋다.

doc

특정 함수에 대한 도움말을 얻는 다른 방법은 명령 프롬프트에서 doc과 함수 이름을 입력하는 것이다. 예를 들면, doc file_name이라고 입력하면 도움말 브라우저의 표시 틀에 file_name이라고 불리는 함수에 대한 참고 자료 페이지가 표시된다. 이 명령은 브라우저가 이미 열려있지 않으면 열어준다. 이 doc 명령은 도움말 텍스트를 포함하는 사용자 작성 M-파일들에도 사용할 수 있다(1.7.8절 참조).

다음 장들에서 MATLAB과 IPT 함수들을 소개할 때는 대개 대표적인 문법 형태와 설명만을 제공한다. 그렇게 하는 이유는 공간 제약 때문이거나, 필요 이상으로 특정 논의에서 벗어나지 않게 하기 위해서이다. 해당 경우에, 단순히 논의의 그 시점에서 필요한 형태로 함수를 실행시키는 데 필요한 문법을 제시한다. MATLAB 문서화 도구에 익숙해지고 나면, 거의 힘들이지 않고 관심 대상 함수에 대해 더 자세히 알아볼 수 있게 된다.

끝으로, 1.3절에서 언급한 MathWorks의 웹 사이트는 도움말 자료, 기고(contributed) 함수, 그리고 로컬 문서가 갖고 있는 정보가 원하는 주제에 대해 충분치 못할 때 사용할 다른 자원들과 관련한 큰 데이타베이스를 갖고 있다. 추가적인 MATLAB과 M-함수 자원들에 관해서는 책의 웹 사이트(1.5절)를 참고한다.

1.7.4 작업 세션 데이타 저장하기와 불러오기

MATLAB에는 전체 작업 세션(작업공간 브라우저의 내용) 또는 선택된 작업공간 변수들을 저장하거나 불러오는 몇 가지 방법이 있다. 가장 간단한 방법은 다음과 같다: 전체 작업공간을 저장하려면 작업공간 브라우저 창의 빈 공간을 아무데나 우측 클릭하고, 나타나는 메뉴에서 **Save Workspace As**를 선택한다. 그렇게 하면 디렉터리 창이 열리는데, 파일 이름을 적고 저장 장소인 폴더를 선택할 수 있다. 그런 다음, **Save**를 클릭한다. 작업공간의 선택된 변수를 저장하려면 좌측 클릭으로 변수를 선택하고, 강조된 영역에서 우측 클릭한다. 그런 다음, 나타나는 메뉴에서 **Save Selection As**를 선택한다. 그러면 또 창이 열리는데 여기서 변수를 저장할 폴더를 선택할 수 있다. 여러 개의 변수를 선택하려면 이미 알고 있는 방식으로 쉬프트-클릭 또는 컨트롤-클릭을 하고, 방금 설명한 단일 변수에 대한 절차를 따른다. 모든 파일은 확장자가 `.mat`인 이진 포맷으로 저장된다. 이 저장된 파일들을 앞에서 언급했듯이 보통 *MAT*-파일이라고 부른다. 예를 들어 my_work_2012_02_10이라고 이름 붙인 세션은 저장되면, my_work_2012_02_10.mat이라는 MAT-파일이 된다. 마찬가지로, `final_image`라고 부르는 저장된 영상(작업공간에서 단일 변수)은 저장되면 final_image.mat이 된다.

저장된 작업공간 또는 변수를 불러오려면, 작업공간 브라우저 창의 툴바에 있는 폴더 아이콘을 클릭한다. 그러면, 원하는 MAT-파일들이 들어있는 폴더를 선택할 수 있는 창이 열린다. 선택된 MAT-파일을 더블-클릭하거나 **Open**을 선택하면 파일 내용이 작업공간 브라우저 창에 불려온다.

적절한 이름과 경로 정보가 있으면 프롬프트에서 `save`나 `load`를 입력해서 앞에 설명한 방법에 의한 결과와 똑 같은 결과를 얻을 수 있다. 이 방식은 편리하지는 않지만, 메뉴 방식에 없는 포맷이 요구되는 경우에 사용된다. 함수 `save`와 `load`는 작업공간 변수들을 저장하고 불러오는 M-파일을 작성하는 데도 유용하다. 연습으로서, 도움말 브라우저를 사용해서 이 두 함수들에 관해 더 배워 보도록 한다.

1.7.5 디지털 영상 표현

영상은 2차원 함수 $f(x, y)$로 정의될 수 있으며, 여기서 x와 y는 **공간**(평면) **좌표**이고, 임의의 좌표 쌍 (x, y)에서의 f의 진폭(amplitude)을 그 점에서의 영상의 **밝기**(*intensity*)라고 부른다. **그레이 레벨**이라는 용어는 흑백 영상의 밝기의 의미로 사용된다. 칼라 영상은 개별 영상들을 결합해서 형성한다. 예를 들면, RGB 칼라 시스템에서 칼라 영상은 **적**(R), **녹**(G), **청**(B) **원색** (또는 **성분**) **영상**으로 불리는 세 개의 개별 단색 영상들로 구성된다. 이러한 이유로, 세 성분 영상을 개별적으로 처리함으로써 흑백 영상을 위해 개발된 많은 기법들을 칼라 영상들에 대해 확장할 수 있다. 칼라 영상처리는 6장의 주제이다. 영상은 x- 및 y-좌표와 진폭에서 연속적일 수 있다. 이러한 영상을 디지털 형태로 바꾸려면 좌표와 진폭을 디지털화해야 한다. 좌표 값들을 디지털화하는 것은 **샘플링**, 진폭 값들을 디지털화하는 것은 **양자화**(*quantization*)라고 부른다. 따라서 x, y, f의 진폭 값들이 모두 유한한 이산 수량일 때, 그 영상을 **디지털 영상**이라고 부른다.

좌표 관례

샘플링과 양자화의 결과는 실수 매트릭스이다. 이 책에서는 디지털 영상을 표현하기 위해 두 가지 원칙을 사용한다. 영상 $f(x, y)$를 샘플링한 결과 영상이 M개의 행과 N개의 열을 갖는다고 가정하자. 이 영상의 크기는 $M \times N$이라고 말한다. 좌표 값들은 이산 수량이다. 표기의 명확성과 편의성을 위해 이 불연속 좌표들에 정수 값을 사용한다. 많은 영상처리 책들에서 영상의 원점은 $(x, y) = (0, 0)$에 있는 것으로 정의된다. 영상의 첫 행을 따라 다음 좌표 값들은 $(x, y) = (0, 1)$이다. 표기 $(0, 1)$은 첫 행을 따라 두 번째 샘플을 나타내는 데 사용된다. 이 값들은 영상이 샘플링될 때의 물리적 좌표들의 **실제값들을** 의미하지 **않는다**. 그림 1.2(a)가 이 좌표 관계를 보여준다. 그림에서 x는 0부터 $M - 1$, y는 0부터 $N - 1$의 범위의 정수 값을 가짐을 유념한다.

배열을 나타내기 위해 툴박스에서 사용되는 좌표 관례는 앞 문단과 두 가지 사소한 면에서 다르다. 첫째, 툴박스는 (x, y)를 사용하는 대신에, 행과 열을 의미하기 위해 (r, c)를 사용한다. 그러나, 좌표의 순서는 앞 문단에서 설명된 순서와 같다. 즉 첫 번째 요소는 행, 두 번째 요소는 열을 가리킨다. 다른 차이점은 좌표 체계의 원점이 $(r, c) = (1, 1)$이라는 것이다; 따라서 r과 c는 각각 1에서 M, 1에서 N 범위의 정수 값을 갖는다. 그림 1.2(b)가 이 좌표 관례를 보여준다.

IPT 문서는 그림 1.2(b)의 좌표들을 **화소 좌표**(*pixel coordinates*)라고 부른다. 빈도가 낮지만, 툴박스는 x는 열, y는 행을 가리키는 **공간 좌표**라고 부르는 다른 좌표 관례도 채택한다. 이는 우리가 변수 x, y를 사용하는 것과 반대이다. 약간 예외가 있지만, 이 책에서는 툴박스의 공간 좌표 관례를 사용하지 않으나, 여러 MATLAB

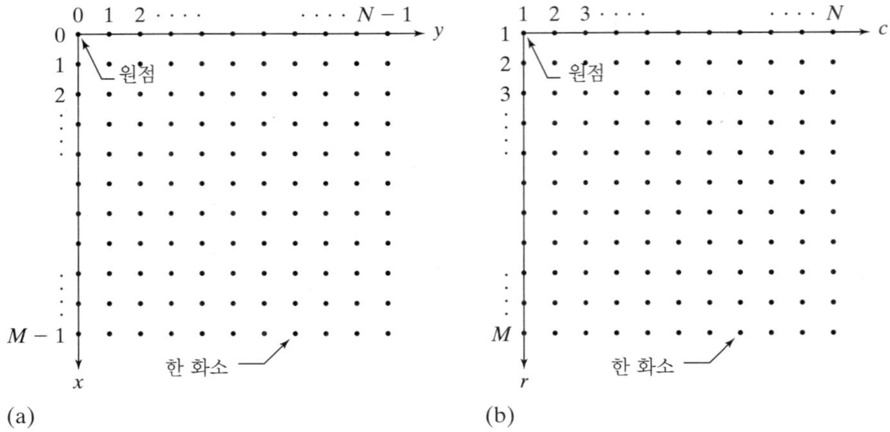

그림 1.2 (a) 여러 영상처리 책과 (b) IPT에서 사용되는 좌표 관례.

함수들이 사용되며, 독자는 분명히 툴박스와 MATLAB 문서에서 이 용어를 접하게 될 것이다.

매트릭스로서의 영상

그림 1.2(a)의 좌표체계와 앞의 설명은 디지털화된 영상을 위한 다음과 같은 표현으로 이끈다:

$$f(x,y) = \begin{bmatrix} f(0,0) & f(0,1) & \cdots & f(0,N-1) \\ f(1,0) & f(1,1) & \cdots & f(1,N-1) \\ \vdots & \vdots & & \vdots \\ f(M-1,0) & f(M-1,1) & \cdots & f(M-1,N-1) \end{bmatrix}$$

이 식의 우변은 정의에 의한 디지털 영상이다. 이 배열의 각 요소를 **영상 요소**(*image element*), **화소**(*picture element*), **픽슬**(*pixel*), 또는 *pel*이라고 부른다. 앞으로는 용어 영상과 픽슬을 각각 디지털 영상과 그의 요소를 나타내기 위해 사용한다.

MATLAB 문서는 용어 매트릭스와 배열을 구분없이 사용한다. 그렇지만, 매트릭스는 2차원인 반면, 배열은 임의의 유한한 차원을 가질 수 있음을 유념한다.

디지털 영상을 MATLAB 매트릭스로 표현할 수 있다:

$$\texttt{f} = \begin{bmatrix} \texttt{f(1, 1)} & \texttt{f(1, 2)} & \cdots & \texttt{f(1, N)} \\ \texttt{f(2, 1)} & \texttt{f(2, 2)} & \cdots & \texttt{f(2, N)} \\ \vdots & \vdots & & \vdots \\ \texttt{f(M, 1)} & \texttt{f(M, 2)} & \cdots & \texttt{f(M, N)} \end{bmatrix}$$

여기서 `f(1, 1)` $= f(0, 0)$이다(MATLAB 수량을 표시하는 데는 모노스페이스 폰트를 사용함을 유념한다). 두 표현은 원점의 이동을 제외하고는 동일하다. 표기 `f(p, q)`는 행 `p`와 열 `q`에 위치한 요소를 나타낸다. 예를 들면, `f(6, 2)`는 매트릭스 `f`의 여섯 번째 행과 두 번째 열의 요소이다. 통상적으로 문자 `M`과 `N`은 각각 매트릭스의 행 수 및 열 수를 표시하는 데 사용한다. 1 × N 매트릭스를 **행 벡터**, M × 1 매트릭스를 **열 벡터**라고 부른다. 1 × 1 매트릭스는 **스칼라**이다.

MATLAB의 매트릭스는 이름이 A, a, RGB, real_array 등과 같은 변수에 저장된다. 변수 이름은 글자로 시작하며, 글자, 숫자, 밑줄만을 포함한다. 이 책의 모든 MATLAB 수량은 모노스페이스 폰트로 쓴다. 수식에는 관례적으로 $f(x, y)$같이 로마 이탤릭체를 사용한다.

1.7.6 영상 I/O와 표시

MATLAB 환경으로 영상을 읽어 들이려면 기본 문법이 다음과 같은 함수 imread를 사용한다:

imread

```
imread('filename')
```

여기서 filename은 영상 파일의 이름 전체를 포함하는 문자열(가용한 어떠한 확장자도 포함)이다. 예를 들면, 다음 명령

함수 imread는 JPEG, JPEG2000, TIFF를 포함해서, 많이 쓰이는 대부분의 영상/그래픽 포맷을 지원한다.

```
>> f = imread('chestxray.jpg');
```

은 JPEG 영상인 chestxray의 영상을 영상 배열 f로 읽어 들인다. 문자열 filename을 구분하는 데 따옴표(')를 사용함에 유의한다. 명령의 끝의 세미콜론은 MATLAB에서 출력을 억제하는 데 사용된다. 세미콜론이 없으면, MATLAB은 그 줄의 연산 결과를 스크린에 표시한다. 프롬프트 기호(>>)는 MATLAB의 명령창에 나타날 때(그림 1.1 참조) 명령줄의 시작을 표시한다.

semicolon(;)

prompt(>>)

영상은 다음과 같은 기본 문법을 갖는 함수 imshow를 사용해서 MATLAB 데스크탑에 표시된다:

imshow

```
imshow(f)
```

여기서 f는 영상 배열이다. 그림 1.1의 명령창에서도 보인 다음 명령은 디스크에서 rose_512.tif라는 영상을 읽고 imshow를 사용해서 표시한다:

```
>> f = imread('rose_512.tif');
>> imshow(f)
```

그림 1.1은 스크린에 출력이 어떤 모양으로 표시되는지를 보여준다. 그림 번호가 그림창의 좌, 상단에 나타남을 주목한다. 만일 다른 영상 g가 imshow를 사용해서 연속해서 표시된다면, MATLAB은 그림창의 영상을 새 영상으로 바꾼다. 첫 영상을 보존하고 두 번째 영상을 출력하려면 다음과 같이 함수 figure를 사용한다:

figure

```
>> figure, imshow(g)
```

영상은 다음과 같은 기본 문법을 갖는 함수 imwrite를 사용해서 현재 디렉터리에 쓰여진다:

imwrite

```
imwrite(f, 'filename')
```

함수 imwrite는 작성될 파일 포맷에 따라 다른 파라미터를 가질 수도 있다. 다음 장들의 대부분의 작업이 JPEG 아니면 TIFF 형상을 다루므로, 여기서 이들 두 포맷에 집중한다. JPEG 영상에만 적용되는 더 일반적 imwrite 문법은 다음과 같다:

```
imwrite(f, 'filename.jpg', 'quality', q)
```

여기서 q는 0과 100 사이의 정수이다(낮을수록 JPEG 압축으로 인한 열화가 커진다).

tif 영상에만 적용 가능한 더 일반적인 imwrite 문법의 형태는 다음과 같다:

...

```
imwrite(g, 'filename.tif', 'compression', 'parameter', ...
                 'resolution', [colres rowres])
```

명령문이 한 줄을 넘는다면, 생략부호(...)와 리턴 또는 엔터를 사용해서 명령문이 다음 줄에 계속됨을 표시한다. 이 점들의 사이를 띄우지 않는다.

여기서 'parameter'는 다음의 주요 값들 중 하나를 가질 수 있다: 'none'은 비압축을 나타낸다; 'packbits'(비이진 영상의 디폴트), 'lwz', 'deflate', 'jpeg', 'ccitt'(이진 영상만; 디폴트), 'fax3'(이진 영상만), 'fax4'. 1×2 배열 [colres rowers]는 열 해상도와 행 해상도를 단위당 도트 수로 제공하는 두 개의 정수를 포함한다(디폴트 값은 [72 72]). 예를 들어, 영상 크기가 inch라면, colres는 수직 방향으로 inch당 도트(화소) 수이며, 마찬가지로, rowres는 수평 방향으로의 수이다. 단일 스칼라 res로 해상도를 규정하는 것은 [res res]로 쓰는 것과 등가이다.

1.7.7 클래스와 영상 유형

정수 좌표를 다루지만 MATLAB은 화소 값(밝기)을 정수로 제한하지 않는다. 표 1.1에는 화소 값을 나타내기 위해 MATLAB과 IPT가 지원하는 다양한 **클래스들**[†]의 목록이 있다. 이 표의 처음 여덟 개는 **수치** 클래스, 아홉 번째는 *char*(문자) 클래스, 마지막 것은 **논리** 클래스라고 불린다.

unit8과 logical 클래스가 영상처리에서 많이 쓰이며, TIFF나 JPEG 같은 영상 파일 포맷으로부터 영상을 읽을 때는 대개 이 클래스들을 사용하게 되는데, 각 화소를 1바이트로 표현한다. 의료영상 같은 일부 과학 데이타 소스들은 uint8이 제공하는 것보다 더 넓은 동적 범위를 필요로 하기 때문에, 이들 경우에는 대개 uint16과 int16 클래스들이 사용된다. 부동소수점 클래스인 double과 single은 푸리에 변환(3장 참조)같이 계산적으로 정밀성이 필요한 연산들에 사용된다. 배정도 부동소수점은 배열 요소당 8바이트를 사용하며, 단정도 부동소수점은 4바이트를 사용한다. int8, uint32, int32 클래스들은 툴박스에 의해 지원되지만 영상처리에 자주 사용되지는 않는다.

[†] 역주: MATLAB 문서는 용어 데이타 클래스와 데이타 유형(*type*)을 가끔 바꿔 사용한다. 이 책에서 유형은, 2.6절의 설명과 같이, 영상을 위해 남겨둔다.

이름	설명
double	대략 $\pm 10^{308}$ 범위의 배정도 부동소수점 수 (8바이트)
single	대략 $\pm 10^{38}$ 범위의 단정도 부동소수점 수 (4바이트)
uint8	범위 [0, 255]의 부호 없는 8비트 정수 (1바이트)
uint16	[0, 65335]의 부호 없는 16비트 정수 (2바이트)
uint32	범위 [0, 4294967295]의 부호 없는 32비트 정수 (4바이트)
int8	범위 [−128, 127]의 부호 있는 8비트 정수 (1바이트)
int16	범위 [−32768, 32767]의 부호 있는 16비트 정수 (2바이트)
int32	범위 [−2147483648, 2147483647]의 부호 있는 32비트 정수 (4바이트)
char	문자(2바이트)
logical	0 또는 1의 값(1바이트)

표 1.1 MATLAB의 영상처리용 클래스들. 첫 여덟 개는 수치 클래스, 아홉 번째는 문자 클래스, 그리고 마지막 것은 *logical* 클래스이다. MATLAB은 툴박스와 달리 uint64와 int64를 지원한다.

툴박스는 네 가지 영상을 지원한다:

- 그레이스케일 영상
- 이진 영상
- 인덱스(indexed) 영상
- RGB 영상

그레이스케일 영상은 이전 버전의 툴박스에서 밝기 영상으로 부른다. 모노크롬(흑백) 영상을 다룰 때는 두 용어를 혼용한다.

대부분의 흑백 영상처리 연산은 이진 또는 그레이스케일 영상을 사용해서 수행하므로, 우선 처음에는 이 두 영상 유형에 초점을 맞추기로 한다. 인덱스 영상과 RGB 칼라영상은 6장에서 다룬다.

그레이스케일 영상

그레이스케일 영상은 그 값들이 그레이 농도(shades of gray)를 표현하는 데이타 매트릭스이다. 그레이스케일 영상의 요소들이 클래스 uint8 또는 uint16 형이면 각각 [0, 255] 또는 [0, 65535]의 정수 값을 갖는다. 영상이 클래스 double 또는 single 형이면, 부동소수점 수 값을 갖는다(표 1.1의 처음 두 항목 참조). double과 single 그레이스케일 영상의 값들은 다른 범위가 사용될 수도 있지만, 보통 [0, 1] 범위로 스케일링된다.

이진 영상

이진 영상들은 MATLAB에서 매우 구체적인 의미를 갖는다. 이진 영상은 0과 1로 구성된 논리(*logical*) 배열이다. 따라서, 그 값들이 수치 데이타 클래스 형(예: uint8)인 0과 1로 구성된 배열은 MATLAB에서 이진 영상으로 취급되지 않는다.

수치 배열은 함수 logical을 사용해서 변환된다. 따라서, 만일 A가 0과 1로 구성된 수치 배열이면, 다음 명령문에 의해 논리 배열 B를 만든다:

logical

```
B = logical(A)
```

만일 A가 0 또는 1 외의 요소를 가지면, 함수 logical은 0이 아닌 모든 값들을 논리 1로, 값이 0인 모든 요소들을 논리 0으로 변환한다. 관계 연산자와 논리 연산자도 논리 배열을 만든다.

논리 클래스 배열인지를 확인하려면 islogical 함수를 사용한다:

islogical

```
islogical(C)
```

is* 형태의 다른 함수들의 목록을 확인하려면 도움말 문서에서 is***를 입력한다.

만일 C가 논리 배열이면 이 함수는 1을 반환하고, 아니면 0을 반환한다. 논리 배열을 다음의 일반 클래스 변환 문법을 사용해서 수치 배열로 변환할 수 있다:

```
B = class_name(A)
```

여기서 class_name은 im2uint8, im2uint16, im2double, im2single, mat2gray이다. 툴박스 함수 mat2gray는 [0, 1] 범위로 스케일링된 double 클래스 배열로 바꾼다. 다음 형태로 호출한다:

mat2gray

```
g = mat2gray(A, [Amin, Amax])
```

여기서 영상 g는 0(흑)에서 1(백) 범위의 값을 가진다. A에서 Amin보다 작은 값은 g에서 0이 되고, Amax보다 큰 값은 1이 된다. 문법

```
g = mat2gray(A)
```

는 값 Amin과 Amax가 A의 실제 최소 및 최대값들이 되게 만든다. mat2gray의 두 번째 문법은 입력의 클래스와 무관하게, 클리핑을 발생시키지 않고 입력의 값의 전체 범위를 [0, 1] 범위로 스케일링하기 때문에 매우 유용한 도구이다.

용어 관련

이 절에서 **클래스**와 **영상 유형**의 두 용어의 사용을 명확히 하기 위해 세심한 주의를 기울였다. 일반적으로 영상을 "class image_type 영상"으로 부르는데, 여기서 class는 표 1.1의 항목 중 하나이며, image_type은 이 절의 처음에 정의된 영상 유형 중 하나이다. 따라서, 영상은 클래스 및 유형에 의해 특징지어진다. 예를 들면, "uint8 그레이스케일 영상"은 단순히 화소들이 uint8 클래스인 그레이스케일 영상을 의미한다. 툴박스의 일부 함수는 표 1.1의 모든 데이타 클래스들을 지원하는 반면, 나머지는 그렇지 않다.

1.7.8 M-함수 프로그래밍

MATLAB의 가장 강력한 특징 중 하나는 사용자가 자신의 함수를 작성할 수 있게 해주는 것이다. 곧 배우겠듯이, MATLAB 함수 프로그래밍은 유연하고 특히 배우기 쉽다.

M-파일

MATLAB의 M-파일은 단순히 일련의 MATLAB 명령문들을 실행하는 스크립트일 수 있으며, 인자를 받을 수 있고 한 개 이상의 출력을 만들 수 있는 함수일 수도 있다. 이 절의 초점은 M-파일 함수에 있다. 이 함수들은 구체적인 사용자 정의 앱들을 처리하기 위해 MATLAB과 IPT의 성능을 확장시킨다.

M-파일은 텍스트 편집기로 작성되며 `average.m`, `filter.m` 등과 같이 `filename.m`의 형태로 저장된다. 함수 M-파일의 요소는 다음과 같다.

- 함수 정의 줄
- H1 줄
- 도움말 텍스트
- 함수 본문
- 주석

함수 정의 줄은 다음 형태를 갖는다.

```
function [outputs] = name(inputs)
```

예를 들어, 두 영상의 합과 곱을 계산하는 함수는 다음 형태를 갖는다:

```
function [s, p] = sumprod(f, g)
```

여기서 `f`와 `g`는 입력 영상이며, `s`는 합 영상, `p`는 곱 영상이다. `sumprod`는 이름은 임의(이 문단 끝의 제약을 따름)로 붙인 것이나, 단어 `function`은 위와 같은 형태로 항상 왼쪽에 있어야 한다. 출력 인자들은 대괄호로, 입력 인자들은 소괄호로 묶음을 유념한다. 함수가 한 개의 출력 인자만을 가지면, 대괄호를 사용하지 않고 인자를 쓸 수 있다. 출력이 없으면, 대괄호와 등호 없이 단어 `function`만을 사용한다. 함수 이름은 문자로 시작해야 하며, 나머지 글자들은 문자, 숫자, 밑줄의 조합이 가능하다. 공백은 허용되지 않는다. MATLAB은 함수 이름을 63자까지 인식한다. 그 이상의 글자들은 무시한다.

함수를 명령 프롬프트에서 호출할 수 있다; 예를 들면,

```
>> [s, p] = sumprod(f, g);
```

또는 다른 함수들의 요소로 사용될 수 있으며, 이 경우 부함수(*subfunctions*)가 된

다. 앞 문단에서 설명했듯이, 만일 출력이 단일 인자를 가지면 다음과 같이 대괄호 없이 쓸 수 있다.

```
>> y = sum(x);
```

H1 줄은 첫 텍스트 줄이다. 함수 정의 줄 다음의 한 줄짜리 주석 줄이다. H1 줄과 함수 정의 줄 사이에는 빈 줄 또는 선행 공백이 없어야 한다. 다음은 H1 줄의 예이다.

이 책에서는 배열 연산이란 용어와 해당 요소 쌍간 연산 또는 요소 별 연산이란 용어를 혼용한다.

```
%SUMPROD Computes the sum and product of two images.
```

H1 줄은 사용자가 MATLAB 프롬프트에서 다음과 같이 입력할 때 표시되는 첫 텍스트이다.

help

```
>> help function_name
```

lookfor

또한, `lookfor keyword`라고 입력하면, 문자열 `keyword`를 포함하는 모든 H1 줄들을 표시한다. 이 줄은 M-파일에 관한 중요한 요약 정보를 제공하므로, 가능한 한 정확히 기술해야 한다.

도움말 텍스트(*Help text*)는 H1 줄 다음의 텍스트 블록이며, 둘 사이에는 빈 줄이 없다. 도움말 텍스트는 그 함수에 대한 주석과 화면 도움말을 제공하는 데 이용된다. 사용자가 프롬프트에서 `help function_name`이라고 입력하면, MATLAB은 함수 정의 줄과 첫 비주석 줄(실행 가능하거나 빈 줄) 사이에 있는 모든 주석 줄을 표시한다. 도움말 시스템은 도움말 텍스트 블록 뒤에 나오는 어떠한 주석 줄도 무시한다.

함수 본문은 계산을 수행하는 모든 MATLAB 코드를 포함하고 출력 인자에 값(들)을 부여한다. MATLAB 코드의 몇 예를 이 장의 뒤에서 소개한다.

H1 줄 또는 도움말 텍스트가 아닌, 기호 "%"로 시작하는 모든 줄들은 함수 **주석** 줄로 간주되며, 도움말 텍스트 블록의 일부로 간주되지 않는다. 코드 줄의 끝에 주석을 붙이는 것은 허용된다.

M-파일들은 아무 텍스트 편집기로도 만들 수 있고, 보통 MATLAB 탐색 경로인 지정된 디렉터리에 확장자 `.m`을 갖고 저장될 수 있다. M-파일을 만들거나 편집하는 또 다른 방법은 프롬프트에서 `edit` 함수를 사용하는 것이다. 예를 들면,

edit

```
>> edit sumprod
```

는 MATLAB 경로에 있는 디렉터리 또는 Current Directory에 파일 `sumprod.m`이 있으면 편집을 위해 연다. 이 파일을 찾을 수 없으면, MATLAB은 사용자에게 만들 수 있는 옵션을 제공한다. MATLAB 편집기 창은 파일을 저장하고, 보고, 디버깅하는 등의 작업을 위한 여러 개의 풀-다운 메뉴를 갖는다. MATLAB 텍스트 편집기는 간단한 확인 작업을 수행하고 코드의 다양한 요소들 간의 구분을 위해 칼라를 사용하므로, M-함수를 쓰고 편집하기 위한 최선의 툴로 추천한다.

산술 연산자

MATLAB은 두 가지 유형의 산술연산을 갖는다. **매트릭스 산술연산**은 선형대수의 룰에 의해 정의된다. **배열 산술연산**은 요소 대 요소로 수행되며 다차원 배열들에 대해서도 이용될 수 있다. 마침표(닷) 글자(.)로 배열 연산과 매트릭스 연산을 구분시킨다. 예를 들어, A*B는 전통적 의미의 매트릭스 곱셈을 나타내는 반면, A.*B는 그 결과가 A와 B와 같은 크기의 배열이며, 각 요소는 A와 B의 대응 요소들의 곱인 면에서 배열 곱셈을 나타낸다. 달리 설명하면, 만일 C = A.*B이면, C(I, J) = A(I, J)*B(I, J)이다. 매트릭스 연산과 배열 연산은 덧셈과 뺄셈에 대해서는 같으므로, 글자 쌍 .+와 .–는 사용하지 않는다.

.dot notation

B = A와 같은 표현을 쓸 때, MATLAB은 B가 A와 같다는 "노트"를 남긴다. 그러나, 나중에 프로그램에서 A의 내용이 바뀌지 않는 한 데이타를 실제로 B로 복사하지는 않는다. 이는 같은 정보를 "저장"하기 위해 다른 변수를 사용하는 것이 때로 코드를 분명하고 읽기 쉽게 개선해줄 수 있으므로 중요한 사실이다. 따라서, 절대적으로 필요한 경우가 아니면 MATLAB이 정보를 복사하지 않는다는 사실은 MATLAB 코드를 작성할 때 기억해둘 가치가 있다. 표 1.2는 MATLAB 산술 연산자 목록이다. 여기서, A와 B는 매트릭스 또는 배열이며, a와 b는 스칼라이다. 모든 피연산자는 실수

표 1.2 배열 및 매트릭스 산술 연산자. 문자 a와 b는 스칼라이다.

연산자	이름	주석 및 보기
+	배열 및 매트릭스 덧셈	a + b, A + B, or a + A.
–	배열 및 매트릭스 뺄셈	a – b, A – B, A – a, or a – A.
.*	배열 곱셈	Cv = A.*B, C(I, J) = A(I, J)*B(I, J).
*	매트릭스 곱셈	A*B, 표준 매트릭스 곱셈, 또는 a*A, 스칼라와 A의 모든 요소들과의 곱셈
./	배열 오른쪽 나눗셈†	C = A./B, C(I, J) = A(I, J)/B(I, J).
.\	배열 왼쪽 나눗셈†	C = A.\B, C(I, J) = B(I, J)/A(I, J).
/	매트릭스 오른쪽 나눗셈	A/B는 A*inv(B) 계산보다 선호됨.
\	매트릭스 왼쪽 나눗셈	A\B는 inv(A)*B 계산보다 선호됨.
.^	배열 거듭제곱	만일 C = A.^B이면, C(I, J) = A(I, J)^B(I, J).
^	매트릭스 거듭제곱	이 연산자의 설명은 도움말을 참고.
.'	벡터 및 매트릭스 전치	A.', 표준 벡터 및 매트릭스 전치
'	벡터 및 매트릭스 복소 공액 전치	A.', 표준 벡터 및 매트릭스 공액 전치. A가 실수일 때, A.' = A'.
+	단항 플러스	+A는 0 + A와 같음.
–	단항 마이너스	–A는 0 – A 또는 –1*A와 같음.
:	콜론	이 절에서 곧 설명

† 나눗셈에서 만일 분모가 0이면 MATLAB은 결과를 Inf(infinity)로 내준다. 분자와 분모가 모두 0이면 결과는 NaN(Not a Number)으로 나온다.

또는 복소수일 수 있다. 배열 연산자의 마침표는 피연산자가 스칼라일 때는 불필요하다. 영상이 매트릭스와 등가인 2-D 배열이므로, 이 표의 모든 연산자들은 영상에 적용 가능하다.

이 책에서는 배열 연산이라는 용어를 대응요소 쌍간 연산과 요소별 연산이란 용어와 혼용한다.

배열 연산과 매트릭스 연산 간의 차이는 중요하다. 예를 들어 다음을 고려해 보자:

$$A = \begin{bmatrix} a1 & a2 \\ a3 & a4 \end{bmatrix} \quad 및 \quad B = \begin{bmatrix} b1 & b2 \\ b3 & b4 \end{bmatrix}$$

A와 B의 배열 곱셈의 결과는

$$A.*B = \begin{bmatrix} a1b1 & a2b2 \\ a3b3 & a4b4 \end{bmatrix}$$

가 되는 반면, 매트릭스 곱셈으로는 다음의 익숙한 결과가 나온다.

$$A*B = \begin{bmatrix} a1b1 + a2b3 & a1b2 + a2b4 \\ a3b1 + a4b3 & a3b2 + a4b4 \end{bmatrix}$$

영상을 포함하는 대부분의 산술, 관계, 논리 연산들은 배열 연산이다.

관계 연산자

MATLAB의 관계 연산자 목록은 표 1.3과 같다. 이들은 배열 연산자이다; 즉 같은 크기의 배열들의 상응 요소 쌍을 비교한다. 피연산자들은 하나가 스칼라가 아닌 한 서로 크기가 같아야 한다. 하나가 스칼라인 경우 MATLAB은 스칼라를 다른 피연산자의 모든 요소들에 적용해서 같은 크기의 논리 배열을 만드는데, 이때 지정된 관계가 충족되는 곳은 1, 아닌 곳은 0이 된다. 만일 두 피연산자가 스칼라이면 결과는 지정된 관계가 충족되면 1, 아니면 0이다.

논리 연산자

표 1.4는 MATLAB의 논리 연산자 목록이다. 논리 연산자에 대한 대부분의 일반적인 해석과 달리, 표 1.4의 연산자들은 논리 데이타 및 수치 데이타 모두에 적용 가능

표 1.3 관계 연산자.

연산자	이름
<	미만
<=	이하
>	초과
>=	이상
==	같음
~=	다름

표 1.4 논리 연산자.

연산자	설명
&	요소별 AND
|	요소별 OR
~	요소별 및 스칼라 NOT
&&	스칼라 AND
||	스칼라 OR

하다. MATLAB은 논리 1 또는 0이 아닌 수량을 `true`, 논리 0 또는 수치 0를 `false`로 간주한다. 예를 들어 두 피연산자의 AND는 두 피연산자가 논리 1이거나 둘 다 0이 아닌 숫자일 때 1이다. AND 연산은 두 피연산자 중 하나라도 논리 또는 수치 0이면 0이다.

연산자 `&`와 `|`는 배열에 적용된다; 이들은 입력들의 상응 요소들에 대해 각각 AND와 OR를 계산한다. 연산자 `&&`와 `||`는 스칼라에만 적용된다. 이들은 주로 `if`, `while` 및 `for` 루프에서 주로 사용된다.

흐름 제어

미리 정의된 일련의 조건들에 근거하여 연산의 흐름을 제어하는 능력은 모든 프로그래밍 언어의 가장 중요한 부분이다. 사실상, 조건 분기(conditional branching)는 1940년대 범용 컴퓨터의 형성을 유도한 두 가지 핵심적인 개발 중 하나였다. (다른 하나는 저장된 프로그램과 데이타를 유지하는 메모리의 사용이다.) MATLAB은 표 1.5에 요약된 여덟 개의 흐름 제어문을 제공한다. MATLAB은 논리 1 또는 0이 아닌 숫자를 `true`로, 논리 또는 수치 0을 `false`로 다룸(앞 절 참조)을 기억한다.

표 1.5 흐름 제어문.

명령문	설명
`if`	`else` 및 `elseif`와 함께, 지정된 논리 조건에 근거하여 명령문 그룹을 실행.
`for`	고정된(지정된) 횟수만큼 명령문 그룹을 실행.
`while`	정해져 있지 않은 횟수(지정된 논리 조건에 근거하여 결정됨)만큼 명령문 그룹을 실행.
`break`	`for` 또는 `while` 루프의 실행을 종료시킴.
`continue`	`for` 또는 `while` 루프의 다음 반복으로 제어를 넘김. 현재 루프의 나머지 명령문은 생략.
`switch`	`case` 및 `otherwise`와 함께 사용되며, 지정된 값 또는 문자열에 다라서 명령문 그룹을 선택하여 실행.
`return`	호출 함수로 돌아감.
`try...catch`	실행 중 에러가 감지되면 흐름 제어를 변경.

배열 인덱싱

MATLAB은 배열을 다루는 것을 단순하게 해주고 프로그램의 효율을 향상시키는 여러 가지 강력한 인덱싱 방법들을 지원한다. 이 절에서는 이진 영상에 유용한 인덱싱 기법뿐만 아니라, 1차원과 2차원에서의 즉, 벡터와 매트릭스에 대한 기본적인 인덱싱에 관해 설명하고 예를 보여준다. 더 복잡한 방법에 대해서는 다음에 필요할 때 소개하기로 한다.

1.7.5절에서 설명했듯이, 크기가 1×N인 배열을 **행 벡터**라고 부른다. 이러한 벡터의 요소들은 단일 인덱스 값(아래 첨자로도 불림)에 의해 접근할 수 있다. 따라서, v(1)은 벡터 v의 첫 번째 요소이며, v(2)는 두 번째 요소인 등이다. MATLAB의 벡터는 요소들을 대괄호로 묶고, 요소 사이는 공백 또는 쉼표로 분리해서 만든다. 예를 들면,

```
>> v = [1 3 5 7 9]
v =
     1 3 5 7 9
>> v(2)
ans =
     3
```

transpose (.')

전치(.') 마침표 없이 작은 따옴표를 사용하면 공액복소 전치를 계산한다. 데이타가 실수이면 둘 중 아무거나 사용해도 된다. 표 1.2를 참고한다.

행 벡터는 **전치** 연산자(*transpose operator*)(.')에 의해 열 벡터로 변환된다:

```
>> w = v.'
w =
     1
     3
     5
     7
     9
```

colon (:)

요소 **블록**에 접근하기 위해서는 MATLAB의 **콜론** 표시를 사용한다. 예를 들면, v의 처음 세 요소를 다루려면 다음과 같이 쓴다:

```
>> v(1:3)
ans =
     1    3    5
```

마찬가지로, 세 번째부터 마지막 요소까지를 다루려면

end

```
>> v(3:end)
ans =
     5    7    9
```

여기서 end는 벡터의 마지막 요소를 표시한다. 벡터를 다음과 같이 다른 벡터의 인덱스로 사용할 수도 있다:

```
>> v([1 4 5])
ans =
     1     7     9
```

또한 인덱스를 붙이는 것은 이웃한 요소들에 국한되지 않는다. 예를 들면,

```
>> v(1:2:end)
ans =
     1     5     9
```

에서 1:2:end는 요소 1에서 시작해서, 2씩 증가시키며 세고, 마지막 요소에 도달하면 멈춘다는 것을 나타낸다.

MATLAB은 행 벡터들을 대괄호로 싸고 세미콜론으로 구분해서 편리하게 매트릭스를 표현할 수 있다. 예를 들면,

```
>> A = [1 2 3; 4 5 6; 7 8 9]
```

를 입력하면, 다음의 3×3 매트릭스가 출력된다:

```
A =
     1     2     3
     4     5     6
     7     8     9
```

매트릭스의 요소는 벡터에 대해서 했던 것과 같은 방법으로 선택할 수 있으나, 이제는 인덱스가 두 개 필요하다: 하나는 행 위치용, 다른 하나는 열 위치용. 인덱스로 콜론을 사용하면 전체 행, 열, 또는 매트릭스를 선택할 수도 있다:

```
>> A(2,:)
ans =
     4     5     6
```

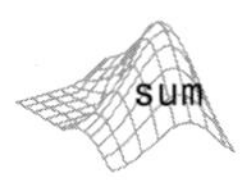


```
>> sum(A(:))
ans =
    45
```

함수 sum은 각 열의 합을 계산한다; 단일-콜론 인덱싱은 A를 열 벡터로 바꿔서 sum에 전달한다.

다른 인덱싱 형태로 **논리 인덱싱**이 있는데, 매우 유용하다. 논리 인덱싱 식은 A(D) 형태를 갖는데, 여기서 A는 배열, D는 A와 크기가 같은 논리 배열이다. 식 A(D)는 D에서 1의 값을 갖는 요소들에 상응하는 위치의 A의 모든 요소를 추출한다. 예를 들면,

```
>> D = logical([1 0 0; 0 0 1; 0 0 0])
D =
     1    0    0
     0    0    1
     0    0    0
>> A(D)
ans =
     1
     6
```

영상처리에 유용한 마지막 인덱싱 부류로 **선형 인덱싱**이 있다. 선형 인덱싱은 매트릭스 또는 더 고차원 배열을 인덱싱하기 위해 **단일** 아래 첨자를 사용한다. $M \times N$ 매트릭스(1.7.5절 참조)에 대해 요소 (r, c)는 단일 아래 첨자 $r + M(c-1)$을 사용해서 접근될 수 있다. 즉 A(2, 3)는 A([8]) 또는 A(8)으로 선택될 수 있다.

함수 핸들, 셀 배열, 구조체

다음 장들에서 보겠지만, M-함수 프로그래밍에는 몇 가지 다른 데이타 유형이 광범위하게 사용된다. 이 절에서는 그 중에서 이 책의 다음 장들에서 중요해질 세 가지를 소개한다.

함수 핸들은 함수를 다룰 때 사용되는 정보를 담고 있는 MATLAB 데이타 유형이다. 함수 핸들을 사용할 때의 주요 이점은 다른 함수를 호출할 때 함수 핸들을 인자로서 넘겨줄 수 있다는 것이다. 다음 절에서 알게 되듯이, MATLAB이 함수를 수행하는 데 필요한 모든 정보를 함수 핸들이 운반한다는 사실은 프로그램 구현을 더욱 간단하게 만들어줄 수 있다. 함수 핸들은 또한 반복 연산에서 성능을 향상시킬 수도 있고, 다른 함수에 전달되는 외에도 추후 사용을 위해 데이타 구조체나 파일로 저장될 수도 있다.

@ 함수 핸들 연산자

함수 핸들에는 두 가지 유형이 있으며, 모두 함수 핸들 연산자 @.를 사용해서 생성된다. 첫 번째 함수 핸들 유형은 **이름 붙은(또는 간단한) 함수 핸들**이다. 이름 붙은 함수 핸들을 만들려면, @ 연산자 다음에 원하는 함수의 이름을 붙인다. 예를 들면,

```
>> f = @sin
f =
     @sin
```

함수 sin을 함수 핸들 f를 호출해서 간접적으로 호출할 수 있다:

```
>> f(pi/4)
ans =
```

```
    0.7071
>> sin(pi/4)
ans =
    0.7071
```

두 번째 함수 핸들 유형은 **익명 함수 핸들**이며, 함수 이름 대신에 MATLAB 식으로부터 만들어진다. 익명 함수를 만들기 위한 일반적 포맷은 다음과 같다:

```
@(input-argument-list) expression
```

예를 들어 다음의 익명 함수 핸들은 입력을 제곱시킨다:

```
>> g = @(x) x.^2;
```

그리고 다음의 핸들은 제곱된 두 변수의 합의 제곱근을 계산한다.

```
>> r = @(x, y) sqrt(x.^2 + y.^2);
```

익명 함수 핸들은 이름 붙은 함수 핸들처럼 호출될 수 있다.

혼합된 객체들(예: 글자, 숫자, 매트릭스, 다른 셀 배열)을 한 변수 이름으로 결합하기 위해 **셀 배열**을 사용할 수 있다. 예를 들어 (1) 512×512 크기의 uint8 영상 f, (2) 188×2 배열의 행 형태의 2-D 좌표 시퀀스, (3) 두 문자 이름 char_arra = {'area', 'centroid'}(셀 배열의 내용을 포장하기 위해 중괄호 사용)를 다른다고 하자. 이 세 개의 이종 항목들을 셀 배열을 이용해서 한 변수 C로 묶을 수 있다:

```
C = {f, b, char_array}
```

프롬프트에서 C를 입력하면 다음과 같은 출력이 나온다:

```
>> C
C =
    [512x512 uint8]    [188x2 double]    {1x2 cell}
```

즉, 표시되는 출력은 여러 변수의 값들이 아니라, 그들의 속성의 일부이다. 셀의 어떤 요소의 전체 내용을 보려면, 그 요소의 수치 위치를 중괄호로 묶는다. 예를 들어, char_array의 내용을 보려면

```
>> C{3}
ans =
    'area' 'centroid'
```

를 입력한다. C의 요소에 대해 중괄호 대신에 소괄호를 사용하면 그 변수에 대한 설명이 나온다:

```
>> C(3)
ans =
    {1x2 cell}
```

끝으로, 셀 배열은 인자들에 대한 포인터가 아닌 인자들의 **복사체**를 포함한다. 따라서, 만일 이전 보기의 C의 인자 중 어떤 것이더라도 C가 만들어진 후 바뀌게 되어도, 그 변화가 C에 반영되지 않는다.

구조체(*structure*)는 이종 데이타들을 한 변수로 묶게 해준다는 면에서는 셀 배열과 비슷하다. 그러나 셀들이 숫자에 의해 주소가 붙는 셀 배열과 달리, 구조체의 요소들은 **필드**라고 부르는 사용자-정의 이름에 의해 주소가 지정된다. 응용에 따라서는 필드를 사용하면 M-함수가 명확해지고 읽기 쉬워진다. 예를 들어 f가 입력 영상이면

size
mean2
mean

[M, N] = size(f)는 2-D 영상 f의 행과 열 수를 반환한다. mean2(f)는 f에 있는 요소들의 평균 또는 산술 평균 값을 계산한다. 만일 v가 벡터이면 mean(v)는 v의 요소들의 평균값을 반환한다. 만일 A가 매트릭스이면, mean(A)는 A의 열들을 벡터로 간주하고, 평균값 행 벡터를 반환한다.

```
function s = image_stats(f)
s.dm = size(f);
s.AI = mean2(f);
s.AIrows = mean(f, 2);
s.AIcols = mean(f, 1);
```

로 쓸 수 있고, s가 구조체이다. 이 경우의 구조체의 필드는 dm(1×2 벡터), AI(스칼라), AIRows($M \times 1$ 벡터)이며, 여기서 M과 N은 각각 영상의 행과 열의 수이다. 구조체를 필드와 분리하기 위해 점을 사용한다. 필드 이름은 숫자 아닌 글자로 시작하게 지어주면 된다.

코드 최적화

MATLAB은 특별히 배열 연산을 위해 설계된 프로그래밍 언어이다. 이 사실을 이용하면 계산 속도를 현저하게 개선시킬 수 있다. 이 절에서는 MATLAB 코드 최적화를 위한 두 가지 중요한 방법에 관해 설명한다: 배열 선할당(preallocating)과 루프 벡터화.

선할당은 배열의 요소들을 계산하는 for 루프에 들어가기 전에 배열을 초기화시키는 것을 의미한다. 선할당이 중요한 이유를 보여주기 위해 간단한 실험으로 시작한다. MATLAB 함수를 만들어서 $x = 0, 1, 2, \ldots, M-1$에 대해

$$f(x) = \sin(x/100\pi)$$

를 계산하려 한다고 하자. 다음은 이 함수의 첫 번째 버전이다:

numel

numel(x)는 배열 x의 요소 수를 제공한다.

```
function y = sinfun1(M)
x = 0:M - 1;
for k = 1:numel(x)
   y(k) = sin(x(k) / (100*pi));
end
```

M = 5일 때의 출력은 다음과 같다:

```
>> sinfun1(5)
ans =
     0    0.0032    0.0064    0.0095    0.0127
```

MATLAB 함수 tic과 toc을 이용하면 함수 실행 소요 시간을 측정할 수 있다. tic, 함수, 그리고 toc의 순으로 호출한다:

tic toc

```
>> tic; sinfun1(100); toc
Elapsed time is 0.001205 seconds.
```

(만일 앞의 세 명령을 줄을 분리해서 입력한다면, 측정된 시간에는 나중의 두 줄을 입력하는 데 소요된 시간이 포함될 것이다.)

앞 문단에서처럼, 호출을 이용하는 시간 측정 함수들은 측정 시간이 많이 달라질 수 있으며, 특히 명령 프롬프트에서 수행될 때 그러하다. 예를 들면 앞의 호출을 반복하면 다른 결과가 나온다:

```
>> tic; sinfun1(100); toc
Elapsed time is 0.001197 seconds.
```

함수 timeit을 사용하면 신뢰성 있고, 반복 가능한 시간 측정이 가능하다. timeit의 호출 문법은 다음과 같다†:

timeit

```
s = timeit(f)
```

여기서 f는 시간 측정될 함수의 핸들이며, s는 f를 호출하는 데 필요한 초단위의 측정 시간이다. 함수 핸들 f는 입력 인자 없이 호출된다. M = 100일 때 sinfun1의 시간을 측정하기 위해 timeit을 다음과 같이 사용한다:

```
>> M = 100;
>> f = @() sinfun1(M);
>> timeit(f)
ans =
    8.2718e-005
```

함수 timeit에 대한 이 호출은 앞 절에서 소개된 함수 핸들 개념의 파워를 여실히 보여준다. 입력이 없이 함수 핸들을 받기 때문에, 함수 timeit은 시간 측정 대상 함수의 파라미터에 대해 독립적이다. 그 대신에, 그 작업을 함수 핸들 자체를 생성하는 데로 넘긴다. 이 경우, 단 하나의 파라미터(M)만 필요했다. 그러나 여러 파라미터를 갖는 더 복잡한 함수를 상상할 수 있다. 함수 핸들이 함수 실행에 필요한 모든 정보를 저장하기 때

† 함수 timeit의 리스팅을 제공하는 것은 적절치 않다. 이 함수는 시간-측정 오버헤드를 정확하게 계산하도록 설계된 수백 줄의 지루하고 반복되는 코드를 담고 있다. http://www.mathworks.com/matlabcentral/fileexchange/18798에서 리스팅을 얻을 수 있다.

문에 timeit이 단일 입력을 필요로 하고 복잡도나 파라미터 수와 무관하게 임의의 함수의 시간을 잴 수 있는 게 가능하다. 이것은 매우 유용한 프로그래밍 특징이다.

M = 500, 1000, 1500, ..., 20000에 대해 sinfun1이 얼마나 걸리는지를 측정하기 위해 timeit을 사용해본다:

sinfun1 takes for M = 500, 1000, 1500, ..., 20000:

```
M = 500:500:20000;
for k = 1:numel(M)
   f = @() sinfun1(M(k));
   t(k) = timeit(f);
end
```

sinfun1(M)을 계산하는 데 필요한 시간이 M에 비례할 것으로 예상했겠지만, 그림 1.3(a)는 실제 소요 시간이 M^2의 함수로서 증가한다는 것을 보여준다. 그 이유는 sinfun1.m에서 출력 변수 y의 크기가 루프를 돌 때마다 한 요소만큼씩 커지기 때문이다. MATLAB은 이 내재된 배열 성장을 자동으로 다룰 수 있지만, 새로운 메모리 공간을 재할당하고 배열이 커질 때마다 이전 배열 요소들을 복사해야 한다. 이 잦은 메모리 재할당 및 복사는 계산상 고비용이며, sin 계산 자체보다 훨씬 더 많은 시간을 소요한다.

이 성능 문제에 대한 해법을 MATLAB 편집기가 sinfun1.m에 대한 다음과 같은 보고를 통해 제안해 준다:

```
'y' might be growing inside a loop. Consider preallocating for speed.
```

y를 선할당 한다는 것은 루프를 시작하기 전에 예상 출력 크기로 초기화하는 것을

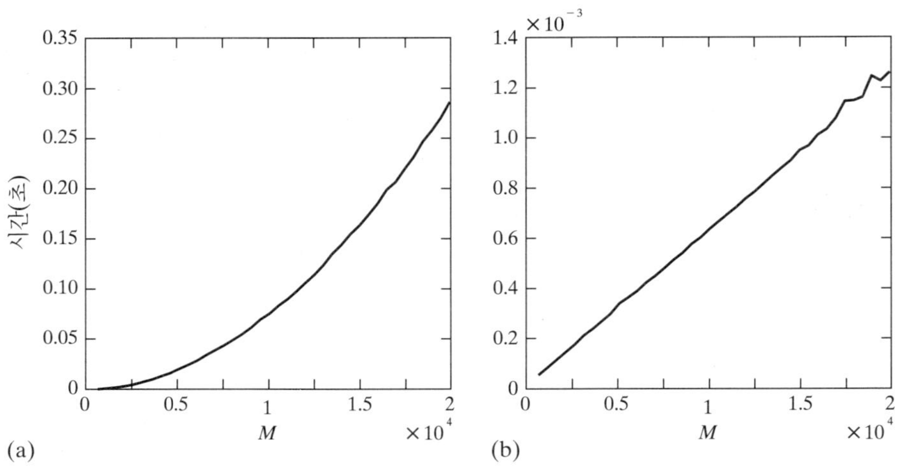

그림 1.3 (a) M의 함수로서의 sinfun1 함수의 대략적 실행 시간. (b) 함수 sinfun2의 대략적 시간. 글리치는 메모리 페이징 때의 간격 차이에 의해 야기되었다. (a)와 (b)의 시간 스케일이 다르다.

의미한다. 보통, 선할당은 함수 zeros를 호출해서 수행된다. 우리의 두 번째 버전인 sinfun2.m은 선할당을 이용한다:

```
function y = sinfun2(M)
x = 0:M-1;
y = zeros(1, numel(x));
for k = 1:numel(x)
   y(k) = sin(x(k) / (100*pi));
end
```

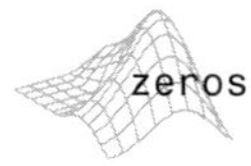

zeros(M, N)은 double 클래스의 0들로 구성된 M x N 매트릭스를 만든다.

sinfun1(20000)과 sinfun2(20000)에 소요되는 시간을 비교해 보자:

```
>> timeit(@() sinfun1(20000))
ans =
    0.2852

>> timeit(@() sinfun2(20000))
ans =
    0.0013
```

선할당을 사용하는 버전이 약 220배 빠르다. 그림 1.3(b)는 sinfun2를 실행하는 데 필요한 시간이 M에 비례하는 것을 보여준다. [그림 1.3(a)와 (b)의 시간 스케일이 다름에 유의한다.]

실행 시간은 사용하는 컴퓨터에 따라 달라진다. 여기서 중요한 수치는 실행 시간 비이다.

MATLAB의 벡터화는 매트릭스/벡터 연산자, 인덱싱 기법, 기존 MATLAB 또는 툴박스 함수들을 결합해서 루프를 제거하는 기법을 의미한다. 예로서, sinfun의 세 번째 버전은 sin이 단지 스칼라 입력에 대해서만이 아니라, 배열 입력에 대해 요소별로 연산할 수 있다는 사실을 이용한다. 함수 sinfun3에는 for 루프가 없다:

```
function y = sinfun3(M)
x = 0:M-1;
y = sin(x ./ (100*pi));
```

구버전 MATLAB에서는 매트릭스와 벡터 연산자를 이용해서 루프를 없앨 때 거의 항상 현저히 속도가 증가하였다. 그러나, 신버전 MATLAB은 sinfun2에 있는 것 같은 단순한 for 루프를 자동으로 빠른 기계 코드로 컴파일을 할 수 있다. 그 결과 구버전 MATLAB에서 느렸던 많은 for 루프들이 벡터화된 버전보다 더 이상 느리지 않게 되었다. 사실 여기서는 루프가 없는 sinfun3가 루프가 있는 sinfun2와 비슷한 속도로 실행되는 것을 볼 수 있다:

```
>> timeit(@() sinfun2(20000))
ans =
    0.0013

>> timeit(@() sinfun3(20000))
ans =
    0.0018
```

다음 예제가 보여주듯이, 벡터화에 의해 속도 개선은 여전히 가능하지만, 구버전 MATLAB에서만큼 현저하지는 않다.

예제 1.1

벡터화의 예시와 함수 meshgrid의 소개.

■ 이 예제에서는 다음 식에 기반해서 합성 영상을 만드는 두 버전의 MATLAB 함수를 작성한다:

$$f(x, y) = A\sin(u_0 x + v_0 y)$$

첫 번째 함수인 twodsin1은 f를 계산하는 데 중첩 for 루프를 사용한다:

```
function f = twodsin1(A, u0, v0, M, N)
f = zeros(M, N);
for c = 1:N
   v0y = v0 * (c - 1);
   for r = 1:M
      u0x = u0 * (r - 1);
      f(r, c) = A*sin(u0x + v0y);
   end
end
```

for 루프 앞의 선할당 단계 f = zeros(M, N)을 주목한다. 512×512 화소 크기의 정현파 영상을 만드는 데 이 함수가 얼마나 소요하는지를 알아보기 위해 timeit을 사용하자:

```
>> timeit(@() twodsin1(1, 1/(4*pi), 1/(4*pi), 512, 512))
ans =
    0.0471
```

선할당이 사용되지 않는다면 이 함수는 약 42배 더 느리게 돌아서, 같은 입력 파라미터로 실행하는 데 1.9826초가 소요된다.

imshow의 자동 범위 문법([])을 이용해서 결과 영상을 표시할 수 있다:

```
>> f = twodsin1(1, 1/(4*pi), 1/(4*pi), 512, 512);
>> imshow(f, [ ])
```

그림 1.4가 그 결과를 보여준다.

이 함수의 두 번째 버전에서는 다음과 같은 문법의 meshgrid라는 아주 유용한 MATLAB 함수를 이용해서 벡터화(즉, for 루프를 사용하지 않고 재작성)한다:

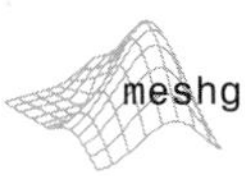

meshgrid

도움말에 자세히 나온 것처럼, meshgrid는 세 변수의 함수를 계산하고 입체 그래프를 만드는 데 유용한 3-D 표현을 갖고 있다.

```
[C, R] = meshgrid(c, r)
```

이 입력 인자 c와 r이 각각 수평(열)과 수직(행) 좌표들의 벡터들이다(열이 먼저 나옴에 유의한다). 함수 meshgrid는 이 좌표 벡터들을 두 변수의 함수를 계산하는 데 사용될 수 있는 두 배열 C와 R로 변환한다. 예를 들어, 다음 명령들은 범위가 1에서 3인 정수 값 x와 범위가 10에서 14인 정수 값 y에 대해 함수 $z = x + y$를 계산하기 위해 meshgrid를 사용한다:

```
>> [X, Y] = meshgrid(1:3, 10:14)
X =
     1     2     3
     1     2     3
     1     2     3
```

그림 1.4 예제 1.1에서 생성된 정현파 현상.

```
     1    2    3
     1    2    3
Y =
    10   10   10
    11   11   11
    12   12   12
    13   13   13
    14   14   14

>> Z = X + Y
Z =
    11   12   13
    12   13   14
    13   14   15
    14   15   16
    15   16   17
```

끝으로, meshgrid를 사용해서 루프 없이 2-D sine 함수를 재작성해 보자:

```
function f = twodsin2(A, u0, v0, M, N)
r = 0:M - 1; % Row coordinates.
c = 0:N - 1; % Column coordinates.
[C, R] = meshgrid(c, r);
f = A*sin(u0*R + v0*C);
```

앞에서와 같이, 속도 측정을 위해 timeit을 사용한다:

```
>> timeit(@() twodsin2(1, 1/(4*pi), 1/(4*pi), 512, 512))
ans =
    0.0126
```

벡터화 버전이 실행에 50% 정도 시간이 덜 소요된다.

MATLAB의 새 버전이 나올 때마다 루프 돌리는 속도가 빨라지고 있기 때문에, 언제 MATLAB 코드를 벡터화해야 하는지에 관한 일반적 가이드라인을 제공하기는 곤란하다. 매트릭스와 벡터 표기에 익숙한 수학적으로 훈련된 많은 사용자들에게는 루프 기반 코드보다 흔히 벡터화 코드가 더 읽기 쉽다(더 "수학적"으로 보이므로). 예를 들어, 같은 연산을 수행하는 twodsin2 함수의 다음 줄

```
f = A*sin(u0*R + v0*C);
```

과 twodsin1의 다음 줄들

```
for c = 1:N
   v0y = v0*(c - 1);
   for r = 1:M
      u0x = u0 * (r - 1);
      f(r, c) = A*sin(u0x + v0y);
    end
end
```

를 비교해 보라. 분명히 첫 번째 표현이 더 축약적이나, 실제로 일어나고 있는 기법과 관련해서는 두 번째가 더 명확하다.

옳고 이해 가능한 코드를 작성하려고 노력하는 게 우선이다. 그런 다음, 코드가 충분히 빠르지 않으면 MATLAB Profiler(1.7.2절 참조)를 사용해서 가능한 성능 트러블 위치들을 식별한다. 만일 이 트러블 위치들 중 for 루프가 있다면, 선할당 문제 여부를 확인하고 벡터화 기법 사용을 고려한다. MATLAB 문서는 성능에 관한 더 자세한 내용을 담고 있다; "Techniques for Improving Performance(성능 개선 기법)" 절을 검색해 보라.

1.8 이 책의 참고문헌 정리 방식

How References Are Organized in the Book

이 책의 모든 참고문헌은 Soille[2003]와 같이 저자와 날짜에 의해 열거되어 있다. 이 책의 이론적 내용에 관한 배경이 되는 참고문헌들의 대부분은 Gonzalez와 Woods[2008]에서 가져왔다. 그렇지 않은 경우에는 적합한 새 참고문헌이 설명 위치에 표시된다. MATLAB 매뉴얼 및 다른 일반적인 MATLAB 참고문헌같이 모든 장들에 적용되는 참고문헌들은 목록에 별도로 표시되어 있다.

요약

표기와 기본적 MATLAB 도구에 관한 간략한 소개 외에, 이 장의 내용은 디지털영상처리 문제의 해법에 있어서 포괄적 프로토타입화 환경의 중요성을 강조한다. IPT 함수들을 이해하는 데 필요한 기초를 설명하고, 이 책 전반에 거쳐 사용되는 기본 프

로그래밍 개념들을 소개한다. 2장부터 11장의 내용은 디지털영상처리 응용의 주류에 속하는 주제들의 단면을 폭넓게 섭렵한다. 그러나 비록 다뤄지는 주제들이 다양하지만, 그 장들의 설명은 MATLAB과 툴박스 함수들을 새로운 코드와 결합해서 넓은 스펙트럼의 영상처리 문제들을 해결하기 위해 사용할 수 있는 방법을 보여주려는 기본 테마를 똑 같이 따른다.

2 밝기 변환과 공간 필터링

Intensity Transformations and Spatial Filtering

개요 *Preview*

공간 도메인은 공간 평면 자체를 의미한다. 그리고, 이 부류의 방법들은 영상의 화소들을 직접 다룬다. 이 장에서는 공간 도메인 처리의 두 가지 주요 부류에 초점을 맞춘다: **밝기(또는 그레이 레벨) 변환**과 **공간 필터링**. 후자의 방식은 **이웃 처리** 또는 **공간 컨볼루션**이라고 부르기도 한다. 다음의 절들에서는 이들 두 부류의 대표적인 처리 기법들의 MATLAB 표현을 개발하고 예시한다. 또한 퍼지 영상처리 개념을 소개하고, 그들의 구현을 위한 새로운 M-함수들을 개발한다. 주제의 일관성을 유지하기 위해, 이 장의 대부분의 예제들은 영상 개선을 다룬다. 개선은 매우 직관적이고 특히 이 분야의 초보자들의 관심을 끌기 때문에 이 방법은 공간 처리를 소개하는 데 좋은 방법이다. 그렇지만, 이 책의 전반에 거쳐 보게 되듯이, 이 기법들은 보편적이라서 디지털영상처리의 수많은 다른 세분야들에 사용된다.

2.1 배경 Background

앞의 문단에서 언급했듯이, 공간 도메인 기법은 영상의 화소들에 직접 작용한다. 이 장에서 설명되는 공간 도메인 처리들은 다음 식에 의해 표현된다.

$$g(x, y) = T\left[f(x, y)\right]$$

여기서 $f(x, y)$는 입력 영상, $g(x, y)$는 출력(처리된) 영상, T는 점 (x, y) 주위의 지정된 이웃에 대해 정의되는 f에 대한 연산자이다. 또한, T는 노이즈 경감을 위해 K개의 영상을 더하는 것같이 다수의 영상에 대한 연산이 가능하다.

어떤 점 (x, y)의 공간적 이웃들은 그림 2.1과 같이 주로 (x, y)를 중심으로 하는

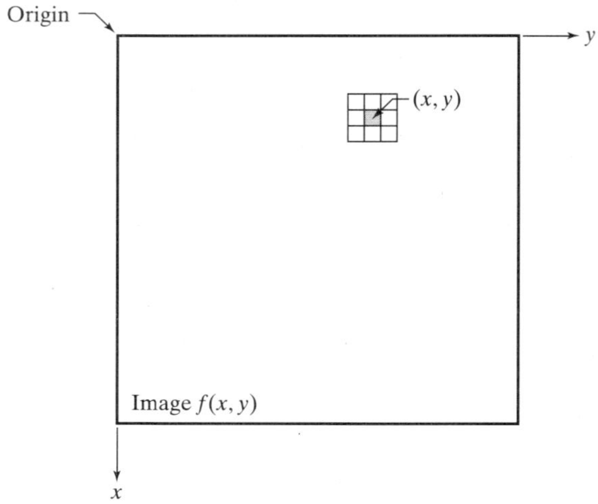

그림 2.1 영상의 점 (x, y) 주위의 크기 3×3의 이웃.

정사각형 또는 직각사각형으로 정의된다. 한 예로 이 영역의 중심이 좌측 위 모서리에서 시작해서 한 화소씩 이동하며, 이동할 때마다 다른 이웃들을 포함한다. 연산자 T는 각 위치 (x, y)에서 적용되어 그 위치에서의 출력 g를 만든다. (x, y)를 중심으로 하는 이웃 화소들만이 (x, y)에서의 g의 값을 계산하는 데 사용된다.

이 장의 나머지 대부분에서는 앞의 식을 다양하게 구현해 본다. 이 식이 개념적으로는 간단하나, MATLAB에 의해 구현할 때는 데이타 클래스와 값의 범위에 주의를 요한다.

2.2 밝기 변환함수 Intensity Transformation Functions

가장 간단한 형태의 변환함수 T는 그림 2.1의 이웃의 크기가 1×1(단일 화소)일 때이다. 이 경우, (x, y)에서의 g의 값은 그 점에서의 f의 밝기에만 의존하며, T는 **밝기** 또는 **그레이 레벨 변환함수**가 된다. 이들 두 용어는 흑백(즉, 그레이스케일) 영상을 다룰 때 혼용된다. 칼라 영상을 다룰 때는, 6장에서 설명된 것같이, 용어 **밝기**는 특정 칼라 공간에서의 칼라 영상 성분을 나타내는 데 사용된다.

출력값이 이웃 점들이 아닌 한 점의 밝기 값에만 종속되므로, 다음과 같이 간단한 형태로 쓰는 경우도 많다.

$$s = T(r)$$

여기서 r과 s는 각각 f와 g 영상의 같은 점 (x, y)에서의 밝기를 나타낸다.

2.2.1 함수 `imadjust`와 `stretchlim`

함수 `imadjust`는 그레이스케일 영상의 밝기 변환을 위한 기본적인 IPT 함수이며, 일반 문법은 다음과 같다.

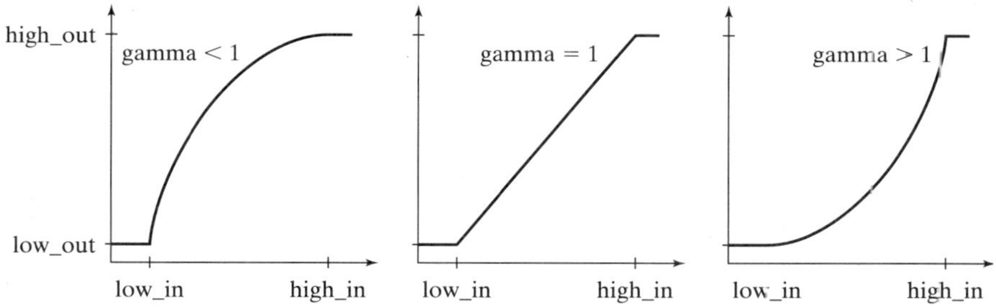

그림 2.2 함수 imadjust에서 가용한 매핑들.

```
g = imadjust(f, [low_in high_in], [low_out high_out], gamma)
```

imadjust

그림 2.2가 보여주듯이 이 함수는 영상 f의 밝기 값을 영상 g에서 새로운 값으로 매핑한다. 이때, low_in과 high_in 사이의 값을 low_out과 high_out 사이의 값으로 매핑한다. low_in 보다 작거나 high_in보다 큰 값은 잘린다; 즉, low_in 아래 값은 low_out으로, high_in 위 값은 high_out으로 매핑한다. 입력 영상은 클래스 uint8, uint16, int16, single 또는 double 형이 가능하며, 출력 영상은 입력 영상과 같은 클래스를 갖는다. 함수 imadjust의 f와 gamma 외의 입력은 f의 클래스와 상관없이 0과 1 사이의 값으로 지정된다. 만일, 예를 들어 f가 클래스 uint8 형이면, imadjust는 공급된 값에 255를 곱해서 사용할 실제값을 계산한다. [low_in high_in] 또는 [low_out high_out]이 빈 매트릭스([])이면 디폴트 값 [0 1]을 사용한다. 만일 high_out이 low_out보다 작으면 출력 밝기는 반전된다.

1.7.8절의 설명에서 함수 mat2gray가 입력 영상의 클래스에 관계 없이 영상을 double 클래스로 전환하고 밝기를 [0, 1] 범위로 스케일링하는데 사용될 수 있음을 상기한다.

인자 gamma는 f의 밝기 값을 매핑해서 g를 만드는 곡선의 모양을 규정한다. 만일 gamma가 1보다 작으면 그림 2.2(a)에서와 같이 매핑이 더 높은(더 밝은) 출력 값들을 향해 가중된다. 만일 gamma가 1보다 크면 매핑이 더 낮은(더 어두운) 출력 값들을 향해 가중된다. 만일 생략되면, gamma의 디폴트 값 1을 사용한다(선형 매핑).

예제 2.1

함수 imadjust 사용하기.

■ 그림 2.3(a)는 작은 종양이 보이는 디지털 매모그램 영상 f이며, 그림 2.3(b)는 다음의 명령으로 얻은 네거티브 영상이다.

```
>> g1 = imadjust(f, [0 1], [1 0]);
```

디지털 방식으로 사진의 네거티브를 얻는 이 과정은 특히 넓고 어두운 영역 속의 백색 또는 회색 디테일을 개선하는 데 유용하다. 예를 들어, 그림 2.3(b)에서 가슴 조직을 분석하는 게 훨씬 더 쉬워졌음에 주목한다. 영상의 네거티브는 툴박스 함수 imcomplement를 사용해서도 얻을 수 있다:

```
g = imcomplement(f)
```

imcomplement

그림 2.3(c)는 다음 명령의 결과이다.

```
>> g2 = imadjust(f, [0.5 0.75], [0 1]);
```

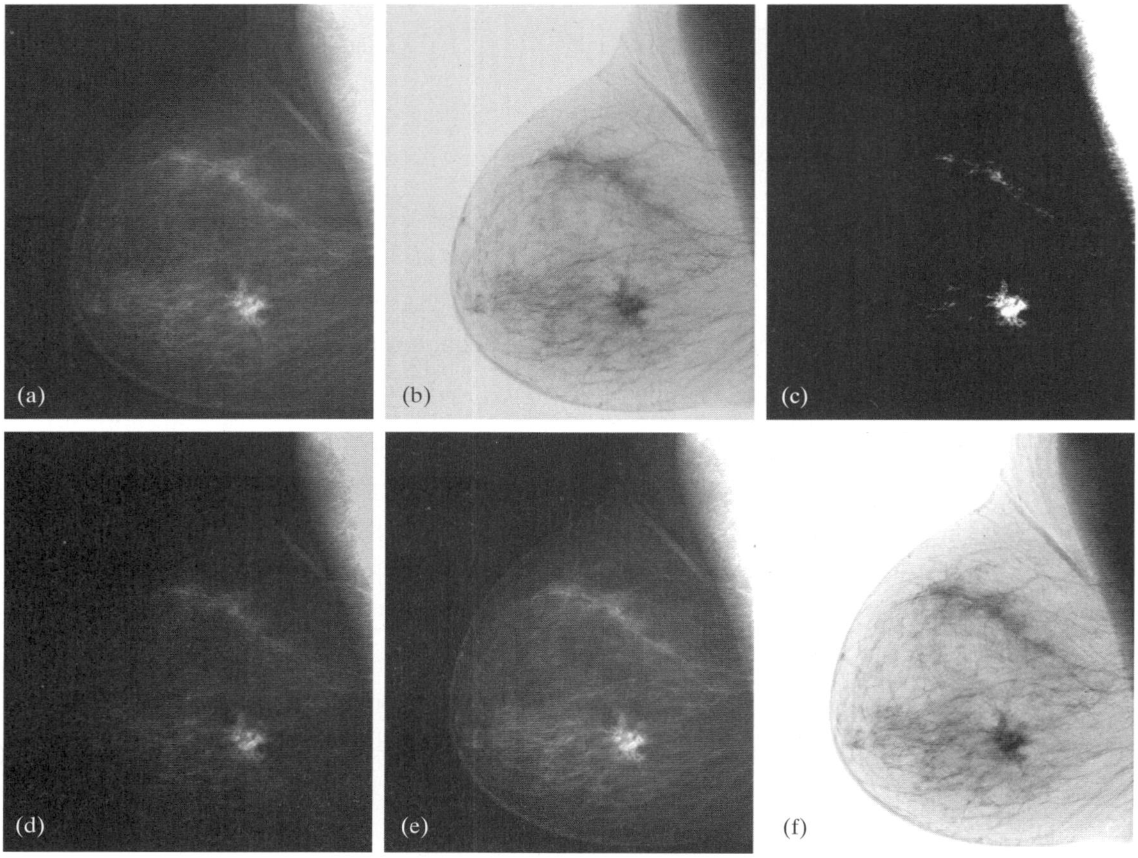

그림 2.3 (a) 오리지널 디지털 매모그램. (b) 네거티브 영상. (c) 범위 [0.5, 0.75]의 밝기들을 확장시킨 결과. (d) gamma = 2로 영상을 개선한 결과. (e)와 (f) 함수 stretchlim을 함수 imadjust에 자동 입력으로 사용한 결과. (사진 제공: G.E. Medical Systems)

0.5와 0.75 사이의 그레이스케일 구간를 [0, 1]의 전 범위로 확장한다. 이 유형의 처리는 관심 대상 밝기 범위를 강조하는 데 유용하다. 끝으로, 다음 명령

```
>> g3 = imadjust(f, [ ], [ ], 2);
```

은 그림 2.3(d)에서 보듯이, 그레이스케일의 아래 끝은 압축하고 위 끝은 확장시켜서 그림 2.3(c)와 비슷한(그러나 회색 톤이 더 많은) 결과를 만들었다.

때때로 위에 논의된 low와 high 파라미터들에 신경 쓸 필요 없이, 함수 imadjust를 "자동"으로 사용할 수 있다면 좋을 것이다. 함수 stretchlim은 그런 면에서 유용하다; 그의 기본 문법은

stretchlim

```
Low_High = stretchlim(f)
```

이며, 여기서 Low_High는 콘트라스트 스트레칭(이 용어의 정의는 다음 절을 참고)을 달성하는 데 사용될 수 있는 하한 및 상한의 두 요소 벡터이다. 디폴트로 Low_High의 값들은 f의 모든 화소 값들의 하위 및 상위 1%를 포화시키는 밝기 레벨을 지정한다. 그 결과는 함수 imadjust의 벡터 [low_in high_in]에 사용된다:

```
>> g = imadjust(f, stretchlim(f), [ ]);
```

그림 2.3(e)는 그림 2.3(a)에 이 연산을 수행한 결과를 보여준다. 콘트라스트 향상에 주목한다. 비슷하게, 그림 2.3(f)는 다음 명령을 사용해서 얻었다:

```
>> g = imadjust(f, stretchlim(f), [1 0]);
```

그림 2.3(b)와 (f)를 비교하면 알 수 있듯이, 이 연산이 네거티브 영상의 콘트라스트를 향상시켰다.

약간 더 일반적인 stretchlim 문법은

```
Low_High = stretchlim(f, tol)
```

이며, 여기서 tol은 low와 high 화소 값들에서 포화되는 영상 비율을 규정하는 두 요소 벡터 [low_frac high_frac]이다.

만일 tol이 스칼라이면 low_frac = tol, high_frac = 1 − low_frac이다; 이것은 low와 high 화소 값들에서 같은 비율로 포화시킨다. 만일 생략하면, tol의 디폴트 값 [0.01 0.99]가 사용되어 포화 레벨은 2%가 된다. tol = 0으로 선택하면, Low_High = [min(f(:)) max(f(:))]가 된다.

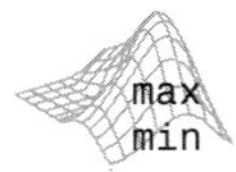

함수 max(A)와 min(A)는 배열 A의 최대 요소와 최소 요소를 반환한다. 더 자세한 정보를 보려면 >> help max 또는 >> help min을 타이핑한다.

2.2.2 로그 및 콘트라스트-스트레칭 변환함수

로그와 콘트라스트-스트레칭 변환함수는 동적 범위(dynamic range)를 조절하기 위한 기본적인 툴이다. 로그 변환함수는 다음 식으로 구현한다.

```
g = c*log(1 + f)
```

log는 자연 로그이다. log2와 log10은 각각 베이스가 2와 10인 로그이다.

여기서 c는 상수, f는 실수이다. 이 변환함수의 모양은 그림 2.2(a)의 gamma 곡선에서 밑의 값을 0, 위의 값을 1로 설정한 것과 비슷하다. 그러나, gamma 곡선의 모양은 가변적인 반면, 로그 함수의 모양은 고정되었음에 주의한다.

로그 변환함수의 주요 용도 중 하나는 동적 범위를 축소시키는 것이다. 예를 들면, 푸리에 스펙트럼(3장)에서 값의 범위가 $[0, 10^6]$ 정도 되는 경우는 드물지 않다. 8비트를 사용해서 모니터에 선형적으로 표시한다면, 디스플레이에는 지배적인 큰 값들로 인해 스펙트럼의 낮은 밝기 값들의 디테일을 볼 수 없게 된다. 로그로 변환하면, 예를 들어 10^6 규모의 동적 범위가 약 $14[\log_e(10^6) = 13.8]$로 줄어듦으로 훨씬 더 다루기 용이하다.

로그 변환을 할 때는 압축된 결과값들을 디스플레이의 전체 범위에 다시 맞추는 게 바람직할 때가 있다. 8비트에 대해 MATLAB에서 가장 간단한 방법은 다음의 명령문을 사용하는 것이다.

```
>> gs = im2uint8(mat2gray(g));
```

mat2gray에 의해 값의 범위가 [0, 1]로 되며, im2uint8은 범의를 [0, 255]로 만든다. 영상클래스는 uint8으로 바뀐다.

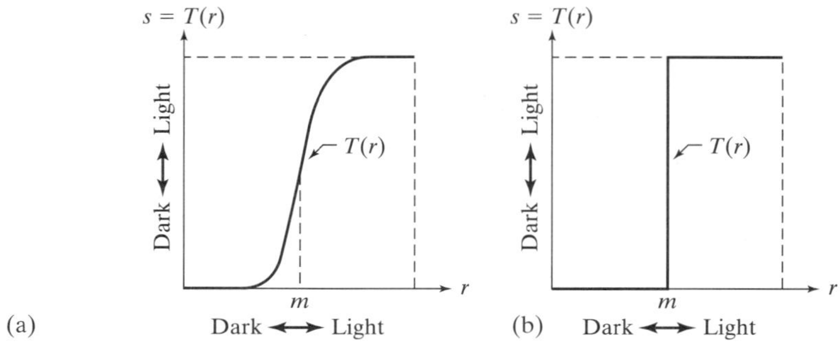

그림 2.4 (a) 콘트라스트-스트레칭 변환. (b) 문턱처리 변환.

그림 2.4(a)의 함수를 **콘트라스트-스트레칭** 변환함수라고 부른다. 이 함수는 좁은 범위의 입력 레벨을 넓은 범위의 출력 레벨로 확장한다. 그 결과 영상은 콘트라스트가 높아진다. 그림 2.4(b)의 극단적인 경우에서 출력은 이진 영상이 된다. 이 극단적 함수를 **문턱처리**(*thresholding*) 함수라고 부르며, 11장에서 설명되듯이, 간단한 영상 분할에 사용된다. 이 절의 처음에 소개된 표기법을 사용하면 그림 2.4(a)의 함수는 다음의 형태를 갖는다.

$$s = T(r) = \frac{1}{1 + (m/r)^E}$$

여기서 r과 s는 각각 입력 영상과 출력 영상에서의 밝기를 나타내며, E는 이 함수의 기울기를 조절한다. 이 식은 실수 영상에 대해 MATLAB에서 다음과 같이 구현한다.

```
g = 1./(1 + (m./f).^E)
```

g의 한계값이 1이므로, 이 유형의 변환으로 작업할 때 출력 값은 [0, 1] 범위를 넘을 수 없다. 그림 2.4(a)의 모양은 E = 20을 사용해서 얻었다.

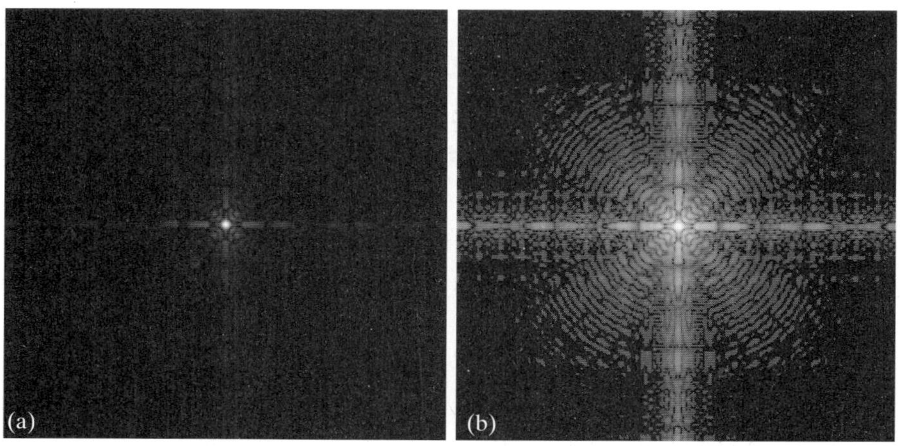

그림 2.5 (a) 푸리에 스펙트럼. (b) 로그 변환 결과.

예제 2.2

동적 범위를 축소시키기 위해 로그 변환을 사용하기.

■ 그림 2.5(a)는 값의 범위가 0에서 10^6인 푸리에 스펙트럼을 선형적으로 스케일링된 8-비트 시스템에 표시한 것이다. 그림 2.5(b)는 다음 명령을 사용해서 얻은 결과를 보여준다.

```
>> g = im2uint8(mat2gray(log(1 + double(f))));
>> imshow(g)
```

원래 영상과 비교했을 때 개선이 분명하게 보인다.

2.2.3 임의의 밝기 변환을 지정하기

지정된 변환함수를 사용해서 영상의 밝기를 변환할 필요가 있다고 하자. T가 변환함수의 값들을 포함하는 열 벡터를 나타낸다고 하자. 예를 들어, 8-비트 영상의 경우, T(1)은 입력 영상의 밝기 0이 매핑되는 값, T(2)는 1이 매핑되는 값, 그리고 T(256)은 밝기 255가 매핑되는 값이다.

만일 입력과 출력 영상들을 값의 범위가 [0 1]인 실수 포맷으로 표현하면, 프로그래밍은 현저하게 간단해진다. 이것은 열 벡터 T의 모든 요소가 [0 1] 범위의 실수이어야 한다는 것을 의미한다. 밝기 매핑을 구현하는 간단한 방법은 이 특정 응용을 위해서는 문법이

interp1

```
g = interp1(z, T, f)
```

인 함수 interp1을 사용하는 것이다. 여기서 f는 입력 영상, g는 출력 영상, T는 방금 설명한 열 벡터, z는 아래와 같이 만들어지는 T와 길이가 같은 열 벡터이다.

linspace

```
z = linspace(0, 1, numel(T))';
```

함수 linspace(a, b, n)은 a와 b 사이(양 끝 값도 포함)의 간격이 일정한 n개 요소들로 구성된 행 벡터를 만든다.

f의 어떤 화소 값에 대해, interp1은 우선 가로 좌표(z)에서 그 값을 찾는다. 그런 다음, T의 해당 값을 계산(보간)[†]하며, 이 보간된 값을 g의 같은 화소 위치에 출력한다. 예를 들어, T가 네거티브 변환 T = [1 0]'라고 하자. 그러면, T가 두 요소만을 갖기 때문에, z = [0 1]'이다. f의 한 화소의 값이 0.75라고 하자. g의 상응 화소는 값 0.25가 부여될 것이다. 이 프로세스는 그림 2.4(a)에 예시한 입력 밝기로부터 출력 밝기로의 매핑에 지나지 않으나, 임의의 변환함수 $T(r)$을 사용하고 있다. 보간은 T에는 주어진 수의 이산 점들만 있는 반면, r은 범위 [0 1]의 임의의 값을 가질 수 있기 때문에 필요하다.

[†] interp1이 이산 점들의 보간값들을 제공하므로, 이 함수는 때로는 대조표(*lookup table*) 연산을 수행하는 것으로 해석된다. 사실상, MATLAB 문서는 interp1을 괄호 안에 표 대조 함수로서 표시하기도 한다. 퍼지 영상처리를 위해서 2.6.4절에서 개발되는 사용자 함수인 approxfcn에서 바로 이 목적으로 이 함수의 다차원 버전을 사용한다.

2.2.4 밝기 변환을 위한 유틸리티 M-함수들

이 절에서는 앞의 세 절에서 소개된 밝기 변환의 다양한 측면을 통합하는 두 개의 사용자 M-함수를 개발한다. 그중 한 코드는 자세하게 보여주겠는데, 그 목적은 에러 확인을 보여주고, 가변적인 입력 및 출력 개수를 다룰 수 있도록 MATLAB 함수들을 체계화하는 방법을 소개하고, 이 책의 전반에 걸친 전형적인 코드 포맷들을 보여주기 위해서이다. 이제부터는 새 M-함수들의 자세한 코드는, 그 목적이 구체적인 프로그래밍 구성을 설명하거나, 새로운 MATLAB 또는 IPT 함수의 용도를 보여주거나, 전에 소개된 개념을 복습하거나 하는 경우일 때만 설명한다. 그렇지 않으면 함수의 문법만을 설명하며, 코드는 부록 C에 포함시킨다. 또한, 이 책의 나머지 부분에서 개발되는 함수들의 기본적인 구조에 초점을 맞추기 위해, 에러 확인의 다양한 용도를 보여주는 것은 이 절이 마지막이다. 이제부터 나오는 과정들은 MATLAB에서 에러 처리를 프로그래밍하는 전형적인 방법이다.

가변적인 입 · 출력 수 다루기

M-함수에 입력되는 인자의 개수를 확인하기 위해 함수 nargin을 사용한다.

nargin

```
n = nargin
```

이 함수는 M-함수에 입력되는 인자의 실제 개수를 반환한다. 마찬가지로, 함수 nargout는 M-함수의 출력과 관련이 있다. 그 문법은 다음과 같다.

nargout

```
n = nargout
```

예를 들면, 프롬프트에서 다음의 가상의 M-함수를 실행시켰다고 하자.

```
>> T = testhv(4, 5);
```

이 함수의 본문에 nargin을 사용하면 2, nargout을 사용하면 1이 반환될 것이다.

함수 nargchk은 M-함수의 본문에 사용되어, 옳은 수의 인자가 넘겨졌는지를 확인한다. 문법은 다음과 같다.

nargchk

```
msg = nargchk(low, high, number)
```

이 함수는 만일 number가 low보다 작으면 메시지 Not enough input arguments, high보다 크면 메시지 Too many input arguments를 반환한다. 만일 number가 low와 high 사이(포함)이면, nargchk는 빈 매트릭스를 반환한다. 함수 nargchk의 주 용도는 틀린 개수의 인자가 입력되면 함수 error를 통해 실행을 중단시키는 것이다. 실제 입력 인자 수는 함수 nargin에 의해 계산한다. 예를 들어 다음 코드를 고려해 보자:

```
function G = testhv2(x, y, z)
 :
error(nargchk(2, 3, nargin));
 :
```

이때,

```
>> testhv2(6);
```

과 같이 입력 인자를 하나만 사용해서 입력하면

```
Not enough input arguments.
```

와 같은 에러 메시지가 나오고 실행은 중단된다.

입력/출력 인자 수가 가변적인 함수를 작성할 수 있다면 유용하다. 이를 위해, 변수 varargin과 varargout을 사용한다. 이들은 소문자로 선언해야 한다. 예를 들면,

varargin
varargout

```
function [m, n] = testhv3(varargin)
```

에서 함수 testhv3의 입력 인자 수는 가변적이며,

```
function [varargout] = testhv4(m, n, p)
```

는 함수 testhv4에서 가변적 수의 출력을 반환한다. 예를 들어, testvh3가 하나의 고정된 입력 인자 x와 가변적 수의 입력 인자를 갖는다면,

```
function [m, n] = testhv3(x, varargin)
```

은 함수가 호출될 때 사용자가 공급하는 두 번째 입력 인자부터 varargin이 시작하게 한다. 비슷한 설명이 varargout에 대해 적용된다. 입력과 출력 인자 수가 모두 가변적인 함수도 허용된다.

varargin이 함수의 매개변수로서 사용될 때, MATLAB은 이를 사용자가 제공하는 인자들을 포함하는 셀 배열(1.7.8절 참조)로서 설정한다. varargin은 셀 배열이므로, 이러한 포맷의 중요한 측면은 이 함수에 대한 호출 시 혼합된 입력 집합을 포함시킬 수 있다는 것이다. 예를 들어 가상함수 testhv3의 코드가 이를 다룰 수 있도록 갖춰져 있다고 가정하면, 다음과 같이 혼합된 입력들을 갖게 해도 아무런 문제가 없다.

```
>> [m, n] = testhv3(f, [0  0.5  1.5], A, 'label');
```

여기서, f는 영상, 그 다음 인자는 길이 3의 행 벡터, A는 매트릭스, 'label'은 글자 문자열이다. 이는 다양한 입력을 요구하는 함수의 구조를 단순화하기 위해 사용할 수 있는 강력한 특징이다. 비슷한 설명이 varargout에도 적용된다.

밝기 변환을 위한 다른 M-함수

이 절에서는 다음 변환함수들을 계산하는 함수를 개발한다: negative, log, gamma, 그리고 콘트라스트 스트레칭. 이 변환들이 선택된 이유는 이들이 나중에 필요하기 때문이며, 또한, 밝기 변환을 위한 M-함수를 작성하는 것과 관련된 기술을 보여주기 위해서이다. 이 함수를 작성하는 데 함수 tofloat를 사용한다.

tofloat

```
[g, revertclass] = tofloat(f)
```

부록 C에 코드가 제공되어 있다. 이 함수는 적절한 스케일 지수를 사용해서 logical, uint8, uint16, int16 클래스의 영상을 single 클래스로 바꾼다. 만일 f의 클래스가 double이나 single이면, g = f이다; 또한, revertclass는 출력을 f와 같은 클래스로 되돌리는 데 사용될 수 있는 함수 핸들임을 상기한다.

intrans라고 부르는 다음의 M-함수에서 코드의 도움말 섹션에서 함수 옵션들이 어떻게 포맷되고, 가변적 입력 개수가 어떻게 다뤄지고, 에러 확인이 코드에 어떻게 삽입되며, 영상 출력의 클래스가 입력의 클래스와 어떻게 매칭되는지를 주목한다. 다음의 코드를 탐구할 때, varargin은 셀 배열이고, 따라서, 그 요소들은 중괄호를 사용해서 선택함을 잊지 않도록 한다.

intrans

```
function g = intrans(f, method, varargin)
%INTRANS Performs intensity (gray-level) transformations.
%   G = INTRANS(F, 'neg') computes the negative of input image F.
%
%   G = INTRANS(F, 'log', C, CLASS) computes C*log(1 + F) and
%   multiplies the result by (positive) constant C. If the last two
%   parameters are omitted, C defaults to 1. Because the log is used
%   frequently to display Fourier spectra, parameter CLASS offers
%   the option to specify the class of the output as 'uint8' or
%   'uint16'. If parameter CLASS is omitted, the output is of the
%   same class as the input.
%
%   G = INTRANS(F, 'gamma', GAM) performs a gamma transformation on
%   the input image using parameter GAM (a required input).
%
%   G = INTRANS(F, 'stretch', M, E) computes a contrast-stretching
%   transformation using the expression 1./(1 + (M./F).^E).
%   Parameter M must be in the range [0, 1]. The default value for
%   M is mean2(tofloat(F)), and the default value for E is 4.
%
%   G = INTRANS(F, 'specified', TXFUN) performs the intensity
%   transformation s = TXFUN(r) where r are input intensities, s are
%   output intensities, and TXFUN is an intensity transformation
%   (mapping) function, expressed as a vector with values in the
```

```
%   range [0, 1]. TXFUN must have at least two values.
%
%   For the 'neg', 'gamma', 'stretch' and 'specified'
%   transformations, floating-point input images whose values are
%   outside the range [0, 1] are scaled first using MAT2GRAY. Other
%   images are converted to floating point using TOFLOAT. For the
%   'log' transformation,floating-point images are transformed
%   without being scaled; other images are converted to floating
%   point first using TOFLOAT.
%
%   The output is of the same class as the input, except if a
%   different class is specified for the 'log' option.

% Verify the correct number of inputs.
error(nargchk(2, 4, nargin))

if strcmp(method, 'log')
   % The log transform handles image classes differently than the
   % other transforms, so let the logTransform function handle that
   % and then return.
   g = logTransform(f, varargin{:});
   return;
end

% If f is floating point, check to see if it is in the range [0 1].
% If it is not, force it to be using function mat2gray.
if isfloat(f) && (max(f(:)) > 1 || min(f(:)) < 0)
   f = mat2gray(f);
end
[f, revertclass] = tofloat(f); %Store class of f for use later.

% Perform the intensity transformation specified.

switch method
case 'neg'
   g = imcomplement(f);

case 'gamma'
   g = gammaTransform(f, varargin{:});

case 'stretch'
   g = stretchTransform(f, varargin{:});

case 'specified'
   g = spcfiedTransform(f, varargin{:});

otherwise
   error('Unknown enhancement method.')
end

% Convert to the class of the input image.
g = revertclass(g);
```

strcmp

함수 strcmp는 두 문자열을 비교해서 같으면 논리 true를 반환하고, 아니면 논리 false를 반환한다.

isfloat

함수 isfloat(A)는 부동 소수점 배열에 대해 true를 반환한다.

isempty

함수 isempty(A)는 A가 빈 배열이면 true를 반환한다.

length

함수 length(A)는 A의 요소 수를 반환한다.

```
%-------------------------------------------------------------------%
function g = gammaTransform(f, gamma)
g = imadjust(f, [ ], [ ], gamma);

%-------------------------------------------------------------------%
function g = stretchTransform(f, varargin)
if isempty(varargin)
   % Use defaults.
   m = mean2(f);
   E = 4.0;
elseif length(varargin) == 2
   m = varargin{1};
   E = varargin{2};
else
   error('Incorrect number of inputs for the stretch method.')
end
g = 1./(1 + (m./f).^E);

%-------------------------------------------------------------------%
function g = spcfiedTransform(f, txfun)
% f is floating point with values in the range [0 1].
txfun = txfun(:); % Force it to be a column vector.
if any(txfun) > 1 || any(txfun) <= 0
   error('All elements of txfun must be in the range [0 1].')
end
T = txfun;
X = linspace(0, 1, numel(T))';
g = interp1(X, T, f);

%-------------------------------------------------------------------%
function g = logTransform(f, varargin)

[f, revertclass] = tofloat(f);
if numel(varargin) >= 2
   if strcmp(varargin{2}, 'uint8')
      revertclass = @im2uint8;
   elseif strcmp(varargin{2}, 'uint16')
      revertclass = @im2uint16;
   else
      error('Unsupported CLASS option for ''log'' method.')
   end
end
if numel(varargin) < 1
   % Set default for C.
   C = 1;
else
   C = varargin{1};
end
g = C * (log(1 + f));
g = revertclass(g);
```

예제 2.3

함수 intrans의 보기.

■ 함수 intrans에 대한 보기로서, 골격 구조 영상을 개선하기 위한 콘트라스트-스트레칭을 위한 이상적인 후보가 되는 그림 2.6(a)를 고려하자. 그림 2.6(b)의 결과는 intrans를 다음과 같이 호출해서 얻었다:

```
>> g = intrans(f, 'stretch', mean2(tofloat(f)), 0.9);
>> figure, imshow(g)
```

함수 호출 안에서 직접 f의 평균값을 계산하기 위해 함수 mean2를 사용하는 방법에 유의한다. 결과값은 m에 사용되었다(코드 참조). 영상 f의 값의 범위를 [0, 1]로 스케일링하기 위해 tofloat을 사용해서 실수로 전환하였다. 이렇게 함으로써, m에 요구되는 대로 평균 또한 이 범위에 들게 된다. E값은 대화식으로 결정하였다.

밝기 스케일링을 위한 M-함수

영상을 다루다 보면 결과 영상의 화소 값이 음의 값부터 양의 값까지 넓은 범위를 갖는 일이 흔하다. 이것은 중간 계산 단계에서는 별 문제가 되지 않지만, 8-비트 또는 16-비트 포맷을 사용해서 저장하거나 표시하고자 할 때는 영상을 각각의 최대 범위인 [0, 255] 또는 [0, 65535]로 스케일링할 필요가 있다. gscale이라고 부르는 다음의 사용자 M-함수가 이 기능을 한다. 게다가, 이 함수는 출력 레벨을 지정된 범위로

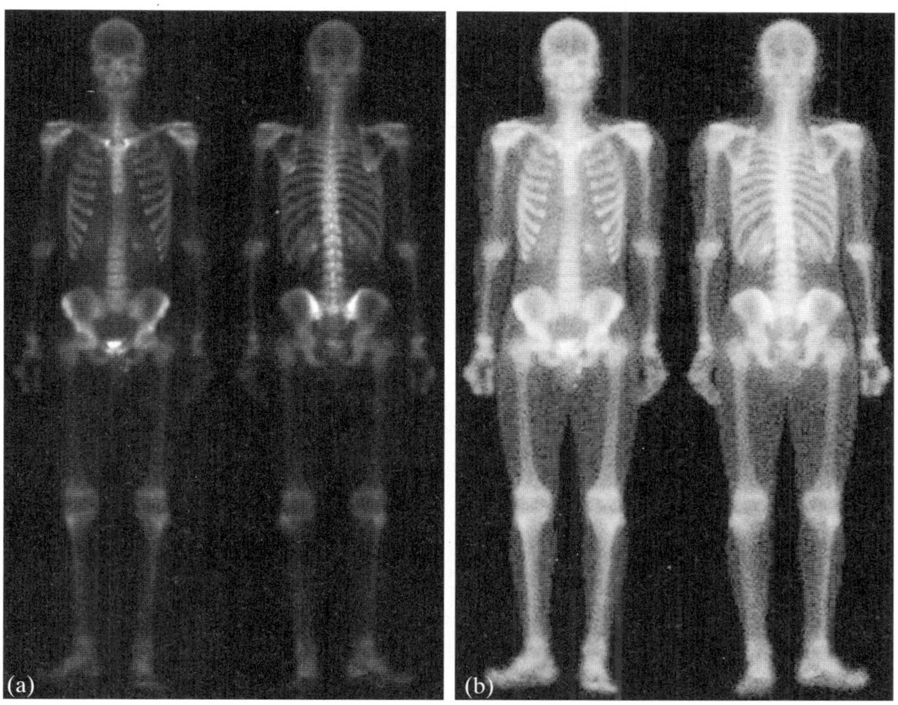

그림 2.6 (a) 골격 스캔 영상. (b) 콘트라스트-스트레칭 변환에 의해 개선된 영상. (사진 제공: G. E. Medical Systems)

매핑할 수 있다. 이 함수의 코드는 새로운 개념을 전혀 포함하지 않으므로 여기에 포함시키지 않겠다. 리스팅은 부록 C에 있다.

함수 `gscale`의 문법은 다음과 같다.

gscale

```
g = gscale(f, method, low, high)
```

여기서, `f`는 스케일링될 영상이다. `method`로 유효한 값으로는 출력을 전체 범위 [0, 255]로 스케일링시키는 `'full8'`(디폴트)과 출력을 전체 범위 [0, 65535]로 스케일링시키는 `'full16'`이 있다. 이 두 전환에서는 인자 `low`와 `high`는 포함되어 있더라도 무시된다. `method`의 세 번째 유효한 값은 `'minmax'`이며, 이 경우 둘 다 범위 [0, 1]인 인자 `low`와 `high`가 제공되어야 한다. 만일 `'minmax'`가 선택되면, 레벨은 범위 [`low, high`]로 매핑된다. 이 값들이 범위 [0, 1]에서 지정되나, 프로그램이 입력의 클래스에 맞춰서 적절한 스케일링을 수행하고, 출력을 입력과 같은 클래스로 전환한다. 예를 들면, `f`가 `uint8` 형이고 `'minmax'`의 범위는 [0, 0.5]로 지정되었다면, 출력 또한 클래스 `uint8`이고 값의 범위는 [0, 128]이다. 만일 `f`가 실수이고 값의 범위가 [0, 1]의 밖에 있다면, 프로그램은 우선 이 범위로 전환시키고 시작한다. 함수 `gscale`은 이 책의 전반에 걸쳐 여러 곳에서 사용된다.

2.3 히스토그램 처리와 함수 그리기

Histogram Processing and Function Plotting

2-D 작도 기법에 관한 설명은 3.5.3절을 참고한다.

영상 밝기 히스토그램으로부터 추출된 정보에 기반한 밝기 변환함수들은 영상의 개선, 압축, 분할, 묘사 등과 같은 분야에서 중요한 역할을 담당한다. 이 절의 초점은 영상 개선(enhancement)을 위해 히스토그램을 획득하고, 사용하는 데 있다. 히스토그램의 다른 응용은 다른 장들에서 다룬다.

2.3.1 영상 히스토그램을 생성하고 그리기

범위 $[0, G]$에서 전체 L개의 가능한 밝기 레벨을 갖는 디지털 영상의 히스토그램은 다음의 이산함수로 정의된다.

$$h(r_k) = n_k$$

여기서 r_k는 구간 $[0, G]$의 k번째 밝기 레벨이며, n_k는 영상에서 밝기 레벨이 r_k인 화소의 수이다. G의 값은 클래스 `uint8` 형 영상에서는 255, 클래스 `uint16` 형 영상에서는 65535, 실수 영상에 대해서는 1.0이다. MATLAB의 인덱스가 0이 될 수 없음을 기억한다. 따라서, r_1은 밝기 레벨 0, r_L은 밝기 레벨 G에 해당하는 등이다. 또한, 클래스 `uint8` 또는 `uint16` 형 영상에 대해 $G = L - 1$임을 유념한다.

때로는 **정규화된** 히스토그램으로 작업할 필요가 있는데, 단순히 $h(r_k)$의 모든 요소들을 영상의 전체 화소 수(n)로 나누어 얻는다:

$$p(r_k) = \frac{h(r_k)}{n}$$
$$= \frac{n_k}{n}$$

여기서, 정수 영상에 대해 $k = 1, 2, \ldots, L$이다. 기초 확률로부터 $p(r_k)$가 밝기 레벨 r_k의 추정 발생 확률임을 알 수 있다.

영상 히스토그램을 다루는 툴박스의 핵심 함수는 `imhist`이며, 기본 문법은 다음과 같다:

imhist

```
h = imhist(f, b)
```

여기서, `f`는 입력 영상, `h`는 히스토그램, `b`는 히스토그램 형성에 사용된 빈(bin)의 수이다(만일 `b`가 생략되면, 디폴트로 `b = 256`이 사용된다). 빈은 밝기 스케일을 단순히 나눈 것이다. 예를 들면, `uint8` 영상을 다루고 있고 `b = 2`라고 하면, 밝기 스케일은 두 범위로 나뉜다: 0에서 127과 128에서 255. 결과 히스토그램은 두 값을 갖는다: `h(1)`은 구간 [0, 127]의 값을 갖는 화소 수와 같고, `h(2)`는 구간 [128, 255]의 값을 갖는 화소 수와 같다. 정규화 히스토그램은 다음의 식에 의해 얻는다.

```
p = imhist(f, b)/numel(f)
```

1.7.8절에서 함수 `numel(f)`가 배열 `f`의 요소 수(즉, 영상의 화소 수)를 제공함을 기억하라.

예제 2.4

영상 히스토그램을 계산하고 그리기.

■ 그림 2.3(a)의 영상 `f`를 고려하자. 그 히스토그램을 스크린에 그리는 가장 간단한 방법은 `imhist`를 출력을 지정하지 않고 사용하는 것이다:

```
>> imhist(f);
```

그림 2.7(a)가 결과를 보여준다. 이것은 툴박스의 디폴트 히스토그램 표시이다. 그렇지만, 히스토그램을 그리는 다른 여러 가지 방법이 있으며, 이 기회에 영상처리 응용에 사용되는 MATLAB의 그리기 옵션들 중 몇 가지 대표적인 옵션들에 대해 설명해 보기로 한다.

히스토그램을 막대그래프를 사용해서 그리기도 하는데, 이를 위해서는 함수

bar

```
bar(horz, z, width)
```

를 사용할 수 있다. 여기서, `z`는 그릴 값들을 포함하는 행 벡터이며, `horz`는 수평 스케일의 증가분을 포함하는 `z`와 같은 차원의 벡터이고, `width`는 0과 1 사이의 숫자이다. 즉, `horz`의 값들은 수평 증분을 제공하며, `z`의 값들은 상응하는 수직 값들이다. 만일 `horz`이 생략되면, 수평 축은 0부터 `length(z)`까지 단위 간격으로 나뉜다. `width`가 1이면 막대들이 붙으며, 0이면 막대는 수직선이다. 디폴트 값은 0.8이다. 막대그래프를 그릴 때는 수평축을 대역으로 나누어 수평축의 해상도를 줄이는게 관례이다.

다음 명령문은 막대그래프를 만드는데, 수평축을 약 10개의 레벨 그룹들로 나눈다:

그림 2.7 영상 히스토그램을 그리는 다양한 방법.
(a) `imhist`,
(b) `bar`,
(c) `stem`,
(d) `plot`.

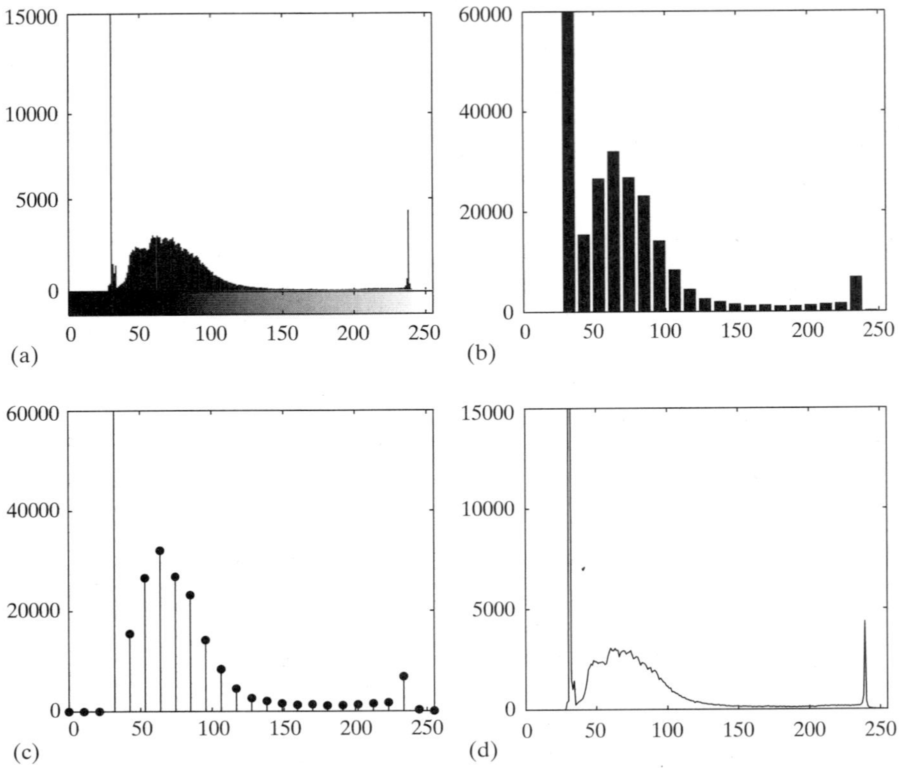

`set`
`gca`

```
>> h = imhist(f, 25);
>> horz = linspace(0, 255, 25);
>> bar(horz, h)
>> axis([0 255 0 60000])
>> set(gca, 'xtick', 0:50:255)
>> set(gca, 'ytick', 0:20000:60000)
```

그림 2.7(b)가 그 결과를 보여준다. 그림 2.7(a)의 밝기 스케일의 높은 쪽에서의 좁은 피크는 막대그래프에서 낮아졌다. 이는 이 그래프에서는 수평 증분이 더 커졌기 때문이다. 수직 스케일은 그림 2.7(a)의 전체 히스토그램에 대해서 보다 더 넓은 범위를 스팬하는데, 이는 각 막대의 높이가 어떤 단일 값을 갖는 모든 화소들에 의해서가 아니라, 어떤 범위의 모든 화소들에 의해 결정되기 때문이다.

앞의 코드의 네 번째 명령문은 시각적 분석을 위해 수직축의 낮은 쪽 범위를 확장시키고, 수평축을 그림 2.7(a)에서의 범위로 설정하기 위해 사용되었다. `axis` 함수 문법 형태 중 하나는

`axis`
`axis ij`
`axis xy`

axis ij는 축 체계의 원점을 좌측 상단에 놓는다. 이는 축들을 영상에 포개어 놓을 때 디폴트이다. 예제 4.12에서와 같이 원점을 좌측 하단에 놓는 게 좋을 때도 있다. axis xy를 사용하면 그렇게 된다.

```
axis([horzmin  horzmax  vertmin  vertmax])
```

이며, 수평축과 수직축에서 최소값과 최대값을 설정한다. 마지막 두 명령문에서 `gca`는 "get current axis"(즉, 마지막으로 표시된 그림의 축들)을 의미하고, `xtick`과 `ytick`은 지정된 간격으로 수평축과 수직축 눈금을 설정한다. 자주 쓰이는 다른 문법은

```
axis tight
```

이며, 축 한계를 데이타 범위에 맞춘다.

축 레이블들은 다음 함수들을 사용해서 수평축과 수직축에 추가할 수 있다.

```
xlabel('text string', 'fontsize', size)
ylabel('text string', 'fontsize', size)
```

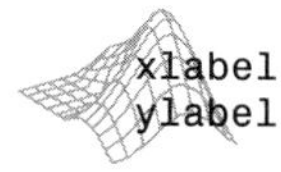

여기서 size는 점 단위의 폰트 크기이다. 함수 text를 사용해서 그림 안에 텍스트를 삽입할 수도 있다:

```
text(xloc, yloc, 'text string', 'fontsize', size)
```

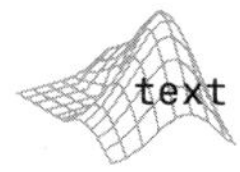

여기서 xloc과 yloc은 텍스트가 시작하는 위치를 지정한다. 이들 세 함수를 예제 2.4에서 사용한다. 축의 값과 레이블을 설정하는 함수들은 함수가 그려진 다음에 사용됨을 유념한다.

함수 title은 그림 제목을 추가하며, 기본 문법은 다음과 같다.

```
title('titlestring')
```

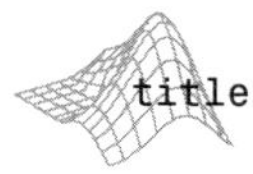

여기서 titlestring은 제목에 나타날 글자 문자열로서, 그림 위 중앙에 위치한다.

stem 그래프는 막대그래프와 비슷하다. 문법은 다음과 같다.

```
stem(horz, z, 'LineSpec', 'fill')
```

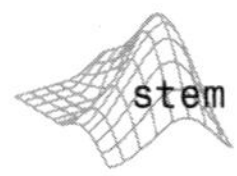

여기서 z는 그려질 점들을 포함하는 행 벡터이며, horz는 bar 함수에 대한 설명과 같다. 만일 horz가 생략되면, 수평축은 앞에서와 같이 0부터 length(z)까지로 나뉜다. 인자

LineSpec

은 표 2.1의 삼중값들 중 하나이다. 예를 들면, stem(horz, h, 'r--p')은 선과 마커가 붉고, 선은 파선이고, 마커는 오각형 별인 stem 플롯을 만든다. 만일 fill이 사용되면, 마커는 삼중값의 첫 요소에 지정된 칼라로 채워진다. 디폴트 칼라는 blue, 디폴트 선은 solid, 디폴트 마커는 circle이다. 그림 2.7(c)의 stem 그래프를 다음 명령들에 의해 만들었다.

```
>> h = imhist(f, 25);
>> horz = linspace(0, 255, 25);
>> stem(horz, h, 'fill')
>> axis([0 255 0 60000])
```

표 2.1 함수 stem과 plot에 사용되는 칼라, 선, 마커 지정자들.

칼라 지정자		선 지정자		마커 지정자	
기호	**칼라**	**기호**	**선 스타일**	**기호**	**마커**
k	흑	-	실선	+	플러스 부호
w	백	--	파선	o	원
r	적	:	점선	*	별표
g	녹	-.	일점 쇄선	.	점
b	청			x	x표
c	청록			s	정사각형
y	황			d	다이아몬드
m	자홍			^	위로 향한 삼각형
				v	아래로 향한 삼각형
				>	우로 향한 삼각형
				<	좌로 향한 삼각형
				p	오각형 별
				h	육각형 별

```
>> set(gca, 'xtick', [0:50:255])
>> set(gca, 'ytick', [0:20000:60000])
```

`plot`

이 함수에 관한 추가 옵션들에 관해서는 plot 도움말 페이지를 참고한다.

끝으로, 직선으로 점들을 연결해서 그리는 함수 plot을 고려하자. 그 문법은 다음과 같다.

```
plot(horz, z, 'LineSpec')
```

여기서 인자들은 앞의 stem 플롯에서 정의된 것과 같다. stem에서와 같이 plot의 속성도 삼중값으로 지정된다. plot의 디폴트는 마커 없는 청색 실선이다. 만일 삼중값의 중간값이 비어 있으면, 선이 그려지지 않는다. 이전과 같이 만일 horz이 생략되면, 수평축이 0부터 length(z)까지로 나뉜다.

Plot 디폴트 값은 마커를 영상에 중첩 표시할 때 편리하다. 예를 들어 벡터 x와 y에 주어진 점들에 녹색 별표를 표시하려면 다음을 사용한다:
>> imshow(f)
>> hold on
>> plot(y(:), x(:), 'g*')
여기서 y(:)와 x(:)의 순서는 MATLAB에서 영상 좌표체계와 플롯 좌표체계가 서로 다르기 때문에 바뀌었다. 명령 hold on은 아래에 설명된다.

그림 2.7(d)의 플롯은 다음 명령에 의해 그렸다:

```
>> hc = imhist(f);
>> plot(hc) % Use the default values.
>> axis([0 255 0 15000])
>> set(gca, 'xtick', [0:50:255])
>> set(gca, 'ytick', [0:2000:15000])
```

함수 plot은 변환함수를 표시하는 데 자주 사용된다(예제 2.5 참조).

앞의 설명에서 축 한계와 눈금 표시를 수동으로 설정했다. 한계와 눈금을 자동으로 설정하려면 함수 ylim과 xlim을, 여기서의 목적으로는, 다음과 같은 문법 형태로 사용한다.

`ylim` `xlim`

```
ylim('auto')
xlim('auto')
```

이 두 함수들의 다른 가능한 문법 형태 중에는 아래와 같은 수동 옵션이 있다(자세한 내용은 도움말 문서 참고).

```
ylim([ymin  ymax])
xlim([xmin  xmax])
```

위와 같이 하면 한계를 수동으로 지정할 수 있다. 만일 한계가 하나의 축에 대해서만 지정되면, 다른 축의 한계는 디폴트로 'auto'로 설정된다. 다음 절에서 이 함수들을 사용한다. 프롬프트에서 hold on을 입력하면 현재 그림과 특정 축 속성을 유지하므로, 이어지는 그래프 작업 명령들이 기존 그래프에 더해진다.

`hold on`

함수 핸들(1.7.8절 참고)을 다룰 때 특히 유용한 또 다른 플롯 함수는 fplot 함수이다. 기본 문법은

```
fplot(fhandle, limits, 'LineSpec')
```

`fplot`

다른 문법 형태에 관해서는 fplot의 도움말 페이지를 참고한다.

이며, 여기서 fhandle은 함수 핸들, limits는 x-축 한계 [xmin xmax]를 지정하는 벡터이다. 1.7.8절에서의 timeit 함수 때 설명했듯이, 함수 핸들을 사용하면 근원 함수의 문법을 처리될(이 경우에는 그려질) 함수의 파라미터에 무관하게 만들 수 있다. 예를 들어, 쌍곡선 탄젠트 함수 tanh를 점선을 사용해서 [-2 2] 범위에 그리기 위해서 다음과 같이 쓴다:

```
>> fhandle = @tanh;
>> fplot(fhandle, [-2 2], ':')
```

함수 `fplot`은 변화율이 가장 큰 곳에 디테일을 집중시키는 전형적인 그래프를 만들기 위해서 자동, 적응적 증분 제어 기법을 사용한다. 따라서 플롯 한계만이 사용자에 의해 지정되어야 한다. 이렇게 해서 그래프 작도 작업이 간단해지기는 하지만, 자동 특성이 때로는 예상치 못한 결과를 만들기도 한다. 예를 들어, 만일 어떤 함수가 상당한 구간에 대해 초기에 0이라고 하면, `fplot`은 그 함수가 0이라고 가정하고 전체 구간을 0으로 그려버릴 가능성이 있다. 이와 같은 경우에는 함수가 그릴 최소점 수를 지정할 수 있다. 그 문법은 다음과 같다.

```
fplot(fhandle, limits, 'LineSpec', n)
```

`n >= 1`으로 지정하면 `fplot`이 함수를 최소 `n + 1`개의 점으로 그리게 한다. 이대 단계 크기로 `(1/n)*(upper_lim - lower_lim)`을 사용하며, 여기서 upper와 lower는 `limits`에 지정된 upper와 lower 한계들을 의미한다.

2.3.2 히스토그램 평활화

밝기 레벨이 범위 [0, 1]로 정규화된 연속적인 값이라고 가정하고, $p_r(r)$은 주어진 영상의 밝기 레벨의 확률밀도 함수(probability density function, PDF)를 나타낸다고 하자. $p_r(r)$의 아래 첨자는 입력 영상과 출력 영상의 PDF들을 구분하는 데 사용된다. 입력 레벨에 아래의 변환을 수행해서 출력(처리된) 밝기 레벨 s를 얻는다고 하자.

$$s = T(r) = \int_0^r p_r(w)\,dw$$

여기서 w는 적분 매개변수이다. 출력 레벨의 PDF가 **균등**(*uniform*)하다는 것을 보여줄 수 있다(Gonzalez와 Woods [2008]); 즉

$$p_s(s) = \begin{cases} 1 & \text{for } 0 \le s \le 1 \\ 0 & \text{otherwise} \end{cases}$$

달리 설명하면, 앞의 변환은 밝기 레벨의 확률이 동일한 영상을 단들며, 또한 전체 범위 [0, 1]을 커버한다. 이 밝기-레벨 **평활화** 과정의 결과는 동적 범위가 증가된 영상으로서, 콘트라스트가 더 높아지는 경향이 있다. 이 변환함수는 실제로는 단지 누적 분포함수(cumulative distribution function, CDF)일 뿐이다.

이산적 값을 다룰 때, 히스토그램을 처리하는 앞의 기법을 **히스토그램 평활화**라고 부른다. 그렇지만, 일반적으로 변수의 이산적 특성 때문에, 처리된 영상의 히스토그램은 균등하지 않다. 2.3.1절에서의 설명을 참고하고, $p_r(r_j)(j = 1, 2, \ldots, L-1)$은 주어진 영상의 밝기 레벨과 관련된 히스토그램을 표시하고, 정규화된 히스트그램의 값

들은 영상에서 각 밝기 레벨의 발생 확률에 대한 근사치이었음을 기억한다. 이 이산 값들에 대한 합산, 즉 평활화 변환은 아래와 같이 된다.

$$\begin{aligned} s_k &= T(r_k) \\ &= \sum_{j=0}^{k} p_r(r_j) \\ &= \sum_{j=0}^{k} \frac{n_j}{n} \end{aligned}$$

여기서, $k = 0, 2, \ldots, L-1$이며, s_k는 입력 영상의 밝기 값 r_k에 대응하는 출력(처리된) 영상의 밝기 값이다.

히스토그램 평활화는 툴박스에서 다음 문법의 함수 histeq에 의해 구현된다.

histeq

```
g = histeq(f, nlev)
```

여기서 f는 입력 영상이며, nlev는 출력 영상에 지정된 밝기 레벨의 수이다. 만일 nlev가 L(입력 영상에서 가능한 전체 레벨 수)과 같으면, histeq는 바로 변환함수 $T(r_k)$를 구현한다. 만일 nlev가 L보다 작으면, histeq는 레벨들을 확산시켜서 평탄한 히스토그램에 가깝도록 만든다. imhist와는 달리, histeq의 디폴트 값은 nlev = 64이다. 대부분의 경우, nlev에 대해 가능한 최대 레벨 수(일반적으로 256)를 사용하는데, 그렇게 해야만 방금 설명한 히스토그램 평활화에 대한 정확한 구현이 되기 때문이다.

예제 2.5

히스토그램 평활화.

■ 그림 2.8(a)는 약 700배로 확대된 꽃가루의 전자현미경 영상이다. 필요한 개선 사항과 관련하여, 이 영상의 가장 중요한 특징은 어두우며 동적 범위가 낮다는 것이다. 그림 2.8(b)에서 이 특성들을 확인할 수 있는데, 영상의 어두운 특성이 히스토그램을 그레이스케일의 어두운 쪽으로 치우치게 만든다. 낮은 동적 범위는 전체 그레이스케일에 비하여 히스토그램이 좁다는 사실에서 분명하다. f가 입력 영상을 나타낸다고 하고, 다음의 단계들에 의해 그림 2.8(a)부터 (d)까지 만들었다:

```
>> imshow(f); % Fig. 2.8(a).
>> figure, imhist(f) % Fig. 2.8(b).
>> ylim('auto')
>> g = histeq(f, 256);
>> figure, imshow(g) % Fig. 2.8(c).
>> figure, imhist(g) % Fig. 2.8(d).
>> ylim('auto')
```

그림 2.8(c)의 영상은 히스토그램 평활화의 결과이다. 평균 밝기와 콘트라스트의 개선이 확연하다. 이들 특징은 이 영상의 히스토그램인 그림 2.8(d)에서도 분명하다. 콘트라스트의 증가는 전체 밝기 스케일로 히스토그램이 확산된 사실에 기인한다. 전체 밝기가 증가된 것은 평활화된 영상의 히스토그램의 평균 밝기 레벨이 오리지널보다 더 높다(밝다)는 사실에 기인한다. 방금 설명한 히스토그램 평활화 방법이 균등한 히스토그램을 만들지는 않았지만, 영상의 밝기의 동적 범위를 증가시킬 수 있는 바람직한 특성을 갖고 있다.

만일 A가 벡터이면, B = cumsum(A)는 요소들의 합을 제공한다. 만일 A가 더 높은 차원의 배열이면, B = cumsum(A, dim)은 dim에 의해 지정된 차원 방향의 합을 제공한다.

그림 2.8 히스토그램 평활화의 보기. (a) 입력 영상과 (b) 그의 히스토그램. (c) 히스토그램 평활화 영상과 (d) 그의 히스토그램. (a)와 (c) 간의 개선이 매우 확연하다. (사진 제공: Dr. Roger Heady, Research School of Biological Sciences, Australian National University, Canberra.)

앞에서 언급했듯이, 히스토그램 평활화에 사용된 변환함수는 정규화된 히스토그램 값들의 누적된 합이다. 이 변환함수를 얻기 위해 다음과 같이 함수 cumsum을 사용할 수 있다:

```
>> hnorm = imhist(f)./numel(f); % 정규화된 히스토그램
>> cdf = cumsum(hnorm); % CDF.
```

cumsum

그림 2.9의 cdf 그래프를 다음의 명령들에 의해 만들었다:

```
>> x = linspace(0, 1, 256);    % Intervals for [0,1] horiz
                               % scale.
>> plot(x, cdf)                % Plot cdf vs. x.
>> axis([0 1 0 1]);            % Scale, settings, and labels:
>> set(gca, 'xtick', 0:.2:1)
>> set(gca, 'ytick', 0:.2:1)
>> xlabel('Input intensity values', 'fontsize', 9)
>> ylabel('Output intensity values', 'fontsize', 9)
```

annotation

그래프의 텍스트는 그래프를 포함하는 MATLAB 그림창의 **Insert** 메뉴의 TextBox와 Arrow 명령들을 사용해서 삽입하였다. 텍스트 상자와 화살표 같은 것들을 그래프에 삽입하는 코드를 작성하기 위해서 annotation 함수를 사용할 수 있으나, **Insert** 메뉴를 사용하는 게 훨씬 더 쉽다.

이 함수의 자세한 사용법에 관해서는 도움말 페이지를 참고한다.

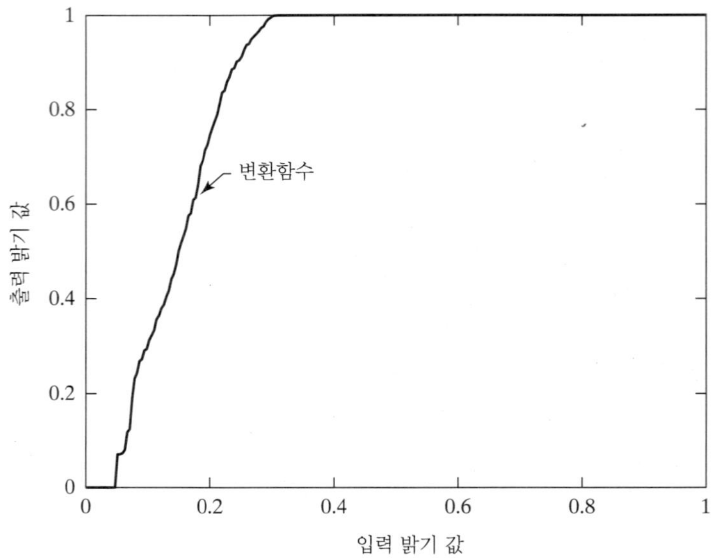

그림 2.9 그림 2.7(a)의 입력 영상의 밝기 값들을 그림 2.7(c)의 출력 영상의 값들로 매핑하는 데 사용된 변환함수.

그림 2.8의 히스토그램을 보면, 그림 2.9의 변환함수가 입력 밝기 스케일의 낮은 쪽의 좁은 밝기 레벨 범위를 출력 영상에서는 전체 밝기 범위로 변환한다는 것을 알 수 있다. 영상 콘트라스트의 개선은 입 · 출력 영상들을 비교해 보면 확실하다.

2.3.3 히스토그램 매칭(지정)

히스토그램 평활화는 어떤 주어진 영상의 히스토그램에 기반한다는 면에서 적응적인 변환함수를 만든다. 그렇지만, 일단 영상의 변환함수가 계산되고 나면, 영상의 히스토그램이 바뀌기 전에는 변환함수는 바뀌지 않는다. 앞 절에서 언급했듯이, 히스토그램 평활화는 입력 영상의 레벨들을 더 넓은 범위의 밝기 스케일로 확산시켜서 영상을 개선한다. 이 절에서는 그렇게 해서 꼭 성공적인 결과를 얻는 것은 아니라는 사실을 보인다. 특히, 어떤 응용에서는 처리된 영상이 갖게 하고 싶은 히스토그램의 모양을 지정할 수 있다면 유용하다. 지정된 히스토그램을 갖는 영상을 만드는 방법을 **히스토그램 매칭**(*matching*) 또는 **히스토그램 지정**(*specification*)† 이라고 부른다.

원리는 간단하다. 잠시 구간 [0, 1]로 정규화된 연속적 레벨을 고려하고, r과 z가 각각 입력과 출력 영상의 밝기 레벨을 나타낸다고 하자. 입력 레벨은 확률밀도 함수 $p_r(r)$을 갖고, 출력 레벨은 **지정된** 확률밀도 함수 $p_z(z)$를 갖는다. 앞 절의 설명으로부터 다음의 변환

$$s = T(r) = \int_0^r p_r(w)\, dw$$

† 역주: 또는, 히스토그램 규정.

에 의해서 밝기 레벨 s가 균등한 PDF $p_s(s)$를 갖게 됨을 알 수 있다. 이제 다음과 같은 특성의 변수 z를 정의한다고 하자.

$$H(z) = \int_0^z p_z(w)\,dw = s$$

지정된 밀도 $p_z(z)$를 갖는 밝기 레벨 z의 영상을 추구하고 있음을 명심한다. 앞의 두 식으로부터 다음의 식을 얻는다.

$$z = H^{-1}(s) = H^{-1}\left[T(r)\right]$$

$T(r)$은 입력 영상으로부터 구할 수 있으며(이것이 앞 절에서 설명된 히스토그램 평활화 변환이다), 따라서 H^{-1}을 구할 수 있는 한, PDF가 $p_z(z_z)$로 지정된 변환된 레벨 z를 찾기 위해서 앞의 식을 사용할 수 있게 된다. 이산변수를 다룰 때는 $p_z(z_k)$가 유효한 히스토그램(즉, 단위 면적을 갖고, 모든 값이 음수가 아님)이고, 모든 성분이 0이 아니면[즉, $p_z(z_k)$에 비어있는 빈(bin)이 없음], H의 역은 항상 존재함을 보장할 수 있다. 히스토그램 평활화에서와 같이, 앞의 방법에 대한 이산 구현은 지정된 히스토그램에 대한 근사화이다.

툴박스는 `histeq`의 아래의 문법을 사용해서 히스토그램 매칭을 구현한다:

```
g = histeq(f, hspec)
```

여기서 `f`는 입력 영상, `hspec`은 지정된 히스토그램(지정된 값들의 행 벡터), `g`는 히스토그램이 `hspec`을 근사화하는 출력 영상이다. 이 벡터는 등간격의 빈(bin)들에 대응하는 정수의 개수를 포함해야 한다. `histeq`의 특성은 일반적으로 `length(hspec)`이 `f`의 밝기 레벨 수보다 훨씬 작을 때 `g`의 히스토그램이 `hspec`을 더 잘 매칭한다는 것이다.

예제 2.6

히스토그램 매칭.

■ 그림 2.10(a)는 화성의 위성인 Phobos의 영상 `f`를 보여준다. 그림 2.10(b)는 그의 히스토그램이며, `imhist(f)`에 의해 얻었다. 이 영상은 넓은, 어두운 영역이 지배적이라서 히스토그램에서 화소들이 그레이스케일의 어두운 쪽에 많이 몰려 있다. 얼핏 보기에 어두운 영역의 디테일이 더 잘 보이게 만드는 히스토그램 평활화가 이 영상을 개선하는 좋은 방법일 것으로 결론을 내릴 수도 있을 것이다. 그러나, 다음 명령

```
>> f1 = histeq(f, 256);
```

으로 만든 그림 2.10(c)의 결과는 히스토그램 평활화가 실제로는 "색이 바랜" 모양의 영상을 만들었음을 보여준다—이 경우에 특히 좋은 결과를 냈다고 볼 수 없다. 이렇게 된 이유는 그림 2.10(d)의 평활화된 영상의 히스토그램을 분석하면 알 수 있다. 이 그림에서 밝기 레벨이 그레이스케일의 반쯤 위로 옮겨 갔음을 볼 수 있으며, 따라서 영상이 낮은 콘트라스트와 색이 바랜 모양이 된 것이다. 이 이동의 원인은 오리지널 히스토그램에서 어두운

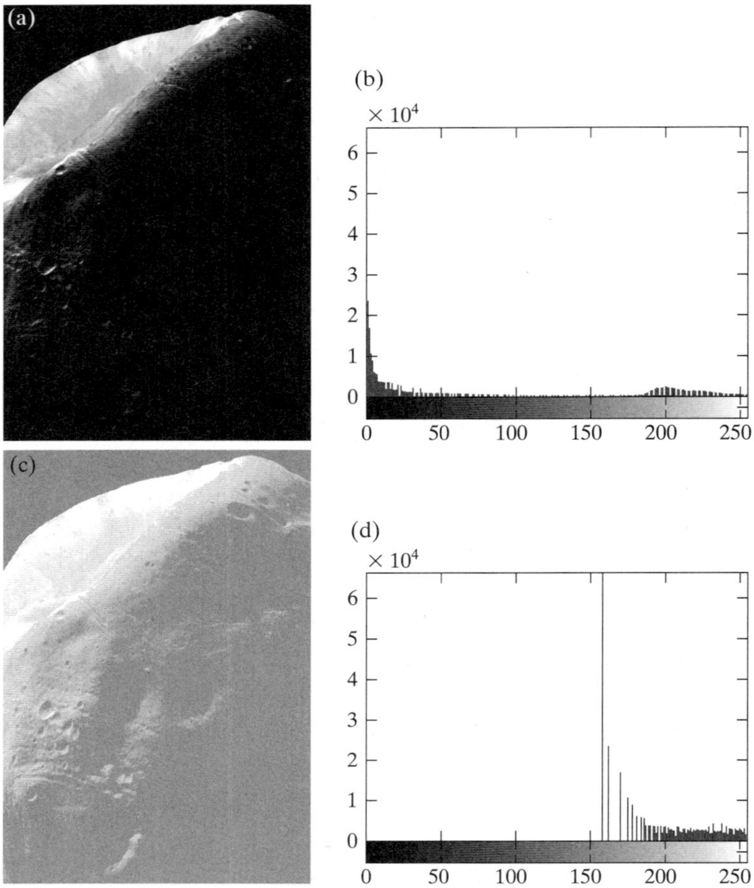

그림 2.10 (a) 화성의 위성 Phobos의 영상. (b) 히스토그램. (c) 히스토그램 평활화 영상. (d) (c)의 히스토그램. (사진 제공: NASA)

성분이 0 또는 그 근처에 밀집되어 있는데 있다. 그렇기 때문에, 이 히스토그램에서 얻은 누적 변환함수가 가파르고, 따라서 그레이스케일의 낮은 쪽의 밀집된 화소들이 스케일의 높은 쪽으로 매핑된 것이다.

이 현상을 해결할 수 있는 한 가지 가능성은 오리지널 영상의 전반적인 히스토그램 모양은 유지하면서 그레이스케일의 낮은 쪽에 성분들이 덜 밀집하는 히스토그램을 목표로 하는 히스토그램 매칭을 사용하는 것이다. 그림 2.10(b)로부터 이 히스토그램이 기본적으로 이중모드(bimodal)로서, 큰 하나는 원점 근처에, 더 작은 다른 하나는 그레이스케일의 높은 쪽 끝에 있다. 이런 유형의 히스토그램은 예를 들어 다중모드 가우스 함수(multi modal Gaussian function)를 사용해서 모델링할 수 있다. 다음의 M-함수는 지정된 히스토그램으로 사용하기 위해 단위 면적으로 정규화된 이중모드 가우스 함수를 계산한다.

twomodegauss

```
function p = twomodegauss(m1, sig1, m2, sig2, A1, A2, k)
%TWOMODEGAUSS Generates a two-mode Gaussian function.
%   P = TWOMODEGAUSS(M1, SIG1, M2, SIG2, A1, A2, K) generates a
%   two-mode, Gaussian-like function in the interval [0, 1]. P is a
%   256-element vector normalized so that SUM(P) = 1. The mean and
%   standard deviation of the modes are (M1, SIG1) and (M2, SIG2),
```

```
%   respectively. A1 and A2 are the amplitude values of the two
%   modes. Since the output is normalized, only the relative values
%   of A1 and A2 are important. K is an offset value that raises the
%   "floor" of the function. A good set of values to try is M1 =
%   0.15, SIG1 = 0.05, M2 = 0.75, SIG2 = 0.05, A1 = 1, A2 = 0.07,
%   and K = 0.002.

c1 = A1 * (1 / ((2 * pi) ^ 0.5) * sig1);
k1 = 2 * (sig1 ^ 2);
c2 = A2 * (1 / ((2 * pi) ^ 0.5) * sig2);
k2 = 2 * (sig2 ^ 2);
z  = linspace(0, 1, 256);
p = k + c1 * exp(-((z - m1) .^ 2) ./ k1) + ...
    c2 * exp(-((z - m2) .^ 2) ./ k2);
p = p ./ sum(p(:));
```

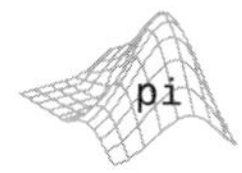

3.14159265358979

다음의 대화형 함수는 입력을 키보드로부터 받고 결과로 가우스 함수를 그린다. 함수 input은 인자에 포함된 단어들을 출력하고 사용자로부터 입력을 기다린다. 그래프의 한계가 어떻게 설정되는가에 유의한다.

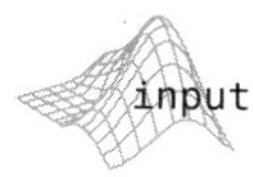

manualhist

```
function p = manualhist
%MANUALHIST Generates a two-mode histogram interactively.
%   P = MANUALHIST generates a two-mode histogram using function
%   TWOMODEGAUSS(m1, sig1, m2, sig2, A1, A2, k). m1 and m2 are the
%   means of the two modes and must be in the range [0,1]. SIG1 and
%   SIG2 are the standard deviations of the two modes. A1 and A2 are
%   amplitude values, and k is an offset value that raises the floor
%   of the the histogram. The number of elements in the histogram
%   vector P is 256 and sum(P) is normalized to 1. MANUALHIST
%   repeatedly prompts for the parameters and plots the resulting
%   histogram until the user types an 'x' to quit, and then it
%   returns the last histogram computed.
%
%   A good set of starting values is: (0.15, 0.05, 0.75, 0.05, 1,
%   0.07, 0.002).

% Initialize.
repeats = true;
quitnow = 'x';

% Compute a default histogram in case the user quits before
% estimating at least one histogram.
p = twomodegauss(0.15, 0.05, 0.75, 0.05, 1, 0.07, 0.002);

% Cycle until an x is input.
while repeats
   s = input('Enter m1, sig1, m2, sig2, A1, A2, k OR x to quit:',...
      's');
   if strcmp(s, quitnow)
      break
   end

   % Convert the input string to a vector of numerical values and
   % verify the number of inputs.
   v = str2num(s);
   if numel(v) ~= 7
```

```
        disp('Incorrect number of inputs.')
        continue
    end

    p = twomodegauss(v(1), v(2), v(3), v(4), v(5), v(6), v(7));
    % Start a new figure and scale the axes. Specifying only xlim
    % leaves ylim on auto.
    figure, plot(p)
    xlim([0 255])
end
```

이 예제에서의 히스토그램 평활화의 문제가 주로 레벨 0 근처에 오리지널 영상의 화소들이 밀집해 있는 데 기인하므로, 합리적인 방법은 히스토그램이 그러한 특징을 갖지 못하도록 수정하는 것이다. 그림 2.11(a)는 오리지널 히스토그램의 전반적인 모양은 유지하면서 밝기 스케일의 어두운 영역의 레벨의 변화는 더 부드러운 함수의 그래프를 보여준다. 프로그램 p의 출력은 이 함수로부터의 256개의 등간격 점들로 구성되며, 원하는 지정된 히스토그램이 된다. 지정된 히스토그램의 영상을 다음 명령에 의해 만들었다.

```
>> g = histeq(f, p);
```

그림 2.11(b)는 그 결과를 보여준다. 그림 2.10(c)의 히스토그램 평활화 영상에 비해서 개선이 확연하다. 지정된 히스토그램과 오리지널 히스토그램 간의 차이에 비해 개선이 현저함을 주목한다. 그림 2.11(b)의 히스토그램을 그림 2.11(c)가 보여준다. 이 히스토그램의 가장 뚜렷한 특징은 낮은 쪽이 그레이스케일의 더 밝은 영역으로 이동되었으며, 그래서 지정된 모양에 가깝게 된 것이다. 그러나 오른쪽으로 이동한 거리는, 그림 2.10(c)의 만족스럽지 못한 결과 영상에 대한 그림 2.10(d)에서의 히스토그램에서만큼 크지는 않다.

그림 2.11 (a) 지정된 히스토그램. (b) 히스토그램 매칭에 의한 개선 결과. (c) (b)의 히스토그램.

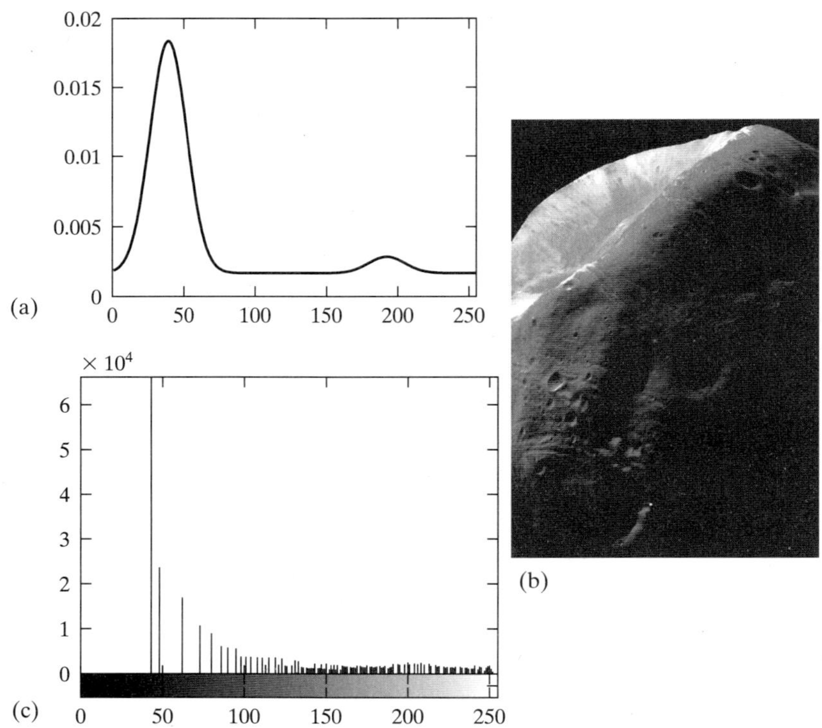

2.3.4 함수 adapthisteq

이 툴박스 함수는 소위 **콘트라스트 제한 적응적 히스토그램 평활화**(*constrast-limited adapti e histogram equalization*, CLAHE)를 수행한다. 앞의 두 소절에서 논의된 영상 전체에 대해 연산되는 방법들과 달리, 이 접근방법은 **타일**(*tile*)이라고 불리는 작은 영상 영역을 처리하는 것으로 구성된다. 각 타일에 대해서는 히스토그램 지정이 사용된다. 이웃 타일들은 인위적으로 야기된 경계들을 제거하기 위해 쌍일차 보간을 사용해서 결합된다. 특히 밝기가 동질적인 영역의 콘트라스트는 노이즈를 증폭시키는 것을 피하기 위해 제한될 수 있다. adapthisteq의 문법은

보간법에 관해서는 5.6절을 본다.

```
g = adapthisteq(f, param1, val1, param2, val2, ...)
```

adapthisteq

이며, 여기서 f는 입력 영상, g는 출력 영상, param/val 쌍들은 표 2.2에 나와 있다.

예제 2.7

함수 adapthisteq 사용하기.

■ 그림 2.12(a)는 그림 2.10(a)와 같고, 그림 2.12(b)는 함수 adapthisteq에 전부 디폴트 설정을 사용해서 얻은 결과이다:

```
>> g1 = adapthisteq(f);
```

표 2.2
함수 adpathisteq에 사용되는 파라미터들과 그 값들.

파라미터	값
'NumTiles'	타일 수를 행과 열 [r c]로 규정하는 두 개의 양의 정수로 구성되는 벡터. r과 c 모두 2 이상이어야 한다. 전체 타일 수는 r*c와 같다. 디폴트는 [8 8]이다.
'ClipLimit'	범위 [0 1]의 스칼라로서 콘트라스트 개선 한계를 규정한다. 높을수록 콘트라스트를 좋게 만든다. 디폴트는 0.01이다.
'NBins'	콘트라스트 개선 변환을 만드는 데 사용되는 히스토그램의 빈 수를 규정하는 양의 정수 스칼라. 높을수록 동적 범위가 커지나, 처리 속도는 느려진다. 디폴트는 256이다.
'Range'	출력 영상 데이타의 범위를 규정하는 문자열: 'original'–Range가 원래 영상의 범위 [min(f(:)) max(f(:))]로 제한된다. 'full'– 출력 영상 클래스의 전 범위가 사용된다. 예를 들어, uint8 데이타에 대한 범위는 [0, 255]이다. 디폴트이다.
'Distribution'	영상 타일들의 원하는 히스토그램 모양를 규정하는 문자열: 'uniform'–평탄한 히스토그램(디폴트이다). 'rayleigh'–종 모양 히스토그램. 'exponential'–곡선 히스토그램. (이 분포들에 관한 공식에 관해서는 4.2.2절을 참고한다.)
'Alpha'	Rayleigh와 exponential 분포에 적용 가능한 비음수 스칼라. 디폴트 값은 0.4이다.

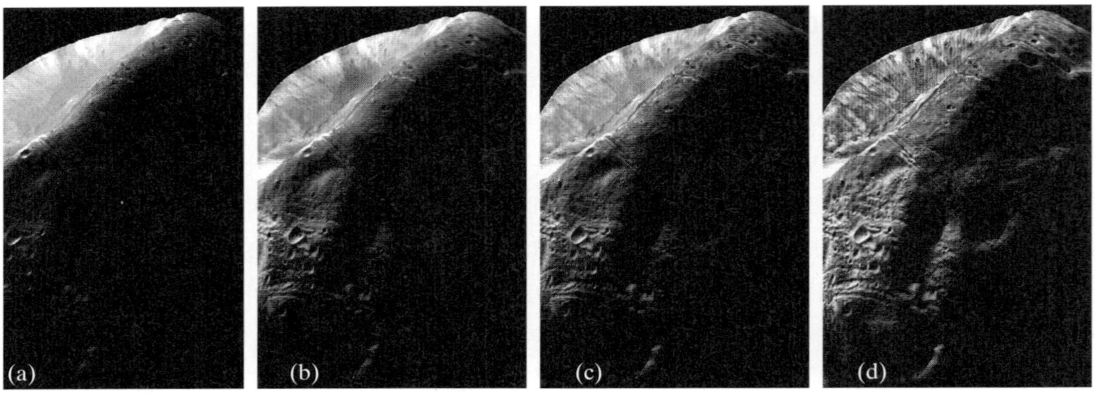

그림 2.12 (a) 그림 2.10(a)와 같다. (b) 함수 `adapthiteq`에 디폴트 값들을 사용한 결과. (c) 이 함수에 파라미터 `NumTiles`를 [25 25]로 설정한 결과. (d) 이 타일 수와 `ClipLimit = 0.05`를 사용한 결과.

비록 약간의 디테일 개선을 보여주지만, 아직 영상의 상당한 부분이 그늘에 있다. 그림 2.12(c)는 타일 크기를 [25 25]로 증가시킨 결과를 보여준다:

```
>> g2 = adapthisteq(f, 'NumTiles', [25 25]);
```

약간 더 선명해졌으나 새로운 디테일이 드러난 것은 없다. 명령

```
>> g3 = adapthisteq(f, 'NumTiles', [25 25], 'ClipLimit', 0.05);
```

를 사용해서 그림 2.12(d)의 결과를 얻었다. 이 영상에서는 디테일 개선이 앞의 두 결과에 비해 현저하다. 그림 2.12(d)와 2.11(b)를 비교해 보면 지역 개선 방법의 이점을 쉽게 알 수 있다. 일반적으로 그 대가로 함수 복잡도 증가가 따른다.

2.4 공간 필터링 Spatial Filtering

2.1절에서 언급했고 그림 2.1에서 봤듯이, 이웃 처리는 (1) 중앙점 (x, y)를 선택하고; (2) (x, y) 주위의 미리 정의된 이웃에 있는 화소들만을 포함하는 연산을 수행하고; (3) 이 연산의 결과를 그 점에서의 처리의 "응답(response)"으로 하고; (4) 영상의 모든 점에 대해 이 과정을 반복하는 것으로 구성된다. 중앙점을 이동시키는 과정은 새로운 이웃을 만드는데, 입력 영상의 각 화소에 대해 하나씩 생긴다. 이 연산에 사용되는 두 개의 주요 용어는 **이웃 처리**와 **공간 필터링**인데, 두 번째 용어가 더 보편적이다. 다음 절에서 설명하듯이, 만일 이웃 화소들에 대해 수행된 계산이 선형적이면, 그 연산은 **선형 공간 필터링**(또는 **공간 컨볼루션**)이라고 부른다; 아니면, **비선형 공간 필터링**으로 부른다.

2.4.1 선형 공간 필터링

선형 필터링의 개념은 3장에서 설명할 주제인 주파수 도메인에서의 신호 처리를 위한 푸리에 변환의 사용에 그 뿌리를 둔다. 이 장에서는 영상의 화소에 직접 수행되는

필터링 연산들에만 관심을 두도록 한다. 용어 **선형 공간 필터링**을 사용해서 이러한 유형의 처리를 **주파수 도메인 필터링**과 구분 짓는다.

이 장에서 관심을 두는 선형 연산은 이웃의 각 화소를 대응하는 계수로 곱하고 그 결과들을 더해서 각 점 (x, y)에서의 응답을 얻는 것으로 구성된다. 만일 이웃의 크기가 $m \times n$이면, mn개의 계수가 필요하다. 계수들은 배열에 배치되며, 이를 **필터, 마스크, 필터 마스크, 커널, 템플릿,** 또는 **윈도우** 등으로 부른다. 처음 세 개의 용어가 보편적이다. 곧 분명해질 이유들 때문에, 용어 **컨볼루션 필터**도 사용한다.

선형 공간 필터링 방법을 그림 2.13이 보여준다. 이 과정은 필터 마스크 w의 중앙을 영상 f에서 한 점씩 이동시키는 것으로 구성된다. 각 점 (x, y)에서, 그 점에서의 필터의 응답은 필터 계수들과 필터 마스크가 덮는 영역 안의 대응하는 이웃 화소들의

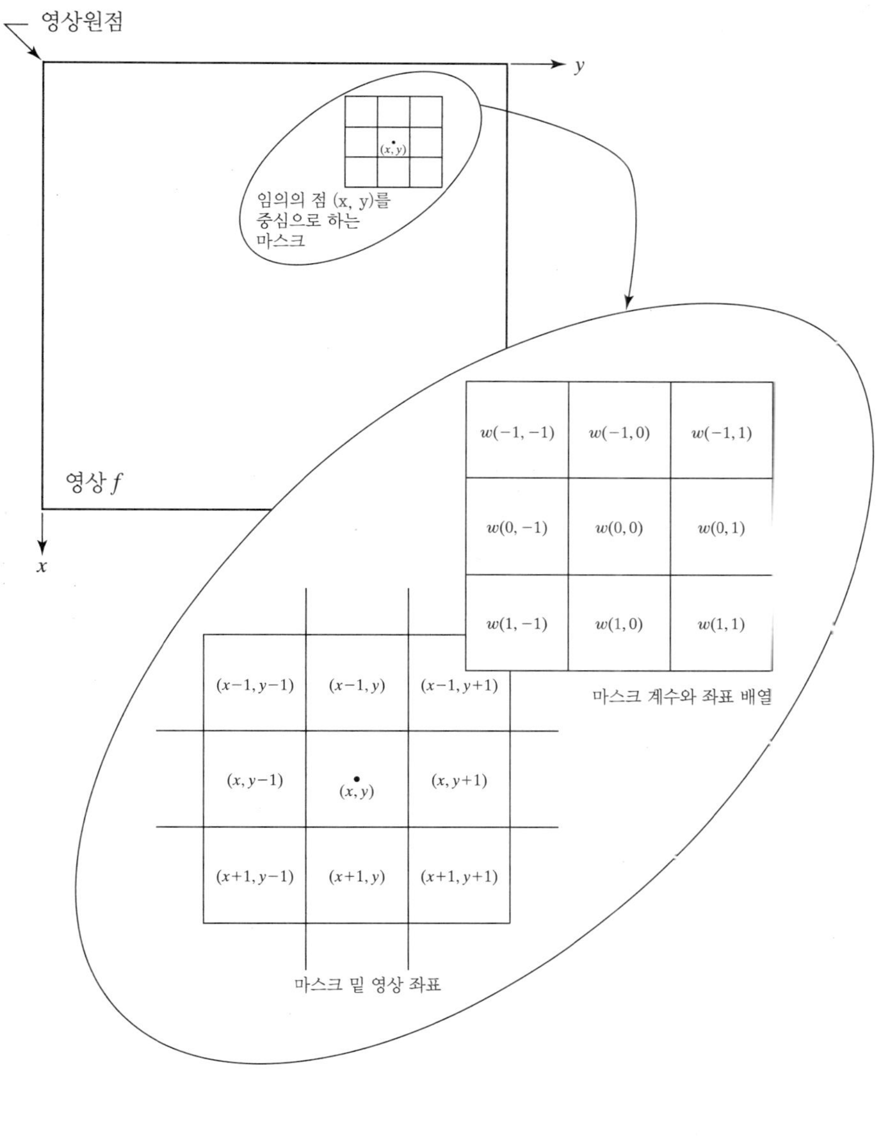

그림 2.13 선형 공간 필터링 메커니즘. 확대된 그림은 3×3 마스크와 그 바로 밑의 상응하는 영상 이웃을 보여준다. 편의를 위해 이웃을 마스크 밑으로부터 옆으로 옮겨 놓았다.

곱들의 합이다. 크기 $m \times n$의 마스크에 대해서, 보통 $m = 2a + 1$, $n = 2b + 1$을 가정한다. 단, 여기서 a와 b는 음이 아닌 정수이다. 이는 우리의 주요 관심사가 홀수 크기의 마스크에 있음을 의미한다. 의미 있는 가장 작은 크기는 3×3이다. 필수 사항은 아니지만, 홀수 크기의 마스크를 사용하면 중앙점이 모호하지 않으므로 더 직관적이다.

선형 공간 필터링을 수행할 때 분명하게 이해해야 할 두 가지 밀접한 개념이 있다. 하나는 **코릴레이션**이고, 다른 하나는 **컨볼루션**이다. 코릴레이션은 그림 2.13에 설명된 방식으로 영상 배열 f 위로 마스크 w가 지나가는 처리이다. 기술적으로 컨볼루션은 같은 처리이나, 단 w가 f 위로 지나가기 전에 180° 회전된다. 이 두 개념은 예제에 의해 아주 잘 설명된다.

그림 2.14(a)는 1차원 함수 f와 마스크 w를 보여준다. f의 원점은 가장 왼쪽 점으로 가정한다. 두 함수의 코릴레이션을 수행하기 위해, 그림 2.14(b)와 같이 w를 이동시켜서 가장 우측의 점이 f의 원점과 일치하게 한다. 두 함수들이 중첩되지 않는 점들이 있음에 유의한다. 이 문제를 다루는 가장 보편적 방법은 f를 필요한 만큼 0으로 덧붙여서(pad) w를 위에서 이동시킬 때 항상 상응하는 점들이 있게 보장하는 것이다. 이 상황을 그림 2.14(c)가 보여준다.

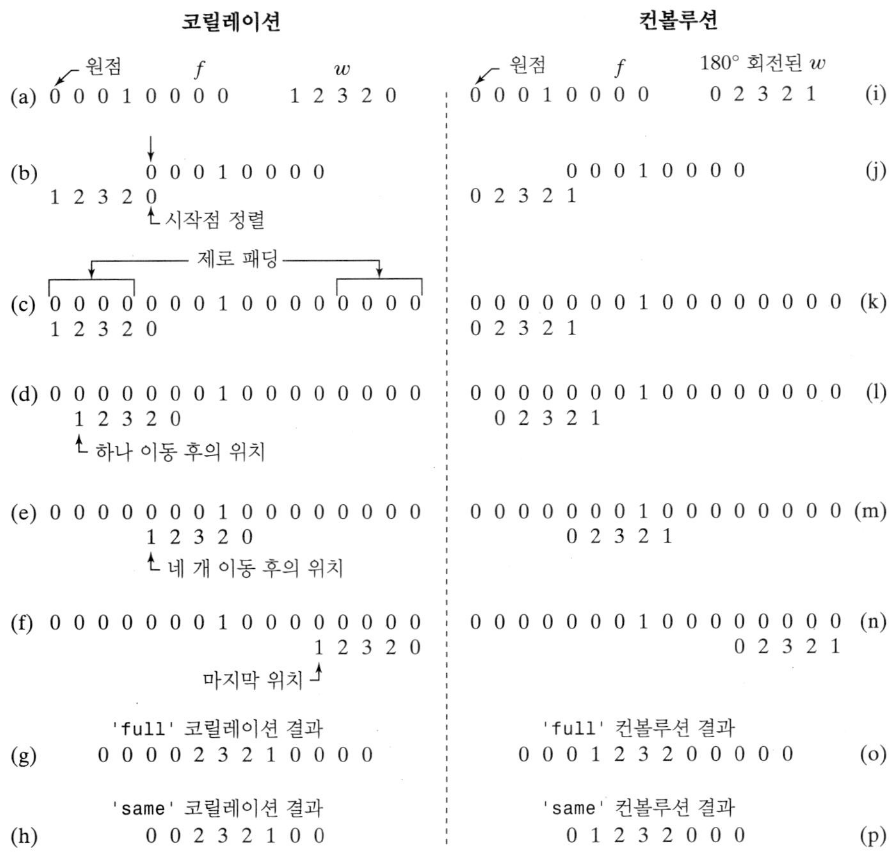

그림 2.14 1차원 코릴레이션과 컨볼루션의 보기.

이제 코릴레이션을 수행할 준비가 되었다. 코릴레이션의 처음 값은 그림 2.14(c)의 위치에서 두 함수들의 곱들의 합이다. 곱들의 합은 이 경우 0이다. 다음은 w를 한 점 우측으로 이동시키고 위 과정을 반복한다[그림 2.14(d)]. 곱들의 합이 또 0이다. 네 번 이동 후[그림 2.14(e)] 코릴레이션이 (2)(1) = 2로서 처음으로 0이 아니게 된다. w가 f를 완전히 벗어날 때까지 이 방식으로 진행하면[최종 모양은 그림 2.14(f)와 같다], 그림 2.14(g)의 결과를 얻게 된다. 이 값들의 집합이 w와 f의 코릴레이션이다. w를 패딩하고, f의 맨 우측 요소를 패딩된 w와 정렬시키고, 방금 설명된 방식으로 코릴레이션을 수행했다면 결과는 달라졌을 것이다(180° 회전). 따라서, 코릴레이션에서는 함수의 순서가 중요하다.

그림 2.14(g)에서 코릴레이션의 레이블 `'full'`은 덧붙인 영상(padded image)을 사용하고 방금 설명한 방식으로 계산되는 코릴레이션을 나타내기 위해 툴박스에 의해 사용되는 깃발(flag)(뒤에서 설명)이다. 이 툴박스는 `'same'`[그림 2.14(h)]이라는 다른 옵션도 제공하는데 f와 같은 크기의 코릴레이션을 만든다. 이 계산도 제로 패딩(zero padding)을 사용하지만, 시작 위치는 마스크의 중앙점(w에서 3이라고 레이블이 붙은 점)이 f의 원점과 맞춰진 때이다. 마지막 계산은 마스크의 중앙점이 f의 마지막 점과 맞춰진 때이다.

컨볼루션을 수행하기 위해서 w를 180°만큼 회전시키고, 그림 2.14(j)에서와 같이 그의 가장 우측의 점을 f의 원점에 위치시킨다. 그런 다음, 그림 2.14(k)부터 (n)까지와 같이 코릴레이션에서 사용하는 슬라이딩/계산 과정을 반복한다. `'full'`과 `'same'` 컨볼루션 결과를 그림 3.13(o)와 (p)가 각각 보여준다.

그림 2.14의 함수 f는 한 점에서만 1이고 다른 곳에서는 0인 불연속 단위 임펄스 함수이다. 그림 2.14(o) 또는 (p)의 결과로부터 임펄스와 컨볼루션하는 것이 임펄스 위치에 w를 단지 "복사"한다는게 명확하다. 이 복사 특성[시프팅(*sifting*)이라고 부름]은 선형 시스템 이론의 근원적 개념이며, 컨볼루션에서 함수 중 하나가 항상 180° 회전되는 이유이다. 코릴레이션과 달리, 함수의 순서를 바꿔도 같은 컨볼루션 결과를 갖듦을 유념한다. 이동되는 함수가 대칭이라면 컨볼루션과 코릴레이션의 결과는 같다.

앞의 개념은 그림 2.15가 보여주듯이 쉽게 영상에 대해 확장된다. 원점은 영상 $f(x, y)$의 왼쪽 위의 구석에 있다(그림 1.2 참조). 코릴레이션을 수행하기 위해, 그림 2.15(c)에서와 같이 $w(x, y)$의 우측 아래 점이 $f(x, y)$의 원점과 일치하도록 놓는다. 그림 2.14의 설명에서 언급된 이유 때문에 제로 패딩을 사용함을 유념한다. 코릴레이션을 수행하기 위해 $w(x, y)$를 가능한 모든 방향으로 이동시켜서 적어도 그 요소 중 하나가 오리지널 영상 $f(x, y)$의 화소와 중첩되게 한다. 이 `'full'` 코릴레이션을 그림 2.15(d)가 보여준다. 그림 2.15(e)의 `'same'` 코릴레이션을 얻기 위해서는 $w(x, y)$를 움직일 때 그 중앙점이 오리지널 $f(x, y)$와 중첩되어야 한다.

컨볼루션을 위해서, $w(x, y)$를 180° 회전시키고 코릴레이션[그림 2.15(f)부터

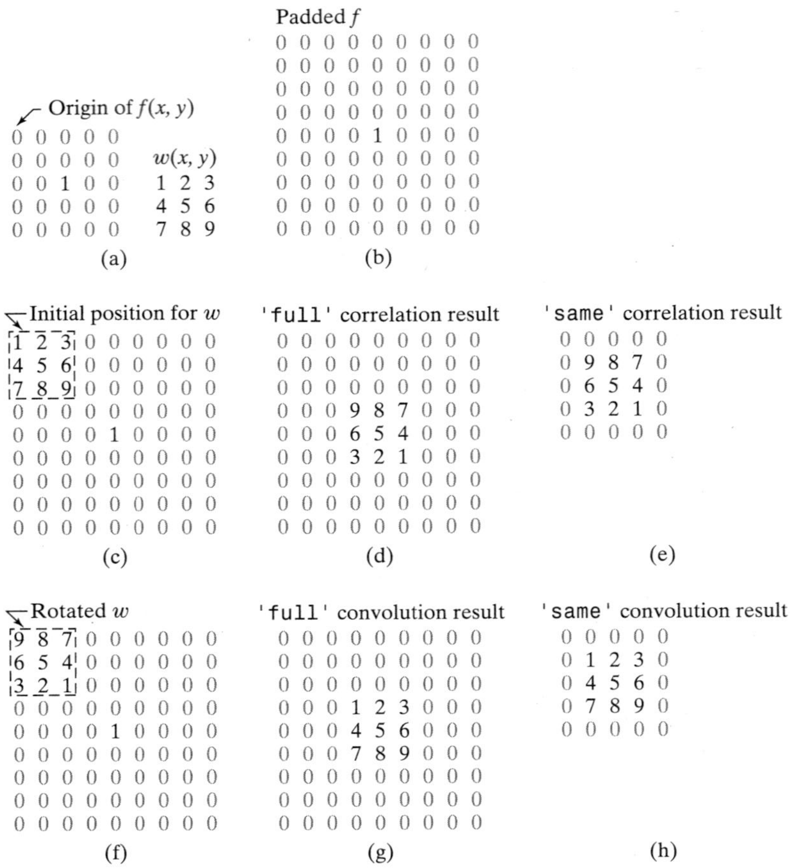

그림 2.15 2차원 코릴레이션과 컨볼루션의 보기. 편의상 0은 회색으로 표시했다.

(h) 참고]에서와 같은 방식으로 진행한다. 앞에서 설명한 1차원 예에서와 같이 컨볼루션은 함수 순서에 상관없이 같은 결과를 만든다. 코릴레이션에서는 순서가 문제가 된다. 그래서 툴박스에서는 항상 필터 마스크를 이동되는 함수로 가정한다. 그림 2.15(e)와 (h)에서 공간 코릴레이션과 컨볼루션의 결과들은 서로 180° 회전된 것이라는 중요한 사실도 유념한다. 이는 컨볼루션이 단지 회전된 필터 마스크를 사용한 코릴레이션이므로 물론 예상한 것이다.

앞의 논의를 공식 형태로 요약하면, $w(x, y) \star f(x, y)$로 표기되는 크기가 $m \times n$인 필터 마스크와 함수 $f(x, y)$의 코릴레이션은 다음 식으로 주어진다.

$$w(x, y) \star f(x, y) = \sum_{s=-a}^{a} \sum_{t=-b}^{b} w(s,t) f(x+s, y+t)$$

이 식은 변위 변수 x와 y의 모든 값에 대해 계산되어, w의 전체 요소가 f의 모든 화소를 방문한다. 이 f는 적당히 패딩되었다고 가정한다. 상수 a와 b는 $a = (m-1)/2$와 $b = (n-1)/2$로 주어진다. 표기 편의상 m과 n이 홀수 정수라고 가정한다.

마찬가지로, $w(x, y) \star f(x, y)$로 표기되는 $w(x, y)$와 $f(x, y)$ 간의 컨볼루션은 다음 식으로 주어진다.

$$w(x, y) \star f(x, y) = \sum_{s=-a}^{a} \sum_{t=-b}^{b} w(s, t) f(x - s, y - t)$$

여기서, 우변의 마이너스 부호는 f를 뒤집는다(즉, 180° 회전시킨다). w 대신에 f를 회전 및 이동시키는 것은 표기를 단순화하기 위해서이며 결과는 같다.[†] 합산의 항들이 코릴레이션에서와 같다.

툴박스는 선형 공간 필터링을 아래의 문법을 갖는 함수 imfilter를 사용해서 구현한다:

```
g = imfilter(f, w, filtering_mode, boundary_options, size_options)
```

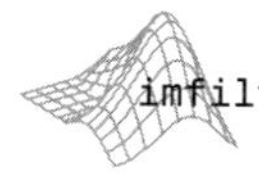

여기서 f는 입력 영상, w는 필터 마스크, g는 필터링된 출력, 그리고 다른 인자들은 표 2.3에 요약되어 있다. filtering_mode는 코릴레이션을 위한 'corr' 또는 컨볼루션을 위한 'conv'로 지정된다. boundary_options는 경계 패딩(border-padding) 문제를 다루는데, 경계의 두께는 필터의 크기에 의해 결정된다. 이 옵션들은 예제 2.8에서 더 자세히 설명한다. size_options는 그림 2.14와 2.15에서 설명한 것같이 'same' 또는 'full'이다.

imfilter의 가장 보편적인 문법은 다음과 같다.

```
g = imfilter(f, w, 'replicate')
```

표 2.3
함수 imfilter의 옵션들.

옵션	설명
필터링 모드	
'corr'	코릴레이션을 사용해서 필터링(그림 2.14와 2.15 참조). 디폴트임.
'conv'	컨볼루션을 사용해서 필터링(그림 2.14와 2.15 참조).
경계 옵션	
P	입력 영상의 경계를 값 P(따옴표 없이 씀)를 사용하는 패딩에 의해 확장. 디폴트로서 값은 0이다.
'replicate'	바깥 경계의 값들을 복제해서 영상의 크기를 확장.
'symmetric'	경계에서 거울-반사 시켜서 영상의 크기를 확장.
'circular'	영상을 2-D 주기함수의 한 주기로서 다뤄서 영상의 크기를 확장.
크기 옵션	
'full'	출력은 확장된(패딩된) 영상과 같은 크기(그림 2.14와 2.15 참조).
'same'	출력은 입력과 같은 크기. 필터 마스크의 중앙점의 이동을 오리지널 영상의 점들에 국한시켜서 달성(그림 2.14와 2.15 참조). 디폴트임.

[†] 컨볼루션이 교환성이 있기 때문에, $w(x, y) \star f(x, y) = f(x, y) \star w(x, y)$이다. 이것은 코릴레이션에 대해서는 참이 아닌데, 예를 들어 그림 2.14(a)의 두 함수의 순서를 바꿔보면 알 수 있다.

이 문법은 툴박스의 표준 선형 공간 필터들을 구현할 때 사용된다. 이 필터들은 2.5.1절에서 설명하며, 미리 180° 회전되어 있어서 imfilter에 코릴레이션 디폴트를 사용할 수 있다(그림 2.15의 설명으로부터 회전된 필터를 사용해서 코릴레이션을 수행하는 것은 오리지널 필터를 사용해서 컨볼루션을 수행하는 것과 같음을 알고 있다). 만일 필터가 그 중앙을 기준으로 대칭이면 두 옵션은 같은 결과를 만든다.

미리 회전되어 있지도 않고 대칭도 아닌 필터를 사용할 때, 그리고 컨볼루션을 수행하고자 할 때는 두 가지 옵션이 있다. 하나는 다음 문법을 사용하는 것이다.

```
g = imfilter(f, w, 'conv', 'replicate')
```

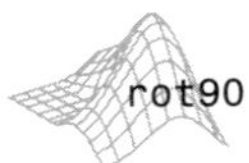

rot90(w, k)는 w를 k*90 도만큼 회전시킨다. 여기서 k는 정수이다.

다른 방식은 함수 rot90(w, 2)에 의해 180° 돌리고, imfilter(f, w, 'replicate')를 사용하는 것이다. 이들 두 단계를 하나의 명령문으로 통합할 수 있다:

```
g = imfilter(f, rot90(w, 2), 'replicate')
```

그 결과는 입력과 같은 크기의 영상 g를 만든다(즉, 디폴트는 앞에서 설명된 'same' 모드이다).

필터링되는 영상의 각 요소는 실수를 사용해서 계산된다. 그러나 imfilter는 출력 영상을 입력의 클래스로 전환시킨다. 그러므로 만일 f가 정수 배열이면, 정수형의 범위를 넘는 출력 요소들은 잘리며, 소수점 아래 자리는 절삭된다. 더 정밀한 결과가 요구되면 imfilter를 사용하기 전에 함수 im2single, im2double, 또는 tofloat(1.7.8절 참고)를 사용해서 f를 실수로 전환해야 한다.

예제 2.8

함수 imfilter 사용하기.

■ 그림 2.16(a)는 512×512 화소 크기의 클래스 double의 영상 f이다. 다음의 31×31 필터를 고려하자.

```
>> w = ones(31);
```

이 필터는 평균 필터에 비례한다. 이 예제의 끝에서 클래스 uint8 형 영상에 대해 imfilter를 사용할 때의 스케일링 효과를 보여주기 위해 계수를 $(31)^2$으로 나누지 않았다.

필터 w와 컨볼루션시키면 희미해진 결과가 나온다. 이 필터가 대칭이므로 imfilter에 코릴레이션 디폴트를 사용할 수 있다. 그림 2.16(b)는 다음의 필터링 연산을 수행한 결과를 보여준다:

```
>> gd = imfilter(f, w);
>> imshow(gd, [ ])
```

여기서 디폴트 경계 옵션을 사용했다. 즉, 영상의 경계를 0(black)으로 패딩했다. 예상대로, 필터링된 영상의 흑색과 백색 간의 경계선은 희미해진다. 그러나, 영상의 밝은 부분과 경계 사이의 경계선도 희미해진다. 그 이유는 패딩된 경계가 흑색이기 때문이다. 이 문제는 'replicate' 옵션을 사용해서 해결할 수 있다.

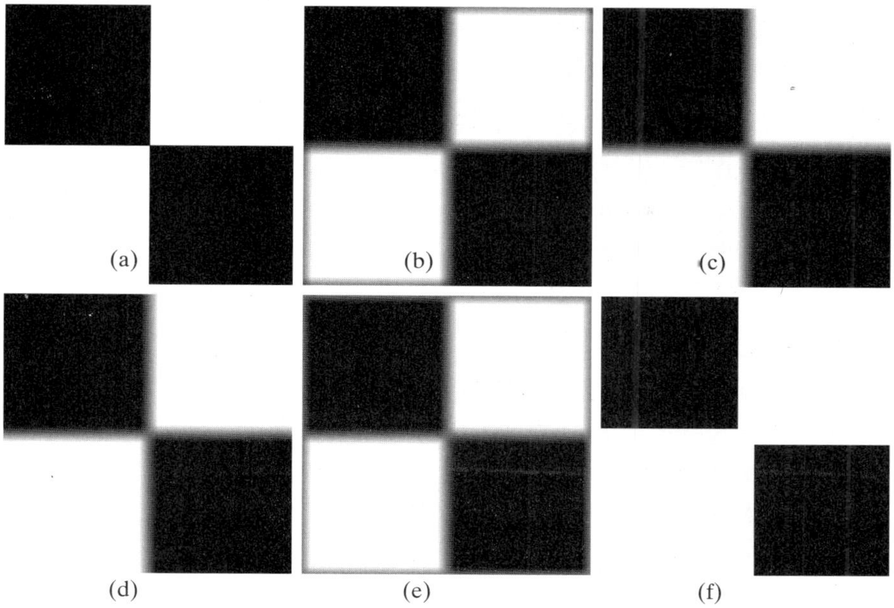

그림 2.16 (a) 오리지널 영상. (b) 디폴트 제로 패딩을 사용한 imfilter를 사용한 결과. (c) 'replicate' 옵션의 결과. (d) 'symmetric' 옵션의 결과. (e) 'circular' 옵션의 결과. (f) 오리지널 영상을 클래스 uint8으로 전환하고 'replicate' 옵션으로 필터링한 결과. 모든 요소가 1인 크기 31×31의 필터를 이 실험들에 사용했다.

```
>> gr = imfilter(f, w, 'replicate');
>> figure, imshow(gr, [ ])
```

그림 2.16(c)가 보여주듯이, 필터링된 영상의 경계는 이제 기대한 대로 보인다. 이 경우, 동등한 결과를 'symmetric' 옵션을 사용해도 얻는다:

```
>> gs = imfilter(f, w, 'symmetric');
>> figure, imshow(gs, [ ])
```

그림 2.16(d)가 그 결과를 보여준다. 그러나 'circular' 옵션을 사용하면

```
>> gc = imfilter(f, w, 'circular');
>> figure, imshow(gc, [ ])
```

그림 2.16(e)의 결과를 얻는데, 제로 패딩에서와 같은 문제를 보여준다. 이것도 예상대로인데, 이는 주기성을 사용해서 영상의 흑색 부분이 밝은 영역 옆에 있게 되기 때문이다.

끝으로, imfilter가 입력과 같은 클래스의 결과를 만든다는 사실이 적절히 다뤄지지 않으면 어떤 문제를 야기할 수 있는지를 보여주겠다:

```
>> f8 = im2uint8(f);
>> g8r = imfilter(f8, w, 'replicate');
>> figure, imshow(g8r, [ ])
```

그림 2.16(f)가 결과를 보여준다. 여기서 출력이 imfilter에 의해 입력의 클래스(uirt8)로 전환되었을 때, 클리핑(clipping)이 데이타 손실을 야기했다. 그 이유는 마스크의 계수의 합이 [0, 1]의 범위에 들지 않아서 필터링된 값들이 범위 [0, 255]의 밖에 놓이기 때문이다. 따라서 이 문제를 피하기 위해, 계수들의 합이 범위 [0, 1] 안에 놓이게 하는 정규화 옵션이나[현재의 경우, 계수들을 $(31)^2$으로 나누면 합이 1이 됨], 데이타를 single 또는 double 포맷으로 입력하는 옵션이 있다. 그러나 두 번째 옵션이 사용되었다고 해도, 데이타는 항상 어떤 시점(예를 들면, 저장 시점)에서는 어쨌든 유효한 영상 포맷으로 정규화되어야 함을 유념한다. 두 방식 다 유효하다; 키포인트는 예기치 않은 결과를 피하려면 데이타 범위를 항상 염두에 두고 있어야 하는 것이다.

2.4.2 비선형 공간 필터링

비선형 공간 필터링도 이웃 연산에 기반하며, $m \times n$ 필터의 중앙점을 영상 위로 이동시키는 메커니즘은 앞 절에서의 설명과 같다. 그렇지만, 선형 공간 필터링이 곱의 합(선형 연산이다)에 기반하는 반면, 비선형 공간 필터링은 이름이 암시하듯이 필터에 의해 정의되는 이웃의 화소들을 포함하는 비선형 연산에 기반한다. 예를 들면, 각 중앙점에서의 응답을 이웃에서의 최대 화소 값으로 만드는 게 비선형 필터링 연산이다. 또 다른 기본적 차이는 비선형 처리에서는 마스크의 개념이 비교적 보편적이지 않다는 것이다. 필터링의 개념은 같으나, 이 "필터"는 이웃의 화소에 대해 연산되며 그 응답이 비선형 연산의 결과인 비선형 함수로서 보여져야 한다.

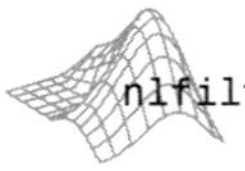
nlfilt

툴박스는 일반적인 비선형 필터링을 수행하는 두 개의 함수를 제공한다: `nlfilter`와 `colfilt`. 전자는 2-D에서 직접 연산을 수행하는 반면, `colfilt`는 데이타를 열(columns) 형태로 편성한다. `colfilt`가 더 많은 메모리를 필요로 하지만, 일반적으로 `nlfilter`보다 실행 속도가 훨씬 빠르다. 대부분의 영상처리 응용에서는 속도가 가장 우선적인 요소이다. 따라서 비선형 공간 필터링의 구현에 `colfilt`가 `nlfilt`보다 일반적으로 선호된다.

크기 $M \times N$의 입력 영상 `f`와 $m \times n$의 이웃이 주어지면, 함수 `colfilt`는 최대 크기 $mn \times MN^{\dagger}$인 매트릭스(A라고 부르자)를 만드는데, 각 열은 영상의 어떤 위치를 중심으로 하는 이웃에 속하는 화소들에 해당한다. 예를 들면, 첫 열은 이웃의 중앙이 `f`의 가장 왼쪽 위의 점일 때 이웃에 속하는 화소들에 해당한다. 패딩이 필요한 경우 `colfilt`가 제로 패딩으로 처리한다.

함수 `colfilt`의 문법은 다음과 같다.

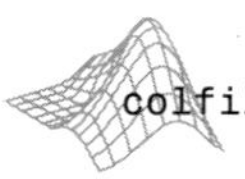
colfilt

```
g = colfilt(f, [m n], 'sliding', fun)
```

여기서, 전과 마찬가지로 `m`과 `n`은 필터 영역의 크기이며, `'sliding'`은 이 과정이 영상 `f`에서 $m \times n$ 영역을 한 화소씩 이동시키는 것임을 의미하며, `fun`은 함수 핸들(1.7.8절 참고)이다.

매트릭스 `A`가 편성되는 방식 때문에, 함수 `fun`은 `A`의 각 열에 대해 개별적으로 연산을 수행하고, 행 벡터 `v`를 반환해야 한다. `v`의 k번째 요소는 `fun`이 `A`의 k번째 열에 대해 수행한 연산 결과이다. `A`에는 최대 MN개의 열이 있을 수 있으므로, `v`의 최대 크기는 $1 \times MN$이다.

앞 절에서 설명한 선형 필터링은 공간 필터링에 본질적인 경계 문제를 다루기 위한 패딩을 제공한다. 그러나, `colfilt`를 사용할 때는 필터링하기 전에 입력 영상을 패딩하는 과정이 필요하다. 이를 위해 2-D 함수이며 다음의 문법을 갖는 함수 `padarray`를 사용한다.

[†] A는 항상 mn 행을 가지나, 열 수는 입력의 크기에 따라 바뀔 수 있다. 크기 선택은 `colfilt`에 의해 자동으로 관리된다.

```
fp = padarray(f, [r c], method, direction)
```

padarray

여기서 f는 입력 영상, fp는 패딩된 영상, [r, c]는 f를 패딩할 행 및 열의 수, method와 direction은 표 2.4에서의 설명과 같다. 예를 들어 만일 f = [1 2; 3 4]이면, 명령

```
>> fp = padarray(f, [3 2], 'replicate', 'post')
```

는 다음의 결과를 만든다.

```
fp =
     1     2     2     2
     3     4     4     4
     3     4     4     4
     3     4     4     4
     3     4     4     4
```

만일 direction이 인자에 포함되어 있지 않으면, 디폴트는 'both'이다. 만일 method가 포함되어 있지 않으면, 디폴트 패딩은 0을 갖고 한다.

예제 2.9

비선형 공간 필터를 구현하기 위해 함수 colfilt를 사용하기.

■ 함수 colfilt의 보기로서 어떤 점에서의 응답이 그 점을 중심으로 하는 이웃의 화소들의 밝기 값의 기하평균(geometric mean)인 비선형 필터를 구현한다. 크기 $m \times n$의 이웃에서의 기하평균은 이웃에 속하는 밝기 값들의 곱의 $1/mn$ 제곱이다. 우선 이 비선형 함수를 익명의 함수 핸들(1.7.8절 참고)로 구현하자:

```
>> gmean = @(A) prod(A, 1)^1/size(A, 1));
```

prod

경계 효과를 줄이기 위해서 함수 padarray에, 예를 들어 'replicate' 옵션을 사용해서 입력 영상을 패딩한다:

```
f = padarray(f, [m n], 'replicate');
```

표 2.4 함수 padarray의 옵션들.

옵션	설명
방법	
'symmetric'	경계를 기준으로 하는 거울-반사(mirror-reflecting)에 의해 영상의 크기를 확장.
'replicate'	바깥 경계의 값들을 복제해서 영상의 크기를 확장.
'circular'	영상을 2-D 주기함수의 한 주기로 다루어 영상의 크기를 확장.
방향	
'pre'	각 차원의 첫 요소 앞에 패딩.
'post'	각 차원의 끝 요소 뒤로 패딩.
'both'	각 차원의 첫 요소 앞과 끝 요소의 뒤로 패딩. 디폴트임.

그 다음에 colfilt를 호출한다:

```
>> g = colfilt(f, [m n], 'sliding', @gmean);
```

여기서 몇 가지 중요한 일들이 일어나고 있다. 첫째, 매트릭스 A가 colfilt에 의해 자동으로 함수 핸들 gmean에 넘겨진다. 둘째, 매트릭스 A는 행의 수는 항상 mn이지만, 열 수는 가변적이다. 그러므로, gmean(또는 colfilt에 의해 전달되는 여타 함수 핸들)은 가변적 열 수를 다룰 수 있도록 작성되어야 한다.

만일 A가 벡터이면, prod(A)는 요소들의 곱을 반환한다. 만일 A가 매트릭스이면, prod(A)는 열을 벡터로 간주하고 각 열의 곱들로 구성된 행 벡터를 반환한다. prod(A, dim)은 dim으로 규정된 A의 차원을 따라서 곱을 계산한다. A가 다차원 배열일 때 이 함수가 어떻게 작용하는지에 관해서는 prod 도움말 페이지를 참고한다.

이 경우의 필터링 프로세스는 이웃의 모든 화소의 곱을 계산하고, 그 결과를 $1/mn$ 제곱하는 것으로 구성된다. 임의의 (x, y) 값에 대해서, 그 점에서 필터링된 결과는 v의 적합한 열에 포함된다. 핵심 요건은 A에 열이 얼마나 많든 간에 함수가 A의 열들에 대해 연산하고, 모든 개별적 열들에 대한 결과를 포함하는 행 벡터를 반환해야 하는 것이다. 그러면 함수 colfilt는 이 결과들을 받아서 출력 영상 g를 만들기 위해 재편성한다.

끝으로, 앞에서 삽입된 패딩을 제거한다:

```
>> [M, N] = size(f);
>> g = g((1:M) + m, (1:N) + n);
```

그러면 g는 f와 같은 크기로 된다.

자주 사용되는 비선형 필터들 중 몇은 imfilter와 ordfilt2(2.5.2절 참고) 같은 다른 MATLAB 및 툴박스 함수들을 사용해서 구현할 수 있다. 예를 들면, 4.3절의 함수 spfilt는 예제 2.9의 기하평균 필터를 imfilter와 MATLAB의 log 함수와 exp 함수를 사용해서 구현한다. 이것이 가능할 때는, 성능이 항상 훨씬 빠르고, 메모리 사용은 colfilt를 사용할 때의 몇 분의 일에 불과하다. 그러나, 이러한 대안적 구현이 없는 비선형 필터링 연산에 대해서는 colfilt가 최선의 선택으로 남는다.

2.5 IPT 표준 공간 필터

Image Processing Toolbox Standard Spatial Filters

이 절에서는 툴박스에 의해 지원되는 선형 및 비선형 공간 필터들에 대해 설명한다. 그 밖의 사용자 필터 함수들은 4.3절에서 구현한다.

2.5.1 선형 공간 필터

툴박스는 함수 fspecial을 사용해서 구해지는 여러 개의 미리 정의된 2-D 선형 공간 필터들을 지원한다. 이 함수는 다음 문법을 사용해서 필터 마스크 w를 만든다.

fspecial

```
w = fspecial('type', parameters)
```

여기서 'type'은 필터 타입을 지정하며, parameters는 세부 규격을 지정한다. 표 2.5에는 fspecial이 생성할 수 있는 공간 필터들이 각 필터에 적용 가능한 인자들과 함께 요약되어 있다.

타입	문법 및 인자
'average'	fspecial('average', [r c]). 크기 r×c의 직각사각형 평균 필터. 디폴트는 3×3. [r c] 대신 하나의 숫자만 쓰면 정사각형 필터를 규정.
'disk'	fspecial('disk', r). 반경 r인 원형(크기 2r+1의 정사각형 안) 평균 필터. 디폴트 반경의 5.
'gaussian'	fspecial('gaussian', [r c], sig). 크기 r×c, 표준 편차 sig(양)의 가우스 저역통과 필터. 디폴트는 각각 3×3과 0.5. [r c] 대신 하나의 숫자만 쓰면 정사각형 필터를 규정.
'laplacian'	fspecial('laplacian', alpha). 범위 [0, 1]인 alpha에 의해 모양이 규정되는 라플라스 필터. alpha의 디폴트 값은 0.2.
'log'	fspecial('log', [r c], sig). 크기 r×c, 표준 편차 sig(양)의 LoG(Laplacian of a Gaussian) 필터. 디폴트는 각각 5×5와 0.5. [r c] 대신 하나의 숫자만 쓰면 정사각형 필터를 규정.
'motion'	fspecial('motion', len, theta). 영상과 컨볼루션될 때, len 화소만큼의 (영상에 대한 카메라의) 선형 이동을 근사화하는 필터를 출력. 이동 방향은 수평으로부터 반시계방향으로, 도 단위로 측정한 theta. 디폴트는 수평 방향으로 아홉 화소 이동을 의미하는 9와 0.
'prewitt'	fspecial('prewitt'). 수직 경사를 근사화하는 3×3 Prewitt 마스크 wv를 출력. 수평 경사를 위한 마스크는 그 결과를 전치시켜서 얻음: wh = wv'.
'sobel'	fspecial('sobel'). 수직 경사를 근사화하는 3×3 Sobel 마스크 sv를 출력. 수평 경사를 위한 마스크는 그 결과를 전치시켜서 얻음: sh = sv'.
'unsharp'	fspecial('unsharp', alpha). 3×3 unsharp 필터를 출력. alpha는 모양을 제어; 범위는 [0, 1]; 디폴트는 0.2.

표 2.5 함수 fspecial이 지원하는 공간 필터들. 이 표의 일부 필터는 10.1절에서 에지 검출에 이용된다.

경사(gradient)에 관해서는 6.6.1절 참고.

예제 2.10

라플라스 필터를 구현하기 위해 함수 imfilter를 사용하기.

■ 라플라스 필터로 영상을 개선하기 위한 fspecial과 imfilter의 사용을 보여준다. 영상 $f(x, y)$의 라플라시안은 $\nabla^2 f(x, y)$로 쓰며, 다음과 같이 정의된다.

$$\nabla^2 f(x, y) = \frac{\partial^2 f(x, y)}{\partial x^2} + \frac{\partial^2 f(x, y)}{\partial y^2}$$

많이 사용되는 2차 미분의 디지털 근사화 식은 다음과 같다:

10.1.3절에서 1차 및 2차 미분에 대한 디지털 근사화를 설명한다.

$$\frac{\partial^2 f(x, y)}{\partial x^2} = f(x+1, y) + f(x-1, y) - 2f(x, y)$$

그리고

$$\frac{\partial^2 f(x, y)}{\partial y^2} = f(x, y+1) + f(x, y-1) - 2f(x, y)$$

따라서,

$$\nabla^2 f(x,y) = \left[f(x+1,y) + f(x-1,y) + f(x,y+1) + f(x,y-1) \right] - 4f(x,y)$$

이 식은 영상을 다음의 공간 마스크와 컨볼루션시킴으로써, 영상의 모든 점에서 구현될 수 있다:

$$\begin{matrix} 0 & 1 & 0 \\ 1 & -4 & 1 \\ 0 & 1 & 0 \end{matrix}$$

디지털 2차 미분의 대안적 정의는 대각선 요소들도 고려하며, 다음의 마스크를 사용해서 구현할 수 있다:

$$\begin{matrix} 1 & 1 & 1 \\ 1 & -8 & 1 \\ 1 & 1 & 1 \end{matrix}$$

두 미분 모두 어떤 때는 부호가 바뀌어 정의되기도 하며, 그렇게 되면 두 마스크의 네거티브인 마스크들이 된다.

라플라시안을 사용하는 개선은 다음 식에 기반한다.

$$g(x,y) = f(x,y) + c\left[\nabla^2 f(x,y) \right]$$

여기서 $f(x, y)$는 입력 영상, $g(x, y)$는 개선된 영상, c는 마스크 중앙 계수가 양이면 1, 음이면 −1(Gonzalez와 Woods [2008])이다. 라플라시안은 미분연산자이므로, 영상을 날카롭게 만든다. 그러나, 일정한 영역은 0으로 만든다. 오리지널 영상과 합해서 그레이 레벨 명암을 복원한다.

함수 `fspecial('laplacian', alpha)`는 더 일반적인 라플라스 마스크를 구현한다:

$$\begin{matrix} \dfrac{\alpha}{1+\alpha} & \dfrac{1-\alpha}{1+\alpha} & \dfrac{\alpha}{1+\alpha} \\ \dfrac{1-\alpha}{1+\alpha} & \dfrac{-4}{1+\alpha} & \dfrac{1-\alpha}{1+\alpha} \\ \dfrac{\alpha}{1+\alpha} & \dfrac{1-\alpha}{1+\alpha} & \dfrac{\alpha}{1+\alpha} \end{matrix}$$

이 마스크는 개선 결과에 대한 미세한 조정을 가능하게 한다. 라플라시안에는 방금 설명된 두 마스크들이 주로 사용된다.

이제 라플라시안을 사용해서 그림 2.17(a)의 영상을 개선해 보자. 이 영상은 달의 북극 영상인데 약간 희미하다. 이 경우의 개선은 영상을 선명하게 만들되 그레이 명암은 가능한 한 유지하는 것으로 구성된다. 우선, 라플라스 필터를 생성하고 표시한다:

```
>> w = fspecial('laplacian', 0)
w =
    0.0000    1.0000    0.0000
    1.0000   -4.0000    1.0000
    0.0000    1.0000    0.0000
```

이 필터는 클래스 `double` 형이며, `alpha = 0`일 때의 이 모양은 앞에서 설명한 라플라스 필터임을 유념한다. 이 모양을 수동으로 다음과 같이 지정할 수도 있다:

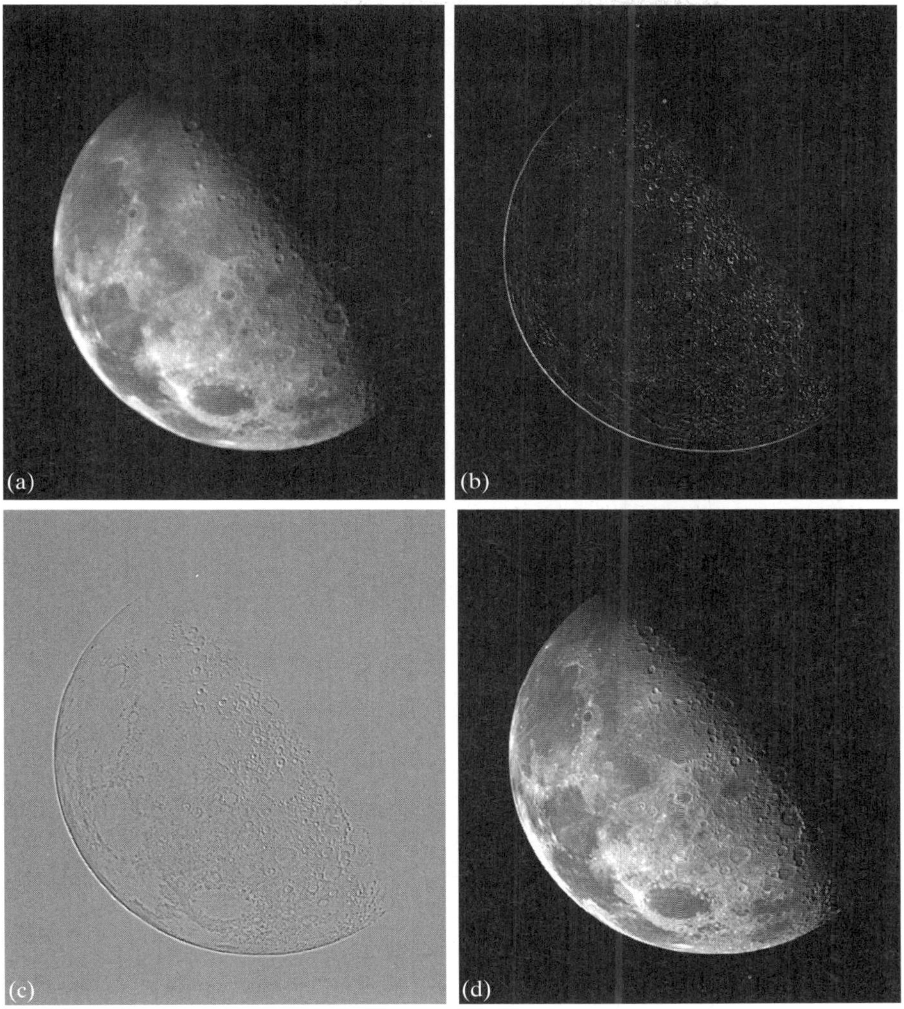

그림 2.17 (a) 달의 북극 영상. (b) uint8 포맷을 사용해서 라플라스 필터링된 영상. (uint8이 부호 없는 자료형이므로 출력의 음수 값들은 0이 되었다.) (c) 실수를 사용해서 라플라스 필터링된 영상. (d) (a)에서 (c)를 빼서 얻은 개선된 결과. (사진 제공: NASA)

```
>> w = [0 1 0; 1 -4, 1; 0 1 0];
```

그 다음, w를 클래스 uint8 형인 입력 영상 f에 적용한다[그림 2.17(a)]:

```
>> g1 = imfilter(f, w, 'replicate');
>> imshow(g1, [ ])
```

그림 2.17(b)가 결과 영상을 보여준다. 이 결과는 적절하게 보이지만, 문제가 하나 있다: 모든 화소들이 양이다. 필터 중앙의 계수가 음수이기 때문에, 라플라스 영상이 음의 값을 가질 수 있음을 알고 있다. 그러나, 이 경우 f는 클래스 uint8 형이며 앞 절에서 설명했듯이 imfilter로 필터링하면 출력은 입력과 같은 클래스가 되므로 음의 값들은 잘린다. 필터링하기 전에 f를 실수 형으로 전환해서 이 문제를 우회한다:

```
>> f2 = tofloat(f);
>> g2 = imfilter(f2, w, 'replicate');
>> imshow(g2, [ ])
```

그림 2.17(c)의 결과는 전형적인 라플라스 영상의 모양이다.

끝으로, 오리지널 영상에서 라플라스 영상을 빼서(중앙 계수가 음수이므로), 라플라시안의 사용에 의해 손실된 그레이 명암을 복원한다:

```
>> g = f2 - g2;
>> imshow(g);
```

그 결과를 그림 2.17(d)가 보여주며, 오리지널 영상보다 선명하다.

예제 2.11 수동으로 필터를 규정하고 개선 기법을 비교하기.

■ 개선 문제에 따라서는 툴박스에서 가용한 필터들 외의 것들이 필요할 때가 있다. 라플라시안이 그 좋은 예이다. 툴박스는 중앙이 −4인 3×3 라플라스 필터를 지원한다. 보통, 앞에서 나온 중앙이 −8인 3×3 라플라스 필터를 사용하면 더 선명한 개선을 달성할 수 있다. 이 예제의 목적은 이 필터를 수동으로 구현하고, 또한 두 라플라스 표현을 사용해서 얻은 결과들을 비교하는 것이다. 명령 시퀀스는 다음과 같다:

```
>> f = imread('Fig0217(a).tif');
>> w4 = fspecial('laplacian', 0); % Same as w in Example 2.10.
>> w8 = [1 1 1; 1 -8 1; 1 1 1];
>> f = tofloat(f);
>> g4 = f - imfilter(f, w4, 'replicate');
>> g8 = f - imfilter(f, w8, 'replicate');
>> imshow(f)
>> figure, imshow(g4)
>> figure, imshow(g8)
```

그림 2.18(a)는 달의 오리지널 영상을 비교 편의상 다시 보여준다. 그림 2.18(b)는 그림 2.17(d)와 같은 g4이며, 그림 2.18(c)는 g8을 보여준다. 예상대로 이 결과가 그림 2.18(b)에 비해 현저하게 선명하다.

2.5.2 비선형 공간 필터

함수 ordfilter2는 순서-통계(*order-statistic*) 필터(또는 순위(*rank*) 필터라고 부름)들을 계산한다. 이들은 비선형 공간 필터이며, 그 응답은 기본적으로 영상 이웃 그룹에 속하는 화소들을 정렬시키고(ordering 또는 ranking), 그 정렬한 결과로부터 구한 값으로 이웃 그룹의 중앙 화소의 값을 대체해서 구한다. 이 절에서는 ordfilt2에 의해 생성되는 비선형 필터에 초점을 맞춘다. 몇 가지 추가적 사용자 비선형 필터 함수들을 4.3절에서 개발하고 구현한다.

함수 ordfilt2의 문법은 다음과 같다:

ordfilt2

```
g = ordfilt2(f, order, domain)
```

이 함수는 f의 각 요소를 domain의 0이 아닌 요소에 의해 규정되는 이웃이 정렬된 집합의 order번째 요소로 대체하여 출력 영상 g를 만든다. 여기서, domain은 계산에 사용될 이웃의 화소 위치를 지정하는 1과 0의 $m \times n$ 매트릭스이다. 이런 점에서,

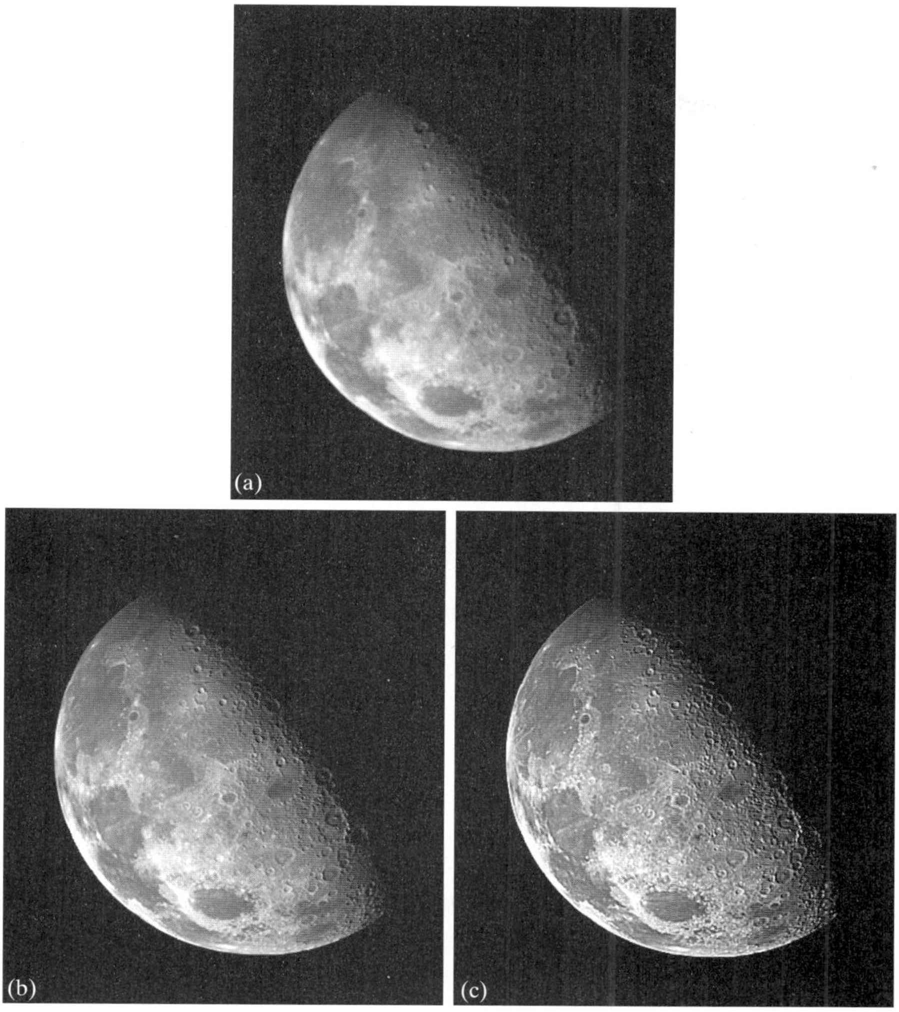

그림 2.18 (a) 달의 북극 영상. (b) 중앙이 −4인 라플라스 필터 `'laplacian'`에 의해 개선된 영상. (c) 중앙이 −8인 라플라스 필터에 의해 개선된 영상.

`domain`은 마스크와 같은 역할을 한다. `domain` 매트릭스의 0에 대응하는 이웃의 화소들은 계산에 사용하지 않는다. 예를 들면, 크기 $m \times n$의 *min* 필터(서열 1)를 구현하기 위해 다음의 문법을 사용한다.

```
g = ordfilt2(f, 1, ones(m, n))
```

이 표현에서 1은 정렬된 mn개의 샘플들의 집합의 첫 번째 샘플을 나타내며, `ones(m, n)`은 1로 구성된 $m \times n$ 매트릭스를 만드는데, 이웃의 모든 샘플들이 계산에 사용됨을 의미한다.

통계학의 용어로는 *min* 필터(정렬된 집합의 첫 번째 샘플)는 0번째 백분위수(percentile)를 말한다. 비슷하게, 100번째 백분위수는 정렬된 집합의 마지막인 mn번째 샘플이다. 이 것은 *max* 필터에 해당하며, 다음의 문법에 의해 구현한다:

9장에서 설명되듯이, max 필터와 min 필터를 구현하는 또 다른 방법은 형태학적 침식과 팽창을 사용하는 것이다.

```
g = ordfilt2(f, m*n, ones(m, n))
```

디지털영상처리에서 가장 잘 알려진 순서-통계 필터는 미디언(*median*, 중간값)[†] 필터이며, 50번째 백분위수에 해당한다: 홀수 m과 n에 대해

```
g = ordfilt2(f, (m*n + 1)/2, ones(m, n))
```

실용적 중요성 때문에 툴박스는 2-D 미디언 필터를 구현해 놓았다:

medfilt2

```
g = medfilt2(f, [m n], padopt)
```

여기서 [m n]은 미디언이 계산되는 $m \times n$ 크기의 이웃을 정의하며, padopt는 세 가지 경계 패딩 옵션 중 하나를 규정한다: 'zeros'(디폴트), f가 경계에서 거울반사에 의해 대칭적으로 확장되는 'symmetric', 그리고 f가 클래스 double 형이면 1로, 아니면 0으로 패딩되는 'indexed'. 디폴트

```
g = medfilt2(f)
```

는 3×3 이웃을 사용하며 입력의 경계를 0으로 패딩한다.

예제 2.12

함수 medfilt2를 사용한 미디언 필터링.

■ 미디언 필터링은 영상에서 소금과 후추 노이즈(salt-and-pepper noise)를 줄이기 위한 유용한 도구이다. 4장에서 노이즈를 줄이는 방법에 대해 더 자세히 다룰테지만, 이 시점에서 미디언 필터링의 구현을 간단하게라도 보여주면 도움이 될 것이다.

그림 2.19(a)의 영상은 회로 기판의 자동검사 과정에서 촬영된 X선 영상 f이다. 그림 2.19(b)의 영상은 소금과 후추 노이즈에 의해 오염된 상태이다. 노이즈인 흑색 또는 백색 점들의 발생 확률은 둘 다 0.2이다. 이 영상은 함수 imnoise에 의해 만들었는데, 이 함수는 5.2.1절에서 설명한다:

imnoise

```
>> fn = imnoise(f, 'salt & pepper', 0.2);
```

그림 2.19(c)는 이 노이즈 섞인 영상을 아래의 명령에 의해 미디언 필터로 처리한 결과이다:

```
>> gm = medfilt2(fn);
```

그림 2.19(b)의 노이즈 수준을 고려하면, 디폴트 설정을 사용한 미디언 필터가 노이즈 제거를 훌륭하게 해냈다. 그렇지만 경계 주위의 흑색 점들에 유의한다. 이 노이즈는 영상을 둘러싸는 흑색 점들 때문에 생겼다(디폴트는 경계를 패딩함을 기억한다). 이러한 유형의 효과는 'symmetric' 옵션을 사용하면 제거할 수 있다:

```
>> gms = medfilt2(fn, 'symmetric');
```

그 결과가 그림 2.19(d)이며 흑색 경계 효과가 약해진 것을 제외하고는 그림 2.19(c)와 가깝다.

median

[†] 어떤 값들의 집합의 median ξ는 그 집합의 반이 ξ 이하의 값을 갖고, 다른 반이 ξ 이상의 값을 갖는 값이다. 비록 이 절에서의 논의는 영상에 초점이 맞춰져 있으나, MATLAB은 다른 차원의 배열의 중간값을 계산하는 범용함수인 median도 제공한다.

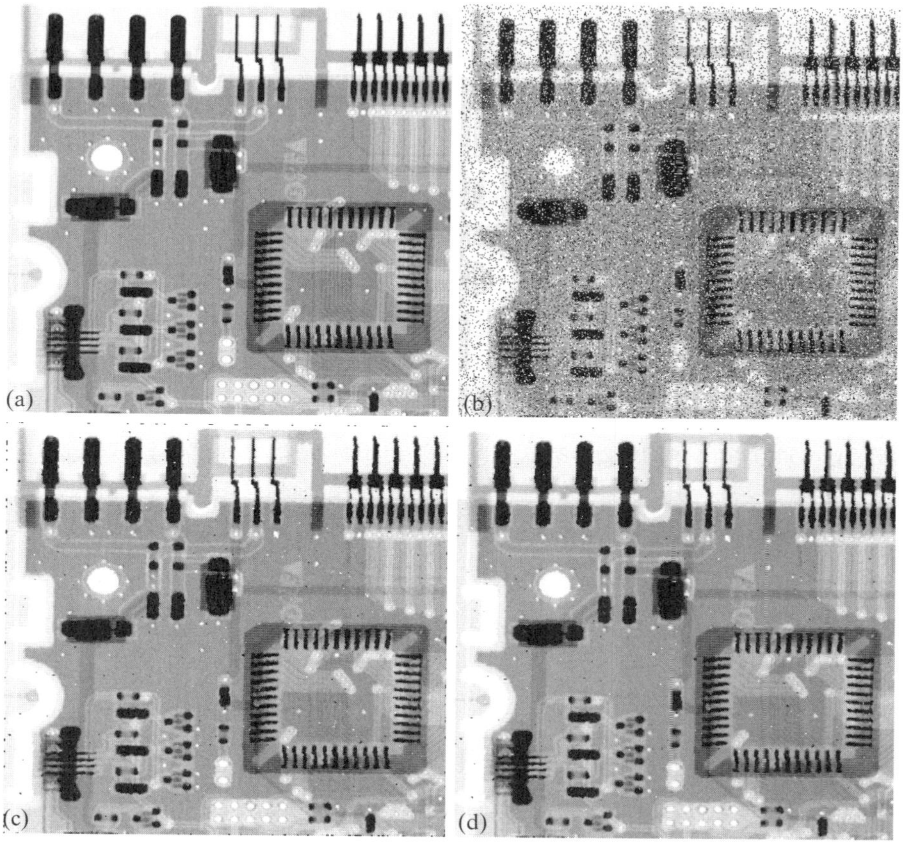

그림 2.19 미디언 필터링: (a) X선 영상. (b) 소금과 후추 노이즈에 의해 오염된 영상. (c) 함수 `medfilt2`에 디폴트 설정을 사용해서 미디언 필터링한 결과. (d) `'symmetric'` 옵션을 사용해서 미디언 필터링한 결과. (d)와 (c) 간의 경계 모양 개선을 주목한다. (사진 제공: Lixi, Inc.)

2.6 밝기 변환과 공간 필터링을 위한 퍼지 기법 사용

Using Fuzzy Techniques for Intensity Transformations and Spatial Filtering

퍼지 집합에 관한 소개와 밝기 변환 및 공간 필터링에 대한 응용으로 이 장을 마무리한다. 그리고, 이 절에서 개발되는 퍼지 방법들을 구현하기 위한 사용자 정의 M-함수들도 개발한다. 곧 보게 되듯이 퍼지 집합은 애매한 개념에 기반해서 공식화해야 하는 문제들의 솔루션에 인간의 지식을 통합시키기 위한 프레임웍을 제공한다.

2.6.1 배경

집합은 객체(요소)들의 무리(collection)이며, 집합 이론은 집합에 대해 또는 집합들 간에 적용되는 연산을 다루는 도구들로 구성된다. 집합 이론의 핵심은 집합 멤버쉽의 개념이다. 우리는 멤버쉽이 1은 진실, 0은 거짓을 나타내는 전통적 2가(bivalued) 불(Boole) 논리 관점에서의 진실이나 거짓만 될 수 있는 소위 "크리스프(crisp, 또렷한)" 집합을 다뤄왔다. 예를 들어, Z로 모든 사람의 집합을 나타내고, "젊은 사람들의 집합"인 Z의 부분집합 A를 정의하고 싶다고 하자. 이 부분집합을 만들기 위해서는 Z의 모든 요소 z에 1 또는 0의 값을 부여하는 **멤버십 함수**를 정의해야 한다. 우리가 2가 논리를 다루고 있으므로, 멤버십 함수는 어떤 사람이 그 이하에서는 젊다고 간주되고, 그보다 높으면 젊지 않은 것으로 간주되는 문턱치를 정의한다. 그림 2.20(a)가 나이 문턱치 20을 사용해서 이 개념을 요약하고 있다. 이 그림에서 $\mu_A(z)$가 방금 거론된 멤버십 함수를 나타낸다.

우리는 이 공식화에서의 문제를 바로 알 수 있다: 20세인 사람은 젊다고 간주되지만, 20세 1초인 사람은 젊은 사람 집합의 멤버가 아니다. 이것은 많은 실제 응용에서 크리스프 집합의 사용을 제한하는 근본적인 문제이다. 우리가 필요로 하는 것은 "젊다"로 의미하는 것의 융통성이다: 즉 젊음에서 젊지 않음으로의 **점진적** 천이(또는 이행). 그림 2.20(b)가 한 가능성을 보여준다. 이 함수의 본질적 특징은 무한개의 값을 가지며, 그래서 젊음과 젊지 않음 간의 연속된 천이를 가능하게 해준다. 이것이 "젊음"의 **정도**를 갖추는 것을 가능하게 만든다. 이제 우리는 어떤 사람이 젊다(곡선의 높고 평탄한 부분), 상대적으로 젊다(램프의 시작 부분), 50% 젊다(램프의 중간), 그다지 젊지 않다(램프의 끝) 등과 같은 표현을 쓸 수 있다[그림 2.20(b)의 곡선의 기울기를 줄이면 "젊음"으로 의미하는 것에 모호성을 더 추가할 수 있음을 주목한다]. 이러한 모호한(**퍼지**) 표현 유형들이 인간이 나이에 관해 애매하게 얘기할 때 사용하는 것과 더 일치한다. 따라서 무한 멤버십 함수들을 **퍼지 논리**의 토대로서 이해할 수 있으며, 그리고 그들을 사용해서 만들어지는 집합들을 **퍼지**(*fuzzy*) **집합**으로 볼 수 있다.

2.6.2 퍼지 집합 소개

퍼지 집합 이론은 40년 전에 L. A. Zadeh(Zadeh [1965])에 의해 소개되었다. 다음의 논의에서 보듯이, 퍼지 집합은 모호한 정보를 다루는 형식을 제공한다.

정의

Z로 요소(객체) 집합을 나타내고, z는 Z의 통칭 요소를 나타낸다고 하자; 즉 $Z = \{z\}$

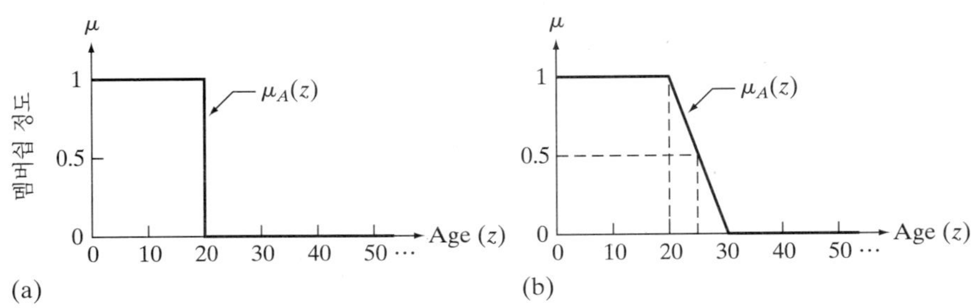

그림 2.20 멤버십 함수: (a) 크리스프 집합. (b) 퍼지 집합.

이다. 집합 Z는 흔히 **논의 영역**(*uni erse of discourse*)으로 불린다. Z의 퍼지 집합 A는 Z의 각 요소에 [0, 1] 구간의 실수를 결부짓는 **멤버쉽 함수** $\mu_A(z)$로 특징지어진다. Z의 특정 요소 z_0에 대해 $\mu_A(z_0)$는 A에서의 z_0의 멤버쉽 정도를 표현한다.

멤버쉽 등급(*grade*)이란 용어도 우리가 멤버쉽 정도(degree)라고 정의한 것을 나타내는 데 사용된다.

보통(크리스프) 집합에서 익숙한 "속한다"의 개념은 퍼지 집합 이론에서 같은 의미를 갖지 않는다. 보통 집합에 대해서 우리는 어떤 요소가 어떤 집합에 속한다거나 아니면 속하지 않는다고 말한다. 퍼지 집합에 대해서는 $\mu_A(z) = 1$인 모든 z는 집합 A의 **완전한** 멤버이고, $\mu_A(z)$가 0과 1 사이인 모든 z는 그 집합에서 **부분적** 멤버쉽을 가지며, $\mu_A(z) = 0$인 모든 z는 그 집합에서의 멤버쉽 정도가 **영**(이것은 모든 실제 용도에서 그들이 그 집합의 멤버가 아님을 의미한다)이라고 말한다.

예를 들어, 그림 2.20(b)에서 $\mu_A(25) = 0.5$는 25세인 사람은 젊은 사람들 집합에서 0.5 등급의 멤버쉽을 가짐을 나타낸다. 마찬가지로 15세와 35세인 두 사람은 이 집합에서 각각 1.0과 0.0 등급의 멤버쉽을 갖는다. 그러므로 어떤 퍼지 집합 A는 z값과 각 z에 A에서의 멤버쉽 등급을 부여하는 멤버쉽 함수로 구성된 **순서 쌍**이다. 즉

$$A = \{z, \mu_A(z) \mid z \in Z\}$$

z가 연속적일 때 A는 무한개의 요소를 가질 수 있다. z가 이산적이며, 그 값의 범위가 유한할 때는 A의 요소들을 표로 만들 수 있다. 예를 들어, 그림 2.20의 나이가 정수로 한정된다면, A는 다음과 같이 표현될 수 있다:

$$A = \{(1,1),(2,1),\ldots,(20,1),(21,0.9),(22,0.8),\ldots,(29,0.1),(30,0),(31,0),\ldots\}$$

앞의 정의에 의하면 (30, 0)과 그 뒤의 쌍들은 A에 포함되지만, 이 집합어서 그들의 멤버쉽 정도는 0이다. 실제로는 일반적으로 그들은 포함되지 않는데, 그 이유는 관심이 멤버쉽 정도가 0이 아닌 요소들에 놓여 있기 때문이다. 멤버쉽 함수들이 집합에서의 멤버쉽 정도를 유일하게 정하기 때문에, **퍼지 집합**과 **멤버쉽 함수**란 용어들은 문헌에서 혼용된다. 이것 때문에 자주 혼동되므로, 이 두 용어가 같은 것을 의미하는데 사용되고 있다는 것을 잊지 않도록 한다. 이 용어들에 대한 거부감을 덜어주기 위해 이 절에서는 이들을 혼용한다. $\mu_A(z)$가 0과 1의 두 값만을 가질 수 있을 때, 멤버쉽 함수는 익숙한 일반 집합 특성 함수로 축소된다. 따라서 일반 집합은 퍼지 집합의 특수한 경우이다.

비록 퍼지 논리 및 확률이 같은 [0, 1] 구간에 대해 작용하지만, 둘 사이에는 구분해야 할 분명한 차이가 있다. 그림 2.20의 예를 고려해 보자. 확률 표현으로는 "어떤 사람이 젊을 확률은 50%이다"이지만, 퍼지 표현으로는 "젊은 사람 집합에서 어떤 사람의 멤버쉽 정도는 0.5이다"이다. 이 두 표현 간의 차이는 중요하다. 처음 표현에서는 어떤 사람이 젊은이들의 집합이나 젊지 않은 이들의 집합의 한쪽에 있는 것으로 간주된다; 우리가 그 사람이 어느 쪽 집합에 속하는지를 아는 확률이 단순히 50%에 지나지 않는다. 두 번째 표현은 어떤 사람이 어떤 정도로 젊다고 상정하며, 그 정

도는 이 경우 0.5이다. 다른 해석은 이것이 "평균적" 젊은이—진짜 젊지는 않지만 젊지 않은 것에 너무 가깝지 않은—이다라고 말하는 것이다. 달리 말해서, 퍼지 논리는 전혀 확률적이지 않다; 어떤 집합에서의 멤버십 정도를 다룰 뿐이다. 이런 면에서, 퍼지 논리 개념이 랜덤성이 아닌 모호함과 애매함에 의해 특징지어지는 상황에 응용될 수 있음을 알 수 있다.

다음 정의들은 다음 소절들의 내용에 기초가 된다.

공집합: 퍼지 집합은 그의 멤버십 함수가 Z에서 꼭 같이(identically) 0일 때만 비어(*empty*) 있다.

"모든 $z \in Z$에 대해"는 "Z에 속하는 모든 z에 대해"라고 읽는다.

동등집합(*equality*): 두 퍼지 집합 A와 B는 모든 $z \in Z$에 대해 $\mu_A(z) = \mu_B(z)$일 때만 동등하며, 이때 $A = B$라고 쓴다.

보집합(*complement*): 퍼지 집합 A의 보(NOT)는 $\bar{A}$ 또는 NOT(A)로 쓰며, 모든 $z \in Z$에 대해 그 멤버십 함수가 다음과 같은 집합으로 정의된다:

$$\mu_{\bar{A}}(z) = 1 - \mu_A(z)$$

부분집합: 퍼지 집합 A는 모든 $z \in Z$에 대해 다음과 같을 때만 퍼지 집합 B의 부분집합이다:

$$\mu_A(z) \leq \mu_B(z)$$

합집합(*union*): 두 퍼지 집합 A와 B의 합(OR)은 $A \cup B$ 또는 A OR B로 쓰며, 모든 $z \in Z$에 대해 멤버십 함수가 다음과 같은 퍼지 집합 U이다:

$$\mu_U(z) = \max\left[\mu_A(z), \mu_B(z)\right]$$

교집합(*intersection*): 두 퍼지 집합 A와 B의 교(AND)는 $A \cap B$ 또는 A AND B로 쓰며, 모든 $z \in Z$에 대해 멤버십 함수가 다음과 같은 퍼지 집합 I이다:

$$\mu_I(z) = \min\left[\mu_A(z), \mu_B(z)\right]$$

익숙한 용어 NOT, OR, AND가 각각 집합 보, 합, 교를 나타내는 기호 $^{-}$, ∪, ∩와 혼용됨을 주목한다.

예제 2.13

퍼지 집합 정의들의 예시.

■ 그림 2.21이 앞의 정의들의 일부를 예시한다. 그림 2.21(a)는 두 집합 A와 B의 멤버십 함수를 보여주며, 그림 2.21(b)는 A의 보집합의 멤버십 함수를 보여준다. 그림 2.21(c)는 A와 B의 합집합의 멤버십 함수를 보여주며, 그림 2.21(d)는 이 두 집합의 교의 결과를 보여준다. 그림 2.21의 점선은 참고용으로 표시했다. 그림 2.21(b)~(d)에 표시된 퍼지 연산의 결과는 실선으로 표시되어 있다.

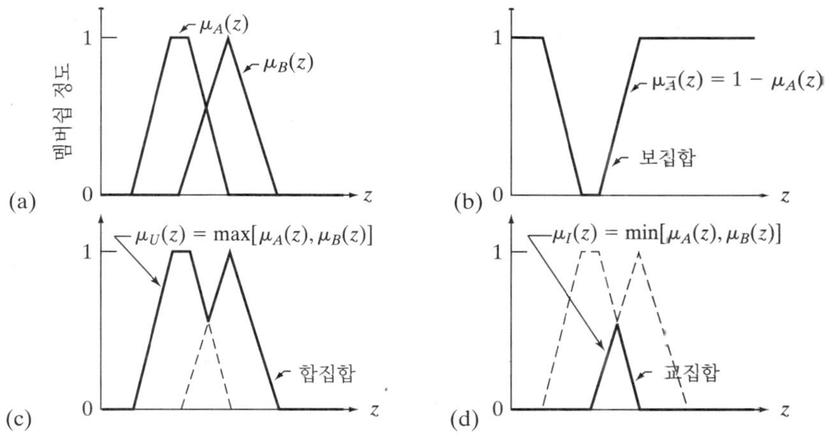

그림 2.21 (a) 두 집합 A와 B의 멤버십 함수들. (b) A의 보집합의 멤버십 함수. (c)와 (d) A와 B의 합집합과 교집합의 멤버십 함수들.

문헌에서 멤버십 함수, 예들 들어 두 퍼지 집합의 교집합의 곡선 아래의 영역이 음영 처리에 의해 연산 결과를 나타내는 예들을 볼 수 있을 것이다. 이것은 일반 집합 연산의 영향을 받은 것으로서 옳지 않다. 퍼지 집합을 다룰 때는 멤버십 함수 자체(실선)를 따라 있는 점들만이 해당된다. 이것은 멤버십 함수와 그의 해당 퍼지 집합이 하나이자 같은 것이라는 앞에서의 언급에 관한 좋은 예이다.

멤버십 함수

표 2.6은 퍼지 집합 작업에 흔히 사용되는 멤버십 함수들의 목록이다. 처음 세 함수들은 구간 선형적이며, 그 다음 두 함수는 부드럽고, 마지막 함수는 잘린 Gaussian이다. 표의 여섯 멤버십 함수를 구현하기 위해서 2.6.4절에서 M-함수들을 개발한다.

2.6.3 퍼지 집합 사용하기

이 절에서는 퍼지 집합을 사용하기 위한 토대를 다지고, 여기서 개발되는 개념들을 2.6.5절과 2.6.6절의 영상처리에 적용한다.

보기를 갖고 논의를 시작하자. 전력 생산소 전기모터의 상태를 감시하기 위해서 퍼지 시스템을 개발하려 한다고 하자. 우리의 목적과 관련해서 모터의 상태는 진동량에 의해 결정된다. 논의의 단순화를 위해서, 이 모니터링 작업을 단일 숫자—z로 표기되는 **평균 진동 주파수**—를 출력하는 단일 센서로 해낼 수 있다고 가정한다. 우리는 세 가지 평균 주파수 범위에 관심이 있다: **저**, **중**, **고**. 낮은 범위에서 동작하는 모터는 **정상**(*normal*)이며, 중간 범위에서 동작하는 모터는 **한계**(*marginal*) 성능이고, 높은 범위에서 동작하는 모터는 **고장에 가까운**(*near failure*) 상태이다.

여기서부터는 표기 단순화를 위해 **평균 진동 주파수** 대신에 **주파수**를 사용한다.

방금 설명된 주파수 범위들을 퍼지라고 볼 수 있으며(그림 2.20의 나이와 비슷한 면에서), 예를 들어 그림 2.22(a)의 퍼지 멤버십 함수들을 사용해서 문제를 기술할 수 있다. 변수들과 퍼지 멤버십 함수들을 관련짓는 것을 **퍼지화**(*fuzzification*)[†]라고

[†] 역주: 퍼지 논리에서 데이타에 모호성을 부여하는 것.

표 2.6 자주 사용되는 멤버십 함수들과 해당 그래프.

이름	식	그래프
삼각형	$\mu(z)=\begin{cases}0 & z<a\\(z-a)/(b-a) & a\le z<b\\1-(z-b)/(c-b) & b\le z<c\\0 & c\le z\end{cases}$	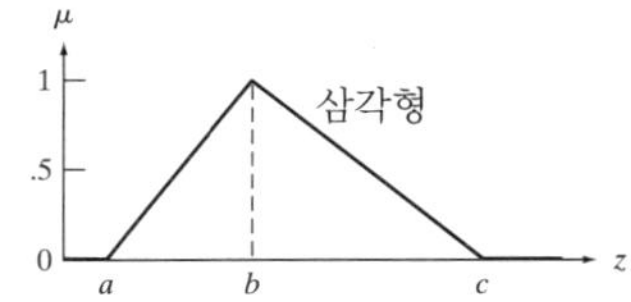
사다리꼴	$\mu(z)=\begin{cases}0 & z<a\\(z-a)/(b-a) & a\le z<b\\1 & b\le z<c\\1-(z-b)/(c-b) & c\le z<d\\0 & d\le z\end{cases}$	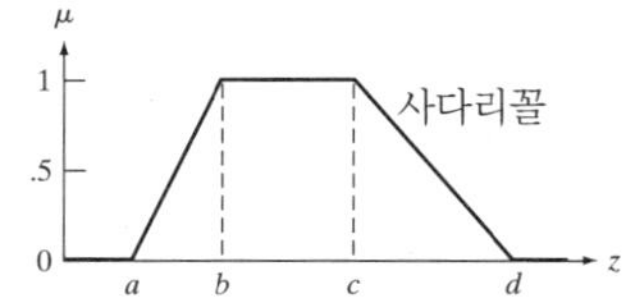
시그마	$\mu(z)=\begin{cases}0 & z<a\\(z-a)/(b-a) & a\le z<b\\1 & b\le z\end{cases}$	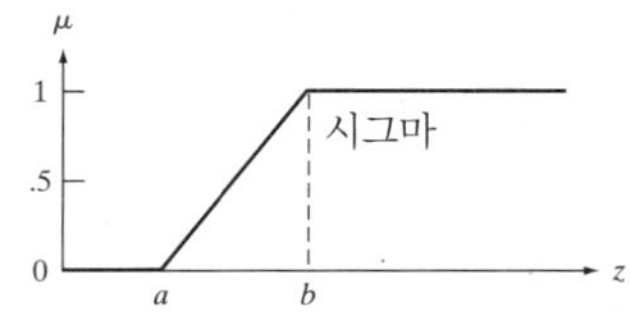
S 모양[†]	$S(z,a,b)=\begin{cases}0 & z<a\\2\left[\dfrac{z-a}{b-a}\right]^2 & a\le z<p\\1-2\left[\dfrac{z-b}{b-a}\right]^2 & p\le z<b\\1 & b\le z\end{cases}$	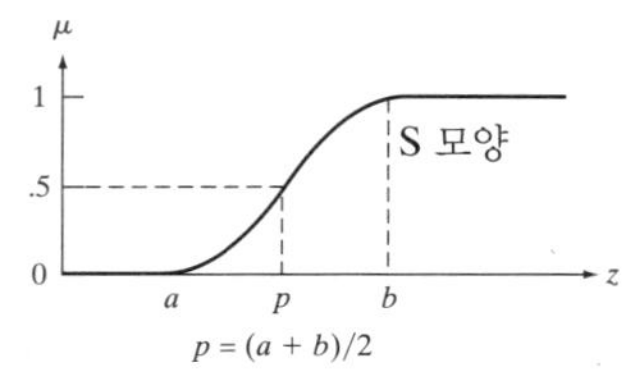
종 모양	$\mu(z)=\begin{cases}S(z,a,b) & z<b\\S(2b-z,a,b) & b\le z\end{cases}$	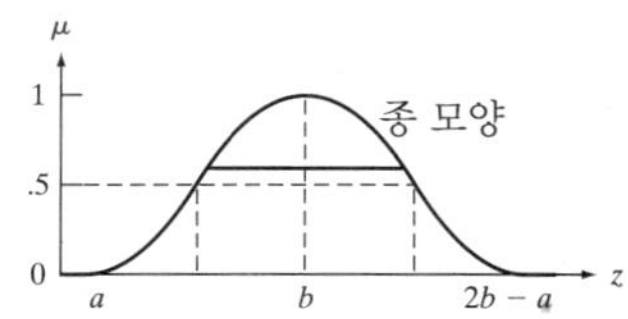
잘린 가우시언	$\mu(z)=\begin{cases}e^{-\frac{(z-b)^2}{s^2}} & \lvert z-b\rvert\le(b-a)\\0 & \text{otherwise}\end{cases}$	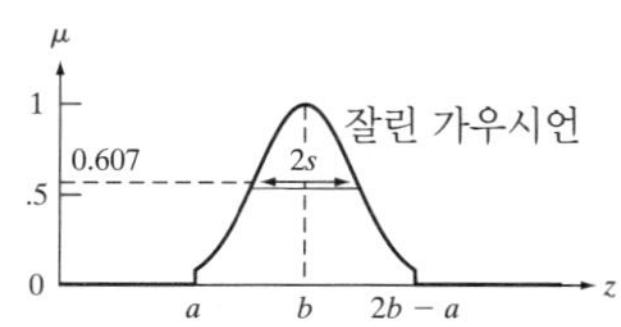

[†] 대개는 표기 단순화를 위해서 $\mu(z)$를 쓸 때 독립변수 z만이 인수로서 사용된다. S모양 곡선 경우는 예외로서, 종 모양 곡선의 공식을 쓸 때 그 형태를 이용한다.

부른다. 현 맥락에서 주파수는 **언어 변수**이며, 특정 주파수 값 z_0는 **언어 값**이라고 부른다. 언어 값은 그를 [0, 1] 구간으로 매핑하는 멤버십 함수를 사용해서 퍼지화된다. 그림 2.22(b)가 한 예를 보여준다.

주파수 범위가 퍼지하다는 것을 명심하면서, 이 문제에 관한 우리의 지식을 다음의 퍼지 *IF-THEN* 규칙들에 의해 표현할 수 있다:

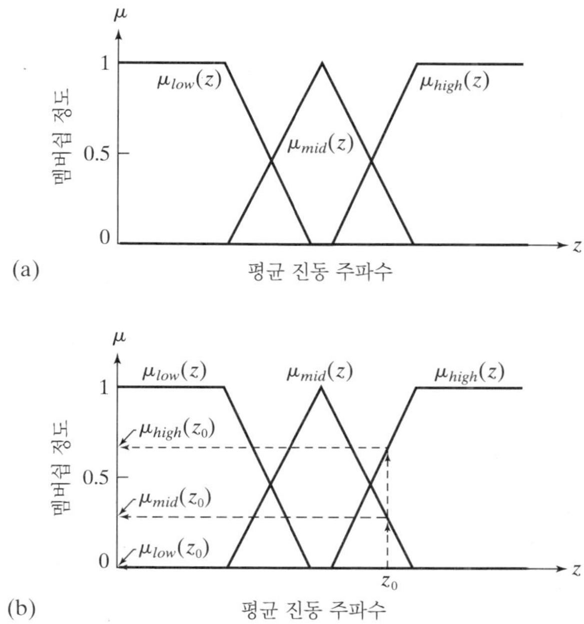

그림 2.22 (a) 주파수 측정에 사용되는 멤버십 함수들. (b) 특정 측정값 z_0를 퍼지화하기.

R_1: IF 주파수가 *low*, THEN 모터 동작은 *normal*.

또는

R_2: IF 주파수가 *mid*, THEN 모터 동작은 *marginal*.

또는

R_3: IF 주파수가 *high*, THEN 모터 동작은 *near failure*.

if-then 규칙의 THEN의 좌측은 선행사건(또는 전제), 우측은 결과(또는 결론)라고 불린다.

이 규칙들은 문제에 관한 우리 지식의 전부를 담고 있다; 이들은 단순히 사고 프로세스에 관한 형식화이다.

다음 단계는 입력(주파수 측정값)과 if-then 규칙들에 담긴 지식 베이스를 이용해서 퍼지 시스템의 출력을 만드는 방법을 찾아내는 것이다. 이 프로세스를 **함축**(*implication*) 또는 **추론**(*inference*)이라고 부른다. 그러나, 함축이 적용되기 전에, 각 규칙의 선조들이 처리되어 단일 값을 만들어야 한다. 이 절의 끝에서 보여주듯이, 한 선조의 여러 부분들이 AND 및 OR들에 의해 연결된다. 2.6.2절의 정의에 기반하면, 이것은 min과 max 연산을 수행하는 것을 의미한다. 지금의 설명을 단순화하기 위해서, 선조들이 한 부분만을 포함하는 규칙들을 먼저 다루겠다.

퍼지 입력을 다루기 때문에 출력 자체가 퍼지하며, 따라서 멤버십 함수들이 출력에 대해서도 정의되어야 한다. 이 예에서, 우리가 관심을 갖는 최종 출력은 모터의 동작 이상(또는 비정상) 백분율이다. 그림 2.23은 출력을 세 가지 퍼지 클래스—정상, 한계 성능, 거의 고장—로 분류하는 데 사용되는 멤버십 함수들을 보여준다. 출력들의 독립변수는 이상(abnormality) 백분율(낮을수록 시스템은 더 완전한 상태)이며, 이것은 입력들의 독립변수와 다름을 주목한다.

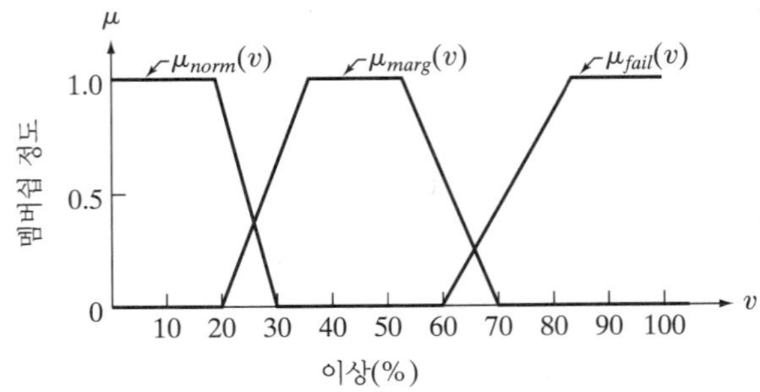

그림 2.23 정상, 한계 성능, 거의 고장의 퍼지 조건들을 나타내는 데 사용되는 멤버함수들.

규칙 베이스와 함께 그림 2.22와 2.23의 멤버쉽 함수들은 입력과 출력을 관련시키는 데 필요한 모든 정보를 포함한다. 예를 들어, 규칙 R_1은 *low*와 *normal*을 관련시킨다. 이것은 앞에서 정의된 교(intersection)(AND) 연산에 지나지 않는다. 이 두 함수 간의 AND 연산의 결과를 구하기 위해서, 2.6.2절로부터 AND가 두 멤버쉽 함수의 최소로 정의됨을 기억하도록 한다; 즉

$$\begin{aligned}\mu_1(z, v) &= \mu_{low}(z) \text{ AND } \mu_{norm}(v) \\ &= \min\{\mu_{low}(z), \mu_{norm}(v)\}\end{aligned}$$

이 결과도 멤버쉽 함수이다. 이것은 두 변수의 함수인데, 그 이유는 AND된 두 멤버쉽 함수가 서로 다른 독립적 변수들을 갖기 때문이다.

앞의 식은 일반적인 결과이다. 우리는 **특정** 입력에 기인하는 출력에 관심이 있다. z_0로 특정 주파수 값을 나타내자. *low* 멤버쉽 함수에 의한 이 입력의 멤버쉽 정도는 $\mu_{low}(z_0)$이다. 규칙 R_1과 입력 z_0에 해당하는 출력을 $\mu_{low}(z_0)$와 z_0에서 계산된 일반 결과 $\mu_1(z, v)$를 AND시켜서 계산한다:

$$\begin{aligned}Q_1(v) &= \min\{\mu_{low}(z_0), \mu_1(z_0, v)\} \\ &= \min\{\mu_{low}(z_0), \min\{\mu_{low}(z_0), \mu_{norm}(v)\}\} \\ &= \min\{\mu_{low}(z_0), \mu_{norm}(v)\}\end{aligned}$$

여기서 마지막 단계는 $\mu_{low}(z_0)$가 상수란 사실 때문이다[그림 2.22(b) 참조]. 여기서 $Q_1(v)$는 규칙 R_1과 특정 입력에 기인한 퍼지 출력을 나타낸다. Q_1의 유일한 변수는 예상대로 출력 변수 v이다.

똑 같은 추리 과정을 따르면, 나머지 두 규칙 그리고 똑 같은 입력으로 인한 다음 출력들에 이른다:

$$Q_2(v) = \min\{\mu_{mid}(z_0), \mu_{marg}(v)\}$$

$$Q_3(v) = \min\{\mu_{high}(z_0), \mu_{fail}(v)\}$$

앞의 세 공식 각각은 특정 규칙 및 구체적 입력과 관련된 출력이다. 이들 응답의 각각은 입력이 고정된 값이라는 사실에도 불구하고 퍼지 집합이다. 방금 설명된 절차

는 몇 문단 앞에서 언급된 함축 프로세스로서, 입력과 if-then 규칙에 담긴 지식으로 인한 출력을 제공한다.

퍼지 시스템의 전체 응답을 얻기 위해서는 세 개의 개별 응답을 종합해야 한다. 이 절의 시작부에 제공된 규칙 베이스에서, 이들 세 규칙은 OR(유니언) 연산에 의해 관련된다. 따라서 완전한(종합) 퍼지 출력은 다음으로 주어진다.

$$Q(v) = Q_1(v) \text{ OR } Q_2(v) \text{ OR } Q_3(v)$$

OR이 max 연산으로 정의되므로, 이 결과를 $r = \{1, 2, 3\}$, $s = \{low, mid, high\}$, $t = \{norm, marg, fail\}$에 대해 다음과 같이 쓸 수 있다:

$$Q(v) = \max_{r}\left\{\min_{s,t}\left\{\mu_s(z_0),\ \mu_t(v)\right\}\right\}$$

s와 t의 값들은 유효한 조합(즉, *low*와 *norm*, *mid* 및 *marg*, *high*와 *fail*)으로 짝지어진다고 본다. 비록 보기로서 전개되었으나, 이 식은 완벽하게 일반적이다; n개의 규칙들로 확장하려면 단순히 $r = \{1, 2, \cdots, n\}$으로 놓는다; 마찬가지로 s와 t를 확장해서 임의의 유한한 수의 멤버쉽 함수를 포함할 수 있다. 앞의 두 식은 똑 같은 의미를 가진다: 우리의 퍼지 시스템의 응답 Q는 함축 프로세스에 의해 각 규칙으로부터 나온 퍼지 집합들의 유니언이다.

그림 2.24가 여기까지의 결과들을 요약한다. 그림 2.24(a)는 개별 출력 Q_1, Q_2, Q_3를 계산하는 데 필요한 요소들을 포함하고 있다: (1) $s = \{low, mid, high\}$(이들은 상수이다—그림 2.22 참조)에 대한 $\mu_s(z_0)$; (2) $t = \{norm, marg, fail\}$에 대한 $\mu_t(v)$. Q_i는 이 수량들의 해당 쌍들 간 최소를 계산해서 얻는다. 그림 2.24(b)가 그 결과를 보여준다. 각 $\mu_t(v)$와 그의 해당 상수 $\mu_s(z_0)$ 간 최소를 계산하는 최종 효과는 $\mu_t(v)$를 $\mu_s(z_0)$의 값에서 깎는 것(*clipping*)에 지나지 않는다. 끝으로, v의 각 값에서 세 $Q_i(v)$ 전부 간의 최대값을 계산해서 단일 (종합) 출력 $Q(v)$를 얻는다. 그림 2.24(c)가 그 결과를 보여준다.

특정 입력에 해당하는 완전한 출력을 성공적으로 얻었으나, 여전히 퍼지 집합 $Q(v)$를 다루고 있다. 마지막 단계는 **비퍼지화**(*defuzzification*)로 불리는 프로세스에 의해 퍼지 집합 Q로부터 크리스프 출력 v_0를 얻는 것이다. Q를 비퍼지화해서 크리스프 출력 v_0를 얻는 여러 방법이 있다. 일반적인 접근방법은 $Q(v)$의 무게 중심

$$v_0 = \frac{\displaystyle\int v Q(v)\, dv}{\displaystyle\int Q(v)\, dv}$$

이론적으로 Q와 v는 연속적일 수 있다. 비퍼지화를 수행할 때의 접근법은 보통 v에 대한 이산 값들을 정의하고 합산에 의해 적분을 근사화하는 것이다. 2.6.4절의 함수 `defuzzify`가 이를 수행한다.

를 계산하는 것이다. 여기서 적분은 독립변수 v의 값의 범위에 대해 취해진다. 예제 2.14(2.6.4절)에서 그림 2.24(c)로부터의 Q와 특정 주파수 값 $z_0 = 0.7$[그림 2.22(b)

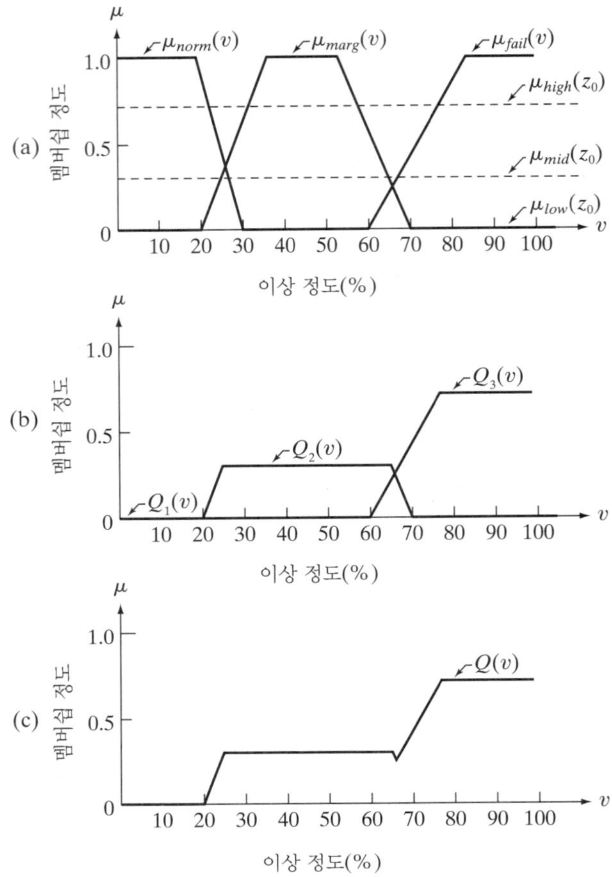

그림 2.24 (a) z_0에서 계산된 μ_{low}, μ_{mid}, μ_{high}의 값들(세 값 모두 상수이다). (b) 개별 출력. (c) 종합 출력.

참조]을 사용해서, 합산에 의해 이 함수를 근사화하는 방법을 보여준다. 그 결과는 $v_0 = 0.76$로서, 그 주파수 값에 대해 모터가 76%의 이상 정도로 동작하고 있음을 의미한다.

이제까지 선조들이 "IF 주파수가 *low*"같이 단 한 부분만 갖는 if-then 규칙을 고려해왔다. 둘 이상의 부분을 갖는 선조들이 있는 규칙들은 그 규칙에 대한 전체 선조를 나타내는 단일 숫자를 제공하기 위해 결합되어야 한다. 예를 들어, 다음과 같은 규칙을 갖고 있다고 하자: IF 주파수가 *low* AND 온도가 *moderate*(적당) THEN 모터 동작은 *normal*. 언어 변수 *moderate*를 위해서 멤버쉽 함수가 정의되어야 할 것이다. 그런 후, 선조의 두 부분을 모두 감안하는 이 규칙을 위한 단일 숫자를 얻기 위해서, 우선 *low* 멤버쉽 함수를 이용해서는 주어진 주파수 값을, *moderate* 멤버쉽 함수를 이용해서는 주어진 *temperature* 값을 계산한다. 두 부분이 AND로 연결되어 있으므로, 두 결과값들의 최소를 사용한다. 이 값이 함축 프로세스에 사용되어 *normal* 출력 멤버쉽 함수를 "깎으며(clip)", 이것이 이 규칙과 관련된 함수이다. 나머지 과정은 다음의 요약이 보여주듯이 앞에서와 같다.

그림 2.25는 두 입력인 **주파수**와 **온도**를 사용하는 모터 예를 보여준다. 규칙 기반 퍼지 논리를 응용할 때 따른 주요 단계들을 요약하기 위해 이 그림과 앞의 내용을 이용할 수 있다:

1. **입력을 퍼지화한다:** 그림 2.25의 처음 두 열이 보여주듯이, 각 스칼라 입력에 대해 해당 멤버십 함수를 각 규칙에 사용해서 그 입력을 [0, 1] 구간으로 머핑해서 해당 퍼지 값들을 찾아낸다.
2. **필요한 퍼지 논리 연산을 수행한다:** 선조의 모든 부분의 출력들은 그 부분들이 OR 또는 AND 중 어느 것에 의해 연결되는가에 따라, max 또는 min 연산을 사용해서 단일 값을 제공하도록 결합되어야 한다. 그림 2.25에서는 선즈들의

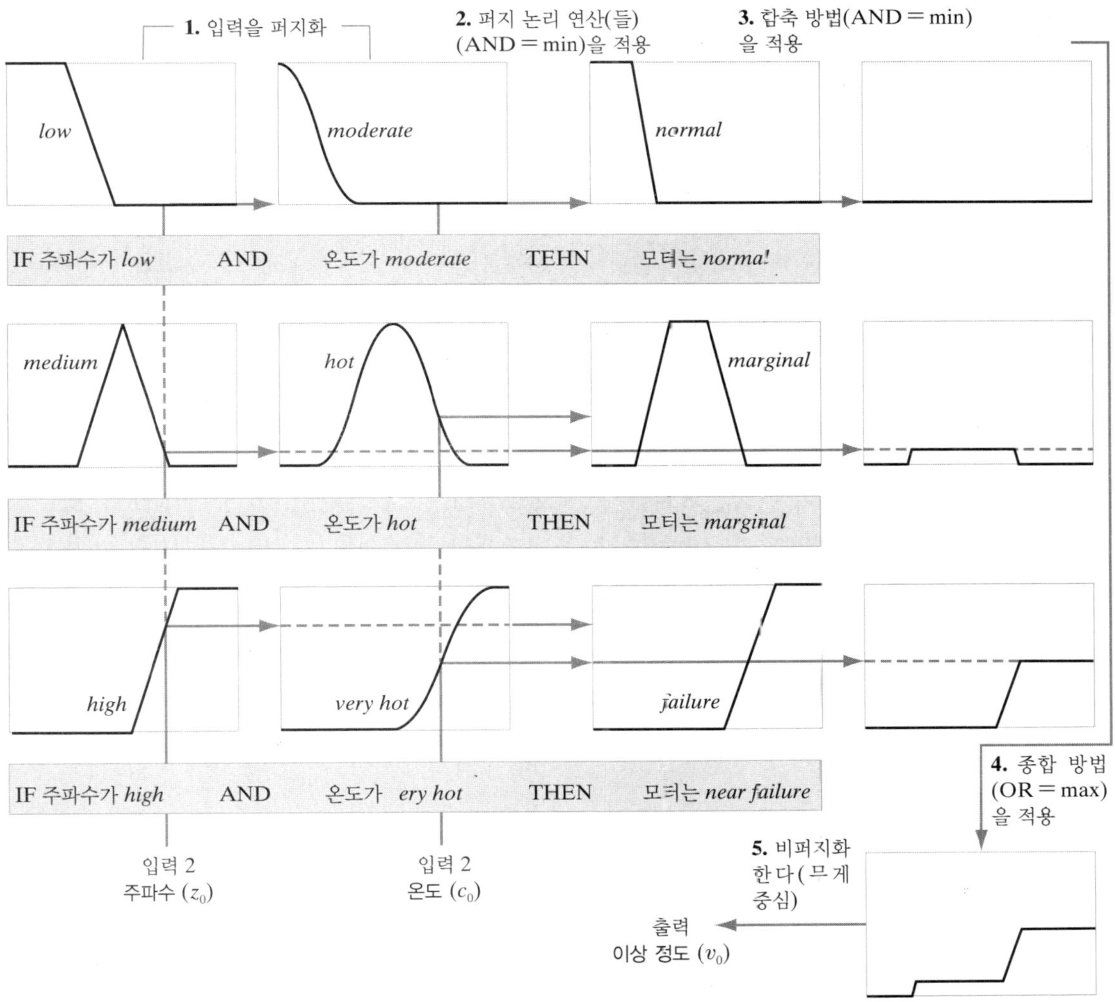

그림 2.25 퍼지 규칙 기반 시스템을 구현하는 데 보편적으로 사용되는 다섯 기본 단계를 보여주는 예: (1) 퍼지화, (2) 논리 연산, (3) 함축, (4) 종합, (5) 비퍼지화.

모든 부분들이 AND로 연결되므로 min 연산만 사용된다. 선조의 부분 수와 그들을 연결하는 데 사용된 논리연산자 유형은 규칙에 따라 다를 수 있다.

3. **함축 방법을 적용한다:** 각 규칙의 선조의 단일 출력은 그 규칙에 해당하는 출력을 제공하는 데 사용된다. 앞에서 설명했듯이, 우리가 사용하는 함축 방법은 min 연산인 AND에 기반한다. 이것은 그림 2.25의 세 번째와 네 번째 열들이 보여주듯이, 선조에 의해 제공되는 값에서 해당 출력 멤버십 함수를 깎는다.
4. **단계 *3*으로부터의 퍼지 집합들에 종합(*aggregation*) 방법을 적용한다:** 그림 2.25의 마지막 열이 보여주듯이 각 규칙의 출력은 퍼지 집합이다. 이들은 단일 출력 퍼지 집합을 제공하도록 결합되어야 한다. 여기서 사용된 접근법은 개별 출력들의 유니온(OR)을 형성하는 것이며, 따라서 max 연산이 사용된다.
5. **최종 출력 퍼지 집합을 비퍼지화한다:** 이 마지막 단계에서는 크리스프한 스칼라 출력을 얻는다. 이것은 단계 4로부터의 종합 집합의 무게중심을 계산해서 달성된다.

변수가 많을 때는, 변수와 그에 해당하는 멤버십 함수를 짝짓는 데 약칭 표기(변수, 퍼지 집합)를 사용하는 게 유리하다. 예를 들어, "IF 주파수 값이 *low*, THEN 모터 동작이 *normal*"이란 규칙을 다음으로 쓰게 된다: "IF (z, *low*) THEN (v, *normal*)"—이때 변수 z와 v는 이전과 같이 각각 평균 주파수와 백분율 비정상을 나타내며, *low*와 *normal*은 각각 두 멤버십 함수 $\mu_{low}(z)$와 $\mu_{norm}(v)$에 의해 정의된다.

일반적으로 M개의 if-then 규칙, N개의 입력 변수 $z_1, z_2, \ldots, z_N$, 하나의 출력 변수 v를 다룰 때, 영상처리에서 가장 자주 사용되는 퍼지 규칙 공식화 유형은 다음 형태를 갖는다:

$$
\begin{aligned}
&\text{IF } (z_1, A_{11}) \text{ AND } (z_2, A_{12}) \text{ AND } \ldots \text{ AND } (z_N, A_{1N}) \text{ THEN } (v, B_1)\\
&\text{IF } (z_1, A_{21}) \text{ AND } (z_2, A_{22}) \text{ AND } \ldots \text{ AND } (z_N, A_{2N}) \text{ THEN } (v, B_2)\\
&\ldots\ldots\\
&\text{IF } (z_1, A_{M1}) \text{ AND } (z_2, A_{M2}) \text{ AND } \ldots \text{ AND } (z_N, A_{MN}) \text{ THEN } (v, B_M)\\
&\hspace{22em}\text{ELSE } (v, B_E)
\end{aligned}
$$

여기서 A_{ij}는 i번째 규칙과 j번째 입력 변수와 관련된 퍼지 집합이고, B_i는 i번째 규칙의 출력과 관련된 퍼지 집합이며, 규칙 선조들의 구성 요소들이 AND에 의해 결합된다고 가정하였다. ELSE 규칙과, 관련 퍼지 집합 B_E를 소개하였음에 주목한다. 이 규칙은 이전 규칙들 중 아무것도 완전하게 충족되지 않을 때 실행된다; 그 출력은 아래에 설명된다.

앞에서 지적했듯이, 각 규칙의 선조의 모든 요소들이 평가되어 단일 스칼라 값을 제공한다. 그림 2.25에서는 규칙들이 AND에 기반하기 때문에 min 연산을 사용했다. 앞의 일반적 공식화도 AND를 사용하므로, 다시 min 연산을 사용한다. i번째 규칙의 선조를 계산하면 $i = 1, 2, \ldots, M$에 대해, 다음으로 주어지는 스칼라 출력 λ_i가 나온다:

$$\lambda_i = \min\left\{\mu_{A_{ij}}(z_j);\ j = 1, 2, \ldots, N\right\}$$

여기서 $\mu_{A_{ij}}(z_j)$는 j번째 입력의 값에서 계산되는 퍼지 집합 A_{ij}의 멤버십 함수이다. 흔히 λ_i는 i번째 규칙의 강도(*strength*) 레벨[또는 발사(*firing*) 레벨]로 불린다. 우리는 앞서의 논의로부터 λ_i가 단순히 i번째 규칙의 출력 함수를 깎기 위해 사용되는 값임을 알고 있다.

ELSE 규칙은 THEN 규칙들의 조건들이 약하게 충족될 때 실행된다(2.6.6절에서 ELSE 규칙의 사용 방법을 자세히 보여준다). ELSE 응답은 나머지 모두가 약할 때 강해야 한다. 어떤 면에서, ELSE 규칙을 나머지 규칙들의 결과들에 NOT 연산을 수행하는 것으로 볼 수 있다. 2.6.2절로부터 다음을 알고 있다:

$$\mu_{\mathrm{NOT}(A)}(z) = \mu_{\bar{A}}(z) = 1 - \mu_A(z)$$

그러면, 이 개념을 THEN 규칙들의 모든 레벨들을 결합하는 데 사용하면, ELSE 규칙에 대한 다음의 강도 레벨이 나온다:

$$\lambda_E = \min\left\{1 - \lambda_i;\ i = 1, 2, \ldots, M\right\}$$

만일 모든 THEN 규칙들이 "최대 강도"로 발사(그들의 응답이 모두 1)한다면, ELSE 규칙의 응답은 예상대로 0이다. THEN 규칙들의 응답이 약해짐에 따라, ELSE 규칙의 강도가 증가한다. 이것은 소프트웨어 프로그래밍에 사용되는 익숙한 if-then-else 규칙의 퍼지 카운터파트이다.

선조의 OR를 다룰 때는 앞에서 주어진 일반 공식화의 AND들을 단순히 OR로 교체하고, λ_i에 대한 공식의 min을 max로 교체한다; λ_E에 대한 식은 바뀌지 않는다. 여기서 논의된 것보다 더 복잡한 선조들과 후손들(consequents)을 공식화할 수 있을 것이나, AND와 OR만으로 우리가 전개한 공식화는 매우 범용적이며 많은 영상처리 응용 분야에 사용된다. 퍼지 방법의 구현은 계산량이 많으므로, 퍼지 공식은 가능한 한 간단하도록 유지되어야 한다.

2.6.4 사용자 퍼지 M-함수

이 절에서는 표 2.6의 멤버십 함수들을 구현하는 M-함수들을 개발하며, 그림 2.25에 요약된 모델을 일반화한다. 이 함수들은 넓은 부류의 규칙 기반 퍼지 시스템들의 설계를 위한 기반으로 사용될 수 있다. 이 절의 후반부에서 이 함수들을 이용해서 앞 절에서 논의된 모터 모니터링 시스템의 출력을 계산하는 데 사용한다. 그런 다음, 2.6.5절과 2.6.6절에서는 이 함수들을 퍼지 밝기 변환과 공간 필터링에 적용함으로써 그 기능을 확장시키는 방법을 보여준다.

MATLAB 내포함수

다음 절들에서 내포함수(nested function)들을 많이 사용하므로, 잠깐 이 중요한 개념을 먼저 공부하자. 내포함수는 MATLAB 7에 소개된 비교적 새로운 프로그래밍 특징이다. 이 절의 맥락에서 내포함수에 대한 우리의 관심은 곧 보게 되듯이 퍼지 처리에 사용되는 함수 유형에 적합한 함수-생성 함수의 표현에 있다.

내포함수는 다른 함수의 본체 안에 정의된 함수이다. 어떤 M-파일이 내포함수를 포함할 때, 파일의 모든 함수들은 키워드 end로 끝나야 한다. 예들 들어, 내포함수를 하나 포함하는 함수의 일반 문법은 다음과 같다:

```
function [outputs1] = outer_function(arguments1)
statements
   function [outputs2] = inner_function(arguments2)
      statements
   end
statements
end
```

내포함수에서 사용되거나 또는 정의되는 변수는 이 내포함수를 포함하는 동시에 이 변수에 접근하는 가장 바깥 함수의 작업공간(workspace)에 속해 있다. 예:

```
function y = tax(income)
adjusted_income = income - 6000;
y = compute_tax
   function y = compute_tax
      y = 0.28 * adjusted_income;
   end
end
```

변수 adjusted_income은 내포함수 compute_tax에 등장하는데, 둘러싸고 있는 함수 tax에도 등장한다. 그러므로 두 adjusted_income 인스턴스는 같은 변수를 가리킨다.

함수 핸들에 관해서는 1.7.8절을 본다.

내포함수에 대한 핸들을 형성할 때, 그 함수의 변수들의 작업공간이 핸들에 편입되며, 작업공간 변수들은 그 함수 핸들이 존재하는 한 존속한다. 즉, 그 자신의 작업공간의 내용에 접근하고 변경할 수 있는 함수 핸들이 생성될 수 있다는 것이다. 이 특징은 **함수-생성 함수**(**함수 공장**으로도 불림)의 생성을 가능하게 만든다. 예를 들어, MATLAB은 피호출 횟수를 계산할 수 있는 함수를 만드는 데도 함수를 제공하고 있다:

makecounter

```
function countfcn = makecounter(initvalue)
%MAKECOUNTER Used by NESTEDDEMO.
%   This function returns a handle to a customized nested function
%   'getCounter'.
```

```
%   initvalue specifies the initial value of the counter whose handle
%   is returned.
%   Copyright 1984-2004 The MathWorks, Inc.
%   $Revision: 1.1.6.2 $ $Date: 2004/03/02 21:46:55 $

currentCount = initvalue; % Initial value.
countfcn = @getCounter; % Return handle to getCounter.

   function count = getCounter
      % This function increments the variable 'currentCount', when it
      % is called (using its function handle).
      currentCount = currentCount + 1;
      count = currentCount;
   end

end
```

makecounter의 출력은 내포함수 getCounter에 대한 함수 핸들이다. 호출될 때마다 이 함수 핸들은 getCounter의 변수 작업공간에 접근할 수 있다. 여기에는 변수 currentCount도 포함된다. 호출될 때, getCounter는 이 변수의 값을 증가시켜서 반환한다. 예를 들면,

입력 인자 없이 함수 핸들을 호출하기 위해 ( )를 사용할 수 있다.

```
>> f = makecounter(0); % Set initial value.
>> f()
ans =
     1

>> f()
ans =
     2

>> f()
ans =
     3
```

재귀함수 호출을 지원하는 모든 언어들에서 그렇듯이, MATLAB의 함수에 대한 별개의 호출들은 그 함수의 변수들의 별개의 인스턴스들이 생기게 한다. 이는 함수-생성 함수가 여러 번 호출될 때, 독립적 상태를 갖는 함수들을 만듦을 의미한다 예를 들어, 여러 개의 카운터 함수를 만들 수 있으며, 각각은 서로 독립적인 카운트를 유지한다:

```
f1 = makecounter(0);
f2 = makecounter(20);
f1()
ans =
     1
```

```
f2()
ans =
    21
```

이 절에서 개발할 몇몇 퍼지 함수들은 함수 집합을 입력으로 받아서 함수 집합을 출력으로 제공한다. 다음의 코드가 이 개념을 소개한다:

```
function h = compose(f, g)
h = @composeFcn;
   function y = composeFcn(x)
      y = f(g(x));
   end
end
```

여기서 f와 g는 함수 핸들이다. 함수 compose는 이 두 핸들을 입력으로 받아서, 그들의 합성인, 이 경우에 h(x) = f(g(x))로 정의되는 새로운 함수 핸들 h를 반환한다. 예로서 다음을 고찰하자:

```
>> g = @(x) 1./x;
>> f = @sin;
```

다음의

```
>> h = compose(f, g);
```

는 h(x) = sin(1./x)를 만든다. 새 함수 핸들 h로 작업하는 것은 sin(1./x)로 작업하는 것과 같다. 예를 들면, 구간 [-1, 1]에서 이 함수를 그리기 위해서 다음과 같이 쓴다:

```
>> fplot(h, [-1 1], 20) % See Section 2.3.1 regarding fplot.
```

방금 소개된 이 아이디어들을 이 절에서 함수 lambdafcns에서부터 사용하기 시작할 것이다.

멤버쉽 함수

다음의 M-함수들은 자명하다. 그들은 표 2.6의 멤버쉽 함수들의 공식을 직접적으로 구현한 것이다. 사실상 그 표의 그림들이 이 함수들로 만들어졌다. 독립변수 z가 임의의 길이의 벡터가 될 수 있다는 면에서 모든 함수들이 벡터화됨을 주시한다.

triangmf

```
function mu = triangmf(z, a, b, c)
%TRIANGMF Triangular membership function.
%   MU = TRIANGMF(Z, A, B, C) computes a fuzzy membership function
%   with a triangular shape. Z is the input variable and can be a
%   vector of any length. A, B, and C are scalar parameters, such
```

```
%   that B >= A and C >= B, that define the triangular shape.
%
%       MU = 0,                         Z < A
%       MU = (Z - A) ./ (B - A),        A <= Z < B
%       MU = 1 - (Z - B) ./ (C - B),    B <= Z < C
%       MU = 0,                         C <= Z

mu = zeros(size(z));

low_side  = (a <= z) & (z < b);
high_side = (b <= z) & (z < c);

mu(low_side)  = (z(low_side) - a) ./ (b - a);
mu(high_side) = 1 - (z(high_side) - b) ./ (c - b);
```

trapezmf

```
function mu = trapezmf(z, a, b, c, d)
%TRAPEZMF Trapezoidal membership function.
%   MU = TRAPEZMF(Z, A, B, C) computes a fuzzy membership function
%   with a trapezoidal shape. Z is the input variable and can be a
%   vector of any length. A, B, C, and D are scalar parameters that
%   define the trapezoidal shape. The parameters must be ordered so
%   that A <= B, B <= C, and C <= D.
%
%       MU = 0,                         Z < A
%       MU = (Z - A) ./ (B - A),        A <= Z < B
%       MU = 1,                         B <= Z < C
%       MU = 1 - (Z - C) ./ (D - C),    C <= Z < D
%       MU = 0,                         D <= Z

mu = zeros(size(z));

up_ramp_region = (a <= z) & (z < b);
top_region = (b <= z) & (z < c);
down_ramp_region = (c <= z) & (z < d);

mu(up_ramp_region) = 1 - (b - z(up_ramp_region)) ./ (b - a);
mu(top_region) = 1;
mu(down_ramp_region) = 1 - (z(down_ramp_region) - c) ./ (d - c);
```

sigmamf

```
function mu = sigmamf(z, a, b)
%SIGMAMF Sigma membership function.
%   MU = SIGMAMF(Z, A, B) computes the sigma fuzzy membership
%   function. Z is the input variable and can be a vector of
%   any length. A and B are scalar shape parameters, ordered
%   such that A <= B.
%
%       MU = 0,                         Z < A
%       MU = (Z - A) ./ (B - A),        A <= Z < B
```

시그마 함수가 어떻게 사다리꼴 함수의 특수한 경우로서 생성되는지를 주목한다.

```
%        MU = 1,                              B <= Z

mu = trapezmf(z, a, b, Inf, Inf);
```

smf

```
function mu = smf(z, a, b)
%SMF S-shaped membership function.
%   MU = SMF(Z, A, B) computes the S-shaped fuzzy membership
%   function. Z is the input variable and can be a vector of any
%   length. A and B are scalar shape parameters, ordered such that
%   A <= B.
%
%       MU = 0,                              Z < A
%       MU = 2*((Z - A) ./ (B - A)).^2,      A <= Z < P
%       MU = 1 - 2*((Z - B) ./ (B - A)).^2,  P <= Z < B
%       MU = 1,                              B <= Z
%
%   where P = (A + B)/2.

mu = zeros(size(z));

p = (a + b)/2;
low_range = (a <= z) & (z < p);
mu(low_range) = 2 * ( (z(low_range) - a) ./ (b - a) ).^2;
mid_range = (p <= z) & (z < b);
mu(mid_range) = 1 - 2 * ( (z(mid_range) - b) ./ (b - a) ).^2;

high_range = (b <= z);
mu(high_range) = 1;
```

bellmf

```
function mu = bellmf(z, a, b)
%BELLMF Bell-shaped membership function.
%   MU = BELLMF(Z, A, B) computes the bell-shaped fuzzy membership
%   function. Z is the input variable and can be a vector of any
%   length. A and B are scalar shape parameters, ordered such that
%   A <= B.
%
%       MU = SMF(Z, A, B),         Z < B
%       MU = SMF(2*B - Z, A, B),   B <= Z

mu = zeros(size(z));

left_side = z < b;
mu(left_side) = smf(z(left_side), a, b);

right_side = z >= b;
mu(right_side) = smf(2*b - z(right_side), a, b);
```

이 함수가 어떻게 S-모양 함수의 두 반쪽으로서 생성되는지를 주목한다.

truncgaussmf

```
function mu = truncgaussmf(z, a, b, s)
%TRUNCGAUSSMF Truncated Gaussian membership function.
%   MU = TRUNCGAUSSMF(Z, A, B, S) computes a truncated Gaussian
%   fuzzy membership function. Z is the input variable and can be a
%   vector of any length. A, B, and S are scalar shape parameters. A
%   and B have to be ordered such that A <= B.
%
%       MU = exp(-(Z - B).^2 / s^2),  abs(Z - B) <= (B - A)
%       MU = 0,                       otherwise

mu = zeros(size(z));

c = a + 2*(b - a);
range = (a <= z) & (z <= c);
mu(range) = exp(-(z(range) - b).^2 / s^2);
```

다음의 유틸리티 함수들은 규칙이 출력에 영향이 없어야 하는 상황에 사용된다. 이와 관련한 예를 2.6.6절에 제공한다.

zeromf

```
function mu = zeromf(z)
%ZEROMF Constant membership function (zero).
%   ZEROMF(Z) returns an an array of zeros with the same size as Z.
%
%   When using the @max operator to combine rule antecedents,
%   associating this membership function with a particular input
%   means that input has no effect.

mu = zeros(size(z));
```

onemf

```
function mu = onemf(z)
%ONEMF Constant membership function (one).
%   ONEMF(Z) returns an an array of ones with the same size as Z.
%
%   When using the @min operator to combine rule antecedents,
%   associating this membership function with a particular input
%   means that input has no effect.

mu = ones(size(z));
```

규칙 강도(rule strength) 계산 함수

앞의 M-함수들을 이용해서 입력 및 출력 멤버십 함수들을 정의했다면, 그 다음 단계는 임의의 주어진 입력에 대해 규칙들을 평가하는 것이다. 즉, 2.6.3절에 서술된 절차의 첫 두 단계를 구현한 것인 규칙 강도(앞 절에서 정의된 람다 함수)를 계산한다. 다음의 함수 lambdafcns가 이 작업을 수행한다. 내포함수를 사용함으로써 lambdafcns가 수치 출력 대신에 람다 함수 집합을 출력할 수 있게 됨을 주목한다. 예를 들면, 함수의 출력들을 그릴 수 있을 것이다. 수학에 비유하면 구체적 값들 대신에 변수들로 공식 집합을 쓰는 것이다. 이 역량은 내포함수 없이는 구현하기 어려울 것이다.

lambdafcns

셀 배열에 관해서는 1.7.8 절을 참조한다.

```
function L = lambdafcns(inmf, op)
%LAMBDAFCNS Lambda functions for a set of fuzzy rules.
%   L = LAMBDAFCNS(INMF, OP) creates a set of lambda functions
%   (rule strength functions) corresponding to a set of fuzzy rules.
%   L is a cell array of function handles. INMF is an M-by-N matrix
%   of input membership function handles. M is the number of rules,
%   and N is the number of fuzzy system inputs. INMF(i, j) is the
%   input membership function applied by the i-th rule to the j-th
%   input. For example, in the case of Fig. 2.25, INMF would be of
%   size 3-by-2 (three rules and two inputs).
%
%   OP is a function handle used to combine the antecedents for each
%   rule. OP can be either @min or @max. If omitted, the default
%   value for OP is @min.
%
%   The output lambda functions are called later with N inputs,
%   Z1, Z2, ..., ZN, to determine rule strength:
%
%       lambda_i = L{i}(Z1, Z2, ..., ZN)

if nargin < 2
   % Set default operator for combining rule antecedents.
   op = @min;
end

num_rules = size(inmf, 1);
L = cell(1, num_rules);

for i = 1:num_rules
   % Each output lambda function calls the ruleStrength() function
   % with i (to identify which row of the rules matrix should be
   % used), followed by all the Z input arguments (which are passed
   % along via varargin).
   L{i} = @(varargin) ruleStrength(i, varargin{:});
end

   %-------------------------------------------------------------%
   function lambda = ruleStrength(i, varargin)
      % lambda = ruleStrength(i, Z1, Z2, Z3, ...)
```

```
      Z = varargin;
      % Initialize lambda as the output of the first membership
      % function of the k-th rule.
      memberfcn = inmf{i, 1};
      lambda = memberfcn(Z{1});
      for j = 2:numel(varargin)
         memberfcn = inmf{i, j};
         lambda = op(lambda, memberfcn(Z{j}));
      end
   end

end
```

함축 수행 함수

함축은 2.6.3절에 서술된 절차의 그 다음 단계이다. 함축은 각 규칙의 구체적 응답과 해당 출력 멤버십 함수 집합을 필요로 한다. 함수 lambdafcns의 출력은 "일반" 항들로 규칙 강도를 제공한다. 여기서 우리는 함축을 수행할 수 있기 위하여 구체적 입력을 제공할 필요가 있다. 다음 함수는 내포함수를 사용해서 필요한 함축 함수들을 만든다. 앞에서와 같이, 내포함수를 사용함으로써 함축 함수들을 생성할 수 있게 된다(그림 2.25의 네 번째 열을 참고).

implfcns

```
function Q = implfcns(L, outmf, varargin)
%IMPLFCNS Implication functions for a fuzzy system.
%   Q = IMPLFCNS(L, OUTMF, Z1, Z2, ..., ZN) creates a set of
%   implication functions from a set of lambda functions L, a set of
%   output member functions OUTMF, and a set of fuzzy system inputs
%   Z1, Z2, ..., ZN. L is a cell array of rule-strength function
%   handles as returned by LAMBDAFCNS. OUTMF is a cell array of
%   output membership functions. The number of elements of OUTMF can
%   either be numel(L) or numel(L)+1. If numel(OUTMF) is numel(L)-1,
%   then the "extra" membership function is applied to an
%   automatically computed "else rule." (See Section 2.6.3.). The
%   inputs Z1, Z2, etc., can all be scalars, or they can all be
%   vectors of the same size (i.e., these vectors would contain
%   multiple values for each of the inputs).
%
%   Q is a 1-by-numel(OUTMF) cell array of implication function
%   handles.
%
%   Call the i-th implication function on an input V using the
%   syntax:
%
%      q_i = Q{i}(V)
```

```
Z = varargin;

% Initialize output cell array.
num_rules = numel(L);
Q = cell(1, numel(outmf));
lambdas = zeros(1, num_rules);

for i = 1:num_rules
   lambdas(i) = L{i}(Z{:});
end

for i = 1:num_rules
   % Each output implication function calls implication() with i (to
   % identify which lambda value should be used), followed by V.
   Q{i} = @(v) implication(i, v);
end

if numel(outmf) == (num_rules + 1)
   Q{num_rules + 1} = @elseRule;
end

   %-------------------------------------------------------------%
   function q = implication(i, v)
      q = min(lambdas(i), outmf{i}(v));
   end

   %-------------------------------------------------------------%
   function q = elseRule(v)
      lambda_e = min(1 - lambdas);
      q = min(lambda_e, outmf{end}(v));
   end

end
```

종합 수행 함수

다음 단계는 함축으로부터 얻은 함수들을 종합하는 것이다. 여기서 다시 내포함수를 사용함으로써 종합 함수를 출력하는 코드를 쓸 수 있게 된다(그림 2.25의 네 번째 열의 바닥에 있는 함수 참조).

aggfcn

```
function Qa = aggfcn(Q)
%AGGFCN Aggregation function for a fuzzy system.
%   QA = AGGFCN(Q) creates an aggregation function, QA, from a
%   set of implication functions, Q. Q is a cell array of function
%   handles as returned by IMPLFCNS. QA is a function handle that
```

```
%   can be called with a single input V using the syntax:
%
%       q = QA(V)

Qa = @aggregate;

    function q = aggregate(v)
        q = Q{1}(v);
        for i = 2:numel(Q)
            q = max(q, Q{i}(v));
        end
    end
end
```

비퍼지화 수행 함수

aggfcn의 출력은 퍼지 함수이다. 최종 크리스프 출력을 얻기 위해서 2.6.3절의 설명에서와 같이 비퍼지화를 수행한다. 다음 함수가 이를 담당한다. 이 경우의 출력이, 함수인 lambdafcns, implfcns, aggfcn의 출력과 반대로, 수치 값임을 주목한다. 또한 여기서는 내포함수가 필요하지 않다는 것도 주목한다.

비퍼지화

이 함수는 비퍼지화된 스칼라 값을 얻기 위하여, 2.6.3절에 소개된 무게중심의 적분 형태를 근사화하는 한 가지 접근법을 보여준다.

```
function out = defuzzify(Qa, vrange)
%DEFUZZIFY Output of fuzzy system.
%   OUT = DEFUZZIFY(QA, VRANGE) transforms the aggregation function
%   QA into a fuzzy result using the center-of-gravity method. QA is
%   a function handle as returned by AGGFCN. VRANGE is a two-element
%   vector specifying the range of input values for QA. OUT is the
%   scalar result.

v1 = vrange(1);
v2 = vrange(2);

v = linspace(v1, v2, 100);
Qv = Qa(v);
out = sum(v .* Qv) / sum(Qv);
if isnan(out)
   % If Qv is zero everywhere, out will be NaN. Arbitrarily choose
   % output to be the midpoint of vrange.
   out = mean(vrange);
end
```

함수 isnan(A)는 NaN인 A의 위치들에서 참을 반환한다.

모두 결합하기

다음 함수는 앞의 퍼지 함수들을 하나의 M-파일에 결합한다. 이 M-파일은 입력 및 출력 멤버쉽 함수 집합을 받아서, 임의의 입력 집합에 대해 평가될 수 있는 하나의 퍼지 시스템 함수를 제공한다. 달리 표현하면, 다음 함수가 그림 2.25에 요약된 전체 프로세스를 일반화하고 통합한다. 예제 2.14, 그리고 2.6.5절과 2.6.6절에서 보겠듯이, 퍼지 시스템 설계에 요구되는 노력이 이 함수를 이용하면 현격히 줄어든다.

fuzzysysfcn

```
function F = fuzzysysfcn(inmf, outmf, vrange, op)
%FUZZYSYSFCN Fuzzy system function.
%   F = FUZZYSYSFCN(INMF, OUTMF, VRANGE, OP) creates a fuzzy system
%   function, F, corresponding to a set of rules and output
%   membership functions. INMF is an M-by-N matrix of input
%   membership function handles. M is the number of rules, and N is
%   the number of fuzzy system inputs. OUTMF is a cell array
%   containing output membership functions. numel(OUTMF) can be
%   either M or M + 1. If it is M + 1, then the "extra" output
%   membership function is used for an automatically computed "else
%   rule." VRANGE is a two-element vector specifying the valid range
%   of input values for the output membership functions. OP is a
%   function handle specifying how to combine the antecedents for
%   each rule. OP can be either @min or @max. If OP is omitted, then
%   @min is used.
%
%   The output, F, is a function handle that computes the fuzzy
%   system's output, given a set of inputs, using the syntax:
%
%       out = F(Z1, Z2, Z3, ..., ZN)

if nargin < 4
   op = @min;
end

% The lambda functions are independent of the inputs Z1, Z2, ...,
% ZN, so they can be computed in advance.
L = lambdafcns(inmf, op);

F = @fuzzyOutput;

   %-------------------------------------------------------------%
   function out = fuzzyOutput(varargin)
      Z = varargin;
      % The implication functions and aggregation functions have to
      % be computed separately for each input value.  Therefore we
      % have to loop over each input value to determine the
      % corresponding output value. Zk is a cell array that will be
      % used to pass scalar values for each input (Z1, Z2, ..., ZN)
      % to IMPLFCNS.
      Zk = cell(1, numel(Z));
      % Initialize the array of output values to be the same size as
      % the first input, Z{1}.
      out = zeros(size(Z{1}));
```

```
      for k = 1:numel(Z{1})
         for p = 1:numel(Zk)
            Zk{p} = Z{p}(k);
         end
         Q = implfcns(L, outmf, Zk{:});
         Qa = aggfcn(Q);
         out(k) = defuzzify(Qa, vrange);
      end
   end

end
```

성능 개선하기

fuzzysysfcn에 의해 생성된 퍼지 시스템 함수는 임의의 입력 집합에 대해 정확한 출력을 제공한다. 비록 탐구 및 작도 목적에 유용하지만, 영상처리에서와 같이 큰 입력에 대해서는 너무 느리다. 함수 approxfcn은 퍼지 시스템 함수에 대한 근사화를 만든다. 근사화에 대조표를 사용해서 훨씬 빨리 실행된다.

함수 실행에 수초 이상 걸릴 때, 사용자에게 얼마나 완료되었는지를 백분율로 보여준다면 좋을 것이다. MATLAB의 함수 waitbar가 이 목적으로 사용된다. 둔법

```
h = waitbar(c, 'message')
```

는 0에서 1 사이의 c 길이의 대기막대를 표시한다. 대표적 응용(여기서 우리가 이용)은 긴 계산을 수행하는 for 루프 안에 대기막대를 두는 것이다. 다음 코드 조각이 그 방법을 보여준다:

```
h = waitbar(0, 'Working. Please wait . . . '); % Initialize.
for I = 1:L
   % Computations go here %
   waitbar(I/L) % Update the progress bar.
end
close(h)
```

루프를 돌 때마다 매번 막대를 갱신해야 하는 계산 오버헤드는 막대를 주기적으로 갱신해서 줄일 수 있다. 다음은 앞의 코드 조각을 변경해서 막대를 2% 간격으로 갱신한다:

```
h = waitbar(0, 'Working. Please wait . . . '); % Initialize.
waitbar_update_interval = ceil(0.02 * L)
for I = 1:L
   % Computations go here %
   % Check progress.
   if rem(I, waitbar_update_interval) == 0)
      waitbar(I/L)
   end
end
close(h)
```

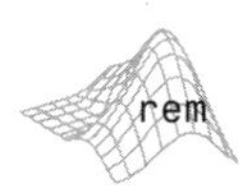

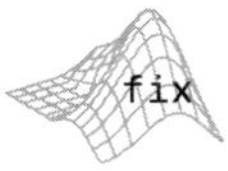

여기서 rem(X, Y) = X – fix(X./Y)*Y이며, fix(X./Y)는 나눗셈의 정수부를 제공한다.

approxfcn

```
function G = approxfcn(F, range)
%APPROXFCN Approximation function.
%   G = APPROXFCN(F, RANGE) returns a function handle, G, that
%   approximates the function handle F by using a lookup table.
%   RANGE is an M-by-2 matrix specifying the input range for each of
%   the M inputs to F.

num_inputs = size(range, 1);
max_table_elements = 10000;
max_table_dim = 100;
table_dim = min(floor(max_table_elements^(1/num_inputs)), ...
   max_table_dim);

% Compute the input grid values.
inputs = cell(1, num_inputs);
grid = cell(1, num_inputs);
for k = 1:num_inputs
   grid{k} = linspace(range(k, 1), range(k, 2), table_dim);
end

if num_inputs > 1
   [inputs{:}] = ndgrid(grid{:});
else
   inputs = grid;
end

% Initialize the lookup table.
table = zeros(size(inputs{1}));

% Initialize waitbar.
bar = waitbar(0,'Working...');

% Initialize cell array used to pass inputs to F.
Zk = cell(1, num_inputs);
L = numel(inputs{1});
% Update the progress bar at 2% intervals.

for p = 1:L
   for k = 1:num_inputs
      Zk{k} = inputs{k}(p);
   end
   table(p) = F(Zk{:});
   if (rem(p, waitbar_update_interval) == 0)
    % Update the progress bar.
```

```
    waitbar(p/L);
  end
end
close(bar)

G = @tableLookupFcn;

  %-------------------------------------------------------------%
  function out = tableLookupFcn(varargin)
    if num_inputs > 1
      out = interpn(grid{:}, table, varargin{:});
    else
      out = interp1(grid{1}, table, varargin{1});
    end
  end

end
```

interpn은 2.2.3절에 논의된 interp1의 다차원 버전이다. 표 대조 연산을 수행하기 위한 보간함수 사용에 관해서는 그 절의 각주를 참조한다. 더 자세한 내용을 보려면 interpn에 관한 도움말 페이지를 본다.

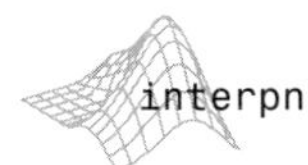

예제 2.14

퍼지 함수 사용하기

■ 이 예제에서는 퍼지 함수들을 사용해서 모터의 이상 동작 백분율을 그림 2.22~2.24의 함수들에 기반해서 계산한다. 우선 개별 함수들의 사용을 시범으로 보여주며, 그런 다음 함수 fuzzysysfcn을 사용해서 한 단계에 솔루션을 얻는다.

먼저 그림 2.22의 입력 멤버십 함수들에 대한 핸들 생성부터 시작하자:

```
>> ulow = @(z) 1 - sigmamf(z, 0.27, 0.47);
>> umid = @(z) triangmf(z, 0.24, 0.50, 0.74);
>> uhigh = @(z) sigmamf(z, 0.53, 0.73);
```

이 함수들은 대략 그림 2.22(a)의 그림들에 해당한다(그 그림의 맨 왼쪽 함수를 생성하기 위해 어떻게 1 – sigmamf를 사용했는지를 주목한다). 이 함수들의 그림을 다음과 같이 타이핑해서 표시할 수 있다:

```
>> fplot(ulow, [0 1], 20);
>> hold on
>> fplot(umid, [0 1],'-.', 20);
>> fplot(uhigh, [0 1],'--', 20);
>> hold off
>> title('Input membership functions, Example 2.14')
```

함수 fplot에 관해서는 2.3.1절을 참조한다.

마찬가지로, 다음의 세 출력 함수들은 대략 그림 2.23의 그래프들에 해당한다.

```
>> unorm = @(z) 1 - sigmamf(z, 0.18, 0.33);
>> umarg = @(z) trapezmf(z, 0.23, 0.35, 0.53, 0.69);
>> ufail = @(z) sigmamf(z, 0.59, 0.78);
```

그 다음으로 우리는 입력 멤버십 함수 핸들들을 셀 배열에 배치하고 규칙 강도를 얻는다. 배열 rules의 세미콜론 사용을 주목한다. 이는 배열의 각 행이 그 규칙과 관련된 멤버십 함수를 포함하기를 lambdafcns가 기대하기 때문이다(이 경우 규칙당 입력 멤버십 함수는 하나밖에 없다):

```
>> rules = {ulow; umid; uhigh};
>> L = lambdafcns(rules);
```

함축의 결과를 생성하기 위해 L, 앞에서 만든 세 개의 출력 함수, z(이 경우 입력 값이 하나뿐이므로 스칼라)의 구체적 값이 필요하다:

```
>> z = 0.7; % See Fig. 2.22(b).
>> outputmfs = {unorm, umarg, ufail};
>> Q = implfcns(L, outputmfs, z);
```

다음 단계는 종합이다:

```
>> Qa = aggfcn(Q);
```

그리고 마지막 단계는 퍼지화이다:

```
>> final_result = defuzzify(Qa, [0 1])
final_result =
    0.7619
```

이것은 그림 2.24와 연계해서 논의된 76% 비정상성이다. 함수 fuzzysysfcn을 사용하면 예상대로 같은 결과를 얻는다:

```
>> F = fuzzysysfcn(rules, outputmfs, [0 1]);
>> F(0.7)
ans =
    0.7619
```

함수 approxfcn을 사용해서 같은 결과를 얻는다:

```
>> G = approxfcn(F, [0 1]);
>> G(0.7)
ans =
    0.7619
```

실제로 두 함수를 그리면

```
>> fplot(F, [0 1],'k', 20) % Plot as a black line.
>> hold on
>> fplot(G,[0 1],'k:o', 20) % Plot as circles connected by
dots.
>> hold off
```

앞서 언급했듯이, 퍼지 함수 집합을 개발할 때 내포 함수를 사용하는 이점들 중 하나를 여기서 볼 수 있다. 출력들이 함수라는 사실이, 가능한 모든 입력 값들에 대해 완전한 시스템 응답함수를 그릴 수 있게 해준다.

그림 2.26에서 두 퍼지 시스템 응답이 모든 실질적 목적에 대해 동등함을 알 수 있다.

두 구현 간의 시간 이점을 계산하기 위해서 1.7.8절의 timeit 함수를 사용한다:

```
>> f = @() F(0.7);
>> g = @() G(0.7);
>> t1 = timeit(f);
>> t2 = timeit(g);
>> t = t1/t2
t =
    9.4361
```

따라서 근사화 함수는 이 경우에 거의 10배 빠르게 실행된다.

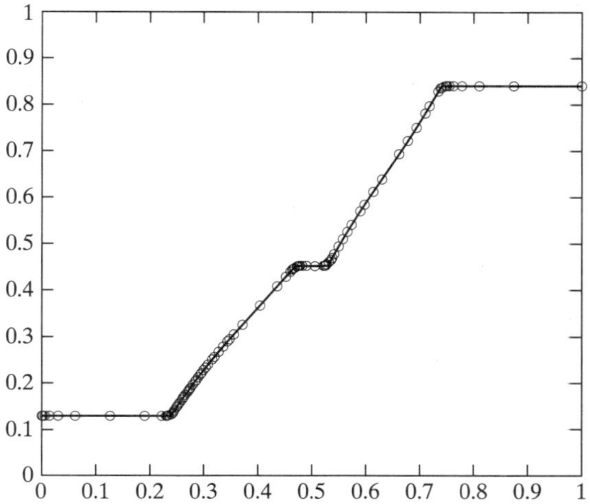

그림 2.26
함수 `fuzzysysfcn`(실선)과 `approxfcn`(점선으로 연결된 원) 간의 비교. 결과는 거의 분간할 수 없다.

2.6.5 밝기 변환을 위한 퍼지 집합 사용

콘트라스트 개선은 주요 밝기 변환 응용 중 하나이며 다음 규칙들로 표현될 수 있다:

IF 화소가 *dark*, THEN 화소를 *darker*하게 만든다.
IF 화소가 *gray*, THEN 화소를 *gray*하게 만든다.
IF 화소가 *bright*, THEN 화소를 *brighter*하게 만든다.

이탤릭체 단어들을 퍼지한 것으로 간주한다면, *dark, gray, bright* 개념들을 그림 2.27(a)의 멤버십 함수들로 표현할 수 있다. 출력과 관련해서, 밝기를 더 어둡게 만들고 더 밝게 만든다는 것은 그레이스케일 상에서의 dark와 bright의 간격을 늘리는 것이며, 이에 의해 콘트라스트가 증가한다. 보통 중간 그레이를 좁히면 영상의 "풍요로움(richness)"이 증가한다. 그림 2.27(b)가 이 목적을 달성하는 출력 멤버십 함수 집합을 보여준다.

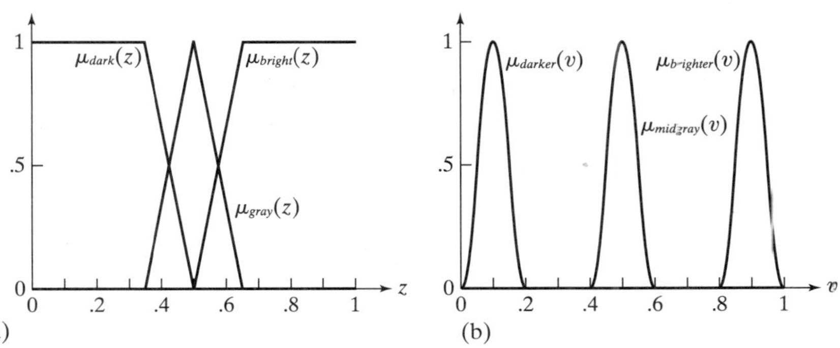

(a) (b)

그림 2.27 퍼지, 규칙-기반 콘트라스트 개선용 (a) 입력과 (b) 출력 멤버십 함수들.

예제 2.15

퍼지 콘트라스트 개선을 구현하기 위해 퍼지 함수를 사용하기.

■ 그림 2.28(a)는 그림 2.29(a)의 히스토그램(imhist를 사용해서 얻음) 밝기 값들이 좁은 범위의 그레이스케일을 차지하는 영상 f를 보여준다. 그 결과는 콘트라스트가 낮은 영상이다.

그림 2.28(b)는 영상 콘트라스트를 증가시키기 위해서 히스토그램 평활화를 사용한 결과이다. 그림 2.29(b)의 히스토그램이 보여주듯이, 전체 그레이스케일이 펼쳐졌으나, 이 경우 콘트라스트는 증가되었지만 결과 영상이 "과다 노출" 양상을 띈다는 점에서 펼쳐진 정도가 과다했다. 예를 들면, 아인슈타인 교수의 앞 이마와 머리카락의 디테일이 거의 없어졌다.

그림 2.28(c)는 다음의 퍼지 연산의 결과를 보여준다:

```
>> % Specify input membership functions
>> udark = @(z) 1 - sigmamf(z, 0.35, 0.5);
>> ugray = @(z) triangmf(z, 0.35, 0.5, 0.65);
>> ubright = @(z) sigmamf(z, 0.5, 0.65);

>> % Plot the input membership functions. See Fig. 2.27(a).
>> fplot(udark, [0 1], 20)
>> hold on
>> fplot(ugray, [0 1], 20)
>> fplot(ubright, [0 1, 20])

>> % Specify the output membership functions. Plotting of
>> % these functions is as above. See Fig. 2.27(b).
>> udarker = @(z) bellmf(z, 0.0, 0.1);
>> umidgray = @(z) bellmf(z, 0.4, 0.5);
>> ubrighter = @(z) bellmf(z, 0.8, 0.9);

>> % Obtain fuzzy system response function.
>> rules = {udark; ugray; ubright};
>> outmf = {udarker, umidgray, ubrighter};
>> F = fuzzysysfcn(rules, outmf, [0 1]);
```

그림 2.28 (a) 낮은 콘트라스트 영상. (b) 히스토그램 평활화의 결과. (c) 퍼지, 규칙-기반, 콘트라스트 개선의 결과.

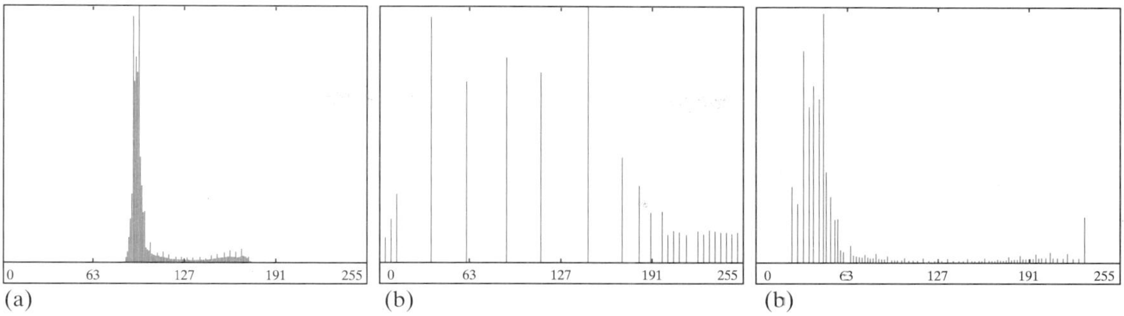

그림 2.29 그림 2.28(a), (b), (c)의 영상들의 히스토그램들.

```
>> % Use F to construct an intensity transformation function.
>> z = linspace(0, 1, 256); % f is of class uint8.
>> T = F(z);
>> % Transform the intensities of f using T.
>> g = intrans(f, 'specified', T);
>> figure, imshow(g)
```

그림 2.28(c)에서 볼 수 있듯이 앞의 퍼지 연산의 결과 영상은 콘트라스트가 개선되었고 그레이 색조(tonality)가 풍부하다. 예를 들어 머리카락과 앞이마를 그림 2.28(b)에서와 비교해 본다. 개선된 이유는 그림 2.29(c)에 보인 그림 2.28(c)의 히스토그램을 분석해 보면 쉽게 설명될 수 있다. 평활화된 영상의 히스토그램과 달리, 이 히스토그램은 원래 영상의 히스토그램의 기본 특성을 갖고 있다. 그렇지만, 어두운 레벨들(히스토그램의 낮은 쪽 높은 피크들)이 왼쪽으로 이동됨으로써, 이 레벨들은 더 어두워졌다. 밝은 레벨들에 대해서는 그 반대이다. 중간 그레이들은 약간 펼쳐졌으나 히스토그램 평활화에 비해 훨씬 덜하다.

이 화질 개선의 대가는 처리 복잡도 증가이다. 처리 속도와 영상 처리량이 중요한 고려 사항일 때의 실용적 접근법은 균형 잡힌 영상의 히스토그램의 모양이 어떠해야 하는지를 결정하는 데 퍼지 기법을 이용하는 것이다. 그러면, 히스토그램 지정 같은 더 빠른 기법들이 퍼지 접근법으로 결정된 하나 이상의 "이상적" 히스토그램들에 입력 영상들의 히스토그램들을 매핑시켜서 비슷한 결과들을 성취하는 데 사용될 수 있다.

2.6.6 공간 필터링에 퍼지 집합 사용하기

공간 필터링을 위해 퍼지 집합을 사용할 때, 기본적인 접근법은 필터의 검출 대상의 본질을 "포착(capture)"하는 퍼지 이웃 속성을 정의하는 것이다. 예를 들면, 다음의 퍼지 표현에 기반해서 퍼지 경계 검출(개선) 알고리듬을 개발할 수 있다:

> *If* 어떤 화소가 균일한 영역에 속한다면, *then* 그 화소를 *white*로 만들고; *else* 그 화소를 *black*으로 만든다

여기서 *black*과 *white*는 퍼지 변수이다. "균일한 영역"의 개념을 퍼지 용어로 표현하기 위해서, 이웃의 중심화소와 그 이웃들 간의 밝기 차이를 고려할 수 있다. 그림 2.30(a)의 3 × 3 이웃에 대해, 중앙화소(z_5)와 이웃의 각 화소 간의 차이가 그림 2.30(b)의 3 × 3 크기의 부영상을 형성한다. 이 그림에서 d_i는 i번째 이웃과 중앙화

z_1	z_2	z_3
z_4	z_5	z_6
z_7	z_8	z_9

화소 이웃
(a)

d_1	d_2	d_3
d_4	0	d_6
d_7	d_8	d_9

밝기 차이들
(b)

그림 2.30 (a) 3×3 화소 이웃과 (b) 중앙 화소와 그 이웃들 간의 해당 밝기 차이들. 여기서는 논의를 단순화하기 위해서 d_2, d_4, d_6, d_8만이 사용되었다.

소 간의 밝기 차이(즉, $d_i = z_i - z_5$, 여기서 z는 밝기 값)를 나타낸다. 다음의 네 개의 IF-THEN 규칙과 한 ELSE 규칙이 방금 논의된 퍼지 표현을 구현한다:

If d_2가 *zero* AND d_6가 *zero*이면 THEN z_5는 *white*
If d_6가 *zero* AND d_8가 *zero*이면 THEN z_5는 *white*
If d_8가 *zero* AND d_4가 *zero*이면 THEN z_5는 *white*
If d_4가 *zero* AND d_2가 *zero*이면 THEN z_5는 *white*
ELSE z_5는 *black*

여기서 *zero*도 퍼지하다. 각 규칙의 결과가 중앙화소(z_5)의 밝기가 매핑되는 값을 정의한다. 즉 표현 "THEN z_5가 *white*"는 이웃의 중앙에 위치한 화소의 밝기가 *white*로 매핑됨을 의미한다. 이 규칙들은 방금 언급된 밝기 차이들이 *zero*(퍼지 면에서)라면 중앙화소가 균일한 영역의 일부로 간주되며; 그렇지 않으면(ELSE) *black*(경계) 화소로 간주됨을 표현한다.

그림 2.31(a)가 입력 멤버쉽 함수인, *zero*에 대한 멤버쉽 함수를 보여주며, 그림 2.31(b)는 각각 출력 멤버쉽 함수 *black*과 *white*를 보여준다. 여기서 ZE, BL, WH는 표기를 단순화하기 위해 사용했다. L개의 가능한 밝기 레벨을 갖는 영상에 대한 퍼지 집합 ZE의 독립변수의 범위는 $[-L+1, L-1]$인데, 그 이유는 밝기 차이가 $-(L-1)$과 $L-1$ 사이의 범위를 가질 수 있기 때문이다. 그 반면에 출력 밝기의 범위는 원래 영상에서와 같이 $[0, L-1]$이다. 그림 2.32가 위에 표현된 규칙들을 그래프로 보여준다. 이 그림에서 z_5로 레이블링된 상자는 중앙화소의 밝기가 출력 값 WH 또는 BL로 매핑된다는 것을 나타낸다.

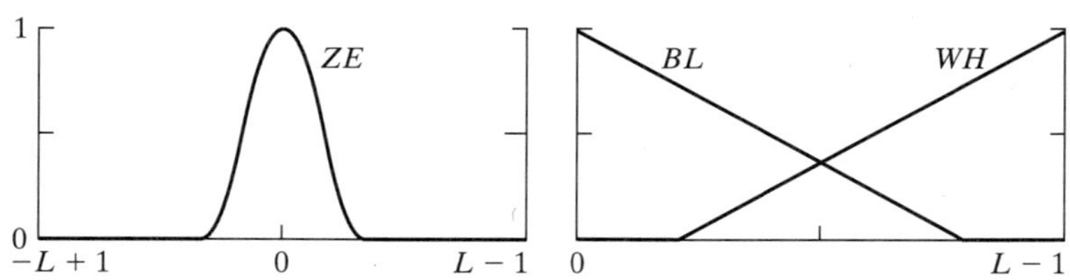

밝기 차이
(a)

밝기
(b)

그림 2.31 퍼지 집합 *zero*(ZE)의 멤버쉽 함수. (b) 퍼지 집합 *black* (BL)과 *white*(WH)의 멤버쉽 함수들.

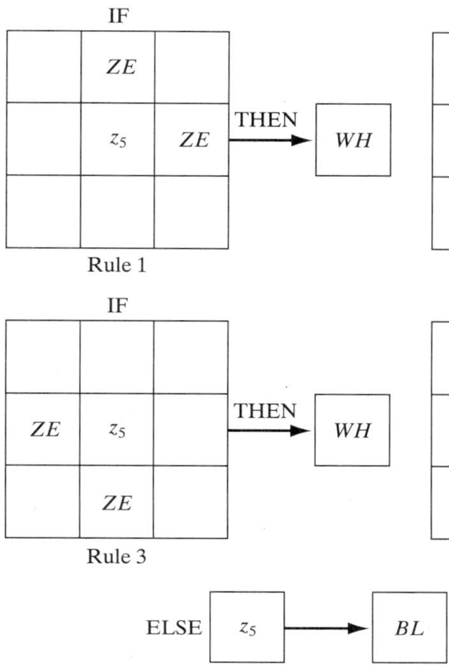

그림 2.32 경계 검출용 퍼지 규칙들.

앞의 개념들에 기반한 퍼지 필터링은 두 가지 기본적 부분을 가진다: 퍼지 필터링 시스템의 공식화, 그리고 전체 영상에 대한 밝기 차이의 계산. 이 두 부분을 독립적으로 다루면 구현이 모듈화되며, 그러면 차이를 계산하는 코드에 영향을 주지 않고 퍼지 접근법을 변경할 수 있게 될 것이다. 다음 논의에서의 접근법은 (1) 퍼지 시스템을 구현하고 그를 MAT-파일로 저장하는 스크립트를 생성하고; (2) 차이를 계산하고 그 차이들을 평가하기 위해 퍼지 시스템을 불러오는 독립적 필터링 함수를 구현하는 것이다.

MAT-파일의 저장과 불러오기에 관해서는 1.7.4절을 참조한다.

우선 스크립트를 개발한다. 이름은 `makefuzzyedgesys`로 하자. 스크립트 코드에서, 모든 입력이 각 출력과 관련되는 것은 아니므로, 주어진 출력에 대해 어떤 규칙이 미사용 되는지를 지정하기 위해 1의 입력 규칙(이를 *not_used*라고 부르자)을 정의하는 것을 주목한다(우리가 그림 2.25의 min 모델을 사용할 것이므로, 값이 1(가능한 최대값)인 입력 멤버쉽 함수는 출력에 영향을 미치지 않음을 기억하라). 또한 코드에서, 네 개의 규칙과 네 개의 입력이 있으므로, 앞서 함수 `lambdafcns`에서 설명했듯이, 이 규칙 매트릭스의 크기는 4×4라는 것도 주목한다. 현재 경우에 첫째 번 입력은 d_2, 둘째 번은 d_4, 셋째 번은 d_6, 넷째 번은 d_8이며, 각각은 멤버쉽 함수 *zero*를 가진다. 그러면 예를 들어, 규칙 매트릭스의 첫 행(첫째 번 출력에 해당)은 *zero, not_used, zero, not_used*이다. 즉, 첫째 번과 셋째 번 입력들만 첫째 번 규칙에 사용된다.

이 퍼지 연산들이 영상의 모든 위치에서 적용되므로 이 작업은 계산량이 많다. 따라서 앞서 논의되었듯이, 처리 시간을 줄이기 위해 함수 approxfcn을 사용해서 퍼지 시스템에 대한 근사화를 얻는다. 퍼지 시스템 근사화만을 MAT-파일에 저장하는 데 관심이 있으므로, 다음의 save 함수 문법을 사용한다:

```
save filename content
```

코드의 나머지 부분은 자명하다.

makefuzzyedgesys

```
%MAKEFUZZYEDGESYS Script to make MAT-file used by FUZZYFILT.

% Input membership functions.
zero = @(z) bellmf(z, -0.3, 0);
not_used = @(z) onemf(z);

% Output membership functions.
black = @(z) triangmf(z, 0, 0, 0.75);
white = @(z) triangmf(z, 0.25, 1, 1);

% There are four rules and four inputs, so the inmf matrix is 4x4.
% Each row of the inmf matrix corresponds to one rule.
inmf = {zero, not_used, zero, not_used
   not_used, not_used, zero, zero
   not_used, zero, not_used, zero
   zero, zero, not_used, not_used};

% The set of output membership functions has an "extra" one, which
% means that an "else rule" will automatically be used.
outmf = {white, white, white, white, black};

% Inputs to the output membership functions are in the range [0, 1].
vrange = [0 1];

F = fuzzysysfcn(inmf, outmf, vrange);

% Compute a lookup-table-based approximation to the fuzzy system
% function. Each of the four inputs is in the range [-1, 1].
G = approxfcn(F, [-1 1; -1 1; -1 1; -1 1]);

% Save the fuzzy system approximation function to a MAT-file.
save fuzzyedgesys G
```

배열의 행들을 캐리지 리턴에 의해 분리시키는 것이 세미콜론을 사용하는 것과 등가임을 주목한다.

이 차이들을 계산하는 함수를 구현하는 것은 간단하다. 특별히, 이 차이들의 계산이 imfilter를 이용해서 어떻게 수행되는지, 그리고 퍼지 시스템 함수 G가 단번에 모든 차이들에 대해 어떻게 계산되는지를 주목한다. 후자는 이 퍼지 함수의 개발에 사용된 벡터화 구현의 이점을 보여준다. 함수 load가 출력 인수들과 함께 호출될 때, load는 구조체를 반환한다. 그러므로, 다음 명령은 앞의 설명에서와 같이 MAT-

파일 makefuzzyedges가 내용 G와 함께 저장되었으므로, s.G(구조체 s는 G라는 이름의 필드를 갖고 있다)를 반환한다.

```
s = load(makefuzzyedges)
```

fuzzyfilt

```
function g = fuzzyfilt(f)
%FUZZYFILT Fuzzy edge detector.
%   G = FUZZYFILT(F) implements the rule-based fuzzy filter
%   discussed in the "Using Fuzzy Sets for Spatial Filtering"
%   section of Digital Image Processing Using MATLAB/2E. F and G are
%   the input and filtered images, respectively.
%
%   FUZZYFILT is implemented using precomputed fuzzy system function
%   handle saved in the MAT-file fuzzyedgesys.mat.  The M-script
%   makefuzzyedgesys.m contains the code used to create the fuzzy
%   system function.

% Work in floating point.
[f, revertClass] = tofloat(f);

% The fuzzy system function has four inputs - the differences
% between the pixel and its north, east, south, and west neighbors.
% Compute these differences for every pixel in the image using
% imfilter.
z1 = imfilter(f, [0 -1 1], 'conv', 'replicate');
z2 = imfilter(f, [0; -1; 1], 'conv', 'replicate');
z3 = imfilter(f, [1; -1; 0], 'conv', 'replicate');
z4 = imfilter(f, [1 -1 0], 'conv', 'replicate');

% Load the precomputed fuzzy system function from the MAT-file and
% apply it.
s = load('fuzzyedgesys');
g = s.G(z1, z2, z3, z4);

% Convert the output image back to the class of the input image.
g = revertClass(g);
```

예제 2.16

퍼지, 규칙 기반 공간 필터링을 이용한 경계 검출.

■ 그림 2.33(a)는 사람 머리의 512 × 512 CT 스캔을 보여주며, 그림 2.33(b)는 방금 논의된 퍼지 공간 필터링 접근법을 사용한 결과이다. 뇌(내부 회색 영역)의 윤곽선을 포함해서, 영역 간의 경계 추출에 있어서 이 방법이 효과적임을 주목한다.

영상의 일정한 영역은 회색으로 나타나는데, 그 이유는 앞에서 논의된 밝기 차이들이 0에 가까울 때 THEN 규칙들이 강한 응답을 갖기 때문이다. 이들 응답은 차례로 함수 WH를 깎는다. 출력(깎인 삼각형 영역의 무게중심)이 $(L-1)/2$와 $L-1$ 사이의 상수이므로

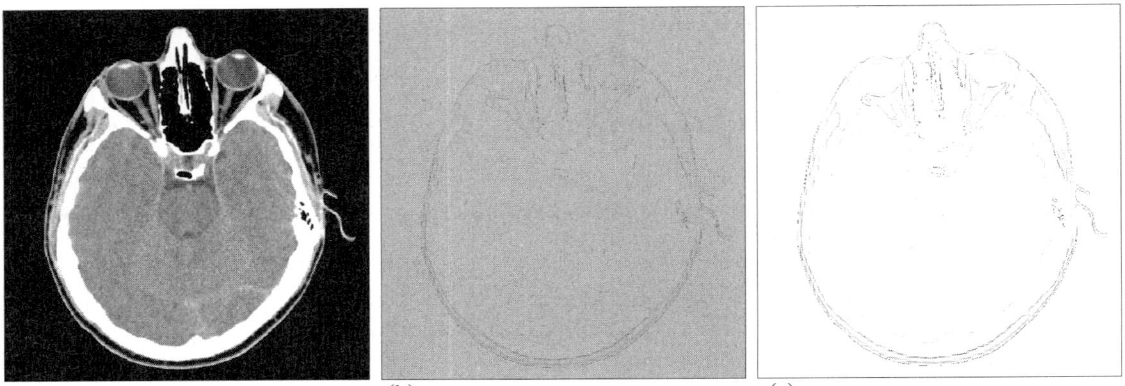

(a) (b) (c)

그림 2.33 (a) 사람 머리의 CT 스캔. (b) 그림 2.31의 멤버십 함수와 그림 2.32의 규칙들을 사용해서 퍼지 공간 필터링한 결과. (c) 밝기 스케일링한 결과. (b)와 (c)의 가는 흑색 그림 경계들은 명확성을 위해 추가되었다; 그것들은 데이타의 일부가 아니다. (사진 제공: Vanderbilt 대학의 David R. Pickens 박사.)

영상에 보이는 회색톤이 나온다. 이 영상의 콘트라스트는 그레이스케일 확장에 의해 훨씬 개선될 수 있다. 예를 들면, 그림 2.23(c)는 함수 `mat2gray`를 이용하여 밝기 스케일링을 수행해서 얻어졌다. 그 최종 결과로 그림 2.33(c)의 밝기 값들이 전체 그레이스케일에 걸쳐 있다.

요약

이 장의 내용은 다음 장들에서 다룰 다양한 주제들을 위한 토대이다. 예를 들면, 4장에서 공간 처리를 영상 복원과 연계해서 사용하는데, MATLAB의 노이즈 감소 및 생성 함수들도 자세히 들여다본다. 여기서 간략하게 언급된 공간 마스크들 중 일부는 10장의 영역 분할 응용에서 에지 검출을 위해 많이 사용된다. 컨볼루션과 코릴레이션의 개념은 3장에서 주파수 도메인의 관점으로 다시 설명된다. 개념적으로 이웃 처리와 공간 필터 구현은 이 책 전반에 걸쳐 다양한 논의에 등장하게 될 것이다. 앞으로, 여기서 시작된 논의의 다수를 확장하고 MATLAB으로 공간 필터를 효율적으로 구현하는 방법에 관해서도 추가적으로 소개할 것이다.

3 주파수 도메인 필터링

Filtering in the Frequency Domain

개요 *Preview*

이 장의 대부분은 2장의 필터링 주제들과 유사하나, 모든 필터링이 푸리에 변환을 통해 주파수 도메인에서 행해진다. 선형 필터링의 주춧돌이 되는 외에도, 푸리에 변환은 영상 개선, 영상 복원, 영상 데이타 압축, 그리고 수많은 여타 실용적 응용 분야들에서의 필터링 솔루션의 설계 및 구현에도 상당한 유연성을 제공한다. 이 장에서는 MATLAB의 주파수 도메인 필터링을 수행하는 방법의 기초가 되는 내용에 초점을 맞춘다. 2장에서와 같이, 주파수 도메인에서의 필터링을 영상 스무딩을 위한 저역통과 필터링, 영상 샤프닝을 위한 고역통과 필터링(고주파 강조 필터링 포함), 주기적 간섭 제거를 위한 선별적 필터링 등을 포함하는 영상 개선의 예제들을 통해서 보여준다. 또한 공간 및 주파수 도메인 처리를 함께 결합해서 결과를 더욱 개선하는 방법을 간략하게 보여준다. 이 장의 대부분의 예제들은 영상 개선을 다루지만, 4, 8, 10, 11장들에서의 다른 응용들을 통해 보여주듯이, 다음 절들에서 개발되는 개념 및 기법은 매우 범용적이다.

3.1 2-D 이산 푸리에 변환 The 2-D Discrete Fourier Transform

$x = 0, 1, 2, \ldots, M-1$, $y = 0, 1, 2, \ldots, N-1$에 대한 $f(x, y)$로 크기가 $M \times N$개 화소인 디지털 영상을 나타내기로 하자. $F(u, v)$로 표기하는 $f(x, y)$의 2-D 이산 푸리에 변환(*discrete Fourier transform*, DFT)은 다음 식으로 주어진다:

$$F(u, v) = \sum_{x=0}^{M-1} \sum_{y=0}^{N-1} f(x, y)\, e^{-j2\pi(ux/M + vy/N)}$$

여기서 $u = 0, 1, 2, \ldots, M-1$, $v = 0, 1, 2, \ldots, N-1$이다. 지수부를 정현 및 여현 함수들로 확장할 수 있을 것이며, 이때 변수 u와 v가 이들의 주파수를 결정한다(x와 y는 덧셈에서 없어진다). **주파수 도메인**은 u와 v를 (주파수) 변수로 하는 $F(u, v)$가 스팬(span)하는 좌표체계이다. 이는 2장에서 공부한, x와 y를 (공간) 변수로 하는 $f(x, y)$가 스팬하는 좌표체계인 **공간 도메인**과 비슷하다. $u = 0, 1, 2, \ldots, M-1$과 $v = 0, 1, 2, \ldots, N-1$에 의해 정의되는 $M \times N$ 직사각형 영역을 흔히 **주파수 직사각형**(*frequency rectangle*)이라고 부른다. 분명히 이 주파수 직사각형은 입력 영상과 같은 크기이다.

DFT와 IDFT는 Gonzalez와 Woods[2008]의 기본 원리로부터 유도된다.

역이산 푸리에 변환(IDFT)은 다음 식으로 주어진다.

$$f(x, y) = \frac{1}{MN} \sum_{u=0}^{M-1} \sum_{v=0}^{N-1} F(u, v)\, e^{j2\pi(ux/M + vy/N)}$$

여기서 $x = 0, 1, 2, \ldots, M-1$, $y = 0, 1, 2, \ldots, N-1$이다. 따라서, $F(u, v)$가 주어지면, IDFT에 의해 $f(x, y)$를 구할 수 있다. 이 식의 $F(u, v)$의 값들을 확장식의 **푸리에 계수**(*Fourier coefficients*)라고 부르기도 한다.

DFT 공식에서, $1/MN$ 항은 변환의 앞 또는 역변환의 앞에 놓인다. MATLAB 구현은 위 식에서와 같이 역변환의 앞에 사용한다. MATLAB에서는 배열 인덱스가 0이 아닌 1부터 시작하므로, MATLAB의 `F(1, 1)`과 `f(1, 1)`은 각각 수학적 양인 $F(0, 0)$와 $f(0, 0)$에 해당한다. 일반적으로 $i = 1, 2, \ldots, M$ 그리고 $j = 1, 2, \ldots, N$에 대해 `F(i, j)` $= F(i-1, j-1)$ 그리고 `f(i, j)` $= f(i-1, j-1)$ 이다.

주파수 도메인의 원점에서의 변환값[즉, $F(0, 0)$]을 푸리에 변환의 *dc* **성분**이라고 부른다. 이 용어는 전기공학에서 왔다. 전기공학에서 "dc"는 직류 전류(주파수가 0인 전류)를 나타낸다. $F(0, 0)$가 $f(x, y)$의 평균값의 MN배와 같음을 보이기는 어렵지 않다.

$f(x, y)$가 실수 함수이더라도, 그 변환은 일반적으로 복소수이다. 변환을 시각적으로 분석하는 주된 방법은 그의 **스펙트럼**[즉, 실수 함수인 $F(u, v)$의 크기]을 계산해서 영상으로 표시하는 것이다. $R(u, v)$와 $I(u, v)$가 각각 $F(u, v)$의 실수와 허수 성분을 나타낸다고 하면, **푸리에 스펙트럼**은 다음과 같이 정의된다.

$$|F(u, v)| = \left[R^2(u, v) + I^2(u, v)\right]^{\frac{1}{2}}$$

이 변환의 **위상 각도**(*phase angle*)는 다음과 같이 정의된다.

R과 I가 독립적으로 양과 음이 될 수 있으므로, 이 arctan은 *4-사분면 arctangent*이다(3.2절 참조).

$$\phi(u, v) = \arctan\left[\frac{I(u, v)}{R(u, v)}\right]$$

복소수 함수 $F(u, v)$를 극좌표 공식으로 표현하는 데 위의 두 함수를 사용할 수 있다:

$$F(u,v) = |F(u,v)|e^{j\phi(u,v)}$$

전력 스펙트럼은 크기의 제곱으로 정의된다:

$$\begin{aligned} P(u,v) &= |F(u,v)|^2 \\ &= R^2(u,v) + I^2(u,v) \end{aligned}$$

시각화 목적으로는 $|F(u, v)|$를 보여주는지 또는 $P(u, v)$를 보여주는지는 일반적으로 중요하지 않다.

만일 $f(x, y)$가 실수이면, 그 푸리에 변환은 원점에 대해 공액 대칭이다. 즉,

$$F(u,v) = F^*(-u,-v)$$

이는 푸리에 스펙트럼이 원점에 대해 대칭임도 의미한다:

$$|F(u,v)| = |F(-u,-v)|$$

$F(u, v)$의 공식에 직접 대입해서 다음을 확인할 수 있다.

$$F(u,v) = F(u + k_1M, v) = F(u, v + k_2N) = F(u + k_1M, v + k_2N)$$

여기서 k_1과 k_2는 정수이다. 달리 표현하면, DFT는 u와 v 방향으로 M과 N에 의해 결정되는 주기로 무한히 반복된다. 주기성은 역 DFT의 특성이기도 하다:

$$f(x,y) = f(x + k_1M, y) = f(x, y + k_2N) = f(x + k_1M, y + k_2N)$$

즉, 역푸리에 변환으로 얻는 영상도 무한히 반복된다. 역푸리에 변환을 취해서 얻은 영상이 왜 주기적이어야 하는가는 전혀 직관적이지 않으므로, 이 사실은 종종 혼동을 야기한다. 이것이 단순히 DFT와 그 역의 수학적 특성에 지나지 않음을 기억하고 있으면 도움이 된다. 또한, DFT 구현은 한 주기만 계산하므로, 크기 $M \times N$의 배열로 작업한다는 것도 잊지 말도록 한다.

이 주기성 이슈는 DFT 데이타가 변환의 주기와 어떻게 관련되는가를 고려할 때 중요하게 된다. 예로서, 그림 3.1(a)는 1-D 변환 $F(u)$의 스펙트럼을 보여준다. 이 경우, 주기성 공식은 $F(u) = F(u + k_1M)$이 되며, 따라서 $|F(u)| = |F(u + k_1M)$ 이다. 또한, 대칭성으로 인해, $|F(u)| = |F(-u)|$이다. 이 주기 특성은 $F(u)$가 길이 M의 주기를 가짐을 나타내며, 대칭 특성은 $F(u)$가 그림 3.1(a)가 보여주듯이 원점을 중심으로 한다는 것을 의미한다. 이 그림과 앞의 설명은 $M/2$부터 $M-1$까지의 $F(u)$의 값들이, 원점 왼쪽의 반 주기에 있는 값들이 반복된 것임을 보여준다. 1-D DFT가 M개의 점들(즉, 구간 $[0, M-1]$의 u의 정수 값들)에 대해서만 구현되므로, 1-D 변환을 계산하면 이 구간에서 서로 등을 맞댄 두 개의 반 주기들이 나오게 된다. 우리는 구간 $[0, M-1]$에서 하나의 온전한, 올바로 정렬된 주기를 얻는 데 관심이 있다. 원하는 주기를 얻으려면 변환을 계산하기 전에 $f(x)$를 $(-1)^x$로 곱하면 된다는 것을

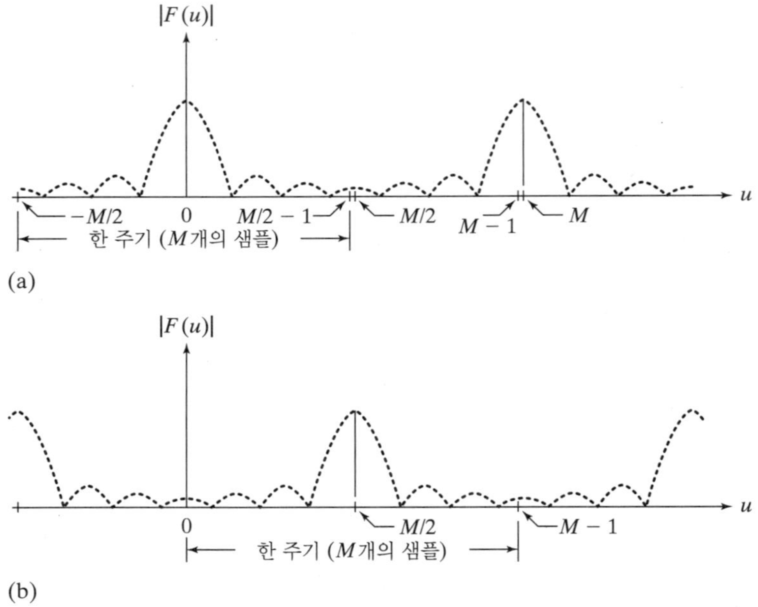

그림 3.1 (a) 구간 $[0, M-1]$에서 등을 맞댄 반 주기를 보여주는 푸리에 스펙트럼. (b) 푸리에 변환을 계산하기 전에 $f(x)$를 $(-1)^x$로 곱해서 얻어진, 같은 구간의 중앙으로 이동된 스펙트럼.

보이는 것은 어렵지 않다(Gonzalez와 Woods [2008]). 기본적으로, 이렇게 하면 그림 3.1(b)가 보여주듯이 변환의 원점을 점 $u = M/2$로 이동시킨다. 그림 3.1(b)의 $u = 0$에서의 스펙트럼 값이 그림 3.1(a)의 $|F(-M/2)|$에 해당한다는 것을 알 수 있다. 마찬가지로, 그림 3.1(b)의 $|F(M/2)|$와 $|F(M-1)|$에서의 값들은 그림 3.1(a)의 $|F(0)|$와 $|F(M/2-1)|$에 해당한다.

2-D 함수들에 대해서도 비슷한 상황이 존재한다. 2-D DFT를 계산하면 그림 3.2(a)에서 보는 직사각형 구간의 변환점들을 얻는다. 음영 영역은 이 절의 처음에 정의된 2-D 푸리에 변환식을 구현해서 얻은 $F(u, v)$의 값들을 나타낸다. 점선 직사각형은 그림 3.1(a)에서와 같이 주기적으로 반복된다. 음영 영역은 $F(u, v)$가 그림 3.2(a)에 보인 점에서 만나는 네 개의, 등을 맞댄 쿼터 주기들을 포함한다는 것을 보여준다. 스펙트럼의 시각적 분석은 변환의 원점에서의 값들을 주파수 직사각형의 중앙으로 이동시키면 간단해진다. 이것은 2-D 푸리에 변환을 계산하기 전에 $f(x, y)$에 $(-1)^{x+y}$를 곱해서 얻을 수 있다. 그러면, 이 주기들은 그림 3.2(b)에서와 같이 정렬된다. 1-D 함수에 대해 앞에서 설명한 것같이, 그림 3.2(b)의 $(M/2, N/2)$ 좌표 쌍에서의 스펙트럼의 값은 그림 3.2(a)의 $(0, 0)$에서의 그의 값과 같으며, 그림 3.2(b)의 $(0, 0)$에서의 값은 그림 3.2(a)의 $(-M/2, -N/2)$에서의 값과 같다. 마찬가지로, 그림 3.2(b)의 $(M-1, N-1)$에서의 값은 그림 3.2(a)의 $(M/2-1, N/2-1)$에서의 값과 같다.

$f(x, y)$에 $(-1)^{x+y}$를 곱해서 변환을 센터링하는(중앙으로 이동시키는) 것에 관한 앞의 논의는 설명의 완전성을 위해 여기에 포함된 중요한 개념이다. MATLAB

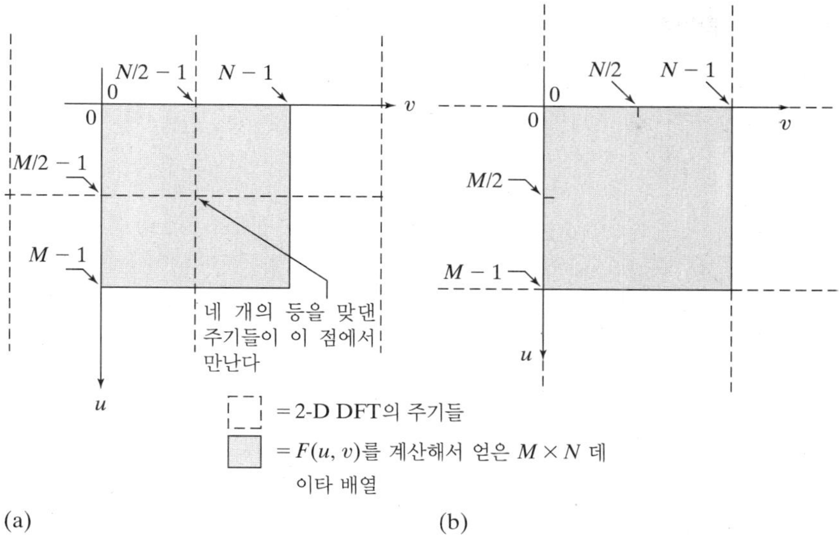

그림 3.2 (a) $M \times N$ 푸리에 스펙트럼(음영 영역). 등을 맞댄 네 개의 쿼터 주기들을 보여준다. (b) 푸리에 변환 계산 전에 $f(x, y)$를 $(-1)^{x+y}$로 곱한 후의 스펙트럼. 음영 표시된 주기는 DFT를 이용해서 얻어지는 데이타이다.

에서 작업할 때는 $(-1)^{x+y}$로 곱하는 것을 생략하고 변환을 계산한 후, 다음 절에서 논의되는 함수 `fftshift`를 사용해서 데이타를 재배치한다.

3.2 MATLAB으로 2-D DFT를 계산하고 시각화하기

Computing and Visualizing the 2-D DFT in MATLAB

실제로는 DFT와 IDFT는 고속 푸리에 변환(fast Fourier transform, FFT) 알고리듬을 이용해서 구한다. 영상 배열 `f`의 FFT는 MATLAB에서 다음 문법의 함수 `fft2`로 구한다:

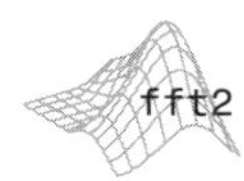


```
F = fft2(f)
```

이 함수는 $M \times N$ 크기의 푸리에 변환을 반환한다. 데이타의 형태는 그림 3.2(a)에서와 같다: 즉, 데이타의 원점이 좌측 위에 있고, 네 개의 쿼터 주기가 주파수 직사각형의 중앙에서 만난다.

3.3.1절에서의 설명과 같이 푸리에 변환을 필터링에 사용할 때는 입력 영상을 0으로 패딩할 필요가 있다. 이 경우의 문법은 아래와 같다.

```
F = fft2(f, P, Q)
```

이 문법을 사용하면 `fft2`는 결과 변환의 크기가 $P \times Q$가 되도록 필요한 만큼 `f`를 0으로 패딩한다.

푸리에 스펙트럼은 함수 `abs`를 사용해서 구한다:

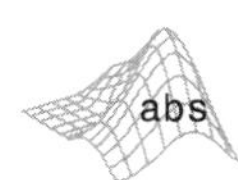


```
S = abs(F)
```

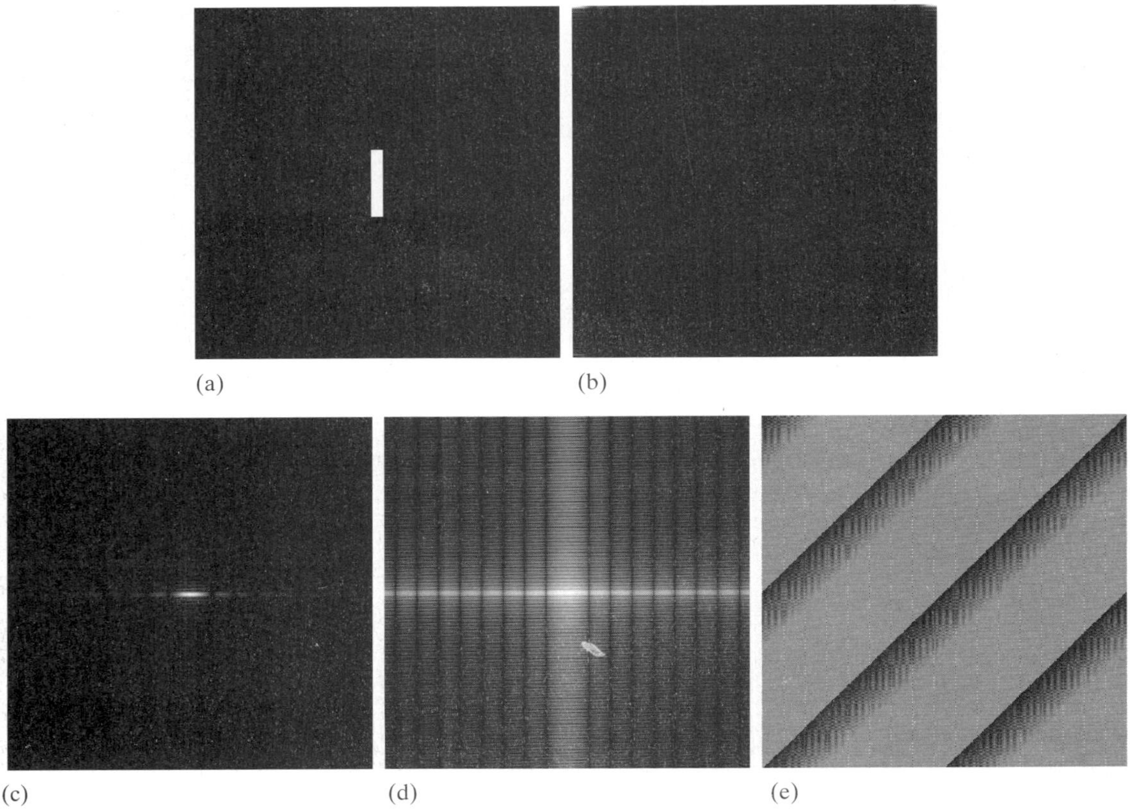

그림 3.3 (a) 영상. (b) 푸리에 스펙트럼. (c) 중앙으로 이동된 스펙트럼. (d) 로그 변환이 적용된 스펙트럼. (e) 위상 각도 영상.

이 함수는 배열의 각 요소의 크기(magnitude: 실수부와 허수부의 제곱의 합에 대한 제곱근)를 계산한다.

스펙트럼을 영상으로 표시해서 시각적으로 분석하는 것은 주파수 도메인에서의 작업의 중요한 측면이다. 예로서, 그림 3.3(a)의 영상 `f`를 고려해 보자. 이의 푸리에 변환을 계산하고 스펙트럼을 다음 명령에 의해 구한다:

```
>> F = fft2(f);
>> S = abs(F);
>> imshow(S, [])
```

그림 3.3(b)가 결과를 보여준다. 영상의 구석의 네 개의 밝은 점은 앞 절에서 언급한 주기성의 결과이다.

이 변환의 원점을 주파수 직사각형의 중앙으로 옮기기 위해서 함수 `fftshift`를 사용할 수 있다. 그 문법은 다음과 같다:

fftshift

```
Fc = fftshift(F)
```

여기서 F는 fft2로 구한 변환이며, Fc는 이를 중앙으로 옮긴 것이다. 함수 fftshift는 F의 상한(또는 사분면)들을 교환해서 연산한다. 예를 들면, 만일 a = [1 2; 3 4]이면, fftshift(a) = [4 3; 2 1]이다. 푸리에 변환에 적용될 때, fftshift를 사용한 최종 결과는 입력 영상을 $(-1)^{x+y}$로 곱한 후 변환한 결과와 같다. 그러나 두 과정은 서로 바꿀 수 없음을 주목한다. 즉 $\Im[\cdot]$가 인수에 대한 푸리에 변환을 나타낸다고 하면, $\Im[(-1)^{x+y} f(x, y)]$는 fftshift(fft2(f))와는 같으나, fft2(fftshift(f))와는 다르다.

이 예에서 다음과 같이 입력해서

```
>> Fc = fftshift(F);
>> imshow(abs(Fc), [ ])
```

그림 3.3(c)의 결과가 나왔다. 센터링(중앙으로의 이동)이 분명하다.

이 스펙트럼의 값의 범위는 표시기의 8비트에 비해 너무 커서(0에서 420,495) 중앙의 밝은 값들이 결과를 압도한다. 2.2.2절에서의 논의와 같이 이 문제는 로그 변환으로 해결한다. 따라서, 다음 명령

```
>> S2 = log(1 + abs(Fc));
>> imshow(S2, [ ])
```

으로 그림 3.3(d)를 만들었다. 시각적 디테일의 증가가 현저하다.

함수 ifftshift는 센터링을 거꾸로 되돌린다. 그 문법은

```
F = ifftshift(Fc)
```

ifftshift

이다. 이 함수는 초기에 직사각형의 중앙으로 옮겨진 함수를 다시 중앙이 직사각형의 좌측 위에 있는 함수로 전환시키는 데에도 사용될 수 있다. 이 특성을 3.4절에서 이용한다.

이제 위상 각도의 계산을 고찰하자. 앞 절에서의 논의를 참고하면 2-D 푸리에 변환의 실수부 $R(u, v)$와 허수부 $I(u, v)$ 각각은 $F(u, v)$와 같은 크기의 배열들이다. R과 I의 요소들이 독립적으로 양 및 음일 수 있기 때문에, 전체 $[-\pi, \pi]$ 범위에서 arctangent를 계산할 수 있어야 한다(이러한 특성의 함수들을 **4-사분면** *arctangent*라고 부른다). MATLAB의 함수 atan2가 이 계산을 수행하며, 문법은 다음과 같다:

```
phi = atan2(I, R)
```

atan2

여기서 phi는 I 및 R과 크기가 같은 배열이다. phi의 요소들은 실수 축을 기준으로 측정된 $[-\pi, \pi]$ 범위의 각도로서 radian 단위이다. 예를 들어, atan2(1, 1), atan2(1, -1), atan2(-1, -1)은 각각 0.7854, 2.3562, −2.3562 radians 또는 45°, 135°, −135°이다. 실제로는 앞의 표현을 다음과 같이 쓴다:

real
imag

real(arg)과 imag(arg)는 각각 arg의 실수 및 허수부들이다.

```
>> phi = atan2(imag(F), real(F));
```

F의 실수부와 허수부를 추출하는 대신, 함수 angle을 직접 사용할 수 있다:

> **angle**
>
> P = angle(z)는 복수 배열 z의 각 요소의 위상 각도를 반환한다. 각도 단위는 $\pm\pi$ 범위의 radian이다.

```
phi = angle(F)
```

결과는 같다. 스펙트럼과 그의 해당 위상 각도가 주어졌을 때, 다음 표현을 사용해서 DFT를 얻을 수 있다:

```
>> F = S.*exp(i*phi);
```

그림 3.3(e)는 그림 3.3(a)의 DFT에 대한 배열 phi를 영상으로 보여준다. 위상 각도는 스펙트럼만큼 자주 시각적 분석 용도로 사용되지 않는데, 그 이유는 스펙트럼만큼 이해하기 쉽지 않기 때문이다. 그러나, 정보 내용 면에서는 위상 각도도 중요하다. 스펙트럼의 성분들은 영상을 형성하기 위해 결합되는 정현파들의 진폭을 결정한다. 위상은 정현파들이 원점으로부터 얼마나 이동되었는가에 관한 정보를 수반한다. 따라서, 스펙트럼은 그 요소들이 영상의 밝기 값들을 결정하는 배열인 반면, 해당 위상은 객체들이 영상의 어디에 위치하는가에 관한 정보를 수반하는 각도 배열이다. 예를 들어, 그림 3.3(a)의 직사각형의 위치를 바꿔도 스펙트럼은 그림 3.3(b)에서와 같게 될 것이다; 객체의 이동은 위상 각도의 변화로 반영될 것이다.

> 푸리에 변환의 스펙트럼과 위상 각도의 특성과 상호 관계에 관한 자세한 논의는 Gonzalez와 Woods [2008]를 참조한다.

DFT와 그의 센터링에 관한 주제를 벗어나기 전에, 변수 u와 v의 범위가 각각 0부터 $M-1$과 $N-1$이라면, 주파수 직사각형의 중앙이 $(M/2, N/2)$에 있음을 명심한다. 예를 들면, 8×8 주파수 정사각형의 중앙은 각 축을 따라서 (0, 0)에서부터 세어 올라가면 다섯 번째 점인 (4, 4)이다. 만일 MATLAB에서 처럼, 이 변수들이 1부터 시작해서 각각 M과 N까지이면, 중앙은 $(M/2+1, N/2+1)$이다. 즉, 이 예에서 중앙은 (1, 1)부터 세어 올라가면 (5, 5)가 될 것이다. 분명히 두 중앙은 같은 점이나, MATLAB 계산에서 DFT 중앙의 위치를 어떻게 규정하는가를 결정할 때 혼동을 야기할 수 있다.

M과 N이 홀수이면, MATLAB 계산에서 중앙은 $M/2$와 $N/2$를 가장 가까운 정수로 절삭해서 구해진다. 분석의 나머지는 앞 문단에서와 같다. 예를 들면, 7×7 영역의 중앙은 (0, 0)에서 세어 올라가면 (3, 3), (1, 1)에서 세어 올라가면 (4, 4)이다. 어느 경우든, 중앙은 원점에서부터 네 번째 점이다. 한 차원만 홀수이면, 그 차원 방향의 중앙은 비슷하게 방금 설명한 방식으로 절삭해서 구한다. 함수 floor를 사용하고 원점이 (1, 1)임을 기억하면, MATLAB 계산에서 주파수 직사각형의 중앙은

> **floor**
> **ceil**
>
> B = floor(A)는 A의 각 요소의 소수점 이하를 절삭한다. 함수 ceil은 A의 각 요소의 소수점 이하를 절상한다.

```
[floor(M/2) + 1, floor(N/2) + 1]
```

에 있다. 이 식으로 주어지는 중앙은 홀수 및 짝수 값의 M과 N 모두에 대해 유효하다. 이 맥락에서 앞에서 논의된 함수들인 fftshift와 ifftshift 간의 차이를 기억하는 간단한 방법은, 전자는 위치 (1, 1)에서의 값이 주파수 직사각형의 중앙으로 이동

하도록 데이타를 재배치하는 반면, `ifftshift`는 주파수 직사각형의 중앙의 값이 위치 (1, 1)로 이동하도록 데이타를 재배치한다는 것이다.

끝으로, 역푸리에 변환은 함수 `ifft2`로 계산하며, 기본 문법은

ifft2

```
f = ifft2(F)
```

이다. 여기서 `F`는 푸리에 변환이며 `f`는 결과 영상이다. `fft2`가 입력 영상을 스케일링 없이 클래스 `double`로 바꾸므로, 그 역의 결과를 해석할 때 주의가 필요하다. 예를 들어, `f`가 클래스 `uint8`이라면 그 값들은 [0 255] 범위의 정수이며, `fft2`는 이를 같은 범위의 클래스 `double`로 바꾼다. 그러므로, 이론적으로는 `f`와 같아야 하는 연산 `ifft2(F)`의 결과는 똑 같은 [0 255] 범위의 값들을 갖는 영상이지만, 클래스는 `double`이다. 이러한 영상 클래스의 변화는 제대로 다뤄지지 않으면 골치 아플 수 있다. 대부분의 `fft2`의 응용이 언젠가는 공간 도메인으로 돌아가기 위한 `ifft2`의 사용을 포함하므로, 이 책에서의 순서는 입력 영상을 [0 1] 범위의 부동소수점으로 바꾸기 위해 함수 `tofloat`를 사용하고, 그런 후 끝으로, 결과를 오리지널과 똑 같은 클래스로 바꾸기 위해 `tofloat`의 `revertclass` 특징을 이용한다. 이렇게 하면 스케일링 문제에 신경 쓰지 않아도 된다.

함수 `tofloat`에 관한 설명은 1.7.8절을 참고한다.

만일 `F`의 계산에 사용된 입력 영상이 실수이면, 그 역도 이론상 실수이어야 한다. 그러나, 이전 버전의 MATLAB에서는 `ifft2`의 출력은 유효숫자 오차(round-off errors†)로 인해 작은 허수부를 가질 때가 있으며, 관례적으로, 역을 계산하고 나서 그 결과의 실수부를 추출해서 실수 값으로만 구성된 영상을 얻는다. 두 연산을 결합할 수 있다:

```
>> f = real(ifft2(F));
```

MATLAB 7부터 `iff2`는 그 입력이 공액 대칭인지를 확인한다. 만일 그렇다면, `ifft2`는 실수 결과를 출력한다. 공액 대칭성은 이 장의 모든 작업에 적용 가능하며, 이 책에서는 MATLAB 7을 사용하므로 앞의 연산을 수행하지 않는다. 그렇지만, 구버전의 MATLAB을 사용할 때는 이 문제에 주의해야 한다. MATLAB 7의 이 특징은 필터의 정확성을 잘 점검한다. 우리가 이 책에서 하는 것처럼, 실수 영상과 대칭, 실수 필터를 사용해서 작업하고 있다면, 결과에 허수부가 존재한다는 MATLAB 7의 경고는 필터 또는 적용 절차상에 뭔가 잘못이 있음을 의미한다.

끝으로 만일 변환 계산에 패딩이 사용된다면, 오리지널 영상의 크기는 $M \times N$이지만, FFT 계산에 의한 영상은 $P \times Q$이다. 그러므로, 결과를 이 원래 크기로 잘라내야 한다. 이를 위한 절차는 다음 절에서 논의된다.

† 역주: 숫자들을 표현할 때 제한적인 유효 자리 수를 사용해서 발생하는 오차.

3.3 주파수 도메인에서의 필터링

Filtering in the Frequency Domain

이 절에서는 주파수 도메인 필터링에 관한 개념과 MATLAB에서의 구현에 관한 개괄적 내용을 소개한다.

3.3.1 기초

공간 및 주파수 도메인 모두에서 선형 필터링을 위한 기초는 다음과 같이 나타낼 수 있는 **컨볼루션 정리**이다.[†]

컨볼루션은 교환성이 있어서, 곱셈의 순서는 중요하지 않다. 컨볼루션과 그의 특성에 관한 자세한 설명은 Gonzalez와 Woods [2008]를 참조한다.

$$f(x, y) \star h(x, y) \Leftrightarrow H(u, v)F(u, v)$$

그리고, 역으로

$$f(x, y)h(x, y) \Leftrightarrow H(u, v) \star F(u, v)$$

이다. 기호 "★"는 두 함수의 컨볼루션을 나타내며, 양방향 화살표 양쪽의 식들은 푸리에 변환 쌍을 구성한다. 예를 들어 첫 번째 표현은 두 공간함수의 컨볼루션(좌변)은 두 함수의 푸리에 변환 간의 곱(우변)의 역푸리에 변환을 계산해서 얻을 수 있음을 의미한다. 역으로, 두 공간함수의 컨볼루션의 푸리에 변환은 두 함수의 변환 간의 곱이 된다. 두 번째 표현에 대해서도 비슷한 설명이 적용된다. 필터링과 관련해서 우리의 관심은 첫 번째 표현에 있다.

곧 알게 될 이유 때문에, 함수 $H(u, v)$를 **필터 전달함수**라고 부르며, 주파수 도메인 필터링의 개념은 지정된 방식으로 $F(u, v)$를 수정하는 필터 전달함수를 선정하는 것이다. 예를 들면, 그림 3.4(a)의 필터는 센터링된 $F(u, v)$가 곱해질 때 $F(u, v)$의 고주파 성분들은 감쇠시키면서 낮은 주파수들은 상대적으로 그대로 유지하는 전달함수를

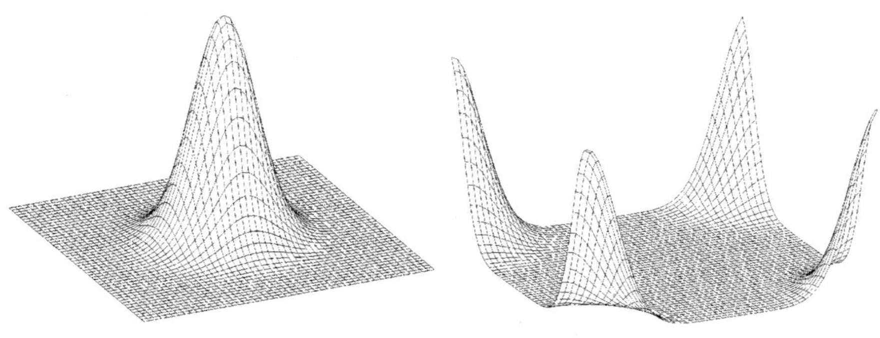

(a) (b)

그림 3.4 (a) 센터링된 저역통과 필터와 (b) DFT 필터링에 사용된 포맷의 전달함수들. 이들은 주파수 도메인 필터이다.

[†] 역주: 이 절의 뒤에서 설명하겠지만, 엄밀히 따지면 디지털 영상에 대해 이 두 식은 $f(x, y)$와 $h(x, y)$가 0으로 적절히 패딩된 때만 유효하다.

가진다. 이러한 특성의 필터를 **저역통과 필터**라고 부른다. 3.5.2절의 논의에서와 같이, 저역통과 필터링은 영상을 흐리게(부드럽게) 만든다. 그림 3.4(b)는 `fftshift`로 처리된 후의 같은 필터를 보여주는데, 입력의 푸리에 변환이 센터링되지 않은 주파수 도메인 필터링을 다룰 때 이 책에서 가장 자주 사용되는 필터 포맷이다.

2.4.1절의 설명에서와 같이, 공간 도메인 필터링은 영상 $f(x, y)$를 필터 마스크 $h(x, y)$와 컨볼루션시키는 것으로 구성된다. 이 함수들은 둘 중 하나가 다른 하나를 완전히 벗어날 때까지 옮겨진다. 컨볼루션 정리에 따르면, 주파수 도메인에서 $F(u, v)$를 공간 필터의 푸리에 변환인 $H(u, v)$로 곱했을 때 똑 같은 결과를 얻어야 한다. 그러나, 이산 수량을 다룰 때 F와 H가 주기적이며, 따라서 이산 주파수 도메인에서의 컨볼루션도 주기적임을 알고 있다. 이러한 이유로, DFT를 이용해서 수행되는 컨볼루션을 **원형**(*circular*) **컨볼루션**이라고 부른다. 공간 및 원형 컨볼루션이 똑 같은 결과를 제공하는 것을 보장하는 유일한 방법은 다음 문단에 설명되는 적절한 제로-패딩을 사용하는 것이다.

컨볼루션 정리에 의해서, 공간 도메인에서의 상응하는 필터링된 영상을 얻기 위해서 $H(u, v)\ F(u, v)$ 곱의 역푸리에 변환을 계산한다는 것을 알고 있다. 방금 설명했듯이, DFT를 사용하면 영상과 그 변환이 주기성을 갖게 된다. 만일 함수들이 0이 아닌 부분의 길이에 비해 주기가 가까우면, 주기함수들을 컨볼루션시킬 때 인접 주기 간에 방해가 일어날 수 있음을 보여주기란 어렵지 않다. 이 방해를 **둘러겹침 오차**(*wraparound error*)라고 부르는데, 아래와 같은 방식으로 함수들을 패딩해서 피할 수 있다.

함수 $f(x, y)$와 $h(x, y)$의 크기가 각각 $A \times B$와 $C \times D$라고 가정하자. f와 h를 0으로 **패딩**하여 두 개의 $P \times Q$ 함수를 만든다. 다음과 같이 선택하면 둘러겹침 오차를 피할 수 있음을 보여줄 수 있다(Gonzalez와 Woods[2008]):

$$P \geq A + C - 1$$

$$Q \geq B + D - 1$$

이 장에서는 대부분 같은 크기 $M \times N$을 사용하며, 그럴 경우 사용할 패딩 값들은 $P \geq 2M - 1$, $Q \geq 2N - 1$이다.

`paddedsize`라고 부르는 다음 함수는 앞의 공식을 만족시키는 P와 Q의 최소 짝수[†] 값을 계산한다. 이 함수에는 2의 멱수 값에 가장 가까운 정수 크기의 정사각형 영상을 만들기 위해 입력을 패딩하는 옵션도 있다. FFT 알고리듬들의 실행 시간은 대략 P와 Q의 소인수(prime factor)의 수에 종속된다. 이 알고리듬들은 일반적으로 P와 Q가 소수일 때보다 2의 멱수일 때 더 빠르다. 실제로, 모든 방향으로 필터링

[†] 짝수 크기의 배열로 작업하면 FFT 계산 속도가 빨라진다.

이 갈도록 정사각형 영상과 필터의 사용이 권장된다. 함수 paddedsize는 입력 파라미터들의 선택을 통해서 이를 수행하기 위한 유연성을 제공한다. 다음 코드에서, 벡터 AB, CD, PQ는 각각 [A B], [C D], [P Q] 요소들을 가지며, 이 수량들은 위에서 정의된 바와 같다.

paddedsize

```
function PQ = paddedsize(AB, CD, PARAM)
%PADDEDSIZE Computes padded sizes useful for FFT-based filtering.
%   PQ = PADDEDSIZE(AB), where AB is a two-element size vector,
%   computes the two-element size vector PQ = 2*AB.
%
%   PQ = PADDEDSIZE(AB, 'PWR2') computes the vector PQ such that
%   PQ(1) = PQ(2) = 2^nextpow2(2*m), where m is MAX(AB).
%
%   PQ = PADDEDSIZE(AB, CD), where AB and CD are two-element size
%   vectors, computes the two-element size vector PQ.  The elements
%   of PQ are the smallest even integers greater than or equal to
%   AB + CD - 1.
%
%   PQ = PADDEDSIZE(AB, CD, 'PWR2') computes the vector PQ such that
%   PQ(1) = PQ(2) = 2^nextpow2(2*m), where m is MAX([AB CD]).

if nargin == 1
   PQ  = 2*AB;
elseif nargin == 2 && ~ischar(CD)
   PQ = AB + CD - 1;
   PQ = 2 * ceil(PQ / 2);
elseif nargin == 2
   m = max(AB); % Maximum dimension.

   % Find power-of-2 at least twice m.
   P = 2^nextpow2(2*m);
   PQ = [P, P];
elseif (nargin == 3) && strcmpi(PARAM, 'pwr2')
   m = max([AB CD]); % Maximum dimension.
   P = 2^nextpow2(2*m);
   PQ = [P, P];
else
   error('Wrong number of inputs.')
end
```

ischar

함수 ischar(s)는 s가 문자열일 때 참을 반환한다.

nextpow2

p = nextpow2(n)은 n의 절대값 이상인 2의 최소 정수 승을 반환한다.

이 문법은 f에 충분한 0을 붙여서 결과 영상의 크기를 PQ(1) × PQ(2)로 만든다. f가 패딩될 때 주파수 도메인의 필터 함수도 크기가 PQ(1) × PQ(2)이어야 한다는 것을 주목한다.

이 절의 앞 부분에서 컨볼루션 정리의 이산 버전이 컨볼루션될 두 함수가 공간 도메인에서 패딩되어야 할 것을 요구한다고 언급했다. 이것은 둘러겹침 오차를 피하기 위해서 필요하다. 필터링할 때, 컨볼루션에 포함된 두 함수 중 하나가 필터이다. 그러나, DFT를 사용하는 주파수 도메인 필터링에서는 필터를 주파수 도메인에서 직접 규정하며, 크기는 패딩된 영상과 같다. 달리 말하면, 우리는 필터를 공간 도메인에서 패딩하지 않는다.† 그 결과, 둘러겹침 오차가 완전히 제거된다고 보장할 수 없다. 다행히, 영상의 패딩은 우리가 관심이 있는 필터의 부드러운 모양과 결합될 때 일반적으로 무시할 수 있을 정도의 둘러겹침 오차를 만든다.

예제 3.1

패딩의 유무에 따른 필터링 효과.

■ 패딩의 유무에 따른 필터링의 차이를 보여주기 위해 그림 3.5(a)의 영상 `f`를 이 예제에서 사용한다. 아래의 설명에서 함수 `lpfilter`를 사용해서, 규정된 시그마(`sig`) 값의 가우스 저역통과 필터[그림 3.4(b)와 유사]를 만든다. 이 함수에 관해서는 3.5.2절에서 상세히 설명하는데, 문법이 간결하므로 여기서 일단 사용하고 `lpfilter`에 관한 더 자세한 설명은 그 절로 미루기로 한다.

다음 명령들은 패딩없이 필터링을 수행한다:

```
>> [M, N] = size(f);
>> [f, revertclass] = tofloat(f);
>> F = fft2(f);
>> sig = 10;
>> H = lpfilter('gaussian', M, N, sig);
>> G = H.*F;
>> g = ifft2(G);
>> g = revertclass(g);
>> imshow(g)
```

입력을 부동소수점으로 전환하고, 3.2절의 끝에서 설명된 바와 같이, 그에 의해 `fft2`의 스케일링 문제를 피하기 위해 함수 `tofloat`를 사용함을 주목한다. 출력은 1.7.8절에서 설명된 바와 같이 `revertcalss`를 사용해서 입력과 같은 클래스로 돌아간다. 만일 입력 영상이 아직 부동소수점이 아니라면, `tofloat`가 클래스 `single`로 바꾼다. 주파수 도메인 프로세싱은 메모리를 많이 사용하며, 가능할 때마다 `double`보다는 `single` 부동소수점으로 작업하면 메모리 사용을 현저히 줄이는 데 도움이 된다.

그림 3.5(b)는 영상 `g`를 보여준다. 예상대로 영상이 흐릿해졌으나, 수직 에지들은 그렇지 않음에 유의한다. 그 이유는 DFT 계산에서의 내재된 주기성을 그림으로 보여주는 그림 3.6(a)에 의해 설명될 수 있다. 영상 간의 가는 백색 선들은 보기에 편하도록 표시한 것이다; 이 선들은 데이타에 속하지 않는다. 점선은 `fft2`로 처리된 $M \times N$ 영상을 표시한다. 블러링 필터와 이 무한 주기 시퀀스를 컨볼루션시킨다고 상상해 보자. 필터가 점선 영상의 맨 위를 통과할 때 필터는 그 영상의 일부와 바로 위의 주기 성분의 하단부를 포함할 것이다. 따라서 필터 아래에 밝은 영역과 어두운 영역이 놓이면, 그 결과는 중간 회색의 흐릿해진 출력이 될 것이다. 이것이 정확하게 그림 3.5(b)의 영상의 상단부가 보여주는 것이다. 그 반면에 필터가 점선 영역의 한쪽에 놓일 때, 필터는 인접한 주기 성분의 동일한 영역을 만날 것이다. 밝기 값이 상수인 영역의 평균은 같은 상수이므로, 결과에서 이 부분에는 번짐 현상이 없다. 그림 3.5(b)의 다른 부분들도 비슷한 방식으로 설명된다.

이제 패딩을 사용한 필터링을 고찰해보자:

```
>> PQ = paddedsize(size(f)); % f is floating point.
>> Fp = fft2(f, PQ(1), PQ(2)); % Compute the FFT with padding.
>> Hp = lpfilter('gaussian', PQ(1), PQ(2), 2*sig);
>> Gp = Hp.*Fp;
>> gp = ifft2(Gp);
>> gpc = gp(1:size(f,1), 1:size(f,2));
```

† 둘러겹침 오차와 주파수 도메인에서 필터를 직접 규정하는 것 간의 관계에 관한 자세한 설명은 Gonzalez와 Woods[2008]의 4장을 참고한다.

(a) (b) (c)

그림 3.5 (a) 크기 256×256의 영상. (b) 패딩 없이 주파수 도메인에서 저역통과 필터링된 영상. (c) 패딩을 사용해서 주파수 도메인에서 저역통과 필터링된 영상. (b)와 (c)에서 수직 에지의 위 부분을 비교한다.

```
>> gpc = revertclass(gpc);
>> imshow(gp)
```

여기서는 필터 크기가 패딩이 없을 때의 두 배이므로 `2*sig`를 사용했다.

그림 3.7은 전체, 패딩된 결과인 `gp`를 보여준다. 그림 3.5(c)의 마지막 결과는 그림 3.7을 오리지널 영상 크기에 맞춰 잘라내서 얻었다(앞 코드의 여섯 번째 명령 참고). 이 결과는 그림 3.6(b)를 이용해서 설명할 수 있다. 이 그림은 변환을 계산하기 전에 `fft2(f, PQ(1), PQ(2))`에서 내부적으로 형성되었을, 0(흑색)으로 패딩된 점선 영상을 보여준다. 내재된 주기성은 앞에서 설명한 바와 같다. 이제는 주위 전체에 균일한 흑색 경계를 갖게 되어, 스무딩 필터와 이 무한 시퀀스를 컨볼루션시키면 영상의 모든 밝은 에지에서 회색 번짐 현상을 보게 될 것이다. 비슷한 결과를 아래의 공간 필터링에 의해서도 얻을 수 있다:

그림 3.6 (a) 그림 3.5(a)의 영상의 내재된, 무한 주기 시퀀스. 점선 영역은 `fft2`에 의해 처리되는 데이타를 나타낸다. (b) 0으로 패딩한 후의 같은 주기 시퀀스. 두 영상의 가는 백색 실선은 보기에 편하도록 표시한 것이다: 이 선들은 데이타의 일부가 아니다.

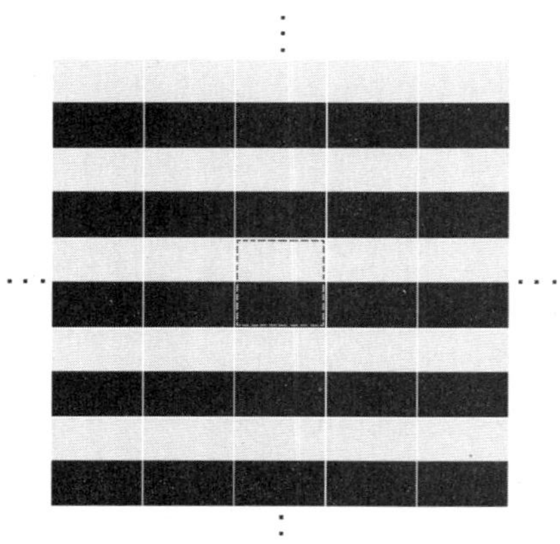

(a)

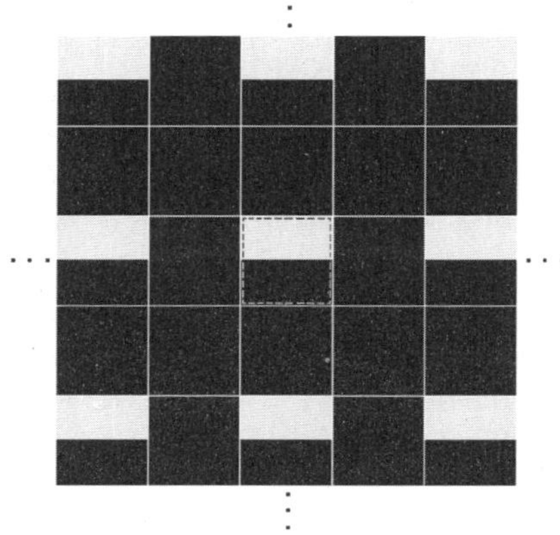

(b)

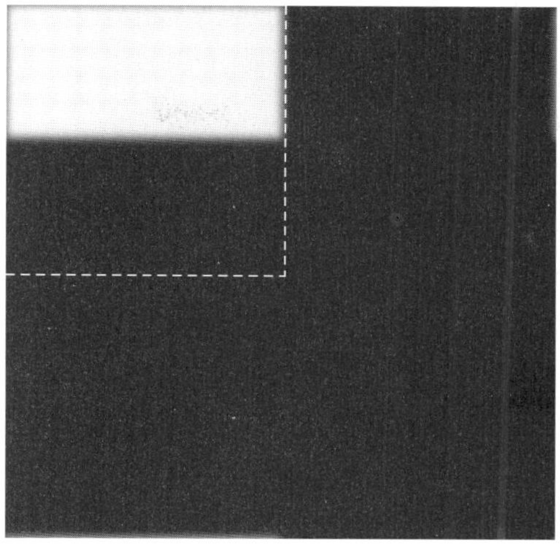

그림 3.7 필터링한 후 ifft2로 얻은 패딩된 전체 영상. 이 영상의 크기는 512 × 512 화소이다. 점선은 오리지널 256 × 256 영상의 크기를 보여준다.

```
>> h = fspecial('gaussian', 15, 7);
>> gs = imfilter(f, h);
```

2.4.1절에서 함수 imfilter를 이렇게 호출하면 디폴트로 영상의 경계를 0으로 패딩함을 기억하라.

3.3.2 DFT 필터링의 기본 단계

앞 절의 논의는 다음의 단계적 절차로 요약된다. 아래에서 f는 필터링할 영상, g는 결과 영상이며, 필터 함수 H는 패딩된 영상과 같은 크기이다:

1. 함수 tofloat를 사용해서 입력 영상을 부동소수점으로 바꾼다:

```
[f, revertclass] = tofloat(f);
```

2. 함수 paddedsize를 사용해서 패딩 파라미터들을 얻는다:

```
PQ = paddedzsize(size(f));
```

3. 패딩을 사용한 푸리에 변환을 얻는다:

```
F = fft2(f, PQ(1), PQ(2));
```

4. 이 장의 나머지 부분에 설명된 방법들 중 하나를 사용해서 크기가 PQ(1) × FQ(2)인 필터 함수 H를 만든다. 이 필터는 그림 3.4(b)에 보인 포맷이어야 한다. 만일 대신에 그림 3.4(a)와 같이 센터링되었다면, 필터를 사용하기 전에 H = fftshift(H)로 바꾼다.

5. 이 변환을 필터와 곱한다:

```
G = H.*F;
```

6. G의 역 FFT를 구한다:

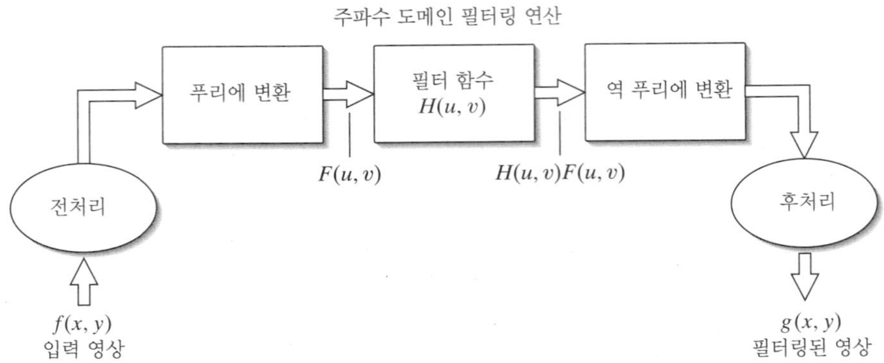

그림 3.8 주파수 도메인에서의 필터링의 기본 단계들.

```
g = ifft2(G);
```

7. 좌측 상단 직사각형 영역을 오리지널 크기로 잘라낸다:

```
g = g(1:size(f, 1), 1:size(f, 2));
```

8. 필요하면 필터링된 영상을 입력 영상의 클래스로 바꾼다:

```
g = revertclass(g);
```

그림 3.8이 이 필터링 과정을 보여준다. 전처리 단계는 영상 크기를 계산하고, 패딩 파라미터를 얻고, 필터를 생성하는 등의 작업을 포함한다. 일반적으로 후처리는 영상을 잘라내고 입력의 클래스로 전환하는 것을 수반한다.

그림 3.8의 필터 함수 $H(u, v)$는 $F(u, v)$의 실수부와 허수부를 모두 곱한다. $H(u, v)$가 실수이면 그 결과의 위상은 변하지 않는다. 이는 위상 공식(3.1절)에서 볼 수 있는 사실로서, 만일 실수부와 허수부의 승수가 같으면 서로 상쇄되어서 위상 각도가 변하지 않음을 알 수 있다. 이런 방식의 필터를 **제로-위상이동**(또는 제로-위상전이) **필터**(*zero-phaseshift filter*)라고 부른다. 이들은 이 장에서 고려되는 유일한 선형 필터 유형이다.

선형 시스템 이론으로부터, 선형 시스템에 임펄스를 입력하면 시스템의 특성을 완전히 분석할 수 있음은 잘 알려져 있다. 이 장에서 개발된 기법들을 사용할 때, 임펄스에 대한 응답을 포함해서, 선형 시스템의 응답도 유한하다. 만일 이 선형 시스템이 필터이면, 임펄스에 대한 응답을 관찰해서 그 필터를 완전하게 분석할 수 있다. 이런 방식에 의해 결정되는 필터를 **유한 임펄스 응답**(*finite-impulse-response*, FIR) **필터**라고 부른다. 이 책의 모든 선형 필터는 FIR 필터이다.

3.3.3 주파수 도메인에서의 필터링을 위한 M-함수

앞 절의 필터링 단계들은 이 장과 다음 장에서 계속 사용되므로 영상과 필터 함수를 입력으로 받아서 필터링하고, 필터링된 영상을 잘라내서 출력하는 M-함수가 있다면 편리할 것이다. 다음 함수가 그러한 기능을 한다. 필터 함수가 필터링 절차의 단계 4

에 설명된 것 같이 적절하게 크기가 조절되었다고 가정한다. 응용에 따라서는 필터링된 영상을 입력과 같은 클래스로 바꾸면 도움이 된다; 부동소수점 결과로 작업할 필요가 있는 응용도 있다. 다음 함수는 둘 다 할 수 있다.

dftfilt

```
function g = dftfilt(f, H, classout)
%DFTFILT Performs frequency domain filtering.
%   g = DFTFILT(f, H, CLASSOUT) filters f in the frequency domain
%   using the filter transfer function H. The output, g, is the
%   filtered image, which has the same size as f.
%
%   Valid values of CLASSOUT are
%
%   'original'  The ouput is of the same class as the input.
%               This is the default if CLASSOUT is not included
%               in the call.
%   'fltpoint'  The output is floating point of class single, unless
%               both f and H are of class double, in which case the
%               output also is of class double.
%
%   DFTFILT automatically pads f to be the same size as H. Both f
%   and H must be real. In addition, H must be an uncentered,
%   circularly-symmetric filter function.

% Convert the input to floating point.
[f, revertClass] = tofloat(f);

% Obtain the FFT of the padded input.
F = fft2(f, size(H, 1), size(H, 2));

% Perform filtering.
g = ifft2(H.*F);

% Crop to original size.
g = g(1:size(f, 1), 1:size(f, 2)); % g is of class single here.

% Convert the output to the same class as the input if so specified.
if nargin == 2 || strcmp(classout, 'original')
   g = revertClass(g);
elseif strcmp(classout, 'fltpoint')
   return
else
   error('Undefined class for the output image.')
end
```

주파수 도메인 필터를 만드는 기법을 다음의 세 절에서 논의한다.

3.4 공간 필터로부터 주파수 도메인 필터 만들기

Obtaining Frequency Domain Filters from Spatial Filters

일반적으로 공간 도메인에서의 필터링은 필터가 작을 때는 주파수 도메인 필터링보다 계산상 더 효율적이다. 작다의 정의는 복잡한 질문인데, 그 답은 사용되는 기계 및 알고리듬 같은 요인들과, 버퍼의 크기, 복잡한 데이타를 다루는 방법, 그리고 이 책의 범주를 넘는 다른 여러 요인들 같은 문제들에 종속된다. Brigham[1988]이 1-D 함수들을 사용해서 비교한 바에 의하면, FFT 알고리듬을 사용해서 필터링하면, 필터들이 크지 않은 숫자인 대략 32개 이상의 요소를 가질 때 공간 구현보다 더 빠를 수 있다. 따라서, 두 방식 간의 의미 있는 비교를 위해, 공간 필터를 어떻게 등가의 주파수 도메인 필터로 전환시키는가를 안다면 도움이 될 것이다.

이 절에서는 두 가지 주요 주제에만 관심을 두도록 한다: (1) 공간 필터를 등가의 주파수 도메인 필터로 전환시키는 방법; (2) 함수 `imfilter`를 사용하는 공간 도메인 필터링의 결과와 앞 절에서 설명한 기법을 사용하는 주파수 도메인 필터링의 결과를 비교하는 방법. 2.4.1절에서 상세히 설명한 것같이, `imfilter`는 코릴레이션을 이용하고 필터의 원점이 중앙에 있는 것으로 간주하므로, 두 방식을 등가로 만들려면 전처리가 필요하다. IPT 함수 `freqz2`가 이를 수행하고, 주파수 도메인에서의 해당 필터를 출력한다.

함수 `freqz2`는 3.3.2절의 끝에 언급했듯이, 이 책에서 다루는 유일한 선형 필터인 FIR 필터의 주파수 응답을 계산한다. 결과는 주파수 도메인에서의 원하는 필터이다. 지금 논의와 관련된 문법은

freqz2

```
H = freqz2(h, R, C)
```

이다. 여기서 `h`는 2-D 공간 필터, `H`는 상응하는 2-D 주파수 도메인 필터, `R`과 `C`는 각각 필터 `H`가 가질 행과 열의 수이다. 일반적으로, 3.3.1절에서 설명한 것같이 `R = PQ(1)`, `C = PQ(2)`로 놓는다. 만일 `freqz2`를 출력 인자 없이 사용하면, `H`의 절대값이 MATLAB 데스크탑에 3-D 입체그림으로 표시된다. 함수 `freqz2`의 사용에 포함된 메커니즘은 예제에 의해 가장 잘 설명된다.

예제 3.2

공간 도메인과 주파수 도메인에서의 필터링의 비교.

■ 그림 3.9(a)의 600 × 600 화소의 영상 `f`를 고려하자. 다음에서, 수직 에지를 개선하는 Sobel 공간 필터(표 2.5 참고)에 상응하는 주파수 도메인 필터 `H`를 만든다. 그런 다음, `imfilter`를 사용해서, `f`를 공간 도메인에서 Sobel 마스크로 필터링한 결과와 등가의 처리를 주파수 도메인에서 수행해서 얻은 결과를 비교한다. 실제로, Sobel 마스크같이 작은 필터를 사용하는 필터링은 보통, 앞에서 설명했듯이 직접 공간 도메인에서 구현하나 이 필터의 계수가 간단하고, 필터링 결과가 비교하기에 직관적이고 간단하기 때문에 데모 목적

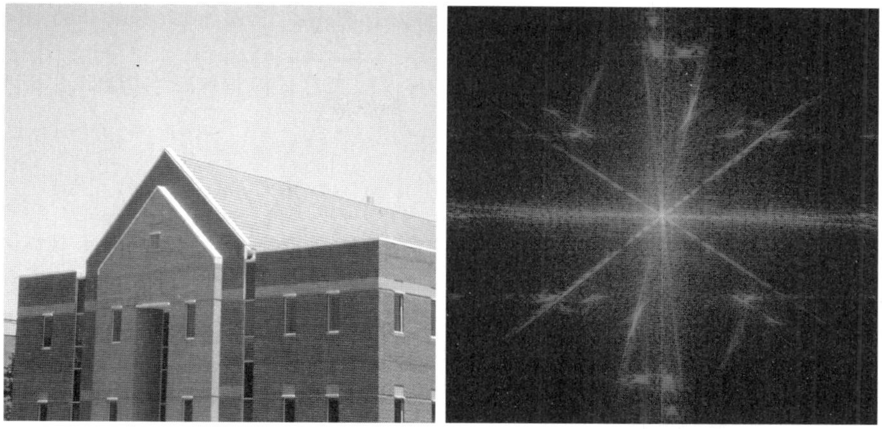

(a) (b)

그림 3.9 (a) 그레이 스케일 영상과 (b) 그의 푸리에 스펙트럼.

으로 이 필터를 선택했다. 더 큰 공간 필터들도 같은 방식으로 다뤄진다.

그림 3.9(b)는 정석적인 다음 명령들로 얻은 f의 푸리에 스펙트럼이다:

```
>> f = tofloat(f);
>> F = fft2(f);
>> S = fftshift(log(1 + abs(F)));
>> imshow(S, [ ])
```

그 다음, 함수 fspecial을 사용해서 공간 필터를 생성한다:

```
h = fspecial('sobel')'
h =
     1    0   -1
     2    0   -2
     1    0   -1
```

상응하는 주파수 도메인 필터의 플롯을 보기 위해 다음과 같이 타이핑한다:

```
>> freqz2(h)
```

그림 3.10(a)가 그 결과를 보여준다. 축은 생략되었다(입체 플롯을 그리는 기술은 3.5.3절에 설명한다). 필터 자체는 다음 명령들로 만들었다:

```
>> PQ = paddedsize(size(f));
>> H = freqz2(h, PQ(1), PQ(2));
>> H1 = ifftshift(H);
```

여기서 앞에서 설명했듯이, ifftshift는 데이타를 재배열해서 원점을 주파수 직사각형의 좌측 위에 위치시키는 데 필요하다. 그림 3.10(b)는 abs(H1)의 플롯을 보여준다. 그림 3.10(c)와 (d)는 H와 H1의 절대값들을 영상 형태로 보여주는데, 다음 명령들로 표시했다:

```
>> imshow(abs(H), [ ])
>> figure, imshow(abs(H1), [ ])
```

그 다음, 필터링된 영상들을 생성한다. 공간 도메인에서 다음 명령을 사용한다.

```
>> gs = imfilter(f, h);
```

f가 부동소수점이므로, 2.4.1절에서 설명했듯이 imfilter가 부동소수점 결과를 제공할 것이다. 부동소수점은 다음의 일부 연산들에서 요구된다.

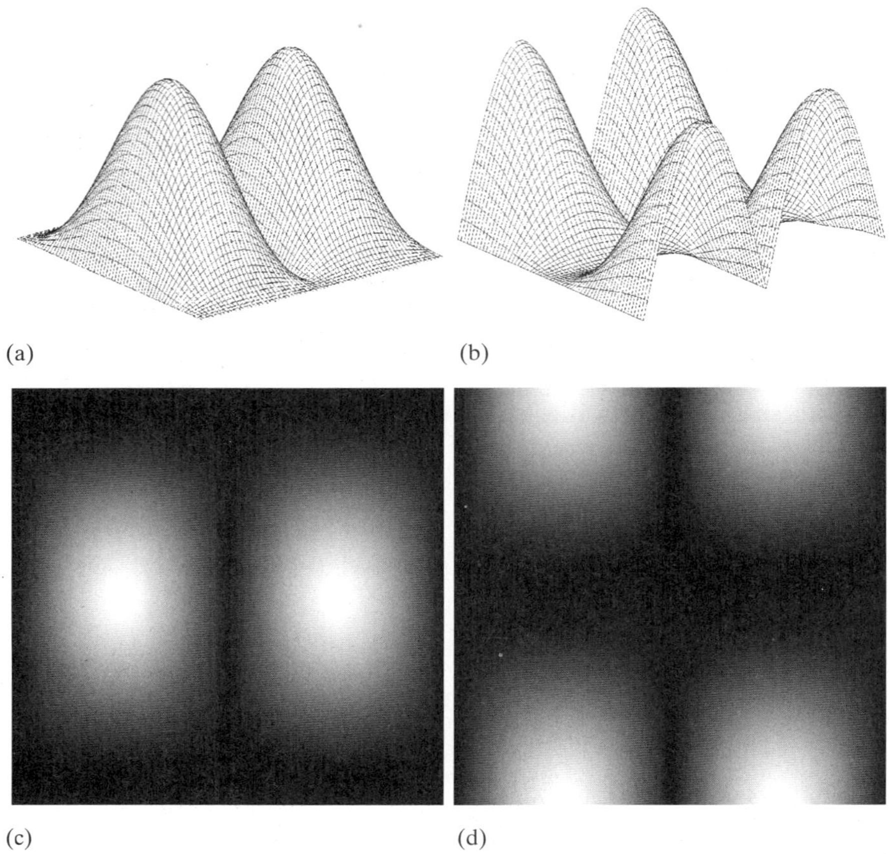

그림 3.10 (a) 수직 Sobel 마스크에 해당하는 주파수 도메인 필터의 절대값. (b) 함수 `ifftshift`로 처리한 후의 같은 필터. 그림 (c)와 (d)는 (a)와 (b)의 필터들을 영상으로 보여준다.

이렇게 하면 영상의 경계를 디폴트 0으로 패딩한다. 주파수 도메인 처리에 의해 얻은 필터링된 영상은 다음과 같이 주어진다.

```
>> gf = dftfilt(f, H1);
```

그림 3.11(a)와 (b)는 다음 명령들의 결과를 보여준다:

```
>> imshow(gs, [ ])
>> figure, imshow(gf, [ ])
```

영상의 회색 톤은 `gs`와 `gf`가 모두 음수 값을 갖는다는 사실에 기인한다—음수 값은 스케일링된 `imshow` 명령에 의해 영상의 평균값을 증가시킨다. 6.6.1절과 10.1.3절의 설명과 같이 위에서 생성한 Sobel 마스크 `h`는 영상에서 그 응답의 절대값을 사용해서 수직 에지들을 검출하는 데 사용된다. 따라서, 방금 계산된 영상들의 절대값을 보여주는 게 더 적절하다. 그림 3.11(c)와 (d)는 다음 명령으로 얻은 영상들이다:

```
>> figure, imshow(abs(gs), [ ])
>> figure, imshow(abs(gf), [ ])
```

문턱처리된 이진 영상으로 표시하면 에지들을 더 분명하게 볼 수 있다:

```
>> figure, imshow(abs(gs) > 0.2*abs(max(gs(:))))
>> figure, imshow(abs(gf) > 0.2*abs(max(gf(:))))
```

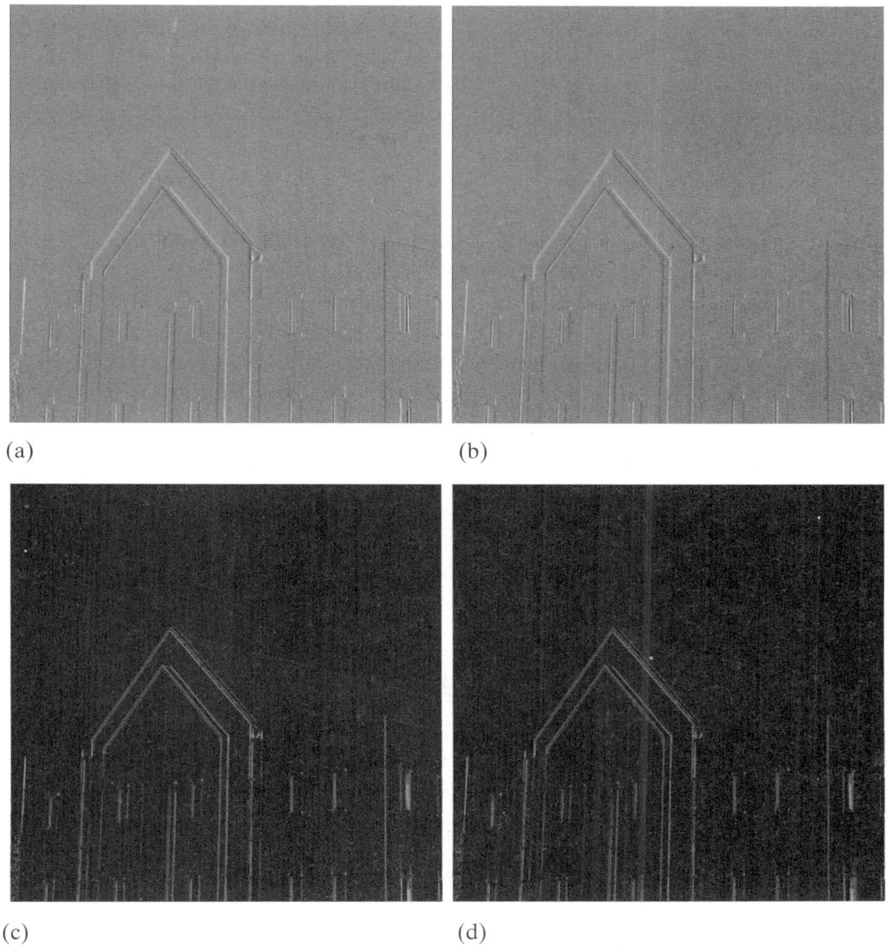

그림 3.11 (a) 그림 3.9(a)를 공간 도메인에서 수직 Sobel 마스크로 필터링한 결과. (b) 그림 3.10(b)의 필터를 사용해서 주파수 도메인에서 얻은 결과. 그림 (c)와 (d)는 각각 (a)와 (b)의 절대값이다.

여기서 승수 0.2는 `gs`와 `gf`의 최대값들의 20%보다 큰 값의 에지들만을 보여주기 위해 선택되었다. 그림 3.12(a)와 (b)가 그 결과를 보여준다.

공간 및 주파수 도메인 필터링으로 얻은 영상들은 실제로 동일하며, 다음과 같이 차이를 계산해서 확인할 수 있다:

```
>> d = abs(gs - gf);
```

최대 차이는

```
>> max(d(:))
ans =
    1.2973e-006
```

이며, 이 응용의 맥락에서는 무시해도 될 정도이다. 최소 차이는

```
>> min(d(:))
ans =
    0
```

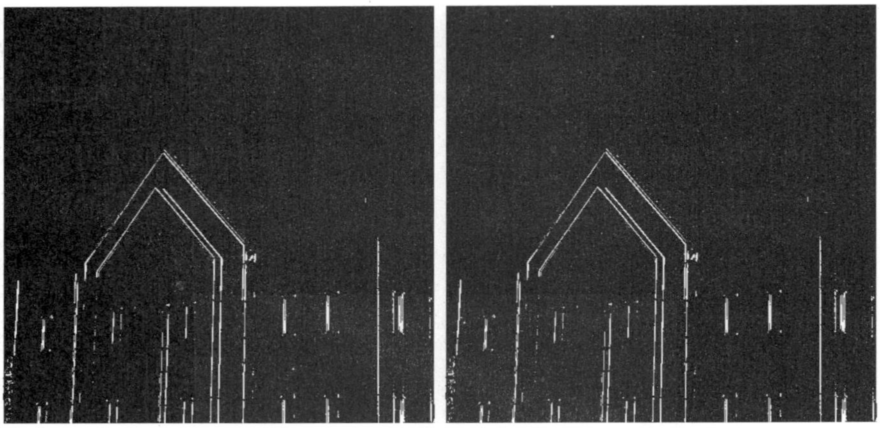

(a) (b)

그림 3.12 주요 에지를 더 분명하게 보여주기 위해 그림 3.11(c)와 (d)를 문턱처리한 영상들.

이다. 방금 설명된 이 방식은, 임의의 크기의 모든 FIR 공간 필터를 포함하여, 2.4.1절과 2.5.1절에서 논의한 공간 필터링 방식을 주파수 도메인에서 구현하는 데 이용될 수 있다.

3.5 주파수 도메인에서 바로 필터 만들기

Generating Filters Directly in the Frequency Domain

이 절에서는 주파수 도메인에서 직접 필터 함수를 구현하는 방법을 보여준다. 필터의 중앙으로부터의 거리의 다양한 함수로 규정되는 원형 대칭 필터(circularly symmetric filter)에 초점을 맞춘다. 이 필터들을 구현하기 위해 개발된 사용자 M-함수들은 같은 프레임웍 내의 다른 함수들에 쉽게 확장 가능한 토대가 된다. 몇 개의 잘 알려진 스무딩(저역통과) 필터들의 구현부터 시작한다. 그런 다음, 필터 시각화를 위한 MATLAB의 와이어프레임(wireframe[†])과 표면 작도 기능 중 몇 가지를 사용하는 방법을 보여준다. 그런 다음, 샤프닝(고역통과) 필터에 관해 논의하고, 선별적 필터링 기법들의 개발로 이 장을 마무리한다.

3.5.1 주파수 도메인 필터 구현에 사용할 Meshgrid 배열 생성하기

주파수 직사각형에서 임의의 점으로부터 지정된 점까지의 거리 함수들을 계산할 필요성이 다음 논의의 M-함수들의 핵심이 된다. MATLAB에서의 FFT 계산은 변환의 원점이 주파수 직사각형의 왼쪽 위에 있는 것으로 가정하므로, 이 점을 기준으로 거리를 계산하기로 한다. 이전과 같이 시각적 목적을 위해(원점에서의 값이 주파수 직사각형의 중앙으로 옮겨지도록) 함수 `fftshift`를 사용해서 데이타를 재배열할 수 있다.

[†] 역주: 입체감을 표현하기 위해 그물 형태로 선을 사용한 것.

dftuv라고 부르는 다음의 M-함수는 거리 계산 및 다른 유사한 응용들에서의 사용에 필요한 meshgrid 배열들을 제공한다. (다음 코드에 사용된 함수 meshgrid의 설명은 1.7.8절을 참고할 것.) dftuv로 생성한 meshgrid 배열은 fft2 또는 ifft2로 처리하는 데 요구되는 순서를 따르므로, 데이타를 재배열할 필요가 없다.

dftuv

```
function [U, V] = dftuv(M, N)
%DFTUV Computes meshgrid frequency matrices.
%   [U, V] = DFTUV(M, N) computes meshgrid frequency matrices U and
%   V.  U and V are useful for computing frequency-domain filter
%   functions that can be used with DFTFILT.  U and V are both
%   M-by-N and of class single.

% Set up range of variables.
u = single(0:(M - 1));
v = single(0:(N - 1));

% Compute the indices for use in meshgrid.
idx = find(u > M/2);
u(idx) = u(idx) - M;
idy = find(v > N/2);
v(idy) = v(idy) - N;

% Compute the meshgrid arrays.
[V, U] = meshgrid(v, u);
```

함수 find는 4.2.2절에서 설명한다.

예제 3.3

함수 dftuv 사용하기.

■ 예로서, 다음 명령들은 크기 8×5의 직사각형의 모든 점으로부터 원점까지의 거리의 제곱을 계산한다:

```
>> [U, V] = dftuv(8, 5);
>> DSQ = U.^2 + V.^2
DSQ =
     0     1     4     4     1
     1     2     5     5     2
     4     5     8     8     5
     9    10    13    13    10
    16    17    20    20    17
     9    10    13    13    10
     4     5     8     8     5
     1     2     5     5     2
```

그림 3.2(a)에서 설명한 기본 포맷을 따라, 좌측 위에서 거리는 0이며 주파수 직사각형의 중앙에서 거리가 더 큼을 주목한다. 함수 fftshift를 사용해서 주파수 직사각형의 중앙을 기준으로 하는 거리를 계산할 수 있다.

```
>> fftshift(DSQ)
ans =
    20    17    16    17    20
    13    10     9    10    13
     8     5     4     5     8
     5     2     1     2     5
     4     1     0     1     4
     5     2     1     2     5
     8     5     4     5     8
    13    10     9    10    13
```

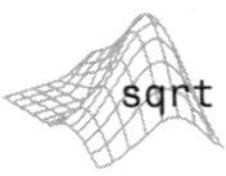

함수 sqrt(A)는 A의 요소들의 제곱근을 반환한다.

이제 좌표 (5, 3)에서 거리가 0 이며, 이 배열은 이 점을 중심으로 대칭이다.

주제가 거리이어서, 함수 hypot이 D = sqrt(U.^2 + V.^2)와 똑 같은 계산을 수행하며, 더 빠르다는 것을 언급한다. 예를 들면, U = V = 1024로 놓고 함수 timeit(1.7.8절 참고)을 사용하면, hypot은 "표준" 방식보다 D를 거의 100배 빨리 계산한다. hypot의 문법은 다음과 같다:

```
D = hypot(U, V)
```

다음 절들에서 hypot을 많이 활용한다.

3.5.2 저역통과(스무딩) 주파수 도메인 필터

이상적 저역통과 필터(*ideal lowpass filter*, ILPF)는 다음의 전달함수를 갖는다.

$$H(u,v) = \begin{cases} 1 & \text{if } D(u,v) \le D_0 \\ 0 & \text{if } D(u,v) > D_0 \end{cases}$$

여기서, D_0는 양수, $D(u, v)$는 점 (u, v)로부터 필터의 중앙까지의 거리이다. $D(u, v) = D_0$인 점들의 위치는 원이다. 필터 $H(u, v)$가 영상의 푸리에 변환을 곱하므로, 이상적 필터는 이 원 밖의 $F(u, v)$의 모든 성분들을 차단하며(0으로 곱함), 이 원 위 또는 내부의 모든 성분들은 바꾸지 않는다(1로 곱함). 비록 이 필터가 전자부품을 사용하는 아날로그 형태로는 실현 불가능한 것이나, 컴퓨터에서는 앞의 전달함수를 사용해서 시뮬레이션을 할 수 있다. 이상적 필터의 특성은 물결파동(ringing) 및 둘러겹침 오차(wraparound error) 등의 현상을 설명하는 데 유용하다.

차단 주파수(cutoff frequency)가 필터의 중심으로부터 거리 D_0인 차수 n의 버터워스(*Butterworth*) 저역통과 필터(BLPF)는 다음의 전달함수를 갖는다.

$$H(u,v) = \frac{1}{1 + \left[D(u,v)/D_0\right]^{2n}}$$

ILPF와는 달리, BLPF 전달함수는 D_0에서 날카로운 불연속을 갖지 않는다. 부드러운 전달함수를 갖는 필터들을 위해서, 관례적으로 차단주파수 위치를 $H(u, v)$가 최대값에서 특정 비율만큼 떨어지는 점으로 정의한다. 앞의 식에서, $D(u, v) = D_0$ 때, $H(u, v) = 0.5$(최대값 1로부터 50% 떨어짐)이다.

가우스 저역통과 필터(*Gaussian lowpass filter*, GLPF)의 전달함수는 다음과 같이 주어진다:

$$H(u,v) = e^{-D^2(u,v)/2\sigma^2}$$

여기서 σ는 표준 편차이다. $\sigma = D_0$로 놓음으로써, 차단 파라미터에 의한 다음의 식을 얻는다:

$$H(u,v) = e^{-D^2(u,v)/2D_0^2}$$

$D(u, v) = D_0$일 때, 필터는 최대값 1의 0.607로 떨어진다. 표 3.1에 앞의 필터들이 요약되어 있다.

예제 3.4

저역통과 필터링.

■ 예로서, 가우스 저역통과 필터를 그림 3.13(a)의 500 × 500-화소 영상에 적용한다. D_0의 값은 패딩된 영상 폭의 5%에 해당하는 값을 사용한다. 3.3.2절에서 설명한 필터링 단계를 참고로 해서 다음과 같이 명령을 작성한다.

```
>> [f, revertclass] = tofloat(f);
>> PQ = paddedsize(size(f));
>> [U, V] = dftuv(PQ(1), PQ(2));
>> D = hypot(U, V);
>> D0 = 0.05*PQ(2);
>> F = fft2(f, PQ(1), PQ(2)); % Needed for the spectrum.
>> H = exp(-(D.^2)/(2*(D0^2)));
>> g = dftfilt(f, H);
>> g = revertclass(g);
```

필터를 영상으로 표시[그림 3.13(b)]하기 위해서 `fftshift`를 사용해서 센터링한다:

```
>> figure, imshow(fftshift(H))
```

비슷하게, 스펙트럼도 다음과 같이 타이핑해서 영상[그림 3.13(c)]으로 표시할 수 있다.

```
>> figure, imshow(log(1 + abs(fftshift(F))), [ ])
```

끝으로, 그림 3.13(d)는 다음 명령으로 표시한 출력 영상을 보여준다.

```
>> figure, imshow(g)
```

예상대로, 이 영상은 오리지널에 비해 흐려졌다.

다음의 함수는 표 3.1의 저역통과 필터들의 전달 함수들을 생성한다.

표 3.1 저역통과 필터들. D_0는 차단 주파수이며, n은 버터워스 필터의 차수이다.

이상적	버터워스	가우시언
$H(u,v) = \begin{cases} 1 & \text{if } D(u,v) \le D_0 \\ 0 & \text{if } D(u,v) > D_0 \end{cases}$	$H(u,v) = \dfrac{1}{1 + \left[D(u,v)/D_0\right]^{2n}}$	$H(u,v) = e^{-D^2(u,v)/2D_0^2}$

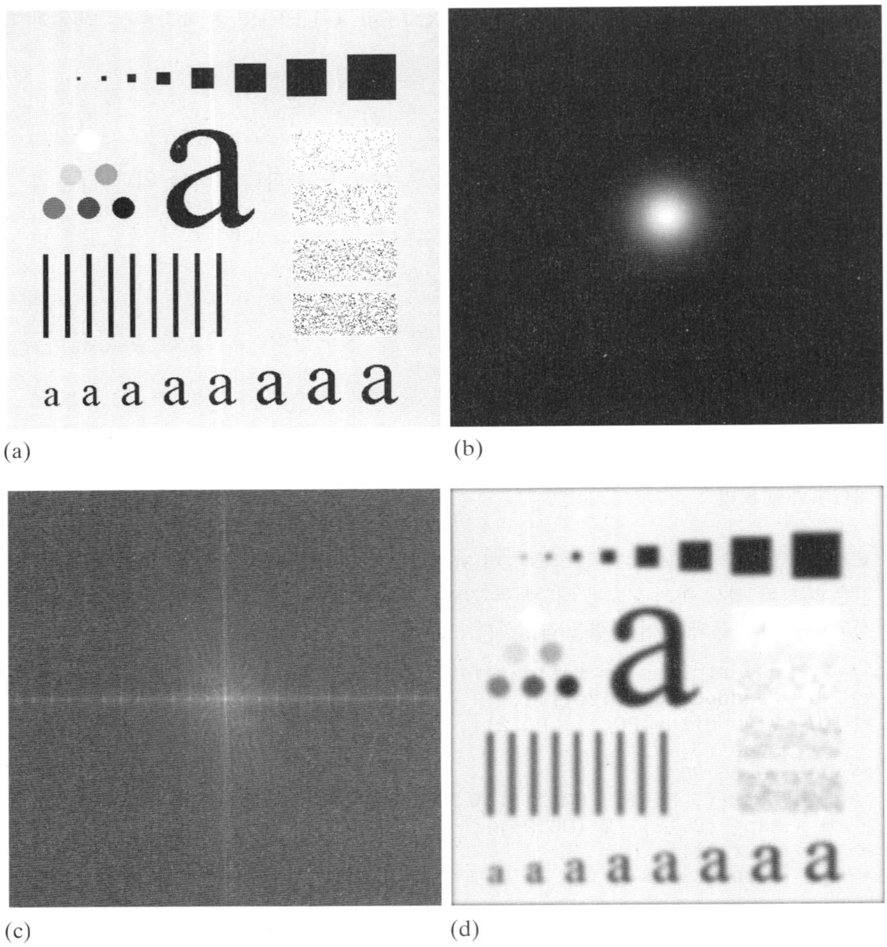

그림 3.13 저역통과 필터링: (a) 오리지널 영상. (b) 영상으로 표시한 가우스 저역통과 필터. (c) (a)의 스펙트럼. (d) 필터링된 영상.

lpfilter

```
function H = lpfilter(type, M, N, D0, n)
%LPFILTER Computes frequency domain lowpass filters.
%   H = LPFILTER(TYPE, M, N, D0, n) creates the transfer function of
%   a lowpass filter, H, of the specified TYPE and size (M-by-N). To
%   view the filter as an image or mesh plot, it should be centered
%   using H = fftshift(H).
%
%   Valid values for TYPE, D0, and n are:
%
%   'ideal'    Ideal lowpass filter with cutoff frequency D0. n need
%              not be supplied.  D0 must be positive.
%
%   'btw'      Butterworth lowpass filter of order n, and cutoff
%              D0.  The default value for n is 1.0.  D0 must be
%              positive.
%
%   'gaussian' Gaussian lowpass filter with cutoff (standard
```

```
%               deviation) D0.  n need not be supplied.  D0 must be
%               positive.
%
%   H is of floating point class single. It is returned uncentered
%   for consistency with filtering function dftfilt. To view H as an
%   image or mesh plot, it should be centered using Hc = fftshift(H).

% Use function dftuv to set up the meshgrid arrays needed for
% computing the required distances.
[U, V] = dftuv(M, N);

% Compute the distances D(U, V).
D = hypot(U, V);

% Begin filter computations.
switch type
case 'ideal'
   H = single(D <= D0);
case 'btw'
   if nargin == 4
      n = 1;
   end
   H = 1./(1 + (D./D0).^(2*n));
case 'gaussian'
   H = exp(-(D.^2)./(2*(D0^2)));
otherwise
   error('Unknown filter type.')
end
```

함수 lpfilter는 3.6절에서 고역통과 필터를 생성하기 위한 베이시스(basis)로서 다시 사용된다.

3.5.3 와이어프레임과 표면 작도

1 변수 함수의 플롯은 2.3.1절에서 소개했다. 다음 설명에서는 2-D 필터를 시각화하는 데 유용한 3-D 와이어프레임(wireframe)과 표면 작도(surface plotting)를 소개한다. $M \times N$, 2-D 함수 H의 와이어프레임 그림을 그리는 가장 쉬운 방법은 함수 mesh를 사용하는 것이다. 기본 문법은 다음과 같다.

```
mesh(H)
```

함수 mesh는 double과 uint8 클래스만을 지원한다. 우리의 모든 필터는 메모리를 절약하기 위해서 single 클래스이므로, 만일 H가 필터 함수이면 문법 mesh(double(H))를 사용한다.

이 함수는 x = 1:M과 y = 1:N에 대해 와이어프레임을 그린다. 만일 M과 N이 크면 와이어프레임 그림은 일반적으로 수용할 수 없을 만큼 조밀해진다. 그럴 경우 다음 문법을 사용해서 k번째 점마다 그린다.

```
mesh(H(1:k:end, 1:k:end))
```

일반적으로 각 축을 따라 약 40에서 60개의 점들로 나누면 대거 해상도와 모양 간의 균형이 잘 맞는다.

MATLAB은 그물(mesh) 그림을 디폴트로 칼라로 그린다. 명령

```
colormap([0 0 0])
```

은 와이어프레임을 흑색으로 설정한다(함수 colormap은 6.1.2절에서 설명한다). MATLAB은 또한 격자 눈금(grid)과 축을 그물그림에 겹쳐 그린다. 격자 눈금은 다음 명령으로 안 보이게 할 수 있다.

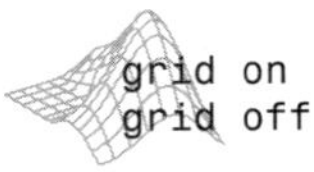

grid off는 그리드를 끈다; grid on은 그리드를 켠다.

```
grid off
```

비슷하게, 축은 다음 명령†으로 감출 수 있다.

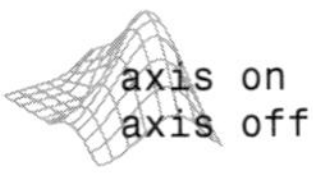

axis on은 축을 켠다; axis off는 축을 끈다.

```
axis off
```

끝으로, 관찰점(관찰자의 위치)은 아래 문법의 함수 view로 제어한다.

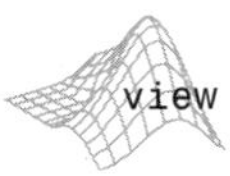


```
view(az, el)
```

그림 3.14에서 보듯이 az와 el은 방위각과 고각(단위는 도)을 각각 나타낸다. 화살표 방향이 양의 방향이다. 디폴트 값은 각각 az = -37.5, el = 30이다. 이때 관찰자는 그림 3.14에서 $-x$ 축과 $-y$ 축에 의해 정의되는 사분면에 위치하며, $+x$ 축과 $+y$ 축에 의해 정의되는 사분면을 바라본다.

현재의 관찰 기하(viewing geometry)를 결정하려면 다음 명령을 사용한다.

```
>> [az, el] = view;
```

디폴트 값으로 관찰점(viewpoint)을 설정하려면

```
>> view(3)
```

그림 3.14 함수 view에 관한 관찰 기하.

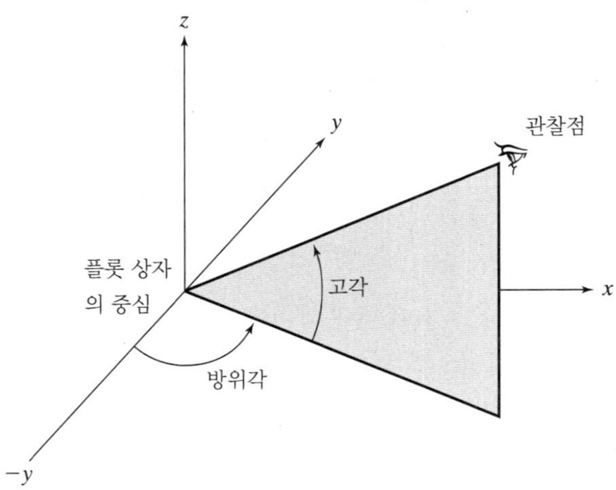

† 축을 off(on)시키면 눈금 격자도 off(on)된다. 그 역은 참이 아니다.

를 타이핑한다. 관찰점은 그림 창의 툴바의 **Rotate 3D** 버튼을 클릭하고 나서, 그림 창에서 클릭 및 드래그해서 대화식으로 바꿀 수 있다.

6.1.1절에서의 설명과 같이, 관찰자 위치를 데카르트 좌표 (x, y, z)에서 규정하는 것도 가능하다. 이 좌표계는 RGB 데이타를 다루는 데 이상적이다. 그러나, 일반적인 그림 관찰 목적으로는 방금 설명한 방법이 두 개의 파라미터만을 포함하고 더 직관적이다.

예제 3.5

와이어프레임 작도.

■ 예제 3.4에서와 비슷한 가우스 저역통과 필터를 고찰하자:

```
>> H = fftshift(lpfilter('gaussian', 500, 500, 50));
```

그림 3.15(a)는 다음 명령에 의한 와이어프레임 플롯을 보여준다.

```
>> mesh(double(H(1:10:500, 1:10:500)))
>> axis tight
```

여기서 axis 명령은 2.3.1절에서의 설명과 같다.

이 절의 앞에서 지적했듯이, 와이어프레임은 디폴트로 칼라이며, 가장 밑의 청색으로부터 가장 위의 적색 사이에서 변화한다. 다음 명령에 의해 선을 흑색으로 바꾸고 축과 격자 눈금을 제거한다.

```
>> colormap([0 0 0])
>> axis off
```

그림 3.15(b)가 결과를 보여준다. 그림 3.15(c)는 명령

```
>> view(-25, 30)
```

의 결과를 보여준다. 이 명령이 고각을 일정하게 유지하면서 관찰자를 약간 오른쪽으로 이동시켰다. 끝으로, 그림 3.15(d)는 방위각을 −25로 유지하고 고각을 0으로 설정한 결과를 보여준다:

```
>> view(-25, 0)
```

이 예제는 함수 mesh의 중요한 작도 능력을 보여준다.

때로는 함수를 와이어프레임 대신에 표면으로써 그리는 게 바람직하다. 함수 surf가 그 용도로 사용된다. 기본 문법은

```
surf(H)
```

이다. 이 함수는 그물의 사변형들을 칼라로 채우는 것[*faceted shading*(면체 음영)이라고 부름] 외에는 mesh와 같은 그림을 만든다. 칼라를 그레이로 바꾸려면 다음 명령을 사용한다.

```
colormap(gray)
```

함수 surf는 double과 uint8 클래스만을 지원한다. 우리의 모든 필터는 메모리를 절약하기 위해서 single 클래스이므로, 만일 H가 필터 함수이면 문법 surf(double(H))를 사용한다.

그림 3.15 (a) 함수 mesh에 의한 그림. (b) 제거된 축과 눈금 격자. (c) 함수 view에 의해 달라진 입체 뷰. (d) 같은 함수를 사용해서 얻은 다른 뷰.

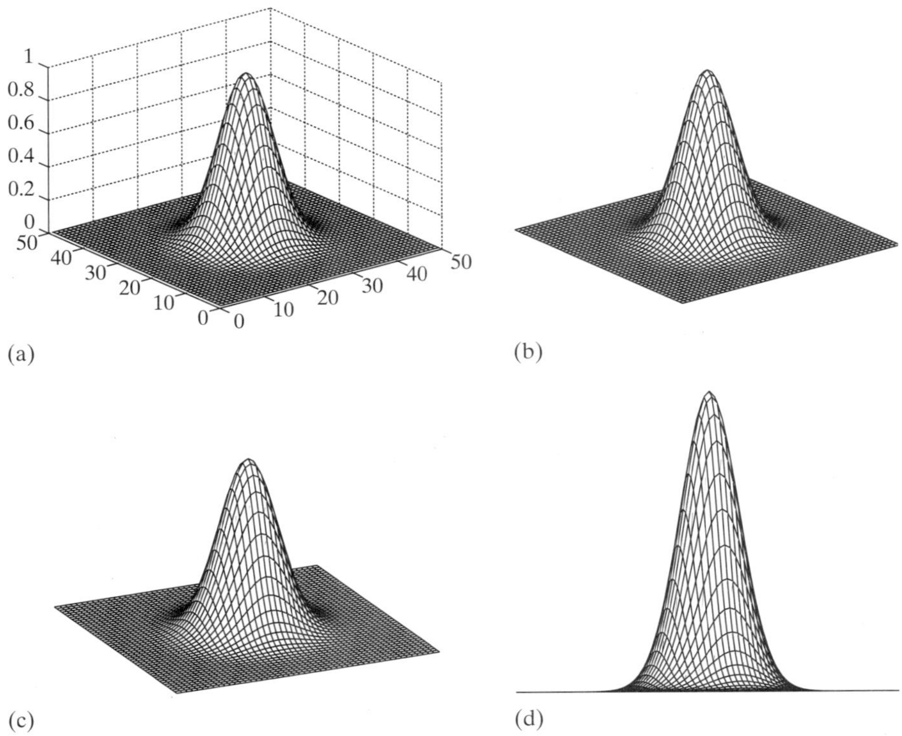

함수 axis, grid, view는 mesh에 대한 설명에서와 같은 방법으로 동작한다. 예를 들면, 그림 3.16(a)는 다음 명령 시퀀스의 결과이다:

```
>> H = fftshift(lpfilter('gaussian', 500, 500, 50));
>> surf(double(H(1:10:500, 1:10:500)))
>> axis tight
>> colormap(gray)
>> axis off
```

면체 음영을 부드럽게 할 수 있으며, 그물 선을 다음 명령에 의한 내삽법에 의해 제거할 수 있다.

그림 3.16 (a) 함수 surf로 얻은 플롯. (b) 명령 shading interp에 의한 결과.

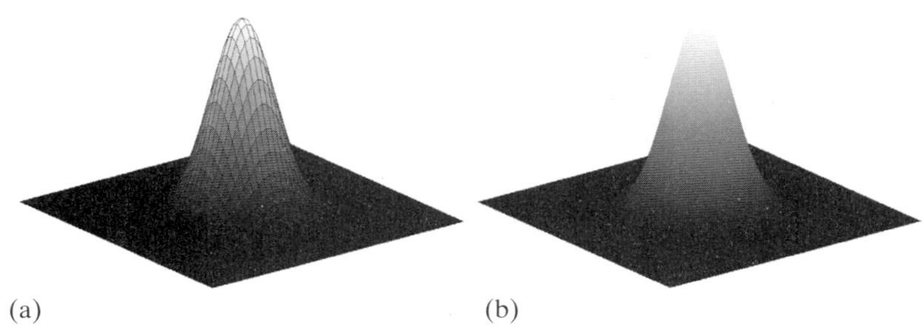

```
shading interp
```

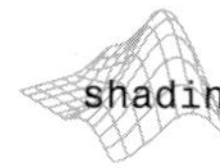
shading interp

프롬프트에서 이 명령을 입력하면 그림 3.16(b)가 만들어진다.

목적이 두 변수의 분석 함수를 그리는 것일 때는, meshgrid를 사용해서 좌표 값들을 만들며, 이로부터 mesh 또는 surf에 사용할 이산(샘플링된) 매트릭스를 만든다. 예를 들면, 다음 함수

$$f(x, y) = xe^{-(x^2+y^2)}$$

를 x와 y의 방향으로 −2부터 2까지 0.1씩 증가하면서 그리려면, 다음과 같이 쓰고

```
>> [Y, X] = meshgrid(-2:0.1:2, -2:0.1:2);
>> Z = X.*exp(-X.^2 - Y.^2);
```

그리고 나서, mesh(Z) 또는 surf(Z)를 이전과 같이 사용한다. 1.7.8절에서 함수 meshgrid에 열(Y)이 먼저 나오고, 행(X)이 나중에 나옴을 기억하라.

3.6 고역통과(샤프닝) 주파수 도메인 필터

Highpass (Sharpening) Frequency Domain Filters

저역통과 필터링이 영상을 흐릿하게 만들 듯이, 그 반대 처리인 **고역통과 필터링**은 푸리에 변환의 낮은 주파수들을 감쇠시키고 높은 주파수들은 상대적으로 보존함으로써 영상을 선명하게 만든다. 이 절에서는 고역통과 필터링을 위한 몇 가지 방법을 소개한다.

저역통과 필터의 전달함수 $H_{LP}(u, v)$가 주어지면, 그에 대응하는 고역통과 필터의 전달함수는

$$H_{HP}(u, v) = 1 - H_{LP}(u, v)$$

로 주어진다. 표 3.2가 표 3.1의 저역통과 필터에 대응하는 고역통과 필터 전달 함수를 보여준다.

3.6.1 고역통과 필터링을 위한 함수

앞의 공식에 기반해서 앞 절에서 개발한 함수 lpfilter를 다음과 같이 고역통과 필터를 생성하는 함수를 구축하는 데 사용할 수 있다:

hpfilter

```
function H = hpfilter(type, M, N, D0, n)
%HPFILTER Computes frequency domain highpass filters.
%   H = HPFILTER(TYPE, M, N, D0, n) creates the transfer function of
%   a highpass filter, H, of the specified TYPE and size (M-by-N).
%   Valid values for TYPE, D0, and n are:
%
```

표 3.2 고역통과 필터들. D_0는 차단주파수이며, n은 버터워스 필터의 차수이다.

이상적	버터워스	가우시언
$H(u,v)=\begin{cases}0 & \text{if } D(u,v)\le D_0\\ 1 & \text{if } D(u,v)>D_0\end{cases}$	$H(u,v)=\dfrac{1}{1+\left[D_0/D(u,v)\right]^{2n}}$	$H(u,v)=1-e^{-D^2(u,v)/2D_0^2}$

```
%   'ideal'    Ideal highpass filter with cutoff frequency D0. n
%              need not be supplied. D0 must be positive.
%
%   'btw'      Butterworth highpass filter of order n, and cutoff
%              D0. The default value for n is 1.0. D0 must be
%              positive.
%
%   'gaussian' Gaussian highpass filter with cutoff (standard
%              deviation) D0. n need not be supplied. D0 must be
%              positive.
%
%  H is of floating point class single. It is returned uncentered
%  for consistency with filtering function dftfilt. To view H as an
%  image or mesh plot, it should be centered using Hc = fftshift(H).

% The transfer function Hhp of a highpass filter is 1 - Hlp,
% where Hlp is the transfer function of the corresponding lowpass
% filter. Thus, we can use function lpfilter to generate highpass
% filters.

if nargin == 4
   n = 1; % Default value of n.
end

% Generate highpass filter.
Hlp = lpfilter(type, M, N, D0, n);
H = 1 - Hlp;
```

예제 3.6 고역통과 필터들.

■ 그림 3.17은 이상적, 버터워스(Butterworth), 가우스 고역통과 필터들의 플롯과 영상을 보여준다. 그림 3.17(a)의 플롯은 다음 명령들에 의해 만들었다.

```
>> H = fftshift(hpfilter('ideal', 500, 500, 50));
>> mesh(double(H(1:10:500, 1:10:500)));
>> axis tight
>> colormap([0 0 0])
>> axis off
```

그림 3.17(d)의 해당 영상은 다음 명령으로 만들었다.

```
>> figure, imshow(H, [ ])
```

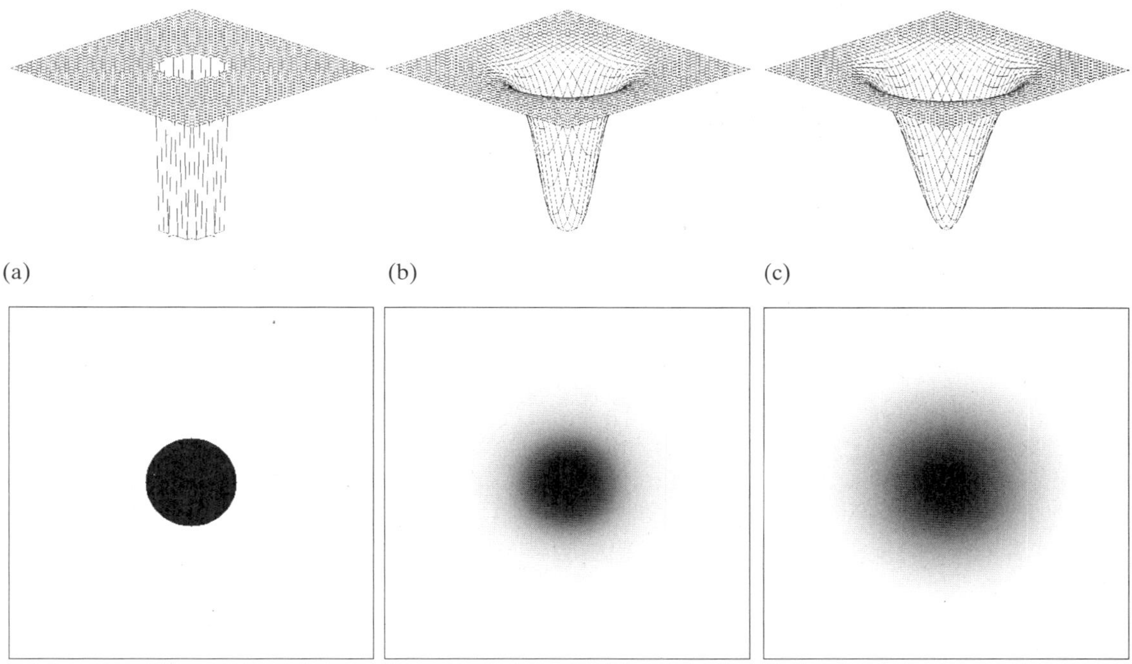

(a) (b) (c) (d) (e) (f)

그림 3.17 위 줄: 이상적 고역통과 필터, 버터워스 고역통과 필터, 가우스 고역통과 필터의 입체 플롯들. 아래 줄: 해당 영상들. 백색은 1, 흑색은 0이다.

같은 D_0 값을 사용하는 비슷한 명령으로 그림 3.17의 나머지를 만들었다(버터워스 필터의 차수는 2이다).

예제 3.7

고역통과 필터링.

■ 그림 3.18(a)는 그림 3.13(a)에서와 같은 테스트 패턴 f이다. 그림 3.18(b)는 다음 명령에 의해 만들었으며, 주파수 도메인에서 f에 가우스 고역통과 필터를 적용한 결과를 보여준다:

```
>> PQ = paddedsize(size(f));
>> D0 = 0.05*PQ(1);
>> H = hpfilter('gaussian', PQ(1), PQ(2), D0);
>> g = dftfilt(f, H);
>> figure, imshow(g)
```

그림 3.18(b)가 보여주듯이, 영상에서 에지와 기타 날카로운 밝기 천이가 있는 곳은 개선되었다. 그러나, 영상의 평균값이 $F(0, 0)$로 주어지는데, 이제까지 설명한 고역통과 필터들은 푸리에 변환의 원점을 0으로 만들어 버리므로, 이 영상은 오리지널 영상에 있던 그레이 톤의 대부분을 잃어버렸다. 이 문제는 다음 절에서 다뤄진다.

(a) (b)

그림 3.18 (a) 오리지널 영상. (b) 가우스 고역통과 필터링의 결과.

3.6.2 고주파 강조 필터링

예제 3.7에서 언급했듯이, 고역통과 필터는 dc 항을 0으로 없애버리므로, 영상의 평균 값을 0으로 만든다. 이를 보상하기 위해 사용되는 한 가지 방법은 고역통과 필터에 오프셋(offset)을 더하는 것이다. 오프셋이 필터를 1보다 큰 상수로 곱한 것과 결합될 때, 이 접근방식은 **고주파 강조** 필터링으로 불린다. 이는 상수 승수가 높은 주파수들을 강조하기 때문이다. 이 승수는 낮은 주파수들의 진폭도 증가시키나, 오프셋이 승수에 비해 작다면, 낮은 주파수에 대한 개선 효과는 높은 주파수에 대한 것보다 적다. 고주파 강조 필터들은 다음의 전달함수를 갖는다.

$$H_{\text{HFE}}(u, v) = a + bH_{\text{HP}}(u, v)$$

여기서 a는 오프셋, b는 승수, $H_{\text{HP}}(u, v)$는 고역통과 필터의 전달함수이다.

예제 3.8

고주파 강조와 히스토그램 평활화를 결합하기.

■ 그림 3.19(a)는 가슴 X선 디지털 영상이다. X선 영상기들은 광학 렌즈에서와 같은 방식으로 초점을 맞출 수 없다. 따라서, 결과 영상은 일반적으로 약간 흐릿해지는 경향이 있다. 이 예제의 목적은 그림 3.19(a)를 선명하게 만드는 것이다. 이 특정 영상의 밝기 레벨들은 그레이스케일의 어두운 쪽으로 치우쳐 있으므로, 이 기회를 공간 도메인 처리가 주파수 도메인 필터링을 보완하는 데 어떻게 사용될 수 있는가를 보여주는 예를 제공하는 데에도 이용한다.

그림 3.19(b)는 그림 3.19(a)를 2차 버터워스 고역통과 필터와 그 D_0의 값을 패딩된 영상의 수직 크기의 5%로 하여 필터링한 결과이다. 고역통과 필터링은 변환의 원점 근처의 주파수들이 통과될 정도로 필터의 반경이 너무 작지 않다면, D_0의 값에 지나치게 민감하지 않다. 예상대로, 필터링된 결과는 다소 특징이 없어 보이나, 희미하게나마 영상의 주요 에지들을 보여준다. 0이 아닌 영상의 평균 값이 0일 수 있는 유일한 방법은 음의 밝기

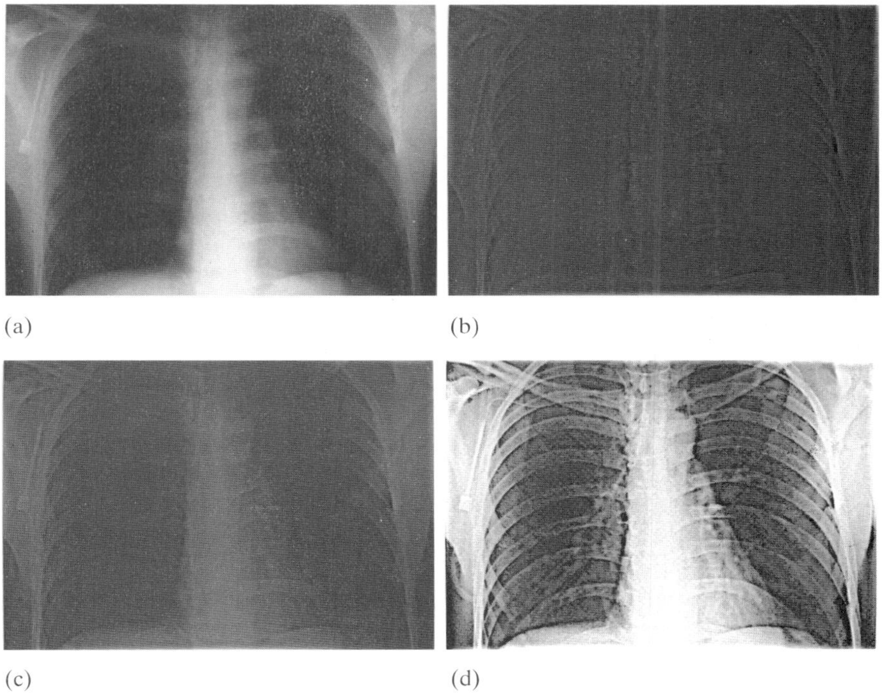

그림 3.19 고주파 강조 필터링: (a) 오리지널 영상. (b) 고역통과 필터링 결과. (c) 고주파 강조 결과. (d) 히스토그램 평활화된 (c)의 영상. (사진 제공: University of Michigan Medical School의 Anatomical Sciences 부서의 Thomas R. Gest 박사)

값도 있으면 된다. 그림 3.19(b)에 있는 필터링된 결과가 그런 경우이다. 이러한 이유로, 브동소수점 결과를 얻기 위해 함수 `dftfilt`에 `fltpoint` 옵션을 사용해야 했다. 그러지 않았다면 음 값들은 `uint8`(입력 영상의 클래스)으로의 디폴트 전환 때 클리핑되었을 것이고, 그에 따라 희미한 디테일에 부분적으로 손실이 있었을 것이다. 함수 `gscale`을 사용하면 음 값들을 감안하게 되므로, 이러한 디테일들을 보존하게 된다.

고주파 강조 필터링의 장점(이 경우 $a = 0.5$, $b = 2.0$)을 그림 3.19(c)가 보여준다. 이 그림에서 저주파 성분으로 인한 그레이-레벨 톤은 유지되었다. 아래의 명령들로 그림 3.19의 처리된 영상들을 만들었다. `f`는 입력 영상을 나타낸다[마지막 명령이 그림 3.19(d)를 만들었다]:

```
>> PQ = paddedsize(size(f));
>> D0 = 0.05*PQ(1);
>> HBW = hpfilter('btw', PQ(1), PQ(2), D0, 2);
>> H = 0.5 + 2*HBW;
>> gbw = dftfilt(f, HBW, 'fltpoint');
>> gbw = gscale(gbw);
>> ghf = dftfilt(f, H, 'fltpoint');
>> ghf = gscale(ghf);
>> ghe = histeq(ghf, 256);
```

2.3.2절에서 지적했듯이, 밝기 레벨들이 좁은 그레이스케일 범위에 있는 영상은 히스토그램 평활화의 후보이다. 그림 3.19(d)가 보여주듯이, 이는 실제로 이 예제의 영상을 더욱 개선시키기 위한 적절한 방법이다. 골격과 다른 세 영상에서는 전혀 보이지 않던 여타 디테일들이 분명함을 주목한다. 마지막 개선 영상은 다소 노이즈가 낀 듯하나, 이는 그레이스케일이 확장될 때 X선 영상에 흔한 현상이다. 고주파 강조와 히스토그램 평활화의 결합에 의해 얻은 결과는 한 방법만을 사용해서 얻게 되는 결과보다 우월하다.

3.7 선별적 필터링 Selective Filtering

앞의 두 절에서 소개된 필터들은 전체 주파수 직사각형에 걸쳐서 동작한다. 곧 보게 되듯이, 주파수 직사각형의 대역들 또는 작은 영역들이 필터링되어야 하는 응용들이 있다. 첫 번째 부류의 필터들을 그들의 함수에 따라, **대역거부** 또는 **대역통과 필터**라고 부른다. 비슷하게, 두 번째 부류의 필터들은 **노치거부**(*notchreject*) 또는 **노치통과**(*notchpass*) 필터라고 부른다.

3.7.1 대역거부 및 대역통과 필터

이 필터들은 저역통과 및 고역통과 필터 형태를 사용해서 쉽게 만들 수 있다. 이 필터들과 마찬가지로, 대역통과 필터 $H_{BP}(u, v)$를 다음 식을 이용해서, 주어진 대역거부 필터 $H_{BR}(u, v)$로부터 얻는다.

$$H_{BP}(u,v) = 1 - H_{BR}(u,v)$$

표 3.3이 이상적, 버터워스, 가우스 대역거부 필터들을 보여준다. 파라미터 W는 이상적 필터용 참 대역폭이다. 가우스 필터 경우에는 천이가 부드러우며, W가 대략적으로 차단 주파수로서 작용한다. 버터워스 필터 경우도 천이가 부드럽지만, W와 n은 그들에 비례하는 대역의 폭을 결정하기 위해서 함께 작용한다. 그림 3.20은 대역거부 및 대역통과 필터들 모두를 구현하는 다음의 함수를 이용해서 얻은 대역거부 가우스 필터의 영상과 그의 상응하는 대역통과 필터의 영상을 보여준다.

bandfilter

```
function H = bandfilter(type, band, M, N, D0, W, n)
%BANDFILTER Computes frequency domain band filters.
%
%   Parameters used in the filter definitions (see Table 3.3 in
%   DIPUM 2e for more details about these parameters):
%       M:  Number of rows in the filter.
%       N:  Number of columns in the filter.
%       D0: Radius of the center of the band.
%       W:  "Width" of the band. W is the true width only for
%           ideal filters. For the other two filters this parameter
%           acts more like a smooth cutoff.
```

표 3.3 대역거부 필터. W는 대역의 "폭"이며, $D(u, v)$는 필터의 중앙으로부터의 거리이고, D_0는 대역의 중심의 반경이며, n은 버터워스 필터의 차수이다.

이상적	버터워스	가우시언
$H(u,v) = \begin{cases} 0 & \text{for } D_0 - \frac{W}{2} \le D(u,v) \le D_0 + \frac{W}{2} \\ 1 & \text{otherwise} \end{cases}$	$H(u,v) = \dfrac{1}{1 + \left[\dfrac{WD(u,v)}{D^2(u,v) - D_0^2}\right]^{2n}}$	$H(u,v) = 1 - e^{-\left[\frac{D^2(u,v) - D_0^2}{WD(u,v)}\right]^2}$

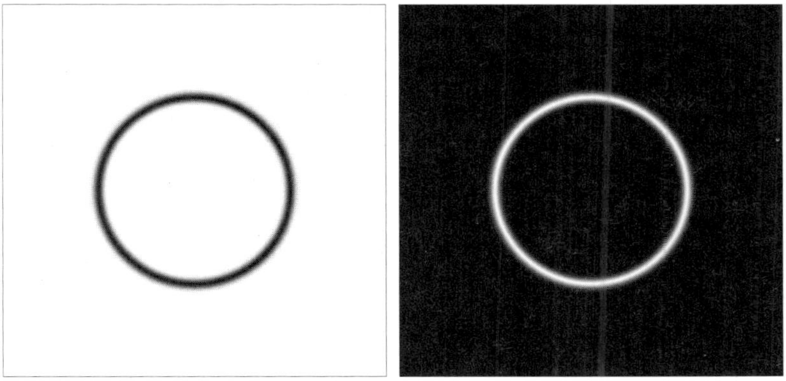

(a) (b)

그림 3.20 (a) 가우스 대역거부 필터. (b) 상응하는 대역통과 필터. 이 필터들은 함수 bandfilter에 $M = N = 800$, $D_0 = 200$, $W = 20$을 사용해서 얻었다.

```
%       n:  Order of the Butterworth filter if one is specified. W
%           and n interplay to determine the effective broadness of
%           the reject or pass band. Higher values of both these
%           parameters result in broader bands.
%   Valid values of BAND are:
%
%       'reject'    Bandreject filter.
%
%       'pass'      Bandpass filter.
%
%   One of these two values must be specified for BAND.
%
%   H = BANDFILTER('ideal', BAND, M, N, D0, W) computes an M-by-N
%   ideal bandpass or bandreject filter, depending on the value of
%   BAND.
%
%   H = BANDFILTER('btw', BAND, M, N, D0, W, n) computes an M-by-N
%   Butterworth filter of order n. The filter is either bandpass or
%   bandreject, depending on the value of BAND. The default value of
%   n is 1.
%
%   H = BANDFILTER('gaussian', BAND, M, N, D0, W) computes an M-by-N
%   gaussian filter. The filter is either bandpass or bandreject,
%   depending on BAND.
%
%  H is of floating point class single. It is returned uncentered
%  for consistency with filtering function dftfilt. To view H as an
%  image or mesh plot, it should be centered using Hc = fftshift(H).

% Use function dftuv to set up the meshgrid arrays needed for
% computing the required distances.
[U, V] = dftuv(M, N);
% Compute the distances D(U, V).
D = hypot(U, V);
% Determine if need to use default n.
if nargin < 7
   n = 1; % Default BTW filter order.
end
```

lower
upper

함수 lower과 upper는 문자열 배열 입력을 각각 소문자와 대문자로 바꾼다.

```
% Begin filter computations. All filters are computed as bandreject
% filters. At the end, they are converted to bandpass if so
% specified. Use lower(type) to protect against the input being
% capitalized.
switch lower(type)
case 'ideal'
   H = idealReject(D, D0, W);
case 'btw'
   H = btwReject(D, D0, W, n);
case 'gaussian'
   H = gaussReject(D, D0, W);
otherwise
   error('Unknown filter type.')
end

% Generate a bandpass filter if one was specified.
if strcmp(band, 'pass')
   H = 1 - H;
end

%-------------------------------------------------------------------%
function H = idealReject(D, D0, W)
RI = D <= D0 - (W/2);   % Points of region inside the inner
                        % boundary of the reject band are labeled 1.
                        % All other points are labeled 0.

RO = D >= D0 + (W/2);   % Points of region outside the outer
                        % boundary of the reject band are labeled 1.
                        % All other points are labeled 0.

H = tofloat(RO | RI);   % Ideal bandreject filter.

%-------------------------------------------------------------------%
function H = btwReject(D, D0, W, n)
H = 1./(1 + (((D*W)./(D.^2 - D0^2)).^2*n));

%-------------------------------------------------------------------%
function H = gaussReject(D, D0, W)
H = 1 - exp(-((D.^2 - D0^2)./(D.*W + eps)).^2);
```

3.7.2 노치거부 및 노치통과 필터

노치 필터는 선별적 필터들 중에서 가장 쓸모 있다. 노치 필터는 주파수 직사각형의 중앙을 기준으로 하는 지정된 이웃들의 주파수들을 거부(또는 통과)한다. 제로-위상-이동 필터들은 중앙을 기준으로 대칭이어야 하며, 그래서 예를 들어, 중앙이 주파수 (u_0, v_0)에 있는 노치는 $(-u_0, -v_0)$에서 상응하는 노치를 가져야 한다. 노치거부 필터는 중앙이 노치의 중앙으로 옮겨진 고역통과 필터들의 곱으로 형성된다. Q개의 노치 쌍을 포함하는 일반 형태는

$$H_{\text{NR}}(u,v) = \prod_{k=1}^{Q} H_k(u,v)H_{-k}(u,v)$$

이다. 여기서 $H_k(u, v)$와 $H_{-k}(u, v)$는 각각 중앙이 (u_k, v_k) 그리고 $(-u_k, -v_k)$에 있는 고역통과 필터들이다. 이들 이동된 중심들은 주파수 직사각형의 중심$(M/2, N/2)$을 기준으로 규정된다. 그러므로, 필터의 거리 계산이 다음 식들로 주어진다:

$$D_k(u,v) = \left[(u - M/2 - u_k)^2 + (v - N/2 - v_k)^2\right]^{\frac{1}{2}}$$

$$D_{-k}(u,v) = \left[(u - M/2 + u_k)^2 + (v - N/2 + v_k)^2\right]^{\frac{1}{2}}$$

예로서, 다음은 세 개의 노치 쌍들로 구성된 차수가 n인 버터워스 노치거부 필터이다:

$$H_{\text{NR}}(u,v) = \prod_{k=1}^{3}\left[\frac{1}{1 + [D_{0k}/D_k(u,v)]^{2n}}\right]\left[\frac{1}{1 + [D_{0k}/D_{-k}(u,v)]^{2n}}\right]$$

상수 D_{0k}는 노치 쌍에 대해 똑 같으나, 다른 쌍들에 대해서는 다를 수 있다.

대역통과 필터와 마찬가지로, 다음 식을 사용해서 노치거부 필터로부터 노치통과 필터를 얻는다.

$$H_{\text{NP}}(u,v) = 1 - H_{\text{NR}}(u,v)$$

다음의 함수 cnotch는 원형 대칭인 이상적, 버터워스, 가우스 노치거부 및 노치통과 필터들을 계산한다. 이 절에서 직사각형 노치 필터들을 논의할 것이다. 3.7.1절의 함수 bandfilter와 비슷하므로, 함수 cnotch에 대한 도움말 섹션만을 보이도록 한다. 전체 리스팅을 보려면 부록 C를 참조한다.

```
>> help cnotch
```

contch

```
%CNOTCH Generates circularly symmetric notch filters.
%   H = CNOTCH(TYPE, NOTCH, M, N, C, D0, n) generates a notch filter
%   of size M-by-N. C is a K-by-2 matrix with K pairs of frequency
%   domain coordinates (u, v) that define the centers of the filter
%   notches (when specifying filter locations, remember that
%   coordinates in MATLAB run from 1 to M and 1 to N). Coordinates
%   (u, v) are specified for one notch only. The corresponding
%   symmetric notches are generated automatically. D0 is the radius
%   (cut-off frequency) of the notches. It can be specified as a
%   scalar, in which case it is used in all K notch pairs, or it can
%   be a vector of length K, containing an individual cutoff value
%   for each notch pair. n is the order of the Butterworth filter if
%   one is specified.
%
%       Valid values of TYPE are:
%
```

```
%           'ideal'     Ideal notchpass filter. n is not used.
%
%           'btw'       Butterworth notchpass filter of order n. The
%                       default value of n is 1.
%
%           'gaussian'  Gaussian notchpass filter. n is not used.
%
%       Valid values of NOTCH are:
%
%           'reject'    Notchreject filter.
%
%           'pass'      Notchpass filter.
%
%       One of these two values must be specified for NOTCH.
%
%  H is of floating point class single. It is returned uncentered
%  for consistency with filtering function dftfilt. To view H as an
%  image or mesh plot, it should be centered using Hc = fftshift(H).
```

함수 cnotch는 다음 문법의 사용자 함수 iseven을 사용한다:

iseven

E = iseven(A)

여기서 E는 A와 같은 크기의 논리 배열이다. A는 짝수에 해당하는 위치들에는 1(참), 다른 곳에서는 0(거짓)이다. 짝 함수

isodd

O = isodd(A)

는 홀수에 해당하는 위치들에는 1, 다른 곳에는 0을 반환한다. 함수 iseven과 isodd의 리스팅은 부록 C에 있다.

예제 3.9

노치 필터를 사용해서 무아레(moiré) 패턴을 줄이기.

■ 신문 영상은 보통 75 dpi의 공간 해상도로 인쇄된다. 이러한 영상들이 비슷한 해상도로 스캐닝될 때, 그 결과는 거의 언제나 강한 무아레 패턴을 보인다. 그림 3.21(a)는 평판 스캐너를 사용해서 72 dpi로 스캐닝된 신문 영상을 보여준다. 무아레 패턴은 뚜렷한 주기적 간섭으로서 나타난다. 그림 3.21(b)가 보여주듯이, 주기적 간섭은 주파수 도메인에서는 강하고 지역화된 에너지 폭발(energy burst)로 나타난다. 간섭의 주파수가 비교적 낮으므로, 원점에 가장 가까운 스파이크들을 제거하는 것부터 시작하자. 이 작업을 다음과 같이 함수 cnotch를 사용해서 수행한다. 여기서 f는 스캐닝된 영상이다(에너지 폭발의 중심의 좌표들을 대화식으로 얻기 위해서 1.7.6절의 함수 imtool을 사용했다):

```
>> [M N] = size(f);
>> [f, revertclass] = tofloat(f);
>> F = fft2(f);
>> S = gscale(log(1 + abs(fftshift(F)))); % Spectrum
>> imshow(S)
>> % Use function imtool to obtain the coordinates of the
>> % spikes interactively.
```

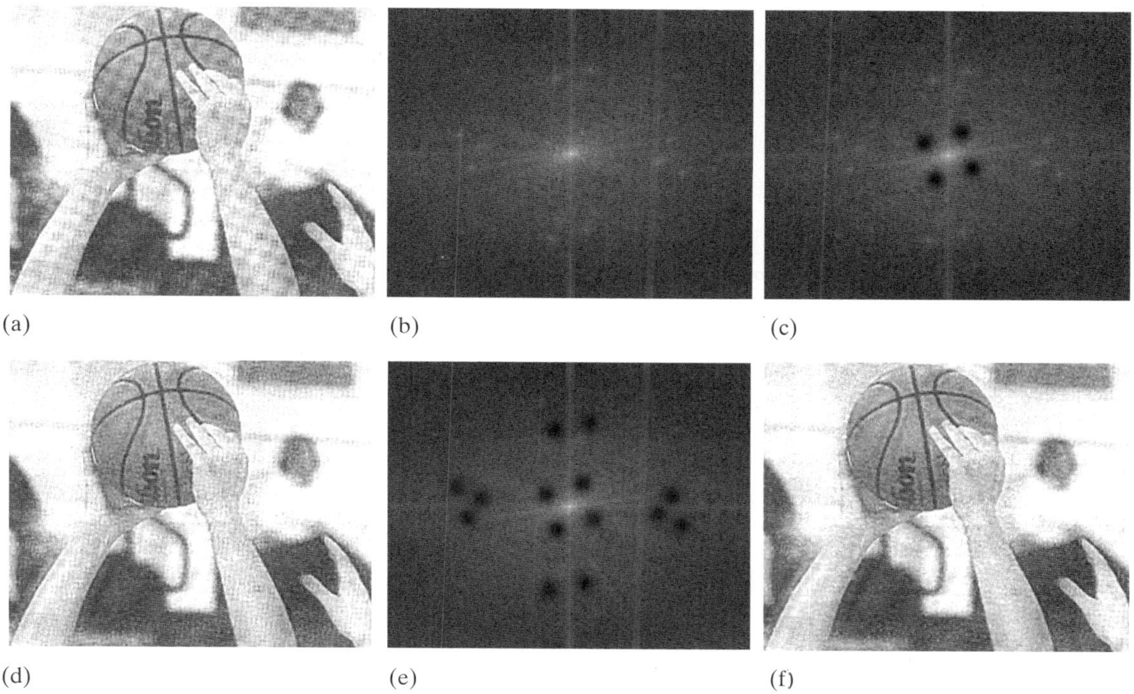

그림 3.21 (a) 무아레 패턴에 의해 오염된 232×288 화소의 스캐닝된, 72 dpi 신문 영상. (b) 스펙트럼. (c) 무아레 패턴에 의해 야기된 저주파 폭발들에 적용된 가우스 노치 필터들. (d) 필터링된 결과. (e) 더 높은 주파수의 "구조화된" 노이즈를 제거하기 위해서 더 많은 필터를 사용하기. (f) 필터링된 결과.

```
>> C1 = [99 154; 128 163];
>> % Notch filter:
>> H1 = cnotch('gaussian','reject', M, N, C1, 5);
>> % Compute spectrum of the filtered transform and show it as
>> % an image.
>> P1 = gscale(fftshift(H1).*(tofloat(S)));
>> figure, imshow(P1)
>> % Filter image.
>> g1 = dftfilt(f, H1);
>> g1 = revertclass(g1);
>> figure, imshow(g1)
```

그림 3.21(c)는 노치 필터들을 겹쳐놓은 스펙트럼을 보여준다. 차단 값들은 에너지 폭발을 에워쌀 수 있을 만큼 크되, 변환에서 가능한 한 적게 빼도록 선정되었다. 그림 3.21(d)는 필터링된 결과인 영상 g를 보여준다. 노치 필터링이 현저했던 무아레 패턴을 감지할 수 없을 정도로 줄였음을 볼 수 있다.

예를 들어, 그림 3.21(d)의 슈터의 팔뚝을 자세히 보면, 그림 3.21(b)의 나머지 그에너지 폭발과 연관된 약한 고주파 간섭이 있다. 다음의 추가적 노치 필터링 연산은 이 폭발의 영향을 줄이기 위한 시도이다:

```
>> % Repeat with the following C2 to reduce the higher
>> % frequency interference components.
>> C2 = [99 154; 128 163; 49 160; 133 233; 55 132; 108 225; 112 74];
>> H2 = cnotch('gaussian','reject', M, N, C2, 5);
```

```
>> % Compute the spectrum of the filtered transform and show
>> % it as an image.
>> P2 = gscale(fftshift(H2).*(tofloat(S)));
>> figure, imshow(P2)
>> % Filter image.
>> g2 = dftfilt(f,H2);
>> g2 = revertclass(g2);
>> figure, imshow(g2)
```

그림 3.21(e)는 스펙트럼에 겹쳐놓은 노치 필터들을 보여주며, 그림 3.21(f)은 필터링된 결과이다. 이 영상을 그림 3.21(d)와 비교해 보면 고주파 간섭이 줄었음을 알 수 있다. 비록 이 최종 결과가 완전함과는 거리가 있지만, 오리지널 영상에 비하면 현저히 개선되었다. 이 영상의 해상도가 낮고 오염도는 심각했음을 고려할 때, 그림 3.21(f)의 결과는 우리가 합리적으로 기대할 수 있는 성능을 달성하고 있다.

노치 필터링의 특수한 경우로, DFT의 축들의 방향으로 여러 범위에 대해 필터링하는 게 있다. 다음의 함수는 이를 달성하기 위해서 축들에 놓은 직사각형을 사용한다. 도움말 텍스트만을 보여주겠다. 코드 전체 리스팅을 보려면 부록 C를 참고한다.

```
>> help recnotch
```

recnotch

```
%RECNOTCH Generates rectangular notch (axes) filters.
%   H = RECNOTCH(NOTCH, MODE, M, N, W, SV, SH) generates an M-by-N
%   notch filter consisting of symmetric pairs of rectangles of
%   width W placed on the vertical and horizontal axes of the
%   (centered) frequency rectangle. The vertical rectangles start at
%   +SV and -SV on the vertical axis and extend to both ends of
%   the axis. Horizontal rectangles similarly start at +SH and -SH
%   and extend to both ends of the axis. These values are with
%   respect to the origin of the axes of the centered frequency
%   rectangle. For example, specifying SV = 50 creates a rectangle
%   of width W that starts 50 pixels above the center of the
%   vertical axis and extends up to the first row of the filter. A
%   similar rectangle is created starting 50 pixels below the center
%   and extending to the last row. W must be an odd number to
%   preserve the symmetry of the filtered Fourier transform.
%
%       Valid values of NOTCH are:
%
%           'reject'    Notchreject filter.
%
%           'pass'      Notchpass filter.
%
%
%       Valid values of MODE are:
%
%           'both'          Filtering on both axes.
%
%           'horizontal'    Filtering on horizontal axis only.
%
```

```
%
%          'vertical'      Filtering on vertical axis only.
%
%      One of these three values must be specified in the call.
%
%   H = RECNOTCH(NOTCH, MODE, M, N) sets W = 1, and SV = SH = 1.
%
%  H is of floating point class single. It is returned uncentered
%  for consistency with filtering function dftfilt. To view H as an
%  image or mesh plot, it should be centered using Hc = fftshift(H).
```

예제 3.10

영상화 장비의 고장에 의한 주기적 간섭을 줄이기 위해 노치 필터링을 사용하기.

■ 노치 필터링의 중요한 응용 중 하나는 고장 난 영상화 시스템에 의한 주기적 간섭을 줄이는 것이다. 그림 3.22(a)가 대표적인 예를 보여준다. 이것은 토성의 바깥 링들의 영상으

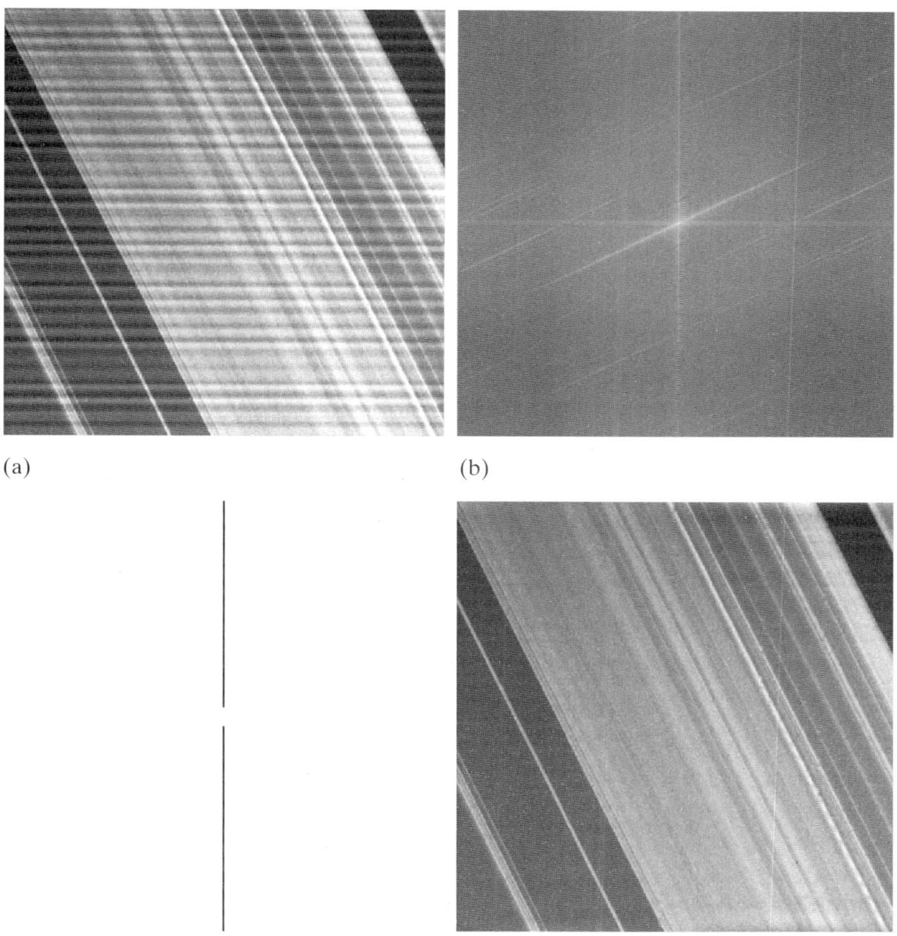

(a) (b) (c) (d)

그림 3.22 (a) 주기적 간섭에 의해 오염된 토성 링들의 674 × 674 영상. (b) 스펙트럼: 수직 축의 에너지 폭발들은 간섭에 의해 야기되었다. (c) DFT를 노치 거부 필터로 곱한 결과. (d) (c)의 IDFT를 계산한 결과. 개선 정도를 (a)와 비교해 본다. (사진 제공: NASA/JPL의 Robert A. West 박사)

(a) (b)

그림 3.23 (a) 노치 필터. (b) 노치 통과 필터링으로 얻은 공간 간섭 패턴.

로서 토성 궤도에 진입한 첫 번째 우주선인 카시니(*Cassini*)가 캡쳐하였다. 수평 띠들은 영상을 디지털화하기 바로 전에 카메라 비디오 신호에 겹쳐진 AC 신호로 인한 주기적 간섭이다. 이것은 카시니가 보내온 수많은 영상들을 오염시킨 예상치 않은 문제였다. 다행히, 이 유형의 간섭은 이 절에서 논의된 것들과 같은 방법을 이용하는 후처리에 의해 교정될 수 있다. 이 영상들의 가치와 중요성을 고려할 때, 이러한 간섭 문제에 대한 "사후" 해법은 영상처리 기술의 가치와 전망에 대한 또 다른 예이기도 하다.

그림 3.22(b)는 푸리에 스펙트럼을 보여준다. 간섭이 수직 방향으로 거의 주기적이므로, 스펙트럼의 수직 축에 에너지 폭발이 존재할 것으로 기대할 수 있을 것이다. 스펙트럼을 자세히 분석해보면 정말 그렇다는 것을 알 수 있다. 좁은 직사각형 노치 필터를 다음 명령들에 의해 수직 축에 놓음으로써 간섭의 원인을 제거한다:

```
>> [M,N] = size(f);
>> [f, revertclass] = tofloat(f);
>> F = fft2(f);
>> S = gscale(log(1 + abs(fftshift(F))));
>> imshow(S);
>> H = recnotch('reject', 'vertical', M, N, 3, 15, 15);
>> figure, imshow(fftshift(H))
```

그림 3.22(c)가 노치 필터이며, 그림 3.22(d)가 필터링 결과를 보여준다:

```
>> g = dftfilt(f, H);
>> g = revertclass(g);
>> figure, imshow(g)
```

그림 3.22(d)의 결과가 오리지널에 비해 현저히 개선되었음을 볼 수 있다.

수직 축의 노치거부 필터 대신에 노치통과 필터를 사용하면 간섭의 주파수를 분리한다. 그러면 필터링된 변환의 IDFT가 간섭 패턴 자체를 만든다:

```
>> Hrecpass = recnotch('pass', 'vertical', M, N, 3, 15, 15);
>> interference = dftfilt(f, Hrecpass);
>> figure, imshow(fftshift(Hrecpass))
>> interference = gscale(interference);
>> figure, imshow(interference)
```

그림 3.23(a)와 (b)가 각각 노치통과 필터와 간섭 패턴을 보여준다.

요약

이 장의 내용은 MATLAB과 IPT를 주파수 도메인에서의 필터링을 포함하는 응용들에 이용하기 위한 토대이다. 앞 절에 제공된 많은 영상 개선 보기들 외에, 주파수 도메인 기법들은 영상 복원(4장), 영상 압축(8장), 영상 분할(10장), 영상 묘사(11장)에서 중요한 역할을 한다.

4 영상 복원 및 재구성

Image Restoration and Reconstruction

개요 *Preview*

복원(또는 복구)의 목표는 주어진 영상을 어떤 미리 정의된 방향으로 개선하는 것이다. 영상 개선과 영상 복원 간에는 겹치는 영역이 있지만, 대개 전자는 주관적인 처리이고 후자는 객관적인 처리이다. 복원은 열화 현상에 대한 사전 정보를 이용해서 열화된 영상의 재구성 또는 회복을 시도한다. 따라서, 복원 기법은 열화를 모델링하고 그 과정을 역순으로 적용해서 오리지널 영상을 복구하는 게 목적이다.

이 접근법은 대개 원하는 결과에 대한 최적의 추정을 제공하는 기준을 공식화하는 것을 포함한다. 이와 대조적으로 개선 기법은 기본적으로 인간의 시각 시스템의 정신 물리적인 면을 이용하기 위해서 영상을 처리하도록 설계된 학습적 과정이다. 예를 들면, 콘트라스트 스트레칭은 주로 보기에 좋게 하려는 측면에 기반하기 때문에 개선 기법으로 간주되며, 그 반면 번짐 제거 함수를 사용해서 영상의 번짐 현상을 제거하는 것은 복원 기법으로 간주된다.

이 장에서는 열화 현상을 모델링하고 복원 솔루션을 공식화하기 위해 MATLAB과 IPT 기능을 사용하는 방법을 탐구한다. 2장과 3장에서와 같이, 어떤 복원 기법은 공간 도메인에서 가장 잘 공식화되나, 어떤 것들은 주파수 도메인에 더 적합하다. 앞으로 두 방식 모두를 탐구한다. 투영으로부터의 영상 재구성을 위한 Radon 변환과 그의 이용에 관한 논의로 이 장을 결론짓는다.

4.1 영상 열화/복원 과정의 모델

A Model of the Image Degradation/Restoration Process

그림 4.1에서 보듯이, 이 장에서 열화 과정은 부가 노이즈 항과 함께 입력 영상 $f(x, y)$에 작용하여 열화된 영상 $g(x, y)$를 만드는 열화 함수로서 모델링된다:

$$g(x, y) = H\left[f(x, y)\right] + \eta(x, y)$$

$g(x, y)$, 열화 함수 H에 대한 부분적 지식, 부가 노이즈 항 $\eta(x, y)$에 대한 부분적 지식이 주어졌을 때, 복원의 목표는 오리지널 영상에 대한 추정인 $\hat{f}(x, y)$를 얻는 것이다. 우리는 이 추정이 가능한 한 오리지널 입력 영상에 가깝게 되기를 원한다. 일반적으로, H와 $\eta(x, y)$에 대해 많이 알수록, $\hat{f}(x, y)$는 $f(x, y)$에 더 가깝게 될 것이다.

만일 H가 **선형적**이며 **공간 불변적 과정**이면, 열화된 영상은 **공간 도메인**에서 다음 식에 의해 주어짐을 보일 수 있다.

$$g(x, y) = h(x, y) \star f(x, y) + \eta(x, y)$$

여기서 $h(x, y)$는 열화 함수의 공간 표현이며, 기호 "★"는 2장에서와 같이 컨볼루션을 나타낸다. 3.3.1절의 설명으로부터 공간 도메인에서의 컨볼루션과 주파수 도메인에서의 곱셈이 푸리에 변환 쌍을 형성함을 알고 있으므로, 앞의 모델을 등가의 **주파수 도메인 표현**

$$G(u, v) = H(u, v)F(u, v) + N(u, v)$$

로 쓸 수 있다. 여기서, 대문자 항들은 공간 도메인의 상응 항들에 대한 푸리에 변환이다. 열화 함수 $F(u, v)$는 **광학 전달함수**(*optical transfer function*, OTF)로 부르기도 하는데, 광학 시스템의 푸리에 분석에서 유래한 용어이다. 공간 도메인에서 $h(x, y)$는 **점 확산함수**(*point spread function*, PSF)라고 부르는데, 어떠한 입력 유형에 대해서든 열화의 특성을 얻도록 $h(x, y)$를 광점에 작용하게 한 데서 유래한 용어이다. OTF와 PSF는 푸리에 변환 쌍이며, 툴박스는 둘 간의 전환을 위해 두 개의 함수 `otf2psf`와 `psf2otf`를 제공한다.

`otf2psf`
`psf2otf`

선형, 공간 불변 열화 함수 H로 인한 열화는 컨볼루션에 의해 모델링할 수 있으므로, 때로 열화 과정을 "영상을 PSF와 컨볼루션시키는 것"이라고 표현하기도 한다.

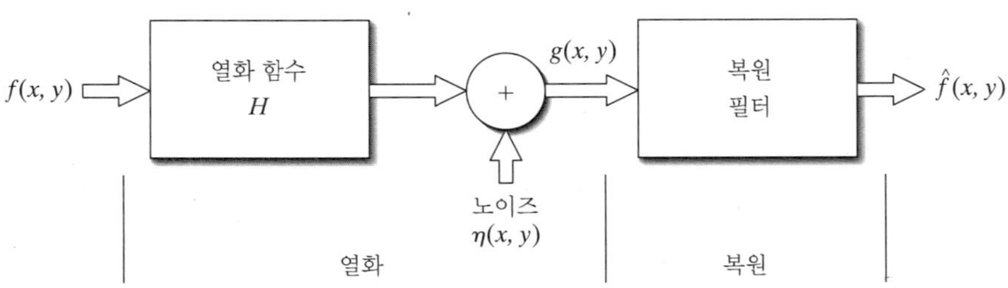

그림 4.1 영상 열화/복원 과정의 모델.

마찬가지로, 복원 과정을 **디컨볼루션**(*deconvolution* 또는 역컨볼루션)이라고 부르기도 한다.

다음의 세 절에서는 H를 항등 연산자(identity operator)로 가정하고, 노이즈로 인한 열화만을 다루기로 한다. 4.6절부터는 H와 η가 모두 존재할 때의 몇 가지 영상 복원 방법을 들여다본다.

4.2 노이즈 모델 Noise Models

노이즈의 특성과 효과를 시뮬레이션하는 능력은 영상 복원의 핵심이다. 이 장에서는 두 가지 기본 유형의 노이즈 모델에 관심을 둔다: 공간 도메인에서의 노이즈(노이즈 확률밀도로 표현)와 주파수 도메인에서의 노이즈(노이즈의 다양한 푸리에 특성으로 표현). 4.2.3절이 예외이나, 이 장에서는 노이즈가 영상 좌표들과 독립적이라고 가정한다.

4.2.1 함수 imnoise로 영상에 노이즈 부가하기

IPT는 함수 imnoise를 사용해서 영상에 노이즈를 부가한다. 이 함수의 기본 문법은

```
g = imnoise(f,type,parameters)
```

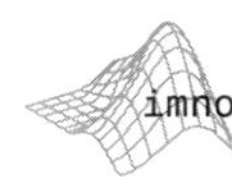
imnoise

이며, 여기서 f는 입력 영상이고, type과 parameters는 아래에서 설명된다. 함수 imnoise는 노이즈를 부가하기 전에 입력 영상을 범위 [0, 1]의 클래스 double로 전환한다. 노이즈 파라미터들을 규정할 때 이를 감안해야 한다. 예를 들면, 평균이 64, 분산이 400인 가우스 노이즈를 uint8 영상에 부가하려면, 평균을 64/255로, 분산을 $400/(255)^2$으로 스케일링해서 imnoise에 입력한다. 다음은 이 함수의 문법 형태들이다:

- g = imnoise(f,'gaussian', m, var)는 평균이 m, 분산이 var인 가우스 노이즈를 영상 f에 부가한다. 디폴트는 평균이 0, 분산이 0.01이다.
- g = imnoise(f, 'localvar', V)는 지역 분산이 V, 평균이 0인 가우스 노이즈를 영상 f에 부가한다. 여기서 V는 각 점에서의 원하는 분산 값들을 포함하는 f와 같은 크기의 배열이다.
- g = imnoise(f, 'localvar', image_intensity, var)는 평균이 0인 가우스 노이즈를 영상 f에 부가한다. 여기서, 노이즈의 지역 분산 var는 f의 영상 밝기 값들의 함수이다. image_intensity와 var 인자들은 같은 크기의 벡터들이며, plot(image_intensity, var)는 노이즈 분산과 영상 밝기 간의 함수 관계를 그린다. image_intensity 벡터는 범위 [0, 1]의 정규화된 밝기 값들을 포함해야 한다.

- `g = imnoise(f, 'salt & pepper', d)`는 영상 `f`에 소금-후추 노이즈를 부가한다. 여기서 `d`는 노이즈 밀도(즉, 노이즈 값들을 포함하는 영상 영역의 백분율)이다. 따라서, 약 `d*numel(f)` 화소들이 영향을 받는다. 디폴트는 0.05 노이즈 밀도이다.
- `g = imnoise(f, 'speckle', var)`는 식 `g = f + n. *f`에 의해 영상 `f`에 곱셈꼴 노이즈를 더한다. 여기서 `n`은 평균이 0, 분산이 `var`인 균등하게 분포하는 랜덤 노이즈이다. `var`의 디폴트 값은 0.04이다.
- `g = imnoise(f, 'poisson')`은 데이타에 인위적 노이즈를 부가하는 대신에 데이타로부터 Poisson 노이즈를 만든다. Poisson 통계를 따르기 위해, `uint8`과 `uint16` 영상의 밝기 값들은 광자들(photons)[또는 여타 정보 양자(量子)들]의 수와 부합해야 한다. 배정도 영상은 화소당 광자 수가 65535보다 클 때(10^{12}보다는 작을 때) 사용된다. 밝기 값은 0과 1 사이이며, 10^{12}으로 나뉜 광자 수에 해당한다.

다음의 절들에서는 `imnoise`의 다양한 사용법을 보여준다.

4.2.2 규정된 분포의 공간 랜덤 노이즈 생성하기

함수 `imnoise`에서 가용한 것 외의 유형과 파라미터의 노이즈를 만들 수 있을 필요가 자주 있다. 공간 노이즈 값들은 확률밀도 함수(PDF) 또는 등가적으로, 해당 누적 분포함수(cumulative distribution function, CDF)에 의해 특징지어지는 랜덤 수이다. 우리가 관심을 두는 분포 유형을 위한 랜덤 수 생성은 매우 단순한 확률 이론 법칙을 따른다.

많은 랜덤 수 생성기(random number generator)가 생성 문제를 (0, 1) 구간의 균등한 CDF의 랜덤 수들로 표현하는 것에 기반한다. 어떤 경우에는, 선호되는 기본적 랜덤 수 생성기가 평균이 0이고 단위 분산인 가우스 랜덤 수 생성기이다. 이 두 유형의 노이즈를 `imnoise`로 생성할 수 있으나, 현 맥락에서는 균등한 랜덤 수와 정규(가우스) 랜덤 수를 위해서 각각 MATLAB의 함수 `rand`와 `randn`을 사용하는 게 더 간단하다. 이 절의 후반부에서 이 함수들을 설명한다.

이 절에 기술된 접근법의 토대는 유명한 확률(Peebles [1993])에서 왔다: 즉, 만일 w가 구간 (0, 1)에서 균등하게 분포하는 랜덤 변수이면, 규정된 CDF, F를 갖는 랜덤 변수 z를 다음 식을 풀어서 구할 수 있다.

$$z = F^{-1}(w)$$

간단하지만 강력한 이 결과는 등가적으로 식 $F(z) = w$에 대한 해를 찾는 것이라고 기술될 수 있다.

예제 4.1

규정된 분포의 랜덤 수를 생성하기 위해 균등 랜덤 수를 사용하기.

■ (0, 1) 구간의 균등 랜덤 수 w의 생성기를 갖고 있다고 가정하자. 그리고, 이를 사용해서 아래 형태의 Rayleigh(레일리) CDF를 갖는 랜덤 수 z를 생성하길 원한다고 하자.

$$F(z) = \begin{cases} 1 - e^{-(z-a)^2/b} & \text{for } z \geq a \\ 0 & \text{for } z < a \end{cases}$$

여기서 $b > 0$이다. z를 찾아내기 위해 식

$$1 - e^{-(z-a)^2/b} = w$$

또는

$$z = a + \sqrt{-b \ln(1 - w)}$$

를 푼다. 제곱근 항이 음수가 아니므로, z값이 a 이상임을 확신할 수 있다. 이는 Rayleigh CDF의 정의에 의해 요구된다. 따라서 생성기로부터의 균등 랜덤 수 w는 앞의 식에서 파라미터가 a와 b인 Rayleigh 분포를 갖는 랜덤 변수 z를 생성하기 위해 사용될 수 있다.

MATLAB에서 이 결과는 다음 식에 의한 랜덤 수들의 M x N 배열 R로 쉽게 일반화될 수 있다.

```
>> R = a + sqrt(b*log(1 - rand(M, N)));
```

여기서 2.2.2절에서 설명했듯이, `log`는 자연 로그이며, 이 절에서 설명하겠듯이, `rand`는 (0, 1) 구간에서 균등하게 분포하는 랜덤 수들을 생성한다. 만일 `M = N = 1`로 하던, 앞의 MATLAB 명령줄은 파라미터 a와 b에 의해 특징지어지는 Rayleigh 분포를 갖는 랜덤 변수로부터 한 값을 만든다.

식 $z = a + \sqrt{-b \ln(1 - w)}$ 는 원하는 랜덤 수를 생성하는 방법을 알려주므로 **랜덤 수 생성기 공식**이라고 부르기도 한다. 이 특별한 경우에는 닫힌 형태의 해(closed-form solution)를 찾을 수 있었다. 곧 보게 되겠지만, 이는 항상 가능한 것이 아니며, 그러면 문제는 규정된 CDF를 갖는 랜덤 수들을 출력들이 근사화하는 랜덤 수 생성기 공식을 찾는 일이 된다.

표 4.1에 지금의 논의에서 관심 대상인 랜덤 변수들의 목록과 그들의 PDF, CDF, 랜덤 수 생성기 공식들이 나열되어 있다. 어떤 경우에는 레일리 및 지스 변수들에 대해서와 같이, CDF와 그 역에 대한 닫힌 형태 해를 찾는 게 가능하다. 그러면 예제 4.1에서와 같이 균등 랜덤 수들에 의해 랜덤 수 생성기 공식을 쓸 수 있게 된다. 다른 경우들에서는 가우시언과 로그노멀 밀도들의 경우에서와 같이, CDF에 대한 닫힌 형태 해가 존재하지 않으며, 원하는 랜덤 수들을 생성하기 위한 대안을 찾아야 할 필요가 있게 된다. 로그노멀의 경우, 예를 들면 우리는 로그노멀 변수 z는 $\ln(z)$가 가우스 분포를 갖는 것이란 지식을 이용한다; 그러면 표 4.1에 보인 공식을 평균값 0과 단위 분산을 갖는 가우스 랜덤 변수들에 의해 쓸 수 있게 된다. 다른 경우들에서

표 4.1 랜덤 변수 생성

이름	PDF	평균과 분산	CDF	생성기[†]
균등	$p(z)=\begin{cases}\frac{1}{b-a} & \text{if } 0\le z\le b\\ 0 & \text{otherwise}\end{cases}$	$m=\frac{a+b}{2},\ \sigma^2=\frac{(b-a)^2}{12}$	$F(z)=\begin{cases}0 & z<a\\ \frac{z-a}{b-a} & a\le z\le b\\ 1 & z>b\end{cases}$	MATLAB 함수 rand
가우시언	$p(z)=\frac{1}{\sqrt{2\pi}b}e^{-(z-a)^2/2b^2}$ $-\infty<z<\infty$	$m=a,\ \sigma^2=b^2$	$F(z)=\int_{-\infty}^{z}p(v)dv$	MATLAB 함수 randn
로그노멀	$p(z)=\frac{1}{\sqrt{2\pi}bz}e^{-[\ln(z)-a]^2/2b^2}$ $z>0$	$m=e^{a+(b^2/2)},\ \sigma^2=[e^{b^2}-1]e^{2a+b^2}$	$F(z)=\int_{0}^{z}p(v)dv$	$z=e^{bN(0,1)+a}$
레일리	$p(z)=\begin{cases}\frac{2}{b}(z-a)e^{-(z-a)^2/b} & z\ge a\\ 0 & z<a\end{cases}$	$m=a+\sqrt{\pi b/4},\ \sigma^2=\frac{b(4-\pi)}{4}$	$F(z)=\begin{cases}1-e^{-(z-a)^2/b} & z\ge a\\ 0 & z<a\end{cases}$	$z=a+\sqrt{-b\ln[1-U(0,1)]}$
지수	$p(z)=\begin{cases}ae^{-az} & z\ge 0\\ 0 & z<0\end{cases}$	$m=\frac{1}{a},\ \sigma^2=\frac{1}{a^2}$	$F(z)=\begin{cases}1-e^{-az} & z\ge 0\\ 0 & z<0\end{cases}$	$z=-\frac{1}{a}\ln[1-U(0,1)]$
얼랑	$p(z)=\frac{a^b z^{b-1}}{(b-1)!}e^{-az}$ $z\ge 0$	$m=\frac{b}{a},\ \sigma^2=\frac{b}{a^2}$	$F(z)=\left[1-e^{-az}\sum_{n=0}^{b-1}\frac{(az)^n}{n!}\right]$ $z\ge 0$	$z=E_1+E_2+\cdots+E_b$ (E들은 파라미터가 a인 지수형 랜덤 수들이다.)
소금과 후추[‡]	$p(z)=\begin{cases}P_p & \text{for } z=0 \text{ (소금)}\\ P_s & \text{for } z=2^n-1 \text{ (후추)}\\ 1-(P_p+P_s) & \text{for } z=k\ (0<k<2^n-1)\end{cases}$	$m=(0)P_p+k(1-P_p-P_s)+(2^n-1)P_s$ $\sigma^2=(0-m)^2P_p+(k-m)^2(1-P_p-P_s)+(2^n-1-m)^2P_s$	$F(z)=\begin{cases}0 & \text{for } z<0\\ P_p & \text{for } 0\le z<k\\ 1-P_s & \text{for } k\le z<2^n-1\\ 1 & \text{for } 2^n-1\le z\end{cases}$	몇몇 부가 논리를 갖는 MATLAB 함수 rand

[†] $N(0,1)$은 평균 0, 분산 1인 정규(가우스) 랜덤 수들을 표시한다. $U(0,1)$은 범위 (0, 1)의 균등 랜덤 수들을 표시한다.

[‡] 본문에 설명되었듯이, 소금-후추 노이즈는 노이즈가 적용되는 영상을 변경하는 데 차례로 사용되는 세 값을 갖는 랜덤 변수로 볼 수 있다. 이런 면에서, 이 평균과 분산은 다른 노이즈 유형들에 대해서만큼 의미가 있지 않다; 완전성을 위해 여기에 포함시켰다(평균과 분산에 대한 공식의 0들은 후추의 밝기가 0으로 가정됨을 명시적으로 나타내기 위해서 포함되었다).

는 더 쉬운 해를 얻도록 문제를 재설정하는 게 유리하다. 예를 들면, 파라미터 a와 b를 갖는 얼랑(Earlang) 랜덤 수들은 파라미터 a를 갖는 b개의 지수 분포 랜덤 수들을 더해서 얻어질 수 있음을 보여줄 수 있다(Leon-Garcia [1994]).

imnoise에 가용한 랜덤 수 생성기들과 표 4.1의 생성기들은 영상 처리 응용에서 랜덤 노이즈의 작용을 모델링하는 데 중요한 역할을 한다. 다양한 CDF의 랜덤 수들을 생성하기 위한 균등 분포의 유용성을 이미 보았다. 가우스 노이즈는 어두운 환경에서 동작하는 영상 센서 같은 경우에 근사화로서 사용된다. 소금-후추 노이즈는 고장 난 스위칭 장치들에서 일어난다. 사진 감광 유제의 은 입자들의 크기는 로그노멀 분포에 의해 묘사되는 랜덤 변수이다. 레일리 노이즈는 3차원 거리 영상화에서 일어나며, 지수 및 얼랑 노이즈는 레이저 영상화의 노이즈를 묘사하는 데 유용하다.

표 4.1의 다른 노이즈 유형들과 달리 소금과 후추 노이즈는 보통 세 값을 갖는 영상을 생성하는 것으로 간주되는데, 이 값들은 8비트로 작업할 때 확률이 P_p인 0, 확률이 P_s인 255, 확률이 $1-(P_p+P_s)$인 k이며, 여기서 k는 이 두 끝 값 사이의 임의의 숫자이다. 방금 기술된 노이즈 영상을 $r(x, y)$로 표기하자. 그런 다음 영상 $f(x, y)$[$r(x, y)$와 같은 크기]를 r에서 0이 발견되는 f의 모든 위치에 0을 부여하여서 오염시킨다. 비슷하게, 255를 r에서 255가 발견되는 f의 모든 위치에 부여한다. 끝으로, r에서 값이 k인 f의 모든 위치는 그대로 둔다. **소금과 후추**라는 이름은 8비트 영상에서 0이 흑색이고 255가 백색이란 사실에 기인한다. 비록 앞의 논의가 설명을 단순화하기 위해 8비트에 기반하고 있으나, 소금과 후추로 지정된 두 끝 값을 유지하는 한, 이 방법은 일반적이며 임의의 밝기 레벨 수를 갖는 임의의 영상에 대해 적용될 수 있다. 한걸음 더 나아가, 대부분의 응용에서 흔하지는 않지만, 앞의 논의를 두 끝 값이 아닌 두 끝 값 **범위**로 일반화시킬 수 있다.

어떤 화소가 소금-후추 노이즈에 의해 오염되는 확률 P는 $P = P_p + P_s$이다. P를 보통 **노이즈 밀도**로 부른다. 만일 예를 들어, $P_p = 0.02$이고 $P_s = 0.01$이라면, 대략 영상의 화소들의 2%가 후추 노이즈에 의해 오염되며, 1%는 소금 노이즈에 의해 오염되고, 노이즈 밀도는 0.03이라고 말하는데, 이는 대략 전체 영상 화소들의 3%가 소금-후추 노이즈로 오염됨을 의미한다.

이 절의 뒤에서 나오는 사용자 M-함수 imnoise2가 표 4.1의 CDF를 갖는 랜덤 수들을 생성한다. 이 함수는 아래의 문법을 갖는 MATLAB 함수 rand를 이용한다.

```
A = rand(M, N)
```

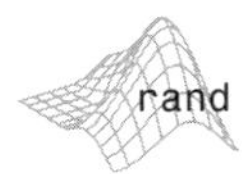

이 함수는 요소들이 구간 (0, 1)에서 균등하게 분포하는 수들인 크기 M x N의 배열을 생성한다. 만일 N을 생략하면 디폴트로 M과 같은 값을 사용한다. 인자 없이 사용되면 rand는 호출될 때마다 바뀌는 하나의 랜덤 수를 생성한다. 마찬가지로, 함수

```
A = randn(M, N)
```

은 요소들이 평균 0, 단위 분산의 정규(가우시언) 수들인 `M x N` 배열을 생성한다. 만일 `N`을 생략하면 디폴트로 `M`이 사용된다. 인자 없이 호출되면 `randn`은 하나의 랜덤 수를 생성한다.

함수 `imnoise2`는 또한 다음의 문법 형태를 갖는 MATLAB 함수 `find`를 이용한다:

find

```
I = find(A)
[r, c] = find(A)
[r, c, v] = find(A)
```

첫 번째 형태는 `A`의 *0*이 아닌 모든 요소들의 선형 인덱스(1.7.8절 참조)를 `I`에 반환한다. 발견되지 않으면, `find`는 빈 매트릭스를 반환한다. 두 번째 형태는 매트릭스 `A`의 0이 아닌 요소들의 행과 열 인덱스들을 반환한다. 세 번째 형태는 행과 열의 인덱스들 외에도 `A`의 0이 아닌 값들도 열 벡터 `v`로서 반환한다.

첫 번째 형태는 배열 `A`를 `A(:)`의 포맷으로 다루므로 `I`는 열 벡터이다. 이 형태는 영상처리에서 매우 유용하다. 예를 들면, 영상에서 값이 128 아래인 모든 화소들을 찾아내서 0으로 만들기 위해서는 다음과 같이 쓴다.

```
>> I = find(A < 128);
>> A(I) = 0;
```

이 연산은 논리 인덱싱(1.7.8절 참조)에 의해서도 가능하다:

```
>> A(A < 128) = 0;
```

논리 명령문 `A < 128`이 논리 조건을 만족시키는 `A`의 요소들에 대해서는 1을 반환하고, 그렇지 않은 요소들에 대해서는 0을 반환함을 기억하라. 다른 예로서, 구간 [64, 192]의 모든 화소들을 128로 설정하려면 다음과 같이 쓴다:

```
>> I = find(A >= 64 & A <= 192);
>> A(I) = 128;
```

등가적으로 다음과 같이 쓸 수 있다:

```
>> A(A >= 64 & A <= 192) = 128;
```

방금 논의된 유형의 인덱싱은 이 책의 나머지 장들에서 자주 사용된다.

`imnoise`와는 달리 다음의 M-함수는 전혀 스케일링 되지 않은 `M x N` 노이즈 배열 `R`을 생성한다. 또 다른 주요 차이는 `imnoise`는 노이즈 낀 영상을 출력하는 반면 `imnoise2`는 노이즈 패턴 자체를 만든다. 사용자는 노이즈 파라미터들에 대한 원하는 값들을 직접 지정한다. 소금과 후추 노이즈로 얻은 노이즈 배열이 세 개의 값을 가짐을 주목한다: 0은 후추 노이즈, 1은 소금 노이즈, 0.5는 노이즈 없음에 해당한다.

이 배열이 쓸모 있으려면 처리가 더 필요하다. 예를 들면, 이 배열로 영상을 오염시키려면, 값이 0인 R의 모든 좌표들을 찾아내고(함수 find 또는 위에 예시된 논리 인덱스를 사용해서), 해당 좌표들을 사용 가능한 최소 그레이-레벨 값(보통 0)으로 만든다. 마찬가지로, 값이 1인 R의 모든 좌표를 찾아내서 그 좌표들을 가능한 최대값(8비트 영상에서는 보통 255)으로 만든다. 다른 화소들은 모두 그대로 놔둔다. 이 과정은 소금과 후추 노이즈가 영상에 영향을 주는 방식을 시뮬레이션한다.

imnoise2의 코드에서 어떻게 switch/case 명령들이 단순하게 유지되는지를 주목한다; 즉, case 계산들이 한 줄로 구현될 수 없다면, 그들은 메인 프로그램의 끝에 붙여지는 개별적, 분리된 함수들로 된다. 이것이 코드의 논리적 흐름을 명확하게 한다. 또한 어떻게 모든 디폴트가 역시 메인 프로그램의 끝에 붙여지는 독립된 함수 setDefaults에 의해 처리되는지도 주목한다. 그 목적은 해석과 유지 보수를 쉽게 만들기 위해 코드를 가능한 한 모듈화하는 것이다.

immoise2

```
function R = imnoise2(type, varargin)
%IMNOISE2 Generates an array of random numbers with specified PDF.
%   R = IMNOISE2(TYPE, M, N, A, B) generates an array, R, of size
%   M-by-N, whose elements are random numbers of the specified TYPE
%   with parameters A and B. If only TYPE is included in the
%   input argument list, a single random number of the specified
%   TYPE and default parameters shown below is generated. If only
%   TYPE, M, and N are provided, the default parameters shown below
%   are used.  If M = N = 1, IMNOISE2 generates a single random
%   number of the specified TYPE and parameters A and B.
%
%   Valid values for TYPE and parameters A and B are:
%
%   'uniform'        Uniform random numbers in the interval (A, B).
%                    The default values are (0, 1).
%   'gaussian'       Gaussian random numbers with mean A and standard
%                    deviation B. The default values are A = 0,
%                    B = 1.
%   'salt & pepper' Salt and pepper numbers of amplitude 0 with
%                    probability Pa = A, and amplitude 1 with
%                    probability Pb = B. The default values are Pa =
%                    Pb = A = B = 0.05.  Note that the noise has
%                    values 0 (with probability Pa = A) and 1 (with
%                    probability Pb = B), so scaling is necessary if
%                    values other than 0 and 1 are required. The
%                    noise matrix R is assigned three values. If
%                    R(x, y) = 0, the noise at (x, y) is pepper
%                    (black). If R(x, y) = 1, the noise at (x, y) is
%                    salt (white). If R(x, y) = 0.5, there is no
%                    noise assigned to coordinates (x, y).
%   'lognormal'      Lognormal numbers with offset A and shape
%                    parameter B. The defaults are A = 1 and B =
%                    0.25.
```

```
%   'rayleigh'      Rayleigh noise with parameters A and B. The
%                   default values are A = 0 and B = 1.
%   'exponential'   Exponential random numbers with parameter A.
%                   The default is A = 1.
%   'erlang'        Erlang (gamma) random numbers with parameters A
%                   and B.  B must be a positive integer. The
%                   defaults are A = 2 and B = 5. Erlang random
%                   numbers are approximated as the sum of B
%                   exponential random numbers.

% Set defaults.
[M, N, a, b] = setDefaults(type, varargin{:});

% Begin processing. Use lower(type) to protect against input being
% capitalized.
switch lower(type)
case 'uniform'
   R = a + (b - a)*rand(M, N);
case 'gaussian'
   R = a + b*randn(M, N);
case 'salt & pepper'
   R = saltpepper(M, N, a, b);
case 'lognormal'
   R = exp(b*randn(M, N) + a);
case 'rayleigh'
   R = a + (-b*log(1 - rand(M, N))).^0.5;
case 'exponential'
   R = exponential(M, N, a);
case 'erlang'
   R = erlang(M, N, a, b);
otherwise
   error('Unknown distribution type.')
end

%-------------------------------------------------------------------
function R = saltpepper(M, N, a, b)
% Check to make sure that Pa + Pb is not > 1.
if (a + b) > 1
   error('The sum Pa + Pb must not exceed 1.')
end
R(1:M, 1:N) = 0.5;
% Generate an M-by-N array of uniformly-distributed random numbers
% in the range (0, 1). Then, Pa*(M*N) of them will have values <= a.
% The coordinates of these points we call 0 (pepper noise).
% Similarly, Pb*(M*N) points will have values in the range > a & <=
% (a + b). These we call 1 (salt noise).
X = rand(M, N);
R(X <= a) = 0;
u = a + b;
R(X > a & X <= u) = 1;

%-------------------------------------------------------------------
function R = exponential(M, N, a)
if a <= 0
   error('Parameter a must be positive for exponential type.')
end
```

```
k = -1/a;
R = k*log(1 - rand(M, N));

%-------------------------------------------------------------------
function R = erlang(M, N, a, b)
if (b ~= round(b) || b <= 0)
   error('Param b must be a positive integer for Erlang.')
end
k = -1/a;
R = zeros(M, N);
for j = 1:b
   R = R + k*log(1 - rand(M, N));
end

%-------------------------------------------------------------------
function varargout = setDefaults(type, varargin)
varargout = varargin;
P = numel(varargin);
if P < 4
   % Set default b.
   varargout{4} = 1;
end
if P < 3
   % Set default a.
   varargout{3} = 0;
end
if P < 2
   % Set default N.
   varargout{2} = 1;
end
if P < 1
   % Set default M.
   varargout{1} = 1;
end
if (P <= 2)
   switch type
      case 'salt & pepper'
         % a = b = 0.05.
         varargout{3} = 0.05;
         varargout{4} = 0.05;
      case 'lognormal'
         % a = 1; b = 0.25;
         varargout{3} = 1;
         varargout{4} = 0.25;
      case 'exponential'
         % a = 1.
         varargout{3} = 1;
      case 'erlang'
         % a = 2; b = 5.
         varargout{3} = 2;
         varargout{4} = 5;
   end
end
```

round

함수 round는 그의 인자를 가장 가까운 정수로 바꾼다.

예제 4.2

함수 imnoise2로 생성한 데이타의 히스토그램.

■ 그림 4.2는 표 4.1의 모든 랜덤 수 유형의 히스토그램들을 보여준다. 각 플롯의 데이타는 함수 imnoise2를 사용해서 생성되었다. 예를 들면, 그림 4.2(a)의 데이타는 다음 명령으로 생성했다:

```
>> r = imnoise2('gaussian', 100000, 1, 0, 1);
```

문법 h = hist (r, bins)는 히스토그램의 값들을 포함하는 1 x bins 크기의 배열을 만든다.

이 명령문은 100000개 요소의 열 벡터 r을 만들며, 각 요소는 평균값 0, 표준 편차 1인 가우스 분포로부터의 랜덤 수이다. 그런 다음 아래 문법의 함수 hist에 의해 히스토그램을 그렸다.

```
hist(r, bins)
```

여기서 bins는 빈의 개수이다. 그림 4.2에서는 bins = 50을 사용했다. 다른 히스토그램

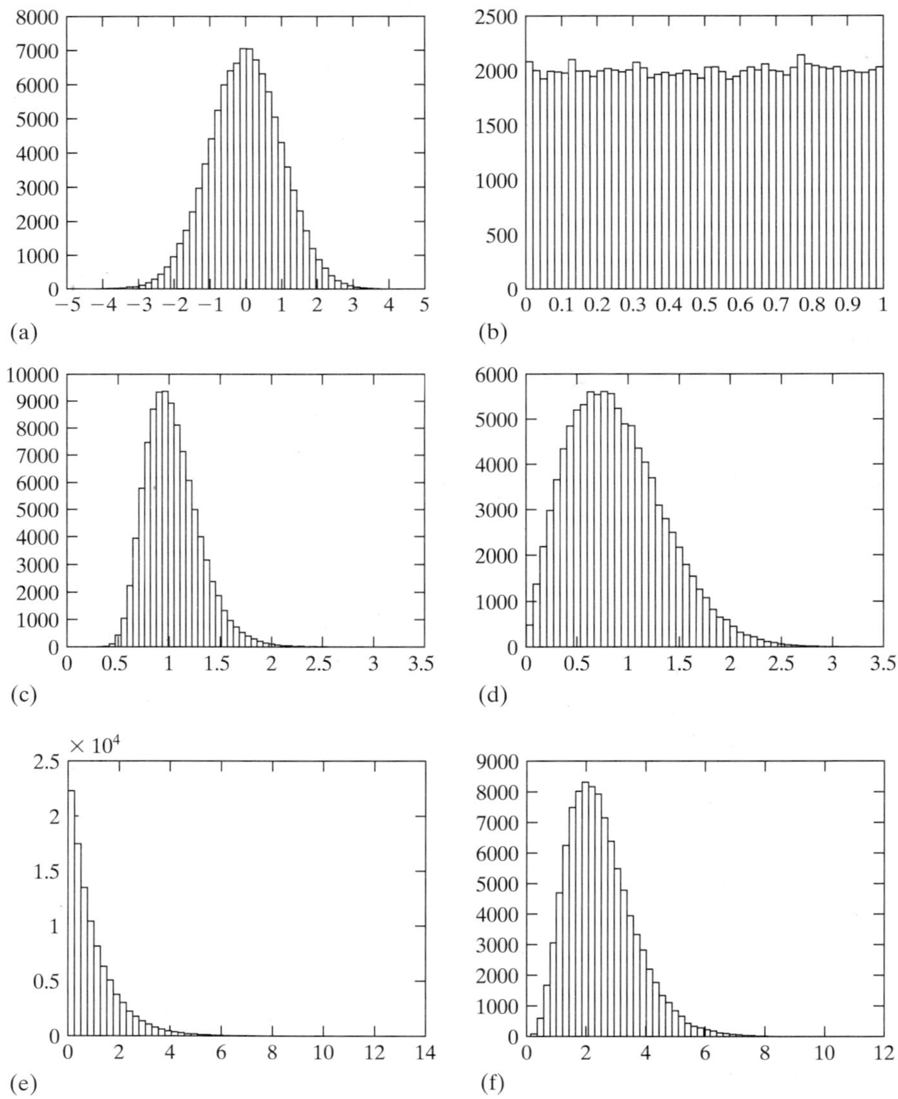

그림 4.2 랜덤 수들의 히스토그램들: (a) 가우시언, (b) 균등, (c) 로그노멀, (d) 레일리, (e) 지수, (f) 얼랑. 각 경우에 함수 mnoise2의 설명에 나열된 디폴트 파라미터들을 사용했다.

들도 비슷한 방법으로 만들었다. 각 경우, 선택된 파라미터들은 함수 imnoise2의 설명에 나오는 디폴트 값들이다.

4.2.3 주기적 노이즈

영상의 주기적 노이즈는 보통 영상 획득 때의 전기/전자 기계적 간섭 때문에 일어난다. 이것은 이 장에서 고찰하는 유일한 공간 종속 노이즈 유형이다. 4.4절의 설명과 같이 주기적 노이즈는 대개 주파수 도메인에서의 필터링으로 처리한다. 우리가 사용할 주기적 노이즈 모델은 $x = 0, 1, 2, \cdots, M - 1$과 $y = 0, 1, 2, \cdots, N - 1$에 대한 다음 식의 2-D, 이산 정현파이다.

$$r(x, y) = A\sin\left[2\pi u_0(x + B_x)/M + 2\pi v_0(y + B_y)/N\right]$$

여기서 A는 진폭이며, u_0와 v_0는 각각 x 및 y축에 관한 정현파 주파수를 결정하며, B_x 와 B_y는 원점으로부터의 위상 변위이다. 이 식의 DFT는 $u = 0, 1, 2, \cdots, M - 1$과 $v = 0, 1, 2, \cdots, N - 1$에 대해

$$R(u, v) = j\frac{AMN}{2}\left[e^{-j2\pi(u_0B_x/M + v_0B_y/N)}\delta(u + u_0, v + v_0) - e^{j2\pi(u_0B_x/M + v_0B_y/N)}\delta(u - u_0, v - v_0)\right]$$

이며, $(u + u_0, v + v_0)$와 $(u - u_0, v - v_0)$에 각각 위치하는 공액 복소 단위 임펄스 쌍임을 알 수 있다. 달리 말하면, 앞 공식의 대괄호 안의 첫 항은 $u = -u_0$와 $v = -v_0$가 아닌 한 0이며, 둘째 항은 $u = u_0$와 $v = v_0$가 아닌 한 0이다.

다음의 M-함수는 각각이 자신의 진폭, 주파수, 위상 변위 파라미터들을 갖는 임의의 개수의 임펄스 위치(주파수 좌표)를 받아서, 앞 문단에서 기술된 형태의 정현파의 합으로서 $r(x, y)$를 계산한다. 이 함수는 정현파들의 합의 푸리에 변환 $R(u, v)$와 $R(u, v)$의 스펙트럼도 출력한다. 정현파들은 역 DFT에 의해서, 주어진 임펄스 위치 정보로부터 만들어진다. 이것이 공간 노이즈 패턴에 있는 주파수 내용의 시각화를 더 직관적으로 만들고 단순화한다. 임펄스 위치를 정의하기 위해서는 하나의 좌표 쌍만이 필요하다. 이 프로그램은 공액 대칭 임펄스들을 만든다. 코드에서, 3.2절의 설명과 같이, 센터링된 R을 ifft2 연산을 위해 적절하게 데이타를 배열하기 위해 함수 ifftshift를 사용해서 전환시킴에 주목한다.

immoises3

```
function [r, R, S] = imnoise3(M, N, C, A, B)
%IMNOISE3 Generates periodic noise.
%   [r, R, S] = IMNOISE3(M, N, C, A, B), generates a spatial
%   sinusoidal noise pattern, r, of size M-by-N, its Fourier
%   transform, R, and spectrum, S.  The remaining parameters are:
%
```

```
%   C is a K-by-2 matrix with K pairs of frequency domain
%   coordinates (u, v) that define the locations of impulses in the
%   frequency domain. The locations are with respect to the
%   frequency rectangle center at [floor(M/2) + 1, floor(N/2) + 1],
%   where the use of function floor is necessary to guarantee that
%   all values of (u, v) are integers, as required by all Fourier
%   formulations in the book. The impulse locations are specified as
%   integer increments with respect to the center. For example, if M =
%   N = 512, then the center is at (257, 257). To specify an
%   impulse at (280, 300) we specify the pair (23, 43); i.e., 257 +
%   23 = 280, and 257 + 43 = 300. Only one pair of coordinates is
%   required for each impulse. The conjugate pairs are generated
%   automatically.
%
%   A is a 1-by-K vector that contains the amplitude of each of the
%   K impulse pairs. If A is not included in the argument, the
%   default used is A = ONES(1, K).  B is then automatically set to
%   its default values (see next paragraph).  The value specified
%   for A(j) is associated with the coordinates in C(j, :).
%
%   B is a K-by-2 matrix containing the Bx and By phase components
%   for each impulse pair.  The default value for B is zeros(K, 2).

% Process input parameters.
K = size(C, 1);
if nargin < 4
   A = ones(1, K);
end
if nargin < 5
   B = zeros(K, 2);
end

% Generate R.
R = zeros(M, N);
for j = 1:K
   % Based on the equation for R(u, v), we know that the first term
   % of R(u, v) associated with a sinusoid is 0 unless u = -u0 and
   % v = -v0:
   u1 = floor(M/2) + 1 - C(j, 1);
   v1 = floor(N/2) + 1 - C(j, 2);
   R(u1, v1) = i*M*N*(A(j)/2) * exp(-i*2*pi*(C(j, 1)*B(j, 1)/M ...
                               + C(j, 2)*B(j, 2)/N));
   % Conjugate. The second term is zero unless u = u0 and v = v0:
   u2 = floor(M/2) + 1 + C(j, 1);
   v2 = floor(N/2) + 1 + C(j, 2);
   R(u2, v2) = -i*M*N*(A(j)/2) * exp(i*2*pi*(C(j, 1)*B(j, 1)/M ...
                               + C(j, 2)*B(j, 2)/N));
end

% Compute the spectrum and spatial sinusoidal pattern.
S = abs(R);
r = real(ifft2(ifftshift(R)));
```

예제 4.3

함수 imnoise3 사용하기.

■ 그림 4.3(a)와 (b)는 다음 명령들에 의해 만든 스펙트럼 및 공간 정현 노이즈 패턴을 보여준다:

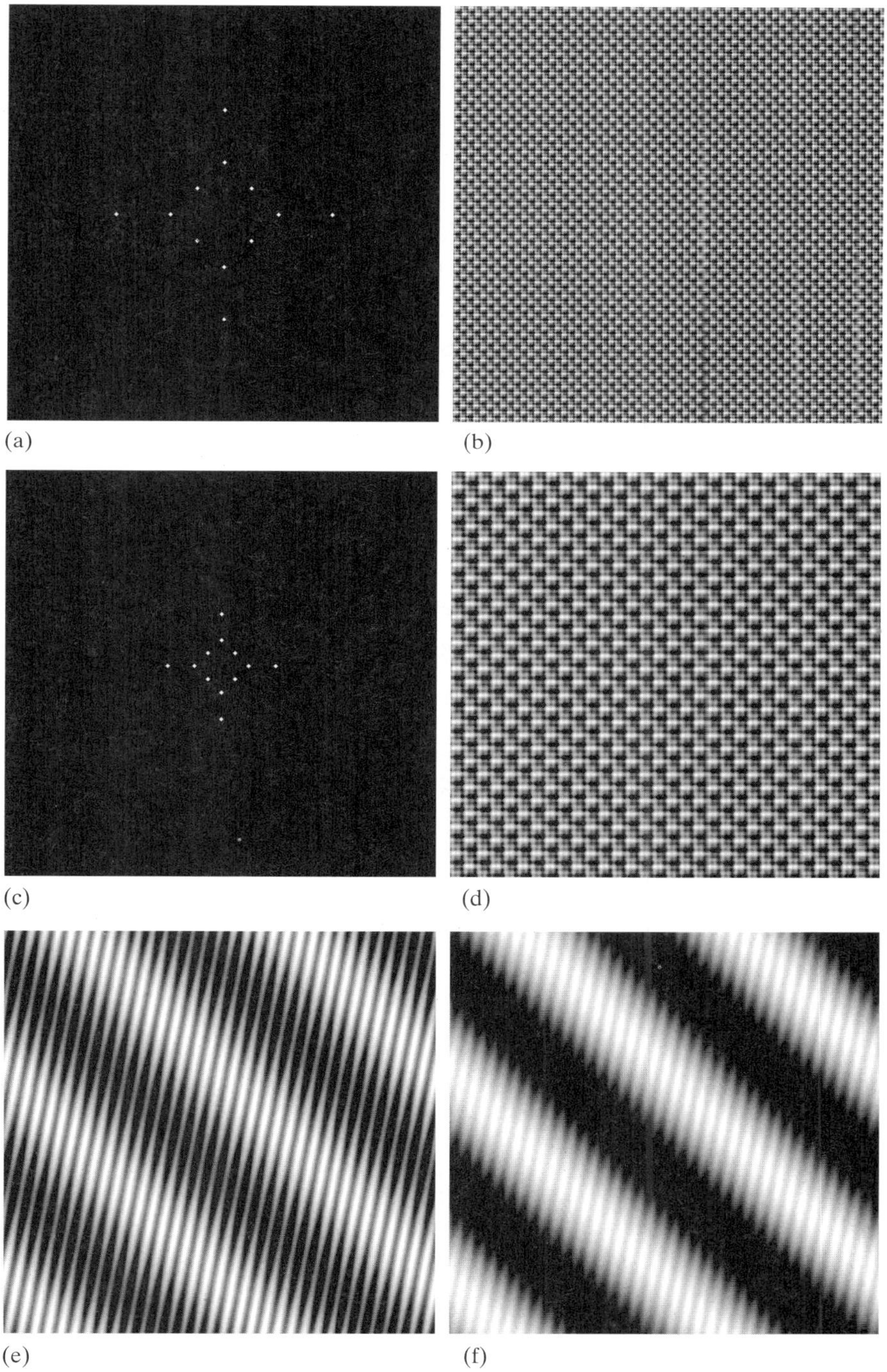

그림 4.3 (a) 지정된 임펄스들의 스펙트럼. (b) 공간 도메인의 해당 정현파 노이즈 패턴. (c)와 (d) 비슷한 시퀀스. (e)와 (f) 두 개의 다른 노이즈 패턴. (a)와 (c)의 점들은 보는 편의상 확대시켰다.

```
>> C = [0 64; 0 128; 32 32; 64 0; 128 0; -32 32];
>> [r, R, S] = imnoise3(512, 512, C);
>> imshow(S, [ ])
>> figure, imshow(r, [ ])
```

함수 imnoise3의 주석에 언급된 바와 같이, 임펄스의 (u, v) 좌표들은 주파수 직사각형의 중앙을 기준으로 지정된다(이 중앙점의 좌표들에 관한 더 자세한 사항에 관해서는 3.2절 참고). 그림 4.3(c)와 (d)는 앞의 명령들을 반복해서 얻은 결과를 보여주나,

```
>> C = [0 32; 0 64; 16 16; 32 0; 64 0; -16 16];
```

이다. 마찬가지로, 그림 4.3(e)는

```
>> C = [6 32; -2 2];
```

로 얻었다. 그림 4.3(f)는 같은 C를 사용해서 만들었으나, 다음과 같이 디폴트 아닌 진폭 벡터를 사용했다:

```
>> A = [1 5];
>> [r, R, S] = imnoise3(512, 512, C, A);
```

그림 4.3(f)가 보여주듯이, 이 영상에는 낮은 주파수 정현파가 지배적이다. 이는 그 진폭이 높은 주파수 성분 진폭의 다섯 배이므로, 기대했던 결과이다.

4.2.4 노이즈 파라미터 추정하기

주기적 노이즈의 파라미터들은 대부분 푸리에 스펙트럼을 분석해서 추정한다. 주기적 노이즈는 육안 검사로도 검출할 수 있는 주파수 스파이크를 만든다. 노이즈 스파이크가 현저하거나 또는 간섭에 관한 주파수 정보가 있을 때는 자동 분석도 가능하다.

공간 도메인에서의 노이즈의 경우에는 센서 규격으로부터 PDF의 파라미터들을 일부 알 수도 있으나, 보통 이들을 샘플 영상들로부터 추정하는 작업이 필요할 수도 있다. 이 장에서 다루는 노이즈 PDF들을 완전하게 규정하는 데 요구되는 노이즈의 평균 m 및 분산 σ^2과 인자 a 및 b 간의 관계는 표 4.1과 같다. 따라서 이 문제는 샘플 영상(들)에서 평균과 분산을 추정하고, 이 추정을 사용해서 a와 b에 대해 푸는 작업이 된다.

정규화된 히스토그램은 히스토그램의 각 성분을 영상의 화소수로 나누어서 구한다. 정규화된 히스토그램의 모든 성분의 합은 1이다.

z_i는 영상의 밝기 레벨을 나타내는 이산 랜덤 변수, $p(z_i), i = 0, 1, 2, \cdots, L-1$은 해당하는 정규화된 히스토그램이라고 하자. 여기서 L은 가능한 밝기 값들의 수이다. 한 히스토그램 성분 $p(z_i)$는 밝기 값 z_i가 발생하는 확률에 대한 추정이며, 히스토그램은 밝기 PDF에 대한 이산적 근사화로 볼 수 있다.

히스토그램의 모양을 묘사하는 주요 접근법 중의 하나는 아래와 같이 정의되는 **중앙 적률**(*central moments*)(**평균에 관한 적률**이라고도 부름)을 사용하는 것이다.

$$\mu_n = \sum_{i=0}^{L-1} (z_i - m)^n p(z_i)$$

여기서 n은 적률 차수(moment *order*)이며, m은 평균이다:

$$m = \sum_{i=0}^{L-1} z_i p(z_i)$$

히스토그램이 정규화된 것으로 가정하므로, 모든 성분들의 합은 1이다. 그러므로, 앞의 식으로부터 $\mu_0 = 1, \mu_1 = 0$임을 알 수 있다. 2차 적률

$$\mu_2 = \sum_{i=0}^{L-1} (z_i - m)^2 p(z_i)$$

는 분산이다. 이 장에서는 평균과 분산에만 관심을 둔다. 더 높은 차수의 적률들은 11장에서 설명한다.

함수 `statmoments`는 평균과 중앙 적률을 n차까지 계산해서 행 벡터 `v`로 반환한다. 차수 0의 적률은 항상 1이고, 차수 1의 적률은 항상 0이므로, `statmoments`는 이 두 적률을 무시하고, 그 대신에 `v(1)` $= m$, `v(k)` $= -\mu_k$ $(k = 2, 3, \cdots, n)$로 놓는다. 그 문법은 다음과 같다(코드는 부록 C 참고):

statmoments

```
[v, unv] = statmoments(p, n)
```

여기서 `p`는 히스토그램 벡터이며 `n`은 계산할 적률의 수이다. `p`의 성분들의 수는 클래스 `uint8`과 `uint16` 영상들에서는 각각 2^8과 2^{16}이며, 클래스 `single` 또는 `double`의 영상에 대해서는 2^8 또는 2^{16}이다. 출력 벡터 `v`는 정규화된 적률들을 포함한다. 이 함수는 랜덤 변수를 범위 [0, 1]로 스케일링하므로, 모든 적률도 이 범위에 든다. 벡터 `unv`는 `v`와 같은 적률들을 포함하나, 원래 값들의 범위에서의 데이터로 계산된다. 예를 들어, 만일 `length(p) = 256`, `v(1) = 0.5`이면, `unv(1)`은 범위 `[0, 255]`의 반인 값 `127.5`를 가질 것이다.

흔히 노이즈 파라미터들을 주어진 노이즈 낀 영상 또는 영상 집합으로부터 직접 추정해야 한다. 이 경우의 접근법은 가능한 한 특징이 없는 배경 영역을 영상에서 선택하는 것이다. 그렇게 하면, 영역의 밝기 값들의 변화가 주로 노이즈에 기인할 것이다. MATLAB에서 관심 영역(region of interest, ROI)을 선택하기 위해서 다각형 ROI를 만드는 함수 `roipoly`를 사용한다. 이 함수의 기본 문법은

roipoly

```
B = roipoly(f, c, r)
```

이며, 여기서 `f`는 관심 영상, `c`와 `r`은 다각형의 모서리들의 열 및 행 좌표들을 순서대로 포함하는 벡터들이다(열이 먼저 지정됨에 유의). 모서리들의 좌표들의 원점은 좌상단에 있다. 출력 `B`는 이진 영상으로서, `f`와 크기가 같으며 ROI 안팎이 각각 1과 0이다. 영상 `B`는 연산을 ROI의 내부로 제한하기 위한 마스크로서 보통 사용된다.

다각형 ROI를 대화식으로 지정하려면 다음 문법

```
B = roipoly(f)
```

를 사용한다. 영상 `f`를 스크린에 표시하며, 사용자가 마우스로 다각형을 지정할 수 있게 해준다. `f`가 생략되면, `roipoly`는 가장 최근에 표시된 영상에 작용한다. 표 4.2에 함수 `roipoly`의 다양한 대화형 기능들이 나열되어 있다. 다각형의 위치와 크기 조정을 마치면, 영역 안을 더블-클릭 또는 우측-클릭하고, 단축 메뉴에서 **Create mask**를 선택해서 마스크 `B`를 생성할 수 있다.

표 4.2 함수 `roipoly`의 대화형 옵션들.

대화형 동작	설명
다각형 닫기	다음 메커니즘 중 하나를 사용한다: • 포인터를 다각형의 첫 모서리 위로 옮긴다. 포인터가 원 ○으로 바뀐다. 아무 마우스 버튼이든 클릭한다. • 왼쪽 마우스 버튼을 더블-클릭한다. 이 동작은 마우스 포인터 밑의 점에 모서리를 만들며, 첫 모서리와 이 모서리를 연결하는 직선을 그린다. • 마우스를 우측 클릭한다. 이 동작은 선택된 마지막 모서리를 첫 모서리와 연결하는 선을 그린다; 마우스 밑의 점에 새로운 모서리를 만들지 않는다.
다각형 옮기기	영역 안으로 포인터를 옮긴다. 포인터는 백합 문장 모양 ✥으로 바뀐다. 다각형을 영상 위로 클릭 및 드래그한다.
다각형 지우기	**Backspace**, **Escape** 또는 **Delete**를 누르거나, 영역 안을 우측 클릭해서 단축 메뉴에서 **Cancel**을 선택한다. (만일 ROI를 제거하면 함수는 empty 값들을 반환한다.)
모서리 옮기기	포인터를 모서리 위로 이동시킨다. 포인터는 원 ○으로 바뀐다. 모서리를 새 위치로 클릭 및 드래그한다.
모서리 추가하기	다각형의 에지 위로 포인터를 이동시키고 **A**키를 누른다. 포인터는 ✧모양으로 바뀐다. 마우스를 좌측 클릭하면 그 점에 새 모서리가 만들어진다.
모서리 제거하기	포인터를 모서리 위로 옮긴다. 포인터가 원 ○으로 바뀐다. 우측 클릭하고 단축 메뉴에서 **Delete vertex**를 선택한다. 함수 `roipoly`가 삭제된 모서리의 이웃 모서리들을 연결하는 새로운 선분을 그린다.
다각형 색깔 설정하기	포인터를 영역의 경계 안으로 옮긴다. 포인터가 ✥ 모양으로 바뀐다. 우측 클릭한다. 단축 메뉴에서 **Set color**를 선택한다.
모서리 좌표 불러오기	포인터를 영역 안으로 옮긴다. 포인터가 ✥로 바뀐다. 우측 클릭하고 단축 메뉴에서 **Copy position**을 선택해서 현재 위치가 클립 보드에 복사된다. 위치는 $n \times 2$ 배열이며, 각 행은 각 모서리의 열과 행 좌표들(이 순서로)을 포함한다; n은 모서리 수이다. 좌표체계의 원점은 영상의 좌측 상단에 있다.

이진 영상과 다각형 모서리들의 목록을 얻으려면 다음과 같은 형태로 사용한다.

```
[B, c, r] = roipoly(...)
```

여기서 roipoly(...)는 이 함수의 모든 유효한 문법을 의미하며, 전과 같이 c와 r은 모서리들의 열과 행 좌표들이다. 이 포맷은 ROI가 대화식으로 지정될 때 특히 유용한데, 그 이유는 이 포맷이 다각형 모서리들의 좌표들을 다른 프로그램에서 사용하기 위해, 또는 같은 ROI를 나중에 복제하기 위해 제공하기 때문이다.

앞의 설명에서와 같이 다음 함수는 모서리들이 벡터 c와 r로 구정된 ROI의 히스토그램을 계산한다. c와 r에 의해 정의되는 다각형 영역을 복제하기 위해 프로그램 내에 함수 roipoly를 사용하는 것을 주목한다.

histroi

```
function [p, npix] = histroi(f, c, r)
%HISTROI Computes the histogram of an ROI in an image.
%   [P, NPIX] = HISTROI(F, C, R) computes the histogram, P, of a
%   polygonal region of interest (ROI) in image F. The polygonal
%   region is defined by the column and row coordinates of its
%   vertices, which are specified (sequentially) in vectors C and R,
%   respectively. All pixels of F must be >= 0. Parameter NPIX is the
%   number of pixels in the polygonal region.

% Generate the binary mask image.
B = roipoly(f, c, r);

% Compute the histogram of the pixels in the ROI.
p = imhist(f(B));

% Obtain the number of pixels in the ROI if requested in the output.
if nargout > 1
   npix = sum(B(:));
end
```

예제 4.4

노이즈 파라미터 추정하기.

■ 그림 4.4(a)는 아래 설명에서 f로 나타내는 노이즈 낀 영상을 보여준다. 이 예제의 목표는 방금 논의된 기법을 사용해서 노이즈 유형과 그 파라미터들을 추정하는 것이다. 그림 4.4(b)는 다음의 대화형 명령으로 만든 마스크 B를 보여준다:

```
>> [B, c, r] = roipoly(f);
```

그림 4.4(c)는 다음 명령들로 만들었다:

```
>> [h, npix] = histroi(f, c, r);
>> figure, bar(h, 1)
```

B를 씌운 영역의 평균과 분산은 다음과 같이 구했다:

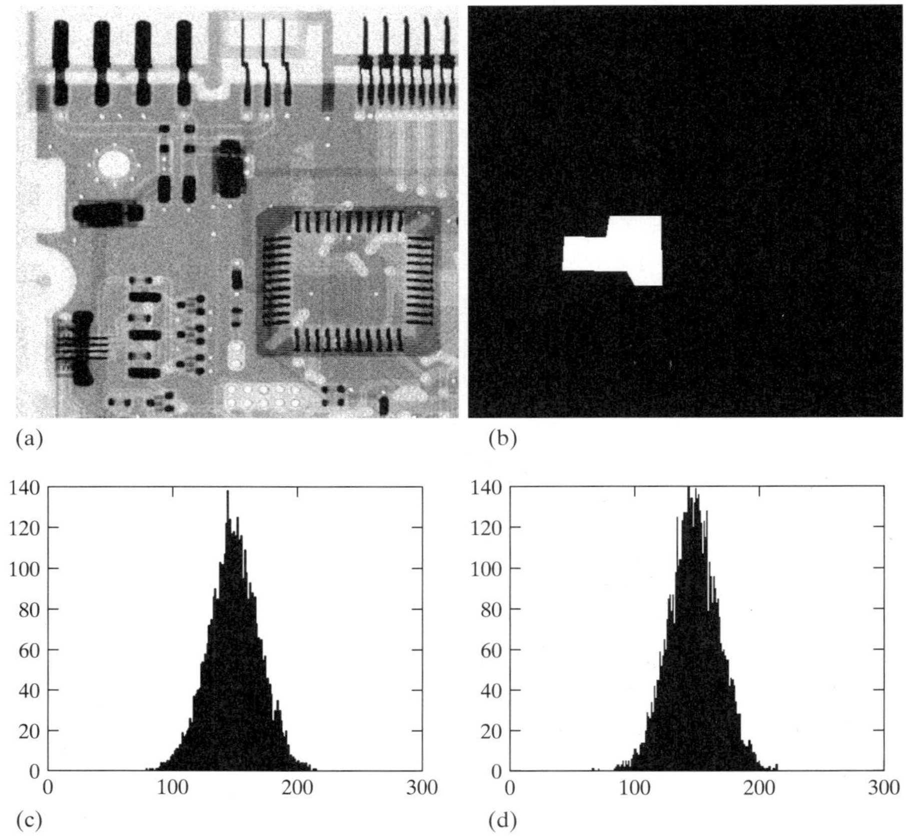

그림 4.4 (a) 노이즈 낀 영상. (b) 대화식으로 만든 ROI. (c) ROI의 히스토그램. (d) 함수 `imnoise2`로 만든 가우시언 데이타의 히스토그램. (사진 제공: Lixi, Inc.)

```
>> [v, unv] = statmoments(h, 2);
>> v
v =
    0.5803      0.0063
>> unv
    147.9814    407.8679
```

그림 4.4(c)로부터 노이즈가 가우시언과 비슷함이 분명하다. 거의 일정한 배경 레벨의 영역을 선택함으로써(여기서 했던 것같이), 그리고 노이즈가 부가적(additive)이라고 가정하면, ROI 영역의 평균 밝기 레벨은 노이즈가 없을 때의 평균 그레이 레벨에 상당히 가깝다고 추정할 수 있으며, 이는 이 경우에 노이즈가 평균값 0을 가짐을 의미한다. 또한, 영역의 밝기 레벨이 거의 일정하다는 사실은 ROI 영역의 변화성이 주로 노이즈의 분산에 기인함을 시사한다. (가능하다면, 노이즈의 평균과 분산을 추정하는 다른 방법은 일정한, 알려진 반사율의 타겟을 영상화해서 추정하는 것이다.) 그림 4.4(d)는 아래 명령들로 얻은, 평균값으로 147, 분산으로 400(대략 위에서 계산된 값들임)을 사용하는 `npix`개(`histroi`가 반환)의 가우스 랜덤 변수들의 집합의 히스토그램을 보여준다:

```
>> X = imnoise2('gaussian', npix, 1, 147, 20);
>> figure, hist(X, 130)
>> axis([0 300 0 140])
```

여기서 hist의 빈 수는 결과가 그림 4.4(c)의 플롯과 호환되도록 선택혔다. 이 그림의 히스토그램은 imhist를 사용해서 함수 histroi 안에서 얻었다. histroi는 hist와는 다른 스케일링을 사용한다. X를 생성하기 위해 npix개의 랜덤 변수들의 집합을 선택했으므로, 두 히스토그램에서 샘플의 수가 같다. 그림 4.4(c)와 (d) 간의 유사성은, 추정 v(1)과 v(2)에 가까운 파라미터들을 갖는 가우스 분포가 이 노이즈를 아주 잘 근사화함을 분명하게 나타낸다.

4.3 노이즈만에 노출되었을 때의 복원–공간 필터링

Restoration in the Presence of Noise Only—Spatial Filtering

노이즈만에 의한 열화일 경우, 4.1절의 모델로부터

$$g(x, y) = f(x, y) + \eta(x, y)$$

이다. 이 경우의 노이즈를 축소하기 위해 선정한 방법은 2.4절과 2.5절에서 개발한 기법들을 사용하는 공간 필터링이다. 이 절에서는 노이즈 축소를 위해 몇 개의 공간 필터를 요약하고 구현한다. 이 필터들에 대한 추가적인 자세한 사항들은 Gonzalez와 Woods[2008]에서 다루고 있다.

4.3.1 공간 노이즈 필터

표 4.3은 이 절에서 관심을 두는 공간 필터들의 목록이다. 표에서 S_{xy}는 입력 노이즈 영상 g의 $m \times n$ 부영상(영역)을 나타낸다. S의 아래 첨자들은 부영상(subimage)이 좌표 (x, y)를 중앙으로 함을 나타내며, $\hat{f}(x, y)$(f의 추정)는 그 좌표들에서의 필터 응답을 나타낸다. 선형 필터들은 2.4절에서 설명한 함수 imfilter를 사용해서 구현한다. 중간값(median), 최대값, 최소값 필터들은 비선형적인, 순서-통계 필터들이다. 중간값 필터는 툴박스 함수 medfilt2를 사용해서 직접 구현할 수 있다. 최대값과 최소값 필터들은 9.2절에서 논의되는 함수 imdilate와 imerode에 의해 구현한다.

spfilt라고 부르는 다음의 사용자 함수는 표 4.3의 필터들에 의해 공간 도메인에서 필터링을 수행한다. 입력들의 선형 결합을 계산하기 위해 함수 imlincomb를 사용함에 주목한다. 또한 출력 영상을 입력 영상과 같은 클래스로 바꾸기 위해 함수 tofloat(부록 C 참고)가 어떻게 사용되는가도 주목한다.

tofloat

spfilt

```
function f = spfilt(g, type, varargin)
%SPFILT Performs linear and nonlinear spatial filtering.
%   F = SPFILT(G, TYPE, M, N, PARAMETER) performs spatial filtering
%   of image G using a TYPE filter of size M-by-N. Valid calls to
```

표 4.3 공간 필터들. 변수 m과 n은 각각 필터 이웃의 행과 열 수를 나타낸다.

필터 이름	공식	설명
산술 평균	$\hat{f}(x,y)=\frac{1}{mn}\sum_{(s,t)\in S_{xy}} g(s,t)$	툴박스 함수 `w = fspecial('average', [m, n])`과 `f = imfilter(g, w)`로 구현.
기하 평균	$\hat{f}(x,y)=\left[\prod_{(s,t)\in S_{xy}} g(s,t)\right]^{\frac{1}{mn}}$	비선형 필터이며, 함수 `gmean`(이 절의 사용자 함수 `spfilt` 참고)으로 구현.
하모니(조화) 평균	$\hat{f}(x,y)=\frac{mn}{\sum_{(s,t)\in S_{xy}} \frac{1}{g(s,t)}}$	비선형 필터. 함수 `harmean`(이 절의 사용자 함수 `spfilt` 참고)으로 구현.
콘트라하모니 (contraharmonic) 평균[†]	$\hat{f}(x,y)=\frac{\sum_{(s,t)\in S_{xy}} g(s,t)^{Q+1}}{\sum_{(s,t)\in S_{xy}} g(s,t)^{Q}}$	비선형 필터. `charmean`(이 절의 사용자 함수 `spfilt` 참고)으로 구현.
중간값	$\hat{f}(x,y)=\underset{(s,t)\in S_{xy}}{\text{median}}\{g(s,t)\}$	툴박스 함수 `medfilt2`로 구현: `f = medfilt2(g, [m, n, 'symmetric'])`.
최대값	$\hat{f}(x,y)=\max_{(s,t)\in S_{xy}}\{g(s,t)\}$	툴박스 함수 `imdilate`로 구현: `f = imdilate(g, ones(m, n))`.
최소값	$\hat{f}(x,y)=\min_{(s,t)\in S_{xy}}\{g(s,t)\}$	툴박스 함수 `imerode`로 구현: `f = imerode(g, ones(m, n))`.
중간점(midpoint)	$\hat{f}(x,y)=\frac{1}{2}\left[\max_{(s,t)\in S_{xy}}\{g(s,t)\}+\min_{(s,t)\in S_{xy}}\{g(s,t)\}\right]$	최대값 및 최소값 필터링 결과들의 합에 0.5를 곱해서 구현.
알파-트림 (alpha-trimmed) 평균	$\hat{f}(x,y)=\frac{1}{mn-d}\sum_{(s,t)\in S_{xy}} g_r(s,t)$	S_{xy}의 $g(s,t)$의 아래와 위의 $d/2$개의 밝기 레벨들을 삭제함. $g(s,t)$는 이웃에서 남아있는 $mn-d$개의 화소들을 나타낸다. 함수 `alphatrim`(이 절의 사용자 함수 `spfilt` 참고)으로 구현.

[†]임펄스 노이즈 시 적합.

```
%   SPFILT are as follows:
%
%     F = SPFILT(G, 'amean', M, N)        Arithmetic mean filtering.
%     F = SPFILT(G, 'gmean', M, N)        Geometric mean filtering.
%     F = SPFILT(G, 'hmean', M, N)        Harmonic mean filtering.
%     F = SPFILT(G, 'chmean', M, N, Q)    Contraharmonic mean
%                                         filtering of order Q. The
%                                         default Q is 1.5.
%     F = SPFILT(G, 'median', M, N)       Median filtering.
%     F = SPFILT(G, 'max', M, N)          Max filtering.
%     F = SPFILT(G, 'min', M, N)          Min filtering.
%     F = SPFILT(G, 'midpoint', M, N)     Midpoint filtering.
%     F = SPFILT(G, 'atrimmed', M, N, D) Alpha-trimmed mean
%                                         filtering. Parameter D must
%                                         be a nonnegative even
%                                         integer; its default value
%                                         is 2.
%
%   The default values when only G and TYPE are input are M = N = 3,
%   Q = 1.5, and D = 2.

[m, n, Q, d] = processInputs(varargin{:});

% Do the filtering.
switch type
case 'amean'
   w = fspecial('average', [m n]);
   f = imfilter(g, w, 'replicate');
case 'gmean'
   f = gmean(g, m, n);
case 'hmean'
   f = harmean(g, m, n);
case 'chmean'
   f = charmean(g, m, n, Q);
case 'median'
   f = medfilt2(g, [m n], 'symmetric');
case 'max'
   f = imdilate(g, ones(m, n));
case 'min'
   f = imerode(g, ones(m, n));
case 'midpoint'
   f1 = ordfilt2(g, 1, ones(m, n), 'symmetric');
   f2 = ordfilt2(g, m*n, ones(m, n), 'symmetric');
   f = imlincomb(0.5, f1, 0.5, f2);
case 'atrimmed'
   f = alphatrim(g, m, n, d);
otherwise
   error('Unknown filter type.')
end
%-------------------------------------------------------------------%
function f = gmean(g, m, n)
%  Implements a geometric mean filter.
[g, revertClass] = tofloat(g);
```

imlincomb

imlincomb에 사용되는 파라미터들에 관한 설명을 더 보려면
>> help imlincomb
라고 입력한다.

```
f = exp(imfilter(log(g), ones(m, n), 'replicate')).^(1 / m / n);
f = revertClass(f);

%------------------------------------------------------------------%
function f = harmean(g, m, n)
%  Implements a harmonic mean filter.
[g, revertClass] = tofloat(g);
f = m * n ./ imfilter(1./(g + eps),ones(m, n), 'replicate');
f = revertClass(f);

%------------------------------------------------------------------%
function f = charmean(g, m, n, q)
%  Implements a contraharmonic mean filter.
[g, revertClass] = tofloat(g);
f = imfilter(g.^(q+1), ones(m, n), 'replicate');
f = f ./ (imfilter(g.^q, ones(m, n), 'replicate') + eps);
f = revertClass(f);

%------------------------------------------------------------------%
function f = alphatrim(g, m, n, d)
%  Implements an alpha-trimmed mean filter.
if (d <= 0) || (d/2 ~= round(d/2))
   error('d must be a positive, even integer.')
end
[g, revertClass] = tofloat(g);
f = imfilter(g, ones(m, n), 'symmetric');
for k = 1:d/2
   f = f - ordfilt2(g, k, ones(m, n), 'symmetric');
end
for k = (m*n - (d/2) + 1):m*n
   f = f - ordfilt2(g, k, ones(m, n), 'symmetric');
end
f = f / (m*n - d);
f = revertClass(f);

%------------------------------------------------------------------%
function [m, n, Q, d] = processInputs(varargin)
m = 3;
n = 3;
Q = 1.5;
d = 2;
if nargin > 0
   m = varargin{1};
end
if nargin > 1
   n = varargin{2};
end
if nargin > 2
   Q = varargin{3};
   d = varargin{3};
end
```

예제 4.5

함수 spfilt 사용하기.

■ 그림 4.5(a)의 영상은 확률 0.1의 후추 노이즈만에 의해서 오염된 uint8 영상이다. 이 영상은 다음 명령들에 의해 만들었다[f는 그림 2.19(a)의 영상이다]:

```
>> [M, N] = size(f);
>> R = imnoise2('salt & pepper', M, N, 0.1, 0);
>> gp = f;
>> gp(R == 0) = 0;
```

그림 4.5(b)의 영상은 다음 명령들을 사용해서 소금 노이즈만에 의해 오염되었다:

```
>> R = imnoise2('salt & pepper', M, N, 0, 0.1);
>> gs = f;
>> gs(R == 1) = 255;
```

후추 노이즈 제거에 좋은 방법은 양의 Q값을 사용하는 콘트라하모니 필터를 사용하는 것이다. 그림 4.5(c)는 다음 명령에 의해 만들었다:

```
>> fp = spfilt(gp, 'chmean', 3, 3, 1.5);
```

마찬가지로, 소금 노이즈는 음의 Q값을 사용하는 콘트라하모니 필터를 사용해서 필터링 할 수 있다:

```
>> fs = spfilt(gs, 'chmean', 3, 3, -1.5);
```

그림 4.5(d)가 그 결과를 보여준다. 비슷한 결과들을 최대값과 최소값 필터에 의해 얻을 수 있다. 예를 들면, 그림 4.5(e)와 (f)의 영상들은 그림 4.5(a)와 (b)에 대해 각각 다음 명령으로 만들었다:

```
>> fpmax = spfilt(gp, 'max', 3, 3);
>> fsmin = spfilt(gs, 'min', 3, 3);
```

spfilt를 사용하는 다른 해법들도 비슷한 방식으로 구현된다.

4.3.2 적응성 공간 필터

앞 절에서 다룬 필터들은 영상 특성이 위치에 따라 어떻게 변하는가에 상관없이 영상에 적용된다. 어떤 응용에서는 필터링되는 영역의 특성에 기반해서 필터의 작용을 적응시킬 수 있는 필터들을 사용해서 결과를 개선할 수 있다. MATLAB에서 적응성 공간 필터를 구현하는 방법의 예로서, 이 절에서는 적응성 중간값 필터를 고려한다. 앞에서와 같이 S_{xy}는 처리될 영상의 위치 (x, y)를 중심으로 하는 부영상을 나타낸다. Eng과 Ma[2001]가 발표했고 Gonzalez와 Woods[2008]에 자세히 설명된 그 알고리듬은 다음과 같다:

$$z_{\min} = S_{xy}\text{의 최소 밝기 값}$$
$$z_{\max} = S_{xy}\text{의 최대 밝기 값}$$

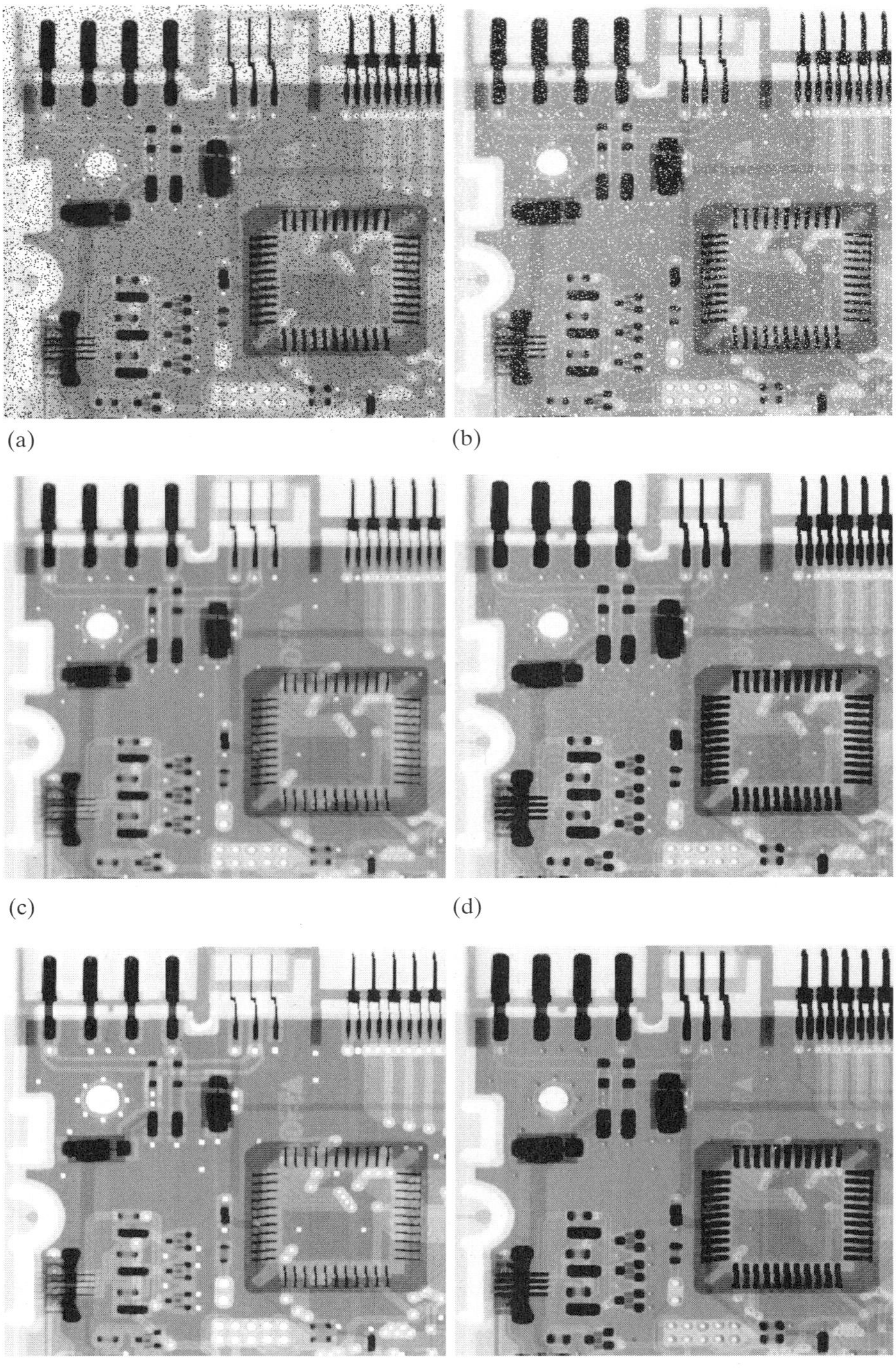

그림 4.5 (a) 확률 0.1로 후추 노이즈가 낀 영상. (b) 같은 확률의 소금 노이즈가 낀 영상. (c) (a)를 차수 $Q = 1.5$인 3×3 콘트라하모니 필터로 필터링한 결과. (d) $Q = -1.5$로 (b)를 필터링한 결과. (e) 3×3 최대값 필터로 (a)를 필터링한 결과. (f) 3×3 최소값 필터로 (b)를 필터링한 결과.

(a) (b) (c) (d) (e) (f)

$z_{med} = S_{xy}$의 중간 밝기 값
$z_{xy} =$ 좌표 (x, y)에서의 밝기 값

이라고 하자. 적응성 중간값 필터링 알고리듬은 레벨 A와 레벨 B로 나타내는 두 처리 레벨을 사용한다:

레벨 A: If $z_{min} < z_{med} < z_{max}$이면, 레벨 B로 이동
Else 창 크기를 확장
If 창 크기 $\leq S_{max}$이면, 레벨 A를 반복
Else z_{med}를 출력

레벨 B: If $z_{min} < z_{xy} < z_{max}$, z_{xy}를 출력
Else z_{med}를 출력

여기서 S_{max}는 적응성 필터 윈도우의 최대 허용 크기를 나타낸다. 레벨 A의 마지막 단계에서의 다른 옵션은 중간값 대신에 z_{xy}를 출력하는 것이다. 이것은 다소 덜 흐려진 결과를 만드나, 후추(소금) 노이즈와 같은 값을 갖는 일정한 배경에 섞인 소금(후추) 노이즈를 검출하지 못할 수 있다.

이 알고리듬을 구현하는 M-함수를 `adpmedian`이라고 부르며, 부록 C에 포함되어 있다. 문법은

```
f = adpmedian(g, Smax)
```

adpmedian

이며, 여기서 `g`는 필터링될 영상이고, 위에서 정의된 것과 같이 `Smax`는 적응성 필터 윈도우의 최대 허용 크기이다.

예제 4.6

적응성 중간값 필터링.

■ 그림 4.6(a)는 다음 명령으로 만든 소금과 후추 노이즈가 섞인 회로 기판 영상 `f`를 보여준다:

```
>> g = imnoise(f, 'salt & pepper', .25);
```

그리고 그림 4.6(b)는 다음 명령으로 얻은 결과를 보여준다:

```
>> f1 = medfilt2(g, [7 7], 'symmetric');
```

함수 `medfilt2`의 사용에 관해서는 2.5.2절을 참고한다.

이 영상은 노이즈가 별로 없으나, 흐릿해졌고 왜곡되었다(예를 들어, 영상의 상단 중앙의 커넥터 다리에 유의한다). 그 반면, 명령

```
>> f2 = adpmedian(g, 7);
```

에 의해 그림 4.6(c)의 영상을 만들었는데, 이 그림도 노이즈는 별로 없으나, 그림 4.6(b)에 비해 훨씬 덜 흐릿해지고 왜곡되었다.

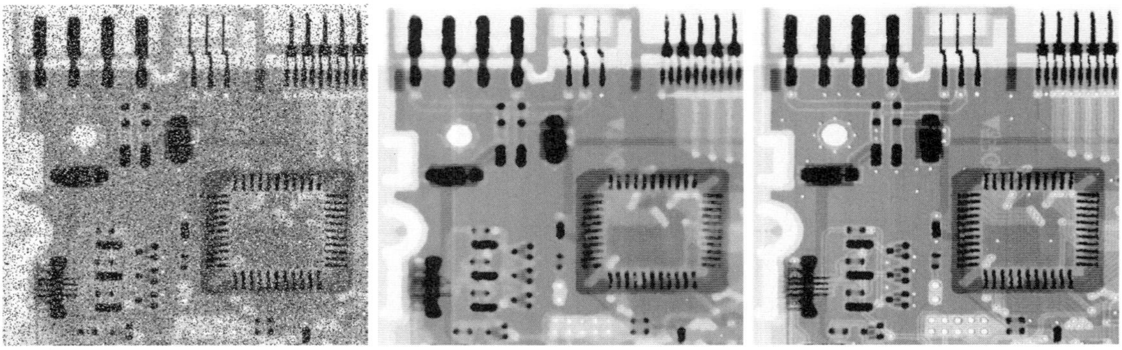

(a) (b) (c)

그림 4.6 (a) 밀도 0.25로 소금과 후추 노이즈가 낀 영상. (b) 크기 7 × 7의 중간값 필터로 얻은 결과. (c) $S_{max} = 7$의 적응성 중간값 필터로 얻은 결과.

4.4 주파수 도메인 필터링에 의한 주기적 노이즈 축소

Periodic Noise Reduction Using Frequency Domain Filtering

4.2.3절에서 언급했듯이, 주기적 노이즈는 푸리에 스펙트럼에서 자주 볼 수 있는 임펄스 모양의 폭발(burst)를 만든다. 이 성분을 필터링하는 주된 방법은 노치거부 필터링을 사용하는 것이다. 3.7.2절에서 논의된 바와 같이, Q 노치 쌍을 갖는 노치거부 필터의 일반 공식은 다음과 같다:

$$H_{\mathrm{NR}}(u,v) = \prod_{k=1}^{Q} H_k(u,v)H_{-k}(u,v)$$

여기서 $H_k(u, v)$와 $H_{-k}(u, v)$는 중앙이 각각 (u_k, v_k)와 $(-u_k, -v_k)$에 있는 고역통과 필터들이다. 이 이동된 중앙들은 주파수 직사각형의 중앙 $(M/2, N/2)$를 기준으로 지정된다. 그러므로, 필터의 거리 계산은 다음 공식으로 주어진다:

$$D_k(u,v) = \left[(u - M/2 - u_k)^2 + (v - N/2 - v_k)^2\right]^{\frac{1}{2}}$$

그리고

$$D_{-k}(u,v) = \left[(u - M/2 + u_k)^2 + (v - N/2 + v_k)^2\right]^{\frac{1}{2}}$$

3.7.2절에서 몇 가지 유형의 노치거부 필터에 관해서 논의하였으며, 이 필터들을 생성하기 위한 사용자 함수 `cnotch`를 제공하였다. 주파수 축의 성분들을 빼버리는 노치거부 필터링은 영상 복원의 특수한 용도로도 쓰인다. 3.7.2절에서 논의된 함수 `recnotch`가 이 유형의 필터를 구현한다. 예제 3.9와 3.10이 주기적 노이즈 축소를 위한 노치거부 필터링의 효과를 보여준다.

4.5 열화 함수의 모델링 Modeling the Degradation Function

열화된 영상을 생성했던 장치와 비슷한 장치가 가용할 때, 장치의 설정을 다양하게 해서 실험하면 열화의 특성을 결정하는 것이 가능할 때가 있다. 그러나 관련 영상화 장치의 가용성은 영상 복원 문제들에 대한 해에서 규칙이라기보다는 예외이며, 전형적인 방법은 PSF들을 만들고 다양한 복원 알고리듬에 의한 결과들을 시험해서 실험하는 것이다. 다른 방법은 PSF를 수학적으로 모델링하는 것이다. 이 방법은 여기에서의 설명의 본류에서 벗어난다; 이 주제에 대한 소개는 Gonzalez와 Woods[2008]를 참고한다. 마지막으로, PSF에 관해 가용한 정보가 없을 경우, PSF를 유추하기 위해 "블라인드 디컨볼루션(blind deconvolution)"에 기댈 수 있다. 이 방법은 4.10절에서 설명된다. 이 절의 나머지의 초점은 각각 2.4절과 2.5절에서 소개한 함수 imfilter 및 fspecial과 이 장의 초기에 설명한 다양한 노이즈-생성 함수들을 사용해서 PSF들을 모델링하기 위한 다양한 기법들에 둔다.

영상 복원 문제에서 만나게 되는 주된 열화 현상들 중의 하나는 영상이 흐려지는 현상(blur)이다. 서로에 대해 정지해 있는 장면과 센서에 대해 발생하는 흐려짐 현상은 공간 또는 주파수 도메인 저역통과 필터에 의해 모델링할 수 있다. 다른 중요한 열화 모델은 영상 획득 시 센서와 장면 간의 균일한 선형 동작에 의해 야기된 영상 흐려짐 현상이다. 이 영상 흐려짐 현상은 툴박스 함수 fspecial을 사용해서 모델링할 수 있다.

```
PSF = fspecial('motion', len, theta)
```

fspecial에 대한 이 호출은 len개 화소만큼의 카메라의 선형 이동 효과를 근사화하는 PSF를 반환한다. 파라미터 theta의 단위는 도이며, 양의 수평 축을 기준으로 반시계 방향으로 측정된다. len의 디폴트 값은 9이며 디폴트 theta는 0이다. 이 설정은 수평 방향으로 9화소 이동에 해당한다.

알려져 있거나 또는 방금 설명한 방법에 의해 계산되는 PSF로 열화된 영상을 만들기 위해 함수 imfilter를 사용한다:

```
>> g = imfilter(f, PSF, 'circular');
```

여기서 'circular'(표 2.3 참조)는 경계 효과 감소를 위해 사용한다. 이제 적절한 노이즈를 부가해서 열화 영상 모델을 완성한다:

```
>> g = g + noise;
```

여기서 noise는 4.2절에서 설명한 방법 중 하나를 사용해서 만든, g와 같은 크기의 랜덤 노이즈 영상이다.

이 절과 다음 절들에서 설명하는 다양한 접근법들의 적합성을 비교할 때, 의미있는 비교가 되도록 같은 영상 또는 테스트 패턴을 사용하면 도움이 된다. 함수

checkerboard로 생성하는 테스트 패턴은 주요 특징에 영향을 주지 않고 크기가 스케일링될 수 있으므로, 특히 이 목적에 유용하다. 그 문법은

checkerboard

```
C = checkerboard(NP, M, N)
```

이며, 여기서 NP는 각 정사각형의 변의 화소 수, M은 행 수, N은 열 수이다. 만일 N을 생략하면, 디폴트로 M을 사용한다. 만일 M과 N이 모두 생략되면, 한 변에 8개의 정사각형이 있는 정사각형 서양 장기판이 만들어진다. 또한 만일 NP도 생략되면, 10화소가 디폴트 값이다. 서양 장기판의 좌측 반의 밝은 정사각형들은 백색이다. 우측 반의 밝은 정사각형은 회색이다. 모든 밝은 정사각형들을 백색으로 만들려면, 다음 명령을 사용한다.

연산자 >를 사용하면 logical 결과를 만든다; im2double은 함수 checkerboard의 출력의 클래스와 일치하는 double 클래스 영상을 만들기 위해 사용된다.

```
>> K = checkerboard(NP, M, N) > 0.5;
```

checkerboard로 만드는 영상은 값이 범위 [0, 1]인 double 클래스이다.

어떤 복원 알고리듬은 큰 영상에 대해 느리므로, 계산 시간을 줄이도록 작은 영상으로 실험하는 게 좋은 접근법이다. 이 경우, 표시 목적을 위해 영상을 화소 복제에 의해 주밍할 수 있다면 유용하다. 다음 함수가 이를 수행한다(코드는 부록 C 참조):

pixeldup

```
B = pixeldup(A, m, n)
```

이 함수는 A의 모든 화소를 수직 방향으로 m번, 수평 방향으로 n번 복제한다. n을 생략하면 디폴트 값은 m이다.

예제 4.7

흐려지고 노이즈 낀 영상을 모델링하기.

■ 그림 4.7(a)는 다음 명령으로 만든 서양 장기판 영상을 보여준다.

```
>> f = checkerboard(8); % Image is of class double.
```

그림 4.7(b)의 열화된 영상은 다음 명령들로 만들었다:

```
>> PSF = fspecial('motion', 7, 45);
>> gb = imfilter(f, PSF, 'circular');
```

PSF는 공간 필터이다. 그 값들은 다음과 같다.

```
>> PSF
PSF =
         0         0         0         0         0    0.0145         0
         0         0         0         0    0.0376    0.1283    0.0145
         0         0         0    0.0376    0.1283    0.0376         0
         0         0    0.0376    0.1283    0.0376         0         0
         0    0.0376    0.1283    0.0376         0         0         0
    0.0145    0.1283    0.0376         0         0         0         0
         0    0.0145         0         0         0         0         0
```

(a) (b) (c) (d)

그림 4.7 (a) 오리지널 영상. (b) `fspecial`에 `len`=7, `theta = -45`도를 사용해서 만든 흐려진 영상. (c) 노이즈 영상. (d) (b)와 (c)의 합.

그림 4.7(c)의 노이즈 패턴은 평균이 0, 분산이 0.001인 가우스 노이즈 영상이며, 다음 명령으로 만들었다:

```
>> noise = imnoise2('Gaussian', size(f,1), size(f, 2), 0,...
                    sqrt(0.001));
```

그림 4.7(d)의 흐려진, 노이즈 낀 영상은 다음과 같이 만들었다:

```
>> g = gb + noise;
```

이 노이즈는 최대값이 대략 0.15인 반면 영상의 최대값이 1이기 때문에, 이 영상에서 눈에 잘 띄지 않는다. 4.7절과 4.8절에서 보겠듯이, `g`의 복원을 시도할 때 이 노이즈 레벨을 간과할 수 없다. 끝으로, 그림 4.7의 모든 영상은 512 × 512로 주밍되었으며, 다음 형태의 명령으로 표시되었다:

```
>> imshow(pixeldup(f, 8), [ ])
```

그림 4.7(d)의 영상은 예제 4.8과 4.9에서 복원한다.

4.6 직접 역필터링 Direct Inverse Filtering

열화된 영상을 복원하기 위해 취할 수 있는 가장 간단한 방법은 4.1절에서 소개된 모델의 노이즈 항을 무시하고 다음 형태의 추정을 만드는 것이다:

$$\hat{F}(u,v) = \frac{G(u,v)}{H(u,v)}$$

그런 다음, $\hat{F}(u, v)$의 역푸리에 변환을 취해서 영상에 대한 해당 추정을 구한다 [$G(u, v)$가 열화된 영상의 푸리에 변환임을 기억하라]. 따라서, 이 방법을 **역필터링**(*in erse filtering*)이라고 부른다. 노이즈를 고려해서 우리의 추정을 다음과 같이 표현할 수 있다.

$$\hat{F}(u,v) = F(u,v) + \frac{N(u,v)}{H(u,v)}$$

단순하다고 현혹되기 쉬운 이 식은 노이즈 성분이 그 푸리에 변환인 $N(u, v)$가 알려지지 않은 랜덤 함수이므로, 우리가 $H(u, v)$를 정확하게 알고 있어도 $F(u, v)$[그리고 그에 따라 오리지널, 열화 없는 영상 $f(x, y)$]를 복원할 수 없음을 시사한다. 게다가, 많은 제로들을 갖는 함수 $H(u, v)$와 관련해서는 실질적으로 대체로 문제가 있다. 노이즈 항 $N(u, v)$가 무시할 수 있을 정도로 작더라도, 0에 가까운 $H(u, v)$의 값으로 나누면 복원 추정을 압도하게 될 것이다.

역필터링을 구현할 때의 전형적인 방법은 비 $\hat{F}(u, v) = G(u, v)/H(u, v)$를 형성하고 이 역을 구하는 주파수 범위를 원점 근처로 제한하는 것이다. 그렇게 하는 까닭은 변환의 크기가 대개 원점 근처에서 최고 값이므로, $H(u, v)$의 제로들이 원점 근처에서 발생할 확률이 상대적으로 적기 때문이다. 이 기본적인 주제에 관한 많은 변형들이 있는데, 이들에서는 H가 0 또는 거의 0인 때의 (u, v)의 값들을 특별히 다룬다. 이 유형의 방법을 때로 **의사역**(*pseudoin erse*) 필터링이라고 부른다. 일반적으로 이런 유형의 역필터링에 기반한 방법들은 다음 절의 예제 4.8이 보여주듯이 실용성이 희박하다.

4.7 위너(Wiener) 필터링 Wiener Filtering

위너 필터링(Wiener가 1942년에 제안)은 선형 영상 복원을 위한 가장 초기의, 그리고 가장 잘 알려진 방법 중 하나이다. 위너 필터는 통계 오차함수

$$e^2 = E\left\{\left(f - \hat{f}\right)^2\right\}$$

을 최소화하는 추정 $\hat{f}$을 찾는다. 여기서 E는 기대값 연산자, f는 열화되지 않은 영상이다. 주파수 도메인에서의 이 식에 대한 해는

$$\hat{F}(u,v)=\left[\frac{1}{H(u,v)}\frac{|H(u,v)|^2}{|H(u,v)|^2+S_\eta(u,v)/S_f(u,v)}\right]G(u,v)$$

이다. 여기서

$H(u,v)$ = 열화 함수
$|H(u,v)|^2 = H^*(u,v)H(u,v)$
$H^*(u,v) = H(u,v)$의 복소 공액
$S_\eta(u,v) = |N(u,v)|^2$ = 노이즈의 전력 스펙트럼
$S_f(u,v) = |F(u,v)|^2$ = 열화되지 않은 영상의 전력 스펙트럼

이다. 비 $S_\eta(u,v)/S_f(u,v)$를 **노이즈 대 신호 전력** 비라고 부른다. u와 v의 모든 관련 값들에 대해 노이즈 전력 스펙트럼이 0이면, 이 비는 0이 되며 Wiener 필터는 앞 절에서 설명한 역필터로 축소된다.

이와 관계 있는 두 가지 수량으로서 다음과 같이 정의되는 평균 노이즈 전력과 평균 영상 전력이 있다:

$$\eta_A=\frac{1}{MN}\sum_u\sum_v S_\eta(u,v)$$

그리고

$$f_A=\frac{1}{MN}\sum_u\sum_v S_f(u,v)$$

여기서 M과 N은 각각 영상과 노이즈 배열들의 행과 열 수를 표시한다. 이들은 스칼라 상수이며, 그 비는

$$R=\frac{\eta_A}{f_A}$$

인 스칼라이며, 때로 함수 $S_\eta(u,v)/S_f(u,v)$ 대신에 상수 배열을 만드는 데 사용된다. 이 경우 실제 비를 모르더라도, R을 바꾸며 복원된 결과를 보면서 대화식으로 실험하는 간단한 일이 된다. 이는 물론 이 함수들이 상수라고 가정하는 거친 근사화이다. 앞의 필터 공식에서 $S_\eta(u,v)/S_f(u,v)$를 상수 배열에 의해 대체하면 소위 **파라미터 *Wiener* 필터(*parametric Wiener filter*)**를 얻는다. 예제 4.8에서 보여주듯이 상수 배열을 사용하는 단순한 작업 조차도 직접적 역필터링보다 훨씬 더 개선된 결과를 만들 수 있다.

Winer 필터링은 IPT 함수 `deconvwnr`를 사용해서 구현한다. 이 함수는 세 가지 가능한 문법 형태를 갖는다. 세 형태 모두에서 `g`는 열화된 영상, `frest`는 복원된 영상을 표시한다. 첫 번째 형태

deconvwnr

```
frest = deconvwnr(g, PSF)
```

는 노이즈 대 신호 비가 0이라고 가정한다. 따라서, 이 형태의 Wiener 필터는 4.6절에서 언급한 역필터이다. 문법

```
frest = deconvwnr(g, PSF, NSPR)
```

는 상수로서든 또는 배열로서든 노이즈 대 신호 전력 비를 알고 있는 것으로 가정한다; 이 함수는 둘 중의 하나를 받아 들인다. 이것은 파라미터 Wiener 필터를 구현하는 데 사용되는 문법이다. 이 경우 NSPR은 스칼라 입력이 될 것이다. 끝으로 문법

```
frest = deconvwnr(g, PSF, NACORR, FACORR)
```

은 노이즈와 비열화 영상의 오토코릴레이션(autocorrelation) 함수들인 NACORR과 FACORR를 알고 있는 것으로 가정한다. 이 형태의 deconvwnr는 이 함수들의 전력 스펙트럼 대신에 η와 f의 오토코릴레이션을 사용한다. 코릴레이션 정리로부터 다음을 알고 있다:

코릴레이션 정리에 관해서는 Gonzalez와 Woods [2008]를 참고한다.

$$|F(u,v)|^2 = \Im\left[f(x,y) \star f(x,y)\right]$$

여기서 "☆"는 코릴레이션 연산을, $\Im$는 푸리에 변환을 나타낸다. 이 식은 전력 스펙트럼의 역푸리에 변환을 계산해서 deconvwnr에 사용할 오토코릴레이션 함수 $f(x, y) \star f(x, y)$를 얻을 수 있음을 나타낸다. 비슷한 설명이 노이즈의 오토코릴레이션에 대해서도 적용된다.

복원된 영상이 알고리듬에 사용된 이산 푸리에 변환에 의해 야기된 물결현상[†] (ringing)을 보이면, 때로 deconvwnr를 호출하기 전에 함수 edgetaper를 사용하는 게 도움이 될 수 있다. 그 문법은

edgetaper

```
J = edgetaper(I, PSF)
```

이다. 이 함수는 점 확산함수 PSF(point spread function)를 사용해서 입력 영상 I의 경계를 흐리게 만든다. 출력 영상 J는 I와 그 흐려진 버전의 가중치 합이다. PSF의 오토코릴레이션 함수에 의해 계산되는 가중치 배열은 중앙에서는 J를 I와 같게 만들고, 경계 근처에서는 I의 흐려진 버전과 같게 만든다.

예제 4.8 흐려지고 노이즈 낀 영상을 복원하기 위해 함수 deconvwnr 사용하기.

■ 그림 4.8(a)는 그림 4.7(d)에서와 같은 방법으로 생성되었으며, 그림 4.8(b)는 다음 명령을 사용해서 얻었다:

[†] 윤곽선 같은 높은 대조도 경계를 따라 발생하는 진동성 가상선 또는 지글거림 현상.

(a) (b) (c) (d)

그림 4.8 (a) 흐려지고 노이즈 낀 영상. (b) 역필터링의 결과. (c) 상수 비를 사용하는 위너 필터링의 결과. (d) 오토코릴레이션 함수들을 사용하는 위너 필터링의 결과.

```
>> frest1 = deconvwnr(g, PSF);
```

여기서 g는 오염된 영상이며 PSF는 예제 4.7에서 계산한 점 확산함수이다. 이 절의 앞에서 언급했듯이, frest1은 직접적 역필터링의 결과이며, 예상한 대로 그 결과는 노이즈 효과에 의해 지배된다. (예제 4.7에서와 같이, 모든 표시된 영상은 크기를 512 × 512 화소로 주밍하기 위해 pixeldup으로 처리되었다.)

이 절의 앞 부분에서 설명한 비 R은 예제 4.7로부터의 오리지널 및 노이즈 영상들을 사용해서 얻었다:

```
>> Sn = abs(fft2(noise)).^2;          % noise power spectrum
>> nA = sum(Sn(:))/numel(noise);      % noise average power
>> Sf = abs(fft2(f)).^2;              % image power spectrum
>> fA = sum(Sf(:))/numel(f);          % image average power.
>> R = nA/fA;
```

이 비를 사용해서 영상을 복원하기 위해 다음과 같이 쓴다:

```
>> frest2 = deconvwnr(g, PSF, R);
```

그림 4.8(c)가 보여주듯이, 이 접근법은 직접적 역필터링보다 훨씬 개선된 결과를 제공한다.

끝으로, 복원에서 오토코릴레이션 함수들을 사용한다(센터링을 위해 `fftshift`를 사용하는 것을 주목한다):

```
>> NCORR = fftshift(real(ifft2(Sn)));
>> ICORR = fftshift(real(ifft2(Sf)));
>> frest3 = deconvwnr(g, PSF, NCORR, ICORR);
```

그림 4.8(d)가 보여주듯이 오리지널에 훨씬 더 가까우나, 일부 노이즈가 아직 확연하다. 오리지널 영상과 노이즈 함수들을 알고 있었기 때문에, 올바른 파라미터들을 추정할 수 있었으며, 그림 4.8(d)는 이 경우 Wiener 디컨볼루션(deconvolution)으로 달성할 수 있는 최선의 결과이다. 실제에서 이 수량들 중 하나(또는 그 이상)를 모를 때의 어려운 점은 수용할 만한 결과를 얻을 때까지, 실험할 때 사용되는 함수들을 선택하는 것이다.

4.8 제한적 최소제곱 (규제) 필터링

Constrained Least Squares (Regularized) Filtering

선형 복원에 대한 또 다른 확립된 접근법은 툴박스 문서에서 **규제**(*regularized*) **필터링**이라고 부르는 **제한 최소제곱 필터링**(*constrained least squares filtering*)이다. 2.4.1절로부터 두 함수 f와 h의 2-D 이산 컨볼루션이

컨볼루션이 교환성(가환성)을 가지므로, f와 h의 순서는 문제되지 않는다.

$$h(x, y) \star f(x, y) = \sum_{m=0}^{M-1} \sum_{n=0}^{N-1} f(m, n) h(x - m, y - n)$$

이라는 것을 알고 있다. 여기서 "★"는 컨볼루션 연산을 나타낸다. 이 공식을 이용해서, 4.1절에서 다룬 선형 열화 모델 $g(x, y) = h(x, y) \star f(x, y) + \eta(x, y)$를 다음과 같은 벡터-매트릭스 형태로 표현할 수 있다:

$$\mathbf{g} = \mathbf{Hf} + \boldsymbol{\eta}$$

예를 들어, $f(x, y)$의 크기가 $M \times N$이라고 하자. 그러면, 벡터 $\mathbf{f}$의 첫 N개의 요소들은 $f(x, y)$의 첫 행에 있는 영상 요소들, 다음 N개의 요소들은 두 번째 행에 있는 영상 요소들 등의 순서로 이용해서 형성할 수 있다. 결과 벡터의 크기는 $MN \times 1$이 될 것이다. 이것은 $\mathbf{g}$와 $\boldsymbol{\eta}$의 크기이기도 하다. 매트릭스 $\mathbf{H}$는 그러면 $MN \times MN$의 크기를 갖는다. 그 요소들은 앞의 컨볼루션 공식의 요소들에 의해 주어진다.

복원 문제가 간단한 매트릭스 조작으로 축소될 수 있다고 결론을 내려도 타당할 것으로 보인다. 그러나 불행하게도 사실은 그렇지 않다. 예를 들어, 보통 크기의 영상을 다루고 있다고 하자; 즉 $M = N = 512$. 그러면 벡터들은 크기가 $262{,}144 \times 1$이 될 것이며, 매트릭스 $\mathbf{H}$의 크기는 $262{,}144 \times 262{,}144$가 될 것이다. 이들 크기의 벡터와 매트릭스들을 다루는 일은 간단하지 않다. 전달함수의 제로들로 인해 $\mathbf{H}$의 역이 항상 존재하지는 않는다는 사실 때문에 문제는 더 복잡해진다(4.6절 참조). 그렇지만, 복원 문제를 매트릭스 형태로 공식화하는 것은 복원 기술의 도출을 돕는다.

비록 보여주려 하는 제한 최소제곱의 방법을 유도하지는 않겠지만, 앞 문단에서

언급한 $\mathbf{H}$의 역의 감도 문제가 이 방법의 핵심이다. 이 문제를 다루는 한 방법은 최적 복원을 영상의 2차 미분(예: 라플라시언)과 같은 부드러움의 척도에 기반하게 하는 것이다. 의미를 갖기 위해서는 복원은 당면한 문제의 파라미터들에 의해 제한되어야 한다. 따라서, 다음과 같이 정의되는 기준함수(criterion function) C의 최소를 찾는 게 필요하다:

$$C = \sum_{x=0}^{M-1} \sum_{y=0}^{N-1} \left[\nabla^2 f(x, y)\right]^2$$

단, 이 식의 제한 조건은

$$\|\mathbf{g} - \mathbf{H}\hat{\mathbf{f}}\|^2 = \|\boldsymbol{\eta}\|^2$$

이다. 여기서 $\|\mathbf{w}\|^2 = \mathbf{w}^T\mathbf{w}$는 유클리드 벡터 놈(norm),† $\hat{\mathbf{f}}$은 비열화(undegraded) 영상의 추정이며, 라플라스 연산자 ∇^2은 2.5.1절에서와 같이 정의된다.

이 최적화 문제의 주파수 도메인 해는 다음 공식으로 주어진다.

$$\hat{F}(u, v) = \left[\frac{H^*(u, v)}{|H(u, v)|^2 + \gamma|P(u, v)|^2}\right] G(u, v)$$

여기서 γ는 제한 조건이 만족되도록 조정되어야 하는 파라미터이며(만일 γ가 0이면, 우리는 역필터 해를 갖는다), $P(u, v)$는 다음 함수의 푸리에 변환이다.

$$p(x, y) = \begin{bmatrix} 0 & 1 & 0 \\ 1 & -4 & 1 \\ 0 & 1 & 0 \end{bmatrix}$$

이 함수를 2.5.1절에 소개된 라플라스 연산자라고 알고 있다. 앞의 공식에서 모르고 있는 것은 γ와 $\|\boldsymbol{\eta}\|^2$이다. 그러나 γ는 노이즈 전력(스칼라)에 비례하는 $\|\boldsymbol{\eta}\|^2$을 알면 반복법에 의해 찾을 수 있음을 보여줄 수 있다.

제한 최소제곱 필터링은 툴박스에 함수 deconvreg에 의해 구현되어 있으며, 그 문법은

deconvreg

```
frest = deconvreg(g, PSF, NOISEPOWER, RANGE)
```

이다. 여기서 g는 오염된 영상, frest는 복원된 영상, NOISEPOWER는 $\|\boldsymbol{\eta}\|^2$에 비례하며, RANGE는 알고리듬이 γ값에 대한 해를 찾아보는 제한된 범위이다. 디폴트 범위는 $[10^{-9}, 10^9]$(MATLAB 표기로는 [1e-9,1e9])이다. 인수에서 끝의 두 파라미터가 생략되면, deconvreg는 역필터 해를 만든다. NOISEPOWER의 추정 시작점으

---

† n개 요소의 열 벡터 $\mathbf{w}$에 대해, $\mathbf{w}^T\mathbf{w} = \sum_{k=1}^{n} w_k^2$ 이다. 여기서 w_k는 $\mathbf{w}$의 k번째 요소이다.

로는 $MN[\sigma_\eta^2 + m_\eta^2]$이 좋다. 여기서, M과 N은 영상의 크기이며, 대괄호 안의 파라미터들은 노이즈 분산과 노이즈 제곱평균(noise squared mean)이다. 이 추정은 시작 값이며, 다음 예제가 보여주듯이 사용되는 마지막 값은 아주 다를 수 있다.

예제 4.9

흐려진, 노이즈 낀 영상을 복원하기 위해 함수 deconvreg 사용하기.

■ 그림 4.7(d)의 영상을 deconvreg를 사용해서 복원해 보자. 이 영상은 크기가 64 × 64이며, 예제 4.7로부터 노이즈는 0.001의 분산과 제로 평균을 가짐을 안다. 따라서, NOISEPOWER에 대한 초기 추정은 $(64)^2(0.001 + 0) \approx 4$이다. 그림 4.9(a)는 다음 명령의 결과를 보여준다.

```
>> frest1 = deconvreg(g, PSF, 4);
```

여기서 g와 PSF는 예제 4.7로부터 왔다. 영상이 오리지널에 비해 다소 개선되었으나, 분명히 이것은 NOISEPOWER로서 특별히 좋은 값은 아니다. 이 파라미터와 RANGE 파라미터로 어느 정도 실험한 후, 그림 4.9(b)의 결과에 도달했으며, 이 결과는 다음 명령을 사용해서 얻었다:

```
>> frest2 = deconvreg(g, PSF, 0.4, [1e-7 1e7]);
```

따라서 NOISEPOWER에 대해서는 한 자리만큼 내려가야 했음을 알 수 있으며, RANGE는 디폴트보다 더 빠듯했다. 그림 4.8(d)의 Wiener 필터링 결과가 우월하나, 이 결과는 노이즈 및 영상의 스펙트럼들을 완전히 아는 상태에서 얻은 것이다. 그런 정보가 없다면 두 필터로 실험해서 얻을 수 있는 결과는 대개 비슷하다(그림 4.8(c) 참조).

만일 복원된 영상이 알고리듬에 사용된 이산 푸리에 변환에 의한 물결현상을 보이면, deconvreg를 호출하기 전에 함수 edgetaper(4.7절 참조)를 사용하면 때때로 도움이 된다.

(a) (b)

그림 4.9 (a) NOISEPOWER가 4인 규제 필터를 사용해서 복원된 그림 4.7(d)의 영상. (b) NOISEPOWER는 0.4, RANGE는 [1e-7 1e7]로 복원된 같은 영상.

4.9 Lucy-Richardson 알고리듬을 사용한 반복적 비선형 복원 Iterative Nonlinear Restoration Using the Lucy-Richardson Algorithm

앞의 세 절에서 설명한 영상 복원 방법들은 선형적이다. 그들은 또한 일단 복원 필터가 규정되면 솔루션이 필터를 한 번 적용해서 얻어진다는 면에서 "직접적(direct)"이다. 이러한 구현 단순성은 적절한 계산 요건 및 잘 설정된 이론적 토대와 결합하여, 선형 기술을 여러 해 동안 영상 복원에서 필수적인 툴로 만들어 왔다.

비선형 반복 기법은 자주 선형적 방법에 의한 것보다 우월한 결과를 제공하는 복원 툴로서 받아들여지고 있다. 비선형 방법의 단점은 그 특성이 항상 예측 가능한 것이 아니며, 일반적으로 상당한 계산 자원을 요구한다. 첫 번째 단점은 여러 응용에서 비선형 방법이 선형 기술에 비해 우월성(Jansson [1997])을 보여왔기 때문에 흔히 그 중요도를 상실한다. 두 번째 단점은 오늘날 저렴한 계산 파워의 극적인 증가로 인해 점점 문제가 되지 않고 있다. 툴박스에 선택된 비선형 방법은 Richardson[1972]과 Lucy[1974]가 독립적으로 개발한 기술이다. 툴박스는 이 방법을 Lucy-Richardson (L-R) 알고리듬이라고 부르나, 문헌에서 Richardson-Lucy 알고리듬으로 인용되기도 한다.

L-R 알고리듬은 영상이 Poisson(푸아송)† 통계에 의해 모델링되는 최대 우도 공식(maximum-likelihood formulation)(4.10절 참조)으로부터 유래한다. 모델의 우도 함수를 최대화하면 다음의 반복이 수렴할 때 만족되는 공식이 얻어진다:

$$\hat{f}_{k+1}(x, y) = \hat{f}_k(x, y)\left[h(-x, -y) \star \frac{g(x, y)}{h(x, y) \star \hat{f}_k(x, y)}\right]$$

앞에서와 같이 "★"은 컨볼루션, $\hat{f}$은 비열화 영상의 추정, g와 h는 4.1절에 정의된 바와 같다. 이 알고리듬의 반복 본질은 분명하다. 이의 비선형 본질은 이 식의 우변에서 $h \star \hat{f}$로 나누는 것에 기인한다.

대부분의 비선형 방법들이 그렇듯이, L-R 알고리듬을 언제 정지시켜야 하는가에 대한 질문은 일반적으로 답하기 어렵다. 한 가지 접근법은 출력을 관찰하고 주어진 응용에서 수용할 만한 결과가 얻어질 때 알고리듬을 정지시키는 것이다.

L-R 알고리듬은 툴박스에서 다음의 기본 문법을 갖는 함수 `deconvlucy`에 의해 구현되어 있다:

```
f = deconvlucy(g, PSF, NUMIT, DAMPAR, WEIGHT)
```

deconvlucy

여기서 `f`는 복원된 영상, `g`는 열화된 영상, `PSF`는 점 확산함수, `NUMIT`은 반복 횟수(디폴트는 10)이며, `DAMPAR`과 `WEIGHT`는 다음과 같이 정의된다.

† 역주: (1781~1840) 프랑스의 수학자, 물리학자. Lagrange와 Laplace에게서 사사.

DAMPAR은 영상 g로부터의 결과 영상의 문턱치 편차를 규정하는 스칼라이다. 반복은 오리지널 값으로부터 DAMPAR 값 이내로 벗어나는 화소들에 대해서는 억제된다. 이것은 그런 화소들에서 노이즈 생성을 억제하고 영상 디테일을 유지한다. 디폴트는 0[댐핑(damping) 없음]이다.

WEIGHT는 각 화소의 화질을 반영하기 위해 각 화소에 가중치를 부여하는 g와 같은 크기의 배열이다. 예를 들면, 결함이 있는 영상화 배열로부터의 나쁜 화소는 그에 0의 가중치 값을 할당해서 솔루션에서 배제시킬 수 있다. 이 배열의 또 다른 유용한 응용은 필요할 수도 있는 flat-field 교정(correction)[†]의 양에 따라, 영상화 배열에 대한 지식에 근거해서 이 배열이 화소 가중치를 조정하게 하는 것이다. 규정된 PSF로 블러링 시뮬레이션을 할 때(예제 4.7 참고), WEIGHT는 영상의 경계에 있어서 PSF에 의해 달리 블러링되는 화소들을 계산에서 배제하는 데 사용될 수 있다. 만일 PSF의 크기가 $n \times n$이면 WEIGHT에 사용되는 제로(0) 경계는 폭이 ceil(n/2)이다. 디폴트는 입력 영상 g와 같은 크기의 단위 배열이다.

복원된 영상이 이산 푸리에 변환에 의한 물결현상을 보이면, deconvlucy를 호출하기 전에 함수 edgetaper(4.7절 참조)를 사용하면 도움이 될 때가 있다.

예제 4.10

블러링된 노이즈 낀 영상을 복원하기 위해 함수 deconvlucy를 사용하기.

■ 그림 4.10(a)는 다음 명령을 사용해서 만든 영상을 보여준다.

```
>> g = checkerboard(8);
```

이 명령으로 크기 64 × 64의 정사각형 영상을 만들었다. 전과 같이, 표시 목적으로 함수 pixeldup을 사용해서 영상의 크기를 512 × 512로 증가시켰다:

```
>> imshow(pixeldup(g, 8))
```

다음 명령으로 표준 편차가 10인, 크기 7 × 7의 가우스 PSF를 만들었다:

```
>> PSF = fspecial('gaussian', 7, 10);
```

다음으로, 영상 g를 PDF를 사용해서 흐리게 만들었으며, 평균 0과 표준 편차 0.01의 가우스 노이즈를 더했다:

```
>> SD = 0.01;
>> g = imnoise(imfilter(g, PSF), 'gaussian', 0, SD^2);
```

그림 4.10(b)가 그 결과를 보여준다.

이 예제의 나머지는 함수 deconvlucy를 사용해서 영상 g를 복원하는 것을 다룬다. DAMPAR에 대해서는 SD의 10배의 값을 지정했다:

```
>> DAMPAR = 10*SD;
```

배열 WEIGHT는 이 파라미터에 관한 앞의 설명에서 언급된 방식을 사용해서 만들었다:

[†] 역주: 중심에서 귀퉁이까지 모두 초점이 맞도록 교정하는 것.

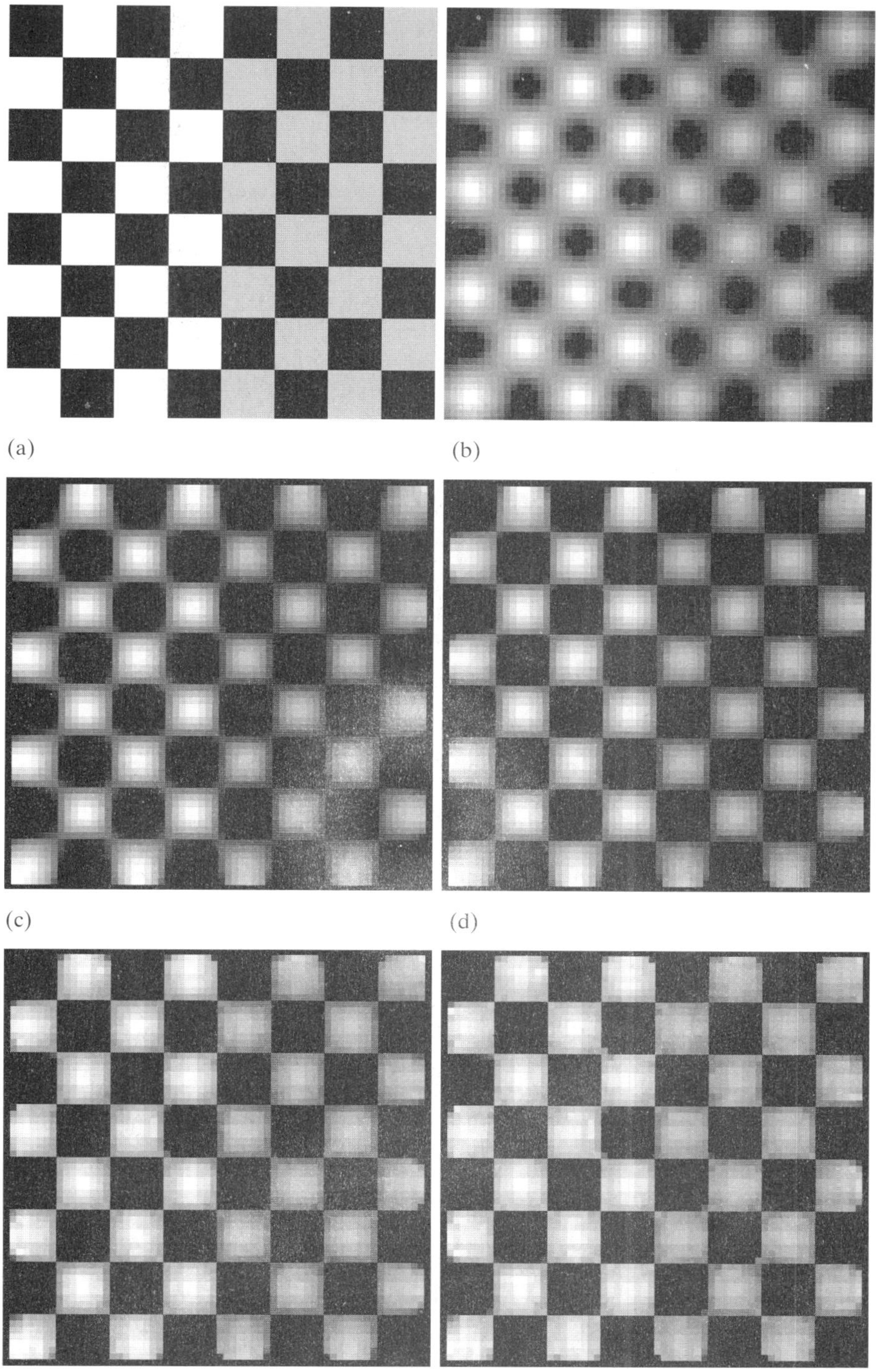

(a) (b) (c) (d) (e) (f)

그림 4.10 오리지널 영상. (b) 가우스 노이즈에 의해 블러링되고 오염된 영상. (c)~(f) 각각 L-R 알고리듬을 5, 10, 20, 100회 반복 사용해서 복원된 영상 (b).

```
>> LIM = ceil(size(PSF, 1)/2);
>> WEIGHT = zeros(size(g));
>> WEIGHT(LIM + 1:end – LIM, LIM + 1:end – LIM) = 1;
```

배열 WEIGHT는 크기가 64 × 64이며 경계에는 4화소 두께의 0들이 있다; 나머지 화소들은 1이다.

남아 있는 유일한 변수는 반복 횟수인 NUMIT이다. 그림 4.10(c)는 다음 명령들로 만든 결과를 보여준다:

```
>> NUMIT = 5;
>> f5 = deconvlucy(g, PSF, NUMIT, DAMPAR, WEIGHT);
>> imshow(pixeldup(f5, 8), [])
```

비록 영상이 다소 개선되기는 했으나 아직 흐릿하다. 그림 4.10(d)와 (e)는 NUMIT = 10과 20을 사용해서 얻은 결과를 보여준다. 후자의 결과는 흐려진 노이즈 낀 영상에 대한 적당한 복원을 보여준다. 반복 횟수를 더 늘렸을 때 복원 결과는 약간 개선되었다. 예를 들면, 그림 4.10(f)는 100회 반복에 의해 얻었다. 이 영상은 20회 반복에 의한 결과에 비해 아주 약간만 더 날카롭고 밝다. 모든 결과에 보이는 가느다란 흑색 경계는 배열 WEIGHT에 있는 0들 때문에 생겼다.

4.10 블라인드 디컨볼루션 Blind Deconvolution

영상 복원에서 가장 힘든 문제들 중 하나는 앞 절들에서 설명한 것과 같은 복원 알고리듬들에 사용할 PSF의 적절한 추정을 얻는 것이다. 앞에서 언급했듯이, PSF에 대한 구체적 지식에 근거하지 않는 영상 복원 방법을 **블라인드 디컨볼루션** 알고리듬이라고 부른다.

블라인드 디컨볼루션 접근법은 랜덤 노이즈로 오염된 수량의 추정치를 얻는 데 사용되는 최적화 전략인 최대 우도 추정(maximum-likelihood estimation, MLE)을 기반으로 하고 있다. 간략히 표현하면, MLE에 대한 해석은 같은 계열의 가능한 다른 랜덤 수량들로부터 만들어질 어떤 가능성(likelihood)을 갖는 랜덤 수량으로서 영상 데이타를 생각하는 것이다. 우도 함수는 $g(x, y)$, $f(x, y)$, $h(x, y)$(4.1절 참조)에 의해 표현되며, 그러면 문제는 이 우도 함수의 최대값을 찾는 것이다. 블라인드 디컨볼루션에서는 최적화 문제를 규정된 제한 조건을 갖고 반복에 의해 풀며, 수렴을 가정하면, 최대값을 만드는 특정 $f(x, y)$와 $h(x, y)$가 복원 영상 그리고 PSF이다.

MLE 블라인드 디컨볼루션의 유도는 여기서는 다루지 않으나, 다음의 참고서적들을 보면 이 분야를 충분히 이해할 수 있다: MLE의 배경에 대해서는 Van Trees[1968]의 고전적 서적을 본다. 이 분야의 오리지널 영상처리 업적에 대한 리뷰는 Dempster 등[1977], 그리고, 그 후의 업적에 대해서는 Holmes[1992]를 본다. Jansson[1997]은 디컨볼루션에 관한 훌륭한 참고서적이다. 현미경과 천문학 분야의 디컨볼루션의 사용에 관한 자세한 예들에 대해서는 각각 Holmes 등[1995]과 Hanisch 등[1997]을 본다.

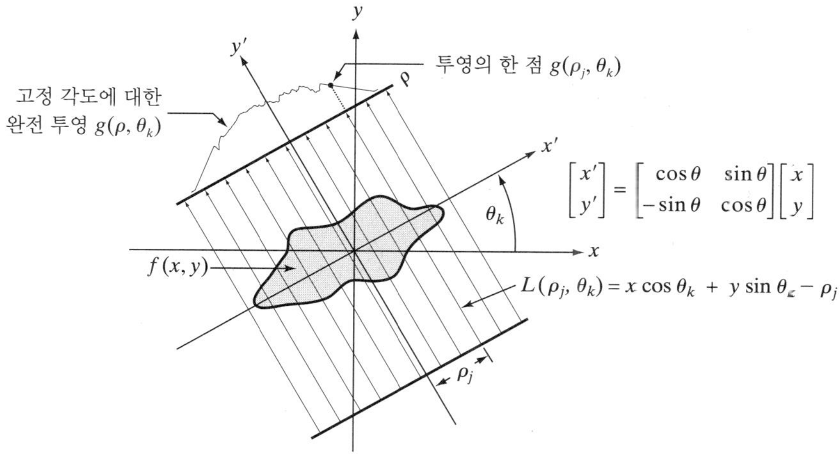

그림 4.14 평행-광선 빔과 그의 해당 투영의 기하.

이 절에서는 CT 관례를 따라서 원점을 영상의 중앙에 놓는다. 둘 다 우수 좌표체계이므로, 그들의 원점 이동에 의해 차이를 설명할 수 있다.

$$x\cos\theta + y\sin\theta = \rho$$

로 묘사될 수 있다. 평행-광선 빔의 투영은 그림 4.14가 보여주듯이 그런 선들의 집합에 의해 모델링될 수 있다. 좌표 (ρ_j, θ_k)에서의 투영 프로파일의 임의의 한 점은 선 $x\cos\theta_k + y\sin\theta_k = \rho_j$ 상의 광선 합으로 주어진다. 이 광선 합은 선 적분이며,

$$g(\rho_j, \theta_k) = \int_{-\infty}^{\infty}\int_{-\infty}^{\infty} f(x, y)\delta(x\cos\theta_k + y\sin\theta_k - \rho_j)\,dxdy$$

로 주어진다. 여기서 임펄스 δ의 시프팅(sifting) 특성을 이용하였다. 달리 표현하면, 앞 공식의 우변은 δ의 인수가 0이 아닌 한 0이다. 이는 적분이 선 $x\cos\theta_k + y\sin\theta_k = \rho_j$를 따라서만 계산됨을 의미한다. 만일 ρ와 θ의 모든 값을 고려한다면, 앞의 공식은

$$g(\rho, \theta) = \int_{-\infty}^{\infty}\int_{-\infty}^{\infty} f(x, y)\delta(x\cos\theta + y\sin\theta - \rho)\,dxdy$$

로 일반화된다. xy-평면의 임의의 선을 따라서의 $f(x, y)$의 투영(선적분)을 제공하는 이 공식이 앞에서 언급된 *Radon* **변환**이다. 그림 4.14가 보여주듯이, 임의의 각도 θ_k에 대한 완전 투영은 $g(\rho, \theta_k)$이며, 이 함수는 Radon 변환에 θ_k를 삽입해서 얻어진다.

앞의 적분에 대한 이산 근사화를 다음과 같이 쓸 수 있다:

$$g(\rho, \theta) = \sum_{x=0}^{M-1}\sum_{y=0}^{N-1} f(x, y)\delta(x\cos\theta + y\sin\theta - \rho)$$

여기서 x, y, ρ, θ는 이제 이산 변수이다. 비록 이 식은 실용적이지 않지만,[†] 투영이 어떻게 생성되는가를 설명하는 데 이용할 수 있는 간단한 모델을 제공한다. 만일 θ를 고정시키고 ρ가 변할 수 있게 하면, 이 공식이 이들 두 파라미터의 값들에 의해 정의되는 선을 따라서의 $f(x, y)$의 모든 값의 합을 제공한다는 것을 알 수 있다. $f(x, y)$에 의해 정의되는 영역을 스팬하는 데 필요한 모든 ρ값에 거쳐 증가시키면(θ는 고정), 한 투영이 만들어진다. θ를 바꾸고 이 절차를 반복하면 다른 투영이 나오고, 기타 등등. 개념적으로 이 접근법은 그림 4.12의 투영들이 생성된 방법이다.

설명으로 돌아가서, 단층촬영의 목적은 주어진 투영 집합으로부터 $f(x, y)$를 복구하는 것임을 명심한다. 이것은 역투영에 의해 각 1-D 투영으로부터 영상을 생성해서 수행된다[그림 4.12(a)와 (b)를 참고]. 이 영상들이 합해져서 최종 결과를 만든다. 그림 4.12에 예시하였다. 역투영된 영상에 대한 공식을 얻기 위해서 고정된 θ_k 값에 대해, **완전** 투영 $g(\rho_j, \theta_k)$의 한 점 $g(\rho_j, \theta_k)$를 갖고 시작하자. 이 단일 점을 역투영해서 영상의 일부를 형성하는 것은 선을 따라서의 **모든** 점들의 값이 $g(\rho_j, \theta_k)$인, 선 $L(\rho_j, \theta_k)$를 영상에 복사하는 것에 지나지 않는다. 이 과정을 투영된 신호의 ρ_j의 모든 값들에 대해 반복하면(θ의 값은 θ_k에 고정시킨 체) 다음 공식이 나온다: 방금 논의된 투영을 역투영해서 얻은 영상에 대해

$$\begin{aligned} f_{\theta_k}(x, y) &= g(\rho, \theta_k) \\ &= g(x\cos\theta_k + y\sin\theta_k, \theta_k) \end{aligned}$$

이다. 이 공식은 임의의 θ_k 값에 대해 성립하므로 일반적으로 **단일** 역투영으로부터 형성된 영상(각도 θ에서 얻은)은 다음 식으로 주어진다고 쓸 수 있다:

$$f_\theta(x, y) = g(x\cos\theta + y\sin\theta, \theta)$$

모든 역투영된 영상들에 대해 적분함으로써 최종 영상을 얻는다:

$$f(x, y) = \int_0^\pi f_\theta(x, y)\, d\theta$$

여기서 구간 $[0, \pi]$와 $[\pi, 2\pi]$에서 얻은 투영들이 같으므로, 적분은 반 회전에 대해서만 취해진다.

이산 경우에 적분은 모든 역투영된 영상들의 합이 된다:

이것은 전체 영상들의 합산이므로, 연속적 Radon 변환에 대한 우리의 단순하고 이산적인 근사화와 관련한 앞의 각주에서 설명된 문제들을 갖지 않는다.

$$f(x, y) = \sum_{\theta=0}^{\pi} f_\theta(x, y)$$

[†] 이산 영상을 다룰 때 변수들은 정수이다. 따라서, 임펄스의 인수는 거의 0이 아닐 것이며, 투영은 선을 따라서 있지 않을 것이다. 이의 다른 표현 방법은 보인 이산 공식화가 이산 공간에서는 선을 따라서의 투영에 대해 적절한 표현을 제공하지 않는다는 것이다. 이 문제를 극복하기 위한 많은 공식화가 존재하지만, Radon 변환을 계산하는 툴박스 함수(radon으로 불리고 4.11.6절에서 논의됨)는 디지털 영상의 Radon 변환을 개별 화소들의 Radon 변환의 합으로서 얻기 위해 연속 Radon 변환을 근사화하고 그의 선형성을 이용하는 접근 방법을 취한다. 함수 radon의 참고 페이지에 그 절차에 관한 설명이 나와 있다.

여기서 변수들은 이제 이산적이다. 0°와 180°에서의 투영들이 서로의 거울 이미지이므로, 합산은 180° 전의 마지막 각도 증분까지 수행된다. 예를 들면, 0.5° 각도 증분이 사용될 때, 합산은 0°부터 179.5°까지이다. 함수 radon(4.11.6절 참고)과 앞의 공식이 그림 4.12의 영상들을 만드는 데 사용되었다. 그 그림, 특히 그림 4.12(h)에서 분명하듯이, 이 절차를 사용하면 결과에 너무 블러링이 심하다. 다행히 다음 절에서 보듯이 역투영 접근법을 재설정함으로써 현저한 개선이 가능하다.

4.11.3 푸리에 슬라이스 정리와 필터링된 역투영

ρ에 관한 $g(\rho, \theta)$의 1-D 푸리에 변환은

$$G(\omega, \theta) = \int_{-\infty}^{\infty} g(\rho, \theta)\, e^{-j2\pi\omega\rho}\, d\rho$$

로 주어진다. 여기서 ω는 주파수 변수이며, 이 공식은 고정된 θ값에 대한 것이다.

푸리에 슬라이스 정리로 알려진 단층촬영의 기본 결과는, 투영의 푸리에 변환[즉, 앞 식의 $G(\omega, \theta)$]은 투영이 얻어진 영역[즉, $f(x, y)$]의 2-D 변환의 **슬라이스**라는 것이다; 즉

푸리에 슬라이스 정리에 관한 유도는 Gonzalez와 Woods[2008]을 참고한다.

$$\begin{aligned} G(\omega, \theta) &= \left[F(u, v) \right]_{u=\omega\cos\theta;\ v=\omega\sin\theta} \\ &= F(\omega\cos\theta,\ \omega\sin\theta) \end{aligned}$$

여기서, 항상 그렇듯이 $F(u, v)$는 $f(x, y)$의 2-D 푸리에 변환이다. 그림 4.15가 이 결과를 그래프로 보여준다.

그 다음, 푸리에 슬라이스 정리를 이용해서 주파수 도메인에서 $f(x, y)$를 얻기 위한 공식을 유도한다. $F(u, v)$가 주어졌을 때 다음의 푸리에 역변환으로 $f(x, y)$를 얻을 수 있다:

$$f(x, y) = \int_{-\infty}^{\infty}\int_{-\infty}^{\infty} F(u, v)\, e^{j2\pi(ux + vy)}\, du\, dv$$

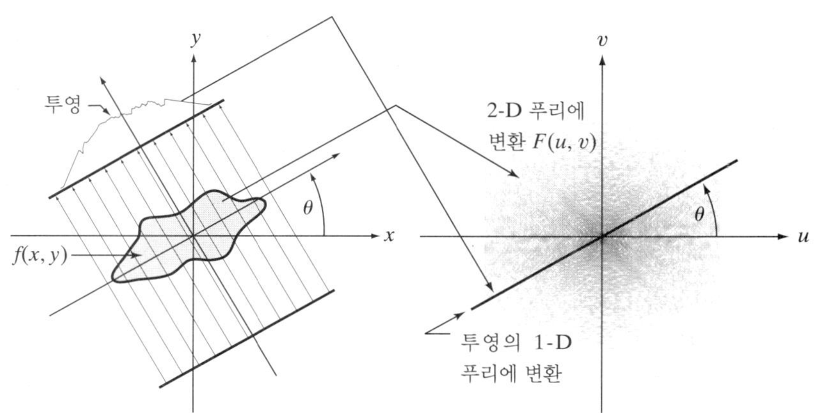

그림 4.15 푸리에 슬라이스 정리의 그래프 예시.

$du\ dv = \omega\ d\omega\ d\theta$ 관계는 Jacobian이 변수들의 변화에 대한 기저로 사용되는 적분대수에서 유래한다.

만일 위에서와 같이 $u = \omega \cos\theta$와 $v = \omega \sin\theta$로 놓는다면, $du\ dv = \omega\ d\omega\ d\theta$이며 앞의 적분을 극좌표에서 다음과 같이 표현할 수 있다:

$$f(x, y) = \int_0^{2\pi}\int_0^{\infty} F(\omega\cos\theta, \omega\sin\theta)e^{j2\pi\omega(x\cos\theta + y\sin\theta)}\omega\, d\omega\, d\theta$$

그러면 푸리에 슬라이스 정리로부터

$$f(x, y) = \int_0^{2\pi}\int_0^{\infty} G(\omega, \theta)e^{j2\pi\omega(x\cos\theta + y\sin\theta)}\omega\, d\omega\, d\theta$$

이다. 이 적분을 하나는 θ가 범위 0부터 π, 다른 하나는 π부터 2π의 두 공식으로 나누고, $G(\omega, \theta + \pi) = G(-\omega, \theta)$라는 사실을 사용하면, 앞의 적분을 다음과 같이 쓸 수 있다:

$$f(x, y) = \int_0^{\pi}\int_{-\infty}^{\infty} |\omega|\, G(\omega, \theta)\, e^{j2\pi\omega(x\cos\theta + y\sin\theta)}d\omega\, d\theta$$

ω에 관한 적분 때 $x \cos\theta + y \sin\theta$ 항은 상수이며, 우리는 이것이 ρ임도 인식하고 있다. 그러므로 앞 공식을 다음과 같이 표현할 수 있다:

$$f(x, y) = \int_0^{\pi}\left[\int_{-\infty}^{\infty} |\omega|\, G(\omega, \theta)\, e^{j2\pi\omega\rho}\, d\omega\right]_{\rho = x\cos\theta + y\sin\theta} d\theta$$

안쪽 적분은 1-D 푸리에 역변환의 형태인데, 3장의 논의로부터 주파수 도메인의 1-D 필터 함수로 우리가 인식하고 있는 $|\omega|$ 항이 추가되었다. 이 함수(양방향으로 무한히 확장되는 "V" 모양을 가짐)는 적분 가능하지 않다. 이론적으로 이 문제는 소위 **일반화 델타함수**(*generalized delta functions*)를 사용해서 처리된다. 실제에서는 이 함수에 윈도우를 적용해서 지정된 범위 바깥을 0으로 만든다. 필터링 문제는 다음 절에서 다룬다.

앞의 공식은 평행-빔 단층촬영의 기본 결과이며, 평행-빔 투영 집합으로부터 얻은 완전 역투영 영상 $f(x, y)$를 다음과 같이 얻을 수 있음을 밝혀준다:

1. 각 투영의 1-D 푸리에 변환을 계산한다.
2. 각 푸리에 변환을 필터 함수 $|\omega|$로 곱한다. 이 필터는 다음 절에 설명된 바와 같이 적당한 윈도우 함수로 곱해져야 한다.
3. 단계 2로부터 얻은 각 필터링된 변환의 역 1-D 푸리에 변환을 얻는다.
4. 단계 3으로부터의 모든 1-D 역변환들을 적분(합)해서 $f(x, y)$를 얻는다.

필터가 사용되므로, 방금 소개된 방법은 **필터링된 투영들에 의한 영상 재구성**으로 불린다. 실제에서는 이산 데이타를 다루므로, 모든 주파수 도메인 계산은 1-D FFT 알고리듬으로 구현된다.

4.11.4 필터 구현

앞 절에서 개발된 필터링된 역투영 접근법의 필터링 성분은 앞에서 논의된 블러링 문제를 다루기 위한 토대이다. 이 문제는 필터링되지 않은 역투영 재구성의 본질적 문제이다.

필터 $|\omega|$의 모양은 연속 경우에 적분 불가능한 함수인 램프이다. 이산 경우에, 이 함수는 분명하게 길이에서 제한되며, 그 존재는 문제되지 않는다. 그러나, 이 필터는 그 진폭이 주파수의 함수로 선형적으로 증가해서 노이즈에 취약하게 되는 바람직하지 않은 특성을 가진다. 게다가, 램프의 폭을 제한하는 것은 주파수 도메인에서 박스 윈도우로 곱하는 것을 의미하며, 이것은 공간 도메인에서 바람직하지 않은 물결현상(ringing) 특성을 가짐을 우리가 알고 있다. 앞 절에서 언급되었듯이, 실제에서 취하는 접근법은 필터의 "꼬리"를 **점점 가늘어지게** 만드는 윈도우 함수로 램프 필터를 곱해서 높은 주파수에서 그 진폭을 줄이는 것이다. 이것은 노이즈와 물결파동 관점에서 도움이 된다. 툴박스는 sinc, cosine, Hamming, Hann 윈도우들을 지원한다. 램프 필터 자체의 구간(폭)은 필터 생성에 사용된 주파수 점들의 수에 의해 제한된다.

sinc 윈도우는 $\omega = 0, \pm\Delta\omega, \pm 2\Delta\omega, \ldots, \pm K\Delta\omega$ 에 대해 전달 함수

$$H_S(\omega) = \frac{\sin\left(\pi\omega/2\Delta\omega K\right)}{\left(\pi\omega/2\Delta\omega K\right)}$$

를 가지며, 여기서 K는 필터의 주파수 구간 수(점 수 빼기 1)이다. 마찬가지로, cosine 윈도우는

$$H_C(\omega) = \cos\frac{\pi\omega}{2\Delta\omega K}$$

로 주어진다. Hamming 윈도우와 Hann 윈도우는 같은 기본 공식을 가진다:

$$H(\omega) = c + (c-1)\cos\frac{2\pi\omega}{\Delta\omega K}$$

$c = 0.54$일 때 이 윈도우는 *Hamming* **윈도우**로 불리며; $c = 0.5$일 때는 *Hann* 윈도우로 불린다. 둘 간의 차이는 *Hann* 윈도우에서는 끝 점들이 0인 반면, Hamming 윈도우는 작은 오프셋을 가진다. 일반적으로 이 두 윈도우를 사용한 결과는 시각적으로 구별되지 않는다.

그림 4.16이 앞의 윈도우 함수들과 램프 필터를 곱해서 생성한 역투영 필터들을 보여준다. 램프 필터를 대부분의 사람들이 처음 제안한 것으로 여기는 Ramchandra과 Kakshminarayanan[1971]의 이름을 따서, *Ram-Lak* **필터**라고 흔히 부른다. 마찬가지로 sinc 윈도우 사용에 기반하는 필터는 Shepp과 Logan[1974]의 이름을 따서 Shepp-Logan 필터로 불린다.

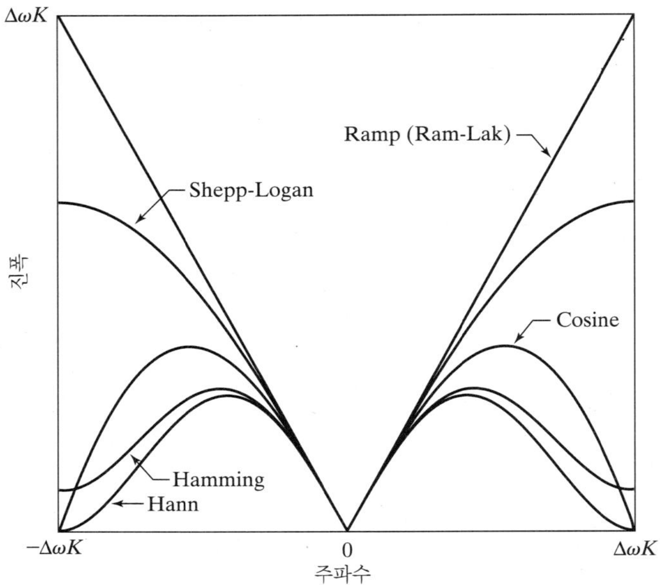

그림 4.16 필터링된 역투영을 위해 사용되는 다양한 필터들. 이 필터들은 램프 필터와 앞 문단에서 논의된 다양한 윈도우 함수들을 곱해서 얻었다.

4.11.5 부채-빔 필터링된 역투영을 사용한 재구성

앞 절들에서 논의된 평행-빔 투영 접근법은 초기 CT 기계들에서 사용되었으며, 여전히 개념을 소개하고 기초 CT 재구성 수학을 개발하기 위한 표준이다. 현 CT 시스템들은 우월한 해상도, 낮은 신호 대 노이즈 비, 빠른 스캔 시간을 제공하는 부채-빔 기하에 기반한다. 그림 4.17이 검출기 링(대개 5000개의 개별 검출기들)을 사용하는 전형적인 부채-빔 스캐닝 기하를 보여준다. 이 배열에서 X선 광원이 환자 주위로 돈다. 각 수평 변위 증분마다, 광원이 한 바퀴를 완전히 돌며 슬라이스 영상을 만든다. 환자를 검출기 평면에 수직으로 이동시키면서 슬라이스 영상 집합을 만들며, 이들이 모여져서 스캐닝된 인체 부위의 3-D 표현을 제공한다.

평행 빔들에 대해 앞 절에서 개발된 것들과 비슷한 공식들의 유도는 어렵지 않으나, 그 프로세스를 설명하는 데 필요한 그림이 지루하다. 자세한 유도는 Gonzalez와 Woods[2008]와 Prince 및 Links[2006]에서 찾을 수 있다. 이들 도출의 중요한 면은 이들이 부채-빔 기하와 평행 기하 간의 1대1 대응을 밝혀준다는 것이다. 하나에서 다른 하나로 가는 것은 간단한 변수 변경을 수반한다. 다음 절에서 배우겠듯이 툴박스는 두 기하 모두를 지원한다.

4.11.6 함수 radon

함수 radon은 주어진 2-D 직사각형 배열에 대한 평행-광선 투영 집합(그림 4.14 참고)을 만드는 데 사용된다. 이 함수의 기본 문법은 다음과 같다:

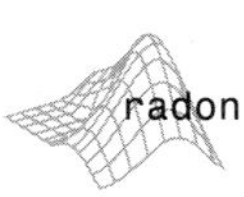


```
R = radon(I, theta)
```

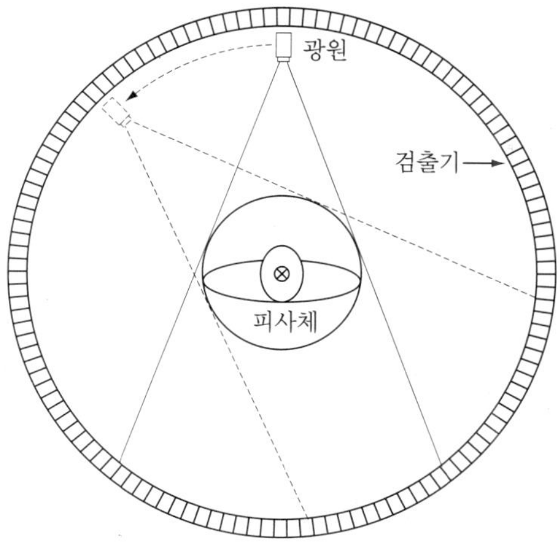

그림 4.17 부채-빔 투영에 기반하는 전형적인 CT 기하.

여기서 `I`는 2-D 배열이며, `theta`는 1-D 각도 값 배열이다. 투영들은 `R`의 열에 포함되며, 생성되 투영 수는 배열 `theta`의 각도 수와 같다. 생성된 투영들은 빔이 회전됨에 따라 보이는 최대 폭의 뷰를 스팬하기에 충분하도록 길다. 이 뷰는 광선들이 배열 직사각형의 주 대각선에 수직일 때 일어난다. 달리 말하면, $M \times N$ 크기의 입력 배열에 대해 투영들이 가질 수 있는 최대 길이는 $[M^2 + N^2]^{1/2}$이다. 물론 사실상 다른 각도들에서의 투영들은 더 짧은데, 0으로 패딩되어 모든 투영이 같은 길이가 된다(`R`이 직사각형 배열이 되기 위해 필요). 함수 `radon`에 의해 반환되는 실제 길이는 각 화소의 단위 면적을 처리하기 위해 주대각선의 길이보다 약간 더 길다.

함수 `radon`은 더 일반적인 문법도 가진다:

```
[R, xp] = radon(I, theta)
```

여기서 `xp`는 그림 4.14의 ρ의 값들인, x'-축을 따라서의 좌표들의 값들을 포함한다. 아래의 예제 4.12가 보여주듯이, `xp`의 값들은 플롯 축들을 레이블링하는 데 유용하다.

CT 알고리듬 시뮬레이션에 사용되는 잘 알려진 영상(*Shepp-Logan* 머리 환영)을 생성하는 데 유용한 함수는 다음의 문법을 가진다:

`phantom`

```
P = phantom(def, n)
```

여기서 `def`는 생성되는 머리 환영 유형을 규정하는 문자열이며, `n`은 행과 열 수(디폴트는 256)이다. 문자열 `def`의 유효한 값들은 다음과 같다:

- `'Shepp-Logan'`—단층촬영 분야 연구자들 사이에 널리 사용되는 시험 영상. 이 영상의 콘트라스트는 매우 낮다.
- `'Modified Shepp-Logan'`—더 나은 시각적 인지를 위해 콘트라스트가 개선된 Shepp-Logan 환영의 변형.

예제 4.12

함수 radon 사용하기.

■ 다음의 두 영상을 그림 4.18(a)와 (c)가 보여준다.

```
>> g1 = zeros(600, 600);
>> g1(100:500, 250:350) = 1;
>> g2 = phantom('Modified Shepp-Logan', 600);
>> imshow(g1)
>> figure, imshow(g2)
```

0.5° 증분을 사용하는 Radon 변환은 다음과 같이 얻는다:

```
>> theta = 0:0.5:179.5;
>> [R1, xp1] = radon(g1, theta);
>> [R2, xp2] = radon(g2, theta);
```

R1의 첫 열은 $\theta = 0°$에 대한 투영이며, 둘째 열은 $\theta = 0.5°$에 대한 투영이고, 기타 등등. 첫 열의 첫 요소는 ρ의 가장 작은 음 값에 해당하며, 끝 요소는 가장 큰 양 값이며, 다른 열들에 대해서도 마찬가지이다. 그림 4.14에서와 같이 투영들이 왼쪽에서 오른쪽으로 진행하고, 첫 투영이 영상의 밑에 나타나도록 R1을 표시하기를 원한다면, 다음과 같이 배열을 전치 및 반전(flip)시켜야 한다:

B = flipud(A)는 수평축을 기준으로 행들이 반전된 A를 반환한다. B = fliplr(A)는 수직축을 기준으로 열들이 반전된 A를 반환한다.

함수 axis xy는 축 체계의 원점을 좌 · 상단 디폴트 위치로부터 우 · 하단으로 옮긴다. 이 함수에 관한 예제 2.4의 주석을 참고한다.

```
>> R1 = flipud(R1');
>> R2 = flipud(R2');
>> figure, imshow(R1, [],'XData', xp1([1 end]),'YData', [179.5 0])
>> axis xy
>> axis on
>> xlabel('\rho'), ylabel('\theta')
>> figure, imshow(R2, [],'XData', xp2([1 end]),'YData', [179.5 0])
>> axis xy
>> axis on
>> xlabel('\rho'), ylabel('\theta')
```

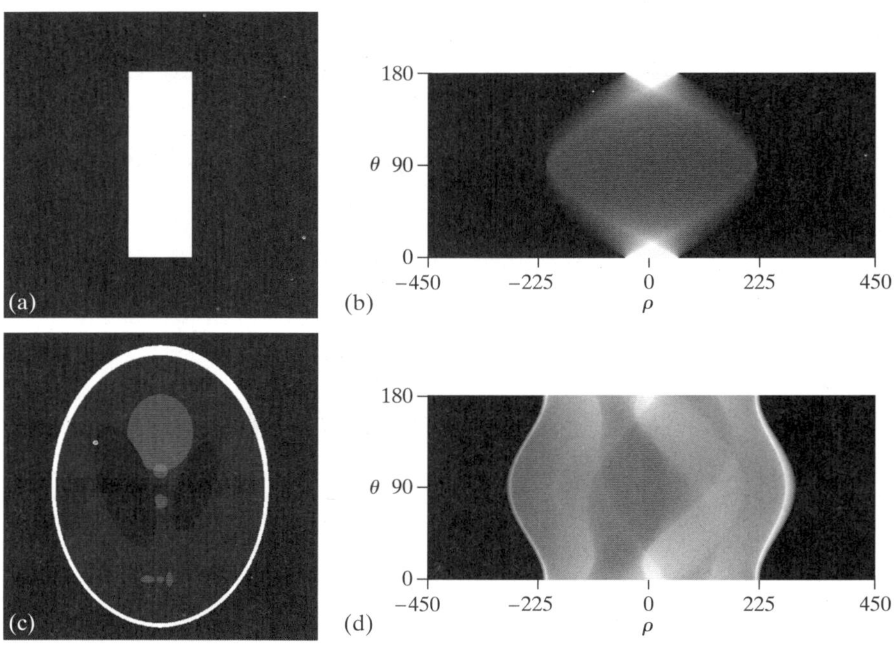

그림 4.18 함수 radon의 예시: (a)와 (c) 두 영상; (b)와 (d) 이들의 해당 Radon 변환. 수직축 단위는 도, 수평축 단위는 화소.

그림 4.18(b)와 (d)가 결과를 보여준다. 이 두 영상의 각 행이 고정 θ값에 대한 완전 투영을 나타냄을 기억하면서, 예를 들어, 그림 4.18(b)의 가장 넓은 투영이 직사각형의 넓은 변과 만나는 평행 빔에 해당하는 $\theta = 90°$ 때 어떻게 발생하는지를 관찰한다. 그림 4.18(b)와 (c) 형태의 영상들로 표시된 Radon 변환을 흔히 **부비강조영상**(*sinogram*)이라고 부른다.

4.11.7 함수 iradon

함수 iradon은 다른 각도들에서 취해진 투영들의 주어진 집합으로부터 영상(슬라이스)을 재구성한다; 달리 말하면, iradon이 역 Radon 변환을 계산한다. 이 함수는 4.11.3절과 4.11.4절에서 논의된 필터링된 역투영 접근법을 이용한다. 이 필터는 주파수 도메인에서 직접 설계되며, 투영들의 FFT에 의해 곱해진다. 모든 투영은 공간 도메인 앨리어싱을 줄이고 FFT 계산 속도를 높이기 위해 필터링 전에 2의 멱승으로 제로-패딩된다.

기본 iradon 문법은 다음과 같다:

```
I = iradon(R, theta, interp, filter, frequency_scaling, output_size)
```

여기서 파라미터들은 다음과 같다:

- R은 열들이 왼쪽에서 오른쪽으로 증가하는 각도의 함수로서 정리된 1-D 역투영들인, 역투영 데이타이다.
- theta는 투영들이 취해진 각도(도 단위)이다. 각도들을 포함하는 벡터일 수도 있고, 투영 간의 증분 각도인 D_theta를 규정하는 스칼라일 수도 있다. 만일 theta가 D_theta를 규정하는 스칼라이면, 투영들이 theta = m*D_theta 각도들에서 취해졌다고 가정된다. 이때, m = 0,1,2,...,size(R, 2) − 1이다. 만일 입력이 빈 매트릭스([])라면, D_theta는 디폴트 값인 180/size(R, 2)이다.
- interp는 재구성된 최종 영상을 만드는 데 사용된 보간법을 정의하는 문자열이다. interp의 주요 값들은 표 4.4에 나열되어 있다.
- filter는 필터링된 역투영 계산에 사용되는 필터를 규정한다. 지원되는 필터들은 그림 4.16에 요약된 것들이며, 그들을 함수 iradon에서 지정하는 데 사용되는 문자열들은 표 4.5에 나열되어 있다. 만일 옵션 'none'이 지정되면, 재

보간에 관해서는 5.6절을 참고한다.

표 4.4 함수 iradon에 사용되는 보간법들.

방법	설명
'nearest'	최근접 이웃 보간.
'linear'	선형 보간(디폴트).
'cubic'	3차(입체) 보간.
'spline'	스플라인(운형자) 보간.

표 4.5 함수 iradon 이 지원하는 필터들.

이름	설명
'Ram-Lak'	4.11.4절에서 논의된 램프 필터이며 주파수 응답은 $\|w\|$. 디폴트 필터.
'Shepp-Logan'	Ram-Lak 필터와 sinc 함수를 곱해서 만든 필터.
'Cosine'	Ram-Lak 필터와 cosine 함수를 곱해서 만든 필터.
'Hamming'	Ram-Lak 필터와 Hamming 윈도우를 곱해서 만든 필터.
'Hann'	Ram-Lak 필터와 Hann 윈도우를 곱해서 만든 필터.
'None'	필터링 없음.

구성은 필터링 없이 수행된다. 문법

```
[I, H] = iradon(...)
```

을 사용하면 필터의 주파수 응답을 벡터 H로 반환한다. 그림 4.16의 필터 응답들을 만드는 데 이 문법을 사용했다.

주파수 스케일링은 투영의 노이즈를 줄일 목적으로 재구성 필터의 차단 주파수를 낮추는 데 사용된다. 주파수 스케일링은 이상적 램프 응답을 저역통과 필터처럼 만들어서, ρ-축 쪽 공간 해상도를 대가로 지불하고 노이즈 축소를 달성한다.

- frequency_scaling은 주파수 축을 리스케일링해서 필터를 변경하는 범위 (0,1]의 스칼라이다. 디폴트는 1이다. 만일 frequency_scaling이 1보다 작으면, 필터는 주파수 범위 [0, frequency_scaling]에 압축되어 맞춰진다; frequency_scaling 위의 모든 주파수는 0으로 설정된다.
- output_size는 재구성된 영상의 행과 열 수를 규정하는 스칼라이다. 만일 output_size가 규정되지 않으면 투영들의 길이로부터 크기가 결정된다:

```
output_size = 2*floor(size(R,1)/(2*sqrt(2)))
```

만일 output_size를 지정하면, iradon은 영상의 더 작거나 더 큰 부분을 재구성하지만, 데이타의 스케일링을 바꾸지는 않는다. 만일 투영들이 radon 함수로 계산된다면, 재구성된 영상은 오리지널 영상과 크기가 다를 수 있다.

예제 4.13

함수 iradon 사용하기.

■ 그림 4.19(a)와 (b)는 그림 4.18의 두 영상을 보여준다. 그림 4.19(c)와 (d)는 다음 단계들의 결과들을 보여준다:

```
>> theta = 0:0.5:179.5;
>> R1 = radon(g1, theta);
>> R2 = radon(g2, theta);
>> f1 = iradon(R1, theta, 'none');
>> f2 = iradon(R2, theta, 'none');
>> figure, imshow(f1, [])
>> figure, imshow(f2, [])
```

이들 두 그림은 필터링 없는 역투영 계산의 효과를 예시한다. 이들은 그림 4.12의 영상들과 똑 같은 블러링 특성을 드러낸다.

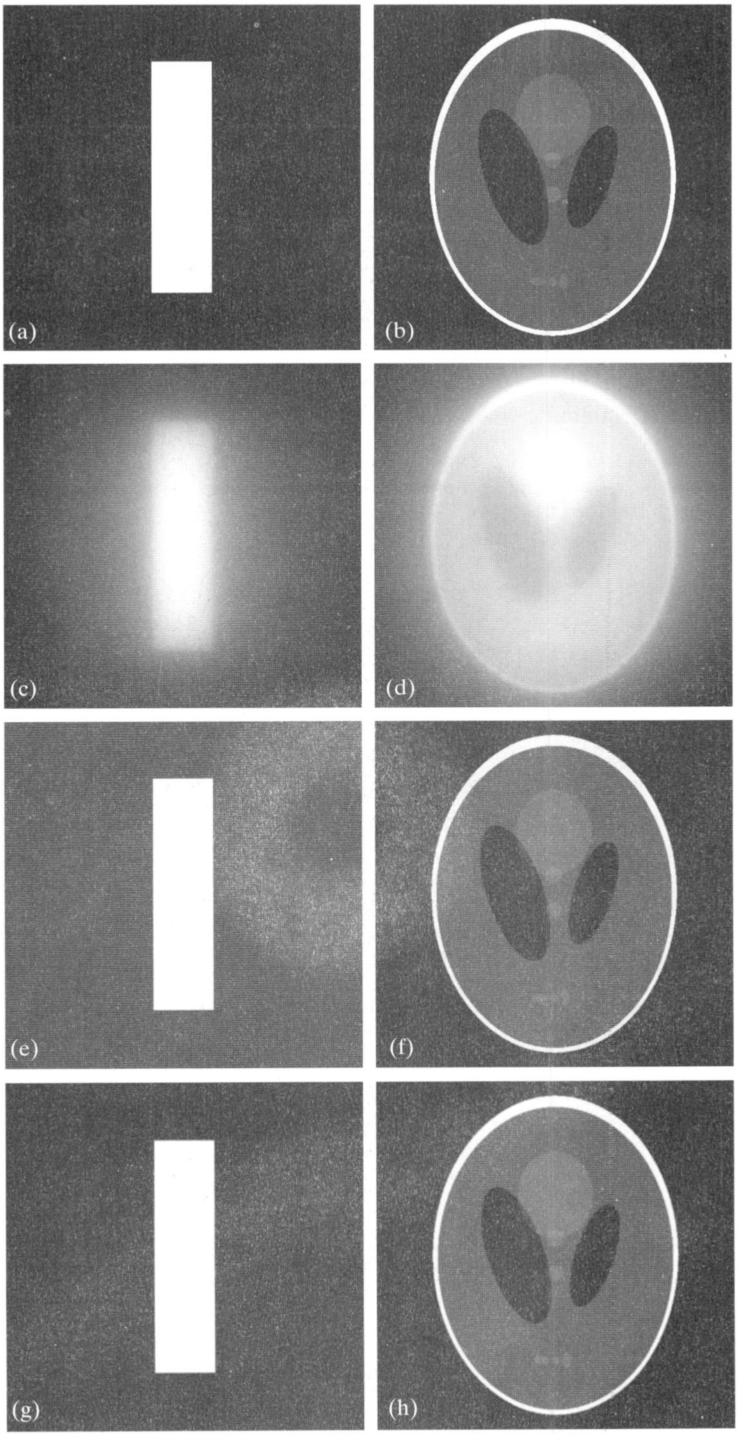

그림 4.19 필터링의 좋은 점: (a) 직사각형 영상과 (b) 환영 영상. (c)와 (d) 필터링 없이 얻은 역투영 영상들. (e)와 (f) 디폴트 (Ram-Lak) 필터를 사용해서 얻은 역투영 영상들. (g)와 (h) Hamming 필터 옵션을 사용해서 얻은 결과들.

```
>> f1_ram = iradon(R1, theta);
>> f2_ram = iradon(R2, theta);
>> figure, imshow(f1_ram, [])
>> figure, imshow(f2_ram, [])
```

다음과 같이 가장 거친 필터(디폴트 Ram-Lak 필터)를 추가해서도 그림 4.19(e)와 (f)가 보여주듯이 재구성 결과에 극적인 효과를 얻을 수 있다. 4.11.4절의 앞 부분에서의 논의로부터 예상했듯이, Ram-Lak 필터는 물결현상을 만든다. 특히 그림 4.19(e)의 직사각형 주위의 중앙 상단 및 하단 영역들에서 잔물결을 볼 수 있다. 또한 이 그림의 배경이 나머지들보다 더 밝은 것도 주목한다. 그 이유는 방금 언급된 잔물결들의 현저한 음 값들 때문에 평균값을 높이는 표시기 스케일링 탓일 수 있다. 이 회색 빛 톤은 2장에서 라플라스 영상의 밝기를 스케일링했을 때 당면했던 것과 비슷하다.

이 상황은 표 4.5의 다른 필터를 사용하면 현저하게 개선될 수 있다. 예를 들면, 그림 4.19(g)와 (h)는 Hamming 필터를 사용해서 만들었다:

```
>> f1_hamm = iradon(R1, theta, 'Hamming');
>> f2_hamm = iradon(R2, theta, 'Hamming');
>> figure, imshow(f1_hamm, [])
>> figure, imshow(f2_hamm, [])
```

이 두 그림의 결과들은 현저한 개선을 보여준다. 그림 4.19(g)에는 여전히 약간의 물결현상이 관찰되나, 이전만큼 거슬리지 않는다. 환영 영상은 밝기 천이가 날카롭거나 직선적이지 않기 때문에 직사각형에서 만큼의 물결현상을 보여주지 않는다.

역투영 계산의 일부로서 iradon에서 보간법을 사용한다. 그림 4.14로부터 투영이 ρ-축으로 향하므로, 역투영 계산이 이 투영들의 점들로 시작한다는 것을 기억한다. 그러나 한 투영의 값들은 ρ-축을 따라서 있는 이산 위치들에만 있다. 따라서, ρ-축을 따라서 데이타를 보간하는 것은 역투영된 영상의 화소들에 값을 적당히 부여하기 위해 필요하다.

보간 효과를 예시하기 위해서, 표 4.4의 처음 세 방법을 사용해서 R1과 R2(이 예제에서 생성된)의 재구성을 고찰하자:

```
>> f1_near = iradon(R1, theta,'nearest');
>> f1_lin = iradon(R1, theta,'linear');
>> f1_cub = iradon(R1, theta,'cubic');
>> figure, imshow(f1_near,[])
>> figure, imshow(f1_lin,[])
>> figure, imshow(f1_cub,[])
```

그 결과는 그림 4.20의 좌측 열에 있다. 우측의 플롯들은 왼쪽의 그림들에 짧은 수직 선분을 따라서의 밝기 프로필들(함수 improfile을 사용해서 만듦)이다. 오리지널 영상의 배경이 일정하다는 것을 기억하면, 선형과 3차 보간법이 최근접 보간법에 비해 더 작은(즉, 상수에 더 가까운) 배경 밝기 변화를 만들었다는 면에서, 선형과 3차 보간법이 최근접 보간법보다 나은 결과를 제공했음을 알 수 있다. 디폴트(선형) 보간법은 흔히 3차와 스플라인 보간법과 시각적으로 구별되지 않는 결과를 제공하며, 훨씬 더 빨리 실행된다.

4.11.8 부채-빔 데이타로 작업하기

부채-빔 영상화 시스템의 기하는 4.11.5절에 소개되었다. 이 절에서는 부채-빔 기하로 작업하기 위한 IPT의 툴들에 관해서 간략하게 논의한다. 부채-빔 데이타가 주어졌을 때, 툴박스가 사용하는 접근법은 부채-빔들을 그들의 평행 상대(카운터파트)

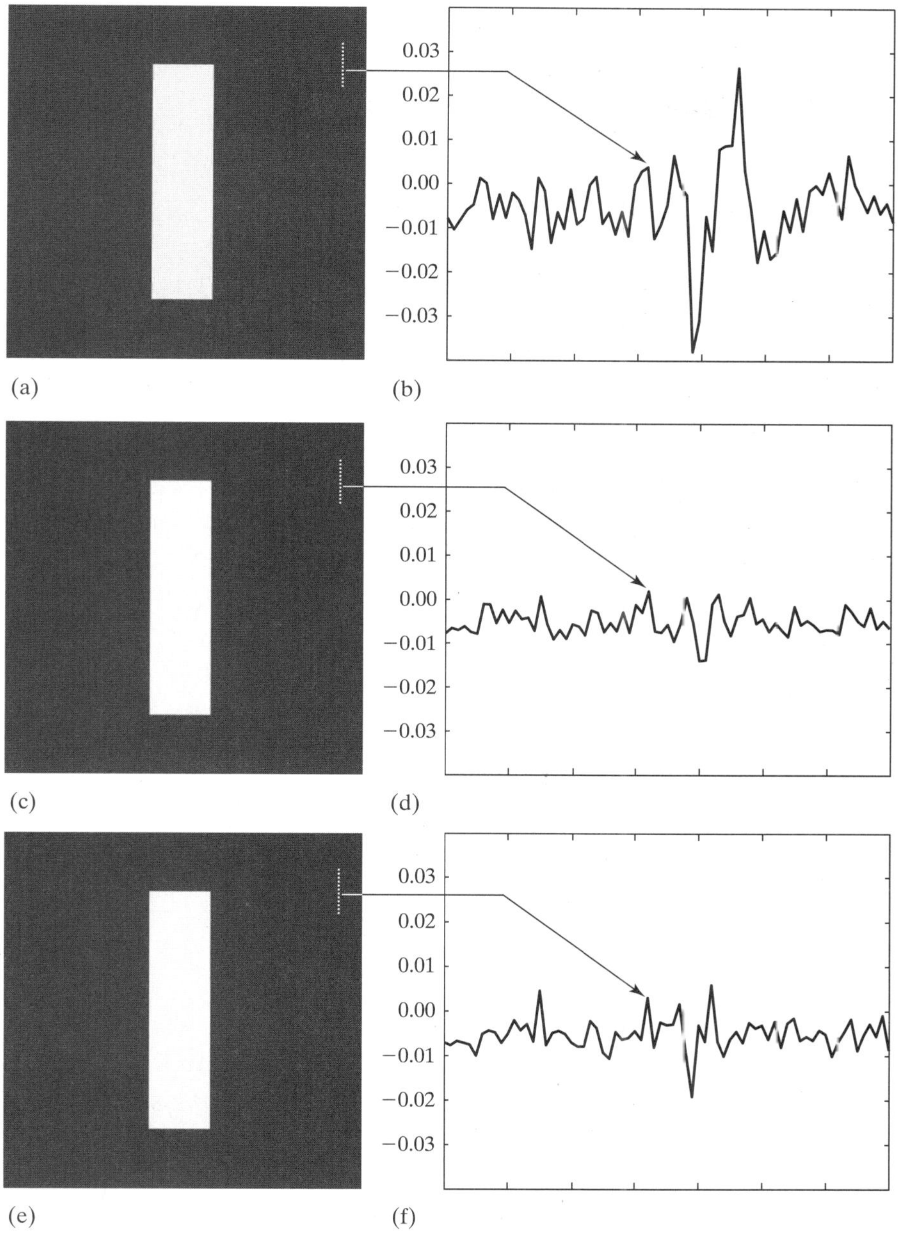

그림 4.20 좌측 열: 디폴트(Ram-Lak) 필터를 사용하는 함수 `iradon`과 세 가지 보간법을 사용해서 얻은 역투영 영상들: (a) 최근접 이웃, (c) 선형, (e) 3차 보간법. 우측 열: 왼쪽 영상들에서 점선으로 보인 수직 선분들의 밝기 프로필들. (b)의 프로필의 중앙에서 물결현상이 매우 뚜렷하다.

로 바꾸는 것이다. 그런 다음, 앞서 논의된 평행-빔 접근법을 사용해서 역투영들이 얻어진다. 이 절에서는 이것이 어떻게 수행되는지에 관한 간략한 개관을 제공한다.

그림 4.21이 기본적인 부채-빔 영상화 기하를 보여준다. 검출기들이 원형 호에 배치되어 있으며, 광원의 각도 증분은 같은 것으로 가정된다. $P_{\text{fan}}(\alpha, \beta)$로 부채-빔 투영을 표시하기로 하자. 여기서 α는 특정 검출기의 각도 위치로서 그림에서 보듯이 중앙 광선을 기준으로 측정된다; β는 광원의 각도 변위로서, y-축을 기준으로 측정된

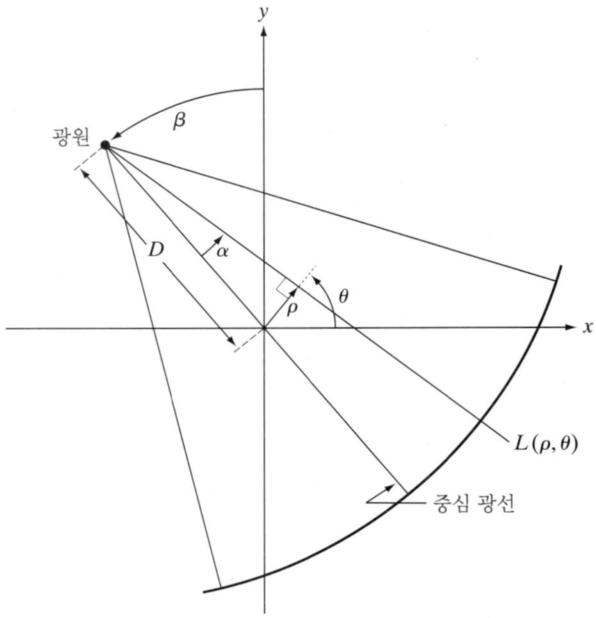

그림 4.21 부채-빔 투영 배열의 상세도.

다. 부채-빔의 한 광선이 법선 형태(그림 4.13 참조)의 선 $L(\rho, \theta)$로 표현될 수 있음을 주목한다; 이것은 4.11.2절에서 논의된 평행-빔 영상화 기하에서 광선을 나타내는 데 사용된 접근법이다. 그러므로, 평행 기하와 부채-빔 기하 간에 관련성이 있다는 데 대해 놀라지 말아야 한다. 실제로, 둘이 다음 공식에 의해 관련된다는 것을 보일 수 있다(Gonzalez와 Woods[2008]):

$$\begin{aligned} p_{\text{fan}}(\alpha, \beta) &= p_{\text{par}}(\rho, \theta) \\ &= p_{\text{par}}(D \sin \alpha, \alpha + \beta) \end{aligned}$$

여기서 $P_{\text{par}}(\rho, \theta)$는 해당 평행-빔 투영이다.

$\Delta\beta$로 연달은 부채-빔 투영들 간의 각도 증분을 나타내고, $\Delta\alpha$는 각 투영의 샘플 수를 결정하는 광선 간 각도 증분이라고 하자. 다음의 제한을 부과하자:

$$\Delta\beta = \Delta\alpha = \gamma$$

그러면, 어떤 정수 값 m과 n에 대해 $\beta = m\gamma$와 $\alpha = n\gamma$이며, 다음과 같이 쓸 수 있다:

$$p_{\text{fan}}(n\gamma, m\gamma) = p_{\text{par}}\left[D \sin n\gamma, (m+n)\gamma\right]$$

이 공식은 m번 째 방사형 투영의 n번 째 광선이 $(m+n)$번째 평행 투형의 n번째 광선과 같음을 나타낸다. 우변의 $D \sin n\gamma$ 항은 부채-빔들로부터 전환된 평행 투영들이 균일하게 샘플링되지 않음을 암시한다. 이 문제는 이 절의 예제 4.15에서 예시하겠듯이, 샘플링 간격 $\Delta\alpha$와 $\Delta\beta$가 너무 거칠을 때 블러링, 물결현상, 그리고 앨리어싱 인위 구조를 야기할 수 있다.

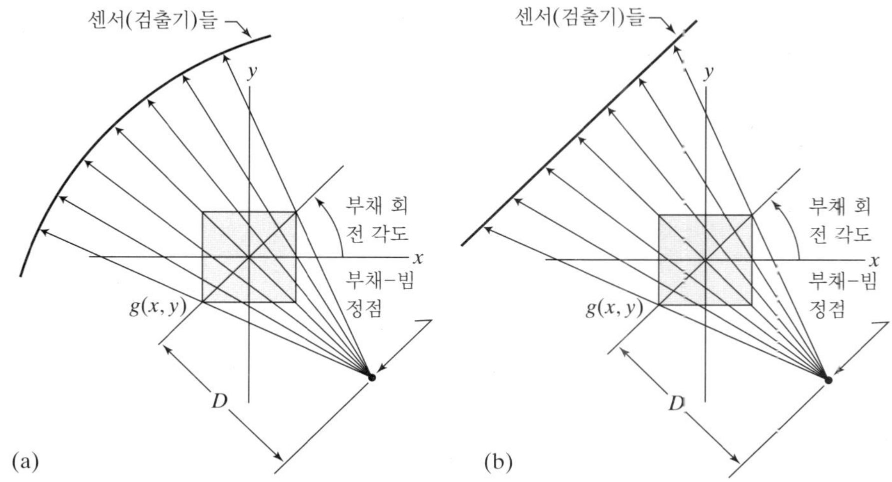

그림 4.22 함수 fanbeam의 호 및 선형 부채-빔 투영 기능. $g(x, y)$는 회색으로 보인 영상 영역을 가리킨다.

툴박스 함수 fanbeam은 다음 문법으로 부채-빔 투영을 만든다:

```
B = fanbeam(g, D, param1,val1,param2,val2,...)
```

fanbeam

여기서 앞에서와 같이 g는 투영될 객체를 포함하는 영상이며, D는 그림 4.22가 보여주듯이, 부채-빔의 정점으로부터 회전중심까지의 화소 단위 거리이다. 회전증심이 영상의 중심인 것으로 가정한다. D는 g의 반경보다 더 크게 지정된다:

```
D = K*sqrt(size(g, 1)^2 + size(g,2)^2)/2
```

여기서 K는 1보다 큰 상수이다(예: K = 1.5에서 2가 적당한 값).

그림 4.22는 함수 fanbeam이 지원하는 두 가지 기본적인 부채-빔 기하를 보여준다. 회전 각도가 x-축으로부터 반시계 방향으로 지정됨을 주목한다(이 각도의 방향은 그림 4.21의 회전 각도와 같다). 이 함수의 파라미터와 값들이 표 4.6에 나열되어 있다. 파라미터 'FanRotationIncrement'와 'FanSensorSpacing'은 위에

표 4.6 함수 fanbeam에 사용된 파라미터 및 값들.

파라미터	설명 및 값
'FanRotationIncrement'	부채-빔 투영들의 회전 각도 증분을 도 단위로 지정한다. 양의 실수 스칼라 값. 디폴트 값은 1.
'FanSensorGeometry'	등간격 센서들이 어떻게 배치되는지를 규정하는 텍스트 문자열. 유효값은 'arc'(디폴트)와 'line'.
'FanSensorSpacing'	부채-빔 센서들의 간격을 규정하는 양의 실수 스칼라. 만일 'arc'가 기하로 지정되면, 이 값은 도 단위의 각도 간격으로 해석된다. 만일 'line'으로 지정되면, 이 값은 선형 간격으로 해석된다. 디폴트는 두 경우 모두 1.

서 논의된 증분 $\Delta\beta$와 $\Delta\alpha$이다.

B의 각 열은 한 회전 각도에서의 부채-빔 센서 샘플들을 포함한다. B의 열 수는 부채 회전 증분에 의해 결정된다. 디폴트 경우에 B는 360개의 열을 가진다. B의 행 수는 센서 수에 의해 결정된다. 함수 fanbeam은 임의의 회전 각도에 대해 전체 영상을 커버하기 위해 몇 개의 빔이 필요한지를 계산해서 센서 수를 결정한다. 다음 예제에서 보듯이, 이 숫자는 규정된 기하(**선** 또는 **호**)에 강하게 종속된다.

예제 4.14

함수 fanbeam으로 작업하기.

■ 그림 4.23(a)와 (b)는 다음 명령들로 만들어졌다.

```
>> g1 = zeros(600, 600);
>> g1(100:500, 250:350) = 1;
>> g2 = phantom('Modified Shepp-Logan',600);
>> D = 1.5*hypot(size(g1, 1), size(g1,2))/2;
>> B1_line = fanbeam(g1, D, 'FanSensorGeometry','line',...
        'FanSensorSpacing', 1, 'FanRotationIncrement', 0.5);
>> B1_line = flipud(B1_line');
>> B2_line = fanbeam(g2, D, 'FanSensorGeometry','line',...
        'FanSensorSpacing', 1, 'FanRotationIncrement', 0.5);
>> B2_line = flipud(B2_line');
>> imshow(B1_line, [])
>> figure, imshow(B2_line, [])
```

영상을 전치시키고 함수 flipud를 사용하는 이유에 관해서는 예제 4.12의 설명을 참고한다.

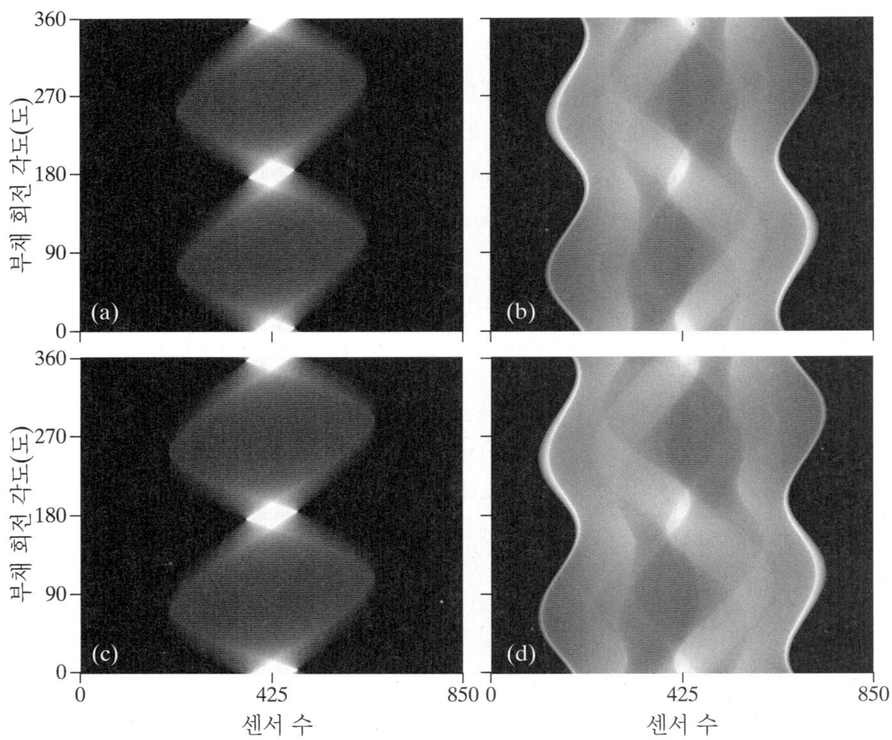

그림 4.23 함수 fanbeam의 예시: (a)와 (b) 함수 fanbeam으로 생성된 직사각형과 환영 영상들에 대한 선형 부채-빔 투영들. (c)와 (d) 해당하는 arc 투영들.

여기서 g1과 g2는 그림 4.18(a)와 (c)의 직사각형과 환영 영상들이다. 앞의 코드가 보여주듯이, B1과 B2는 직사각형의 부채-빔 투영들이다: 'line' 옵션, 1 단위 떨어진 센서 간격(디폴트), 그림 4.18(b)와 (d)의 평행-빔 투영들(Radon 변환들)을 만들 때 사용했던 증분들과 일치하는 0.5° 각도 증분을 사용해서 만들었다. 이 평행-빔 투영들과 그림 4.23(a)와 (b)의 부채-빔 투영들을 비교해보면, 몇 가지 중요한 차이를 볼 수 있다. 첫 째, 부채-빔 투영들이 360° 스팬을 커버하며, 이는 평행-빔 투영들에 대해 보인 스팬의 두 배이다; 따라서, 부채-빔 투영들은 한 번 반복한다. 더 흥미로운 사실로서, 해당 모양들이 매우 다르다는 것이다. 즉, 부채-빔 투영들은 "치우쳐(skewed)" 보인다. 이것은 부채 대 평행 빔 기하들의 직접적 결과이다.

부채-빔 투영들이 왜 그렇게 보이는지를 이해하는 데 어려움을 겪고 있다면, 다음의 연습이 도움이 될 것이다: (1) 종이에 부채-빔 광선들의 집합을 그린다; (2) 작은 종이 조각을 그림 4.18(a)의 직사각형 형태로 오린다; (3) 이 직사각형을 빔들의 중앙에 놓는다; (4) 0°에서 시작해서 직사각형을 작은 증분으로 돌린다. 빔들이 직사각형과 어떻게 만나는가를 생각해 보면 부채-빔 투영들의 모양이 치우쳐 보이는 이유를 이해할 수 있을 것이다.

앞서 언급했듯이, 함수 fanbeam은 임의의 회전 각도에 대해 전체 영상을 커버하는 데 필요한 빔 수를 계산해서 센서 수를 계산한다. 그림 4.23(a)와 (b)의 영상들의 크기는 720×855 화소이다. 만일 'arc' 옵션을 사용해서 빔 투영들을 생성하기 위해서 'line' 옵션 때 사용했던 것과 같은 센서 요소 간 간격을 사용한다면, 결과 투영 배열의 크기는 720×67이 될 것이다. 'line' 옵션으로 얻은 것과 비슷한 크기의 배열을 만들려면, 센서 간격을 0.08 단위 정도로 지정할 필요가 있다. 그 명령들은 다음과 같다:

```
>> B1_arc = fanbeam(g1, D, 'FanSensorGeometry','arc',...
        'FanSensorSpacing', .08, 'FanRotationIncrement', 0.5);
>> B2_arc = fanbeam(g2, D, 'FanSensorGeometry','arc',...
        'FanSensorSpacing', .08, 'FanRotationIncrement', 0.5);
>> figure, imshow(flipud(B1_arc'), [])
>> figure, imshow(flipud(B2_arc'), [])
```

그림 4.23의 영상들에 축과 스케일을 중첩시키기 위해 예제 4.12에서와 같은 접근법을 사용했다.

그림 4.23(c)와 (d)가 그 결과를 보여준다. 이 영상들의 크기는 720×847 화소이다; 이들은 그림 4.23(a)와 (b)의 영상들보다 약간 좁다. 그림의 모든 영상들이 같은 크기로 스케일링되었기 때문에, 'arc' 옵션으로 생성된 영상들이 'line' 옵션 때보다 약간 더 넓어 보인다.

평행-빔 투영들을 다룰 때 함수 iradon을 사용했던 것처럼, 주어진 부채-빔 투영들의 집합으로부터 필터링된 역투영 영상을 얻는 데 툴박스 함수 ifanbeam을 사용할 수 있다. 그 문법은 다음과 같다:

```
I = ifanbeam(B, D, ..., param1, val1, param2, val2, ...)
```

ifanbeam

여기서 이전과 같이, B는 부채-빔 투영들의 배열이며 D는 부채 빔의 정점으로부터 회전중심까지의 화소 단위 거리이다. 파라미터 및 그들의 유효값 범위는 표 4.7에 나열되어 있다.

예제 4.15

함수 ifanbeam으로 작업하기.

■ 그림 4.24(a)는 다음과 같이 함수 fanbeam과 ifanbeam에 디폴트 값을 사용해서 만든 머리 환영의 필터링된 역투영을 보여준다:

```
>> g = phantom('Modified Shepp-Logan', 600);
>> D = 1.5*hypot(size(g, 1), size(g, 2))/2;
>> B1 = fanbeam(g, D);
```

표 4.7 함수 ifanbeam에 사용되는 파라미터 및 값들.

파라미터	설명 및 값
'FanCoverage'	빔들이 회전되는 범위를 지정한다. 유효값은 전 범위 [0, 360°)에서의 회전을 나타내는 'cycle'(디폴트), B의 투영들이 생성된 객체를 표현하는 데 필요한 최소 범위를 나타내는 'minimal'.
'FanRotationIncrement'	표 4.6의 함수 fanbeam에 대한 설명에서와 같음.
'FanSensorGeometry'	표 4.6의 함수 fanbeam에 대한 설명에서와 같음.
'FanSensorSpacing'	표 4.6의 함수 fanbeam에 대한 설명에서와 같음.
'Filter'	유효값은 표 4.5에 주어짐. 디폴트는 'Ram-Lak'.
'FrequencyScaling'	함수 iradon에 대한 설명에서와 같음.
'Interpolation'	유효값은 표 4.4에 주어짐. 디폴트는 'linear'.
'OutputSize'	재구성된 영상의 행과 열 수를 지정하는 스칼라. 만일 'OutputSize'가 지정되지 않으면, ifanbeam은 크기를 자동으로 결정한다. 만일 'OutputSize'가 지정되면, ifanbeam은 영상의 더 작거나 더 큰 부분을 재구성하나, 데이타의 스케일링을 바꾸지는 않는다.

```
>> f1 = ifanbeam(B1, D);
>> figure, imshow(f1, [])
```

그림 3.24(a)에서 볼 수 있듯이, 재구성된 영상에서 합리적인 수준의 화질을 얻기에는 디폴트 값들이 이 경우에 너무 거칠었다. 그림 4.24(b)는 다음 명령들로 만들었다:

```
>> B2 = fanbeam(g, D, 'FanRotationIncrement', 0.5,...
                'FanSensorSpacing', 0.5);
>> f2 = ifanbeam(B2, D, 'FanRotationIncrement', 0.5,...
           'FanSensorSpacing', 0.5, 'Filter', 'Hamming');
>> figure, imshow(f2, [])
```

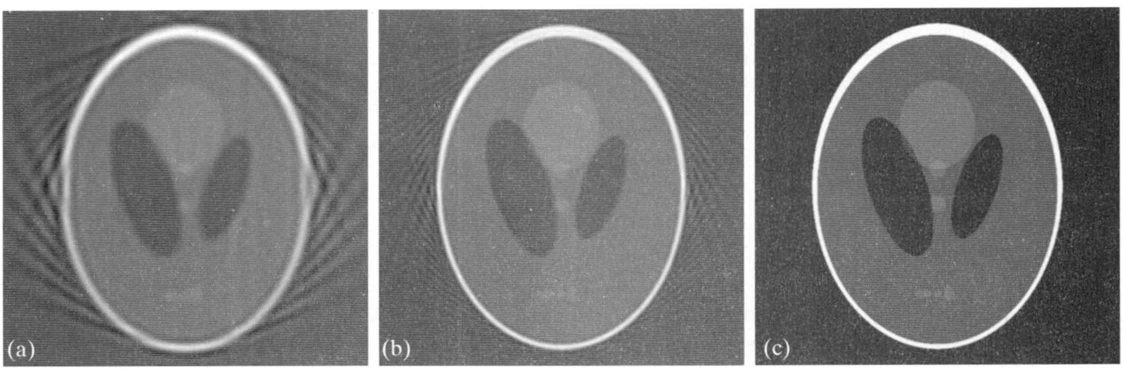

그림 4.24 (a) 함수 fanbeam과 ifanbeam에 디폴트 값을 사용해서 만들고 재구성한 환영 영상. (b) 회전 및 센서 간격 증분을 0.5도로 지정하고 Hamming 필터를 사용해서 얻은 결과. (c) 0.05로 바뀐 센서 간격을 제외하고, (b)에서 사용된 것과 같은 파라미터 값들로 얻은 결과.

더 작은 회전 및 센서 증분을 사용하고, 디폴트 Ram-Lak 필터를 Hamming 필터로 고체해서 블러링과 물결현상이 줄어들었다. 그러나 여전히 그 수준은 만족스럽지 않다. 예제 4.14의 결과들에 기반할 때, 'arc' 옵션이 사용될 때, 규정된 센서 수가 투영들의 화질에 중요한 역할을 담당함을 알고 있다. 다음 코드에서 샘플 간격을 10분의 1로 줄이는 것 외에는 모두 같은 값으로 놔둔다:

```
>> B3 = fanbeam(g, D, 'FanRotationIncrement', 0.5,...
                                    'FanSensorSpacing', 0.05);
>> f3 = ifanbeam(B3, D, 'FanRotationIncrement', 0.5,...
              'FanSensorSpacing', 0.05, 'Filter', 'Hamming');
>> figure, imshow(f3, [])
```

그림 4.24(c)가 보여주듯이, 센서 간격을 줄임(즉, 센서 수를 늘림)으로써 현저하게 개선된 화질을 얻었다. 이는 부채-빔 투영들의 효과적 "해상도"을 결정하는 데 사용되는 센서 수의 중요성과 관련해서 예제 4.14의 결론과 일치한다.

이 절을 결론짓기 전에, 부채와 평행 투영들 간의 전환을 위한 두 가지 툴박스 유틸리티 함수들에 관하여 간략히 언급한다. 함수 fan2para는 다음 문법으로 부채-빔 데이타를 평행-빔 데이타로 전환한다:

P = fan2para(F, D, param1, val1, param2, val2, ...)

fan2para

여기서 F는 열들이 부채-빔 투영들인 배열이며, D는 이 절의 앞 부분에서 논의된 것처럼, 부채 투영들을 만드는 데 사용되었던 부채 정점에서 회전중심까지의 거리이다. 표 4.8에 이 함수의 파라미터와 해당 값들이 나열되어 있다.

예제 4.16

fan2para로 작업하기.

■ 그림 4.23(a)와 (b)의 부채-빔 투영들을 평행-빔 투영들로 전환함으로써 함수 fan2para의 사용을 예시하였다. 평행 투영 파라미터 값들을 그림 4.18(b)와 (d)의 투영들과 일치시키도록 규정한다:

```
>> g1 = zeros(600, 600);
>> g1(100:500, 250:350) = 1;
>> g2 = phantom('Modified Shepp-Logan',600);
>> D = 1.5*hypot(size(g1, 1), size(g1,2))/2;
>> B1_line = fanbeam(g1, D, 'FanSensorGeometry',...
            'line','FanSensorSpacing', 1, ...
            'FanRotationIncrement', 0.5);
>> B2_arc = fanbeam(g2, D, 'FanSensorGeometry', 'arc',...
            'FanSensorSpacing', .08, 'FanRotationIncrement',0.5);
>> P1_line = fan2para(B1_line, D, 'FanRotationIncrement', 0.5,...
            'FanSensorGeometry','line',...
            'FanSensorSpacing', 1,...
            'ParallelCoverage','halfcycle',...
            'ParallelRotationIncrement', 0.5,...
            'ParallelSensorSpacing',1);
>> P2_arc = fan2para(B2_arc, D, 'FanRotationIncrement', 0.5,...
            'FanSensorGeometry','arc',...
            'FanSensorSpacing', 0.08,...
            'ParallelCoverage','halfcycle',...
            'ParallelRotationIncrement', 0.5,...
            'ParallelSensorSpacing',1);
>> P1_line = flipud(P1_line');
```

표 4.8 함수 fan2para에 사용되는 파라미터 및 값들.

파라미터	설명 및 값
'FanCoverage'	표 4.7의 함수 ifanbeam에 대한 설명에서와 같음.
'FanRotationIncrement'	표 4.6의 함수 fanbeam에 대한 설명에서와 같음.
'FanSensorGeometry'	표 4.6의 함수 fanbeam에 대한 설명에서와 같음.
'FanSensorSpacing'	표 4.6의 함수 fanbeam에 대한 설명에서와 같음.
'Interpolation'	유효값은 표 4.3에 제공됨. 디폴트 값은 'linear'.
'ParallelCoverage'	회전 범위를 지정한다: 'cycle'은 평행 데이타가 360°를 커버하는 것을 의미하며, 'halfcycle'(디폴트)은 평행 데이타가 180°를 커버하는 것을 의미한다.
'ParallelRotationIncrement'	평행-빔 회전 각도 증분을 도 단위로 지정하는 양의 실수 스칼라. 만일 이 파라미터가 함수 인수에 포함되지 않으면, 증분은 부채-빔 회전 각도의 증분과 같은 것으로 가정된다.
'ParallelSensorSpacing'	평행-빔 회전 센서 간격을 화소 단위로 지정하는 양의 실수 스칼라. 만일 이 파라미터가 함수 인수에 포함되지 않으면, 간격이 부채 각도들에 의해 결정되는 범위에 대한 샘플링에 의해 결정되므로, 균등하다고 가정된다.

```
>> P2_arc = flipud(P2_arc');
>> figure, imshow(P1_line,[])
>> figure, imshow(P2_arc, [])
```

그림 4.18을 만들 때 했듯이, 함수 flipud를 사용해서 배열의 전치를 반전시킴을 주목한다. 그렇게 해서, 데이타가 그림의 축 배치와 일치하게 된다. 그림 4.25(a)와 (b)에 보인 영상 P1_line과 P2_arc는 해당 부채-빔 투영들인 B1_line과 B2_arc로부터 생성된 평행-빔 투영들이다. 그림 4.25의 영상들의 크기는 그림 4.18에서와 같으므로, 여기서는 축과 레이블들을 보이지 않겠다. 이 영상들이 시각적으로 같음을 주목한다.

평행-빔으로부터 부채-빔으로 전환하는 데 사용되는 절차는 방금 논의된 방법과 비슷하다. 그 함수는

para2fan

```
F = para2fan(P, D, param1, val1, param2, val2, ...)
```

이다. 여기서 P는 열들이 평행 투영들을 포함하는 배열이며 D는 이전과 같다. 표 4.9에 이 함수의 파라미터와 유효한 값들이 나열되어 있다.

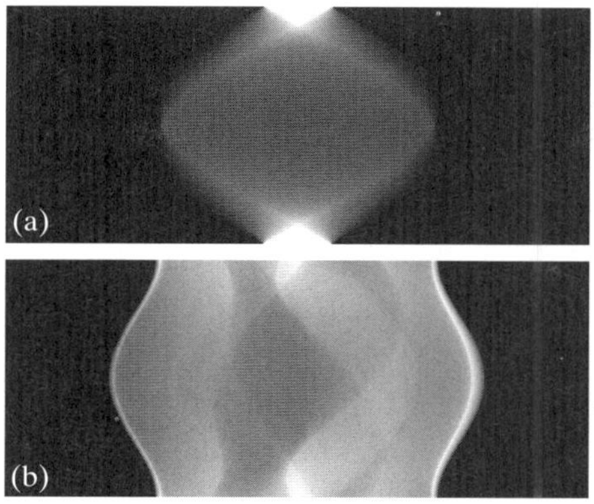

그림 4.25 그림 4.23 (a)와 (b)의 부채-빔 투영들로부터 생성된 (a) 직사각형과 (b) 머리 환영 영상들의 평행-빔 투영들.

표 4.9 함수 para2fan에 사용되는 파라미터 및 값들.

파라미터	설명 및 값
'FanCoverage'	표 4.7의 함수 ifanbeam에 대한 설명에서와 같다.
'FanRotationIncrement'	부채-빔 투영들의 회전 각도 증분을 도 단위로 지정하는 양의 실수 스칼라. 만일 'FanCoverage'가 'cycle'이면, 'FanRotationIncrement'는 360의 배수이어야 한다. 만일 이 파라미터가 지정되지 않으면, 평행-빔 회전 각드와 같은 간격으로 설정된다.
'FanSensorGeometry'	표 4.6의 함수 fanbeam에 대한 설명에서와 같다.
'FanSensorSpacing'	만일 이 값이 'arc'나 'line'으로 지정되면, 표 4.6의 함수 fanbeam에 대한 설명이 적용된다. 만일 이 파라미터가 함수 인수에 포함되지 않으면, 디폴트는 'ParallelSensorSpacing'에 의해 결정되는 최소값이다: 이때, 만일 'FanSensorGeometry'가 'arc'이면, 'FanSensorSpacing'은 180 /PI*ASIN(PSPACE/D)이며 여기서 PSPACE는 'ParallelSensorSpacing'의 값이다.
'Interpolation'	유효 값은 표 4.4에 제공되어 있다. 디폴트는 'linear'이다.
'ParallelCoverage'	표 4.8의 함수 fan2para에 대한 설명에서와 같다.
'ParallelRotationIncrement'	표 4.8의 함수 fan2para에 대한 설명에서와 같다.
'ParallelSensorSpacing'	표 4.8의 함수 fan2para에 대한 설명에서와 같다.

요약

이 장의 내용은 MATLAB과 IPT 함수들을 영상 복원에 이용하는 방법과 영상이 받은 열화를 설명하는 데 필요한 모델을 만들기 위한 주요 구성요소로서 이용하는 방법에 관한 개관을 잘 보여준다. 노이즈 생성을 위한 툴박스의 기능은 이 장에서 개발한 함수 `imnoise2`와 `imnoise3`에 의해 크게 개선되었다. 마찬가지로, 함수 `spfilt`에서 가용한 공간 필터들, 특히 비선형 필터들은 이 분야에서의 툴박스의 기능을 현저히 확장시킨다. 이 함수들은 MATLAB과 툴박스 함수들을 새로운 코드에 구체화해서 이미 커다란 기존 툴 집합의 기능을 개선하는 응용들을 만드는 게 상대적으로 얼마나 간단한가를 보여주는 완벽한 예이다. 투영들로부터의 영상 재구성에 관해서 다룬 내용은 투영 데이타를 다루기 위한, 툴박스의 가용한 주요 함수들을 커버한다. 논의된 기법들은 단층촬영에 기반한 응용들을 모델링하는 데 적용 가능하다.

5 기하 변환과 영상 정합

Geometric Transformations and Image Registration

개요 *Preview*

기하 변환은 영상의 화소 간 공간 관계를 바꾼다. 영상은 더 크거나 작게 바뀔 수 있다. 회전, 이동, 또는 다양한 방법으로 스트레칭될 수 있다. 기하 변환은 썸네일 뷰를 만들고, 디지털 비디오의 재생 해상도를 조정하고, 조망 기하(viewing geometry)로 인한 왜곡을 수정하고, 같은 장면 또는 객체의 영상들을 맞추는 데 사용된다.

이 장에서는 기하 변환의 배경의 핵심 개념을 탐구하며, 여기에는 기하 좌표 매핑, 영상 보간, 역매핑 등이 포함된다. IPT 함수들을 사용해서 이 기법들을 적용하는 방법을 보여주며, 툴박스 관례들을 설명한다. 가시화 또는 정량적 비교의 목적으로 같은 장면이나 객체의 여러 영상을 맞추는 프로세스인 영상 정합에 관한 논의로 이 장을 마무리한다.

5.1 변환점 Transforming Points

(w, z)와 (x, y)가 각각 **입력 공간**과 **출력 공간**으로 불리는 두 공간 좌표 체계라고 하자. 기하 좌표 변환은 입력 공간 점들을 출력 공간 점들로 매핑하는 것으로 정의될 수 있다:

$$(x, y) = T\{(w, z)\}$$

여기서 $T\{\cdot\}$는 **변환**(또는 **순방향 변환**) 또는 **매핑**(또는 **순방향 마핑**)으로 불린다. 만일 $T\{\cdot\}$가 역을 가진다면, 그 역은 출력 공간 점을 입력 공간 점으로 매핑한다:

$$(w, z) = T^{-1}\{(x, y)\}$$

여기서 $T^{-1}\{\cdot\}$은 **역변환** 또는 **역매핑**으로 불린다. 그림 5.1은 입력 및 출력 공간들을 보여주며, 아래의 간단한 보기에 대한 변환과 역변환을 예시한다:

$$(x, y) = T\{(w, z)\} = (w/2, z/2)$$
$$(w, z) = T^{-1}\{(x, y)\} = (2x, 2y)$$

영상의 기하 변환은 기하 좌표 변환에 의해 정의된다. $f(w, z)$로 입력 공간의 영상을 표기하자. 출력 공간의 변환된 영상 $g(x, y)$를 다음과 같이 $f(w, z)$와 $T^{-1}\{\cdot\}$로 정의할 수 있다:

$$g(x, y) = f(T^{-1}\{(x, y)\})$$

그림 5.2는 간단한 영상이 $(x, y) = T\{(w, z)\} = (w/2, z/2)$로 변환되었을 때 어떤 일이 일어나는지를 보여준다. 이 변환은 영상을 원래 크기의 반으로 축소한다.

IPT는 함수 makeform을 사용해서 만드는 소위 *tform* **구조체**를 사용해서 기하 좌표 변환을 표현한다. maketform의 호출 문법은 다음과 같다:

maketform

```
tform = maketform(transform_type, params, ...)
```

첫 번째 파라미터 transform_type은 다음 문자열 중 하나이다: 'affine', 'projective', 'custom', 'box', 'composite'. 그 외의 파라미터들은 변환 유형에 따라 달라지며, maketform 문서에 자세히 기술되어 있다.

이 절에서 우리는 사용자 정의 기하 좌표 변환에 기반해서 tform 구조체를 만드는데 사용될 수 있는 'custom' 변환 유형에 관심을 둔다. (다른 변환들의 일부도 이 장에 다뤄진다.) 'custom' 유형에 대한 문법은 다음과 같다:

```
tform = maketform('custom', ndims_in, ndims_out, ...
        forward_fcn, inv_function, tdata)
```

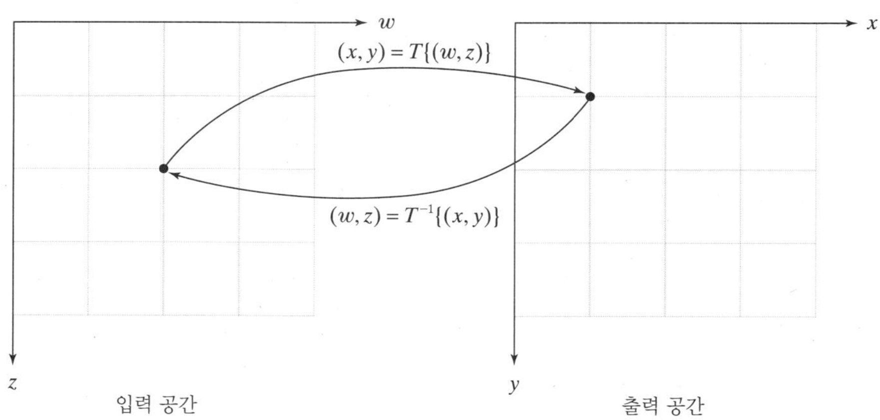

그림 5.1 $T\{(w, z)\} = (w/2, z/2)$에 대한 점의 변환 및 역변환.

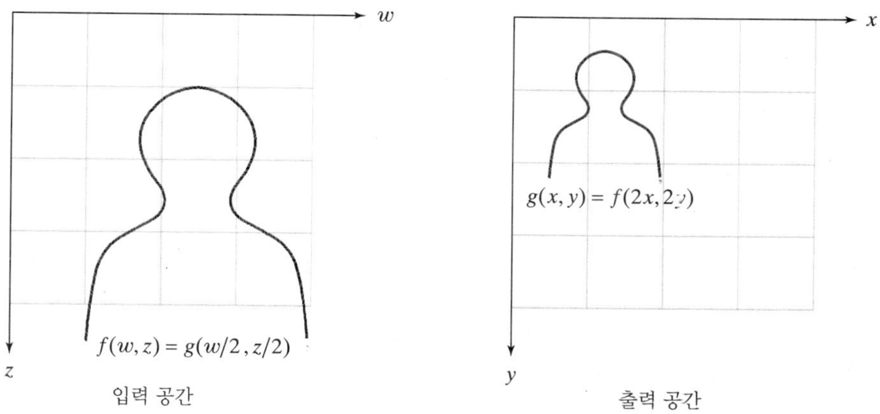

그림 5.2 변환 $T\{(w, z)\} = (w/2, z/2)$에 대한 간단한 영상의 변환 및 역변환.

2-D 기하 변환에 대해 `ndims_in`과 `ndims_out`은 모두 2이다. 파라미터 `forward_fcn`와 `inv_fcn`은 각각 순/역 공간 좌표 변환에 대한 함수 핸들이다. 파라미터 `tdata`는 `forward_fcn`과 `inv_fcn`이 필요로 하는 임의의 추가 정보를 포함한다.

예제 5.1

주문자 tform 구조체를 만들어서 점을 변환하기.

■ 이 예제에서 서로 다른 공간 좌표 변환을 나타내는 두 개의 tform 구조체를 만든다. 첫 번째 변환은 입력을 수평으로는 3, 수직으로는 2로 스케일링한다:

$$(x, y) = T\{(w, z)\} = (3w, 2z)$$
$$(w, z) = T^{-1}\{(x, y)\} = (x/3, y/2)$$

우선, 순방향 함수를 만든다. 문법은 `xy = fwd_function(wz, tdata)`이며, 여기서 `wz`는 각 행에 wz-평면의 한 점을 포함하는 2열 매트릭스이며, `xy`는 각 행이 xy-평면의 한 점을 포함하는 2열 매트릭스이다. (이 예제에서 `tdata`는 필요 없다. 입력 파라미터 목록에 포함되어야 하지만, 함수에서 무시될 수 있다.)

```
>> forward_fcn = @(wz, tdata) [3*wz(:,1), 2*wz(:,2)]
forward_fcn =
    @(wz,tdata)[3*wz(:,1),2*wz(:,2)]
```

그 다음, 문법 `wz = inverse_fcn(xy, tdata)`를 갖는 역함수를 만든다:

```
>> inverse_fcn = @(xy, tdata) [xy(:,1)/3, xy(:,2)/2]
inverse_fcn =
    @(xy,tdata)[xy(:,1)/3,xy(:,2)/2]
```

그 다음, 우리의 첫 tform 구조체를 만들 수 있다:

```
>> tform1 = maketform('custom', 2, 2, forward_fcn, ...
                      inverse_fcn, [])
```

```
tform1 =

       ndims_in: 2
      ndims_out: 2
    forward_fcn: @(wz,tdata)[3*wz(:,1),2*wz(:,2)]
    inverse_fcn: @(xy,tdata)[xy(:,1)/3,xy(:,2)/2]
          tdata: []
```

tformfwd
tforminv

툴박스는 점을 변환하기 위한 두 함수를 제공한다: tfromfwd는 순방향 변환 $T\{(w, z)\}$를 계산하고, tforminv는 역변환 $T^{-1}\{(x, y)\}$를 계산한다. 호출 문법은 XY = tformfwd(WZ, tform)와 WZ = tforminv(XY, tform)이다. 여기서 WZ는 점들의 $P\times 2$ 매트릭스이다; WZ의 각 행은 한 점의 w와 z 좌표들을 포함한다. 마찬가지로 XY는 점들의 $P\times 2$ 매트릭스로서, 각 행에 x와 y 좌표 쌍을 포함한다.

예를 들면, 다음 명령들은 점 쌍의 순변환을 계산하고, 역변환으로 원래 데이타를 되찾는 것을 확인한다:

```
>> WZ = [1 1; 3 2];
>> XY = tformfwd(WZ, tform1)

XY =

     3     2
     9     4

>> WZ2 = tforminv(XY, tform1)

WZ2 =

     1     1
     3     2
```

우리의 두 번째 변환 예는 수평 좌표를 수직 좌표에 의해 이동시키며, 수직 좌표는 바꾸지 않는다.

$$(x, y) = T\{(w, z)\} = (w + 0.4z, z)$$
$$(w, z) = T^{-1}\{(x, y)\} = (x - 0.4y, y)$$

```
>> forward_fcn = @(wz, tdata) [wz(:,1) + 0.4*wz(:,2), ...
                               wz(:, 2)];
>> inverse_fcn = @(xy, tdata) [xy(:,1) - 0.4*xy(:,2), ...
                               xy(:,2)];
>> tform2 = maketform('custom', 2, 2, forward_fcn, ...
                      inverse_fcn, []);
>> XY = tformfwd(WZ, tform2)

XY =

    1.4000    1.0000
    3.8000    2.0000

>> WZ2 = tforminv(XY, tform2)

WZ2 =

    1.0000    1.0000
    3.0000    2.0000
```

여기서 볼 수 있듯이, 수직 좌표에 해당하는 XY의 두 번째 열은 변환에 의해 바뀌지 않았다.

특정 공간 변환의 효과를 더 잘 이해하려면, 그리드에 배열된 점 집합에 대한 변환 결과를 시각화하면 도움이 된다. 다음의 두 주문형 M-함수 `pointgrid`와 `vistform`이 주어진 변환의 시각화를 도와준다. 함수 `pointgrid`는 시각화에 이용할 그리드 점들을 구축한다. 그리드를 만들기 위해서 함수 `meshgrid`(1.7.8절 참조)와 `linspace`(2.2.3절 참조)를 함께 사용하는 것에 주목한다.

pointgrid

```
function wz = pointgrid(corners)
%POINTGRID Points arranged on a grid.
%   WZ = POINTGRID(CORNERS) computes a set point of points on a
%   grid containing 10 horizontal and vertical lines.  Each line
%   contains 50 points.  CORNERS is a 2-by-2 matrix.  The first
%   row contains the horizontal and vertical coordinates of one
%   corner of the grid. The second row contains the coordinates
%   of the opposite corner.  Each row of the P-by-2 output
%   matrix, WZ, contains the coordinates of a point on the output
%   grid.

% Create 10 horizontal lines containing 50 points each.
[w1, z1] = meshgrid(linspace(corners(1,1), corners(2,1), 46), ...
    linspace(corners(1), corners(2), 10));

% Create 10 vertical lines containing 50 points each.
[w2, z2] = meshgrid(linspace(corners(1), corners(2), 10), ...
    linspace(corners(1), corners(2), 46));

% Create a P-by-2 matrix containing all the input-space points.
wz = [w1(:) z1(:); w2(:) z2(:)];
```

다음 M-함수 `vistform`은 입력 점들을 변환하고, 변환된 점들을 출력 공간에 그릴 뿐만 아니라 해당 입력 점들도 입력 공간에 그린다. 이 함수는 비교를 쉽게 해주기 위해 두 플롯의 축 한계를 조정한다.

vistform

```
function vistform(tform, wz)
%VISTFORM Visualization transformation effect on set of points.
%   VISTFORM(TFORM, WZ) shows two plots.  On the left are the
%   points in each row of the P-by-2 matrix WZ.  On the right are
%   the spatially transformed points using TFORM.

% Transform the points to output space.
xy = tformfwd(tform, wz);

% Compute axes limits for both plots.  Bump the limits outward
% slightly.
minlim = min([wz; xy], [], 1);
maxlim = max([wz; xy], [], 1);
```

```
bump = max((maxlim - minlim) * 0.05, 0.1);
limits = [minlim(1)-bump(1), maxlim(1)+bump(1), ...
    minlim(2)-bump(2), maxlim(2)+bump(2)];

subplot(1,2,1)
grid_plot(wz, limits, 'w', 'z')

subplot(1,2,2)
grid_plot(xy, limits, 'x', 'y')

%-------------------------------------------------------------------%
function grid_plot(ab, limits, a_label, b_label)
plot(ab(:,1), ab(:,2), '.', 'MarkerSize', 2)
axis equal, axis ij, axis(limits);
set(gca, 'XAxisLocation', 'top')
xlabel(a_label), ylabel(b_label)
```

이 함수들은 예제 5.1에서 정의한 두 공간 변환의 효과를 시각화하는 데 사용될 수 있다.

```
>> vistform(tform1, pointgrid([0 0;100 100]))
>> figure, vistform(tform2, pointgrid([0 0;100 100]))
```

그림 5.3이 그 결과들을 보여준다. 그림 5.3(a)와 (b)에 보인 첫 번째 변환은 서로 다른 스케일 인수들에 의해 수평 및 수직으로 늘린다. 그림 5.3(c)와 (d)에 보인 두 번째 변환은 수직 좌표에 비례해서 수평으로 점들을 이동시킨다. 이 효과를 **쏠림**(*shearing*)이라고 부른다.

5.2 동류 변환 Affine Transformations

앞 절의 예제 5.1이 두 가지 **동류 변환**[†](*affine transformation*)을 보여준다. 동류 변환은 한 벡터 공간으로부터 다른 벡터 공간으로의 매핑으로서, 매트릭스 곱셈으로 표현되는 선형부와 오프셋 또는 이동에 해당하는 덧셈부로 구성된다. 2-D 공간에 대해 동류 변환을 다음과 같이 쓸 수 있다:

$$[x\ y] = [w\ z]\begin{bmatrix} a_{11} & a_{12} \\ a_{21} & a_{22} \end{bmatrix} + [b_1\ b_2]$$

수학 및 계산 편의상, 동류 변환은 세 번째 좌표를 추가해서 단일 매트릭스 곱셈으로 표현될 수 있다:

† 역주: 공선성(collinearity)과 거리 비를 유지하는 변환. 한 삼각형은 이 변환에 의해 어떠한 삼각형으로든 변환될 수 있으므로, 그런 면에서 모든 삼각형은 유사하다는 의미에서 온 용어. 흔히 유사 변환으로 많이 표현하나, 곧 소개될 similarity transform과의 구별을 위해, 동류 변환으로 표현하기로 한다.

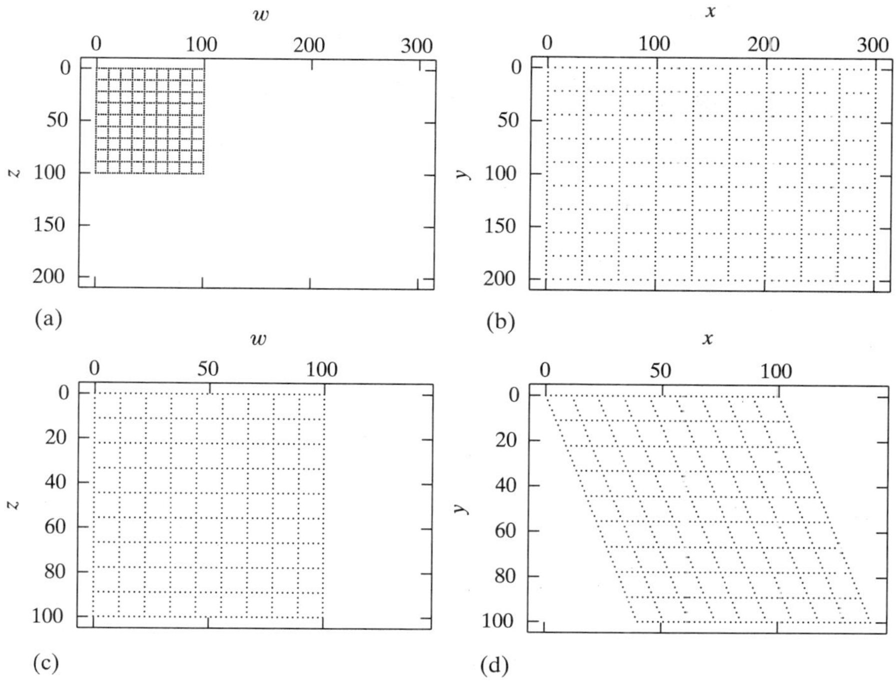

그림 5.3 점 그리드에 공간 변환의 효과를 시각화하기: (a) 그리드 1. (b) tform1으로 변환한 그리드 1. (c) 그리드 2. (d) tform2로 변환한 그리드 2.

$$[x\ y\ 1] = [w\ z\ 1]\begin{bmatrix} a_{11} & a_{12} & 0 \\ a_{21} & a_{22} & 0 \\ b_1 & b_2 & 1 \end{bmatrix}$$

이 공식을 다음과 같이 쓸 수도 있다:

$$[x\ y\ 1] = [w\ z\ 1]\mathbf{T}$$

여기서 $\mathbf{T}$는 동류 매트릭스(*affine matrix*)로 불린다. $[x\ y]$와 $[w\ z]$에 1을 덧붙이는 표기 관례에 의해 **동차 좌표**가 된다(Foley 등 [1995]).

예제 5.1의 `tform1`에 해당하는 동류 매트릭스는 다음과 같다:

$$\mathbf{T} = \begin{bmatrix} 3 & 0 & 0 \\ 0 & 2 & 0 \\ 0 & 0 & 1 \end{bmatrix}$$

`tform2`에 해당하는 동류 매트릭스는 다음과 같다:

$$\mathbf{T} = \begin{bmatrix} 1 & 0 & 0 \\ 0.4 & 1 & 0 \\ 0 & 0 & 1 \end{bmatrix}$$

함수 maketform은 문법 tform = maketform('affine', T)를 사용해서 동류 매트릭스로부터 직접 생성할 수 있다. 예를 들면

```
>> T = [1 0 0; 0.4 1 0; 0 0 1];
>> tform3 = maketform('affine', T);
>> WZ = [1 1; 3 2];
>> XY = tformfwd(WZ, tform3)
XY =
    1.4000    1.0000
    3.8000    2.0000
```

중요한 동류 변환에는 스케일링, 회전, 이동, 쏠림, 반사가 있다. 표 5.1이 이들 서로 다른 종류의 변환을 달성하기 위해서 동류 매트릭스 **T**의 값들을 선택하는 방법을 보여준다.

회전, 이동, 반사를 포함한 이들 유형의 몇 가지는 **유사 변환**(*similarity transform*)으로 불리는 중요한 동류 변환 부분집합에 속한다. 유사 변환은 선간 각도를 유지하고 모든 거리를 같은 비로 바꾼다. 대략적으로, 유사 변환은 **모양을 보존한다**고 말할 수 있다.

동류 변환은 만일 동류 매트릭스가 다음 중 한 형태를 가지면 유사 변환이다:

$$\mathbf{T} = \begin{bmatrix} s\cos\theta & s\sin\theta & 0 \\ -s\sin\theta & s\cos\theta & 0 \\ b_1 & b_2 & 1 \end{bmatrix}$$

또는

$$\mathbf{T} = \begin{bmatrix} s\cos\theta & s\sin\theta & 0 \\ s\sin\theta & -s\cos\theta & 0 \\ b_1 & b_2 & 1 \end{bmatrix}$$

수평과 수직 인수들이 같을 때 스케일링이 유사 변환임을 주목한다.

유사 변환은 굳고 비교적 평평한 객체들을 포함하는 영상처리 응용에서 유용하다. 그러한 객체들의 영상은 그들이 이동하거나 회전할 때, 또는 카메라가 다가가거나 멀어질 때 유사 변환에 의해 관련된다. 그림 5.4가 삼각형 객체에 적용된 몇 가지 유사 변환을 보여준다.

5.3 투영 변환 Projective Transformations

또 다른 유용한 기하 변환 유형으로 **투영 변환**이 있다. 동류 변환을 특수한 경우로 포함하는 투영 변환은 영상의 시각 왜곡(perspective distortion)을 되돌리는 데 쓸모가 있다. 동류 변환에서와 같이, 보조적인 세 번째 차원을 사용해서 2-D 투영 변환으

표 5.1 동류 변환의 유형.

유형	동류 매트릭스 T	좌표 공식	다이어그램
항등	$\begin{bmatrix} 1 & 0 & 0 \\ 0 & 1 & 0 \\ 0 & 0 & 1 \end{bmatrix}$	$x = w$ $y = z$	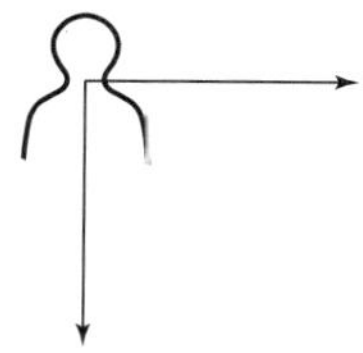
스케일링	$\begin{bmatrix} s_x & 0 & 0 \\ 0 & s_y & 0 \\ 0 & 0 & 1 \end{bmatrix}$	$x = s_x w$ $y = s_y z$	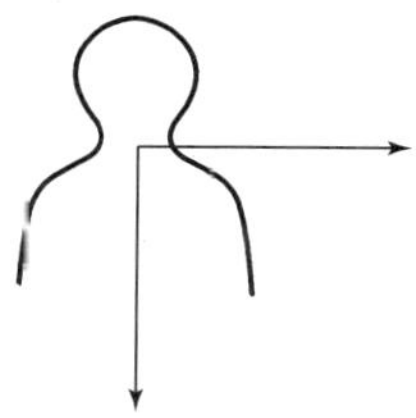
회전	$\begin{bmatrix} \cos\theta & \sin\theta & 0 \\ -\sin\theta & \cos\theta & 0 \\ 0 & 0 & 1 \end{bmatrix}$	$x = w\cos\theta - z\sin\theta$ $y = w\sin\theta + z\cos\theta$	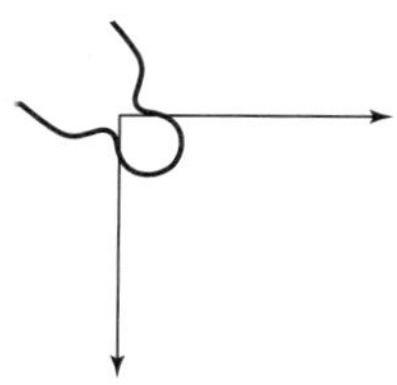
쏠림(수평)	$\begin{bmatrix} 1 & 0 & 0 \\ \alpha & 1 & 0 \\ 0 & 0 & 1 \end{bmatrix}$	$x = w + \alpha z$ $y = z$	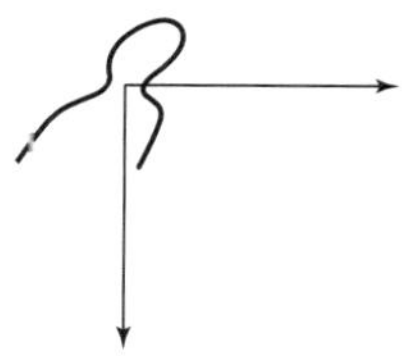
쏠림(수직)	$\begin{bmatrix} 1 & \beta & 0 \\ 0 & 1 & 0 \\ 0 & 0 & 1 \end{bmatrix}$	$x = w$ $y = \beta w + z$	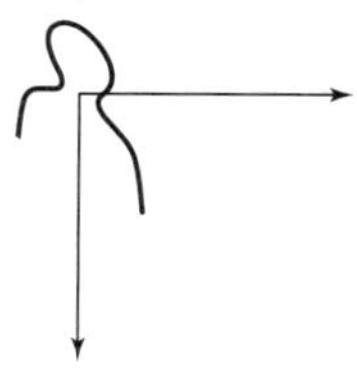
수직 반사	$\begin{bmatrix} 1 & 0 & 0 \\ 0 & -1 & 0 \\ 0 & 0 & 1 \end{bmatrix}$	$x = w$ $y = -z$	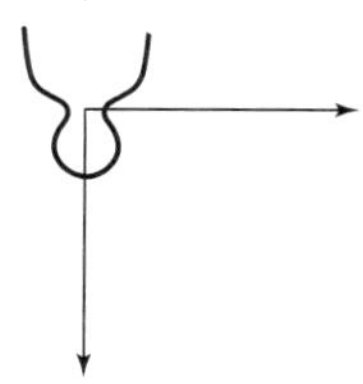
이동	$\begin{bmatrix} 1 & 0 & 0 \\ 0 & 1 & 0 \\ \delta_x & \delta_y & 1 \end{bmatrix}$	$x = w + \delta_x$ $y = z + \delta_y$	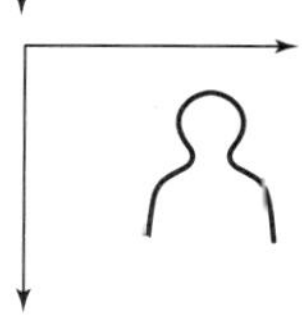

로 정의하면 도움이 된다. 그러나 동류 변환에서와 달리, 이 보조 좌표는 상수가 아니다(다음 식에서 h로 표기):

그림 5.4 유사 변환의 예: (a) 오리지널 객체. (b) 스케일링된 것. (c) 회전 및 이동된 것. (d) 반사 및 스케일링된 것. (e) 수평으로만 스케일링된 것—유사 변환 아님. (f) 수평 쏠림—유사 변환 아님.

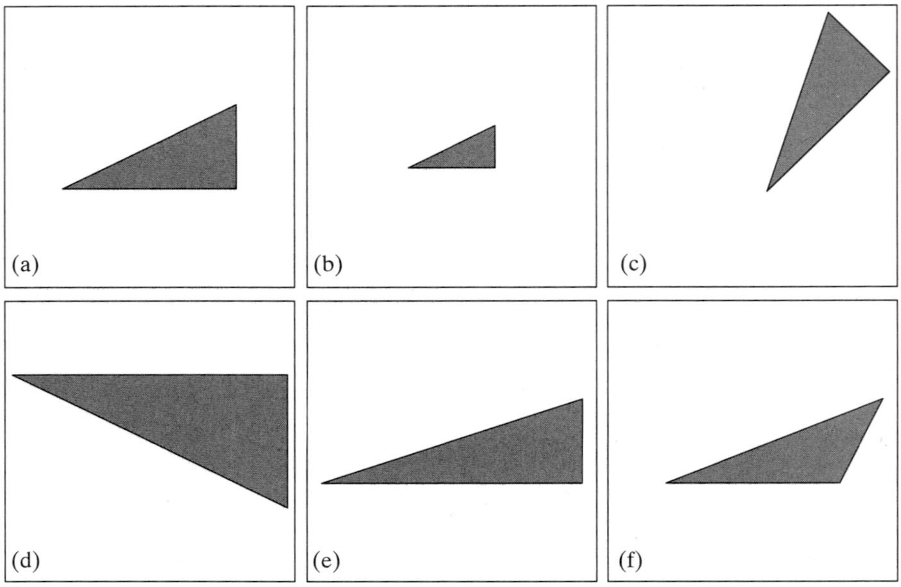

$$[x' \; y' \; h] = [w \; z \; 1]\begin{bmatrix} a_{11} & a_{12} & a_{13} \\ a_{21} & a_{22} & a_{23} \\ b_1 & b_2 & 1 \end{bmatrix}$$

여기서 a_{13}와 a_{23}는 0이 아니며, $x = x'/h$, $y = y'/h$이다. 투영 변환에서 선은 선으로 매핑되나, 대부분의 평행선은 평행으로 남지 않는다.

투영 tform 구조체를 만들기 위해, `maketform` 함수에 `'projective'` 변환형을 사용한다. 예를 들면

```
>> T = [-2.7390  0.2929 -0.6373
         0.7426 -0.7500  0.8088
         2.8750  0.7500  1.0000];
>> tform = maketform('projective', T);
>> vistform(tform, pointgrid([0 0; 1 1]));
```

그림 5.5가 이 투영 변환의 결과를 보여준다.

그림 5.6은 그림 5.5에 보인 투영 변환의 몇 가지 기하 특성을 예시한다. 그림 5.5(a)의 입력 공간 그리드는 수평과 수직의 두 평행선 집합을 갖고 있다. 그림 5.6은 이들 두 평행선 집합이 출력 공간에서 **소실점**(*anishing point*)으로 불리는 위치에서 교차하는 선들로 변환됨을 보여준다. 소실점들은 **수평선** 상에 놓인다. 변환될 때, 수평선에 평행인 입력 공간 선들만이 평행으로 남는다. 다른 모든 평행선들은 수평선 상의 소실점에서 교차하는 선들로 변환된다.

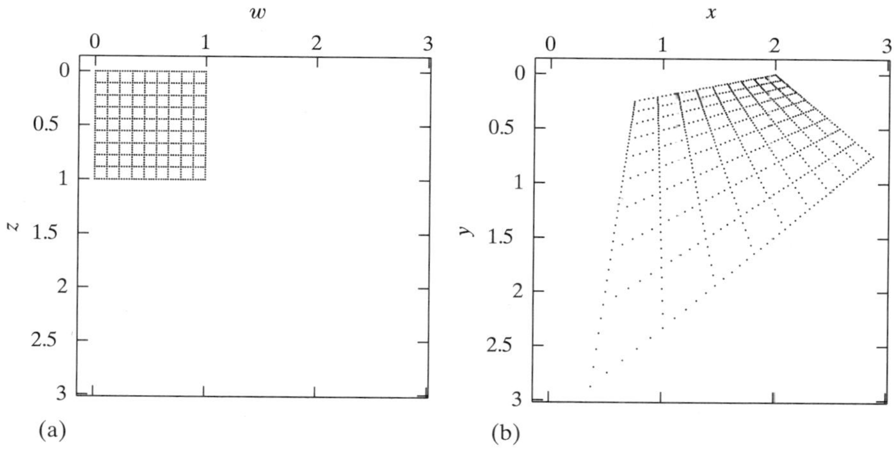

그림 5.5 투영 변환의 예: (a) 입력 공간의 점 그리드. (b) 출력 공간의 변환된 점 그리드.

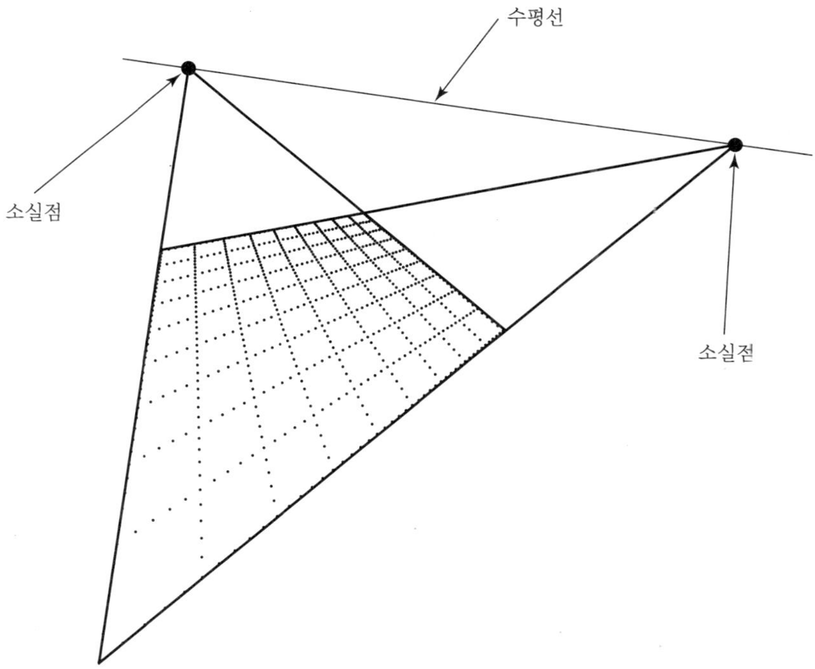

그림 5.6 투영 변환에 대한 소실점 및 수평선.

5.4 영상에 기하 변환을 적용하기

Applying Geometric Transformations to Images

기하 변환을 점에 어떻게 적용하는지를 보았으므로, 이제 영상에 적용하는 방법을 고찰해 보자. 5.1절의 다음 공식이 한 절차를 암시한다:

$$g(x, y) = f(T^{-1}\{(x, y)\})$$

위치 (x_k, y_k)에서의 출력 화소를 계산하는 절차는 다음과 같다:

1. $(w_k, z_k) = T^{-1}\{(x_k, y_k)\}$를 계산한다.
2. $f(w_k, z_k)$를 계산한다.
3. $g(x_k, y_k) = f(w_k, z_k)$.

5.6절에서 영상 보간에 대해 논의할 때 단계 2에 관해 더 언급하겠다. 이 절차가 순변환이 아닌 역 공간 변환 $T^{-1}\{\cdot\}$만을 사용하는 것을 주목한다. 이 때문에 이 절차를 흔히 **역매핑**이라고 부른다.

IPT 함수 `imtransform`이 역매핑 절차를 사용해서 기하 변환을 영상에 적용한다. `imtransform`의 기본 호출 문법은

imtransform

```
g = imtransform(f, tform)
```

예제 5.2

영상의 기하 변환.

■ 이 예제에서는 함수 `checkerboard`와 `imtransform`을 사용해서 영상에 대한 서로 다른 공간 변환을 탐구한다. 표 5.1에 보였듯이, 영상을 스케일링하기 위한 동류 변환은 다음 형태를 갖는다:

$$\mathbf{T} = \begin{bmatrix} s_x & 0 & 0 \\ 0 & s_y & 0 \\ 0 & 0 & 1 \end{bmatrix}$$

다음의 명령들은 스케일링용 tform 구조체를 만들어서 장기판 시험 영상에 적용한다.

`checkerboard` 함수에 관해서는 4.4절을 참고한다.

```
>> f = checkerboard(50);
>> sx = 0.75;
>> sy = 1.25;
>> T = [sx 0  0
        0  sy 0
        0  0  1];
>> t1 = maketform('affine', T);
>> g1 = imtransform(f, t1);
```

그림 5.7(a)와 (b)가 오리지널 및 스케일링된 장기판 영상을 보여준다.

회전용 동류 변환은 다음 형태를 가진다:

$$T = \begin{bmatrix} \cos\theta & \sin\theta & 0 \\ -\sin\theta & \cos\theta & 0 \\ 0 & 0 & 1 \end{bmatrix}$$

다음 명령들은 동류 변환을 이용해서 시험 영상을 돌린다:

```
>> theta = pi/6;
>> T2 = [ cos(theta) sin(theta) 0
         -sin(theta) cos(theta) 0
```

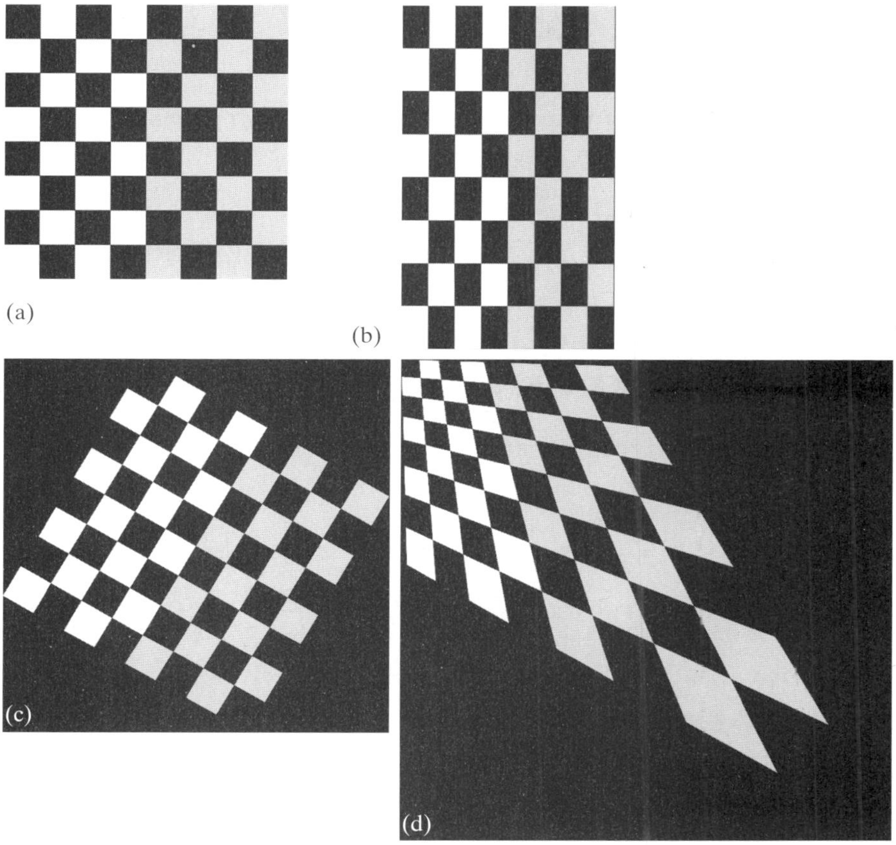

그림 5.7 장기판 영상에 대한 기하 변환: (a) 오리지널 영상. (b) 동류 스케일링 변환. (c) 동류 회전 변환. (d) 투영 변환.

```
        0          0          1];
>> t2 = maketform('affine', T2);
>> g2 = imtransform(f, t2);
```

그림 5.7(c)가 회전된 영상을 보여준다. 출력 영상의 흑색 영역은 입력 영상의 경계 바깥에 해당한다; imtransform은 디폴트로 이 화소들을 0(흑색)으로 설정한다. 흑색이 아닌 칼라를 사용하는 방법에 관해서는 예제 5.3과 5.4를 참조한다. IPT 함수 imrotate(11.4.3절 참조)가 이 예제에 기술된 절차에 기반한다.

다음의 명령들이 투영 변환을 시범 보인다.

```
>> T3 = [0.4788 0.0135 -0.0009
         0.0135 0.4788 -0.0009
         0.5059 0.5059  1.0000];
>> tform3 = maketform('projective', T3);
>> g3 = imtransform(f, tform3);
```

그림 5.7(d)가 그 결과를 보여준다.

5.5 MATLAB의 영상 좌표 체계

Image Coordinate Systems in MATLAB

MATLAB의 기하 변환의 다른 측면을 고찰하기 전에, MATLAB이 영상 좌표를 어떻게 표시하는가에 관한 주제로 잠깐 다시 돌아가 보자.

이 책에서 사용하는 축 관례에 관해 논의한 1.7.8절을 복습하고, 툴박스와 MATLAB에 사용된 관례와 비교해 본다.

그림 5.7은 이 책의 다른 여러 그림들 같이, 축 눈금과 레이블이 없이 영상을 보여준다. 이것은 함수 `imshow`의 디폴트 형식이다. 그러나 다음 논의에서 알게 되듯이, 기하 영상 변환의 분석 및 해석에 이 시각적 정보가 크게 도움이 된다.

눈금 레이블을 켜는 한 방법은 `imshow`를 호출한 후 `axis on`을 호출하는 것이다. 예:

```
>> f = imread('circuit-board.tif');
>> imshow(f)
>> axis on
>> xlabel x
>> ylabel y
```

그림 5.8이 그 결과를 보여준다. 원점이 좌상단에 있다. *x*축은 수평이며 우측으로 증가한다. *y*축은 수직이며 아래로 증가한다. 기억하겠지만, 이 관례는 1.7.8절에서 우리가 영상 **공간 좌표 체계**라고 불렀던 것이다. 이 체계의 *x* 및 *y*축들은 책 영상 좌표 체계와 반대이다(그림 1.2 참조).

특정 사용자 선호 옵션들을 설정하는 툴박스 함수 `iptsetpref`를 이용해서 `imshow`가 항상 눈금 레이블을 표시하게 만들 수 있다. 눈금-레이블 표시를 켜려면 다음을 호출한다:

`iptsetpref`

```
>> iptsetpref imshowAxesVisible on
```

세션이 바뀌어도 이 설정을 유지하려면, 앞의 호출을 `startup.m` 파일에 넣는다. (더 자세한 사항은 MATLAB Help Browser의 "startup.m"을 검색해서 본다.)

그림 5.9는 3행, 4열 영상에 대해 영상 공간 좌표 체계를 더 자세히 조사한다. 좌상단 화소의 중앙이 *xy* 평면의 (1, 1)에 있다. 비슷하게, 우 하단 화소의 중앙은 이 평면의 (4, 3)에 위치한다. 각 화소는 단위 면적을 차지한다. 예를 들어, 좌상단 화소는 (0.5, 0.5)로부터 (1.5, 1.5)까지의 정사각형 영역을 차지한다.

xy 평면의 영상 화소들의 위치와 크기를 바꾸는 것도 가능하다. Handle Graphics 영상 객체의 `XData`와 `YData` 속성을 바꾸면 된다. `XData` 속성은 두 요소 벡터로서, 첫 요소는 화소들의 첫 열 중앙의 *x* 좌표를 규정하며, 두 번째 요소는 화소들의 마지막 열의 *x* 좌표를 규정한다. 비슷하게 `YData` 벡터의 두 요소는 처음과 마지막 행들의 중앙의 *y* 좌표들을 규정한다.

*M*행과 *N*열을 갖는 영상에 대해 디폴트 `XData` 벡터는 `[1 N]`이며 디폴트 `YData`

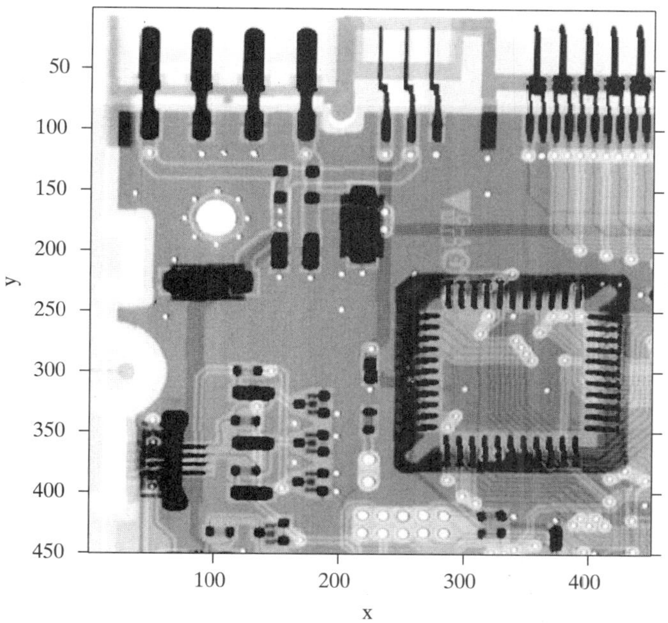

그림 5.8 imshow와 axis on을 사용해서 축 눈금과 레이블을 표시한 영상. 원점이 좌·상단에 있다.

벡터는 `[1 M]`이다. 3×4 영상에 대해 예를 들면 `XData`는 `[1 4]`이고 `YData`는 `[1 3]`으로서, 그림 5.9에 보인 좌표들과 일관된다.

`XData`와 `YData`의 속성을 다른 값으로 바꿀 수 있으며, 기하 변환할 때 매우 유용하다. 함수 `imshow`는 옵션 파라미터 값 쌍을 통해서 이 기능을 지원한다. 예를 들

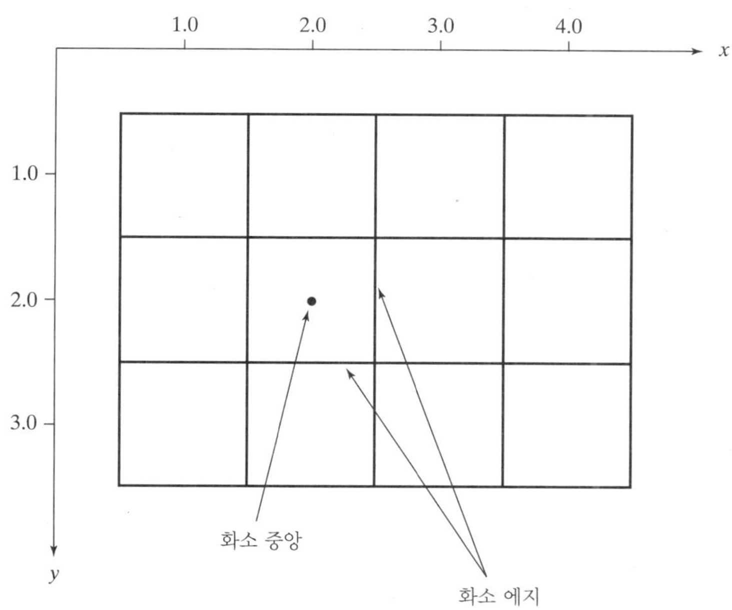

그림 5.9 영상 화소에 대한 공간 좌표 체계.

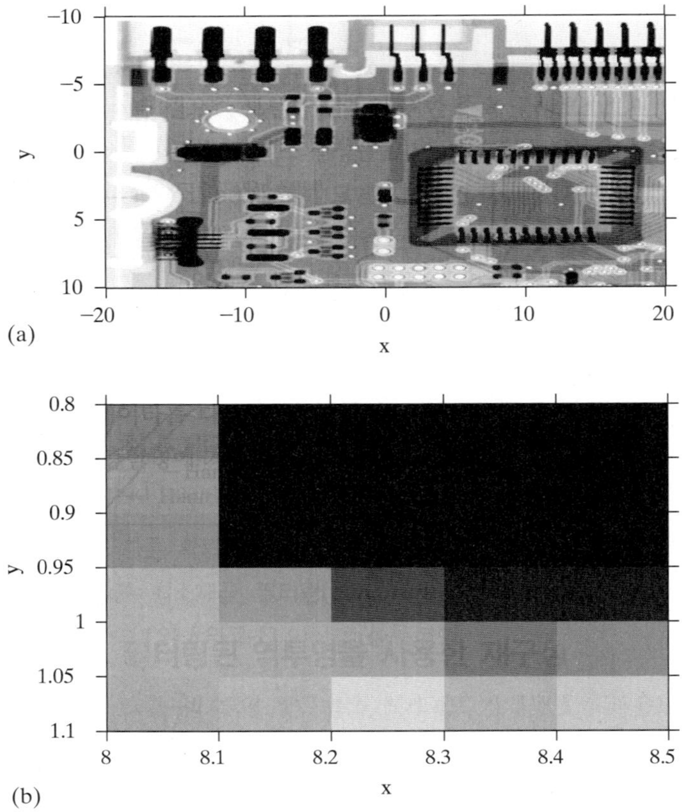

그림 5.10 (a) 비디폴트 공간 좌표로 표시된 영상. (b) 영상의 확대된 뷰.

어 다음 문법을 사용하면 회로 기판 영상을, 왼쪽과 오른쪽 화소들은 x축의 −20과 20을 중심으로 하고, 상단과 하단 화소들은 y축의 −10과 10에 중심하도록 표시한다.

```
>> imshow(f, 'XData', [-20 20], 'YData', [-10 10])
>> axis on
>> xlabel x
>> ylabel y
```

그림 5.10(a)가 그 결과를 보여준다. 그림 5.10(b)는 다음 명령으로 확대시킨 결과를 영상의 좌상단 코너에 보여준다.

```
>> axis([8 8.5 0.8 1.1])
```

그림 5.10(b)의 화소들이 정사각형이 아님을 주목한다.

5.5.1 출력 영상 위치

예제 5.2에서 논의된 영상 5.7(c)는 동류 변환으로 회전된 영상을 보여준다. 그러나 그 그림은 출력 공간에서의 영상의 위치를 보여주지 않는다. 함수 `imtransform`이

부가적 출력 파라미터를 사용해서 이 정보를 제공할 수 있다. 그 호출 문법은 다음과 같다:

```
[g, xdata, ydata] = imtransform(f, tform)
```

출력 영상을 imshow로 표시할 때, 두 번째와 세 번째 출력 파라미터는 XData와 YData 파라미터로 사용될 수 있다. 다음 예제는 같은 좌표 체계에 입력 영상과 출력 영상을 함께 표시하기 위해 출력 파라미터를 사용하는 방법을 보여준다.

예제 5.3

공통 좌표 체계에 입력 영상과 출력 영상을 함께 표시하기.

■ 이 예제에서는 공통 좌표 체계에 출력 영상을 입력 영상과 함께 위치시키고 표시하는 방법을 탐구한다. 맨 먼저, 오리지널 영상을 축 눈금과 레이블을 붙여서 표시한다.

```
>> imshow(f)
>> axis on
```

그림 5.11(a)가 원래 영상을 보여준다.

그 다음, imtransform을 사용해서 영상을 $3\pi/4$만큼 돌린다.

```
>> theta = 3*pi/4;
>> T = [ cos(theta) sin(theta) 0
        -sin(theta) cos(theta) 0
         0          0          1];
>> tform = maketform('affine', T);
>> [g, xdata, ydata] = imtransform(f, tform, ...
                                  'FillValue', 255);
```

코드의 imtransform 호출은 두 가지 새로운 개념을 보여준다. 첫 번째는 옵션 출력 파라미터 xdata와 ydata의 사용이다. 이에 의해 출력 영상을 *xy*-좌표 체계에 위치시킨다. 나머지 개념은 옵션 입력 파라미터들이다: 'FillValue', 255. FillValue 파라미터는 입력 영상 경계 바깥의 입력 공간 위치에 해당하는 임의의 출력 영상 화소에 사용될 값을 지정한다. 디폴트 값은 0이다. 그래서 그림 5.7(c)의 회전된 장기판 주변 화소들이 앞에서 언급했듯이 흑색이다. 이 예제에서는 백색으로 원한다.

그 다음, 두 영상을 동시에 공동 좌표 체계에 표시하기를 원한다. 두 개의 플롯 또는 영상 디스플레이를 같은 그림에 중첩시키는 일상적인 MATLAB 패턴을 따른다:

1. 첫 번째 플롯 또는 영상 디스플레이를 만든다.
2. 차후의 플로팅 또는 표시 명령들이 그림을 클리어시키지 않도록 hold on을 호출한다.
3. 두 번째 플롯 또는 영상 디스플레이를 만든다.

출력 영상을 표시할 때, imshow의 XData/YData 문법을 imtransform의 옵션 출력과 함께 사용한다:

```
>> imshow(f)
>> hold on
>> imshow(g, 'XData', xdata, 'YData', ydata)
```

그 다음, axis 함수를 사용해서 두 영상이 동시에 보이도록 축들의 한계를 자동으로 확장한다.

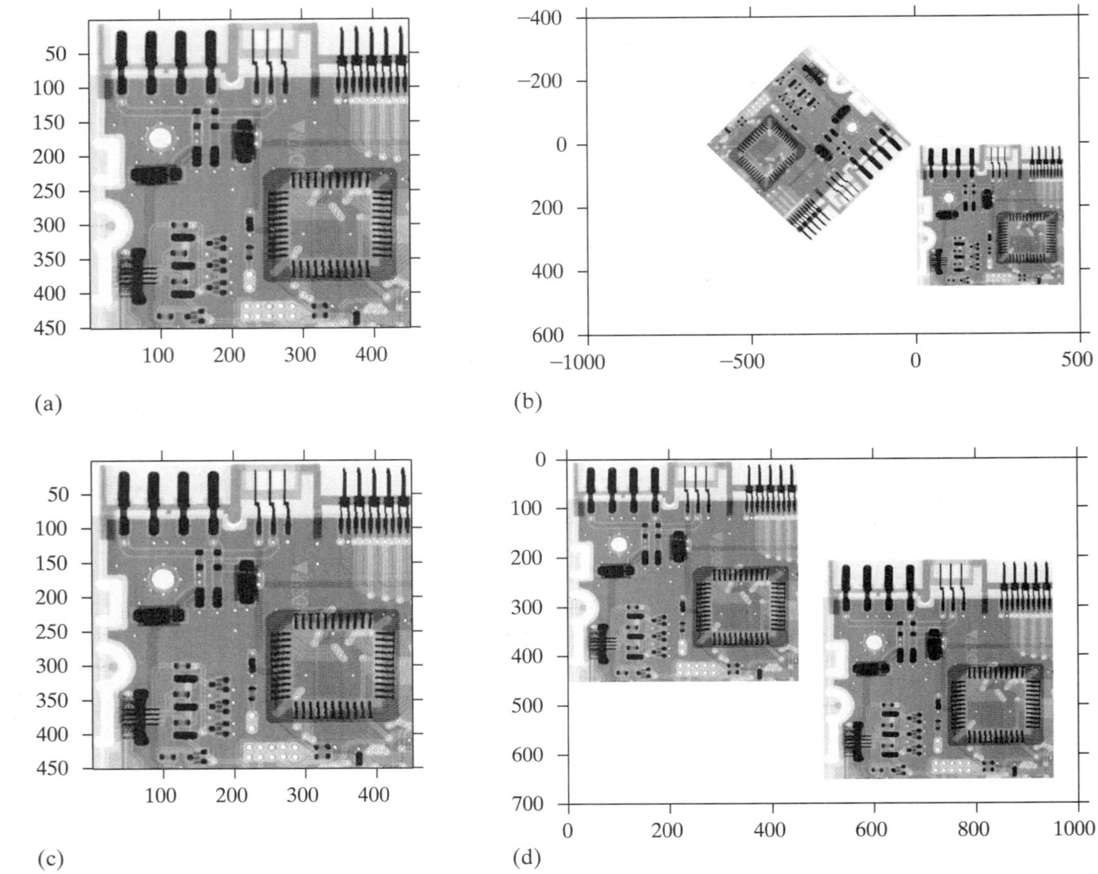

그림 5.11 (a) 오리지널 영상. (b) 공동 좌표 체계를 사용해서 표시된 오리지널 및 회전 영상. (c) 기본 `imtransform` 문법으로 계산되어 이동된 영상. (d) 공동 좌표 체계로 표시된 오리지널 및 이동 영상.

```
>> axis auto
```

끝으로, 축 눈금과 레이블을 켠다.

```
>> axis on
```

결과[그림 5.11(b)]에서 좌표 체계의 원점인 점 (0, 0)을 중심으로 동류 변환이 영상을 돌리는 것을 알 수 있다.

그 다음으로 회전보다는 훨씬 간단하지만 보여주려면 혼동을 일으킬 수 있는 동류 변환의 한 유형인 이동을 고찰하자. 우측으로 500, 아래로 200만큼 이동시키는 동류 tform 구조체를 먼저 구축하자.

```
>> T = [1 0 0; 0 1 0; 500 200 1];
>> tform = maketform('affine', T);
```

그 다음, 기본 `imtransform` 문법을 사용하고 결과를 표시한다.

```
>> g = imtransform(f, tform);
>> imshow(g)
>> axis on
```

그림 5.11(c)가 결과를 보여주는데, 그림 5.11(a)의 오리지널 영상과 똑 같아 보여서 당혹스럽다. 이 난해한 상황에 대한 해명은 다음과 같다: imtransform은 변환된 영상을 브여주기에 충분할 만큼만 출력 공간의 화소들을 자동으로 캡쳐한다. 이 자동 행위가 이동을 사실상 제거한다.

이동 효과를 분명하게 보기 위해서 위에서 회전에 사용했던 똑 같은 방법을 사용한다:

```
>> [g, xdata, ydata] = imtransform(f, tform, ...
                                  'FillValue', 255);
>> imshow(f)
>> hold on
>> imshow(g, 'XData', xdata, 'YData', ydata)
>> axis on
>> axis auto
```

그림 5.11(d)가 그 결과를 보여준다.

5.5.2 출력 그리드 제어하기

예제 5.3은 imtransform의 출력이며 imshow의 입력인 xdata와 ydata 파라미터들을 사용해서 이동 효과를 가시화하는 방법을 예시한다. 다른 방법은 imtransform에 사용된 출력 공간 화소 그리드에 대해 직접 제어를 행사하는 것이다.

보통 imtransform은 다음 절차를 사용해서 출력 공간의 출력 영상을 표정(locate, 標定)하고 계산한다:

1. 입력 영상의 바운딩 직사각형을 계산한다.
2. 바운딩 직사각형의 점들을 출력 공간으로 변환한다.
3. 변환된 출력 공간 점들의 바운딩 직사각형을 계산한다.
4. 출력 공간 바운딩 직사각형 내에 놓인 그리드 상의 출력 영상 화소들을 계산한다.

그림 5.12가 이 절차를 예시한다. 이 절차는 xdata와 ydata 파라미터들을 imtransform에 전달해서 주문 제작될 수 있는데, imtransform은 이 파라미터들을 사용해서 출력-공간 바운딩 직사각형을 계산한다.

아래에 리스팅된 주문형 함수는 xdata와 ydata 파라미터들의 이러한 용도를 예시한다. 이것은 항상 입력 공간 직사각형을 출력 공간 직사각형으로 사용하는 imtransform의 변형이다. 그렇게 함으로써 입력과 출력 영상들의 위치가 더 직접적으로 비교될 수 있다.

imtransform2

```
function g = imtransform2(f, varargin)
%IMTRANSFORM2 2-D image transformation with fixed output location
%   G = IMTRANSFORM2(F, TFORM, ...) applies a 2-D geometric
```

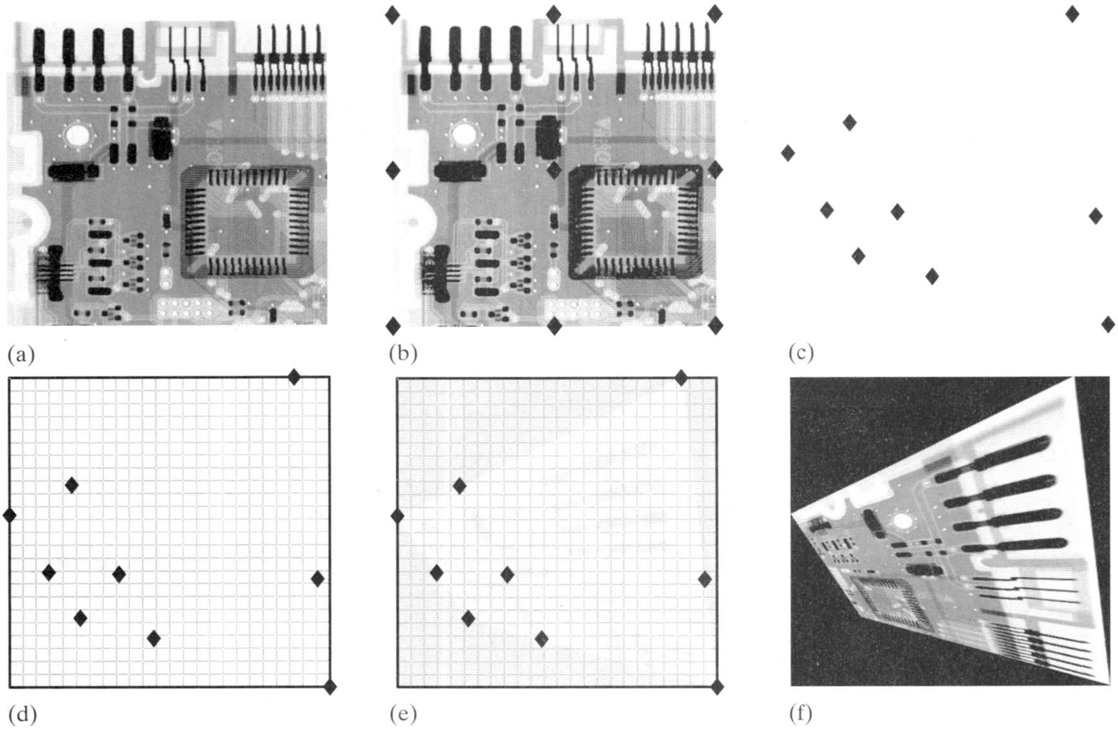

그림 5.12 (a) 오리지널 영상. (b) 영상의 경계와 중앙의 점 그리드. (c) 변환된 점 그리드. (d) 변환된 점 그리드의 바운딩 직사각형과 출력 화소 그리드. (e) 자동 계산된 출력 화소 그리드 내에서 계산된 출력 영상 화소들. (f) 최종 결과.

```
%   transformation to an image.  IMTRANSFORM2 fixes the output image
%   location to cover the same region as the input image.
%   IMTRANSFORM2 takes the same set of optional parameter/value
%   pairs as IMTRANSFORM.

[M, N] = size(f);
xdata = [1 N];
ydata = [1 M];
g = imtransform(f, varargin{:}, 'XData', xdata, ...
                'YData', ydata);
```

함수 imtransform2는 래퍼(*wrapper*) 함수의 예이다. 래퍼 함수는 입력들을 취하고, 수정하거나 그들에 더하고, 다른 함수로 전달한다. 래퍼 함수를 작성하는 것은 다른 디폴트 동작을 지닌 기존 함수의 변형을 만드는 편리한 방법이다. varargin(2.2.4절 참조)을 사용하는, 쉼표로 분리된 목록 문법은 래퍼 함수를 쉽게 작성하기 위해 매우 중요하다.

예제 5.4

함수 imtransform2 사용하기.

■ 이 예제에서는 imtransform과 imtransform2를 몇 가지 기하 변환에 대해 비교한다.

```
>> f = imread('lunar-shadows.jpg');
>> imshow(f)
```

그림 5.13(a)는 오리지널 영상을 보여준다. 첫 번째 변환은 이동이다.

```
>> tform1 = maketform('affine', [1 0 0; 0 1 0; 300 500 1]);
>> g1 = imtransform2(f, tform1, 'FillValue', 200);
>> h1 = imtransform(f, tform1, 'FillValue', 200);
>> imshow(g1), figure, imshow(h1)
```

그림 5.13(b)는 imtransform2를 사용한 결과를 보여준다. 이 그림을 그림 5.13(a)와 비교해 보면 이동 효과를 쉽게 확인할 수 있다. 그림 5.13(b)에서 출력 영상의 일부가 잘렸음을 주목한다. imtransform의 결과를 보여주는 그림 5.13(c)에서는 전체 출력 영상이 보이나, 이동 효과는 없어졌다.

두 번째 변환은 입력을 양 방향으로 4배씩 줄인다.

```
>> tform2 = maketform('affine', [0.25 0 0; 0 0.25 0; 0 0 1]);
>> g2 = imtransform2(f, tform2, 'FillValues', 200);
>> h2 = imtransform(f, tform2, 'FillValues', 200);
```

이번에는 두 영상 모두[그림 5.13(d)와 (e)] 전체 출력 영상을 보여준다. 그렇지만, imtransform2의 출력은 변환된 영상보다 훨씬 크고, "추가" 화소들이 회색으로 채워졌다. 함수 imtransform의 출력은 변환된 영상만을 포함한다.

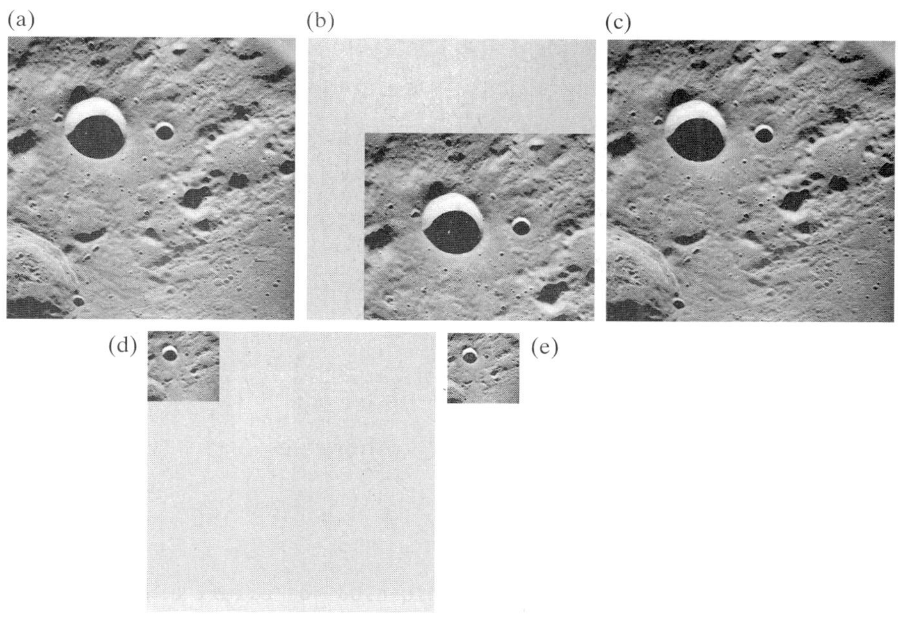

그림 5.13 (a) 오리지널 영상. (b) 함수 imtransform2에 의한 이동. (c) imtransform과 디폴트 파라미터에 의한 이동. (d) imtransform2에 의한 스케일링. (e) imtransform과 디폴트 파라미터에 의한 스케일링. (사진 제공: NASA)

5.6 영상 보간 Image Interpolation

5.4절에서 기하 변환을 영상에 적용하기 위한 역매핑 절차를 설명하였다. 여기서 $f(w_k, z_k)$를 계산하는 두 번째 단계를 더 자세히 고찰한다. 여기서 f는 입력 영상이며, $(w_k, z_k) = T^{-1}\{(x_k, y_k)\}$이다. x_k와 y_k가 정수이어도, w_k와 z_k는 대개 그렇지 않다. 예:

```
>> T = [2 0 0; 0 3 0; 0 0 1];
>> tform = maketform('affine', T);
>> xy = [5 10];
>> wz = tforminv(tform, xy)
wz =
    2.5000    3.3333
```

디지털 영상에 대해 f의 값은 정수 값 위치에서만 알려져 있다. 이 알고 있는 값들을 사용해서 정수 값이 아닌 위치에서의 f를 계산하는 것이 **보간**의 예이다. 보간은 이산 데이타로부터 연속적으로 정의된 함수를 구축하는 프로세스이다.

보간은 오랜 역사를 갖고 있으며, 수많은 보간법들이 제안되어 왔다(Meijering [2002]). 신호처리 문헌에서 보간은 두 개의 개념적 단계를 갖는 **리샘플링** 절차로 흔히 해석된다:

1. 이산-연속 전환—이산 도메인에서 정의된 함수 f를 연속 도메인에서 정의된 함수 f'으로 전환하는 것.
2. 원하는 위치에서의 f'의 계산.

이 해석은 f의 알려진 샘플들이 규칙적으로 떨어져 있을 때 가장 유용하다. 이산-연속 전환 단계는 **보간 커널**로 불리는 스케일링 및 이동된 함수들의 합으로 공식화될 수 있다. 그림 5.14가 몇 가지 자주 사용되는 보간 커널을 보여준다: 박스 커널 $h_B(x)$, 삼각형 커널 $h_T(x)$, 큐빅 커널 $h_C(x)$. 박스 커널은 다음 공식으로 정의된다.

$$h_B(x) = \begin{cases} 1 & -0.5 \le x < 0.5 \\ 0 & \text{otherwise} \end{cases}$$

삼각형 커널은 다음 공식으로 정의된다:

$$h_T(x) = \begin{cases} 1 - |x| & \text{for } x \le 1 \\ 0 & \text{otherwise} \end{cases}$$

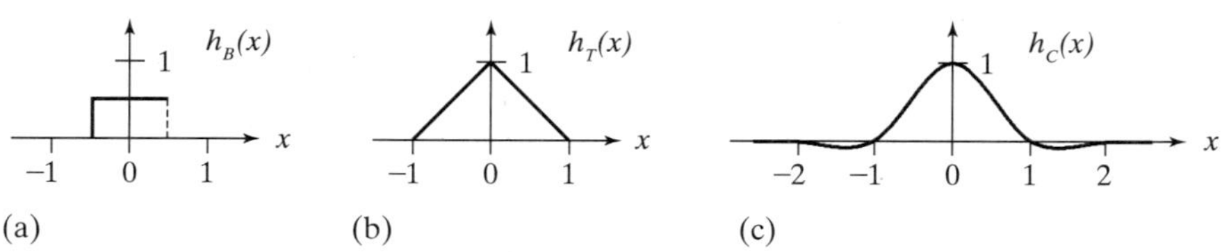

그림 5.14 (a) 박스, (b) 삼각형, (c) 큐빅 보간 커널.

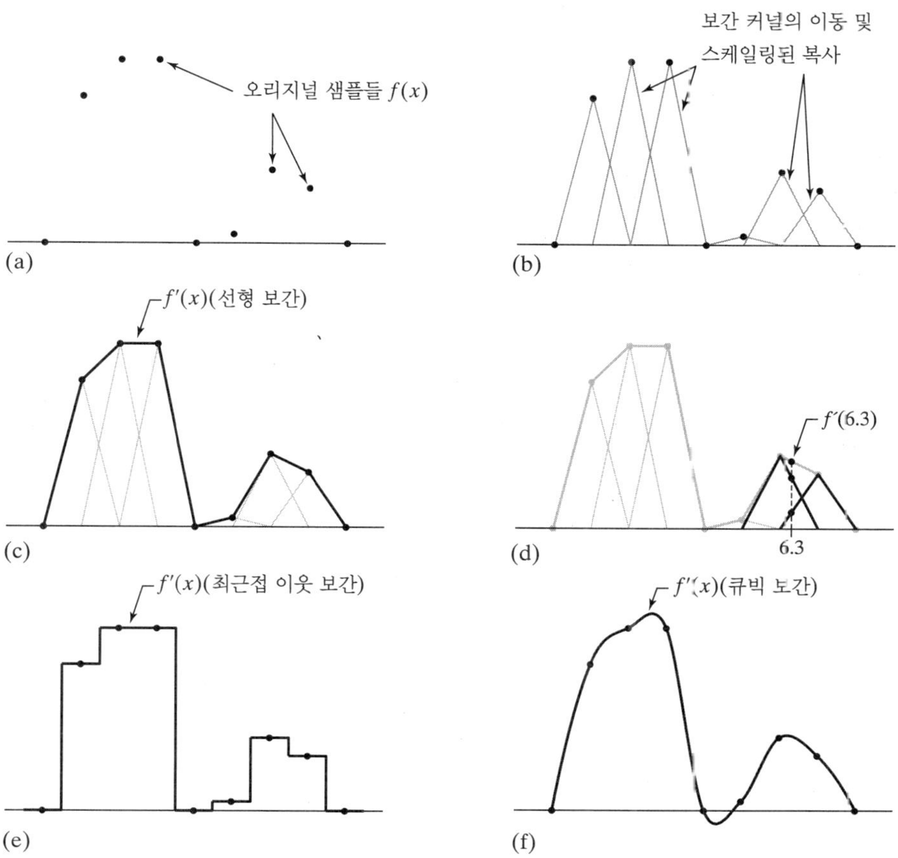

그림 5.15 (a) 오리지널 샘플들 $f(x)$. (b) $f(x)$의 값에 의해 이동 및 스케일링된 삼각형 보간 커널 $h_T(x)$의 복사. (c) 이동 및 스케일링된 보간 커널의 합이며, 선형 보간을 사용해서 계산된 $f'(x)$. (d) $f'(6.3)$을 $f(6)h_T$ (0.3) + $f(7)h_T$ (0.7)로 계산하기. (e) 최근접 이웃 보간으로 계산된 $f'(x)$. (f) 큐빅 보간으로 계산된 $f'(x)$.

큐빅 커널은 다음 공식으로 정의된다:

$$h_C(x) = \begin{cases} 1.5|x|^3 - 2.5|x|^2 + 1 & |x| \le 1 \\ -0.5|x|^3 + 2.5|x|^2 - 4|x| + 2 & 1 < |x| \le 2 \\ 0 & \text{otherwise} \end{cases}$$

다른 계수를 사용하는 다른 큐빅 커널도 있으나, 앞의 형태가 영상처리에서 가장 자주 사용되고 있다(keys[1983]).

그림 5.15는 1-D 보간이 어떻게 행해지는지를 예시한다. 그림 5.15(a)는 1-D 이산 신호 $f(x)$를 보여주며, 그림 5.15(b)는 보간 커널 $h_T(x)$를 보여준다. 그림 5.15(c)에서는 커널의 복사들이 $f(x)$의 값에 의해 스케일링되며, 해당 위치로 이동된다. 그림 5.15(d)는 스케일링 및 이동된 모든 커널 복사들을 더해서 형성된 연속 도메인 함수 $f'(x)$를 보여준다. 삼각형 커널을 이용하는 보간은 **선형 보간**의 한 형태이다(Gonzalez와 Woods [2008]).

소프트웨어로 구현될 계산 절차로서는 앞에서 언급된 개념적인 2단계 절차는 쓸모가 없다. 우선, 연속 도메인 함수의 모든 값을 메모리에 나타낼 실질적인 방법이 없다. 둘째, $f'(x)$의 일부 값들만이 실제로 필요하므로, 가능하다고 하더라도 그들을 모두 계산하는 것은 낭비이다. 결과적으로 보간의 소프트웨어 구현에서 전체 신호 $f'(x)$가 결코 명시적으로 형성되지 않는다. 그 대신, $f'(x)$의 개별 값들이 필요에 따라 계산된다. 그림 5.15(d)가 삼각형 커널을 사용해서 $f'(3.4)$를 계산하는 방법을 보여준다. $x = 3.4$에서 두 개의 이동된 커널들만이 0이 아니므로, $f'(3.4)$는 단 두 항의 합으로 계산된다: $f(3)h_T(0.4) + f(4)h_T(-0.6)$.

그림 5.15(e)는 박스 커널을 사용해서 계산된 $f'(x)$를 보여준다. 박스 커널을 사용하는 보간이 **최근접 이웃 보간**으로 불리는 기법과 등가임을 보여줄 수 있다 (Gonzalez와 Woods [2008]). 최근접 보간에서 $f'(x)$의 값은 x에 가장 가까운 y에서의 $f(y)$ 값으로 계산된다. 만일 $f(y)$가 y의 정수 값들에 대해 정의되면, 최근접 보간은 간단한 어림수 연산에 의해 구현될 수 있다:

$$f'(x) = f(\text{round}(x))$$

그림 5.15(f)는 큐빅 보간으로 계산된 $f'(x)$를 보여준다. 이 그래프는 선형 보간과 큐빅 보간 간의 중요한 차이를 보여준다. 큐빅 보간은 인접한 $f(x)$ 샘플 간 차이가 큰 곳에서 **오버슛**(*o ershoot*)을 보여준다. 이러한 현상 때문에 보간된 곡선 $f'(x)$는 원래 샘플들의 범위 바깥의 값을 취할 수도 있다. 영상처리 응용에서 오버슛은 영상의 모양을 개선하는 시각적 "샤프닝" 효과를 지닐 수 있기 때문에 때로는 이롭다. 그 반면에, 예를 들어 음이 아닌 값들만 기대되는 상황에서 음 값을 만들 때와 같이 단점이 될 수도 있다.

5.6.1 2차원에서의 보간

영상처리에서 사용되는 가장 보편적인 2차원 보간법은 문제를 몇 개의 1차원 보간 작업들의 시퀀스로 분해하는 것이다. 그림 5.16이 몇 개의 특정 값들에 대해 이 프로세스를 예시한다. 여기서 $f'(2.6, 1.4)$는 일련의 1차원 선형 보간에 의해 $f(x, y)$의 주변 샘플들로부터 얻어진다:

1. $f(2, 1)$과 $f(3, 1)$ 간의 선형 보간에 의해 $f'(2.6, 1.0)$을 계산한다.
2. $f(2, 2)$과 $f(3, 2)$ 간의 선형 보간에 의해 $f'(2.6, 2.0)$을 계산한다.
3. $f'(2.6, 1.0)$과 $f'(2.6, 2.0)$ 간의 선형 보간에 의해 $f'(2.6, 1.4)$를 계산한다.

일련의 1차원 선형 보간들을 사용해서 2차원에서 보간하는 프로세스를 **쌍선형 보간**이라고 부른다. 비슷하게, **바이큐빅**(*bicubic*) **보간**은 일련의 1차원 큐빅 보간들을 사용해서 수행되는 2차원 보간이다.

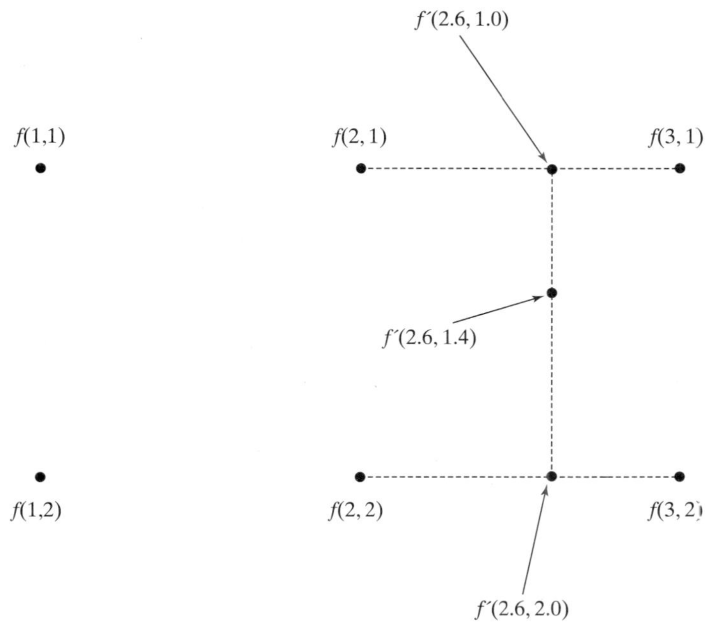

그림 5.16 쌍선형 보간으로 $f'(2.6, 1.4)$를 계산하기.

5.6.2 보간법 비교

보간법들이 계산 속도와 출력 화질에서 차이가 있다. 보간법들 간의 장 · 단점을 예시하는 데 사용되는 고전적 시험은 반복 회전이다. 아래에 리스팅이 제공된 함수는 `imtransform2`를 사용해서 중앙점을 기준으로 30° 씩, 12회 연속 회전시킨다. 이 함수는 동류 변환의 합성 특성을 이용해서 영상의 중앙을 기준으로 회전하는 기하 변환을 만든다. 구체적으로, 만일 $\mathbf{T}_1$과 $\mathbf{T}_2$가 두 동류 변환을 정의하는 매트릭스들이라면, 매트릭스 $\mathbf{T} = \mathbf{T}_1\mathbf{T}_2$는 처음 두 변환의 합성인 새로운 동류 변환을 정의한다.

reprotate

```
function g = reprotate(f, interp_method)
%REPROTATE Rotate image repeatedly
%   G = REPROTATE(F, INTERP_METHOD) rotates the input image, F,
%   twelve times in succession as a test of different interpolation
%   methods.  INTERP_METHOD can be one of the strings 'nearest',
%   'bilinear', or 'bicubic'.

% Form a spatial transformation that rotates the image about its
% center point.  The transformation is formed as a composite of
% three affine transformations:
%
% 1. Transform the center of the image to the origin.
center = fliplr(1 + size(f) / 2);
A1 = [1 0 0; 0 1 0; -center, 1];

% 2. Rotate 30 degrees about the origin.
theta = 30*pi/180;
```

```
A2 = [cos(theta) -sin(theta) 0; sin(theta) cos(theta) 0; 0 0 1];

% 3. Transform from the origin back to the original center location.
A3 = [1 0 0; 0 1 0; center 1];

% Compose the three transforms using matrix multiplication.
A = A1 * A2 * A3;
tform = maketform('affine', A);

% Apply the rotation 12 times in sequence. Use imtransform2 so that
% each successive transformation is computed using the same location
% and size as the original image.
g = f;
for k = 1:12
   g = imtransform2(g, tform, interp_method);
end
```

예제 5.5

보간법들 간 속도 및 화질 비교하기.

■ 이 예제는 reprotate를 사용해서 최근접 이웃, 쌍선형, 바이큐빅 보간들의 계산 속도와 화질을 비교한다. 이 함수는 입력을 12회 연속 돌리는데, 호출자에 의해 지정되는 보간법을 사용한다.

먼저, timeit을 사용해서 각 방법의 시간을 잰다.

```
>> f = imread('cameraman.tif');
>> timeit(@() reprotate(f, 'nearest'))
ans =
    1.2160
>> timeit(@() reprotate(f, 'bilinear'))
ans =
    1.6083
>> timeit(@() reprotate(f, 'bicubic'))
ans =
    2.3172
```

따라서 최근접 이웃 보간이 가장 빠르며, 예상대로 바이큐빅 보간이 가장 느리다.

그 다음, 출력 화질을 평가한다.

```
>> imshow(reprotate(f, 'nearest'))
>> imshow(reprotate(f, 'bilinear'))
>> imshow(reprotate(f, 'bicubic'))
```

그림 5.17이 결과들을 보여준다. 그림 5.17(b)의 최근접 이웃 결과는 뚜렷한 "들쭉날쭉한(jaggy)" 에지 왜곡을 보여준다. 그림 5.17(c)의 쌍선형 보간 결과는 에지들은 더 부드러워졌으나, 전반적으로 흐릿해졌다. 그림 5.17(d)의 바이큐빅 보간 결과가 가장 좋아 보인다. 에지는 부드럽고, 쌍선형 결과에 비해 블러링은 훨씬 적다. 영상의 중앙 화소들만이 전체 12회의 반복 회전에 대해 경계 안에 남아 있음을 주목한다. 예제 5.2에서와 같이 나머지 화소들은 흑색이다.

그림 5.17 보간법들을 비교하기 위해 반복 회전을 사용하기. (a) 오리지널 영상. (b) 최근접 이웃 보간. (c) 쌍선형 보간. (d) 바이큐빅 보간. (사진 제공: MIT)

5.7 영상 정합 Image Registration

기하 변환의 가장 중요한 영상처리 응용 중 하나는 **영상 정합**(*image registration*)이다. 영상 정합 방법은 같은 장면의 둘 이상의 영상의 맞춤(align, 또는 정렬)을 모색한다. 예를 들어, 촬영 시간이 다른 영상들을 정렬시키는 것은 흥미로운 일이다. 시간 차이는 장기간에 걸친 환경 변화를 감지하기 위한 위성 영상에서와 같이 몇 개월 또는 몇 년 간격으로 측정될 수 있다. 또는 종양 성장을 측정하기 위한 의료 영상 시퀀스를 사용할 때와 같이 몇 주 간격이 될 수도 있다. 또한, 카메라 안정화와 표적 추적 알고리듬에서와 같이 몇 분의 1초일 수도 있다.

시각은 같으나 장비를 달리해서 여러 영상을 촬영했을 때는 다른 시나리오가 생긴다. 예를 들어, 서로 다른 위치의 두 카메라가 장면 깊이를 측정하기 위해서 같은 장면의 영상을 동시에 획득할 수 있다.

영상이 이종의 장치로부터 얻어지기도 한다. 두 위성 영상이 해상도와 스펙트럼 특성 모두에서 다를 수 있다. 하나는 고해상도, 가시 광선, 전색(panchromatic) 영상이고, 다른 하나는 저해상도 다중 스펙트럼 영상일 수 있다. 또는 두 의료 영상이 MRI 스캔과 PET 스캔일 수도 있다. 이들 경우에, 목표는 흔히 이종 영상들을 장면에 대한 하나의 개선된 시각화로 **융합**(*fuse*)하는 것이다.

이 모든 경우에, 영상을 결합하려면 카메라 각도, 거리, 방향; 센서 해상도; 장면 내 객체의 움직임; 기타 다른 요인들의 차이로 인해 야기되는 기하적 수차(aberration, 收差)를 보완할 필요가 있다.

5.7.1 정합 프로세스

영상 정합 방법은 일반적으로 다음의 기본 단계들로 구성된다:

1. 특징을 검출한다.
2. 상응하는 특징들을 매칭시킨다.
3. 기하 변환을 추정한다.
4. 이 기하 변환을 이용해서 영상들을 정렬한다.

영상 특징은 11장에서 논의한다.

영상 **특징**은 양 이미지 모두에서 잠재적으로 식별 및 표정될 수 있는[†] 임의의 영상 부분이다. 특징은 예를 들어 점, 선, 코너 등일 수 있다. 일단 선택되고 나면, 특징들은 매칭되어야 한다. 즉, 한 영상의 어떤 특징에 대해 다른 영상에서 해당 특징을 찾아야 한다. 영상 정합 방법은 특징 검출 및 매칭이 사람 또는 자동 알고리듬에 의해 수행되는가에 따라 **수동** 또는 **자동**일 수 있다.

매칭된 특징 쌍들의 집합으로부터, 한 영상의 특징들을 다른 영상의 매칭 특징들의 위치들로 매핑하는 기하 변환 함수가 추정된다. 대개 특정 영상 캡쳐 기하에 기반해서, 특정 파라미터적(parametric, 또는 모수적) 변환 모델이 선정된다. 예를 들면, 두 영상이 조망 각도는 같으나 위치는 달리해서 촬영됐다고 가정하자. 어쩌면 광학축을 중심으로 회전되었을 수도 있다고 하자. 만일 시각(perspective) 효과를 최소화할 수 있을 만큼 장면 객체들이 카메라로부터 충분히 멀리 있다면, 동류 변환(Brown [1992])을 사용할 수 있다.

동류 변환은 **전역 변환**의 한 예이다; 즉, 변환 함수가 영상의 어디에서든 같다. 영상 정합에 흔히 사용되는 다른 전역 변환 함수로는 투영(5.3절 참조)과 다항식이 있다. 많은 영상 정합 문제들에서, 두 영상의 특징들 간 기하적 유사성은 모든 곳에서 적용되는 단일 변환 함수로 특징짓기에는 너무 복잡하다. 그러한 문제들을 위해, 지역에 따라 다른 파라미터들을 갖는 변환 함수가 사용될 수 있다. 이들을 **지역 변환 함수**라고 부른다.

5.7.2 cpselect에 의한 수동 특징 선정 및 매칭

IPT는 영상 특징을 위해 **제어점**(*control point*)이라는 용어를 사용한다. 툴박스는 정

[†] 역주: 또는, 식별 및 표정될 가능성이 있는

합될 영상 쌍의 상응하는 제어점들을 수동으로 선정하고 매칭시키기 위한 Control Point Selection Tool(`cpselect`)이라고 불리는 GUI(그래픽 사용자 인터페이스)를 제공한다.

cpselect

이 툴은 정렬될 영상들의 파일 이름들을 `cpselect`의 입력 인자로 전달해서 시작된다. 예를 들어

```
>> cpselect('vector-gis-data.tif', 'aerial-photo-cropped.tif')
```

대안적으로, 영상들을 우선 MATLAB 변수들에 읽어 들이고, `cpselect`에 전달한다:

```
>> f = imread('vector-gis-data.tif');
>> g = imread('aerial-photo-cropped.tif');
>> cpselect(f, g)
```

이 툴은 큰 영상에서 항해(줌, 팬, 스크롤)하는 것을 도와준다. 영상들에서 클릭해서 특징(제어점)들을 선정하고 짝 지을 수 있다.

그림 5.18이 Control Point Selection Tool을 사용하고 있는 장면을 보여준다. 그림 5.18(a)는 도로, 연못, 개울, 전선 데이타를 보여주는 이진 영상이다. 그림 5.18(b)는 같은 지역을 커버하는 항공사진을 보여준다. 그림 5.18(b)의 흰 사각형은 그림 5.18(a) 데이타의 대략적 위치를 보여준다. 그림 5.18(c)는 몇몇 교차로에서 선정된 여섯 개의 상응하는 특징 쌍을 보여주는 Control Point Selection Tool의 스크린 샷이다.

5.7.3 cp2tform으로 변환 파라미터 추정하기

일단 특징 쌍들이 식별 및 매칭되고 나면, 영상 정합 프로세스의 그 다음 단계는 기하 변환 함수를 결정하는 것이다. 흔히 하는 절차는 특정 변환 모델을 선정한 다음 필요한 파라미터들을 추정하는 것이다. 예를 들어, 어떤 동류 변환이 적합하다고 판단할 수 있을 것이며, 그러고 나서 상응하는 특징 쌍들을 이용해서 그 동류 변환 매트릭스를 도출한다.

IPT는 특징 쌍 집합으로부터 기하 변환 파라미터들을 추정하기 위한 함수 `cp2tform`을 제공한다. `cp2tform`의 문법은 다음과 같다:

```
tform = cp2tform(input_points, base_points, transformtype)
```

파라미터 `input_points`와 `base_points`는 모두 $P \times 2$ 매트릭스로서, 상응하는 특징 위치들을 포함하고 있다. 세 번째 파라미터 `transformtype`은 원하는 변환 유형을 규정하는 문자열(예: `'affine'`)이다. 출력 파라미터는 tform 구조체(5.1절 참조)이다.

표 5.2에는 `maketform` 또는 `cp2tform`으로 만들 수 있는 모든 `tform` 유형이 나열되어 있다. 함수 `maketform`은 변환 파라미터들을 직접 지정하는 데 사용되는 반면, `cp2tform`은 상응하는 특징 위치 쌍들을 이용해서 변환 파라미터들을 추정한다.

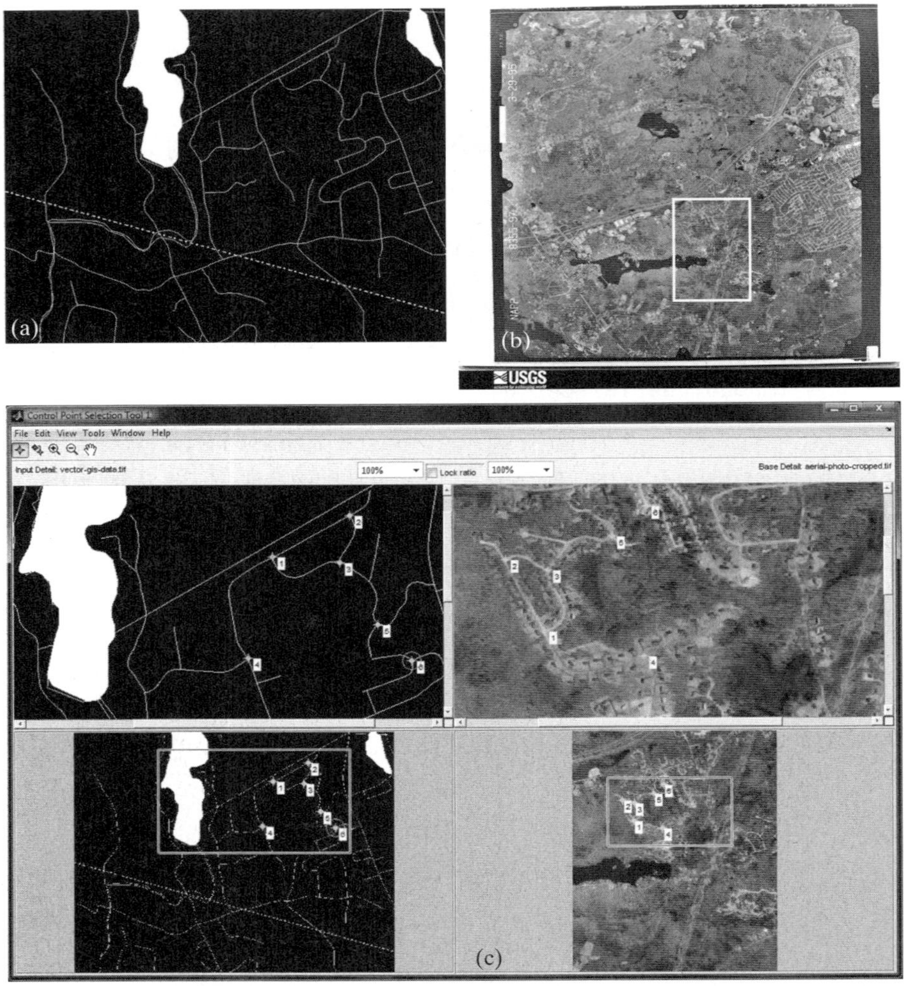

그림 5.18 Control Point Selection Tool(cpselect)을 사용해서 특징을 선정 및 매칭하기: (a) 도로와 기타 데이타를 보여주는 이진 영상. (사진 제공: Office of Geographic and Environmental Information (MassGIS), Commonwealth of Massachusetts Executive Office of Environmental Affairs.) (b) 같은 지역의 항공사진. (사진 제공: the USGS National Aerial Photography Program.) (c) Control Point Selection Tool의 스크린 샷.

5.7.4 정렬된 영상들을 시각화하기

한 영상을 다른 영상과 맞추는 기하 변환이 계산되었으면, 그 다음 단계는 보통 두 영상을 함께 시각화하는 것이다. 한 가지 가능한 방법은 한 영상을 다른 영상 위에 반 투명하게 표시하는 것이다. 정합되었다고 해도 두 영상의 크기가 다를 수도 있으며, 출력 공간의 다른 영역들을 커버하고 있을 수도 있기 때문에, 미세한 작업들이 필요하다. 또한 정렬하는 기하 변환의 출력이, 이미 봤던 것처럼 흑색으로 보통 표시되는 "경계 밖" 화소들을 포함하고 있을 가능성도 있다. 변환된 영상의 경계 밖 화소

변환 유형	설명	함수
동류(affine)	스케일링, 회전, 쏠림, 이동의 조합. 직선은 직선으로 남고, 평행선은 평행으로 남음.	maketform cp2tform
박스(box)	각 차원을 따라 독립적인 스케일링과 이동; 동류 변환의 부분집합.	maketform
합성(composite)	순차적으로 적용되는 기하 변환들의 집합.	maketform
주문형(custom)	사용자 정의 기하 변환; $T\{\cdot\}$와 $T^{-1}\{\cdot\}$을 정의하는 함수를 사용자가 제공.	maketform
LWM	지역 가중평균; 지역에 따라 다른 기하 변환.	cp2tform
비반사적 유사 (nonreflective similarity)	스케일링, 회전, 이동의 조합. 직선은 직선으로 남고 평행선은 평행으로 남는다. 객체의 근본적 모양이 보존된다.	cp2tform
구분적 선형 (piecewise linear)	지역에 따라 다른 기하 변환. 삼각형 영역들에서 서로 다른 동류 변환들이 적용된다.	cp2tform
다항식 (polynomial)	2차, 3차, 또는 4차 다항식 형태의 기하 변환.	cp2tform
투영(projective)	동류 변환의 확대집합(superset). 동류 변환에서와 같이 직선은 직선으로 남으나, 평행선은 소멸점으로 수렴.	maketform cp2tform
유사(similarity)	비반사적 유사와 같으나 반사 가능성 추가.	cp2tform

표 5.2 cp2tform과 maketform에 의해 지원되는 변환 유형들.

들은 상대 영상의 화소들을 가리지 않도록 완전히 투명하게 표시되어야 한다. 아래에 코드가 제공된 주문형 함수 visreg가 이 모든 디테일을 자동으로 처리해서, 정합된 두 영상의 시각화 작업을 쉽게 만들어 준다.

visreg

```
function h = visreg(fref, f, tform, layer, alpha)
%VISREG Visualize registered images
%   VISREG(FREF, F, TFORM) displays two registered images together.
%   FREF is the reference image. F is the input image, and TFORM
%   defines the geometric transformation that aligns image F with
%   image FREF.
%
%   VISREG(FREF, F, TFORM, LAYER) displays F transparently over FREF
%   if LAYER is 'top'; otherwise it displays FREF transparently over
%   F.
%
%   VISREG(FREF, F, TFORM, LAYER, ALPHA) uses the scalar value
%   ALPHA, which ranges between 0.0 and 1.0, to control the level of
%   transparency of the top image.  If ALPHA is 1.0, the top image
%   is opaque.  If ALPHA is 0.0, the top image is invisible.
%
%   H = VISREG(...) returns a vector of handles to the two displayed
%   image objects.  H is in the form [HBOTTOM, HTOP].
```

```
if nargin < 5
   alpha = 0.5;
end

if nargin < 4
   layer = 'top';
end

% Transform the input image, f, recording where the result lies in
% coordinate space.
[g, g_xdata, g_ydata] = imtransform(f, tform);

[M, N] = size(fref);
fref_xdata = [1 N];
fref_ydata = [1 M];

if strcmp(layer, 'top')
   % Display the transformed input image above the reference image.
   top_image = g;
   top_xdata = g_xdata;
   top_ydata = g_ydata;

   % The transformed input image is likely to have regions of black
   % pixels because they correspond to "out of bounds" locations on
   % the original image.  (See Example 5.2.)  These pixels should be
   % displayed completely transparently.  To compute the appropriate
   % transparency matrix, we can start with a matrix filled with the
   % value ALPHA and then transform it with the same transformation
   % applied to the input image.  Any zeros in the result will cause
   % the black "out of bounds" pixels in g to be displayed
   % transparently.
   top_alpha = imtransform(alpha * ones(size(f)), tform);

   bottom_image = fref;
   bottom_xdata = fref_xdata;
   bottom_ydata = fref_ydata;
else
   % Display the reference image above the transformed input image.
   top_image = fref;
   top_xdata = fref_xdata;
   top_ydata = fref_ydata;
   top_alpha = alpha;

   bottom_image = g;
   bottom_xdata = g_xdata;
   bottom_ydata = g_ydata;
end

% Display the bottom image at the correct location in coordinate

% space.
h_bottom = imshow(bottom_image, 'XData', bottom_xdata, ...
   'YData', bottom_ydata);
```

```
hold on

% Display the top image with the appropriate transparency.
h_top = imshow(top_image, 'XData', top_xdata, ...
   'YData', top_ydata);
set(h_top, 'AlphaData', top_alpha);

% The first call to imshow above has the effect of fixing the axis
% limits.  Use the axis command to let the axis limits be chcsen
% automatically to fully encompass both images.
axis auto

if nargout > 0
   h = [h_bottom, h_top];
end
```

예제 5.6

정합된 영상들을 visreg로 시각화하기.

■ 이 예제는 cp2tform과 visreg를 사용해서 그림 5.18(a)와 (b)의 영상들의 맞춤을 시각화한다. 매칭 특징 쌍들은 Control Point Selection Tool(cpselect)을 사용해서 수동으로 선정되었으며, cpstruct로 불리는 구조체에 MAT-파일로 저장되었다. 첫 단계는 영상들과 cpstruct를 불러오는 것이다.

```
>> fref = imread('aerial-photo.tif');
>> f = imread('vector-gis-data.tif');
>> s = load('cpselect-results');
>> cpstruct = s.cpstruct;
```

두 번째 단계는 영상 f를 기준 영상 fref와 맞추는 동류 변환을 추정하기 위해서 cp2tform을 사용하는 것이다.

```
>> tform = cp2tform(cpstruct, 'affine');
```

세 번째 단계에서는 기준 영상 fref, 두 번째 영상 f, f와 fref를 맞추는 기하 변환과 함께 visreg를 호출한다. 넷째와 다섯째 입력 파라미터들에 대해서는 디폴트를 사용해서 영상 f를 alpha 값 0.5(반투명 화소)로 위에 표시한다.

```
>> visreg(fref, f, tform, axis([1740 2660 1710 2840]))
```

그림 5.19가 결과를 보여준다.

5.7.5 영역 기반 정합

노골적 특징 선정 및 매칭에 대한 대안은 영역 기반 정합이다. **영역 기반 정합**에서는 **템플릿 영상**으로 불리는 한 영상이 다른 영상의 각 위치를 커버하도록 이동된다. 각 위치에서는 영역 기반 유사성이 측정된다. 템플릿 영상은 그 점에서 유사성 척도의 뚜렷한 피크가 발견되면, 그 특정 위치에서의 **매치**라고 불린다.

그림 5.19 정합된 영상들을 visreg로 겹쳐 표시하기. (주: 가시성을 높이기 위해 겹쳐진 영상을 팽창에 의해 굵게 만들었다. 팽창에 관해서는 9장을 참조한다.)

영역 기반 정합을 위해 사용되는 한 유사성 척도는 **정규화된 교차상관**(또는 **크로스코릴레이션**; **코릴레이션 계수** 또는 **상관계수**로도 불림)이다. 한 영상과 템플릿 간의 정규화된 교차상관의 정의는 다음과 같다:

$$\gamma(x, y) = \frac{\sum_{s,t}\left[w(s,t) - \bar{w}\right]\left[f(x+s, y+t) - \bar{f}_{xy}\right]}{\sqrt{\sum_{s,t}\left[w(s,t) - \bar{w}\right]^2 \sum_{s,t}\left[f(x+s, y+t) - \bar{f}_{xy}\right]^2}}$$

여기서 w는 템플릿, $\bar{w}$는 템플릿의 요소들의 평균값(한 번만 계산됨), f는 영상, $\bar{f}_{xy}$는 f와 w가 겹치는 영역의 평균값이다. 합산은 영상과 템플릿이 겹치는 s와 t의 값들에 대해 취해진다. 영상을 스팬하는 x와 y의 모든 값들에 대해 앞 공식을 계산하

는 메커니즘은 2.4.1절에서의 코릴레이션에 관한 우리의 논의와 원칙적으로 같다. 주요 차이는 각 좌표 쌍 (x, y)에서 수행되는 실제 계산에 있다. 이 경우, 분모의 목적은 척도를 밝기 변화에 대해 정규화하는 것이다. 값 $\gamma(x, y)$의 범위는 -1에서 1이다. 큰 $|\gamma(x, y)|$ 값은 템플릿이 좌표 (x, y)를 중심으로 놓여 있을 때, 템플릿과 영상이 잘 매칭되었음을 의미한다.

정규화된 교차상관을 수행하는 IPT 함수는 normxcorr2이다. 호출 문법은 다음과 같다:

normxcorr2

```
g = normxcorr2(template, f)
```

예제 5.7

영상에 템플릿을 위치시키기 위해 함수 normxcorr2를 사용하기.

■ 이 예제는 normxcorr2를 사용해서 템플릿과 영상 간의 최상의 매칭 위치를 찾는다. 우선, 영상과 템플릿을 불러온다.

```
>> f = imread('car-left.jpg');
>> w = imread('car-template.jpg');
```

그림 5.20(a)와 (b)가 영상과 템플릿을 보여준다. 그 다음, normxcorr2를 사용해서 정규화된 교차상관을 계산하고 표시한다.

```
>> g = normxcorr2(w, f);
>> imshow(abs(g))
```

그림 5.20(c)가 정규화된 교차상관 영상을 보여준다(템플릿과 영상 간의 매치를 표시하는 가장 밝은 점을 주목한다). 이제 abs(g)의 최대값을 탐색하고 그 위치를 결정한다. 이 위치는 normxcorr2의 출력의 크기가 입력 영상의 크기보다 크므로, 템플릿의 크기를 감안해서 조정되어야 한다. (이 크기 차이가 템플릿의 크기이다.)

```
>> gabs = abs(g);
>> [ypeak, xpeak] = find(gabs == max(gabs(:)));
>> ypeak = ypeak - (size(w, 1) - 1)/2;
>> xpeak = xpeak - (size(w, 2) - 1)/2;
>> imshow(f)
>> hold on
>> plot(xpeak, ypeak, 'wo')
```

그림 5.20(d)가 결과를 보여준다. 작은 흰색 원이 매칭된 템플릿 영역의 중심을 표시한다.

정규화된 교차상관 외에도, 제곱 차이 합(*sum of squared differences*)과 절대 차이 합(*sum of absolute differences*) 같은, 다른 수많은 영역 기반 유사성 척도가 영상처리 문헌에 제안되어 왔다. 이들 다양한 척도들은 계산 시간 및 바깥(outlier) 화소들에 대한 견고성 등에서 차이가 있다(Brown [1992], Zitová [2003], Szeliski [2006]).

그림 5.20 정규화된 교차상관을 이용해서 템플릿과 영상 간의 최상의 매칭 위치를 찾기: (a) 오리지널 영상. (b) 템플릿. (c) 정규화된 교차상관의 절대값. (d) 매칭된 템플릿 위치의 중심이 흰색 원으로 표시된 오리지널 영상.

단순한 상황에서, 정규화된 교차상관 또는 다른 유사성 척도를 사용하는 템플릿 매칭이 그림 5.21(a)와 (b)에 있는 것 같은 겹쳐진 두 영상을 맞추는 데 사용될 수 있다. 겹친 영역에 포함된 템플릿 영상이 주어졌을 때, 두 영상에서 매칭된 템플릿 위치들이 비교될 수 있고, 이 영상들을 정합시키는 데 사용될 수 있는 이동 벡터가 제공된다. 다음 예제가 이 절차를 예시한다.

그림 5.21 겹친 영상들을 정합시키기 위해 정규화된 교차상관을 이용하기: (a) 영상 1. (b) 영상 2. (c) `visreg`로 표시된 정합 영상.

예제 5.8

이동에 의해 달라진 두 영상을 정합시키기 위해 normxcorr2를 사용하기.

■ 이 예제는 normxcorr2와 visreg를 사용해서 그림 5.21(a)와 (b)의 영상들을 정합시킨다. 우선 두 영상을 작업공간으로 불러온다:

```
>> f1 = imread('car-left.jpg');
>> f2 = imread('car-right.jpg');
```

그림 5.20(b)의 템플릿 영상은 둘 중 한 영상으로부터 직접 추출되어 파일에 저장되었다.

```
>> w = imread('car-template.jpg');
```

normxcorr2를 사용해서 두 영상에 템플릿을 위치시킨다.

```
>> g1 = normxcorr2(w, f1);
>> g2 = normxcorr2(w, f2);
```

g1과 g2의 최대값들의 위치를 찾고, 이동량을 계산하기 위해 위치 간에 뺄셈한다.

```
>> [y1, x1] = find(g1 == max(g1(:)));
>> [y2, x2] = find(g2 == max(g2(:)));
>> delta_x = x1 - x2
delta_x =
  -569
>> delta_y = y1 - y2
delta_y =
    -3
```

영상 간 상대적 이동을 구했으면, 동류 tform 구조체를 만들고 visreg에 보내서 맞춰진 영상들을 시각화할 수 있다.

```
>> tform = maketform('affine', [1 0 0; 0 1 0; ...
    delta_x delta_y 1]);
>> visreg(f1, f2, tform)
```

그림 5.21(c)가 정합된 결과를 보여준다. 겹쳐진 왼쪽 부분에서는 영상들이 잘 맞춰졌으나, 오른쪽에서는 약간이지만 눈에 보일 정도로 틀어져 있다. 이는 두 영상 간의 기하 관계가 단순 이동에 의해 완전히 특징지어지지 않음을 의미한다.

겹친 영상들을 정합시켜서 새 영상을 만드는 프로세스를 **영상 모자이크화**라고 부른다. 영상 모자이크화는 작은 영상들로부터 더 큰 영역 뷰로 불리기(build up) 위한 원격 감지 응용들, 또는 파노라마 뷰를 만드는 데 자주 적용된다. 모자이크화 프로세스는 영상들 각각을 공통 전역 좌표 체계로 워핑(warp)하는 기하 변환을 계산하는 것과, 그런 다음, 결과를 가능한 한 매끄럽게 만들기 위해 겹치는 화소들을 섞는 작업을 포함한다. 선정된 기하 변환 유형은 장면의 특성과 카메라 위치에 종속된다. 몇 가지 공통 시나리오에 대한 변환 유형들이 표 5.3에 기술되어 있다. 영상 모자이크화 방법에 관한 더 자세한 내용에 관해서는 Goshtasby[2005]와 Szeliski[2006]를 참고한다.

표 5.3 영상 모자이크화 시나리오를 위한 기하 변환 유형(Goshtasby [2005], Brown [1992]).

영상화 시나리오	기하 변환 유형
고정된 카메라 위치; 수평 광학 축; 렌즈 중심을 통과하는 수직 회전 축; 원거리 장면.	이동.
고정된 카메라 위치; 수평 광학 축; 렌즈 중심을 통과하는 수직 회전 축; 원거리 장면.	영상들을 실린더에 매핑하고,이동시킨다.
카메라 옮기기; 같은 조망 각도; 원거리.	동류.
카메라 옮기기; 근거리, 평탄 장면.	투영.
카메라 옮기기; 근거리, 비평탄 장면.	비선형, 지역마다 다른 변환; 영상화 기하 모델링이 필요할 수 있음.

5.7.6 특징 기반 자동 정합

앞에서 논의된 영상 정합 방법들은 부분적으로 수동 프로세스들이었다. 예제 5.6은 특징 점들을 수동으로 선정 및 매칭한 반면, 예제 5.8은 수동으로 선정된 템플릿을 사용했다. 완전 자동 영상 정합이 가능한 다양한 방법들이 존재한다.

널리 사용되는 방법 중 하나는 두 영상에서 잠재적으로 매칭 가능성이 있는 특징 점들을 자동으로 여럿 선정하는 **특징 검출기**를 사용하는 것이다. 많이 사용되는 특징 검출기는 Harrsi 코너 검출기(11.3.5절 참조)이다. 그 다음 단계는 어떤 특징-매칭 척도를 사용해서 가능한 초기 매치 집합을 계산하는 것이다. 끝으로, RANSAC (random sampling and consensus)으로 알려진 반복적 기법이 적용된다(Fischler 와 Bolles [1981]).

각 RANSAC 반복은 랜덤한 잠재적 특징 매치 부분 집합을 선정하는데, 그로부터 기하 변환이 유도된다. 유도된 변환과 일치하는 특징 매치들을 *inlier*라고 부르고, 불일치하는 매치들을 *outlier*라고 부른다. 가장 많은 inlier 수를 달성하는 반복이 최종 솔루션으로 뽑힌다. 이에 관한 자세한 설명과 다른 관련 방법들에 관해서는 Szeliski[2006]를 참조한다.

요약

이 장은 다양한 영상처리 효과를 성취하기 위해서, 역매핑과 다차원 보간과 조합으로, 공간 변환 함수들을 결합하는 방법을 설명했다. 동류와 투영 같은 몇 가지 중요한 공간 변환 함수 유형들을 검토 및 비교했다. 서로 다른 공간 변환 함수들의 효과를 시각화해서 이해를 돕기 위해서 새로운 MATLAB 함수 `vistform`을 소개했다. 기본적 보간 메커니즘을 요약해서 정리했으며, 몇 가지 범용 영상 보간법을 속도 및 화질과 관련해서 비교했다.

이 장은 시각화 또는 정량적 분석 및 비교를 위해서, 같은 장면의 두 개의 서로 다른 영상을 맞추는 데 기하 변환이 사용되는 영상 정합에 관한 두 개의 자세한 예제로 마무리되었다. 첫 번째 예제는 도로 위치 벡터 데이타를 항공사진과 맞추기 위해서 수동으로 선정된 제어점들을 사용했다. 두 번째 예제는 두 개의 겹친 사진을 정규화된 교차상관으로 맞췄다. 정렬된 한 영상을 다른 영상에 중첩시키기 위해 두 번째 시각화 함수 visreg를 소개했다.

6 칼라 영상처리
Color Image Processing

개요 *Preview*

이 장에서는 IPT를 이용해서 칼라 영상처리의 핵심에 관해 논의하고 추가적인 칼라 생성 및 변환 함수들을 개발해서 IPT의 기능의 일부를 확장한다. 이 장의 내용은 독자가 초보 수준의 칼라 영상처리 원리 및 용어에 익숙하다고 가정한다.

6.1 MATLAB의 칼라 영상 표현
Color Image Representation in MATLAB

1.7.8절에서 언급했듯이 IPT는 칼라 영상을 인덱스 영상 또는 RGB(red, green, blue) 영상으로 다룬다. 이 절에서는 두 영상 유형을 어느 정도 깊이 있게 논의한다.

6.1.1 RGB 영상

RGB 칼라 영상은 칼라 화소들의 $M \times N \times 3$ 배열이며, 각 칼라 화소는 특정 공간 위치에서의 RGB 영상의 적색, 녹색, 청색 성분의 트리플릿에 해당한다(그림 6.1 참조). RGB 영상은 칼라 모니터의 적, 녹, 청 입력으로 각각 인가될 때 스크린에 칼라 영상을 만드는 세 개의 그레이스케일 영상의 "스택(stack)"으로 볼 수 있다. 관례적으로, RGB 칼라 영상을 형성하는 세 영상들을 적색, 녹색, 청색 **성분 영상**(*component images*)이라고 부른다. 성분 영상의 데이타 클래스가 그 값의 범위를 결정한다. RGB 영상의 클래스가 `double`이면 값의 범위는 [0, 1]이다. 마찬가지로, uint8과 uint16 클래스의 RGB 영상의 값의 범위는 각각 [0, 255]와 [0, 65535]이다. 성분 영상들의 화소 값들을 나타내는 데 사용되는 비트 수는 RGB 영상의 **비트 깊이**(*bit depth*)를 결정한다. 예를 들면, 각 성분 영상이 8비트 영상이면, 해당 RGB 영상의 깊이가 24비트라고 말한다.

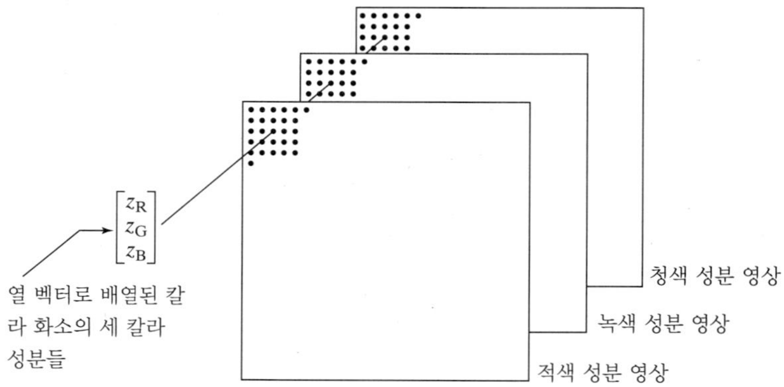

그림 6.1 RGB 칼라 영상의 화소들이 세 성분 영상들의 상응하는 화소들로부터 어떻게 형성되는지를 보여주는 그림.

일반적으로, 성분 영상들의 비트 수는 모두 같다. 이 경우 RGB 영상의 가능한 칼라 수는 $(2^b)^3$이다. 여기서, b는 각 성분 영상의 비트 수이다. 8비트 영상의 경우, 칼라 수는 16,777,216이다.

fR, fG, fB가 세 개의 RGB 성분 영상들을 나타내기로 하자. RGB 영상은 각 성분 영상을 쌓기(stack) 위한 cat [concatenate(연결시키다)] 연산자를 사용해서 이 영상들로부터 만들어진다:

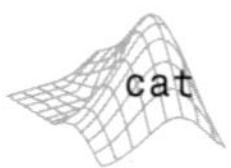


```
rgb_image = cat(3, fR, fG, fB)
```

피연산자에 각 성분 영상이 놓인 순서는 중요하다. 일반적으로, cat(dim, A1, A2, ...)는 dim에 의해 규정된 차원을 따라 배열들(같은 크기)을 연결시킨다. 예를 들어, 만일 dim = 1이면 배열들이 수직으로 연결되며, dim = 2이면 수평으로 연결되고, dim = 3이면 그림 6.1에서와 같이 셋째 차원에 쌓인다.

만일 모든 성분 영상들이 같으면, 그 결과는 그레이스케일 영상이다. rgb_image가 어떤 RGB 영상을 나타낸다고 하자. 다음의 명령들은 세 개의 성분 영상들을 추출한다:

```
>> fR = rgb_image(:, :, 1);
>> fG = rgb_image(:, :, 2);
>> fB = rgb_image(:, :, 3);
```

RGB 칼라 공간은 보통 그림 6.2에서와 같이 RGB 칼라 큐브로 표현한다. 큐브의 모서리들은 빛의 **원색**[†](적, 녹, 청)과 **등화색**[‡](청록, 자홍, 황)이다.

칼라 큐브를 임의의 관점에서 보려면 주문형 함수 rgbcube를 사용한다:

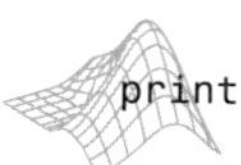

함수 print는 MATLAB 그림창의 내용을 저장하는 데 사용될 수도 있다. 더 자세한 내용을 보려면 다음과 같이 타이핑한다. >>help print.

```
rgbcube(vx, vy, vz)
```

프롬프트에서 rgbcube(vx, vy, vz)라고 입력하면 MATLAB 데크스탑에

[†] 역주: primary colors
[‡] 역주: secondary colors

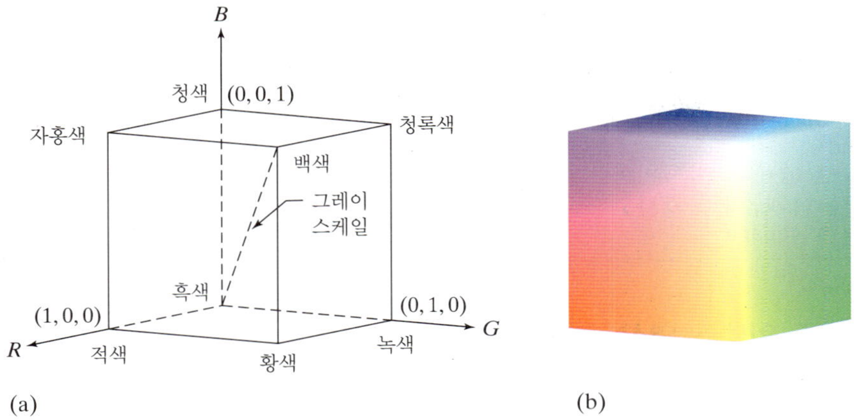

그림 6.2 (a) 모서리에 빛의 원색과 등화색을 보여주는 RGB 칼라 큐브. 주대각선 상의 점들은 원점의 흑색에서부터 점 (1, 1, 1)의 백색까지의 그레이 값을 갖는다. (b) RGB 칼라 큐브.

점 (vx, vy, vz)에서 본 RGB 큐브를 보여준다. 함수 print를 사용해서 결과 영상을 디스크에 저장할 수 있다. 함수 rgbcube의 코드는 다음과 같다.

rgbcube

```
function rgbcube(vx, vy, vz)
%RGBCUBE Displays an RGB cube on the MATLAB desktop.
%   RGBCUBE(VX, VY, VZ) displays an RGB color cube, viewed from point
%   (VX, VY, VZ). With no input arguments, RGBCUBE uses (10,10,4) as
%   the default viewing coordinates. To view individual color
%   planes, use the following viewing coordinates, where the first
%   color in the sequence is the closest to the viewing axis, and the
%   other colors are as seen from that axis, proceeding to the right
%   right (or above), and then moving clockwise.
%
%      ---------------------------------------------------
%          COLOR PLANE                      ( vx,  vy,  vz)
%      ---------------------------------------------------
%       Blue-Magenta-White-Cyan             (  0,   0,  10)
%       Red-Yellow-White-Magenta            ( 10,   0,   0)
%       Green-Cyan-White-Yellow             (  0,  10,   0)
%       Black-Red-Magenta-Blue              (  0, -10,   0)
%       Black-Blue-Cyan-Green               (-10,   0,   0)
%       Black-Red-Yellow-Green              (  0,   0, -10)

% Set up parameters for function patch.
vertices_matrix = [0 0 0;0 0 1;0 1 0;0 1 1;1 0 0;1 0 1;1 1 0;1 1 1];
faces_matrix = [1 5 6 2;1 3 7 5;1 2 4 3;2 4 8 6;3 7 8 4;5 6 8 7];
colors = vertices_matrix;
% The order of the cube vertices was selected to be the same as
% the  order of the (R,G,B) colors (e.g., (0,0,0) corresponds to
% black, (1, 1, 1) corresponds to white, and so on.)

% Generate RGB cube using function patch.
patch('Vertices', vertices_matrix, 'Faces', faces_matrix, ...
      'FaceVertexCData', colors, 'FaceColor', 'interp', ...
      'EdgeAlpha', 0)
```

함수 patch는 지정된 속성/값 쌍에 기반해서 채워진 2-D 다각형을 만든다. patch에 관한 자세한 내용은 이 함수에 대한 참고 페이지(reference page)를 본다.

```
% Set up viewing point.
if nargin == 0
   vx = 10; vy = 10; vz = 4;
elseif nargin ~= 3
   error('Wrong number of inputs.')
end
axis off
view([vx, vy, vz])
axis square
```

6.1.2 인덱스 영상

인덱스 영상(*Indexed* Images)은 두 개의 성분을 갖는다: 정수의 데이타 매트릭스 X와 칼라 맵 매트릭스 map. 매트릭스 map은 범위 [0, 1]의 부동소수점 값들을 포함하는 double 클래스의 $m \times 3$ 배열이다. map의 길이는 map이 정의하는 칼라의 수와 같다. map의 각 행은 한 색의 적, 녹, 청 성분들을 규정한다(만일 map의 세 열이 같으면 칼라 맵은 그레이스케일 맵이 된다). 인덱스 영상은 화소 밝기 값들을 칼라 맵 값들에 "직접 매핑"한다. 각 화소의 칼라는 정수 매트릭스 X의 해당 값을 map에 대한 인덱스로 사용(그래서 이름이 인덱스 영상)해서 결정된다. 만일 X가 double 클래스이면, 값 1은 map의 첫째 행을 가리키고, 값 2는 둘째 행을 가리킨다. 나머지도 마찬가지다. X가 uint8 또는 uint16 클래스이면, 0이 map의 첫째 행을 가리킨다. 이 개념들을 그림 6.3이 보여준다.

인덱스 영상을 표시하기 위해 다음의 두 방법 중 하나를 쓸 수 있다.

```
>> imshow(X, map)
```

또는

```
>> image(X)
>> colormap(map)
```

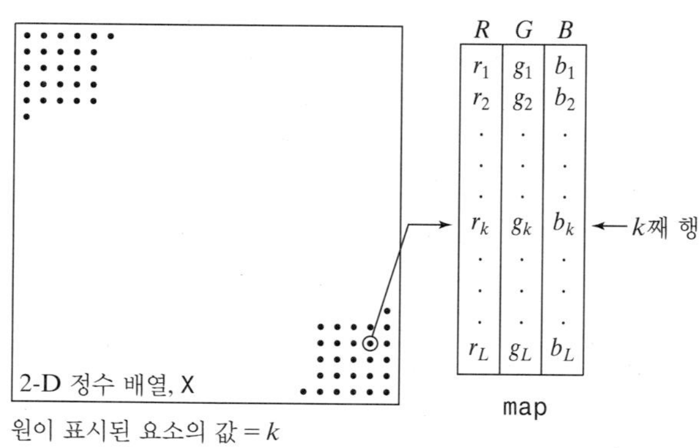

그림 6.3 인덱스 영상의 요소들. 정수 배열 X의 요소 값이 칼라 맵의 행 번호를 결정한다. 각 행은 RGB 트리플릿을 포함하며, L은 전체 행 수이다.

칼라 맵은 인덱스 영상과 함께 저장되며, imread 함수로 영상을 불러올 때 자동으로 함께 불러온다.

인덱스 영상을 더 적은 수의 칼라를 갖게 근사화시킬 필요가 있을 때가 있다. 이를 위해 다음 문법의 함수 imapprox를 사용한다.

imapprox

```
[Y, newmap] = imapprox(X, map, n)
```

이 함수는 많아야 n개의 칼라를 갖는 칼라 맵 newmap과 함께 배열 Y를 반환한다. 입력 배열 X의 클래스는 uint8, uint16, double 형이 허용된다. 출력 Y는 n이 256 이하이면 uint8 형이다. n이 256보다 크면 Y는 double 클래스가 된다.

map의 행 수가 X의 별개의 정수 값들의 수보다 작으면, X의 여러 값들에 map의 같은 칼라가 부여된다. 예를 들면, X가 폭이 같고 값이 1, 64, 128, 256인 네 개의 수직 띠로 구성된다고 하자. 칼라 맵을 map = [0 0 0; 1 1 1]로 지정하면, 값이 1인 X의 모든 요소들은 맵의 첫 번째 행(흑색)을 가리킬 것이며, 다른 모든 요소들은 두 번째 행(백색)을 가리킬 것이다. 따라서 명령 imshow(X, map)은 흑색 띠에 이어 세 개의 백색 띠를 갖는 영상을 표시하게 될 것이다. 실제로 이는 맵의 길이가 65가 될 때까지 적용되며, 이때 흑색 띠, 회색 띠, 두 개의 백색 띠로 영상이 표시된다. 맵의 길이가 X의 요소들 값의 허용된 범위를 넘으면 터무니없는 결과로 된다.

칼라 맵을 규정하는 데는 몇 가지 방법이 있다. 한 방법은 다음의 명령을 사용하는 것이다.

```
>> map(k, :) = [r(k) g(k) b(k)];
```

여기서 [r(k) g(k) b(k)]는 칼라 맵의 한 행을 규정하는 RGB 값들이다. k를 바꿔가면서 맵을 채운다.

표 6.1은 몇몇 기본 칼라들의 RGB 값들의 목록이다. 표의 세 포맷 중 아무거나 칼라를 지정하는 데 사용할 수 있다. 예를 들어, 다음의 세 명령들 중 하나로 그림의 배경 칼라를 녹색으로 바꿀 수 있다:

whitebg

```
>> whitebg('g');
>> whitebg('green');
>> whitebg([0 1 0]);
```

표 6.1에 없는 다른 칼라들은 소수부를 포함한다. 예를 들면, [.5 .5 .5]는 회색, [.5 0 0]은 암적색, [.49 1 .83]은 남청색(aquamarine)이다.

MATLAB은 몇 개의 미리 정의된 칼라 맵을 제공하며, 다음 명령에 의해 접근할 수 있다:

colormap

```
>> colormap(map_name);
```

이 명령은 칼라 맵을 매트릭스 map_name으로 설정한다: 예를 들면

표 6.1 기본 칼라들의 RGB 값들. (따옴표로 묶은) 긴 이름 또는 짧은 이름을 RGB 칼라를 지정하기 위한 숫자 트리플릿 대신에 사용할 수 있다.

긴 이름	약식 이름	RGB 값
흑색	k	[0 0 0]
청색	b	[0 0 1]
녹색	g	[0 1 0]
청록색(Cyan)	c	[0 1 1]
적색	r	[1 0 0]
자홍색(Magenta)	m	[1 0 1]
황색	y	[1 1 0]
백색	w	[1 1 1]

copper

```
>> colormap(copper)
```

여기서 copper는 MATLAB 칼라 맵 함수이다. 이 매핑의 칼라들은 흑색부터 밝은 구리빛까지 부드럽게 변한다. 표시된 마지막 영상이 인덱스 영상이면, 이 명령은 그 칼라 맵을 copper로 바꾼다. 대안으로, 영상을 다음과 같이 원하는 칼라 맵으로 직접 표시할 수 있다:

```
>> imshow(X, copper)
```

표 6.2는 MATLAB에서 가용한 미리 정의된 칼라 맵들의 목록이다. 이 칼라 맵들의 길이(칼라 수)는 괄호로 묶어서 규정할 수 있다. 예를 들면, gray(8)은 8개의 회색 농도를 갖는 칼라 맵을 만든다.

6.1.3 RGB 및 인덱스 영상들을 다루기 위한 툴박스 함수

표 6.3은 RGB, 인덱스, 그레이스케일 영상들 간 전환용 툴박스 함수들의 목록이다. 이 절에서의 표기를 명확하게 하기 위해, rgb_image로는 RGB 영상을, gray_image로는 그레이스케일 영상을, bw로는 흑백(이진) 영상을, X로는 인덱스 영상의 데이타 매트릭스 성분을 표시한다. 인덱스 영상은 정수 데이타 매트릭스와 칼라 맵 매트릭스로 구성됨을 기억한다.

함수 dither는 그레이스케일과 칼라 영상 모두에 적용된다. 디더링은 점으로 구성된 페이지에 농도 변화 효과를 주기 위해 인쇄 및 출판 업계에서 고정적으로 사용하는 과정이다. 그레이스케일 영상의 경우, 디더링은 백색 배경에 흑색 점들(또는 그 반대)의 이진 영상을 만들어서 회색 농도를 캡쳐한다. 점의 크기는 변하며, 밝은 영역에서는 작고 어두워질수록 커진다. 디더링 알고리듬을 구현하는 데 있어 주요 문제는 시각적 인지상 "정확성(accuracy)"과 계산상 복잡성 간의 조정(tradeoff)이다. 툴박스에 사용된 디더링 방식은 Floyd-Steinberg 알고리듬(Floyd and Steinber[1975]와 Ulichney[1987] 참조)에 기반한다. 그레이스케일 영상에 대한 함수 dither의 문법은 다음과 같다:

표 6.2 미리 정의된 MATLAB 칼라 맵들.

함수	설명
autumn	적색부터 오렌지색을 거쳐 황색으로 부드럽게 변화한다.
bone	청색 성분의 값이 큰 그레이스케일 칼라 맵. 이 칼라 맵은 그레이스케일 영상에 "전자적" 분위기를 더하는 데 유용하다.
colorcube	더 많은 단계의 회색, 순적색, 순록색, 순청색의 제공을 꾀하면서, RGB 칼라 공간의 가능한 한 많은 등간격 칼라들을 포함한다.
cool	청록색부터 자홍색까지 색조가 부드럽게 변하는 칼라들로 구성된다.
copper	흑색부터 밝은 구리색까지 부드럽게 변화한다.
flag	적, 백, 청, 흑색들로 구성된다. 이 칼라 맵은 각 인덱스 증분에 따라 칼라를 완전히 바꾼다.
gray	선형적 그레이스케일 칼라 맵을 반환한다.
hot	흑색으로부터 적색, 오렌지색, 황색을 거쳐 백색까지 부드럽게 변화한다.
hsv	Hue-saturation-value 칼라 모델의 hue 성분을 바꾼다. 적색에서 시작해서 황, 녹, 청록, 청, 자홍을 거쳐 다시 적색으로 돌아온다. 이 칼라 맵은 특히 주기함수를 표시하는 데 적합하다.
jet	청색부터 적색까지의 범위를 가지며, 청록, 황, 주황을 거친다.
lines	축들의 ColorOrder 속성에 의해 지정된 칼라들과 회색 농도의 칼라 맵을 만든다. 함수 ColorOrder에 대해서는 도움말 페이지를 참고한다.
pink	파스텔 색조의 핑크색을 포함한다. 이 핑크 칼라 맵은 그레이스케일 사진을 세피아 톤으로 칼라화한다.
prism	적, 주황, 황, 녹, 청, 자의 여섯 칼라를 반복한다.
spring	자홍과 황색 색조의 칼라로 구성된다.
summer	녹색과 황색 색조의 칼라로 구성된다.
winter	청색과 녹색 색조의 칼라로 구성된다.
white	모두 백색인 단색 칼라 맵이다.

표 6.3 RGB, 인덱스, 그레이스케일 영상들 간의 전환을 위한 툴박스 함수들.

함수	설명
dither	디더링에 의해 RGB 영상으로부터 인덱스 영상을 만든다.
grayslice	문턱처리에 의해 그레이스케일 밝기 영상으로부터 인덱스 영상을 만든다.
gray2ind	그레이스케일 밝기 영상으로부터 인덱스 영상을 만든다.
ind2gray	인덱스 영상으로부터 그레이스케일 영상을 만든다.
rgb2ind	RGB 영상으로부터 인덱스 영상을 만든다.
ind2rgb	인덱스 영상으로부터 RGB 영상을 만든다.
rgb2gray	RGB 영상으로부터 그레이스케일 영상을 만든다.

dither

```
bw = dither(gray_image)
```

여기서 앞에 언급했듯이, gray_image는 그레이스케일 영상이며, bw는 디더링된 이진 영상이다.

칼라 영상을 다룰 때는 디더링은 영상의 칼라 수를 줄이기 위해 주로 함수 rgb2ind와 함께 사용된다. 이 함수는 이 절의 뒷부분에서 설명한다.

함수 grayslice의 문법은 다음과 같다.

grayslice

```
X = grayslice(gray_image, n)
```

이 함수는 다음의 문턱값들로 그레이스케일 영상을 문턱처리해서 인덱스 영상을 만든다.

$$\frac{1}{n}, \frac{2}{n}, \ldots, \frac{n-1}{n}$$

앞에서 설명했듯이, 결과 인덱스 영상은 명령 imshow(X, map)으로 적절한 길이의 맵[예: jet(16)]을 사용해서 볼 수 있다. 다른 문법은

```
X = grayslice(gray_image, v)
```

이며, 여기서 v는 gray_image를 문턱처리하는 데 사용되는 값을 갖는 벡터(값의 범위는 [0, 1])이다. 함수 grayslice는 지정된 그레이 밝기 대역들에 다른 칼라들이 할당되는 의사칼라(pseudocolor) 영상처리를 위한 기본 툴이다. 입력 영상의 클래스는 uint8, uint16, double이 가능하다. v의 문턱값들은 입력 영상이 클래스 uint8이나 uint16 형이라도 [0, 1] 범위여야 한다. 이 함수가 필요한 스케일링을 수행한다.

다음 문법의 함수 gray2ind는

gray2ind

```
[X, map] = gray2ind(gray_image, n)
```

영상 gray_image를 스케일링하고, 정수화(round)해서, 칼라 맵 gray(n)으로 인덱스 영상 X를 만든다. n이 생략되면, 디폴트는 64이다. 입력 영상은 uint8, uint16, double 형일 수 있다. 출력 영상 X의 클래스는 n이 256 이하이면 uint8, n이 256보다 크면 uint16이다.

다음 문법의 함수 ind2gray는 X와 map으로 구성된 인덱스 영상을 그레이스케일 영상으로 전환한다.

ind2gray

```
gray_image = ind2gray(X, map)
```

배열 X의 클래스는 uint8, uint16, double이 가능하다. 출력 영상의 클래스는 double이다.

함수 rgb2ind의 이 장에서 관심을 두는 문법은 다음 형태를 가진다.

```
[X, map] = rgb2ind(rgb_image, n, dither_option)
```

rgb2ind

여기서 n은 map의 칼라 수를 결정하며, dither_option은 다음 두 값 중 하나를 갖는다: 'dither'(디폴트)는 공간 해상도가 저하되더라도 더 높은 칼라 해상도를 달성하기 위해, 필요하다면 디더링을 한다; 'nodither'는 역으로 오리지널 영상의 각 칼라를 새 맵에 있는 가장 가까운 칼라(n의 값에 종속)로 매핑한다; 디더링이 수행되지 않는다. 입력 영상의 클래스는 uint8, uint16, double이 가능하다. 출력 배열 X는 n이 256 이하이면 클래스 uint8 형; 아니면 클래스 uint16 형이다. 예제 6.1은 디더링이 칼라 축소에 미치는 효과를 보여준다.

함수 ind2rgb는

```
rgb_image = ind2rgb(X, map)
```

ind2rgb

의 문법을 사용하면 매트릭스 X와 해당 칼라 맵 map을 RGB 포맷으로 전환한다: X의 클래스는 uint8, uint16, double이 가능하다. 출력 RGB 영상은 클래스 double 형의 $M \times N \times 3$ 배열이다.

끝으로, 다음 문법의 함수 rgb2gray는 RGB 영상을 그레이스케일 영상으로 전환한다.

```
gray_image = rgb2gray(rgb_image)
```

rgb2gray

입력 RGB 영상의 클래스는 uint8, uint16, double이 가능하다; 출력 영상의 클래스는 입력과 같다.

예제 6.1

표 6.3의 함수들에 대한 보기.

■ 함수 rgb2ind는 RGB 영상의 칼라 수를 줄이는 데 유용하다. 이 함수와 그리고, 디더링 옵션의 사용상 장점에 대한 보기로서, 24비트 RGB 영상(f)인 그림 6.4(a)를 고려하자. 그림 6.4(b)와 (c)는 다음 명령들의 결과를 보여준다.

```
>> [X1, map1] = rgb2ind(f, 8, 'nodither');
>> imshow(X1, map1)
```

그리고

```
>> [X2, map2] = rgb2ind(f, 8, 'dither');
>> figure, imshow(X2, map2)
```

두 영상 모두 단 8개의 칼라를 가지며, 1,600만 개가 넘는 uint8 영상 f의 가능한 칼라 수가 현저하게 줄었다. 그림 6.4(b)는, 특히 큰 꽃의 중앙에서, 아주 뚜렷한 허위 등고선을 보이고 있다. 디더링된 영상이 더 좋은 톤을 보이며, 허위 등고선이 훨씬 줄었다. 이는 디더링에 의해 도입된 "무작위성(randomness)"의 결과이다. 이 영상은 약간 흐릿해졌으나, 그림 6.4(b)에 비해 시각적으로 우수하다.

디더링 효과는 보통 그레이스케일 영상에서 더 잘 보인다. 그림 6.4(d)와 (e)는 다음 명령들로 얻었다.

그림 6.4 (a) RGB 영상. (b) 디더링 없이 칼라 수를 8개로 줄인 경우. (c) 디더링을 사용해서 칼라 수를 8개로 줄인 경우. (d) 함수 `rgb2gray`를 사용해서 얻은 (a)의 그레이스케일 버젼. (e) 디더링된 그레이스케일 영상(이진 영상임).

```
>> g = rgb2gray(f);
>> g1 = dither(g);
>> figure, imshow(g); figure, imshow(g1)
```

그림 6.4(e)의 영상은 이진이며, 현저한 수준의 데이타 축소 효과를 나타낸다. 그림 6.4(c)와 (e)는 인쇄 및 출판 산업에서 디더링이 특히 (신문에서와 같이) 종이 질과 인쇄 해상도가 낮은 경우에 왜 그렇게 중요한가를 보여준다.

6.2 칼라 공간 간 전환 Converting Between Color Spaces

앞 절에서 설명한 바와 같이, 툴박스는 RGB 영상에서는 직접적으로, 칼라 맵이 RGB 포맷으로 저장된 인덱스 영상에서는 간접적으로 칼라를 RGB 값으로 나타낸다. 그렇지만, 응용에 따라서는 다른 칼라 공간(칼라 모델로도 불림)들이 더 편리하고 의미 있을 수 있다. 이 모델들은 RGB 모델이 변환된 것으로서, NTSC, YCbCr, HSV, CMY, CMYK, HSI 칼라 공간들이 포함된다. 툴박스는 RGB를 NTSC, YCbCr, HSV, CMY 칼라 공간으로 전환하거나 그 역을 수행하는 함수들을 제공한다. HSI 칼라 공간에 대한 전환용 또는 역전환용 주문형 함수들을 이 절의 뒤 부분에서 개발한다.

6.2.1 NTSC 칼라 공간

NTSC 칼라 시스템은 아날로그 TV에 사용된다. 이 포맷의 주요 장점은 그레이스케일 정보가 칼라 데이타로부터 분리되어서, 같은 신호를 칼라와 흑백 TV에 사용할 수 있다. NTSC 포맷에서는 영상 데이타가 세 성분들로 구성된다: 휘도(*luminance*, *Y*), 색상(*hue*, *I*), 채도(*saturation*, *Q*). 글자 YIQ는 관습적으로 사용되고 있다. 휘도 성분은 그레이스케일 정보를 나타내며, 다른 두 성분은 TV 신호의 칼라 정보를 갖고 있다. YIQ 성분들은 다음의 선형변환에 의해 영상의 RGB 성분들로부터 얻어진다.

$$\begin{bmatrix} Y \\ I \\ Q \end{bmatrix} = \begin{bmatrix} 0.299 & 0.587 & 0.114 \\ 0.596 & -0.274 & -0.322 \\ 0.211 & -0.523 & 0.312 \end{bmatrix} \begin{bmatrix} R \\ G \\ B \end{bmatrix}$$

첫 행의 요소들의 합은 1이며, 나머지 두 행의 요소들의 합은 0임을 주목한다. 그레이스케일 영상에 대해서는 모든 RGB 성분들이 같기 때문에 I와 Q 성분들이 0이 되어야 하므로, 이는 예상했던 것이다. 함수 `rgb2ntsc`가 이 변환을 수행한다:

```
yiq_image = rgb2ntsc(rgb_image)
```

rgb2ntsc

여기서 입력 RGB 영상은 클래스 `uint8`, `uint16`, `double` 형이 가능하다. 출력 영상은 클래스 `double`의 $M \times N \times 3$ 배열이다. 성분 영상 `yiq_image(:, :, 1)`은 휘도, `yiq_image(:, :, 2)`는 색상, `yiq_image(:, :, 3)`은 채도 영상이다.

마찬가지로, RGB 성분들을 다음의 선형변환에 의해 YIQ 성분들로부터 얻는다:

$$\begin{bmatrix} R \\ G \\ B \end{bmatrix} = \begin{bmatrix} 1.000 & 0.956 & 0.621 \\ 1.000 & -0.272 & -0.647 \\ 1.000 & -1.106 & 1.703 \end{bmatrix} \begin{bmatrix} Y \\ I \\ Q \end{bmatrix}$$

툴박스 함수 `ntsc2rgb`가 이 변환을 구현한다. 문법은 다음과 같다:

ntsc2rgb

```
rgb_image = ntsc2rgb(yiq_image)
```

입력과 출력 영상 모두 클래스 `double` 형이다.

6.2.2 YCbCr 칼라 공간

YCbCr 칼라 공간은 디지털 비디오에서 광범위하게 사용된다. 이 포맷에서 휘도 정보는 단일 성분 Y에 의해 표현되며, 칼라 정보는 두 개의 칼라 차이 성분들 Cb와 Cr로서 저장된다. 성분 Cb는 청색 성분과 기준값과의 차이이며, 성분 Cr은 적색 성분과 기준값 간의 차이이다(Poynton [1996]). RGB를 YCbCr로 전환하기 위해 툴박스에 의해 사용되는 변환은 다음과 같다.

YCbCr로부터 RGB로 전환하는 데 사용되는 변환 매트릭스를 보려면, 프롬프트에서 다음 명령을 사용한다: >> `edit ycbcr2rgb`.

$$\begin{bmatrix} Y \\ Cb \\ Cr \end{bmatrix} = \begin{bmatrix} 16 \\ 128 \\ 128 \end{bmatrix} + \begin{bmatrix} 65.481 & 128.553 & 24.966 \\ -37.797 & -74.203 & 112.000 \\ 112.000 & -93.786 & -18.214 \end{bmatrix} \begin{bmatrix} R \\ G \\ B \end{bmatrix}$$

그 전환함수는 다음과 같다.

rgb2ycbcr

```
ycbcr_image = rgb2ycbcr(rgb_image)
```

입력 RGB 영상의 클래스는 `uint8`, `uint16`, `double` 형이 가능하다. 출력 영상은 입력 영상과 같은 클래스이다. 비슷한 변환으로 YCbCr을 RGB로 되돌린다:

ycbr2rgb

```
rgb_image = ycbr2rgb(ycbcr_image)
```

입력 YCbCr 영상의 클래스는 `uint8`, `uint16`, `double` 형이 가능하다. 출력 영상은 입력 영상과 같은 클래스이다.

6.2.3 HSV 칼라 공간

HSV(hue, saturation, value)는 칼라 휠 또는 팔레트로부터, 예를 들어 페인트 또는 잉크 등의 칼라를 선택하는 데 사용되는 몇 가지 칼라 시스템 중 하나이다. 이 칼라 시스템은 RGB 시스템보다, 사람이 칼라 감각을 체험하고 묘사하는 방식에 훨씬 더 가깝다. 예술가의 용어로 색상(hue), 채도(saturation), 값(value)은 대략적으로 tint(밝은 색조/흰색과 혼합된 순수 색조/색), shade(어두운 색조/검정과 혼합된 순수 색조/농도/음영), tone(회색조/검정과 흰색 둘 다 혼합된 순수 색조/농담)을 칭한다.

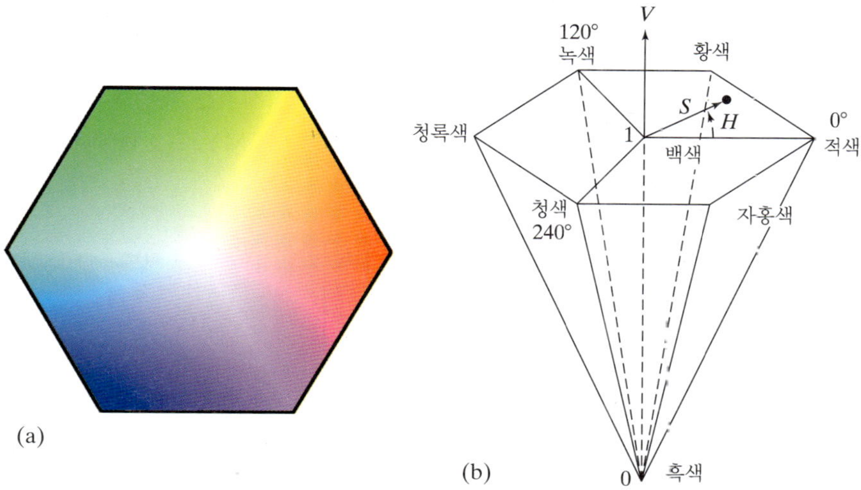

그림 6.5 (a) HSV 칼라 육각형. (b) HSV 육각 뿔.

HSV 칼라 공간은 RGB 칼라 큐브를 그레이 축(흑색과 백색 모서리를 연결하는 축)을 따라 쳐다보면서 만들었다. 그 결과가 그림 6.5(a)의 육각형 모양의 칼라 팔레트이다. 그림 6.5(b)에서 수직(그레이) 축을 따라 이동함에 따라, 축에 수직인 육각형 면의 크기가 변해서 그림과 같은 입체 모양을 만든다. 색상(hue)은 칼라 육각형 주위의 각도로 표현되며, 적색 축을 기준(0°) 축으로 사용한다. 값(value) 성분은 뿔의 축을 따라 측정된다. 축의 $V = 0$ 끝은 흑색이다. $V = 1$ 끝은 백색이며, 그림 6.5(a)에서 전체 칼라 육각형의 중앙에 놓인다. 따라서 이 축은 그레이의 모든 농도를 나타낸다. 채도(칼라의 순도)는 V축으로부터의 거리로 측정된다.

HSV 칼라 시스템은 원주 좌표계에 기반한다. RGB를 HSV로 전환하는 것은 RGB 값들(데카르트 좌표의)을 원주 좌표로 매핑하는 공식의 개발을 수반한다. 이 주제는 대부분의 컴퓨터 그래픽 관련 책들에서 상세히 다루고 있으므로(Rogers[1997]을 참고), 이 책에서는 이 공식을 전개하지 않는다.

RGB를 HSV로 전환하는 MATLAB 함수는 다음과 같은 문법의 `rgb2hsv`이다.

```
hsv_image = rgb2hsv(rgb_image)
```

rgb2hsv

입력 RGB 영상의 클래스는 `uint8`, `uint16`, 또는 `double`이다; 출력 영상의 클래스는 `double`이다. HSV를 다시 RGB로 바꾸는 함수는 `hsv2rgb`이다:

```
rgb_image = hsv2rgb(hsv_image)
```

hsv2rgb

입력 영상의 클래스는 `double`이어야 한다. 출력도 `double` 클래스이다.

6.2.4 CMY와 CMYK 칼라 공간

청록, 자홍, 황색은 빛의 등화색(secondary colors), 또는 물감의 원색(primary colors)이다. 예를 들면, 청록색 물감으로 코팅된 표면에 백색 빛이 비춰졌을 때, 적색 빛은 표면에서 반사되지 않는다. 즉 청록색 물감은 표면에 의해 반사되는 빛에서 적색 빛을 뺀다.

칼라 프린터와 복사기 같이 종이에 칼라 물감을 침착시키는 대부분의 장치들은 CMY 데이타 입력을 요구하거나, 내부적으로 RGB를 CMY로 전환한다. 근사한 전환을 다음 공식을 사용해서 수행할 수 있다:

$$\begin{bmatrix} C \\ M \\ Y \end{bmatrix} = \begin{bmatrix} 1 \\ 1 \\ 1 \end{bmatrix} - \begin{bmatrix} R \\ G \\ B \end{bmatrix}$$

여기서 모든 칼라 값들이 범위 [0, 1]로 정규화되었다고 가정한다. 이 공식은 순수한 청록색으로 코팅된 표면에서 반사된 빛은 적색을 포함하지 않음(즉, 이 식에서 $C = 1 - R$임)을 보여준다. 마찬가지로, 순수한 자홍색은 녹색을 반사하지 않으며, 순수한 황색은 청색을 반사하지 않는다. 앞의 식은 또한 RGB 값들이 CMY 값들로부터 쉽게 얻어질 수 있음을 보여준다. 즉, 개별 CMY 값들을 1에서 뺀다.

이론적으로는 같은 양의 물감의 삼원색인 청록색, 자홍색, 황색이 흑색을 만들어야 한다. 실제로는 이렇게 섞어서 인쇄하면 혼탁한(muddy-looking) 흑색이 만들어진다. 따라서, 진짜 **흑색**[인쇄에서 주색(predominant color)]을 만들기 위해, 네 번째 칼라인 흑색을 더한다. 이렇게 해서 CMYK 칼라 모델이 등장했다. 따라서 출판사가 "4색 인쇄"를 말할 때는 CMY 칼라 모델의 세 칼라와 흑색을 말하는 것이다.

2.2.1절에서 소개한 함수 `imcomplement`를 사용해서 RGB로부터 CMY로의 대략적 전환을 할 수 있다:

```
cmy_image = imcomplement(rgb_image)
```

CMY 영상을 RGB로 전환하는 데도 이 함수를 사용한다:

```
rgb_image = imcomplement(cmy_image)
```

CMY 또는 CMYK로의 고화질 전환은 프린터 잉크와 매체에 관한 구체적 정보뿐만 아니라, 흑색 잉크(K)를 나머지 세 칼라 잉크 대신에 사용해야 할 곳을 결정하기 위한 경험적 방법도 필요로 한다. 이 전환은 특정 프린터를 위해 작성된 ICC 칼라 프로파일을 사용해서 달성할 수 있다(ICC 프로파일에 관해서는 6.2.6절 참고).

6.2.5 HSI 칼라 공간

HSV는 예외로 하고, 이제까지 설명한 칼라 공간들은 사람의 칼라 해석에 실용적인 용어들로 칼라를 묘사하는 데 별로 적합하지 않다. 예를 들면, 우리는 자동차의 칼라를 말할 때 그 칼라를 구성하는 각 물감 원색의 비율로 표현하지 않는다.

사람들은 칼라 객체를 볼 때 그 칼라의 색상(hue), 채도(saturation), 명도

(brightness)에 의해 묘사하는 경향이 있다. 색상은 순수 칼라를 묘사하는 칼라 속성이고, 채도는 순수 칼라가 백색에 의해 희석된 정도에 대한 척도를 제공한다. 명도는 주관적인 표현으로서, 측정이 불가능하다. 무색의 **밝기**(*intensity*)에 대한 개념을 표현하며 칼라 감각(색각, color sensation)을 묘사할 때의 핵심 요소 중 하나이다. 밝기(그레이 레벨)가 흑백 영상을 묘사하는 데 가장 유용함을 알고 있다. 이 수량은 분명하게 측정 가능하며 쉽게 해석할 수 있다.

이제 보여줄 칼라 공간은 *HSI* **칼라 공간**이라고 불리는데, 칼라 영상의 칼라 수반 정보(색상과 채도)와 밝기 성분을 분리한다. 그 결과, HSI 모델은 결국 알고리듬의 개발자이자 사용자인 인간에게 자연스럽고 직관적인 칼라 묘사에 기반한 영상처리 알고리듬들을 개발하기 위한 이상적인 도구이다. HSV 칼라 공간이 다소 비슷하나, 예술가의 칼라 팔레트에 의해 해석될 때 의미가 있는 칼라들을 나타내는 데 초점이 맞춰져 있다.

6.1.1절에서 설명한 바와 같이, RGB 칼라 영상은 세 개의 단색 밝기 영상으로 구성된다. 그래서, RGB 영상으로부터 밝기를 추출할 수 있어야 한다는 사실은 놀랍지 않다. 이는 그림 6.2의 칼라 큐브를, 그림 6.6(a)에서와 같이 흑색 모서리 (0, 0, 0)을 밑점으로 하고, 그 위에 백색 모서리 (1, 1, 1)이 오도록 세우면 명확해진다. 그림 6.2와 관련해서 언급했듯이, 밝기는 이 두 모서리를 연결하는 선을 따라서 있다. 그림 6.6에서와 같이, 흑색과 백색 모서리들을 연결하는 선(밝기 축)은 수직이다. 따라서 그림 6.6에서 한 칼라 점의 밝기 성분을 결정하려면, 단순히 그 칼라 점을 포함하고 밝기 축에 수직인 평면을 그리면 된다. 이 평면과 밝기 축의 교차점이 범위 [0, 1]의 밝기 값을 제공한다. 또한 조금만 생각하면, 칼라의 채도(순도)는 밝기 축으로부터의 거리에 관한 함수로서 증가함을 알 수 있다. 밝기 축 상의 모든 점들은 회색이므로, 이 축의 점들의 채도는 0이다.

주어진 RGB 점으로부터 색상을 계산하는 방법을 알아보기 위해서, 세 개의 점

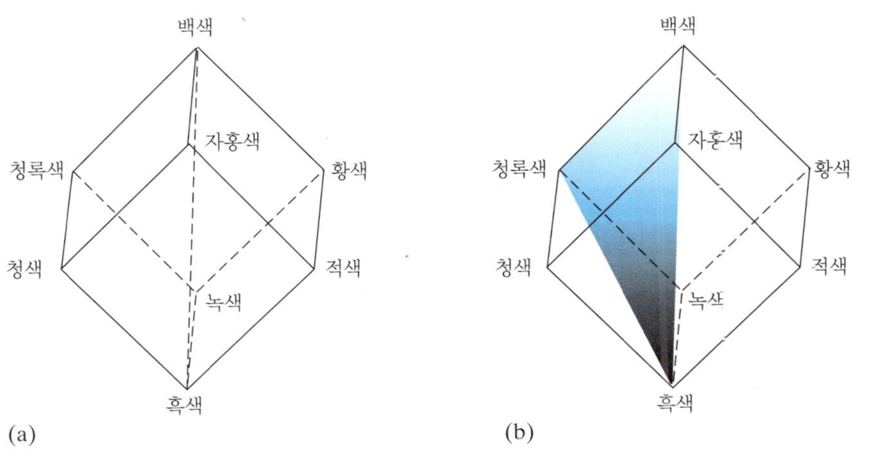

그림 6.6 RGB와 HSI 칼라 모델들 간의 관계.

(흑, 백, 청록)으로 정의되는 평면을 보여주는 그림 6.6(b)를 고려하자. 흑색과 백색 점들이 이 평면에 포함되어 있다는 사실은 밝기 축도 이 평면에 포함된다는 것을 의미한다. 게다가, 밝기 축과 큐브의 경계선에 의해 정의되는 평면조각에 포함된 모든 점들이 같은 색상(이 경우 청록)을 가짐을 볼 수 있다. 이는 칼라 삼각형 안의 칼라들이 세 모서리 칼라들의 다양한 조합 또는 혼합이기 때문이다. 만일 이들 중 두 개의 모서리는 흑색과 백색이고 세 번째가 칼라 점이면, 흑색과 백색 성분들은 색상의 변화에 기여하지 않으므로, 삼각형 안의 모든 점들은 같은 색상을 가져야 한다. (물론 이 삼각형 안의 점들의 밝기와 채도는 변한다.) 음영 처리된 평면을 수직 밝기 축을 중심으로 회전시키면 다른 색상을 얻을 것이다. 이 개념들로부터, HSI 공간을 형성하는 데 필요한 색상, 채도, 명도 값들은 RGB 칼라 큐브로부터 얻을 수 있다는 결론에 도달한다. 즉 방금 약술한 논거를 묘사하는 기하 공식을 찾아내서 모든 RGB 점을 HSI 칼라 모델의 대응되는 점으로 전환할 수 있다.

앞의 설명에 기반할 때, HSI 공간은 수직 밝기 축과 이에 수직인 평면에 놓인 칼라 점들의 위치들로 구성됨을 알 수 있다. 이 평면이 밝기 축을 따라 상하로 이동함에 따라, 이 평면과 큐브의 표면 간의 교차에 의해 정의되는 경계선은 삼각형 또는 육각형 모양을 갖는다. 이는 그림 6.7(a)에서와 같이 큐브의 그레이스케일 축의 위에서 내려다본다면 훨씬 더 쉽게 시각화할 수 있다. 이 평면에서 원색들이 120° 간격으로 떨어져 있음을 볼 수 있다. 등화색들은 원색들로부터 60° 떨어져 있는데, 이는 등화색들 간에도 120°씩 떨어져 있음을 의미한다.

그림 6.7(b)는 육각형 모양과 임의의 칼라 포인트[점(dot)으로 표시]를 보여준다. 포인트의 색상은 어떤 기준점으로부터의 각도에 의해 결정된다. 보통(항상은 아니고) 적색 축으로부터 0°의 각도가 0 색상이며, 색상은 거기서부터 반시계방향으로 증가한다. 채도(수직축으로부터의 거리)는 원점에서 그 포인트까지의 벡터의 길이이

그림 6.7 HSI 칼라 모델의 색상과 채도. 도트(dot)는 임의의 칼라 점이다. 적색 축으로부터의 각도는 색상이며, 벡터의 길이는 채도이다. 이 평면들의 어느 것에서든 모든 칼라들의 밝기는 수직 밝기 축 상에서의 평면의 위치에 의해 주어진다.

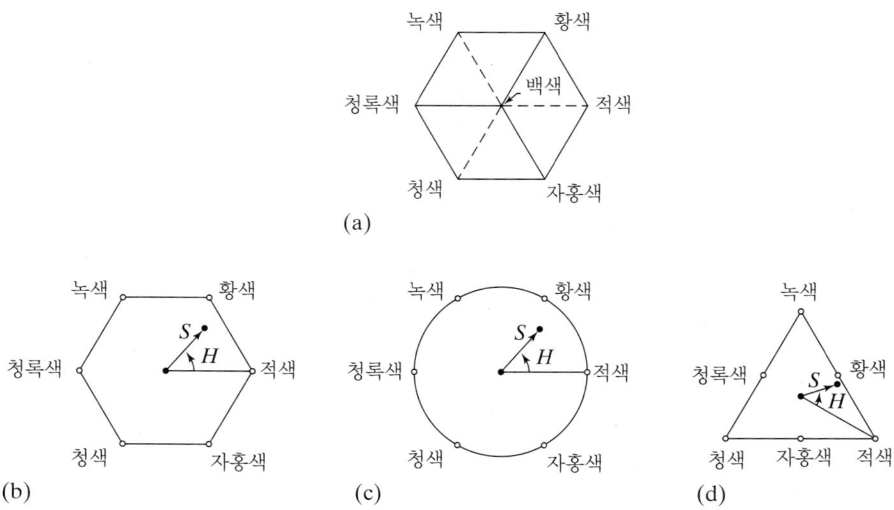

다. 원점은 칼라 평면과 수직 밝기 축 간의 교차에 의해 정의됨을 주목한다. HSI 칼라 공간의 중요한 성분들은 수직 밝기 축, 칼라 포인트까지의 벡터의 길이, 이 벡터와 적색 축 간의 각도이다. 그러므로 HSI 평면이 방금 논의된 육각형, 그림 6.7(c)와 (d)가 보여주는 삼각형 또는 원으로 정의되어도 이상할 게 없다. 이 모양들 간에는 기하적 변환에 의해 서로 상대방 모양으로의 변형이 가능하므로 선정된 모양은 중요하지 않다. 그림 6.8은 칼라 삼각형과 칼라 원에 기반한 HSI 모델을 보여준다.

칼라를 RGB에서 HSI로 전환하기

다음의 논의에서 필요한 전환공식을 유도 없이 제시한다. 이 공식들의 자세한 유도에 대해서는 책의 웹 사이트(주소는 1.5절에 있음)를 보도록 한다. RGB 칼라 포맷으로 영상이 주어졌을 때, 각 RGB 화소의 H 성분은 다음 공식으로 구한다.

$$H = \begin{cases} \theta & \text{if } B \le G \\ 360 - \theta & \text{if } B > G \end{cases}$$

여기서

$$\theta = \cos^{-1}\left\{ \frac{0.5\left[(R-G)+(R-B)\right]}{\left[(R-G)^2+(R-B)(G-B)\right]^{1/2}} \right\}$$

채도 성분은 다음 식으로 주어진다.

$$S = 1 - \frac{3}{(R+G+B)}\left[\min(R,G,B)\right]$$

끝으로, 밝기 성분은

$$I = \frac{1}{3}(R+G+B)$$

로 주어진다. 이 식들에서 RGB 값들이 범위 [0, 1]로 정규화되었으며, 각도 θ는 그림 6.7에 표시한 것같이 HSI 공간의 적색 축을 기준으로 측정된 것으로 가정한다. H의 공식으로부터 얻은 모든 값들을 360°로 나눠서, 색상을 범위 [0, 1]로 정규화할 수 있다. 다른 두 HSI 성분들은 만일 주어진 RGB 값들이 이미 구간 [0, 1]에 있으면 이미 이 범위에 있다.

칼라를 HSI에서 RGB로 전환하기

구간 [0, 1]에서 HSI의 값들이 주어졌을 때, 이번에는 같은 구간의 상응하는 RGB 값을 구하고자한다. 해당 공식은 H의 값에 종속된다. 앞에서 언급했듯이, 삼원색 간

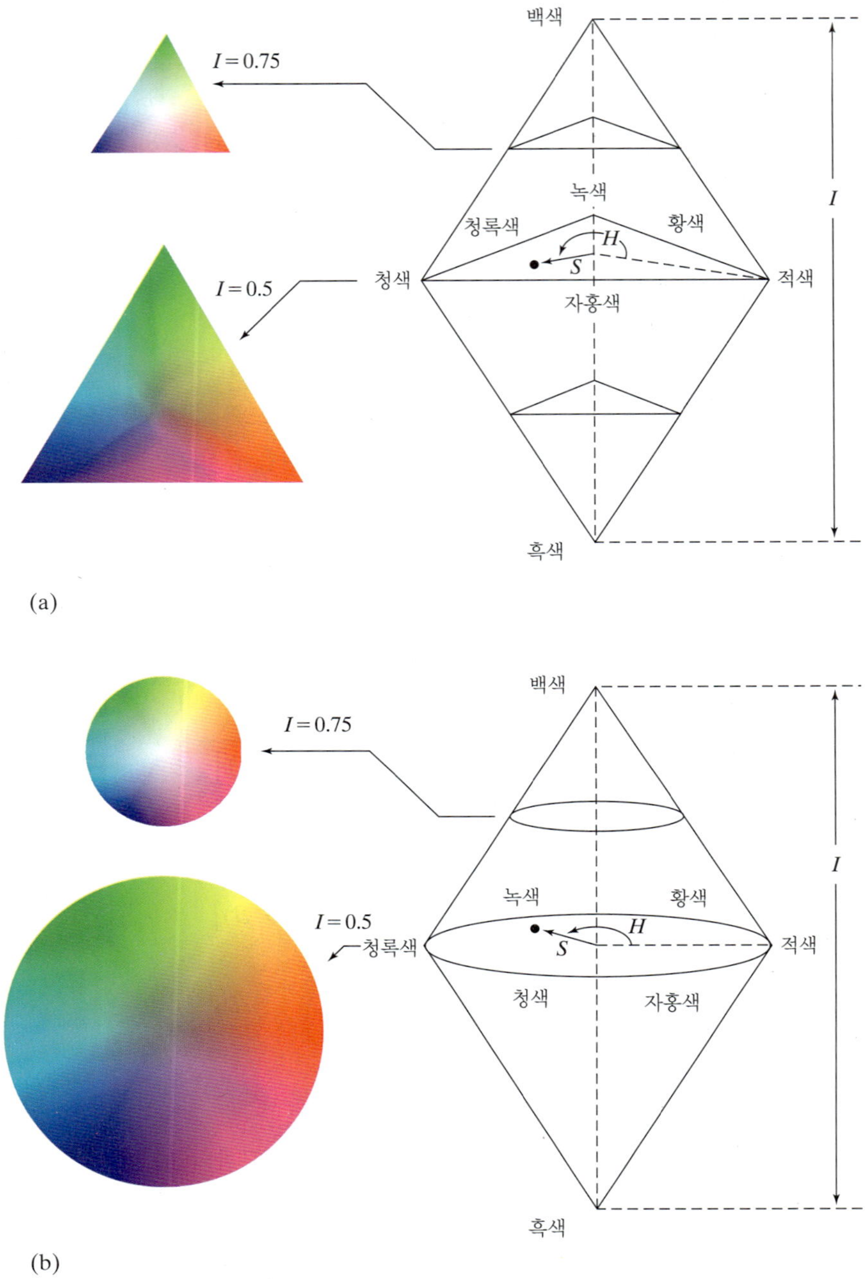

그림 6.8 (a) 삼각형과 (b) 원형의 칼라 평면들에 기반한 HSI 칼라 모델. 삼각형과 원은 수직 밝기 축에 수직이다.

의 간격인 120°에 해당하는 세 개의 관심 섹터가 있다. H를 360°로 곱하는 것으로 시작하며, 그러면 색상을 원래 범위인 [0°, 360°]로 되돌린다.

***RG* 섹터**($0° \leq H < 120°$): H가 이 섹터에 있을 때, RGB 성분들을 다음 공식으로 계산한다.

$$R = I\left[1 + \frac{S\cos H}{\cos(60° - H)}\right]$$

$$G = 3I - (R + B)$$

$$B = I(1 - S)$$

***GB* 섹터**($120° \leq H < 240°$): 주어진 H값이 이 섹터에 있으면, 우선 120°를 뺀다:

$$H = H - 120°$$

그러면 RGB 성분들은

$$R = I(1 - S)$$

$$G = I\left[1 + \frac{S\cos H}{\cos(60° - H)}\right]$$

$$B = 3I - (R + G)$$

***BR* 섹터**($240° \leq H \leq 360°$): 끝으로, H가 이 영역에 있으면 240°를 뺀다:

$$H = H - 240°$$

그러면 RGB 성분들은

$$R = 3I - (G + B)$$

$$G = I(1 - S)$$

$$B = I\left[1 + \frac{S\cos H}{\cos(60° - H)}\right]$$

영상처리를 위해 이 공식들을 사용하는 방법을 6.5.1절에서 보여주겠다.

RGB를 HSI로 전환하는 M-함수

다음의 주문형 함수

```
hsi = rgb2hsi(rgb)
```

가 방금 설명한 RGB를 HSI로 전환하는 식들을 구현하며, `rgb`와 `hsi`는 각각 RGB 영상과 HSI 영상을 나타낸다. 코드의 문서화 부분이 이 함수의 사용법을 자세히 보여준다.

rgb2hsi

```
function hsi = rgb2hsi(rgb)
%RGB2HSI Converts an RGB image to HSI.
%   HSI = RGB2HSI(RGB) converts an RGB image to HSI. The input image
%   is assumed to be of size M-by-N-by-3, where the third dimension
%   accounts for three image planes: red, green, and blue, in that
%   order. If all RGB component images are equal, the HSI conversion
%   is undefined. The input image can be of class double (with
%   values in the range [0, 1]), uint8, or uint16.
%
%   The output image, HSI, is of class double, where:
%      HSI(:, :, 1) = hue image normalized to the range [0,1] by
%                     dividing all angle values by 2*pi.
%      HSI(:, :, 2) = saturation image, in the range [0, 1].
%      HSI(:, :, 3) = intensity image, in the range [0, 1].

% Extract the individual component images.
rgb = im2double(rgb);
r = rgb(:, :, 1);
g = rgb(:, :, 2);
b = rgb(:, :, 3);

% Implement the conversion equations.
num = 0.5*((r - g) + (r - b));
den = sqrt((r - g).^2 + (r - b).*(g - b));
theta = acos(num./(den + eps));

H = theta;
H(b > g) = 2*pi - H(b > g);
H = H/(2*pi);

num = min(min(r, g), b);
den = r + g + b;
den(den == 0) = eps;
S = 1 - 3.* num./den;
H(S == 0) = 0;
I = (r + g + b)/3;

% Combine all three results into an hsi image.
hsi = cat(3, H, S, I);
```

HSI를 RGB로 전환하는 M-함수

다음 함수

```
rgb = hsi2rgb(hsi)
```

가 HSI를 RGB로 전환하는 공식을 구현한다. 코드의 문서화 부분이 이 함수의 사용법을 자세히 설명한다.

hsi2rgb

```
function rgb = hsi2rgb(hsi)
%HSI2RGB Converts an HSI image to RGB.
%   RGB = HSI2RGB(HSI) converts an HSI image RGB, where HSI is
%   assumed to be of class double with:
%      HSI(:, :, 1) = hue image, assumed to be in the range
%                     [0, 1] by having been divided by 2*pi.
%      HSI(:, :, 2) = saturation image, in the range [0, 1];
%      HSI(:, :, 3) = intensity image, in the range [0, 1].
%
%   The components of the output image are:
%      RGB(:, :, 1) = red.
%      RGB(:, :, 2) = green.
%      RGB(:, :, 3) = blue.

% Extract the individual HSI component images.
H = hsi(:, :, 1) * 2 * pi;
S = hsi(:, :, 2);
I = hsi(:, :, 3);

% Implement the conversion equations.
R = zeros(size(hsi, 1), size(hsi, 2));
G = zeros(size(hsi, 1), size(hsi, 2));
B = zeros(size(hsi, 1), size(hsi, 2));

% RG sector (0 <= H < 2*pi/3).
idx = find( (0 <= H) & (H < 2*pi/3));
B(idx) = I(idx) .* (1 - S(idx));
R(idx) = I(idx) .* (1 + S(idx) .* cos(H(idx))./ ...
                                      cos(pi/3 - H(idx)));
G(idx) = 3*I(idx) - (R(idx) + B(idx));

% BG sector (2*pi/3 <= H < 4*pi/3).
idx = find( (2*pi/3 <= H) & (H < 4*pi/3) );
R(idx) = I(idx) .* (1 - S(idx));
G(idx) = I(idx) .* (1 + S(idx) .* cos(H(idx) - 2*pi/3) ./ ...
                    cos (pi - H(idx)));
B(idx) = 3*I(idx) - (R(idx) + G(idx));

% BR sector.
idx = find( (4*pi/3 <= H) & (H <= 2*pi));
G(idx) = I(idx).* (1 - S(idx));
B(idx) = I(idx).* (1 + S(idx).* cos(H(idx) - 4*pi/3)./ ...
                                      cos(5*pi/3 - H(idx)));
R(idx) = 3*I(idx) - (G(idx) + B(idx));

% Combine all three results into an RGB image. Clip to [0, 1] to
% compensate for floating-point arithmetic rounding effects.
rgb = cat(3, R, G, B);
rgb = max(min(rgb, 1), 0);
```

예제 6.2

RGB로부터 HSI로 전환하기.

■ 그림 6.9는 그림 6.2(b)와 비슷한 백색 배경에 놓인 RGB 큐브 영상의 색상, 채도, 밝기 성분들을 보여준다. 그림 6.9(a)는 색상 영상이다. 이의 가장 뚜렷한 특징은 큐브의 앞 (적색) 면에서 45° 각도의 불연속이다. 이 불연속을 이해하기 위해서 그림 6.2(b)를 보고, 큐브의 적색 모서리에서 백색 모서리로 선을 긋고, 이 선의 중앙의 점을 선택한다. 이 점에서 시작해서, 오른쪽으로 큐브를 돌아 시작점으로 돌아올 때까지 경로를 그린다. 이 경로에서 마주치는 주요 칼라들은 황, 녹, 청록, 청, 자홍, 그리고 다시 적색이다. 그림 6.7에 의하면, 이 경로에서의 색상 값은 0°에서 360°까지 증가해야 한다(즉, 색상의 가능한 최저값부터 최고값까지). 이는 그림 6.9(a)에서 최저값은 흑색, 최고값은 백색으로 표현하고 있으므로, 정확히 이 그림이 보여주고 있는 것이다.

그림 6.9(b)의 채도 영상은 RGB 큐브의 백색 모서리로 다가감에 따라 점차 어두운 값을 보여준다. 이는 백색에 접근함에 따라 칼라가 점점 덜 포화됨을 의미한다. 끝으로, 그림 6.9(c)의 영상의 모든 화소는 그림 6.2(b)의 대응 화소 위치에서의 RGB 값들의 평균이다. 원 칼라 영상의 배경이 백색이므로 이 영상의 배경이 백색임을 주목한다. 백색의 색상과 채도가 0이므로 다른 두 영상에서 배경이 흑색이다.

6.2.6 장치 독립적 칼라 공간

6.2.1절부터 6.2.5절 내용의 초점은 계산을 편리하게 만들어주거나, 또는 특정 응용에 대해 더 이해하기 쉽거나 적합한 방향으로 칼라 정보를 표현하는 칼라 공간들에 주로 있다. 이제까지 논의된 모든 공간은 **장치 종속적**이다. 예를 들어, RGB 칼라들은 표시기와 스캐너 특성에 따라 다르게 나타나며, CMYK 칼라들은 프린터, 잉크, 종이 특성에 따라 바뀐다.

이 절의 초점은 장치 독립적 칼라 공간들에 있다. 칼라 영상화 시스템에서 일관성과 고화질 칼라 재생을 달성하려면 시스템의 모든 칼라 장치를 이해하고 특성을 파악할 수 있어야 한다. 제어된 환경에서는 만족스러운 결과를 얻기 위해 시스템의

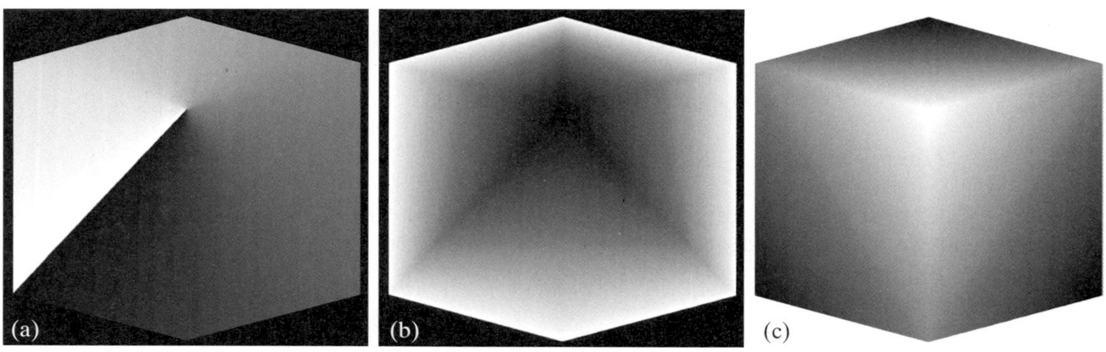

그림 6.9 RGB 칼라 큐브 영상의 HSI 성분 영상들. (a) 색상(hue), (b) 채도(saturation), (c) 밝기(intensity) 영상들.

다양한 부품들을 "튜닝"하는 게 가능하다. 예를 들어, 사진인화 전과정을 한곳에서 운용할 때, 일관성 있는 재생 결과를 달성하기 위해서 수동으로 칼라 염료뿐만 아니라 현상과 인화 하부 시스템들을 최적화하는 것이 가능하다. 그 반면, 이 접근법은 여러 장치로 구성된 **개방형** 디지털 영상화 시스템들이나, 영상이 처리되거나 표시되는 곳에 대한 제어가 없는 경우(예: 인터넷)에는 비실용적(또는 불가능)이다.

배경

칼라를 구분하는 데 일반적으로 사용되는 특성은 **명도**(*brightness*), **색상**(*hue*), **채도**(*saturation*)이다. 이 절에서 앞서 언급한 대로, 명도는 밝기의 무색성 개념을 상징한다. 색상은 여러 광파형들에서 지배적인 파장과 관련된 속성이다. 색상은 관찰자에 의해 인지된 지배적인 칼라를 나타낸다. 따라서 우리가 어떤 객체를 적색, 오렌지색, 또는 황색으로 부를 때 우리는 그의 색상을 의미하는 것이다. 채도는 상대적 순도 또는 색상과 혼합된 백색광의 양을 나타낸다. 순수 스펙트럼 칼라들은 완전 포화(fully saturated)되어 있다. 핑크(적색과 백색)와 라벤더(보라와 백색)는 덜 포화되어 있으며, 포화(saturation) 정도는 첨가된 백색광의 양에 역비례한다.

색상과 채도는 함께 다뤄질 때 **색도**(*chromaticity*)라고 불리며, 그래서 칼라는 그의 명도와 색도에 의해 특징지어질 수 있다. 임의의 특정 칼라를 만드는 데 필요한 적, 녹, 청의 양은 **삼자극치**(*tristimulus alues*)라고 불리며, 각각 X, Y, Z로 표기된다. 칼라는 그러면 다음으로 정의되는 **삼색계수**(*trichromatic coefficient*)들로 규정된다:

$$x = \frac{X}{X + Y + Z}$$

$$y = \frac{Y}{X + Y + Z}$$

$$z = \frac{Z}{X + Y + Z} = 1 - x - y$$

그러면,

$$x + y + z = 1$$

이 되며, 여기서, x, y, z는 각각 적, 녹, 청 성분을 나타낸다.[†] 가시 스펙트럼의 특정 광파장에 대해, 그 파장에 해당하는 칼라를 만드는 데 필요한 삼자극치들을, 숱한 실험을 통해 수집되어 온 곡선이나 표로부터 직접 구할 수 있다(Poynton [1996]).

[†] 색도 계수 표시에 x, y, z를 사용하는 것은 표기 관례를 따른 것이다. 이 책의 다른 절들에서 공간좌표를 나타내는 데 (x, y)를 사용한 것과 혼동하지 않도록 한다.

가장 널리 사용되는 장치 독립적 삼자극 칼라 공간들 중 하나는 국제조명위원회(CIE, Commission Internationale de l' Éclairage)가 개발한 1931 CIE XYZ 칼라 공간이다. CIE XYZ 칼라 공간에서 Y는 특별히 명도의 척도로서 선택되었다. Y와 색도 값 x와 y에 의해 정의되는 칼라 공간을 CIE xyY 칼라 공간이라고 부른다. X와 Z 삼자극치들은 다음 공식들에 의해 x, y, Y 값들로부터 계산 가능하다:

$$X = \frac{Y}{y}x$$

$$Z = \frac{Y}{y}(1 - x - y)$$

앞의 공식들로부터 XYZ와 xyY CIE 칼라 공간들 간에 직접적인 관련성이 있다는 것을 알 수 있다.

인간이 인지하는 칼라 범위를 x와 y의 함수로서 보여주는 다이어그램(그림 6.10)을 **색도 다이어그램**(*chromaticity diagram*)이라고 부른다. 다이어그램의 모든 x 및 y 값들에 대해, z의 상응 값은 $z = 1 - (x + y)$이다. 예를 들어, 그림 6.10에서 녹색으로 표시된 점은 대략 62%의 녹색과 25%의 적색을 가지므로, 그 칼라 빛의 청색 성분은 13%이다.

다양한 단색(순수 스펙트럼) 칼라들의 위치들(380 nm의 보라에서 780 nm의 적색까지)이 색도 다이어그램의 혀 모양부의 경계를 따라 표시되어 있다. 이 경계의 직선부를 **자주 선**(*line of purples* 또는 purple boundary)이라고 부른다. 다이어그램의 경계에 있지 않은 내부 점들은 스펙트럼 칼라들이 혼합된 것이다. 그림 6.10의 등에너지 점에서는 삼원색의 비율이 같다; 이 점은 백색광에 대한 CIE 표준을 나타낸다. 색도 차트의 경계에 있는 모든 점은 완전 포화되어 있다. 경계에서 출발해서 등에너지 점으로 접근하면서 더 많은 백색광이 칼라에 추가되어 덜 포화된다. 등에너지 점에서의 칼라 채도는 0이다.

이 다이어그램의 임의의 두 점을 잇는 직선 선분은 이들을 더해서 얻을 수 있는 모든 칼라를 정의한다. 예를 들면, 그림 6.10의 적색 점과 녹색 점을 잇는 선분을 고려해 보자. 어떤 칼라에 적색광이 녹색광보다 많다면, 그 칼라를 나타내는 점은 그 선분 상에 있으되, 녹색 점보다는 적색 점에 더 가까이 있을 것이다. 마찬가지로, 등에너지 점으로부터 차트의 경계 상의 한 점까지 그어진 선분은 그 특정 스펙트럼 칼라의 모든 농도를 정의할 것이다.

이 절차를 세 칼라로 확장시키는 것은 간단하다. 색도 다이어그램의 임의의 주어진 세 칼라로부터 얻어질 수 있는 칼라 범위를 결정하려면, 세 점으로 구성된 삼각형을 그린다. 이 삼각형의 경계 또는 내부의 모든 칼라는 처음의 세 칼라를 다양하게 조합해서 만들 수 있다. 임의의 **고정된** 세 칼라를 모서리로 갖는 어떠한 삼각형도 그

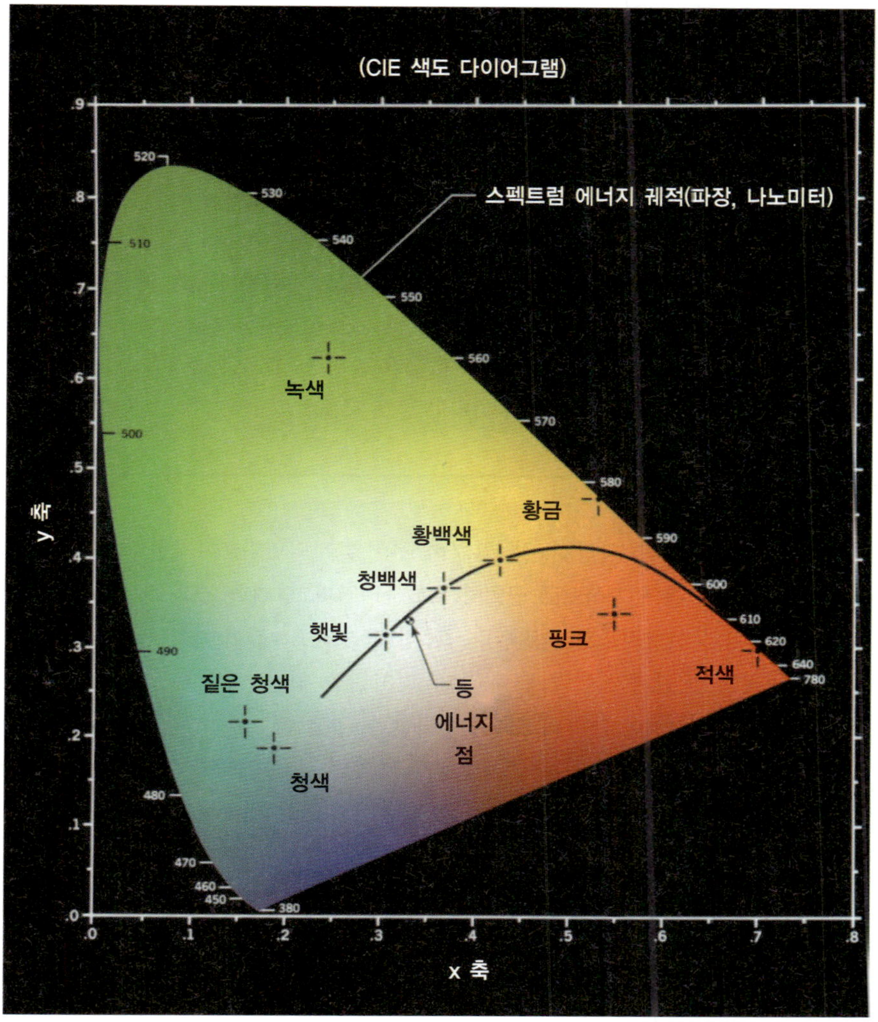

그림 6.10 CIE 색도 다이어그램. (사진 제공: General Electric Co. Lamp Business Division.)

표시 및 인쇄 장치들의 한계때문에 색조 다이어그램은 인지 가능한 칼라의 전 범위를 근사화할 수만 있다.

림 6.10의 전체 칼라 영역을 포함할 수 없다. 이 관찰에 의하면 고정도어 있는 삼원색으로 임의의 칼라를 만들 수 있다는 흔한 발언이 오해임이 분명해진다.

CIE족 장치 독립적 칼라 공간

XYZ 칼라 공간을 소개한 이후, CIE는 특정 목적에 XYZ 보다 더 적합한 대안적 칼라 표현들을 제공하기 위해 몇 가지 칼라 공간 규격을 추가적으로 개발해왔다. 예를 들어, CIE가 1976년에 소개한 L*a*b* 칼라 공간은 칼라 과학, 창조 예술, 그리고 프린터, 카메라, 스캐너 같은 칼라 장치들의 설계에 널리 사용되고 있다. L*a*b*는 작업 공간으로서 XYZ에 비해 두 가지 중요한 장점을 갖고 있다. 첫째, L*a*b*는 칼라 정보(a*와 b* 값들로 표현됨)로부터 그레이스케일 정보(*L** 값만으로 표현됨)를 더 분명하게 분리한다. 둘째, L*a*b* 칼라는 이 공간에서의 유클리드 거리가

표 6.4 IPT가 지원하는 장치 독립적 CIE 칼라 공간들.

칼라 공간	설명
XYZ	오리지널, 1931 CIE 칼라 공간 규격.
xyY	정규화된 색도 값들을 제공하는 CIE 규격. 대문자 *Y*값은 휘도를 나타내며, XYZ에서와 같다.
uvL	색도 평면을 시각적으로 더 균일하게 만들려 한 CIE 규격. *L*은 휘도이며, XYZ에서의 *Y*와 같다.
u′v′L	균일성을 개선하기 위해 *u*와 *v*가 리스케일링된 CIE 규격.
L*a*b*	휘도 스케일을 인지적으로 더 균일하게 만들려 한 CIE 규격. *L**는 *L*의 비선형 스케일링으로서, 기준 백색 점에 정규화되어 있다.
L*ch	*c*가 채도, *h*가 색상인 CIE 규격. 이 값들은 *L*a*b**의 *a**와 *b**가 극좌표로 전환된 것이다.

인지되는 칼라 차이와 상당히 잘 일치하도록 설계되었다. 이러한 특징 때문에, L*a*b* 칼라 공간은 **인지적으로 균일하다고** 불려진다. 당연한 결과로서 *L** 값은 인간의 명도 인지와 선형적으로 관련된다. 즉, 한 칼라의 *L** 값이 다른 칼라의 *L** 값의 두 배라면, 첫째 번 칼라가 대략 두 배 밝게 인지된다. 인간 시각 체계가 복잡하기 때문에 인지적 균일 특성은 대략적으로만 성립한다.

표 6.4에는 IPT가 지원하는 CIE 장치 독립적 칼라 공간들의 목록이 있다. 다양한 CIE 칼라 모델들에 관한 기술적으로 자세한 사항들은 Sharma[2003]의 책을 참고한다.

sRGB 칼라 공간

이 절에서 언급했듯이, RGB 칼라 모델은 장치 종속적이다. 즉, 주어진 *R*, *G*, *B* 값들의 집합에 대해 유일하고 분명한 칼라 해석이 존재하지 않는다. 또한, 영상 파일에는 대개 캡쳐에 사용한 장치의 칼라 특성에 관한 정보가 포함되어 있지 않다. 그 때문에, 똑 같은 영상 파일이 다른 컴퓨터 시스템에서는 전혀 다르게 보일 수 있다. 1990년대에 인터넷 사용이 급증하면서, 웹 디자이너들은 사용자 브라우저에 영상이 표시될 때 칼라가 어떻게 보일지를 정확하게 예측할 수 없다는 것을 자주 경험했다.

이러한 문제를 다루기 위해, MS(Microsoft)와 HP(Hewlett-Packard)는 sRGB(Stokes 등[1996])로 불리는 새로운 표준 디폴트 칼라 공간을 제안했다. sRGB 칼라 공간은 표준 컴퓨터 CRT 모니터뿐만 아니라 전형적인 가정 및 사무실 PC의 모니터 사용 환경과 일치하도록 설계되었다. sRGB 칼라 공간이 장치 독립적이므로, sRGB 칼라 값들은 다른 장치 독립적 칼라 공간으로 쉽게 전환 가능하다.

sRGB 표준은 컴퓨터 산업에서, 특히 소비자 지향 장치에 널리 채택되고 있다. 디지털 카메라, 스캐너, 컴퓨터 디스플레이, 프린터 등은 영상 파일이 더 구체적인 장

표 6.5 IPT가 지원하는 장치 독립적 칼라 공간 전환.

makecform에 사용된 유형	칼라 공간
'lab2lch', 'lch2lab'	L*a*b* 및 L*ch
'lab2srgb', 'srgb2lab'	L*a*b* 및 sRGB
'lab2xyz', 'xyz2lab'	L*a*b* 및 XYZ
'srgb2xyz', 'xyz2srgb'	sRGB 및 XYZ
'upvpl2xyz', 'xyz2upvpl'	u′v′L 및 XYZ
'uvl2xyz', 'xyz2uvl'	uvL 및 XYZ
'xyl2xyz', 'xyz2xyl'	xyY 및 XYZ

치 칼라 정보를 포함하고 있지 않는 한, 항상 영상 RGB 값들이 sRGB 칼라 공간과 일치한다고 가정하고 설계된다.

CIE와 sRGB 칼라 공간 전환

툴박스 함수 makecform과 applycform은 몇몇 장치 독립적 칼라 공간 간 전환에 사용될 수 있다. 표 6.5에 지원되는 전환 목록이 있다. 함수 makecform은 maketform이 tform 구조체를 만드는 방식과 비슷하게, cform 구조체를 만든다(5장 참고). 관련된 makecform 문법은

makecform

```
cform = makecform(type)
```

여기서 type은 표 6.5에 보인 문자열들 중 하나이다. 함수 applycform은 칼라를 전환하기 위해 cform 구조체를 사용한다. applycform의 문법은

applycform

```
g = applycform(f, cform)
```

예제 6.3

L*a*b*에 기반해서 인지적으로 균일한 칼라 공간을 만들기.

■ 이 예제에서 우리는 칼라 및 그레이스케일 출판 모두에 사용 가능한 칼라 스케일을 구축한다. McNames[2006]는 그러한 칼라 공간을 설계하기 위한 몇 가지 원칙을 나열하고 있다:

1. 두 개의 스케일 칼라들 간의 인지되는 차이는 스케일 상 둘 간의 거리에 비례해야 한다.
2. 스케일이 그레이스케일 출판에 적합하도록 휘도는 단조 증가해야 한다.
3. 스케일 전반에 걸쳐 이웃하는 칼라들은 가능한 한 뚜렷이 구별되어야 한다.
4. 스케일은 넓은 범위의 칼라들을 포함해야 한다.
5. 칼라 스케일은 직관적이어야 한다.

우리는 L*a*b* 공간에 통로를 만들어서 처음 네 개의 원칙을 충족하는 칼라 스케일을 설계할 것이다. 인지 스케일 균일성인 첫째 번 원칙은 L*a*b*의 칼라들의 등거리 간격을 이용해서 충족될 수 있다. 단조 증가 휘도인 둘째 번 원칙은 L* 값들의 선형 램프(ramp)를 구축해서 충족될 수 있다(L^*는 0(흑색)과 100(완벽한 산광기의 밝기) 사이에서 변한다).

그림 6.11 L*a*b* 칼라 공간에 기반한 인지적으로 균일한 칼라 스케일.

여기서는 1024개 값의 램프가 40과 80 사이에서 균등하게 간격을 두게 만든다.

```
>> L = linspace(40, 80, 1024);
```

뚜렷이 구별되는 이웃 칼라들인 셋째 번 원칙은 *a***b**-평면의 칼라 좌표들의 편각(polar angle)에 해당하는 변하는 색상 칼라들에 의해 충족될 수 있다.

```
>> radius = 70;
>> theta = linspace(0, pi, 1024);
>> a = radius * cos(theta);
>> b = radius * sin(theta);
```

넷째 번 원칙은 넓은 범위의 칼라 사용을 요구한다. 우리의 *a**와 *b** 값들의 집합은 스케일의 마지막 칼라가 처음 칼라에 가까워지지 않고서, 가능한 한 멀리 떨어진(편각에서) 범위를 가진다.

그 다음 L*a*b* 칼라 스케일의 100×1024×3 영상을 만든다.

```
>> L = repmat(L, 100, 1);
>> a = repmat(a, 100, 1);
>> b = repmat(b, 100, 1);
>> lab_scale = cat(3, L, a, b);
```

MATLAB에서 칼라 스케일 영상을 표시하려면 우선 RGB로 전환해야 한다. `makecform`으로 적당한 cform 구조체를 만드는 것으로 시작하고, 그러고 나서 `applycform`을 사용한다:

```
>> cform = makecform('lab2srgb');
>> rgb_scale = applycform(lab_scale, cform);
>> imshow(rgb_scale)
```

그림 6.11이 그 결과를 보여준다.

다섯 째 원칙인 직관성은 평가하기가 훨씬 어려우며 응용에 따라 달라진다. 다른 칼라 스케일들은 비슷한 절차를 사용해서, 그러나 *L**뿐만 아니라 *a***b**-평면의 서로 다른 시작 및 끝 값들을 사용해서 구축할 수 있다. 그렇게 해서 얻은 새로운 칼라 스케일은 특정 응용들에 대해 더 직관적일 수 있다.

ICC 칼라 프로파일

문서 칼라는 컴퓨터 모니터로 볼 때와 인쇄되었을 때의 칼라가 전혀 달라 보일 수 있다. 또는 한 문서의 칼라가 다른 프린터 기종 간에도 다르게 인쇄될 수도 있다. 서로 다른 입력, 출력, 표시 장치들 간에 고화질 칼라 재생을 확보하기 위해서는 칼라를 한 장치에서 다른 장치로 매핑시키기 위한 변환을 만들 필요가 있다. 일반적으로 모든 장치 쌍들 간에 별도의 칼라 변환이 필요할 것이다. 또한, 서로 다른 인쇄 조건, 장치 품질 설정 등에 대해 추가적인 변환이 필요할 것이다. 많은 변환들 각각은 조심스럽게 제어되고 보정되는 실험 조건을 사용해서 개발되어야 할 것이다. 분명히 그러한 접근 방식은 가장 비싸고 최신형 시스템 외에는 비실용적일 것이다.

1993년에 설립된 산업 그룹인 국제색채협의회(ICC, International Color Consortium)가 다른 접근 방식을 표준화했다. 각 장치는 시스템에 존재하는 다른 장치들의 수와 무관하게 두 개의 변환만을 가진다. 한 변환은 장치 칼라들을 **프로파일 연결 공간**(PCS, *profile connection space*)으로 불리는 표준, 장치 독립적 칼라 공간으로 전환한다. 나머지 변환은 첫 번째의 역이다; 이 변환은 PCS 칼라들을 장치 칼라들로 돌려 놓는다. (PCS는 XYZ 또는 L*a*b*일 수 있다.) 두 변환은 함께 장치를 위한 *ICC* **칼라 프로파일**을 보완한다.

ICC의 주요 목표 중 하나는 ICC 칼라 프로파일 표준(ICC[2004])을 창출, 표준화, 유지, 홍보하는 것이다. IPT 함수 `iccread`가 프로파일 파일들을 읽는다. `iccread` 문법은

iccread

```
p = iccread(filename)
```

출력 `p`는 파일 헤더 정보와, 장치와 PCS 칼라들 간 칼라 공간 전환을 계산하는 데 필요한 수치 계수들과 표들을 포함하는 구조체이다.

ICC 프로파일을 이용해서 칼라를 전환하는 것은 `makecform`과 `applycform`을 사용해서 수행된다. ICC 프로파일용 `makecform` 문법은

```
cform = makecform('icc', src_profile, dest_profile)
```

여기서 `src_profile`은 소스 장치 프로파일의 파일 이름이며, `dest_profile`은 목적 장치 프로파일의 파일 이름이다.

ICC 칼라 프로파일 표준은 **색계 매핑**(*gamut mapping*)으로 불리는 중요한 칼라 전환 단계를 다루는 메커니즘을 포함한다. **칼라 색계**(*color gamut*)는 어떤 장치가 재생할 수 있는 칼라 범위를 정의하는 칼라 공간의 한 부분이다(CIE [2004]). 칼라 색계는 장치마다 다르다. 예를 들어, 보통 모니터도 프린터로 재생 불가능한 칼라를 표시할 수 있다. 그러므로 한 장치의 칼라를 다른 장치의 칼라로 매핑할 때 다른 색계들을 고려할 필요가 있다. 소스 및 목적 색계들 간 차이를 보완하는 프로세스를 **색계 매핑**이라고 부른다(ISO [2004]).

색계 매핑에 사용되는 여러 가지 방법이 있다(Morovic[2008]). 어떤 방법은 다른 방법에 비해 특정 용도에 더 적합하다. ICC 칼라 프로파일 표준은 색계 매핑을 위한 네 가지 "용도"[**렌더링 인텐트**(*rendering intent*†)로 불리는]를 정의한다. 이 렌더링 인텐트들은 표 6.6에 기술되어 있다. 렌더링 인텐트를 지정하기 위한 `makecform` 문법은 다음과 같다:

† 역주: 소스 칼라 공간의 색계가 목적 칼라 공간의 색계를 초과할 때, 포화된 칼라들이 클리핑 또는 타버린다. ICC 규격은 이 문제를 다루기 위한 네 가지 렌더링 인텐트를 포함하고 있다.

표 6.6 ICC 프로파일 렌더링 인텐트들.

렌더링 인텐트	설명
인지(perceptual)	미적으로 가장 만족스러운 결과를 달성하기 위해서 색계 매핑을 최적화한다. 색계 안 칼라들이 유지되지 않을 수 있다.
절대 측색 (absolute colorimetric)	색계 바깥 칼라들을 최근접 색계 표면으로 매핑한다. 색계 안 칼라들의 관계를 유지한다. 완전한 산광기에 대한 칼라를 표현한다.
상대 측색 (relative colorimetric)	색계 바깥 칼라들을 최근접 색계 표면으로 매핑한다. 색계 안 칼라들의 관계를 유지한다. 장치 또는 출력 매체의 백색 점에 관한 칼라를 표현한다.
포화도(saturation)	장치 칼라들의 포화도를 최대화한다–대가로 색상이 이동될 수 있다. 영상보다는 단순한 차트와 그래프 용도이다.

```
cform = makecform('icc', src_profile, dest_profile, ...
        'SourceRenderingIntent', src_intent, ...
          'DestRenderingIntent', dest_intent)
```

여기서 `src_intent`와 `dest_intent`는 문자열 `'Perceptual'`(the default), `'AbsoluteColorimetric'`, `'RelativeColorimetric'`, `'Saturation'`에서 선택된다.

예제 6.4

ICC 칼라 프로파일을 사용하는 연식 보강(soft proofing).

■ 이 예제에서는 ICC 칼라 프로파일, `makecform`, `applycform`을 사용해서 **연식 보강**으로 불리는 프로세스를 구현한다. 연식 보강은 칼라 영상이 인쇄되었을 때의 모양을 컴퓨터 모니터 상에서 시뮬레이션 한다. 개념적으로 연식 보강은 두 단계 과정이다:

1. 모니터 칼라(흔히 sRGB로 가정)를 보통 인지적 렌더링 인텐트를 사용하는 출력 장치 칼라로 전환한다.
2. 계산된 출력 장치 칼라를 절대 측색 렌더링 인텐트(absolute colorimetric rendering intent)를 사용해서 모니터 칼라로 되돌린다.

입력 프로파일로 우리는 툴박스와 함께 출시되는 sRGB를 표현하는 `sRGB.icm`을 사용할 것이다. 우리의 출력 프로파일은 ICC의 프로파일 등록소(www.color.org/registry)에 포함된 신문인쇄용지 프로파일인 `SNAP2007.icc`이다. 우리의 견본 영상은 그림 6.4(a)에서와 같다.

먼저, 영상 주위에 두꺼운 백색 경계와 가는 회색 경계를 더해서 영상을 전처리한다. 이 경계들은 신문인쇄용지의 시뮬레이션된 "백색"을 시각화하는 것을 용이하게 해줄 것이다.

```
>> f = imread('Fig0604(a).tif');
>> fp = padarray(f, [40 40], 255, 'both');
>> fp = padarray(fp, [4 4], 230, 'both');
>> imshow(fp)
```

(a) (b)

그림 6.12 연식 보강 예: (a) 백색 경계가 있는 오리지널 영상. (b) 신문용지에 인쇄될 때의 영상 모양의 시뮬레이션.

그림 6.12(a)가 이 패딩된 영상을 보여준다.

그 다음, 두 프로파일을 읽어 들이고, 그들을 사용해서 이 붓꽃 영상을 sRGB에서 신문 인쇄용지 칼라로 전환한다.

```
>> p_srgb = iccread('sRGB.icm');
>> p_snap = iccread('SNAP2007.icc');
>> cform1 = makecform('icc', p_srgb, p_snap);
>> fp_newsprint = applycform(fp, cform1);
```

끝으로 표시를 위한 sRGB로 되돌리기 위해서, 절대 측색 렌더링 인텐트를 사용해서 두 번째 `cform` 구조체를 만든다.

```
>> cform2 = makecform('icc', p_snap, p_srgb, ...
        'SourceRenderingIntent', 'AbsoluteColorimetric', ...
        'DestRenderingIntent', 'AbsoluteColorimetric');

>> fp_proof = applycform(fp_newsprint, cform2);
>> imshow(fp_proof)
```

그림 6.12(b)가 결과를 보여준다. 인쇄된 이 책의 칼라 색계가 모니터 색계와 같지 않으므로, 이 그림 자체는 단지 실제로 모니터에 보여지는 결과에 대한 근사화이다.

6.3 칼라 영상처리의 기초 The Basics of Color Image Processing

이 절에서는 칼라 영상에 적용할 수 있는 처리 기법들에 관한 공부를 시작한다. 철저하지는 않지만, 뒤의 절들에서 개발되는 기법들은 다양한 칼라 영상처리 작업을 위해서 칼라 영상들이 어떻게 다뤄지는지를 보여준다. 다음의 논의를 위해 칼라 영상처리를 크게 세 분야로 나눈다: (1) 칼라 변환(칼라 매핑으로도 부름); (2) 개별 칼라 평면의 공간 처리; (3) 칼라 벡터 처리. 첫 번째 부류는 각 칼라 평면의 화소들을 공간 좌표가 아닌, 엄격하게 값에 기반해서 처리하는 것을 다룬다. 이 부류는 밝기 변환을 다루는 2.2절의 내용과 유사하다. 두 번째 부류는 개별 칼라 평면에 대한 공간 (이웃) 필터링을 다루는데, 공간 필터링에 관한 2.4절과 2.5절의 내용과 유사하다.

세 번째 부류는 칼라 영상의 모든 성분들을 동시에 처리하는 것에 기반하는 기법들을 다룬다. 풀칼라 영상(full-color image)들은 적어도 세 개의 성분을 가지므로, 칼라 화소는 벡터로 다뤄질 수 있다. 예를 들면, RGB 체계에서 각 칼라 점은 RGB 좌표계의 원점에서부터 그 점까지의 벡터로 해석될 수 있다(그림 6.2 참조).

c로 RGB 칼라 공간의 임의의 벡터를 나타내기로 하자:

$$\mathbf{c} = \begin{bmatrix} c_R \\ c_G \\ c_B \end{bmatrix} = \begin{bmatrix} R \\ G \\ B \end{bmatrix}$$

이 식은 **c**의 성분들이 단순히 어떤 점에서의 칼라 영상의 RGB 성분들임을 의미한다. 다음 표기를 사용해서 칼라 성분들이 좌표의 함수라는 사실을 감안한다.

$$\mathbf{c}(x, y) = \begin{bmatrix} c_R(x, y) \\ c_G(x, y) \\ c_B(x, y) \end{bmatrix} = \begin{bmatrix} R(x, y) \\ G(x, y) \\ B(x, y) \end{bmatrix}$$

크기가 $M \times N$인 영상에 대해, $x = 0, 1, 2, \ldots, M-1$, 그리고 $y = 0, 1, 2, \ldots, N-1$이므로 MN개의 이런 벡터가 있다.

경우에 따라, 칼라 영상을 한 평면씩 처리하든 또는 벡터량으로 처리하든 동등한 결과를 얻기도 한다. 그러나 6.6절에서 더 자세히 설명되듯이, 항상 그렇지는 않다. 두 접근 방식이 동등하기 위해서는 두 조건이 충족되어야 한다: 첫째, 그 처리가 벡터와 스칼라 모두에 적용 가능해야 한다. 둘째, 벡터의 각 성분에 대한 연산은 다른 성분들과 무관해야 한다. 예로서, 그림 6.13은 그레이스케일 영상과 풀칼라 영상의 공간 이웃 처리를 보여준다. 이 처리가 이웃을 평균하는 것이라고 하자. 그림 6.13(a)에서 평균은 이웃의 모든 화소들의 그레이 레벨들을 더해서 이웃의 전체 화소 수로 나누어 구할 수 있다. 그림 6.13(b)에서 평균은 이웃의 모든 벡터들을 더한 후 이웃의 전체 벡터 수로 각 성분을 나누면 구할 수 있다. 그러나 평균 벡터의 각 성분은 그 성분에 해당하는 영상의 화소들의 합으로부터 구한 것인데, 이는 각 칼라 성분 영상의 이웃에 대해 개별적으로 평균을 계산해서 칼라 벡터를 만드는 결과와 같다.

6.4 칼라 변환 Color Transformations

이 절에서 기술하는 기법들은 칼라 영상의 칼라 성분들 또는 흑백 영상의 밝기 성분을 단일 칼라 모델의 맥락 안에서 처리하는 것에 기반한다. 칼라 영상들에 대해서는 다음 형태의 변환으로 관심을 제한한다.

$$s_i = T_i(r_i) \qquad i = 1, 2, \ldots, n$$

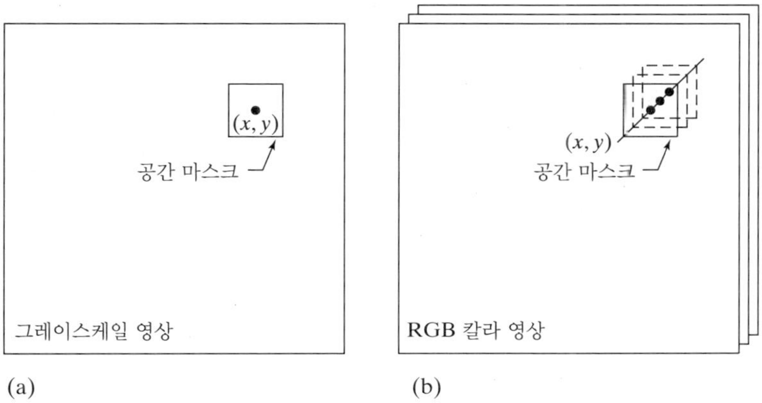

그림 6.13 공간 마스크: (a) 그레이스케일 영상용. (b) RGB 칼라 영상용.

여기서 r_i와 s_i는 입력 영상과 출력 영상의 칼라 성분들이며, n은 r_i의 칼라 공간의 차원(또는 그의 칼라 성분 수)이고, T_i는 **풀칼라 변환**(또는 **매핑**) 함수들이라고 부른다.

입력 영상이 흑백이면 다음 형태의 공식을 쓴다.

$$s_i = T_i(r) \qquad i = 1, 2, \dots, n$$

여기서 r은 그레이 레벨 값들을 나타내고, s_i와 T_i는 위와 같으며, n은 s_i의 칼라 성분 수이다. 이 식은 그레이 레벨을 임의의 칼라로 매핑하는 것을 기술하는데, 이 과정을 흔히 **의사칼라 변환** 또는 **의사칼라 매핑**(*pseudocolor mapping*)이라고 부른다. 첫 번째 공식은, $r_1 = r_2 = r_3 = r$로 놓으면 흑백 영상을 처리하는 데 사용할 수 있다. 어느 경우든, 여기에 주어진 공식들은 2.2절에서 소개한 밝기 변환 공식을 직접 확장한 것이다. 그 절의 변환들도 그랬지만, 모든 n개의 의사칼라 또는 풀칼라 변환 함수들 $\{T_1, T_2, \dots, T_n\}$은 공간 영상 좌표 (x, y)와 무관하다.

영상의 네거티브를 계산하는 `imcomplement` 같은, 2장에서 소개한 그레이스케일 변환들 중 어떤 것은 변환될 영상의 그레이 레벨 내용과 무관하다. 그레이 레벨 분포에 종속되는 `histeq` 같은 것들은 적응적이나, 파라미터들이 일단 추정되고 나면 변환이 고정된다. 또한, 사용자가 적절한 곡선 모양 파라미터를 선택할 것을 요구하는 `imadjust`와 같은 것들은 주로 대화적으로 가장 잘 규정된다. 의사매핑과 풀칼라 매핑 작업을 할 때도 비슷한 상황이 존재한다—특히 인간의 관찰과 해석(예를 들어, 칼라 밸런싱을 위한)이 관련될 때. 그런 응용들에서는 적절한 매핑 함수들의 선택은 후보 함수들의 그래프를 직접 조작하고 처리할 영상들에 대한 그들의 결합 효과를 (실시간으로) 관찰함으로써 가장 잘 달성될 수 있다.

그림 6.14는 매핑 함수들을 그래프로 규정하는 간단하지만 강력한 방법을 보여준다. 그림 6.14(a)는 세 개의 **제어점**(그림의 동그라미 표시)을 선형적으로 보간해서 형성되는 변환을 보여준다; 그림 6.14(b)는 같은 세 개의 점들에 대한 3차 운형자 보간법(cubic spline interpolation)에 의한 변환이다; 그림 6.14(c)와 (d)는 각각 다

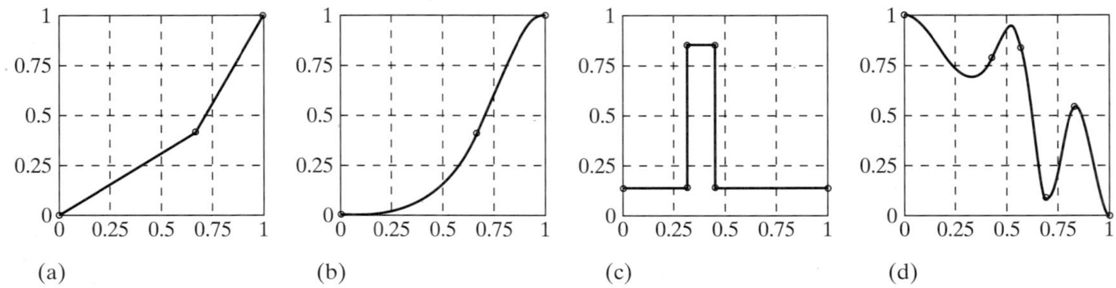

그림 6.14 제어점들을 사용해서 매핑 함수를 규정하기: (a)와 (c) 선형 보간; (b)와 (d) 3차 운형자 보간법.

복잡한 선형 및 3차 운형자 보간법을 보여준다. 모두 MATLAB에서 지원된다. 선형 보간법은 다음에 의해 구현된다.

interp1q

```
z = interp1q(x, y, xi)
```

이 함수는 점 `xi`들에서 선형 보간된 1-D 함수 `z`의 값들을 포함하는 열 벡터를 반환한다. 열 벡터 `x`와 `y`는 기본 제어점들의 좌표들을 지정한다. `x`의 요소들은 단조 증가해야 한다. `z`의 길이는 `xi`의 길이와 같다. 따라서 예를 들어,

```
>> z = interp1q([0 255]', [0 255]', [0: 255]')
```

는 제어점들인 (0, 0)과 (255, 255)를 연결하는 256 요소의 1:1 매핑을 만든다— 즉, `z = [0 1 2 ... 255]'`이다.

비슷한 방법으로, 3차 운형자 보간법은 함수 `spline`으로 구현한다.

spline

```
z = spline(x, y, xi)
```

여기서 변수 `z`, `x`, `y`, `xi`는 앞 문단에서 `interp1q`에 관해 기술할 때와 같다. 그러나 `xi`는 함수 `spline`에 사용되려면 구별되어야 한다. 또한, 만일 `y`가 `x`보다 요소를 두 개 더 포함하면, `y`의 처음과 마지막 요소들은 3차 운형자의 끝 기울기들로 가정된다. 예를 들어, 그림 6.14(b)의 함수는 값이 0인 끝 기울기들을 사용해서 만들었다.

변환함수의 사양은 함수 `interp1q`와 `spline`에 입력되는 제어점들을 그래프로 조종하고, 처리되는 영상의 결과를 실시간으로 표시해서 대화식으로 정해질 수 있다. 주문형 `ice`(interactive color editing) 함수가 바로 이 기능을 한다. 그 문법은 다음과 같다.

ice

```
g = ice('Property Name', 'Property Value', . . .)
```

부록 B에 제공된 `ice` 함수의 전개는 MATLAB의 그래픽 사용자 인터페이스(GUI)를 구현하는 방법을 포괄적으로 예시한다.

여기서 `'Property Name'`과 `'Property Value'`는 쌍으로 나타나야 하며, 도트들은 대응하는 입력 쌍들로 구성되는 패턴의 반복을 나타낸다. 표 6.7은 함수 `ice`에서 사용되는 유효 쌍들의 목록이다. 이 절의 뒷부분에서 몇몇 예제를 다룬다.

표 6.7 함수 ice의 유효 입력들.

속성 이름	속성 값
'image'	대화식으로 규정되는 매핑에 의해 변환될 RGB 또는 흑백 입력 영상 f.
'space'	수정될 성분들의 칼라 공간. 가능한 값들은 'rgb', 'cmy', 'hsi', 'hsv', 'ntsc'(또는 'yiq'), 'ycbcr'. 디폴트는 'rgb'.
'wait'	만일 'on'(디폴트)이면, g는 매핑된 입력 영상임. 만일 'off'이면, g는 매핑된 입력 영상의 핸들.

'wait' 파라미터에 관해서, 'on' 옵션이 명시적 또는 디폴트로 선택될 때, 출력 g는 처리된 영상이다. 이 경우 ice는 커서를 포함해서 이 처리의 제어를 가지므로, 명령 창에는 함수가 닫힐 때까지 아무것도 입력할 수 없으며 이때, 최종 결과는 핸들 g를 갖는 영상(또는 일반적으로 아무 그래픽 객체)이다. 'off'가 선택되면, g는 처리된 영상의 핸들†이며, 제어는 즉각 명령 창으로 반환된다; 그러므로, ice 함수가 아직 활성인 상태에서 새 명령을 입력할 수 있다. 그래픽 객체의 속성을 얻기 위해서는 함수 get을 사용한다.

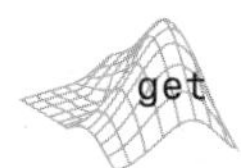

문법 get(0, 'Format')은 MATLAB 명령창에서 수치 데이타를 표시하는 데 사용되는 포맷을 반환한다. 더 자세한 정보를 보려면 다음과 같이 타이핑한다: >>help get.

```
h = get(g)
```

이 함수는 핸들 g에 의해 식별되는 그래픽 객체의 모든 속성과 해당 현재 값들을 반환한다. 속성들은 구조체 h에 저장되어서, 프롬프트에서 h를 타이핑하면 처리된 영상의 모든 속성이 나열된다(구조체에 관한 설명은 1.7.8절 참조). 특정 속성을 추출하려면 h.PropertyName을 입력한다.

f가 RGB 또는 흑백 영상을 나타낸다고 할 때, 다음은 함수 ice의 문법의 예이다:

```
>> ice                                    % Only the ice
                                          % graphical
                                          % interface is
                                          % displayed.
>> g = ice('image', f);                   % Shows and returns
                                          % the mapped image g.
>> g = ice('image', f, 'wait', 'off')     % Shows g and returns
                                          % the handle.
>> g = ice('image', f, 'space', 'hsi')    % Maps RGB image f in
                                          % HSI space.
```

RGB가 아닌 다른 칼라 공간이 규정되었을 때, 입력 영상(흑백이든 RGB이든)은 매핑이 수행되기 전에 규정된 공간으로 변환된다. 그러고 나서 매핑된 영상은 출력을 위해 RGB로 전환된다. ice의 출력은 항상 RGB이다; 입력은 항상 흑백 또는

† MATLAB은 그래픽 객체를 생성할 때, 객체의 속성에 접근하는 데 사용되는 식별자(핸들이라고 부름)를 객체에 할당한다. 그래픽 핸들은 객체를 직접 생성하거나 조작하는 M-파일을 작성해서 그래프의 모양을 수정할 때나, 주문형 플롯 명령을 만들 때 유용하다. 1.7.8절과 2.3.1절에 그 개념이 설명되어 있다.

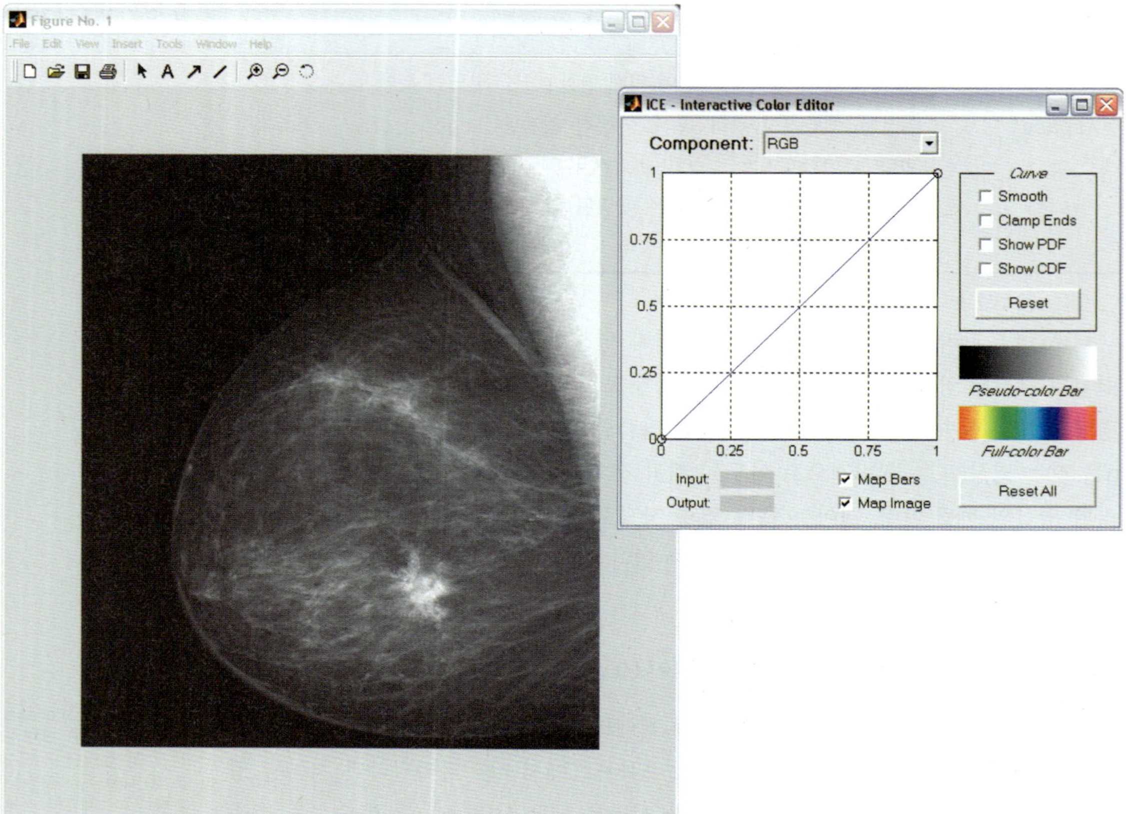

그림 6.15 함수 `ice`의 전형적인 시작 윈도우. (사진 제공: G. E. Medical Systems)

RGB이다. 만일 `g = ice('image', f)`라고 타이핑하면, 영상과 그림 6.15와 같은 그래픽 사용자 인터페이스(GUI)가 MATLAB 데스크탑에 나타난다. 초기에 이 변환곡선은 양 끝에 제어점이 있는 직선이다. 제어점들은 표 6.8에 요약된 것같이 마우스로 조작된다. 표 6.9는 다른 GUI 성분들의 기능 목록이다. 다음의 예제는 함수 `ice`의 전형적인 응용을 보여준다.

표 6.8 마우스로 제어점을 다루기.

마우스 동작[†]	결과
Left Button	누른 상태로 끌어서 제어점 이동.
Left Button + Shift Key	제어점을 추가. 제어점의 위치는 (Shift 키를 누른 상태에서) 끌어서 바꿀 수 있다.
Left Button + Control Key	제어점 삭제.

[†] 세 버튼 마우스에서는 왼쪽, 가운데, 오른쪽 버튼들이 표의 이동, 추가, 삭제 동작에 해당한다.

표 6.9 ice GUI의 체크박스와 푸쉬버튼의 기능.

GUI 요소	설명
Smooth	3차 운형자(부드러운 곡선) 보간. 미선택 시 구간 선형보간 사용.
Clamp Ends	3차 운형자 보간에서 시작과 끝의 곡선 기울기를 0으로 만듦. 구간 선형보간은 영향 받지 않음.
Show PDF	매핑 함수에 의해 영향 받은 영상 성분들의 확률밀도 함수(들)[즉, 히스토그램(들)]을 표시.
Show CDF	PDFs 대신에 누적 분포함수(들)을 표시. (주: PDFs와 CDFs를 동시에 표시할 수 없다.)
Map Image	영상 매핑을 허용.
Map Bars	의사 및 풀칼라 막대 매핑 허용. 미 선택 시, 매핑되지 않은 막대들(각각 회색 웨지와 색상 웨지)이 표시된다.
Reset	현재 표시된 매핑 함수를 초기화하고, 모든 곡선 파라미터들의 선택을 해제.
Reset All	모든 매핑 함수들을 초기화.
Input/Output	변환 곡선 상의 선택된 제어점의 좌표들을 보여준다. Input은 수평 축, Output은 수직 축을 나타낸다.
Component	대화형 조작을 위한 매핑 함수를 선택한다. RGB 공간에서는 가능한 선택에 R, G, B, RGB(세 칼라 성분 모두를 매핑)가 포함된다. HSI 공간에서는 옵션에 H, S, I, HSI가 있으며, 기타 등등이다.

예제 6.5

역매핑: 흑백 네거티브와 칼라 보색(color complement).

■ 그림 6.16(a)는 역 또는 네거티브 매핑 함수를 만들기 위해 그림 6.15의 디폴트 RGB 곡선이 수정된 ice 인터페이스를 보여준다. 새 매핑 함수를 만들기 위해 제어점 (0, 0)을 (클릭하고 끌어서 왼쪽 위 코너) (0, 1)로 이동시켰고, 제어점 (1, 1)은 좌표 (1, 0)으로 이동시켰다. 커서의 좌표가 Input/Output 상자에 적색으로 어떻게 표시되어 있는지를 주목한

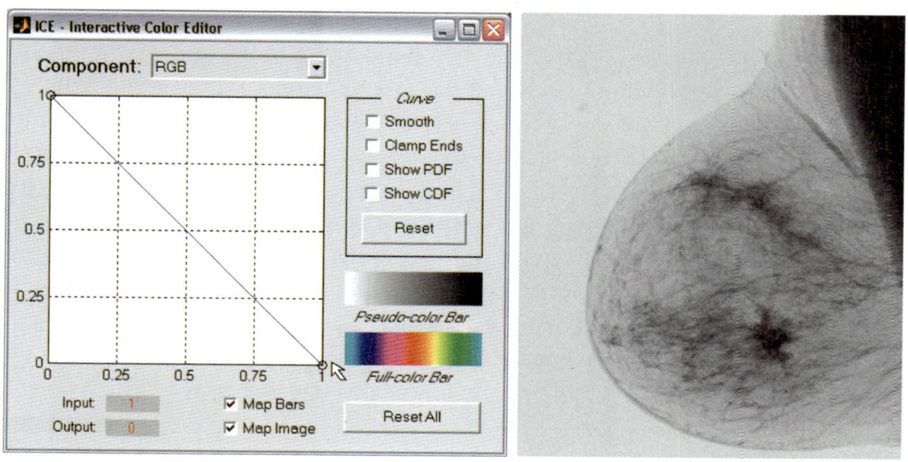

(a) (b)

그림 6.16 (a) 네거티브 매핑 함수와 (b) 그림 6.15의 흑백 영상에 대한 그의 효과.

그림 6.17 (a) 풀칼라 영상과 (b) 그의 네거티브(칼라 보색).

대부분의 예제들에서 디폴트(즉, 1:1) 매핑은 표시 안 된다.

다. RGB 맵만이 수정된다; 개별 *R*, *G*, *B* 맵들은 1:1 디폴트 상태로 남아있다(표 6.9의 Component 항목 참조). 흑백 입력에 대해서, 이렇게 해서 흑백 출력을 보장한다. 그림 6.16(b)는 역매핑의 결과인 흑백 네거티브를 보여준다. 함수 `imcomplement`를 사용해서 얻은 그림 2.3(b)와 같음을 주목한다. 그림 6.16(a)의 의사칼라 막대는 그림 6.15의 오리지널 그레이스케일 막대의 "사진 네거티브(photographic negative)"이다.

역 또는 네거티브 매핑 함수들은 칼라 처리에서도 유용하다. 그림 6.17(a)와 (b)에 보인 것 같이, 매핑의 결과는 종래의 칼라 필름 네거티브를 연상시킨다. 예를 들어, 그림 6.17(a)의 아래 줄의 적색 초크는 그림 6.17(b)에서 적색의 **칼라 보색**(*color complement*)인 청록으로 바뀌었다. 원색의 보색은 다른 두 원색의 혼합이다(예: 청록은 청색과 녹색을 더한 것). 그레이스케일의 경우에서와 같이, 칼라 보색은 어두운 칼라 영역에 내재된 디테일을 개선하는 데 유용하다—특히, 그 영역이 넓은 경우에 더 그렇다. 그림 6.16(a)의 *Full-color Bar*는 그림 6.15의 *Full-color Bar*의 색상의 보색을 담고 있다.

예제 6.6

흑백과 칼라 콘트라스트 개선.

■ 흑백과 칼라 콘트라스트 조작을 위한 함수 `ice`의 사용을 고려해 보자. 그림 6.18(a)부터 (c)는 흑백 영상처리에서의 `ice`의 유효성을 보여준다. 그림 6.18(d)부터 (f)는 칼라 입력에 대한 마찬가지의 유효성을 보여준다. 앞의 예제에서와 같이, 보이지 않는 매핑 함수들은 디폴트 또는 1:1 상태로 남아 있다. 두 처리 시퀀스에서 Show PDF 체크박스가 선택되어 있다. 따라서, (a)의 항공 사진의 히스토그램은 (c)의 감마 모양 매핑 함수(2.2.1절 참고)에 의해 표시되며; (d)의 칼라 영상에 대해서는 (f)에 세 개의 히스토그램이 제공된다-세 칼라 성분들 각각에 대해 하나씩. (f)의 S 모양 매핑 함수가 (d)의 영상의 콘트라스트를 증가시키지만[(e)와 비교해 볼 것], 역시 색상에도 약하지만 영향이 있다. 이 작은 칼라 변화를 (e)에서 거의 알아챌 수 없으나, (f)의 매핑된 Full-color Bar에서 볼 수 있듯이, 이 변화는 매핑의 명백한 결과이다. 앞의 예제로부터 RGB 영상의 세 성분들에 대한 같은 변화가 칼라에 큰 영향을 줄 수 있음을 기억한다(그림 6.17의 칼라 보색 매핑 참고).

그림 6.18 흑백과 풀칼라 콘트라스트 개선을 위해 함수 `ice`를 사용하기: (a)와 (d)는 입력 영상. 둘 다 "빛이 바랜" 모양을 갖고 있다; (b)와 (e)는 처리된 결과를 보여준다; (c)와 (f)는 `ice` 디스플레이들이다. (오리지널 흑백 사진 제공: NASA)

예제 6.5와 6.6의 입력 영상들의 적, 녹, 청 성분들은 똑 같이 매핑된다—즉, 같은 변환함수를 사용한다. 똑 같은 함수들을 세 번 규정해야 하는 걸 피하기 위해, 함수 `ice`는 모든 입력 성분들을 매핑하는 데 사용되는 "all components" 함수(RGB 칼라 공간에서 사용할 때는 RGB 곡선)를 제공한다. 이 절의 나머지 예제들은 세 성분들이 다르게 처리되는 변환들을 보여준다.

예제 6.7

의사칼라 매핑.

■ 앞서 언급했듯이, 흑백 영상을 RGB 칼라 공간에서 표현하고 그 결과 성분들을 독립적으로 매핑할 때, 변환된 결과는 입력 영상 그레이 레벨들이 임의의 칼라들로 대체된 의사칼라 영상이다. 이런 변환들이 유용한데 그 이유는, 인간의 눈이 수백만 개의 칼라를 구분할 수 있으나, 상대적으로 구분할 수 있는 그레이 농도는 훨씬 적기 때문이다. 따라서, 의사칼라 매핑은 작은 그레이 레벨 변화를 사람의 눈으로 볼 수 있게 만들거나, 중요한 그레이스케일 범위를 강조하기 위해 자주 사용된다. 사실상, 의사칼라의 주요 용도는 인간 시각화(human visualization)—즉, 그레이-to-칼라 배정에 의해 영상 또는 영상 시퀀스의 그레이스케일 이벤트들을 해석하는 것이다.

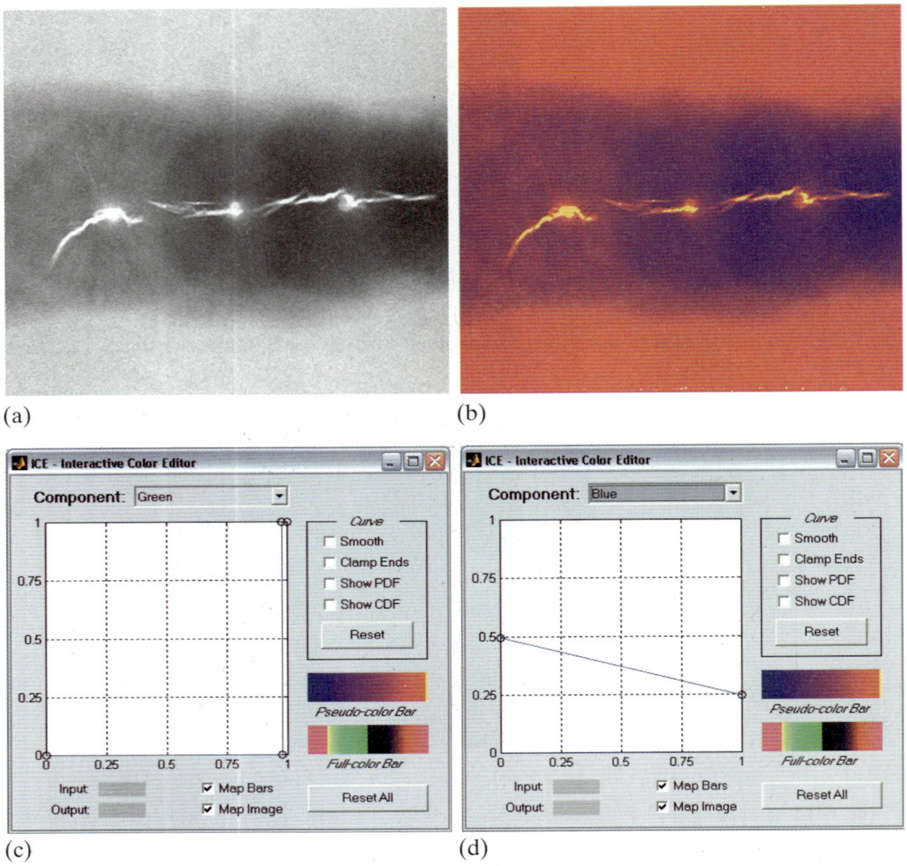

그림 6.19 (a) 결함 있는 용접점의 X선; (b) 용접점의 의사칼라 버젼; (c), (d) 녹색과 청색 성분들의 매핑 함수들. (사진 제공: X-TEK Systems, Ltd.)

그림 6.19(a)는 몇 개의 틈과 구멍(영상의 중앙에 그어진 밝은 백색 줄 모양)을 갖고 있는 용접점(어두운 수평 영역)의 X선 영상이다. 이 영상의 의사칼라 버젼이 그림 6.19(b)이다; RGB로 전환된 영상의 녹색과 청색 성분들을 그림 6.19(c)와 (d)의 매핑 함수들을 사용해서 매핑해서 만들었다. 의사칼라 매핑이 만드는 커다란 시각적 차이에 주목한다. GUI 의사칼라 참고 막대는 이 합성 매핑에 대한 편리한 시각적 가이드를 제공한다. 그림 6.19(c)와 (d)에서 볼 수 있듯이, 대화식으로 규정된 매핑 함수들이 흑색부터 백색까지의 그레이스케일을 청색과 적색 사이의 색상으로 변환한다; 황색은 흰색에 사용된다. 물론 황색은 이 예제의 중요한 특징들인 용접점의 틈과 구멍에도 해당한다.

예제 6.8

칼라 밸런싱.

■ 그림 6.20은 영상의 칼라 성분들을 독립적으로 매핑하는 게 유리한, 풀칼라 영상에 관한 응용을 보여준다. 보통 **칼라 밸런싱** 또는 **칼라 수정**(*color correction*)이라고 부르는 이 매핑 유형은 고성능 칼라 재생시스템의 중요한 기능이었으나, 지금은 대부분의 PC에서도 수행할 수 있다. 중요한 용도 중 하나는 사진 개선이다. 비록 칼라 분광계에 의해 영상의 알려진 칼라를 분석함으로써 칼라 불균형을 객관적으로 계산할 수 있으나, 정확한 시각적 평가는 RGB 또는 CMY 성분들이 같아야 하는 흰색 영역이 존재할 때 가능하다. 그림 6.20에

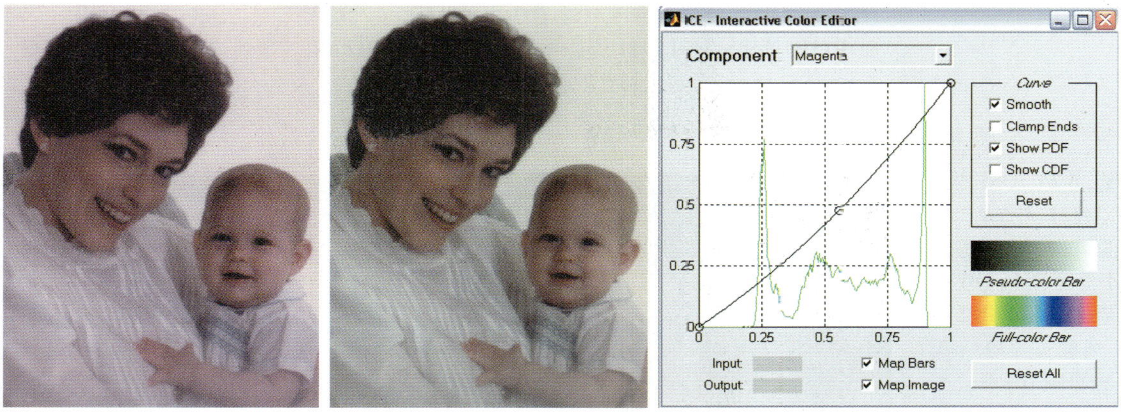

(a) (b) (c)

그림 6.20 칼라 밸런싱을 위해 `ice` 함수를 사용하기: (a) 자홍색이 강한 영상; (b) 보정된 영상; (c) 불균형 보정에 사용된 매핑 함수.

서와 같이, 사람은 적합한 피부 색깔에 대해 매우 예민하기 때문에 피부의 색깔도 시각적 평가를 위해 훌륭하다.

그림 6.20(a)는 여성과 아이의 자홍색이 지나친 CMY 스캔을 보여준다(MATLAB은 영상의 RGB 버젼만을 표시할 수 있음을 기억하라). 단순성과 MATLAB과의 호환성을 위해서 함수 `ice`도 RGB(그리고 흑백) 입력만을 받는다—그러나 표 6.7에 자세히 소개된 바와 같이, 다양한 칼라 공간의 입력을 처리할 수 있다. 예를 들어, RGB 영상 `f1`의 CMY 성분들을 대화식으로 수정하려면, 적당한 `ice` 호출은

```
>> f2 = ice('image', f1, 'space', 'CMY');
```

이다. 그림 6.20이 보여주듯이, 자홍색이 약간 줄어도 영상 칼라에는 큰 영향이 있다.

예제 6.9

히스토그램 기반 매핑.

■ 히스토그램 평활화는 균등한 밝기 히스토그램을 갖는 흑백 영상을 만들기 위한 그레이 레벨 매핑 처리이다. 2.3.2절에서 설명했듯이, 필요한 매핑 함수는 입력 영상의 그레이 레벨의 누적 분포함수(CDF)이다. 칼라 영상들은 여러 성분들을 갖기 때문에, 둘 이상의 성분 및 관련 히스토그램들을 다루기 위해서는 그레이스케일 기법들이 수정되어야 한다. 예상할 수 있겠지만, 칼라 영상의 성분들을 독립적으로 히스토그램 평활화하는 것은 현명하지 않다. 그 결과는 대부분 틀린 칼라가 된다. 더 논리적인 접근법은 칼라 자체(즉, 색상)를 바꾸지 않고 칼라 강도를 균등하게 분포시키는 것이다.

그림 6.21(a)는 양념통과 셰이커를 포함하는 양념병대의 칼라 영상을 보여준다. 그림 6.21(c)와 (d)의 변환을 사용해서 만든 그림 6.21(b)의 변환된 영상은 훨씬 더 밝다. 몇몇 몰딩과 양념병대가 놓인 나무 테이블의 결이 이제는 보인다. 이 성분의 CDF(그림에 같이 있음)를 가깝게 근사화하는 그림 6.21(c)의 함수에 의해 밝기 성분이 매핑되었다. 그림 6.21(d)의 색상 매핑 함수는 밝기 평활화 결과의 전반적인 칼라 인지를 향상시키도록 선정되었다. 입력 및 출력 영상의 색상, 채도, 밝기 성분들의 히스토그램을 각각 그림 6.21(e)와

(f)가 보여준다. 색상 성분은 거의 같으며(바람직), 밝기와 채도 성분들은 변경되었다. 끝으로 RGB 영상을 HSI 칼라 공간에서 처리하기 위해, `ice`의 호출에 입력 속성 이름/값 쌍 `'space'`/`'hsi'`를 포함시켰음을 주목한다.

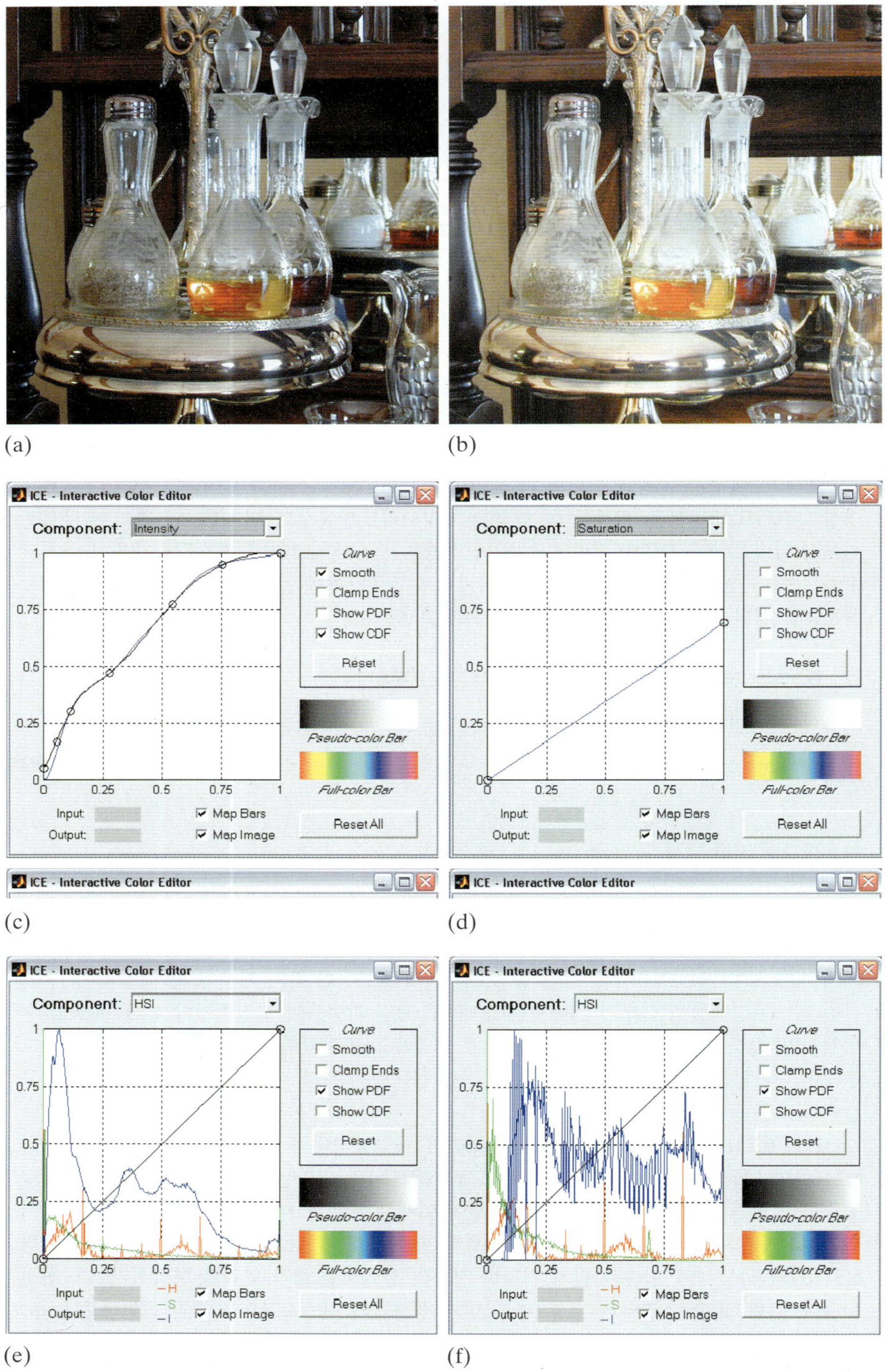

그림 6.21 HSI 칼라 공간에서 히스토그램 평활화 후 채도 조정: (a) 입력 영상; (b) 매핑된 결과; (c) 밝기 성분 매핑 함수와 누적 분포 함수; (d) 채도 성분 매핑 함수; (e) 입력 영상의 성분 히스토그램들; (f) 매핑된 결과의 성분 히스토그램들.

이 절의 앞의 예제들에서 만든 출력 영상들은 RGB, `uint8` 클래스이다. 흑백 결과들에 대해서는 예제 6.5에서와 같이 RGB 출력의 세 성분 모두 동등하다. 표 6.3의 `rgb2gray` 함수 또는 다음 명령을 사용하면 더 간결한 표현이 가능하다.

```
>> f3 = f2(:, :, 1);
```

여기서 `f2`는 `ice`로 만든 RGB 영상이고 `f3`는 흑백 영상이다.

6.5 칼라 영상의 공간 필터링 Spatial Filtering of Color Images

6.4절의 내용은 단일 칼라 성분 평면의 단일 영상 화소에 수행되는 칼라 변환을 다룬다. 그 다음으로 복잡한 레벨은 역시 단일 영상 평면에 대해서지만 공간 이웃 처리의 수행을 포함한다. 이렇게 나누는 것은 2.2절의 밝기 변환에 관한 논의, 그리고 2.4절과 2.5절의 공간 필터링에 관한 논의와 비슷하다. 칼라 영상의 공간 필터링을 대부분 RGB 영상에 집중해서 소개하지만, 기본 개념들은 다른 칼라 모델들에도 해당된다(적절한 해석 필요). 칼라 영상의 공간 처리를 두 개의 선형 필터링 예제에 의해 보여주겠다: 영상 스무딩과 영상 샤프닝(첨예화).

6.5.1 칼라 영상 스무딩

그림 6.13(a)와 2.4절 및 2.5절의 논의와 관련해서, 흑백 영상을 스무딩하는 한 방법은 1로 채운 필터 마스크를 정의하고, 모든 화소 값을 공간 마스크의 계수들로 곱하고, 그 결과를 마스크 요소들의 합으로 나누는 것이다. 풀칼라 영상을 공간 마스크를 사용해서 스무딩하는 처리는 그림 6.13(b)가 보여준다.

이 처리(예를 들어 RGB 공간에서)는 단일 화소 대신에 이제는 6.3절에서 보인 형태의 벡터 값들을 다룬다는 것을 제외하고는 그레이스케일 영상에서와 똑 같은 방법으로 공식화된다. S_{xy}가 칼라 영상에서 (x, y)를 중심으로 하는 이웃을 정의하는 좌표 집합을 나타낸다고 하자. 이 이웃에서 RGB 벡터들의 평균은

$$\bar{\mathbf{c}}(x, y) = \frac{1}{K} \sum_{(s,t) \in S_{xy}} \mathbf{c}(s, t)$$

이다. 여기서 K는 이웃 화소 수이다. 6.3절의 논의와 벡터 덧셈의 속성으로부터

$$\bar{\mathbf{c}}(x, y) = \begin{bmatrix} \dfrac{1}{K} \displaystyle\sum_{(s,t) \in S_{xy}} R(s, t) \\ \dfrac{1}{K} \displaystyle\sum_{(s,t) \in S_{xy}} G(s, t) \\ \dfrac{1}{K} \displaystyle\sum_{(s,t) \in S_{xy}} B(s, t) \end{bmatrix}$$

이다. 이 벡터의 각 요소는 위에 언급된 필터 마스크에 의해 각 성분 영상에 대해 이웃 평균을 계산하면 얻어지는 결과임을 알 수 있다.† 따라서, 이웃 평균 계산에 의한 스무딩은 성분 영상 별로 수행될 수 있다는 결론을 얻는다. 그 결과는 이웃 평균을 칼라 벡터 공간에서 직접 구했을 때와 같을 것이다.

2.5.1절에서 설명했듯이, 앞 문단에서 논의된 유형의 공간 스무딩 필터는 함수 `fspecial`을 'average' 옵션과 함께 사용해서 생성된다. 일단 필터가 만들어지면, 2.4.1절에서 소개한 함수 `imfilter`를 사용해서 필터링을 수행한다. 개념적으로, RGB 칼라 영상 `fc`를 선형 공간 필터로 스무딩하는 것은 다음 단계들로 구성된다:

1. 세 성분 영상을 추출한다:

```
>> fR = fc(:, :, 1);
>> fG = fc(:, :, 2);
>> fB = fc(:, :, 3);
```

2. 각 성분 영상을 개별적으로 필터링한다. 예를 들면, `fspecial`에 의해 만든 스무딩 필터를 `w`로 나타내기로 하면, 적색 성분 영상을 다음과 같이 스무딩한다:

```
>> fR_filtered = imfilter(fR, w, 'replicate');
```

그리고 다른 두 성분 영상들에 대해서도 마찬가지다.

3. 필터링된 RGB 영상을 재구성한다:

```
>> fc_filtered = cat(3, fR_filtered, fG_filtered, fB_filtered);
```

그러나, MATLAB에서는 RGB 영상의 선형 필터링을 흑백 영상에 대해 사용한 것과 똑 같은 문법을 사용해서 직접 수행할 수 있으므로, 앞의 세 단계를 하나로 결합할 수 있다:

```
>> fc_filtered = imfilter(fc, w, 'replicate');
```

예제 6.10

칼라 영상 스무딩.

■ 그림 6.22(a)는 크기 1197 × 1197 화소의 RGB 영상을 보여주며, 그림 6.22(b)부터 (d)는 앞 문단에서 기술된 과정에 의해 추출한 RGB 성분 영상들이다. 앞의 논의에서의 결과들로부터 개별 성분 영상들을 스무딩하고 합성 칼라 영상을 형성하는 것이, 오리지널 RGB 영상을 앞 문단 끝에 제공된 명령으로 스무딩하는 것과 같을 것임을 알고 있다. 그림 6.24(a)가 크기가 25 × 25 화소인 평균 필터로 얻은 결과를 보여준다.

그 다음, 그림 6.22(a)의 HSI 버전의 밝기 성분만을 스무딩하는 효과를 조사하자. 그림

† 간결한 설명을 위해 1로 구성된 평균 마스크를 사용했다. 계수들이 같지 않은 평균 마스크(예: 가우시언 마스크)에 대해서는 칼라 벡터들을 마스크 계수들로 곱하고, 그 결과들을 더하고, K를 마스크 계수들의 합으로 놓음으로써 똑 같은 결론에 도달한다.

(a) (b) (c) (d)

그림 6.22 (a) RGB 영상; (b)~(d) 각각 적색, 녹색, 청색 성분 영상들.

6.23(a)부터 (c)는 다음과 같이 함수 `rgb2hsi`를 사용해서 얻은 세 개의 HSI 성분 영상들을 보여준다. 아래에서 `fc`는 그림 6.22(a)이다:

```
>> h = rgb2hsi(fc);
>> H = h(:, :, 1);
>> S = h(:, :, 2);
>> I = h(:, :, 3);
```

그 다음, 크기가 25 × 25 화소인 같은 필터를 사용해서 밝기 성분을 필터링한다. 이 평균 필터는 현저하게 흐리게 만들기에 충분할 만큼 컸다. 이 크기의 필터를 선택한 이유는 RGB 공간에서의 스무딩과 HSI로 전환한 후 영상의 밝기 성분만을 사용해서 비슷한 결과를 달성하려는 시도 간의 차이를 보여주기 위해서였다. 그림 6.24(b)를 다음 명령들에 의해 얻었다:

```
>> w = fspecial('average', 25);
>> I_filtered = imfilter(I, w, 'replicate');
>> h = cat(3, H, S, I_filtered);
>> f = hsi2rgb(h); % Back to RGB for comparison.
>> imshow(f);
```

(a) (b) (c)

그림 6.23 왼쪽에서 오른쪽으로: 그림 6.22(a)의 색상, 채도, 밝기 성분들.

(a) (b) (c)

그림 6.24 (a) *R*, *G*, *B* 영상 평면들을 독립적으로 스무딩해서 얻은 스무딩된 RGB 영상. (b) HSI 등가 영상의 밝기 성분만을 스무딩한 결과. (c) HSI의 세 성분을 똑 같이 스무딩한 결과.

HSI 영상의 모든 성분들이 동시에 필터링되었기 때문에 그림 6.24(c)는 imfiler를 한 번 호출해서 생성되었다: `hFilt = imfilter(h, w, 'replicate');` 영상 `hFilt`는 RGB로 전환되어 표시되었다.

분명히, 필터링된 두 결과는 아주 다르다. 예를 들어, 영상이 덜 흐려진 외에도, 그림 6.24(b)의 꽃의 위 부분의 옅은 녹색 에지에 주목한다. 이렇게 된 이유는 스무딩 처리에 의해서 밝기 성분 값들의 변화성은 현저하게 축소된 반면, 색상과 채도 성분들이 바뀌지 않았다는 것이다. 논리적으로, 시도해 볼 만한 것은 HSI 세 성분들을 모두 같은 필터로 스무딩하는 것일 것이다. 그러나, 이것은 색상과 채도의 값들 간의 상대적 관계를 바꾸며, 그림 6.24(c)가 보여주듯이 더 나쁜 결과를 만든다. 특히 이 영상의 꽃들의 녹색 경계가 얼마나 더 밝은지를 주시한다. 이 효과는 중앙의 황색 영역의 경계 주위에서도 뚜렷하다.

일반적으로 마스크 크기가 작아질수록, RGB 성분 영상들과 HSI 등가 영상의 밝기 성분을 필터링해서 얻은 차이도 줄어든다.

6.5.2 칼라 영상 샤프닝

선형 공간 필터로 RGB 칼라 영상을 날카롭게 하는 것은 샤프닝 필터를 대신 사용하는 것 외에는 앞 절에서 약술한 것과 똑 같은 절차를 따른다. 이 절에서는 라플라시언(2.5.1절 참조)을 사용한 영상 샤프닝을 고찰한다. 벡터 해석으로부터 벡터의 라플라시언이, 그 성분들이 입력 벡터의 개별 스칼라 성분들의 라플라시언과 같은 벡터로서 정의된다는 것을 알고 있다. RGB 칼라 체계에서 6.3절에서 소개한 벡터 c의 라플라시언은

$$\nabla^2[c(x,y)] = \begin{bmatrix} \nabla^2 R(x,y) \\ \nabla^2 G(x,y) \\ \nabla^2 B(x,y) \end{bmatrix}.$$

이다. 이 공식은 앞 절에서와 같이, 각 성분 영상의 라플라시언을 독립적으로 계산함으로써 풀칼라 영상의 라플라시언을 계산할 수 있음을 말해준다.

예제 6.11

칼라 영상 샤프닝.

■ 그림 6.25(a)는 그림 6.22(a)의 영상에 대해 5×5 평균 필터를 사용해서 약간 흐릿해진 버전(fb)을 보여준다. 이 영상을 날카롭게 만들기 위해 라플라시언(2.5.1절 참고) 필터 마스크를 사용했다:

```
>> lapmask = [1 1 1; 1 -8 1; 1 1 1];
```

그러고 나서, 다음 명령들을 사용해서 개선된 영상을 계산 및 표시했다:

```
>> fb = tofloat(fb);
>> fen = fb - imfilter(fb, lapmask, 'replicate');
>> imshow(fen)
```

앞 절에서와 같이, imfilter를 사용해서 RGB 영상이 직접 필터링되었다. 작은 물방울들, 잎맥, 꽃의 황색 중앙, 전경의 녹색 식물 등과 같은 특징들의 날카로움이 현저하게 증가되었음을 주목한다.

(a) (b)

그림 6.25 (a) 흐려진 영상. (b) 라플라시언을 사용해서 개선된 영상.

6.6 RGB 벡터 공간에서 직접 작업하기

Working Directly in RGB Vector Space

6.3절에서 언급했듯이, 개별 칼라 평면에 기반한 처리들이 RGB 벡터 공간에서 직접 작업하는 것과 같지 않은 경우가 있다. 이러한 경우들을 이 절에서 보여준다. 이 절에서 칼라 영상처리의 두 가지 중요한 응용을 고찰함으로써 벡터 처리를 보여준다: 칼라 에지 검출과 영역 분할.

6.6.1 기울기(gradient) 사용에 의한 칼라 에지 검출

2-D 함수 $f(x, y)$의 기울기는 벡터

$$\nabla \mathbf{f} = \begin{bmatrix} g_x \\ g_y \end{bmatrix} = \begin{bmatrix} \dfrac{\partial f}{\partial x} \\ \dfrac{\partial f}{\partial y} \end{bmatrix}$$

로 정의되며, 이 벡터의 크기는

$$\begin{aligned} \nabla f &= \text{mag}(\nabla \mathbf{f}) = \left[g_x^2 + g_y^2 \right]^{1/2} \\ &= \left[(\partial f / \partial x)^2 + (\partial f / \partial y)^2 \right]^{1/2} \end{aligned}$$

이다. 보통 이 수량은 절대값들에 의해 근사화된다:

$$\nabla f \approx |g_x| + |g_y|$$

이 근사화는 제곱과 제곱근 계산을 없애주면서도 여전히 도함수(미분)처럼 작용한다(즉, 밝기가 일정한 영역에서는 0이며, 화소 값이 가변적인 영역에서는 밝기 변화 정도에 비례하는 크기를 갖는다). 관례적으로 기울기의 크기를 간단히 "기울기"라고 부른다.

기울기 벡터의 근본적 속성은 좌표 (x, y)에서 f의 변화율이 최대인 방향을 가리킨다는 것이다. 이 최대 변화율이 발생하는 각도는

$$\alpha(x, y) = \tan^{-1} \left[\frac{g_y}{g_x} \right]$$

g_x와 g_y가 독립적으로 양 또는 음이 될 수 있기 때문에, arctangent는 *4*상한 arctangent 함수에 의해 계산되어야 한다. MATLAB 함수 atan2가 이를 수행한다.

이다. 관례적으로 영상의 작은 이웃의 그레이스케일 값 차이에 의해 미분을 근사화한다. 그림 6.26(a)는 크기 3 × 3의 이웃을 보여주며, 여기서 z는 밝기 값들을 나타낸다. 이 영역의 중앙점에서 x(수직) 방향의 편미분에 대한 근사화는 다음의 차에 의해 주어진다.

$$g_x = (z_7 + 2z_8 + z_9) - (z_1 + 2z_2 + z_3)$$

(a)

z_1	z_2	z_3
z_4	z_5	z_6
z_7	z_8	z_9

(b)

−1	−2	−1
0	0	0
1	2	1

(c)

−1	0	1
−2	0	2
−1	0	1

그림 6.26 (a) 작은 이웃. (b)와 (c) 이웃의 중앙점에 대해 각각 x(수직)와 y(수평) 방향의 기울기를 계산하는 데 사용되는 Sobel 마스크들.

마찬가지로, y 방향의 편미분은 다음의 차이에 의해 근사화된다.

$$g_y = (z_3 + 2z_6 + z_9) - (z_1 + 2z_4 + z_7)$$

이들 두 수량은 영상의 모든 점에서 그림 6.26(b)와 (c)의 마스크들과 각각 독립적으로 컨볼루션시킴으로써(함수 `imfilter`를 사용) 쉽게 계산된다. 그러고 나서, 해당 기울기 영상의 근사화는 두 필터링된 영상들의 절대값을 합해서 얻어진다. 방금 설명한 마스크들은 표 2.5에서 언급한 소벨(Sobel) 마스크이며, 함수 `fspecial`로 만들 수 있다.

방금 설명한 방식으로 계산되는 기울기는 10장에서 더 자세히 설명되듯이, 그레이스케일 영상에서 에지 검출을 위해 가장 자주 사용되는 방법 중 하나이다. 우리는 지금 RGB 칼라 공간에서 기울기를 계산하는 데 관심이 있다. 그러나 방금 도출한 방법은 2-D 공간에서는 적용 가능하나, 더 높은 차원으로 확장할 수 없다. 이를 RGB 영상에 적용하는 유일한 방법은 각 성분 영상의 기울기를 계산하고, 그 결과들을 결합하는 것이다. 불행하게도 이 절에서 보여주겠듯이 그 결과는 RGB 벡터 공간에서 직접 계산한 에지들과 같지 않다.

문제는 그러면 6.3절에서 정의된 벡터 **c**의 기울기(크기와 방향)를 정의하는 것이다. 다음의 내용은 기울기 개념을 벡터 함수에 확장할 수 있는 다양한 방법 중 하나이다.

r, **g**, **b**를 각각 RGB 칼라 공간의 R, G, B축 방향의 단위 벡터들이라고 하고(그림 6.2 참고), 다음의 벡터들을 정의한다.

$$\mathbf{u} = \frac{\partial R}{\partial x}\mathbf{r} + \frac{\partial G}{\partial x}\mathbf{g} + \frac{\partial B}{\partial x}\mathbf{b}$$

$$\mathbf{v} = \frac{\partial R}{\partial y}\mathbf{r} + \frac{\partial G}{\partial y}\mathbf{g} + \frac{\partial B}{\partial y}\mathbf{b}$$

수량 g_{xx}, g_{yy}, g_{xy}가 다음과 같이 이 벡터들의 내적(dot product)에 의해 정의된다고 하자:

$$g_{xx} = \mathbf{u} \cdot \mathbf{u} = \mathbf{u}^T\mathbf{u} = \left|\frac{\partial R}{\partial x}\right|^2 + \left|\frac{\partial G}{\partial x}\right|^2 + \left|\frac{\partial B}{\partial x}\right|^2$$

$$g_{yy} = \mathbf{v} \cdot \mathbf{v} = \mathbf{v}^T\mathbf{v} = \left|\frac{\partial R}{\partial y}\right|^2 + \left|\frac{\partial G}{\partial y}\right|^2 + \left|\frac{\partial B}{\partial y}\right|^2$$

$$g_{xy} = \mathbf{u} \cdot \mathbf{v} = \mathbf{u}^T\mathbf{v} = \frac{\partial R}{\partial x}\frac{\partial R}{\partial y} + \frac{\partial G}{\partial x}\frac{\partial G}{\partial y} + \frac{\partial B}{\partial x}\frac{\partial B}{\partial y}$$

R, G, B가 x와 y의 함수들이며, 그래서 g들도 마찬가지임을 명심한다. 이 표기를 사용하면, 다음을 증명할 수 있다(Di Zenzo[1986]): (x, y)의 함수로서의 $\mathbf{c}(x, y)$의 최대 변화율의 방향은 각도

$$\theta(x, y) = \frac{1}{2}\tan^{-1}\left[\frac{2g_{xy}}{g_{xx} - g_{yy}}\right]$$

에 의해 주어지고, $\theta(x, y)$의 요소들에 의해 주어지는 방향에서의 변화율의 값(즉, 기울기의 크기)은

$$F_\theta(x, y) = \left\{\frac{1}{2}\left[(g_{xx} + g_{yy}) + (g_{xx} - g_{yy})\cos 2\theta(x, y) + 2g_{xy}\sin 2\theta(x, y)\right]\right\}^{1/2}$$

에 의해 주어진다. 배열 $\theta(x, y)$와 $F_\theta(x, y)$는 입력 영상과 같은 크기의 영상들이다. $\theta(x, y)$의 요소들은 기울기가 계산되는 각 점에서의 각도이며, $F_\theta(x, y)$는 기울기 영상이다.

$\tan(\alpha) = \tan(\alpha \pm \pi)$이므로, 만일 θ_0가 앞의 arctangent 공식에 대한 해이면, $\theta_0 \pm \pi/2$도 그렇다. 더 나아가 $F_\theta(x, y) = F_{\theta+\pi}(x, y)$이므로 F는 반 개구간 $[0, \pi)$의 θ값들에 대해서만 계산될 필요가 있다. Arctangent 공식이 90° 떨어진 두 값을 제공한다는 사실은 이 공식이 각 점 (x, y)에 한 쌍의 수직 방향들을 연관시킴을 의미한다. 이 방향들 중 한 방향으로 F는 최대이며, 다른 방향으로는 최소이다. 마지막 결과는 각 점에서 최대를 선택해서 만든다. 이 결과들의 유도는 다소 길고, 여기서 상세히 다뤄보아야 현재 논의의 기본 목표와 관련해서 거의 얻을 게 없다. Di Zenzo[1986]의 논문에서 자세한 내용을 볼 수 있다. 앞의 공식들을 구현하는 데 요구되는 편미분은 예를 들어, 이 절의 앞 부분에서 설명한 Sobel 연산자를 사용해서 계산할 수 있다.

다음의 함수는 RGB 영상들에 대한 칼라 기울기를 구현한다(코드는 부록 C를 참조):

```
>> [VG, A, PPG] = colorgrad(f);
```

colorgrad

여기서 f는 RGB 영상; T는 선택 사양인 범위 [0, 1]의 문턱치(디폴트는 0); VG는 RGB 벡터 기울기 $F_\theta(x, y)$; A는 라디안 단위의 각도 영상 $\theta(x, y)$; PPG는 개별 칼라 평면의 2-D 기울기 영상들을 합해서 형성되는 기울기 영상이다. 앞의 공식들을 구현하는 데 필요한 모든 미분은 함수 colorgrad에 Sobel 연산자들을 사용해서 구현되어 있다. 출력 VG와 PPG는 범위 [0, 1]로 정규화되며, 이들은 문턱처리되어 T 이하의 값들에 대해 VG(x, y) = 0이 되며, 아니면 VG(x, y) = VG(x, y)가 된다. PPG에 대해서 비슷한 설명이 적용된다.

예제 6.12

함수 colorgrad를 이용한 RGB 에지 검출.

■ 그림 6.27(a)부터 (c)는 세 개의 흑백 영상을 보여준다. 이들이 RGB 평면으로 사용되면 그림 6.27(d)의 칼라 영상을 만든다. 이 예제의 목적은 (1) 함수 colorgrad의 용도를 보여주고, (2) 개별 칼라 평면의 기울기를 결합해서 칼라 영상의 기울기를 계산하는 것은 방금 설명한 방법을 사용해서 RGB 벡터 공간에서 직접 기울기를 계산하는 것과 상당히 다름을 보여주는 것이다.

f로 그림 6.27(d)의 RGB 영상을 나타낼 때, 명령

```
>> [VG, A, PPG] = colorgrad(f);
```

가 그림 6.27(e)와 (f)의 영상 VG와 PPG를 만들었다. 이 두 결과의 가장 중요한 차이는 그림 6.27(f)의 수평 에지가 그림 6.27(e)의 대응 에지보다 훨씬 더 약하다는 것이다. 그 이유는 간단하다: 청색 평면의 기울기는 하나의 수평 에지를 만드는 반면, 적색 평면과 녹색 평면[그림 6.27(a)와 (b)]의 기울기는 두 개의 수직 에지를 만든다. PPG를 형성하기 위해 이들 세 기울기를 더하면 수직 에지의 밝기는 수평 에지에 비해 두 배가 된다.

그 반면, 칼라 영상의 기울기가 벡터 공간에서 직접 계산될 때[그림 6.27(e)], 수직 에지와 수평 에지의 값들의 비는 2가 아닌 $\sqrt{2}$이다. 그 이유도 간단하다: 그림 6.2(a)의 칼라 큐브 및 그림 6.27(d)의 영상과 관련해서 칼라 영상의 수직 에지는 청색과 백색 영역 사이와 흑색과 황색 영역 사이에 있다. 칼라 큐브에서 이 칼라들 간의 거리는 $\sqrt{2}$이나, 흑색과 청색, 그리고 황색과 백색(수평 에지) 간의 거리는 겨우 1이다. 따라서, 수직 대 수평 차이들의 비는 $\sqrt{2}$이다. 에지 정확도가 문제가 된다면, 그리고 특히 문턱처리가 사용된다면, 이 두 방법 간의 차이는 중요할 수 있다. 예를 들어 만일 0.6의 문턱치를 사용했다면, 그림 6.27(f)의 수평 선은 사라졌을 것이다.

정확도는 개의치 않고 관심이 대부분 에지 검출에 있을 때, 방금 설명한 두 방법은 일반적으로 비슷한 결과를 만든다. 예를 들면, 그림 6.28(b)와 (c)는 그림 6.27(e)와 (f)하고 비슷하다. 이들은 함수 colorgrad를 그림 6.28(a)의 영상에 적용해서 얻었다. 그림 6.28(d)는 범위 [0, 1]로 스케일링된 두 기울기 영상의 차이이다. 두 영상 간의 최대 절대 차이는 0.2이다. 익숙한 8비트 범위 [0, 255]로 환산하면 51 그레이 레벨이다. 그러나 이들 두 기울기 영상은 눈으로 보기에는 매우 비슷하다. 그림 6.28(b)가 일부 위치에서 약간 더 밝다(앞 문단에서 설명한 것과 비슷한 이유 때문). 따라서 이런 유형의 분석에 있어서, 각 개별 성분의 기울기를 계산하는 더 간단한 방식도 일반적으로 수용할 만하다. 정확도가 중요한 다른 환경에서는 벡터 방식이 불가피하다.

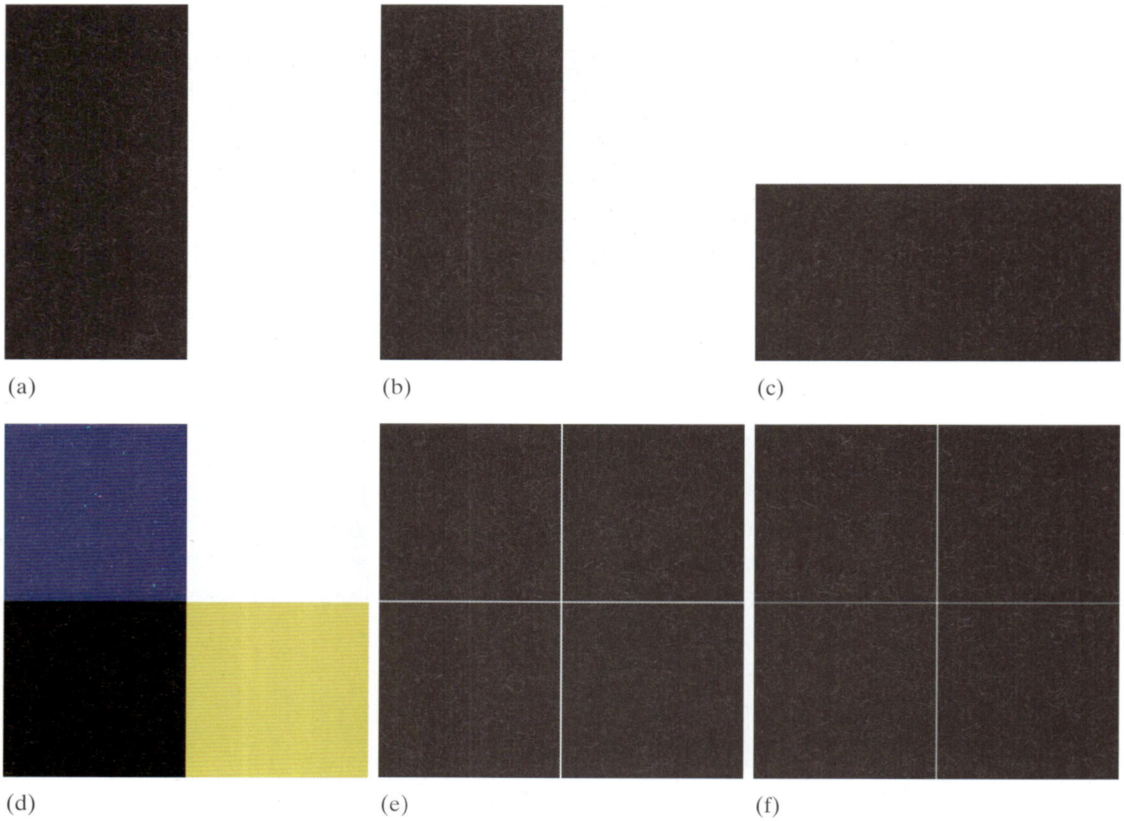

그림 6.27 (a)~(c) RGB 성분 영상들. (d) 해당 칼라 영상. (e) RGB 벡터 공간에서 직접 계산된 기울기. (f) 각 RGB 성분 영상의 2-D 기울기를 독립적으로 계산하고 그 결과들을 합해서 얻은 합성 기울기.

6.6.2 RGB 벡터 공간에서의 영상 분할

분할은 영상을 영역들로 나누는 처리이다. 분할이 10장의 주제이지만, 연속성을 위해 여기에서 간략하게 칼라 영역 분할을 고찰해 보자. 설명을 이해하는 데 전혀 어려움이 없을 것이다.

RGB 칼라 벡터들을 사용하는 칼라 영역 분할은 간단하다. 목적이 RGB 영상에서 지정된 칼라 범위의 객체들을 분할하는 것이라고 하자. 관심 대상 칼라를 대표하는 샘플 칼라 점들의 집합이 주어지면, 분할하기를 원하는 "산술평균(average[†])" 또는 "평균(mean)" 칼라를 추정할 수 있다. 이 산술평균 칼라를 RGB 벡터 **m**으로 표기하자. 분할의 목적은 주어진 영상의 각 RGB 화소가 지정된 범위 내의 칼라를 갖는지 여부로 분류하는 것이다. 이 비교를 수행하기 위해, 유사성 척도(measure of similarity)가 필요하다. 가장 간단한 척도 중 하나는 유클리드 거리이다. **z**가 3-D

[†] 역주: Average는 산술평균이며, mean에는 그 밖에 기하평균, 조화평균 등이 있다.

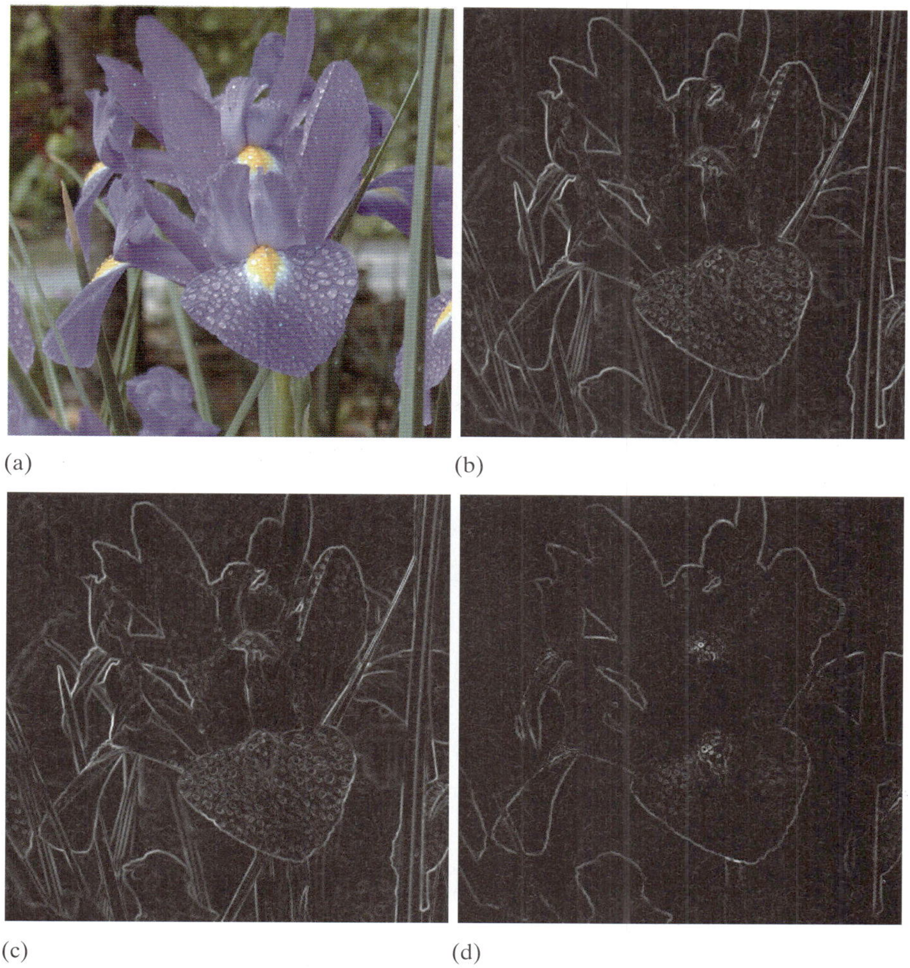

그림 6.28 (a) RGB 영상. (b) RGB 벡터 공간에서 계산된 기울기. (c) 그림 6.27(f)에서와 같이 계산된 기울기. (d) 범위 [0, 1]로 스케일링된 (b)와 (c) 간의 절대 차이.

RGB 공간의 임의의 점을 나타낸다고 하자. 만일 **z**와 **m** 간의 거리가 지정된 문턱치 T보다 작으면 두 벡터는 유사하다고 말한다. **z**와 **m** 간의 유클리드 거리는 다음 식으로 주어진다.

관례를 따라, 벡터 또는 매트릭스 전치(transposition)를 나타내기 위해 위첨자 T를 사용하고, 보통 T로는 문턱값을 나타낸다. 같은 변수의 이 무관한 용도들을 혼동하는 것을 피하기 위해 이 기호가 사용된 문맥을 이용할 수 있을 것이다.

$$
\begin{aligned}
D(\mathbf{z},\mathbf{m}) &= \| \mathbf{z} - \mathbf{m} \| = \left[(\mathbf{z} - \mathbf{m})^T (\mathbf{z} - \mathbf{m}) \right]^{1/2} \\
&= \left[(z_R - m_R)^2 + (z_G - m_G)^2 + (z_B - m_3)^2 \right]^{1/2}
\end{aligned}
$$

여기서 $\|\cdot\|$는 인자의 놈(norm)이며, 아래 첨자 R, G, B는 벡터 **z**와 **m**의 RGB 성분들을 나타낸다. $D(\mathbf{z}, \mathbf{m}) \le T$인 점들의 궤적은 그림 6.29(a)에서 보는 바와 같이 반경이 T인 속이 찬 구이다. 정의에 의해, 이 구의 내부 또는 표면에 놓인 점들은 지정된 칼라 기준을 만족한다; 구의 외부의 점들은 그러지 못 한다. 영상의 이 두 집합의 점들을, 예를 들어 흑색과 백색으로 코딩하면 이진이며 분할된 영상을 얻는다.

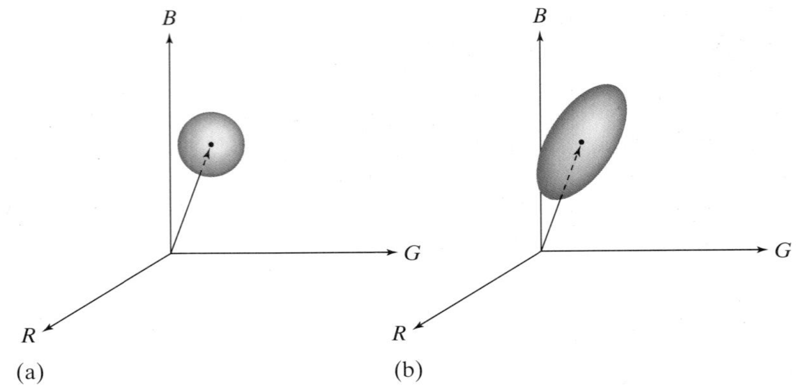

그림 6.29 분할 목적을 위해 RGB 벡터 공간의 데이타를 에워싸는 두 방식.

다음은 앞의 거리 척도 공식에 대한 일반화된 형태의 유용한 공식이다.

$$D(\mathbf{z},\mathbf{m}) = \left[(\mathbf{z}-\mathbf{m})^T\mathbf{C}^{-1}(\mathbf{z}-\mathbf{m})\right]^{1/2}$$

벡터 샘플 집합의 공분산 매트릭스와 평균 벡터 계산에 관해서는 11.5절을 참조한다. 마할라노비스 거리는 함수 `mahalanobis`로 계산하며, 부록 C에 수록되어 있다.

여기서 **C**는 분할 대상 칼라를 대표하는 샘플들의 공분산 매트릭스이다. 이 거리를 보통 **마할라노비스 거리**(*Mahalanobis distance*)라고 부른다. $D(\mathbf{z}, \mathbf{m}) \le T$인 점들의 궤적은 그 주축(principal axis)들이 최대 데이타 분포의 방향을 향해 있는 중요한 속성을 갖는 속이 찬 3-D 타원체[그림 6.29(b) 참고]를 그린다. $\mathbf{C} = \mathbf{I}$[identity(항등) 매트릭스]일 때, 마할라노비스 거리는 유클리드 거리로 축소된다. 분할은 데이타가 이제는 구 대신에 타원체에 의해 싸여 있다는 것을 제외하고는 앞 문단에서의 설명과 같다.

방금 설명한 방식에 의한 분할은 다음과 같은 문법의 주문형 함수 `colorseg`에 의해 구현된다.

`colorseg`

```
S = colorseg(method, f, T, parameters)
```

여기서 `method`는 `'euclidean'` 또는 `'mahalanobis'`이며, `f`는 분할될 RGB 영상이고 `T`는 위에서 설명한 문턱치이다. 입력 파라미터는 만일 `'euclidean'`이 선택되면 `m`, `'mahalanobis'`가 선택되면 `m`과 `C`이다. 파라미터 `m`은 평균 **m**이며, `C`는 공분산 매트릭스 **C**이다. 출력 `S`는 두 레벨의 영상(오리지널과 같은 크기)으로서, 문턱 테스트가 실패하는 점들은 0, 통과하는 점들은 1이다. 1들은 칼라 내용에 기반해서 `f`에서 분할된 영역을 나타낸다.

예제 6.13 RGB 칼라 영상 분할.

■ 그림 6.30(a)는 목성의 위성인 이오(Io, 목성의 제1 위성)의 표면의 일부 영역의 의사칼라 영상을 보여준다. 이 영상에서 적색은 활화산에서 새로 분출된 물질, 그리고 주위의 황색 물질들은 더 오래된 유황 퇴적물을 표시한다. 이 예제는 비교를 위해 함수 `colorseg`의 두 옵션을 사용하는 적색 영역의 분할을 보여준다.

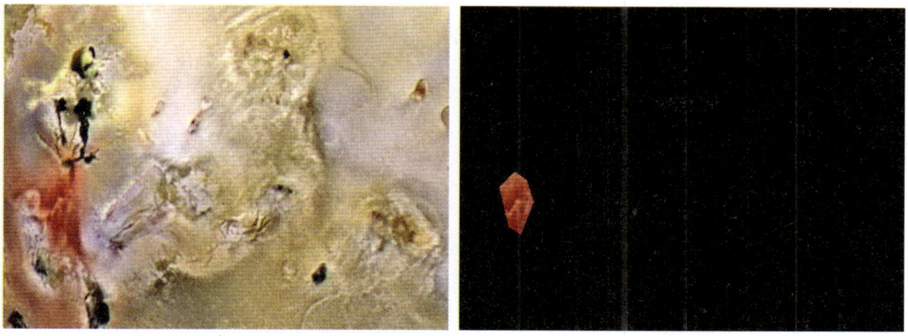

(a) (b)

그림 6.30 (a) 목성 위성 Io의 표면의 의사칼라. (b) 함수 roipoly를 사용해서 대화식으로 추출한 관심 영역. (사진 제공: NASA)

우선 분할할 칼라들의 범위를 대표하는 샘플들을 얻는다. 이러한 관심 영역(region of interest, ROI)을 얻는 한 방법은 4.2.4절에서 설명한 함수 roipoly를 사용하는 것이다. 이 함수는 대화식으로 선택된 영역의 이진 마스크를 만든다. 따라서 f가 그림 6.30(a)의 칼라 영상을 나타낼 때, 그림 6.30(b)의 영역을 다음 명령들로 얻었다.

```
>> mask = roipoly(f); % Select region interactively.
>> red = immultiply(mask, f(:, :, 1));
>> green = immultiply(mask, f(:, :, 2));
>> blue = immultiply(mask, f(:, :, 3));
>> g = cat(3, red, green, blue);
>> figure, imshow(g);
```

여기서 mask는 roipoly를 사용해서 만든 이진 영상(f와 같은 크기)이다.

그 다음, ROI 점들의 평균 벡터와 공분산 매트릭스를 계산한다. 우선 ROI 점들의 좌표들을 추출해야 한다:

```
>> [M, N, K] = size(g);
>> I = reshape(g, M * N, 3);
>> idx = find(mask);
>> I = double(I(idx, 1:3));
>> [C, m] = covmatrix(I);
```

함수 reshape와 covmatrix에 관해서는 각각 7.3.1절과 11.5절을 참고한다.

두 번째 명령문은 g의 칼라 화소들을 I의 행들로 재배열하며, 세 번째 명령문은 흑색이 아닌 칼라 화소들의 행 인덱스들을 찾아낸다. 이들이 그림 6.30(b)의 마스킹된 영상에서 배경이 아닌 화소들이다.

마지막 예비 계산은 T의 값을 결정하는 것이다. 초기값으로는 칼라 성분들 중 하나의 표준 편차의 배 수가 좋다. C의 주대각선은 RGB 성분들의 분산들을 포함하므로, 이 요소들을 추출해서 그들의 제곱근을 계산하기만 하면 된다:

```
>> d = diag(C);
>> sd = sqrt(d)'
   22.0643    24.2442    16.1806
```

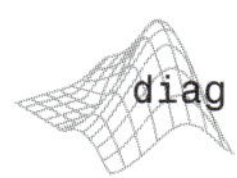

d = diag(C)는 매트릭스 C의 주대각선을 벡터 d에 반환한다.

sd의 첫 번째 요소는 ROI의 칼라 화소들의 적색 성분의 표준 편차이며, 나머지 두 성분들에 대한 설명도 비슷하다.

이제 T의 값으로 최대 표준 편차의 근사값인 25의 배 수를 사용해서 영상 분할을 진행한다: T = 25, 50, 75, 100. T = 25일 때 'euclidean' 옵션에 대해서, 다음을 사용한다.

```
>> E25 = colorseg('euclidean', f, 25, m);
```

그림 6.31 (a)~(d) 함수 colorseg에 각각 $T = 25, 50, 75, 100$과 옵션 'euclidean'을 사용하여 그림 6.30(a)를 분할한 결과들.

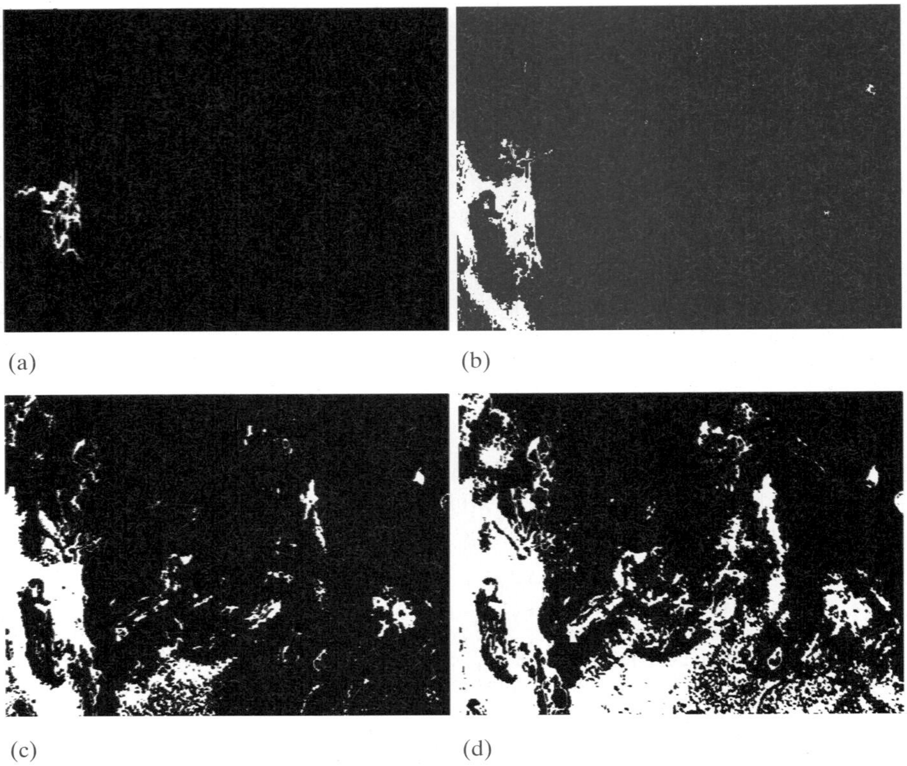

그림 6.32 (a)~(d) 함수 colorseg에 각각 $T = 25, 50, 75, 100$과 옵션 'mahalanobis'를 사용하여 그림 6.30(a)를 분할한 결과들. 그림 6.31과 비교할 것.

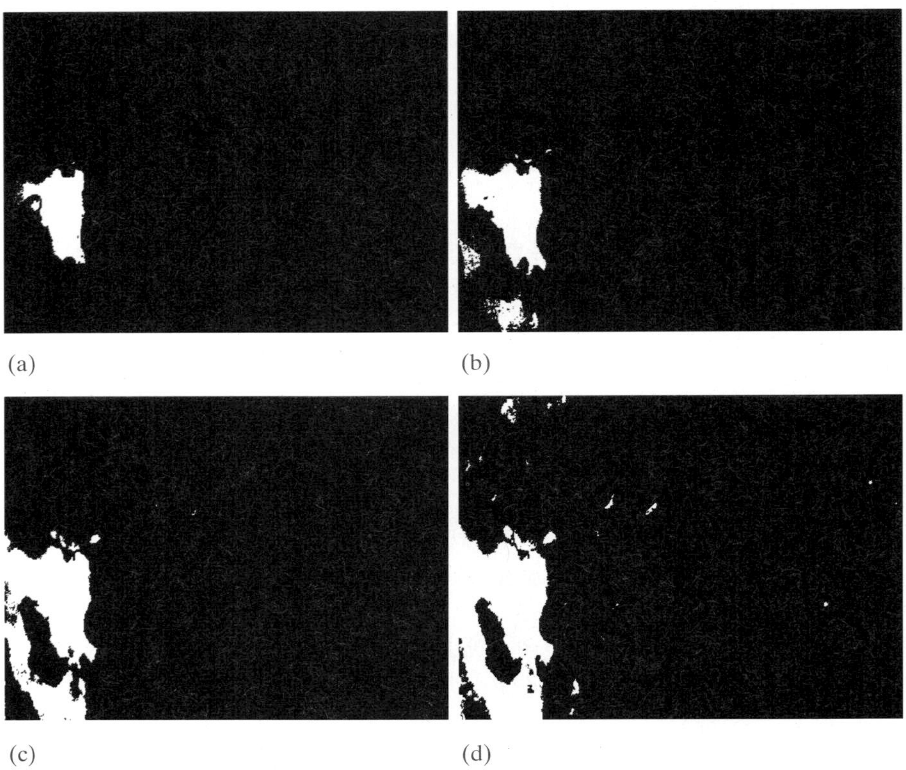

그림 6.31(a)가 그 결과를 보여주며, 그림 6.31(b)부터 (d)는 각각 `T = 50, 75, 100`일 때의 분할 결과를 보여준다. 마찬가지로, 그림 6.32(a)부터 (d)는 `'mahalanobis'` 옵션을 사용해서 얻은 결과들을 문턱값들과 같은 순서로 보여준다.

`'euclidean'` 옵션으로는 `T = 25`와 `50`일 때 의미 있는 결과들[그림 6.30(a)에서 어떤 것을 적색으로 간주하느냐에 따라서 다름]을 얻었으나, `T = 75`와 `100`은 뚜렷하게 과도한 분할 결과를 만들었다. 그 반면에 `'mahalanobis'` 옵션을 사용한 결과들은 그림 6.32가 보여주듯이 같은 T값들에 대해 훨씬 더 정확했다. 그 이유는 ROI에 펴져 있는 3-D 칼라 데이타가 이 경우 구보다는 타원체에 훨씬 더 잘 맞기 때문이다. 예상한 대로 두 방법 모두에서 T를 증가시킴으로써 더 약한 농도의 적색들이 분할된 영역에 포함되었다.

요약

이 장의 내용은 영상처리에서 칼라의 응용과 사용에 관한, 그리고 MATLAB, IPT, 앞 절들에서 개발한 새로운 주문형 함수들을 사용한 이 개념들의 구현에 관한 기본 주제들에 대한 소개이다. 칼라 모델 분야는 너무 넓어서 이 주제에 관해서만 다룬 책들도 있다. 이 장에서 설명한 모델들은 영상처리에서의 유용성 때문에, 또한 이 분야의 더 깊은 공부를 위한 훌륭한 토대를 제공하기 때문에 선정되었다.

개별 칼라 평면에 대한 의사칼라 및 풀칼라 처리에 관한 내용은, 흑백 영상을 위해 앞의 장들에서 개발된 영상처리 기법들과의 유대를 제공한다. 칼라 벡터 공간에 관한 내용은 앞 장들에서 설명한 내용들로부터의 이탈이며, 그레이스케일 영상처리와 풀칼라 영상처리 간의 몇 가지 중요한 차이점들을 부각시킨다. 앞 절에서 설명한 칼라 벡터 처리 기법들은 중간값 및 기타 순서 필터들, 적응 필터, 모폴로지 필터, 영상 복원, 영상 압축, 그리고 그 밖의 많은 것들을 포함하는 벡터 기반 처리들을 대표한다.

7 웨이블릿 *Wavelets*

개요 *Preview*

디지털 영상을 다해상도로 보거나 처리하는 데는 이산 웨이블릿 변환(*discrete wa elet transform*, DWT)이 탁월한 수학적 도구이다. DWT는 다해상도 영상들을 표현하거나 저장하기 위한 효율적이고, 매우 직관적인 틀이라는 것 외에도, 영상의 공간 및 주파수 특성들에 대한 강력한 통찰력을 제공한다. 푸리에 변환은 그 반면, 영상의 주파수 속성만을 드러낸다.

이 장에서는 이산 웨이블릿 변환의 계산과 사용에 관해 탐구한다. MATLAB의 IPT에는 포함되어 있지 않으나 웨이블릿 분석을 위해 설계된 Mathworks 사의 함수들의 집합인 *Wa elet Toolbox*를 소개하고 IPT만을 사용하는, 즉, Wavelet Toolbox를 사용하지 않고 웨이블릿 기반 처리를 가능하게 하는 일련의 호환적 루틴들을 개발한다. 이 주문형 함수들은 IPT와 결합해서 Gonzalez와 Wocds[2C08]가 쓴 *Digital Image Processing*의 7장에 설명된 모든 개념들을 구현하는 데 필요한 도구들을 제공한다. 이들은 3장에서 논의된 툴박스 함수 `fft2` 및 `ifft2`와 대우 비슷한 방법으로 적용되며, 제공하는 기능도 비슷하다.

아이콘의 W는 MATLAB Wavelet Toolbox 함수를 MATLAB이나 IPT 함수와 구분해서 나타내기 위해 사용된다.

7.1 배경 Background

순방향 이산 변환 $T(u, v, \ldots)$를 다음의 일반 관계식으로 표현할 수 있는 크기 $M \times N$의 영상 $f(x, y)$를 고려하자.

$$T(u, v, \ldots) = \sum_{x,y} f(x, y) g_{u,v,\ldots}(x, y)$$

여기서 x와 y는 공간변수이며, $u, v, \ldots$는 **변환 도메인 변수**이다. $T(u, v, \ldots)$가 주어지면, $f(x, y)$는 일반화된 역이산 변환을 사용해서 구할 수 있다.

$$f(x, y) = \sum_{u,v,\ldots} T(u, v, \ldots) h_{u,v,\ldots}(x, y)$$

이 식들의 $g_{u,v,\ldots}$과 $h_{u,v,\ldots}$을 각각 **순(방향)** 및 **역(방향) 변환 커널**이라고 부른다. 이들이 **변환 쌍**의 속성, 계산 복잡성, 궁극적 유용성을 결정한다. **변환계수들** $T(u, v, \ldots)$는 $\{h_{u,v,\ldots}\}$에 관한 f의 **급수 전개식**의 **전개계수**들로 볼 수 있다. 즉, 역변환 커널은 f의 급수 전개를 위한 일련의 **전개함수**들을 정의한다.

3장의 이산 푸리에 변환은 이 급수 전개 공식에 잘 맞는다.† 이 경우

$$h_{u,v}(x, y) = g^*_{u,v}(x, y) = \frac{1}{\sqrt{MN}} e^{j2\pi(ux/M + vy/N)}$$

여기서 $j = \sqrt{-1}$, *는 복소 공액 연산자, $u = 0, 1, \ldots, M-1$, $v = 0, 1, \ldots, N-1$이다. 변환 도메인 변수 u와 v는 각각 수평 및 수직 주파수를 나타낸다. 커널들은

$$h_u(x) = \frac{1}{\sqrt{M}} e^{j2\pi ux/M} \quad \text{그리고} \quad h_v(y) = \frac{1}{\sqrt{N}} e^{j2\pi vy/N}$$

에 대해

$$h_{u,v}(x, y) = h_u(x) h_v(y)$$

이므로 **분리 가능**(*separable*)하며,

$$\langle h_r, h_s \rangle = \delta_{rs} = \begin{cases} 1 & r = s \\ 0 & \text{otherwise} \end{cases}$$

이므로 **직교정규**(*orthonormal*)이다. 여기서 $\langle\ \rangle$는 내적(inner product) 연산자이다. 커널의 분리성은 2-D 변환 대신 1-D 변환을 행-열 또는 열-행 방향으로 적용할 수 있게 해서 계산을 단순화시킨다; 직교정규성(orthonormality)은 순방향과 역방향 커널들을 서로 복소 공액으로 만든다(함수들이 실수이면 이들은 같을 것이다).

한 쌍의 변환 커널(미리 주어진) 주위를 도는 두 개의 간단한 식에 의해 완전히 정의될 수 있는 이산 푸리에 변환과 달리, **이산 웨이블릿 변환**이란 용어는 채택된 변환 커널들(따라서, 사용된 전개 함수들도)에서뿐만 아니라, 이 함수들의 근본 속성(예를 들면, 이들이 직교정규 또는 쌍직교(biorthogonal) 기저(basis)를 구성하는지 여부)에서, 그리고 이들이 적용되는 방식(예를 들면, 몇 개의 해상도로 계산되는가)에서도 다른, 일종의 변환을 의미한다. DWT가 독특하지만 관련된 가지각색의 변환들을 포함하므로, 하나의 식으로 이들을 모두 나타낼 수는 없다. 그 대신, 각 DWT

† 3장의 DFT 공식에서 $1/MN$ 항이 역변환 공식에만 들어 있다. 등가적으로, 이 항은 순방향 변환에만 들어갈 수도 있고, 또는 여기서와 같이 순방향과 역방향 변환에 $1/\sqrt{MN}$로 나눠질 수도 있다.

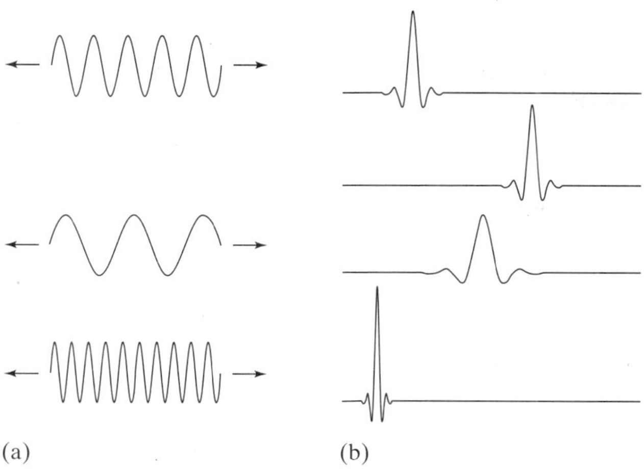

그림 7.1 (a) 익숙한 푸리에 전개 함수들은 다수의 주파수와 무한히 지속되는 정현파들이다. (b) DWT 전개 함수들은 한정된 지속 기간과 다수의 주파수의 "작은 파들"이다.

를 변환 커널 쌍 또는 그 쌍을 정의하는 파라미터들의 집합에 의해 묘사한다. 이 다양한 변환들은 그들의 전개 함수들이 다수의 주파수와 한정된 지속 기간의 "작은 파(small wave)"들이라는 사실(그래서 웨이블릿으로 부름)에 의해 관계가 있다[그림 7.1(b) 참조]. 이 장의 나머지에서는, 여러 개의 "작은 파" 커널들을 소개한다. 각각은 다음의 일반적 특성을 갖는다:

특성 1: 분리성(*separability*), 스케일성(*scalability*), 이동성(*translatability*). 커널들을 아래의 각각 수평, 수직, 대각선 웨이블릿이라고 부르는 세 개의 분리 가능한 2-D 웨이블릿들

$$\psi^H(x, y) = \psi(x)\varphi(y)^{\dagger}$$
$$\psi^V(x, y) = \varphi(x)\psi(y)$$
$$\psi^D(x, y) = \psi(x)\psi(y)$$

그리고, 하나의 분리 가능한 2-D 스케일링 함수

$$\varphi(x, y) = \varphi(x)\varphi(y)$$

로 표현할 수 있다. 이 2-D 함수들의 각각은 실수이며, 제곱-적분 가능한(square-integrable) 두 개의 1-D 스케일링 및 웨이블릿 함수들

$$\varphi_{j,k}(x) = 2^{j/2}\varphi(2^j x - k)$$
$$\psi_{j,k}(x) = 2^{j/2}\psi(2^j x - k)$$

의 곱이다. 이동 k는 x축을 따라서 이들 1-D 함수들의 위치를 결정하고, 스케일 j는 폭(x축 방향으로 얼마나 넓거나 좁은가)을 결정하고, $2^{j/2}$는 높이 또는 진폭을 제어한다. 이 조합 전개 함수들이 모(*mother*) 웨이블릿 $\psi(x) = \psi_{0,0}(x)$와 스케일링 함수 $\varphi(x) = \varphi_{0,0}(x)$의 이진 스케일링들과 정수 이동(integer translate)들임을 주목한다.

† 역주: ψ: psi; φ: phi

특성 2: 다해상도 호환성. 방금 소개된 1-D 스케일링 함수는 다해상도 분석에 관한 다음의 요구 조건들을 충족시킨다:

a. $\varphi_{j,k}$는 그의 정수 이동들과 직교한다.

b. 낮은 스케일 또는 해상도(즉, 작은 j)에서의 $\varphi_{j,k}$의 급수 전개식으로 표현될 수 있는 함수들의 집합은 더 높은 스케일에서 표현될 수 있는 집합들에 포함된다.

c. 모든 스케일에서 표현될 수 있는 유일한 함수는 $f(x) = 0$이다.

d. $j \rightarrow \infty$로 감에 따라 어떠한 함수라도 임의의 정밀도로 표현될 수 있다.

이 조건들이 충족될 때, 인접 스케일들의 $\psi_{j,k}$로 표현 가능한 함수들의 임의의 두 집합 간의 차이를, 정수 이동과 이진 스케일링에 의해 스팬(span)하는(즉, 표현할 수 있는) 짝 웨이블릿(companion wavelet) $\varphi_{j,k}$가 존재한다.

특성 3: 직교성. 전개 함수들[즉, $\{\varphi_{j,k}(x)\}$]은 측정 가능하고, 제곱 적분 가능한 1-D 함수들의 집합을 위한 직교정규 또는 쌍직교 기저를 형성한다. 기저로 불리기 위해서는, 표현 가능한 모든 함수에 대해 유일한 전개 계수 집합이 있어야 한다. 푸리에 커널들에 관한 소개 차원의 설명에서도 언급되었듯이, 실수이며 직교정규인 커널들에 대해 $g_{u,v,\ldots} = h_{u,v,\ldots}$이다. 쌍직교 경우,

$$\langle h_r, g_s \rangle = \delta_{rs} = \begin{cases} 1 & r = s \\ 0 & \text{otherwise} \end{cases}$$

이며, g는 h의 듀얼(*dual*)이라고 불린다. 스케일링 및 웨이블릿 함수들 $\varphi_{j,k}(x)$와 $\psi_{j,k}(x)$를 갖는 쌍직교 웨이블릿 변환에 대해, 듀얼들을 각각 $\tilde{\varphi}_{j,k}(x)$와 $\tilde{\psi}_{j,k}(x)$로 표기한다.

7.2 고속 웨이블릿 변환 The Fast Wavelet Transform

위 특성들의 중요한 결과는 $\varphi(x)$와 $\psi(x)$ 둘 다 자신들의 이중 해상도(double-resolution) 복제의 선형 조합으로 표현할 수 있다는 것이다. 즉, 급수 전개에 의해

$$\varphi(x) = \sum_n h_\varphi(n)\sqrt{2}\varphi(2x-n)$$

$$\psi(x) = \sum_n h_\psi(n)\sqrt{2}\varphi(2x-n)$$

이다. 여기서, h_φ와 h_ψ(전개 계수들)를 각각 **스케일링 벡터**와 **웨이블릿 벡터**라고 부른다. 이들은 그림 7.2에 보인 DWT에 대한 반복적 계산 방식인 **고속 웨이블릿 변환**(FWT)의 필터 계수들이다. 이 그림의 $W_\varphi(j, m, n)$과 $\{W_\psi^i(j, m, n)$ for $i = H, V, D\}$ 출력들은 스케일 j에서의 DWT 계수들이다. 시간 반전된 스케일링 및 웨이블릿 벡터들을 포함하는 블록들—$h_\varphi(-n)$과 $h_\psi(-m)$—은 각각 **저역통과** 및 **고역통과** 분해

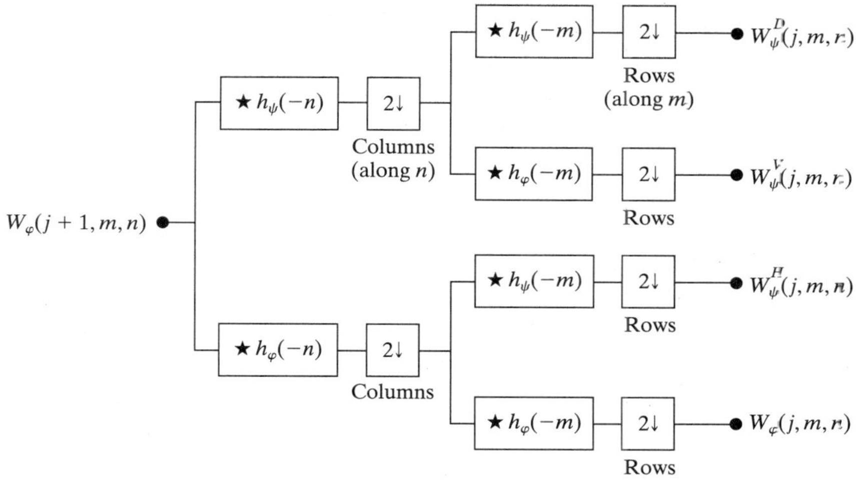

그림 7.2 2-D 고속 웨이블릿 변환(FWT) 필터 뱅크. 각 경로는 하나의 DWT 스케일을 만든다. 첫 반복에서, $W_\varphi(j+1, m, n) = f(x, y)$이다.

(*decomposition*) 필터들이다. 끝으로, 2와 하향 화살표를 포함하는 블록들은 **하향 샘플링**(*downsampling*)—일련의 점들로부터 하나씩 건너서 추출하는 것—을 나타낸다. 수학적으로, 그림 7.2에서 $W_\psi^H(j, m, n)$를 계산하는 데 사용되는 직렬 필터링 연산과 하향 샘플링 연산은, 예를 들어

$$W_\psi^H(j,m,n) = h_\psi(-m) \star \left[h_\varphi(-n) \star W_\varphi(j+1,m,n)\big|_{n=2k,\,k\geq 0}\right]\Big|_{m=2k,\,k\geq 0}$$

이다. 여기서 $\star$는 컨볼루션을 나타낸다. 음수가 아닌 짝수 인덱스들에서 컨볼루션을 계산하는 것은 필터링하고 2로 하향 샘플링하는 것과 등가이다.

그림 7.2의 필터 뱅크의 입력은 네 개의 더 낮은 해상도(또는 더 낮은 스케일) 성분들로 분해된다. W_φ 계수들은 두 개의 저역통과 필터를 통해서 생성되며(즉, h_φ 기반), 따라서 **근사화 계수**들이라고 불린다; $\{W_\psi^i \text{ for } i = H, V, D\}$는 각각 **수평, 수직, 대각선 디테일 계수**들이다. 출력 $W_\varphi(j, m, n)$은 한층 더 낮은 해상도 성분들을 만들기 위한 블록다이어그램에 대한 다음 입력 $W_\varphi(j+1, m, n)$으로 사용될 수 있다; $f(x, y)$는 가용한 최고 해상도 표현이며, 처음 반복의 입력 역할을 한다. 그림 7.2의 연산들은 웨이블릿이나 스케일링 함수를 사용하지 않는다—그들의 관련된 웨이블릿 및 스케일링 벡터들만 사용한다. 게다가, 세 개의 변환 도메인 변수들이 관련된다—스케일 j와 수평 및 수직 이동 n과 m. 이 변수들은 7.1절의 처음 두 공식의 $u, v, \ldots$에 해당한다.

7.2.1 Wavelet Toobox를 사용하는 FWT

이 절에서는, 간단한 4 × 4 시험 영상의 FWT를 계산하기 위해 MATLAB의 Wavelet Toolbox를 사용한다. 다음 절에서는 Wavelet Toolbox를 사용하지 않고 (즉, IPT만을 사용) 이를 수행하는 주문형 함수들을 개발할 것이다. 이 절의 내용은 그들의 개발을 위한 초석을 마련한다.

wfilters

아이콘의 W는 MATLAB이나 Image Processing Toolbox 함수가 아니라, MATLAB Wavelet Toolbox 함수를 나타냄을 기억하라.

Wavelet Toolbox는 매우 다양한 고속 웨이블릿 변환을 위한 분해 필터들을 제공한다. 특정 변환과 관련된 필터들은 아래 일반 문법의 함수 wfilters를 통해 접근한다.

```
[Lo_D, Hi_D, Lo_R, Hi_R] = wfilters(wname)
```

여기서 입력 파라미터 wname은 표 7.1에 따라 반환된 필터 계수들을 결정한다; 출력 Lo_D, Hi_D, Lo_R, Hi_R은 각각 저역통과 분해, 고역통과 분해, 저역통과 재구성, 고역통과 재구성 필터들을 반환하는 행 벡터들이다. (재구성 필터들은 7.4절에서 다룬다.) 결합된 필터 쌍들을 대신

```
[F1, F2] = wfilters(wname, type)
```

으로 불러올 수 있다. 이때 type을 'd', 'r', 'l', 'h'로 설정하면 각각 분해, 재구성, 저역통과, 고역통과 필터들의 쌍을 얻는다. 이 문법이 사용되면, 분해 또는 저역통과 필터는 F1에 반환되고, 그 짝은 F2에 들어간다.

표 7.1은 Wavelet Toolbox에 있는 FWT 필터들의 목록이다. 이들의 속성들–그리고, 관련 스케일링 및 웨이블릿 함수들에 관한 다른 유용한 정보들–은 디지털 필터링과 다해상도 분석에 관한 문헌들에서 찾아볼 수 있다. 더 중요한 속성들 중 몇은 Wavelet Toobox의 waveinfo와 wavefun 함수들이 제공한다. 예를 들어, MATLAB의 명령 창에서 웨이블릿 패밀리 wfamily(표 7.1 참조)의 설명을 출력하려면

waveinfo

```
waveinfo(wfamily)
```

표 7.1 Wavelet Toolbox FWT 필터들과 필터 패밀리 이름들.

Wavelet	wfamily	wname
Haar	'haar'	'haar'
Daubechies	'db'	'db2', 'db3', ..., 'db45'
Coiflets	'coif'	'coif1', 'coif2', ..., 'coif5'
Symlets	'sym'	'sym2', 'sym3', ..., 'sym45'
Discrete Meyer	'dmey'	'dmey'
Biorthogonal	'bior'	'bior1.1', 'bior1.3', 'bior1.5', 'bior2.2', 'bior2.4', 'bior2.6', 'bior2.8', 'bior3.1', 'bior3.3', 'bior3.5', 'bior3.7', 'bior3.9', 'bior4.4', 'bior5.5', 'bior6.8'
Reverse Biorthogonal	'rbio'	'rbio1.1', 'rbio1.3', 'rbio1.5', 'rbio2.2', 'rbio2.4', 'rbio2.6', 'rbio2.8', 'rbio3.1', 'rbio3.3', 'rbio3.5', 'rbio3.7', 'rbio3.9', 'rbio4.4', 'rbio5.5', 'rbio6.8'

를 MATLAB 프롬프트에서 입력한다. 직교정규 변환의 스케일링 및/또는 웨이블릿 함수들의 디지털 근사화를 얻으려면,

```
[phi, psi, xval] = wavefun(wname, iter)
```

wavefun

를 입력한다. 그러면 근사화 벡터들인 phi, psi와 평가 벡터 xval을 반환된다. 양의 정수 iter는 계산에 사용되는 반복 횟수를 제어해서 근사화의 정확도를 결정한다. 쌍직교 변환들에 대해, 적당한 문법은

```
[phi1, psi1, phi2, psi2, xval] = wavefun(wname, iter)
```

이며, 여기서 phi1과 psi1은 분해 함수들이고, phi2와 psi2는 재구성 함수들이다.

예제 7.1

Haar 필터들, 스케일링과 웨이블릿 함수들.

■ 가장 오래되고 간단한 웨이블릿 변환은 Haar 스케일링 및 웨이블릿 함수들에 기반한다. Harr 기반 변환을 위한 분해 및 재구성 필터들은 길이가 2이며 다음과 같이 얻을 수 있다:

```
>> [Lo_D, Hi_D, Lo_R, Hi_R] = wfilters('haar')
Lo_D =
     0.7071     0.7071
Hi_D =
    -0.7071     0.7071
Lo_R =
     0.7071     0.7071
Hi_R =
     0.7071    -0.7071
```

이들의 주요 속성들(함수 waveinfo이 제공하는), 관련된 스케일링 및 웨이블릿 함수들의 플롯들은 다음과 같이 얻을 수 있다:

```
>> waveinfo('haar');
HAARINFO Information on Haar wavelet.
    Haar Wavelet
    General characteristics: Compactly supported
    wavelet, the oldest and the simplest wavelet.
    scaling function phi = 1 on [0 1] and 0 otherwise.
    wavelet function psi = 1 on [0 0.5], = -1 on [0.5 1] and 0
    otherwise.
    Family                      Haar
    Short name                  haar
    Examples                    haar is the same as db1
    Orthogonal                  yes
    Biorthogonal                yes
    Compact support             yes
    DWT                         possible
    CWT                         possible
    Support width               1
```

```
    Filters length               2
    Regularity                   haar is not continuous
    Symmetry                     yes
    Number of vanishing
    moments for psi              1
    Reference: I. Daubechies,
    Ten lectures on wavelets,
    CBMS, SIAM, 61, 1994, 194-202.
>> [phi, psi, xval] = wavefun('haar', 10);
>> xaxis = zeros(size(xval));
>> subplot(121); plot(xval, phi, 'k', xval, xaxis, '--k');
>> axis([0 1 -1.5 1.5]); axis square;
>> title('Haar Scaling Function');
>> subplot(122); plot(xval, psi, 'k', xval, xaxis, '--k');
>> axis([0 1 -1.5 1.5]); axis square;
>> title('Haar Wavelet Function');
```

그림 7.3은 마지막 여섯 명령으로 만든 그림이다. 함수 `title`, `axis`, `plot`은 2장에서 설명되었다; 함수 `subplot`은 그림창을 축 또는 서브플롯 배열로 분할하는 데 사용된다. 이 함수는 다음의 일반 문법을 갖는다:

subplot

`H = subplot(m, n, p)` 또는 `H = subplot(mnp)`

여기서 `m`과 `n`은 각각 subplot 배열의 행 수와 열 수이다. `m`과 `n`은 1보다 커야 한다. 옵션인 출력 변수 `H`는 `p`에 의해 선택되는 서브플롯(즉, 축)의 핸들이다. `p`는 1부터 시작해서 증가하면서 그림 창의 맨 위 행을 따라서 축들을 선택하고, 그 다음 행으로 진행한다. `H`가 있든 없든, `p`번째 축이 현재 그림이 된다. 따라서, 위 명령 중 `subplot(122)`은 1×2 subplot 배열의 행 1과 열 2의 플롯을 현재 플롯으로 선택한다; 그러면 뒤따르는 함수들 `axis`와 `title`은 여기에만 적용된다.

그림 7.3의 Haar 스케일링과 웨이블릿 함수들은 불연속이며, **컴팩트하게 지원되는데** (*compactly supported*), 이는 **지원**이라고 불리는 유한 구간 밖에서는 이들이 0임을 의미한다. 지원이 1임을 유념한다. 또한, `waveinfo` 데이타가 Haar 전개 함수들이 직교임을 알려주므로, 순방향과 역방향 변환 커널들이 동일하다.

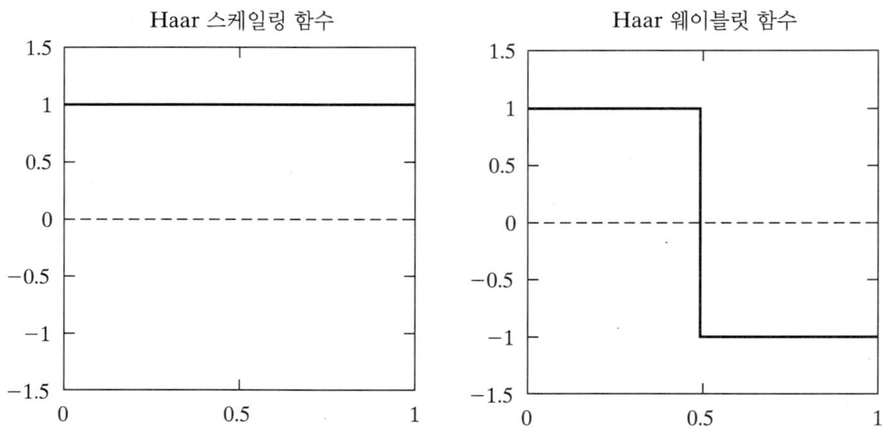

그림 7.3 Haar 스케일링 및 웨이블릿 함수들.

사용자가 제공했든지 또는 wfilters 함수로 생성했든지 일련의 분해 필터들이 주어지면, 관련 웨이블릿 변환을 계산하는 가장 간단한 방법은 Wavelet Toolbox의 함수 wavedec2를 통하는 것이다. 다음과 같이 호출한다:

wavedec2

```
[C, S] = wavedec2(X, N, Lo_D, Hi_D)
```

여기서 X는 2-D 영상 또는 매트릭스, N은 계산될 스케일 수(즉, 그림 7.2의 FWT 필터 뱅크를 통과하는 횟수), Lo_D와 Hi_D는 분해 필터이다. 약간 더 효율적인 문법

```
[C, S] = wavedec2(X, N, wname)
```

도 사용할 수 있으며, 여기서 wname은 표 7.1의 값을 사용한다. 출력 데이타 구조체 [C, S]는 계산된 웨이블릿 변환계수들을 포함하는 행 벡터 C(double 클래스)와 C의 계수들의 배치를 정의하는 부기(bookkeeping) 매트릭스 S(역시 double 클래스)로 구성된다. C와 S 간의 관계를 다음 예제에서 소개하며, 7.3절에서 자세히 설명한다.

예제 7.2

Haar 필터들을 사용하는 간단한 FWT.

■ Haar 웨이블릿과 관련해서 다음의 단일 스케일 웨이블릿 변환을 고려하자:

magic

함수 magic(N)은 행, 열, 대각선 합이 같은 NxN 매트릭스를 반환한다.

```
>> f = magic(4)
f =
    16     2     3    13
     5    11    10     8
     9     7     6    12
     4    14    15     1
>> [c1, s1] = wavedec2(f, 1, 'haar')
c1 =
    Columns 1 through 9
        17.0000      17.0000     17.0000     17.0000      1.0000
        -1.0000      -1.0000      1.0000      4.0000
    Columns 10 through 16
        -4.0000      -4.0000      4.0000     10.0000      6.0000
        -6.0000     -10.0000
s1 =
    2     2
    2     2
    4     4
```

여기서 4×4 마방진 f가 1×16 웨이블릿 분해 벡터 c1과 3×2 부기 매트릭스 s1으로 변환된다. 전체 변환은 그림 7.2에 묘사된 연산들을 단 한 번 실행(f가 입력으로 사용됨)해서 수행된다. 네 개의 2×2 출력들-하나의 하향 샘플링된 근사화와 세 개의 방향성(수평, 수직, 대각선) 디테일 매트릭스들-이 생성된다. 함수 wavedec2는 이들 2×2 매트릭스들을 근사화 계수들부터 시작해서 수평, 수직, 대각선 디테일들의 순서로 행 벡터 c1에 열 방향으로 이어 넣는다. 즉, c1(1)부터 c1(4)는, f의 스케일은 임의로 2로 가정하고, 그림 7.2의 근사화 계수들 $W_\varphi(1, 0, 0)$, $W_\varphi(1, 1, 0)$, $W_\varphi(1, 0, 1)$, $W_\varphi(1, 1, 1)$; c1(5)부터 c1(8)

은 $W_\psi^H(1,0,0)$, $W_\psi^H(1,1,0)$, $W_\psi^H(1,0,1)$, $W_\psi^H(1,1,1)$; 기타 등등. 예를 들어, 벡터 c1으로부터 수평 디테일 계수 매트릭스를 추출하려 한다면,

$$W_\psi^H = \begin{bmatrix} 1 & -1 \\ -1 & 1 \end{bmatrix}$$

을 얻을 것이다. 부기 매트릭스 s1은 한 번에 한 열씩 행 벡터 c1에 이어 붙여진 매트릭스들의 크기를 제공한다-그리고, 오리지널 영상 f의 크기도[벡터 s1(end, :)에]. 벡터 s1(1, :)과 s1(2, :)은 각각 계산된 근사화 매트릭스와 세 개의 디테일 계수 매트릭스들의 크기를 포함한다. 각 벡터의 첫 요소는 참조된 디테일 또는 근사화 매트릭스의 행 수이다; 두 번째 요소는 열 수이다.

위에 설명한 단일 스케일 변환이 두 스케일로 확장될 때 다음을 얻는다.

```
>> [c2, s2] = wavedec2(f, 2, 'haar')
c2 =
    Columns 1 through 9
        34.0000       0           0           0.0000      1.0000
        -t1.0000      -1.0000      1.0000      4.0000
    Columns 10 through 16
        -4.0000       -4.0000     4.0000      10.0000      6.0000
        -6.0000      -10.0000
s2 =
    1       1
    1       1
    2       2
    4       4
```

c2(5:16) = c1(5:16)임을 주목한다. 단일 스케일 변환의 근사화 계수들이었던 요소 c1(1:4)가 그림 7.2의 필터 뱅크로 들어가서 네 개의 1×1 출력을 만든다: $W_\varphi(0,0,0)$, $W_\psi^H(0,0,0)$, $W_\psi^V(0,0,0)$, $W_\psi^D(0,0,0)$. 이 출력들은 앞서의 단일 스케일 변환에서 사용되었던 것과 같은 순서로 열 방향으로 이어지고(여기서는 1×1 매트릭스들이지만), 그들이 파생된 근사화 계수들을 대체한다. 그러고 나서 부기 매트릭스 s2는 갱신되어 c1의 단일 2×2 근사화 매트릭스가 c2의 네 개의 1×1 디테일 및 근사화 매트릭스들로 대체된 사실을 반영한다. 따라서, s2(end, :)은 다시 한 번 오리지널 영상의 크기이며, s2(3, :)은 스케일 1에서의 세 개의 디테일 계수 매트릭스들의 크기이고, s2(2, :)은 스케일 0에서의 세 개의 계수 매트릭스들의 크기이며, s2(1, :)은 마지막 근사화의 크기이다.

이 절을 결론지으면서, FWT가 디지털 필터링 기법에 기반하고, 따라서 컨볼루션에 기반하므로, 경계 왜곡이 발생할 수 있음을 유념한다. 이 왜곡을 최소화하려면 경계를 영상의 다른 부분과 다르게 다뤄야 한다. 필터 요소들이 컨볼루션 과정에서 영상의 바깥에 놓이게 될 때, 대략 필터의 크기인 영상 바깥 영역에 대해 값들이 취해져야 한다. 함수 wavedec2를 포함해서 많은 Wavelet Toolbox 함수들이 처리될 영상을 전역 파라미터 dwtmode에 기반해서 확장 또는 패딩한다. 활성 확장 모드를 확인하려면, MATLAB 명령 프롬프트에서 st = dwtmode('status') 또는 단순히 dwtmode를 입력한다. 확장 모드를 STATUS로 설정하려면, dwtmode(STATUS)를

STATUS	설명
'sym'	경계에 대해 거울 반사시켜서 영상을 확장. 디폴트 모드.
'zpd'	0값으로 패딩해서 영상을 확장.
'spd', 'sp1'	1차 미분 외삽에 의해서-또는 가장 바깥의 두 개의 경계 값들의 선형 확장에 의해 패딩해서 영상을 확장.
'sp0'	경계값들을 외삽해서-즉, 경계값 복제에 의해 영상을 확장.
'ppd'	주기성 패딩에 의해 영상을 확장.
'per'	'sp0' 확장을 사용해서 짝수 크기로 패딩(필요한 경우)한 후, 주기성 패딩에 의해 영상을 확장.

표 7.2 Wavelet Toolbox 영상 확장 또는 패딩 모드들.

입력한다; STATUS를 디폴트 확장 모드로 만들려면 dwtmode('save', STATUS)를 사용한다. 지원되는 확장 모드들과 해당 STATUS 값들의 목록이 표 7.2에 있다.

dwtmode

7.2.2 Wavelet Toolbox를 사용하지 않는 FWT

이 절에서는 Wavelet Toolbox 함수들인 앞 절의 wfilters와 wavedec2를 대체하기 위한 한 쌍의 주문형 함수 wavefilter와 wavefast를 개발한다. 목표는 FWT 계산 메커니즘에 대한 추가적 통찰력을 제공하고, Wavelet Toolbox 없이 웨이블릿 기반 영상처리를 위한 "독립형 패키지"를 구축하는 과정을 시작하는 것이다. 이 과정은 7.3절과 7.4절에서 완성되며, 결과 함수 집합은 7.5절의 예제들을 만드는데 사용된다.

첫 번째 단계는 웨이블릿 분해 및 재구성 필터들을 생성하는 함수들을 만드는 것이다. wavefilter라고 부르는 다음의 함수는 쉽게 확장 가능한 방식으로 이를 수행하기 위해 case 및 otherwise와 함께 표준 switch 구조를 사용한다. wavefilter가 *Digital Image Processing*(Gonzalez와 Woods[2008])의 7장과 8장에서 탐구되는 필터들만을 제공하지만, 다른 웨이블릿 변환들도 문헌의 적절한 분해 및 재구성 필터들을 추가(새 "case"들로서)해서 갖춰질 수 있다.

wavefilter의 각 직교정규 필터(즉, 'haar', 'db4', 'sym4')에 대해, 재구성

wavefilter

```
function [varargout] = wavefilter(wname, type)
%WAVEFILTER Create wavelet decomposition and reconstruction filters.
%   [VARARGOUT] = WAVEFILTER(WNAME, TYPE) returns the decomposition
%   and/or reconstruction filters used in the computation of the
%   forward and inverse FWT (fast wavelet transform).
%
%   EXAMPLES:
%     [ld, hd, lr, hr] = wavefilter('haar') Get the low and highpass
%                                           decomposition (ld, hd)
%                                           and reconstruction
%                                           (lr, hr) filters for
%                                           wavelet 'haar'.
```

```
%     [ld, hd] = wavefilter('haar','d')     Get decomposition filters
%                                           ld and hd.
%     [lr, hr] = wavefilter('haar','r')     Get reconstruction
%                                           filters lr and hr.
%
%   INPUTS:
%     WNAME               Wavelet Name
%     ----------------------------------------------------------
%     'haar' or 'db1'     Haar
%     'db4'               4th order Daubechies
%     'sym4'              4th order Symlets
%     'bior6.8'           Cohen-Daubechies-Feauveau biorthogonal
%     'jpeg9.7'           Antonini-Barlaud-Mathieu-Daubechies
%
%     TYPE                Filter Type
%     ----------------------------------------------------------
%     'd'                 Decomposition filters
%     'r'                 Reconstruction filters
%
%   See also WAVEFAST and WAVEBACK.

% Check the input and output arguments.
error(nargchk(1, 2, nargin));

if (nargin == 1 && nargout ~= 4) || (nargin == 2 && nargout ~= 2)
   error('Invalid number of output arguments.');
end

if nargin == 1 && ~ischar(wname)
   error('WNAME must be a string.');
end

if nargin == 2 && ~ischar(type)
   error('TYPE must be a string.');
end

% Create filters for the requested wavelet.
switch lower(wname)
case {'haar', 'db1'}
   ld = [1 1]/sqrt(2);       hd = [-1 1]/sqrt(2);
   lr = ld;                  hr = -hd;

case 'db4'
   ld = [-1.059740178499728e-002 3.288301166698295e-002 ...
         3.084138183598697e-002 -1.870348117188811e-001 ...
         -2.798376941698385e-002 6.308807679295904e-001 ...
         7.148465705525415e-001 2.303778133088552e-001];
   t = (0:7);
   hd = ld;    hd(end:-1:1) = cos(pi * t) .* ld;
   lr = ld;    lr(end:-1:1) = ld;
   hr = cos(pi * t) .* ld;
```

```
case 'sym4'
   ld = [-7.576571478927333e-002 -2.963552764599851e-002 ...
         4.976186676320155e-001 8.037387518059161e-001 ...
         2.978577956052774e-001 -9.921954357684722e-002 ...
         -1.260396726203783e-002 3.222310060404270e-002];
   t = (0:7);
   hd = ld;    hd(end:-1:1) = cos(pi * t) .* ld;
   lr = ld;    lr(end:-1:1) = ld;
   hr = cos(pi * t) .* ld;

case 'bior6.8'
   ld = [0 1.908831736481291e-003 -1.914286129088767e-003 ...
         -1.699063986760234e-002 1.193456527972926e-002 ...
         4.973290349094079e-002 -7.726317316720414e-002 ...
         -9.405920349573646e-002 4.207962846098268e-001 ...
         8.259229974584023e-001 4.207962846098268e-001 ...
         -9.405920349573646e-002 -7.726317316720414e-002 ...
         4.973290349094079e-002 1.193456527972926e-002 ...
         -1.699063986760234e-002 -1.914286129088767e-003 ...
         1.908831736481291e-003];
   hd = [0 0 0 1.442628250562444e-002 -1.446750489679015e-002 ...
         -7.872200106262882e-002 4.036797903033992e-002 ...
         4.178491091502746e-001 -7.589077294536542e-001 ...
         4.178491091502746e-001 4.036797903033992e-002 ...
         -7.872200106262882e-002 -1.446750489679015e-002 ...
         1.442628250562444e-002 0 0 0 0];
   t = (0:17);
   lr = cos(pi * (t + 1)) .* hd;
   hr = cos(pi * t) .* ld;

case 'jpeg9.7'
   ld = [0 0.02674875741080976 -0.01686411844287495 ...
         -0.07822326652898785 0.2668641184428723 ...
         0.6029490182363579 0.2668641184428723 ...
         -0.07822326652898785 -0.01686411844287495 ...
         0.02674875741080976];
   hd = [0 -0.09127176311424948 0.05754352622849957 ...
         0.5912717631142470 -1.115087052456994 ...
         0.5912717631142470 0.05754352622849957 ...
         -0.09127176311424948 0 0];
   t = (0:9);
   lr = cos(pi * (t + 1)) .* hd;
   hr = cos(pi * t) .* ld;

otherwise
   error('Unrecognizable wavelet name (WNAME).');
end

% Output the requested filters.
if (nargin == 1)
   varargout(1:4) = {ld, hd, lr, hr};
else
   switch lower(type(1))
   case 'd'
```

```
        varargout = {ld, hd};
    case 'r'
        varargout = {lr, hr};
    otherwise
        error('Unrecognizable filter TYPE.');
    end
end
```

필터들은 분해 필터들이 시간 반전된 버젼들이며, 고역통과 분해 필터는 대응하는 저역통과 분해 필터의 변조된 버젼임을 유념한다. 저역통과 분해 필터 계수들만이 코드에서 명시적으로 열거될 필요가 있다. 나머지 필터 계수들은 이들로부터 계산될 수 있다. wavefilter에서 시간 반전은 lr(end:-1:1) = ld 같은 명령에 의해 필터 벡터 요소들을 거꾸로 정렬해서 수행된다. 변조는 t가 0에서부터 정수 단계씩 증가함에 따라 1과 −1 사이에서 교번하는 cos(pi*t)로, 알려진 필터의 성분들을 곱해서 달성할 수 있다. wavefilter의 각 쌍직교 필터(즉, 'bior6.8', 'jpeg9.7')에 대해 저역통과 및 고역통과 분해 필터들이 규정된다; 재구성 필터들은 이들의 변조로서 계산된다. 끝으로, wavefilter로 생성한 필터들은 짝수 길이를 갖는다. 또한, 각 웨이블릿의 분해 및 재구성 필터들의 길이가 같도록 제로 패딩을 사용한다.

wavefilter로 생성한 분해 필터들의 쌍이 주어지면, 관련 FWT를 계산하기 위한 범용 루틴을 작성하는 일은 쉽다. 목표는 그림 7.2의 필터링 및 하향 샘플링 연산들에 기반한 효율적 알고리듬을 만드는 것이다. 기존 Wavelet Toolbox와의 호환성을 유지하기 위해, 같은 분해 구조체(즉, [C, S] - C는 분해 벡터이고 S는 부기 매트릭스)를 채택한다. wavedec2가 $M \times N \times 3$ 입력을 받아들일 수 있으므로, 세 번째 차원 방향으로 확장된 배열도 받아들일 수 있다. 즉, 입력이 RGB 영상의 적, 녹, 청 성분들 같이, 하나 이상의 2-D 배열을 포함할 수 있다. 확장된 배열의 각 2-D 배열을 페이지(*page*)라고 부르며, 그의 세 번째 인덱스를 페이지 인덱스라고 부른다. wavefast라고 부르는 다음 루틴은 계산된 FWT(들)과 관련된 경계 왜곡을 줄이기 위해 대칭적 영상 확장을 사용한다:

wavefast

```
function [c, s] = wavefast(x, n, varargin)
%WAVEFAST Computes the FWT of a '3-D extended' 2-D array.
%   [C, L] = WAVEFAST(X, N, LP, HP) computes 'PAGES' 2D N-level
%   FWTs of a 'ROWS x COLUMNS x PAGES' matrix X with respect to
%   decomposition filters LP and HP.
%
%   [C, L] = WAVEFAST(X, N, WNAME) performs the same operation but
%   fetches filters LP and HP for wavelet WNAME using WAVEFILTER.
%
%   Scale parameter N must be less than or equal to log2 of the
```

```
%   maximum image dimension.  Filters LP and HP must be even. To
%   reduce border distortion, X is symmetrically extended. That is,
%   if X = [c1 c2 c3 ... cn] (in 1D), then its symmetric extension
%   would be [... c3 c2 c1 c1 c2 c3 ... cn cn cn-1 cn-2 ...].
%
%   OUTPUTS:
%     Vector C is a coefficient decomposition vector:
%
%      C = [ a1(n)...ak(n) h1(n)...hk(n) v1(n)...vk(n)
%            d1(n)...dk(n) h1(n-1)... d1(1)...dk(1) ]
%
%     where ai, hi, vi, and di for i = 0,1,...k are columnwise
%     vectors containing approximation, horizontal, vertical, and
%     diagonal coefficient matrices, respectively, and k is the
%     number of pages in the 3-D extended array X. C has 3n + 1
%     sections where n is the number of wavelet decompositions.
%
%     Matrix S is an [(n+2) x 2] bookkeeping matrix if k = 1;
%     else it is [(n+2) x 3]:
%
%      S = [ sa(n, :); sd(n, :); sd(n-1, :); ... ; sd(1, :); sx ]
%
%     where sa and sd are approximation and detail size entries.
%
%   See also WAVEBACK and WAVEFILTER.

% Check the input arguments for reasonableness.
error(nargchk(3, 4, nargin));


if nargin == 3
   if ischar(varargin{1})
      [lp, hp] = wavefilter(varargin{1}, 'd');
   else
      error('Missing wavelet name.');
   end
else
   lp = varargin{1};   hp = varargin{2};
end

% Get the filter length, 'lp', input array size, 'sx', and number of
% pages, 'pages', in extended 2-D array x.
fl = length(lp);       sx = size(x);       pages = size(x, 3);

if ((ndims(x) ~= 2) && (ndims(x) ~= 3)) || (min(sx) < 2) ...
        || ~isreal(x) || ~isnumeric(x)
   error('X must be a real, numeric 2-D or 3-D matrix.');
end

if (ndims(lp) ~= 2) || ~isreal(lp) || ~isnumeric(lp) ...
       || (ndims(hp) ~= 2) || ~isreal(hp) || ~isnumeric(hp) ...
       || (fl ~= length(hp)) || rem(fl, 2) ~= 0
   error(['LP and HP must be even and equal length real, ' ...
          'numeric filter vectors.']);
end
```

ndims

함수 ndims(A)는 배열 A의 차원 수를 제공한다.

rem

rem(X, Y)는 X를 Y로 나눈 나머지를 반환한다.

```
if ~isreal(n) || ~isnumeric(n) || (n < 1) || (n > log2(max(sx)))
   error(['N must be a real scalar between 1 and ' ...
          'log2(max(size((X))).']);
end

% Init the starting output data structures and initial approximation.
c = [];        s = sx(1:2);
app = cell(pages, 1);
for i = 1:pages
   app{i} = double(x(:, :, i));
end

% For each decomposition ...
for i = 1:n
   % Extend the approximation symmetrically.
   [app, keep] = symextend(app, fl, pages);

   % Convolve rows with HP and downsample. Then convolve columns
   % with HP and LP to get the diagonal and vertical coefficients.
   rows = symconv(app, hp, 'row', fl, keep, pages);
   coefs = symconv(rows, hp, 'col', fl, keep, pages);
   c = addcoefs(c, coefs, pages);
   s = [size(coefs{1}); s];
   coefs = symconv(rows, lp, 'col', fl, keep, pages);
   c = addcoefs(c, coefs, pages);

   % Convolve rows with LP and downsample. Then convolve columns
   % with HP and LP to get the horizontal and next approximation
   % coeffcients.
   rows = symconv(app, lp, 'row', fl, keep, pages);
   coefs = symconv(rows, hp, 'col', fl, keep, pages);
   c = addcoefs(c, coefs, pages);
   app = symconv(rows, lp, 'col', fl, keep, pages);
end

% Append the final approximation structures.
c = addcoefs(c, app, pages);
s = [size(app{1}); s];
if ndims(x) > 2
   s(:, 3) = size(x, 3);
end

%-------------------------------------------------------------------%
function nc = addcoefs(c, x, pages)
% Add 'pages' array coefficients to the wavelet decomposition vector.

nc = c;
for i = pages:-1:1
   nc = [x{i}(:)' nc];
end

%-------------------------------------------------------------------%
function [y, keep] = symextend(x, fl, pages)
% Compute the number of coefficients to keep after convolution and
```

cell

cell(m, n)은 비어 있는 매트릭스들의 m x n 배열을 만든다.

```
% downsampling. Then extend the 'pages' arrays of x in both
% dimensions.

y = cell(pages, 1);
for i = 1:pages
   keep = floor((fl + size(x{i}) - 1) / 2);
   y{i} = padarray(x{i}, [(fl - 1) (fl - 1)], 'symmetric', 'both');
end

%-----------------------------------------------------------------%
function y = symconv(x, h, type, fl, keep, pages)
% For the 'pages' 2-D arrays in x, convolve the rows or columns with
% h, downsample, and extract the center section since symmetrically
% extended.

y = cell(pages, 1);
for i = 1:pages
   if strcmp(type, 'row')
       y{i} = conv2(x{i}, h);
       y{i} = y{i}(:, 1:2:end);
       y{i} = y{i}(:, fl / 2 + 1:fl / 2 + keep(2));
   else
       y{i} = conv2(x{i}, h');
       y{i} = y{i}(1:2:end, :);
       y{i} = y{i}(fl / 2 + 1:fl / 2 + keep(1), :);
   end
end
```

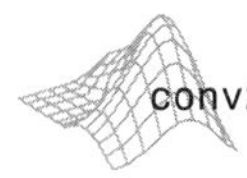

C = conv2(A, B)는 매트릭스 A와 B의 2-D 컨볼루션을 수행한다.

메인 루틴에서 볼 수 있듯이, 전체 순방향 변환을 계산하기 위해 생성된 분해 레벨(또는 스케일)들을 거쳐 반복하는 단 하나의 for loop만 사용된다. 루프의 각 실행에 대해, 그 요소들이 초기에 x의 2-D 영상(또는 페이지)들로 설정된 현재의 근사화 셀 배열 app는 내부 함수 symextend에 의해 대칭적으로 확장된다. 이 함수는 2.4.2절에서 소개한 padarray를 호출해서 app의 매트릭스들을, 그들의 경계의 f1 − 1개(분해 필터 길이 빼기 1)요소들을 거울 반사시켜서 두 차원으로 확장한다.

만일 x가 2-D 배열이라면, app에는 요소가 하나만 있다. x가 3-D 배열이면, 세 번째 인덱스가 변환될 2-D 배열(또는 페이지) 수를 결정한다. 어느 경우든, 첫 번째와 두 번째 인덱스가 app의 2-D 배열 또는 배열들의 크기를 결정한다.

함수 symextend는 확장된 근사화 매트릭스들과, 그 뒤에 컨볼루션 및 하향 샘플링된 결과들의 중앙에서 추출되어야 하는 화소 수의 셀 배열을 반환한다. 확장된 근사화의 행들은 그 다음에 고역통과 분해 필터 hp와 컨볼루션되고, symconv에 의해 하향 샘플링된다. 이 함수는 다음 문단에 설명된다. 컨볼루션된 출력 rows(역시 셀 배열)는 symconv로 전달되어 그 열들이 필터 hp와 lp로 컨볼루션 및 하향 샘플링되어서, 그림 7.2의 맨 위 두 개의 가지의 대각선 및 수직 디테일 계수들을 생성한다. 이 결과들은 함수 addcoefs에 의해 분해 벡터 c에 삽입되며(마지막 요소에서 첫 번째 요소 방향으로), 이 과정은 그림 7.2를 따라서 반복되어 수평 디테일 및 근사화 계수들(그림의 아래쪽 두 가지)을 생성한다.

함수 symconv는 함수 conv2를 사용해서 대량의 변환 계산 작업을 수행한다.

이 함수는 필터 h를 셀 배열 x의 행들 또는 열들과 컨볼루션시키며(type에 따라서), 짝수 인덱스의 행과 열을 무시(즉, 2에 의해 하향 샘플링)하고, 각 행 또는 열의 중앙 keep 요소들을 추출한다. conv2를 셀 배열 x와 행 필터 벡터 h를 갖고 호출하면 x의 각 매트릭스와 행 간(row-by-row) 컨볼루션을 시작한다; 열 필터 벡터 h'을 사용하면 열 방향 컨볼루션이 된다.

예제 7.3

wavefast와 wavedec2의 실행 시간을 비교하기.

■ 다음의 테스트 루틴은 1장의 함수 timeit을 사용해서 Wavelet Toolbox 함수 wavedec2와 주문형 함수 wavefast의 실행 시간을 비교한다:

```
function [ratio, maxdiff] = fwtcompare(f, n, wname)
%FWTCOMPARE Compare wavedec2 and wavefast.
%   [RATIO, MAXDIFF] = FWTCOMPARE(F, N, WNAME) compares the
%   operation of Wavelet Toolbox function WAVEDEC2 and custom
%   function WAVEFAST.
%
%   INPUTS:
%     F          Image to be transformed.
%     N          Number of scales to compute.
%     WNAME      Wavelet to use.
%
%   OUTPUTS:
%     RATIO      Execution time ratio (custom/toolbox)
%     MAXDIFF    Maximum coefficient difference.

% Get transform and computation time for wavedec2.
w1 = @() wavedec2(f, n, wname);
reftime = timeit(w1);

% Get transform and computation time for wavefast.
w2 = @() wavefast(f, n, wname);
t2 = timeit(w2);

% Compare the results.
ratio = t2 / reftime;
maxdiff = abs(max(w1() - w2()));
```

그림 7.4의 영상과 4차 Daubechies 웨이블릿들에 관한 다섯 스케일 웨이블릿 변환에 대해서, fwtcompare 결과는 다음과 같다:

```
>> f = imread('vase.tif');
>> [ratio, maxdifference] = fwtcompare(f, 5, 'db4')
ratio =
    0.7303
maxdifference =
    3.2969e-012
```

주문형 함수 wavefast가 실질적으로 같은 결과를 만들면서도 Wavelet Toolbox의 함수보다 빠름을 주목한다.

그림 7.4 512 × 512 꽃병 영상.

7.3 웨이블릿 분해 구조체로 작업하기

Working with Wavelet Decomposition Structures

앞 두 절의 웨이블릿 변환함수들은 {**c**, **S**} 형태의 표시할 수 없는 데이타 구조체를 만든다. 여기서 **c**는 변환계수 벡터이고, **S**는 **c**의 계수들의 배치를 정의하는 부기 매트릭스이다. 영상을 처리하기 위해서는 **c**를 조사 및/또는 수정할 수 있어야 한다. 이 절에서는 {**c**, **S**}를 공식화해서 정의하고, 이를 다루기 위한 Wavelet Toolbox 함수들을 검토하고, Wavelet Toolbox 없이도 사용 가능한 일련의 주문형 함수들을 개발한다. 이 함수들은 **c**를 표시하기 위한 범용 루틴 작성에 사용된다.

예제 7.2에서 소개한 표현 방법은 다중 스케일 2차원 웨이블릿 변환의 계수들을 단일 1차원 벡터

$$\mathbf{c} = [\mathbf{A}_N(:)' \quad \mathbf{H}_N(:)' \quad \ldots \quad \mathbf{H}_i(:)' \quad \mathbf{V}_i(:)' \quad \mathbf{D}_i(:)' \quad \cdots \quad \mathbf{V}_1(:)' \quad \mathbf{D}_1(:)']$$

으로 통합한다. 여기서 $\mathbf{A}_N$은 N번째 분해 레벨의 근사화 계수 매트릭스이며, $\mathbf{H}_i$, $\mathbf{V}_i$, $\mathbf{D}_i$ for $i = 1, 2, \ldots N$은 레벨 i에 대한 수평, 수직, 대각선 변환계수 매트릭스들이다. 여기서, 예를 들어 $\mathbf{H}_i(:)'$은 매트릭스 $\mathbf{H}_i$의 전치된 열들을 이어서 만든 행 벡터이다. 즉, 만일

$$\mathbf{H}_i = \begin{bmatrix} 3 & -2 \\ 1 & 6 \end{bmatrix}$$

이면,

$$\mathbf{H}_i(:) = \begin{bmatrix} 3 \\ 1 \\ -2 \\ 6 \end{bmatrix} \quad \text{그리고} \quad \mathbf{H}_i(:)' = [3 \quad 1 \quad -2 \quad 6]$$

이다. **c**에 대한 식은 N개의 분해(또는 그림 7.2의 필터 뱅크의 통과)를 가정하므로, **c**는 $3N+1$개의 섹션을 포함한다–하나의 근사화와 수평, 수직, 대각선 디테일들의 N개의 그룹. 가장 높은 스케일 계수들은 $i=1$일 때 계산됨을 유념한다; 최저 스케일 계수들은 $i=N$과 관련 있다. 따라서, **c**의 계수들은 낮은 스케일에서 높은 스케일로 정렬된다.

분해 구조체의 매트릭스 **S**는 다음 형태의 $(N+2)\times 2$ 부기 배열이다.

$$\mathbf{S} = [\mathbf{sa}_N;\ \ \mathbf{sd}_N;\ \ \mathbf{sd}_{N-1};\ \ \ldots\ \ \mathbf{sd}_i;\ \ \ldots\ \ \mathbf{sd}_1;\ \ \mathbf{sf}]$$

여기서 $\mathbf{sa}_N$, $\mathbf{sd}_i$, **sf**는 각각 N번째 레벨 근사화 $\mathbf{A}_N$, i번째 레벨 디테일들($i=1, 2, \ldots N$에 대한 $\mathbf{H}_i$, $\mathbf{V}_i$, $\mathbf{D}_i$), 오리지널 영상 **F**의 수평 및 수직 차원을 포함하는 1×2 벡터들이다. **S**에 있는 정보는 **c**의 개별 근사화 및 디테일 계수 매트릭스들의 위치를 결정하는 데 사용될 수 있다. 앞 식의 세미콜론은 **S**의 요소들이 열 벡터로 정리되어 있음을 나타낸다.

"적층된 배열"수가 세번째 배열 인덱스에 의해 결정되는 2-D 배열 "스택"으로 생각해도된다.

3-D 배열은 변환될 때, **확장된** *2-D* **배열**—변환될 3-D 배열의 세 번째 인덱스에 의해 "페이지" 수가 정해지는 2-D 배열의 "책"—로 다뤄진다. 확장된 배열은 풀 칼라 영상(그림 6.1의 RGB 칼라 평면들 참조)의 칼라 성분들 또는 영상 시퀀스를 구성하는 개별 프레임들을 포함하고 있을 수 있다. 3-D 배열의 FWT를 계산하기 위해서, 각 2-D 배열 또는 페이지는 독립적으로 변환되며, 이때 결과 분해 계수들은 단일 {**c, S**} 구조체에 들어간다. 벡터 **c**의 요소들은

$$\begin{aligned}
\mathbf{A}_N(:)' &= [\mathbf{A}_N^1(:)'\ \ \mathbf{A}_N^2(:)'\ \ \ldots\ \ \mathbf{A}_N^K(:)'] \\
\mathbf{H}_i(:)' &= [\mathbf{H}_i^1(:)'\ \ \mathbf{H}_i^2(:)'\ \ \ldots\ \ \mathbf{H}_i^K(:)'] \\
\mathbf{V}_i(:)' &= [\mathbf{V}_i^1(:)'\ \ \mathbf{V}_i^2(:)'\ \ \ldots\ \ \mathbf{V}_i^K(:)'] \\
\mathbf{D}_i(:)' &= [\mathbf{D}_i^1(:)'\ \ \mathbf{D}_i^2(:)'\ \ \ldots\ \ \mathbf{D}_i^K(:)']
\end{aligned}$$

이 되며, 여기서 K는 확장 배열의 페이지(또는 2-D 배열) 수, i는 분해 수준, **A, H, V, D**의 위 첨자는 관련 FWT 계수들이 나오는 페이지들을 표시한다. 따라서, 모든 페이지의 근사화 및 디테일 계수들은 각 분해 수준에서 이어진다. 앞에서와 같이, **c**는 $3N+1$개의 섹션으로 구성되나, 부기 매트릭스 **S**는 세 번째 열이 **c**의 2-D 배열 수를 지정하는 $(N+2)\times 3$ 배열이 된다.

예제 7.4

변환 분해 벡터 **c**를 다루기 위한 Wavelet Toolbox 함수들.

■ Wavelet Toolbox는 **c**의 근사화 및 수평, 수직, 대각선 계수들을 찾아내고(locate), 추출하고, 다시 포맷(reformat)하고, 그리고/또는 다루기(manipulate) 위한 다양한 함수들을 분해 레벨의 함수로서 제공한다. 방금 설명한 개념들을 예제를 통해 보여주고, 다음 절에서 개발할 대안적 함수들에 대해 준비하기 위해 그들을 여기에서 소개한다. 예로서, 다음의 명령 시퀀스를 고려하자:

```
>> f = magic(8);
>> [c1, s1] = wavedec2(f, 3, 'haar');
>> size(c1)
ans =
    1    64
>> s1
s1 =
    1     1
    1     1
    2     2
    4     4
    8     8
>> approx = appcoef2(c1, s1, 'haar')
approx =
    260.0000
>> horizdet2 = detcoef2('h', c1, s1, 2)
horizdet2 =
    1.0e-013 *
             0   -0.2842
             0         0
>> newc1 = wthcoef2('h', c1, s1, 2);
>> newhorizdet2 = detcoef2('h', newc1, s1, 2)
newhorizdet2 =
    0      0
    0      0
```

여기서, K는 1이며, Haar 웨이블릿들에 관한 3-레벨 분해를 함수 wavedec을 사용해서 단일 8×8 마방진에 대해 수행한다. 결과 계수 벡터 c1은 크기가 1×64이다. s1이 5×2이므로, c1의 계수들이 $(N-2) = (5-2) = 3$ 분해 레벨들을 스팬(span)함을 알 수 있다. 따라서, $3N + 1 = 3(3) + 1 = 10$개의 근사화 및 디테일 계수 서브매트릭스들을 채우는 데 필요한 요소들을 잇는다. s1에 기반해서, 이 서브매트릭스들은 다음을 포함한다: (a) 분해 레벨 3을 위한 1×1 근사화 매트릭스와 세 개의 1×1 디테일 매트릭스들[s1(1, :)과 s1(2, :) 참고], (b) 레벨 2를 위한 세 개의 2×2 디테일 매트릭스들[s1(3, :) 참고], (c) 레벨 1을 위한 세 개의 4×4 디테일 매트릭스들[s1(4, :) 참고]. s1의 다섯 번째 행은 오리지널 영상 f의 크기를 포함한다.

매트릭스 approx = 260을 아래 문법의 툴박스 함수 appcoef2를 사용해서 c1에서 추출한다:

```
a = appcoef2(c, s, wname)
```

appcoef2

여기서, wname은 표 7.1로부터의 웨이블릿 이름이며, a는 반환된 근사화 매트릭스이다. 레벨 2의 수평 디테일 계수들은 아래의 비슷한 문법의 함수 detcoef2를 사용해서 가져온다:

```
d = detcoef2(o, c, s, n)
```

detcoef2

여기서 o는 수평, 수직, 대각선 디테일들을 위한 'h', 'v', 또는 'd'로 설정되며, n은 원하는 분해 레벨이다. 이 예제에서는 2×2 매트릭스 horizdet2가 반환된다. 그러고 나서, c1에서 horizdet2에 해당하는 계수들은 다음 형태의 웨이블릿 문턱처리 함수인 wthcoef2에 의해 0으로 된다.

```
nc = wthcoef2(type, c, s, n, t, sorh)
```

wthcoef2

여기서 type은 근사화 계수들을 문턱처리하기 위해서는 'a'로 설정되며, 수평, 수직, 또는 대각선 디테일들을 문턱처리하기 위해서는 각각 'h', 'v', 또는 'd'로 설정된다. 입력 n

은 벡터 t에 있는 해당 문턱치들에 기반해서 문턱처리될 분해 레벨들의 벡터이다. 한편 sorh는 소프트(soft, 연) 또는 하드(hard, 경) 문턱처리를 위해 각각 's' 또는 'h'로 설정된다. t를 생략하면, type 및 n 규정에 맞는 모든 계수들이 0이 된다. 출력 nc는 수정된(즉, 문턱처리된) 분해 벡터이다. 앞의 Wavelet Toolbox 함수들 세 개 모두 다른 문법을 가지며, MATLAB help 명령에 의해 확인할 수 있다.

7.3.1 Wavelet Toolbox 없이 웨이블릿 분해 계수들을 수정하기

Wavelet Toolbox가 없으면, 부기 매트릭스 **S**가 다중 스케일 벡터 **c**의 개별 근사화 및 디테일 계수들에 접근하기 위한 키가 된다. 이 절에서는 **c**를 다루기 위한 일련의 범용 루틴들을 만들기 위해 **S**를 사용한다. 함수 wavework는 개발되는 루틴들의 토대이며, 이들은 워드 프로세싱 애플리케이션들의 익숙한 cut-copy-paste 개념에 기반한다.

wavework

```
function [varargout] = wavework(opcode, type, c, s, n, x)
%WAVEWORK is used to edit wavelet decomposition structures.
%   [VARARGOUT] = WAVEWORK(OPCODE, TYPE, C, S, N, X) gets the
%   coefficients specified by TYPE and N for access or modification
%   based on OPCODE.
%
%   INPUTS:
%     OPCODE      Operation to perform
%     --------------------------------------------------------------
%     'copy'      [varargout] = Y = requested (via TYPE and N)
%                 coefficient matrix
%     'cut'       [varargout] = [NC, Y] = New decomposition vector
%                 (with requested coefficient matrix zeroed) AND
%                 requested coefficient matrix
%     'paste'     [varargout] = [NC] = new decomposition vector with
%                 coefficient matrix replaced by X
%
%     TYPE        Coefficient category
%     --------------------------------------------
%     'a'         Approximation coefficients
%     'h'         Horizontal details
%     'v'         Vertical details
%     'd'         Diagonal details
%
%     [C, S] is a wavelet toolbox decomposition structure.
%     N is a decomposition level (Ignored if TYPE = 'a').
%     X is a 2- or 3-D coefficient matrix for pasting.
%
%   See also WAVECUT, WAVECOPY, and WAVEPASTE.

error(nargchk(4, 6, nargin));

if (ndims(c) ~= 2) || (size(c, 1) ~= 1)
```

```
   error('C must be a row vector.');
end

if (ndims(s) ~= 2) || ~isreal(s) || ~isnumeric(s) || ...
        ((size(s, 2) ~= 2) && (size(s, 2) ~= 3))
   error('S must be a real, numeric two- or three-column array.');
end

elements = prod(s, 2);                % Coefficient matrix elements.
if (length(c) < elements(end)) || ...
      ~(elements(1) + 3 * sum(elements(2:end - 1)) >= elements(end))
    error(['[C S] must form a standard wavelet decomposition ' ...
           'structure.']);
end

if strcmpi(opcode(1:3), 'pas') && nargin < 6
   error('Not enough input arguments.');
end

if nargin < 5
   n = 1;                          % Default level is 1.
end
nmax = size(s, 1) - 2;             % Maximum levels in [C, S].

aflag = (lower(type(1)) == 'a');
if ~aflag && (n > nmax)
   error('N exceeds the decompositions in [C, S].');
end

switch lower(type(1))              % Make pointers into C.
case 'a'
   nindex = 1;
   start = 1;    stop = elements(1);    ntst = nmax;
case  {'h', 'v', 'd'}
   switch type
   case 'h', offset = 0;           % Offset to details.
   case 'v', offset = 1;
   case 'd', offset = 2;
   end
   nindex = size(s, 1) - n;        % Index to detail info.
   start = elements(1) + 3 * sum(elements(2:nmax - n + 1)) + ...
           offset * elements(nindex) + 1;
   stop = start + elements(nindex) - 1;
   ntst = n;
otherwise
   error('TYPE must begin with "a", "h", "v", or "d".');
end

switch lower(opcode)               % Do requested action.
case {'copy', 'cut'}
   y = c(start:stop);    nc = c;
   y = reshape(y, s(nindex, :));
   if strcmpi(opcode(1:3), 'cut')
      nc(start: stop) = 0; varargout = {nc, y};
```

strcmpi

함수 strcmpi는 대소문자 구분 없이 두 문자열을 비교한다.

```
      else
         varargout = {y};
      end
   case 'paste'

      if numel(x) ~= elements(end - ntst)
         error('X is not sized for the requested paste.');
      else
         nc = c;   nc(start:stop) = x(:);   varargout = {nc};
      end
   otherwise
      error('Unrecognized OPCODE.');
   end
```

wavework가 입력 인자들의 적합성을 확인할 때, c의 각 계수 서브매트릭스의 요소 수는 elements = prod(s, 2)에 의해 계산된다. 2.4.2절로부터 MATLAB 함수 Y = prod(X, DIM)이 차원 DIM을 따라서 X의 요소들의 곱들을 계산함을 기억하라. 첫 번째 switch 문은 입력 파라미터 type 및 n과 관련된 계수들에 대한 포인터 쌍의 계산을 시작한다. 근사화 경우에 대해서, 이 계산은 계수들이 항상 c의 시작점에 있기 때문에 간단하다(즉, start가 1); 끝나는 인덱스는 물론 근사화 매트릭스의 요소 수이며, elements(1)이다. 그런데, 디테일 계수 서브매트릭스가 요구되면, start는 n을 넘는 모든 분해 레벨에서의 요소 수들을 합하고 offset * elements(nindex)를 더해서 계산된다; 여기서 offset은 수평, 수직, 대각선 계수들 각각에 대해 0, 1, 2이며, nindex는 입력 파라미터 n에 해당하는 s의 행에 대한 포인터이다.

함수 wavework의 두 번째 switch 문은 opcode에 의해 요청된 연산을 수행한다. 'cut'과 'copy' 경우에 대해서는 start와 stop 사이의 c의 계수들이 벡터 y에 복사되며, y는 "모양이 바뀌어(reshaped)" s에 의해 크기가 결정되는 2-D 매트릭스를 만든다. 이는 y = reshape(y, s(nindex, :))에 의해 수행되는데, 여기서 일반화된 MATLAB 함수

reshape

```
y = reshape(x, m, n)
```

은 그 요소들이 x로부터 열 방향으로 취해진 m × n 매트릭스를 반환한다. 만일 x에 m*n개의 요소가 없으면 에러가 반환된다. 'paste'의 경우, x의 요소들은 start와 stop 사이의 c에 복사된다. 'cut'과 'paste' 연산 모두에 대해, 새 분해 벡터 nc가 반환된다.

다음의 세 함수들—wavecut, wavecopy, wavepaste—은 더 직관적인 문법을 사용해서 c를 다루기 위해 wavework를 사용한다:

wavecut

```
function [nc, y] = wavecut(type, c, s, n)
%WAVECUT Zeroes coefficients in a wavelet decomposition structure.
%   [NC, Y] = WAVECUT(TYPE, C, S, N) returns a new decomposition
%   vector whose detail or approximation coefficients (based on TYPE
%   and N) have been zeroed. The coefficients that were zeroed are
%   returned in Y.
%
%   INPUTS:

%     TYPE      Coefficient category
%     -------------------------------------
%     'a'       Approximation coefficients
%     'h'       Horizontal details
%     'v'       Vertical details
%     'd'       Diagonal details
%
%     [C, S] is a wavelet data structure.
%     N specifies a decomposition level (ignored if TYPE = 'a').
%
%   See also WAVEWORK, WAVECOPY, and WAVEPASTE.

error(nargchk(3, 4, nargin));
if nargin == 4
   [nc, y] = wavework('cut', type, c, s, n);
else
   [nc, y] = wavework('cut', type, c, s);
end
```

wavecopy

```
function y = wavecopy(type, c, s, n)
%WAVECOPY Fetches coefficients of a wavelet decomposition structure.
%   Y = WAVECOPY(TYPE, C, S, N) returns a coefficient array based on
%   TYPE and N.
%
%   INPUTS:
%     TYPE      Coefficient category
%     -------------------------------------
%     'a'       Approximation coefficients
%     'h'       Horizontal details
%     'v'       Vertical details
%     'd'       Diagonal details
%
%     [C, S] is a wavelet data structure.
%     N specifies a decomposition level (ignored if TYPE =  a').
%
%   See also WAVEWORK, WAVECUT, and WAVEPASTE.

error(nargchk(3, 4, nargin));
if nargin == 4
```

```
  y = wavework('copy', type, c, s, n);
else
  y = wavework('copy', type, c, s);
end
```

wavepaste

```
function nc = wavepaste(type, c, s, n, x)
%WAVEPASTE Puts coefficients in a wavelet decomposition structure.
%   NC = WAVEPASTE(TYPE, C, S, N, X) returns the new decomposition
%   structure after pasting X into it based on TYPE and N.
%
%   INPUTS:
%     TYPE      Coefficient category
%     -----------------------------------
%     'a'       Approximation coefficients
%     'h'       Horizontal details
%     'v'       Vertical details
%     'd'       Diagonal details
%
%     [C, S] is a wavelet data structure.
%     N specifies a decomposition level (Ignored if TYPE = 'a').
%     X is a 2- or 3-D approximation or detail coefficient
%       matrix whose dimensions are appropriate for decomposition
%       level N.
%
%   See also WAVEWORK, WAVECUT, and WAVECOPY.

error(nargchk(5, 5, nargin))
nc = wavework('paste', type, c, s, n, x);
```

예제 7.5

wavecut과 wavecopy로 c를 다루기.

■ 예제 7.4의 Wavelet Toolbox 기반 결과들을 함수 wavecopy와 wavecut을 사용해서 다시 만들 수 있다:

```
>> f = magic(8);
>> [c1, s1] = wavedec2(f, 3, 'haar');
>> approx = wavecopy('a', c1, s1)

approx =
    260.0000

>> horizdet2 = wavecopy('h', c1, s1, 2)
horizdet2 =
    1.0e-013 *
           0   -0.2842
           0         0
>> [newc1, horizdet2] = wavecut('h', c1, s1, 2);
>> newhorizdet2 = wavecopy('h', newc1, s1, 2)
newhorizdet2 =
```

```
     0         0
     0         0
```

추출된 모든 매트릭스들이 앞 예제에서와 똑 같음을 주목한다.

7.3.2 웨이블릿 분해 계수들을 표시하기

7.3절에서 언급했듯이, 1-D 웨이블릿 분해 벡터 **c**에 담겨지는 계수들은 실제로는 그림 7.2의 필터 뱅크로부터의 2-D 출력 배열들의 계수들이다. 필터 뱅크의 각 반복(iteration)에서 네 개의 1/4 크기 계수 배열들(컨볼루션 과정으로부터의 모든 전개 무시)이 만들어진다. 이들은 이들이 파생된 2-D 입력을 대체하는 서브매트릭스들의 2 × 2 배열로 배치될 수 있다. 함수 wavedisplay는 비슷한 부영상 합성을 수행한다; 계수들의 차이를 더 잘 보일 수 있도록 스케일링하고, 근사화 및 다양한 수평, 수직, 대각선 디테일 매트릭스들의 윤곽을 표시하기 위해 경계를 삽입한다.

wavedisplay

```
function w = wavedisplay(c, s, scale, border)
%WAVEDISPLAY Display wavelet decomposition coefficients.
%   W = WAVEDISPLAY(C, S, SCALE, BORDER) displays and returns a
%   wavelet coefficient image.
%
%   EXAMPLES:
%     wavedisplay(c, s);                        Display w/defaults.
%     foo = wavedisplay(c, s);                  Display and return.
%     foo = wavedisplay(c, s, 4);               Magnify the details.
%     foo = wavedisplay(c, s, -4);              Magnify absolute values.
%     foo = wavedisplay(c, s, 1, 'append');     Keep border values.
%
%   INPUTS/OUTPUTS:
%     [C, S] is a wavelet decomposition vector and bookkeeping
%     matrix.
%
%     SCALE       Detail coefficient scaling
%     ----------------------------------------------------------
%     0 or 1      Maximum range (default)
%     2,3...      Magnify default by the scale factor
%     -1, -2...   Magnify absolute values by abs(scale)
%
%     BORDER      Border between wavelet decompositions
%     ----------------------------------------------------------
%     'absorb'    Border replaces image (default)
%     'append'    Border increases width of image
%
%     Image W:   ------- ------ ----------- -----------------
%                |      |      |           |
%                | a(n) | h(n) |           |
%                |      |      |           |
```

```
%                 ------- ------     h(n-1)   |
%                 |      |      |              |
%                 | v(n) | d(n) |              |          h(n-2)
%                 |      |      |              |
%                 ------- ------ ------------
%                 |             |              |
%                 |    v(n-1)   |    d(n-1)    |
%                 |             |              |
%                 -------------- ------------ ------------------
%                 |                            |
%                 |            v(n-2)          |          d(n-2)
%                 |                            |
%
%     Here, n denotes the decomposition step scale and a, h, v, d are
%     approximation, horizontal, vertical, and diagonal detail
%     coefficients, respectively.

% Check input arguments for reasonableness.
error(nargchk(2, 4, nargin));

if (ndims(c) ~= 2) || (size(c, 1) ~= 1)
  error('C must be a row vector.');
end

if (ndims(s) ~= 2) || ~isreal(s) || ~isnumeric(s) || ...
        ((size(s, 2) ~= 2) && (size(s, 2) ~= 3))
  error('S must be a real, numeric two- or three-column array.');
end

elements = prod(s, 2);
if (length(c) < elements(end)) || ...
      ~(elements(1) + 3 * sum(elements(2:end - 1)) >= elements(end))
   error(['[C S] must be a standard wavelet ' ...
          'decomposition structure.']);
end

if (nargin > 2) && (~isreal(scale) || ~isnumeric(scale))
   error('SCALE must be a real, numeric scalar.');
end

if (nargin > 3) && (~ischar(border))
  error('BORDER must be character string.');
end

if nargin == 2
   scale = 1;  % Default scale.
end

if nargin < 4
   border = 'absorb';  % Default border.
end

% Scale coefficients and determine pad fill.
absflag = scale < 0;
scale = abs(scale);
```

```
if scale == 0
   scale = 1;
end

[cd, w] = wavecut('a', c, s);   w = mat2gray(w);
cdx = max(abs(cd(:))) / scale;
if absflag
   cd = mat2gray(abs(cd), [0, cdx]);   fill = 0;
else
   cd = mat2gray(cd, [-cdx, cdx]);   fill = 0.5;
end

% Build gray image one decomposition at a time.
for i = size(s, 1) - 2:-1:1
   ws = size(w);

   h = wavecopy('h', cd, s, i);
   pad = ws - size(h);     frontporch = round(pad / 2);
   h = padarray(h, frontporch, fill, 'pre');
   h = padarray(h, pad - frontporch, fill, 'post');

   v = wavecopy('v', cd, s, i);
   pad = ws - size(v);     frontporch = round(pad / 2);
   v = padarray(v, frontporch, fill, 'pre');
   v = padarray(v, pad - frontporch, fill, 'post');

   d = wavecopy('d', cd, s, i);
   pad = ws - size(d);     frontporch = round(pad / 2);
   d = padarray(d, frontporch, fill, 'pre');
   d = padarray(d, pad - frontporch, fill, 'post');

   % Add 1 pixel white border and concatenate coefficients.
   switch lower(border)
   case 'append'
      w = padarray(w, [1 1], 1, 'post');
      h = padarray(h, [1 0], 1, 'post');
      v = padarray(v, [0 1], 1, 'post');
   case 'absorb'
      w(:, end, :) = 1;   w(end, :, :) = 1;
      h(end, :, :) = 1;   v(:, end, :) = 1;
   otherwise
      error('Unrecognized BORDER parameter.');
   end
   w = [w h; v d];
end

% Display result. If the reconstruction is an extended 2-D array
% with 2 or more pages, display as a time sequence.
if nargout == 0
   if size(s, 2) == 2
      imshow(w);
   else
      implay(w);
   end
end
```

implay

함수 implay는 영상 시퀀스를 표시하기 위해 동영상 재생기를 연다.

wavedisplay의 "도움말 텍스트" 또는 헤더 섹션은 생성되는 출력 영상 w의 구조를 상세히 기술하고 있다. 예를 들어, w의 왼쪽 위 구석의 부영상은 마지막 분해 단계로부터 나오는 근사화 배열이다. 시계 방향으로, 같은 분해 단계에서 생성되는 수평, 대각선, 수직 디테일 계수들에 의해 둘러싸여 있다. 결과인 부영상 배열은 (다시 시계 방향으로) 이전 분해 단계의 디테일 계수들에 의해 둘러싸인다; 그리고, 이 패턴은 분해 벡터 c의 모든 스케일들이 2-D 매트릭스 w에 이어 붙여질 때까지 계속된다.

방금 설명한 합성은 wavedisplay의 유일한 for 루프 안에서 일어난다. 일관성을 위해 입력을 점검한 후, wavecut을 호출해서 분해 벡터 c에서 근사화 계수들을 제거한다. 이 계수들은 나중의 표시를 위해 mat2gray를 사용해서 스케일링된다. 그런 다음, 수정된 분해 벡터 cd(즉, 근사화 계수들이 없는 c)는 비슷하게 스케일링된다. 양의 입력 scale 값에 대해서, 디테일 계수들은 계수 값 0이 중간 그레이로 나타나도록 스케일링된다; 모든 필요한 패딩은 fill 값이 0.5(중간 그레이)로 수행된다. 만일 scale이 음수이면, 디테일 계수들의 절대값들은 흑색에 해당하는 값 0으로 표시되며, 패드 fill 값은 0으로 설정된다. 근사화 및 디테일 계수들이 표시를 위해 스케일링된 후, for 루프의 첫 번째 반복은 마지막 분해 단계의 디테일 계수들을 cd로부터 추출하고, 이들을 w = [w h; v d] 문에 의해 w에 이어 붙인다(네 개의 부영상들의 차원들을 매칭시키기 위한 패딩과 한 화소 두께의 백색 경계선의 삽입 후). 그러고 나서, 이 과정은 c의 각 스케일에 대해 반복된다. w를 형성하는 데 필요한 다양한 디테일 계수들을 추출하기 위한 wavecopy의 사용을 주목한다.

예제 7.6

wavedisplay에 의한 변환계수 표시.

■ 다음의 명령 시퀀스는 4차 Daubechies 웨이블릿과 관련해서 그림 7.4의 영상의 두 스케일 DWT를 계산하고 결과 계수들을 표시한다:

```
>> f = imread('vase.tif');
>> [c, s] = wavefast(f, 2, 'db4');
>> wavedisplay(c, s);
>> figure; wavedisplay(c, s, 8);
>> figure; wavedisplay(c, s, -8);
```

마지막 세 명령줄들에 의해 생성된 영상들을 그림 7.5(a)부터 (c)가 각각 보여준다. 추가 스케일링이 없으면, 그림 7.5(a)에서 디테일 계수 차이들이 거의 보이지 않는다. 그림 7.5(b)에서는 계수들을 8로 곱해서 차이를 강조했다. 레벨 1 계수 부영상들의 경계선들을 따라서 보이는 중간 그레이 패딩에 유의한다; 이것은 변환계수 부영상들 간의 차원 변화를 융화시키기 위해 삽입되었다. 그림 7.5(c)는 디테일들의 절대값들을 취한 효과를 보여준다. 여기서 모든 패딩은 흑색으로 수행되었다.

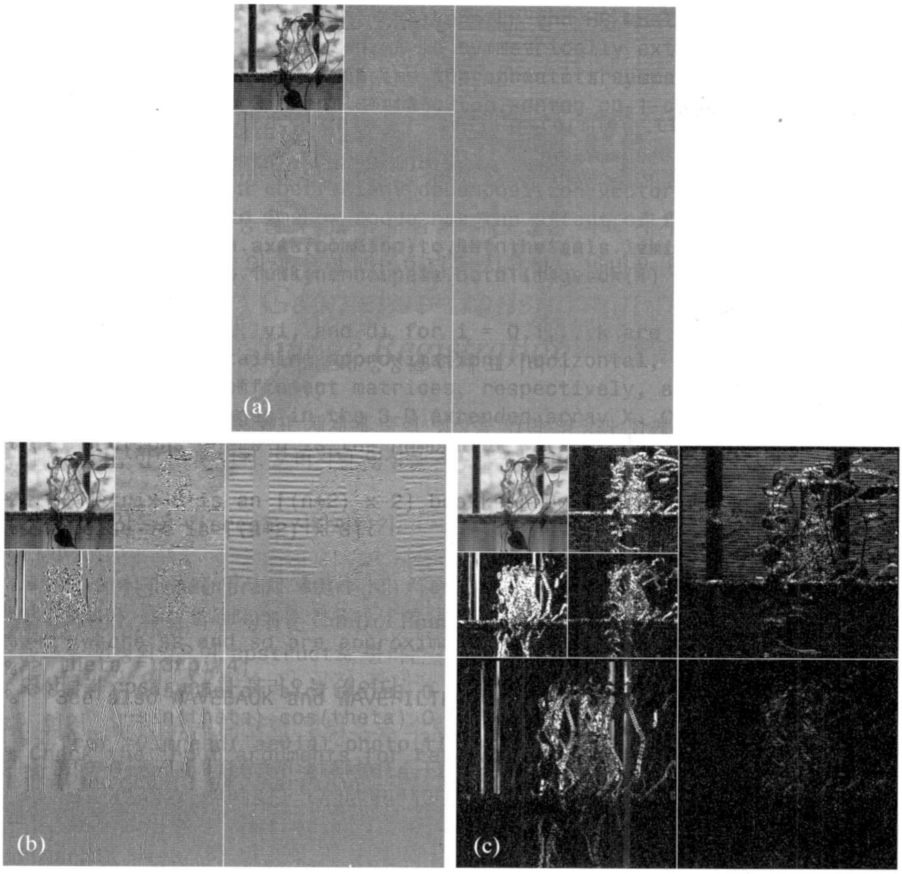

그림 7.5 그림 7.4의 영상의 두 스케일 웨이블릿 변환을 표시하기: (a) 자동 스케일링; (b) 8에 의한 추가 스케일링; (c) 8로 스케일링된 절대 값들.

7.4 고속 웨이블릿 역변환 Inverse Fast Wavelet Transform

순방향에서와 같이, 고속 웨이블릿 역변환도 디지털 필터들을 사용해서 반복적으로 계산할 수 있다. 그림 7.6은 필요한 **합성**(*synthesis*) 또는 **재구성**(*reconstruction*) **필터 뱅크**를 보여준다. 이는 그림 7.2의 분석 또는 분해 필터 뱅크 과정을 거꾸로 한 것이다. 각 반복에서, 네 개의 스케일 j 근사화 및 디테일 부영상들이 **상향 샘플링**(*upsampling*)되며(하나 걸러 요소들 사이에 0을 삽입해서), 두 개의 1-D 필터들과 컨볼루션된다—하나는 부영상들의 열들에 연산되며, 다른 하나는 행들에 연산된다. 이 결과들을 더해서 스케일 $j+1$ 근사화를 만들며, 이 과정은 오리지널 영상이 재구성될 때까지 되풀이된다. 컨볼루션에 사용되는 필터들은 순방향 변환에 채택된 웨이블릿들의 함수이다. 이들은 7.2절의 함수 `wfilters`와 `wavefilter`로부터 입력 파라미터 `type`을 "reconstruction"의 `'r'`로 설정해서 얻을 수 있음을 기억하라.

Wavelet Toolbox를 사용할 때, 함수 `waverec2`를 사용해서 웨이블릿 분해 구조체 `[C, S]`의 역 FWT를 계산한다. 다음 명령문으로 호출한다:

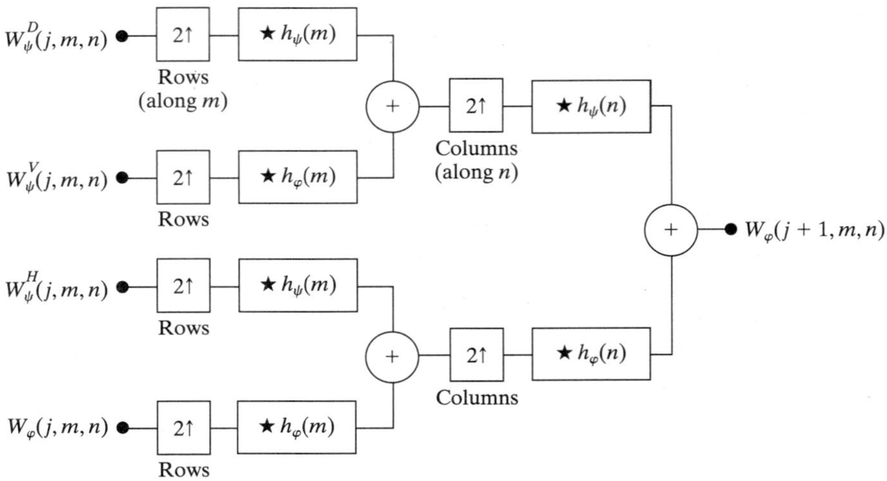

그림 7.6 2-D FWT^{-1} 필터 뱅크. 상향 화살표가 있는 상자들은 매 요소 사이에 0을 삽입하는 상향 샘플링을 나타낸다.

waverec2

```
g = waverec2(C, S, wname)
```

여기서 g는 재구성된 2-D 결과 영상(클래스 double 형)이다. 요구되는 재구성 필터들은 다음 문법에 의해 달리 공급될 수 있다:

```
g = waverec2(C, S, Lo_R, Hi_R)
```

Wavelet Toolbox를 사용할 수 없을 때, waveback이라고 부르는 다음의 주문형 루틴을 쓸 수 있다. 이것은 IPT와 연계해서(Wavelet Toolbox 없이) 영상을 처리하기 위한 우리의 웨이블릿 기반 패키지를 완성시키는 데 필요한 마지막 함수이다.

waveback

```
function [varargout] = waveback(c, s, varargin)
%WAVEBACK Computes inverse FWTs for multi-level decomposition [C, S].
%   [VARARGOUT] = WAVEBACK(C, S, VARARGIN) performs a 2D N-level
%   partial or complete wavelet reconstruction of decomposition
%   structure [C, S].
%
%   SYNTAX:
%   Y = WAVEBACK(C, S, 'WNAME');  Output inverse FWT matrix Y
%   Y = WAVEBACK(C, S, LR, HR);   using lowpass and highpass
%                                 reconstruction filters (LR and
%                                 HR) or filters obtained by
%                                 calling WAVEFILTER with 'WNAME'.
%
%   [NC, NS] = WAVEBACK(C, S, 'WNAME', N);  Output new wavelet
%   [NC, NS] = WAVEBACK(C, S, LR, HR, N);   decomposition structure
%                                           [NC, NS] after N step
%                                           reconstruction.
%
%   See also WAVEFAST and WAVEFILTER.
```

```
% Check the input and output arguments for reasonableness.
error(nargchk(3, 5, nargin));
error(nargchk(1, 2, nargout));

if (ndims(c) ~= 2) || (size(c, 1) ~= 1)
   error('C must be a row vector.');
end

if (ndims(s) ~= 2) || ~isreal(s) || ~isnumeric(s) || ...
        ((size(s, 2) ~= 2) && (size(s, 2) ~= 3))
   error('S must be a real, numeric two- or three-column array.');
end

elements = prod(s, 2);
if (length(c) < elements(end)) || ...
      ~(elements(1) + 3 * sum(elements(2:end - 1)) >= elements(end))
   error(['[C S] must be a standard wavelet ' ...
         'decomposition structure.']);
end

% Maximum levels in [C, S].
nmax = size(s, 1) - 2;

% Get third input parameter and init check flags.
wname = varargin{1};  filterchk = 0;   nchk = 0;

switch nargin
case 3
   if ischar(wname)
      [lp, hp] = wavefilter(wname, 'r');   n = nmax;
   else
      error('Undefined filter.');
   end
   if nargout ~= 1
      error('Wrong number of output arguments.');
   end
case 4
   if ischar(wname)
      [lp, hp] = wavefilter(wname, 'r');
      n = varargin{2};    nchk = 1;
   else
      lp = varargin{1};   hp = varargin{2};
      filterchk = 1;      n = nmax;
      if nargout ~= 1
         error('Wrong number of output arguments.');
      end
   end
case 5
   lp = varargin{1};   hp = varargin{2};   filterchk = 1;
   n = varargin{3};    nchk = 1;
otherwise
   error('Improper number of input arguments.');
end
```

```
fl = length(lp);
if filterchk                                      % Check filters.
   if (ndims(lp) ~= 2) || ~isreal(lp) || ~isnumeric(lp) ...
         || (ndims(hp) ~= 2) || ~isreal(hp) || ~isnumeric(hp) ...
         || (fl ~= length(hp)) || rem(fl, 2) ~= 0
      error(['LP and HP must be even and equal length real, ' ...
         'numeric filter vectors.']);
   end
end

if nchk && (~isnumeric(n) || ~isreal(n))         % Check scale N.
   error('N must be a real numeric.');
end
if (n > nmax) || (n < 1)
   error('Invalid number (N) of reconstructions requested.');
end
if (n ~= nmax) && (nargout ~= 2)
   error('Not enough output arguments.');
end

nc = c;    ns = s;    nnmax = nmax;               % Init decomposition.
for i = 1:n
   % Compute a new approximation.
   a = symconvup(wavecopy('a', nc, ns), lp, lp, fl, ns(3, :)) + ...
       symconvup(wavecopy('h', nc, ns, nnmax), ...
                 hp, lp, fl, ns(3, :)) + ...
       symconvup(wavecopy('v', nc, ns, nnmax), ...
                 lp, hp, fl, ns(3, :)) + ...
       symconvup(wavecopy('d', nc, ns, nnmax), ...
                 hp, hp, fl, ns(3, :));

   % Update decomposition.
   nc = nc(4 * prod(ns(1, :)) + 1:end);       nc = [a(:)' nc];
   ns = ns(3:end, :);                         ns = [ns(1, :); ns];
   nnmax = size(ns, 1) - 2;
end

% For complete reconstructions, reformat output as 2-D.
if nargout == 1
   a = nc;   nc = repmat(0, ns(1, :));     nc(:) = a;
end

varargout{1} = nc;
if nargout == 2
   varargout{2} = ns;
end

%-------------------------------------------------------------------%
function w = symconvup(x, f1, f2, fln, keep)
% Upsample rows and convolve columns with f1; upsample columns and
% convolve rows with f2; then extract center assuming symmetrical
% extension.

% Process each "page" (i.e., 3rd index) of an extended 2-D array
```

```
% separately; if 'x' is 2-D, size(x, 3) = 1.
% Preallocate w.
zi = fln - 1:fln + keep(1) - 2;
zj = fln - 1:fln + keep(2) - 2;
w = zeros(numel(zi), numel(zj), size(x, 3));
for i = 1:size(x, 3)
   y = zeros([2 1] .* size(x(:, :, i)));
   y(1:2:end, :) = x(:, :, i);
   y = conv2(y, f1');
   z = zeros([1 2] .* size(y));      z(:, 1:2:end) = y;
   z = conv2(z, f2);
   z = z(zi, zj);
   w(:, :, i) = z;
end
```

함수 waveback의 메인 루틴은 단순한 for 루프로서 요청된 분해 레벨들(즉, 스케일들)의 수만큼 반복된다. 코드에서 볼 수 있듯이, 각 루프는 내부 함수 symconvup을 네 번 호출하고 반환된 매트릭스들을 더한다. 초기에 c로 설정되는 분해 벡터 nc는 symconvup에 전달되는 네 개의 계수 매트릭스들을 새로 생성된 근사화 a로 대체해서 반복적으로 갱신된다. 그러고 나서, 부기 매트릭스 ns는 적절히 수정된다–이제 분해 구조체 [nc, ns]에는 스케일 하나가 줄어들었다. 이 연산 시퀀스는 그림 7.6에서 맨 위 두 개의 입력이 결합되어

$$\left[W_\psi^D(j,m,n)\uparrow^{2m} \star h_\psi(m) + W_\psi^V(j,m,n)\uparrow^{2m} \star h_\varphi(m)\right]\uparrow^{2n} \star h_\psi(n)$$

을 만드는 연산과는 약간 다르다. 여기서 $\uparrow^{2m}$과 $\uparrow^{2n}$은 각각 m과 n 방향의 상향 샘플링을 표시한다. 함수 waveback은 다음의 등가적인 계산을 사용한다.

$$\left[W_\psi^D(j,m,n)\uparrow^{2m} \star h_\psi(m)\right]\uparrow^{2n} \star h_\psi(n) + \left[W_\psi^V(j,m,n)\uparrow^{2m} \star h_\varphi(m)\right]\uparrow^{2n} \star h_\psi(n)$$

함수 symconvup은 앞 공식에 따라서 그림 7.6에서 출력 $W_\varphi(j+1, m, n)$에 대한 한 입력의 기여도를 계산하는 데 필요한 컨볼루션과 상향 샘플링을 수행한다. 입력 x는 우선 행 방향으로 상향 샘플링되어 y를 만들며, 이는 필터 f1과 열 방향으로 컨볼루션된다. 그러고 나서, y를 대체하는 결과 출력은 열 방향으로 상향 샘플링되고 f2와 행끼리 컨볼루션되어 z를 만든다. 끝으로, z(마지막 컨볼루션)의 중앙의 keep 요소들이 새 근사화에 대한 입력 x의 기여도로서 반환된다.

예제 7.7

waveback과 waverec2의 실행 시간을 비교하기.

■ 다음의 테스트 루틴은 예제 7.3의 테스트 함수를 조금 수정한 것으로서, Wavelet Toolbox 함수 waverec2와 주문형 함수 waveback의 실행 시간을 비교한다:

```
function [ratio, maxdiff] = ifwtcompare(f, n, wname)
%IFWTCOMPARE Compare waverec2 and waveback.
%   [RATIO, MAXDIFF] = IFWTCOMPARE(F, N, WNAME) compares the
%   operation of Wavelet Toolbox function WAVEREC2 and custom
%   function WAVEBACK.
%
%   INPUTS:
%     F          Image to transform and inverse transform.
%     N          Number of scales to compute.
%     WNAME      Wavelet to use.
%
%   OUTPUTS:
%     RATIO      Execution time ratio (custom/toolbox).
%     MAXDIFF    Maximum generated image difference.

% Compute the transform and get output and computation time for
% waverec2.
[c1, s1] = wavedec2(f, n, wname);
w1 = @() waverec2(c1, s1, wname);
reftime = timeit(w1);

% Compute the transform and get output and computation time for
% waveback.
[c2, s2] = wavefast(f, n, wname);
w2 = @() waveback(c2, s2, wname);
t2 = timeit(w2);

% Compare the results.
ratio = t2 / reftime;
diff = double(w1()) - w2();
maxdiff = abs(max(diff(:)));
```

4차 Daubechies의 웨이블릿에 관한 그림 7.4의 512×512 영상의 다섯 스케일 변환에 대해

```
>> f = imread('vase.tif');
>> [ratio, maxdifference] = ifwtcompare(f, 5, 'db4')
ratio =
    1.2238
maxdifference =
    3.6948e-013
```

을 얻는다. 두 함수의 역변환 시간이 비슷하며(즉, 비가 1.2238), 가장 큰 출력 차이가 3.6948×10^{-13}임을 주목한다. 모든 실제 응용 용도에서, 이들은 본질적으로 등가이다.

7.5 영상처리의 웨이블릿 Wavelets in Image Processing

푸리에 도메인(3.3.2절 참조)에서와 같이 웨이블릿 기반 영상처리에 대한 기본적 접근 방법은

1. 영상의 2-D 웨이블릿 변환을 계산하고
2. 변환 계수들을 바꾸고
3. 역변환을 계산하는

것이다. 웨이블릿 도메인의 스케일이 푸리에 도메인의 주파수와 비슷하므로, 3장의 대부분의 푸리에 기반 필터링 기법들은 등가의 "웨이블릿 도메인" 상대를 갖는다. 이 절에서는 앞의 세 단계 과정을 사용해서 영상처리에서의 웨이블릿 사용에 관한 몇 개의 예제를 제시한다. 이 장의 앞 부분에서 개발된 루틴들에만 주목한다; Wavelet Toolbox는 여기에 주어지는 예제들을 구현하는 데 필요하지 않다–*Digital Image Processing* (Gonzalez와 Woods[2008])의 7장의 예제들에 대해서도 필요치 않다.

예제 7.8

웨이블릿 방향성과 에지 검출.

■ 그림 7.7(a)의 500 × 500의 테스트 영상을 고려하자. 이 영상은 3장에서 푸리에 변환에 의한 스무딩과 샤프닝을 보여주기 위해 사용되었다. 여기서는 2-D 웨이블릿 변환의 방향성 감도와 에지 검출에서의 유용성을 보여주기 위해 사용한다:

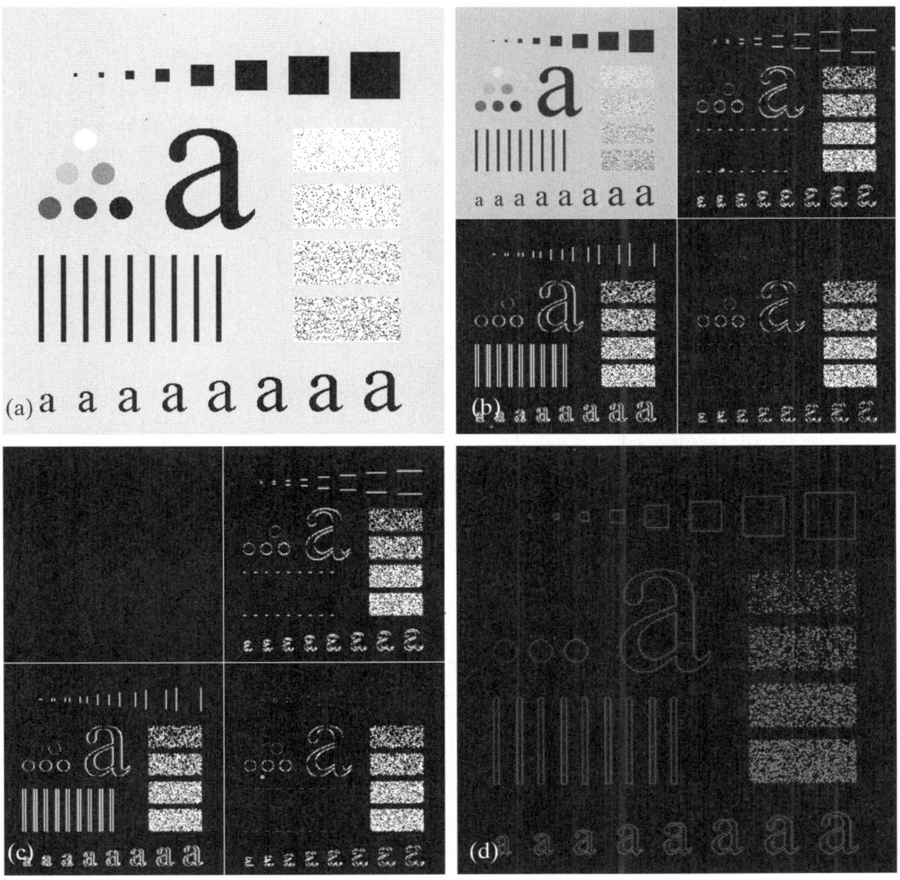

그림 7.7 에지 검출에서의 웨이블릿: (a) 간단한 테스트 영상; (b) 웨이블릿 변환; (c) 모든 근사화 계수들을 0으로 만들어서 수정한 변환. (d) 역변환의 절대값을 계산해서 만든 에지 영상.

```
>> f = imread('A.tif');
>> imshow(f);
>> [c, s] = wavefast(f, 1, 'sym4');
>> figure; wavedisplay(c, s, -6);
>> [nc, y] = wavecut('a', c, s);
>> figure; wavedisplay(nc, s, -6);
>> edges = abs(waveback(nc, s, 'sym4'));
>> figure; imshow(mat2gray(edges));
```

'sym4' 웨이블릿들에 관한 그림 7.7(a)의 단일 스케일 웨이블릿 변환의 수평, 수직, 대각선 방향성을 그림 7.7(b)에서 확실하게 볼 수 있다. 예를 들어, 오리지널 영상의 수평 경계선들은 그림 7.7(b)의 우측 위 상한의 수평 디테일 계수들에 들어 있음을 주목한다. 영상의 수직 에지들은 마찬가지로 좌측 아래 상한의 수직 디테일 계수들에서 볼 수 있다. 이 정보를 단일 에지 영상으로 결합하기 위해서, 생성된 변환의 근사화 계수들을 단순히 0으로 만들고, 그 역을 계산하고, 절대값을 취한다. 수정된 변환과 결과 경계선 영상을 그림 7.7(c)와 (d)가 각각 보여준다. 비슷한 과정을 사용해서 수직 또는 수평 에지들을 분리할 수 있다.

예제 7.9

웨이블릿 기반 영상 스무딩 또는 블러링.

■ 웨이블릿은 푸리에 변환 상대처럼, 영상을 부드럽게 또는 흐릿하게 만들기 위한 효과적인 도구이다. 그림 7.7(a)의 테스트 영상을 다시 한 번 고려하자. 그림 7.8(a)에 다시 실었다. 그림 7.8(b)는 4차 symlets에 관한 웨이블릿 변환을 보여준다. 4-스케일 분해가 수행되었음을 분명히 볼 수 있다. 스무딩 과정을 능률적으로 하기 위해 다음의 유틸리티 함수를 사용한다:

wavezero

```
function [nc, g8] = wavezero(c, s, l, wname)
%WAVEZERO Zeroes wavelet transform detail coefficients.
%   [NC, G8] = WAVEZERO(C, S, L, WNAME) zeroes the level L detail
%   coefficients in wavelet decomposition structure [C, S] and
%   computes the resulting inverse transform with respect to WNAME
%   wavelets.

[nc, foo] = wavecut('h', c, s, l);
[nc, foo] = wavecut('v', nc, s, l);
[nc, foo] = wavecut('d', nc, s, l);
i = waveback(nc, s, wname);
g8 = im2uint8(mat2gray(i));
figure; imshow(g8);
```

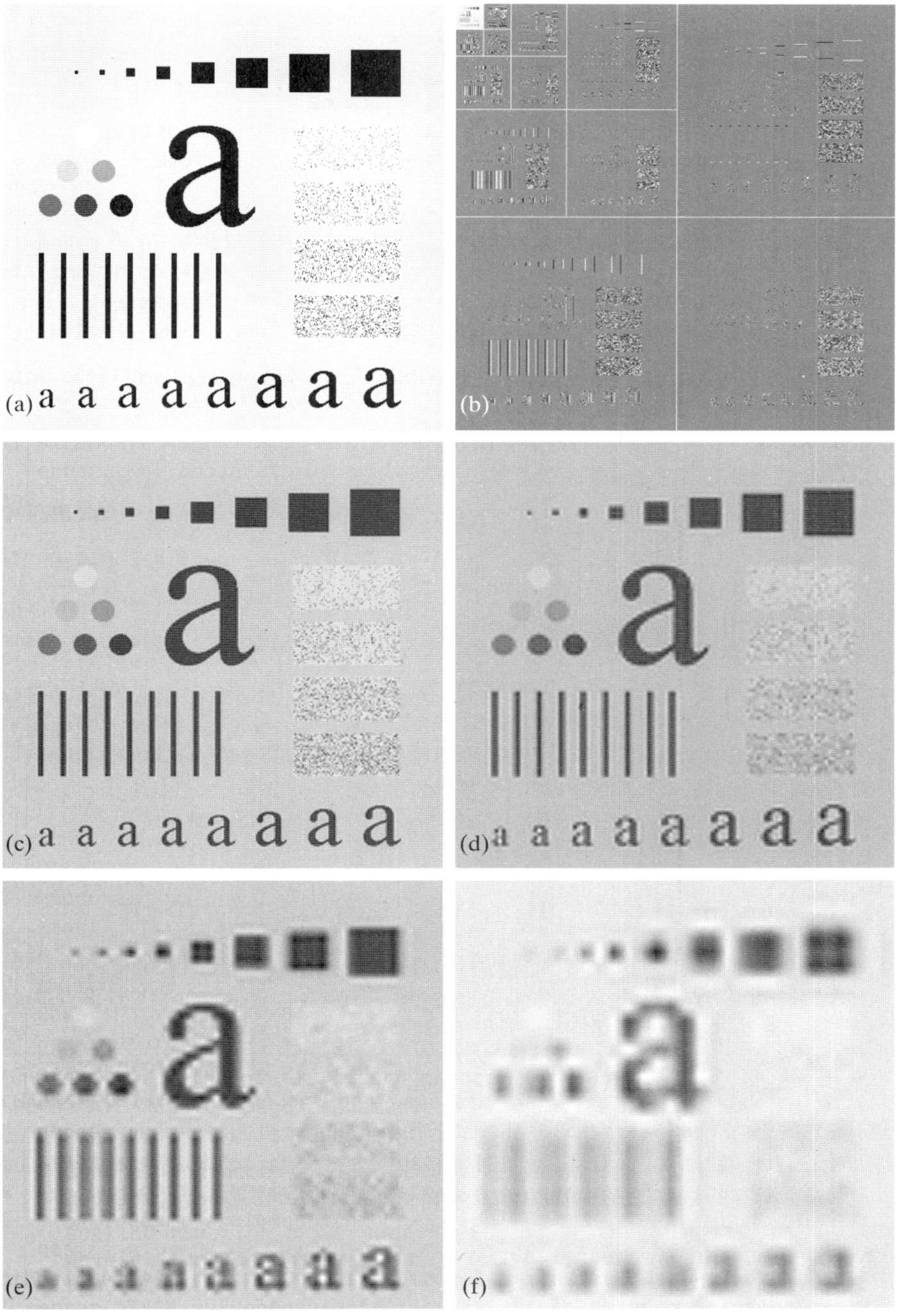

그림 7.8 웨이블릿 기반 영상 스무딩: (a) 테스트 영상; (b) 웨이블릿 변환; (c) 첫 레벨 디테일 계수들을 0으로 만든 후의 역변환; (d)~(f) 두 번째, 세 번째, 네 번째 레벨 디테일들을 0으로 만든 후의 비슷한 결과들.

wavezero를 사용하면 그림 7.8(a)의 점증적으로 스무딩되는 버젼들을 다음 명령 시퀀스로 만들 수 있다:

```
>> f = imread('A.tif');
>> [c, s] = wavefast(f, 4, 'sym4');
>> wavedisplay(c, s, 20);
>> [c, g8] = wavezero(c, s, 1, 'sym4');
>> [c, g8] = wavezero(c, s, 2, 'sym4');
>> [c, g8] = wavezero(c, s, 3, 'sym4');
>> [c, g8] = wavezero(c, s, 4, 'sym4');
```

그림 7.8(c)의 스무딩된 영상은 약간 흐릿해졌다. 이는 오리지널 영상의 웨이블릿 변환의 첫 레벨 계수들만을 0으로 만들었기(그리고 수정된 변환의 역을 계산했기) 때문이다. 두 번째 결과—그림 7.8(d)—에서 더 흐릿해졌음을 볼 수 있으며, 이는 두 번째 레벨 디테일 계수들도 0으로 만든 영향을 보여준다. 계수를 0으로 만드는 과정이 디테일들의 세 번째 레벨까지 0으로 만드는 그림 7.8(e)로 계속되며, 모든 디테일 계수들이 제거되는 그림 7.8(f)에서 끝난다. 그림 7.8(c)부터 (f)까지 흐릿해지는 현상이 점진적으로 증가하는데, 푸리에 변환에 의한 비슷한 결과를 상기시키며, 웨이블릿 도메인의 스케일과 푸리에 도메인의 주파수 간의 밀접한 관계를 보여준다.

예제 7.10

점진적 재구성(progressive reconstruction).

■ 다음으로, 특정 영상을 찾기 위해 원격 영상 데이타베이스를 검색하는 문제에서, 그림 7.9(a)의 4-스케일 웨이블릿 변환의 전송 및 재구성을 고려하자. 여기서는 이 절의 시작 부분에 설명된 세 단계 과정으로부터 벗어나서, 푸리에 변환 상대가 없는 응용을 고려한다. 데이타베이스의 각 영상은 다중 스케일 웨이블릿 분해로서 저장된다. 이 구조는 점진적 재구성 응용에 매우 적합하다. 특히, 변환의 계수들을 저장하는 데 사용되는 1-D 분해 벡터가 7.3절의 일반 포맷을 가질 때 그러하다. 이 예제의 4-스케일 변환에 대해서 분해 벡터는

$$\left[\mathbf{A}_4(:)' \quad \mathbf{H}_4(:)' \quad \cdots \quad \mathbf{H}_i(:)' \quad \mathbf{V}_i(:)' \quad \mathbf{D}_i(:)' \quad \ldots \quad \mathbf{V}_1(:)' \quad \mathbf{D}_1(:)'\right]$$

이다. 여기서 $\mathbf{A}_4$는 네 번째 분해 레벨의 근사화 계수 매트릭스이며, $\mathbf{H}_i$, $\mathbf{V}_i$, $\mathbf{D}_i$ $(i = 1, 2, 3, 4)$는 레벨 i에 대한 수평, 수직, 대각선 변환계수 매트릭스들이다. 이 벡터를 왼쪽부터 오른쪽으로 전송하면, 데이타가 도달함에 따라 원격 표시 장치는 점차적으로 최종 고해상도 영상에 대한 더 높은 해상도의 근사화를 만들 수 있을 것이다. 예를 들어, $\mathbf{A}_4$ 계수들이 도착했을 때, 영상의 저해상도 버전[그림 7.9(b)]을 표시할 수 있다. $\mathbf{H}_4$, $\mathbf{V}_4$, $\mathbf{D}_4$가 도달했을 때, 더 높은 해상도의 근사화[그림 7.9(c)]를 만들 수 있는 등이다. 그림 7.9(d)부터 (f)는 해상도가 증가하는 세 개의 추가적인 재구성을 보여준다. 이 점진적 재구성 과정을 다음의 MATLAB 명령 시퀀스에 의해 쉽게 시뮬레이션할 수 있다:

```
>> f = imread('Strawberries.tif');                % Transform
>> [c, s] = wavefast(f, 4, 'jpeg9.7');
>> wavedisplay(c, s, 8);
>>
>> f = wavecopy('a', c, s);                       % Approximation 1
>> figure; imshow(mat2gray(f));
>>
>> [c, s] = waveback(c, s, 'jpeg9.7', 1);   % Approximation 2
>> f = wavecopy('a', c, s);
>> figure; imshow(mat2gray(f));
>> [c, s] = waveback(c, s, 'jpeg9.7', 1);   % Approximation 3
>> f = wavecopy('a', c, s);
```

그림 7.9 점진적 재구성: (a) 4-스케일 웨이블릿 변환; (b) 좌측 위 구석으로부터 네 번째 근사화 영상; (c) 네 번째 레벨 디테일들을 포함시킨 정제된 근사화; (d)~(f) 더 높은 레벨의 디테일들을 포함시켜서 해상도를 더욱 개선한 결과들.

```
>> figure; imshow(mat2gray(f));
>> [c, s] = waveback(c, s, 'jpeg9.7', 1);    % Approximation 4
>> f = wavecopy('a', c, s);
>> figure; imshow(mat2gray(f));
>> [c, s] = waveback(c, s, 'jpeg9.7', 1);    % Final image
>> f = wavecopy('a', c, s);
>> figure; imshow(mat2gray(f));
```

마지막 네 개의 근사화가 waveback을 사용해서 단일 레벨 재구성을 수행함을 주목한다.

요약

이 장의 내용은 웨이블릿 변환과 영상처리에의 사용을 소개한다. 푸리에 변환과 같이, 웨이블릿 변환들도 에지 검출부터 영상 스무딩까지의 넓은 범위에서 사용될 수 있으며, 다른 내용에서 둘 다 고찰되었다. 웨이블릿들은 영상의 공간 및 주파수 특성에 관한 중요한 통찰력을 제공하므로, 점진적 영상 재구성(예제 7.10 참고)과 같이 푸리에 방법이 별로 적합하지 않은 응용들에도 사용될 수 있다. Image Processing Toolbox가 웨이블릿 변환들을 계산하거나 사용하는 루틴들을 포함하지 않으므로, 이 장의 많은 부분이 Image Processing Toolkit을 웨이블릿 기반 영상화로 확장시키는 일련의 함수들을 개발하는 데 할당되었다. 개발된 함수들은 이 장에서 소개는 되었으나 IPT의 일부가 아닌 MATALB의 Wavelet Toolbox와 완전히 호환되도록 설계되었다. 다음 장에서는 웨이블릿을 사용해서 영상을 압축한다. 이 분야에서 웨이블릿이 상당한 주목을 받아 왔다.

8 영상 압축

Image Compression

개요 *Preview*

영상 압축은 디지털 영상을 나타내는 데 필요한 데이타양을 줄이는 문제를 다룬다. 압축은 세 가지 기본적인 **데이타 중복성**(*redundancies*) 중 하나 또는 그 이상을 제거해서 달성한다: (1) 최적(즉, 가장 짧은 길이)의 코드 단어들이 사용되지 않았을 때의 **코딩 중복성**; (2) 영상 화소들 간 또는 영상 시퀀스의 이웃 영상들의 화소들 간의 상관성(correlation)에 기인하는 **공간/시간 중복성**; 그리고 (3) 인간 시각 체계에 의해 간과되는 데이타(즉, 시각적으로 필수적이지 않은 정보)로 인한 **무용한 정보**(*irrele ant information*). 이 장에서는 이들 중복성의 각각을 고찰하고, 이들을 이용하는 데 사용할 수 있는 많은 기법들 중 몇 가지를 기술하고, 두 가지 중요한 압축 표준들—JPEG과 JPEG 2000—을 검토한다. 이 표준들은 세 가지 데이타 중복성을 묶어서 공략하는 기법들을 조합해서 이 장의 앞 부분에서 소개되는 개념들을 통합한다.

IPT에 영상 압축을 위한 함수들이 없기 때문에, 이 장의 주요 목표는 MATLAB 환경 안에서 압축 기법들을 탐구하는 실질적인 방법들을 제공하는 것이다. 예를 들면, MATLAB이 호출할 수 있는 C 함수를 개발해서 가변 길이 데이타 표현을 비트 레벨에서 다루는 방법을 보여준다. 이것이 중요한 이유는 가변 길이 코딩이 영상 압축의 대들보이지만, MATLAB은 균일한(즉, 고정된 길이의) 데이타의 매트릭스들을 처리하는 데 최적이기 때문이다. 함수의 개발 과정에서 독자가 기본적인 C 언어 지식을 갖고 있다고 가정하고, 설명의 초점을 MATLAB 환경 외부 프로그램들(C와 Fortran 모두)과 MATLAB을 상호작용하게 하는 방법에 맞춘다. 이는 M-함수를 기존의 C 또는 Fortran 프로그램들에 접속시킬 필요가 있을 때, 그리고 벡터화된 M-함수를 더 빠르게 할 필요가 있을 때(예를 들면, `for` 루프를 적절하게 벡터화시킬 수 없을 때) 중요한 기술이다. 끝으로, 이 장에서 개발되는 다양한 압축 함수들은 C 및 Fortran 프로그램들을 극히 평범한 M-파일 또는 내장 함수처럼 다루는 MATLAB의 능력과 함께, MATLAB이 영상 압축 시스템과 알고리듬의 프로토타입화를 위한 효과적인 도구가 될 수 있음을 실증한다.

8.1 배경 Background

비디오 압축 시스템에서 $f(x, y)$는 $f(x, y, t)$로 대체되며, 그림 8.1의 블록 다이어그램에 프레임들이 차례로 입력된다.

그림 8.1에서 볼 수 있듯이, 영상 압축 시스템은 두 개의 블록으로 구성된다: **인코더**와 **디코더**. 영상 $f(x, y)$는 인코더로 들어가고, 인코더는 입력 데이타로부터 심볼 집합을 만들고, 이들을 사용해서 영상을 표현한다. n_1과 n_2가 각각 오리지널과 인코딩된 영상의 정보 운반 단위들(대개 bits)의 수를 나타낸다면, 달성된 압축은 다음의 **압축률**로 수량화할 수 있다:

$$C_R = \frac{n_1}{n_2}$$

압축률 10(또는 10:1)은 압축된 데이타 집합의 매 1개의 정보 운반 단위(예를 들면, bit)에 대해 오리지널 영상이 10 단위들을 가짐을 나타낸다. MATLAB에서는, 두 영상 파일들 또는 변수들의 표현에 사용되는 비트 수의 비를 다음의 M-함수로 계산할 수 있다:

imratio

```
function cr = imratio(f1, f2)
%IMRATIO Computes the ratio of the bytes in two images/variables.
%   CR = IMRATIO(F1, F2) returns the ratio of the number of bytes in
%   variables/files F1 and F2. If F1 and F2 are an original and
%   compressed image, respectively, CR is the compression ratio.

error(nargchk(2, 2, nargin));            % Check input arguments
cr = bytes(f1) / bytes(f2);              % Compute the ratio
```

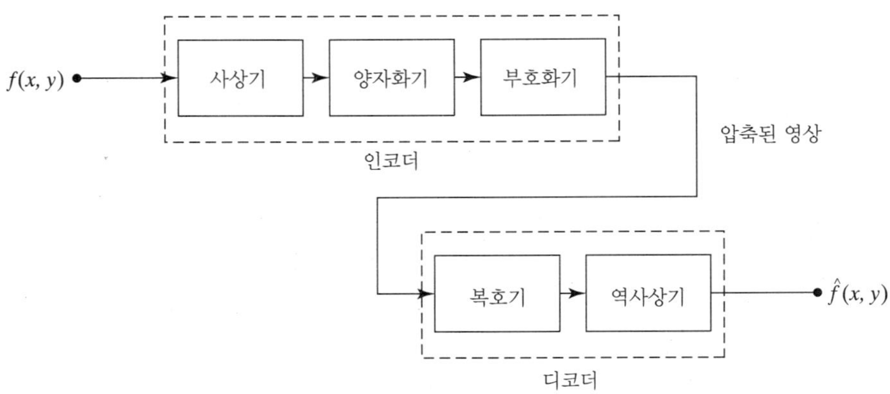

그림 8.1 일반적인 영상 압축 시스템의 블록 다이어그램.

```
%-------------------------------------------------------------------%
function b = bytes(f)
% Return the number of bytes in input f. If f is a string, assume
% that it is an image filename; if not, it is an image variable.

if ischar(f)
   info = dir(f);        b = info.bytes;
elseif isstruct(f)
   % MATLAB's whos function reports an extra 124 bytes of memory
   % per structure field because of the way MATLAB stores
   % structures in memory.  Don't count this extra memory; instead,
   % add up the memory associated with each field.
   b = 0;
   fields = fieldnames(f);
   for k = 1:length(fields)
      elements = f.(fields{k});
      for m = 1:length(elements)
          b = b + bytes(elements(m));
      end
   end
else
   info = whos('f');     b = info.bytes;
end
```

whos

이 함수는 배열의 정보를 반환한다. 자세한 사항을 보려면 >>help whos라고 타이핑한다.

예를 들어, JPEG 인코딩된 영상 bubbles25.jpg의 압축률을 다음과 같이 계산할 수 있다.

```
>> r = imratio(imread('bubbles25.jpg'), 'bubbles25.jpg')
r =
    35.1612
```

함수 imratio에서 내부함수 b = bytes(f)는 (1) 파일, (2) 구조체 변수, (3) 비구조체 변수의 바이트 수를 반환하도록 설계되었음에 유의한다. f가 비구조체 변수이면 함수 whos를 사용해서 그 크기를 바이트 단위로 가져온다. f가 파일 이름이면 함수 dir가 비슷한 기능을 한다. 사용된 문장에서 dir는 name, date, bytes, isdir 필드를 갖는 구조체(구조체에 관해서는 1.7.8절 참조)를 반환한다. 이 필드들은 각각 파일의 이름, 수정 날짜, 바이트 단위의 크기, 디렉터리 여부(디렉터리이면 isdir는 1, 아니면 0)를 포함한다. 끝으로 f가 구조체이면, bytes는 자신을 재귀적(또는 순환적)으로 호출해서 구조체의 각 필드에 할당된 바이트 수를 합한다. 이렇게 함으로써 구조체 변수 자체에 관련된 오버헤드(필드당 124바이트)를 제거하고, 필드들의 데이타를 위해 필요한 바이트 수만을 반환한다. 함수 fieldnames는 f의 필드 목록을 가져오는 데 사용되며, 다음의 명령문들

```
for k = 1:length(fields)
    b = b + bytes(f.(fields{k}));
```

이 재귀 호출을 수행한다. `bytes`에 대한 재귀 호출에서 **동적 구조체 필드 이름**(*dynamic structure fieldnames*)의 사용을 주목한다. 만일 S가 구조체이고 `F`가 필드 이름을 포함하는 문자열 변수이면, 다음 명령문들

```
S.(F) = foo;
field = S.(F);
```

은 각각 동적 구조체 필드 이름 문법을 사용해서 구조체 필드 `F`의 내용을 설정하고 가져온다.

압축(즉, 부호화)된 영상을 보거나 사용하기 위해서는 디코더(그림 8.1 참조)에 입력시켜야 한다. 디코더는 복구된 출력 영상 $\hat{f}(x, y)$를 만든다. 일반적으로 $\hat{f}(x, y)$는 $f(x, y)$의 정확한 표현이 아닐 수 있다. 만일 정확한 표현이라면, 그 시스템을 **무오차**(*error free*), **정보 보존**(*information preser ing*), 또는 **무손실**(*lossless*)이라고 부른다; 그렇지 않은 경우, 복구된 영상에는 어떤 수준의 왜곡이 존재한다. 후자를 **손실성 압축**(*lossy compression*, 또는 **비가역 압축**)이라고 부르며, 임의의 x와 y값에 대해 $f(x, y)$와 $\hat{f}(x, y)$ 간의 오차 $e(x, y)$를 다음과 같이 정의할 수 있다:

비디오 압축 시스템에서 이 공식들은 한 프레임에서의 오차를 계산하는 데 사용된다.

$$e(x, y) = \hat{f}(x,y) - f(x,y)$$

따라서 두 영상 간의 전체 오차는

$$\sum_{x=0}^{M-1}\sum_{y=0}^{N-1}\left[\hat{f}(x, y) - f(x, y)\right]$$

이며, $f(x, y)$와 $\hat{f}(x, y)$ 간의 *rms* (*root-mean-square*, **평균 제곱근**) 오차 e_{rms}는 $M \times N$ 배열에 대한 제곱오차(squared error)의 평균의 제곱근, 즉

$$e_{\text{rms}} = \left[\frac{1}{MN}\sum_{x=0}^{M-1}\sum_{y=0}^{N-1}\left[\hat{f}(x, y) - f(x, y)\right]^2\right]^{1/2}$$

이다. 다음의 M-함수는 e_{rms}를 계산하고 $e(x, y)$와 그 히스토그램을 그린다($e_{\text{rms}} \neq 0$이면). $e(x, y)$가 양과 음의 값을 모두 가질 수 있으므로, 영상 데이타만을 다루는 `imhist`보다는 `hist`를 사용해서 히스토그램을 만든다.

`compare`

```
function rmse = compare(f1, f2, scale)
%COMPARE Computes and displays the error between two matrices.
%   RMSE = COMPARE(F1, F2, SCALE) returns the root-mean-square error
%   between inputs F1 and F2, displays a histogram of the difference,
%   and displays a scaled difference image. When SCALE is omitted, a
%   scale factor of 1 is used.

% Check input arguments and set defaults.
error(nargchk(2, 3, nargin));
```

```
if nargin < 3
   scale = 1;
end

% Compute the root-mean-square error.
e = double(f1) - double(f2);
[m, n] = size(e);
rmse = sqrt(sum(e(:) .^ 2) / (m * n));

% Output error image & histogram if an error (i.e., rmse ~= 0).
if rmse
   % Form error histogram.
   emax = max(abs(e(:)));
   [h, x] = hist(e(:), emax);
   if length(h) >= 1
      figure; bar(x, h, 'k');

      % Scale the error image symmetrically and display
      emax = emax / scale;
      e = mat2gray(e, [-emax, emax]);
      figure; imshow(e);
   end
end
```

끝으로, 그림 8.1의 인코더는 입력 영상의 코딩, 화소 간, 그리고 시각 심리적 중복을 줄이는 작업을 담당한다. 인코딩 과정의 첫 단계에서 **사상기**(*mapper*)가 화소 간 중복성을 줄이도록 설계된 포맷(보통 비시각적)으로 입력 영상을 변환한다. 드 번째 단계, 또는 **양자화기**(*quantizer*) 블록에서는 미리 정의되어 있는 신뢰도 기준을 따라서 사상기의 출력 정확도를 줄인다—시각 심리적 중복 데이타만을 제거하기 위해서 이 연산은 비가역적이므로 무오차 압축이 요구되면 생략되어야 한다. 세 번째인 마지막 단계에서는 **부호화기**(*symbol coder*)가 양자화기 출력을 코딩 중복성을 줄인 코드로 바꾸고, 이 코드를 따라서 출력을 매핑한다.

그림 8.1의 디코더는 두 구성 요소만을 포함한다: **복호기**와 **역사상기**. 이 블록들은 인코더의 부호화기와 사상기 블록들의 연산을 역순으로 수행한다. 양자화는 비가역적이므로 역양자화 블록은 없다.

8.2 코딩 중복성 Coding Redundancy

$k = 1, 2, \ldots, L$에 대해 확률 $p_r(r_k)$를 갖는 이산 랜덤변수 r_k가 L 그레이 레벨 영상의 그레이 레벨들을 나타낸다고 하자. 2장에서와 같이, MATLAB 배열 인덱스는 0이 될 수 없으므로 r_1은 그레이 레벨 0에 해당하며, 그리고

$$p_r(r_k) = \frac{n_k}{n} \quad k = 1, 2, \ldots, L$$

표 8.1 코딩 중복성의 예: Code 1에서는 $L_{avg} = 2$; Code 2에서는 $L_{avg} = 1.81$.

r_k	$p_r(r_k)$	Code 1	$l_1(r_k)$	Code 2	$l_2(r_k)$
r_1	0.1875	00	2	011	3
r_2	0.5000	01	2	1	1
r_3	0.1250	10	2	010	3
r_4	0.1875	11	2	00	2

이다. 여기서 n_k는 k번째 그레이 레벨이 영상에서 출현하는 횟수이며, n은 영상의 전체 화소 수이다. r_k 값을 표현하는 데 사용되는 비트 수를 $l(r_k)$라고 하면, 각 화소를 표현하는 데 필요한 평균 비트 수는

$$L_{avg} = \sum_{k=1}^{L} l(r_k)p_r(r_k)$$

이다. 즉, 여러 그레이 레벨 값들에 할당된 코드 단어들의 평균 길이는 각 그레이 레벨을 표현하는 데 사용한 비트 수와 그 그레이 레벨이 출현하는 확률을 곱한 후 더해서 구할 수 있다. 따라서 $M \times N$ 영상을 코딩하는 데 필요한 전체 비트 수는 MNL_{avg}이다.

영상의 그레이 레벨들을 모두 m비트의 본래의 이진 코드로 표현하면, 위 식의 우변의 비트 수는 m이 된다. 즉, $l(r_k)$에 m이 대입되면 $L_{avg} = m$이다. 그러면 상수 m이 합산 연산자 밖으로 빠져나오고; $1 \le k \le L$에 대한 $p_r(r_k)$의 합만 그 안에 남게 되며; 이 합은 당연히 1이기 때문이다. 표 8.1과 같이 본래의 이진 코드로 영상의 그레이 레벨들을 표현할 때는 거의 항상 코딩 중복성이 존재한다. 4-레벨 영상에 대한 이 표에서 그레이 레벨 분포는 표의 두 번째 열과 같다. 고정 길이 인코딩인 세 번째 열의 2-비트 이진 인코딩(Code 1)은 평균 길이가 2비트이다. 가변 길이 인코딩인 Code 2(다섯 번째 열)에 필요한 평균 비트 수는

$$\begin{aligned} L_{avg} &= \sum_{k=1}^{4} l_2(k)p_r(r_k) \\ &= 3(0.1875) + 1(0.5) + 3(0.125) + 2(0.1875) = 1.8125 \end{aligned}$$

이며, 따라서 결과 압축률은 $C_r = 2/1.8125 \simeq 1.103$이다. Code 2로 압축을 달성할 수 있었던 원리는 코드 단어들의 길이가 가변적이며, 영상에서 발생 빈도가 가장 높은 그레이 레벨에 최단 코드를 할당하는 것이다.

여기서, 자연히 나올 수 있는 질문은: 영상의 그레이 레벨들을 표현하는 데 필요한 비트 수는 실제로 얼마까지 작아질 수 있는가? 즉, 정보 손실 없이 영상을 완벽하게 묘사하기에 충분한 최소 데이타 양이 있는가? **정보 이론**이 이와 관련된 질문들에 대해 답하기 위한 수학적 기틀을 제공한다. 그 기본 전제는 정보 생성을 직관과 일치하는 방식으로 측정될 수 있는 확률 과정으로서 모델링할 수 있다는 것이다. 이 가정에 따라서, 확률 $P(E)$인 랜덤 이벤트 E는

$$I(E) = \log\frac{1}{P(E)} = -\log P(E)$$

만큼의 정보 단위를 포함한다고 말한다. 만일 $P(E)=1$이면, 즉, 항상 발생하는 이벤트이면 $I(E)=0$이며, 그로 인한 정보는 없다. 즉, 이 이벤트에는 불확실성이 관련되어 있지 않기 때문에, 이 이벤트가 발생했다고 알려줘봐야 전달되는 정보는 없다. 해당 확률이 $\{P(a_1), P(a_2), \ldots, P(a_J)\}$인 가능한 이벤트들의 이산집합 $\{a_1, a_2, \cdots, a_J\}$으로부터의 랜덤 이벤트들의 어떤 소스(source)가 주어졌다고 할 때, 소스의 **엔트로피**(*entropy*)라고 불리는 소스 출력당 평균 정보는

$$H = -\sum_{j=1}^{J} P(a_j)\log P(a_j)$$

이다. 만일 영상이 그를 내보낸 "그레이 레벨 소스"의 샘플로 해석된다면, 관찰된 영상의 그레이 레벨 히스토그램을 사용해서 이 소스의 부호 확률들을 모델링할 수 있고, 소스의 엔트로피에 대한 추정 $\widetilde{H}$를 만들 수 있다:

$$\widetilde{H} = -\sum_{k=1}^{L} p_r(r_k)\log p_r(r_k)$$

이 추정을 *1*차 추정(*first-order estimate*)이라고 부른다. 이러한 추정은 다음의 M-함수에 의해 계산되며, 각 그레이 레벨이 독립적으로 코딩된다는 가정하에, 코딩 중복성만을 제거해서 달성할 수 있는 압축에 대한 하한이 된다.

ntrop

ntrop은 i를 uint8 (256 그레이 레벨과 256 히스토그램 빈을 갖는)으로 전환하고나서 엔트로피를 계산하는 툴박스 함수 e = entropy(i)와 비슷하지만 같지는 않다.

```
function h = ntrop(x, n)
%NTROP Computes a first-order estimate of the entropy of a matrix.
%   H = NTROP(X, N) returns the entropy of matrix X with N
%   symbols. N = 256 if omitted but it must be larger than the
%   number of unique values in X for accurate results. The estimate
%   assumes a statistically independent source characterized by the
%   relative frequency of occurrence of the elements in X.
%   The estimate is a lower bound on the average number of bits per
%   unique value (or symbol) when coding without coding redundancy.
error(nargchk(1, 2, nargin));         % Check input arguments
if nargin < 2
   n = 256;                           % Default for n.
end

x = double(x);                        % Make input double
xh = hist(x(:), n);                   % Compute N-bin histogram
xh = xh / sum(xh(:));                 % Compute probabilities

% Make mask to eliminate 0's since log2(0) = -inf.
i = find(xh);

h = -sum(xh(i) .* log2(xh(i)));       % Compute entropy
```

히스토그램 xh의 0이 아닌 요소들의 인덱스를 찾기 위해서 MATLAB find 함수를 사용했음을 주목한다. 명령문 find(x)는 find(x ~= 0)와 등가이다. 함수 ntrop는 find를 사용해서 인덱스 벡터 i를 생성하고, 이 i를 마지막 명령문의 히스토그램 xh에 인덱스로 사용해서 엔트로피 계산에서 값이 0인 모든 요소들을 배제시킨다. 이렇게 하지 않으면 확률이 0인 부호가 있을 때, log2 함수의 출력 h가 NaN(0 * -inf는 *not a number*)이 된다.

예제 8.1

엔트로피 계산하기.

■ 히스토그램(아래 코드의 p 참조)이 표 8.1의 부호 확률을 모델링한 간단한 4×4 영상을 고려하자. 다음 명령줄 시퀀스는 이러한 영상을 하나 만들고, 그 엔트로피의 1차 추정을 계산한다:

```
>> f = [119 123 168 119; 123 119 168 168];
>> f = [f; 119 119 107 119; 107 107 119 119]
f =
    119   123   168   119
    123   119   168   168
    119   119   107   119
    107   107   119   119
p = hist(f(:), 8);
p = p / sum(p)
p =
    0.1875   0.5   0.125   0   0   0   0   0.1875
h = ntrop(f)
h =
    1.7806
```

$L_{avg} \simeq 1.81$인 표 8.1의 Code 2는 이 1차 엔트로피 추정에 접근하며, 영상 f에 대한 최소 길이의 이진 코드이다. 그레이 레벨 107은 r_1에 해당하며, 그에 해당하는 표 8.1의 이진 코드 단어는 011_2이며, 119는 r_2와 코드 1_2에 해당하고, 123과 168은 각각 010_2와 00_2에 해당한다.

8.2.1 Huffman 코드

어떤 영상의 그레이 레벨 또는 그레이 레벨 매핑 연산의 출력[화소 차이, run-length(연속 길이) 등]을 코딩할 때, 소스 부호들이 한 번에 하나씩 코딩된다는 제한 조건에서 *Huffman*(허프만) 코드는 소스 부호(예: 그레이 레벨 값)당 가장 작은 가능한 코드 부호(예: 비트) 수를 포함한다.

Huffman 방식의 첫 단계는, 고려 대상 부호들의 확률들을 정렬하고 가장 낮은 확률 부호들을 그 다음의 소스 축소(source reduction) 단계에서 이들을 대체하는 단일 부호로 합쳐서, 일련의 소스 축소를 일으키는 것이다. 그림 8.2(a)가 표 8.1의

원래 소스		소스 축소	
부호	확률	1	2
a_2	0.5	0.5	0.5
a_4	0.1875	0.3125	0.5
a_1	0.1875	0.1875	
a_3	0.125		

(a)

원래 소스			소스 축소			
부호	확률	코드	1		2	
a_2	0.5	1	0.5	1	0.5	1
a_4	0.1875	00	0.3125	01	0.5	0
a_1	0.1875	011	0.1875	00		
a_3	0.125	010				

(b)

그림 8.2 Huffman (a) 소스 축소와 (b) 코드 할당.

그레이 레벨 분포에 대한 과정을 보여준다. 가장 왼쪽에는 초기 집합의 소스 부호들이 그들의 확률값의 내림차순으로 정렬되어 있다. 첫 번째 소스 축소를 만들기 위해서 맨 밑의 두 확률, 즉 0.125와 0.1875를 결합해서 확률 0.3125의 "합성 부호"를 만들어낸다. 이 합성 부호와 관련 확률은 소스 축소 열의 첫 번째 열에 놓여지며, 축소된 소스의 확률도 내림차순으로 정렬된다. 이 과정은 축소된 소스에 부호가 두 개만 남을 때까지 반복된다.

Huffman 절차의 두 번째 단계는 가장 작은 소스로부터 시작해서 오리지널 소스로 돌아오면서 각각의 축소된 소스를 코딩하는 것이다. 두 개의 부호 소스에 대한 최소 길이 이진 코드는 물론 부호 0과 1로 구성된다. 그림 8.2(b)에서 보듯이, 이 부호들은 오른쪽의 두 부호에 할당된다(이 할당은 임의적이다; 0과 1의 순서를 바꿔도 같은 결과가 나올 것이다). 확률이 0.5인 축소된 소스 부호가 그 왼쪽의 축소된 소스의 두 부호를 결합해서 생성되었기 때문에, 이를 코딩하는 데 사용된 0이 이제 이 부호들 모두에 할당되며, 각각에 0와 1을 임의로 이어 붙여서 서로 구분시킨다. 이 연산은 오리지널 소스에 도달할 때까지 각 축소된 소스에 대해 반복된다. 최종 코드가 그림 8.2(b)의 맨 왼쪽(3열)에 나타나 있다.

그림 8.2(b)의 Huffman 코드(그리고 표 8.1)는 즉시적이고, 유일하게 디코딩할 수 있는 블록 코드(instantaneous uniquely decodable block code)이다. 블록 코드인 이유는 각 소스 부호가 고정된 코드 부호 시퀀스로 매핑되기 때문이다. 즉시적인 이유는 코드 부호들의 문자열에 있는 각 코드 단어가 뒤를 잇는 부호들을 참조하지 않고 디코딩될 수 있기 때문이다. 즉, 주어진 어떠한 Huffman 코드에서도 다른

코드 단어의 접두사인 코드 단어는 없다. 유일하게 디코딩할 수 있는 이유는 코드 부호들의 문자열이 오직 한 방법으로만 디코딩될 수 있기 때문이다. 따라서, Huffman 인코딩된 부호들의 어떠한 문자열도 왼쪽에서부터 오른쪽으로 진행하면서 문자열의 개별 부호들을 확인해서 디코딩될 수 있다. 예제 8.1의 4×4 영상에 대해 그림 8.2(b)의 Huffman 코드에 기반한, 위에서부터 아래, 왼쪽에서부터 오른쪽 방식의 인코딩은 29비트 길이의 문자열 10101011010110110000011110011을 만든다. 즉시적이고, 유일하게 디코딩할 수 있는 블록 코드를 사용하고 있기 때문에, 인코딩된 화소들 사이에 구획 문자를 삽입할 필요가 없다. 결과 문자열을 왼쪽부터 오른쪽으로 스캐닝하면, 첫 번째 유효한 코드 단어가 부호 a_2 또는 그레이 레벨 119에 대한 코드인 1임이 드러난다. 그 다음 유효한 코드 단어는 010이며, 그레이 레벨 123에 해당한다. 이 방식으로 계속 진행하면, 궁극적으로 이 예제의 `f`와 등가인 완전하게 디코딩된 영상을 얻는다.

이 소스 축소와 코드 할당 과정은 `huffman`이라고 부르는 다음의 M-함수에 의해 구현된다:

`huffman`

```
function CODE = huffman(p)
%HUFFMAN Builds a variable-length Huffman code for symbol source.
%   CODE = HUFFMAN(P) returns a Huffman code as binary strings in
%   cell array CODE for input symbol probability vector P. Each word
%   in CODE corresponds to a symbol whose probability is at the
%   corresponding index of P.
%
%   Based on huffman5 by Sean Danaher, University of Northumbria,
%   Newcastle UK. Available at the MATLAB Central File Exchange:
%   Category General DSP in Signal Processing and Communications.

% Check the input arguments for reasonableness.
error(nargchk(1, 1, nargin));
if (ndims(p) ~= 2) || (min(size(p)) > 1) || ~isreal(p) ...
        || ~isnumeric(p)
   error('P must be a real numeric vector.');
end

% Global variable surviving all recursions of function 'makecode'
global CODE
CODE = cell(length(p), 1);  % Init the global cell array

if length(p) > 1            % When more than one symbol ...
   p = p / sum(p);          % Normalize the input probabilities
   s = reduce(p);           % Do Huffman source symbol reductions
   makecode(s, []);         % Recursively generate the code
else
   CODE = {'1'};            % Else, trivial one symbol case!
end;
```

```
%-------------------------------------------------------------------%
function s = reduce(p)
% Create a Huffman source reduction tree in a MATLAB cell structure
% by performing source symbol reductions until there are only two
% reduced symbols remaining

s = cell(length(p), 1);

% Generate a starting tree with symbol nodes 1, 2, 3, ... to
% reference the symbol probabilities.
for i = 1:length(p)
   s{i} = i;
end

while numel(s) > 2
   [p, i] = sort(p);     % Sort the symbol probabilities
   p(2) = p(1) + p(2);   % Merge the 2 lowest probabilities
   p(1) = [];            % and prune the lowest one
   s = s(i);             % Reorder tree for new probabilities
   s{2} = {s{1}, s{2}}; % and merge & prune its nodes
   s(1) = [];            % to match the probabilities
end

%-------------------------------------------------------------------%
function makecode(sc, codeword)
% Scan the nodes of a Huffman source reduction tree recursively to
% generate the indicated variable length code words.

% Global variable surviving all recursive calls
global CODE

if isa(sc, 'cell')                     % For cell array nodes,
   makecode(sc{1}, [codeword 0]);     % add a 0 if the 1st element
   makecode(sc{2}, [codeword 1]);     % or a 1 if the 2nd
else                                   % For leaf (numeric) nodes,
   CODE{sc} = char('0' + codeword);   % create a char code string

end
```

다음의 명령 시퀀스가 huffman을 사용해서 그림 8.2의 코드를 만든다:

```
>> p = [0.1875 0.5 0.125 0.1875];
>> c = huffman(p)

c =
     '011'
     '1'
     '010'
     '00'
```

출력은 각 행이 0과 1로 구성된 가변 길이 글자 배열—p의 대응하는 인덱스 부호의 이진 코드—이다. 예를 들면, 배열 인덱스 3에 있는 '010'은 확률이 0.125인 그레이 레벨에 대한 코드이다.

huffman의 시작 줄들에서 입력 인자 p(인코딩될 부호들의 입력 부호 확률 벡터)

가 합당성 확인을 거치며, 전역변수 CODE는 length(p)개의 행과 한 열의 MATLAB 셀 배열(1.7.8절에서 정의됨)로 초기화된다. 모든 MATLAB 전역변수들은 그들을 참조하는 함수에서 다음 명령문 형태로 선언되어야 한다:

global

```
global X Y Z
```

이 명령문은 변수 X, Y, Z를 선언된 함수에서 가용하게 만든다. 여러 함수에서 같은 전역변수를 선언하면, 이 함수들은 이 변수의 한 카피(copy)를 공유한다. huffman에서 메인 루틴과 내부함수 makecode가 전역변수 CODE를 공유한다. 전역변수의 이름은 대문자가 관례이다. 비전역 변수들은 지역변수들이며, 그들이 정의된 함수에서만 가용하고; 보통 소문자로 표기한다.

huffman에서 CODE는 다음 문법의 cell 함수를 사용해서 초기화한다:

cell

```
X = cell(m, n)
```

이 명령문은 셀 또는 내용에 의해 참조될 수 있는 빈 매트릭스인 $m \times n$ 배열을 생성한다. 소괄호 "()"는 셀 인덱싱에 사용된다; 중괄호 "{}"는 내용 인덱싱에 사용된다. 따라서 X(1) = []은 셀 배열로부터 요소 1을 인덱싱해서 제거한다. x{1} = []는 첫 번째 셀 배열 요소를 빈 매트릭스로 설정한다. 즉, X{1}은 X의 첫 번째 요소(배열)의 내용을 참조하고; X(1)은 요소 자체를 참조한다(그 내용이 아닌). 셀 배열은 다른 셀 배열에 내재될(nested) 수 있기 때문에, 문법 X{1}{2}는 셀 배열 X의 첫 번째 요소에 있는 셀 배열의 두 번째 요소의 내용을 참조한다.

CODE가 초기화되고 입력 확률 벡터가 정규화[p = p / sum(p) 명령문에서]된 후, 정규화된 확률 벡터 p에 대한 Huffman 코드가 두 단계로 생성된다. 메인 루틴의 명령문 s = reduce(p)로 시작하는 첫 단계는 그림 8.2(a)의 소스 축소 작업을 수행하는 내부함수 reduce를 호출하는 것이다. reduce에서는 CODE에 크기가 맞춰진, 초기에 비어 있는 소스 축소 셀 배열 s의 요소들을 그들의 인덱스들로 초기화한다. 즉, s{1} = 1, s{2} = 2, 기타 등등. 그런 후, while numel(s) > 2 루프에서 소스 축소를 위한 이진 트리의 셀 등가를 생성한다. 루프의 각 반복에서 벡터 p는 확률의 오름차순으로 정렬된다. 이를 함수 sort가 수행하며, 그 문법은

sort

```
[y, i] = sort(x)
```

이다. 여기서 출력 y는 x의 정렬된 요소들이며, 인덱스 벡터 i는 y = x(i)의 관계에 있다. p가 정렬되고 나면 가장 낮은 두 확률이 합쳐진다. 이때 이들의 합성확률이 p(2)에 들어가며 p(1)은 제거된다. 소스 축소 셀 배열은 s = s(i)에 의해 인덱스 벡터 i에 기반해서 p와 일치하도록 재정렬된다. 끝으로, s{2}는, s{2} = {s{1}, s{2}}(내용 인덱싱의 예)에 의해, 합병된 확률 인덱스들을 포함하는 요소가 두 개인 셀 배열로 대체되며, 셀 인덱싱을 사용해서 두 개의 합병된 요소들 중 첫 번째인

s(1)을 s(1) = [ ]에 의해 제거한다. 이 과정이 s에 두 개의 요소만 남을 때까지 반복된다.

그림 8.3은 표 8.1과 그림 8.2(a)의 부호 확률들에 대한 처리의 최종 출력을 보여준다. 그림 8.3(b)와 (c)는 huffman의 메인 루틴의 마지막 두 명령문 사이에

```
celldisp(s);
cellplot(s);
```

celldisp
cellplot

를 삽입해서 만들었다. MATLAB 함수 celldisp는 셀 배열의 내용을 재귀적으로 인쇄한다; 함수 cellplot은 셀 배열을 내포 사각형을 사용한 그래프로서 묘사한다. 그림 8.3(b)의 셀 배열 요소들과 그림 8.3(a)의 소스 축소 트리 노드들 간의 1 대 1 대응을 주목한다: (1) 트리에서 소스 축소를 표시하는 각각의 두 갈래 가지는 s의 두 요소 셀 배열에 해당한다; 그리고 (2) 각각의 두 요소 셀 배열은 해당 소스 축소에서 합병된 부호들의 인덱스들을 포함한다. 예를 들어, 트리 아래쪽에서의 부호 a_3와 a_1의 합병은 두 요소 셀 배열 s{1}{2}를 만들며, 여기서 s{1}{2}{1} = 3이고, s{1}{2}{2} = 1이다(각각 부호 a_3와 a_1의 인덱스). 트리의 뿌리는 맨 위의 두 요소 셀 배열 s이다.

코드 생성 과정의 마지막 단계(즉, 소스 축소 셀 배열 s에 기반한 코드 할당)는 huffman의 마지막 명령문—makecode(s, [ ]) 호출—에 의해 시작된다. 이 호출은 그림 8.2(b)의 절차에 기반하는 재귀적 코드 할당 과정을 시작시킨다. 일반적으로 재귀는 저장공간의 절약을 제공하지도 않고(처리될 값들의 스택이 어디엔가 유지되어야 하므로) 속도 증가도 제공하지 않지만, 장점은 특히 트리와 같이 재귀적(또는 순환적)으로 정의되는 데이타 구조를 다룰 때는 코드가 더 간결하고 이해하기 쉽다는 것이다. 어떠한 MATLAB 함수도 재귀적으로 사용 가능하다; 즉 자신을 직접 또는 간접적으로 호출할 수 있다. 재귀가 사용될 때, 각 함수 호출은 이전 지역변수 집합과는 독립적으로 새로운 지역변수 집합을 만든다.

내부함수 makecode는 두 개의 입력을 받는다: 0과 1의 배열인 codeword와 소

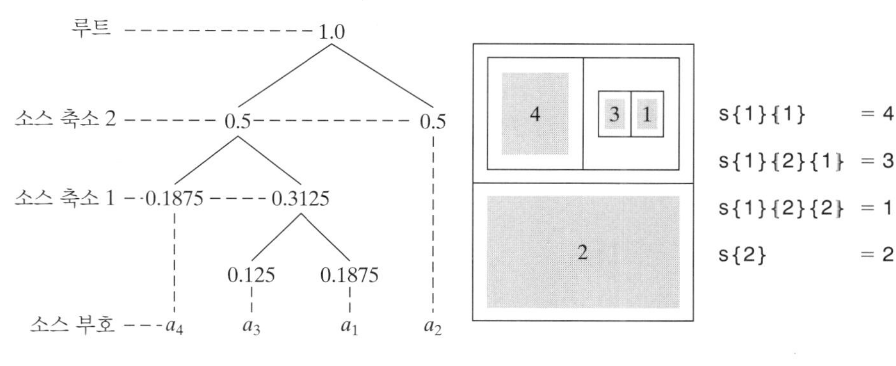

그림 8.3 함수 huffman에 의한 그림 8.2(a)의 소스 축소: (a) 이진 트리 등가; (b) cellplot(s)로 만든 그림; (c) celldisp(s)의 출력.

표 8.2 그림 8.3의 소스 축소 셀 배열에 대한 코드 할당 과정.

호출	오리진	sc	codeword
1	메인 루틴	{1x2 cell} [2]	[]
2	생략	[4] {1x2 cell}	0
3	생략	4	0 0
4	생략	[3] [1]	0 1
5	생략	3	0 1 0
6	생략	1	0 1 1
7	생략	2	1

스 축소 셀 배열 요소인 `sc`. `sc` 자체가 셀 배열일 때는, 소스 축소 과정에서 결합된 두 개의 소스 부호들(또는 합성 부호들)을 포함한다. 이들이 개별적으로 코딩되어야 하므로, 한 쌍의 재귀적 호출(`makecode`에 대한)이 이 요소들에 대해 발생된다—두 개의 적절하게 갱신된 코드 단어들과 함께(입력 `codeword` 뒤에 0과 1이 붙는다). 셀 배열을 포함하지 않을 때는, `sc`는 오리지널 소스 부호의 인덱스이며, `CODE{sc} = char('0' + codeword)`에 의해 입력 `codeword`로부터 만들어진 이진 문자열이 할당된다. 1.7.7절에서 언급했듯이, MATLAB 함수 `char`는 글자 코드를 나타내는 양의 정수들을 포함하는 배열을 MATLAB 글자 배열(처음 127 코드들은 ASCII)로 전환한다. 따라서 예를 들어, 0에 대한 ASCII 코드에 0을 더하면 ASCII `'0'`이 되고, ASCII `'0'`에 1을 더하면 1에 대한 ASCII 코드, 즉 `'1'`이 되므로, `char('0' + [0 1 0])`은 문자열 `'010'`을 만든다.

표 8.2는 그림 8.3의 소스 축소 셀 배열에 대한 일련의 `makecode` 호출을 상술한다. 소스의 네 개의 부호를 인코딩하는 데 일곱 번의 호출이 필요하다. 첫 번째 호출(표 8.2의 1행)은 `huffman`의 메인 루틴에서 발생하며, 각각 빈 매트릭스와 셀 배열 `s`로 설정된 입력 `codeword`와 `sc`를 갖고 인코딩 과정을 시작한다. 표준 MATLAB 표기를 따라서, `{1x2 cell}`은 한 행과 두 열을 갖는 셀 배열을 표시한다. 첫 번째 호출에서는 `sc`가 거의 항상 셀 배열이므로(단일 부호 소스는 예외), 두 번의 재귀 호출이 발생된다(표의 행 2와 7 참조). 이들 중 첫 호출이 두 개의 호출(행 3과 4)을 더 시작시키며, 두 번째 호출이 두 개의 추가 호출(행 5와 6)을 시작시킨다. 표의 행 3, 5, 6, 7에서와 같이, `sc`가 셀 배열이 아닌 때는 추가적 재귀는 불필요하다; 코드 문자열이 `codeword`로부터 만들어지고, 인덱스가 `sc`로서 전달되었던 소스 부호에 할당된다.

8.2.2 Huffman 인코딩

Huffman 코드 생성은 (그 자체 또는 스스로는) 압축이 아니다. Huffman 코드에 내재된 압축을 실현하려면, 코드가 만들어진 부호들이 그들이 그레이 레벨이든, 연속 길이(run length)이든, 또는 어떤 다른 그레이 레벨 매핑 연산의 출력이든, 성성된 코드에 따라서 전환 또는 매핑(즉, 인코딩)되어야 한다.

예제 8.2

MATLAB에서의 가변 길이 코드 매핑.

■ 다음의 간단한 16바이트 4×4 영상을 고려하자:

```
>> f2 = uint8([2 3 4 2; 3 2 4 4; 2 2 1 2; 1 1 2 2])
f2 =
     2    3    4    2
     3    2    4    4
     2    2    1    2
     1    1    2    2
>> whos('f2')
    Name      Size      Bytes      Class Attributes
    f2        4x4       16         uint8
```

f2의 각 화소는 8-비트 바이트이다; 전체 영상을 표현하기 위해 16바이트가 사용된다. f2의 그레이 레벨들의 확률이 균등하지 않으므로, (앞 절에서 지적된 대로) 가변 길이 코드가 영상 표현에 필요한 메모리 양을 줄여줄 것이다. 함수 huffman이 그런 코드를 계산한다:

```
>> c = huffman(hist(double(f2(:)), 4))
c =
    '011'
    '1'
    '010'
    '00'
```

Huffman 코드가 코딩될 소스 부호들의 상대적인 발생 빈도(부호들 자체가 아닌)에 기반하므로, c는 예제 8.1의 영상에 대해 만든 코드와 동일하다. 사실상, 영상 f2는 그레이 레벨 107, 119, 123, 168을 각각 1, 2, 3, 4로 매핑해서 예제 8.1의 f로부터 얻을 수 있다. 이들 중 어느 영상에서든 p = [0.1875 0.5 0.125 0.1875]이다.

코드 c에 기반해서 f2를 인코딩하는 간단한 방법은 직접적인 lookup 연산을 수행하는 것이다:

```
>> h1f2 = c(f2(:))'
h1f2 =
    Columns 1 through 9
    '1'   '010'   '1'   '011'   '010'   '1'   '1'   '011'   '00'
    Columns 10 through 16
    '00'   '011'   '1'   '1'   '00'   '1'   '1'
>> whos('h1f2')
    Name      Size      Bytes      Class Attributes
    h1f2      1x16      1018       cell
```

여기서, f2(클래스 UINT8의 2-D 배열)는 셀 배열 h1f2로 변환된다(전치는 표시 면적을 줄여준다). h1f2의 요소들은 가변 길이의 문자열들이며, 상하 좌우(즉, 열 방향)로 스캔할 때의 f2의 화소들에 해당한다. 보는 바와 같이, 인코딩된 영상은 저장에 1018바이트를 사용한다—f2에 필요한 메모리의 60배가 넘음!

h1f2에 대해 셀 배열을 사용하는 것은 논리적이다. 왜냐하면, 셀 배열은 비유사 데이타 배열을 다루기 위한 두 개의 표준 MATLAB 데이타 구조(1.7.8절 참조) 중 하나이기 때문이다. h1f2의 경우 비유사성은 글자 배열의 길이이며, 셀 배열에 의해 이를 투명하게 다루기 위해 지불되는 대가는 가변 길이 요소들의 위치를 추적하는 데 필요한 메모리 오버헤드(셀 배열에 본질적임)이다. 이 오버헤드는 h1f2를 종래의 2-D 글자 배열로 전환해서 제거할 수 있다:

```
>> h2f2 = char(h1f2)'
h2f2 =
    1010011000011011
     1 11   1001   0
     0 10   1   1
>> whos('h2f2')
    Name      Size      Bytes     Class Attributes
    h2f2      3x16      96        char
```

여기서, 셀 배열 h1f2는 3 ×16 글자 배열 h2f2로 변환된다. h2f2의 각 열은 상→하 좌→우(즉, 열 방향) 스캔에서의 f2의 화소에 해당한다. 배열의 크기를 적절하게 하기 위해 공백이 삽입되며, 코드 단어의 각 '0' 또는 '1'에 대해 2바이트가 필요하므로 h2f2에 의해 사용되는 전체 메모리는 96바이트이다—아직 f2의 16바이트보다 6배 크다. 삽입된 공백들을 다음에 의해 제거할 수 있다:

```
>> h2f2 = h2f2(:);
>> h2f2(h2f2 == ' ') = [];
>> whos('h2f2')
    Name      Size      Bytes     Class Attributes
    h2f2      29x1      58        char
```

그러나 필요한 메모리는 아직 f2의 원래의 16바이트보다 크다.

f2를 압축하기 위해서는 코드 c가 비트 레벨에서 적용되어, 몇 개의 인코딩된 화소들이 한 바이트에 채워져야 한다:

함수 mat2huff는 다음 페이지에 기술되어 있다.

```
>> h3f2 = mat2huff(f2)
h3f2 =
    size: [4 4]
     min: 32769
    hist: [3 8 2 3]
    code: [43867 1944]
>> whos('h3f2')
    Name      Size      Bytes     Class Attributes
    h3f2      1x1       518       struct
```

함수 mat2huff가 518바이트의 메모리를 요구하는 구조체 h3f2를 반환하지만, 그의 대부분은 (1) 구조체 변수 오버헤드(MATLAB은 구조체 필드당 124바이트의 오버헤드를 사용한다—imratio에 대한 8.1절의 설명 참고) 또는 (2) 향후의 디코딩을 용이하게 하기 위해 mat2huff가 생성한 정보 중 하나와 관련된다. 실제(즉, 보통 크기의) 영상에서 간과할 수 있는 이 오버헤드를 무시하면, mat2huff는 f를 4 : 1의 비율로 압축한다. f2의 16개의 8비트 화소들이 두 개의 16비트 단어들—h3f2의 code 필드의 요소들—로 압축된다:

```
>> hcode = h3f2.code;
>> whos('hcode')
```

```
    Name      Size      Bytes     Class Attributes
    hcode     1x2       4         uint16
>> dec2bin(double(hcode))
ans =
    1010101101011011
    0000011110011000
```

dec2bin

십진 정수를 이진 문자열로 전환한다. 더 자세한 사항을 보려면, 다음을 타이핑한다: >>help dec2bin.

dec2bin을 사용해서 h3f2.code의 개별 비트들을 표시했음을 주목한다. 끝의 모듈로-16 패드 비트들(즉, 끝에 있는 세 개의 0들)을 무시하면, 이 32비트 인코딩은 앞에서 생성된 (8.2.1절을 참고) 29비트의 즉시적 유일 디코딩 가능 블록 코드 1010101101011011 0000011110011과 등가이다.

앞의 예제에서 봤듯이 함수 mat2huff는 인코딩된 입력 배열을 디코딩하는 데 필요한 정보들(예를 들면, 그의 오리지널 차원들과 부호 확률들)을 단일 MATLAB 구조체 변수에 집어 넣는다. 이 구조체의 정보는 mat2huff의 드움말 텍스트 부에 문서화 되어있다:

mat2huff

```
function y = mat2huff(x)
%MAT2HUFF Huffman encodes a matrix.
%   Y = MAT2HUFF(X) Huffman encodes matrix X using symbol
%   probabilities in unit-width histogram bins between X's minimum
%   and maximum values. The encoded data is returned as a structure
%   Y:
%      Y.code   The Huffman-encoded values of X, stored in
%               a uint16 vector.  The other fields of Y contain
%               additional decoding information, including:
%      Y.min    The minimum value of X plus 32768
%      Y.size   The size of X
%      Y.hist   The histogram of X
%
%   If X is logical, uint8, uint16, uint32, int8, int16, or double,
%   with integer values, it can be input directly to MAT2HUFF. The
%   minimum value of X must be representable as an int16.
%
%   If X is double with non-integer values---for example, an image
%   with values between 0 and 1---first scale X to an appropriate
%   integer range before the call. For example, use Y =
%   MAT2HUFF(255*X) for 256 gray level encoding.
%
%   NOTE: The number of Huffman code words is round(max(X(:))) -
%   round(min(X(:))) + 1.  You may need to scale input X to generate
%   codes of reasonable length.  The maximum row or column dimension
%   of X is 65535.
%
%   See also HUFF2MAT.

if ndims(x) ~= 2 || ~isreal(x) || (~isnumeric(x) && ~islogical(x))
   error('X must be a 2-D real numeric or logical matrix.');
end
```

```
% Store the size of input x.
y.size = uint32(size(x));

% Find the range of x values and store its minimum value biased
% by +32768 as a UINT16.
x = round(double(x));
xmin = min(x(:));
xmax = max(x(:));
pmin = double(int16(xmin));
pmin = uint16(pmin + 32768);    y.min = pmin;

% Compute the input histogram between xmin and xmax with unit
% width bins, scale to UINT16, and store.
x = x(:)';
h = histc(x, xmin:xmax);
if max(h) > 65535
    h = 65535 * h / max(h);
end
h = uint16(h);   y.hist = h;

% Code the input matrix and store the result.
map = huffman(double(h));          % Make Huffman code map
hx = map(x(:) - xmin + 1);         % Map image
hx = char(hx)';                    % Convert to char array
hx = hx(:)';
hx(hx == ' ') = [];                % Remove blanks
ysize = ceil(length(hx) / 16);     % Compute encoded size
hx16 = repmat('0', 1, ysize * 16); % Pre-allocate modulo-16 vector
hx16(1:length(hx)) = hx;           % Make hx modulo-16 in length
hx16 = reshape(hx16, 16, ysize);   % Reshape to 16-character words
hx16 = hx16' - '0';                % Convert binary string to decimal
twos = pow2(15:-1:0);
y.code = uint16(sum(hx16 .* twos(ones(ysize, 1), :), 2))';
```

histc

이 함수는 hist와 비슷하다. 더 자세한 사항을 보려면 다음을 타이핑한다: type >>help histc.

명령문 y = mat2huff(x)가 x의 최소값과 최대값 사이에서 단위 폭의 히스토그램 빈들로 입력 매트릭스 x를 Huffman 인코딩함을 주목한다. y.code의 인코딩된 데이타가 후에 디코딩될 때, 이를 디코딩하는 데 필요한 Huffman 코드는 x의 최소값 y.min과 x의 히스토그램 y.hist로부터 재생성되어야 한다. mat2huff는 Huffman 코드 자체를 보존하기 보다는, 이를 재생성하는 데 필요한 확률 정보를 유지한다. 이것과 y.size에 저장된 매트릭스 x의 원래 차원들을 갖고, 8.2.3절(다음 절)의 함수 huff2mat가 y.code를 디코딩해서 x를 복구할 수 있다.

y.code의 생성과 관련된 단계들은 다음과 같이 요약된다:

1. 단위 폭의 빈들을 사용해서 x의 최소값과 최대값 사이에서 입력 x의 히스토그램 h를 계산하고, 이를 스케일링해서 uint16 벡터에 맞춰 넣는다.
2. 스케일링된 히스토그램 h에 기반하여, huffman을 사용해서 map이라고 부르는 Huffman 코드를 생성한다.

3. map을 사용해서 입력 x를 매핑하고(이는 셀 배열을 생성한다), 이를 글자 배열 hx로 전환한다. 이때 예제 8.2의 h2f2에서와 같이 삽입된 공백들을 제거한다.
4. hx의 글자들을 16 글자 세그먼트들로 배열하는 벡터 hx의 한 버전을 만든다. 이 작업은 이 벡터를 다룰 모듈로-16 글자 벡터(코드에서 hx16)를 생성하고, hx의 요소들을 여기에 복사하고, 이를 16 × ysize 배열로 모양을 바꿈으로써 수행된다. 여기서, ysize = ceil(length(hx) / 16)이다. 3.2절로부터 ceil 함수가 소수점 아래를 절상시킴을 기억하라. 8.3.1절에서 언급했듯이 함수

    ```
    y = reshape(x, m, n)
    ```

    은 그 요소들이 x로부터 열 방향으로 취해진 m x n 매트릭스를 반환한다. x가 mn 개의 요소들을 갖고 있지 않으면 에러를 반환한다.
5. hx16의 16 글자 요소들을 16비트의 이진 숫자(즉, uint16)들로 전환한다. 세 개의 명령문들이 더 간결한 y = uint16(bin2dec(hx16))으로 대체된다. 이들은 이진 문자열의 십진 등가를 반환하는 bin2dec[예: bin2dec('1C1')은 5를 반환]의 코어이나, 일반성이 감소되었기 때문에 더 빠르다. MATLAB 함수 pow2(y)는 요소들이 2의 y승인 배열을 반환하는 데 사용된다. 즉, twos = pow2(15: -1: 0)은 배열 [32768 16384 8192 … 8 4 2 1]을 만든다.

bin2dec
pow2

예제 8.3

mat2huff로 인코딩하기.

■ Huffman 인코딩의 압축 성능을 더 보여주기 위해서, 그림 8.4(a)의 512 × 512의 8비트 흑백 영상을 고려하자. mat2huff에 의한 이 영상의 압축은 다음의 명령 시퀀스에 의해 수행된다:

```
>> f = imread('Tracy.tif');
>> c = mat2huff(f);
>> cr1 = imratio(f, c)
cr1 =
    1.2191
```

기존의 8비트 이진 인코딩에 관련된 코딩 중복성을 제거함으로써, 이 영상은 디코딩 오버헤드 정보를 포함하고서도 오리지널 크기의 80%로 압축되었다.

mat2huff의 출력이 구조체이므로, save 함수를 사용해서 디스크에 쓴다:

```
>> save SqueezeTracy c;
>> cr2 = imratio('Tracy.tif', 'SqueezeTracy.mat')
cr2 =
   1.2365
```

함수 save는 1.7.4절의 Save Workspace As와 Save Selection As 메뉴 명령들과 같이, 생성된 파일에 .mat 확장자를 붙인다. 그 결과 파일, 이 경우 SqueezeTracy.mat를 *MAT*-파일이라고 부른다. 이것은 작업공간 변수 이름들과 값들을 포함하는 이진 데이타 파일이다. 여기서는 단일 작업공간 변수 c를 포함한다. 끝으로, 앞서 계산된 cr1과 cr2의 압축률의 작은 차이는 MATLAB 데이타 파일의 오버헤드에 기인함을 유념한다.

(a) (b)

그림 8.4 여성의 8비트 흑백 영상과 오른쪽 눈 확대 영상.

8.2.3 Huffman 디코딩

Huffman 인코딩된 영상들은 이들이 파생된 오리지널 영상들을 재생성하도록 디코딩될 수 없다면 쓸모가 없다. 앞 절의 출력 `y = mat2huff(x)`에 대해, 디코더는 우선 `x`를 인코딩하는 데 사용된 Huffman 코드를 계산하고(그 히스토그램과 `y`의 관련된 정보에 기반해서), 인코딩된 데이타(역시 `y`로부터 추출됨)를 역매핑해서 `x`를 복구한다. 다음의 함수 `x = huff2mat(y)`의 리스팅에서 볼 수 있듯이, 이 과정은 다섯 개의 기본 단계로 나눌 수 있다:

1. 입력 구조체 `y`로부터 크기 `m`과 `n`, 그리고 최소값 `xmin`(최종 출력 `x`의)을 추출한다.
2. `x`의 히스토그램을 함수 `huffman`에 전달해서 `x`를 인코딩하는 데 사용되었던 Huffman 코드를 재생성한다. 생성된 코드를 리스팅에서 `map`이라고 부른다.
3. `y.code`에 있는 인코딩된 데이타의 디코딩을 계산상 효율적인 일련의 이진 검색을 통해서 스트림라인 처리할 데이타 구조체[천이(transition) 및 출력 테이블 link]를 만든다.
4. 데이타 구조체와 인코딩된 데이타(즉, `link`와 `y.code`)를 C 함수 `unravel`에 전달한다. 이 함수는 이진 검색을 수행하는 데 필요한 시간을 최소화하면서, 클래스 `double`의 디코딩된 출력 벡터 `x`를 생성한다.
5. `x`의 각 요소에 `xmin`을 더하고 오리지널 `x`의 차원들(즉, `m`행과 `n`열)과 일치하도록 모양을 재구성한다.

`huff2mat`의 독특한 특징은 MATLAB에서 호출 가능한 C 함수 `unravel`이 들어있는 것(단계 4 참고)이다. 이 함수는 대부분의 보통 해상도의 영상을 거의 즉시적으로 디코딩할 수 있다.

huff2mat

```
function x = huff2mat (y)
%HUFF2MAT Decodes a Huffman encoded matrix.
%   X = HUFF2MAT(Y) decodes a Huffman encoded structure Y with uint16
%   fields:
%      Y.min    Minimum value of X plus 32768
%      Y.size   Size of X
%      Y.hist   Histogram of X
%      Y.code   Huffman code
%
%   The output X is of class double.
%
%   See also MAT2HUFF.

if ~isstruct(y) || ~isfield(y, 'min') || ~isfield(y, 'size') || ...
      ~isfield(y, 'hist') || ~isfield(y, 'code')
   error('The input must be a structure as returned by MAT2HUFF.');
end

sz = double(y.size);    m = sz(1);    n = sz(2);
xmin = double(y.min) - 32768;               % Get X minimum
map = huffman(double(y.hist));              % Get Huffman code (cell)

% Create a binary search table for the Huffman decoding process.
% 'code' contains source symbol strings corresponding to 'link'
% nodes, while 'link' contains the addresses (+) to node pairs for
% node symbol strings plus '0' and '1' or addresses (-) to decoded
% Huffman codewords in 'map'. Array 'left' is a list of nodes yet to
% be processed for 'link' entries.

code = cellstr(char('', '0', '1'));     % Set starting conditions as
link = [2; 0; 0];    left = [2 3];      % 3 nodes w/2 unprocessed
found = 0;    tofind = length(map);     % Tracking variables

while ~isempty(left) && (found < tofind)
   look = find(strcmp(map, code{left(1)}));     % Is string in map?
   if look                                 % Yes
      link(left(1)) = -look;               % Point to Huffman map
      left = left(2:end);                  % Delete current node
      found = found + 1;                   % Increment codes found

   else                                    % No, add 2 nodes & pointers
      len = length(code);                  % Put pointers in node
      link(left(1)) = len + 1;

      link = [link; 0; 0];                 % Add unprocessed nodes
      code{end + 1} = strcat(code{left(1)}, '0');
      code{end + 1} = strcat(code{left(1)}, '1');

      left = left(2:end);                  % Remove processed node
      left = [left len + 1 len + 2];       % Add 2 unprocessed nodes
   end
end

x = unravel(y.code', link, m * n);         % Decode using C 'unravel'
x = x + xmin - 1;                          % X minimum offset adjust
x = reshape(x, m, n);                      % Make vector an array
```

isstruct
isfield

함수 isstruct(S)는 S가 구조체이면 참을 반환한다.
함수 isfield(S,'name')은 'name'이 구조체 S의 필드이면 참을 반환한다.

앞에서 언급했듯이, huff2mat 기반 디코딩은 일련의 이진 검색(binary searches) 또는 2 출력 디코딩 판단(two-output decoding decisions)을 토대로 한다. 순차적으로 스캐닝되는 Huffman 인코딩된 문자열의 각 요소—물론 '0' 또는 '1'이어야 됨—는 천이 및 출력 테이블 link에 기반해서 이진 디코딩 판단을 시작시킨다. link의 구축은 명령문 link = [2; 0; 0]에서의 초기화에서 시작한다. 시작할 때의 세 상태(state)의 link 배열의 각 요소는 해당 셀 배열인 code의 Huffman 인코딩된 이진 문자열에 해당한다; 즉, code = cellstr(char('', '0', '1'))이다. 널 문자열인 code(1)은 모든 Huffman 문자열 디코딩에 대한 시작점(또는 초기 디코딩 상태)이다. 관련된 link(1)의 2는 널 문자열에 '0' 또는 '1'을 이어붙여서 생기는 두 개의 가능한 디코딩 상태를 나타낸다. 만일 그 다음에 만나는 Huffman 인코딩된 비트가 '0'이면, 그 다음의 디코딩 상태는 link(2)이다[code(2) = '0'이므로, '0'이 연결된 널 문자열이다]; 만일 '1'이면, 새 상태는 link(3)이다[인덱스는 (2 + 1) 또는 3이며, code(3) = '1']. 해당 link 배열 엔트리들이 0임을 주목한다—이것은 이들이 아직 Huffman 코드 map에 대한 적절한 결정들을 반영하도록 처리되지 않았음을 나타낸다. link를 구축하는 동안, 만일 둘 중의 하나(즉, '0' 또는 '1')가 map에서 발견되면(즉, 이는 유효한 Huffman 코드 단어임), link의 해당 0은 해당 map 인덱스(디코딩된 값)의 음수에 의해 대체된다. 아니면, 논리적으로 뒤따르는('00'과 '01', 또는 '10'과 '11') 두 개의 새 상태들(가능한 Huffman 코드 단어들)을 지시하기 위해 새로운 (양 값의) link 인덱스가 삽입된다. 이들 새로운, 그리고 아직까지 처리되지 않은 link 요소들은 link의 크기를 확장시키고(셀 배열 code도 갱신되어야 한다), 이 구축 과정은 link에 처리되지 않은 요소가 남아있지 않을 때까지 지속된다. 그러나, huff2mat은 처리되지 않은 요소들 때문에 지속적으로 link를 스캐닝하기보다는, [2, 3]으로 초기화되고, 검사되지 않은 link 요소들의 인덱스들을 포함하도록 갱신되는 left라고 부르는 추적 배열을 유지한다.

표 8.3은 예제 8.2의 Huffman 코드에 대해 생성된 link 표를 보여준다. 만일 각 link 인덱스를 디코딩 상태 i로 본다면, 각 이진 코딩 결정(인코딩된 문자열의 좌에서 우 스캔에서) 그리고/또는 Huffman 디코딩된 출력은 link(i)에 의해 결정된다:

1. 만일 link(i) < 0(즉, 음수)이면, Huffman 코드 단어는 디코딩되었다. 디코딩된 출력은 |link(i)|이며, 여기서 | |는 절대값을 나타낸다.
2. 만일 link(i) > 0(즉, 양수)이고 처리될 그 다음 인코딩된 비트가 0이면, 그 다음 디코딩 상태는 인덱스 link(i)이다. 즉, i = link(i)로 놓는다.
3. 만일 link(i) > 0이고 처리될 그 다음 인코딩된 비트가 1이면, 그 다음 디코딩 상태는 인덱스 link(i) + 1이다. 즉, i = link(i) + 1이다.

앞에서 언급했듯이, 양의 link 엔트리들은 이진 디코딩 전이(transition)에 해당

인덱스 i	link(i)의 값
1	2
2	4
3	−2
4	−4
5	6
6	−3
7	−1

표 8.3 그림 8.3의 소스 축소 셀 배열에 대한 디코딩 표.

하며, 그 반면 음의 엔트리들은 디코딩되는 출력 값들을 결정한다. 각 Huffman 코드 단어가 디코딩됨에 따라, 새로운 이진 검색이 `link` 인덱스 `i = 1`에서 시작된다. 예제 8.2의 인코딩된 문자열 101010110101…에 대해, 결과 상태 천이 시퀀스는 `i = 1, 3, 1, 2, 5, 6, 1, ...`이다; 해당 출력 시퀀스는 –, `|−2|`, –, –, –, `|−3|`, –, `...`,이다. 여기서 –는 출력이 없음을 나타내는 데 사용된다. 디코딩된 출력 값들인 2와 3은 예제 8.2의 테스트 영상 `f2`의 첫 줄의 처음 두 화소들이다.

C 함수 `unravel`은 방금 설명한 `link` 구조체를 받아들이고 입력 `hx`를 디코딩하는 데 필요한 이진 검색을 구동시킨다. 그림 8.5는 이 함수의 기본 연산에 대한 다이어그램이며, 표 8.3과 관련하여 설명했던 판단(decision-making, 의사결정) 과정을 따른다. 그러나 C 배열의 인덱스가 1이 아닌 0부터 시작하므로 수정이 필요하다.

C와 Fortran 함수들 모두 MATLAB에 편입시킬 수 있으며, 두 가지 주요 목적에 도움이 된다: (1) 기존의 대형 C와 Fortran 프로그램들을 M-파일로 다시 작성할 필요 없이 MATLAB에서 호출할 수 있게 하며, (2) MATLAB M-파일로서는 그다지 빨리 돌아가지 않으나 C 또는 Fortran으로 코딩하면 효율이 증가하는 병목 계산을 능률적으로 처리한다. C 또는 Fortran이 사용되면, 그 결과 함수를 *MEX*-파일이라고 부른다; 이들은 마치 M-파일 또는 보통의 MATLAB 함수들처럼 동작한다. 그러나, M-파일과 달리, 호출되기 전에 MATLAB의 `mex` 스크립트를 사용해서 컴파일 및 링크되어야 한다. MATLAB 명령줄 프롬프트로부터 윈도우즈 플랫폼에서 예를 들어 `unravel`을 컴파일 및 링크하려면, 다음을 타이핑한다.

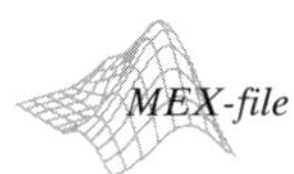

C 또는 Fortran 소스 코드로부터 만든 MATLAB external 함수. 확장자는 플랫폼에 종속된다(예를 들어, 윈도우즈에서는 .mexw32이다).

```
>> mex unravel.c
```

확장자 `.mexw32`가 붙은 `unravel.mexw32`이라는 MEX-파일이 만들어질 것이다. 필요하면 같은 이름의 별도의 M-파일(확장자는 `.m`)로 도움말 텍스트를 제공한다.

C MEX-파일 `unravel`에 대한 소스 코드는 `.c` 확장자를 가지며, 다음과 같다:

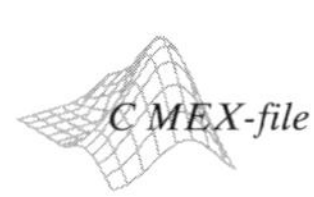

MEX-파일을 만드는 데 사용되는 C 소스 코드.

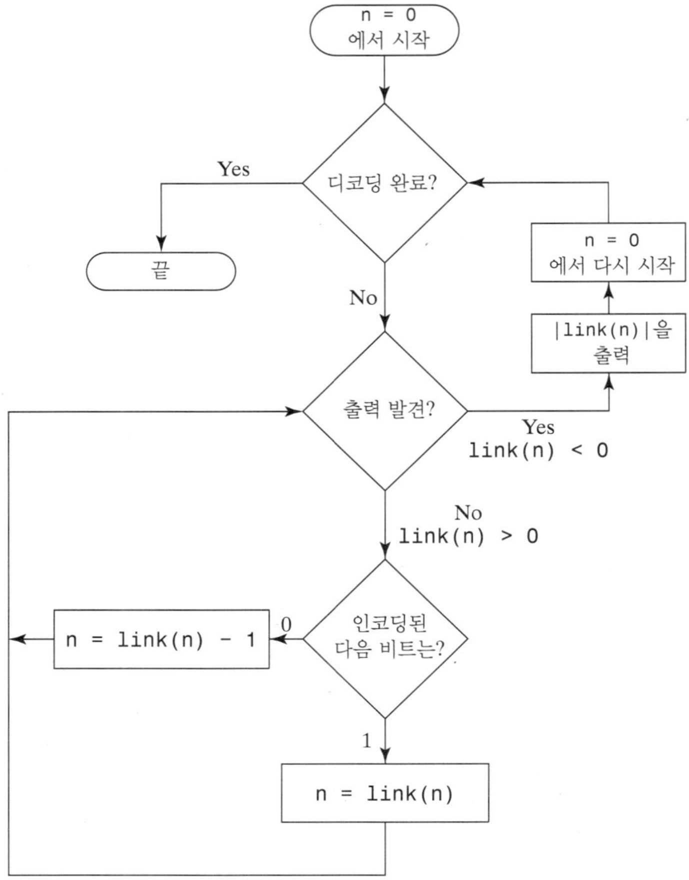

그림 8.5 C 함수 unravel에 대한 흐름도.

unravel.c

```
/*=====================================================================
* unravel.c
* Decodes a variable length coded bit sequence (a vector of
* 16-bit integers) using a binary sort from the MSB to the LSB
* (across word boundaries) based on a transition table.
*===================================================================*/
#include "mex.h"
void unravel(uint16_T *hx, double *link, double *x,
    double xsz, int hxsz)
{
    int i = 15, j = 0, k = 0, n = 0;     /* Start at root node, 1st */
                                          /* hx bit and x element */
while (xsz - k)   {                       /* Do until x is filled */
   if (*(link + n) > 0)   {               /* Is there a link? */
      if ((*(hx + j) >> i) & 0x0001)      /* Is bit a 1? */
         n = *(link + n);                 /* Yes, get new node */
      else n = *(link + n) - 1;           /* It's 0 so get new node */
      if (i) i--; else {j++; i = 15;} /* Set i, j to next bit */
      if (j > hxsz)                       /* Bits left to decode? */
```

```
            mexErrMsgTxt("Out of code bits ???");
         }
      else     {                            /* It must be a leaf node */
         *(x + k++) = - *(link + n);        /* Output value */
          n = 0;     }                      /* Start over at root */
      }

   if (k == xsz - 1)                        /* Is one left over? */
      *(x + k++) = - *(link + n);
}

void mexFunction( int nlhs, mxArray *plhs[],
                  int nrhs, const mxArray *prhs[])
{
   double *link, *x, xsz;
   uint16_T *hx;
   int hxsz;

   /* Check inputs for reasonableness */
   if (nrhs != 3)
      mexErrMsgTxt("Three inputs required.");
   else if (nlhs > 1)
      mexErrMsgTxt("Too many output arguments.");

   /* Is last input argument a scalar? */
   if(!mxIsDouble(prhs[2])  || mxIsComplex(prhs[2])  ||
         mxGetN(prhs[2]) * mxGetM(prhs[2]) != 1)
      mexErrMsgTxt("Input XSIZE must be a scalar.");

   /* Create input matrix pointers and get scalar */
   hx = (uint16_T *) mxGetData(prhs[0]);
   link = (double *) mxGetData(prhs[1]);
   xsz = mxGetScalar(prhs[2]);              /* returns DOUBLE */

   /* Get the number of elements in hx */
   hxsz = mxGetM(prhs[0]);

   /* Create 'xsz' x 1 output matrix */
   plhs[0] = mxCreateDoubleMatrix(xsz, 1, mxREAL);

   /* Get C pointer to a copy of the output matrix */
   x = (double *) mxGetData(plhs[0]);

   /* Call the C subroutine */
   unravel(hx, link, x, xsz, hxsz);

}
```

도움말 텍스트는 M-파일 unravel.m에 제공된다:

unravel.m

```
%UNRAVEL Decodes a variable-length bit stream.
%   X = UNRAVEL(Y, LINK, XLEN) decodes UINT16 input vector Y based on
%   transition and output table LINK. The elements of Y are
%   considered to be a contiguous stream of encoded bits--i.e., the
%   MSB of one element follows the LSB of the previous element. Input
%   XLEN is the number code words in Y, and thus the size of output
```

```
%   vector X (class DOUBLE). Input LINK is a transition and output
%   table (that drives a series of binary searches):
%
%    1. LINK(0) is the entry point for decoding, i.e., state n = 0.
%    2. If LINK(n) < 0, the decoded output is |LINK(n)|; set n = 0.
%    3. If LINK(n) > 0, get the next encoded bit and transition to
%       state [LINK(n) - 1] if the bit is 0, else LINK(n).
```

모든 C MEX-파일 같이, C MEX-파일 unravel.c는 두 부분으로 구성된다: **계산 루틴**과 **게이트웨이 루틴**. unravel로 이름 붙은 계산 루틴은 그림 8.5의 link 기반 디코딩 과정을 구현하는 C 코드를 포함한다. 게이트웨이 루틴은 항상 이름이 mexFunction이어야 하며, C 계산 루틴 unravel과 MATLAB간의 인터페이스를 제공한다. 이 함수는 MATLAB의 표준 MEX-파일 인터페이스를 사용하며, 다음에 기반한다:

1. 네 개의 표준화된 입력/출력 파라미터들—nlhs, plhs, nrhs, prhs. 이 파라미터들은 각각 왼쪽 출력 인자들의 수(정수), 왼쪽 출력 인자들(모든 MATLAB 배열들)에 대한 포인터 배열, 오른쪽 입력 인자들의 수(또 다른 정수), 오른쪽 입력 인자들(역시 MATLAB 배열들)에 대한 포인터 배열이다.

mxArray
mxGet...
mxCreate...
mxCalloc

2. MATLAB 제공 API(*Application Programming Interface*) 함수 집합. 접두사 mx가 붙은 API 함수들은 클래스 mxArray의 구조체들을 생성, 접근, 조작, 그리고/또는 파괴하는 데 사용된다. 예를 들어,

- mxCalloc은 표준 C *calloc* 함수처럼 동적으로 메모리를 할당한다. 관련 함수들로는 C의 *malloc*과 *realloc* 함수들을 대신하는 mxMalloc과 mxRealloc이 있다.
- mxGetScalar는 입력 배열 prhs로부터 스칼라를 추출한다. mxGetM, mxGetN, mxGetString 같은 다른 mxGet... 함수들은 다른 유형의 데이타를 추출한다.
- mxCreateDoubleMatrix는 plhs를 위한 MATLAB 출력 배열을 생성한다. mxCreateString, mxCreateNumericArray 같은 다른 mxCreate... 함수들은 다른 데이타 유형들의 생성을 용이하게 한다.

mexErrMsgTxt

이름 앞에 mex가 붙은 API 함수들은 MATLAB 환경에서 연산을 수행한다. 예를 들면, mexErrMsgTxt는 MATLAB 명령창에 메시지를 출력한다.

앞 목록의 항목 2에 언급된 API mex와 mx 루틴들에 대한 함수 프로토타입은 MATLAB 헤더 파일인 mex.h와 matrix.h에 들어있다. 둘 다 <matlab>/extern/include 디렉터리에서 찾을 수 있으며, 여기서 <matlab>은 컴퓨터에 MATLAB이 설치된 최상위 디렉터리를 표시한다. 헤더 mex.h는 모든 MEX-파일들의 시작부에 포

함되어야 하며(MEX-파일 `unravel`의 시작부의 C 파일 포함 명령문 `#include "mex.h"`를 주목한다), 헤더 파일 `matrix.h`를 포함한다. 이 파일들에 포함된 `mex`와 `mx` 인터페이스 루틴들의 프로토타입들은 그들이 사용하는 파라미터들을 정의하고 그들의 전반적 연산에 관한 유용한 단서를 제공한다. 추가 정보는 MATLAB 문서의 *External Interfaces* 섹션에 있다.

그림 8.6이 앞의 설명을 요약하며, C MEX-파일 `unravel`의 전체적 구조를 상술하고, 이와 M-파일 `huff2mat` 간의 정보 흐름을 기술한다. 비록 Huffman 디코딩의 맥락에서 작성되었으나, 예시된 개념들은 다른 C- 그리고/또는 Fortran-기반 MATLAB 함수들에 쉽게 확장된다.

예제 8.4

`huff2mat`으로 디코딩하기.

■ 예제 8.3의 Huffman 인코딩된 영상을 다음 명령 시퀀스로 디코딩할 수 있다:

```
>> load SqueezeTracy;
>> g = huff2mat(c);
>> f = imread('Tracy.tif');
>> rmse = compare(f, g)
rmse =
     0
```

전체 인코딩–디코딩 과정은 정보 보존적이며; 오리지널 영상과 압축 해제된 영상 간의 `rms` 오차가 0임을 주목한다. 이렇게 많은 부분의 디코딩 작업이 C MEX-파일 `unravel`에서 수행되므로, `huff2mat`는 그의 인코딩 짝인 `mat2huff`보다 약간 더 빠르다. 예제 8.2으로부터의 MAT-파일 인코딩된 출력을 가져오기 위한 `load` 함수의 사용을 주목한다.

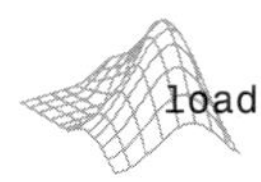

`load file`은 디스크 파일 `'file.mat'`으로부터 MATLAB 변수들을 읽어서 작업공간으로 가져온다. 변수 이름들은 `save/load` 시퀀스 과정에서 유지된다.

8.3 공간 중복성 Spatial Redundancy

그림 8.7(a)와 (c)의 영상들을 고려하자. 그림 8.7(b)와 (d)가 보여주듯이, 이들은 거의 같은 히스토그램을 가진다. 또한, 히스토그램이 세 개의 모드를 가짐을 주목한다. 이는 세 개의 압도적인 그레이 레벨 값 범위가 있음을 의미한다. 이 영상들의 그레이 레벨이 균등하지 않으므로 가변 길이 코딩을 사용해서, 화소들을 그대로 이진 코딩하면 생기는 코딩 중복을 줄일 수 있다:

```
>> f1 = imread('Random Matches.tif');
>> c1 = mat2huff(f1);
>> ntrop(f1)
ans =
    7.4253
>> imratio(f1, c1)
ans =
    1.0704
```

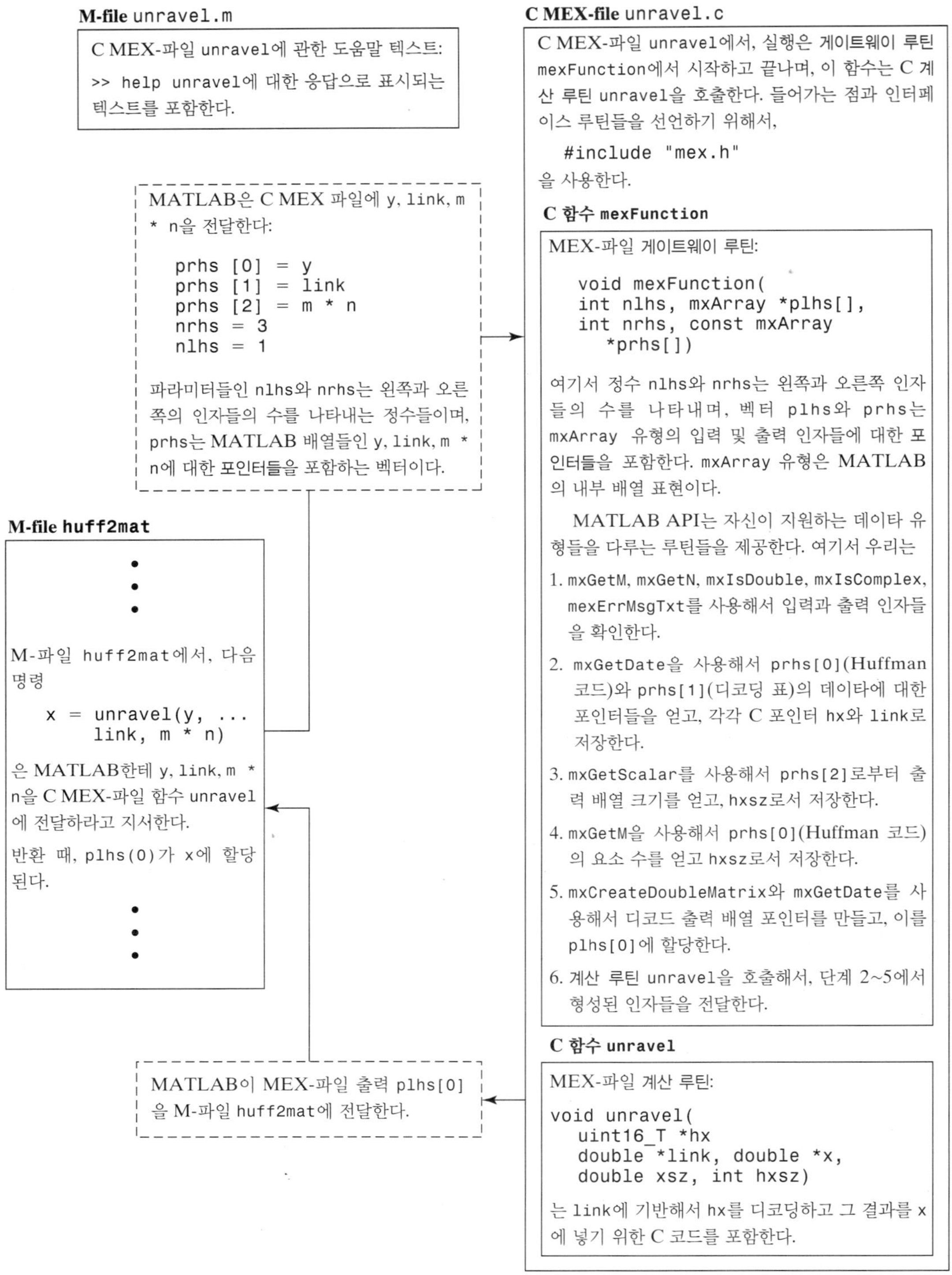

그림 8.6 M-파일 huff2mat와 MATLAB 호출 가능한 C 함수 unravel 간의 상호작용. C MEX-파일 unravel이 두 함수를 포함함을 주목한다: 게이트웨이 루틴 mexFunction과 계산 루틴 unravel. MEX-파일 unravel에 대한 도움말 텍스트는 역시 unravel이라고 이름 붙은 별도의 M-파일에 들어있다.

```
>> f2 = imread('Aligned Matches.tif');
>> c2 = mat2huff(f2);
>> ntrop(f2)
ans =
    7.3505
>> imratio(f2, c2)
ans =
    1.0821
```

두 영상의 1차 엔트로피 추정이 거의 같음(각각 7.4253과 7.3505 비트/화소)을 주목한다; 이들은 mat2huff에 의해 비슷하게 압축된다(압축률은 각각 1.0704와 1.0821). 이러한 관찰 결과는 가변 길이 코딩이 그림 8.7(c)의 정렬된 성냥들 간의 분명한 구조적 관계를 활용하지 못한다는 사실을 드러낸다. 이 영상에서 화소 대 화소 상관성이 더 분명하지만, 이 상관성은 그림 8.7(a)에도 있다. 두 영상의 화소 값들을 이웃 화소들의 값들로부터 어느 정도 예상할 수 있으므로, 개별 화소들이 운반하

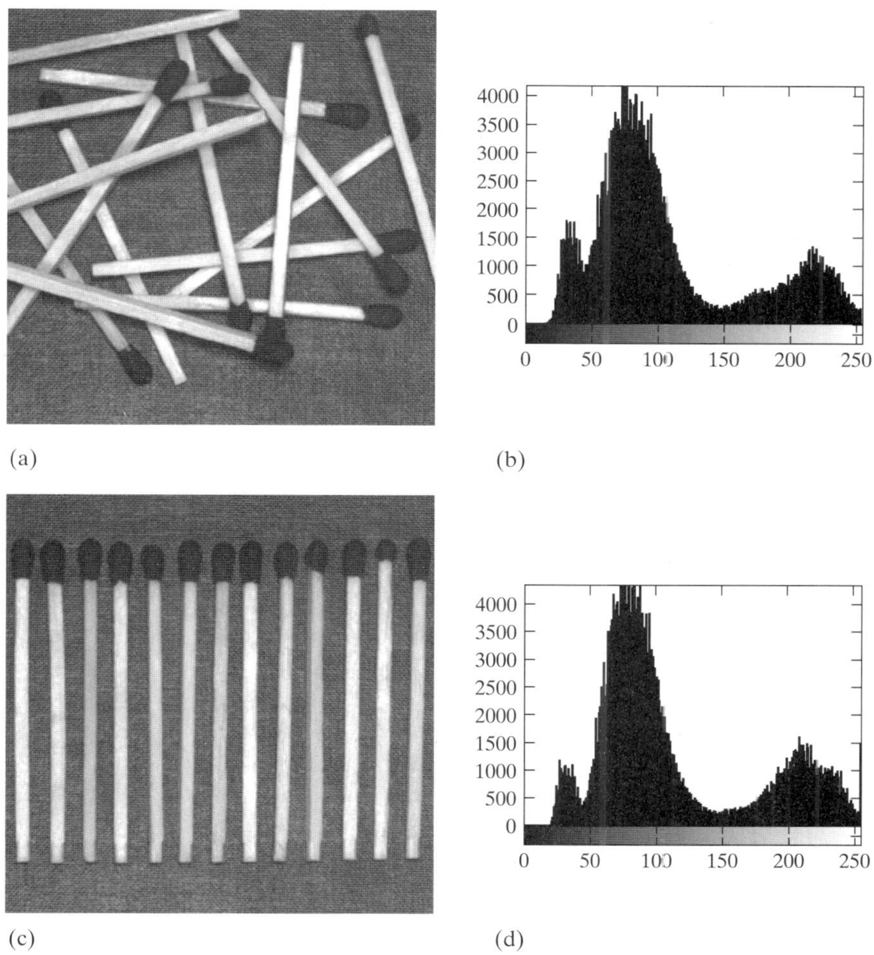

그림 8.7 두 영상과 그레이 레벨 히스토그램.

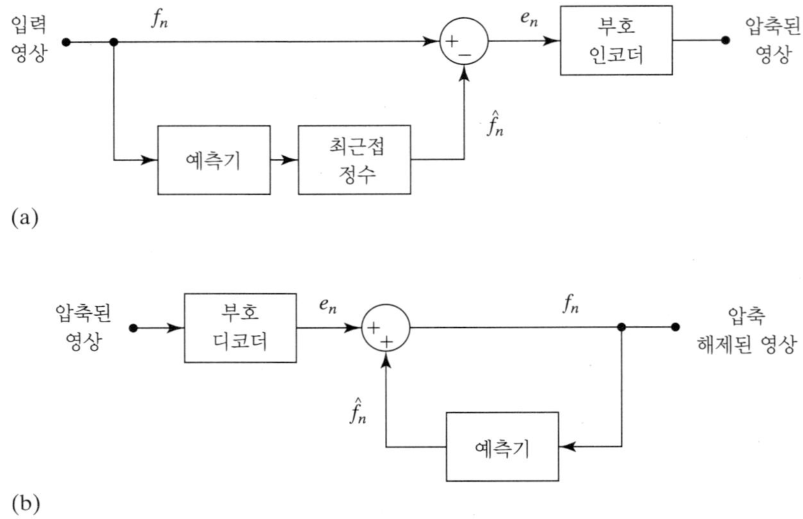

그림 8.8 무손실 예측 코딩 모델: (a) 인코더와 (b) 디코더.

는 정보는 상대적으로 적다. 영상에 대한 어떤 한 화소의 시각적 기여도의 대부분은 중복적이다; 이는 이웃 화소들의 값에 근거하여 추정할 수 있다. 이 상관성이 화소 간 중복성의 근본적 근거가 된다.

화소 간 중복을 줄이기 위해, 2-D 화소 배열을 더 효율적인[그러나 보통 "비시각적인(nonvisual)"] 포맷으로 변환해야 한다. 예를 들면, 인접 화소들 간의 차이를 이용해서 영상을 표현할 수 있다. 이 유형의 변환(즉, 화소 간 중복성을 제거하는 변환)을 **매핑**(*mapping*)이라고 부른다. 변환된 데이타로부터 오리지널 영상 요소들이 복구될 수 있으면 **가역**(*re ersible*) **매핑**이라고 부른다.

그림 8.8은 간단한 매핑 절차의 예를 보여준다. 이 방식은 **무손실 예측 코딩**(*lossless predicti e coding*)이라고 불리며, 가까운 화소들로부터 각 화소의 새 정보만을 추출하고 코딩함으로써 인접 화소 중복성을 제거한다. 화소의 **새 정보**는 그 화소의 실제값과 예측값 간의 차이로 정의된다. 보는 바와 같이, 이 시스템은 인코더와 디코더로 구성되며, 각각은 동일한 **예측기**(*predictor*)를 포함한다. f_n으로 표기된 입력 영상의 각 연속된 화소가 인코더에 입력됨에 따라, 예측기는 몇 개의 과거 입력들에 기반해서 그 화소의 값을 예측한다. 예측기의 출력은 그런 다음 $\hat{f}_n$으로 표기하는 가장 가까운 정수로 바뀌며, 차이 또는 예측 오차

$$e_n = f_n - \hat{f}_n$$

를 형성하는 데 사용된다. 이 오차가 가변 길이 코드를 사용해서(부호 코더에 의해) 코딩되어 압축 데이타 스트림의 다음 요소를 생성한다. 그림 8.9(b)의 디코더는 수신된 가변 길이 코드 단어들로부터 e_n을 재구성하고 역연산

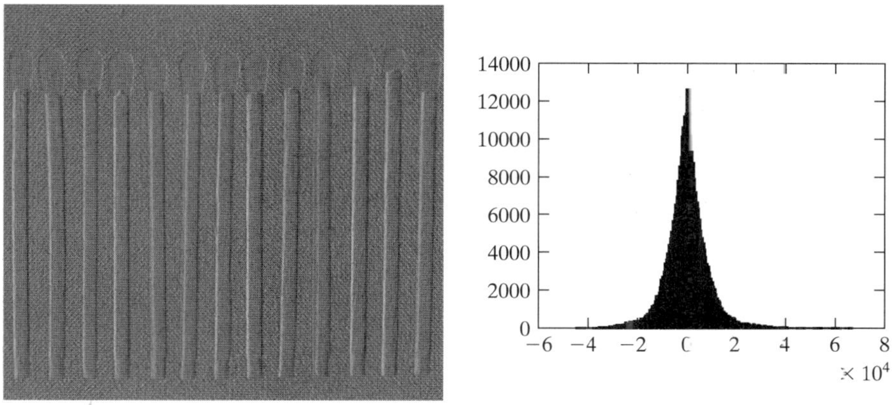

(a) (b)

그림 8.9 (a) 그림 8.7(c)의 `f = [1]` 때의 예측 오차 영상. (b) 예측 오차 히스토그램.

$$f_n = e_n + \hat{f}_n$$

을 수행한다.

다양한 지역적, 전역적, 적응적 방법들을 사용해서 $\hat{f}_n$을 생성할 수 있다. 그러나 대부분의 경우에 m개의 이전 화소들의 선형조합에 의해 예측이 나온다. 즉,

$$\hat{f}_n = \text{round}\left[\sum_{i=1}^{m} \alpha_i f_{n-i}\right]$$

여기서 m은 선형 예측기의 차수이며, "round"는 절삭/절상 또는 최근접 정수 연산(MATLAB의 함수 `round`같이)을 표시하는 데 사용되는 함수이며, $a_i(i = 1, 2, \ldots, m)$는 예측 계수들이다. 1-D 선형 예측 코딩에 대해서, 이 식은

$$\hat{f}(x, y) = \text{round}\left[\sum_{i=1}^{m} \alpha_i f(x, y-i)\right]$$

로 쓸 수 있다. 여기서, 아래 첨자가 붙은 각 변수는 이제 공간좌표 x와 y의 함수로서 명확하게 표현된다. 예측 $\hat{f}(x, y)$가 현재 스캔 라인만의 이전 화소들의 함수임을 유념한다.

M-함수 `mat2lpc`와 `lpc2mat`는 방금 설명한 예측 인코딩과 디코딩 처리를 구현한다(부호 코딩 및 디코딩 단계들은 빼고). 인코딩 함수 `mat2lpc`는 입력 `x`의 매 화소에 대해 한꺼번에 예측 결과를 내기 위해 `for` 루프를 사용한다. `x`의 복제로서 시작하는 `xs`는 매 반복마다 오른쪽으로 한 열 이동되며(왼쪽이 0으로 패딩된다), 적절한 예측 계수가 곱해지고, 예측 합 `p`에 더해진다. 선형 예측 계수들의 수가 보통은 작으므로 전체 과정은 신속하다. 다음의 리스팅에서 예측 필터 `f`가 규정되지 않으면, 계수가 1인 단일 요소 필터가 사용됨을 주목한다.

mat2lpc

```
function y = mat2lpc(x, f)
%MAT2LPC Compresses a matrix using 1-D lossles predictive coding.
%   Y = MAT2LPC(X, F) encodes matrix X using 1-D lossless predictive
%   coding. A linear prediction of X is made based on the
%   coefficients in F. If F is omitted, F = 1 (for previous pixel
%   coding) is assumed. The prediction error is then computed and
%   output as encoded matrix Y.
%
%   See also LPC2MAT.
error(nargchk(1, 2, nargin));        % Check input arguments
if nargin < 2                        % Set default filter if omitted
    f = 1;
end

x = double(x);                       % Ensure double for computations
[m, n] = size(x);                    % Get dimensions of input matrix
p = zeros(m, n);                     % Init linear prediction to 0
xs = x;     zc = zeros(m, 1);        % Prepare for input shift and pad

for j = 1:length(f)                  % For each filter coefficient ...
    xs = [zc xs(:, 1:end - 1)];      % Shift and zero pad x
    p = p + f(j) * xs;               % Form partial prediction sums
end

y = x - round(p);                    % Compute prediction error
```

디코딩 함수 lpc2mat는 대응하는 인코딩 짝인 mat2lpc의 역연산을 수행한다. 다음의 리스팅에서 보듯이, 이 함수는 n회 반복하는 for 루프를 사용한다. 여기서 n은 인코딩된 입력 매트릭스 y의 열 수이다. 각 디코딩된 열은 모든 후속 열들의 계산에 필요하므로, 매 반복마다 디코딩된 출력 x의 한 열만을 계산한다. for 루프에서 소요되는 시간을 줄이기 위해, x는 루프를 시작하기 전에 패딩된 최대 크기로 선할당된다. 예측을 생성하는 데 사용된 계산은 부동소수점 절삭 오차를 피하기 위해 lpc2mat에서와 똑같은 순서로 수행됨을 주목한다.

lpc2mat

```
function x = lpc2mat(y, f)
%LPC2MAT Decompresses a 1-D lossless predictive encoded matrix.
%   X = LPC2MAT(Y, F) decodes input matrix Y based on linear
%   prediction coefficients in F and the assumption of 1-D lossless
%   predictive coding. If F is omitted, filter F = 1 (for previous
%   pixel coding) is assumed.
%
%   See also MAT2LPC.
error(nargchk(1, 2, nargin));    % Check input arguments
if nargin < 2                    % Set default filter if omitted
    f = 1;
end
```

```
f = f(end:-1:1);                    % Reverse the filter coefficients
[m, n] = size(y);                   % Get dimensions of output matrix
order = length(f);                  % Get order of linear predictor
f = repmat(f, m, 1);                % Duplicate filter for vectorizing
x = zeros(m, n + order);            % Pad for 1st 'order' column decodes

% Decode the output one column at a time. Compute a prediction based
% on the 'order' previous elements and add it to the prediction
% error. The result is appended to the output matrix being built.
for j = 1:n
   jj = j + order;
   x(:, jj) = y(:, j) + round(sum(f(:, order:-1:1) .* ...
                           x(:, (jj - 1):-1:(jj - order)), 2));
end

x = x(:, order + 1:end);            % Remove left padding
```

예제 8.5

무손실 예측 코딩.

■ 그림 8.7(c)의 영상을 다음의 간단한 1차 선형 예측기를 사용해서 인코딩하는 것을 고려하자.

$$\hat{f}(x,y) = \text{round}[\alpha f(x, y-1)]$$

이 형태의 예측기를 보통 **이전 화소**(*previous pixel*) 예측기라고 부르며, 해당 예측 코딩 절차를 **차등 코딩**(*differential coding*) 또는 **이전 화소 코딩**이라고 부른다. 그림 8.9(a)는 $\alpha = 1$ 때의 결과인 예측 오차 영상을 보여준다. 여기서, 그레이 레벨 128은 예측 오차 0에 해당하며, 0이 아닌 양수 및 음수 오차는 mat2gray에 의해 스케일링되어 각각 더 밝거나 또는 더 어두운 농도의 그레이가 된다:

```
>> f = imread('Aligned Matches.tif');
>> e = mat2lpc(f);
>> imshow(mat2gray(e));
>> ntrop(e)

ans =

    5.9727
```

예측 오차 e의 엔트로피가 오리지널 영상 f의 엔트로피보다 훨씬 더 낮음을 주목한다. m-비트 영상에 대해, 결과 오차 시퀀스를 정확하게 표현하는 데 $(m+1)$-비트의 숫자들이 필요하다는 사실에도 불구하고, 엔트로피가 7.3505 비트/화소(이 절의 시작부에서 계산된)로부터 5.9727 비트/화소로 줄었다. 엔트로피의 이러한 축소는 예측 오차 영상이 오리지널 영상보다 더 효율적으로 코딩될 수 있음을 의미한다—이는 물론 매핑의 목표이다. 따라서,

```
>> c = mat2huff(e);
>> cr = imratio(f, c)

cr =
    1.3311
```

을 얻으며 압축률이 예상대로 1.0821(그레이 레벨들을 직접 Huffman 코딩할 때)에서 1.3311로 증가되었음을 볼 수 있다.

예측 오차 e의 히스토그램을 그림 8.9(b)가 보여준다—다음과 같이 계산되었다:

```
>> [h, x] = hist(e(:) * 512, 512);
>> figure; bar(x, h, 'k');
```

0 근처에서 매우 높은 피크를 가지며, 입력 영상 그레이 레벨 분포(그림 8.7(d) 참고)에 비해 상대적으로 작은 분산을 가짐을 주목한다. 이는 앞에서 계산된 엔트로피 값들이 그랬듯이, 예측 및 차등 처리에 의해 인접 화소 간 중복성의 많은 부분이 제거되었음을 반영한다. 예측 코딩 방식의 무손실 특성을 보여줌으로써, 즉 c를 디코딩하고 이것과 시작 영상 f를 비교하는 것으로 이 예제를 결론짓는다:

```
>> g = lpc2mat(huff2mat(c));
>> compare(f, g)
ans =
    0
```

8.4 무용(無用) 정보 Irrelevant Information

코딩과 화소 간 중복성과 달리, 시각 심리적 중복성은 실제 또는 측정할 수 있는 시각적 정보와 관련된다. 이를 제거하는 게 바람직한 이유는 정보 자체는 보통 시각 처리에 본질적이지 않기 때문이다. 시각 심리적으로 중복되는 데이타를 제거하는 게 정량적 정보의 손실에 귀착하므로, 이를 **양자화**(*quantization*)라고 부른다. 이 용어는 단어의 정상적 용도와 일치하며, 이는 일반적으로 넓은 범위의 입력 값들을 한정된 수의 출력 값들로 매핑하는 것을 의미한다. 가역 연산이 아니므로(즉, 시각 정보가 손실됨) 양자화는 손실성(lossy) 데이타 압축이다.

예제 8.6 양자화에 의한 압축.

■ 그림 8.10(a)의 영상을 고려하자. 그림 8.10(a)는 256 그레이 레벨의 흑백 영상을 보여준다. 그림 8.10(b)는 4비트 또는 16개의 가능한 레벨들로 균등하게 양자화한 후의 같은 영상을 보여준다. 결과 압축률은 2 : 1이다. 오리지널 영상의 부드러운 영역에 허위 등고선(false contouring)이 생긴데 주목한다. 이는 영상의 그레이 레벨들을 더 거칠게 표현할 때 자연적으로 발생하는 시각적 효과이다.

그림 8.10(c)는 인간의 시각 체계의 특성을 이용해서 양자화를 현저하게 개선하는 게 가능함을 보여준다. 이 두 번째 양자화에 의한 압축률도 2 : 1이나 허위 등고선이 크게 줄었다. 여기에는 알갱이 같은 거칠어지는 대가가 따르나 그에 비해 거부감은 적다. 이들 중 어느 경우든 압축 해제는 불필요하고 불가능하다[즉, 양자화는 불가역(irreversible) 연산이다].

그림 8.10(c)를 만들기 위해 사용된 방법을 **개선된 그레이스케일**(*impro ed gray-scale*, IGS) **양자화**라고 부른다. 이 기법은 에지에 대해 눈이 본질적으로 민감함을 이용한다. 양자화 전에 각 화소에 이웃 화소들의 하위 비트들로부터 만든 의사랜덤 수를 더해서 에지를 분해한다. 하위 비트들이 상당히 랜덤하므로, 이렇게 하면 허위 등고선

그림 8.10 (a) 오리지널 영상. (b) 16레벨로 균등 양자화. (c) 16레벨로 IGS 양자화.

에 의한 인공적 에지들을 어느 정도(영상의 지역적 특성에 종속) 랜덤하게 만드는 효과를 낸다. 다음 리스팅의 함수 `quantize`는 IGS 양자화와 기존의 하위 비트 버리기를 모두 수행한다. 입력 `x`를 한 번에 한 열씩 처리하기 위해 IGS 구현이 벡터화되었음을 주목한다. 그림 8.10(c)의 4비트 결과의 한 열을 만들기 위해, 열의 합 `s`—초기에 모두 0으로 설정됨—가 `x`의 한 열과 기존(앞서 만든) 합들의 네 개의 LSB(least significant bit)들의 합으로 형성된다. 그러나 만일 어떤 `x`값이든지 네 개의 MSB(most significant bit)들이 1111_2이면 0000_2가 대신에 더하진다. 그러고 나서, 결과로 얻은 합의 네 개의 MSB들이, 처리되는 열에 대한 코딩된 화소 값들로서 사용된다.

quantize

```
function y = quantize(x, b, type)
%QUANTIZE Quantizes the elements of a UINT8 matrix.
%   Y = QUANTIZE(X, B, TYPE) quantizes X to B bits. Truncaticn is
%   used unless TYPE is 'igs' for Improved Gray Scale quantization.

error(nargchk(2, 3, nargin));          % Check input arguments
if ndims(x) ~= 2 || ~isreal(x) || ...
     ~isnumeric(x) || ~isa(x, 'uint8')
   error('The input must be a UINT8 numeric matrix.');
end

% Create bit masks for the quantization
lo = uint8(2 ^ (8 - b) - 1);
hi = uint8(2 ^ 8 - double(lo) - 1);

% Perform standard quantization unless IGS is specified
if nargin < 3 || ~strcmpi(type, 'igs')
   y = bitand(x, hi);
```

strcmpi

대소문자 구분 없이 문자열 `s1`과 `s2`를 비교하려면, `s = strcmpi(s1, s2)`를 사용한다.

```
% Else IGS quantization. Process column-wise. If the MSB's of the
% pixel are all 1's, the sum is set to the pixel value. Else, add
% the pixel value to the LSB's of the previous sum. Then take the
% MSB's of the sum as the quantized value.
else
   [m, n] = size(x);                          s = zeros(m, 1);
   hitest = double(bitand(x, hi) ~= hi);      x = double(x);
   for j = 1:n
      s = x(:, j) + hitest(:, j) .* double(bitand(uint8(s), lo));
      y(:, j) = bitand(uint8(s), hi);
   end
end
```

개선된 그레이스케일 양자화는 압축될 영상의 그레이 레벨들에 직접 연산되는 많은 양자화 수단들을 대표한다. 이들은 보통 영상의 공간 및/또는 그레이스케일 해상도의 감소를 초래한다. 그러나, 만일 영상이 먼저 화소 간 중복성을 줄이기 위해 매핑되면, 양자화는 다른 유형의 영상 열화(degradation)를 야기한다—2-D 주파수 변환으로 데이타를 역상관(decorrelation)시킬 때 흐려지는 에지들(고주파 디테일 손실) 같은.

예제 8.7

IGS 양자화와 무손실 예측 및 Huffman 코딩을 결합하기.

■ 비록 그림 8.10(c)를 만드는 데 사용된 양자화가 인지되는 화질에 거의 영향을 주지 않고도 시각 심리적 중복성을 상당히 제거하지만, 결과 영상의 인접 화소 간 중복성 및 코딩 중복성을 줄이는 앞의 두 절의 기법들을 채택하면 더 이상의 압축을 달성할 수 있다. 사실상, IGS 양자화만에 의한 2 : 1 압축을 두 배 이상 높일 수 있다. 다음의 명령 시퀀스는 IGS 양자화, 무손실 예측 코딩, Huffman 코딩을 결합해서 그림 8.10(a)의 영상을 오리지널 크기의 1/4 이하로 압축한다:

```
>> f = imread('Brushes.tif');
>> q = quantize(f, 4, 'igs');
>> qs = double(q) / 16;
>> e = mat2lpc(qs);
>> c = mat2huff(e);
>> imratio(f, c)
ans =
    4.1420
```

인코딩된 결과 c는 역순에 의해 압축 해제시킬 수 있다('역양자화' 는 없음):

```
>> ne = huff2mat(c);
>> nqs = lpc2mat(ne);
>> nq = 16 * nqs;
>> compare(q, nq)
ans =
    0
>> compare(f, nq)
```

```
ans =
     6.8382
```

압축 해제된 영상의 rms 오차가 약 7그레이 레벨임을 주목한다—이 오차는 양자화 스텝에 원인이 있다.

8.5 JPEG 압축 JPEG Compression

앞 절들의 기법들은 영상의 화소에 직접 연산되므로 **공간 도메인 방법들**이다. 이 절에서는, 영상의 변환을 수정하는 것에 기반하는 많이 사용되는 압축 표준들을 고려한다. 우리의 목적은 영상 압축에서의 2-D 변환의 사용을 소개하고, 8.2절브터 8.4절에 설명된 영상 중복성을 줄이는 방법에 관한 추가적인 예제를 제공하고, 독자들이 영상 압축의 최신 기술을 접하게 하는 것이다. 소개되는 표준들(비록 대강만을 고찰하지만)은 광범위한 영상 유형과 압축 요구조건들을 다루도록 설계된다.

변환 코딩(*transform coding*)에서, 3장의 DFT 또는 **이산 여현파 변환**(*discrete cosine transform*, DCT)

$$T(u,v) = \sum_{x=0}^{M-1}\sum_{y=0}^{N-1} f(x,y)\alpha(u)\alpha(v)\cos\left[\frac{(2x+1)u\pi}{2M}\right]\cos\left[\frac{(2y+1)v\pi}{2N}\right]$$

여기서

$$\alpha(u) = \begin{cases} \sqrt{\dfrac{1}{M}} & u = 0 \\ \sqrt{\dfrac{2}{M}} & u = 1, 2, \ldots, M-1 \end{cases}$$

[$\alpha(v)$에 대해서도 비슷] 같은 가역적 선형 변환은 영상을 변환 계수들의 집합으로 매핑하는 데 사용되며, 이 계수들이 양자화 및 코딩된다. 대부분의 자연적 영상들에 있어서 상당한 수의 계수들이 작은 크기를 가지며, 거칠게 양자화되어도(또는 전부 버려져도) 영상을 거의 왜곡시키지 않는다.

8.5.1 JPEG

가장 많이 사용되고 포괄적인 연속 톤의 정지 프레임 압축 표준들 중의 하나는 JPEG (Joint Photographic Experts Groud) 표준이다. 이산 여현파 변환에 기반하고 대부분의 압축 응용에 대해 적합한 **JPEG 베이스라인 코딩 표준**에서 입력 및 출력 영상들은 8비트로 제한되며, 그 반면 양자화된 DCT 계수 값들은 11비트로 제한된다. 그림 8.11(a)의 단순화된 블록다이어그램에서 보듯이, 압축 자체는 순차적인 4단계로 수행된다: 8×8 부영상 추출, DCT 계산, 양자화, 가변 길이 코드 할당.

그림 8.11 JPEG 블록다이어그램: (a) 인코더와 (b) 디코더.

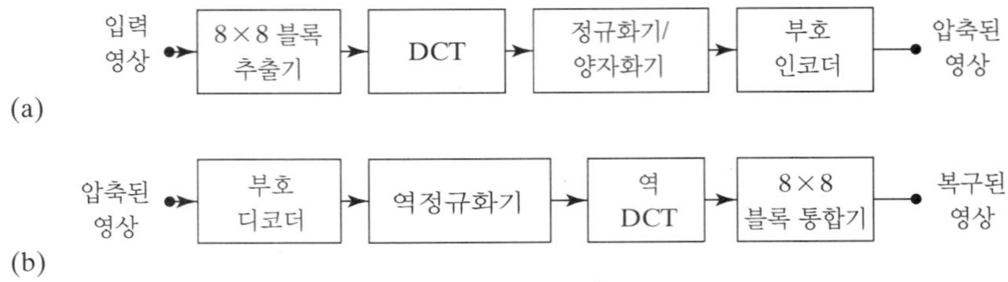

JPEG 압축 과정의 첫 단계는 입력 영상을 크기 8×8의 겹치지 않는 화소 블록들로 분할하는 것이다. 이어서 이들은 좌에서 우, 위에서 아래로 처리된다. 각 8×8 블록 또는 부영상을 처리할 때, 64화소들의 레벨로부터 2^{m-1}을 뺀다. 여기서 2^m은 영상의 그레이 레벨 수이다. 그리고 이에 대한 2-D 이산 여현파 변환을 계산한다. 그런 후, 결과 계수들을 다음 식에 따라 동시에 역정규화하고 양자화한다.

$$\hat{T}(u,v) = \text{round}\left[\frac{T(u,v)}{Z(u,v)}\right]$$

여기서, $\hat{T}(u, v)(u, v = 0, 1, \ldots, 7)$은 결과인 역정규화 및 양자화된 계수들이며, $T(u, v)$는 영상 $f(x, y)$의 8×8 블록의 DCT이며, $Z(u, v)$는 그림 8.12(a)에서와 같은 **변환 정규화 배열**(*transform normalization array*)이다. $Z(u, v)$의 스케일링에 의해, 다양한 압축률과 복구 영상 화질을 얻을 수 있다.

각 블록의 DCT 계수들을 양자화한 후에, $\hat{T}(u, v)$의 요소들을 그림 8.12(b)의 지그재그 패턴에 따라 재정렬한다. 결과인 1-D로 재정렬된 배열(양자화된 계수들의 배열)은 공간 주파수의 오름차순으로 배열되므로, 그림 8.11(a)의 부호 코더는 보통 재정렬하면 일어나는 0이 길게 이어지는 현상을 이용하도록 설계된다. 특히, 0이 아닌 AC 계수들[즉, $u = v = 0$을 제외한 모든 $\hat{T}(u, v)$]은 계수의 값 그리고 앞의 0들의 수를 정의하는 가변 길이 코드를 사용해서 코딩된다. DC 계수[즉, $\hat{T}(0, 0)$]는 이전 부영상의 DC 계수에 관하여 차분 코딩된다. 디폴트 AC 및 DC Huffman 코딩

그림 8.12 (a) JPEG의 디폴트 정규화 배열. (b) JPEG의 지그재그 계수 정렬(ordering) 시퀀스.

16	11	10	16	24	40	51	61
12	12	14	19	26	58	60	55
14	13	16	24	40	57	69	56
14	17	22	29	51	87	80	62
18	22	37	56	68	109	103	77
24	35	55	64	81	104	113	92
49	64	78	87	103	121	120	101
72	92	95	98	112	100	103	99

(a)

0	1	5	6	14	15	27	28
2	4	7	13	16	26	29	42
3	8	12	17	25	30	41	43
9	11	18	24	31	40	44	53
10	19	23	32	39	45	52	54
20	22	33	38	46	51	55	60
21	34	37	47	50	56	59	61
35	36	48	49	57	58	62	63

(b)

표들이 표준에 의해 제공되나, 사용자는 정규화 배열뿐만 아니라 사용자 표도 자유롭게 구성할 수 있으며 실제로 이를 압축될 영상의 특성에 맞출 수 있다.

JPEG 표준 전체를 구현하는 것은 이 책의 수준을 넘는 것이나, 다음의 M-파일이 그 베이스라인 코딩 프로세스를 근사화한다:

im2gpeg

```
function y = im2jpeg(x, quality, bits)
%IM2JPEG Compresses an image using a JPEG approximation.
%   Y = IM2JPEG(X, QUALITY) compresses image X based on 8 x 8 DCT
%   transforms, coefficient quantization, and Huffman symbol
%   coding. Input BITS is the bits/pixel used to for unsigned
%   integer input; QUALITY determines the amount of information that
%   is lost and compression achieved.  Y is an encoding structure
%   containing fields:
%
%      Y.size       Size of X
%      Y.bits       Bits/pixel of X
%      Y.numblocks  Number of 8-by-8 encoded blocks
%      Y.quality    Quality factor (as percent)
%      Y.huffman    Huffman encoding structure, as returned by
%                   MAT2HUFF
%
%   See also JPEG2IM.

error(nargchk(1, 3, nargin));              % Check input arguments
if ndims(x) ~= 2 || ~isreal(x) || ~isnumeric(x) || ~isinteger(x)
   error('The input image must be unsigned integer.');
end
if nargin < 3
   bits = 8;      % Default value for quality.
end
if bits < 0 || bits > 16
   error('The input image must have 1 to 16 bits/pixel.');
end
if nargin < 2
   quality = 1;   % Default value for quality.
end
if quality <= 0
   error('Input parameter QUALITY must be greater than zero.');
end

m = [16 11  10  16  24  40  51  61         % JPEG normalizing array
     12  12  14  19  26  58  60  55        % and zig-zag redordering
     14  13  16  24  40  57  69  56        % pattern.
     14  17  22  29  51  87  80  62
     18  22  37  56  68  109 103 77
     24  35  55  64  81  104 113 92
     49  64  78  87  103 121 120 101
     72  92  95  98  112 100 103 99] * quality;

order = [1 9  2  3  10 17 25 18 11 4  5  12 19 26 33  ...
      41 34 27 20 13 6  7  14 21 28 35 42 49 57 50  ...
      43 36 29 22 15 8  16 23 30 37 44 51 58 59 52  ...
```

isreal
isnumeric
isinteger

함수 isreal(A)는 A의 요소들에 허수부가 없으면 참을 반환한다.

함수 isnumeric(A)는 A가 수치 배열이면 참을 반환한다.

함수 isinteger(A)는 A가 정수 배열이면 참을 반환한다.

```
        45 38 31 24 32 39 46 53 60 61 54 47 40 48 55  ...
        62 63 56 64];

[xm, xn] = size(x);                           % Get input size.
x = double(x) - 2^(round(bits) - 1);          % Level shift input
t = dctmtx(8);                                % Compute 8 x 8 DCT matrix

% Compute DCTs of 8x8 blocks and quantize the coefficients.
y = blkproc(x, [8 8], 'P1 * x * P2', t, t');
y = blkproc(y, [8 8], 'round(x ./ P1)', m);

y = im2col(y, [8 8], 'distinct');  % Break 8x8 blocks into columns
xb = size(y, 2);                   % Get number of blocks
y = y(order, :);                   % Reorder column elements

eob = max(y(:)) + 1;               % Create end-of-block symbol
r = zeros(numel(y) + size(y, 2), 1);
count = 0;
for j = 1:xb                       % Process 1 block (col) at a time
   i = find(y(:, j), 1, 'last' );  % Find last non-zero element
   if isempty(i)                   % No nonzero block values
      i = 0;
   end
   p = count + 1;
   q = p + i;
   r(p:q) = [y(1:i, j); eob];      % Truncate trailing 0's, add EOB,
   count = count + i + 1;          % and add to output vector
end

r((count + 1):end) = [];           % Delete unusued portion of r

y           = struct;
y.size      = uint16([xm xn]);
y.bits      = uint16(bits);
y.numblocks = uint16(xb);
y.quality   = uint16(quality * 100);
y.huffman   = mat2huff(r);
```

그림 8.11(a)의 블록도대로 함수 im2jpeg는 입력 영상 x의 분리된 8×8 섹션들 또는 블록들을 한 번에 한 블록씩 처리한다(전체 영상을 한 번에 처리하기 보다는). 두 개의 특수 블록 처리 함수들—blkproc와 im2col—이 이 계산을 단순화하는 데 사용된다. 함수 blkproc은 그 표준 문법이

blkproc

```
B = blkproc(A, [M N], FUN, P1, P2, ...)
```

이며, 블록으로 영상을 다루는 전과정을 스트림라인화 또는 자동화한다. 이 함수는 처리될 블록들의 크기([M N])와 함께 입력 영상 A, 이들을 처리할 때 사용하는 함수(FUN), 블록 처리 함수 FUN을 위한 옵션형 입력 파라미터들인 P1, P2, ...을 받는다. 그런 후, 함수 blkproc이 A를 M x N 블록들로 쪼개고(필요한 제로 패딩 포함), 각 블록과 파라미터 P1, P2, ...으로 함수 FUN을 호출하고, 그 결과들을 출력 영상 B에 다시 모아 맞춘다.

im2jpeg에 의해 사용되는 두 번째 특수 블록 처리 함수는 함수 im2col이다. blkproc이 특정 블록-지향 연산을 구현하는 데 적합하지 않을 때, im2col을 사용해서 입력을 재배열해서 연산을 더 간단하고 효율적인 방식(예를 들면, 연산을 벡터화할 수 있게 해서)으로 코딩할 수 있게 한다. im2col의 출력은 매트릭스이며, 각 열은 입력 영상의 분리된 한 블록의 요소들을 포함한다. 그 표준 포맷은

```
B = im2col(A, [M N], 'distinct')
```

im2col

이며, 여기서 파라미터 A, B, [M N]은 함수 blkproc을 위해 앞에서 정의된 것과 같다. 문자열 'distinct'는 im2col에 처리될 블록들이 오버랩되지 않음을 전달한다; 대안 문자열 'sliding'은 A의 매 화소에 대해 B에 한 열을 만들라고 지시한다(마치 블록이 영상에 거쳐 미끄러지듯 움직이는 것처럼).

im2jpeg에서 함수 blkproc은 DCT의 계산과 계수의 역정규화 및 양자화 모두를 용이하게 하는 데 사용된다. 그 반면 im2col은 양자화된 계수의 재정렬과 제로 런(zero run)[†] 검출을 단순화하는 데 사용된다. JPEG 표준과 달리, im2jpeg는 각 재정렬된 계수 블록의 마지막 제로 런만을 검출하며, 그 전체 런을 하나의 eob 부호로 교체한다. 끝으로, 비록 MATLAB이 대형 영상 DCT들에 대한 효율적인 FFT-기반 함수를 제공하지만(함수 dct2에 대한 MATLAB의 도움말을 참고할 것), im2jpeg은 다른 매트릭스 공식을 사용함을 주목한다:

$$\mathbf{T} = \mathbf{HFH}^T$$

여기서 $\mathbf{F}$는 영상 $f(x, y)$의 8×8 블록이며, $\mathbf{H}$는 dctmtx(8)에 의해 생성한 8×8 DCT 변환 매트릭스이고, $\mathbf{T}$는 $\mathbf{F}$의 결과 DCT이다. 위 첨자 ^{T}는 전치 연산을 표시한다. 양자화가 없으면 $\mathbf{T}$의 역 DCT는

$$\mathbf{F} = \mathbf{H}^T\mathbf{TH}$$

이다. 이 공식은 작은 정사각형 영상들(JPEG의 8×8 DCT들 같은)을 변환할 때 특히 효율적이다. 따라서 다음 명령문

```
y = blkproc(x, [8 8], 'P1 * x * P2', h, h')
```

은 8×8 블록으로 영상 x의 DCT들을 계산하며, 이때 DCT 변환 매트릭스 h와 전치 h'을 DCT 매트릭스 곱셈 P1 * x * P2의 파라미터 P1과 P2로 사용한다.

im2jpeg으로 압축된 영상을 압축 해제하려면, 비슷한 블록 처리와 매트릭스 기반 변환들[그림 8.11(b) 참고]이 필요하다. 다음 리스팅의 함수 jpeg2im은 필요한 역연산 시퀀스를 수행한다(양자화는 분명히 제외). 이 함수는 일반 함수

[†] 역주: 0이 연속해서 나타나는 것.

col2im

```
A = col2im(B,[M N],[MM NN],'distinct')
```

를 사용해서 매트릭스 z의 열들로부터 2-D 영상을 재생성한다. 여기서, 각 64-요소 열은 복구된 영상의 8×8 블록이다. 파라미터 A, B, [M N], 'distinct'는 함수 im2col에 대해 정의된 것과 같으며, 배열 [M N]은 출력 영상 A의 크기를 규정한다.

jpeg2im

```
function x = jpeg2im(y)
%JPEG2IM Decodes an IM2JPEG compressed image.
%   X = JPEG2IM(Y) decodes compressed image Y, generating
%   reconstructed approximation X.  Y is a structure generated by
%   IM2JPEG.
%
%   See also IM2JPEG.
error(nargchk(1, 1, nargin));              % Check input arguments

m = [16 11  10  16  24  40  51  61         % JPEG normalizing array
     12  12  14  19  26  58  60  55        % and zig-zag reordering
     14  13  16  24  40  57  69  56        % pattern.
     14  17  22  29  51  87  80  62
     18  22  37  56  68  109 103 77
     24  35  55  64  81  104 113 92
     49  64  78  87  103 121 120 101
     72  92  95  98  112 100 103 99];

order = [1 9  2  3  10 17 25 18 11 4  5  12 19 26 33  ...
         41 34 27 20 13 6  7  14 21 28 35 42 49 57 50  ...
         43 36 29 22 15 8  16 23 30 37 44 51 58 59 52  ...
         45 38 31 24 32 39 46 53 60 61 54 47 40 48 55  ...
         62 63 56 64];
rev = order;                            % Compute inverse ordering
for k = 1:length(order)
   rev(k) = find(order == k);
end

m = double(y.quality) / 100 * m;        % Get encoding quality.
xb = double(y.numblocks);               % Get x blocks.
sz = double(y.size);
xn = sz(2);                             % Get x columns.
xm = sz(1);                             % Get x rows.
x = huff2mat(y.huffman);                % Huffman decode.
eob = max(x(:));                        % Get end-of-block symbol

z = zeros(64, xb);   k = 1;             % Form block columns by copying
for j = 1:xb                            % successive values from x into
   for i = 1:64                         % columns of z, while changing
      if x(k) == eob                    % to the next column whenever
         k = k + 1;   break;            % an EOB symbol is found.
      else
         z(i, j) = x(k);
         k = k + 1;
      end
   end
end
```

```
z = z(rev, :);                                % Restore order
x = col2im(z, [8 8], [xm xn], 'distinct');    % Form matrix blocks
x = blkproc(x, [8 8], 'x .* P1', m);          % Denormalize DCT
t = dctmtx(8);                                % Get 8 x 8 DCT matrix
x = blkproc(x, [8 8], 'P1 * x * P2', t', t);  % Compute block DCT-1
x = x + double(2^(y.bits - 1));               % Level shift
if y.bits <= 8
    x = uint8(x);
else
    x = uint16(x);
end
```

예제 8.8

JPEG 압축.

■ 그림 8.13(a)와 (b)는 그림 8.4(a)의 흑백 영상에 대한 JPEG 코딩된 근사화와 이어서 디코딩된 근사화를 보여준다. 약 18 대 1의 압축률을 제공하는 첫 번째 결과는 그림 8.12(a)의 정규화 배열을 직접 적용해서 얻었다. 오리지널 영상을 42 대 1로 압축한 두 번째 결과는 정규화 배열을 4로 곱(스케일링)해서 만들었다.

그림 8.4(a)의 오리지널 영상과 그림 8.13(a)와 (b)의 복구된 영상들 간의 차이를 각각 그림 8.13(c)와 (d)가 보여준다. 두 영상 모두 오차가 더 잘 보이도록 스케일링되었다. 이들의 rms 오차는 각각 2.4와 4.4 그레이 레벨이다. 화질에 대한 이 오차들의 영향은 그림 8.13(e)와 (f)의 줌 영상에서 더 잘 볼 수 있다. 이 영상들은 각각 그림 8.13(a)와 (b)의 확대한 부분을 보여주며, 복구된 영상들 간의 미세한 차이를 더 잘 판단할 수 있게 한다. [그림 8.4(b)가 확대된 오리지널을 보여준다.] 주밍된 두 근사화 영상 모두에 **블록 구조 현상**(*blocking artifact*)이 있음을 주목한다.

그림 8.13의 영상들과 방금 설명한 수치 결과들을 다음의 명령 시퀀스로 만들었다:

```
>> f = imread('Tracy.tif');
>> c1 = im2jpeg(f);
>> f1 = jpeg2im(c1);
>> imratio(f, c1)
ans =
    18.4090
>> compare(f, f1, 3)
ans =
    2.4329
>> c4 = im2jpeg(f, 4);
>> f4 = jpeg2im(c4);
>> imratio(f, c4)
ans =
    43.3153
>> compare(f, f4, 3)
ans =
    4.4053
```

`im2jpeg`가 JPEG 표준의 Huffman 인코딩 과정을 근사화하기 때문에, 이 결과들은 실제 JPEG 베이스라인 코딩 환경에서 얻었을 결과들과는 다르다. 주목할 만한 두 가지 주요 차이는: (1) 표준에서는 계수들의 모든 제로 런(zero run)들이 Huffman 코딩되는 반면,

그림 8.13 왼쪽 열: DCT와 그림 8.12(a)의 정규화 배열에 의한 그림 8.4의 근사화 영상들. 오른쪽 열: 4를 곱해서 스케일링한 정규화 배열에 의한 결과.

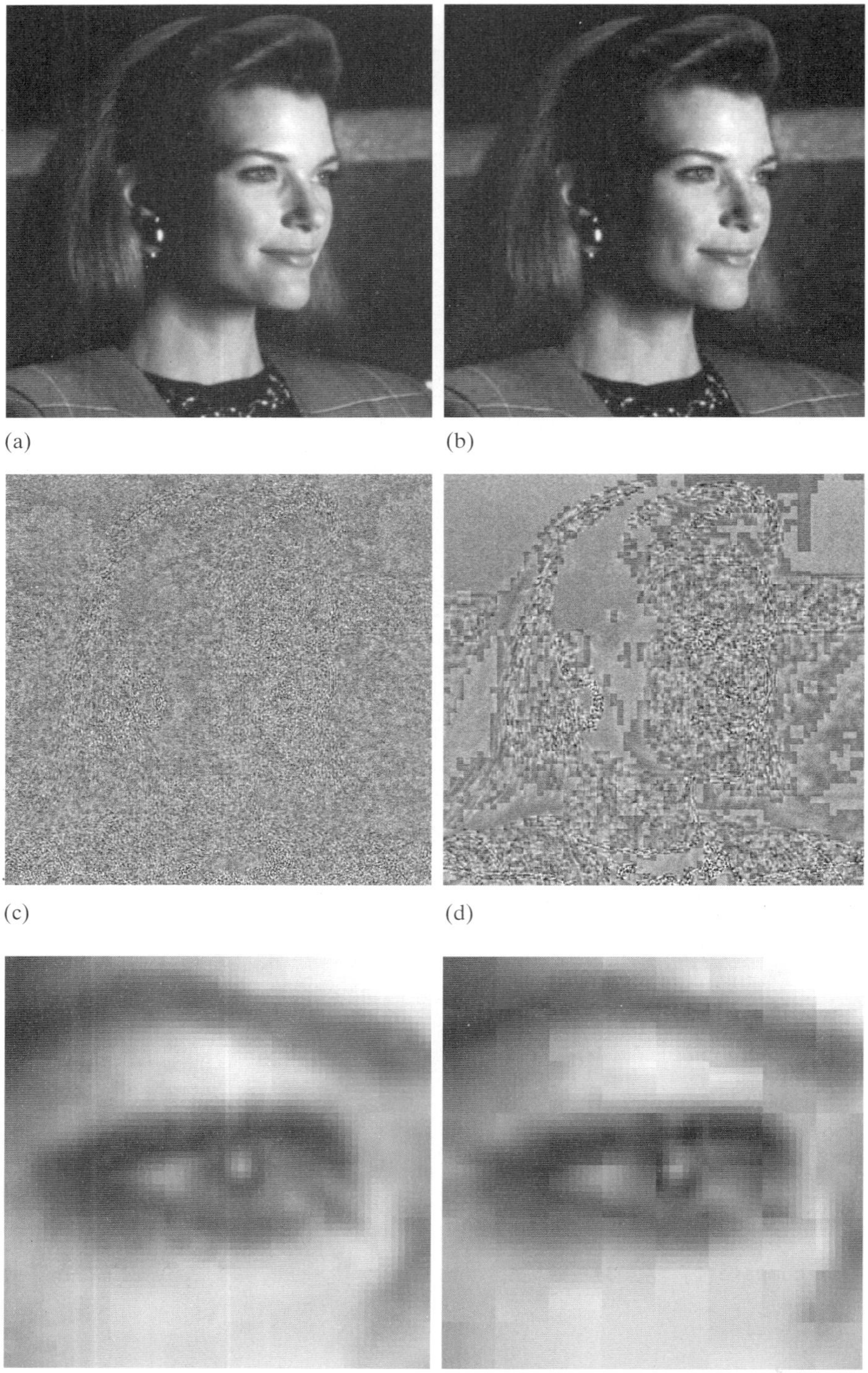

(a) (b) (c) (d) (e) (f)

im2jpeg는 각 블록의 제일 끝 런만을 인코딩한다; 그리고 (2) 표준의 인코더와 디코더는 알려져 있는 (디폴트) Huffman 코드에 기반하는 반면, im2jpeg은 영상에 대한 인코딩 Huffman 코드 단어들을 복구하는 데 필요한 정보를 영상 기저(basis)에 전한다. 표준을 사용하면 위의 압축률들은 대략 두 배가 될 것이다.

8.5.2 JPEG 2000

앞 절의 초기 JPEG 발표 내용과 같이, JPEG 2000은 영상의 화소들을 역상관(decorrelate)하는 변환의 계수들이 오리지널 화소들 그 자체보다 더 효율적으로 코딩될 수 있다는 개념에 기반한다. 만일 변환의 기저 함수들—JPEG 2000 경우에는 웨이블릿들—이 중요한 시각적 정보들의 대부분을 작은 수의 계수들에 모아 넣을 수 있다면, 나머지 계수들을 영상 왜곡이 거의 없이 거칠게 양자화하거나 또는 0으로 만들어 버릴 수 있다.

그림 8.14는 단순화된 JPEG 2000 코딩 시스템(몇 가지 옵션 연산들이 빠짐)을 보여준다. 인코딩 과정의 첫 단계는 오리지널 JPEG 표준에서와 같이 2^{m-1}을 빼서 영상 화소들의 레벨을 이동시키는 것이다. 여기서 2^m은 영상의 그레이 레벨 수이다. 그런 다음, 영상의 행 및 열들의 1-D 이산 웨이블릿 변환을 계산할 수 있다. 무오차 압축을 위해, 사용된 변환은 쌍직교적이며, 5-3 계수 스케일링 및 웨이블릿 벡터를 갖는다. 손실성 응용에서는, 9-7 계수 스케일링–웨이블릿 벡터(7장의 wavefilter 함수 참고)가 사용된다. 어느 경우든, 초기 분해 결과로 네 개의 부대역, 즉, 하나의 저해상도 근사화 영상과 영상의 수평, 수직, 대각선 주파수 특성들을 만든다.

그 후의 반복들을 이전 분해의 근사화 계수들에 제한시키고 분해 과정을 N_L번 반복하면 N_L-스케일 웨이블릿 변환이 만들어진다. 인접 스케일들은 공간적으로 2의 멱수에 의해 관련되며, 최저 스케일은 유일하게 명시적으로 정의된 오리지널 영상에 대한 근사화를 포함한다. $N_L = 2$인 경우에 대해 표준 표기법이 요약되어 있는 그림 8.15로부터 추측할 수 있듯이, 일반적 N_L-스케일 변환은 $3N_L + 1$개의 부대역을 포함하며, 이들의 계수는 $b = N_LLL, N_LHL, \ldots, 1HL, 1LH, 1HH$에 대한 a_b로 표기된다. 표준은 계산될 스케일들의 수를 규정하지 않는다.

N_L-스케일 웨이블릿 변환이 계산된 후에, 변환 계수의 전체 수는 오리지널 영상

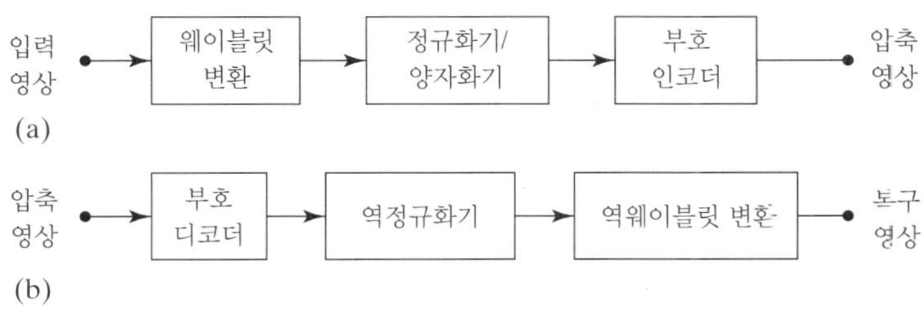

그림 8.14 JPEG 2000 블록도: (a) 인코더와 (b) 디코더.

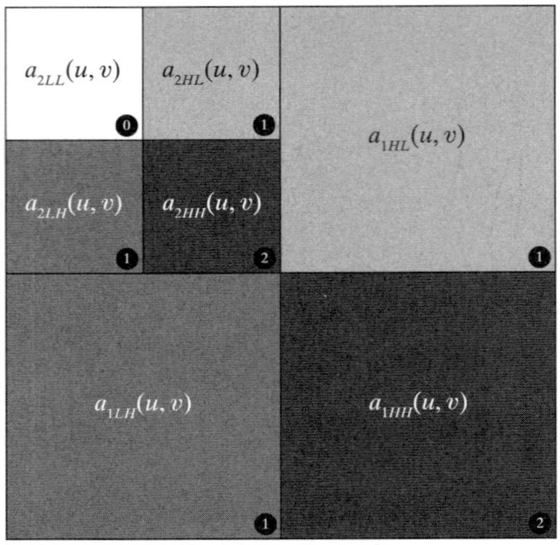

그림 8.15 JPEG 2000 2-스케일 웨이블릿 변환 계수 표기와 분석 이득(원 안).

의 샘플 수와 같다—그러나 중요한 시각적 정보는 단 몇 개의 계수들에 집약되어 있다. 이들을 표현하는 데 필요한 비트 수를 줄이기 위해, 부대역 b의 계수 $a_b(u, v)$가 다음 식에 의해 값 $q_b(u, v)$로 양자화된다.

$$q_b(u,v) = \text{sign}[a_b(u,v)] \bullet \text{floor}\left[\frac{|a_b(u,v)|}{\Delta_b}\right]$$

여기서 "sign"과 "floor" 연산자들은 같은 이름의 MATLAB 함수들(즉, 함수 `sign`과 `floor`)과 같은 기능을 한다. 양자화 스텝 크기 Δ_b는

$$\Delta_b = 2^{R_b - \varepsilon_b}\left(1 + \frac{\mu_b}{2^{11}}\right)$$

이며, 여기서 R_b는 부대역 b의 공칭(nominal) 동적 범위이며, ε_b와 μ_b는 부대역의 계수들의 지수부(exponent)와 가수부(mantissa)에 할당된 비트 수이다. 부대역 b의 공칭 동적 범위는 오리지널 영상을 표현하는 데 사용되는 비트 수와 부대역 b를 위한 분석 이득 비트들(analysis gain bits)의 합이다. 부대역 분석 이득 비트들은 그림 8.15의 간단한 패턴을 따른다. 예를 들어, 부대역 $b = 1HH$에 대해 두 개의 분석 이득 비트가 있다.

무오차 압축에 대해, $\mu_b = 0$ 그리고 $R_b = \varepsilon_b$이므로 $\Delta_b = 0$이다. 불가역 압축에 대해, 특별한 양자화 스텝 크기가 규정된 것은 없다. 그 대신, 지수부 및 가수부 비트들의 수를 디코더에 부대역 별로[**명시적**(*explicit*) **양자화**로 불림] 또는, N_LLL 부대역만에 대해[**묵시적**(*implicit*) **양자화**로 불림] 제공해야 한다. 후자의 경우, 나머지 부대역들은 외삽된 N_LLL 부대역 파라미터들을 사용해서 양자화된다. ε_0와 μ_0를 N_LLL 부대역에 할당된 비트 수라고 하면, 부대역 b에 대해 외삽된 파라미터들은

$$\mu_b = \mu_0$$
$$\varepsilon_b = \varepsilon_0 + nsd_b - nsd_0$$

이다. 여기서 nsd_b는 오리지널 영상으로부터 부대역 b로의 부대역 분해 레벨들의 수를 나타낸다. 인코딩 과정의 마지막 단계는 양자화된 계수들을 산술적으로 비트 평면(bit-plane) 별로 코딩하는 것이다. 비록 이 장에서 논의되지는 않지만, **산술 코딩**(*arithmetic coding*)은 Huffman 코딩과 같이 코딩 중복성을 줄이기 위해 설계된 가변 길이 코딩 절차이다.

주문형 함수 im2jpeg2k는 그림 8.14(a)의 JPEG 2000 코딩 과정을 근사화한다. 단, 산술 부호 코딩은 예외이다. 다음의 리스팅에서 볼 수 있듯이, 단순화를 위해 제로 런 길이(zero run-length) 코딩에 의해 보강된 Huffman 인코딩이 대신 사용된다.

im2jpeg2k

```
function y = im2jpeg2k(x, n, q)
%IM2JPEG2K Compresses an image using a JPEG 2000 approximation.
%   Y = IM2JPEG2K(X, N, Q) compresses image X using an N-scale JPEG
%   2K wavelet transform, implicit or explicit coefficient
%   quantization, and Huffman symbol coding augmented by zero
%   run-length coding. If quantization vector Q contains two
%   elements, they are assumed to be implicit quantization
%   parameters; else, it is assumed to contain explicit subband step
%   sizes.  Y is an encoding structure containing Huffman-encoded
%   data and additional parameters needed by JPEG2K2IM for decoding.
%
%   See also JPEG2K2IM.

global RUNS

error(nargchk(3, 3, nargin));          % Check input arguments

if ndims(x) ~= 2 || ~isreal(x) || ~isnumeric(x) || ~isa(x, 'uint8')
   error('The input must be a UINT8 image.');
end

if length(q) ~= 2 && length(q) ~= 3 * n + 1
   error('The quantization step size vector is bad.');
end

% Level shift the input and compute its wavelet transform
x = double(x) - 128;
[c, s] = wavefast(x, n, 'jpeg9.7');

% Quantize the wavelet coefficients.
q = stepsize(n, q);
sgn = sign(c);     sgn(find(sgn == 0)) = 1;     c = abs(c);
for k = 1:n
   qi = 3 * k - 2;
   c = wavepaste('h', c, s, k, wavecopy('h', c, s, k) / q(qi));
   c = wavepaste('v', c, s, k, wavecopy('v', c, s, k) / q(qi + 1));
   c = wavepaste('d', c, s, k, wavecopy('d', c, s, k) / q(qi + 2));
end
```

```
c = wavepaste('a', c, s, k, wavecopy('a', c, s, k) / q(qi + 3));
c = floor(c);        c = c .* sgn;

% Run-length code zero runs of more than 10. Begin by creating
% a special code for 0 runs ('zrc') and end-of-code ('eoc') and
% making a run-length table.
zrc = min(c(:)) - 1;      eoc = zrc - 1;      RUNS = 65535;

% Find the run transition points: 'plus' contains the index of the
% start of a zero run; the corresponding 'minus' is its end + 1.
z = c == 0;                  z = z - [0 z(1:end - 1)];
plus = find(z == 1);         minus = find(z == -1);

% Remove any terminating zero run from 'c'.
if length(plus) ~= length(minus)
   c(plus(end):end) = [];      c = [c eoc];
end

% Remove all other zero runs (based on 'plus' and 'minus') from 'c'.
for i = length(minus):-1:1
   run = minus(i) - plus(i);
   if run > 10
      ovrflo = floor(run / 65535);    run = run - ovrflo * 65535;
      c = [c(1:plus(i) - 1) repmat([zrc 1], 1, ovrflo) zrc ...
           runcode(run) c(minus(i):end)];
   end
end

% Huffman encode and add misc. information for decoding.
y.runs    = uint16(RUNS);
y.s       = uint16(s(:));
y.zrc     = uint16(-zrc);
y.q       = uint16(100 * q');
y.n       = uint16(n);
y.huffman = mat2huff(c);

%-------------------------------------------------------------------%
function y = runcode(x)
% Find a zero run in the run-length table. If not found, create a
% new entry in the table. Return the index of the run.

global RUNS
y = find(RUNS == x);
if length(y) ~= 1
   RUNS = [RUNS; x];
   y = length(RUNS);
end

%-------------------------------------------------------------------%
function q = stepsize(n, p)
% Create a subband quantization array of step sizes ordered by
% decomposition (first to last) and subband (horizontal, vertical,
% diagonal, and for final decomposition the approximation subband).

if length(p) == 2               % Implicit Quantization
   q = [];
   qn = 2 ^ (8 - p(2) + n) * (1 + p(1) / 2 ^ 11);
   for k = 1:n
      qk = 2 ^ -k * qn;
```

```
      q = [q (2 * qk) (2 * qk) (4 * qk)];
   end
   q = [q qk];
else                              % Explicit Quantization
   q = p;
end

q = round(q * 100) / 100;         % Round to 1/100th place
if any(100 * q > 65535)
   error('The quantizing steps are not UINT16 representable.');
end
if any(q == 0)
   error('A quantizing step of 0 is not allowed.');
end
```

JPEG 2000 디코더들은 단순히 앞에 기술된 연산들을 거꾸로 한다. 산술적으로 코딩된 계수들을 디코딩한 후에, 사용자가 선택한 수의 오리지널 영상의 부대역들이 복구된다. 비록 인코더가 특정 부대역에 대해 산술적으로 M_b개 비트-평면들을 인코딩했다 하더라도, 사용자는, 코드스트림(codestream)의 내재된 특성으로 인해, 단지 N_b 비트-평면들만을 디코딩하도록 선택할 수 있다. 이는 스텝 크기를 $2^{M_b-N_b} \bullet \Delta_b$로 해서 계수들을 양자화하는 것에 해당한다. 디코딩되지 않은 비트들은 0으로 설정되며 $\bar{q}_b(u,v)$로 표기하는 결과 계수들은 다음의 식에 의해 역정규화된다.

$$R_{q_b}(u,v) = \begin{cases} (\bar{q}_b(u,v) + 2^{M_b-N_b(u,v)}) \bullet \Delta_b & \bar{q}_b(u,v) > 0 \\ (\bar{q}_b(u,v) - 2^{M_b-N_b(u,v)}) \bullet \Delta_b & \bar{q}_b(u,v) < 0 \\ 0 & \bar{q}_b(u,v) = 0 \end{cases}$$

여기서, $R_{ab}(u, v)$는 역정규화된 변환계수를 표시하며, $N_b(u, v)$는 $\bar{q}_b(u,v)$에 대해 디코딩된 비트-평면들의 수이다. 그런 다음, 역 정규화된 계수들은 역변환되고 레벨이 이동되어 오리지널 영상의 근사화를 만들게 된다. 주문형 함수 jpeg2k2im이 이 과정을 근사화하는데, 앞에서 소개한 im2jpeg2k의 압축을 거꾸로 수행한다.

jpeg2k2im

```
function x = jpeg2k2im(y)
%JPEG2K2IM Decodes an IM2JPEG2K compressed image.
%   X = JPEG2K2IM(Y) decodes compressed image Y, reconstructing an
%   approximation of the original image X.  Y is an encoding
%   structure returned by IM2JPEG2K.
%
%   See also IM2JPEG2K.

error(nargchk(1, 1, nargin));        % Check input arguments

% Get decoding parameters: scale, quantization vector, run-length
% table size, zero run code, end-of-data code, wavelet bookkeeping
% array, and run-length table.
n = double(y.n);
```

```
q = double(y.q) / 100;
runs = double(y.runs);
zrc = -double(y.zrc);
eoc = zrc - 1;
s = double(y.s);
s = reshape(s, n + 2, 2);

% Compute the size of the wavelet transform.
cl = prod(s(1, :));
for i = 2:n + 1
   cl = cl + 3 * prod(s(i, :));
end

% Perform Huffman decoding followed by zero run decoding.
r = huff2mat(y.huffman);

c = [];   zi = find(r == zrc);    i = 1;
for j = 1:length(zi)
   c = [c r(i:zi(j) - 1) zeros(1, runs(r(zi(j) + 1)))];
   i = zi(j) + 2;
end

zi = find(r == eoc);                 % Undo terminating zero run
if length(zi) == 1                   % or last non-zero run.
   c = [c r(i:zi - 1)];
   c = [c zeros(1, cl - length(c))];
else
   c = [c r(i:end)];
end

% Denormalize the coefficients.
c = c + (c > 0) - (c < 0);
for k = 1:n
   qi = 3 * k - 2;
   c = wavepaste('h', c, s, k, wavecopy('h', c, s, k) * q(qi));
   c = wavepaste('v', c, s, k, wavecopy('v', c, s, k) * q(qi + 1));
   c = wavepaste('d', c, s, k, wavecopy('d', c, s, k) * q(qi + 2));
end
c = wavepaste('a', c, s, k, wavecopy('a', c, s, k) * q(qi + 3));

% Compute the inverse wavelet transform and level shift.
x = waveback(c, s, 'jpeg9.7', n);
x = uint8(x + 128);
```

그림 8.14의 웨이블릿-기반 JPEG 2000 시스템과 그림 8.11의 DCT-기반 JPEG 시스템 간의 주요 차이는 후자의 부영상 처리 단계들의 생략이다. 웨이블릿 변환들이 계산적으로도 효율적일 뿐만 아니라 본질적으로 지역적(즉, 이들의 기저 함수들의 기간이 제한적)이기 때문에 영상을 블록들로 나누는 게 불필요하다. 다음 예제에서 보듯이, 부영상으로 나누는 단계를 제거함으로써 높은 압축률에서의 DCT-기반 근사화의 특징인 블록 구조 현상을 없앤다.

예제 8.9

JPEG 2000 압축.

■ 그림 8.16은 그림 8.4(a)의 흑백 영상에 대한 두 개의 JPEG 2000 근사화를 보여준다. 그림 8.16(a)는 오리지널 영상을 42 : 1로 압축했던 인코딩으로부터 복구되었다. 그림 8.16(b)는 88 : 1 인코딩으로부터 생성되었다. 두 결과는 다섯 스케일의 변환과 $\mu_0 = 8$과 각각 $\varepsilon_0 = 8.5$와 7인 묵시적 양자화에 의해 얻었다. `im2jpeg2k`는 JPEG 2000의 비트-평면 지향 산술 코딩을 근사화할 뿐이므로, 위의 압축비는 실제 JPEG 2000 인코더에 의해 얻는 값들과 다르다. 실제 비는 대략 2배 증가할 것이다.

그림 8.16의 왼쪽 열에 있는 결과들의 42 : 1 압축이 그림 8.13의 오른쪽 열에 있는 영상들에 대해 달성한 압축(예제 8.9)과 같으므로, 그림 8.16(a), (c), (e)는 그림 8.13(b), (d), (f)의 변환-기반 JPEG 결과들과 비교—정성적 및 정량적으로 모두—될 수 있다. 시각적 비교에 의하면 웨이블릿-기반 JPEG 2000 영상들에서 현저한 오차 감소가 드러난다. 실제로 그림 8.16(a)의 JPEG 2000-기반 결과의 rms 오차는 3.6 그레이 레벨로서, 대응하는 그림 8.13(b)의 변환-기반 JPEG 결과에 대한 4.4 그레이 레벨과 비교된다. 복구 오차를 감소시키는 외에도, JPEG 2000-기반 코딩은 화질을 급격하게 증가(주관적 관점에서)시켰다. 이는 특히 그림 8.16(e)에서 확연하다. 그림 8.13(f)의 대응하는 변환-기반 결과에서 지배적이었던 블록 구조 현상이 더 이상 보이지 않는다.

압축비가 88 : 1로 증가했을 때, 그림 8.16(b)에서와 같이, 옷의 질감에 손실이 발생하고 눈이 흐릿해진다. 두 효과를 그림 8.16(b)와 (f)에서 볼 수 있다. 이 복구 영상의 rms 오차는 5.9 그레이 레벨이다. 그림 8.16의 결과들은 다음의 명령 시퀀스로 만들었다:

```
>> f = imread('Tracy.tif');
>> c1 = im2jpeg2k(f, 5, [8 8.5]);
>> f1 = jpeg2k2im(c1);
>> rms1 = compare(f, f1)
rms1 =
    3.6931
>> cr1 = imratio(f, c1)
cr1 =
    42.1589
>> c2 =im2jpeg2k(f, 5, [8 7]);
>> f2 = jpeg2k2im(c2);
>> rms2 = compare(f, f2)
rms2 =
    5.9172
>> cr2 = imratio(f, c2)
cr2 =
     87.7323
```

2-요소 벡터가 `im2jpeg2k`의 세 번째 인자로 제공될 때 묵시적 양자화가 사용됨을 주목한다. 만일 이 벡터의 길이가 2가 아니면, 이 함수는 명시적 양자화를 가정하며 $3N_L + 1$ (N_L은 계산될 스케일들의 수)개의 스텝 크기들이 제공되어야 한다. 이것은 분해의 각 부대역에 대해 하나씩이다; 이들은 분해 레벨(첫 번째, 두 번째, 세 번째, ...)과 부대역 유형(즉, 수평, 수직, 대각선, 그리고 근사화)에 의해 정렬되어야 한다. 예를 들면,

```
>> c3 =im2jpeg2k(f, 1, [1 1 1 1]);
```

는 한 스케일 변환을 계산하고, 명시적 양자화를 채택한다—네 개의 부대역 모두가 스텝 크

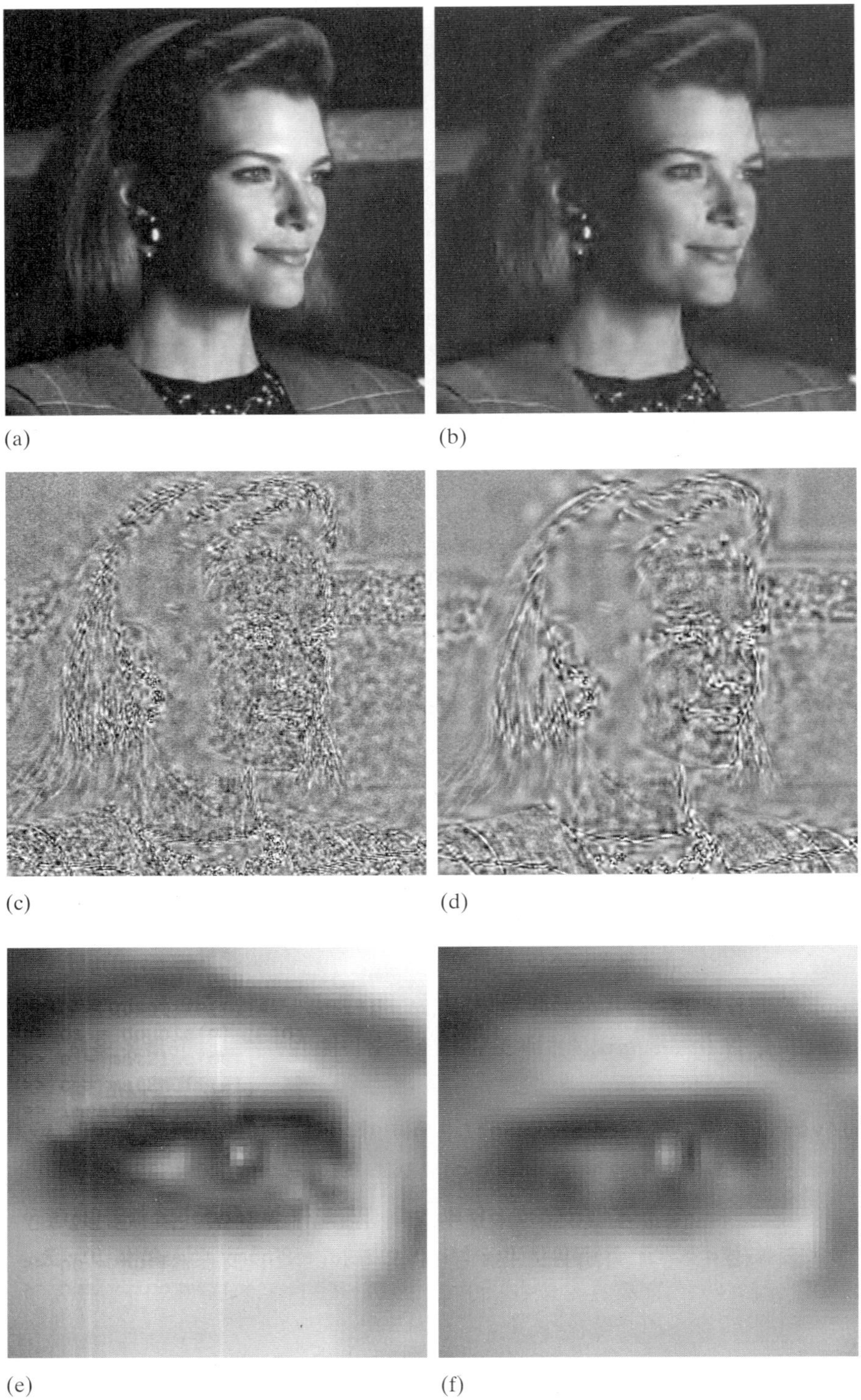

그림 8.16 왼쪽 열: 다섯 스케일과 $\mu_0 = 8$과 $\varepsilon_0 = 8.5$인 묵시적 양자화에 의한 그림 8.4의 JPEG 2000 근사화. 오른쪽 열: $\varepsilon_0 = 7$.

기 $\Delta_1 = 1$을 사용해서 양자화된다. 즉, 변환계수들이 가장 가까운 정수로 바뀐다. 이는 im2jpeg2k 구현에 대한 최소 오차 경우이며, 결과 rms 오차와 압축률은 다음과 같다.

```
>> f3 = jpeg2k2im(c3);
>> rms3 = compare(f, f3)
rms3 =
    1.1234
>> cr3 = imratio(f, c3)
cr3 =
    1.6350
```

8.6 비디오 압축 Video Compression

비디오는 비디오 프레임으로 불리는 영상들의 시퀀스이다. 각 프레임은 흑백 또는 풀 칼라영상이다. 예상했겠지만 8.2절부터 8.4절에 소개된 중복성들은 대부분의 비디오 프레임에 존재한다—그리고 8.5절에 소개된 압축 표준뿐만 아니라 앞에서 탐구된 압축 방법들도 프레임들을 독립적으로 처리하기 위해 사용될 수 있다. 이 절에서는 독립적 처리에 의해 얻었을 압축을 증가시키기 위해 이용될 수 있는 중복성을 소개한다. 이 중복성을 **시간 중복성**(*temporal redundancy*)이라고 부르는데, 인접 프레임의 화소들 간의 상관성에 기인한다.

다음의 내용에서는 비디오 압축의 기초와 영상 시퀀스 처리에 사용되는 주요 IPT 함수들 모두를 소개한다. 이 시퀀스들에는 시간-기반 비디오 시퀀스와 MRI 영상 같은 공간-기반 시퀀스 모두가 해당된다. 그런데, 진도를 나가기 전에 우리의 예제들에서 사용될 비압축 비디오 시퀀스들이 **다중 프레임** *TIFF* 파일에 저장되어 있음을 유념하자. 다중 프레임 TIFF는 다음의 imread 문법에 의해 **한 번에 한 영상씩** 읽힐 수 있는 영상 시퀀스를 담을 수 있다.

```
imread('filename.tif', idx)
```

여기서 idx는 읽힐 시퀀스의 프레임의 정수 인덱스이다. 비압축 프레임들을 다중 프레임 TIFF 파일에 쓰기 위한 해당 imwrte 문법은

```
imwrite(f, 'filename', 'Compression', 'none', ...
        'WriteMode', mode)
```

이며, 여기서 mode는 첫 프레임을 쓸 때는 'overwrite', 나머지 다른 프레임들을 쓸 때는 'append'로 설정된다. imread와 달리 imwrite는 다중 프레임 TIFF의 프레임들에 대한 랜덤 접근을 제공하지 않으며; 프레임들은 발생 시간 순서로 쓰여져야 한다.

8.6.1 MATLAB 영상 시퀀스와 동영상

MATLAB 작업 공간에 비디오를 표현하는 두 가지 표준 방식이 있다. 첫 번째에서는 비디오의 각 프레임이 4차원 배열의 네 번째 차원을 따라 이어지며, 가장 간단한 방법이다. 결과 배열을 MATLAB 영상 시퀀스라고 부르며, 처음 두 차원은 이어진 프레임들의 행 및 열 크기이다. 세 번째 차원은 흑백(또는 인덱스) 영상에 대해서는 1, 풀칼라 영상에 대해서는 3이며; 네 번째 차원은 영상 시퀀스의 프레임 수이다. 따라서, 다음 명령들은 16프레임 다중 TIFF `'shuttle.tif'`의 처음과 마지막 프레임을 읽고, 간단한 2프레임 256 × 480 × 1 × 2 흑백 영상 시퀀스 `s1`을 만든다:

imfinfo

함수 `imfinfo('file-name')`는 파일의 내용으로부터 파일의 포맷을 알아낸다. 다 자세한 정보를 보려면 `>>help imfinfo`를 입력한다.

```
>> i = imread('shuttle.tif', 1);
>> frames = size(imfinfo('shuttle.tif'), 1);
>> s1 = uint8(zeros([size(i) 1 2]));
>> s1(:,:,:,1) = i;
>> s1(:,:,:,2) = imread('shuttle.tif', frames);
>> size(s1)

ans =

   256   480     1     2
```

MATLAB 작업공간에서 비디오를 표현하는 대안적 방법은 연속되는 비디오 프레임들을 *mo ie frames*라고 불리는 구조체 매트릭스에 넣는 것이다. 결과인 한 행 매트릭스를 MATLAB 동영상이라고 부르는데, 각 열은 `cdata` 필드와 `colormap` 필드를 모두 포함하는 구조체로서, 전자는 비디오의 한 프레임을 `uint8` 값의 2- 또는 3-D 매트릭스로 포함하며, 후자는 표준 MATLAB 칼라 대조표(6.1.2절 참고)를 포함한다. 다음 명령들은 영상 시퀀스 `s1`(위에서 만든)을 MATLAB 동영상 `m1`으로 바꾼다:

im2frame

함수 `im2frame(x, map)`은 인덱스 영상 `x`와, 관련 칼라맵 `map`을 하나의 동영상 프레임으로 전환한다. 만일 `x`가 풀칼라이면 `map`은 옵션이며 영향이 없다.

```
>> lut = 0:1/255:1;
>> lut = [lut' lut' lut'];
>> m1(1) = im2frame(s1(:,:,:,1), lut);
>> m1(2) = im2frame(s1(:,:,:,2), lut);
>> size(m1)

ans =

   1     2

>> m1(1)

ans =

       cdata: [256x480 uint8]
    colormap: [256x3 double]
```

보듯이 동영상 `m1`은 요소들이 256 × 480 `uint8` 영상들과 256 × 3 대조표들을 포함하는 구조체들인 1 × 2 매트릭스이다. 대조표 `lut`는 1 : 1 그레이스케일 매핑이다. 끝으로, 인자로서 영상과 칼라 대조표를 받는 함수 `im2frame`이 각 동영상 프레임을 만드는 데 사용됨을 주목한다.

주어진 비디오 시퀀스가 표준 MATLAB 동영상으로 표현되든, 또는 MATLAB 영상 시퀀스로 표현되든, 함수 implay를 사용해서 볼(재생, 일시 정지, 한 스텝, 기타 등등) 수 있다:

implay

```
implay(frms, fps)
```

여기서 frms는 MATLAB 동영상이나 영상 시퀀스이며 fps는 재생을 위한 옵션형 프레임 속도(초당 프레임 수)이다. 디폴트 프레임 속도는 20 프레임/초이다. 그림 8.17은 implay(s1) 또는 implay(m1) 명령에 대한 응답으로 표시된 **동영상 재생기**를 보여준다. 여기서 s1과 m1은 위에서 정의된 것이다. **재생 도구막대**가 상용 DVD 재생기의 콘트롤들을 연상시키는 콘트롤들을 제공한다. 또한, 현재 프레임의 인덱스(그림 8.17의 우측 하단의 1/2의 1), 그 유형(RGB가 아닌 I), 크기(256 x 480), 프레임 속도(20 fps), 표시되는 동영상 또는 영상 시퀀스의 전체 프레임 수(1/2의 2)가 동영상 재생기 창의 밑에 표시되어 있다. 이 창은 표시되는 영상에 맞춰 크기가 조정될 수 있으며; 창이 현재 표시 중인 영상보다 작으면 뷰 영역의 가장자리에 스크롤 막대가 추가된다.

montage 함수를 사용하면 동시에 여러 프레임을 볼 수 있다:

montage

```
montage(frms, 'Indices', idxes, 'Size', [rows cols])
```

montage 함수에 사용되는 파라미터들에 관한 더 자세한 사항을 보려면 >> help montage를 입력한다.

여기서 frms는 위에서 정의된 것과 같으며, idxes는 몽타주를 그성하는데 사용되는 프레임들의 인덱스들을 규정하는 수치 배열이며, rows와 cols는 그 모양을 정의

그림 8.17 툴박스 동영상 재생기. (사진 제공: NASA)

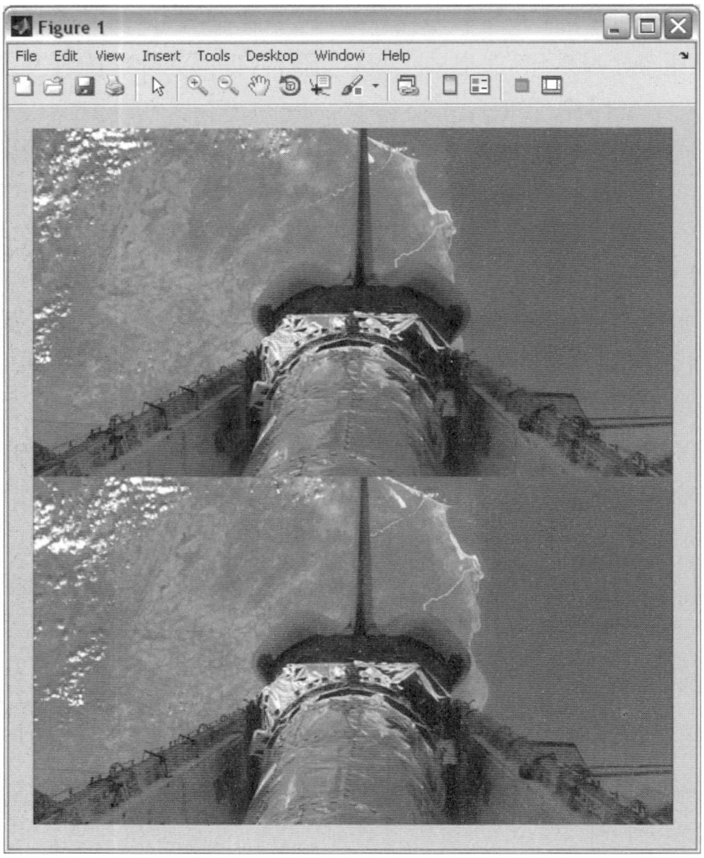

그림 8.18 두 비디오 프레임의 몽타주. (사진 제공: NASA)

한다. 따라서 `montage(s1, 'Size', [2 1])`는 2프레임 시퀀스 `s1`(그림 8.18 참조)의 2×1 몽타주를 표시한다. `s1`이 `'shuttlt.tif'`의 처음과 마지막 프레임들로 구성됨을 기억하라. 그림 8.18에서 알 수 있듯이, `'shuttlt.tif'`의 임의의 프레임 간 가장 큰 시각적 차이는 배경에 있는 지구의 위치이다. 셔틀에 고정된 카메라를 기준으로 좌에서 우로 이동하고 있다.

이 절의 결론을 맺기 위해, 영상 시퀀스, 동영상, 다중 프레임 TIFF 간 전환에 사용되는 몇 가지 주문형 함수들을 소개한다. 이 함수들은 부록 C에 포함되어 있으며, 다중 프레임 TIFF 파일 작업을 더 쉽게 해준다. 예로서, 다중 프레임 TIFF와 MATLAB 영상 시퀀스 간 전환을 위해서는

tifs2seq

```
s = tifs2seq('filename.tif')
```

그리고

seq2tifs

```
seq2tifs(s, 'filename.tif')
```

를 사용한다. 여기서 s는 MATLAB 영상 시퀀스이며 'filename.tif'는 다중 프레임 TIFF 파일이다. MATLAB 동영상에 대해 비슷한 전환을 수행하려면

```
m = tifs2movie('filename.tif')
```

tifs2movie

그리고

```
movie2tifs(m, 'filename.tif')
```

movie2tifs

를 사용한다. 여기서 m이 MATLAB 동영상이다. 끝으로 다중 프레임 TIFF를 윈도우즈 미디어 플레이어에서 사용하기 위해서 AVI (*Ad anced Video Interlea e*) 파일로 전환하려면, tifs2movie를 MATLAB 함수 movie2avi와 함께 사용한다:

```
movie2avi(tifs2movie('filename.tif'), 'filename.avi')
```

movie2avi

여기서 'filename.tif'는 다중 프레임 TIFF이며 'filename.avi'는 생성된 AVI 파일의 이름이다. 툴박스 동영상 재생기에 다중 프레임 TIFF를 표시하려면 tifs2movie를 함수 implay와 함께 사용한다;

```
implay(tifs2movie('filename.tif'))
```

8.6.2 시간 중복성과 움직임 보상

공간상 서로 가까이 있는 화소들 간의 상관성에 기인하는 공간 중복성처럼, 시간 중복성은 시간상 서로 가까운 화소들 간의 상관성에 기인한다. 9.3절의 예제 9.5와 유사한 다음 예제에서 보듯이 두 중복성이 아주 비슷한 방식으로 다뤄진다.

예제 8.10

시간 중복성.

■ 그림 8.19(a)는 처음과 마지막 프레임이 그림 8.18에 표시된 다중 프레임 TIFF의 두 번째 프레임을 보여준다. 8.2절과 8.3절에서 언급했듯이, 프레임에 대한 평범한 8-비트 표현에 존재하는 공간 중복성과 코딩 중복성은 Huffman과 선형 예측 코딩을 사용해서 제거될 수 있다:

```
>> f2 = imread('shuttle.tif', 2);
>> ntrop(f2)
ans =
    6.8440
>> e2 = mat2lpc(f2);
>> ntrop(e2, 512)
ans =
    4.4537
>> c2 = mat2huff(e2);
>> imratio (f2, c2)
```

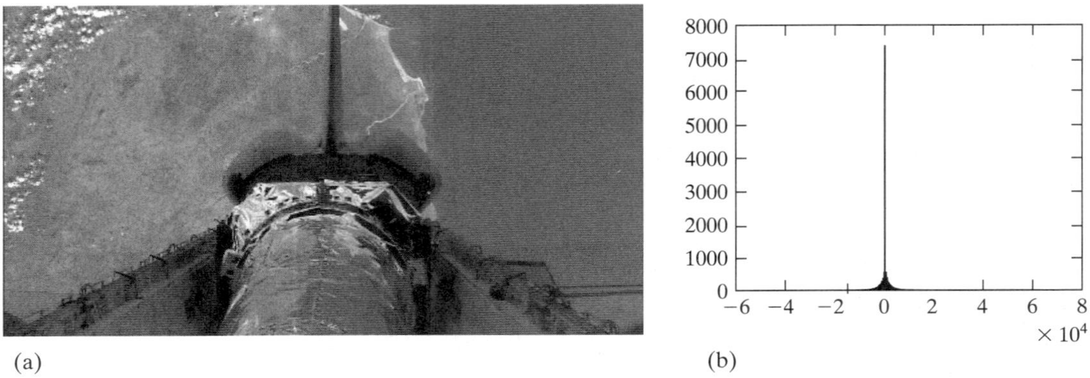

그림 8.19 (a) 지구궤도 우주선의 16 프레임 비디오의 두 번째 프레임. 처음과 마지막 프레임은 그림 8.18이 보여준다. (b) 예제 8.10의 이전 프레임 예측 결과로 얻은 예측 오차의 히스토그램(사진 제공: NASA).

```
ans =
    1.7530
```

함수 mat2lpc는 f2의 화소들의 값을 그들의 바로 전 이웃(공간상)들로부터 예측하는 반면, mat2huff는 예측과 실제 화소 값 간의 차이를 인코딩한다. 이 예측 및 차분 과정은 1.753 : 1의 압축비를 제공한다.

f2가 영상의 시간 시퀀스의 일부이므로, 대안으로 그 화소들을 이전 프레임의 해당 화소들로부터 예측할 수 있다. $\alpha = 1$의 1차 선형 예측기

$$\hat{f}(x,y,t) = \text{round}[\alpha f(x,y,t-1)]$$

그리고 결과 예측 오차

$$e(x,y,t) = f(x,y,t-1) - f(x,y,t)$$

를 인코딩하는 Huffman을 사용하면 다음을 얻는다:

```
>> f1 = imread('shuttle.tif', 1);
>> ne2 = double(f2) - double(f1);
>> ntrop(ne2, 512)
ans =
    3.0267
>> nc2 = mat2huff(ne2);
>> imratio (f2, nc2)
ans =
    2.5756
```

공간 지향적인 앞의 화소 예측기 대신에 프레임 간 예측기를 사용하면, 압축률이 2.5756으로 증가한다. 어느 경우이든 압축은 무손실이며, 결과 예측 잔차(prediction residuals)의 엔트로피(e2에 대해 4.4537 비트/화소, 그리고 ne2에 대해 3.0267 비트/화소)가 6.8440 비트/화소인 프레임 f2의 엔트로피보다 낮다는 사실에 기인한다. 예측 잔차 ne2의 히스토그램을 그림 8.19(b)가 보여준다. 0 주위에서 피크가 매우 높으며, 비교적 작은 분산을 가지므로, 가변 길이 Huffman 코딩에 이상적이다.

(a) (b) (c) (d) (e)

그림 8.20 (a)와 (b) 가상 비디오의 두 프레임. (c) 움직임 보상 없이 스케일링된 예측 잔차. (d) 움직임 보상 후의 예측 잔차. (e) 객체의 움직임을 묘사하는 움직임 벡터들.

대부분의 프레임 간(interframe) 예측의 정확도를 증가시키는 간단한 방법은 객체들의 프레임 간(frame-to-frame) 움직임을 처리하는 것이다. 이 프로세스를 **움직임 보상**이라고 부른다. 기본 개념을 그림 8.20이 보여주며, (a)와 (b)는 움직이는 두 객체를 포함하는 가상의 비디오의 인접 프레임들이다. 두 객체가 백색이며; 배경의 그레이 레벨은 75이다. 만일 그림 8.20(b)에 보인 프레임이 그림 8.20(a)의 프레임을 예측기로 사용해서 인코딩된다면(예제 8.10에서 했던 것처럼), 결과 예측 잔차는 세 값(즉, −180, 0, 180)을 포함한다. [그레이 레벨 128이 예측 오차 0에 해당하도록 예측 잔차가 스케일링된 그림 8.20(c) 참조] 그러나, 만일 객체 움직임이 감안된다면, 결과 예측 잔차는 단 하나의 값인 0을 가질 것이다. 그림 8.20(d)에서 움직임이 보상된 잔차가 정보를 포함하지 않음을 주목한다. 그의 엔트로피는 0이다. 그림 8.20(a)의 프레임으로부터 (b)의 프레임을 복구하려면 (e)의 **움직임 벡터**들만이 필요할 것이다. 그러나, 이상적이지 않은 경우에는 움직임 벡터들과 예측 잔차들 모두가 필요하다—그리고 움직임 벡터들은 개별 객체들보다는 **매크로블록**(*macroblock*)으로 불리는 비중첩 직사각형 영역들에 대해 계산된다. 그러면 단일 벡터가 관련 매크로블록의 모든 화소의 움직임(즉, 방향과 이동량)을 묘사한다; 즉, 이 벡터가 이전 또는 **기준 프레임**에서의 화소들의 위치로부터의 화소들의 수평 및 수직 이동량을 나타낸다.

세 개의 가능한 예측 잔차 값들은 그레이 레벨 255(객체 백색)와 75(배경의 회색)으로부터 만들어진 차분들이다.

여기의 논의는 움직임 벡터가 최근접 정수 또는 완전한 화소 위치로 규정된다고 가정한다. 만일 정밀도가 부화소(예: 1/2 또는 1/4 화소) 레벨로 높아지면, 예측은 기준 프레임의 화소 조합으로부터 보간(예: 쌍선형 보간)되어야 한다.

예상하듯이, **움직임 추정**은 움직임 보상의 핵심이다. 움직임 추정에서 각 매크로블록의 움직임이 측정되고 인코딩되어 움직임 벡터를 구성한다. 이 벡터는 관련 매크로블록 화소들과 기준 프레임의 예측 화소들 간의 오차를 최소화하도록 선택된다. 가장 자주 쓰이는 오차 척도 중 하나는 **절대 왜곡 합**(*SAD*, *sum of absolute distortion*)

$$SAD(x, y) = \sum_{i=1}^{m}\sum_{j=1}^{n}\left|f(x+i, y+j) - p(x+i+dx, y+j+dy)\right|$$

이다. 여기서 x와 y는 코딩될 $m \times n$ 매크로블록의 좌상단 화소의 좌표들이며, dx와 dy는 그의 기준 프레임 위치로부터의 이동량이고, p는 예측된 매크로블록 화소 값들의 배열이다. 보통 dx와 dy는 각 매크로블록 주위의 제한된 탐색 영역 내에 들어야 한다. ±8부터 ±16 화소까지의 값들이 흔히 사용되며, 수평 탐색 영역이 수직 탐색

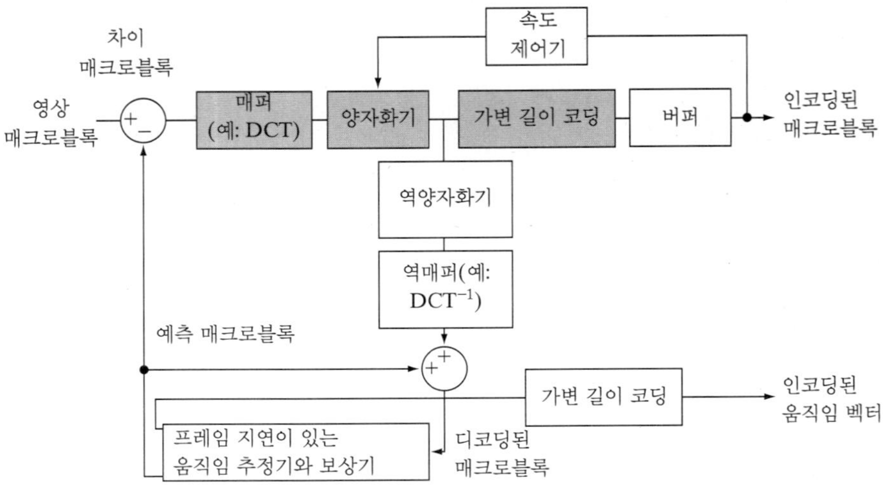

그림 8.21 대표적 움직임 보상 비디오 인코더.

영역 보다 보통 약간 더 크다. SAD와 같은 기준이 주어지면, 움직임 추정은 이를 최소화하는 *dx*와 *dy*를 움직임 벡터의 허용된 이동량 범위에 걸쳐 탐색해서 수행된다. 이 프로세스를 **블록 매칭**(*block matching*)이라고 부른다. 소진적 탐색이 가능한 최상의 결과를 보장할 것이나, 전체 이동 범위에 걸쳐서 가능한 모든 움직임이 계산되어야 하므로, 계산 비용이 크다.

그림 8.21은 방금 설명된 움직임 보상 예측 프로세스를 수행할 수 있는 인코더를 보여준다. 이 인코더의 입력을 비디오의 순차적 매크로블록이라고 생각해 보자. 음영 표시된 요소들은 그림 8.11(a)의 JPEG 인코더의 변환, 양자화, 가변 길이 코딩 연산들에 해당한다. 중요한 차이는 입력으로서, 영상 데이타(예: 인코딩될 초기 프레임)의 종래의 매크로블록, 또는 종래의 매크로블록과 이전 프레임에 기반한 그의 예측간의 차이(움직임 보상이 수행될 때)일 수 있다. 또한, 인코더의 예측들이 보완적 디코더의 예측들과 일치하도록 인코더가 역양자기와 역 DCT를 포함하는 것도 주목한다. 또한 계산된 움직임 벡터들에 대한 가변 길이 코더도 포함한다.

MPEG은 ISO(*International Sandards Organzation*)와 IEC(the *International Electro-technical Commission*)가 승인하는 표준을 개발하는 *Motion Pictures Expert Group*의 약칭이다. AVC는 advanced video coding의 약칭이다.

대부분의 현대 비디오 압축 표준들(MPEG-1부터 MPEG-4AVC까지)은 그림 8.21에 있는 것 같은 인코더에 구현될 수 있다. 예측 코딩을 효과적으로 만들기에는 프레임 간 상관성이 불충분할 때는, JPEG의 DCT 기반 코딩 같은 블록-지향 2-D 변환 방식이 보통 사용된다. 예측 없이 압축된 프레임들을 **인트라프레임**(*intraframe*, 프레임 내) 또는 **독립 프레임**(*Independent frame*, *I-frame*)이라고 부른다. 이들은 디코딩에 자신이 속하는 비디오의 다른 프레임을 필요로 하지 않는다. I-프레임들은 대개 JPEG 인코딩된 영상들을 닮았으며, 예측 잔차를 생성하기 위한 이상적인 시작점이다. 또한 이들은 고도의 랜덤 접근성, 편집의 용이성, 전송 오차 전파 저항성을 제공한다. 그 결과, 모든 표준이 압축 비디오 코드스트림에 I-프레임들을 주기적으로 삽입할 것을 요구한다. 이전 프레임에 기반해서 인코딩된 프레임을 *P*-**프레임**(*P*-

frame, *Predicti e frame*)이라고 부른다; 대부분의 표준은 후속 양방향 프레임(*B-frame*, *Bidirectional frame*)에 기반한 예측을 허용한다. B-프레임은 프레임들이 디코더에 본래 표시 순서가 아닌 적당한 디코딩 순서로 제시되도록, 압축된 코드스트림이 재정렬될 것을 요구한다.

다음 함수 tifs2cv는 "최상"의 움직임 벡터를 선정하기 위한 기준으로 *SAD*를 채택하는 소진적 탐색 전략을 사용해서 다중 프레임 TIFF f를 압축한다. 입력 m은 사용되는 매크로블록들의 크기(즉, 이들은 m×m)를 결정하고, d는 탐색 영역(즉, 최대 매크로블록 이동량)을 정의하고, q는 전체 압축 품질을 설정한다. 만일 q가 0이거나 생략되면, 예측 잔차와 움직임 벡터 모두 Huffman 코딩되며, 압축은 무손실성이다; 0이 아닌 양의 q값에 대해 예측 잔차는 8.5.1절의 im2jpeg으로 코딩되며 압축은 손실성이다. f의 첫 프레임이 I-프레임으로 다뤄지며, 다른 프레임들은 P-프레임으로서 코딩된다. 즉, 이 코드는 거꾸로(시간상) 예측하지도 않고, 위에 언급된(그리고 손실성 압축을 사용했을 때 오차 축적을 방지하는) I-프레임의 주기적 삽입을 강요하지도 않는다. 끝으로, 모든 움직임 벡터는 최근접 화소를 향하며; 부화소 보간은 수행되지 않는다. 특화된 MATLAB 블록 처리 함수 im2col과 col2im이 계속 사용된다.

tifs2cv

```
function y = tifs2cv(f, m, d, q)
%TIFS2CV Compresses a multi-frame TIFF image sequence.
%   Y = TIFS2CV(F, M, D, Q) compresses multiframe TIFF F using
%   motion compensated frames, 8 x 8 DCT transforms, and Huffman
%   coding. If parameter Q is omitted or is 0, only Huffman
%   encoding is used and the compression is lossless; for Q > 0,
%   lossy JPEG encoding is performed. The inputs are:
%
%      F      A multi-frame TIFF file        (e.g., 'file.tif')
%      M      Macroblock size                (e.g., 8)
%      D      Search displacement            (e.g., [16 8])
%      Q      JPEG quality for IM2JPEG       (e.g., 1)
%
%   Output Y is an encoding structure with fields:
%
%      Y.blksz      Size of motion compensation blocks
%      Y.frames     The number of frames in the image sequence
%      Y.quality    The reconstruction quality
%      Y.motion     Huffman encoded motion vectors
%      Y.video      An array of MAT2HUFF or IM2JPEG coding structures
%
%   See also CV2TIFS.

% The default reconstruction quality is lossless.
if nargin < 4
    q = 0;
end
```

```
% Compress frame 1 and reconstruct for the initial reference frame.
if q == 0
    cv(1) = mat2huff(imread(f, 1));
    r = double(huff2mat(cv(1)));
else
    cv(1) = im2jpeg(imread(f, 1), q);
    r = double(jpeg2im(cv(1)));
end
fsz = size(r);

% Verify that image dimensions are multiples of the macroblock size.
if ((mod(fsz(1), m) ~= 0) || (mod(fsz(2), m) ~= 0))
    error('Image dimensions must be multiples of the block size.');
end

% Get the number of frames and preallocate a motion vector array.
fcnt = size(imfinfo(f), 1);
mvsz = [fsz/m 2 fcnt];
mv = zeros(mvsz);

% For all frames except the first, compute motion conpensated
% prediction residuals and compress with motion vectors.
for i = 2:fcnt
    frm = double(imread(f, i));
    frmC = im2col(frm, [m m], 'distinct');
    eC = zeros(size(frmC));

    for col = 1:size(frmC, 2)
        lookfor = col2im(frmC(:,col), [m m], [m m], 'distinct');
        x = 1 + mod(m * (col - 1), fsz(1));
        y = 1 + m * floor((col - 1) * m / fsz(1));
        x1 = max(1, x - d(1));
        x2 = min(fsz(1), x + m + d(1) - 1);
        y1 = max(1, y - d(2));
        y2 = min(fsz(2), y + m + d(2) - 1);

        here = r(x1:x2, y1:y2);
        hereC = im2col(here, [m m], 'sliding');
        for j = 1:size(hereC, 2)
            hereC(:,j) = hereC(:, j) - lookfor(:);
        end
        sC = sum(abs(hereC));
        s = col2im(sC, [m m], size(here), 'sliding');
        mins = min(min(s));
        [sx sy] = find(s == mins);

        ns = abs(sx) + abs(sy);          % Get the closest vector
        si = find(ns == min(ns));
        n = si(1);

        mv(1 + floor((x - 1)/m), 1 + floor((y - 1)/m), 1:2, i) = ...
            [x - (x1 + sx(n) - 1) y - (y1 + sy(n) - 1)];
        eC(:,col) = hereC(:, sx(n) + (1 + size(here, 1) - m) ...
            * (sy(n) - 1));
    end

    % Code the prediction residual and reconstruct it for use in
    % forming the next reference frame.
```

```
    e = col2im(eC, [m m], fsz, 'distinct');
    if q == 0
        cv(i) = mat2huff(int16(e));
        e = double(huff2mat(cv(i)));
    else
        cv(i) = im2jpeg(uint16(e + 255), q, 9);
        e = double(jpeg2im(cv(i)) - 255);
    end

    % Decode the next reference frame. Use the motion vectors to get
    % the subimages needed to subtract from the prediction residual.
    rC = im2col(e, [m m], 'distinct');
    for col = 1:size(rC, 2)
        u = 1 + mod(m * (col - 1), fsz(1));
        v = 1 + m * floor((col - 1) * m / fsz(1));
        rx = u - mv(1 + floor((u - 1)/m), 1 + floor((v - 1)/m), 1, i);
        ry = v - mv(1 + floor((u - 1)/m), 1 + floor((v - 1)/m), 2, i);
        temp = r(rx:rx + m - 1, ry:ry + m - 1);
        rC(:, col) = temp(:) - rC(:, col);
    end
    r = col2im(double(uint16(rC)), [m m], fsz, 'distinct');
end

y = struct;
y.blksz = uint16(m);
y.frames = uint16(fcnt);
y.quality = uint16(q);
y.motion = mat2huff(mv(:));
y.video = cv;
```

tifs2cv는 자신이 만든 인코딩된 예측 잔차들도 디코딩해야 하므로(즉, 이들이 후속 예측들에서 기준 프레임들이 된다), 자신의 출력을 위한 디코더를 구축하는 데 필요한 코드의 대부분을 포함한다(프로그램의 끝에 rc = im2col(e, [m m], 'distinct')로 시작하는 코드 블록 참조). 필요한 디코더 함수를 여기에 리스팅하는 대신에 부록 C에 포함시켰다. 이 함수 cv2tifs의 문법은

cv2tifs

```
cv2tifs(cv, 'filename.tif')
```

이며, 여기서 cv는 tifs2cv 압축 비디오 시퀀스이고, 'filename.tif'는 압축 해제된 출력이 기록될 다중 프레임 TIFF이다. 다음 예제에서 tifs2cv, cv2tifs, 주문형 함수 showmo를 사용한다. showmo도 부록 C에 리스팅되어 있으며 문법은

showmo

```
v = showmo(cv, indx)
```

이다. 여기서 v는 움직임 벡터들의 unit8 영상이며, cv는 tifs2cv 압축 비디오 시퀀스이고, idx는 cv의 한 프레임을 가리킨다. cv의 움직임 벡터들이 표시된다.

예제 8.11
움직임 보상 비디오 압축.

■ 처음과 마지막 프레임들이 그림 8.18과 같은 다중 프레임 TIFF의 무오차 인코딩을 고찰하자. 다음 명령들은 무손실 움직임 보상 압축을 수행하고, 결과 압축률을 계산하며, 압축된 시퀀스의 한 프레임에 대해 계산된 움직임 벡터들을 표시한다:

```
>> cv = tifs2cv('shuttle.tif',16,[8 8]);
>> imratio('shuttle.tif',cv)
ans =
    2.6886
>> showmo(cv, 2);
```

그림 8.22는 `showmo(cv, 2)` 명령으로 만든 움직임 벡터들을 보여준다. 이 벡터들이 배경에 있는 지구의 좌→우 이동(그림 8.18의 프레임들 참조)과, 셔틀이 차지한 전경 영역에 움직임이 없음을 반영한다. 그림의 흑색 점들은 움직임 벡터의 머리이며, 코딩된 매크로블록의 좌상단 코너를 나타낸다. 무손실 압축 비디오는 오리지널 16-프레임 비압축 TIFF를 저장하는 데 필요한 메모리의 37% 만을 차지한다.

압축을 높이기 위해 예측 잔차에 대한 손실성 JPEG 인코딩을 채택하고, 디폴트 JPEG 정규화 배열을 사용(즉, 입력 `q`가 1로 설정된 `tifs2cv`를 사용)한다. 다음 명령들은 압축 시간을 재고, 압축 비디오를 디코딩하고(압축 해제 시간도 물론 측정), 복구된 시퀀스의 몇몇 프레임의 rms 오차를 계산한다:

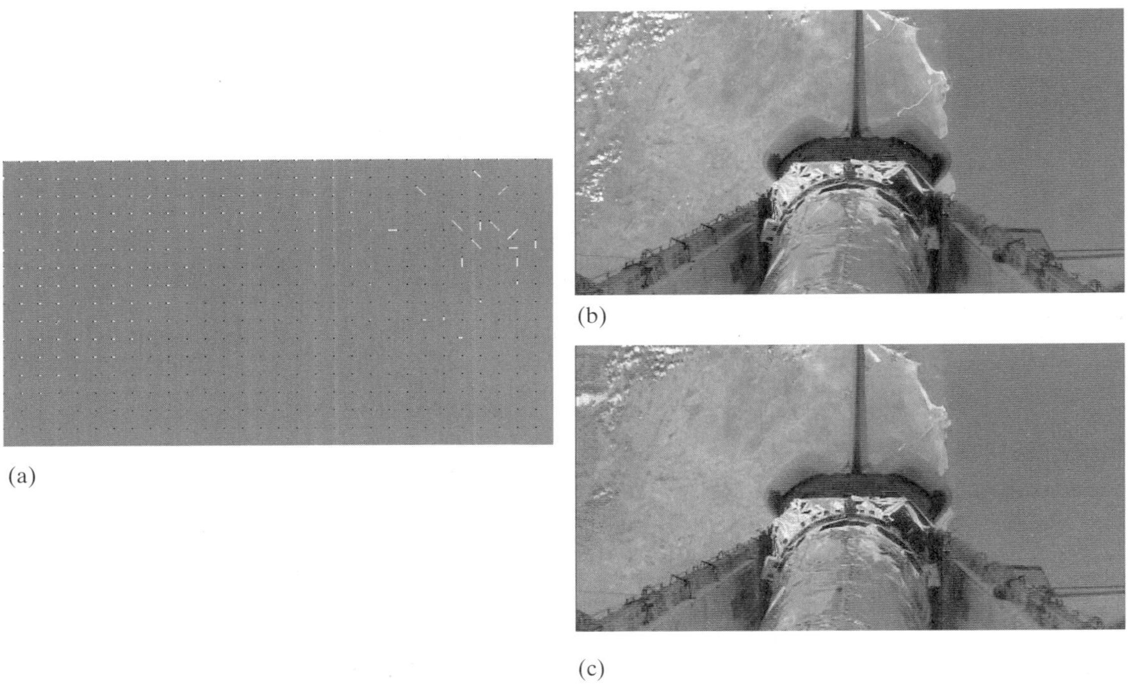

그림 8.22 (a) `'shuttle.tif'`의 두 번째 프레임의 인코딩을 위한 움직임 벡터들; (b) 인코딩과 복구 이전의 프레임 2; (c) 복구된 프레임. (사진 제공: NASA)

```
>> tic; cv2 = tifs2cv('shuttle.tif', 16, [8 8], 1); toc
Elapsed time is 123.022241 seconds.
>> tic; cv2tifs(cv2, 'ss2.tif'); toc
Elapsed time is 16.100256 seconds.
>> imratio('shuttle.tif', cv2)
ans =
   16.6727
>> compare(imread('shuttle.tif', 1), imread('ss2.tif', 1))
ans =
    6.3368
>> compare(imread('shuttle.tif', 8), imread('ss2.tif', 8))
ans =
   11.8611
>> compare(imread('shuttle.tif', 16), imread('ss2.tif', 16))
ans =
   14.9153
```

cv2tifs(압축 해제 함수)가 tifs2cv(압축 함수)보다 거의 8배 빠름을 주목한다—16초 대 123초. 이를 예상했어야 하는데, 그 이유는 인코더가 최상의 움직임 벡터를 찾기 위해 소진적 탐색을 수행할 뿐만 아니라(인코더는 이 벡터들을 단지 예측을 생성하는 데 사용한다), 인코딩된 예측 잔차들도 디코딩하기 때문이다. 또한, 복구된 프레임들의 rms 오차들이 처음 프레임에서의 단 6 그레이 레벨에서부터 마지막 프레임에서의 거의 15 그레이 레벨로 증가한 것도 주목한다. 그림 8.22(b)와 (c)는 비디오 중간(즉, 프레임 8)에서의 오리지널 및 복구 프레임을 보여준다. rms 오차는 약 12 그레이 레벨이며, 디테일의 손실이, 특히 좌상단의 구름과 대륙 우측의 강에서 매우 뚜렷하다. 끝으로, 압축률이 16.67 : 1이면, 움직임 보상 비디오는 오리지널 비압축 다중 프레임 TIFF를 저장하는 데 필요한 메도리의 6% 만을 사용한다는 것을 주목한다.

요약

이 장의 내용은 코딩 중복성, 공간 중복성, 시간 중복성, 무용 정보의 제거를 통해 디지털 영상 압축의 기초를 소개한다. 이 중복성들의 각각을 공략—그리고 IPT를 확장—하는 MATLAB 루틴들이 개발되었다. 정지 프레임과 비디오 코딩이 고찰되었다. 끝으로 많이 사용되는 JPEG과 JPEG 2000 영상 압축 표준들의 개관이 제공되었다. 영상 중복성 제거에 관한 추가적 정보—여기서 다루지 않은 기법들과 특정 영상 부분집합(예: 이진 영상)을 처리하는 표준들 모두—에 관해서는 Gonzalez와 Woods에 의한 디지털영상처리 3판[2008]의 8장을 참고한다.

9 형태학적 영상처리

Morphological Image Processing

개요 *Preview*

모폴로지(형태학)라는 단어는 보통 동 · 식물의 형태와 구조를 다루는 생물학의 한 분야를 의미한다. 여기서는 똑 같은 단어를 **수학적 형태학**의 맥락에서, 영역 모양의 표현과 묘사에 유용한 경계선, 골격, 볼록 도형(convex hull) 같은 영상 성분을 추출하는 도구로서 사용한다. 또한 형태학적 필터링, 세선화(thinning), 전정(pruning, 또는 가지치기) 같은 전처리 또는 후처리 형태학적 기법들에 관심이 있다.

9.1절에서는 몇 가지 집합 이론 연산을 정의하고, 이진 집합과 논리 연산자들을 설명한다. 9.2절에서는 두 개의 기본적인 형태학적 연산, 즉 **팽창**(*dilation*)과 **침식**(*erosion*)을 영상과 **구조 요소**(*structuring element*)라고 부르는 이동되는 모양의 합집합(또는 교집합)에 의해서 정의한다. 9.3절은 더 복잡한 형터학적 연산들을 달성하기 위한 침식과 팽창의 결합을 다룬다. 9.4절은 영상의 연결된 성분들을 레이블링하는 기법들을 소개한다. 이는 그 다음 단계의 분석을 위해 영상으로부터 객체를 추출하기 위한 기본이 되는 단계이다.

9.5절은 **형태학적 복구**(*reconstruction*)을 다루는데, 이는 9.1절에서 9.4절까지의 경우에서와 같은 한 영상과 구조 요소가 아닌, 두 영상을 포함하는 형태학적 변환이다. 9.6절은 집합의 결합(union)과 교차(intersection)를 극대값(maxima)과 극소값(minima)으로 대체해서 형태학적 개념을 그레이스케일 영상으로 확장한다. 많은 이진 형태학적 연산들이 자연스럽게 그레이스케일 처리로 확장된다. 더러는, 형태학적 복구와 같이 그레이스케일 영상에 특유한 피크 필터링 같은 응용을 갖는다.

이 장의 내용은 입력과 출력이 영상인 영상처리 방법에서 출력이 영상의 내용을 기술하려는 시도인 영상 분석 방법으로 넘어가기 시작한다. 형태학은 영상으로부터

"의미"를 추출하는 기법들의 개발에 기초가 되는 수학적 도구들의 집합에서 필요 불가결하다. 다른 방법들은 이 책의 나머지 장들에서 개발 및 적용된다.

9.1 서론 preliminaries

이 절에서는 집합 이론의 몇 가지 기본적 개념들을 소개하고, 이진 영상에 대한 MATLAB 논리 연산자들의 적용에 대해 논의한다.

9.1.1 집합 이론의 기본 개념

Z가 실정수들의 집합이라고 하자. 디지털 영상을 만드는 데 사용되는 샘플링 과정은 xy 평면을 격자로 나누는 것으로 볼 수 있다. 각 격자의 중앙의 좌표는 데카르트 적(Cartesian product)[†] Z^2으로부터의 요소 쌍이다. 집합 이론의 용어로는, 만일 (x, y)가 Z^2으로부터의 정수들이고 f가 각 좌표 쌍 (x, y)에 밝기 값(즉, 실수 집합 R로부터의 실수)을 할당하는 매핑이면, 함수 $f(x, y)$를 **디지털 영상**이라고 부른다. R의 요소들도 정수이면(이 책의 대부분의 경우와 같이), 디지털 영상은 좌표 및 진폭(즉, 밝기) 값들이 정수인 2차원 함수가 된다.

A를 그 요소들이 화소 좌표 (x, y)인, Z^2에서의 집합이라고 하자. 만일 $w = (x, y)$가 A의 요소이면, 다음과 같이 쓴다.

$$w \in A$$

비슷하게, 만일 w가 A의 요소가 아니면 다음과 같이 쓴다.

$$w \notin A$$

어떤 특정 조건을 만족하는 화소 좌표들의 집합 B를 다음과 같이 쓴다.

$$B = \{w \mid \text{condition}\}$$

예를 들면, A^c라고 표시하는, 집합 A에 속하지 않는 모든 화소 좌표들의 집합은 다음과 같이 주어진다.

$$A^c = \{w \mid w \notin A\}$$

이 집합을 A의 **여집합**(*complement*)이라고 부른다.

다음과 같이 나타내는 두 집합 A와 B의 **합집합**(*union*)

$$C = A \cup B$$

[†] 정수들의 집합 Z의 데카르트 적은 z_i와 z_j가 Z로부터의 정수인 모든 요소 쌍 (z_i, z_j)들의 집합이다. 관례적으로 이 집합을 Z^2으로 나타낸다.

는 A, B 또는 둘 다에 속하는 모든 요소들의 집합이다. 마찬가지로, 두 집합 A와 B의 **교집합**은 둘 다에 속하는 요소들의 집합이며,

$$C = A \cap B$$

로 표기한다. $A - B$로 나타내는 집합 A와 B 간의 **차집합**은 A에는 속하지만 B에는 속하지 않는 모든 요소들의 집합이다:

$$A - B = \{w \mid w \in A, w \notin B\}$$

이제까지 정의된 집합 연산들을 그림 9.1이 예시한다. 각 연산의 결과를 회색으로 보여준다.

앞의 기본 연산들 외에, 때로 형태학적 연산들은 그 요소들이 화소 좌표인 집합들에 한정되는 두 개의 연산자를 요구한다. $\hat{B}$으로 표시하는 집합 B의 **반사**는 다음과 같이 정의된다.

$$\hat{B} = \{w \mid w = -b \text{ for } b \in B\}$$

$(A)_z$로 표기하는 점 $z = (z_1, z_2)$에 의한 집합 A의 **이동**은 다음과 같이 정의된다.

$$(A)_z = \{c \mid c = a + z \text{ for } a \in A\}$$

그림 9.2가 그림 9.1의 집합들을 사용해서 이들 두 정의를 예시한다. 흑색 점은 이 집합들의 **원점**을 표시한다(원점은 사용자 정의 기준점이다).

9.1.2 이진 영상, 집합, 논리 연산자

수학적 형태학의 언어와 이론은 때로 이진 영상에 대한 이원적(그렇지만 등가인) 관

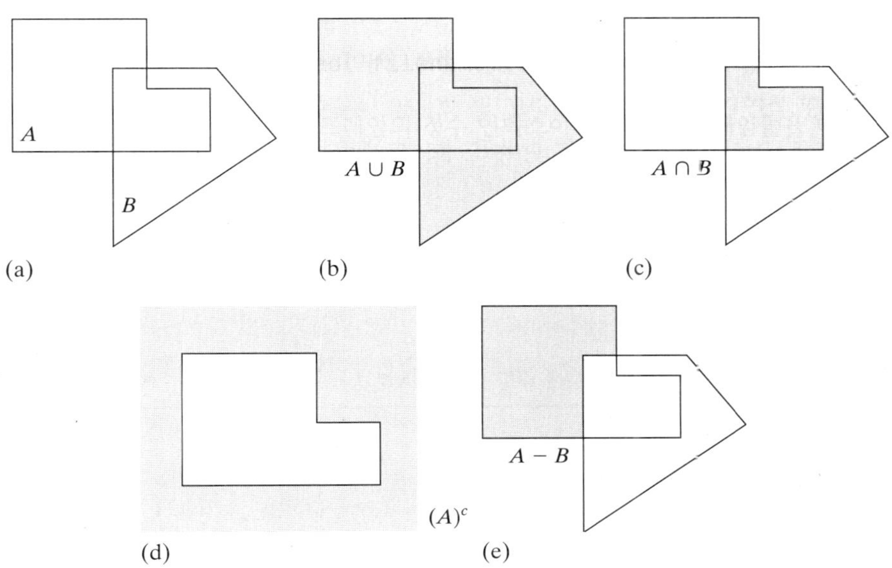

그림 9.1 (a) 두 집합 A와 B. (b) A와 B의 합집합. (c) A와 B의 교집합. (d) A의 여집합. (e) A와 B 간의 차집합.

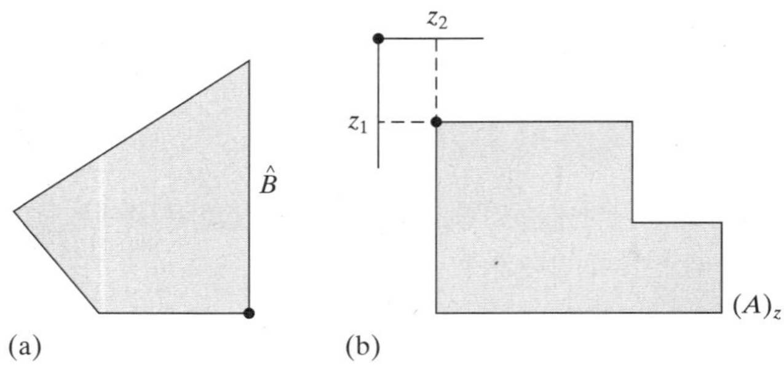

그림 9.2 (a) B의 반사. (b) z에 의한 A의 이동. 집합 A와 B는 9.1에서와 같으며, 흑색 점은 이들의 원점을 표시한다.

점을 보여준다. 이제까지 우리는 이진 영상을 공간 좌표 x와 y에 대한 2가 **함수**로 간주해왔다. 형태학 이론은 이진 영상을 그 요소들이 Z^2에 있는 전경(1의 값) 화소들의 집합으로 본다. 합집합과 교집합 같은 집합 연산들은 이진 영상에 직접 적용될 수 있다. 예를 들면, A와 B가 이진 영상이면, $C = A \cup B$도 이진 영상이다. 이때 A와 B의 대응 화소에 전경 화소가 있으면, C의 화소는 전경 화소가 된다. 첫 번째 관점, 즉, 함수의 관점에서 C는 다음과 같이 주어진다.

$$C(x, y) = \begin{cases} 1 & \text{if either } A(x, y) \text{ or } B(x, y) \text{ is 1, or if both are 1} \\ 0 & \text{otherwise} \end{cases}$$

그 반면에, 집합의 관점으로는 C가 다음과 같이 주어진다.

$$C = \{(x, y) | (x, y) \in A \text{ or } (x, y) \in B \text{ or } (x, y) \in (A \text{ and } B)\}$$

여기서 집합 관점과 관련하여 앞에서 언급했듯이, A와 B의 요소들은 1의 값을 가진다. 따라서, 함수 관점이 전경(1)과 배경(0) 화소들을 동시에 다룬다는 것을 알 수 있다. 집합 관점은 전경 화소들만을 다루며, 전경 화소가 아닌 모든 화소는 **배경**을 구성한다. 물론 어느 관점을 사용하든 결과는 같다. 표 9.1이 보여주듯이, 그림 9.1에 정의된 집합 연산을 MATLAB의 논리 연산자 OR(|), AND(&), NOT(~)에 의해 이진 영상에 대해 수행할 수 있다.

보기로서, 그림 9.3은 텍스트를 포함하는 두 개의 이진 영상에 몇 가지 논리 연산자를 적용한 결과들을 보여준다. [전경(값 1) 화소들을 백색으로 표시하는 IPT의 관례를 따른다.] 그림 9.3(d)의 영상은 “UTK” 영상과 “GT” 영상의 합집합이다; 즉, 두 영상의 모든 전경 화소들을 포함하고 있다. 그 반면, 두 영상들의 교집합[그림

표 9.1 이진 영상에 대해 집합 연산을 수행하기 위해 MATLAB의 논리 공식을 사용하기.

집합 연산	이진 영상에 대한 MATLAB 공식	이름
$A \cap B$	`A & B`	AND
$A \cup B$	`A | B`	OR
A^c	`~A`	NOT
$A - B$	`A & ~B`	DIFFERENCE

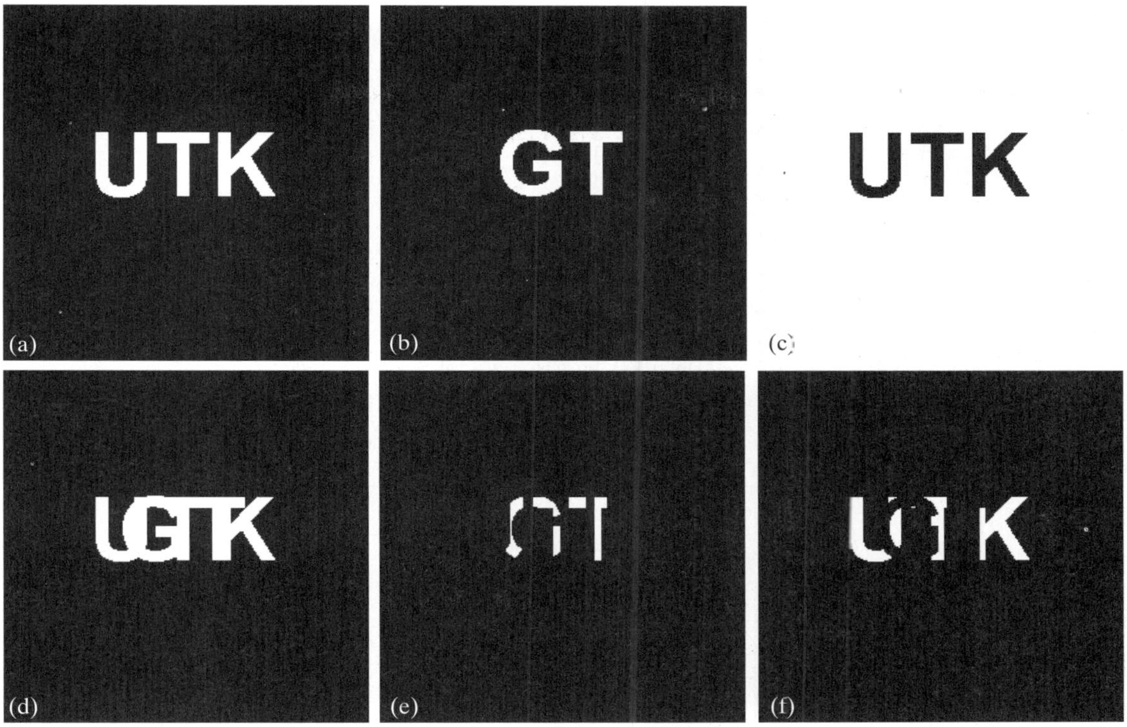

그림 9.3 (a) 이진 영상 A. (b) 이진 영상 B. (c) 여집합 ~A. (d) 합집합 A | –B. (e) 교집합 A & B. (f) 차집합 A & ~B.

9.3(e)]은 "UTK"와 "GT"의 글자들이 겹치는 위치의 화소들을 보여준다. 끝으로, 차집합 영상[그림 9.3(f)]은 "UTK"에 있는 글자들에서 화소 "GT"가 제거된 결과를 보여준다.

9.2 팽창과 침식 Dilation and Erosion

팽창과 침식 연산은 형태학적 영상처리의 기본이 된다. 이 장에서 앞으로 나올 여러 알고리듬들이 이 연산들에 기반한다.

9.2.1 팽창

팽창은 영상의 객체를 "키우거나(grow)", "두껍게(thicken)" 하는 연산이다. 이 키우기의 특정 방식과 정도는 **구조 요소**라고 부르는 모양에 의해 제어된다. 그림 9.4는 팽창 작용을 보여준다. 그림 9.4(a)는 직사각형 객체가 있는 이진 영상을 보여준다. 그림 9.4(b)가 구조 요소로서, 이 경우 대각선으로 다섯 화소 길이이다. 구조 요소는 0 또는 1로 구성되는 매트릭스 또는 그림 9.4(b)처럼 전경(값 1) 화소들의 집합으로 표현될 수 있다. 이 장에서는 두 표현을 모두 사용하나, 표현과 관계없이 구조 요소의 원점이 분명하게 표시되어야 한다. 그림 9.4(b)는 검은 상자로 구조 요소의 원점

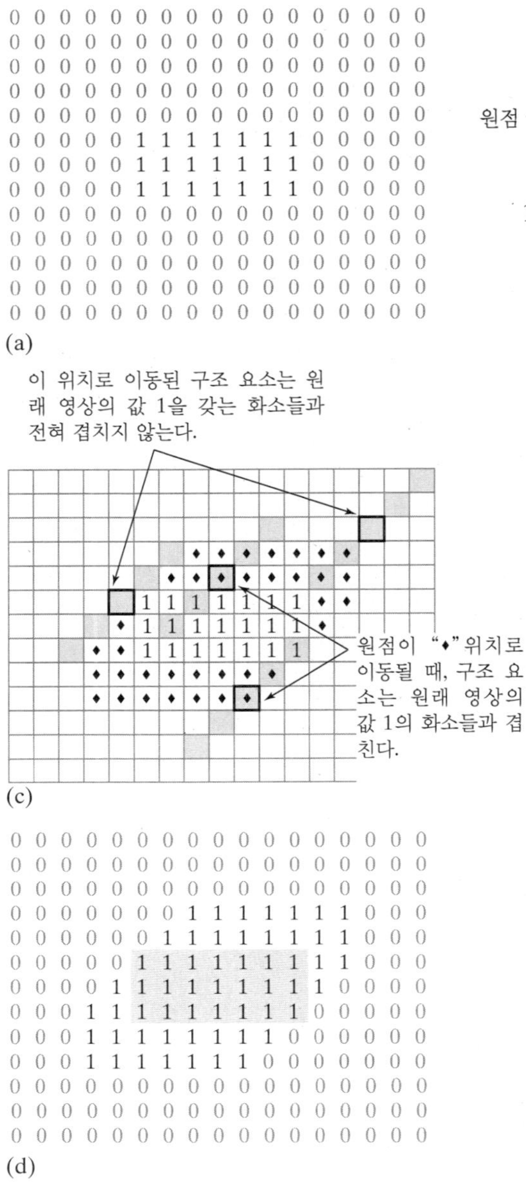

그림 9.4 팽창의 보기: (a) 직사각형 객체가 있는 오리지널 영상. (b) 다섯 화소 길이의 대각선 모양의 구조 요소. 구조 요소의 원점에 테두리가 표시되어 있다. (c) 영상의 몇 위치로 이동된 구조 요소. (d) 출력 영상. 음영 영역은 오리지널 영상의 1의 위치를 표시한다.

을 표시하고 있다. 그림 9.4(c)는 영상 도메인에 거쳐 구조 요소의 원점을 이동시키면서 그 요소가 값 1의 화소들과 어디서 겹치는지를 찾아내는 과정으로서 팽창을 묘사한다. 출력 영상[그림 9.4(d)]은 구조 요소가 입력 영상의 적어도 하나의 1 값인 화소와 겹치는 구조 요소의 원점의 각 위치에서 1이다.

여기서 구조 요소의 원점의 중요성의 예를 볼 수 있다. 정의된 원점의 위치를 바꾸면 일반적으로 형태학적 연산의 결과가 바뀐다.

B에 의한 A의 팽창은 $A \oplus B$로 표기되며, 다음 집합 연산으로 정의된다.

$$A \oplus B = \{z \mid (\hat{B})_z \cap A \neq \varnothing\}$$

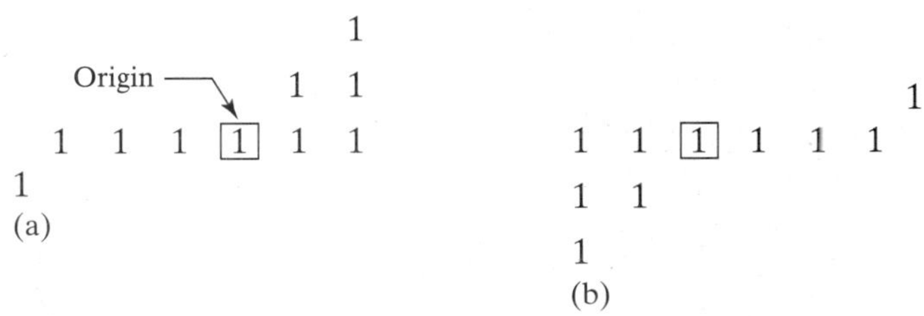

그림 9.5 구조 요소 반사: (a) 비대칭 구조 요소. (b) 원점에 대해 반사된 구조 요소.

여기서 ∅은 공집합이며 B는 구조 요소이다. 설명하자면, B에 의한 A의 팽창은 반사 및 이동된 B가 적어도 A의 한 요소와 겹치는 모든 구조 요소 **원점의 위치**들로 구성되는 집합이다. 관례적으로 $A \oplus B$의 첫 피연산자를 영상으로 놓으며, 영상보다 보통 훨씬 작은 구조 요소를 두 번째 피연산자로 놓는다. 지금부터 이 관례를 따른다.

팽창에서 구조 요소의 이동은 2장에서 설명한 공간 컨볼루션의 방법과 비슷하다. 그림 9.4는 이 경우 구조 요소가 원점에 대해 대칭이므로, 구조 요소의 반사가 드러나지는 않는다. 그림 9.5는 비대칭 구조 요소와 그의 반사를 보여준다. 툴박스 함수 `reflect`를 사용해서 구조 요소의 반사를 계산할 수 있다.

reflect

팽창은 **결합성**(*associati e*)과 **교환성**(*commutati e*)을 지닌다:

$$A \oplus (B \oplus C) = (A \oplus B) \oplus C$$

$$A \oplus B = B \oplus A$$

툴박스 함수 `imdilate`가 팽창을 수행하며 기본 호출 문법은 다음과 같다:

imdilate

```
D = imdilate(A, B)
```

여기서는 입력과 출력이 이진으로 가정되지만, 9.6절의 논의에서와 같이 같은 문법을 그레이스케일 함수에 대해서도 사용할 수 있다. 이진 수량으로 가정하면, `B`는 원점이 툴박스에 의해

```
floor((size(B) + 1)/2)
```

로 **자동**으로 계산되는 0과 1의 구조 요소 배열이다. 이 연산은 구조 요소의 중심 좌표를 포함하는 2-D 벡터를 제공한다. 만일 원점이 **중심**에 **위치하지 않는** 구조 요소가 필요하다면, `B`를 0으로 패딩해서 원래 중심을 원하는 위치로 옮기면 된다.

예제 9.1

팽창의 응용.

■ 그림 9.6(a)는 끊긴 글자가 여러 개 있는 텍스트의 이진 영상을 보여준다. 이 영상을 팽창시키기 위해 `imdilate`를 다음 구조 요소와 함께 사용하려고 한다:

$$\begin{matrix} 0 & 1 & 0 \\ 1 & \boxed{1} & 1 \\ 0 & 1 & 0 \end{matrix}$$

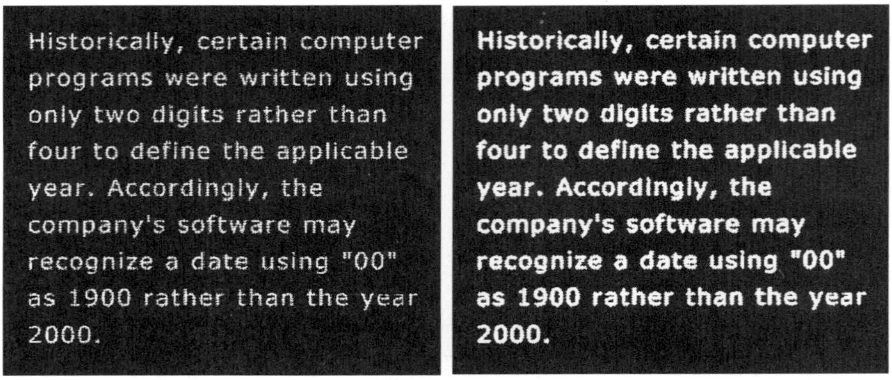

(a) (b)

그림 9.6 팽창의 예: (a) 끊긴 텍스트가 있는 입력 영상. (b) 팽창된 영상.

다음 명령들은 파일로부터 영상을 읽어들이고, 구조 요소 매트릭스를 만들고, 팽창을 수행하고, 결과를 표시한다.

```
>> A = imread('broken_text.tif');
>> B = [0 1 0; 1 1 1; 0 1 0];
>> D = imdilate(A, B);
>> imshow(D)
```

그림 9.6(b)가 결과 영상을 보여준다.

9.2.2 구조 요소 분해

구조 요소 B를 두 구조 요소 B_1과 B_2의 팽창으로 나타낼 수 있다고 하자:

$$B = B_1 \oplus B_2$$

그러면, 팽창에 결합성이 있으므로 $A \oplus B = A \oplus (B_1 \oplus B_2) = (A \oplus B_1) \oplus B_2$이다. 달리 설명하면, A를 B에 의해 팽창시키는 것은 우선 A를 B_1으로 팽창시킨 후, 그 결과를 B_2로 팽창시키는 것과 같다. 이때 B가 구조 요소 B_1과 B_2로 분해될 수 있다고 말한다.

이 결합성은 팽창 계산에 요구되는 시간이 구조 요소의 0이 아닌 화소의 수에 비례하므로 중요하다. 예를 들어, 1로 구성된 5×5 배열에 의한 팽창을 고려해 보자:

$$\begin{array}{ccccc} 1 & 1 & 1 & 1 & 1 \\ 1 & 1 & 1 & 1 & 1 \\ 1 & 1 & \boxed{1} & 1 & 1 \\ 1 & 1 & 1 & 1 & 1 \\ 1 & 1 & 1 & 1 & 1 \end{array}$$

이 구조 요소는 1로 구성된 다섯 요소의 행과 1로 구성된 다섯 요소의 열로 분해될 수 있다:

$$\begin{bmatrix} 1 & 1 & \boxed{1} & 1 & 1 \end{bmatrix} \oplus \begin{bmatrix} 1 \\ 1 \\ \boxed{1} \\ 1 \\ 1 \end{bmatrix}$$

원래의 구조 요소에 있는 요소 수는 25이다. 그러나, 행-열 분해에 있는 전체 요소 수는 겨우 10이다. 이는 우선 행 구조 요소로 팽창시킨 후 열 구조 요소로 팽창시키면, 1로 구성된 5×5 배열로 팽창시키는 것보다 2.5배 빨리 수행될 수 있음을 의미한다. 실제로 이 속도 증가는 약간 덜한데, 그 이유는 각 팽창 연산마다 약간의 오버헤드가 있기 때문이다. 그러나 분해 구현에 의한 속도 증가는 여전히 현저하다.

9.2.3 **strel** 함수

툴박스 함수 strel은 다양한 모양과 크기로 구조 요소를 만든다. 그 기본 문법은

```
se = strel(shape, parameters)
```

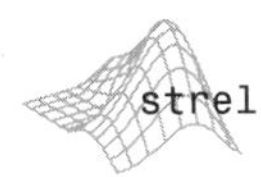

이며, 여기서 shape는 원하는 모양을 묘사하는 문자열이고, parameters는 크기 같은 모양에 관한 정보를 규정하는 매개변수의 목록이다. 예를 들면, strel ('diamond', 5)는 수평과 수직 축을 따라 ±5 화소씩 확장되는 다이아몬드 모양의 구조 요소를 반환한다. 표 9.2는 strel이 만들 수 있는 다양한 모양을 요약한다.

공통적인 구조 요소 모양의 생성을 단순화하는 외에도, 함수 strel은 구조 요소를 분해된 형태로 만드는 중요한 특성을 갖고 있다. 함수 imdilate는 팽창 과정을 빨

표 9.2 함수 strel의 다양한 문법 형태. 단어 **평평한**(*flat*)은 2-D 구조 요소(즉, 높이가 0)를 의미한다. 이 식별 수식자는 9.6.1절의 논의에서와 같이 그레이스케일 팽창과 침식의 맥락에서 의미가 있다.

문법 형태	설명
se = strel('diamond', R)	평평하고 다이아몬드 모양의 구조 요소를 만듦. R은 구조 요소 원점으로부터 다이아몬드의 맨 끝점들까지의 거리를 규정.
se = strel('disk', R)	반경 R의 평평하고 디스크 모양의 구조 요소를 만듦. (디스크에 대해서 추가 파라미터를 규정할 수 있음; 상세 내용은 strel 도움말 페이지를 참고.)
se = strel('line', LEN, DEG)	평평하고 선형적인 구조 요소를 만듦. LEN은 길이를, DEG는 수평 축을 기준으로 반시계 방향으로 측정한 선의 각도(도 단위)를 규정함.
se = strel('octagon', R)	평평한 8각형의 구조 요소를 만듦. R은 구조 요소 원점으로부터 수평 축과 수직 축 방향으로 측정한 8각형의 변까지의 거리를 규정. R은 3의 정수(음수가 아닌) 배이어야 함.

(계속)

문법 형태	설명
`se = strel('pair', OFFSET)`	두 멤버를 갖는 평평한 구조 요소를 만듦. 한 멤버는 원점에 위치함. 두 번째 멤버의 위치는 벡터 OFFSET에 의해 규정되는데, 이 벡터는 두 요소가 정수이어야 함.
`se = strel('periodicline', P, V)`	2*P+1개의 멤버를 갖는 평평한 구조 요소를 만듦. V는 정수 값의 행과 열의 오프셋의 두 요소를 갖는 벡터이다. 한 구조 요소 멤버는 원점에 위치함. 다른 멤버들은 1*V, -1*V, 2*V, -2*V, ..., P*V, -P*V에 위치함.
`se = strel('rectangle', MN)`	평평하고 직사각형 모양의 구조 요소를 만듦. MN은 크기를 규정함. MN은 음수가 아닌 정수의 두 요소 벡터이어야 함. MN의 첫 요소는 구조 요소의 행 수; 두 번째 요소는 열 수.
`se = strel('square', W)`	정사각형 구조 요소를 만듦. 폭은 W 화소. W는 음이 아닌 정수이어야 함.
`se = strel('arbitrary', NHOOD)` `se = strel(NHOOD)`	임의의 모양의 구조 요소를 만듦. NHOOD는 모양을 규정하는 0와 1의 매트릭스임. 더 간단한 두 번째 문법 형태는 같은 연산을 수행함.

리 처리하기 위해 자동으로 분해 정보를 사용한다. 다음 예제는 strel이 한 구조 요소의 분해와 관련된 정보를 어떻게 반환하는지를 보여준다.

예제 9.2

함수 strel에 의한 구조 요소 분해.

■ 함수 strel을 사용해서 다이아몬드 모양 구조 요소를 만들어 보자:

```
>> se = strel('diamond', 5)
se =
Flat STREL object containing 61 neighbors.
Decomposition: 4 STREL objects containing a total of 17
neighbors
Neighborhood:

     0     0     0     0     0     1     0     0     0     0     0
     0     0     0     0     1     1     1     0     0     0     0
     0     0     0     1     1     1     1     1     0     0     0
     0     0     1     1     1     1     1     1     1     0     0
     0     1     1     1     1     1     1     1     1     1     0
     1     1     1     1     1     1     1     1     1     1     1
     0     1     1     1     1     1     1     1     1     1     0
     0     0     1     1     1     1     1     1     1     0     0
     0     0     0     1     1     1     1     1     0     0     0
     0     0     0     0     1     1     1     0     0     0     0
     0     0     0     0     0     1     0     0     0     0     0
```

함수 strel의 출력은 평범한 MATLAB 매트릭스가 아니다; 대신에 *strel* 객체라고 불리는 특수한 종류의 수량이다. strel 객체를 명령창에 표시하면, 이웃(이 경으 다이아몬드 모양으로 1인 매트릭스); 구조 요소에 있는 1의 값 화소 수(61); 분해의 구조 요소 수(4); 분해된 구조 요소들에 있는 1의 값 화소들의 전체 수(17)가 확인된다. 분해에 있는 개별 구조 요소들을 독립적으로 추출하고 조사하기 위해 함수 getsequence를 사용할 수 있다.

getsequence

```
>> decomp = getsequence(se);
>> whos
  Name          Size            Bytes  Class     Attributes

  decomp        4x1              1716  strel
  se            1x1              3309  strel
```

whos의 출력은 se와 decomp가 모두 strel 객체이며, 더 나아가 decomp가 strel 객체들의 4요소 벡터임을 보여준다. 분해에 있는 네 개의 구조 요소들은 decomp에 인덱스를 사용해서 개별적으로 조사할 수 있다:

```
>> decomp(1)
ans =
Flat STREL object containing 5 neighbors.
Neighborhood:
     0     1     0
     1     1     1
     0     1     0

>> decomp(2)
ans =
Flat STREL object containing 4 neighbors.
Neighborhood:
     0     1     0
     1     0     1
     0     1     0

>> decomp(3)
ans =
Flat STREL object containing 4 neighbors.
Neighborhood:
     0     0     1     0     0
     0     0     0     0     0
     1     0     0     0     1
     0     0     0     0     0
     0     0     1     0     0

>> decomp(4)
ans =
Flat STREL object containing 4 neighbors.
```

```
Neighborhood:
     0     1     0
     1     0     1
     0     1     0
```

함수 imdilate는 자동으로 구조 요소의 분해된 형태를 사용해서, 분해되지 않은 형태 때에 비해 이 경우 팽창을 대략 3배 빠르게(≈61/17) 수행한다.

9.2.4 침식

침식은 이진 영상에서 객체를 "줄이거나(shrink)", "가늘게(thin)" 한다. 팽창에서와 같이, 축소의 방식과 정도는 구조 요소에 의해 제어된다. 그림 9.7은 침식 과정을 보여준다. 그림 9.7(a)는 그림 9.4(a)와 같다. 그림 9.7(b)는 구조 요소로서, 수직선이다. 그림 9.7(c)는 침식을, 영상 도메인에 거쳐 구조 요소를 이동시키며 영상의 전경 안에 완전하게 들어가는 곳이 어딘지를 체크하는 과정으로서 보여준다. 그림 9.7(d)의 출력 영상은 입력 영상의 1의 값을 갖는 화소들에만 겹치는(즉, 영상 배경과는 전혀 겹치지 않는) 구조 요소 **원점**의 각 위치에서 1의 값을 갖는다.

B에 의한 A의 침식은 $A \ominus B$로 표기하며, 다음과 같이 정의된다.

그림 9.7 침식의 보기: (a) 직사각형 객체가 있는 오리지널 영상. (b) 수직선으로 배열된 세 화소를 갖는 구조 요소. 구조 요소의 원점에 테두리가 표시되어 있다. (c) 영상의 몇 위치로 이동된 구조 요소. (d) 출력 영상. 음영 영역은 오리지널 영상에서 1이 있는 위치들을 표시한다.

```
0 0 0 0 0 0 0 0 0 0 0 0 0 0 0 0 0
0 0 0 0 0 0 0 0 0 0 0 0 0 0 0 0 0
0 0 0 0 0 0 0 0 0 0 0 0 0 0 0 0 0
0 0 0 0 0 0 0 0 0 0 0 0 0 0 0 0 0
0 0 0 0 0 0 0 0 0 0 0 0 0 0 0 0 0
0 0 0 0 0 1 1 1 1 1 1 1 0 0 0 0 0
0 0 0 0 0 1 1 1 1 1 1 1 0 0 0 0 0
0 0 0 0 0 1 1 1 1 1 1 1 0 0 0 0 0
0 0 0 0 0 0 0 0 0 0 0 0 0 0 0 0 0
0 0 0 0 0 0 0 0 0 0 0 0 0 0 0 0 0
0 0 0 0 0 0 0 0 0 0 0 0 0 0 0 0 0
0 0 0 0 0 0 0 0 0 0 0 0 0 0 0 0 0
0 0 0 0 0 0 0 0 0 0 0 0 0 0 0 0 0
```

(a)

```
 1
[1]
 1
```

(b)

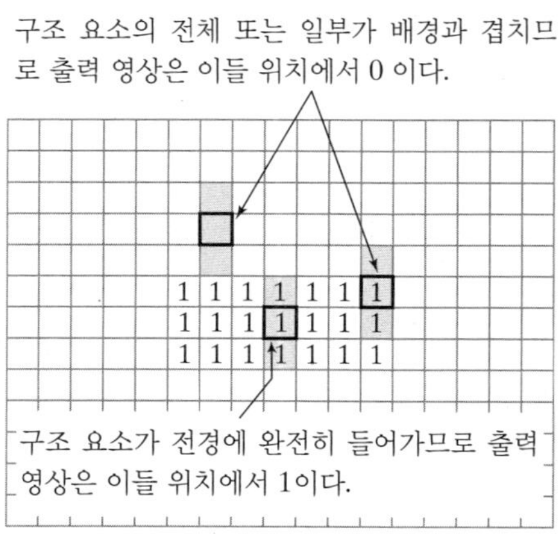

(c)

```
0 0 0 0 0 0 0 0 0 0 0 0 0 0 0 0 0
0 0 0 0 0 0 0 0 0 0 0 0 0 0 0 0 0
0 0 0 0 0 0 0 0 0 0 0 0 0 0 0 0 0
0 0 0 0 0 0 0 0 0 0 0 0 0 0 0 0 0
0 0 0 0 0 0 0 0 0 0 0 0 0 0 0 0 0
0 0 0 0 0 0 0 0 0 0 0 0 0 0 0 0 0
0 0 0 0 0 1 1 1 1 1 1 1 0 0 0 0 0
0 0 0 0 0 0 0 0 0 0 0 0 0 0 0 0 0
0 0 0 0 0 0 0 0 0 0 0 0 0 0 0 0 0
0 0 0 0 0 0 0 0 0 0 0 0 0 0 0 0 0
0 0 0 0 0 0 0 0 0 0 0 0 0 0 0 0 0
0 0 0 0 0 0 0 0 0 0 0 0 0 0 0 0 0
0 0 0 0 0 0 0 0 0 0 0 0 0 0 0 0 0
```

(d)

$$A \ominus B = \{z \mid (B)_z \subseteq A\}$$

여기서 여느 때처럼, 표기 $C \subseteq D$는 C가 D의 부분집합임을 의미한다. 이 공식은 B에 의한 A의 침식이 z에 의해 이동된 B가 A에 포함되는 모든 점 z의 집합임을 의미한다. B가 A에 포함된다는 표현이 B가 A의 배경과 요소를 공유하지 않는다는 표현과 등가이므로, 침식의 정의로 다음 등가공식을 쓸 수 있다:

$$A \ominus B = \{z \mid (B)_z \cap A^c = \varnothing\}$$

여기서, B에 의한 A의 침식은 B가 A의 배경과는 전혀 겹치지 않는 모든 구조 요소 원점 위치들의 집합이다.

예제 9.3

침식의 보기.

■ 침식은 툴박스 함수 `imerode`로 수행하며, 그 문법은 9.2.1절에서 논의된 `imdilate`의 문법과 같다. 그림 9.8(a)의 이진 영상에서 다른 구조들은 모두 보존하면서, 가는 선들은 삭제하려 한다고 하자. 이를 위해 구조 요소를 선정하는데, 중앙 정사각형과 외곽의 두

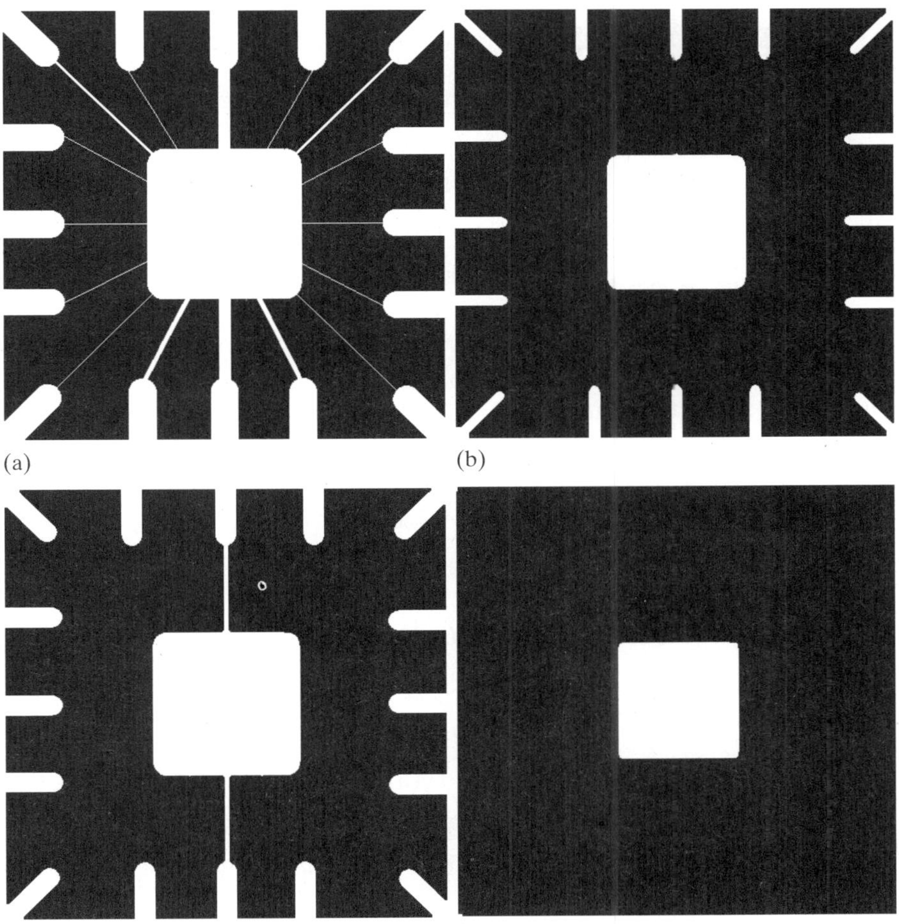

(a) (b) (c) (d)

그림 9.8 침식의 예: (a) 크기가 486 × 486 화소인 오리지널 영상. (b) 반경이 10인 디스크에 의한 침식. (c) 반경이 5인 디스크에 의한 침식. (d) 반경이 20인 디스크에 의한 침식.

꺼운 리드선들에 들어갈 정도로 작으나, 선들 안에 완전히 들어가기에는 너무 큰 크기로 한다. 다음 명령들을 고려해 보자:

imerode

```
>> A = imread('wirebond_mask.tif');
>> se = strel('disk', 10);
>> E10 = imerode(A, se);
>> imshow(E10)
```

그림 9.8(b)가 보여주듯이, 이 명령들은 가는 선들을 성공적으로 삭제했다. 그림 9.8(c)는 너무 작은 구조 요소를 선택했을 때의 결과를 보여준다:

```
>> se = strel('disk', 5);
>> E5 = imerode(A, se);
>> imshow(E5)
```

이 경우 어떤 선들은 삭제되지 않았다. 그림 9.8(d)는 너무 큰 구조 요소를 선택했을 때의 결과를 보여준다:

```
>> E20 = imerode(A, strel('disk', 20));
>> imshow(E20)
```

가는 선들이 삭제되었으나, 외곽의 리드선들도 삭제되었다.

9.3 팽창과 침식의 결합 Combining Dilation and Erosion

영상처리 응용에서 팽창과 침식은 거의 대부분 다양한 조합으로 사용된다. 영상은 같은, 또는 어떤 때는 다른 구조 요소들을 사용하는 일련의 팽창과/또는 침식을 거친다. 이 절에서는 세 가지 가장 보편적인 팽창과 침식의 조합을 고려한다: 열기, 닫기, hit-or-miss 변환. 그리고 대조표(lookup table) 연산을 소개하며, 다양한 형태학적 작업들을 수행할 수 있는 툴박스 함수 bwmorph를 설명한다.

9.3.1 열기와 닫기

B에 의한 A의 형태학적 열기는 $A \circ B$로 표기하며, B에 의해 A를 침식시키고 나서, 그 결과를 B로 팽창시키는 것으로 정의된다:

$$A \circ B = (A \ominus B) \oplus B$$

열기의 등가공식은 다음과 같다.

$$A \circ B = \cup \{ (B)_z \mid (B)_z \subseteq A \}$$

여기서 $\cup\{\cdot\}$는 중괄호 안의 모든 집합들의 합집합을 나타낸다. 이 공식은 단순한 기하학적 해석을 가진다: $A \circ B$는 A에 완전하게 들어가는 B의 모든 이동의 합집합이다. 그림 9.9가 이 해석을 보여준다. 그림 9.9(a)는 집합 A와 디스크 모양의 구조 요소 B를 보여준다. 그림 9.9(b)는 A의 내부에 완전하게 들어가도록 이동된 B들의 일부를 보여준다. 이러한 모든 이동의 합집합이 그림 9.9(c)의 음영 영역들이다; 이들

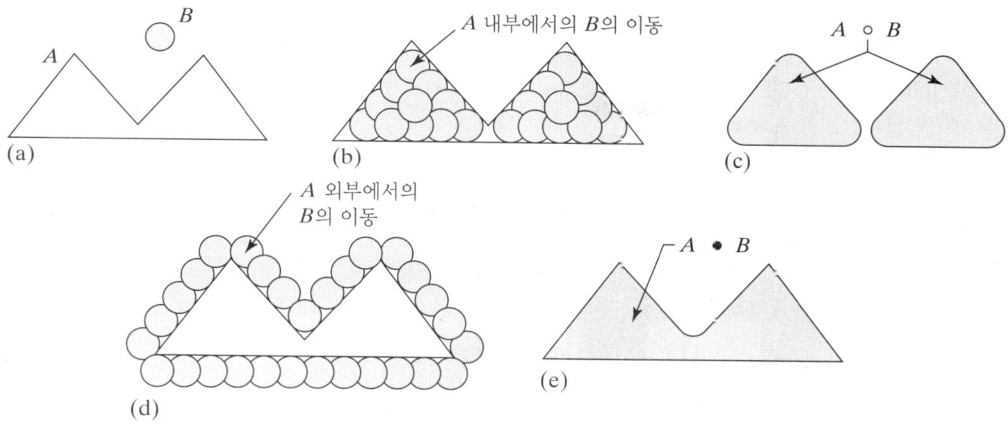

그림 9.9 이동된 구조 요소의 합집합으로서의 열기와 닫기: (a) 집합 A와 구조 요소 B. (b) 집합 A 안에 완전히 들어간 B의 이동. (c) 완성된 열기(음영 영역). (d) A의 경계 밖에서의 B의 이동. (e) 완성된 닫기(음영 영역).

두 영역이 완성된 열기이다. 이 그림의 백색 영역은 구조 요소가 A에 완전하게 들어가지 않는 영역들이므로 열기의 일부가 아니다. 형태학적 열기는 구조 요소를 포함할 수 없는 객체의 영역을 완전히 제거하고, 객체 외곽선을 부드럽게 만들며[그림 9.9(c)에서와 같이], 가느다란 연결을 끊고, 가느다란 돌출을 제거한다.

B에 의한 A의 형태학적 닫기는 $A \bullet B$로 표기하며, 팽창 후 침식이 뒤따른다:

$$A \bullet B = (A \oplus B) \ominus B$$

기하적으로, $A \bullet B$는 A와 겹치지 않는 B의 모든 이동의 합집합의 여집합이다. 그림 9.9(d)가 A와 겹치지 않는 B의 몇 개의 이동을 보여준다. 모든 이러한 이동의 합집합의 여집합을 취해서 그림 9.9(e)의 음영 영역을 얻는데, 이것이 완성된 닫기이다. 열기와 마찬가지로, 형태학적 닫기도 객체의 외곽선을 부드럽게 하는 경향이 있다. 그러나 열기와는 달리, 닫기는 일반적으로 좁은 끊김을 잇고, 길고 좁은 틈을 채워주고, 구조요소 보다 작은 구멍들을 채운다.

열기와 닫기는 툴박스 함수 imopen과 imclose에 의해 구현된다. 이 함수들은 다음의 문법 형태들을 갖는다.

imopen

imclose

```
C = imopen(A, B)
C = imclose(A, B)
```

여기서 지금은 A는 이진 영상, B는 구조 요소를 규정하는 0와 1의 매트릭스이다. 표 9.2로부터의 strel 객체를 B 대신 사용할 수 있다.

예제 9.4

함수 imopen과 imclose로 작업하기.

■ 이 예제는 함수 imopen과 imclose의 사용 예를 보여준다. 그림 9.10(a)의 영상 shapes.tif는 열기와 닫기의 효과를 보여주기 위해 설계된 가느다란 돌출, 가느다란 연결

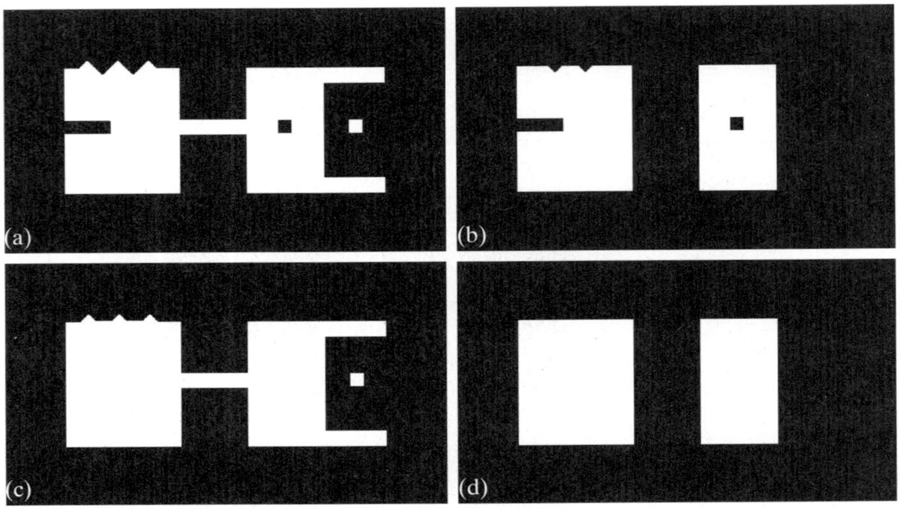

그림 9.10 열기와 닫기의 보기: (a) 오리지널 영상. (b) 열기. (c) 닫기. (d) (b)에 대한 닫기.

(bridge), 몇 개의 만(gulf, 灣), 분리된 구멍, 작은 고립 객체, 삐죽삐죽한 경계 같은 몇 가지 특징을 갖고 있다. 다음 명령들은 영상을 20×20의 정사각형 구조 요소로 연다:

```
>> f = imread('shapes.tif');
>> se = strel('square', 20);
>> fo = imopen(f, se);
>> imshow(fo)
```

그림 9.10(b)가 이 결과를 보여준다. 가느다란 돌출과 경계의 바깥으로 향한 울퉁불퉁한 부분들이 제거되었음을 주목한다. 가느다란 연결과 작은 고립 객체도 제거되었다. 다음 명령

```
>> fc = imclose(f, se);
>> imshow(fc)
```

로 9.10(c)의 결과를 만들었다. 여기서 가느다란 만(gulf), 경계의 안으로 향한 울퉁불퉁한 부분들, 작은 구멍 등이 제거되었다. 초기의 열기 결과에 닫기를 수행하면 부드럽게 만드는 효과를 얻는다:

```
>> foc = imclose(fo, se);
>> imshow(foc)
```

그림 9.10(d)가 그 결과로 부드럽게 된 객체들을 보여준다.

열기/닫기 시퀀스는 노이즈 축소에 사용될 수 있다. 예로서, 노이즈 낀 지문을 보여주는그림 9.11(a)를 고려하자. 명령

```
>> f = imread('Fig911(a).tif');
>> se = strel('square', 3);
>> fo = imopen(f, se);
>> imshow(fo)
```

로 그림 9.11(b)의 영상을 만들었다. 영상을 열어서 노이즈성 점들이 제거되었으나, 지문의 융선에 많은 간극이 초래되었음에 주목한다. 닫기를 추가 적용해서 여러 개의 간극을 채울 수 있다:

(a) (b) (c)

그림 9.11 (a) 노이즈 낀 지문 영상. (b) 열기 한 영상. (c) 열기 후 닫기 한 영상. (사진 제공: U. S. National Institute of Standards and Technology.)

```
>> foc = imclose(fo,se);
>> imshow(foc)
```

그림 9.11(c)가 최종 결과를 보여준다. 대부분의 노이즈가 제거되었다(지문 융선에 일부 간극이 생기는 대가로).

9.3.2 Hit-or-Miss 변환

분리된 전경 화소들이나 선분의 끝점들 같은, 영상의 화소들의 지정된 모양을 맞출 수 있으면 유용할 때가 있다. *Hit-or-miss* **변환**이 이러한 응용에 유용하다. B에 의한 A의 hit-or-miss 변환은 $A \otimes B$로 표기한다. 여기서, B는 앞에서와 같은 단일 요소라기보다는 구조 요소 쌍 $B = (B_1, B_2)$이다. Hit-or-miss 변환은 이들 두 구조 요소에 의해 아래와 같이 정의된다.

객체 매칭을 위한 다른 접근법들을 보려면 인덱스의 매칭을 참고한다.

$$A \otimes B = (A \ominus B_1) \cap (A^c \ominus B_2)$$

그림 9.12는 hit-or-miss 변환을 이용해서 아래의 십자형 화소 모양의 위치를 식별하는 방법을 보여준다.

$$\begin{matrix} 0 & 1 & 0 \\ 1 & 1 & 1 \\ 0 & 1 & 0 \end{matrix}$$

그림 9.12(a)는 이런 모양의 화소들을 두 위치에 포함하고 있다. 구조 요소 B_1에 의한 침식은 동, 서, 남, 북의 전경 이웃들을 갖는 전경 화소들의 위치를 결정한다[그림 9.12(c)]. 구조 요소 B_2에 의한 그림 9.12(a)의 여집합의 침식은 모든 대각선 방향(북동, 남동, 남서, 북서) 이웃들이 배경에 속하는 화소들의 위치를 결정한다[그림 9.12(f)]. 그림 9.12(g)가 이 두 연산들의 교집합(논리 AND)을 보여준다. 그림 9.12(g)의 각 전경 화소는 찾는 모양을 갖는 화소 집합의 중심의 위치이다.

"Hit-or-miss 변환"이라는 이름은 두 침식에 의해 어떻게 결과가 영향을 받는가에 근거한다. 예를 들면, 그림 9.12의 출력 영상은 B_1의 모든 화소와는 일치("hit")하

```
0 0 0 0 0 0 0 0 0 0 0 0 0 0 0 0
0 0 1 0 0 0 0 0 0 0 0 0 0 0 0 0
0 0 1 0 0 0 1 1 1 1 0 0 0 0 0 0
0 1 1 1 0 0 0 0 0 0 0 0 1 1 0 0
0 0 1 0 0 0 0 0 0 0 0 0 1 1 1 0
0 0 0 0 0 1 0 0 0 0 0 0 0 1 0 0
0 0 0 0 1 1 1 0 0 0 0 0 0 0 0 0
0 0 0 0 0 1 0 0 0 0 0 0 0 0 0 0
0 0 0 0 0 0 0 0 0 0 0 0 0 0 0 0
```
(a)

B_1

```
  1
1 [1] 1
  1
```
(b)

```
0 0 0 0 0 0 0 0 0 0 0 0 0 0 0 0
0 0 0 0 0 0 0 0 0 0 0 0 0 0 0 0
0 0 0 0 0 0 0 0 0 0 0 0 0 0 0 0
0 0 1 0 0 0 0 0 0 0 0 0 0 0 0 0
0 0 0 0 0 0 0 0 0 0 0 0 0 1 0 0
0 0 0 0 0 0 0 0 0 0 0 0 0 0 0 0
0 0 0 0 0 1 0 0 0 0 0 0 0 0 0 0
0 0 0 0 0 0 0 0 0 0 0 0 0 0 0 0
0 0 0 0 0 0 0 0 0 0 0 0 0 0 0 0
```
(c)

```
1 1 1 1 1 1 1 1 1 1 1 1 1 1 1 1
1 1 0 1 1 1 1 1 1 1 1 1 1 1 1 1
1 1 0 1 1 1 0 0 0 0 1 1 1 1 1 1
1 0 0 0 1 1 1 1 1 1 1 1 0 0 1 1
1 1 0 1 1 1 1 1 1 1 1 1 0 0 0 1
1 1 1 1 1 0 1 1 1 1 1 1 1 0 1 1
1 1 1 1 0 0 0 1 1 1 1 1 1 1 1 1
1 1 1 1 1 0 1 1 1 1 1 1 1 1 1 1
1 1 1 1 1 1 1 1 1 1 1 1 1 1 1 1
```
(d)

B_2

```
1   1
  □
1   1
```
(e)

```
1 0 1 0 1 1 1 1 1 1 1 1 1 1 1 1
1 0 1 0 1 0 0 0 0 0 0 1 1 1 1 1
0 0 0 0 0 1 1 1 1 1 1 0 0 0 0 1
1 0 1 0 1 0 0 0 0 0 0 0 0 0 0 0
0 0 0 0 0 1 0 1 1 1 1 0 0 0 0 1
1 0 1 0 0 0 0 0 1 1 1 0 0 0 0 0
1 1 1 1 0 1 0 1 1 1 1 1 0 1 0 1
1 1 1 0 0 0 0 0 1 1 1 1 1 1 1 1
1 1 1 1 0 1 0 1 1 1 1 1 1 1 1 1
```
(f)

```
0 0 0 0 0 0 0 0 0 0 0 0 0 0 0 0
0 0 0 0 0 0 0 0 0 0 0 0 0 0 0 0
0 0 0 0 0 0 0 0 0 0 0 0 0 0 0 0
0 0 1 0 0 0 0 0 0 0 0 0 0 0 0 0
0 0 0 0 0 0 0 0 0 0 0 0 0 0 0 0
0 0 0 0 0 0 0 0 0 0 0 0 0 0 0 0
0 0 0 0 0 1 0 0 0 0 0 0 0 0 0 0
0 0 0 0 0 0 0 0 0 0 0 0 0 0 0 0
0 0 0 0 0 0 0 0 0 0 0 0 0 0 0 0
```
(g)

그림 9.12 (a) 오리지널 영상 A. (b) 구조 요소 B_1. (c) B_1에 의한 A의 침식. (d) 오리지널 영상의 여집합 A^c. (e) 구조 요소 B_2. (f) B_2에 의한 A^c의 침식. (g) 출력 영상.

고 B_2의 화소들은 전혀 없는("miss") 모든 위치들로 구성된다. 엄밀히 말하면, *hit-and-miss* **변환**이란 용어가 더 정확하나, *hit-or-miss* **변환**이 더 많이 사용된다.

Hit-or-miss 변환은 툴박스 함수 `bwhitmiss`로 구현되며, 그 문법은

```
C = bwhitmiss(A, B1, B2)
```

bwhitmiss

이며, 여기서 C는 결과, A는 입력 영상, B1과 B2는 방금 설명한 구조 요소들이다.

예제 9.5

함수 bwhitmiss 사용하기.

■ Hit-or-miss 변환을 사용해서 영상의 정사각형 객체들의 왼쪽 위 코너 화소의 위치를 찾아내는 작업을 생각해 보자. 그림 9.13(a)는 다양한 크기의 정사각형들을 포함하는 영상을 보여준다. 우리는 동쪽과 남쪽에 이웃이 있고(이들이 "hit") 북동, 북, 북서, 서, 남서쪽에는 이웃이 없는(이들이 "miss") 전경 화소들의 위치를 찾고자 한다. 이 요구사항들이 두 개의 구조 요소로 이끈다:

```
>> B1 = strel([0 0 0; 0 1 1; 0 1 0]);
>> B2 = strel([1 1 1; 1 0 0; 1 0 0]);
```

두 구조 요소 모두 남동쪽 이웃을 포함하지 않으며, 이 화소를 *don't care*(**무관심**) 화소라고 부른다. 이 변환을 계산하기 위해 함수 bwhitmiss를 사용한다. 아래에서 A는 그림 9.13(a)의 입력 영상이다:

```
>> C = bwhitmiss(A, B1, B2);
>> imshow(C)
```

그림 9.13(b)의 각 단일 화소 점은 그림 9.13(a)의 객체들의 좌상단 코너 화소이다. 그림 9.13(b)의 화소들은 편의상 확대되었다.

bwhitmiss의 대안적 문법은 B1과 B2를 **구간 매트릭스**로 결합한다. 이 구간 매트릭스는 B1이 1인 곳에는 1, B2가 1인 곳에는 −1이며, 무관심 화소에 대해서는 0이다. 위의 B1과 B2에 해당하는 구간 매트릭스는:

```
>> interval = [-1 -1 -1; -1 1 1; -1 1 0]

interval =

    -1    -1    -1
    -1     1     1
    -1     1     0
```

이 구간 매트릭스를 사용하면 출력 영상 C를 문법 bwhitmiss(A, interval)에 의해 계산할 수 있다.

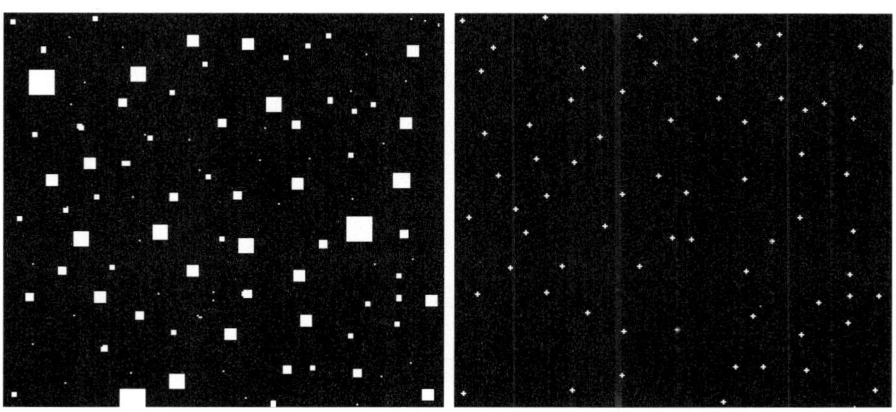

(a) (b)

그림 9.13 (a) 오리지널 영상. (b) Hit-or-miss 변환의 적용 결과(편의상 점들을 확대했음).

9.3.3 대조표(Lookup Table) 사용하기

Hit-or-miss 구조 요소가 작을 때 hit-or-miss 변환을 계산하는 더 빠른 방법은 대조표(LUT)를 사용하는 것이다. 이 방식은 모든 가능한 이웃 모양에 대해 출력 화소 값을 미리 계산하고 추후 사용을 위해 그 답을 표에 저장해 두는 것이다. 예를 들면, 이진 영상에는 $2^9 = 512$가지의 3×3 화소 값들의 모양이 있다.

요소별 연산의 정의에 관해서는 1.7.8절을 참고한다.

대조표를 실용적으로 만들기 위해서는 모든 가능한 모양에 고유 인덱스를 할당해야 한다. 예를 들어, 3×3 경우에 대해서 이를 위한 간단한 방법은 각 3×3 모양을 매트릭스

$$\begin{matrix} 1 & 8 & 64 \\ 2 & 16 & 128 \\ 4 & 32 & 256 \end{matrix}$$

에 의해서 요소별로 곱하고, 모든 곱을 합하는 것이다. 이 과정은 각 3×3 이웃 모양에 범위 [0, 511]의 유일한 값을 할당한다. 예를 들어, 다음 이웃

$$\begin{matrix} 1 & 1 & 0 \\ 1 & 0 & 1 \\ 1 & 0 & 1 \end{matrix}$$

에 할당되는 값은 $1(1) + 2(1) + 4(1) + 8(1) + 16(0) + 32(0) + 64(0) + 128(1) + 256(1) = 399$이며, 여기서 이 곱들의 첫 번째 숫자는 앞의 매트릭스로부터의 계수이며, 괄호 안의 숫자들은 화소 값이다. 두 매트릭스로부터 열 순으로 취했다.

makelut
applylut

IPT는 이 기법을 구현하는 데 사용할 수 있는 두 함수들 `makelut`과 `applylut`(이 절의 뒤에서 소개)를 제공한다. 함수 `makelut`은 사용자 제공 함수에 기반하여 대조표를 만들고, `applylut`는 이 대조표를 사용해서 이진 영상을 처리한다. 또 3×3 경우를 예로 들면, `makelut`를 사용하려면 3×3 이진 영상을 받아서 보통 0 또는 1인 한 값을 반환하는 함수를 작성해야 한다. 함수 `makelut`는 각각의 가능한 3×3 이웃 모양을 전달하면서, 사용자 제공 함수를 512번 호출한다. 모든 결과를 요소 수가 512인 벡터 형태로 반환한다.

보기로서, 이진 영상에서 끝점(*end point*)들을 검출하기 위해 `makelut`와 `applylut`를 사용하는 함수 `endpoints.m`을 작성한다. 끝점을 그 이웃 모양이 hit-or-miss 구간 매트릭스 `[0 1 0; –1 1 –1; –1 –1 –1]` 또는 이의 90° 회전 버전; 또는 hit-or-miss 구간 매트릭스 `[1 –1 –1; –1 1 –1; –1 –1 –1]` 또는 이의 90° 회전 버전인 전경 화소로 정의한다(Gonzalez와 Woods [2008]). 함수 `endpoints`는 대조표를 계산하고, 이 대조표를 입력 영상의 끝점들을 검출하는 데 적용한다. 함수 `endpoints`에 사용되는 코드 줄

persistent

```
persistent lut
```

는 lut라고 불리는 변수를 설정하고, 이를 *persistent*형(**지속형**)으로 선언한다. MATLAB은 함수 호출 사이에 지속형 변수들의 값을 "기억"한다. 함수 endpoints가 처음 호출될 때 변수 lut가 자동으로 빈 매트릭스([ ])로 초기화된다. lut가 비어있으면, 이 함수는 makelut를 호출하면서 부함수 endpoint_fcn에 핸들을 전달한다. 함수 applylut는 그리고 나서 대조표를 사용해서 끝점들을 찾는다. 대조표는 지속성 변수 lut에 저장되므로, 다음번에 endpoints가 호출될 때는 대조표를 다시 계산할 필요가 없다.

endpoints

```
function g = endpoints(f)
%ENDPOINTS Computes end points of a binary image.
%   G = ENDPOINTS(F) computes the end points of the binary image F
%   and returns them in the binary image G.
persistent lut

if isempty(lut)
   lut = makelut(@endpoint_fcn, 3);
end

g = applylut(f,lut);

%-------------------------------------------------------------------%
function is_end_point = endpoint_fcn(nhood)
%   Determines if a pixel is an end point.
%   IS_END_POINT = ENDPOINT_FCN(NHOOD) accepts a 3-by-3 binary
%   neighborhood, NHOOD, and returns a 1 if the center element is an
%   end point; otherwise it returns a 0.

interval1 = [0  1  0; -1  1 -1; -1 -1 -1];
interval2 = [1 -1 -1; -1  1 -1; -1 -1 -1];

% Use bwhitmiss to see if the input neighborhood matches either
% interval1 or interval2, or any of their 90-degree rotations.
for k = 1:4
   % rot90(A, k) rotates the matrix A by 90 degrees k times.
   C = bwhitmiss(nhood, rot90(interval1, k));
   D = bwhitmiss(nhood, rot90(interval2, k));
   if (C(2,2) == 1) || (D(2,2) == 1)
      % Pixel neighborhood matches one of the end-point
      % configurations, so return true.
      is_end_point = true;
      return
   end
end

% Pixel neighborhood did not match any of the end-point
% configurations, so return false.
is_end_point = false;
```

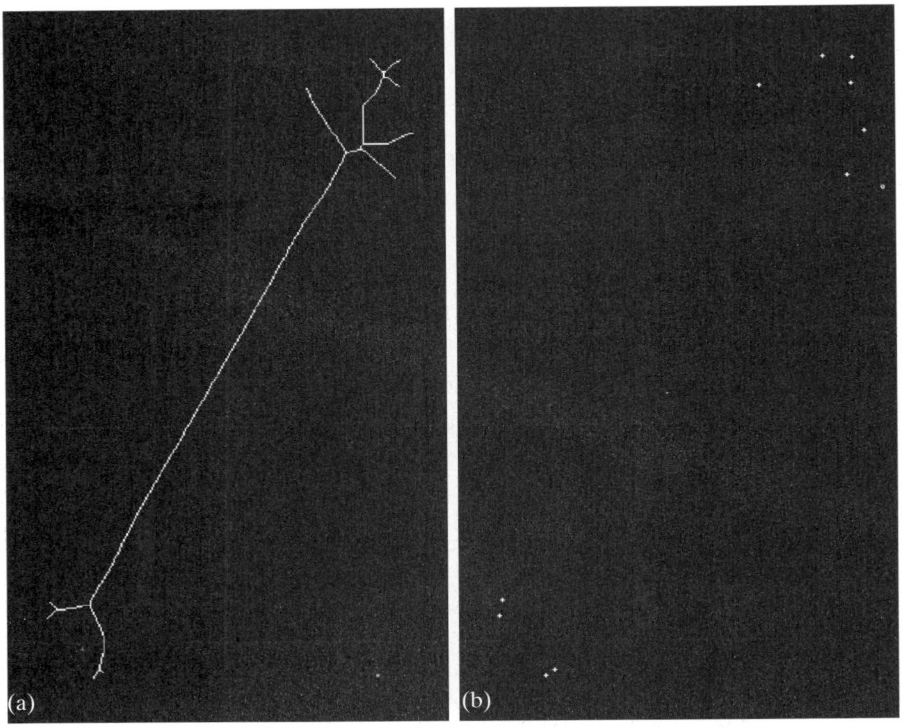

그림 9.14 (a) 형태학적 골격의 영상. (b) 함수 `endpoints`의 출력. (b)의 화소들은 보는 편의상 확대되었다.

그림 9.14가 함수 `endpoints`의 사용을 예시한다. 그림 9.14(a)는 형태학적 골격이 있는 이진 영상이며(9.3.4절 참조), 그림 9.14(b)는 함수 `endpoints`의 출력을 보여준다.

예제 9.6

이진 영상과 대조표 기반 계산을 사용해서 Conway의 Game of Life 놀이하기.

■ 대조표의 재미있고 유익한 응용 중 하나는 직사각형 눈금에 배열된 "유기체"를 포함하는 Conway의 "Game of Life"를 구현하는 것이다(Gardner[1970, 1971] 참고). 대조표의 파워와 간결성의 또 다른 보기로서 이 게임을 여기에 포함시켰다. Conway의 게임에서 유기체들이 "세대"를 거치면서 어떻게 탄생하고, 생존하고, 죽는가에 관한 간단한 규칙들이 있다. 이진 영상은 이 게임의 표현에 편리하다–각 전경 화소가 그 위치의 살아있는 유기체를 나타낸다.

Conway의 유전 법칙들은 현 세대로부터 다음 세대(다음 이진 영상)를 계산하는 방법을 기술한다:

1. 이웃에 전경 화소 수가 둘 또는 셋인 전경 화소는 생존해서 다음 세대로 간다.
2. 이웃에 전경 화소 수가 하나 이하 또는 넷 이상인 전경 화소는 "고립" 또는 "과밀(overpopulation)"로 인해 "소멸(die)"한다(배경 화소가 된다).
3. 딱 세 개의 전경 이웃과 인접해 있는 배경 화소는 "탄생(birth)" 화소이며, 전경 화소가 된다.

모든 탄생과 소멸은 다음 세대를 묘사하는 다음 이진 영상을 계산하는 과정에서 동시에 일어난다.

이 생명의 게임을 makelut와 applylut를 이용해서 구현하기 위해, 우선 Conway의 유전 법칙들을 단일 화소와 그 3×3 이웃에 적용하는 함수를 작성하자:

conwaylaws

```
function out = conwaylaws(nhood)
%CONWAYLAWS Applies Conway's genetic laws to a single pixel.
%   OUT = CONWAYLAWS(NHOOD) applies Conway's genetic laws tc a single
%   pixel and its 3-by-3 neighborhood, NHOOD.
num_neighbors = sum(nhood(:)) - nhood(2, 2);
if nhood(2, 2) = = 1
   if num_neighbors <= 1
      out = 0; % Pixel dies from isolation.
   elseif num_neighbors > = 4
      out = 0; % Pixel dies from overpopulation.
   else
      out = 1; % Pixel survives.
   end
else
   if num_neighbors == 3
      out = 1; % Birth pixel.
   else
      out = 0; % Pixel remains empty.
   end
end
```

그 다음에 conwaylaws에 대한 함수 핸들과 함께 makelut를 호출해서 대조표를 만든다:

함수 핸들에 관해서는 1.7.8절을 참고한다.

```
>> lut = makelut(@conwaylaws, 3);
```

이어지는 세대들에 대한 Conway 법칙들의 효과를 보여주기 위해 다양한 시작 영상들이 고안되어 왔다(Gardner [1970, 1971] 참조). 예를 들어, "체셔 고양이 모양(Cheshire cat configuration)"이라고 불리는 초기 영상을 고려해 보자.

```
>> bw1 = [0 0 0 0 0 0 0 0 0 0
          0 0 0 0 0 0 0 0 0 0
          0 0 0 1 0 0 1 0 0 0
          0 0 0 1 1 1 1 0 0 0
          0 0 1 0 0 0 0 1 0 0
          0 0 1 0 1 1 0 1 0 0
          0 0 1 0 0 0 0 1 0 0
          0 0 0 1 1 1 1 0 0 0
          0 0 0 0 0 0 0 0 0 0
          0 0 0 0 0 0 0 0 0 0];
```

다음 명령들은 계산을 수행하고 3세대까지 표시한다:

```
>> imshow(bw1, 'InitialMagnification', 'fit'), title('Generation 1')
>> bw2 = applylut(bw1, lut);
>> figure, imshow(bw2, 'InitialMagnification', 'fit'); title('Generation 2')
>> bw3 = applylut(bw2, lut);
>> figure, imshow(bw3, 'InitialMagnification', 'fit'); title('Generation 3 )
```

파라미터 'InitialMagnification', 'fit'는 표시될 영상이 가용한 표시영역에 맞게 해준다.

두어 세대 후에 고양이가 "발자국"을 남기고 사라지기 전에 마지막으로 "활짝 웃는" 모습을 보여주는 것은 연습으로 남기겠다.

9.3.4 함수 bwmorph

툴박스 함수 bwmorph는 팽창 연산, 침식 연산, 대조표 연산의 조합에 기반한 다양한 형태학적 연산들을 구현한다. 그 호출 문법은

bwmorph

```
g = bwmorph(f, operation, n)
```

이며, 여기서 f는 입력 이진 영상, operation은 원하는 연산을 규정하는 문자열, n은 연산 반복 횟수를 규정하는 양의 정수이다. 만일 파라미터 n이 생략되면 연산은 한 번 수행된다. 표 9.3은 bwmorph에 유효한 연산 목록이다. 이 절의 나머지에서는 이들 중 둘에 집중한다: **세선화**(*thinning*)와 **골격화**(*skeletonizing*).

세선화는 영상의 이진 객체 또는 모양을 한 화소 폭의 선으로 축소하는 것을 의미

표 9.3 함수 bwmorph가 지원하는 연산들.

연산	설명
bothat	3×3 구조 요소를 사용하는 "bottom-hat" 연산; 다른 구조 요소들에 대해서는 imbothat(9.6.2절 참고)을 사용.
bridge	한 화소 떨어져 있는 화소들을 연결.
clean	고립된 전경 화소들을 제거.
close	1로 구성된 3×3 구조 요소로 닫기; 다른 구조 요소들에 대해서는 imclose 사용.
diag	대각선으로 연결된 전경 화소들 주위를 채움.
dilate	1로 구성된 3×3 구조 요소를 사용한 팽창; 다른 구조 요소들에 대해서는 imdilate 사용.
erode	1로 구성된 3×3 구조 요소를 사용한 침식; 다른 구조 요소들에 대해서는 imerode 사용.
fill	단일 화소 "구멍(hole)"(전경 화소들에 의해 포위된 배경 화소들)을 채움; 더 큰 구멍들을 메우려면 imfill(10.1.2절 참고).
hbreak	H-연결 전경 화소들을 제거.
majority	$N_8(p)$(9.4절 참고)의 최소 다섯 화소가 전경 화소이면 화소 p를 전경 화소로 만듦; 아니면, p를 배경 화소로 만듦.
open	1로 구성된 3×3 구조 요소를 사용한 열기; 다른 구조 요소들에 대해서는 imopen 사용.
remove	"내부(interior)" 화소(배경 이웃이 없는 전경 화소)들을 제거.
shrink	구멍이 없는 객체를 점으로 축소; 구멍이 있는 객체는 링으로 축소.
skel	영상을 골격화.
spur	돌출 화소 제거.
thicken	끊긴 1들을 연결하지 않고 객체를 두텁게 만듦.
thin	구멍이 없는 객체를 최소한으로 연결된 선으로 세선화; 구멍이 있는 객체는 링으로 세선화.
tophat	1로 구성된 3×3 구조 요소를 사용하는 "tophat" 연산; 다른 구조 요소들에 대해서는 imtophat(9.6.2절 참고)을 사용.

한다. 예를 들면, 그림 9.11(c)의 지문 융선은 꽤 두텁다. 후속 모양 분석을 위해서는 대개 이 융선들을 세선화해서 각각을 한 화소 두께로 만드는 게 바람직하다. 세선화 연산을 한 번 적용할 때마다 이진 영상 객체의 두께가 하나 또는 두 화소만큼 제거된다. 예를 들어, 다음 명령들은 세선화 연산을 한 번 또는 두 번 적용한 결과들을 보여준다.

```
>> f = imread('fingerprint_cleaned.tif');
>> g1 = bwmorph(f, 'thin', 1);
>> g2 = bwmorph(f, 'thin', 2);
>> imshow(g1); figure, imshow(g2)
```

그림 9.15(a)와 그림 9.15(b)가 각각 그 결과들을 보여준다. 여기서 중요한 질문을 할 수 있는데, 세선화 연산을 몇 번 적용해야 하는가이다. 세선화를 포함한 몇몇 연산들에 대해서, bwmorph는 n을 무한대(Inf)로 설정할 수 있게 한다. bwmorph를 n = Inf로 호출하면, 이 함수는 영상이 변하지 않을 때까지 연산을 반복하게 된다:

```
>> ginf = bwmorph(f, 'thin', Inf);
>> imshow(ginf)
```

이를 **안정화 때까지**(*until stability*) 연산을 반복한다고 말한다. 그림 9.15(c)가 보여주듯이, 앞의 두 영상에 비해 세선화가 현저히 개선되었다.

골격화는 이진 영상 객체를 오리지널 객체들의 모양에 관한 중요한 정보를 간직하는 일련의 가느다란 선들로 축소하는 또 다른 방법이다. (골격화는 Gonzalez와 Woods[2008]에 더 상세히 설명되어 있다.) 함수 bwmorph는 operation이 'skel'로 설정될 때 골격화를 수행한다. f가 그림 9.16(a)의 뼈같이 생긴 영상을 나타낸다고 하자. 이의 골격을 계산하기 위해서 bwmorph를 n = Inf로 호출한다:

```
>> fs = bwmorph(f, 'skel', Inf);
>> imshow(f); figure, imshow(fs)
```

그림 9.16(b)가 결과 골격을 보여준다. 이 객체의 기본 모양을 적당히 닮았다.

골격화와 세선화가 짧은 이질적인 **돌출**을 만들 때가 있는데, 이를 **기생 성분**(*par-*

(a) (b) (c)

그림 9.15 (a) 그림 9.11(c)의 지문 영상이 한 번 세선화된 것. (b) 두 번 세선화된 영상. (c) 안정화 때까지 세선화된 영상.

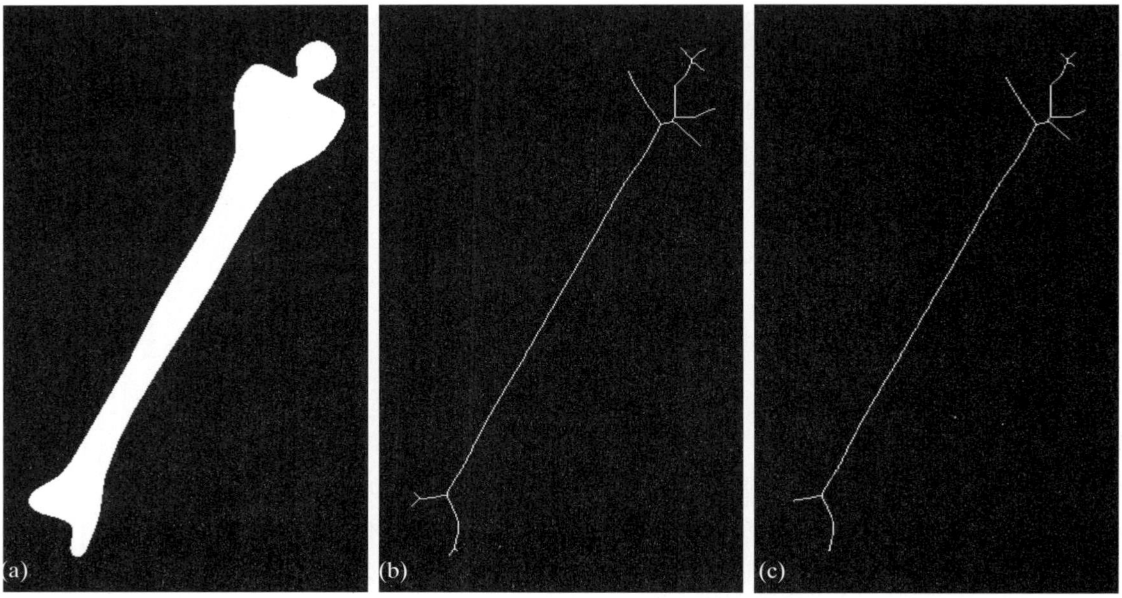

그림 9.16 (a) 뼈 영상. (b) 함수 bwmorph에 의해 얻은 골격. (c) 함수 endpoints에 의한 가지치기 후의 골격.

asitic components)이라 부르기도 한다. 이러한 돌출을 제거하는 처리를 **가지치기**(*pruning* 또는 **전정**)이라고 부른다. 함수 endpoints(9.3.3절)를 이 목적에 사용할 수 있다. 그 접근 방식은 반복적으로 끝점들을 식별하고 제거하는 것이다. 예를 들어, 다음 명령들은 골격화 영상 fs의 후처리로서 끝점 제거를 다섯 번 반복한다:

```
>> for k = 1:5
      fs = fs & ~endpoints(fs);
end
```

그림 9.16(c)가 결과를 보여준다. 표 9.3의 'spur' 옵션을 사용해서 비슷한 결과를 얻을 수 있다:

```
fs = bwmorph(fs, 'spur', 5);
```

알고리듬 구현상의 차이 때문에 결과가 똑 같지 않을 것이다. bwmorph에 5 대신에 Inf를 사용하면 영상이 한 점으로 줄어들 것이다.

9.4 연결 성분들의 레이블링 Labeling Connected Components

이제까지 설명한 개념들을 대부분 모든 전경(또는 모든 배경) 개별 화소들과 그들의 이웃들에 적용 가능하다. 이 절에서는 개별 전경 화소들과 모든 전경 화소들의 집합 간의 중요한 "중경(middle ground)"을 고려한다. 이것은 뒤의 설명에서 **객체**(*objects*)라고도 부르는 **연결 성분들**(*connected components*)의 개념으로 이끈다.

그림 9.17(a)의 객체들의 수를 세어야 한다면, 사람들은 대부분 10임을 알 것이

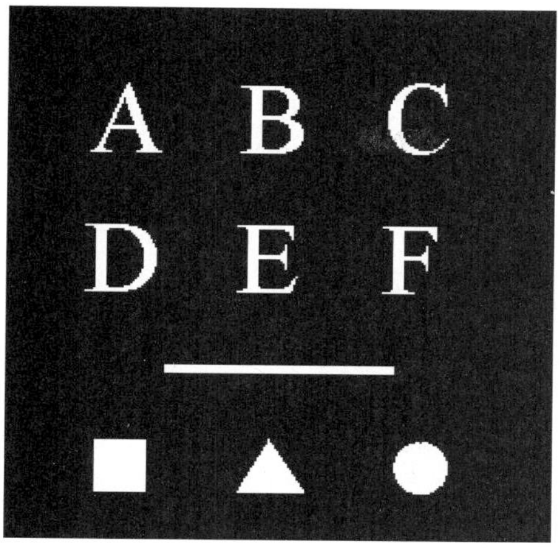

(a)

0	1	1	1	0	0	0	0	0	0
0	0	1	1	0	0	0	0	0	0
0	0	0	1	0	0	0	0	0	0
0	0	0	1	0	0	0	0	0	0
0	0	0	1	0	0	0	0	0	0
0	0	0	0	0	0	0	0	0	0
0	0	0	0	0	0	0	0	0	0
0	0	0	0	0	0	0	0	0	0
0	0	0	0	0	0	0	0	1	0
0	0	0	0	0	0	0	1	0	0
0	0	0	0	0	0	1	1	0	0
0	0	0	0	0	0	1	1	0	0
0	0	0	0	0	1	1	0	0	0

(b)

그림 9.17 (a) 열 개의 객체가 있는 영상. (b) 이 영상의 화소 부분 집합.

다: 여섯 글자와 네 개의 단순한 기하적 모양들. 그림 9.17(b)는 영상 화소들의 작은 직사각형 부분을 보여준다. 그림 9.17(b)의 16개의 전경 화소들이 영상의 10개의 객체들과 어떻게 관련되는가? 이들이 두 개의 분리된 그룹에 있는 것처럼 보이나, 실제로는 16개 화소 모두 그림 9.17(a)의 글자 "E"에 속한다. 글자 "E" 같은 객체들을 찾아내고 이들에 대해 연산하는 컴퓨터 프로그램을 개발하려면 주요 용어들을 위한 더 정확한 정의 집합이 필요하다.

좌표 (x, y)에 있는 화소 p는 좌표가 $(x + 1, y)$, $(x - 1, y)$, $(x, y + 1)$, $(x, y - 1)$인 두 개의 수평 이웃과 두 개의 수직 이웃을 갖는다. p의 이들 **4-이웃**의 집합을 $N_4(p)$로 표기하며, 그림 9.18(a)의 음영 화소들이다. p의 네 개의 대각선 이웃들은 좌표가 $(x + 1, y + 1)$, $(x + 1, y - 1)$, $(x -1, y + 1)$, $(x - 1, y - 1)$이다. 그림 9.18(b)는 $N_D(p)$로 표기하는 이 이웃들을 보여준다. 그림 9.18(c)의 $N_4(p)$와 $N_D(p)$의 합집합이 p의 **8-이웃들**이며, $N_8(p)$로 표기한다.

두 화소 p와 q가 만일 $q \in N_4(p)$이면, **4-인접**(*adjacent*)한다고 말한다. 마찬가지로, p와 q는 만일 $q \in N_8(p)$이면, **8-인접**한다고 말한다. 그림 9.18(d)와 (e)가 이 개념들을 보여준다. 화소 p_1과 p_n 간의 **경로**는 $1 \le k < n$에 대해서 p_k가 p_{k+1}에 인접하는 일련의 화소들 $p_1, p_2, \ldots, p_{n-1}, p_n$이다. 사용된 인접성(adjacency) 유형에 따라 경로는 **4-연결**(*connected*) 또는 **8-연결**일 수 있다.

두 전경 화소 p와 q는 만일 둘 사이에 전적으로 전경 화소들만으로 구성된 4-연결 경로가 존재하면, 4-연결되었다고 말한다[그림 9.18(f)]. 둘 사이에 8-연결 경로가 존재하면 둘은 8-연결되어 있다[그림 9.18(g)]. 전경 화소 p에 대해, 그에 연결된 모든 전경 화소들의 집합을 p를 포함하는 **연결 성분**이라고 부른다.

연결 성분에 관한 더 자세한 사항에 관해서는 11.1절을 참고한다.

그림 9.18 (a) 화소 p와 그의 4-이웃들. (b) 화소 p와 그의 대각선 이웃들. (c) 화소 p와 그의 8-이웃들. (d) 화소 p와 q가 4-인접하고 8-인접한다. (e) 화소 p와 q는 8-인접하나, 4-인접하지 않다. (f) 음영 화소들은 4-연결 및 8-연결되어 있다. (g) 음영 화소들은 8-연결되어 있으나, 4-연결되어 있지 않다.

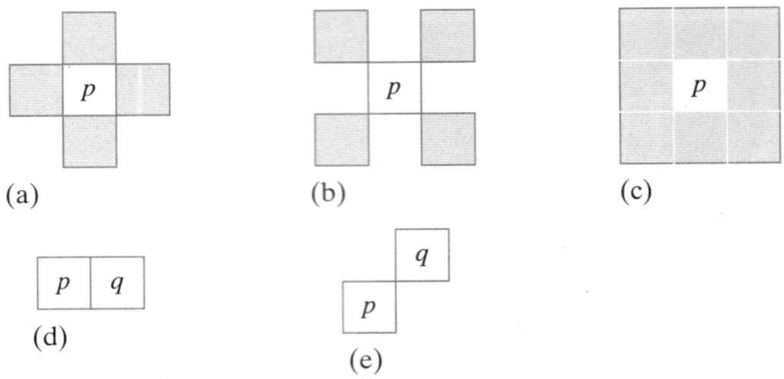

0	0	0	0	0
0	0	1	1	1
0	0	1	0	0
1	1	1	0	0
0	0	0	0	0

(f)

0	0	0	0	0
0	0	1	1	1
0	0	1	0	0
1	1	0	0	0
0	0	0	0	0

(g)

연결 성분이 방금 경로와 관련해서 정의되었으며, 다시 경로의 정의는 인접성(adjacency)의 유형에 종속된다. 이는 연결 성분의 본질이 우리가 어떤 형태의 인접성을 선택하느냐에 종속됨을 암시한다. 4-인접성과 8-인접성이 가장 보편적이다. 그림 9.19는 영상의 연결 성분들의 수를 결정하는 데 인접성이 가질 수 있는 영향을 보여준다. 그림 9.19(a)는 네 개의 4-연결 성분들이 있는 작은 이진 영상을 보여준다. 그림 9.19(b)는 8-인접성을 선택하면 연결 성분 수가 2로 줄어듦을 보여준다.

툴박스 함수 `bwlabel`은 이진 영상의 모든 연결 성분들을 계산한다. 호출 문법은

`bwlabel`

```
[L, num] = bwlabel(f, conn)
```

이며, 여기서 `f`는 입력 이진 영상, `conn`은 원하는 연결성(4 또는 8)이다. 출력 `L`은 **레이블 매트릭스**라고 불리며, `num`(옵션)은 찾아낸 연결 성분들의 수를 제공한다. 파라미터 `conn`을 생략하면, 디폴트 값 8이 사용된다. 그림 9.19(c)는 `bwlabel(f, 4)`에 의해 계산한 그림 9.19(a)의 영상에 대한 레이블 매트릭스를 보여준다. 서로 다른 연결 성분에 있는 화소들에는 1부터 찾아낸 연결 성분 수 사이의 서로 다른 정수가 할당된다. 달리 설명하면, 1로 레이블링된 화소들의 집합은 첫 번째 연결 성분에 속하며, 2로 레이블링된 화소 집합은 두 번째 연결 성분에 속하는 등이다. 배경 화소들의 레이블은 0이다. 그림 9.19(d)는 `bwlabel(f, 8)`을 사용해서 계산한 그림 9.19(a)의 영상에 대한 레이블 매트릭스이다.

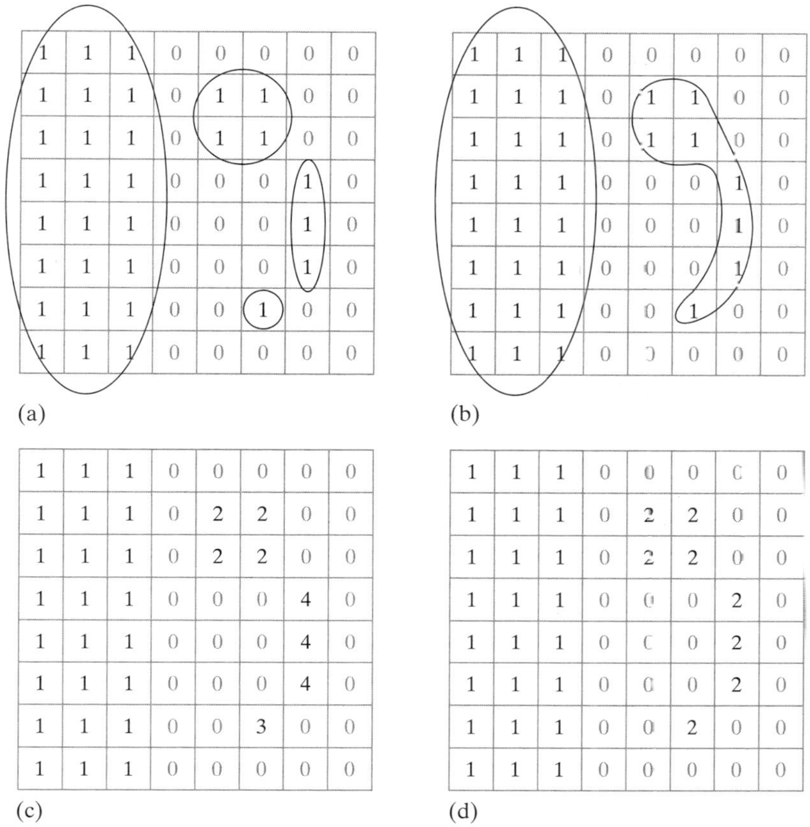

그림 9.19 연결 성분들: (a) 네 개의 4-연결 성분들. (b) 두 개의 8-연결 성분들. (c) 4-연결성에 의해 얻은 레이블 매트릭스. (d) 8-연결성에 의해 얻은 레이블 매트릭스.

예제 9.7

연결 성분의 질량중심을 계산하고 표시하기.

■ 이 예제는 그림 9.17(a)의 각 연결 성분의 질량중심을 계산하고 표시하는 방법을 보여준다. 우선, bwlabel을 사용해서 8-연결 성분들을 계산한다:

```
>> f = imread('objects.tif');
>> [L, n] = bwlabel(f);
```

함수 find(4.2.2절)는 레이블 매트릭스를 다룰 때 유용하다. 예를 들면, 다음의 fird 호출은 세 번째 객체에 속하는 화소들의 행과 열의 인덱스들을 반환한다:

```
>> [r, c] = find(L == 3);
```

그런 다음, r과 c를 입력으로 하는 함수 mean으로 이 객체의 질량중심을 계산한다.

```
>> rbar = mean(r);
>> cbar = mean(c);
```

영상의 모든 객체들의 질량중심을 계산 및 표시하기 위해 루프를 사용할 수 있다. 영상에 중첩 표시되는 질량중심들이 보이도록, 다음과 같이 흑색으로 채워진 원형 마커 위에 백색 "*" 마커를 사용해서 표시한다:

객체 중심을 계산하기 위한 더 빠르고 편리한 방법을 제공하는 함수 regionprops에 관해서는 11.4.1절을 참고한다.

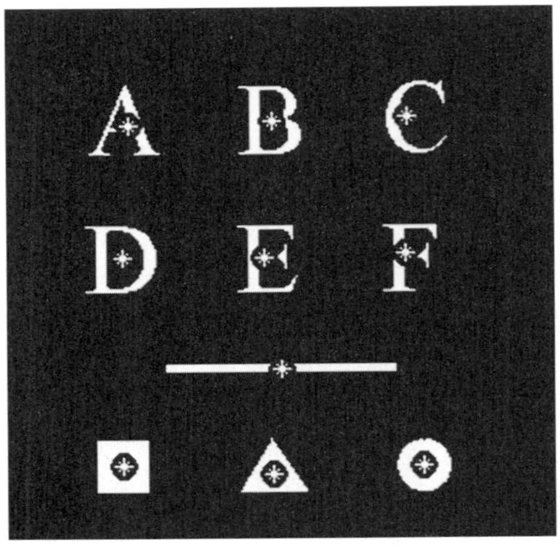

그림 9.20 해당 연결 성분에 중첩 표시된 질량중심(흰색 별표)들.

```
>> imshow(f)
>> hold on % So later plotting commands plot on top of the image.
>> for k = 1:n
   [r, c] = find(L == k);
   rbar = mean(r);
   cbar = mean(c);
   plot(cbar, rbar, 'Marker', 'o', 'MarkerEdgeColor', 'k',...
        'MarkerFaceColor', 'k', 'MarkerSize', 10);
   plot(cbar, rbar, 'Marker', '*', 'MarkerEdgeColor', 'w');
end
```

그림 9.20이 결과를 보여준다.

9.5 형태학적 복구 Morphological Reconstruction

형태학적 복구의 추가적 응용에 관해서는 10.4.2절과 10.4.3절을 참고한다.

복구는 두 개의 영상과 하나의 구조 요소(하나의 영상과 구조 요소 대신에)가 관련된 형태학적 변환이다. 한 영상은 마커(*marker*)라고 불리며, 변환의 시작점이다. 다른 영상은 마스크(*mask*)라고 불리며, 변환을 제한한다. 사용된 구조 요소는 연결성(connectivity)을 정의한다. 이 절에서는 8-연결성(디폴트)을 사용하며, 다음의 설명에서 B는 요소 값들이 1인 3×3 매트릭스로서, 중앙의 좌표는 (2, 2)이다. 이 절에서는 이진 영상을 다룬다; 그레이스케일 복구는 9.6.3절에서 논의한다.

복구의 정의는 팽창에 기반한다. 침식을 사용해서 비슷한 연산을 정의하는 것도 가능하다. 그 결과들은 집합 보완(complementation)과 관련하여 서로 듀얼(dual)이다. 이 개념들은 Gonzalez와 Woods[2008]에 자세히 전개되어 있다.

만일 G가 마스크이고 F가 마커이면, F로부터 G를 복구하는 것을 $R_G(F)$로 표기하며, 다음의 반복 절차에 의해 정의한다:

1. h_1을 마커 영상 F로 초기화한다.

2. 구조 요소를 생성한다: `B = ones(3)`.

3. 반복:

$$h_{k+1} = (h_k \oplus B) \cap G$$

를 $h_{k+1} = h_k$일 때까지.

4. $R_G(F) = h_{k+1}$.

마커 F는 G의 부분 집합이어야 한다:

$$F \subseteq G$$

그림 9.21이 앞의 반복 과정을 예시한다. 이 반복 공식이 개념적으로는 유용하나, 훨씬 더 빠른 알고리듬이 존재한다. 툴박스 함수 `imreconstruct`는 Vincent [1993]에 기술된 "고속 하이브리드 복구(fast hybrid reconstruction)" 알고리듬을 사용한다. `imreconstruct`의 호출 문법은

imreconstruct

```
out = imreconstruct(marker, mask)
```

이며, 여기서 `marker`와 `mask`는 이 절의 처음에 정의된 바와 같다.

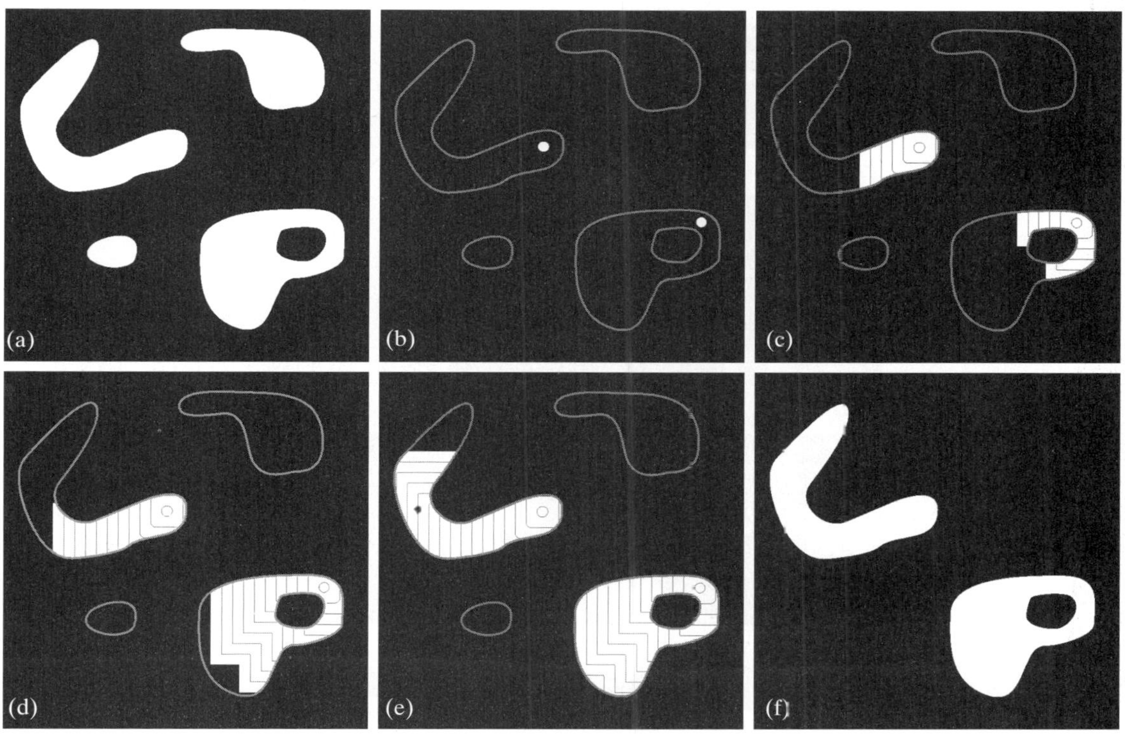

그림 9.21 형태학적 복구: (a) 오리지널 영상(마스크). (b) 마커 영상. (c)~(e) 각각 100, 200, 300 반복 후의 중간 결과들. (f) 최종 결과. (마스크 영상의 객체들의 윤곽들이 (b)~(e)에 참고를 위해 표시되었다.)

9.5.1 복구에 의한 열기

형태학적 열기에서 침식은 보통 작은 객체들을 제거하고, 후속 팽창은 남아있는 객체의 모양을 복원하는 경향이 있다. 그러나, 이 복원의 정확도는 모양들과 구조 요소 간의 유사성에 종속된다. 이 절에서 논의되는 방법은 **복구에 의한 열기**(*opening by Reconstruction*, OBR)로서, 침식 후 남아있는 객체들의 원래 모양을 복원한다. 구조 요소 B에 의한 영상 G의 복구에 의한 열기는 $R_G(G \ominus B)$로 정의된다.

예제 9.8

복구에 의한 열기.

■ 그림 9.22는 텍스트가 있는 영상에 대해 열기와 복구에 의한 열기 간의 비교를 보여준다. 이 예제에서, 우리는 그림 9.22(a)로부터 기다란 수직 획을 포함하는 글자를 추출하는 데 관심이 있다. 열기와 복구에 의한 열기가 침식을 공유하므로, 그 단계를 길이가 글자 높이에 비례하는 가느다란 수직 구조 요소를 사용해서 우선 수행한다:

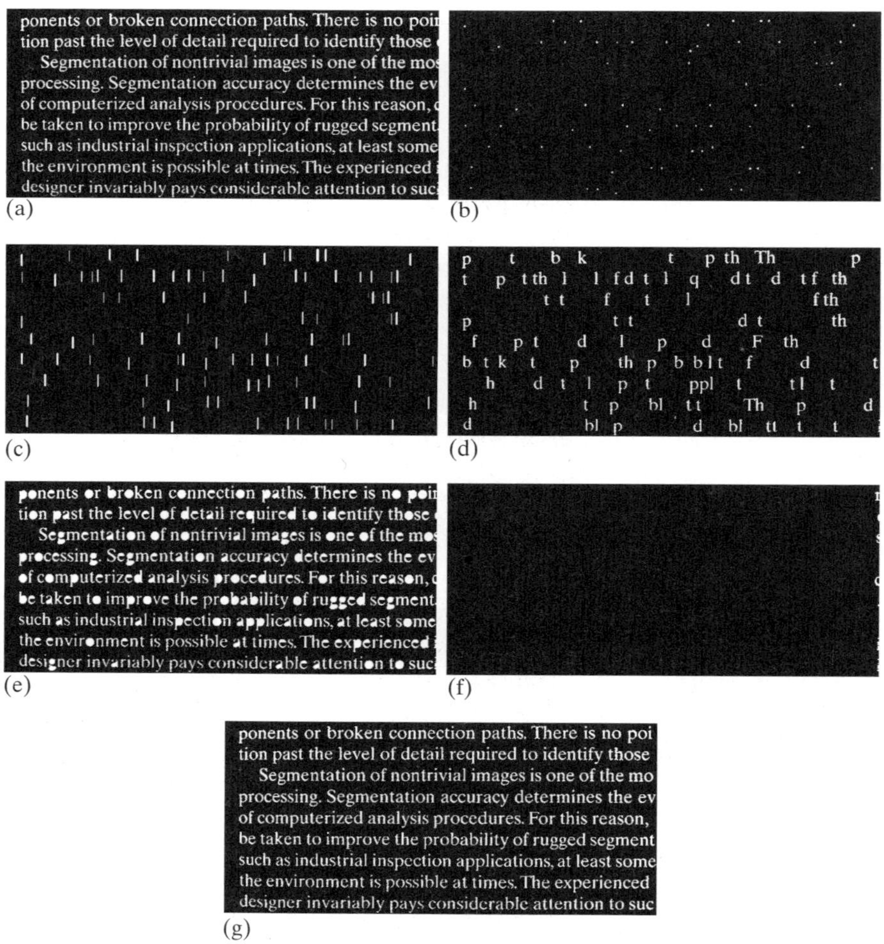

그림 9.22 형태학적 복구: (a) 오리지널 영상. (b) 수직선으로 침식된 영상. (c) 수직선으로 연 영상. (d) 수직선에 의한 복구에 의한 열기(OBR) 결과. (e) 메워진 구멍들. (f) 경계와 닿은 글자들(오른쪽 경계 참조). (g) 경계 글자들이 제거된 결과.

```
>> f = imread('book_text_bw.tif');
>> fe = imerode(f, ones(51, 1));
```

그림 9.22(b)가 그 결과를 보여준다. 그림 9.22(c)에 보인 열기는 imopen으로 계산되었다:

```
>> fo = imopen(f,ones(51, 1));
```

수직 획들은 복원되었으나, 이 획들을 포함하는 글자들의 나머지는 아님을 주목한다. 끝으로 복구를 얻는다:

```
>> fobr = imreconstruct(fe, f);
```

그림 9.22(d)의 결과는 기다란 수직 획들을 포함하는 글자들이 정확하게 복원되었음을 보여준다; 다른 글자들은 모두 제거되었다. 그림 9.22의 나머지 부분들은 다음 두 절에서 설명한다.

9.5.2 구멍 메우기

형태학적 복구는 넓은 범위의 응용 분야를 가지며, 각각은 마커 영상과 마스크 영상의 선택에 의해 특징지어진다. 예를 들어 이진 영상을 I로 표기하기로 하고, 마커 영상 F를 영상 경계를 제외한 모든 곳에서 0이 되도록 선정하자. 이때 영상 경계에서는 F는 $1-I$로 설정된다:

$$F(x,y)=\begin{cases}1-I(x,y) & \text{if } (x,y) \text{ is on the border of } I\\ 0 & \text{otherwise}\end{cases}$$

그러면,

$$H=\left[R_{I^c}(F)\right]^c$$

는 그림 9.22(e)에서 보인 것 같이 I의 모든 구멍이 메워진 영상이다.

툴박스 함수 imfill이 옵션 인자 'holes'가 사용될 때 이 계산을 자동으로 수행한다:

```
g = imfill(f, 'holes')
```

imfill

이 함수는 11.1.2절에서 더 상세히 다룬다.

9.5.3 경계 객체 제거하기

복구의 또 하나의 유용한 응용은 영상의 경계에 닿은 객체를 제거하는 것이다. 다시, 핵심 작업은 원하는 효과를 달성하기 위한 적절한 마커 영상을 선택하는 것이다. 마커 영상 F를 다음과 같이 정의한다고 하자.

$$F(x,y)=\begin{cases}I(x,y) & \text{if } (x,y) \text{ is on the border of } I\\ 0 & \text{otherwise}\end{cases}$$

여기서 I는 오리지널 영상이다. I를 마스크 영상으로 사용하면, 복구

$$H = R_I(F)$$

는 그림 9.22(f)가 보여주듯이 경계에 닿은 객체들만을 포함하는 영상 H를 제공한다. 그림 9.22(g)에 보인 차집합 $1 - H$는 경계에 닿지 않은 오리지널 영상의 객체들만을 포함한다. 툴박스 함수 `imclearborder`가 이 전체 과정을 자동으로 수행한다. 그 문법은

imclearborder

```
g = imclearborder(f, conn)
```

이며, 여기서, `f`와 `g`는 각각 입력 영상과 결과 영상이다. `conn`의 값은 4 또는 8(디폴트)이 가능하다. 이 함수는 주위보다 밝은 객체와 영상 경계에 연결된 객체를 억누른다.

9.6 그레이스케일 형태학 Gray-Scale Morphology

Hit-or-miss 변환을 제외하고, 이 장에서 논의되는 모든 이진 형태학 연산들은 그레이스케일 영상으로 자연스럽게 확장된다. 이 절은 이진 영상 경우에서와 같이 팽창과 침식에서 시작한다. 그레이 영상에서 이들은 화소 이웃들의 극소값과 극대값에 의해 정의된다.

9.6.1 팽창과 침식

구조 요소 b에 의한 그레이스케일 영상 f의 **그레이스케일 팽창**은 $f \oplus b$로 표기되며, 다음과 같이 정의된다.

$$(f \oplus b)(x, y) = \max\left\{f(x - x', y - y') + b(x', y') \mid (x', y') \in D_b\right\}$$

여기서 D_b는 b의 도메인이며, $f(x, y)$는 f의 도메인 바깥에서 $-\infty$ 와 같다고 가정한다. 이 식은 2.4.1절에서 설명한 공간 컨볼루션과 비슷하다. 개념적으로, 구조 요소를 그 원점을 중심으로 180° 회전시키고 영상의 모든 위치로 이동시키는 것을, 컨볼루션 커널을 회전시키고 영상에서 이동시키는 것으로 생각할 수 있다. 이동시킨 각 위치에서, 회전된 구조 요소 값들을 영상 화소 값들에 더하고 최대값을 계산한다.

컨볼루션과 그레이스케일 팽창 간의 한 가지 중요한 차이는, 후자에서 D_b는 이웃의 어느 위치들이 max 연산에 포함되는지를 결정하는 이진 매트릭스이다. 달리 설명하면, 도메인 D_b의 임의의 좌표 쌍 (x_0, y_0)에 대해, D_b가 이 좌표들에서 1일 때만 $f(x - x_0, y - y_0) + b(x_0, y_0)$ 항이 max 연산에 포함된다. 이를 좌표들 (x, y)가 바뀔 때마다 $(x', y') \in D_b$인 모든 좌표들에 대해 반복한다. $b(x', y')$을 좌표들 x'과 y'의 함수로서 그리면, 임의의 좌표 쌍에서의 높이가 이 좌표들에서의 b의 값에 의해 주어지는 디지털 "표면"과 같이 보일 것이다.

그레이스케일 팽창은 보통, D_b가 정의된 모든 좌표들에서 b의 값(높이)이 0인, **평평한** 구조 요소(표 9.2를 참고)를 사용해서 수행된다. 즉,

$$b(x', y') = 0 \ \text{ for } (x', y') \in D_b$$

이다. 이 경우, max 연산은 이진 매트릭스 D_b의 0과 1의 패턴에 의해 완전하게 규정되며, 그레이스케일 팽창 공식은 다음과 같이 단순화된다.

$$(f \oplus b)(x, y) = \max\{f(x - x', y - y') \mid (x', y') \in D_b\}$$

따라서, 평평한 그레이스케일 팽창은 D_b에서 값이 1인 요소들의 공간적 모양에 의해 결정되는 화소 이웃 집합에서 최대값이 취해지는 지역 극대값(local-maximum) 연산자이다.

평평하지 않은 구조 요소들은 다음의 두 매트릭스를 함수 `strel`에 전달해서 생성한다: (1) 구조 요소 도메인을 규정하는 0과 1의 매트릭스와 (2) 높이 값들을 규정하는 매트릭스. 예를 들면

```
>> b = strel([1 1 1], [1 2 1])
    b =
    Nonflat STREL object containing 3 neighbors.
    Neighborhood:
      1    1    1
Height:
      1    2    1
```

은 높이 값들이 $b(0, -1) = 1$, $b(0, 0) = 2$, $b(0, 1) = 1$인 1×3의 구조 요소를 만든다.

그레이스케일 영상을 위한 평평한 구조 요소들은 이진 영상에 대해서와 같은 방법으로 `strel`을 사용해서 만든다. 예를 들면, 다음 명령들은 3×3의 평평한 구조 요소를 사용해서 그림 9.23(a)의 영상 `f`를 팽창시키는 방법을 보여준다:

```
>> se = strel('square', 3);
>> gd = imdilate(f, se);
```

그림 9.23(b)가 결과를 보여준다. 예상대로, 영상이 약간 흐릿해졌다. 이 그림의 나머지는 아래에서 설명한다.

구조 요소 b에 의한 그레이스케일 영상 f의 **그레이스케일 침식**을 $f \ominus b$로 표기하며, 다음과 같이 정의한다.

$$(f \ominus b)(x, y) = \min\{f(x + x', y + y') - b(x', y') \mid (x', y') \in D_b\}$$

여기서 D_b는 b의 도메인이며, f는 f의 도메인 바깥에서 $+\infty$로 가정한다. 앞에서와 같이, 구조 요소를 영상의 모든 위치로 이동시키는 것을 기하적으로 생각한다. 각 이동 위치에서 영상 화소 값들에서 구조 요소 값들을 빼고, 최소값을 구한다.

그림 9.23 그레이 영상의 팽창과 침식: (a) 오리지널 영상. (b) 팽창된 영상. (c) 침식된 영상. (d) 형태학적 기울기. (사진 제공: NASA)

팽창에서와 같이, 그레이스케일 침식도 대개 평평한 구조 요소들에 의해 수행된다. 그러면 평평한 그레이스케일 침식에 대한 공식은 다음과 같이 단순화된다.

$$(f \ominus b)(x, y) = \min\left\{f(x + x', y + y') \mid (x', y') \in D_b\right\}$$

따라서 평평한 그레이스케일 침식은, D_b에서 값이 1인 요소들의 공간적 모양에 의해 결정되는 화소 이웃들의 집합에서 최소값이 취해지는, 지역 극소값(local-minimum) 연산자이다. 그림 9.23(c)는 그림 9.23(b)에 사용된 것과 같은 구조 요소를 사용한 함수 imerode에 의한 결과를 보여준다:

```
>> ge = imerode(f, se);
```

팽창과 침식을 조합해서 다양한 효과를 달성할 수 있다. 예를 들면, 팽창된 영상에서 침식된 영상을 빼면 영상의 그레이 레벨 변화의 척도인 "형태학적 기울기 (morphological gradient)"를 만들 수 있다. 예를 들면

```
>> morph_grad = gd - ge;
```

으로 해서 그림 9.23(a) 영상의 형태학적 기울기인 그림 9.23(d)의 영상을 만들었다. 이 영상은 6.6.1절과 뒤의 10.1.3절에 나오는 기울기 연산을 사용해서 얻을 수 있는 것들과 유사한 에지-향상 특성을 갖고 있다.

9.6.2 열기와 닫기

그레이스케일 영상에 대한 열기와 닫기 공식은 이진 영상에 대한 공식들과 같은 형태를 가진다. 구조 요소 b에 의한 그레이스케일 영상 f의 열기는 $f \circ b$로 표기하며 다음과 같이 정의된다.

$$f \circ b = (f \ominus b) \oplus b$$

여기서 당연히 침식과 팽창은 9.6.1절에서 정의된 그레이스케일 연산들이다. 마찬가지로, b에 의한 f의 닫기는 $f \bullet b$로 표기하며, 팽창에 이은 침식으로 정의된다:

$$f \bullet b = (f \oplus b) \ominus b$$

두 연산 모두 기하적으로 간단하게 해석할 수 있다. 영상 함수 $f(x, y)$를 3-D 평면으로 본다고 하자; 즉, 밝기 값들이 xy-평면 상에서 높이 값들로 해석된다. 그러면, b에 의한 f의 열기는 기하적으로 구조 요소 b를 이 표면의 밑에서 위로 올려 붙이고 f의 전체 도메인에 거쳐 이동시키는 것으로 해석할 수 있다. 열기는 구조 요소를 f의 표면 밑에서 이동시킬 때 구조 요소가 도달할 수 있는 가장 높은 점들을 찾아내서 만들어진다.

그림 9.24는 1차원에서 이 개념을 보여준다. 그림 9.24(a)의 곡선이 영상의 한 행을 따라 있는 값들이라고 가정하자. 그림 9.24(b)는 이 곡선의 밑에서 위로 올려 붙인 몇 위치에서의 평평한 구조 요소를 보여준다. 완성된 열기는 그림 9.24(c)의 진한 곡선이다. 이 구조 요소가 곡선의 중앙의 피크 안으로 들어가기에는 너무 크므로, 이 피크는 열기에서 제거된다. 일반적으로 열기는 전반적인 그레이 레벨들과 더 크고 밝은 특징들은 상대적으로 건드리지 않은 상태로 남겨 놓는 반면, 작고 밝은 디테일들은 제거하기 위해 사용된다.

그림 9.24(d)가 닫기를 보여준다. 모든 위치로 구조 요소를 이동시키면서 곡선의 위에서 아래 방향으로 누른다. 그림 9.24(e)의 닫기는 구조 요소를 곡선의 위로 이동시키면서, 구조 요소가 닿을 수 있는 가장 낮은 점들을 찾아내서 만들었다. 닫기가 구조 요소보다 작은 어두운 디테일을 억제한다는 것을 알 수 있다.

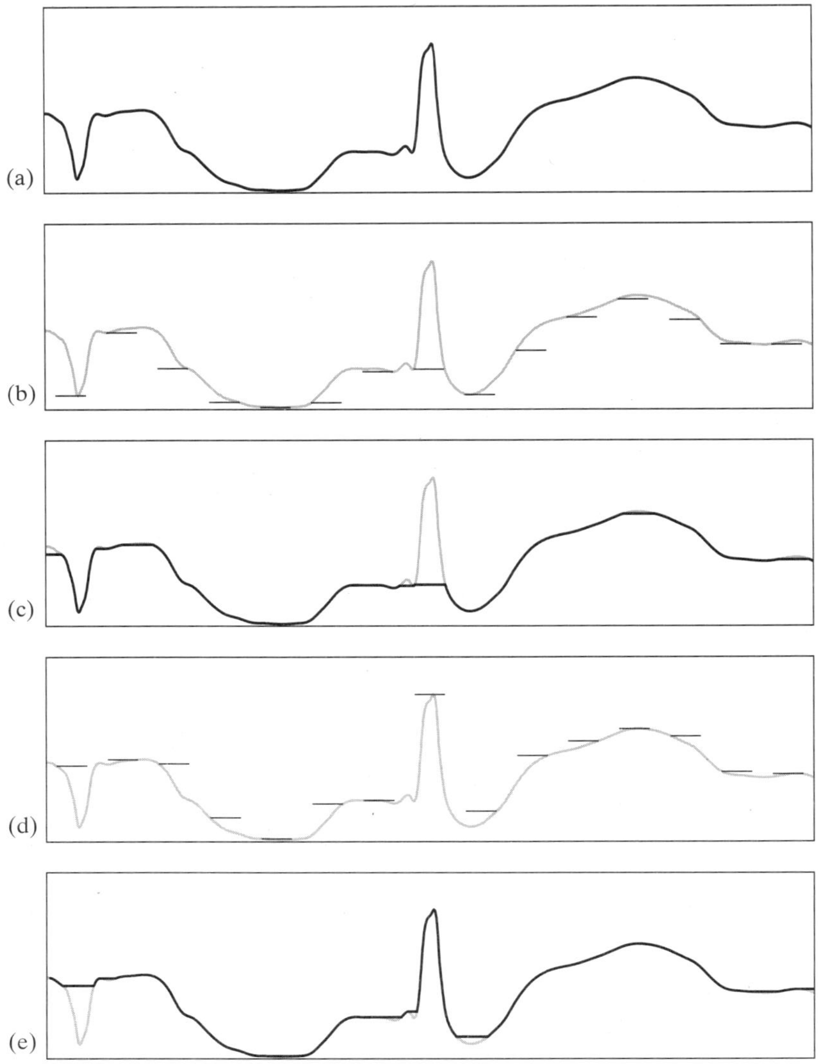

그림 9.24 1차원에서의 열기와 닫기: (a) 오리지널 1-D 신호. (b) 신호의 밑에서 위로 올려 붙인 평평한 구조 요소. (c) 열기. (d) 신호의 위 표면에서 아래로 내려 붙인 평평한 구조 요소. (e) 닫기.

예제 9.9

열기와 닫기에 의한 형태학적 스무딩.

■ 열기는 구조 요소보다 작은 밝은 디테일들을 억압하며, 닫기는 구조 요소보다 작은 어두운 디테일을 억압하므로, 이들을 조합해서 영상 스무딩과 노이즈 제거에 사용한다. 이 예제에서는 imopen과 imclose를 사용해서 그림 9.25(a)의 나무못 플러그 영상을 부드럽게 한다. 이 못들의 중요한 특징은 상당히 균일하고 밝은 배경 위의 나뭇결(진한 줄 무늬로 나타남)이다. 그림 9.24에 예시된 열기와 닫기의 유사점들을 명심한다면 다음 결과들을 이해할 때 도움이 된다. 다음 단계들을 고찰하자:

```
>> f = imread('plugs.jpg');
>> se = strel('disk', 5);
>> fo = imopen(f, se);
>> foc = imclose(fo, se);
```

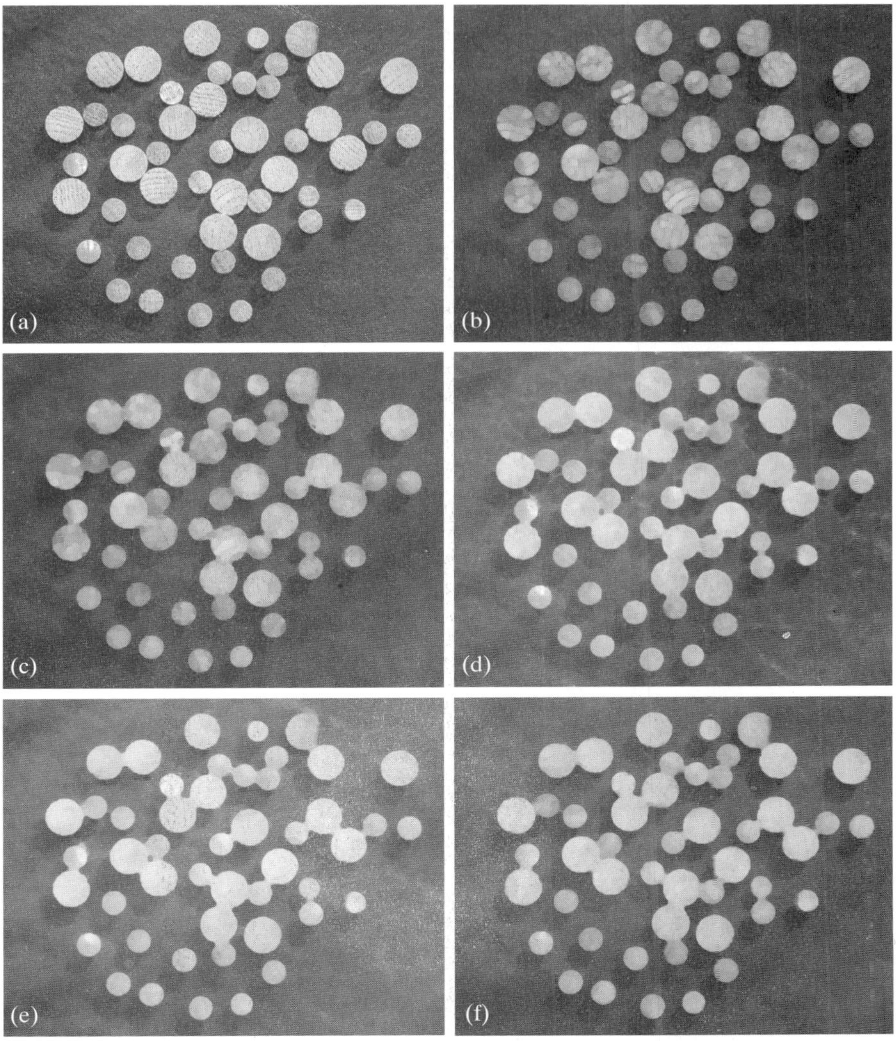

그림 9.25 열기와 닫기에 의한 스무딩: (a) 나무못 플러그들의 오리지널 영상. (b) 반경 5의 디스크로 열은 영상. (c) 열기의 닫기. (d) 오리지널 영상의 닫기. (e) 닫기의 열기. (f) 교번 순차 필터 결과.

그림 9.25(b)는 열린 영상 `fo`를 보여준다. 여기서, 밝은 영역들이 누그러지고(부드러워지고), 못의 진한 줄들은 그 정도로 영향 받지는 않았음을 볼 수 있다. 그림 9.25(c)는 열기의 닫기인 `foc`를 보여준다. 이제 어두운 영역들도 부드러워졌으며, 영상 전체가 전반적으로 부드러워졌음을 볼 수 있다. 이 절차를 흔히 **열기-닫기 필터링**이라고 부른다.

닫기-열기 필터링으로 불리는 비슷한 절차는 이 연산들의 순서를 거꾸로 한다. 그림 9.25(d)는 원래 영상을 닫은 결과를 보여준다. 못의 진한 줄들이 부드러워졌으나, 대부분의 밝은 디테일은 그대로 있다(예: 배경의 밝은 줄들). 그림 9.25(d)의 열기[그림 9.25(e)]에 의해 이 줄들이 부드러워졌으며, 못 표면은 더 부드러워졌다. 최종 결과는 원래 영상의 전반적인 스무딩이다.

열기와 닫기를 조합해서 사용하는 다른 방법은 **교번 순차 필터링**(*alternating sequential filtering*)에 있다. 교번 순차 필터링의 한 형태는 열기-닫기 필터링을 크기가 증가하는 일련의 구조 요소들에 의해 수행하는 것이다. 다음 명령들이 이 과정을 보여준다. 작은 구조 요소로 시작해서 그림 9.25(b)와 (c)를 얻기 위해 사용한 구조 요소와 크기가 같아질 때까지 크기를 증가시킨다:

```
>> fasf = f;
>> for k = 2:5
       se = strel('disk' ,k);
       fasf = imclose(imopen(fasf, se), se);
   end
```

그림 9.25(f)의 결과는 단일 열기–닫기 필터를 사용했을 때보다 처리량은 많아졌지만, 약간 더 부드러워진 영상을 만들었다. 이 특정 경우에 대한 세 방법을 비교해 볼 때, 닫기–열기 필터링이 가장 부드러운 결과를 만들었다.

예제 9.10

비균일한 배경을 보상하기.

■ 열기는 비균일한 배경 조명을 보상하는 데 사용할 수 있다. 그림 9.26(a)는 배경이 아래로 갈수록 더 어두워지는 쌀알 영상 f를 보여준다. 비균일한 조명은 영상 문턱처리(10.3절 참고)를 어렵게 만든다. 예를 들어, 그림 9.26(b)는 문턱처리된 버젼으로서 영상 위 부분의 낱알들은 배경으로부터 잘 분리되었지만, 아래 부분에서는 제대로 추출되지 않았다. 이 영상에 대한 열기는 구조 요소가 낱알 안에 완전히 들어가지 않을 정도로 큰 한, 영상 전체에 거쳐 배경에 대한 적합한 추정을 만들어 낼 수 있다. 예를 들면, 명령들

```
>> se = strel('disk', 10);
>> fo = imopen(f, se);
```

(a) (b) (c) (d) (e)

그림 9.26 비균일 조명을 보상하기: (a) 오리지널 영상. (b) 문턱처리된 영상. (c) 배경에 대한 추정을 보여주는 열린 영상. (d) 오리지널 영상에서 추정 배경을 뺀 결과. (e) (d)의 영상을 문턱처리한 결과.

는 그림 9.26(c)의 열린 영상을 만든다. 오리지널 영상에서 이 영상을 빼서 제법 균일한 배경의 낱알 영상을 만들 수 있다:

```
>> f2 = f - fo;
```

그림 9.26(d)가 그 결과를 보여주며, 그림 9.26(e)는 새로 문턱처리한 영상을 보여준다. 그림 9.26(b)에 비해 개선이 분명하다.

오리지널 영상에서 열린 영상을 빼는 것을 *tophat* **변환**이라고 부른다. 툴박스 함수 imtophat이 단 한 단계로 이 연산을 수행한다:

```
>> f2 = imtophat(f, se);
```

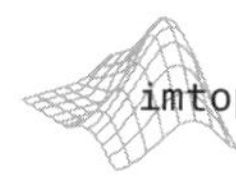
imtophat

이 문법 외에도 함수 imtophat은

g = imtophat(f, NHOOD)

로 호출될 수도 있는데, 여기서 NHOOD는 구조 요소의 크기와 모양을 규정하는 0와 1의 배열이다. 이 문법은 호출

imtophat(f, strel(NHOOD))

를 사용하는 것과 똑 같다.

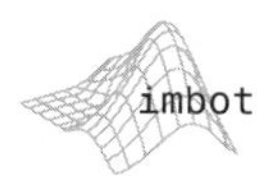
imbothat

관계가 있는 함수 imbothat은 *bottomhat* 변환을 수행하는데, 영상의 닫기에서 영상을 빼는 것으로 정의된다. 그 문법은 함수 imtophat에 대한 것과 같다. 이들 두 함수를 다음과 같이 사용해서 콘트라스트를 개선할 수 있다:

```
>> se = strel('disk', 3);
>> g = f + imtophat(f, se) - imbothat(f, se);
```

예제 9.11

입자측정학(Granulometry).

■ 영상의 입자들의 크기 분포를 계산하는 것은 **입자측정학** 분야의 중요한 응용이다. 형태학적 기법들을 사용해서 간접적으로 입자 크기 분포를 측정할 수 있다; 즉, 각각의 입자를 별도로 식별하거나 측정할 필요가 없다. 배경보다 밝은 규칙적인 모양의 입자들에 대해서, 기본적인 방법은 증가하는 크기의 형태학적 열기를 적용하는 것이다. 각 열기에 대해, 열기의 모든 화소 값들의 합을 계산한다; 이 합을 영상의 **표면적**이라고 부르기도 한다. 다음 명령들은 반경이 0부터 35인 디스크 모양의 열기들을 그림 9.25(a)의 영상어 적용한다:

```
>> f = imread('plugs.jpg');
>> sumpixels = zeros(1, 36);
>> for k = 0:35
      se = strel('disk', k);
      fo = imopen(f, se);
      sumpixels(k + 1) = sum(fo(:));
end

>> plot(0:35, sumpixels), xlabel('k'), ylabel('Surface area')
```

만일 v가 벡터이면, diff(v)는 인접 요소 간의 차이로 구성된, v보다 한 요소 적은 벡터를 반환한다. X가 매트릭스이면, diff(X)는 행 차로 구성된 매트릭스를 반환한다: [X(2:end, :) - X(1:end - 1, :)].

그림 9.27 입자측정학: (a) 표면적 대 구조요소 반경. (b) 표면적 축소 대 반경. (c) 스무딩된 영상에 대한 표면적 축소 대 반경.

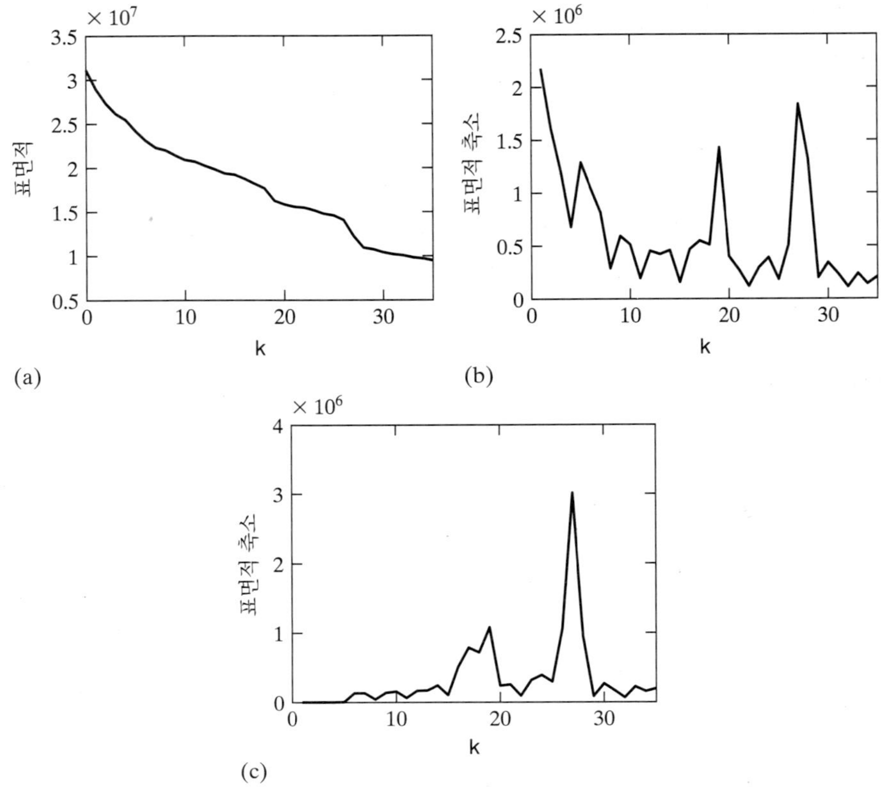

그림 9.27(a)는 sumpixels 대 k의 결과 그래프를 보여준다. 더 흥미로운 것은 연속되는 열기들 간의 표면적 축소이다:

diff

```
>> plot(-diff(sumpixels))
>> xlabel('k')
>> ylabel('Surface area reduction')
```

그림 9.27(b)의 그래프의 피크들은 그 반경을 갖는 객체들의 수가 많음을 의미한다. 그래프에 노이즈가 상당히 많으므로, 이 과정을 그림 9.25(d)의 플러그 영상의 스무딩된 버전에 대해 반복한다. 그 결과인 그림 9.27(c)는 오리지널 영상에 있는 객체들의 두 개의 다른 크기들을 분명하게 보여준다.

9.6.3 복구

그레이스케일 형태학적 복구는 9.5절에 주어진 것과 똑 같은 반복 과정에 의해 정의된다. 그림 9.28은 1차원에서 그레이스케일 복구가 어떻게 작용하는지를 보여준다. 그림 9.28(a)의 위 곡선은 마스크이며, 아래 회색 곡선은 마커이다. 이 경우, 마커는 마스크에서 상수를 빼서 형성하나, 일반적으로, 마커의 어떠한 값도 마스크의 상응하는 값을 초과하지 않는 한, 아무 신호나 마커로 사용할 수 있다. 복구 과정의 각 반복은 마스크 곡선에 의해 아래로 눌려질 때까지 마커 곡선의 피크들을 퍼뜨린다[그림 9.28(b)].

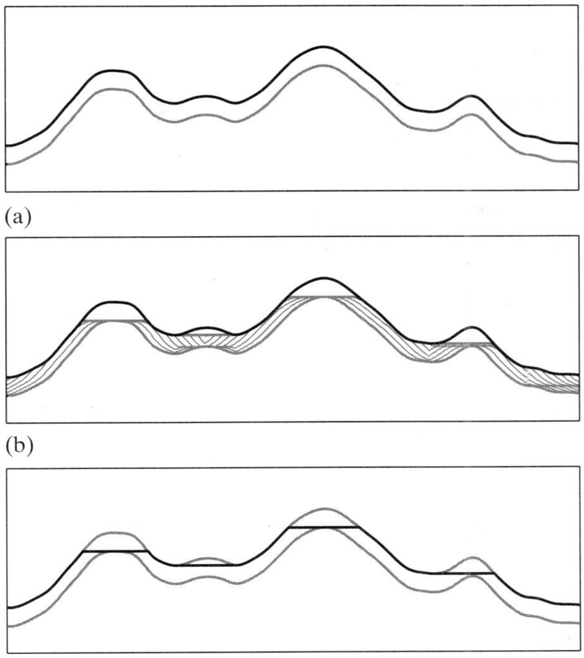

(a) (b) (c)

그림 9.28 1차원에서의 그레이스케일 형태학적 복구: (a) 마스크(위) 곡선과 마커 곡선. (b) 복구의 반복 계산. (c) 복구 결과(흑색 선).

마지막 복구는 그림 9.28(c)의 흑색 곡선이다. 두 개의 작은 피크들이 복구에서는 제거되었으나, 두 개의 큰 피크들은 낮아지기는 했어도 아직 남아 있음을 주목한다. 마스크 영상에서 상수 *h*를 빼서 마커 영상을 만든다면, 이 경우 복구를 **h-극소값 변환**(*h-minima transform*)이라고 부른다. *h*-극소값 변환은 툴박스 함수 imhmin으로 계산되며, 작은 피크들을 억제하는 데 사용된다.

imhmin

또 다른 유용한 그레이스케일 복구 기술은 **복구에 의한 열기**(*opening-by-reconstruction*)이며, 이 방법은 우선 표준 형태학적 열기에서와 같이 영상에 침식을 적용한다. 그러나 열기 다음에 닫기를 하는 대신에, 침식된 영상을 복구에서 마커 영상으로 사용한다. 오리지널 영상은 마스크로 사용된다. 그림 9.29(a)는 다음 명령들에 의해 얻은 복구에 의한 열기의 예를 보여준다.

```
>> f = imread('plugs.jpg');
>> se = strel('disk', 5);
>> fe = imerode(f, se);
>> fobr = imreconstruct(fe, f);
```

복구에 의한 닫기(*closing-by-reconstruction*)를 적용해서 영상을 더 깨끗하게 만들기 위해 복구를 사용할 수 있다. 이 기법은 다음과 같이 여영상을 만들고, 그의 복구에 의한 열기를 계산하고, 그 결과의 여영상을 만들어서 구현된다:

```
>> fobrc = imcomplement(fobr);
>> fobrce = imerode(fobrc, se);
>> fobrcbr = imcomplement(imreconstruct(fobrce, fobrc));
```

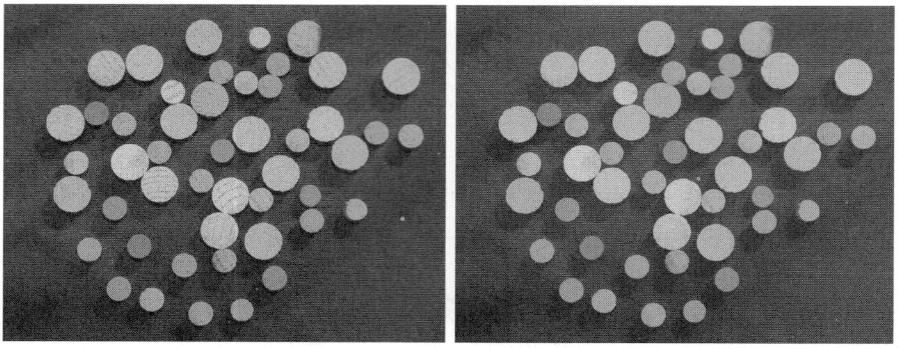
(a) (b)

그림 9.29 (a) 복구에 의한 열기. (b) 복구에 의한 열기 후 복구에 의한 닫기.

그림 9.29(b)가 복구에 의한 열기 후 복구에 의한 닫기를 적용한 결과를 보여준다. 이를 열기-닫기 필터와 그림 9.25의 교번 순차 필터 결과들과 비교한다.

예제 9.12 복잡한 배경을 제거하기 위해 그레이스케일 복구를 사용하기.

■ 마무리 예제는 몇 단계에서 그레이스케일 복구를 사용한다. 목적은 그림 9.30(a)의 계산기 키 영상으로부터 텍스트를 분리하는 것이다. 첫 단계는 각 키의 위쪽의 수평 반사를 억제하는 것이다. 이를 달성하기 위해, 영상에서 이 반사들이 어떠한 텍스트 글자보다 더 넓다는 사실을 이용한다. 기다란 수평선 구조 요소를 사용해서 복구에 의한 열기를 수행한다:

```
>> f = imread('calculator.jpg');
>> f_obr = imreconstruct(imerode(f, ones(1, 71)), f);
>> f_o = imopen(f, ones(1, 71));  % For comparison.
```

복구에 의한 열기 결과(`f_obr`)를 그림 9.30(b)가 보여준다. 비교를 위해, 그림 9.30(c)는 표준 열기(`f_o`)를 보여준다. 복구에 의한 열기가 수평 이웃 키들 간의 배경을 추출하는 작업에 더 낫다. 오리지널 영상에서 복구에 의한 열기를 빼는 것을 **복구에 의한** *tophat* (*tophat-by-reconstruction*)이라고 부르며, 그림 9.30(d)가 보여준다:

```
>> f_thr = f - f_obr;
>> f_th = f - f_o;         % Or imtophat(f,ones(1, 71))
```

그림 9.30(e)는 표준 tophat 계산 결과(`f_th`)를 보여준다.

그 다음, 그림 9.30(d)에서 키들의 오른쪽 경계선의 수직 반사를 억제하자. 이는 작은 수평선으로 복구에 의한 열기를 수행해서 해결한다:

```
>> g_obr = imreconstruct(imerode(f_thr, ones(1, 11)), f_thr);
```

결과[그림 9.30(f)]에서 수직 반사들이 없어졌으나, 퍼센트 기호의 빗금과 ASIN의 "I" 같은 가느다란 수직 획 글자들도 없어졌다. 실수로 억압된 글자들이 아직도 존재하는 다른 글자들에 공간적으로 매우 가깝다는 사실을 이용해서 우선 팽창

```
>> g_obrd = imdilate(g_obr, ones(1, 21));
```

을 수행하고[그림 9.30(g)], 그 다음 `f_thr`을 마스크로, `min(g_obrd, f_thr)`을 마커로 하는 최종 복구

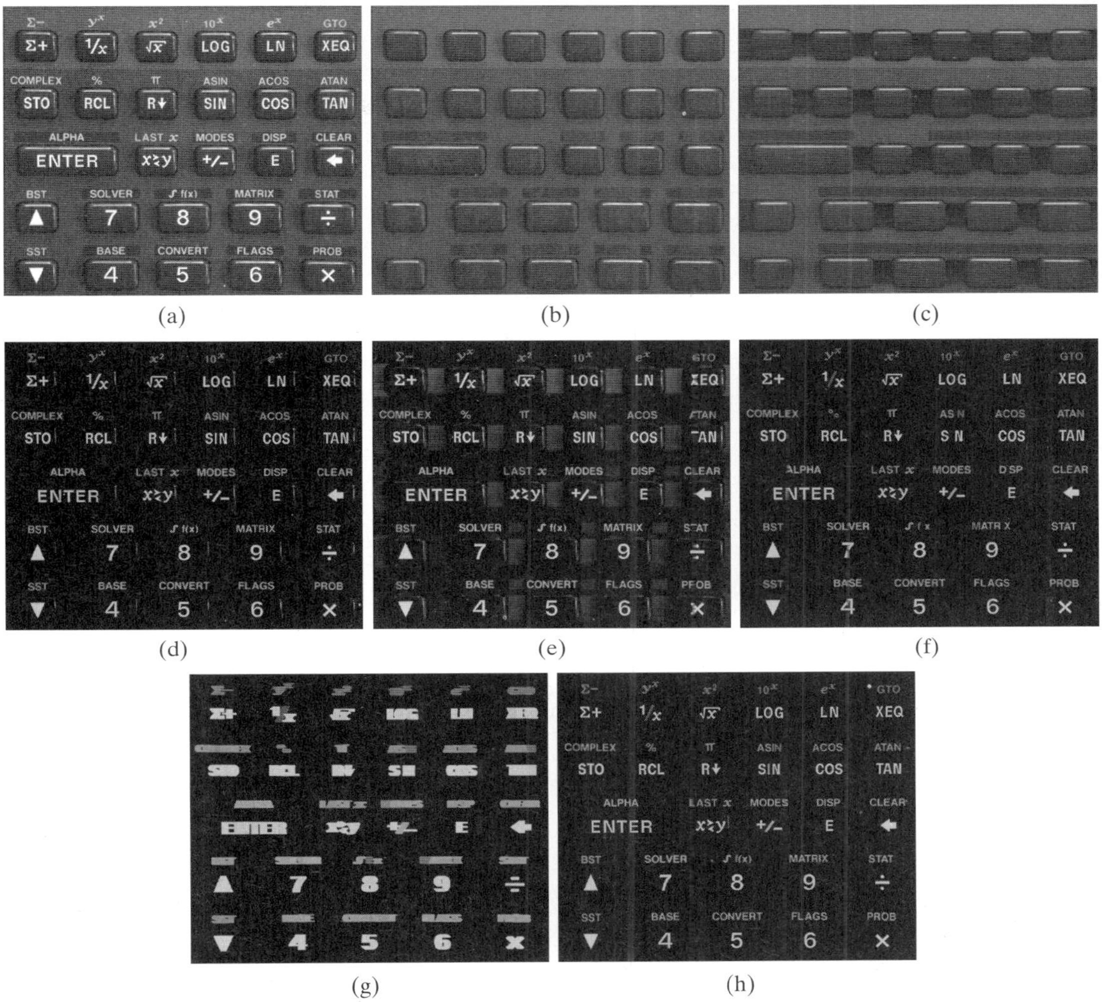

그림 9.30 그레이스케일 복구의 응용: (a) 오리지널 영상. (b) 복구에 의한 열기. (c) 열기. (d) 복구에 의한 tophat. (e) Tophat. (f) 수평선을 사용한 (d)의 OBR. (g) 수평선을 사용한 (f)의 팽창. (h) 최종 복구 결과.

```
> f2 = imreconstruct(min(g_obrd, f_thr), f_thr);
```

을 수행한다. 그림 9.30(h)가 최종 결과를 보여준다. 배경과 키들에 있던 음영과 반사를 성공적으로 제거했음을 주목한다.

요약

이 장에서 소개한 형태학적 개념과 기법들은 영상에서 특징을 추출하기 위한 강력한 툴들을 구성한다. 이진 영상 및 그레이스케일 영상 처리에서 정의한 기본적인 침식, 팽창, 복구 연산자들을 결합해서 다양한 작업들을 수행할 수 있다. 다음 장에서 보게 되겠지만, 형태학적 기법들을 영상 분할에 사용할 수 있다. 더욱이, 11장의 논의에서와 같이, 이들은 영상 묘사(description)를 위한 알고리듬들에서 중요한 역할을 한다.

10 영상 분할

Image Segmentation

개요 *Preview*

앞 장에서 다룬 내용은 입력과 출력이 모두 영상인 영상처리 방법에서, 입력이 영상이고 출력은 입력 영상으로부터 추출된 속성인 영상처리 방법으로 바뀌기 시작했다. 분할은 이 진행 방향에 있는 또 하나의 주요 단계이다.

분할은 영상을 구성 영역들 또는 객체들로 다시 나눈다. 분할이 수행되는 수준은 풀어야 될 문제에 따라 다르다. 즉, 분할은 관심 객체가 분리되면 중단되어야 한다. 예를 들면, 전자조립품의 자동 검사에서는 빠뜨린 부품이나 끊긴 연결 같은 특정 결함의 유무를 판단할 목적으로 제품의 영상을 분석하는 데 관심이 있다. 그러한 요소들을 확인하는 데 필요한 수준 이상으로 자세히 분할하는 것은 의미가 없다.

명백하지 않은 영상의 분할은 영상처리에서 가장 어려운 작업 중 하나이다. 분할 정확도는 컴퓨터를 이용한 분석 절차의 궁극적 성공 또는 실패 여부를 결정한다. 이런 이유로, 견고한 분할 확률을 개선하기 위해 많은 노력을 기울여야 한다. 산업용 검사 응용분야 같은 일부 상황에서는 대체로 환경을 제어할 수 있는 어떤 수단이 가능하다. 원격 감지 같은 다른 응용분야들에서는 영상 획득에 관한 사용자 권한이 주로 센서 유형을 선정하는 것으로 제한된다.

흑백(monochrome) 영상에 대한 분할 알고리듬은 일반적으로 영상 밝기 값의 두 가지 기본적인 속성인 불연속성과 유사성 중 하나에 기반한다. 첫 번째 부류의 접근법은 에지 같은 밝기의 급격한 변화에 기초해서 영상을 분할한다. 두 번째 부류의 주된 접근은 미리 정의된 기준들에 따라서 비슷한 영역들로 영상을 나누는 것에 기반한다.

이 장에서는 방금 언급한 두 가지 부류에 속하는 즉, 흑백 영상(칼라 영상의 분할은 6.6절 참고)에 적용되는 여러 가지 방법들을 설명한다. 점, 선, 에지 등과 같은 밝기 불연속의 검출에 적당한 방법들부터 개발한다. 에지 검출은 수년간 분할 알고리듬의 주요 주제가 되어 왔다. 에지 검출 자체 외에, 하프 변환(Hough transform)에 기반한 방법들을 사용한 선형 에지 조각들을 검출하는 방법도 논의한다. 그 다음은 문턱처리(thresholding) 기법들에 대해 소개한다. 문턱처리는 특히 속도가 중요한 응용 분야에서 아주 많이 사용되는 기본적인 접근 방법이기도 하다. 문턱처리에 관한 논의에 이어서 영역 지향 분할 방법의 개발을 다룬다. **분수선 분할**(*watershed segmentation*)이라 불리는 형태학적 분할 방법에 관한 논의로 이 장의 결론을 맺는다. 이 접근 방식은, 닫혀 있는 잘 정의된 영역 경계를 제공하며, 전역적 방식으로 수행되고, 분할 결과를 개선하기 위해 사전 지식이 이용될 수 있는 프레임웍을 제공하기 때문에 특히 매력적이다. 앞 장에서와 같이, IPT를 보완하는 몇 개의 새로운 주문형 함수들을 개발한다.

10.1 점, 선, 에지의 검출 Point, Line, and Edge Detection

이 절에서는 디지털 영상의 밝기 불연속의 기본적인 세 가지 형태인 점, 선, 에지를 검출하는 방법을 다룬다. 불연속을 찾는 가장 일반적인 방법은 2.4절과 2.5절에서 설명한 방법으로 영상 위로 마스크를 이동시키는 것이다. 여기에는 마스크가 둘러싸는 영역 안의 밝기 값들과 마스크의 계수들 간의 곱들을 합하는 게 포함된다. 영상의 한 점에서 마스크의 응답 R은 다음으로 주어진다.

$$\begin{aligned} R &= w_1 z_1 + w_2 z_2 + \ldots + w_9 z_9 \\ &= \sum_{i=1}^{9} w_i z_i \end{aligned}$$

여기서, z_i는 마스크 계수 w_i에 대응하는 화소의 밝기 값이다. 앞에서와 같이 마스크의 응답은 그 중앙에서 정의된다.

10.1.1 점 검출

영상에서 일정하거나 거의 일정한 밝기를 가진 영역 속에 들어있는 분리된 점들의 검출은 대체로 간단하다. 그림 10.1과 같은 마스크를 사용할 때, 다음 식을 만족하면 고립점이 마스크의 중앙 위치에서 검출되었다고 한다.

$$|R| \geq T$$

여기서, T는 음수가 아닌 문턱치이다.

이 점 검출 방법은 그림 10.1의 마스크와 함께 함수 `imfilter`를 사용해서 툴박스에 구현되어 있다. 중요한 필요 조건은 마스크의 중앙이 고립점의 위치에 놓일 때

−1	−1	−1
−1	8	−1
−1	−1	−1

그림 10.1 점 검출용 마스크.

마스크의 응답이 최대값을 가지며, 일정한 밝기를 갖는 영역에서는 0이 되어야 한다는 것이다.

T가 주어졌을 때, 다음 명령이 방금 논의된 점 검출 방법을 구현한다.

```
>> g = abs(imfilter(tofloat(f), w)) >= T;
```

여기서 f는 입력 영상, w는 적당한 점 검출 마스크(예: 그림 10.1의 마스크), g는 검출된 점들을 포함하는 영상이다. 2.4.1절에서 imfilter가 출력을 입력의 클래스로 바꾼다고 했다. 따라서, 입력이 정수 클래스일 때 소수점 아래가 미리 절삭되는 것을 막기 위해서, 그리고 abs 연산이 정수 데이타를 받아들이지 않기 때문에 이 필터링 연산에서 tofloat(f)를 사용한다. 출력 영상 g는 0 또는 1의 값을 갖는 logical 클래스이다. T가 주어지지 않으면, 대개의 경우 필터링된 결과에 기반해서 선정되는데, 이 경우에 앞의 명령들이 다음과 같이 세 개의 기본 단계로 나뉜다: (1) 필터링된 영상 abs(imfilter(tofloat(f),w))를 계산하고, (2) 필터링된 영상으로부터 나오는 데이타를 이용해서 T의 값을 찾고, (3) 필터링된 영상을 T와 비교한다. 이 접근 방법을 다음 예제가 보여준다.

예제 10.1

점 검출.

■ 그림 10.2(a)는 구의 우상한에 거의 보이지 않는 검은 점이 있는 영상 f를 보여준다. 이 점을 다음과 같이 검출한다:

```
>> w = [-1 -1 -1; -1 8 -1; -1 -1 -1];
>> g = abs(imfilter(tofloat(f), w));
>> T = max(g(:));
>> g = g >= T;
>> imshow(g)
```

필터링된 영상 g의 최대값으로 T를 선택한 다음, g에서 g >= T인 모든 점들을 찾아냄으로써, 가장 큰 응답을 제공하는 점들을 찾아낸다. 여기서 이 점들이 일정한 또는 거의 일정한 배경에 들어 있는 고립점들이라고 가정한다. 이 경우에 T를 g의 최대값으로 선정했으므로, g에는 T보다 큰 값을 갖는 점이 있을 수 없다; 표기의 일관성을 위해서 (= 대신에) >= 연산자를 사용했다. 그림 10.2(b)가 보여주듯이 T가 max(g(:))로 설정되었을 대 단 하나의 고립점만이 조건 g >= T를 만족시켰다.

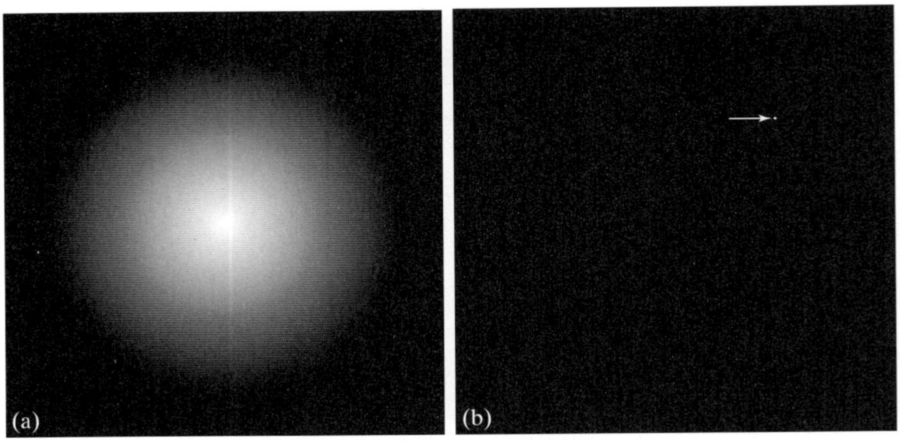

그림 10.2 (a) 구의 우측 · 상한에 거의 보이지 않는 검은 점이 있는 그레이스케일 영상. (b) 검출된 점을 보여주는 영상(검출된 점은 보기 쉽도록 확대되었음).

또 다른 점 검출 방법은 $m \times n$ 크기의 모든 이웃에 있는 점들에서 최대 화소값과 최소 화소값의 차이가 미리 정해진 값 T보다 큰 점들을 찾는 것이다. 이 방법은 2.5.2 절에서 소개된 `ordfilt2` 함수를 사용해서 구현될 수 있다.

```
>> g = ordfilt2(f, m*n, ones(m, n)) - ordfilt2(f, 1, ones(m, n));
>> g = g >= T;
```

$m = n = 5$ 그리고 `T = max(g(:))`로 놓음으로써 그림 10.2(b)에서와 같은 결과를 얻음을 쉽게 확인할 수 있다. 앞의 표현이 그림 10.1의 마스크를 사용하는 것보다 더 유연하다. 예를 들면, 이웃의 최대값과 그 다음 최대값 사이의 차이를 계산하기를 원한다면, 앞 표현식의 끝 항의 `1`을 `m*n - 1`로 바꾸면 된다. 이 기초적인 주제에 관한 다른 변형도 비슷한 방식으로 만들어진다.

10.1.2 선 검출

우리의 영상 좌표체계(그림 1.2)에서 x축은 아래를 향함을 기억한다. 이 축을 기준으로 반시계 방향이 양의 각도이다.

선 검출은 한 단계 더 복잡하다. 그림 10.3(a)의 마스크가 영상에서 이동된다면, 수평 방향의 선(한 화소 두께)에 대해서 더 강하게 반응할 것이다. 배경이 일정할 때는 선이 마스크의 중간 행을 지날 때 최대 응답이 나온다. 마찬가지로, 그림 10.3의 두 번째 마스크는 +45° 방향 대각선에 가장 잘 반응하며; 세 번째와 네 번째 마스크는 각각 수직선과 −45° 방향 대각선에 가장 잘 반응할 것이다. 각 마스크가 선호하는 방

그림 10.3 선 검출 마스크.

(a) 수평

−1	−1	−1
2	2	2
−1	−1	−1

(b) +45°

2	−1	−1
−1	2	−1
−1	−1	2

(c) 수직

−1	2	−1
−1	2	−1
−1	2	−1

(d) −45°

−1	−1	2
−1	2	−1
2	−1	−1

향이 다른 방향들에 비해 더 큰 계수를 갖도록 가중됨을 주목한다. 각 마스크의 계수의 합은 0이며, 이는 일정한 밝기를 갖는 영역에서 응답이 0이 됨을 의미한다.

그림 10.3의 마스크들의 응답을 좌로부터 R_1, R_2, R_3, R_4로 나타내자. 여기서 R은 앞 절의 공식에 의해 주어진다. 4개의 마스크를 영상에 각각 적용한다고 하자. 영상의 어떤 점에서, 모든 $j \neq i$에 대해서 $|R_i| > |R_j|$이라면, 그 점이 마스크 i가 선호하는 방향의 선과 관련될 가능성이 더 높다고 말한다. 주어진 마스크에 의해 정의되는 방향의 모든 선들을 검출하려면, 단순히 그 마스크를 영상에 거쳐서 적용하고, 그 결과의 절대값을 문턱처리한다. 남은 점들이 가장 강한 응답들이며, 이들은 한 화소 두께인 선들에 대해서 마스크에 의해 정의된 방향과 가장 가깝게 일치한다. 이 절차를 다음 예제에서 살펴보자.

예제 10.2

지정된 방향의 선을 검출하기.

■ 그림 10.4(a)는 전자회로의 도선 접합 템플릿의 디지털화된 (이진) 영상을 보여준다. 영상의 크기는 486×486 화소이다. 한 화소 두께의 +45° 방향의 모든 선을 찾으려 한다고 하자. 이를 위해 그림 10.3의 두 번째 마스크를 사용한다. 그림 10.4(b)부터 (f)는 다음 명령들을 사용해서 생성되었으며, 이들 명령에서 f는 그림 10.4(a)의 영상이다:

```
>> w = [2 -1 -1; -1 2 -1; -1 -1 2];
>> g = imfilter(tofloat(f), w);
>> imshow(g, [ ]) % Fig. 10.4(b)
>> gtop = g(1:120, 1:120); % Top, left section.
>> gtop = pixeldup(gtop, 4); % Enlarge by pixel duplication.
>> figure, imshow(gtop, [ ]) % Fig. 10.4(c)
>> gbot = g(end - 119:end, end - 119:end);
>> gbot = pixeldup(gbot, 4);
>> figure, imshow(gbot, [ ]) % Fig. 10.4(d)
>> g = abs(g);
>> figure, imshow(g, [ ]) % Fig. 10.4(e)
>> T = max(g(:));
>> g = g >= T;
>> figure, imshow(g) % Fig. 10.4(f)
```

그림 10.4(b)의 회색 배경보다 더 어두운 음영은 음 값에 해당한다. 좌상단과 우하단에 각각 하나씩 +45° 방향의 두 개의 주요 선분들이 있다[그림 10.4(c)와 (d)는 이들 두 영역을 확대해서 보여준다]. 그림 10.4(d)의 선분이 그림 10.4(c)의 선분보다 더 밝음을 주목한다. 그 이유는 그림 10.4(a)의 우하단의 선분이 한 화소 두께인 반면, 좌상단 선분은 그렇지 않기 때문이다. 이 마스크 응답은 한 화소 두께의 선분에 대해 더 강하다.

그림 10.4(e)는 그림 10.4(b)의 절대값을 보여준다. 가장 강한 응답에 관심이 있으므로 T를 이 영상의 최대값과 같도록 놓는다. 그림 10.4(f)는 그 값이 조건 `g >= T`를 만족시키는 점들을 흰색으로 보여주며, 여기서 g는 그림 10.4(e)의 영상이다. 이 그림의 고립점들도 이 마스크에 마찬가지로 강하게 반응하는 점들이다. 오리지널 영상에서 이 점들과 그 이웃들은 최대 응답이 나오는 방향으로 이 고립된 위치들에 놓여있다. 이 분리된 점들은 그림 10.1의 마스크를 이용해서 검출한 후 삭제하거나, 앞 장에서 논의한 것처럼 형태학적 연산자들을 이용해서 삭제할 수 있다.

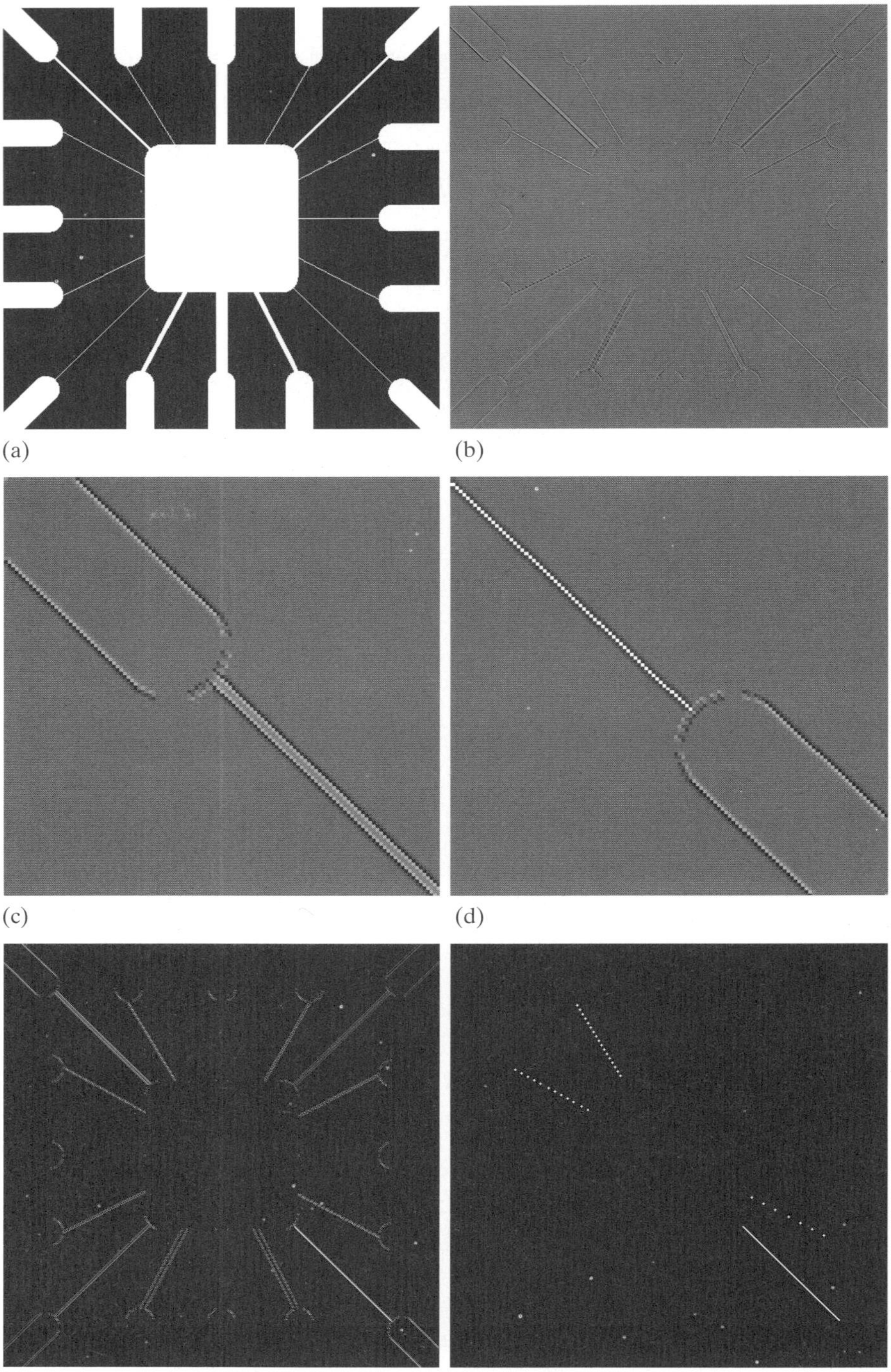

(a) (b) (c) (d) (e) (f)

그림 10.4 (a) 도선 접합 마스크의 영상. (b) 그림 10.3의 +45° 검출기로 처리한 결과. (c) (b)의 좌측 상단 영역이 확대된 장면. (d) (b)의 우측 하단 부분이 확대된 장면. (e) (b)의 절대값. (f) 값이 조건 g >= T를 만족시키는 모든 점(흰색으로 표시됨). 여기서 g는 (e)의 영상임. ((f)의 점들은 보기 쉽도록 확대되었음.)

10.1.3 함수 edge를 이용한 에지 검출

점과 선 검출이 영상 분할에 관한 어떠한 논의에서든 확실히 중요하지만, 에지 검출은 단연코 밝기 값의 의미 있는 불연속을 검출하기 위한 가장 보편적인 방법이다. 이러한 불연속들은 1차 또는 2차 미분을 이용해서 검출된다. 영상처리에서 선호하는 1차 미분은 6.6.1절에서 정의된 기울기(*gradient*)이다. 편의상 관련 공식들을 여기에 다시 쓴다. 2-D 함수 $f(x, y)$의 기울기는 벡터

$$\nabla \mathbf{f} = \begin{bmatrix} g_x \\ g_y \end{bmatrix} = \begin{bmatrix} \dfrac{\partial f}{\partial x} \\ \dfrac{\partial f}{\partial y} \end{bmatrix}$$

로 정의된다. 이 벡터의 크기는

$$\begin{aligned} \nabla f &= \text{mag}(\nabla \mathbf{f}) = \left[g_x^2 + g_y^2 \right]^{\frac{1}{2}} \\ &= \left[(\partial f / \partial x)^2 + (\partial f / \partial y)^2 \right]^{\frac{1}{2}} \end{aligned}$$

이다. 계산을 간단히 하기 위해서 이 수량을 가끔 제곱근 연산을 생략하거나

$$\nabla f \approx g_x^2 + g_y^2$$

절대값을 사용해서

$$\nabla f \approx |g_x| + |g_y|$$

근사화한다. 이 근사화들은 여전히 미분의 성질을 가지고 있다; 즉, 이들은 일정한 밝기를 가진 영역에서는 0이며, 밝기 값이 변하는 영역에서는 그 값이 밝기 변화 정도에 비례한다. 일반적으로 기울기의 크기 또는 그의 근사화를 단순히 "기울기"라고 부른다.

기울기 벡터의 기본적인 속성은 좌표 (x, y)에서 f의 최대 변화율 방향을 가리킨다는 것이다. 이 최대 변화율이 발생하는 각도는

arctangent 계산에 관해서는 6.6.1절의 여백 주석을 참고한다.

$$\alpha(x, y) = \tan^{-1} \left[\frac{g_y}{g_x} \right]$$

이다. 함수 edge를 사용해서 g_x와 g_y를 추정하는 방법은 이 절에서 다음에 논의된다.

영상처리에서의 2차 미분은 일반적으로 2.5.1절에서 소개한 라플라시언(Laplacian)을 이용해서 계산된다. 2-D 함수 $f(x, y)$의 라플라시언이 2차 미분

$$\nabla^2 f(x, y) = \frac{\partial^2 f(x, y)}{\partial x^2} + \frac{\partial^2 f(x, y)}{\partial y^2}$$

로부터 만들어짐을 기억하라. 라플라시언은 2차 미분이므로 노이즈에 지나치게 민감하고, 그 크기는 이중 에지를 만들며, 에지 방향을 검출할 수 없기 때문에, 에지 검출에 거의 직접적으로 사용되지는 않는다. 그러나 이 절에서 나중에 논의되듯이, 라플라시언은 다른 에지 검출 기법들과 함께 사용될 때 강력한 보완 역할을 할 수 있다. 예를 들어, 이중 에지 때문에 에지 검출에 적합하지 않지만, 이 속성은 이중 에지 사이의 영점교차(zero-crossing, 제로 크로싱)을 찾아서 에지 **위치표정**(標定)에 이용될 수 있다.

앞의 논의를 배경으로 할 때, 에지 검출의 배경이 되는 기본 개념은 다음의 일반적인 두 기준 중 하나를 사용해서 영상에서 밝기가 급격히 변하는 곳을 찾는 것이다:

1. 밝기의 1차 미분의 크기가 규정된 문턱치보다 큰 위치들을 찾는다.
2. 밝기의 2차 미분이 영점교차하는 위치들을 찾는다.

IPT의 `edge` 함수가 방금 논의된 기준에 기반한 몇몇 에지 추정자를 제공한다. 이들 중 일부 추정자들에 대해서는 에지 검출기가 수평 에지, 수직 에지, 또는 둘 다에 민감한지를 지정하는 것이 가능하다. 이 함수의 일반 문법은 다음과 같다:

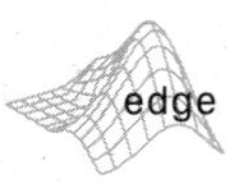


```
[g, t] = edge(f, 'method', parameters)
```

여기서 `f`는 입력 영상, `method`는 표 10.1에 나열된 방법들 중 하나, `parameters`는 다음 논의에서 설명될 부가적 파라미터들이다. 출력의 `g`는 `f`에서 에지 점들이 검출된 위치에는 1, 그 밖의 위치에는 0인 논리 배열이다. 파라미터 `t`는 옵션이며; 어느

표 10.1 edge 함수에 사용 가능한 에지 검출기.

에지 검출기	설명
소벨	미분에 대한 그림 10.5(b)의 소벨 근사화를 사용해서 에지를 찾는다.
프류잇	미분에 대한 그림 10.5(c)의 프류잇 근사화를 사용해서 에지를 찾는다.
로버츠	미분에 대한 그림 10.5(d)의 로버츠 근사화를 사용해서 에지를 찾는다.
가우시언의 라플라시언 (LoG)	가우시언의 라플라시언 필터로 $f(x, y$를 필터링한 후 영점교차를 찾음으로써 에지를 찾는다.
영점교차	지정된 필터로 $f(x, y)$를 필터링한 후 영점교차를 찾음으로써 에지를 찾는다.
캐니	$f(x, y$의 기울기의 지역 극대값을 찾음으로써 에지를 찾는다. 기울기는 가우스 필터의 미분을 이용해서 계산한다. 이 방법은 두 개의 문턱치를 사용해서 강한 에지와 약한 에지를 찾는다. 강한 에지들에 연결된 약한 에지들을 출력에 포함시킨다. 그래서, 이 방법은 약하지만 참인 에지들을 찾는 데 적합하다.

기울기 값들이 에지 점으로 불리기에 충분한가를 결정하기 위해 edge가 사용하는 문턱치를 제공한다.

소벨(Sobel) 에지 검출기

1차 미분 G_x와 G_y는 디지털적으로 차이에 의해 근사화된다. **소벨 에지 검출기**는 스무딩을 제공하기 위해 각 행 또는 열의 중앙 화소가 2로 가중되는 3×3 이웃의 열과 행 사이의 다음의 이산적 차이를 이용해서 기울기를 계산한다(Gonzalez와 Woods [2008]):

$$\begin{aligned}\nabla f &= \left[g_x^2 + g_y^2\right]^{\frac{1}{2}} \\ &= \left\{\left[(z_7 + 2z_8 + z_9) - (z_1 + 2z_2 + z_3)\right]^2 \right. \\ &\qquad \left. + \left[(z_3 + 2z_6 + z_9) - (z_1 + 2z_4 + z_7)\right]^2\right\}^{\frac{1}{2}}\end{aligned}$$

여기서 z'은 밝기이다. T가 규정된 문턱치일 때, 위치 (x, y)에서 $\nabla f \geq T$이면 그 위치의 화소를 에지 화소라고 부른다.

2.5.1절의 논의로부터 소벨 에지 검출이 다음과 같이 구현될 수 있음을 알고 있다: 그림 10.5(b)의 왼쪽 마스크로 영상 f를 필터링(imfilter 이용)하고, 오른쪽 마스크로 다시 f를 필터링하고, 각 필터링된 영상의 화소값들을 제곱해서, 두 결과를 더한 다음, 제곱 제곱근을 계산. 표 10.1의 두 번째와 세 번째 에지 검출기들에 대해서도 비슷한 설명이 적용된다. edge 함수는 앞의 연산들을 단순히 하나의 함수 호출로 포장하며, 문턱치를 받거나 자동으로 계산하는 것 같은 다른 특징들도 있다. 또한, edge는 imfilter로 직접 구현할 수 없는 에지 검출 기법들을 포함하고 있다.

소벨 검출기의 일반 호출 문법은 다음과 같다.

```
[g, t] = edge(f, 'sobel', T, dir)
```

여기서 f는 입력 영상, T는 지정된 문턱치, dir은 검출할 에지의 방향으로서 'horizontal', 'vertical', 'both'(디폴트) 중 하나가 지정된다. 앞에서 언급했듯이, g는 에지가 검출된 위치에서는 1이고, 그 외의 위치에서는 0인 논리 영상이다. 출력 파라미터 t는 옵션으로서 edge가 사용한 문턱치이다. T가 지정되면, t = T이고, 지정되지 않으면(또는 비어 있는 상태, 즉 [ ]이면), edge는 자동으로 계산한 문턱치로 t를 설정해서 에지 검출에 사용한다. 출력 파라미터에 t를 포함시킨 주요 이유 중 하나는 후속 호출에서 수정될 수 있고, 이 함수에 전달될 수 있는 초기 문턱치를 얻기 위해서이다. edge 함수는 g = edge(f) 또는 [g, t] = edge(f)와 같은 문법으로 사용되면 디폴트로 소벨 검출기를 사용한다.

그림 10.5 에지 검출기 마스크들과 이들이 구현하는 1차 미분.

z_1	z_2	z_3
z_4	z_5	z_6
z_7	z_8	z_9

영상이웃

(a)

-1	-2	-1
0	0	0
1	2	1

$g_x = (z_7 + 2z_8 + z_9) - (z_1 + 2z_2 + z_3)$

-1	0	1
-2	0	2
-1	0	1

$g_y = (z_3 + 2z_6 + z_9) - (z_1 + 2z_4 + z_7)$

Sobel

(b)

-1	-1	-1
0	0	0
1	1	1

$g_x = (z_7 + z_8 + z_9) - (z_1 + z_2 + z_3)$

-1	0	1
-1	0	1
-1	0	1

$g_y = (z_3 + z_6 + z_9) - (z_1 + z_4 + z_7)$

Prewitt

(c)

-1	0
0	1

$g_x = z_9 - z_5$

0	-1
1	0

$g_y = z_8 - z_6$

Roberts

(d)

프류잇(Prewitt) 에지 검출기

프류잇 에지 검출기는 1차 미분 g_x와 g_y를 디지털적으로 근사화하기 위해 그림 10.5(c)의 마스크들을 사용한다. 일반 호출 문법은 다음과 같다.

```
[g, t] = edge(f, 'prewitt', T, dir)
```

이 함수의 파라미터들은 소벨 파라미터들과 동일하다. 프류잇 검출기의 구현은 소벨 검출기보다 계산상 약간 더 간단하지만, 노이즈가 다소 더 많은 결과를 제공하는 경향이 있다.

로버츠(Roberts) 에지 검출기

로버츠 에지 검출기는 1차 미분을 디지털적으로 인접 화소 간 차이로서 근사화하는 데 그림 10.5(d)의 마스크들을 사용한다. 일반 호출 문법은 다음과 같다.

```
[g, t] = edge(f, 'roberts', T, dir)
```

이 함수의 파라미터들은 소벨 파라미터들과 같다. 로버츠 검출기는 디지털영상처리에서 가장 오래된 에지 검출기 중의 하나이며, 그림 10.5(d)가 보여주듯이, 가장 간단하기도 하다. 이 검출기는 비대칭이고 45°의 배수 방향의 에지들을 검출하도록 일반화될 수 없는 등의 제한된 기능 때문에 그림 10.5의 다른 검출기보다 훨씬 덜 사용된다. 그러나 단순성과 속도가 중요한 요소인 하드웨어 구현에서는 여전히 자주 사용된다.

가우시언의 라플라시언(LoG) 검출기

다음의 가우시언 함수를 고려하자.

$$G(x, y) = e^{-\frac{x^2 + y^2}{2\sigma^2}}$$

여기서, σ는 표준편차이다. 가우시언 함수는 영상과 컨볼루션될 때 영상을 흐리게 만드는(blur) 스무딩 함수이다. 블러링 정도는 σ의 값에 의해 결정된다. 이 함수의 라플라시언(Gonzalez와 Woods [2008] 참조)은 다음과 같다.

$$\nabla^2 G(x, y) = \frac{\partial^2 G(x, x)}{\partial x^2} + \frac{\partial^2 G(x, x)}{\partial y^2}$$

$$= \left[\frac{x^2 + y^2 - 2\sigma^2}{\sigma^4} \right] e^{-\frac{x^2 + y^2}{2\sigma^2}}$$

명확한 이유로 이 함수를 가우시언의 라플라시언(LoG, *Laplacian of a Gaussian*)이라고 부른다. 2차 미분은 선형 연산이므로, $\nabla^2 G(x, y)$로 영상을 컨볼루션(필터링)시키는 것은 먼저 영상을 스무딩 함수로 컨볼루션시킨 후, 그 결과의 라플라시언을 계산하는 것과 같다. 이것이 LoG 검출기의 핵심 개념이다. 우리가 영상을 $\nabla^2 G(x, y)$로 컨볼루션시킬 때, 다음의 두 가지 효과를 알고 있다: 영상을 부드럽게 만들며(그래서 노이즈를 줄이고), 이중 에지를 제공하는 라플라시언을 계산한다. 그러면 에지의 위치를 찾아내려면 이중 에지 사이에서 영점교차를 찾아내면 된다.

LoG 검출기의 일반 호출 문법은 다음과 같다.

```
[g, t] = edge(f, 'log', T, sigma)
```

여기서 sigma는 표준편차이고 다른 파라미터들은 앞에서의 설명과 같다. sigma의 디폴트 값은 2이다. 앞에서와 같이 edge 함수는 T보다 약한 에지들을 무시한다. T가 주어지지 않거나 [ ]로 비어있으면, edge는 자동으로 그 값을 선정한다. T를 0으로 놓으면 LoG 방법의 주요 특성인 닫힌 윤곽선 에지를 제공한다.

영점교차 검출기

이 검출기는 LoG 방법과 똑 같은 개념에 기반하지만, 지정된 필터 함수 H를 사용해서 컨볼루션이 수행된다. 호출 문법은 다음과 같다.

```
[g, t] = edge(f, 'zerocross', T, H)
```

다른 파라미터들은 LoG 검출기에 대한 설명에서와 같다.

캐니 에지 검출기

캐니 에지 검출기(Canny [1986])는 edge 함수의 가장 강력한 에지 검출기이다. 그 방법은 다음과 같이 요약될 수 있다:

1. 노이즈를 줄이기 위해서 지정된 표준편차 σ의 가우시언 필터로 영상을 스무딩한다.
2. 각 점에서 지역 기울기 $g(x, y) = [g_x^2 + g_y^2]^{\frac{1}{2}}$, 에지 방향 $\tan^{-1}(g_x/g_y)$를 계산한다. 표 10.1의 처음 세 기법 중 하나를 사용해서 미분들을 계산한다. 에지 점은 기울기 방향으로 세기가 지역 최대인 점으로 정의된다.
3. (2)에서 결정된 에지 점들이 기울기 크기 영상에 능선(ridge)이 생기게 한다. 알고리듬은 이들 능선의 꼭대기를 따라가면서, 능선의 정상에 있지 않은 화소들을 0으로 설정해서 출력으로서 가느다란 선을 제공한다. 이 과정은 "**비최대값 억제**(*nonmaximal suppression*)"로 알려져 있다. 그런 다음, 이 능선 화소들은 $T_1 < T_2$인 두 개의 문턱치 T_1과 T_2를 사용하는 소위 **이력 문턱처리**(*hysteresis thresholding*)에 의해 문턱처리된다. 보다 큰 값을 가진 능선 화소들을 "강" 에지 화소라고 부르고, T_1과 T_2 사이의 값을 갖는 능선 화소들을 "약" 에지 화소라고 부른다.
4. 끝으로 이 알고리듬은 강한 화소에 8-연결된 약한 화소들을 포함시켜서 에지 연결을 수행한다.

캐니 에지 검출기의 문법은 다음과 같다.

```
[g, t] = edge(f, 'canny', T, sigma)
```

여기서 T는 앞 절차의 단계 3에서 설명한 두 개의 문턱치를 포함하는 벡터 T = [T1, T2]이고, sigma는 스무딩 필터의 표준편차이다. 만일 t가 출력 파라미터에 포함되어 있으면, 이 알고리듬에서 사용한 두 개의 문턱치들로 구성된 2-요소 벡터이다. 이 문법의 나머지는 T가 주어지지 않을 때 문턱치를 자동으로 계산하는 것을 포함해서, 다른 방법들에 대해 설명한 것과 같다. sigma의 디폴트 값은 1이다.

예제 10.3

소벨 에지 검출기를 사용하기.

■ 다음의 명령들을 이용해서 그림 10.6(a)의 영상 f의 수직 에지들을 추출 및 표시할 수 있다.

```
>> [gv, t] = edge(f, 'sobel', 'vertical');
>> imshow(gv)
>> t
t =
     0.0516
```

그림 10.6(b)가 보여주듯이 처리 결과에서 두드러진 에지들은 수직이다(기울은 에지들은 수직 및 수평 요소들을 가지므로 같이 검출됨). 문턱치를 더 높게 잡으면 약한 에지들을 어느 정도 없앨 수 있다. 예를 들어, 그림 10.6(c)는 다음 명령으로 만들었다.

```
>> gv = edge(f, 'sobel', 0.15, 'vertical');
```

같은 T값을 명령

```
>> gboth = edge(f, 'sobel', 0.15);
```

에 사용해서 얻은 그림 10.6(d)는 두드러진 수직 및 수평 에지들을 보여준다.

edge 함수는 ±45° 방향으로는 소벨 에지를 계산하지 않는다. 그런 에지들을 계산하려면 마스크를 정하고 imfilter를 사용해야 한다. 예를 들어, 다음의 경령들을 사용해서 그림 10.6(e)를 생성했다.

```
>> wneg45 = [-2 -1 0; -1 0 1; 0 1 2]
weg45 =
     -2   -1    0
     -1    0    1
      0    1    2
>> gneg45 = imfilter(tofloat(f), wneg45, 'rep
>> T = 0.3*max(abs(gneg45(:)));
>> gneg45 = gneg45 >= T;
>> figure, imshow(gneg45);
```

T값은 그림 10.6(c)과 및 10.6(d)와 비슷한 결과를 보여주기 위해서 실험적으로 선정되었다.

그림 10.6(e)에서 가장 강한 에지는 −45° 방향의 에지이다. 마찬가지로, 같은 명령 시퀀스에 마스크 wpos45 = [0 1 2; −1 0 1; −2 −1 0]을 사용하면, 그림 10.6(f)에서와 같이 +45° 방향에서 강한 에지들을 얻는다.

edge 함수에 'prewitt'과 'roberts' 옵션을 사용할 때도, 소벨 에지 검출기에 대해 방금 예시한 것과 같은 일반적인 절차를 따른다.

예제 10.4

소벨, LoG, 캐니 에지 검출기의 비교.

■ 이 예제에서는 소벨, LoG, 캐니 에지 검출기의 상대적인 성능을 비교한다. 목표는 그림 10.6(a)의 빌딩 영상 f의 주요 에지 특징들은 추출하고, 벽돌 벽과 타일 지붕의 기세한 질감(texture) 같은 "쓸모없는" 디테일은 줄여서 깨끗한 에지 지도를 만드는 것이다. 이 논의의 주요 관심 대상 특징들은 빌딩 코너, 창문, 출입문 둘레의 밝은 벽돌 구조물, 출입문, 지붕선, 지면에서 2/3 높이에서 빌딩을 두르는 콘크리트 띠 등을 형성하는 에지들이다.

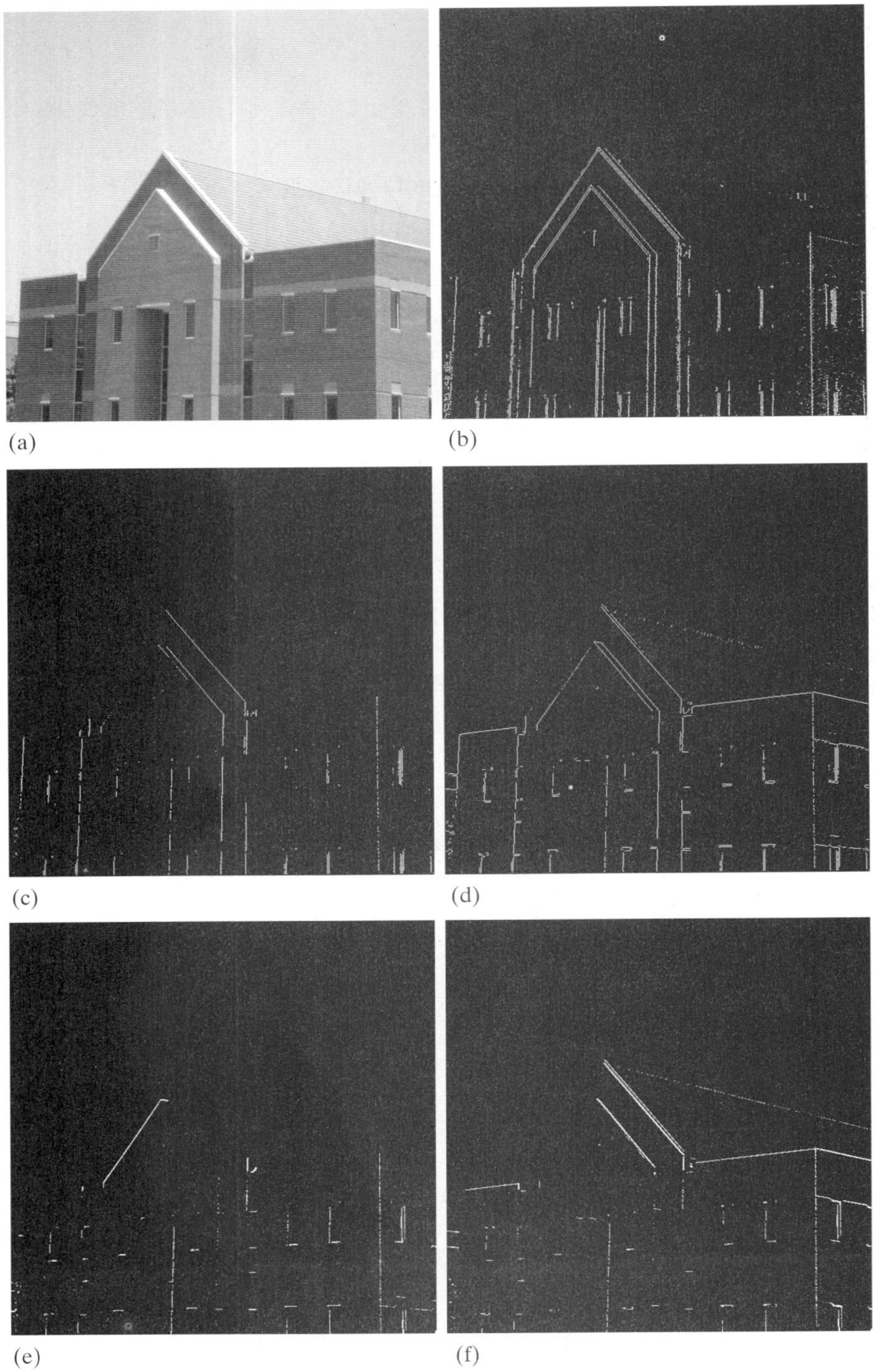

그림 10.6 (a) 오리지널 영상. (b) 자동 계산된 문턱치로 수직 소벨 마스크를 사용한 `edge` 함수의 결과. (c) 지정된 문턱치를 사용한 결과. (d) 지정된 문턱치로 수직과 수평 에지 모두를 계산한 결과. (e) 지정된 마스크와 지정된 문턱치를 사용해서 `imfilter`로 $-45°$ 방향의 에지를 계산한 결과. (f) 지정된 마스크와 지정된 문턱치를 사용해서 `imfilter`로 $+45°$방향의 에지를 계산한 결과.

그림 10.7의 왼쪽 열은 'sobel', 'log','canny' 옵션들에 대해 디폴트 문법을 사용해서 얻은 에지 영상들을 보여준다;

```
>> f = tofloat(f);
>> [gSobel_default, ts] = edge(f, 'sobel'); % Fig. 10.7(a)
>> [gLoG_default, tlog] = edge(f, 'log');   % Fig. 10.7(c)
>> [gCanny_default, tc] = edge(f, 'canny'); % Fig. 10.7(e)
```

앞의 계산들로 얻은 출력 파라미터의 문턱치들은 ts = 0.074, tlog = 0.0025, tc = [0.019, 0.047]이었다. 'log'와 'canny' 옵션에 대한 sigma의 디폴트 값은 각각 2.0과 1.0이었다. 소벨 영상은 예외지만, 디폴트 결과는 깨끗한 에지 지도를 만들려한 목적과 거리가 멀었다.

디폴트 값으로 시작해서, 쓸모없는 디테일을 가능한 한 줄이는 동시에 앞에서 언급한 주요 특징들을 끌어내기 위해 각 옵션의 파라미터들을 대화식으로 바꿔주었다. 그림 10.7의 오른쪽 열의 결과들을 다음 명령들로 얻었다:

```
>> gSobel_best = edge(f, 'sobel', 0.05); % Fig. 10.7(b)
>> gLoG_best = edge(f, 'log', 0.003, 2.25); % Fig. 10.7(d)
>> gCanny_best = edge(f, 'canny', [0.04 0.10], 1.5); % Fig. 10.7(f)
```

그림 10.7(b)가 보여주듯이, 소벨 결과는 콘크리트 띠의 양쪽 에지와 출입구의 왼쪽 에지를 모두 검출하려고 시도했을 때 목표에서 더 벗어나 버렸다. 그림 10.7(d)의 LoG 결과는 소벨 결과보다는 다소 좋고, LoG 디폴트 결과보다는 훨씬 나았으나, 여전히 출입구의 왼쪽 에지와 큰크리트 띠의 양쪽 에지를 검출할 수 없었다. 캐니 결과[그림 10.7(f)]는 다른 두 결과보다 훨씬 좋다. 특히 콘크리트 띠의 양쪽 에지, 주출입구 위의 지붕의 통풍 그릴 같은 여타 디테일과 함께 출입구의 좌측 에지도 깨끗하게 검출되었음을 주목한다. 캐니 검출기는 원하는 특징들을 검출했을 뿐만 아니라 가장 깨끗한 에지 지도를 만들었다.

10.2 하프 변환을 이용한 선 검출

Line Detection Using the Hough Transform

이상적으로는 앞 절에서 논의한 방법들은 에지에 놓여 있는 화소들만 검출해야 하지만, 실제로는 노이즈, 비균일 조명에 의한 끊김, 원하지 않는 밝기 불연속을 일으키는 그 밖의 효과들 때문에 결과 화소들은 좀처럼 에지 특징을 완전하게 보이지 못한다. 그래서 에지 검출 알고리듬 다음에는 대개 에지 화소들을 조립해서 의미 있는 에지로 만드는 연결 과정이 뒤따른다. 영상의 선분들을 연결하기 위한 한 가지 접근법이 하프 변환(*Hough transform*, Hough [1962])이다.

10.2.1 배경

영상(일반적으로 이진 영상)에서 n개 점이 주어졌을 때, 직선상에 놓여 있는 이 점들의 부분집합을 찾으려 한다고 하자. 한 가지 가능한 해결방안은 모든 점들의 쌍에 의해 결정되는 모든 선을 먼저 찾고, 특정 선에 가까운 점들의 모든 부분집합을 찾는 것이다. 그러나, 이 절차는 $n(n-1)/2 \sim n^2$개의 선을 찾아내고, 모든 선들에 대해 모

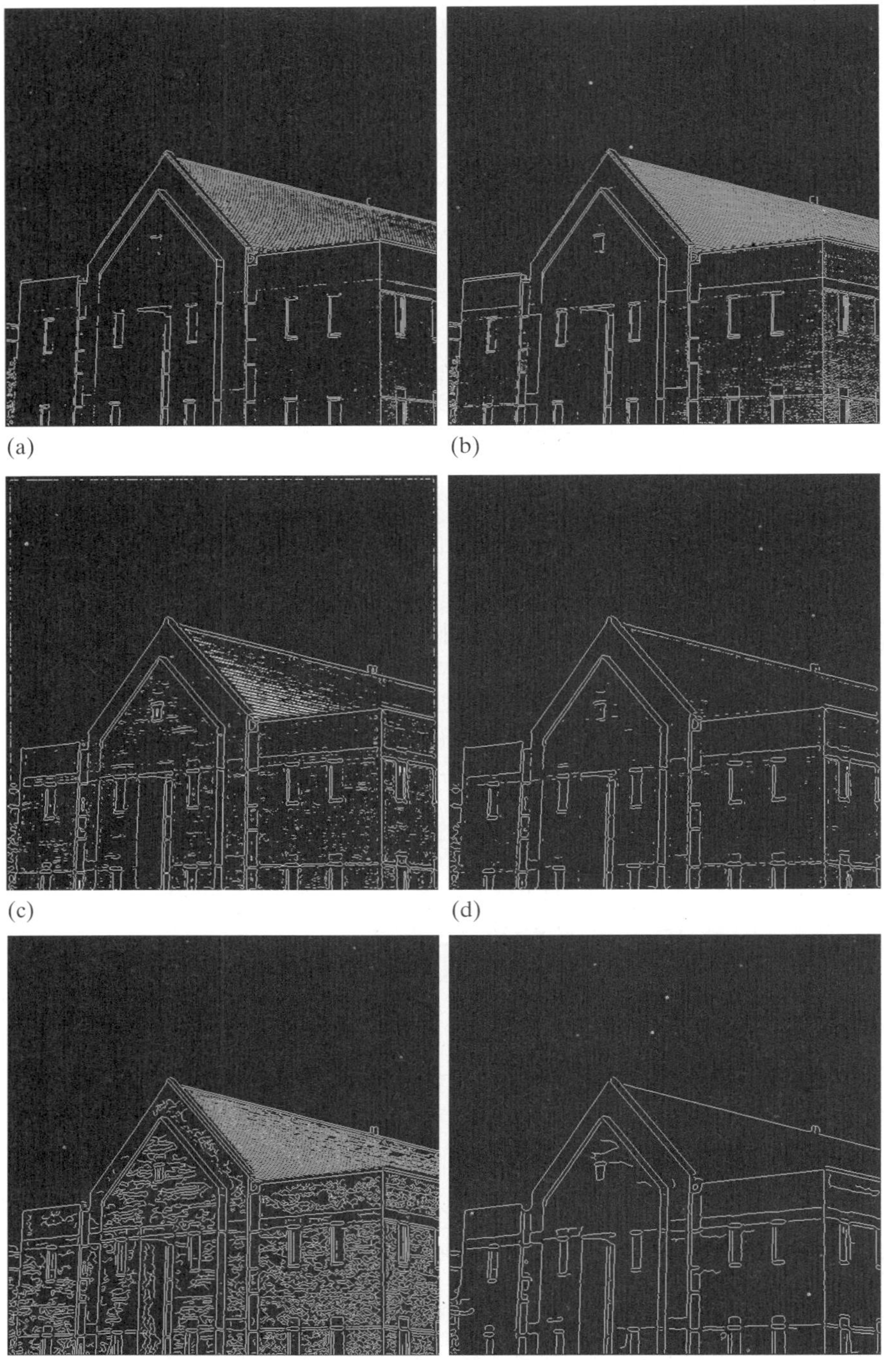

(a) (b)
(c) (d)
(e) (f)

그림 10.7 좌측 열: 소벨, LoG, 캐니 에지 검출기의 디폴트 결과들. 우측 열: 그림 10.6(a)의 오리지널 영상에서 쓸모없는 디테일은 줄이면서 주요 특징을 드러내기 위해서 대화식으로 얻은 결과들. 캐니 에지 검출기가 가장 좋은 결과를 보여줌.

든 점을 $n(n(n-1))/2 \sim n^3$번 비교해야 하는 문제가 있다. 이러한 접근 방식은 대부분의 응용에서 계산상 거의 적용하기 어렵다.

한편, 하프 변환에서는 점 (x_i, y_i)와 이 점을 지나는 모든 선들을 고려한다. 점 (x_i, y_i)를 통과하는 선들은 무한히 많으며, 그 선들은 모두 특정 a, b값들에 대해 기울기-절편 직선 공식 $y_i = a_i x + b$를 만족한다. 이 식을 $b = -ax_i + y_i$로 쓰고 ab-평면(파라미터 공간(*parameter space*)으로도 불림)을 고려하면, 고정된 쌍 (x_i, y_i)에 대한 하나의 직선 식이 만들어진다. 또한, 두 번째 점 (x_j, y_j)도 파라미터 공간에서 그에 해당하는 직선을 가지며, 이 직선은 (a', b')에서 (x_i, y_i)에 해당하는 선과 교차한다. 여기서 a'과 b'은 각각 xy-평면에서 (x_i, y_i)와 (x_j, y_j)를 모두 포함하는 직선의 기울기와 절편이다. 사실상, 이 직선상의 모든 점은 파라미터 공간에서 직선을 가지며 이들은 (a', b')에서 교차한다. 그림 10.8이 이 개념을 예시한다.

원칙적으로, xy-평면의 모든 영상 점들 (x_k, y_k)에 대해 파라미터 공간 직선들을 그릴 수 있으며, 파라미터 공간에서 여러 개의 직선이 교차하는 점을 식별해서 xy-평면의 주요 직선들을 찾아낼 수 있다. 그러나 이 접근 방법을 실제 적용할 때 문제가 있는데, 직선이 수직 방향으로 접근해 갈 때 a(직선 기울기)가 무한대로 간다는 것이다. 이 문제를 피해가는 한 가지 방법은 다음과 같은 직선의 **법선공식**(*normal representation*)을 사용하는 것이다.

$$x\cos\theta + y\sin\theta = \rho$$

그림 10.9(a)가 파라미터 ρ와 θ의 기하적 해석을 보여준다. 수평선은 $\theta = 0°$, ρ는 양의 x-절편이다. 비슷하게, 수직선은 $\theta = 90°$이고 ρ는 양의 y-절편 또는 $\theta = -90°$이고 ρ는 음의 y-절편이다. 그림 10.9(b)의 각 정현 곡선은 특정 점 (x_i, y_i)를 지나는 직선군을 나타낸다. 교차점 (ρ', θ')이 두 점 (x_i, y_i)와 (x_j, y_j)를 지나는 선에 해당한다.

그림 10.9(a)의 각도를 보인 방식을 관례로 따른다. 그러나, 툴박스는 양의 수평축을 기준으로 θ를 측정(시계 방향이 양의 각도)하며, 범위를 [−90°, +90°]로 제한한다. 예를 들어, 우리의 그림의 −16°는 툴박스의 116°에 해당한다. 툴박스는 이 각도를 106° − 180° = −74° 연산에 의해 허용 범위로 옮긴다.

하프 변환은 그림 10.9(c)에 예시한 것 같이 $\rho\theta$ 파라미터 공간을 소위 **누적기 셀**

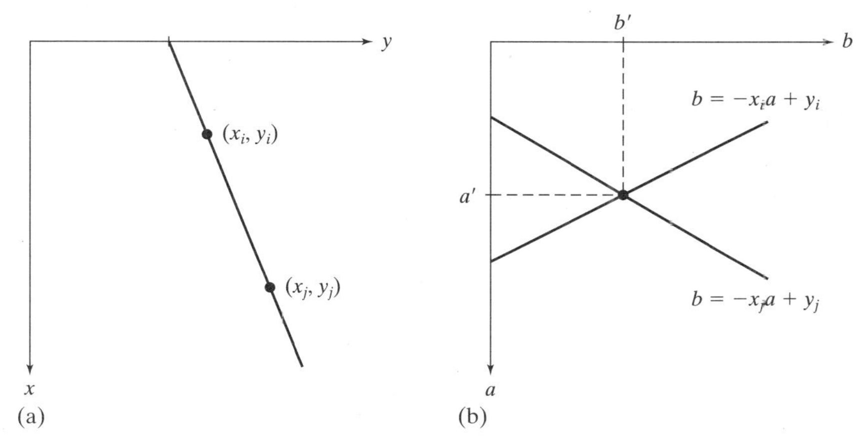

그림 10.8 (a) xy-평면. (b) 파라미터 공간.

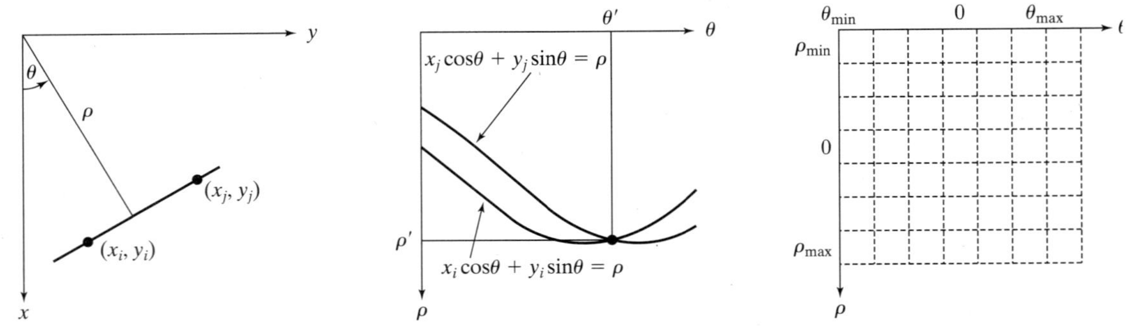

(a) (b) (c)

그림 10.9 (a) xy-평면의 직선의 파라미터화. (b) $\rho\theta$-평면의 정현 곡선들; 교차점 (ρ', θ')은 두 점 (x_i, y_i)와 (x_j, y_j)를 연결하는 직선의 파라미터에 해당한다. (c) $\rho\theta$-평면을 누적기 셀들로 분할한 그림.

(*accumulator cell*)들로 나눔으로써 계산상 이점을 가지게 된다. 그림에서, $[\rho_{min}, \rho_{max}]$와 $[\theta_{min}, \theta_{max}]$는 파라미터 값들의 예상 범위이다. 대개 이 값들의 최대 범위는 $-90° \le \theta \le 90°$와 $-D \le \rho \le D$이고, D는 영상의 마주보는 코너들 사이의 최장 거리이다. 누적기 값이 $A(i, j)$인 좌표 (i, j)의 셀은 파라미터 공간 좌표 (ρ_i, θ_j)와 관련된 사각형에 해당한다. 이 셀들의 초기치는 0이다. 그런 다음, 배경이 아닌 영상 평면(즉, xy-평면)의 모든 점 (x_k, y_k)에 대해서, θ를 θ축 상의 허용된 구획 값들 각각으로 놓고, 공식 $\rho = x_k \cos\theta + y_k \sin\theta$를 사용해서 ρ에 대해서 푼다. 그런 다음, 결과 ρ값들을 ρ-축을 따라서 허용된 가장 가까운 셀 값으로 전환한다. 그런 다음, 해당 누적기 셀을 증가시킨다. 이 절차가 끝나면, 셀 $A(i, j)$의 값 Q는 xy-평면의 Q개의 점들이 직선 $x \cos\theta_j + y \sin\theta_j = \rho_i$에 놓여 있음을 의미한다. $\rho\theta$-평면 구획 수가 이 점들의 공선성 정확도를 결정한다. 툴박스에서는 누적기 배열을 **하프 변환 매트릭스** 또는 간단하게 **하프 변환**이라고 부른다.

10.2.2 툴박스 하프 함수들

IPT는 하프 변환과 관련된 세 개의 함수를 제공한다. 함수 `hough`는 앞 절의 개념들을 구현하며, 함수 `houghpeaks`는 하프 변환의 피크(높은 값의 누적기 셀)들을 찾아내며, 함수 `houghlines`는 다른 두 함수에서 얻은 결과에 기반해서 오리지널 영상에서 선분들을 추출한다.

함수 hough

함수 `hough`의 디폴트 문법은

hough

```
[H, theta, rho] = hough(f)
```

이며, 완전한 문법 형태는

```
[H, theta, rho] = hough(f, 'ThetaRes', val1, 'RhoRes', val2)
```

이다. 여기서 H는 하프 변환 매트릭스이며, theta(도 단위)와 rho는 하프 변환 매트릭스가 생성된 θ와 ρ의 벡터들이다. 입력 f는 이진 영상이고; val1은 0과 90 사이의 스칼라로서 θ-축 방향의 하프 변환 빈(bin)들을 지정하며(디폴트는 1); val2는 범위 0 < val2 < hypot(size(I, 1), size(I, 2))의 실수 스칼라로서 ρ-축 방향의 하프 변환 빈들의 간격을 지정한다(디폴트는 1).

예제 10.5

하프 변환의 예시.

■ 이 예제에서는 간단한 합성 영상을 사용해서 hough 함수의 메커니즘을 예시한다:

```
>> f = zeros(101, 101);
>> f(1, 1)     = 1;  f(101, 1) = 1; f(1, 101) = 1;
>> f(101, 101) = 1;  f(51, 51) = 1;
```

그림 10.10(a)가 시험 영상을 보여준다. 그 다음, 디폴트 값들로 하프 변환을 계산하고 표시한다:

```
>> H = hough(f);
>> imshow(H, [ ])
```

그림 10.10(b)가 결과를 보여준다. imshow를 사용하는 익숙한 방법으로 표시했다. 때때로 하프 변환을 축에 레이블을 표시하고 더 크게 확대해서 그리면 더 좋다. 다음 코드 조각에서는 hough를 모든 출력 파라미터를 사용해서 호출한다. 그런 다음, theta와 rho 벡터들을 추가 입력 인자로 imshow에 전달해서, 수평/수직 축 레이블링을 조절한다. 또한 imshow에 'InitialMagnification' 옵션을 값 'fit'와 함께 전달해서 전체 영상이 그림창에 맞춰지게 한다. 함수 axis는 축 레이블링을 활성화하고, 출력이 직사각형 그림 모양을 채우게 만들기 위해 사용된다. 끝으로 함수 xlabel과 ylabel(2.3.1절 참고)은 그리스 문자를 표시하기 위해 LaTeX-스타일 표기를 사용해서 축에 레이블을 붙이기 위해 사용된다:

```
>> [H, theta, rho] = hough(f);
>> imshow(H,[],'XData',theta,'YData',rho,'InitialMagnification','fit')
>> axis on, axis normal
>> xlabel('\theta'), ylabel('\rho')
```

그림 10.10(c)가 레이블링된 결과를 보여준다. $\pm 45°$에서의 세 곡선(직선도 곡선으로 간주)의 교차는 f에 동일 선상에 놓인 세 점들의 집합이 두 개가 있음을 나타낸다. $(\rho, \theta) = (0, -90), (-100, -90), (0, 0), (100, 0)$에서의 두 곡선의 교차는 네 개의 수직선 또는 수평선 각각에 점이 두 개씩 놓여 있음을 나타낸다.

함수 houghpeaks

선 검출 및 연결을 위해서 하프 변환을 이용할 때의 첫 단계는 높은 카운트(툴박스 문서에서는 높은 셀 값을 피크라고 부른다)의 누적기 셀을 찾는 것이다. 하프 변환의

그림 10.10 (a) 5개의 점이 있는 이진 영상(4개의 점이 각 꼭지점에 위치함). (b) `imshow`를 이용해서 그린 하프 변환. (c) 축 레이블과 함께 표시한 하프 변환. [(a)의 점들은 알아보기 쉽도록 확대되었음.]

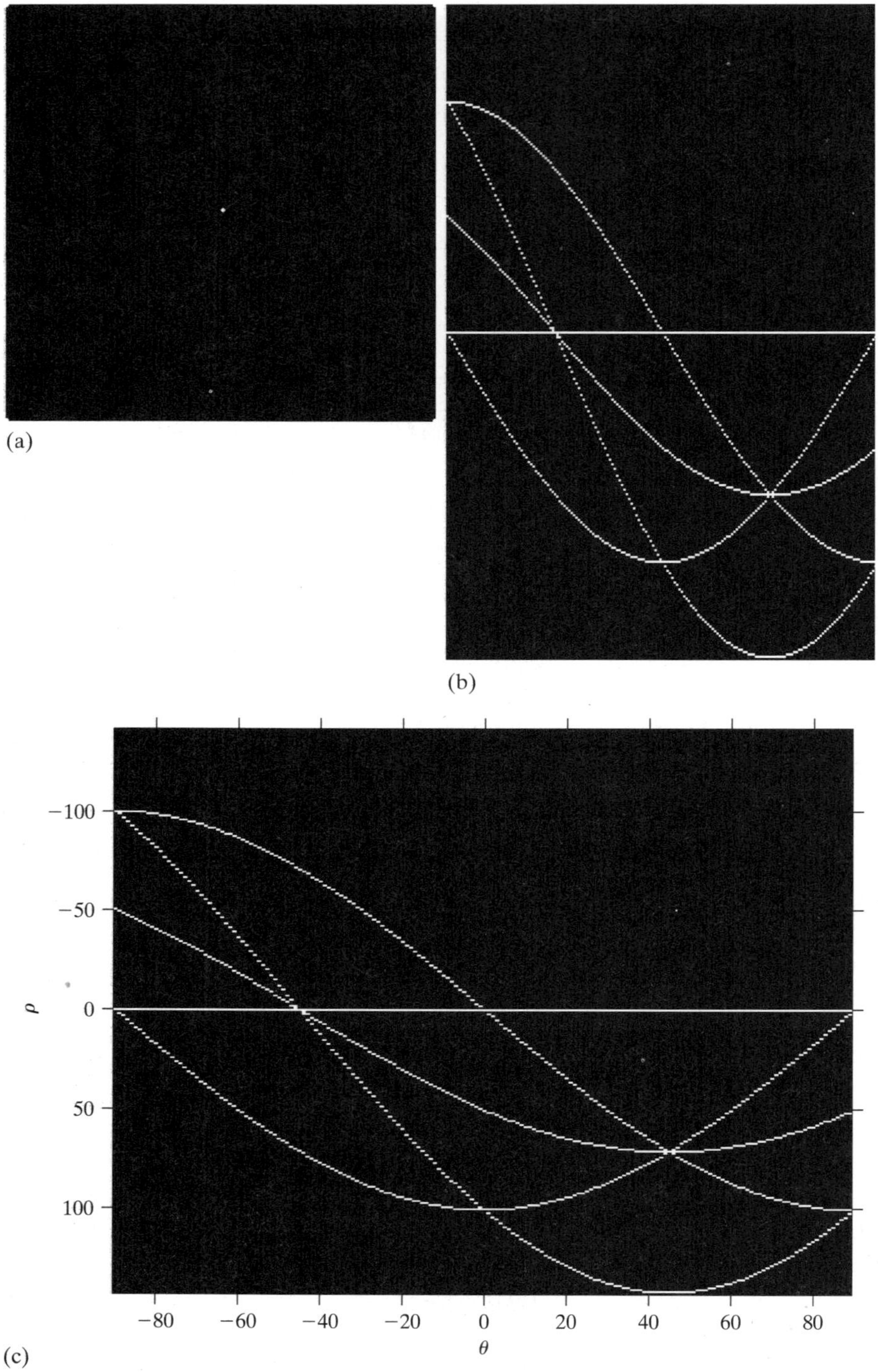

파라미터 공간에서의 양자화와, 보통 영상의 에지들이 완벽한 직선이 아니라는 사실 때문에, 하프 변환 피크가 둘 이상의 하프 변환 셀에 놓이는 경향이 있다. 함수 houghpeaks가 디폴트 문법

```
peaks = houghpeaks(H, NumPeaks)
```

houghpeaks

또는 완전한 문법 형태

```
peaks = houghpeaks(..., 'Threshold', val1, 'NHoodSize', val2)
```

를 사용해서, 지정된 피크 수(NumPeaks)를 찾아낸다. 여기서 "..."은 디폴트 문법의 입력들을 나타내며, peaks는 $Q \times 2$ 매트릭스로서 피크들의 행 및 열 좌표들을 담으며; Q의 범위는 0에서 NumPeaks까지이다. H는 하프 변환 매트릭스이다. 파라미터 val1은 음수가 아닌 스칼라로서 H의 어떤 값들이 피크로 간주되는지를 지정한다; val1은 0부터 Inf까지 변할 수 있으며, 디폴트는 0.5*max(H(:))이다. 파라미터 val2는 두 개의 홀수를 갖는 벡터로서 각 피크 주위의 이웃 크기를 지정한다. 이웃의 요소들은 피크가 식별된 후 0으로 설정된다. 디폴트는 size(H)/50 이상의 최소 홀수 값들로 구성된 2-요소 벡터이다. 이 절차의 배경이 되는 기본 개념은 피크가 발견된 바로 옆 이웃의 하프 변환 셀들을 0으로 설정해서 피크들을 정리하는 것이다. 예제 10.6에서 houghpeaks를 예시한다.

함수 **houghlines**

하프 변환에서 후보 피크들이 식별되고 나면, 그 피크들과 관련된 의미 있는 선분들이 있는지 여부와, 선분들의 시작과 끝의 위치를 결정해야 한다. 함수 houghlines는 이 작업을 디폴트 문법

```
lines = houghlines(f, theta, rho, peaks)
```

houghlines

또는, 완전한 문법 형태

```
lines = houghlines(..., 'FillGap', val1, 'MinLength', val2)
```

를 사용해서 수행한다. 여기서 theta와 rho는 함수 hough로부터의 출력들이며, peaks는 함수 houghpeaks의 출력이다. 출력 lines는 구조체 배열이며, 배열 길이는 발견된 선분 수와 같다. 이 구조체의 각 요소는 한 선분을 식별하며, 다음 필드들을 가진다:

- point1: 선분의 한쪽 끝점의 행 및 열 좌표들을 지정하는 2-요소 벡터 [r1, c1].
- point2: 선분의 다른 쪽 끝점의 행 및 열 좌표들을 지정하는 2-요소 벡터 [r2, c2].

- theta: 선분과 관련된 하프 변환 빈의 도 단위 각도.
- rho: 선분과 관련된 하프 변환 빈의 ρ-축 위치.

나머지 파라미터들은 다음과 같다: val1은 같은 하프 변환 빈에 해당하는 두 선분 간의 거리를 규정하는 양의 스칼라이다. 선분 간 거리가 규정된 값보다 작으면, 함수 houghlines가 단일 선분으로 합친다(디폴트 거리는 20화소). 파라미터 val2는 합쳐진 직선들이 유지 또는 폐기되어야 할지를 규정하는 양의 스칼라이다. val2에 규정된 값보다 짧은 직선은 폐기된다(디폴트는 40).

예제 10.6

선 검출과 연결을 위해 하프 변환을 사용하기.

■ 이 예제에서는 그림 10.7(f)의 이진 영상 f에서 선분들을 찾기 위해서 hough, houghpeaks, houghlines 함수를 사용한다. 먼저, 디폴트보다 작은 각도 간격(1.0 대신에 0.2)을 사용해서 하프 변환을 계산 및 표시한다:

```
>> [H, theta, rho] = hough(f, 'ThetaResolution', 0.2);
>> imshow(H, [], 'XData', theta, 'YData', rho, 'InitialMagnification', 'fit')
>> axis on, axis normal
>> xlabel('\theta'), ylabel('\rho')
```

그 다음, houghpeaks 함수를 사용해서, 예를 들어 5개의 주요 하프 변환 피크를 찾아낸다:

```
>> peaks = houghpeaks(H, 5);
>> hold on
>> plot(theta(peaks(:, 2)), rho(peaks(:, 1)), ...
         'linestyle', 'none', 'marker', 's', 'color', 'w')
```

앞 연산들은 하프 변환을 계산 및 표시하고, 함수 houghpeaks의 디폴트 설정으로 찾아낸 다섯 피크의 위치들을 중첩 표시한다. 그림 10.11(a)가 그 결과들을 보여준다. 예를 들어, 맨 왼쪽의 작은 정사각형은 툴박스 각도 기준으로 대략 −74°[그림 10.9(a)에서는 −16°—툴박스가 사용하는 하프 각도 관례에 관한 설명에 대해서는 그 그림과 관련된 측주를 참고한다]만큼 기울은 지붕과 관련된 누적기 셀을 식별한다.

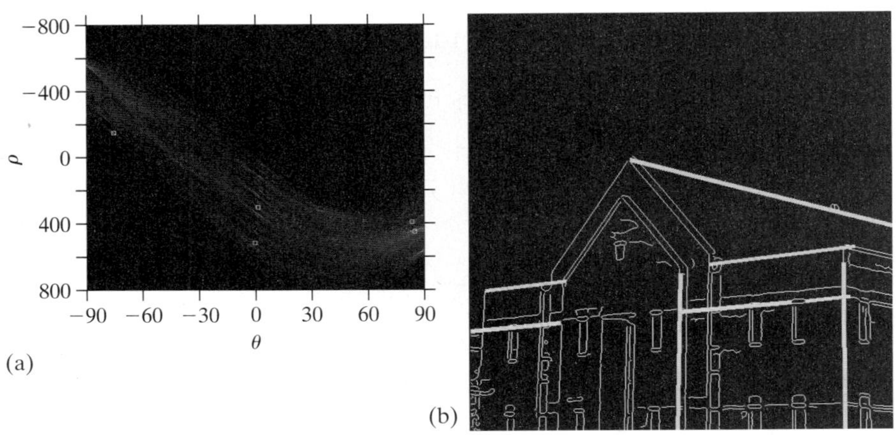

그림 10.11 (a) 5개의 피크 위치들이 선택된 하프 변환. (b) 하프 변환 피크들에 해당하는 선분들(굵은 선).

끝으로, houghlines 함수를 사용해서 선분들을 찾아내서 연결하고, 함수 imshow, hold on, plot을 사용해서 원래의 이진 영상 위에 선분들을 중첩시킨다:

```
>> lines = houghlines(f, theta, rho, peaks);
>> figure, imshow(f), hold on
>> for k = 1:length(lines)
xy = [lines(k).point1 ; lines(k).point2];
plot(xy(:,1), xy(:,2), 'LineWidth', 4, 'Color', [.8 .8 .8]);
end
```

그림 10.11(b)가 결과 영상을 보여준다. 검출된 선분들이 두꺼운 회색 선들로 중첩되어 있다.

10.3 문턱처리 Thresholding

영상 문턱처리는 직관적 특성과 구현의 단순성 때문에 영상 분할 응용에서 중심적인 지위를 향유하고 있다. 앞 장들의 다양한 논의에서 문턱처리를 사용했었다. 이 절에서는 문턱치를 자동으로 선정하는 방법에 관해 논의하고, 지역 영상 속성에 기반해서 문턱치를 바꾸는 방법을 고찰한다.

10.3.1 기초

그림 10.12(a)에 보인 밝기 히스토그램이 객체와 배경의 화소들이 두 개의 지배적인 모드로 모여 있는, 어두운 배경에 밝은 객체가 있는 영상 $f(x, y)$에 해당한다고 하자. 배경으로부터 객체를 추출하는 한 가지 분명한 방법은 이들 두 도드를 분리하는 문턱치 T를 고르는 것이다. 그러고 나면, $f(x, y) > T$인 모든 영상 점 (x, y)는 **객체점** (또는 **전경점**)이라 불리고, 그렇지 않은 점들은 **배경점**이라 불린다(밝은 배경 위의 어두운 객체에 대해서는 그 반대). 문턱처리된 (이진) 영상 $g(x, y)$는

객체점과 전경점 용어들을 혼용한다.

$$g(x,y) = \begin{cases} a & \text{if } f(x,y) > T \\ b & \text{if } f(x,y) \le T \end{cases}$$

로 정의된다. a로 레이블링된 화소들은 객체에 해당하고, b로 레이블링된 화소들은 배경에 해당한다. 관례적으로 $a = 1$(백색), $b = 0$(흑색)이다.

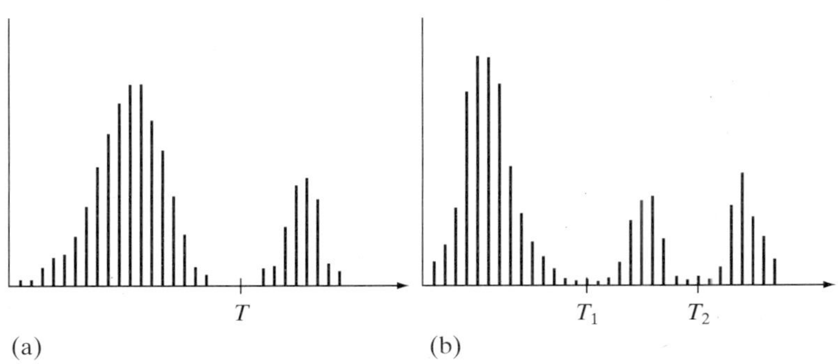

그림 10.12 (a) 단일 문턱치와 (b) 이중(double) 문턱치로 분할될 수 있는 밝기 히스토그램들. 이들은 각각 이중 모드(*bimodal*)와 삼중 모드(*trimodal*) 히스토그램이다.

T가 전체 영상에 적용되는 상수일 때, 앞의 공식을 **전역적 문턱처리**(*global thresholding*)라고 부른다. T의 값이 영상에 거쳐 바뀔 때, **가변 문턱처리**라는 용어를 사용한다. **지역적**(*local* **또는** *regional*) **문턱처리**란 용어가 가변 문턱처리를 나타내는 데 사용되기도 하며, 여기서는 영상의 점 (x, y)에서의 T값이 (x, y)의 이웃의 속성(예: 이웃 화소들의 평균 밝기)에 따라 달라진다. 만일 T가 공간 좌표 (x, y) 자체에 종속된다면, 가변 문턱처리를 **동적 문턱처리** 또는 **적응적 문턱처리**라고 부르기도 한다. 이 용어들은 보편적이지 않으나, 영상처리 문헌에서 사용되는 걸 볼 수 있을 것이다.

그림 10.12(b)는 더 어려운 문턱처리 문제를 보여준다. 이 히스토그램은 예를 들어, 어두운 배경에 두 가지 밝은 객체가 있는 경우에 해당하는 세 개의 지배적인 모드를 갖고 있다. 이 경우, **다중**[**이원적**(*dual*)] **문턱처리**가 만일, $f(x, y) \le T_1$이면 (x, y)의 화소를 배경에 속하는 것으로, 만일 $T_1 < f(x, y) \le T_2$이면 한 객체 클래스에 속하는 것으로, 만일 $f(x, y) > T_2$이면 다른 객체 클래스에 속하는 것으로 분류한다. 즉, 분할된 영상이

$$g(x, y) = \begin{cases} a & \text{if } f(x, y) > T_2 \\ b & \text{if } T_1 < f(x, y) \le T_2 \\ c & \text{if } f(x, y) \le T_1 \end{cases}$$

으로 주어진다. 여기서 a, b, c는 서로 다른 밝기 값이다. 셋 이상의 문턱치를 필요로 하는 분할 문제는 해결하기 어려우며(불가능할 때도 있다), 보통 10.3.6과 10.3.7절에서 논의되는 가변 문턱처리나 10.4절에서 논의되는 영역 성장 같은 방법들이 더 나은 결과를 제공한다.

앞의 논의에 기반해서, 밝기 문턱처리의 성공이 히스토그램 모드들을 분리하는 계곡(들)의 폭과 깊이에 직접 관련된다고 결론 내린다. 결과적으로, 계곡(들)의 속성에 영향을 주는 핵심 요인들은 다음과 같다: (1) 피크 간 분리도(피크들이 서로 멀리 떨어져 있을수록 모드 분리 가능성이 높다); (2) 영상의 노이즈(노이즈가 증가하면 모드가 넓어진다); (3) 객체와 배경의 상대적 크기; (4) 조명원의 균일성; (5) 영상의 반사 특성의 균일성. (이 요인들이 문턱처리 방법들의 성공에 어떻게 영향을 미치는지에 관한 자세한 논의는 Gonzalez와 Woods[2008]를 참고한다.)

10.3.2 기본적인 전역적 문턱처리

문턱치를 선정하는 한 방법은 영상 히스토그램을 시각적으로 검사하는 것이다. 예를 들어, 그림 10.12(a)의 히스토그램은 뚜렷이 구분되는 두 개의 모드를 가지므로, 그들을 분리하는 문턱치 T를 쉽게 선정할 수 있다. T를 선정하는 또 다른 방법은 관찰자가 판단하기에 좋은 결과가 나올 때까지 문턱치를 바꾸는 시행착오에 의한 것이다. 이것은 사용자가 **위짓**(*widget*, 슬라이더와 같은 그래픽 컨트롤)을 사용해서 문턱치를 바꾸고 그 결과를 바로 관찰할 수 있게 하는 것 같은 대화형 환경에서 특히 효과적이다.

영상처리에서 일반적으로 선호되는 방식은 영상 데이타에 기반해서 문턱치를 자동으로 선택할 수 있는 알고리듬을 사용하는 것이다. 다음의 반복적 절차가 그런 방식 중 하나이다:

1. 전역 문턱치 T의 초기 추정치를 선정한다.

2. T로 영상을 분할해서, 밝기 값이 T보다 큰 화소들로 구성되는 G_1, 그리고 T 이하인 화소들로 구성되는 G_2의 두 화소 그룹으로 나눈다.

3. G_1과 G_2 영역의 화소들에 대해 각각의 평균 밝기 값 m_1과 m_2를 계산한다.

4. 새 문턱치를 계산한다:

$$T = \frac{1}{2}(m_1 + m_2)$$

5. 연속되는 반복 간에 T의 차이가 미리 정해놓은 값인 ΔT 보다 작아질 때까지 단계 2부터 4까지를 반복한다.

6. 함수 `im2bw`를 사용해서 영상을 분할한다:

```
g = im2bw(f, T/den)
```

여기서 `den`은 함수 `im2bw`를 위해 `T/den` 비의 최대값을 `1`로 스케일링하는 정수(예: 8-비트 영상에 대해서는 `255`)이다.

파라미터 ΔT는 속도가 중요한 이슈인 상황에서 반복 횟수를 조정하는 데 사용된다. 일반적으로 ΔT가 클수록 알고리듬이 반복되는 횟수는 줄어들 것이다. 초기 문턱치가 영상의 최소와 최대 밝기 레벨 사이(평균 밝기 값은 T의 좋은 초기값이다)에서 선정된다면 유한한 단계 안에 알고리듬이 수렴한다는 것을 증명할 수 있다(Gonzalez와 Woods [2008]). 객체나 배경과 관련된 히스토그램 모드들 사이에 제법 분명한 계곡이 있다면 이 알고리듬이 잘 분할한다. 이 절차를 MATLAB으로 구현하는 방법을 다음 예제에서 보여준다.

예제 10.7

전역 문턱치를 계산하기.

■ 방금 전개된 기본적인 반복법은 `f`가 그림 10.13(a)의 영상이라고 할 때 다음과 같이 구현될 수 있다:

```
>> count = 0;
>> T = mean2(f);
>> done = false;
>> while ~done
     count = count + 1;
     g = f > T;
     Tnext = 0.5*(mean(f(g)) + mean(f(~g)));
```

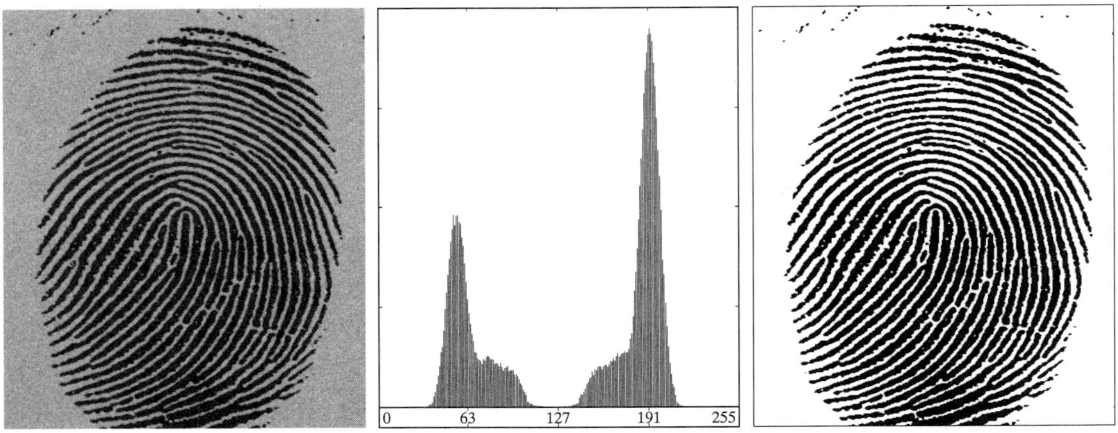

(a) (b) (c)

그림 10.13 (a) 노이즈 낀 지문. (b) 히스토그램. (c) 전역 문턱치를 사용해서 분할한 결과(경계는 편의상 추가된 것임). (사진 제공: National Institute of Standards and Technology)

```
      done = abs(T - Tnext) < 0.5;
      T = Tnext;
end
>> count
count =
      2
>> T
T =
    125.3860
>> g = im2bw(f, T/255);
>> imshow(f) % Fig. 10.13(a).
>> figure, imhist(f) % Fig. 10.13(b).
>> figure, imshow(g) % Fig. 10.13(c).
```

이 알고리듬은 2회 반복만에 수렴했으며, 그레이스케일의 중간점 근처의 문턱치를 얻었다. 히스토그램의 모드들이 멀리 떨어져 있기 때문에 깨끗한 분할이 기대되었다.

10.3.3 Otsu 방법을 이용한 최적 전역적 문턱처리

영상 히스토그램의 성분들을 다음과 같이 표기하기로 하자:

$$p_q = \frac{n_q}{n} \qquad q = 0, 1, 2, \ldots, L-1$$

여기서 n은 영상의 전체 화소 수, n_q는 밝기 레벨이 q인 화소 수, L은 영상의 가능한 전체 밝기 레벨 수이다(밝기 레벨이 정수 값임을 기억하라). 이제 k를 문턱치로 선정하고, C_1은 레벨이 $[0, 1, 2, \ldots, k]$인 화소들의 집합, C_2는 레벨이 $[k+1, \ldots, L-$

1]인 화소들의 집합이라고 하자. 오쓰(Otsu)의 방법(Otsu [1979])은 아래와 같이 정의되는 **클래스 간 분산**(*bwteen-class ariance*) $\sigma_B^2(k)$를 최대화하는 문턱치 k를 선정한다는 면에서 최적이다.

$$\sigma_B^2(k) = P_1(k)\left[m_1(k) - m_G\right]^2 + P_2(k)\left[m_2(k) - m_G\right]^2$$

여기서 $P_1(k)$는 집합 C_1의 발생 확률이다:

$$P_1(k) = \sum_{i=0}^{k} p_i$$

예를 들어, 만일 $k = 0$으로 설정한다면, 집합 C_1은 화소가 그에 배정될 확률이 0이다. 마찬가지로, 집합 C_2의 발생 확률은

$$P_2(k) = \sum_{i=k+1}^{L-1} p_i = 1 - P_1(k)$$

이다. $m_1(k)$와 $m_2(k)$ 항들은 각각 집합 C_1과 C_2의 화소들의 평균 밝기이다. m_G 항은 전역 평균(전체 영상의 평균 밝기)이다:

$$m_G = \sum_{i=0}^{L-1} ip_i$$

또한, 레벨 k까지의 평균 밝기는

$$m(k) = \sum_{i=0}^{k} ip_i$$

로 주어진다. $\sigma_B^2(k)$의 공식을 전개하고 $P_2(k) = 1 - P_1(k)$라는 사실을 이용하면, 클래스 간 분산을

$$\sigma_B^2(k) = \frac{\left[m_G P_1(k) - m(k)\right]^2}{P_1(k)\left[1 - P_1(k)\right]}$$

으로 쓸 수 있다. 이 공식은 모든 k값에 대해 두 파라미터 m과 P_1만 계산하면 되므로, 계산상 약간 더 효율적이다(m_G는 단 한 번만 계산된다).

클래스 간 분산을 최대화한다는 개념은 이 분산이 클수록 문턱치가 영상을 적절히 분할할 가능성이 더 높다는 것이다. 이 최적화 척도는 영상에서 직접 얻을 수 있는 파라미터들에 전적으로 기반한다는 사실을 주목한다. 또한, k가 범위 $[0, L-1]$의 정수이므로, $\sigma_B^2(k)$의 최대값을 구하는 것은 간단하다: 단순히 k의 모든 가능한 L개 값을 거쳐가면서 분산을 계산하고, 최대 $\sigma_B^2(k)$ 값을 제공하는 k를 고른다. 이 k값이 최적 문턱치이다. 만일 최대값이 유일하지 않으면, 찾아낸 모든 k의 평균을 문턱치로 사용한다.

클래스 간 분산과 전체 영상 밝기 분산 비

$$\eta(k) = \frac{\sigma_B^2(k)}{\sigma_G^2}$$

는 영상 밝기들을 두 클래스(예: 객체들과 배경)로 분리할 때의 척도로서, 범위

$$0 \le \eta(k^*) \le 1$$

을 가짐을 증명할 수 있다. 여기서 k^*가 최적 문턱치이다. 이 척도는 일정한 영상(화소들을 두 클래스로 분리하는 게 절대 불가능)에 대해 최소값, 이진 영상(화소들을 완전히 분리 가능)에 대해 최대값을 얻는다.

툴박스 함수 graythresh가 Otsu 문턱치를 계산한다. 문법은

graythresh

```
[T, SM] = graythresh(f)
```

이며, 여기서 f는 입력 영상, T는 범위 [0, 1]로 정규화된 결과 문턱치, SM은 분리성 척도이다. 영상은 앞 절에서 설명했듯이 함수 im2bw에 의해 분할된다.

예제 10.8

Otsu의 방법과 10.3.2절의 기본적 전역적 문턱처리 기법을 사용한 영상 분할 비교.

■ 그림 10.13(a)의 영상 f를 사용해서 Otsu의 방법과 앞 절의 전역적 문턱처리 기법의 비교를 시작한다:

```
>> [T, SM] = graythresh(f)
T =
    0.4902
SM =
    0.9437
>> T*255
ans =
   125
```

이 문턱치는 앞 절의 기본적 전역적 문턱처리 알고리듬으로 얻은 문턱치와 거의 같으므로, 같은 분할 결과를 기대한다. SM 값이 높으며, 이는 밝기를 두 클래스로 분리할 수 있는 가능성이 높음을 의미한다.

폴리머솜은 폴리머를 사용해서 인공적으로 조작된 세포이다. 폴리머솜은 인간 면역 체계에는 보이지 않기 때문에, 예를 들어, 약물을 신체의 목표 영역에 전달하는데 사용될 수 있다.

그림 10.14(a)(폴리머솜 세포의 영상. f2로 부르자)는 더 어려운 분할 작업을 보여준다. 목표는 세포들의 경계(영상의 가장 밝은 영역들)를 배경에서 분리하는 것이다. 영상 히스토그램[그림 10.14(b)]이 이중 모드와 거리가 멀어서 앞 절의 단순한 알고리듬으로는 적당한 분할을 달성하는 데 어려움이 있을 것으로 예상한다. 그림 10.14(c)의 영상은 그림 10.13(c)를 얻을 때 사용한 것과 같은 절차로 얻어졌다. 알고리듬은 1회 반복만에 수렴했고, 문턱치 T로 169.4를 제공했다. 이 문턱치를 사용해서,

```
>> g = im2bw(f2, T/255);
>> imshow(g)
```

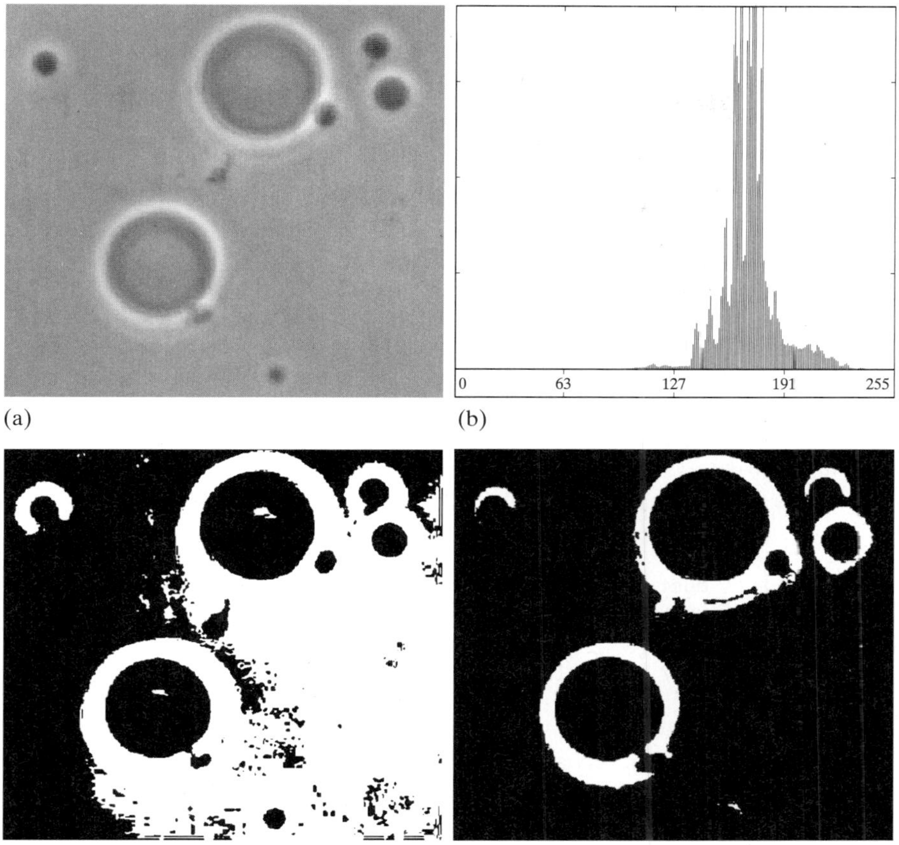

그림 10.14 (a) 오리지널 영상. (b) 히스토그램(낮은 값들을 잘 보이게 하기 위해 높은 피크들을 잘랐다). (c) 10.3.2절의 기본적인 전역적 알고리듬에 의한 분할 결과. (d) Otsu 방법으로 얻은 결과. (사진 제공: the University of Pennsylvania의 Dianiel A. Hammer 교수.)

가 그림 10.14(c)를 만들었다. 볼 수 있듯이, 분할이 성공적이지 못하다.

이제 이 영상을 Otsu 방법으로 분할하자:

```
>> [T, SM] = graythresh(f2);
>> SM
SM =
    0.4662
>> T*255
ans =
   181
>> g = im2bw(f2, T);
>> figure, imshow(g) % Fig. 10.14(d).
```

그림 10.14(d)가 보여주듯이, Otsu 방법을 사용한 분할은 효과적이었다. 분리성 척도 값이 비교적 낮음에도 불구하고 폴리머솜 세포들의 경계가 제법 정확하게 배경으로부터 추출되었다.

클래스 간 분산의 모든 파라미터들이 영상 히스토그램에 기반한다. 곧 알게 되겠지만, 함수 graythresh에서와 같이, 영상보다는 히스토그램을 사용해서 Otsu 문턱치를 계산할 수 있다면 유리한 응용들이 있다. 다음의 주문형 함수가 영상 히스토그램이 주어졌을 때 T와 SM을 계산한다.

otsuthresh

```
function [T, SM] = otsuthresh(h)
%OTSUTHRESH Otsu's optimum threshold given a histogram.
%   [T, SM] = OTSUTHRESH(H) computes an optimum threshold, T, in the
%   range [0 1] using Otsu's method for a given a histogram, H.

% Normalize the histogram to unit area. If h is already normalized,
% the following operation has no effect.
h = h/sum(h);
h = h(:); % h must be a column vector for processing below.

% All the possible intensities represented in the histogram (256 for
% 8 bits). (i must be a column vector for processing below.)
i = (1:numel(h))';

% Values of P1 for all values of k.
P1 = cumsum(h);

% Values of the mean for all values of k.
m = cumsum(i.*h);

% The image mean.
mG = m(end);

% The between-class variance.
sigSquared = ((mG*P1 - m).^2)./(P1.*(1 - P1) + eps);

% Find the maximum of sigSquared. The index where the max occurs is
% the optimum threshold. There may be several contiguous max values.
% Average them to obtain the final threshold.
maxSigsq = max(sigSquared);
T = mean(find(sigSquared == maxSigsq));

% Normalized to range [0 1]. 1 is subtracted because MATLAB indexing
% starts at 1, but image intensities start at 0.
T = (T - 1)/(numel(h) - 1);

% Separability measure.
SM = maxSigsq / (sum(((i - mG).^2) .* h) + eps);
```

이 함수가 graythresh와 같은 결과를 제공한다는 것은 쉽게 증명된다.

10.3.4 전역적 문턱처리를 개선하기 위해 영상 스무딩을 이용하기

간단한 문턱처리 문제를 노이즈가 난해하게 만들 수 있다. 소스에서 노이즈를 줄일 수 없는데, 문턱처리가 분할 방법으로서 선택되었을 때는 문턱처리 전에 영상을 스무딩시키면 성능이 개선될 때가 있다. 이 접근법을 예제를 사용해서 소개한다.

노이즈가 없을 때는 그림 10.15(a)의 원래 영상은 두 값을 가지며, 두 영상 밝기 값 사이의 임의의 위치의 문턱치를 사용해서 완벽하게 문턱처리될 수 있다. 그림 10.15(a)의 영상은 원래의 2가 영상에 표준 편차가 10 밝기 레벨, 평균이 0인 가우스 노이즈를 더해서 얻은 결과이다. 이 노이즈 낀 영상의 히스토그램[그림 10.15(b)]은 문턱처리가 현상태의 영상에 대해서는 실패할 가능성이 있음을 분명하게 나타낸다. Otsu 방법으로 얻은 그림 10.15(c)의 결과가 이를 확인시켜 준다(객체의 어두운 점들과 배경의 밝은 점들은 문턱처리 오차이며, 따라서 이 분할은 성공과는 거리가 아주 멀다).

그림 10.15(d)는 크기 5×5의 평균 마스크로 노이즈 낀 영상을 스무딩한 결과를 보여주며(영상 크기는 651×814 화소), 그림 10.15(e)는 그 히스토그램이다. 스무딩으로 인한 히스토그램 모양의 개선이 확연하며, 스무딩된 영상에 대한 문턱처리가 거의 완벽할 것으로 기대된다. 그림 10.15(f)가 보여주듯이 실제르 그렇다. 분할되고 스무딩된 영상의 객체와 배경 간의 경계의 작은 왜곡은 경계의 블러링에 의해 야기되었다. 사실상, 영상을 더 심하게 스무딩할수록, 분할된 결과에서 더 많은 경계 오류를 예상해야 한다.

그림 10.15의 영상들을 다음 명령들로 만들었다:

```
>> f = imread('septagon.tif');
```

그림 10.15(a)를 얻기 위해, 함수 imnoise를 사용해서 이 영상에 평균이 0, 표준 편차가 50 밝기 레벨인 가우스 노이즈를 부가했다. 툴박스는 분산을 입력으로 사용하며, 밝기 범위를 [0, 1]로 가정한다. 255개의 레벨을 사용하기 때문에, imnoise의 분산 입력은 $50^2/255^2 = 0.038$이다:

```
>> fn = imnoise(f,'gaussian', 0, 0.038);
>> imshow(fn) % Fig. 10.15(a).
```

그림 10.15의 영상의 나머지는 다음과 같이 생성되었다:

```
>> figure, imhist(fn) % Fig. 10.15(b);
>> Tn = graythresh(fn);
>> gn = im2bw(fn, Tn);
>> figure, imshow(gn)
>> % Smooth the image and repeat.
>> w = fspecial('average', 5);
>> fa = imfilter(fn, w, 'replicate');
>> figure, imshow(fa) % Fig. 10.15(d).
>> figure, imhist(fa) % Fig. 10.15(e).
>> Ta = graythresh(fa);
>> ga = im2bw(fa, Ta);
>> figure, imshow(ga) % Fig. 10.15(f).
```

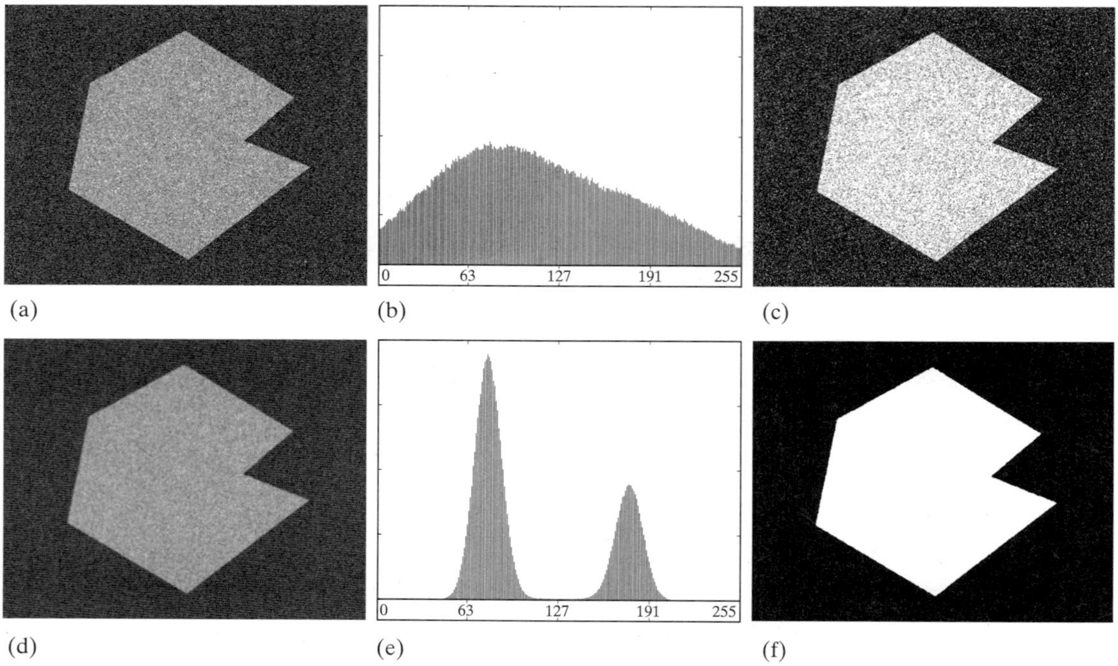

그림 10.15 (a) 노이즈 낀 영상과 (b) 그의 히스토그램. (c) Otsu 방법으로 얻은 결과. (d) 5×5 평균 마스크로 스무딩된 노이즈 낀 영상과 (e) 그의 히스토그램. (f) Otsu 방법으로 문턱처리한 결과.

10.3.5 전역적 문턱처리를 개선하기 위해 에지를 이용하기

앞의 네 절에서의 논의에 기반해서, 만일 히스토그램 피크들이 높고, 좁고, 대칭이고, 깊은 계곡에 의해 분리된다면 "좋은" 문턱치를 고를 가능성이 상당히 개선된다는 결론에 도달한다. 히스토그램 모양을 개선하기 위한 한 접근법은 객체와 배경 사이의 에지의 위 또는 근처에 놓인 화소들만을 고려하는 것이다. 그렇게 하면 히스토그램이 객체와 배경의 상대적 크기에 덜 종속될 것이다. 또한, 이 화소들이 객체에 놓일 확률과 배경에 놓일 확률이 대략 같을 것이며, 그에 따라 히스토그램 피크들의 대칭성이 개선될 것이다. 끝으로 다음 문단에서 설명하듯이, 기울기에 기반하는 어떤 간단한 척도를 충족하는 화소들을 사용하면 히스토그램 피크들 간 계곡을 깊게 만드는 경향이 있다.

방금 논의된 접근법은 객체와 배경 사이의 에지들이 알려져 있다고 가정한다. 객체와 배경을 구분하는 것은 바로 분할의 목표 자체이므로, 물론 이 정보는 분할하는 동안에는 갖고 있지 않다. 그러나 화소가 에지에 놓여 있는지 여부에 관한 **지표**는 기울기 또는 라플라시언의 절대값을 계산해서 얻을 수 있다(영상의 라플라시언이 양과 음 값 모두를 가짐을 기억하라). 일반적으로 어느 방법을 사용하든 얻는 결과는 비슷하다.

입력 영상을 $f(x, y)$로 표기할 때, 앞의 논의는 다음 알고리듬으로 요약된다:

1. 10.1절에서 논의된 방법들 중 하나로 $f(x, y)$로부터 에지 영상을 계산한다. 에지 영상은 기울기 또는 라플라시언의 절대값일 수 있다.
2. 문턱치 T를 정한다.
3. 단계 2의 문턱치로 단계 1의 영상을 문턱처리해서 이진 영상 $g_T(x, y)$를 만든다. 이 영상은 $f(x, y)$로부터 "강" 에지 화소에 해당하는 화소들을 선정하기 위해 단계 4에서 마커 영상으로 사용된다.
4. $g_T(x, y)$에서 값 1을 갖는 화소들의 위치에 해당하는 $f(x, y)$의 화소들만을 사용해서 히스토그램을 계산한다.
5. 예를 들어 Otsu 방법으로 $f(x, y)$를 전역적으로 분할하기 위해 단계 4로부터의 히스토그램을 사용한다.

관례적으로, T 값을 백분위수†로 지정하며, 문턱치 계산에 사용되는 에지 영상 화소 수가 적도록 T값을 보통 높게 설정(예: 90대 후반)한다. 주문형 함수 percnetile2i(부록 C 참고)를 이 목적에 사용할 수 있다. 이 함수는 지정된 백분위수 P에 해당하는 밝기 값 I를 계산한다. 그 문법은

```
I = percentile2i(h, P)
```

이며, 여기서 h는 영상 히스토그램, P는 범위 [0, 1]의 백분위수이다. 출력 I는 P번째 백분위수에 해당하는 밝기 레벨(역시 [0, 1] 범위)이다.

percnetile2i

밝기 값이 주어졌을 때 백분위수를 계산하는 함수 i2percentile(부록 C)도 참고한다.

예제 10.9

전역적 문턱처리를 개선하기 위해 기울기에 기반한 에지 정보를 이용하기.

■ 그림 10.16(a)는 적은 수의 화소로 심하게 축소된 7각형 영상을 보여준다. 이 영상은 평균은 0, 표준편차는 10 밝기 레벨인 가우스 노이즈로 오염되었다. 단일 모드인 그림 10.16(b)의 히스토그램과 훨씬 더 큰 객체를 다뤘던 부정적 경험으로부터, 우리는 전역적 문턱처리가 이 경우 실패할 것으로 결론 내린다. 객체가 배경보다 훨씬 작을 때, 히스토그램에 대한 그들의 기여도는 무시될 수 있다. 에지 정보를 이용하면 이 상황을 개선시킬 수 있다. 그림 10.16(c)는 다음과 같이 얻은 기울기 영상이다:

```
>> f = tofloat(imread('Fig1016(a).tif'));
>> sx = fspecial('sobel');
>> sy = sx';
>> gx = imfilter(f,sx,'replicate');
>> gy = imfilter(f,sy,'replicate');
>> grad = sqrt(gx.*gx + gy.*gy);
>> grad = grad/max(grad(:));
```

여기서 마지막 명령은 grad의 값을 실수 영상에 대해 옳은 범위인 [0, 1]로 정규화한다. 그 다음, grad의 히스토그램을 얻어서 기울기의 문턱치를 추정하는 데 사용한다. 이때 높은

† n번째 백분위수는 주어진 집합의 숫자들의 n%보다 더 큰 최소 숫자이다. 예를 들어, 만일 시험 점수가 95이고 이 점수는 시험을 본 모든 학생들의 80%보다 높다면, 시험 점수와 관련해서 당신은 80번째 백분위수에 있게 되는 것이다. 집합의 가장 작은 수를 0번째 백분위수, 가장 높은 수를 100번째 백분위수로 정의한다.

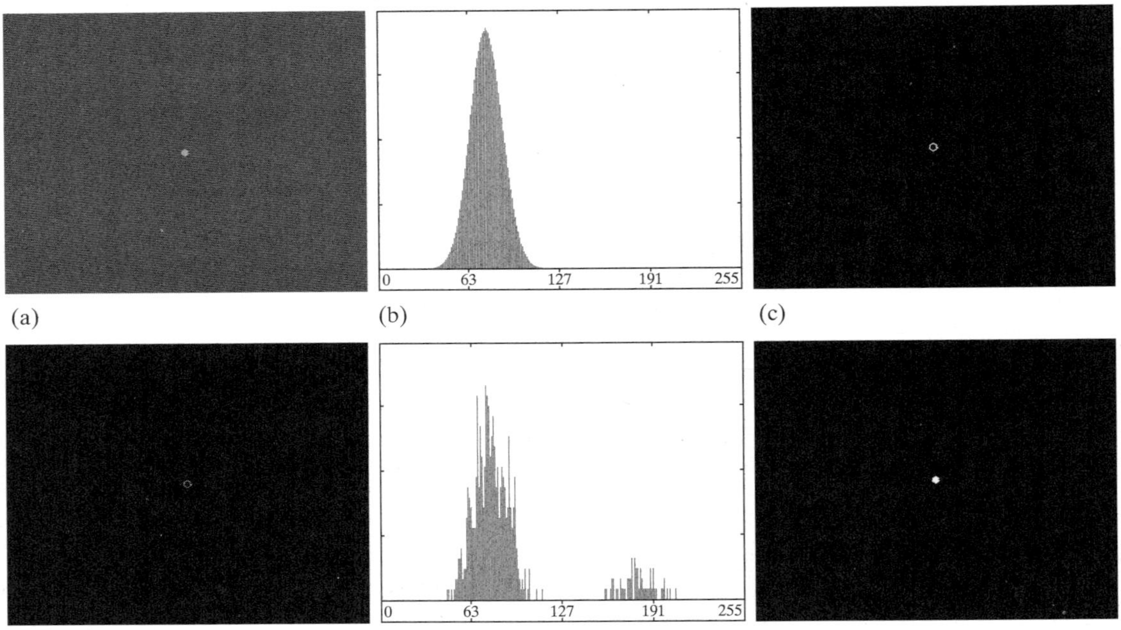

(a) (b) (c)
(d) (e) (f)

그림 10.16 (a) 작은 7각형의 노이즈 낀 영상과 (b) 그의 히스토그램. (c) 99.9 백분위수 레벨에서 문턱처리된 기울기 크기 영상. (d) (a)와 (c)를 곱해서 만든 영상. (e) (d)의 영상에서 0이 아닌 화소들의 히스토그램. (f) (e)의 히스토그램을 사용해서 구한 Otsu 문턱치로 영상 (a)를 분할한 결과. (구한 문턱치는 133.5로서 대략 이 히스토그램의 피크들의 중간쯤이다.)

백분위수(99.9)를 사용한다(기울기 영상의 큰 값들만 유지하기를 원하며, 이들은 객체와 배경의 경계 근처에서 발생한다는 것을 기억하라):

```
>> h = imhist(grad);
>> Q = percentile2i(h, 0.999);
```

여기서 Q는 [0, 1] 범위에 있다. 다음 단계들: Q를 사용해서 기울기를 문턱처리하고, 마커 영상을 만들고, 이를 사용해서 기울기 값이 Q보다 큰 점들을 f로부터 추출하고, 결과의 히스토그램을 얻는다:

```
>> markerImage = grad > Q;
>> figure, imshow(markerImage) % Fig. 10.16(c).
>> fp = f.*markerImage;
>> figure, imshow(fp) % Fig. 10.16(d).
>> hp = imhist(fp);
```

영상 fp는 f의 객체와 배경의 경계 주위의 화소들을 포함한다. 따라서 그 히스토그램에는 0이 지배적이다. 우리가 객체의 경계 주위의 값들을 분할하는 데 관심이 있으므로, 히스토그램에 대한 0들의 기여를 제거할 필요가 있으며, 그래서 hp의 첫 요소를 배제하고 결과 히스토그램을 사용해서 Otsu 문턱치를 얻는다:

```
>> hp(1) = 0;
>> bar(hp, 0) % Fig. 10.16(e).
>> T = otsuthresh(hp);
```

```
>> T*(numel(hp) - 1)
ans =
    133.5000
```

그림 10.16(e)가 히스토그램 hp를 보여준다. 이제 원하는 대로 구별되고, 깊은 계곡에 의해 분리되는 비교적 좁은 피크들을 가지며, 최적 문턱치는 모드들 사이의 중간점 근처에 있다. 따라서, 거의 완벽한 분할을 기대한다:

```
>> g = im2bw(f, T);
>> figure, imshow(g) % Fig. 10.16(f).
```

그림 10.16(f)가 보여주듯이, 영상이 정말 적당히 분할되었다.

예제 10.10

전역적 문턱처리를 개선하기 위해 라플라스 에지 정보를 이용하기.

■ 이 예제에서는 더 복잡한 문턱처리 문제를 고찰하며, 개선된 분할로 이끄는 에지 정보를 얻기 위해 라플라시언을 사용하는 방법을 예시한다. 그림 10.17(a)는 이스트 세포의 8-비트 영상을 보여준다. 우리는 밝은 반점들에 해당하는 영역들을 얻기 위해 전역적 문턱치를 사용하려고 한다. 시작점으로서 그림 10.17(b)가 영상 히스토그램을 보여주며, 그림 10.17(c)는 Otsu 방법을 영상에 직접 사용해서 얻은 결과이다:

```
>> f = tofloat(imread('Fig1017(a).tif'));
>> imhist(f) % Fig. 10.17(b).
>> hf = imhist(f);
>> [Tf SMf] = graythresh(f);
>> gf = im2bw(f, Tf);
>> figure, imshow(gf) % Fig. 10.17(c).
```

Otsu 방법이 밝은 반점들을 검출하려는 원래 목적을 달성하지 못했다. 또한 일부 세포 영역들을 분리할 수 있었으나 오른쪽의 몇몇 분할 영역들은 분리되지 않았다. Otsu 방법으로 계산된 문턱치는 42이었으며, 분리도는 0.636이었다. 다음 단계들은 예제 10.9의 단계들과 비슷하나, 에지 정보를 얻는 데 라플라시언의 절대값을 사용하는 점이 다르다. 문턱처리된 라플라시언의 히스토그램이 이전 예제에서보다 더 성기기 때문에 약간 더 낮은 백분위수를 사용했다:

```
>> w = [-1 -1 -1; -1 8 -1; -1 -1 -1];
>> lap = abs(imfilter(f, w, 'replicate'));
>> lap = lap/max(lap(:));
>> h = imhist(lap);
>> Q = percentile2i(h, 0.995);
>> markerImage = lap > Q;
>> fp = f.*markerImage;
>> figure, imshow(fp) % Fig. 10.17(d).
>> hp = imhist(fp);
>> hp(1) = 0;
>> figure, bar(hp, 0) % Fig. 10.17(e).
>> T = otsuthresh(hp);
>> g = im2bw(f, T);
>> figure, imshow(g) % Fig. 10.17(f).
```

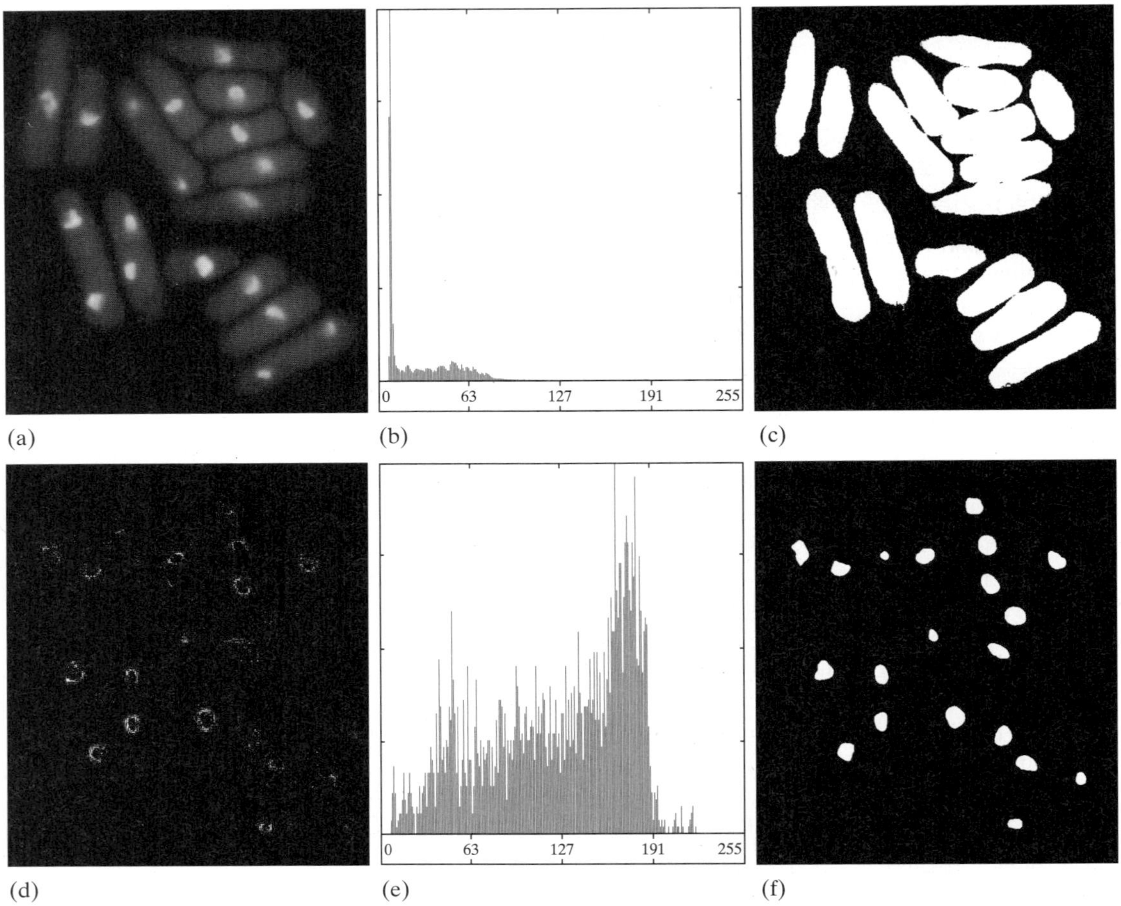

그림 10.17 (a) 이스트 세포 영상. (b) (a)의 히스토그램. (c) 함수 `graythresh`를 이용해서 (a)를 분할한 결과. (d) 마커와 오리지널 영상의 곱. (e) (d)에 있는 0이 아닌 화소들의 히스토그램. (f) (e)의 히스토그램에 기반한 Otsu 방법을 이용해서 문턱처리된 영상. (사진 제공: University of Southern California의 Susan L. Forsburg 교수)

그림 10.17(d)는 `f`와 `markerImage`의 곱을 보여준다. 앞의 논의로부터 예상된 것처럼, 이 영상에서 점들이 밝은 반점들의 에지 근처에 모여있음을 주목한다. 그림 10.17(e)는 (d)에서 0이 아닌 화소들의 히스토그램이다. 끝으로, 그림 10.17(f)는 그림 10.17(e)의 히스토그램에 기반해서 Otsu 방법에 의해 원래 영상을 전역적으로 분할한 결과를 보여준다. 이 결과는 영상의 밝은 반점들의 위치들과 일치한다. Otsu 방법으로 계산한 문턱치는 115이었으며, 분리도는 0.762이었다. 둘 다 영상으로부터 직접 얻은 것보다 높다.

10.3.6 지역 통계 기반 가변 문턱처리

전역적 문턱처리 방법들은 일반적으로 배경 조명이 매우 비균일할 때는 실패한다. 이 문제에 대한 한가지 해결책은 음영(shading) 함수를 추정하고, 이를 이용해서 비균일 밝기 패턴을 보상하고, 위에서 논의된 방법들 중 하나를 사용해서 영상을 전역적으로 문턱처리하는 것이다. 9.6.2절에서 이 접근법의 예를 보았다. 조명의 불규칙성을 보상하기 위해서, 또는 둘 이상의 지배적인 객체 밝기가 존재하는 경우(이 경우도 전역적 문턱처리는 곤란을 겪는다)에 사용되는 다른 접근법은 가변 문턱처리를 사용하는 것이다. 이 접근법은 영상의 모든 점 (x, y)에서 그 이웃 화소들에 대해 지정된 둘 이상의 속성들에 기반해서 문턱치를 계산한다.

영상의 모든 점의 이웃 화소들의 표준편차와 평균을 사용하는 지역적 문턱처리에 대한 기본적 접근 방법을 예시하겠다. 이들 두 수량은 지역 콘트라스트와 평균 밝기의 묘사자이므로 지역 문턱치를 계산하는 데 매우 쓸모 있다. σ_{xy}와 m_{xy}를 영상의 좌표 (x, y)를 중심으로 하는 이웃에 포함된 화소 집합의 표준편차와 평균이라고 하자. 지역 표준편차를 계산하기 위해서, 함수 `stdfilt`를 사용한다. 그 문법은

stdfilt

```
g = stdfilt(f, nhood)
```

이며, 여기서 `f`는 입력 영상이고 `nhood`는 0과 1의 배열로서 0이 아닌 요소들이 지역 표준편차 계산에 사용되는 이웃을 규정한다. `nhood`의 크기는 각 차원에서 홀수이어야 하며, 디폴트 값은 `ones(3)`이다.

지역 평균을 계산하기 위해서, 다음의 주문형 함수를 사용한다:

localmean

```
function mean = localmean(f, nhood)
%LOCALMEAN Computes an array of local means.
%   MEAN = LOCALMEAN(F, NHOOD) computes the mean at the center of
%   every neighborhood of F defined by NHOOD, an array of zeros and
%   ones where the nonzero elements specify the neighbors used in the
%   computation of the local means. The size of NHOOD must be odd in
%   each dimension; the default is ones(3). Output MEAN is an array
%   the same size as F containing the local mean at each point.

if nargin == 1
   nhood = ones(3) / 9;
else
   nhood = nhood / sum(nhood(:));
end
mean = imfilter(tofloat(f), nhood, 'replicate');
```

다음은 지역 평균과 표준편차에 기반하는 보편적인 형태의 가변적 지역 문턱치들이다:

$$T_{xy} = a\sigma_{xy} + bm_{xy}$$

여기서 a와 b는 음이 아닌 상수이다. 다른 유용한 형태는

$$T_{xy} = a\sigma_{xy} + bm_G$$

이며, 여기서 m_G는 전역적 영상 평균이다. 분할된 영상은

$$g(x, y) = \begin{cases} 1 & \text{if } f(x, y) > T_{xy} \\ 0 & \text{if } f(x, y) \le T_{xy} \end{cases}$$

로 계산된다. 여기서 $f(x, y)$는 입력 영상이다. 이 공식은 모든 화소 위치에서 계산 및 적용된다.

위에서와 같이 지역 속성들을 산술적이 아닌 논리적으로 결합하면 지역적 문턱처리가 현저히 보강될 수 있다. 예를 들어, 다음과 같이 논리 AND에 의해 지역적 문턱처리를 정의할 수 있다:

$$g(x, y) = \begin{cases} 1 & \text{if } f(x, y) > a\sigma_{xy} \text{ AND } f(x, y) > bm \\ 0 & \text{otherwise} \end{cases}$$

여기서 m은 위에서 정의된 지역 평균 m_{xy} 또는 전역 평균 m_G이다. 다음 함수는 이 공식을 사용해서 지역 문턱처리를 구현한다. 이 함수의 기본 구조는 다른 논리 및/또는 지역 연산들의 결합을 위해 쉽게 개조될 수 있다.

locathresh

```
function g = localthresh(f, nhood, a, b, meantype)
%LOCALTHRESH Local thresholding.
%   G = LOCALTHRESH(F, NHOOD, A, B, MEANTYPE) thresholds image F by
%   computing a local threshold at the center,(x, y), of every
%   neighborhood in F. The size of the neighborhoods is defined by
%   NHOOD, an array of zeros and ones in which the nonzero elements
%   specify the neighbors used in the computation of the local mean
%   and standard deviation. The size of NHOOD must be odd in both
%   dimensions.
%
%   The segmented image is given by
%
%           1  if (F > A*SIG) AND (F > B*MEAN)
%       G =
%           0  otherwise
%
%   where SIG is an array of the same size as F containing the local
%   standard deviations. If MEANTYPE = 'local' (the default), then
%   MEAN is an array of local means.  If MEANTYPE = 'global', then
%   MEAN is the global (image) mean, a scalar.  Constants A and B
%   are nonnegative scalars.

% Intialize.
f = tofloat(f);

% Compute the local standard deviations.
SIG = stdfilt(f, nhood);
% Compute MEAN.
```

```
if nargin == 5 && strcmp(meantype,'global')
   MEAN = mean2(f);
else
   MEAN = localmean(f, nhood); % This is a custom function.
end

% Obtain the segmented image.
g = (f > a*SIG) & (f > b*MEAN);
```

예제 10.11

전역 및 지역 문턱처리 비교하기.

■ 그림 10.18(a)는 예제 10.10의 영상을 보여준다. 세포들을 배경으로부터 분할하고, 세포체로부터 세포핵(내부의 더 밝은 영역)을 분할하려고 한다. 이 영상은 세 개의 지배적인 밝기 레벨을 가지므로, 이런 분할이 가능할 것으로 기대해도 무리가 없다. 그러나, 단일 전역 문턱치가 이 작업을 할 수 있을 가능성은 거의 없다; Otsu 방법을 보여주는 그림 10.18(b)가 이를 증명한다:

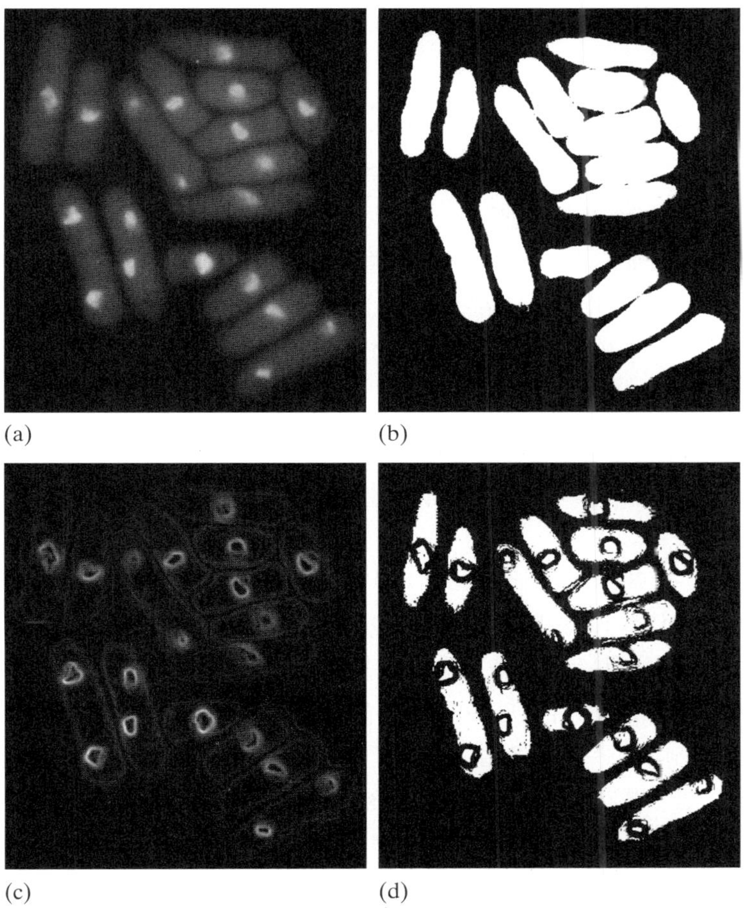

그림 10.18 (a) 이스트 세포 영상. (b) Otsu 방법에 의해 분할된 영상. (c) 지역 표준편차 영상. (d) 지역적 문턱처리에 의해 분할된 영상.

```
>> [TGlobal] = graythresh(f);
>> gGlobal = im2bw(f, TGlobal);
>> imshow(gGlobal) % Fig. 10.18(b).
```

여기서 f는 그림 10.18(a)의 영상이다. 이 그림이 보여주듯이, 배경으로부터 세포들을 부분적으로 분할하는 것은 가능했으나(일부 분할 세포들이 붙어 있다), 세포핵은 추출하지 못했다.

세포핵이 세포체보다 훨씬 더 밝으므로, 지역 표준편차가 세포핵 주위에서는 비교적 크고, 세포 경계 주위에서는 다소 낮을 것으로 예상한다. 그림 10.18(c)가 보여주듯이 이는 사실이다. 따라서 우리는 지역 표준편차에 기반하는 함수 localthresh의 속성이 도움이 될 것이라고 결론 내린다:

```
>> g = localthresh(f, ones(3), 30, 1.5, 'global');
>> SIG = stdfilt(f, ones(3));
>> figure, imshow(SIG, [ ]) % Fig. 10.18(c).
>> figure, imshow(g) % Fig. 10.18(d).
```

그림 10.18(d)가 보여주듯이, 속성을 사용한 분할은 매우 효과적이었다. 세포들이 배경으로부터 낱개로 분할되었으며, 모든 세포핵이 적절히 분할되었다. 함수에 사용된 값들은 이러한 응용들에서 흔히 그렇게 하듯이, 실험에 의해 결정되었다. 배경이 거의 일정하고 모든 객체 밝기가 배경 밝기보다 높거나 낮을 때는 일반적으로 전역 평균을 선택하는 게 더 나은 결과를 제공한다.

10.3.7 이동평균을 이용한 영상 문턱처리

앞 절에서 논의된 지역적 문턱처리의 특수한 경우는 영상의 스캔 선들을 따라서 이동평균을 계산하는 것에 기반한다. 이 구현은 속도가 기본 요건인 문서 처리에서 매우 유용하다. 스캐닝은 조명 바이어스를 줄이기 위해 일반적으로 지그재그 패턴으로 한 줄씩 수행된다. 단계 $k+1$의 스캐닝 시퀀스에서 만나는 점의 밝기를 z_{k+1}으로 나타내기로 하자. 이 새로운 점에서의 **이동평균**(평균 밝기)은

이 공식의 첫 줄은 $k \geq n - 1$에 대해 유효하다. 만일 k가 $n-1$보다 작다면, 가용한 점들을 사용해서 평균이 계산된다. 마찬가지로, 둘째 줄은 $k \geq n + 1$에 대해 유효하다.

$$m(k+1) = \frac{1}{n} \sum_{i=k+2-n}^{k+1} z_i$$
$$= m(k) + \frac{1}{n}(z_{k+1} - z_{k-n})$$

으로 주어진다. 여기서 n은 평균을 계산하는 데 사용된 점들의 수를 나타내며, $m(1) = z_1/n$이다. 이 초기값은 단일 점의 평균이 바로 그 점의 값이므로 엄밀하게는 옳지 않다. 그렇지만, $m(1) = z_1/n$을 사용함으로써 앞의 평균 공식이 처음 시작할 때 특별한 계산이 전혀 필요하지 않다. 이를 보는 다른 관점은, 이게 영상의 경계가 $n-1$개의 0으로 패딩되면 우리가 얻을 값이라고 보는 것이다. 이 알고리듬은 매 행에서가 아니라, 한 번만 초기화된다. 이동평균은 영상의 모든 점에서 계산되므로, 분할은

$$f(x, y) = \begin{cases} 1 & \text{if } f(x, y) > Km_{xy} \\ 0 & \text{otherwise} \end{cases}$$

에 의해 구현된다. 여기서 K는 [0, 1] 범위의 상수이고, m_{xy}는 입력 영상의 점 (x, y)에서의 이동평균이다.

다음 주문형 함수가 방금 논의된 개념들을 구현한다. 이 함수는 MATLAB의 1-D 필터링 함수 `filter`를 사용한다. 기본 문법은

```
Y = filter(c, d, X)
```

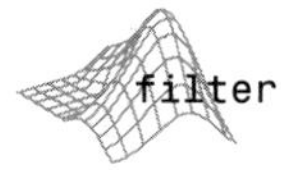

이다. 이 함수는 분자 계수 벡터 `c`와 분모 계수 벡터 `d`로 묘사되는 필터로 벡터 `X`의 데이타를 필터링한다. 만일 `d = 1`(스칼라)이면, `c`의 계수들이 필터를 완전히 정의한다.

movingthresh

```
function g = movingthresh(f, n, K)
%MOVINGTHRESH Image segmentation using a moving average threshold.
%   G = MOVINGTHRESH(F, n, K) segments image F by thresholding its
%   intensities based on the moving average of the intensities along
%   individual rows of the image. The average at pixel k is formed
%   by averaging the intensities of that pixel and its n - 1
%   preceding neighbors. To reduce shading bias, the scanning is
%   done in a zig-zag manner, treating the pixels as if they were a
%   1-D, continuous stream. If the value of the image at a point
%   exceeds K percent of the value of the running average at that
%   point, a 1 is output in that location in G. Otherwise a 0 is
%   output. At the end of the procedure, G is thus the thresholded
%   (segmented) image. K must be a scalar in the range [0, 1].

% Preliminaries.
f = tofloat(f);
[M, N] = size(f);
if (n < 1) || (rem(n, 1) ~= 0)
   error('n must be an integer >= 1.')
end
if K < 0 || K > 1
   error('K must be a fraction in the range [0, 1].')
end

% Flip every other row of f to produce the equivalent of a zig-zag
% scanning pattern. Convert image to a vector.
f(2:2:end, :) = fliplr(f(2:2:end, :));
f = f'; % Still a matrix.
f = f(:)'; % Convert to row vector for use in function filter.

% Compute the moving average.
maf = ones(1, n)/n; % The 1-D moving average filter.
ma = filter(maf, 1, f); % Computation of moving average.
```

```
% Perform thresholding.
g = f > K * ma;

% Go back to image format (indexed subscripts).
g = reshape(g, N, M)';
% Flip alternate rows back.
g(2:2:end, :) = fliplr(g(2:2:end, :));
```

예제 10.12

이동평균에 의한 영상 문턱처리.

■ 그림 10.19(a)는 스폿라이트 명암 패턴에 의해 그늘이 생긴 필기체 영상을 보여준다. 이 형태의 명암 음영은 예를 들어 사진 플래쉬를 사용해서 얻은 영상에서 발생할 수 있다. 그림 10.19(b)는 Otsu의 전역적 문턱처리 방법을 사용한 분할 결과이다:

```
>> f = imread('Fig1119(a).tif');
>> T = graythresh(f);
>> g1 = im2bw(f, T); % Fig. 10.19(b).
```

전역적 문턱처리가 밝기 변화를 극복할 수 없을 것임은 예상 가능하다. 그림 10.19(c)는 이동평균을 사용한 지역적 문턱처리에 의한 성공적인 분할을 보여준다:

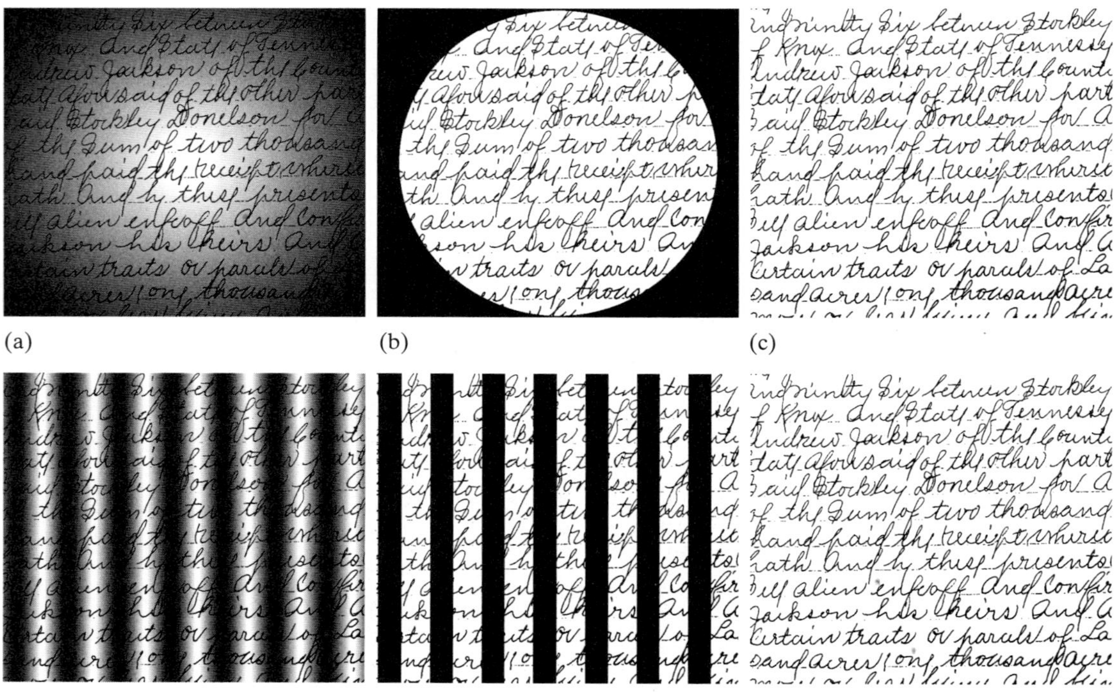

(a) (b) (c) (d) (e) (f)

그림 10.19 (a) 스폿라이트 음영에 의해 오염된 텍스트 영상. (b) Otsu 방법을 사용한 전역적 문턱처리 결과. (c) 이동평균을 사용한 지역적 문턱처리 결과. (d)~(f) 정현파 음영에 의해 오염된 영상에 대해 같은 연산 시퀀스를 사용한 결과들.

```
>> g2 = movingthresh(f, 20, 0.5);
>> figure, imshow(g2) % Fig. 10.19(c).
```

경험에 의해 평균 창의 폭 n을 평균 획 폭의 다섯 배로 놓는다. 이 경우, 평균 폭이 4화소이라서, $n = 20$으로 놓았으며 $K = 0.5$를 사용했다(이 알고리듬은 이 파라미터 값들에 특별히 민감하지는 않다).

이 분할 방법이 효과적임을 보여주기 위한 다른 예로서, 우리는 앞의 문단에서와 똑 같은 파라미터들을 사용해서, 문서 스캐너의 전원이 적절하게 접지되지 않았을 때 발생할 수 있는 전형적인 노이즈인 정현파 명암 변화에 의해 오염된 그림 10.19(d)의 영상을 분할했다. 그림 10.19(e)와 (f)가 보여주듯이, 분할 결과는 그림 10.19의 첫 행의 결과들과 비슷하다.

두 경우 모두에서 n과 K에 똑 같은 값을 사용해서 성공적 결과들이 얻어졌다는 사실은 중요하며, 이는 이 방식의 상대적 견고성을 보여준다. 일반적으로 이동평균에 기반한 문턱처리는 타이핑하거나 손으로 쓴 텍스트처럼, 영상 크기에 비해 관심 객체가 작을 때(또는 가늘 때) 적합하다.

10.4 영역-기반 분할 Region-Based Segmentation

분할의 목표는 영상을 영역들로 나누는 것이다. 10.1절과 10.2절에서는 밝기 레벨의 불연속에 기반해서 영역 간의 경계를 찾는 것에 의해 이 문제를 접근한 반면, 10.3절에서는 밝기값 같은 화소 속성의 분포에 기반한 문턱치들에 의해 분할을 달성했다. 이 절에서는 영역을 직접 찾아내는 것에 기반하는 분할 기법들을 검토한다.

10.4.1 기본 공식

R이 전체 영상 영역을 나타낸다고 하자. 분할을 다음과 같이 R을 n개의 부영역 R_1, $R_2, \ldots R_n$으로 나누는 과정으로 볼 수 있다.

(a) $\bigcup_{i=1}^{n} R_i = R$.

(b) R_i는 연결 영역($i = 1, 2, \ldots, n$).

(c) $R_i \cap R_j = \varnothing$ ($i \neq j$인 모든 i, j에 대해).

(d) $P(R_i) = \text{TRUE}$ ($i = 1, 2, \ldots, n$).

(e) $P(R_i \cup R_j) = \text{FALSE}$ (모든 인접 영역 R_i와 R_j에 대해)

10.4절에서의 논의의 맥락에서, 분리된(disjoint) 두 영역 R_i와 R_j의 합집합이 연결 성분을 형성하면, 둘이 서로 인접한다고 말한다.

여기서, $P(R_i)$는 집합 R_i의 점들에 대해 정의된 논리적인 속성이고, $\varnothing$는 공집합이다.

조건 (a)는 분할이 완전해야 함을 의미한다. 즉, 모든 화소는 한 영역에 있어야 한다. 두 번째 조건은 한 영역 안의 점들이 연결(4- 또는 8-연결)되어 있어야 할 것을 요구한다. 조건 (c)는 영역들이 서로 분리되어 있어야 할 것을 의미한다. 조건 (d)는 분할된 영역에서 화소들이 충족시켜야 하는 속성들을 다룬다—예를 들어, "R_i의 모든 화소들이 같은 밝기 값을 가지면 $P(R_i) = \text{TRUE}$이다". 끝으로, 조건 (e)는 서로 인접한 영역 R_i와 R_j는 속성 P의 측면에서 다름을 나타낸다.

10.4.2 영역 성장법

영역 성장법은 그 이름이 의미하듯이 미리 정해진 성장 기준에 따라 화소들 또는 부영역들을 더 큰 영역들로 군집화하는 절차이다. 기본적인 접근 방법은 "씨앗(seed)" 점들로부터 시작하고 이들로부터, 씨앗과 유사한 미리 정의된 속성들(밝기 레벨 또는 칼라의 특정 범위 같은)을 가진 이웃 화소들을 각 씨앗에 덧붙여서, 영역들을 성장시키는 것이다.

하나 또는 그 이상의 씨앗 점들을 선택하는 것은 예제 10.14에서 보여주듯이 흔히 문제의 성질에 기반할 수 있다. 사전 정보가 가용하지 않을 때는, 한 가지 방법은 성장 과정 동안 화소들을 영역들로 할당하는 데 궁극적으로 사용될 것과 똑 같은 속성들을 모든 화소에서 계산하는 것이다. 이 계산 결과가 값들의 군집들로 나타난다면, 속성들에 의해 이 군집들의 중심 근처에 놓이게 되는 화소들을 씨앗으로 사용할 수 있다.

유사도의 기준은 고려 대상 문제뿐만 아니라 가용한 영상 데이타의 유형에 따라서도 달라진다. 예를 들어, 지상 관측 위성 영상의 분석은 칼라 사용에 많이 의존한다. 칼라 영상에서 얻을 수 있는 고유한 정보들을 사용하지 않고 다룬다면, 이 문제는 훨씬 더 어렵거나 아예 불가능할 것이다. 영상이 흑백일 경우에는 영역 분석은 밝기 레벨(적률이나 질감 같은)과 공간 속성들(연결성 같은)에 기반한 묘사자들에 의해 수행되어야 한다. 11장에서 영역 특성 정의(characterization)를 위한 유용한 묘사자들을 검토한다.

영역 성장 과정에서 연결성(인접성) 정보가 사용되지 않는다면, 묘사자들만으로는 잘못된 결과를 만들 수 있다. 예를 들면, 단 세 개의 서로 다른 밝기 값을 갖는 화소들이 랜덤하게 배열되어 있다고 해보자. 연결성을 고려하지 않고 같은 밝기 레벨을 갖는 화소들을 묶어서 "영역"을 형성하면, 이 논의의 맥락에서 의미 없는 분할 결과가 나올 것이다.

영역 성장에서의 또 다른 문제는 중단 규칙을 공식화하는 것이다. 기본적으로 영역을 성장시키는 것은 그 영역에 소속시키기 위한 기준을 충족하는 화소가 더 이상 존재하지 않는다면 멈춰야 한다. 밝기 값, 질감, 칼라와 같은 기준들은 특성상 지역적이며, 영역 성장 "내력(history)"을 감안하지 않는다. 영역 성장 알고리듬의 성능을 향상시키는 추가적인 기준은 크기 개념, 현재까지 성장한 화소들과 후보 화소들 사이의 유사성(성장된 영역의 평균 밝기와 후보의 밝기 비교와 같은), 성장 중인 영역의 모양 등을 이용한다. 이런 형태의 묘사자들을 이용하기 위해서는 예상 결과들에 대한 모델을 적어도 부분적으로 얻을 수 있다는 가정이 필요하다.

MATLAB에서 영역 분할을 다루는 방법의 원리들을 보여주기 위해서 `regiongrow`라는 M-함수를 개발해서 기본적인 영역 성장을 수행해 보자. 이 함수의 문법은 다음과 같다.

```
[g, NR, SI, TI] = regiongrow(f, S, T)
```

여기서 f는 분할될 영상이고, 파라미터 S는 배열(f와 같은 크기) 또는 스칼라이다. S가 배열일 때는 반드시 씨앗들이 위치하는 좌표들에는 1을 가지며, 그 외의 위치에서는 0을 가져야 한다. 그런 배열은 사용자의 관찰이나 외부의 씨앗 찾기 함수에 의해 결정된다. S가 스칼라인 경우는, S는 그 값을 갖는 f의 모든 점들이 씨앗 점이 되는 밝기 값을 정의한다. 마찬가지로, T도 배열(f와 같은 크기) 또는 스칼라가 될 수 있다. 만일 T가 배열이면, f의 각 위치에 대한 문턱치를 포함한다. 만일 T가 스칼라이면, 전역 문턱치를 정의한다. 이 문턱치(들)는 영상의 화소가 그에 8-연결된 씨앗(들)과 충분히 비슷한지를 검사하는 데 사용된다. S와 T의 모든 값들은 입력 영상의 클래스와 무관하게 [0, 1] 범위로 스케일링되어야 한다.

예를 들어, S = a, T = b이고 밝기를 비교하고 있다면, 화소의 밝기와 a의 차이의 절대값이 b 이하이면, 화소가 a와 비슷하다(문턱치 검사를 통과했다는 점에서)고 말한다. 또한 고려 대상 화소가 하나 이상의 씨앗들과 8-연결되어 있다면, 그 화소는 하나 이상의 영역의 멤버로 간주된다. S와 T가 배열일 때에도 비슷한 설명이 성립하는데, 차이는 S와 T의 해당 요소들 간에 비교가 수행된다는 점이다.

출력에서 g는 각 영역의 멤버들이 서로 다른 정수값들로 레이블링된 분할된 영상이다. 파라미터 NR은 찾아낸 영역들의 수, 파라미터 SI는 씨앗 점들을 포함하는 영상, 파라미터 TI는 연결성을 검사하기 전에 문턱치 검사를 통과한 화소들을 포함하는 영상이다. SI와 TI는 f와 크기가 같다.

regiongrow 함수의 코드는 다음과 같다. 9장의 함수 bwmorph는 S의 각 영역의 연결된 씨앗 점들의 수를 1로 줄이고(S가 배열일 때), 함수 imreconstruct는 각 씨앗에 연결된 화소들을 찾는 데 사용하고 있다.

regiongrow

```
function [g, NR, SI, TI] = regiongrow(f, S, T)
%REGIONGROW Perform segmentation by region growing.
%   [G, NR, SI, TI] = REGIONGROW(F, S, T). S can be an array (the
%   same size as F) with a 1 at the coordinates of every seed point
%   and 0s elsewhere.  S can also be a single seed value. Similarly,
%   T can be an array (the same size as F) containing a threshold
%   value for each pixel in F. T can also be a scalar, in which case
%   it becomes a global threshold. All values in S and T must be in
%   the range [0, 1]
%
%   G is the result of region growing, with each region labeled by a
%   different integer, NR is the number of regions, SI is the final
%   seed image used by the algorithm, and TI is the image consisting
%   of the pixels in F that satisfied the threshold test, but before
%   they were processed for connectivity.
```

```
f = tofloat(f);
% If S is a scalar, obtain the seed image.
if numel(S) == 1
   SI = f == S;
   S1 = S;
else
   % S is an array. Eliminate duplicate, connected seed locations
   % to reduce the number of loop executions in the following
   % sections of code.
   SI = bwmorph(S, 'shrink', Inf);
   S1 = f(SI); % Array of seed values.
end

TI = false(size(f));
for K = 1:length(S1)
   seedvalue = S1(K);
   S = abs(f - seedvalue) <= T; % Re-use variable S.
   TI = TI | S;
end

% Use function imreconstruct with SI as the marker image to
% obtain the regions corresponding to each seed in S. Function
% bwlabel assigns a different integer to each connected region.
[g, NR] = bwlabel(imreconstruct(SI, TI));
```

예제 10.13

용접 부위의 작은 구멍을 찾기 위해 영역 성장법을 사용하기.

■ 그림 10.20(a)는 몇 개의 균열과 작은 구멍(밝고 흰 줄무늬들이 영상에 가로로 뻗어 있음)이 있는 용접 부위(수평의 어두운 영역)의 X-선 영상을 보여준다. 우리의 목표는 함수 regiongrow를 이용해서 용접 실패에 해당하는 영역들을 분할하는 것이다. 이들 분할된 영역들은 자동검사 같은 작업들, 기록 분석 데이타베이스에 추가, 자동 용접 시스템 제어 등에 사용될 수 있다.

첫 번째 작업은 초기 씨앗 점들을 정하는 것이다. 이 응용에서는 잘못 용접된 영역의 화소들이 가능한 최대 디지털 값(이 경우 255)을 갖는 경향이 있는 것으로 알려져 있다. 이 정보로부터 S = 1로 놓는다(S의 모든 값은 [0, 1] 범위로 스케일링되어야 한다). 다음 단계는 문턱치 또는 문턱치 배열을 선정하는 것이다. 이 예제에서는 문턱치로 65(범위 [0, 1]로 스케일링되었을 때는 0.26)를 사용했다. 이 숫자는 그림 10.21의 히스토그램을 분석해서 얻었으며, 255와 왼쪽의 첫 번째 주요 골짜기(190)의 위치 사이의 차이를 나타낸다. 이 값은 어두운 용접 영역의 최고 밝기값을 대표한다. 그림 10.20의 결과들은 함수 호출

```
>> [g, NR, SI, TI] = regiongrow(f, 1, 0.26);
```

에 의해 생성되었다. 그림 10.20(b)는 씨앗 점들을 보여준다(SI 영상). 값이 255(스케일링되면 1)인 영상의 **모든** 점들로 씨앗이 규정되었기 때문에, 이 경우에 씨앗이 많다. 그림 10.20(c)는 영상 TI이다. 문턱처리 검사를 통과한 점을 보여준다: 즉, $|z_i - S| \le T$인 밝기 z_i의 점들이다. 그림 10.20(d)는 씨앗 점들에 연결된 그림 10.20(c)의 모든 화소들을 추출한 결과를 보여준다. 이것이 분할된 영상 g이다. 이 영상과 오리지널 영상을 비교해볼 때, 영역 성장법이 결함 있는 용접 부위를 적당한 정확도로 분할했음이 분명하다.

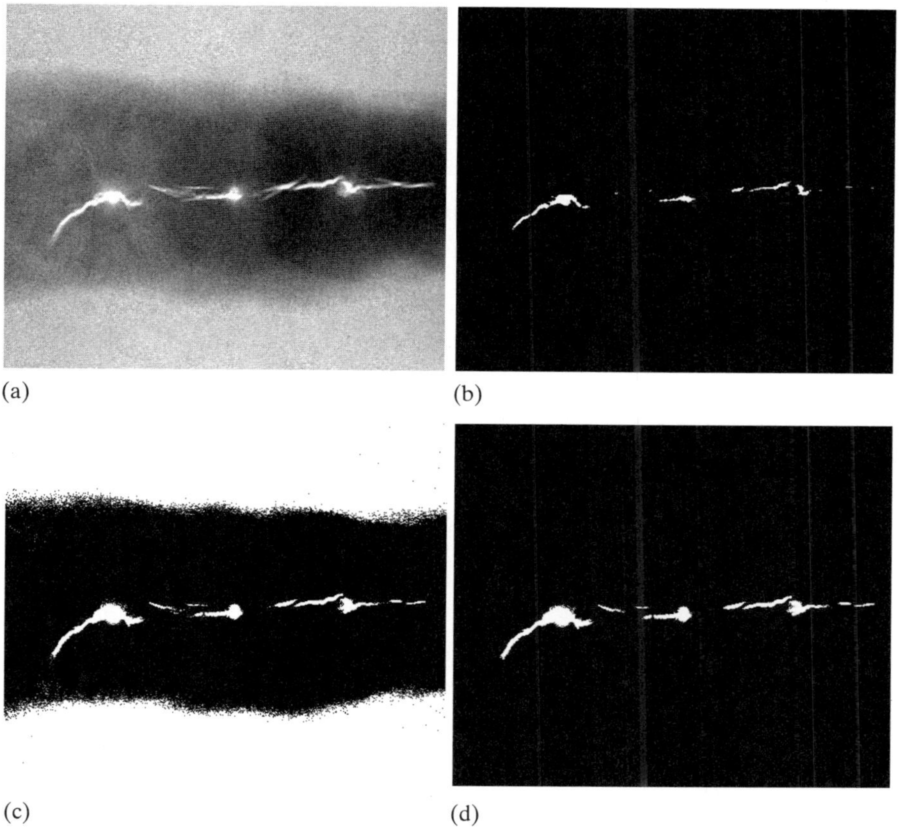

그림 10.20 (a) 결함이 있는 용접 부위를 보여주는 영상. (b) 씨앗 점들. (c) 문턱치 검사를 통과한 점들(흰색)을 보여주는 이진 영상. (d) (c)의 화소들과 씨앗 점들 간 8-연결성이 분석된 후의 결과. (사진 제공: X-TEK 시스템)

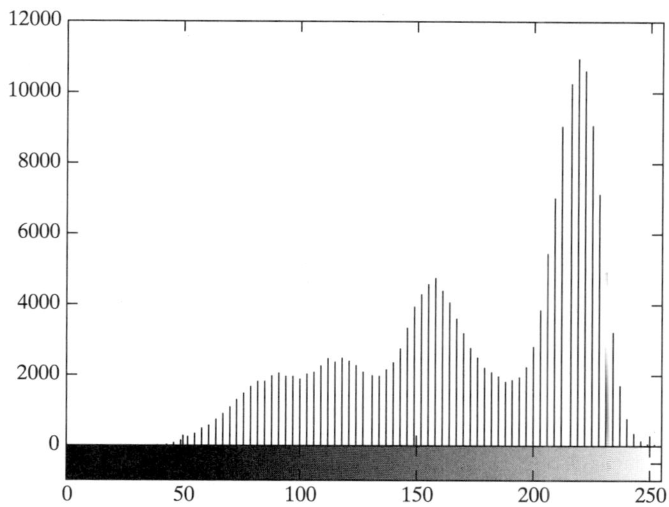

그림 10.21 그림 10.20(a)의 히스토그램.

끝으로 그림 10.21의 히스토그램을 볼 때, 10.3절에서 논의한 문턱처리 방법들르는 이와 같은 솔루션을 얻는 게 불가능했을 것임을 주목한다. 이 경우에 연결성 사용이 필수 요건이었다.

10.4.3 영역 분열(쪼개기)과 병합

바로 앞에서 논의한 방법은 씨앗 점들로부터 영역들을 성장시킨다. 다른 방법은 영상을 처음에 몇 개의 분리된 영역들로 나눈 후, 그 영역들을 10.4.1절에 기술된 조건들을 만족시키게 하기 위해서 병합 또는 쪼개는 것이다.

R을 전체 영상 영역이라 하고, 속성(predicate) P를 선택하자. R을 분할하는 한 가지 접근 방법은 그를 점점 더 작은 사분면 영역들로 지속적으로 나눠서, 임의의 영역 R_i에 대해 $P(R_i) = \text{TRUE}$가 되게 하는 것이다. 전체 영상에서 시작한다. $P(R) = \text{FALSE}$이면 영상을 사분면들로 나눈다. P가 FALSE인 사분면이 있으면, 그 사분면을 부사분면들로 나누고, 기타 등등. 이 특정 분열 방법은 그림 10.22가 보여주듯이 각 노드가 정확히 네 개의 자식 노드들을 갖는 **사분트리**(*quadtree*)라고 불리는 형태의 편리한 표현을 가진다(사분트리의 노드들에 해당하는 부영상들을 **사분영역**(*quadregions*) 또는 **사분영상**(*quadimages*)이라고 부르기도 한다). 트리의 루트는 전체 영상에 해당하고, 각 노드는 네 개의 자식 노드 중 하나이다. 이 경우 R_4만이 더 나누어졌다.

분열만을 사용하면, 최종 파티션은 대체로 같은 속성들을 갖는 인접 영역들을 포함하게 된다. 이 단점은 분열뿐만 아니라 병합을 허용함으로써 해결될 수 있다. 10.4.1절의 제한 조건들을 만족시키려면, 결합된 화소들이 속성 P를 충족시키는 인접 영역들만 병합해야 한다. 즉, 두 인접 영역 R_i와 R_j는 $P(R_i \cup R_j) = \text{TRUE}$일 때만 병합된다.

표기를 간략히 유지하기 위해서, 분열과 병합 동안의 임의의 두 영역을 R_i와 R_j로 나타낸다. 여러 수준의 분열 또는 병합(그림 10.22에서와 같이)을 반영하는 표기를 소개하려는 시도는 설명을 불필요하게 복잡하게 만들 것이다.

앞의 논의는 다음 절차로 요약될 수 있다. 모든 단계에서

1. $P(R_i) = \text{FALSE}$인 모든 영역 R_i를 분리된 4개의 사분면들로 분열시킨다.
2. 더 이상 분열이 불가능하면, $P(R_i \cup R_j) = \text{TRUE}$인 모든 인접 영역 R_i와 R_j를 병합한다.
3. 더 이상 병합이 불가능하면 중단한다.

앞의 기본적인 방법은 여러 가지로 변형 가능하다. 예를 들어, 각 영역이 개별적으로 속성을 충족시킬 때도 두 인접 영역 R_i와 R_j의 병합을 허용한다면, 현저하게 간

그림 10.22 (a) 분열 영상과 (b) 그에 대한 사분트리.

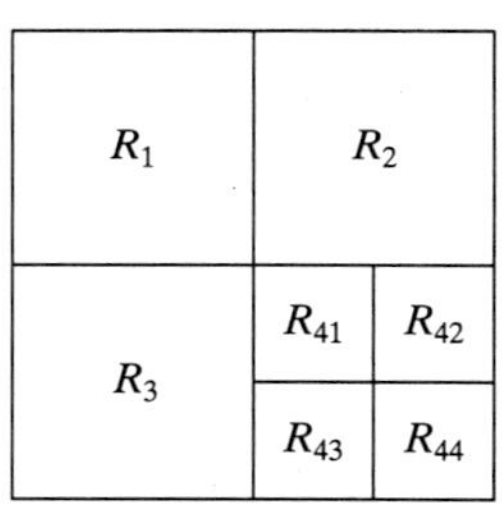

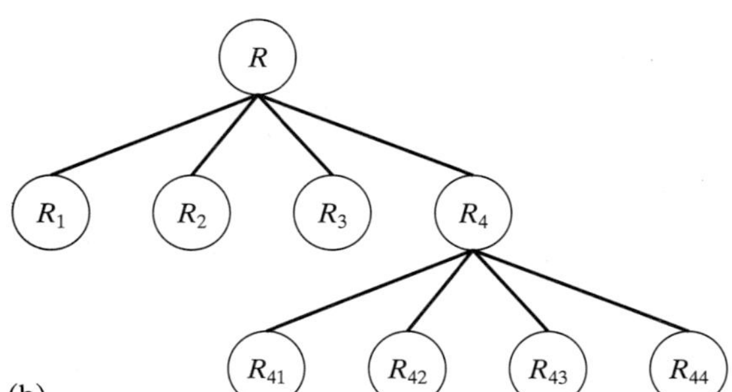

략화된다. 이것은 속성의 검사가 개별 사분영역에 제한되기 때문에 더 간단하고 (더 빠른) 알고리듬이 된다. 나중에 이 절의 예제 10.14가 보여주듯이, 이러한 간단화는 실제로 여전히 좋은 분할 결과를 제공할 수 있다. 앞의 절차의 단계 2에서 이 접근 방법을 사용하면, 속성을 만족시키는 모든 사분영역들이 1로 채워지며, 그들의 연결성은 예를 들어 imreconstruct 함수로 쉽게 검사될 수 있다. 이 함수는 실제에 있어서 인접 사분영역들에 대한 원하는 병합을 달성한다. 속성을 만족시키지 않는 사분영역들을 0으로 채움으로써 분할된 영상을 생성한다.

사분트리 분해를 구현하기 위한 툴박스의 함수는 qtdecomp이다. 이 절에서의 관심 문법은 다음과 같다.

```
Z = qtdecomp(f, @split_test, parameters)
```

qtdecomp

여기서 f는 입력 영상, Z는 사분트리 구조를 갖는 성긴 매트릭스이다. Z(k,m)이 0이 아니면, (k,m)은 분해에서 블록의 좌상단 코너이며, 블록 크기는 Z(k,m)이다. 함수 split_test(보기는 아래 함수 splitmerge 참고)는 영역이 분열될지 아닐지를 결정하는 데 사용되고, parameters는 split_test에서 필요한 추가적인 파라미터들(쉼표로 구분)이다. 그 메커니즘은 함수 coltfilt에 대해서 2.4.2절에서 논의한 것과 유사하다.

qtdecomp의 다른 형식은 11.2.2절에서 논의한다.

사분트리 분해에서 실제 사분영역 화소값들을 얻기 위해서, 다음 문법의 함수 qtgetblk를 사용한다.

```
[vals, r, c] = qtgetblk(f, Z, m)
```

qtgetblk

여기서 vals는 f의 사분트리 분해에서 m × m 크기의 블록들의 값들을 포함하는 배열이고, Z는 qtdecomp에 의해 반환되는 성긴 매트릭스이다. 파라미터 r과 c는 각각 블록의 좌상단 코너의 행과 열 좌표들을 포함하는 벡터들이다.

앞에서 논의한 간단화를 이용하는 기본적인 분열-병합 M-함수를 작성해서 함수 qtdecomp의 사용을 예시한다. 이 함수에서 각 영역이 속성을 개별적으로 만족시키는 두 영역이 병합된다. splitmerge라고 부르는 이 함수는 다음의 호출 문법을 가진다:

```
g = splitmerge(f, mindim, @predicate)
```

여기서 f는 입력 영상, g는 각 연결 영역이 서로 다른 정수로 레이블링된 출력 영상이다. 파라미터 mindim은 분해에서 허용되는 가장 작은 블록의 크기를 정의하는데; 이 파라미터는 2의 음수 아닌 정수 승이어야 하며, 이것은 분해를 크기가 1 × 1 화소인 영역으로까지 허용한다—실제로는 보통 이 정도로 작은 디테일은 사용되지 않는다.

함수 predicate는 사용자 정의 함수이다. 그 문법은 다음과 같다.

```
flag = predicate(region)
```

이 함수는 region의 화소들이 함수의 코드에 의해 정의된 속성을 만족시키면 true(논리값 1)를 반환하며; 그렇지 않으면 flag의 값이 false(논리값 0)가 되도록 작성되어야 한다. 예제 10.14가 이 함수의 사용 방법을 예시한다.

함수 splitmerge는 간단한 구조를 가진다. 먼저, 영상이 함수 qtdecomp를 이용해서 나뉜다. 함수 split_test는 영역이 분리되어야 하는지 여부를 결정하기 위해서 predicate를 사용한다. 영역이 4개로 분열될 때 이들 중 어느 것(만일 있다면)이 속성 검사를 개별적으로 통과할지를 모르기 때문에, 분열된 영상의 어느 영역들이 검사를 통과하는지를 확인한 다음에 영역들을 검사할 필요가 있다. 함수 predicate는 이 목적을 위해서도 사용된다. 검사를 통과하는 사분영역은 1로 채워지고, 그렇지 않는 영역은 0으로 채워진다. 마커 배열(marker array)은 1로 채워진 각 영역의 한 요소를 선택해서 생성된다. 이 배열은 나뉜 영상과 함께 사용되어 영역 연결성(인접성)을 결정한다; 함수 imreconstruct가 이 목적에 사용된다.

함수 splitmerge의 코드는 아래와 같다. 필요하면, 이 프로그램은 입력 영상의 크기를 그 크기가 영상을 포함하는 2의 최소 정수 승인 정사각형으로 패딩한다. 앞에서 언급한 것같이, 이것은 함수 qtdecomp가 영역들을 크기 1 × 1로까지 분열시키는 것을 가능하게 해준다.

splitmerge

```
function g = splitmerge(f, mindim, fun)
%SPLITMERGE Segment an image using a split-and-merge algorithm.
%   G = SPLITMERGE(F, MINDIM, @PREDICATE) segments image F by using
%   a split-and-merge approach based on quadtree decomposition.
%   MINDIM (a nonnegative integer power of 2) specifies the minimum
%   dimension of the quadtree regions (subimages) allowed. If
%   necessary, the program pads the input image with zeros to the
%   nearest square size that is an integer power of 2. This
%   guarantees that the algorithm used in the quadtree decomposition
%   will be able to split the image down to blocks of size 1-by-1.
%   The result is cropped back to the original size of the input
%   image. In the output, G, each connected region is labeled with a
%   different integer.
%
%   Note that in the function call we use @PREDICATE for the value
%   of fun.  PREDICATE is a a user-defined function. Its syntax is
%
%       FLAG = PREDICATE(REGION) Must return TRUE if the pixels in
%       REGION satisfy the predicate defined in the body of the
%       function; otherwise, the value of FLAG must be FALSE.
%
%   The following simple example of function PREDICATE is used in
%   Example 10.14 of the book.  It sets FLAG to TRUE if the
%   intensities of the pixels in REGION have a standard deviation
%   that exceeds 10, and their mean intensity is between 0 and 125.
```

```
%   Otherwise FLAG is set to false.
%
%       function flag = predicate(region)
%       sd = std2(region);
%       m = mean2(region);
%       flag = (sd > 10) & (m > 0) & (m < 125);

% Pad the image with zeros to the nearest square size that is an
% integer power of 2. This allows decomposition down to regions of
% size 1-by-1.
Q = 2^nextpow2(max(size(f)));
[M, N] = size(f);
f = padarray(f, [Q - M, Q - N], 'post');

% Perform splitting first.
Z = qtdecomp(f, @split_test, mindim, fun);
% Then, perform merging by looking at each quadregion and setting
% all its elements to 1 if the block satisfies the predicate defined
% in function PREDICATE.

% First, get the size of the largest block. Use full because Z is
% sparse.
Lmax = full(max(Z(:)));
% Next, set the output image initially to all zeros.  The MARKER
% array is used later to establish connectivity.
g = zeros(size(f));
MARKER = zeros(size(f));
% Begin the merging stage.
for K = 1:Lmax
   [vals, r, c] = qtgetblk(f, Z, K);
   if ~isempty(vals)
      % Check the predicate for each of the regions of size K-by-K
      % with coordinates given by vectors r and c.
      for I = 1:length(r)
         xlow = r(I); ylow = c(I);
         xhigh = xlow + K - 1; yhigh = ylow + K - 1;
         region = f(xlow:xhigh, ylow:yhigh);
         flag = fun(region);
         if flag
            g(xlow:xhigh, ylow:yhigh) = 1;
            MARKER(xlow, ylow) = 1;
         end
      end
   end
end

% Finally, obtain each connected region and label it with a
% different integer value using function bwlabel.
g = bwlabel(imreconstruct(MARKER, g));

% Crop and exit.
g = g(1:M, 1:N);
```

```
%-------------------------------------------------------------------%
function v = split_test(B, mindim, fun)
% THIS FUNCTION IS PART OF FUNCTION SPLIT-MERGE. IT DETERMINES
% WHETHER QUADREGIONS ARE SPLIT. The function returns in v
% logical 1s (TRUE) for the blocks that should be split and
% logical 0s (FALSE) for those that should not.

% Quadregion B, passed by qtdecomp, is the current decomposition of
% the image into k blocks of size m-by-m.
% k is the number of regions in B at this point in the procedure.
k = size(B, 3);

% Perform the split test on each block. If the predicate function
% (fun) returns TRUE, the region is split, so we set the appropriate
% element of v to TRUE. Else, the appropriate element of v is set to
% FALSE.
v(1:k) = false;
for I = 1:k
   quadregion = B(:, :, I);
   if size(quadregion, 1) <= mindim
      v(I) = false;
      continue
   end
   flag = fun(quadregion);
   if flag
      v(I) = true;
   end
end
```

true
false

true와 false는 각각 logical(1)과 logical(0)와 등가이다.

예제 10.14

영역 분열과 병합을 이용한 영상 분할.

■ 그림 10.23(a)는 백조자리의 X선 대역 영상을 보여준다. 크기는 256 × 256 화소이다. 이 예제의 목표는 영상에서 밀도가 높은 중심 둘레의 덜 밀집한 물질의 "링"을 분리해 내는 것이다. 관심 영역은 분할에 도움을 줄 몇 가지 뚜렷한 특징을 가지고 있다. 첫째, 이 데이타는 랜덤한 성질을 가지고 있으며, 이는 그 표준편차가 배경의 표준편차(배경이 일정하므로 0)와 중심의 큰 영역의 표준편차보다 커야 함을 의미한다. 마찬가지로 외곽 링 영역의 평균값(평균 밝기값)은 배경(0)의 평균보다 크고, 덜 밝고 큰 중앙 영역의 평균보다 작아야 한다. 그래서 이 두 파라미터를 이용해서 관심 영역을 분할할 수 있어야 한다. 사실, splitmerge 함수의 문서에서 예제로 보여진 속성 함수가 문제에 관한 이 정보를 담고 있다. 함수 predicate에 보인 파라미터들은 그림 10.23(a)의 다양한 부영역들의 평균과 표준편차를 계산해서 결정되었다.

그림 10.23(b)부터 (f)까지는 그림 10.23(a)에 대해서 splitmerge 함수의 mindim의 값을 각각 32, 16, 8, 4, 2를 사용했을 때의 분할 결과들이다. 모든 영상은 mindim 값에 반비례하는 경계 디테일 수준을 갖는 분할 결과들을 보여준다.

그림 10.23의 모든 분할 결과는 적당하다. 이들 영상들 중 하나를 원 영상으로부터 관심 영역을 추출하기 위한 논리 마스크로서 사용하려 한다면, 그림 10.23(d)의 결과가 디테일을

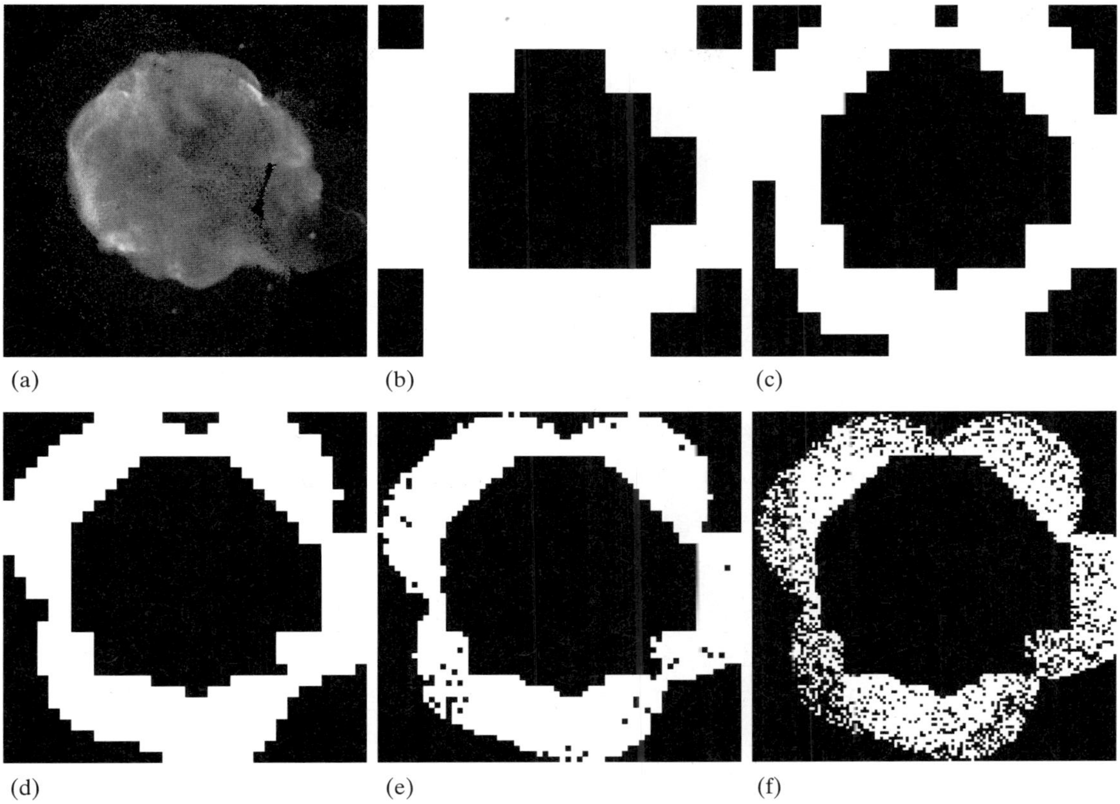

그림 10.23 분열-병합 알고리듬에 의한 영상 분할. (a) 오리지널 영상. (b)부터 (f)까지는 `mindim`의 값이 각각 32, 16, 8, 4, 2일 때의 `splitmerge` 함수에 의한 분할 결과들. (사진 제공: NASA)

가장 많이 담고 있으면서 빈 곳이 없는 영역이기 때문에 최선의 선택이 될 것이다. 방금 설명한 방법의 중요한 면은, 분할에 도움이 되는 문제 도메인에 관한 정보를 `predicate` 함수에서 "캡쳐(capture)"하는 능력이다.

10.5 분수선 변환(watershed transform)을 이용한 분할

Segmentation Using the Watershed Transform

지리학에서 **분수선**(*watershed*[†])은 서로 다른 강의 지류들에 의해 배수되는 영역들을 나누는 능선(ridge)이다. **집수 구역**(*catchment basin*)은 강이나 저스지로 흘러 들어가는 지리학적 영역이다. **분수선 변환**(*watershed transform*)은 이 개념들을 다양한 영상 분할 문제를 해결하는 데 사용될 수 있도록 그레이스케일 영상에 적용한다.

[†] 역주: 分水線, 分水界, 유역 등의 뜻을 가진다.

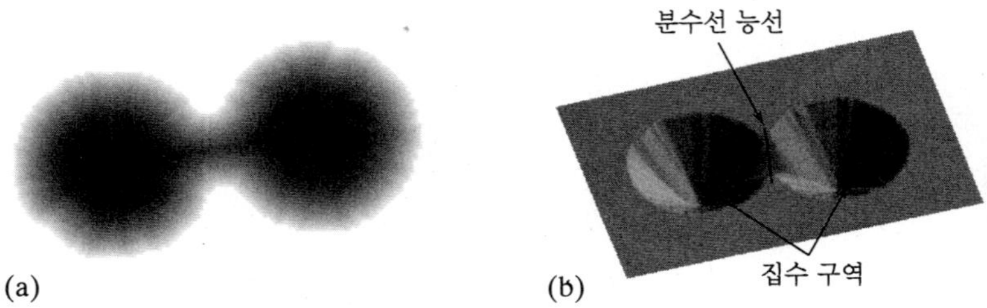

그림 10.24 (a) 그레이스케일 영상. (b) 분수선 능선과 집수 구역을 보여주는 표면으로 보여진 영상.

분수선 변환을 이해하려면 그레이스케일 영상을 $f(x, y)$의 값들이 높이로 해석되는 위상학적 표면으로 생각해야 한다. 예를 들어, 우리는 그림 10.24(a)의 간단한 영상을 그림 10.24(b)의 3차원 표면으로 시각화할 수 있다. 이 표면에 빗방울이 떨어진다고 상상하면 빗방울은 집수 구역으로 레이블링된 두 영역으로 모이게 될 것이 분명하다. 분수선 능선에 정확하게 떨어진 빗방울은 두 집수 구역 중의 하나로 모일 가능성이 서로 같을 것이다. 분수선 변환은 그레이스케일 영상에서 집수 구역과 능선을 찾는다. 영상 분할 문제를 푸는 것과 관련해서, 핵심 개념은 시작 영상을 집수 구역들이 우리가 식별하고자 하는 객체 또는 영역인 다른 영상으로 바꾸는 것이다.

분수선 변환을 계산하는 방법들은 Gozalez와 Woods [2008], soille [2003]에서 상세히 다루고 있다. IPT에서 사용된 알고리듬은 Meyer[1991]에서 가져왔다.

10.5.1 거리 변환을 이용한 분수선 분할

분할을 위해서 분수선 변환과 함께 자주 사용되는 도구는 거리 변환(*distance transform*)이다. 이진 영상의 거리 변환은 상대적으로 간단한 개념이다: 이것은 각 화소로부터 가장 가까운 영이 아닌 화소까지의 거리이다. 예를 들어, 그림 10.25(a)는 작은 이진 영상 매트릭스를 보여주며, 그림 10.25(b)는 그에 해당하는 거리 변환을 보여준다. 모든 1의 값 화소는 0이 아닌 가장 가까운 화소가 그 자신이므로 거리 변환 값이 0임을 주목한다. 거리 변환은 다음의 호출 문법으로 툴박스 함수 `bwdist`를 이용해서 계산할 수 있다.

bwdist

```
D = bwdist(f)
```

그림 10.25 (a) 이진 영상. (b) 거리 변환.

1	1	0	0	0
1	1	0	0	0
0	0	0	0	0
0	0	0	0	0
0	1	1	1	0

(a)

0.00	0.00	1.00	2.00	3.00
0.00	0.00	1.00	2.00	3.00
1.00	1.00	1.41	2.00	2.24
1.41	1.00	1.00	1.00	1.41
1.00	0.00	0.00	0.00	1.00

(b)

예제 10.15

거리 변환과 분수선 변환을 이용해서 이진 영상을 분할하기.

■ 이 예제는 서로 붙어 있기도 하는 원형 얼룩들을 분할하기 위해서 거리 변환이 툴박스의 분수선 변환과 어떻게 함께 사용될 수 있는지를 보여준다. 구체적으로, 그림 9.29(b)의 처리된 은못 영상 `f`를 분할하려고 한다. 먼저 10.3.1절에서 설명한 것과 같이 영상을 `im2bw`와 `graythresh`를 이용해서 이진 영상으로 전환한다.

```
>> g = im2bw(f, graythresh(f));
```

그림 10.26(a)가 결과를 보여준다. 다음 단계는 영상을 반전시키고, 거리 변환을 계산한 후

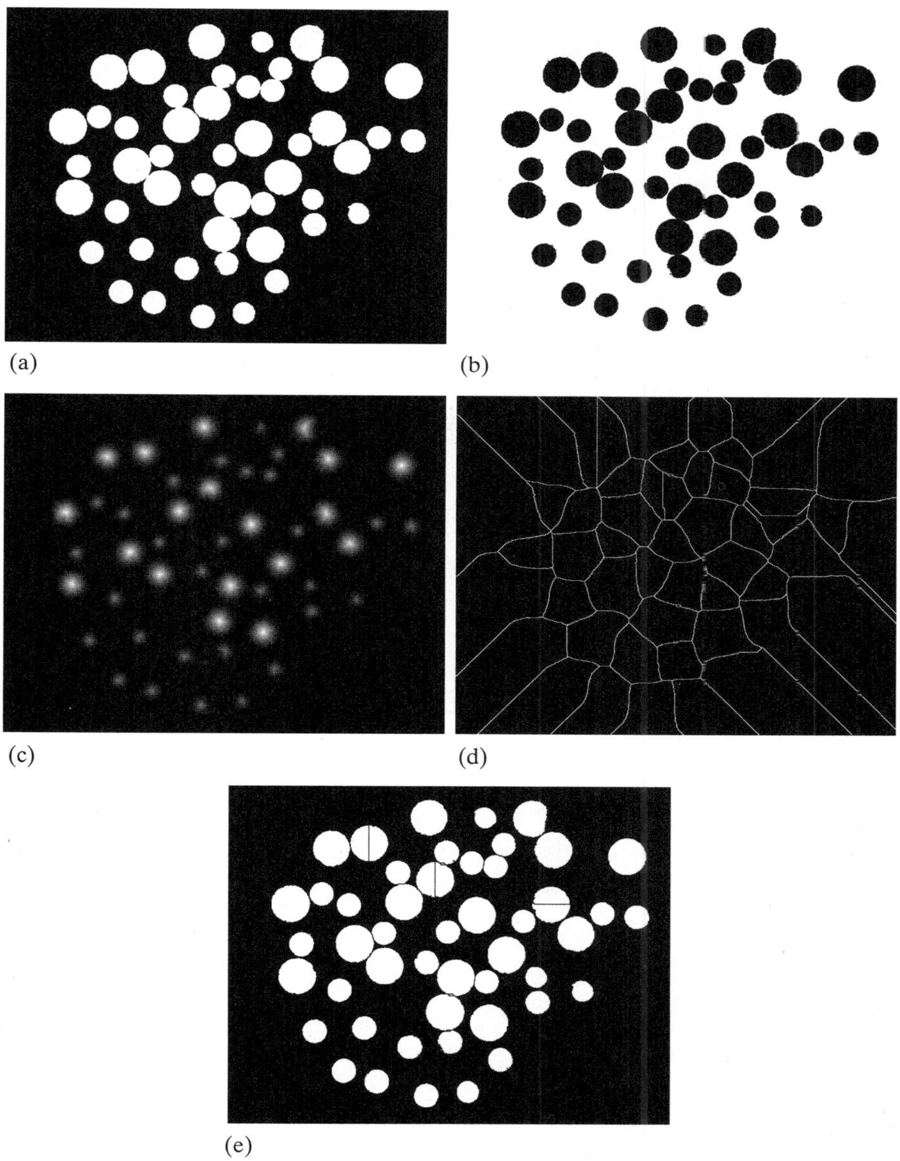

그림 10.26 (a) 이진 영상. (b) (a)의 반전 영상. (c) 거리 변환. (d) 거리 변환의 네거티브의 분수선 능선들. (e) 원 이진 영상에 흑색으로 겹쳐진 분수선 능선들. 몇 개의 과분할이 분명하게 보인다.

watershed 함수를 사용해서 거리 변환의 네거티브의 분수선 변환을 계산하는 것이다. 이 함수의 호출 문법은

watershed

```
L = watershed(A, conn)
```

이다. 여기서 L은 9.4절에서 정의하고 설명한 레이블 매트릭스이고, A는 입력 배열(일반적으로 차원에 제약이 없으나, 이 장에서는 2-D)이며, conn은 연결성[2-D 배열에 대해서 4 또는 8(디폴트)]을 규정한다. L에서 양의 정수는 집수 구역에 해당하며, 0의 값은 분수선 능선 화소들을 나타낸다:

```
>> gc = ~g;
>> D = bwdist(gc);
>> L = watershed(-D);
>> w = L == 0;
```

그림 10.26(b)와 (c)는 각각 반전된 영상과 거리 변환을 보여준다. L에서 0의 값을 갖는 화소들은 분수선 능선 화소들이므로, 앞 코드의 마지막 줄은 이 화소들만 보여주는 이진 영상 w를 계산한다. 이 분수선 능선 영상을 그림 10.26(d)가 보여준다. 끝으로 원 이진 영상과 w의 반전 영상의 논리적 AND가 그림 10.26(e)와 같이 분할을 완성시킨다.

```
>> g2 = g & ~w;
```

그림 10.20(e)의 일부 객체들이 부적절하게 나누어져 있다. 이것을 **과분할**(*o ersegmentation*)이라 부르며, 분수선 기반 분할 방법들의 공통 문제점이다. 다음 두 절들에서는 이 문제를 극복하기 위한 다른 방법들을 검토한다.

10.5.2 기울기를 이용한 분수선 분할

분할을 위해 분수선 변환을 사용하기 전에, 그레이스케일 영상을 전처리하기 위해 기울기 크기를 흔히 사용한다. 기울기 크기 영상은 객체 에지를 따라 높은 화소 값을 가지며, 그 이외의 곳에서는 낮은 화소 값을 가진다. 이상적으로, 그러면 분수선 변환을 하면 객체 에지를 따라 분수선 능선이 생길 것이다. 이 개념을 다음 예제에서 자세히 보여준다.

예제 10.16

기울기와 분수선 변환을 이용한 그레이스케일 영상의 분할.

■ 그림 10.27(a)는 몇 개의 진한 얼룩을 포함하는 영상 f를 보여준다. 먼저 10.1절에서 설명한 선형 필터링 방법들, 또는 9.6.1절에서 설명한 형태학적 기울기를 이용해서 기울기 크기를 계산한다.

```
>> h = fspecial('sobel');
>> fd = tofloat(f);
>> g = sqrt(imfilter(fd, h, 'replicate') .^ 2 + ...
          imfilter(fd, h', 'replicate') .^ 2);
```

그림 10.27(b)가 기울기 크기 영상 g를 보여준다. 그 다음, 기울기의 분수선 변환을 계산해서 분수선 능선들을 찾아낸다:

```
>> L = watershed(g);
>> wr = L == 0;
```

그림 10.27(c)가 보여주듯이, 이것은 좋은 분할 결과가 아니다; 관심 다상 객체 경계에 해당하지 않는 분수선 능선들이 너무 많다. 이것은 과분할의 또 다른 예이다. 이 문제에 다한 한 가지 접근 방법은 분수선 변환을 계산하기 전에 기울기 영상을 스무딩하는 것이다. 여기서, 9장에서 설명한 닫기–열기(close-opening)를 이용한다.

```
>> g2 = imclose(imopen(g, ones(3,3)), ones(3,3));
>> L2 = watershed(g2);
>> wr2 = L2 == 0;
>> f2 = f;
>> f2(wr2) = 255;
```

앞의 코드에서 마지막 두 줄은 wr의 분수선 능선들을 오리지널 영상에 흰 선으로 중첩시킨다. 그림 10.27(d)가 중첩된 결과를 보여준다. 그림 10.27(c)보다 개선이 되긴 했지만, 여전히 몇몇 무관한 능선들이 존재하고, 어느 집수 구역이 실제 관심 객체에 해당하는지를 결정하기가 어렵다. 다음 절에서는 이들 문제를 다루는 더 개선된 분수선 기반 분할을 설명한다.

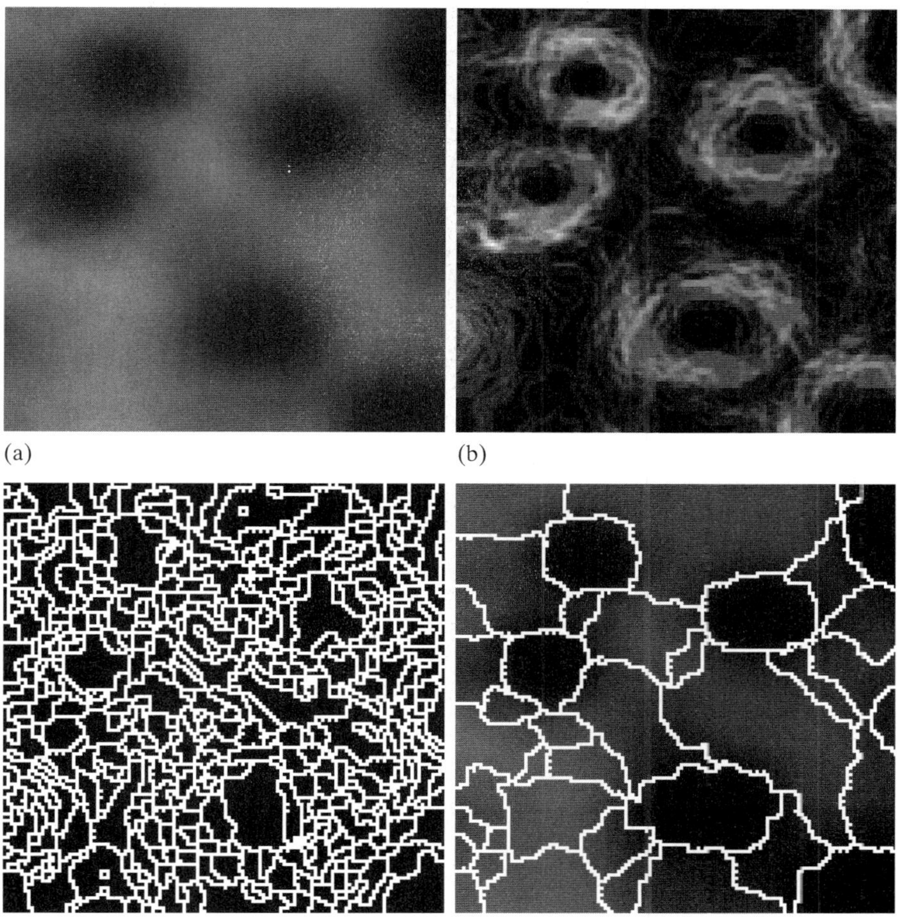

(a) (b) (c) (d)

그림 10.27 (a) 작은 얼룩들의 그레이스케일 영상. (b) 기울기 크기 영상. (c) (b)의 분수선 변환; 심한 과분할을 볼 수 있다. (d) 스무딩된 기울기 영상의 분수선 변환; 일부 과분할이 여전히 뚜렷하다. (사진 제공: Dr. S. Beucher, CMM/Ecole de Mines de Paris)

10.5.3 마커-제어 분수선 분할

앞 절에서 봤듯이, 기울기 영상에 분수선 변환을 직접 적용하면, 노이즈와 기울기의 지역적 불규칙성으로 인해 과분할될 수 있다. 이 요인들에 의해 야기되는 문제점들은 분할 결과를 쓸모없게 만들 정도로 심각할 수 있다. 현재 맥락에서, 이것은 많은 수의 분할 영역을 의미한다. 이 문제에 대한 실질적 해결책은 부가적인 지식을 가져오도록 설계된 전처리 단계를 분할 과정에 편입시켜서, 허용된 영역 수를 제한하는 것이다.

마커 개념에 기반해서 과분할을 제어하는 방법이 있다. **마커**(*marker*)는 영상에 속하는 연결 성분이다. 각각의 관심 객체 안에 있는 **내부** 마커들과 배경에 포함되어 있는 **외부** 마커들을 갖고 있다면 좋을 것이다. 이 마커들은 예제 10.17에 설명되는 절차를 따라 기울기 영상을 변경하는 데 사용된다. 내부 마커와 외부 마커를 계산하기 위한 다양한 방법들이 영상처리 문헌에 제안되어 있으며, 그들 중 다수가 앞 장에서 설명한 것 같은 선형 필터링, 비선형 필터링, 형태학적 처리를 포함한다. 특정 응용을 위해 어떤 방법을 선택할지는, 응용과 관련된 영상의 구체적 특성에 따라 달라진다.

예제 10.17

마커 제어 분수선 분할의 예시.

■ 이 예제는 마커 제어 분수선 분할을 그림 10.28(a)의 전기이동(electrophoresis) 젤 영상에 적용한다. 먼저 다른 처리를 전혀 하지 않고, 기울기 영상의 분수선 변환을 계산해서 얻은 결과를 고찰하자.

```
>> h = fspecial('sobel');
>> fd = tofloat(f);
>> g = sqrt(imfilter(fd, h, 'replicate') .^ 2 + ...
          imfilter(fd, h', 'replicate') .^ 2);
>> L = watershed(g);
>> wr = L == 0;
```

그림 10.28(b)에서 결과가 심하게 과분할되었음을 볼 수 있는데, 이는 부분적으로 많은 수의 지역 극소들에 기인한다. 툴박스 함수 `imregionalmin`은 영상의 모든 지역 극소들의 위치를 계산한다. 그 호출 문법은

imregionalmin

```
rm = imregionalmin(f)
```

이며, 여기서 `f`는 그레이스케일 영상, `rm`은 이진 영상으로서 그 전경 화소가 지역 극소의 위치를 표시(mark)한다. 분수선 함수가 왜 그렇게 많은 작은 집수 구역들을 만들게 되는지를 알아보기 위해, 기울기 영상에 `imregionalmin`을 사용할 수 있다:

```
>> rm = imregionalmin(g);
```

그림 10.28(c)의 대부분의 지역 극소 위치들은 매우 얕으며, 우리의 분할 문제에 쓸모가 없는 디테일을 나타낸다. 이 무관한 극소들을 제거하기 위해서, 영상에서 주위보다 더

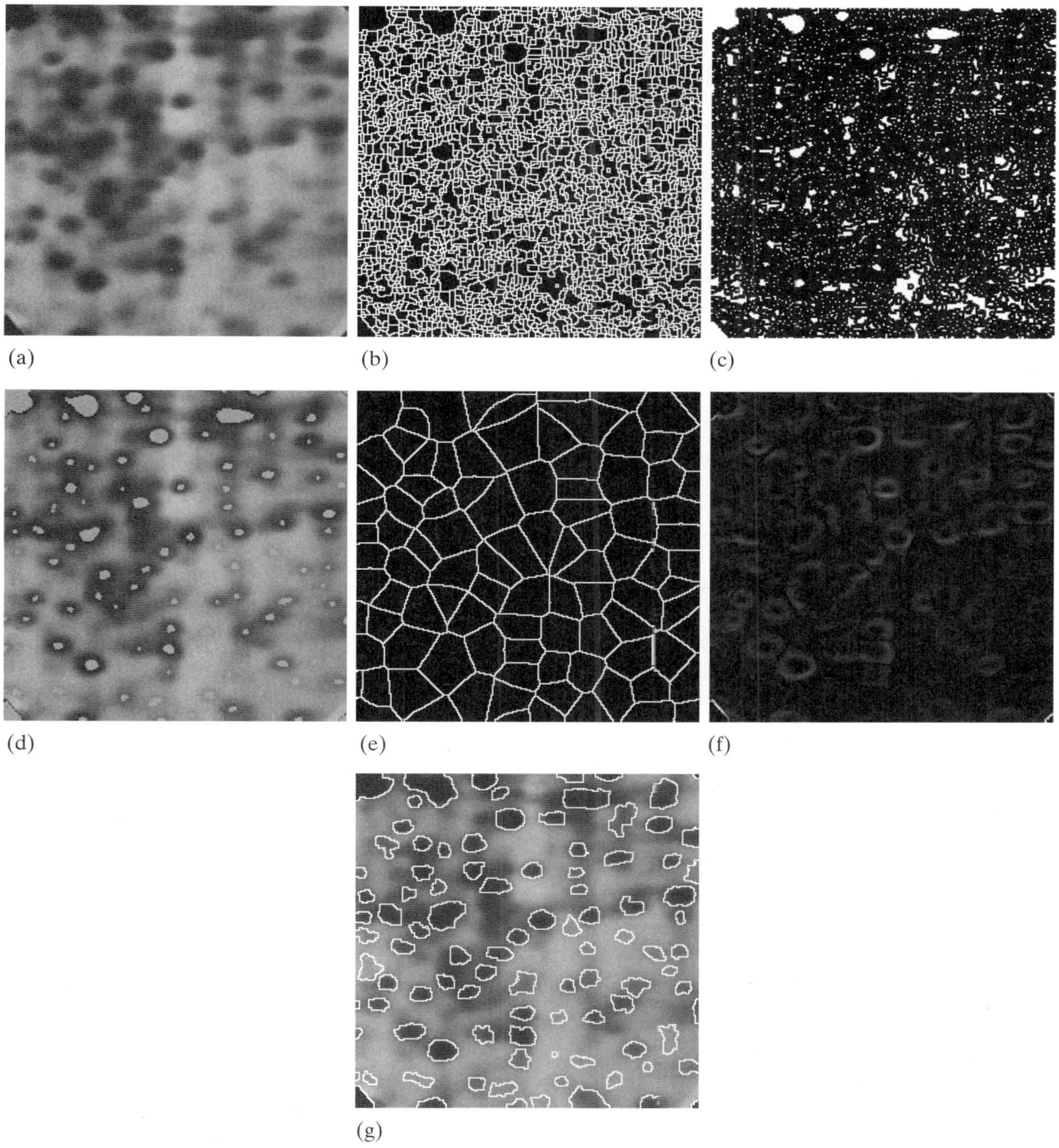

(a) (b) (c) (d) (e) (f) (g)

그림 10.28 (a) 젤 영상. (b) 기울기 크기 영상에 분수선 변환을 적용해서 얻은 과분할. (c) 기울기 크기의 지역 극소들. (d) 내부 마커들. (e) 외부 마커들. (f) 변경된 기울기 영상. (g) 분할 결과. (사진 제공: Dr. S. Beucher, CMM/Ecole des Mines de Paris.)

깊은(특정 높이 문턱치를 기준으로) "낮은 (반)점"들의 집합을 계산하는 툴박스 함스 `imextendedmin`을 사용한다. (확장 극소 변환(*extended minima transform*) 및 관련 연산들에 대한 자세한 설명을 보려면 Soille [2003] 참고한다.) 이 함수의 호출 문법은

imextendedmin

```
im = imextendedmin(f, h)
```

이며, 여기서 f는 그레이스케일 영상, h는 높이 문턱치, im은 이진 영상으로서 그 전경 화소들이 깊은 지역 극소들의 위치를 표시한다. 여기서, 내부 마커들의 집합을 얻기 위해서 함수 imextendedmin을 사용한다:

```
>> im = imextendedmin(f, 2);
>> fim = f;
>> fim(im) = 175;
```

마지막 두 줄은 그림 10.28(d)가 보여주듯이, 확장된 극소 위치들을 오리지널 영상에 회색 얼룩으로 중첩시킨다. 결과로 얻은 얼룩들이 우리가 분할하려는 객체들을 적당히 잘 "표시(mark)"하고 있음을 알 수 있다.

그 다음, 외부 마커들 또는 배경에 속한다고 확신하는 화소들을 찾아야 한다. 우리가 따르는 접근법은 내부 마커들 사이의 딱 중간에 있는 화소들을 찾아서 배경으로 표시(mark)하는 것이다. 놀랍게도, 또 다른 분수선 문제를 풀어서 이를 수행한다; 구체적으로, 내부 마커 영상 im의 거리 변환에 대한 분수선 변환을 계산한다:

```
>> Lim = watershed(bwdist(im));
>> em = Lim == 0;
```

그림 10.28(e)가 이진 영상 em에 결과 분수선 능선들을 보여준다. 이 능선들은 im에 의해 마킹된 진한 얼룩들 중간에 있기 때문에 이들이 외부 마커의 역할을 잘 할 것이다.

극소값 부과(*minima imposition*)로 불리는 절차를 이용해서 기울기 영상을 변경하기 위해서 내부 및 외부 마커들을 모두 사용한다. 극소값 부과 기법(자세한 내용은 Soille [2003]을 참고한다)은 마킹된 위치에서만 지역 극소가 발생하도록 그레이스케일 영상을 수정한다. 다른 화소 값들은 다른 모든 지역 극소들을 제거하기 위해서 "밀어 올려(pushed up)"진다. 툴박스 함수 imimposemin이 이 기법을 구현한다. 그 호출 문법은

imimposemin

```
mp = imimposemin(f, mask)
```

이며, 여기서 f는 그레이스케일 영상, mask는 이진 영상으로서 그 전경 화소들이 출력 영상 mp에 원하는 지역 극소들의 위치를 마킹한다. 내부 및 외부 마커들 모두의 위치에 지역 극소를 부과해서 기울기 영상을 변경한다:

```
>> g2 = imimposemin(g, im | em);
```

그림 10.28(f)가 결과를 보여준다. 드디어 마커로 변경된 기울기 영상의 분수선 변환을 계산하고, 결과 분수선 능선들을 볼 준비가 되었다:

```
>> L2 = watershed(g2);
>> f2 = f;
>> f2(L2 == 0) = 255;
```

마지막 두 줄은 오리지널 영상에 분수선 능선들을 중첩시킨다. 훨씬 개선된 분할 결과를 그림 10.28(g)가 보여준다.

마커 선정은 방금 설명한 간단한 방법들로부터 크기, 모양, 위치, 상대 거리, 질감 등(묘사자에 관해서는 11장을 참고한다)을 포함하는 훨씬 더 복잡한 방법까지 그 범

위가 매우 넓다. 여기서 중요한 것은 마커를 사용하면 분할 문제와 관련된 사전 지식이 도입된다는 것이다. 인간의 일상의 분할 및 더 높은 수준의 비전 작업은 사전 지식(가장 익숙한 것 중 하나가 맥락을 이용하는 것이다)의 도움을 받는다. 그래서, 분수선에 의한 분할이 이러한 유형의 지식을 효과적으로 사용할 수 있는 프레임웍을 제공한다는 사실이 이 방법의 큰 장점이다.

요약

영상 분할은 대부분의 자동 영상 패턴 인식 및 장면 분석 문제들에서 필수적인 선행 단계이다. 이 장에서 소개된 방법들과 예제들의 범주가 의미하듯이, 여러 가지 분할 방법들 중 한 방법을 선정하는 것은 고찰 대상 문제의 특성에 의해 대부분 결정된다. 이 장에서 논의된 방법들은 비록 모든 것을 다루진 않았지만, 실제에서 많이 사용되는 대표적인 기법들이다.

11 표현과 묘사

Representation and Description

개요 *Preview*

10장에서 논의한 방법들을 이용해서 영상을 영역들로 분할하고 나면, 그 다음 단계는 대개 분할된 "비가공(raw)" 화소들의 집합을 후속 컴퓨터 처리에 적합한 형태로 표현(represent)하고 묘사(describe)하는 것이다. 영역을 표현하는 데에는 다음의 두 가지 기본적인 선택이 있다: (1) 영역을 그의 외부 특성(경계) 또는 (2) 내부 특성(영역을 구성하는 화소들)으로 표현할 수 있다. 그러나 표현 방식의 선택은 단지 데이타를 컴퓨터에 쓸모 있게 만드는 작업에 불과하다. 그 다음 작업은 선정된 표현에 기반해서 영역을 **묘사**하는 것이다. 예를 들어, 영역은 그 경계에 의해 **표현**될 수 있으며, 경계는 그 길이와 오목상(concavity)의 수와 같은 특징들로 **묘사**될 수 있다.

외부 표현은 모양 특성에 관심이 있을 경우에 선택된다. 내부 표현은 칼라와 질감 같은 영역 속성에 주로 초점이 맞춰져 있을 때 선택된다. 흔히 같은 응용에 두 유형의 표현이 모두 사용된다. 어느 경우든, 묘사자(descriptor)로 선택된 특징들은 크기, 이동, 회전의 변화에 대해 가능한 한 둔감해야 한다. 대체로 이 장에서 논의될 묘사자들은 이 속성들 중 하나 이상을 만족시킨다.

11.1 배경 Background

9.4절의 논의를 참고해서 S로 영상 화소들의 부분집합을 나타내자. 두 화소 p와 q는 만일 둘 사이에 S의 화소들만으로 구성되는 경로가 존재한다면, 둘이 S에서 **연결**(*connected*)되어 있다고 말한다. S의 임의의 화소 p에 대해, 그에 연결된 S 안의 화

영상처리 응용에서 연결 성분들이 보통 한 성분만을 가지므로, **연결 성분**이란 용어는 일반적으로 한 영역을 가리키는 데 사용된다.

소들의 집합을 **연결 성분**(*connected component*)이라고 부른다. 만일 이들이 하나의 연결 성분만을 가지면, *S*를 **연결 집합**(*connected set*)이라고 부른다. 어떤 영상의 화소들의 부분집합 *R*은 만일 *R*이 연결 집합이면, 그 영상의 **영역**(*region*)이라고 부른다.

영역의 **경계**(*boundary*, *border* 또는 *contour*)는 그 영역에 있지 않은 하나 이상의 이웃을 갖는 그 영역의 화소 집합이다. 9.12절의 논의에서와 같이 경계 또는 영역의 점들을 **전경** 점들이라고 부른다; 그렇지 않은 것들은 **배경** 점들이다. 먼저 우리는 이진 영상에 관심이 있으므로, 전경 점들을 1, 배경 점들을 0으로 표현한다. 이 장에서 나중에 화소들이 그레이스케일 또는 다중 스펙트럼 값을 갖는 걸 허용한다. 앞의 개념을 이용해서, **구멍**(*hole*)을 연결된 전경 화소 경계로 둘러싸인 배경 영역으로 정의한다.

정렬되지 않은 경계 점들을 정렬시키기 위한 절차에 관해서는 11.1.3절의 bsubsamp 함수 다음의 논의를 참고한다.

앞 문단에서 주어진 정의로부터, 경계는 어떤 연결된 점들의 집합이다. 경계에 있는 점들이 시계 방향 또는 반시계 방향의 시퀀스를 형성하면 **정렬**(*ordered*)되어 있다고 말한다. 경계 점 각각이 4-인접하지 않은 딱 두 개의 1값의 이웃들을 갖는다면, 이 경계가 **최소 연결**(*minimally connected*)되어 있다고 말한다. **내부 점**(*interior point*)은 경계 점을 제외한, 영역 안에 있는 점으로 정의된다.

이 장의 일부 함수들은 입력으로 이진 또는 수치 배열을 받는다. 1.7.7절의 논의로부터, MATLAB의 이진 영상이 구체적으로 0과 1의 논리 배열을 가리킴을 기억한다. 수치 배열은 표 1.1에 정의된 수치 클래스(`uint8`, `double` 등)가 모두 가능하다. 또한 수치 배열 `f`가 함수 `logical(f)`에 의해 논리 배열로 전환된다는 것도 기억하라. 이 함수는 `f`의 모든 0값을 0(거짓), 다른 모든 값을 1(참)로 설정한다. 이진 영상 전용으로 설계된 툴박스 함수들은 모든 비이진(non-binary) 입력에 대해 이 전환을 자동으로 수행한다. 이진 입력 전용 함수들을 구분하려고 번거로운 표기를 도입하기 보다는, 맥락을 특정 함수가 받아들이는 입력 유형에 관한 가이드로 삼는 게 더 낫다. 궁금할 때는 그 함수의 도움말 페이지를 참고한다. 일반적으로 결과의 클래스에 대해서는 분명히 한다.

11.1.1 영역 및 그들의 경계를 추출하기 위한 함수

9.4절에의 논의와 같이, 툴박스 함수 `bwlabel`은 이진 영상의 모든 연결 성분(영역)을 계산한다. 편의상 그 문법을 여기에 반복한다:

```
[L, num] = bwlabel(f, conn)
```

여기서 `f`는 입력 영상, `conn`은 원하는 연결성[4 또는 8(디폴트)], `num`은 발견된 연결 성분 수, `L`은 각 연결 성분에 1부터 `num`까지의 고유한 정수를 배정하는 레이블 매트릭스이다. 그림 9.19의 논의로부터, 사용된 연결성의 값이 검출된 영역 수에 영향을 줄 수 있음을 기억하라.

다음 문법의 함수 bwperim

bwperim

```
g = bwperim(f, conn)
```

은 이진 영상 g를 반환하는데, f의 모든 영역의 둘레(경계) 화소들만을 포함한다. IPT의 대부분의 함수들과 달리, 이 특정 함수의 파라미터 conn은 **배경**의 연결성을 규정한다: 4(디폴트) 또는 8. 따라서 4-연결 영역 경계를 구하려면, conn을 8로 지정한다. 역으로 8-연결 경계는 conn을 4로 지정해서 구한다. 11.1.2절에서 논의되는 함수 imfill도 이 특성을 가진다.

bwperim이 경계를 포함하는 이진 영상을 만드는 반면, bwboundaries 함수는 이진 영상 f의 모든 영역의 경계의 실제 좌표들을 추출한다. 그 문법은

bwboundaries

```
B = bwboundaries(f, conn, options)
```

이며, 여기서 conn은 경계 자체에 대한 것이고, 값은 4 또는 8(디폴트)이다. 파라미터 options는 'holes'와 'noholes' 값을 가질 수 있다. 첫째 번 옵션을 사용하면 영역 및 구멍의 경계들을 추출한다. 내재된 영역을 포함하는 영역들(툴박스에서 **부모**와 **자식** 영역들로 부른다)의 경계도 추출된다. 둘째 번 옵션은 영역들과 그들의 자식들의 경계만을 추출한다. 만일 f와 conn의 값만이 파라미터로 포함되어 있으면, 'holes'가 options의 디폴트로 사용된다. 만일 호출에 f만 사용하면 8과 'holes'가 디폴트로 사용된다. 영역들이 B에 먼저 나열되며, 구멍들은 그 다음이다(아래의 세 번째 문법은 영역과 구멍의 수를 찾는 데 사용된다).

다른 문법 형태는 bwboundaries의 도움말 페이지를 참고한다.

출력 B는 $P \times 1$ 셀 배열로서, 여기서 P는 객체(그리고 구멍—만일 그렇게 명시되었다면) 수이다. 셀 배열의 각 셀은 $np \times 2$개의 매트릭스를 포함하는데, 그 행들은 경계 화소들의 행 및 열 좌표들이며, np는 해당 영역의 경계 화소 수이다. 각 경계의 좌표들은 시계 방향으로 정렬되며, 경계의 마지막 점은 첫 점과 같아서, 닫힌 경계를 제공한다. B가 셀 배열임을 명심하고, 함수 flipud를 사용해서 경계 B{k}의 답사 순서를 시계 방향에서 반시계 방향으로 바꾸자(거꾸로도):

셀 배열에 관한 설명은 1.7.8절을 참고한다.

```
Breversed{k} = flipud(B{k})
```

함수 flipud에 관한 설명은 4.11.6절을 참고한다.

boundaries 함수의 또 다른 유용한 문법은

```
[B, L] = bwboundaries(...)
```

이다. 이 경우 L은 f의 각 요소(그게 영역이든 구멍이든)를 서로 다른 정수토 레이블링하는 레이블 매트릭스(f와 같은 크기)이다. 배경 화소는 0으로 레이블링된다. 영역과 구멍 수는 max(L(:))에 의해 제공된다.

끝으로, 문법

```
[B, L, NR, A] = bwboundaries(...)
```

은 발견된 영역 수(NR)와, 부모-자식-구멍 종속성을 포함하는 성긴 논리 매트릭스 A를 반환한다; 즉, B{k}로 둘러싸인 가장 가까운 경계는

함수 find는 4.2.2절에 설명되어 있다.

```
boundaryEnclosed = find(A(:, k))
```

로 주어지며, 마찬가지로 B{k}를 둘러싸인 가장 가까운 경계는

```
boundaryEnclosing = find(A(k, :))
```

으로 주어진다(매트릭스 A는 예제 11.1에서 더 자세히 설명된다). B의 처음 NR개 엔트리는 영역들이며, 나머지 엔트리들(만일 있으면)은 구멍들이다. 구멍 수는 numel(B) – NR로 계산된다.

관심 경계들을 포함하는 이진 영상을 만들고 표시할 수 있다면 좋을 것이다. $np \times 2$ 좌표 배열 형태의 이진 영상 b가 주어졌을 때(여기서 np는 앞에서와 같이 점들의 수), 다음 주문형 함수(리스팅은 부록 C 참고):

bound2im

```
g = bound2im(b, M, N)
```

은 b의 좌표들에서는 1이고 배경은 0인 $M \times N$ 크기의 이진 영상 g를 만든다. 보통 M = size(f, 1) 그리고 N = size(f, 2)이며, 여기서 f는 b가 얻어진 영상이다. 이렇게 해서 g와 f가 공간적으로 정합된다. 만일 M과 N이 생략되면, g는 경계를 둘러싸되 원래 좌표 값들은 유지하는 최소 이진 영상이다.

boundaries 함수가 여러 경계를 찾는다면, 셀 배열 B의 요소들을 이어서 함수 bound2im에서 사용할 모든 좌표들을 단일 좌표 배열 b로 가져올 수 있다:

cat 연산자의 설명에 관해서는 6.1.1절을 참조한다. 또한 예제 11.13도 본다.

```
b = cat(1, B{:})
```

여기서 1은 첫 (수직) 차원 방향으로 이음을 나타낸다. 다음 예제는 bwboundaries 함수의 결과의 시각화를 도와주는 bound2im의 사용법을 예시한다.

예제 11.1

함수 bwboundaries와 bound2im을 사용하기.

■ 그림 11.1(a)의 영상 f는 영역, 구멍, 한 자식, 자식 안의 구멍을 포함하고 있다. 명령

```
>> B = bwboundaries(f,'noholes');
```

는 디폴트 8-연결성을 이용해서 영역들의 경계만을 추출한다. 명령

```
>> numel(B)
ans
     2
```

는 두 개의 경계를 찾았음을 나타낸다. 그림 11.1(b)가 이 경계들을 포함하는 이진 영상을 보여준다; 이 영상은 다음 명령들로 얻었다:

```
0 0 0 0 0 0 0 0 0 0 0 0 0 0
0 1 1 1 1 1 1 1 1 1 1 1 1 0
0 1 1 1 1 1 1 1 1 1 1 1 1 0
0 1 1 0 0 0 0 0 0 0 0 1 1 0
0 1 1 0 1 1 1 1 1 1 0 1 1 0
0 1 1 0 1 1 1 1 1 1 0 1 1 0
0 1 1 0 1 1 0 0 1 1 0 1 1 0
0 1 1 0 1 1 0 0 1 1 0 1 1 0
0 1 1 0 1 1 1 1 1 1 0 1 1 0
0 1 1 0 1 1 1 1 1 1 0 1 1 0
0 1 1 0 0 0 0 0 0 0 0 1 1 0
0 1 1 1 1 1 1 1 1 1 1 1 1 0
0 1 1 1 1 1 1 1 1 1 1 1 1 0
0 0 0 0 0 0 0 0 0 0 0 0 0 0
```

(a)

```
0 0 0 0 0 0 0 0 0 0 0 0 0 0
0 1 1 1 1 1 1 1 1 1 1 1 1 0
0 1 0 0 0 0 0 0 0 0 0 0 1 0
0 1 0 0 0 0 0 0 0 0 0 0 1 0
0 1 0 0 1 1 1 1 1 1 0 0 1 0
0 1 0 0 1 0 0 0 0 1 0 0 1 0
0 1 0 0 1 0 0 0 0 1 0 0 1 0
0 1 0 0 1 0 0 0 0 1 0 0 1 0
0 1 0 0 1 0 0 0 0 1 0 0 1 0
0 1 0 0 1 1 1 1 1 1 0 0 1 0
0 1 0 0 0 0 0 0 0 0 0 0 1 0
0 1 0 0 0 0 0 0 0 0 0 0 1 0
0 1 1 1 1 1 1 1 1 1 1 1 1 0
0 0 0 0 0 0 0 0 0 0 0 0 0 0
```

(b)

```
0 0 0 0 0 0 0 0 0 0 0 0 0 0
0 1 1 1 1 1 1 1 1 1 1 1 1 0
0 1 0 0 0 0 0 0 0 0 0 0 1 0
0 1 0 0 0 0 0 0 0 0 0 0 1 0
0 1 0 0 2 2 2 2 2 2 0 0 1 0
0 1 0 0 2 0 0 0 0 2 0 0 1 0
0 1 0 0 2 0 4 4 0 2 0 0 1 0
0 1 0 0 2 0 4 4 0 2 0 0 1 0
0 1 0 0 2 0 0 0 0 2 0 0 1 0
0 1 0 0 2 2 2 2 2 2 0 0 1 0
0 1 0 0 0 0 0 0 0 0 0 0 1 0
0 1 0 0 0 0 0 0 0 0 0 0 1 0
0 1 1 1 1 1 1 1 1 1 1 1 1 0
0 0 0 0 0 0 0 0 0 0 0 0 0 0
```

(c)

그림 11.1 (a) 두 개의 영역(1값 화소들)과 두 개의 구멍을 포함하는 원래 배열. (b) 함수 boundaries를 사용해서 추출되고 함수 bound2im을 사용해서 영상으로 표시된 영역들의 경계. (c) 영역들과 가장 안쪽 구멍의 경계들.

```
>> b = cat(1, B{:});
>> [M, N] = size(f);
>> image = bound2im(b, M, N)
```

명령

```
>> [B, L, NR, A] = bwboundaries(f);
```

은 디폴트인 8-연결성으로 모든 영역과 구멍의 경계를 추출한다. 추출된 전체 영역과 구멍 경계 수는

```
>> numel(B)
ans =
     4
```

로 제공되며, 구멍 수는

```
>> numel(B) - NR
ans =
     2
```

이다. 영역들 그리고/또는 구멍들의 경계를 표시하기 위해서 함수 bound2im을 L과 함께 사용할 수 있다. 예를 들어,

```
>> bR = cat(1, B{1:2}, B{4});
>> imageBoundaries = bound2im(bR, M, N);
```

은 영역들의 경계와 마지막 구멍의 경계에서 1을 포함하는 이진 영상이다. 그러면, 명령

```
>> imageNumberedBoundaries = imageBoundaries.*L
```

은 그림 11.1(c)가 보여주듯이 번호가 붙은 경계들을 표시한다. 만일 그 대신에, 번호 붙은 경계를 모두 표시하기를 원했다면, 명령

```
>> bR = cat(1, B{:});
>> imageBoundaries = bound2im(bR, M, N);
>> imageNumberedBoundaries = imageBoundaries.*L
```

을 사용했을 것이다. 더 큰 영상들에 대해서는 경계들을 칼라-코딩하면 시각화에 도움이 된다(bwboundaries의 도움말 페이지가 이와 관련된 예제들을 보여준다).

끝으로, 매트릭스 A를 잠깐 들여다보자. 예를 들어 B{1}으로 둘러싸인 경계들의 수는

```
>> find(A(:, 1))
ans =
     3
```

이며, B{1}을 둘러싸는 경계들의 수는 B{1}이 최외곽 경계이므로, 예상대로

```
>> find(A(1, :))
ans =
   Empty matrix: 1-by-0
```

이다. A의 요소들은

```
>> A
A =
   (3,1)        1
   (4,2)        1
   (2,3)        1
```

이다. 성긴 매트릭스의 표현에서 이것은 요소 (3, 1), (4, 2), (2, 3)이 1임을 의미한다; 다른 모든 요소들은 0이다. 전체 매트릭스를 봄으로써 이를 알 수 있다:

```
>> full(A)
ans =
     0     0     0     0
     0     0     1     0
     1     0     0     0
     0     1     0     0
```

열 k를 읽어 내려갈 때, 행 n의 1은 B{k}에 의해 둘러싸인 가장 가까운 경계가 경계 번호 n임을 나타낸다. 행 1을 따라서 읽을 때, 열 m의 1은 B{k}를 둘러싸는 가장 가까운 경계가 경계 m임을 나타낸다. 이 표기가 영역 경계와 구멍 경계를 구분하지 않음을 유념한다. 예를 들어, 경계 2(A의 둘째 열)는 우리가 알고 있기로, 가장 안쪽 구멍의 경계인 경계 4(A의 넷째 행)를 둘러싼다.

11.1.2 이 장에서 사용되는 추가적인 몇 가지 MATLAB과 툴박스 함수들

함수 imfill을 9.5.2절에서 간략하게 언급했다. 이 함수는 이진 영상 입력과 밝기 영상 입력에 대해서 다르게 수행하므로, 이 절에서 표기를 명확하게 하기 위해서, 이진 영상과 밝기 영상을 각각 fB와 fI로 나타내기로 한다. 출력이 이진 영상이면 gB로 표기하고; 아니면 g로 표기한다. 문법

```
gB = imfill(fB, locations, conn)
```

이 locations에 규정된 점들로부터 시작해서, 입력 이진 영상 fB의 배경 화소들에 대해 flood-fill(홍수 채우기) 연산을 수행한다(즉, 배경 화소들을 1로 바꾼다). 이 파라미터는 $nL \times 1$벡터가 될 수 있으며(nL은 위치 수), 이 경우 시작 좌표 위치들의 선형 인덱스(1.7.8절 참고)를 포함한다. 파라미터 locations는 $nL \times 2$ 매트릭스가 될 수 있으며, 이 경우 각 행은 fB의 시작 위치들 중 하나에 대한 2-D 좌표 쌍을 포함한다. 함수 bwperim에서 그렇듯이, 파라미터 conn은 배경 화소들에 사용될 연결성을 규정한다: 4(디폴트) 또는 8. 만일 location과 conn이 모두 입력 인자에서 생략되면, 명령

```
gB = imfill(fB)
```

는 이진 영상 fB를 화면에 표시하고, 사용자가 마우스를 사용해서 시작 위치들을 선택하게 한다. 왼쪽 마우스 버튼을 클릭해서 점들을 추가한다. **Backspace** 또는 **Delete**를 누르면 앞서 선택된 점이 제거된다. 쉬프트-클릭, 또는 우측-클릭, 또는 더블-클릭은 최종 점을 선택하고, 채우기(fill) 연산을 시작한다. **Retrun**을 누르면 점을 추가하지 않고 선택을 끝낸다.

문법

```
gB = imfill(fB, conn, 'holes')
```

는 입력 이진 영상의 구멍들을 채운다. 파라미터 conn은 위에서와 같다.

문법

```
g = imfill(fI, conn)
```

은 입력 밝기 영상 fI의 구멍들을 채운다. 이 문법에서 **구멍**은 더 밝은 화소들로 둘러싸인 어두운 화소 영역이며, 파라미터 'holes'는 사용되지 않는다.

함수 find는 특정 객체를 구성하는 화소들의 좌표 벡터들을 반환하기 위해서, bwlabel과 함께 사용될 수 있다. 예를 들어,

```
[gB, num] = bwlabel(fB)
```

가 둘 이상의 연결 영역(즉, num > 1)을 제공한다면, 다음 명령을 사용해서 두 번째 영역의 좌표들을 얻는다.

```
[r c] = find(gB == 2)
```

앞에서 언급했듯이, 영역 또는 경계의 2-D 좌표들은 이 장에서는 $np \times 2$ 배열의 형태로 정리되며, 여기서 각 열은 (x, y) 좌표 쌍, np는 영역 또는 경계 점들의 수이다. 경우에 따라 이 배열들을 정렬할 필요가 있다. 함수 sortrows를 이 목적에 사용할 수 있다:

sortrows

```
z = sortrows(S)
```

이 함수는 S의 행들을 오름차순으로 정렬한다. 인자 S는 매트릭스 또는 열 벡터이어야 한다. 이 장에서는 sortrows는 $np \times 2$ 배열로만 사용된다. 만일 몇몇 행들의 첫 번째 좌표가 같다면, 두 번째 좌표의 오름차순으로 정렬된다. S의 행들을 정렬해서 중복 행들을 제거하려면, 다음 문법의 함수 unique를 사용한다:

unique

```
[z, m, n] = unique(S, 'rows')
```

여기서 z는 중복 행이 없는 정렬된 배열이고, m과 n은 z = S(m, :)과 S = z(n, :)에서와 같다. 예를 들어, 만일 S = [1 2; 6 5; 1 2; 4 3]이면, z = [1 2; 4 3; 6 5], m = [3; 4; 2], n = [1; 3; 1; 2]이다. z가 오름차순으로 정렬되며, m은 원래 배열의 어떤 행들이 보존되었는가를 나타낸다.

배열의 행들을 상, 하, 옆으로 이동시킬 필요가 있으면, 함수 circshift를 사용한다:

circshift

```
z = circshift(S, [ud lr])
```

여기서, ud는 S를 상향 또는 하향 이동시키는 요소들의 수이다. ud가 양이면 이동은 하향이며; 아니면 상향이다. 마찬가지로, lr이 양이면 배열은 우측으로 lr 요소만큼 이동되고; 아니면 좌측으로 이동된다. 상향과 하향 이동만이 필요하면, 더 간단한 문법

```
z = circshift(S, ud)
```

를 사용할 수 있다. S가 영상이면 circshift는 영상이 두루마리처럼 돌아가는(wrap around) 익숙한 스크롤링(상하) 또는 패닝(좌우)이다.

11.1.3 몇 가지 기본적인 유틸리티 M-함수

영역과 경계 간에 전환하고, 경계점들을 인접한 좌표 체인으로 정렬시키고, 표현과 묘사를 간략히 하기 위해서 경계를 서브샘플링하는 것 같은 작업들은 이 장에서 자주 사용되는 대표적인 프로세스들이다. 다음 주문형 유틸리티 M-함수들이 이들 목적을 위해 사용된다. 이 장의 중심 주제를 벗어나지 않도록 하기 위해서, 이들 함수의 문법만을 검토한다. 각각의 주문형 함수에 대한 문서화된 코드는 부록 C에 수록되어 있다. 앞에서 언급했듯이, 경계는 각 행이 2-D 좌표쌍을 나타내는 $np \times 2$ 배열로 표현된다.

함수 bound2eight은 문법이

bound2eight

```
b8 = bound2eight(b)
```

이며, 경계 b에서 4-연결되는 데 필요한 화소들을 제거해서 경계가 8-연결되게 한다†.

† 역주: 즉, 4-연결 경계를 8-연결 경계로 전환한다.

입력 b는 시계 방향 또는 반시계 방향으로 순서대로 정렬된 화소들의 닫혀 있고, 연결되어 있는 집합이어야 한다. 같은 조건들이 함수 bound2four에 적용된다:

bound2four

```
b4 = bound2four(b)
```

이 함수는 대각선 연결이 있는 곳에 새로운 경계 화소를 삽입해서 화소들이 4-연결되는 출력 경계를 제공한다.

함수

bsubsamp

```
[s, su] = bsubsamp(b, gridsep)
```

은 (단일) 경계 b를 줄 간격이 gridsep 화소인 그리드로 서브샘플링한다. 출력 s는 b보다 작은 수의 점들을 갖는 경계이며, 이 점들의 수는 gridsep의 값에 의해 결정된다. 출력 su는 좌표들의 변이가 1이 되도록 스케일링된 경계점들의 집합이다. 이것은 11.2.1절의 논의에서와 같이, 체인 코드를 사용하는 경계 코딩에 유용하다. 앞의 서 함수들에서 b의 점들은 시계 또는 반시계 방향으로 정렬되어야 한다(출력들은 입력과 같은 순서이다). 만일 b의 점들이 순서대로 정렬되어 있지 않으면(그러나 완전 연결된 경계의 점들임), 다음 명령들을 사용해서 b를 시계 방향 시퀀스로 전환할 수 있다:

```
>> image = bound2im(b);
>> b = bwboundaries(image, 'noholes');
```

즉, 경계를 이진 영상으로 전환하고, boundaries 함수를 사용해서 경계를 시계 방향 시퀀스로 추출한다. 만일 반시계 방향 시퀀스가 필요하면, 앞서 언급했듯이 b = flipud(b)로 놓는다.

경계가 bsubsamp로 서브샘플링될 때, 그 점들은 연결이 더 이상 유지되지 않는다. 이들을 다음과 같이 해서 다시 연결할 수 있다.

connectpoly

```
z = connectpoly(s(:, 1), s(:, 2))
```

여기서 s(:,1)과 s(:,2)는 각각 서브샘플링된 경계의 수평 및 수직 좌표들이다. s의 점들은 시계 또는 반시계 방향으로 정렬되어 있어야 한다. 출력 z의 행들은 s의 점들을 직선 선분들로 연결해서 만든 연결된 경계의 좌표들이다(아래의 함수 intline 참고). 출력 z의 좌표들은 s의 좌표들과 같은 방향이다.

함수 connectpoly는 s가 얻어진 원래 경계 b보다 일반적으로 묘사하기에 더 쉬운, 완전 연결된 다각형 경계를 만드는 데 유용하다. 함수 connectpoly는 또한 11.2.3절에서 논의되는 함수 im2minperpoly 같은 다각형의 꼭지점들만 생성하는 함수들과 함께 사용될 때도 유용하다.

두 점을 지나는 직선의 정수 좌표들을 계산하는 것은 경계를 다룰 때 기본 툴이 된다. 툴박스 함수 intline이 이 목적에 적합하다. 그 문법은

intline

intline은 문서화되어 있지 않은 IPT 유틸리티 함수이다. 코드는 부록 C에 수록되어 있다.

```
[x y] = intline(x1, x2, y1, y2)
```

이며, 여기서 (x1, y1)과 (x2, y2)는 연결될 두 점의 정수 좌표들이다. 출력 x와 y는 두 점을 연결하는 직선의 정수 x및 y좌표들을 포함하는 열벡터들이다.

11.2 표현 Representation

이 장의 시작부에서 언급한 대로, 10장에서 논의한 분할 기법들은 일반적으로 경계 화소들 또는 영역에 포함된 화소들 형태의 비가공 데이타를 제공한다. 이들 데이타가 때때로 묘사자를 얻는 데 직접 사용되기도 하지만(영역의 질감을 계산할 때처럼), 실제에서는 묘사자를 계산하는 데 훨씬 더 유용한 표현으로 데이타를 간결화하는 방책을 사용한다. 이 절에서는 다양한 표현 방법의 구현에 관해서 논의한다.

11.2.1 체인 코드

체인 코드(chain code)는 경계를 특정 길이와 방향의 연결된 직선 선분 시퀀스로 표현하는 데 사용된다. 보통 이 표현은 선분들의 4- 또는 8-연결성에 기반한다. 각 선분의 방향은 그림 11.2(a)와 (b)에 나타낸 것들과 같이 번호화 방식을 사용해서 코드화된다. 이 방식에 기반하는 체인 코드를 **프리먼 체인 코드**(*Freeman chain code*)라고 부른다.

경계의 체인 코드는 시작점에 따라 달라진다. 그러나, 코드를 원형 방향 번호 시퀀스로 다뤄서, 결과 번호 시퀀스가 **최소 길이** 정수를 형성하도록 시작점을 재정의한다면, 시작점에 의해 코드를 정규화할 수 있다. 코드 자체 대신에 체인 코드의 **차분**(*difference*)을 이용해서 회전에 대해 정규화[그림 11.2(a)와 (b)의 코드들에 대해 90° 또는 45° 증분으로]할 수 있다. 이 차분은 코드의 두 인접 요소를 갈라놓는 방향 변화(그림 11.2에서 반시계 방향으로)의 횟수를 세어서 구한다. 예를 들면, 4-방향 체인 코드 10103322의 1차 차분은 3133030이다. 코드를 원형 시퀀스로 다루면, 차

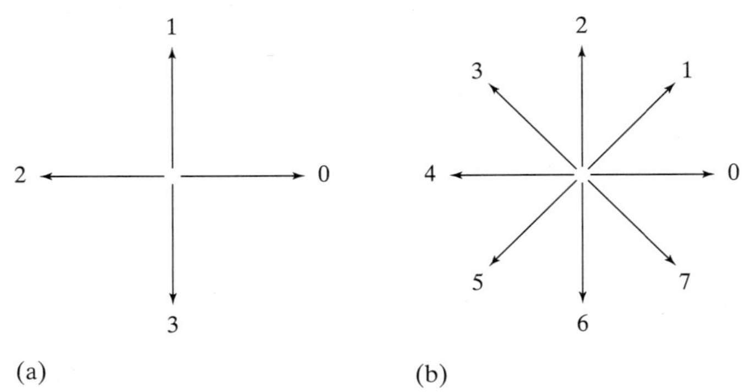

그림 11.2 (a) 4-방향 체인 코드와 (b) 8-방향 체인 코드에 대한 방향 번호.

분의 첫 요소는 체인의 마지막 요소와 첫 번째 요소 간의 변이를 이용해서 계산된다; 앞의 코드에 대해 결과는 33133030이 된다. 임의의 회전 각도에 대한 정규화는 장축(major axis)(11.3.2절 참조) 또는, 그의 주성분 벡터(principal-component vector)(11.5절의 끝 참고)와 같은 어떤 우세한 특징을 기준으로 경계의 방향을 맞춤으로써 달성된다.

다음 문법을 갖는 `fchcode` 함수는

fchcode

```
c = fchcode(b, conn, dir)
```

배열 `b`에 저장된 정렬된 경계점들로 구성된 $np \times 2$ 크기의 집합에 대한 프리먼 체인 코드를 계산한다. 출력 `c`는 다음 필드들을 갖는 구조체이며, 괄호 속 숫자들은 배열 크기를 나타낸다:

구조체에 관한 설명은 1.7.8절을 참고한다.

`c.fcc` = 프리먼 체인 코드 $(1 \times np)$
`c.diff` = 코드 `c.fcc`의 1차 차분 $(1 \times np)$
`c.mm` = 최소 크기의 정수 $(1 \times np)$
`c.diffmm` = 코드 `c.mm`의 1차 차분 $(1 \times np)$
`c.x0y0` = 코드의 시작 좌표 (1×2)

파라미터 `conn`은 코드의 연결성을 규정한다; 그 값은 4 또는 8(디폴트)이다. 값 4는 경계에 대각선 변이가 없을 때만 유효하다. 파라미터 `dir`는 출력 코드의 방향을 지정한다. 만일 `'same'`으로 지정되면, 코드는 `b`의 점들과 방향이 같다. `'reverse'`를 사용하면, 코드가 반대 방향으로 놓이게 된다. 디폴트는 `'same'`이다. 따라서, `c = fchcode(b, conn)`이라고 쓰면 디폴트 방향을 사용하며, `c = fchcode(b)`는 디폴트 연결성 및 방향을 사용한다.

예제 11.2

프리먼 체인 코드와 몇 가지 변형.

■ 그림 11.3(a)는 반사(specular) 노이즈에 묻힌 원형 획의 570×570 크기의 영상 `f`를 보여준다. 이 예제의 목표는 객체 바깥 경계에 대한 체인 코드와 1차 차분을 구하는 것이다. 그림 11.3(a)를 보면 객체에 붙어 있는 노이즈 조각들로 인해서 경계가 매우 불규칙하게 되어 객체의 전체적인 모양을 제대로 묘사하지 못할 게 분명해 보인다. 노이즈 낀 경계를 다룰 때는 일반적으로 스무딩을 항상 거친다. 그림 11.3(b)는 9×9 평균 마스크를 사용한 결과 `g`를 보여준다:

```
>> h = fspecial('average', 9);
>> g = imfilter(f, h, 'replicate');
```

그런 다음, 문턱처리에 의해 그림 11.3(c)의 이진 영상을 얻었다.

```
>> gB = im2bw(g, 0.5);
```

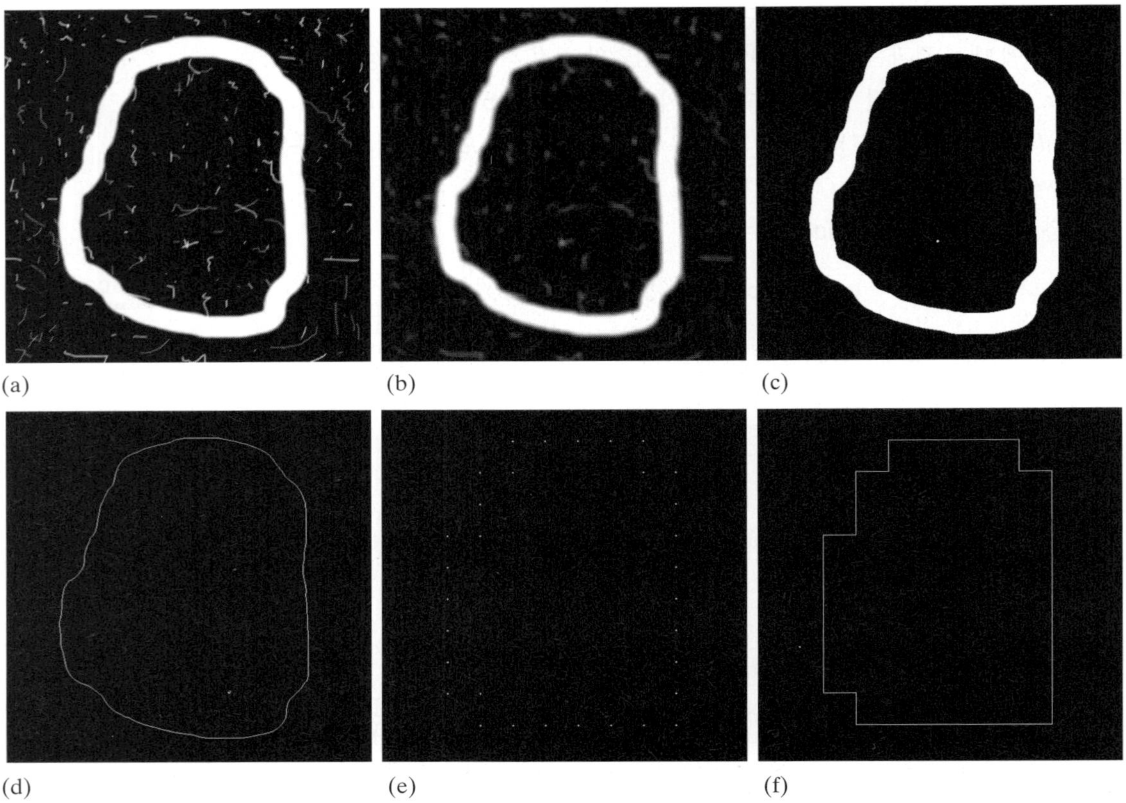

그림 11.3 (a) 노이즈 낀 영상. (b) 평균 마스크로 스무드된 영상. (c) 문턱처리된 영상. (d) 이진 영상의 경계. (e) 서브샘플링된 경계. (f) 연결된 (e)의 점들.

gB의 (바깥) 경계들은 앞 절에서 논의한 bwboundaries 함수를 이용해서 계산되었다:

```
>> B = bwboundaries(gB, 'noholes');
```

11.1.1절의 예시에서와 같이, 우리는 가장 긴 경계에 관심이 있다[그림 11.3(c)의 내부 점도 경계를 갖고 있다]:

```
>> d = cellfun('length', B);
>> [maxd, k] = max(d);
>> b = B{k};
```

cellfun
max

함수 문법 D = cellfun('fname', C)는 함수 'fname'을 셀 배열 C의 모든 요소에 적용하고, 그 결과를 double 배열 D에 반환한다.

함수 문법 [C, I] = max(A)는 벡터 A의 최대값(또는, 매트릭스 A의 열들의 최대값들)을 찾아서, 최대값(들)은 행 벡터 C에, 그리고 최대값(들)의 인덱스들은 벡터 I에 반환한다.

그림 11.3(d)의 경계 영상은 다음 명령들로 생성했다:

```
>> [M N] = size(g);
>> g = bound2im(b, M, N);
```

b의 체인 코드를 직접 얻으려 하면 경계의 전체적인 모양을 나타내는 데 필요하지 않은 작은 변화들을 갖는 긴 시퀀스를 얻게 될 것이다. 그래서 체인 코드 처리에서 항상 그렇게 하듯이, 앞 절에서 논의한 bsubsamp 함수를 이용해서 경계를 서브샘플링한다:

```
>> [s, su] = bsubsamp(b, 50);
```

격자 간격은 영상 폭의 약 10%를 사용했다. 결과점들을 영상으로 표시할 수 있다[그림 11.3(e)]:

```
>> g2 = bound2im(s, M, N);
```

또는 연결 시퀀스[그림 11.2(f)]로 표시하려면, 명령

```
>> cn = connectpoly(s(:, 1), s(:, 2));
>> g3 = bound2im(cn, M, N);
```

들을 사용한다. 체인 코딩의 목적을 위해 그림 11.3(d)가 아니라 이 표현을 사용하는 이점은 두 그림을 비교해 보면 명확하다. 체인 코드는 스케일링된 시퀀스 su로부터 얻어진다:

```
>> c = fchcode(su);
```

이 명령은 다음 출력들을 만든다:

```
>> c.x0y0
ans =
    7    3

>> c.fcc
ans =
2 2 0 2 2 0 2 0 0 0 0 6 0 6 6 6 6 6 6 6 6 4 4 4 4 4 4 2 4 2 2 2

>> c.mm
ans =
0 0 0 0 6 0 6 6 6 6 6 6 6 6 4 4 4 4 4 4 2 4 2 2 2 2 2 0 2 2 0 2

>> c.diff
ans =
0 6 2 0 6 2 6 0 0 0 6 2 6 0 0 0 0 0 0 0 6 0 0 0 0 0 6 2 6 0 0 0

>> c.diffmm
ans =
0 0 0 6 2 6 0 0 0 0 0 0 0 6 0 0 0 0 0 6 2 6 0 0 0 0 6 2 0 6 2 6
```

c.fcc, 그림 11.3(f), c.x0y0를 조사해 보면, 코드가 그림의 왼쪽에서 시작해서 원래 경계의 좌표들과 같은 방향인 시계 방향으로 진행하는 것을 알 수 있다.

11.2.2 최단 둘레 다각형을 이용하는 다각형 근사화

디지털 경계는 다각형에 의해 임의의 정확도로 근사화될 수 있다. 닫힌 경계에 대해서, 이 근사화는 다각형의 변 수가 경계의 점 수와 같고, 각 꼭지점이 경계의 점과 일치할 때 정확하게 된다. 다각형 근사화의 목표는 가능한 최소한의 꼭지점 수를 사용해서 주어진 경계의 모양의 정수(essence)를 포착하는 것이다. 이 문제는 일반적으로 간단하지 않으며, 시간 소모적 반복 검색으로 돌변할 수 있다. 그렇지만, 영상처리 작업에 적합한 적당한 복잡도의 근사화 기법들이 있다. 이들 중 가장 강력한 것들 중

하나는 다음 논의에서 정의되는 것과 같이 경계를 **최단 둘레 다각형**(*minimum-perimeter polygon*, MPP)으로 표현한다.

기초

MPP를 계산하는 알고리듬을 만들기 위한 직관적으로 매력적인 접근법은 그림 11.4(b)에서와 같이 경계[그림 11.4(a)]를 이어진 셀들의 집합으로 포위하는 것이다. 경계를 고무줄로 생각해 보자. 고무줄은 수축 가능하므로, 셀들에 의해 정의되는 바운딩(bounding, 가두는) 영역의 안쪽과 바깥쪽 벽들에 의해 제한될 것이다. 궁극적으로, 그림 11.4(c)가 보여주듯이, 이 수축이 셀 띠가 에워싸는 영역의 둘레에 선을 긋는 최단 둘레 다각형의 모양을 만든다. 이 그림에서 MPP의 모든 꼭지점이 셀들의 안쪽 아니면 바깥쪽 벽의 코너들과 일치함을 주목한다.

셀들의 크기가 다각형 근사화의 정확도를 결정한다. 극단적인 경우에, 만일 각 (정사각형) 셀의 크기가 경계의 디지털 표현에서의 한 화소에 해당한다면, MPP의 각 꼭지점과 원래 경계의 최근접 점 간의 최대 오차는 $\sqrt{2}d$가 될 것이다. 여기서 d는 화소 간 가능한 최소 거리(즉, 원래 샘플링 그리드의 해상도에 의해 설정되는 화소 간 거리)이다. 이 오차는 다각형 근사화의 각 셀이 샘플링된 경계의 해당 화소를 중심으로 하게 만들면 반으로 줄어들 수 있다. 그 목적은 주어진 응용에서 수용 가능한 가장 큰 셀 크기를 사용하는 것이며, 그래서 꼭지점 수가 가장 작은 MPP들을 만드는 것이다. 이 절에서의 목표는 이 MPP 꼭지점들을 찾아내기 위한 절차를 체계화하고 구현하는 것이다.

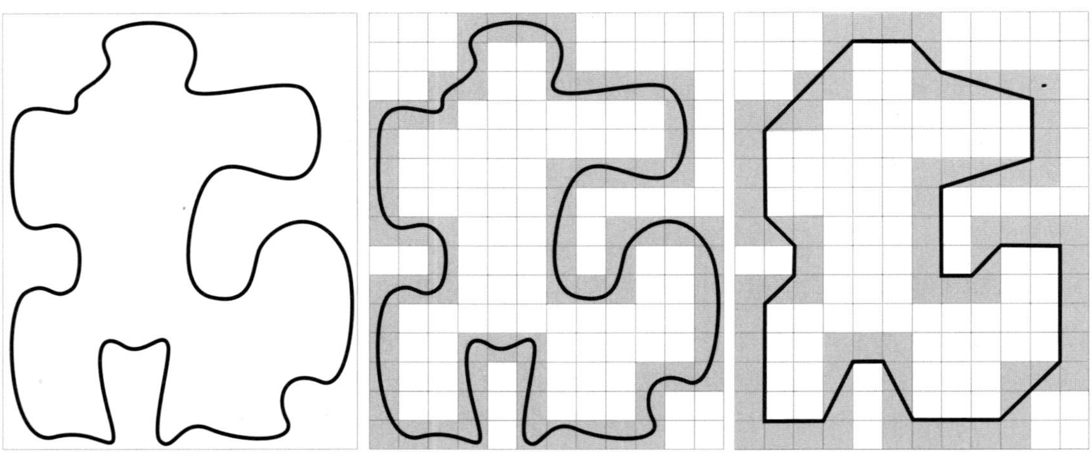

(a) (b) (c)

그림 11.4 (a) 객체 경계(흑색 곡선). (b) 셀들(회색)에 의해 포위된 경계. (c) 경계가 수축할 수 있게 허용해서 얻은 최단 둘레 다각형. (c)의 다각형의 꼭지점들은 회색 영역의 안쪽(inner) 및 바깥쪽(outer) 벽들의 코너들에 의해 생성된다.

방금 설명된 셀 접근법은 원래 경계에 의해 둘러싸인 객체의 모양을, 그림 11.4(b)의 셀들의 안쪽 벽을 테두리 선으로 하는 영역의 모양으로 축소한다. 그림 11.5(a)가 이 모양을 진한 회색으로 보여준다. 에지가 4-연결 직선 선분들로 구성됨을 알 수 있다. 이 에지를 반시계 방향으로 따라간다고 하자. 이때 만나는 각각의 꺾어지는 곳은 **볼록** 아니면 **오목** 꼭지점일 것이며, 꼭지점의 각도는 4-연결 에지의 **내각**이다. 그림 11.5(b)에 볼록 꼭지점들은 백색, 오목 꼭지점들은 흑색 점들로 표시되어 있다. 이들이 셀들의 안쪽 벽의 꼭지점들이며, 안쪽 벽의 모든 꼭지점들이, 바깥 벽에 상응하는 "거울(mirror)" 꼭지점을 가짐을 주목한다. 거울 꼭지점은 꼭지점의 대각선 반대쪽에 위치한다. 그림 11.5(c)가 모든 오목 꼭지점들의 거울들을 보여주며, 참고를 위해 그림 11.4(c)의 MPP가 중첩되어 있다. MPP의 꼭지점들이 안쪽 벽의 볼록 꼭지점들(백색 점) 아니면 바깥쪽 벽의 오목 꼭지점들의 거울들(흑색 점)과 일치함을 주목한다. 조금만 생각해 보면 안쪽 벽의 볼록 꼭지점과 바깥쪽 벽의 오목 꼭지점만이 MPP의 꼭지점이 될 수 있음을 알 수 있을 것이다. 따라서, 우리의 알고리듬은 이 꼭지점들에만 초점을 맞추면 된다.

볼록 꼭지점은 범위가 $0° < \theta < 180°$인 각도 θ를 정의하는 세 점 쌍의 중앙점이다; 마찬가지로, 오목 꼭지점의 각도는 범위 $180° < \theta < 360°$에 있다. 각도 180°는 축퇴 꼭지점(직선)을 정의하며, MPP의 꼭지점이 될 수 없다.

MPP를 찾아내기 위한 알고리듬

경계를 둘러싸는 셀들의 집합을 **셀 복합체**(*cell complex*)라고 부른다. 우리가 고려하는 경계들은 자체 교차하지 않는다고 가정하며, 이는 **단순 연결 셀 복합체**의 조건이다. 이 가정에 기반하고, 백색(W)과 흑색(B)으로 각각 **볼록**과 **거울 반사 오목**(*mirrored concave*)을 나타내서, 다음과 같은 관찰 사항들을 기술한다:

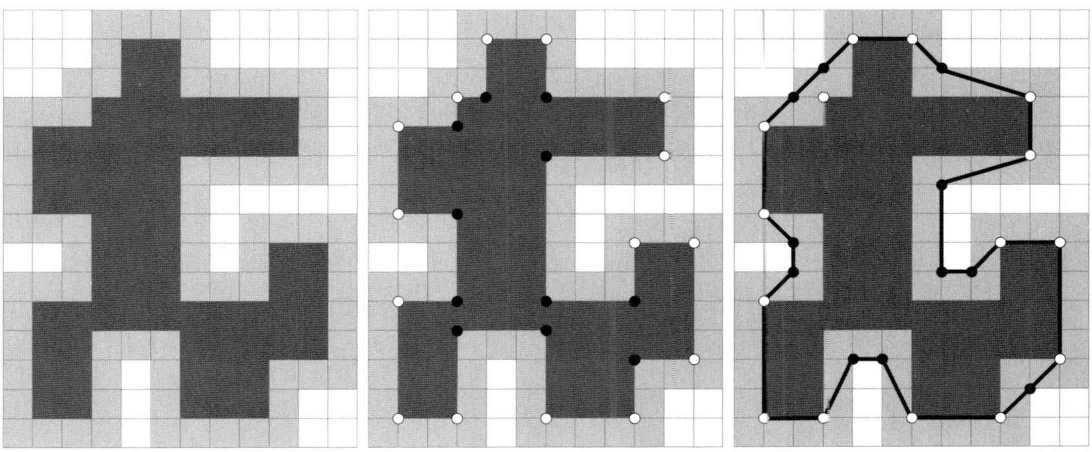

(a) (b) (c)

그림 11.5 (a) 셀들(그림 11.4 참조)로 원래 경계를 에워싼 결과 영역(진한 회색). (b) 진한 회색 영역의 경계를 반시계 방향으로 따라가서 얻어진 볼록(백색 점들)과 오목(흑색 점들) 꼭지점들. (c) 바운딩 영역의 바깥쪽 벽의 대각선 거울 위치로 쫓겨난 오목 꼭지점들(흑색 점들). 참고를 위해 MPP(흑색 곡선)를 중첩시켰다.

1. 단순 연결 셀 복합체에 의해 바운딩되는 MPP는 자체 교차하지 않는다.
2. MPP의 모든 볼록 꼭지점은 W 꼭지점이나, 경계의 모든 W 꼭지점이 MPP의 꼭지점인 것은 아니다.
3. MPP의 모든 거울 반사 오목 꼭지점은 B 꼭지점이나, 경계의 모든 B 꼭지점이 MPP의 꼭지점인 것은 아니다.
4. 모든 B 꼭지점은 MPP 위 또는 바깥에 있으며, 모든 W 꼭지점은 MPP 위 또는 안에 있다.
5. 셀 복합체에 포함된 꼭지점 시퀀스의 맨 위, 맨 왼쪽 꼭지점은 항상 MPP의 W 꼭지점이다.

이 주장들은 공식적으로 증명될 수 있다(Sklansky et al. [1972]; Sloboda et al. [1998]; Klette와 Rosenfeld [2004]). 그러나, 우리 목적에 대해 이들이 옳다는 것은 분명하므로, 여기서는 증명에 관해 생각하지 않겠다. 그림 11.5의 진한 회색 영역의 꼭지점들의 각도들과 달리, MPP의 꼭지점들에 의해 지탱되는 각도들은 반드시 90°의 배수일 필요가 없다.

다음의 논의에서, 우리는 세 점 쌍의 방향을 계산할 필요가 있다. 세 점 쌍 (a, b, c)를 고려하고, 이 점들의 좌표들을 $a = (x_a, y_b)$, $b = (x_b, y_b)$, $c = (x_c, y_c)$라고 놓자. 이 점들을 다음과 같이 매트릭스의 행으로 배치하면,

$$\mathbf{A} = \begin{bmatrix} x_a & y_a & 1 \\ x_b & y_b & 1 \\ x_c & y_c & 1 \end{bmatrix}$$

매트릭스 분석으로부터 다음과 같은 결론이 나온다.

$$\det(\mathbf{A}) = \begin{cases} > 0 & \text{만일 } (a, b, c)\text{가 반시계 방향 시퀀스이면} \\ = 0 & \text{만일 점들이 공선상에 있으면} \\ < 0 & \text{만일 } (a, b, c)\text{가 시계 방향 시퀀스이면} \end{cases}$$

여기서 $\det(\mathbf{A})$는 $\mathbf{A}$의 행렬식이며, 시계 방향 또는 반시계 방향 이동은 우수 좌표계(right-handed coordinate system)를 따른다. 예를 들어, 우수 영상 좌표계(그림 1.2)(원점이 좌상단에 있고, 양 x-축은 수직 아래로 향하고, 양 y-축은 수평으로 우측으로 향한다)를 사용하면, $a = (3, 4)$, $b = (2, 3)$, $c = (3, 2)$ 시퀀스는 반시계 방향에 있으며, $\det(\mathbf{A}) > 0$이 될 것이다.

그림 1.2에 정의된 좌표계를 가정하면, 반시계 방향으로 다각형의 경계를 따라갈 때, 진행 방향의 우측에 있는 모든 점은 다각형 바깥에 있다. 진행 방향의 좌측에 있는 모든 점은 다각형 안에 있다.

다음 정의

$$\operatorname{sgn}(a,b,c) \equiv \det(\mathbf{A})$$

를 사용하면, 반시계 방향 시퀀스에 대해 $\operatorname{sgn}(a, b, c) > 0$, 시계 방향 시퀀스에 대해 $\operatorname{sgn}(a, b, c) < 0$, 점들이 공선상에 있을 때 $\operatorname{sgn}(a, b, c) = 0$이다. 기하적으로 sgn($a$,

여준다. 이 함수의 MATLAB 좌표 (X, Y)는 영상 좌표 (x, y)와 X = y, Y = $-x$의 관계가 있음을 유념한다[그림 1.2(a) 참고].

함수 pol2cart는 다음과 같이 다시 데카르트 좌표로 전환하는 데 사용된다:

```
[X, Y] = pol2cart(THETA, RHO)
```

pol2cart

예제 11.5

시그니처.

■ 그림 11.11(a)와 (b)는 각각 불규칙한 정사각형과 삼각형을 포함하는 두 영상 fsq와 ftr을 보여준다. 그림 11.11(c)는 다음 명령들로 얻은 정사각형의 시그니처를 보여준다.

```
>> bSq = bwboundaries(fsq, 'noholes');
>> [distSq, angleSq] = signature(bSq{1});
>> plot(angleSq, distSq)
```

비슷한 명령들로 그림 11.11(d)의 플롯을 얻었다. 단순히 두 시그니처의 뚜렷한 피크 수를 세는 것만으로 두 경계의 근본 모양을 구분하기에 충분하다.

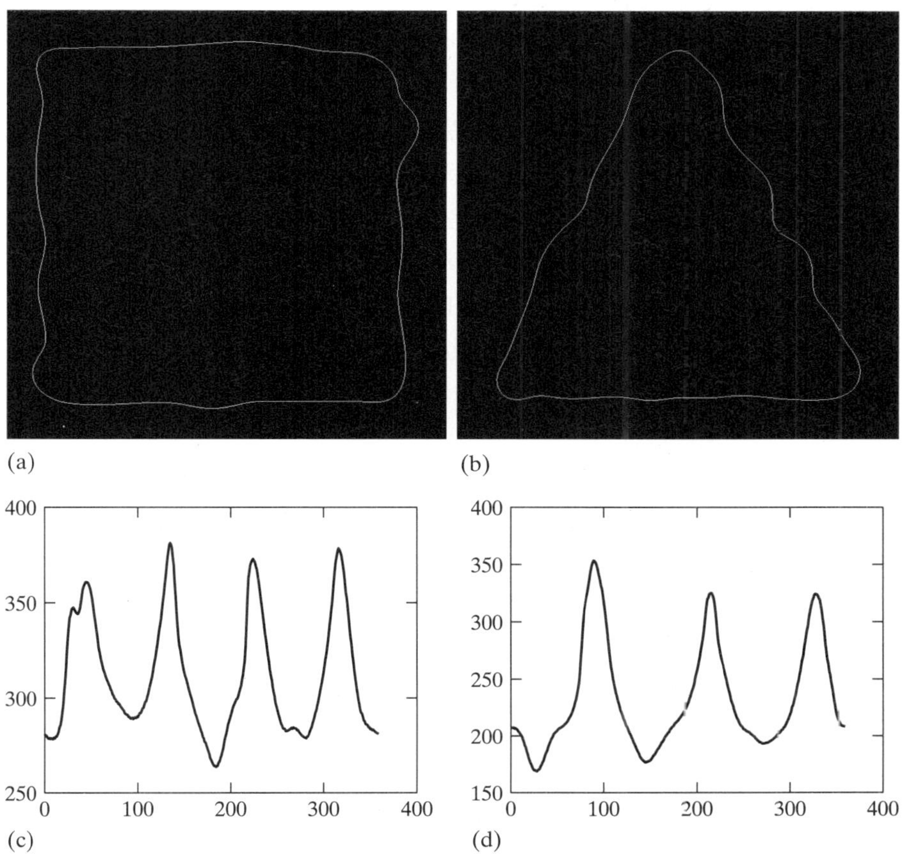

그림 11.11 (a)~(b) 불규칙한 정사각형과 삼각형의 경계들. (c)~(d) 해당 시그니처들.

11.2.4 경계 조각

경계를 조각으로 분해하면 경계의 복잡도가 줄어들며, 일반적으로 묘사 과정을 간단화시킨다. 이 접근 방법은 경계가 모양 정보를 수반하는 하나 이상의 뚜렷한 오목상을 포함할 때 매력적이다. 이 경우 경계로 포위된 영역의 볼록 깍지(convex hull)를 사용하는 방법은 경계의 견고한 분해를 위한 강력한 도구에 해당된다.

임의의 집합 S의 **볼록 깍지** H는 S를 포함하는 가장 작은 볼록 집합이다. 집합 차이 $H - S$를 집합 S의 **볼록 결핍**(*con ex deficiency*)(D)이라고 부른다. 이 개념들이 경계를 의미 있는 조각들로 나누는 데 어떻게 사용되는지를 알아보기 위해서, 객체(집합 S)와 그의 볼록 결핍(음영 영역)을 보여주는 그림 11.12(a)를 고려하자. 영역 경계는 S의 윤곽선을 따라가면서 볼록 결핍 성분 안으로 진입하거나 그로부터 나오는 천이가 일어나는 점들을 표시해서 나눌 수 있다. 그림 11.12(b)는 이 경우의 결과를 보여준다. 원칙적으로, 이 방식은 영역의 크기와 방향에 대해 독립적이다. 실제 문제에서는, 이 유형의 처리는 "무의미한" 오목상의 수를 줄이기 위해서 일반적으로 과감한 스무딩이 먼저 수행된다. 방금 설명한 방식으로 볼록 깍지를 구하고 경계 분해를 구현하는 데 필요한 MATLAB 도구들이 11.4.1절에서 논의되는 함수 `regionprops`에 포함되어 있다.

11.2.5 골격

평탄한 영역의 구조적 모양을 표현하기 위한 중요한 접근 방법은 그를 그래프로 줄이는 것이다. 이 축소는 세선화[thinning; **골격화**(*skeletonizing*)라고도 불림] 알고리듬에 의해 영역의 **골격**(*skeleton*)을 얻음으로써 달성될 수 있다.

영역의 골격은 **중간축 변환**(*medial axis transformation*, MAT)을 통해서 정의될 수 있다. 경계 b를 갖는 영역 R의 MAT는 다음과 같다. R의 각 점 p에 대해서, b에 있는 가장 가까운 이웃을 찾는다. 만일 p가 둘 이상의 그런 이웃을 가진다면, R의 **중간축**(**골격**)에 속한다고 말한다.

비록 영역의 MAT가 직관적 개념이기는 하지만, 이 정의를 직접 구현하는 것은 영역의 모든 내부 점에서부터 경계상의 모든 점까지의 거리를 계산해야 하므로 계산

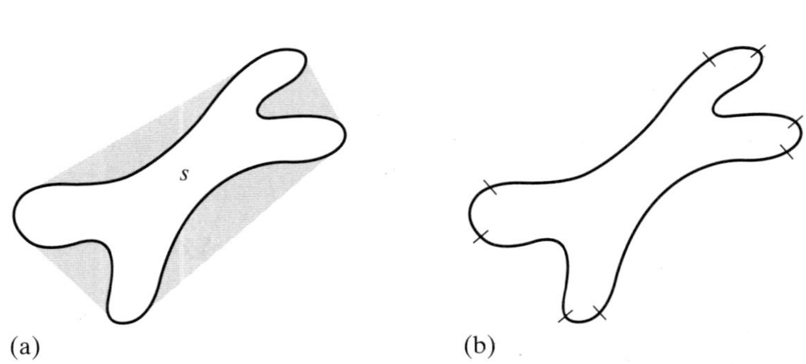

그림 11.12 (a) 영역 S와 그 볼록 결핍(음영). (b) 나뉜 경계.

상 비용이 많이 든다. 계산 효율을 높이기 위한, 영역의 중간축 표현의 근사화를 시도하는 수많은 알고리듬이 제안되어 왔다.

9.3.4절에서 언급했듯이 IPT는 이진 영상 B의 모든 영역들의 골격을 다음과 같은 문법의 함수 bwmorph를 사용해서 생성한다:

```
skeletonImage = bwmorph(B, 'skel', Inf)
```

이 함수는 객체의 경계 화소들을 제거하지만, 객체들을 떼어놓지는 않는다.

예제 11.6

영역의 골격 계산하기.

■ 그림 11.13(a)는 인간 염색체의 전형적인 모양의 344 × 270 영상 f를 보여준다. 이 영

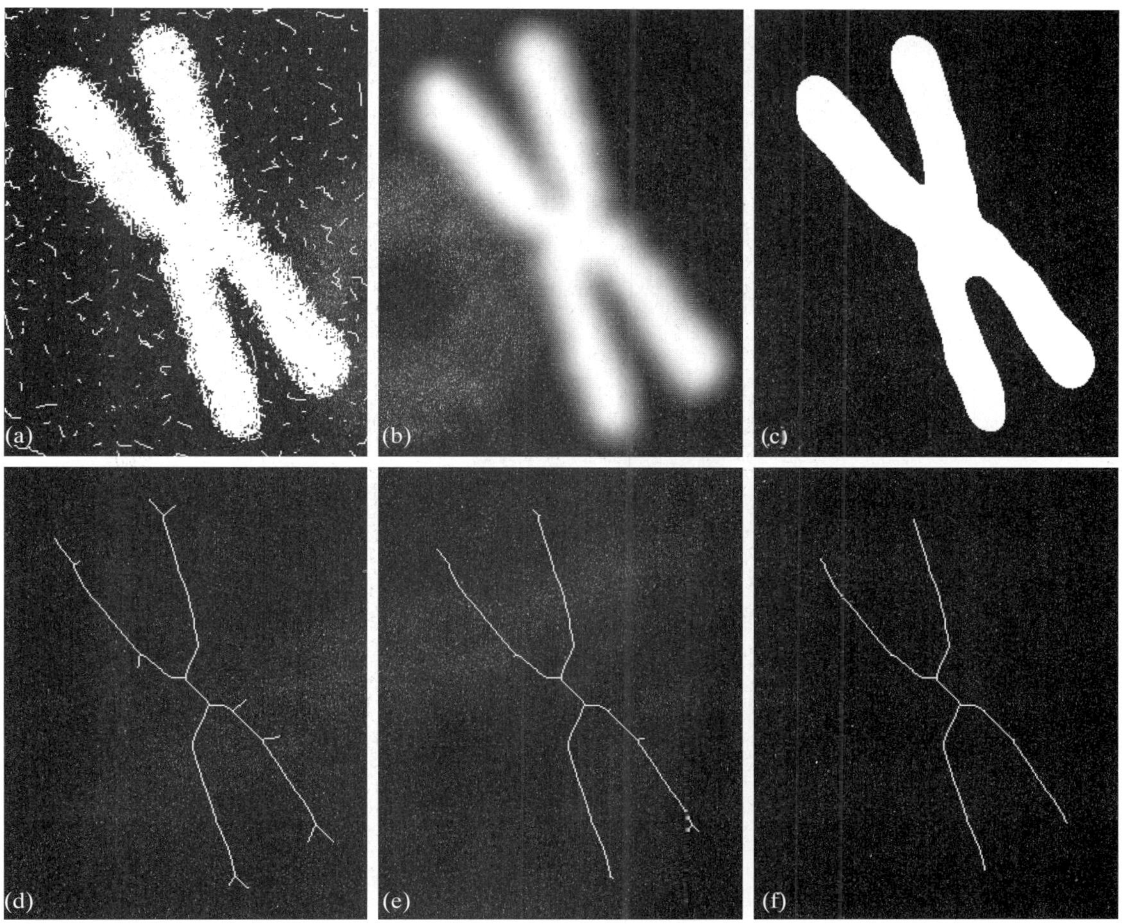

그림 11.13 (a) 분리된 인간 염색체. (b) sig = 15인 25 × 25 가우스 평균 마스크로 스무딩된 영상. (c) 문턱처리된 영상. (d) 골격. (e) 잔가지 제거를 8회 적용한 후의 골격. (f) 잔가지 제거를 7회 더 적용한 결과.

상은 30,000배 배율로 확대된 전자현미경 영상으로부터 분리되었다. 이 예제의 목표는 염색체의 골격을 계산하는 것이다.

분명히, 이 프로세스의 첫 단계는 쓸모없는 디테일 배경으로부터 염색체를 분리하는 것이다. 한 가지 접근 방법은 영상을 스무딩하고 문턱처리하는 것이다. 그림 11.13(b)가 sig = 15인 25 × 25 가우스 공간 마스크로 f를 스무딩한 결과를 보여준다:

```
>> h = fspecial('gaussian', 25, 15);
>> g = imfilter(f, h, 'replicate');
>> imshow(g) % Fig. 11.13(b)
```

그 다음, 스무딩된 영상을 문턱처리한다:

```
>> g = im2bw(g, 1.5*graythresh(g));
>> figure, imshow(g) % Fig. 11.13(c)
```

여기서 문턱처리 양을 50% 증가시키기 위해서 자동 계산된 문턱치 graythresh(g)에 1.5를 곱했다. 이에 대한 추론은 문턱치를 증가시키면 경계에서 제거되는 데이타 양이 증가되며, 따라서 노이즈를 더 줄인다는 것이다. 그림 11.13(d)의 골격을 다음 명령으로 얻었다.

```
>> s = bwmorph(g, 'skel', Inf); % Fig. 11.13(d)
```

골격의 잔가지들이 다음 명령으로 줄어들었다.

```
>> s1 = bwmorph(s, 'spur', 8); % Fig. 11.13(e)
```

여기서 연산을 8회 반복했으며, 이 경우 이 값은 sig 값의 약 절반과 같다. 몇 개의 작은 잔가지들은 여전히 골격에 남아 있다. 그러나 앞의 함수를 7회 더 적용(sig 값만큼 채우기 위해)해서 그림 11.13(f)의 결과를 얻었으며, 이 결과는 입력에 대한 적당한 골격 표현이다. 경험적으로, 가우스 스무딩 마스크의 sig 값은 잔가지 제거 알고리듬을 적용할 횟수를 선택하기 위한 좋은 지표가 된다.

11.3 경계 묘사자 Boundary Descriptors

묘사자를 특징으로도 부른다.

이 절에서는 영역 경계를 다룰 때 유용한 여러 묘사자(*descriptor*)들을 검토한다. 곧 밝혀지듯이, 이들 중 다수가 영역에도 적용 가능하며, 툴박스의 묘사자들을 그룹짓는 것은 그들의 적용성과 관련해서는 차이가 없다. 그러므로 여기에 소개하는 개념들의 일부는 11.4절에서 영역 묘사자들을 논의할 때 다시 언급된다.

11.3.1 몇 가지 간단한 묘사자

경계의 길이는 그의 가장 간단한 묘사자들 중 하나이다. 4-연결 경계의 길이는 1을 뺀 경계의 화소 수로 정의된다. 경계가 8-연결되어 있다면, 수직과 수평 이행(transition)을 1로, 대각선 이행을 $\sqrt{2}$로 센다. (이 묘사자는 11.4절에서 검토되는 regionprops로 계산될 수 있다.)

11.1.1절에서 소개한 함수 bwperim을 사용해서 영상 f에 포함된 객체들의 경계를 추출한다:

```
g = bwperim(f, conn)
```

여기서 g는 f의 객체들의 경계를 포함하는 이진 영상이다. 우리의 관심사인 2-D 연결성을 위해서 conn은 4-연결 또는 8-연결(디폴트) 중 원하는 연결에 따라 4 또는 8일 수 있다(이 연결성 값들의 해석에 관해서는 예제 11.3의 측주를 참고한다). f의 객체들은 영상 클래스와 일치하는 어떠한 화소 값도 가질 수 있으나, 모든 배경 화소는 0이어야 한다. 정의에 의해, 둘레 화소들은 0이 아니며, 적어도 하나의 0이 아닌 다른 화소와 연결되어 있다.

경계의 **지름**(*diameter*)은 가장 멀리 떨어진 두 경계점 간의 유클리드 거리로 정의된다. 이 점들은 원형 또는 정사각형에서와 같이 항상 유일한 것은 아니나, 만일 지름이 유용한 묘사자가 되려면 가장 멀리 떨어진 점들[†]이 단 한 쌍인 경계에 가장 잘 적용된다고 가정한다. 이 점들을 연결하는 선분을 경계의 **장축**(*major axis*)이라고 부른다. 경계의 **단축**(*minor axis*)은 장축에 수직이며, 그 길이는 경계와 두 축의 교차점인 바깥쪽 네 점을 지나는 상자가 경계를 완전히 포위하기 하는 선으로 정의된다. 이 상자를 **기본 직사각형**(*basic rectangle*)이라 부르고, 장축 대 단축 비를 경계의 **이심률**(*eccentricity*)이라고 부른다.

주문형 함수 diameter(리스팅은 부록 C 참고)는 다음 문법을 사용해서 경계 또는 영역의 지름, 장축, 단축, 기본 직사각형을 계산한다.

diameter

```
s = diameter(L)
```

여기서, L은 레이블 매트릭스(9.4절)이고 s는 다음 필드들을 갖는 구조체이다:

s.Diameter	스칼라. 경계 또는 영역의 임의의 두 화소 간 최대 거리.
s.MajorAxis	2×2 매트릭스. 행들은 경계 또는 영역의 장축의 끝점들의 행과 열 좌표들로 구성.
s.MinorAxis	2×2 매트릭스. 행들은 경계 또는 영역의 단축의 끝점들의 행과 열 좌표들로 구성.
s.BasicRectangle	4×2 매트릭스. 각 행은 기본 직사각형의 꼭지점의 행과 열의 좌표들로 구성.

11.3.2 모양 수

보통 4-방향 프리먼 체인 코드(11.2.1절 참고)에 기반하는 경계의 **모양 수**(*shape number*)는 최소 크기의 1차 차분으로 정의된다(Bribiesca와 Guzman[1980], Bribiesca [1981]). 모양 수의 **차수**(*order*)는 표현의 자리 수로 정의된다. 그래서, 경

[†] 가장 멀리 떨어진 점들의 쌍이 둘 이상 존재할 때, 이 논의의 맥락에서 그들이 의미가 있으려면, 그들은 서로 근처에 있고, 경계 모양을 결정하는 지배적 인자이어야 한다.

계의 모양 수는 11.2.1절에서 논의한 함수 fchcode의 파라미터 c.diffmm으로 제공되며, 모양 수의 차수는 length(c.diffmm)로 제공된다.

11.2.1절에서 설명했듯이, 4-방향 프리먼 체인 코드는 최소 크기의 정수를 사용함으로써 시작점에 둔감해질 수 있고, 코드의 1차 차분을 사용함으로써 90°의 정수배의 회전에도 둔감해질 수 있다. 그래서, 모양 수는 시작점과 90°의 정수 배의 회전에 둔감하다. 임의의 회전에 대한 정규화에 사용되는 방법이 그림 11.14에 예시되어 있다. 그 절차는 장축에 좌표축의 하나를 정렬하고 나서 회전된 그림에 기반한 4-코드를 추출하는 것이다. x-축은 주문형 함수 x2majoraxis(부록 C 참고)를 사용해서 영역 또는 경계의 장축과 정렬될 수 있다. 이 함수의 문법은 다음과 같다:

x2majoraxis

```
[C, theta] = x2majoraxis(A, B)
```

여기서 A = s.MajorAxis는 함수 diameter에서 오며, B는 입력 (이진) 영상 또는 경계 목록이다. (이전과 같이, 경계가 연결된 폐곡선이라고 가정한다.) 출력 C는 입력과 같은 형태를 가진다(즉, 이진 영상 또는 좌표 시퀀스). 있을 수 있는 정수화 오차(round-off error) 때문에, 회전에 의해 끊긴 경계 시퀀스가 될 수 있으므로, 점들을 다시 연결(bwmorph나 connectpoly 등을 사용)하기 위한 후처리가 필요할 수 있다.

모양 수를 계산하는 M-함수를 구현하는 데 필요한 툴들을 이미 검토했다. 그들은 경계를 추출하는 함수 bwboundaries, 장축을 찾아내는 함수 diameter, 샘플링 그리드의 해상도를 줄이는 함수 bsubsamp, 4-방향 프리먼 코드를 추출하는 함수 fchcode로 구성된다.

그림 11.14 모양 수의 생성 단계.

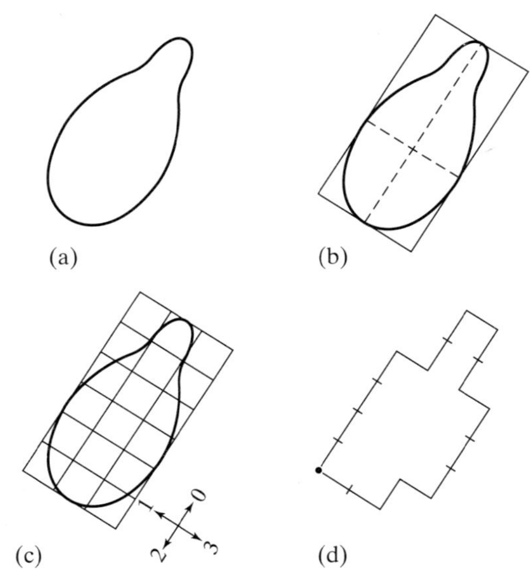

Chain code: 0 0 0 0 3 0 0 3 2 2 3 2 2 2 1 2 1 1
Difference: 3 0 0 0 3 1 0 3 3 0 1 3 0 0 3 1 3 0
Shape no.: 0 0 0 3 1 0 3 3 0 1 3 0 0 3 1 3 0 3

11.3.3 푸리에 묘사자

그림 11.15는 xy-평면의 K-점 디지털 경계를 보여준다. 임의의 점 (x_0, y_0)에서 시작해서, 예를 들어 반시계 방향으로 경계를 따라가면 좌표 쌍 (x_0, y_0), (x_1, y_1), (x_2, y_2), . . . , (x_{K-1}, y_{K-1})을 만난다. 이 좌표들은 $x(k) = x_k$와 $y(k) = y_k$의 형태로 표현될 수 있다. 이 표기를 사용하면 경계 자체를 $k = 0, 1, 2, \ldots, K-1$에 대해 좌표 시퀀스 $s(k) = [x(k), y(k)]$로 나타낼 수 있다. 게다가, 각 좌표 쌍을 다음과 같은 복소수로 다룰 수 있다.

$$s(k) = x(k) + jy(k)$$

3.1절로부터, 1-D 시퀀스 $x(k)$의 이산 푸리에 변환(discrete Fourier transform, DFT)을 $u = 0, 1, 2, \ldots, K-1$에 대해

$$a(u) = \sum_{k=0}^{K-1} s(k)e^{-j2\pi uk/K}$$

로 쓸 수 있다. 복소 계수 $a(u)$를 경계의 **푸리에 묘사자**(*Fourier descriptor*)라고 부른다. 이들 계수의 역 푸리에 변환은 $s(k)$를 복구한다. 즉, $k = 0, 1, 2, \ldots, K-1$에 대해

$$s(k) = \frac{1}{K}\sum_{u=0}^{K-1} a(u)e^{j2\pi uk/K}$$

이다. 그런데, 이 역을 계산하는 데 모든 푸리에 계수를 사용하는 대신에 첫 P개의 계수들만 사용한다고 하자. 이것은 $a(u)$에 대한 앞의 공식에서 $u > P-1$에 대해 $a(u) = 0$으로 놓는 것과 등가이다. 그 결과는 $s(k)$에 대한 다음의 **근사화**이다:

$$\hat{s}(k) = \frac{1}{P}\sum_{u=0}^{P-1} a(u)e^{j2\pi u/K}$$

여기서, $k = 0, 1, 2, \ldots, K-1$이다. 비록 $\hat{s}(k)$의 각 원소를 얻기 위해 단 P개의 항들만 사용하더라도 k의 범위는 여전히 0부터 $K-1$까지이다. 즉, 근사화 경계에는 같은

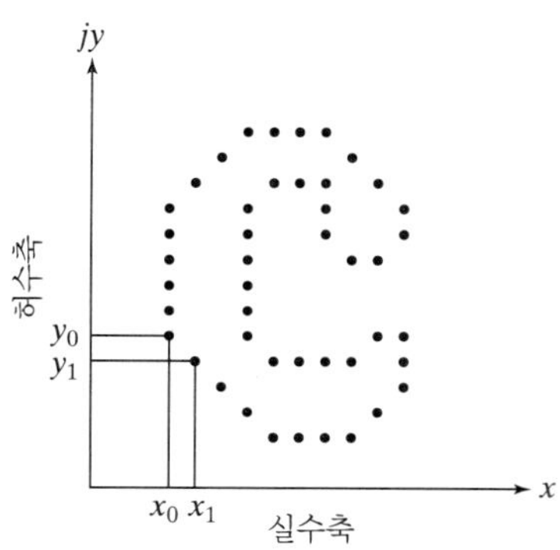

그림 11.15 디지털 경계와 그의 복소 시퀀스 표현. 점 (x_0, y_0)(임의로 선정됨)는 시작점이다. 점 (x_1, y_1)은 시퀀스에서 그 다음 반시계 방향 점이다.

수의 점들이 존재하지만, 각 점을 재구성하는 데는 그만큼이 다 사용되지 않는다. 3장으로부터 고주파 항들은 상세한 디테일을 나타내고, 저주파 성분들은 전체 모양을 결정함을 기억하라. 그래서, P가 줄어듦에 따라 경계의 디테일 손실이 증가한다.

다음 함수 `frdescp`는 경계 `s`의 푸리에 묘사자를 계산한다. 비슷한 방법으로, 푸리에 묘사자들의 집합이 주어지면, 함수 `ifrdescp`는 지정된 수의 묘사자들을 사용해서 그 역을 계산해서 공간 폐곡선을 제공한다.

`frdescp`

```
function z = frdescp(s)
%FRDESCP Computes Fourier descriptors.
%   Z = FRDESCP(S) computes the Fourier descriptors of S, which is an
%   np-by-2 sequence of ordered coordinates describing a boundary.
%
%   Due to symmetry considerations when working with inverse Fourier
%   descriptors based on fewer than np terms, the number of points
%   in S when computing the descriptors must be even. If the number
%   of points is odd, FRDESCP duplicates the end point and adds it at
%   the end of the sequence. If a different treatment is desired, the
%   the sequence must be processed externally so that it has an even
%   number of points.
%
%   See function IFRDESCP for computing the inverse descriptors.

% Preliminaries.
[np, nc] = size(s);
if nc ~= 2
   error('S must be of size np-by-2.');
end
if np/2 ~= round(np/2);
   s(end + 1, :) = s(end, :);
   np = np + 1;
end

% Create an alternating sequence of 1s and -1s for use in centering
% the transform.
x = 0:(np - 1);
m = ((-1) .^ x)';

% Multiply the input sequence by alternating 1s and -1s to center
% the transform.
s(:, 1) = m .* s(:, 1);
s(:, 2) = m .* s(:, 2);

% Convert coordinates to complex numbers.
s = s(:, 1) + i*s(:, 2);

% Compute the descriptors.
z = fft(s);
```

함수 ifrdescp는 다음과 같다:

ifrdescp

```
function s = ifrdescp(z, nd)
%IFRDESCP Computes inverse Fourier descriptors.
%   S = IFRDESCP(Z, ND) computes the inverse Fourier descriptors of
%   of Z, which is a sequence of Fourier descriptor obtained, for
%   example, by using function FRDESCP. ND is the number of
%   descriptors used to compute the inverse; ND must be an even
%   integer no greater than length(Z), and length(Z) must be even
%   also. If ND is omitted, it defaults to length(Z). The output,
%   S, is matrix of size length(Z)-by-2 containing the coordinates
%   of a closed boundary.

% Preliminaries.
np = length(z);
% Check inputs.
if nargin == 1
   nd = np;
end
if np/2 ~= round(np/2)
   error('length(z) must be an even integer.')
elseif nd/2 ~= round(nd/2)
   error('nd must be an even integer.')
end
% Create an alternating sequence of 1s and -1s for use in centering
% the transform.
x = 0:(np - 1);
m = ((-1) .^ x)';

% Use only nd descriptors in the inverse. Because the descriptors
% are centered, (np - nd)/2 terms from each end of the sequence are
% set to 0.
d = (np - nd)/2;
z(1:d) = 0;
z(np - d + 1:np) = 0;

% Compute the inverse and convert back to coordinates.
zz = ifft(z);
s(:, 1) = real(zz);
s(:, 2) = imag(zz);

% Multiply by alternating 1 and -1s to undo the earlier centering.
s(:, 1) = m .* s(:, 1);
s(:, 2) = m .* s(:, 2);
```

예제 11.7

푸리에 묘사자.

■ 그림 11.16(a)는 그림 11.13(c)와 유사하나, sigma = 9인 15 × 15 크기의 가우스 마스크를 사용하고 0.7에서 문턱처리해서 얻은 이진 영상 f를 보여준다. 목표는 묘사자 수의

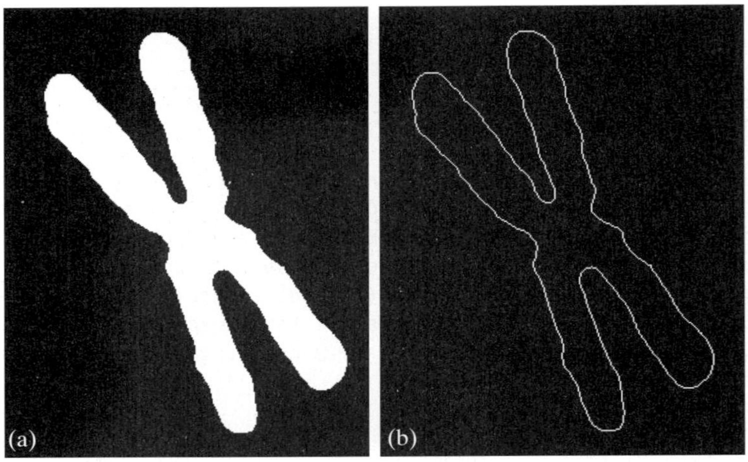

그림 11.16 (a) 이진 영상. (b) 함수 bwboundaries를 사용해서 추출된 경계. 이 경계에는 1,090개의 점이 있다.

축소가 경계의 모양에 미치는 효과를 예시하기 위해서 지나치게 부드럽지 않은 영상을 만드는 것이었다. 그림 11.16(b)의 영상은 다음 명령으로 생성되었다:

```
>> b = bwboundaries(f, 'noholes');
>> b = b{1}; % There is only one boundary in this case.
>> bim = bound2im(b, size(f, 1), size(f, 2));
```

그림 11.16(b)는 영상 bim을 보여준다. 이 경계에는 1,090개의 점이 있다. 그 다음, 푸리에 묘사자들을 계산했고,

```
>> z = frdescp(b);
```

1,090개의 묘사자들 중 약 50%를 사용해서 역을 얻었다:

```
>> s546 = ifrdescp(z, 546);
>> s546im = bound2im(s546, size(f, 1), size(f, 2));
```

영상 s546im[그림 11.17(a)]은 그림 11.16(b)의 원래 경계와 거의 비슷함을 보여준다. 원래의 경계에서 아래로 향한 뾰족한 끝에 위치한 한 화소로 된 만곡과 같이 몇 개의 미세한 디테일은 손실되었지만, 모든 실질적 용도를 위해서는 두 경계가 동일하다. 그림 11.17(b)부터 (f)까지는 총 1,090개의 묘사자 중 각각 10%, 5%, 2.5%, 1.25%, 0.7%에 해당하는 110, 56, 28, 14, 8개의 묘사자를 사용해서 얻은 결과들을 보여준다. 110개의 묘사자를 이용해서 얻은 결과[그림 11.17(c)]는 경계가 약간 더 스무딩되었지만, 역시 전반적인 모양은 오리지널과 매우 가깝다. 그림 11.17(e)는 총 개수의 1.25%에 불과한 14개 묘사자로 얻은 결과도 경계의 주요 특징들을 그대로 유지하고 있음을 보여준다. 그림 11.17(f)의 결과는 경계의 주요 특징들(4개의 긴 돌출부)이 손실되었으므로 받아들일 수 없는 왜곡을 보여준다. 묘사자 수를 4개와 2개로 더욱 감소시키면 타원, 그리고 최종적으로는 원이 될 것이다.

그림 11.17의 일부 경계는 화소 값의 정수화 오차로 인해 한 화소 틈을 가진다. 푸리에 묘사자를 사용할 때 흔히 발생하는 이 작은 틈은 함수 bwmorph에 'bridge' 옵션을 사용해서 메울 수 있다.

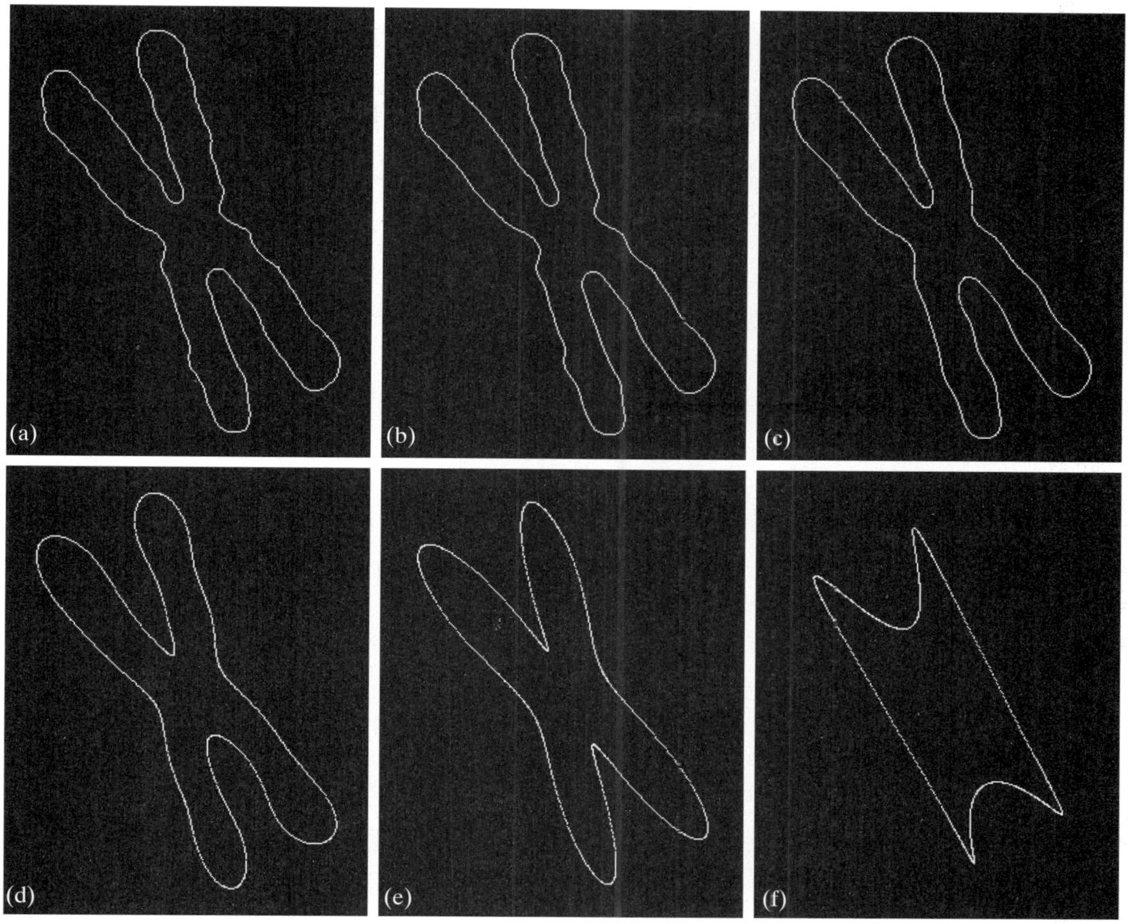

그림 11.17 (a)~(f) 총 1,090개의 푸리에 묘사자 중 546, 110, 56, 28, 14, 8개의 묘사자를 사용해서 재구성된 경계.

앞에서 언급했듯이, 묘사자는 이동, 회전, 스케일 변화에 가능한 한 둔감해야 한다. 점들이 처리되는 순서에 따라 결과가 달라지는 경우, 묘사자들이 시작점에 둔감해야 한다는 제한 조건이 추가된다. 푸리에 묘사자는 이들 기하적 변화에 직접적으로 둔감하지는 않으나, 이런 파라미터들의 변화는 묘사자들에 관한 간단한 변환과 관련될 수 있다(Gonzalez and Woods [2008] 참고).

11.3.4 통계적 적률

1차원 경계 표현(예: 경계 조각과 시그니처 파형)의 모양은 평균, 분산, 고차 적률과 같은 통계적 적률을 이용해서 정량적으로 묘사될 수 있다. 디지털 경계 조각을 보여주는 그림 11.18(a)와, 임의의 변수 r에 대한 1차원 함수 $g(r)$로 표현된 조각을 보여주는 그림 11.18(b)를 고려하자. 이 함수는 “장(major)”축을 만들기 위해서 조각의

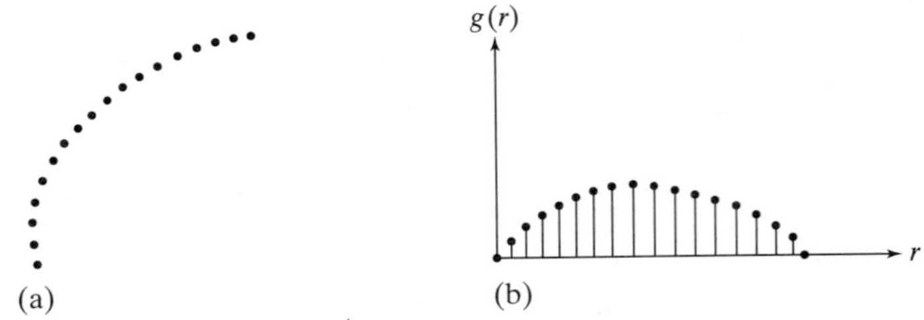

그림 11.18 (a) 경계 조각. (b) 1차원 함수로서의 표현.

두 끝점을 연결한 후, 11.3.2절에서 논의한 함수 `x2majoraxis`를 사용해서 장축을 x축에 정렬시켜서 얻어졌다.

$g(r)$의 모양을 묘사하기 위한 하나의 접근법은 단위 영역으로 정규화시켜 히스토그램으로 취급하는 것이다. 즉, $g(r_i)$를 값 r_i가 발생할 확률로 취급하는 것이다. 이 경우, r은 랜덤 변수로 간주되고, 적률은

$$\mu_n = \sum_{i=0}^{K-1} (r_i - m)^n g(r_i)$$

이고, 여기서

$$m = \sum_{i=0}^{K-1} r_i g(r_i)$$

는 평균값이다. 여기서, K는 경계점 수이고, μ_n은 g의 모양과 관련된다. 예를 들면, 2차 적률 μ_2는 r의 평균값에 관한 곡선의 퍼진 정도를 나타내고, 3차 적률 μ_3는 평균을 기준으로 한 대칭성을 측정한다. 통계적 적률은 함수 `statmoments`(4.2.4절 참고)로 계산된다.

우리가 달성한 것은 묘사 작업을 1차원 함수로 줄이는 것이다. 다른 기법들에 비해 적률의 매력은 구현이 간단하며, 경계 모양의 "물리적" 해석도 수반한다는 것이다. 회전에 대한 이 접근 방법의 둔감성은 그림 11.18에서 명확히 드러난다. 크기 정규화는 g와 r값의 범위를 스케일링함으로써 달성될 수 있다.

11.3.5 코너

이제까지 검토된 경계 묘사자들은 특성상 전역적이다. 영상 추적과 객체 인식 같은 응용들에 널리 쓰이는 **지역적** 경계 묘사자인 **코너**를 검출하기 위한 두 가지 접근법들을 전개함으로써, 경계 묘사자에 관한 우리의 논의를 결론짓는다. 다음 두 방법은 IPT에 의해 지원된다.

해리스-스티븐 코너 검출기

해리스-스티븐 코너 검출기(Harris와 Stephens[1988])는 Moravec[1980]이 제안

한 기본적인 기법을 개선한 것이다. Moravec의 접근 방식은 영상의 지역 창을 고찰하며, 다양한 방향으로 약간씩 창을 이동시켜서 생기는 영상 밝기의 평균 변화를 계산한다. 세 경우가 감안되어야 한다:

- 만일 창에 의해 포위된 영상 영역의 밝기가 대략 일정하다면, 모든 이동에 의해 평균 밝기에 작은 변화가 생길 것이다.
- 만일 창이 에지에 걸쳐지면, 에지를 따라 이동할 때는 작은 변화가 생길 것이나, 에지에 수직으로 이동하면 큰 변화가 생길 것이다.
- 만일 창이 놓인 영역에 코너가 포함된다면, 모든 이동에 대해 큰 변화[†]가 생길 것이다. 따라서 모든 이동에 대한 최소 변화가 큰(지정된 문턱치에 관해) 때를 찾아내면 코너를 검출할 수 있다.

이 개념들은 다음과 같이 수학적으로 표현될 수 있다. $w(x, y)$로 모든 요소가 음이 아닌 공간 평균(스무딩) 마스크(즉, 모든 계수가 1/9인 3×3 마스크)를 나타내자. 그러면, 2.4절과 2.5절을 참고해서, 영상 $f(x, y)$의 임의의 좌표 (x, y)에서의 평균 밝기 변화 $E(x, y)$를

$$E(x,y) = \sum_s \sum_t w(s,t)\left[f(s+x,t+y) - f(s,t)\right]^2$$

으로 정의할 수 있다. 여기서 (s, t)의 값들은 w와 대괄호 안의 식에 해당하는 영역이 겹치는 값들이다. 해석에 의해, $E(x, y) \geq 0$임을 알 수 있다.

기초수학 해석으로부터 점 (x, y)에 관한 실수 함수 $f(s, t)$의 테일러 급수 전개가 다음과 같이 주어짐을 기억하라.

$$f(s+x,t+y) = f(s,t) + \left[x\,\partial f(s,t)/\partial s + y\,\partial f(s,t)/\partial t\right] + \text{Higher-order terms}$$

작은 이동(즉, 작은 x, y 값)에 대해서는, 이 전개를 선형 항들만을 사용해서 근사화할 수 있으며, 이 경우 E를 다음과 같이 쓸 수 있다.

$$E(x,y) = \sum_s \sum_t w(s,t)\left[x\,\partial f(s,t)/\partial s + y\,\partial f(s,t)/\partial t\right]^2$$

해리스-스티븐 코너 검출기는 마스크로 $[-1\ 0\ 1]^T$와 $[-1\ 0\ 1]$을 사용하는 다음의 공간 필터링에 의해서 편미분을 근사화한다:

$$f_s(s,t) = \partial f/\partial s = f(s,t) \star [-1\ 0\ 1]^T \text{ 이고 } f_t(s,t) = \partial f/\partial t = f(s,t) \star [-1\ 0\ 1]$$

그러면, 다음과 같이 쓸 수 있다.

[†] 소금-후추 노이즈 같은 특정 유형의 노이즈는 본질적으로 코너와 똑 같은 응답을 만들 수 있다. 그러나, 이 방법을 사용할 때는 신뢰성 있는 코너 검출이 가능할 수 있을 정도로 SN(signal-to-noise, 신호 대 노이즈) 비가 충분히 크다고 가정한다.

$$\begin{aligned}E(x,y) &= \sum_s \sum_t w(s,t)\left[xf_s(s,t) + yf_t(s,t)\right]^2 \\ &= \sum_s \sum_t w(s,t)x^2 f_s^2(s,t) + w(s,t)2xyf_s(s,t)f_t(s,t) + w(s,t)y^2 f_t^2(s,t) \\ &= x^2 \sum_s \sum_t w(s,t)f_s^2(s,t) + 2xy\sum_s \sum_t w(s,t)f_s(s,t)f_t(s,t) \\ &\qquad + y^2 \sum_s \sum_t w(s,t)f_t^2(s,t)\end{aligned}$$

앞 공식의 합산 표현은 마스크 $w(x, y)$와 표시된 항들(2.4절 참고)의 코릴레이션이므로, $E(x, y)$를 다음과 같이 쓸 수 있다.

$$E(x,y) = ax^2 + 2bxy + cy^2$$

여기서

$$\begin{aligned}a &= w \star f_s^2 \\ b &= w \star f_s f_t \\ c &= w \star f_t^2\end{aligned}$$

이다. $E(x, y)$를 다음과 같이 벡터-매트릭스 형태로 쓸 수 있다.

$$E(x,y) = [x\ y]\mathbf{C}[x\ y]^T$$

여기서

$$\mathbf{C} = \begin{bmatrix} a & c \\ c & b \end{bmatrix}$$

이다. 이 매트릭스의 요소들은 평균 마스크 w로 스팬(span)되는 부영상 영역에 대한 필터링된(평균화된) 수직 및 수평 미분들이다.

C가 대칭이므로, 좌표 축들의 회전에 의해 대각선화될 수 있다(11.5절 끝의 논의를 참고한다):

$$\mathbf{C}_d = \begin{bmatrix} \lambda_1 & 0 \\ 0 & \lambda_2 \end{bmatrix}$$

여기서 λ_1과 λ_2는 **C**의 고유값들로서 다음으로 주어진다.

$$\lambda_1, \lambda_2 = \frac{a+c}{2} \pm \left[\frac{4b^2 + (a-c)^2}{2}\right]^{\frac{1}{2}}$$

매트릭스의 고유값을 얻는 데 사용되는 절차에 관해서는 기초 매트릭스에 관한 Noble과 Daniel [1988]이나 다른 책을 보도록 한다.

해리스-스티븐 코너 검출기는 이 고유값들의 속성에 기반한다($\lambda_1 \geq \lambda_2$이다).

먼저, **C**의 요소들이 정의된 방식 때문에 고유값들이 모두 지역 미분들의 평균값에 비례함을 주목한다. 또한, 다음과 같은 이유로 고유값들은 모두 음수가 아니다. 앞에 설명했듯이 $E(x, y) \geq 0$이다. 그러면 $[x\ y]\mathbf{C}[x\ y]^T \geq 0$이며, 이것은 이 이차 형태가 양 준정부호(positive semidefinite)임을 의미한다. 이것은 다시 **C**의 고유값들이 음수가 아님을 의미한다. 11.5절에서 보겠지만, 고유값들이 주 데이타 확산 방향을 가리키는 고유벡터들의 크기에 비례한다는 것을 확인함으로써, 우리는 똑 같은 결론에 도달할 수 있다. 예를 들어, 밝기가 일정한 영역에서는 고유값들이 모두 0이다. 한 화소 두께의 선에 대해서는 한 고유값은 0, 다른 것은 양이 될 것이다. 다른 모든 형태(코너를 포함해서)에 대해, 고유값들이 모두 양이 될 것이다. 이 관찰들은 이상적 지역 영상 패턴에 기반하는 다음 결론들로 이끈다:

(a) 만일 w로 둘러싸인 영역의 밝기가 일정하다면 모든 미분이 0이고, **C**는 null 매트릭스이고, $\lambda_1 = \lambda_2 = 0$이다.

(b) 만일 w가 이상적인 흑색과 백색 에지를 포함한다면 $\lambda_1 > 0$, $\lambda_2 = 0$, 그리고 λ_1과 관련된 고유벡터는 영상 기울기에 평행하다.

(c) 만일 w가 백색 배경의 흑색 정사각형의 한 코너를 포함한다면(또는 그 반대), 두 개의 주 데이타 확산 방향이 있으며, $\lambda_1 \geq \lambda_2 > 0$이다.

실수 영상 데이타를 다룰 때는, "만일 w로 둘러싸인 영역이 거의 일정하다면, 고유값은 모두 작을 것이다"와 "만일 w로 둘러싸인 영역이 에지를 포함한다면, 한 고유값은 크고 다른 것은 작을 것이다" 같은 덜 정확한 표현을 사용한다. 비슷하게, 코너를 다룰 때는, 우리는 두 개의 "큰" 고유값을 찾는다. "작은" 또는 "큰" 같은 용어들은 지정된 문턱치를 기준으로 한다.

해리스와 스티븐의 공헌의 핵심은 Moravec의 오리지널 아이디어를 공식화하고 확장시키기 위해 방금 소개된 개념들을 사용한 것이었다. 또한, Moravec은 상수 평균 마스크를 사용한 반면, 해리스와 스티븐은 마스크 아래 영상의 중앙부를 강조하는 가우스 마스크를 제안했다:

$$w(s,t) = e^{-(s^2 + t^2)/2\sigma^2}$$

그들은 또한 다음의 응답함수를 소개했다.

$$R = \text{Det} - k(\text{Tr})^2$$

여기서 Det는 **C**의 행렬식

$$\text{Det} = \text{determinant}(\mathbf{C}) = \lambda_1\lambda_2 = ab - c^2$$

이고, Tr은 **C**의 trace

$$\text{Tr} = \text{trace}(\mathbf{C}) = \lambda_1 + \lambda_2 = a + b$$

이며, k는 감도 파라미터(그 값의 범위는 아래에서 논의된다)이다. 이 결과들을 이용해서 R을 직접 a, b, c에 의해 표현할 수 있다:

$$R = ab - c^2 - k(a+b)^2$$

요소 a, b, c에 의한 이 공식을 이용하면 창의 각 이동에 대해 고유값들을 직접 계산하지 않아도 되는 약간의 이점이 있다.

함수 R은 그의 값이 평탄한 영역에서는 낮고, 코너에 대해서는 양이고, 선에 대해서는 음이 되도록 구성되었다. 이를 보여주기 위한 가장 간단한 방법은 R을 고유값들에 의해 전개하는 것이다:

$$R = (1 - 2k)\lambda_1\lambda_2 - k(\lambda_1^2 + \lambda_2^2)$$

그러면, 예를 들어 앞에서 논의된 세 가지 이상적인 경우들을 고려할 때, 다음을 알 수 있다: 일정한 영역에서는 고유값들이 모두 0이고, 따라서 $R = 0$; 에지를 포함하는 영역에서는 고유값 중 하나가 0이 될 것이고, 따라서 $R < 0$; 창에 대칭적으로 위치하는 이상적인 코너에 대해서는 두 고유값이 같을 것이고 $R > 0$. 이 문장들은 $0 < k < 0.25$일 때만 성립하므로, 추가적인 정보가 없을 때, 이것은 감도 파라미터 값을 위한 좋은 선정 범위이다.

해리스-스티븐 검출기는 다음과 같이 요약될 수 있다. 이 알고리듬을 배열 연산을 사용해서 구현할 수 있다는 사실을 강조하기 위해 MATLAB 표기를 사용하겠다:

1. 파라미터 `k`와 가우스 스무딩 함수 `w`의 값들을 지정한다.
2. 필터 마스크 `ws = [-1 0 1]'`과 `wt = [-1 0 1]`에 의해 입력 영상 `f`를 각각 필터링해서 미분 영상 `fs`와 `ft`를 계산한다. `fst = fs.*ft`를 얻는다.
3. 평균 마스크 `w`로 `fs, ft, fst`를 각각 필터링해서 계수 배열 `A`, `B`, `C`를 얻는다. 임의의 점에서의 이 배열들의 각 요소들은 앞에서 정의된 a, b, c 파라미터들이다.
4. 척도 `R`을 계산한다:

```
R = (A.*B) - (C.^2) - k*(A + B).^2
```

이 검출기의 성능을 예제 11.8에서 예시한다.

최소-고유값 코너 검출기

이 절에서 논의되는 방법은 앞에서 검토된 속성 (c)에 기반한다. $\mathbf{C}_d$의 고유값들이 $\lambda_1 \geq \lambda_2$로 정렬되어 있다고 가정하면, T가 음이 아닌 지정된 문턱치이고 λ_2(최소 고유값)가 앞에서 제공된 해석적 공식에 의해 계산될 때, **최소-고유값 코너 검출기**는

$$\lambda_2 > T$$

이면, 지역 미분이 계산된 창의 중앙 위치에서 코너가 발견된 것으로 본다. 비록 이 방법이 분명히 해리스-스티븐을 발전시킨 결과이지만, 이것은 당당하게, 코너 검출

을 위한 견고한 접근법으로서 받아들여져 왔다(예로서, Shi and Tomasi [1994], and Trucco and Verri [1998]를 참조한다). 두 기법을 다음 절에서 예시한다.

함수 `cornermetric`

해리스-스티븐과 최소-고유값 검출기들은 함수 `cornermetric`에 의해 IPT에 구현되어 있다.[†] 문법은 다음과 같다.

```
C = cornermetric(f, method, param1, val1, param2, val2)
```

`cornermetric`

여기서

- `f`는 입력 영상이다.
- `method`는 `'Harris'` 또는 `'MinimumEigenvalue'`이다.
- `param1`은 `'FilterCoefficients'`이다.
- `val1`은 1-D 공간 필터 마스크의 계수들을 포함하는 벡터로서, 이로부터 이 함수가 앞에서 검토된 해당 2-D 정사각형 필터 `w`를 생성한다. 만일 `param1`, `val1`이 호출에 포함되어 있지 않으면, 이 함수는 `fspecial('gaussian', [1 5], 1.5)`을 사용해서 디폴트인 5×5 가우스 필터를 만들어서 이 1-D 필터의 계수들을 생성한다.
- `param2`는 해리스 검출기에만 해당되는 `'SensitivityFactor'`이다.
- `val2`는 앞에서 설명된 감도 계수 k의 값이다. 그 값의 범위는 $0 < k < 0.25$이다. 디폴트 값은 0.04이다.

`cornermetric`의 출력은 입력 영상과 같은 크기의 배열이다. 배열의 각 점의 값은 해리스 옵션의 경우 해당 척도 R이고, 최소-고유값 옵션에 대해서는 가장 작은 고유값에 해당한다. 우리의 관심은 코너에 있으므로, 어느 옵션이든지 출력 (비가공) 배열 `C`를 더욱 처리해서, 지정된 문턱치와 관련해서 어느 점들이 유효한 코너들을 나타내고 있는지를 결정할 필요가 있다. 문턱치 검사를 통과하는 점들을 **코너점**이라고 부른다. 다음의 주문형 함수(코드는 부록 C 참고)를 이 점들을 검출하는 데 사용할 수 있다:

```
CP = cornerprocess(C, T, q)
```

`cornerprocess`

여기서 `C`는 `cornermetric`의 출력이며, `T`는 지정된 문턱치, `q`는 코너점들의 수를 줄이는 데 사용되는 정사각형 형태학적 구조 요소의 크기이다. 즉, 연결 성분들을 만

[†] 해리스와 스티븐의 오리지널 논문에서는, 우리가 여기서 했던 것처럼 코릴레이션에서 전개가 시작하나, 미분과 a, b, c를 계산하는 공식들은 모호하게 컨볼루션 표기로 이해될 수 있는 형태로 주어져 있다. 툴박스는 이 논문의 표기를 따르고, 컨볼루션도 이용한다. 2장에서 검토했듯이, 컨볼루션과 코릴레이션 간의 차이는 단순히 마스크의 회전이다. 요점은 이것이 앞에서 설명한 **C**의 대칭성이나 이차 표현식 형태에 영향을 주지 않는다는 것이다. 따라서 고유값들은 컨볼루션과 코릴레이션 중 어느 것을 사용하든 음수가 아닐 것이며, 알고리듬의 결과는 같을 것이다.

들기 위해 1로 구성된 $q \times q$ 구조 요소로 코너점들이 팽창된다. 이렇게 연결된 성분들은 단일 점들로 형태학적으로 수축된다. 코너점 수의 실제 축소량은 q와 점들의 근접성에 따라 다르다.

예제 11.8

그레이스케일 영상의 코너들을 찾아내기 위해 함수 cornermetric과 cornerprocess를 사용하기.

■ 이 예제에서는 방금 검토된 함수들을 사용해서 그림 11.19(a)에 보인 영상의 코너들을 찾아낸다. 그림 11.19(b)와 (c)는 다음 명령들로 얻은 함수 cornermetric의 비가공 출력들이다:

```
>> f = imread('Fig1119(a).tif');
>> % Find corners using the 'Harris' option with the
>> % default values.
>> CH = cornermetric(f, 'Harris');
>> % Interest is in corners, so keep only the positive values.
>> CH(CH < 0) = 0;
>> % Scale to the range [0 1] using function mat2gray.
>> CH = mat2gray(CH);
>> imshow(imcomplement(CH)) % Figure 11.19(b).
>> % Repeat for the MinimumEigenvalue option.
>> CM = cornermetric(f, 'MinimumEigenvalue');
>> % Array CM consists of the smallest eigenvalues, all of
>> % which are positive.
>> CM = mat2gray(CM);
>> figure, imshow(imcomplement(CM)) % Figure 11.19(c).
```

cornermetric으로 추출한 특징들의 콘트라스트가 낮기 때문에 잘 볼 수 있도록 그림 11.19(b)와 (c)를 네거티브로 보여줬다. 그림 11.19(b)의 특징들이 그림 11.19(c)보다 현저하게 어두움을 주목한다. 이러한 사실은 해리스 방법에서 사용한 계수 k에 기인한다. mat2gray를 사용하면 범위 [0, 1]로 스케일링(결과 해석 및 비교를 단순화한다)하는 외에도, 배열을 유용한 영상 포맷으로 전환한다. 이것은 함수 imhist를 사용해서 적절히 스케일링된 히스토그램들을 얻을 수 있게 해주며, 이들은 문턱치를 얻는 데 사용된다:

```
>> hH = imhist(CH);
>> hM = imhist(CM);
```

우리는 유효한 코너에 대한 우리의 정의가 기반하는 문턱치를 얻기 위해 백분위수 접근법(10.3.5절 참고)을 사용했다. 이 접근법은 각 코너 검출기의 문턱치를 만들고, 빌딩의 도어 프레임 그리고 앞과 우측 벽이 만든 코너들이 사라질 때까지 함수 cornerprocess를 사용해서 영상을 처리하기 위해서, 이 백분위수를 점증적으로 증가시키는 것이다. 코너들이 사라지기 전의 최대 문턱치가 T의 값으로 사용되었다. 결과 백분위수는 해리스와 최소-고유값 방법들 각각에 대해 99.45와 99.70이었다. 방금 언급된 코너들이 빌딩의 어둡고 밝은 부분들 간의 영상 밝기들을 잘 나타내기 때문에 이들을 사용했다. 다른 대표성 코너들을 선택해도 비슷한 결과가 나올 것이다. 문턱치들은 다음과 같이 계산되었다:

```
>> TH = percentile2i(hH, 0.9945);
>> TM = percentile2i(hM, 0.9970);
```

(a)

(b)

(c)

(d)

(e)

그림 11.19 (a) 오리지널 영상. (b)와 (c) 각각 해리스 검출기와 최소-고유값 검출기의 비가공 출력(콘트라스트가 낮은 디테일들이 잘 보이도록 네거티브로 보여줬다; 경계는 데이타의 일부가 아니다). (d)와 (e) q = 1을 사용한 함수 cornerprocess의 출력들(편의상 점들이 확대되었다).

그림 11.19(d)와 (e)는 다음 명령들로 얻어졌다:

```
>> cpH = cornerprocess(CH, TH, 1); % Fig. 11.19(d).
>> cpM = cornerprocess(CM, TM, 1); % Fig. 11.19(e).
```

각 점(dot)은 유효 코너점(1 값의 화소로 표시된)이 검출된 창의 중앙을 표시한다. 각 점을, 예를 들어 원으로 둘러싸서 영상에 중첩시키면[그림 11.20(a)와 (b)], 이 점들과 영상 간의 관련성을 이해하기가 더 쉬워진다:

```
>> [xH yH] = find(cpH);
>> figure, imshow(f)
>> hold on
>> plot(yH(:)', xH(:)', 'wo') % Fig. 11.20(a).
>> [xM yM] = find(cpM);
>> figure, imshow(f)
>> hold on
>> plot(yM(:)', xM(:)', 'wo') % Fig. 11.20(b).
```

가까운 점들이 합쳐지지 않을 때, 그 효과는 결국 쓸모없는 결과로 이끄는 중복성임을 보

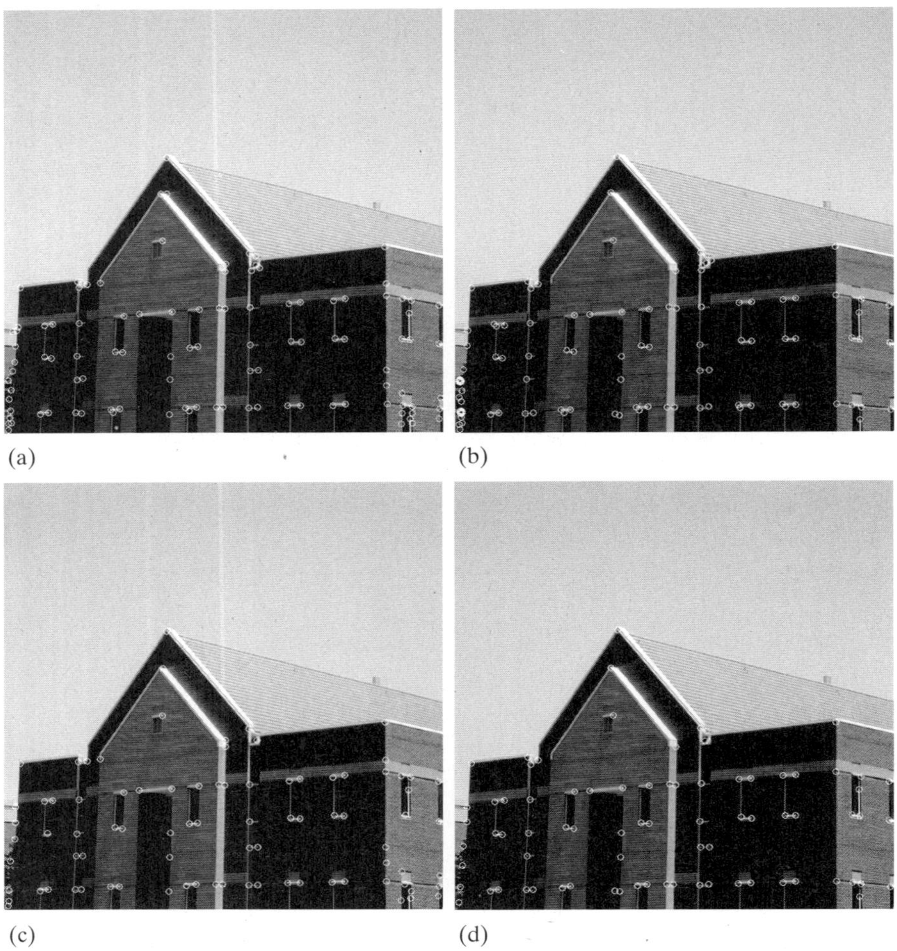

그림 11.20 (a)와 (b) 그림 11.19(d)와 (e)로부터의 코너점들. 원으로 표시해서 오리지널 영상에 중첩시켰다. (c)와 (d) 함수 cornerprocess에 q = 5를 사용해서 얻은 코너점들.

여주기 위해서 cornerprocess에 q = 1을 선택했다. 예를 들어, 그림 11.20(b)의 왼쪽의 굵은 원들은, 주로 랜덤한 밝기 변화에 기인하는, 서로 붙어 있는 여러 코너점들의 결과이다. 그림 11.20(c)와 (d)는 함수 cornerprocess에 q = 5(평균 마스크와 같은 크기)를 사용하고, 그림 11.20(a)와 (b)를 만드는데 사용했던 단계 시퀀스를 똑 같이 반복해서 얻은 결과들을 보여준다. 분명히, 이들 두 영상에서 중복 코너 수가 현저히 줄었으며, 따라서 영상의 주요 코너들에 대한 더 나은 묘사를 제공한다.

비록 결과들이 비견할만하나, 최소-고유값 방법을 사용했을 때 더 적은 허위 코너들이 검출되었다. 이 방법은 또한 단 한 파라미터(T)만 신경을 쓰면 되는 장점도 갖고 있다—해리스 방법에서는 둘(T와 k). 목표가 코너와 직선을 동시에 검출하는 게 아닌 한, 최소-고유값 방법이 일반적으로 코너 검출에 선호되는 접근방법이다.

11.4 영역 묘사자 Regienal Descriptors

이 절에서는 영역 처리를 위한 여러 툴박스 함수들을 논의하고, 질감, 적률 불변량, 그리고 몇 가지 다른 영역 묘사자를 계산하기 위한 함수들을 더 소개한다. 9.3.4절에서 검토한 함수 bwmorph가 이 절에서 다루는 처리 유형에 자주 사용된다. 함수 roipoly(4.2.4절 참고)도 마찬가지이다.

11.4.1 함수 regionprops

함수 regionprops는 영역 묘사자들을 계산하는 툴박스의 주요 도구이다. 이 함수의 문법은 다음과 같다.

```
D = regionprops(L, properties)
```

여기서 L은 레이블 매트릭스(11.1.1절 참고)이고, D는 길이가 max(L(:))인 구조체 배열이다. 이 구조체의 필드들은 properties에 의해 지정된 대로 각 영역에 대해 서로 다른 측정량을 나타낸다. 인자 properties는 쉼표로 분리된 문자열, 문자열을 포함하는 셀 배열, 단일 문자열 'all' 또는 'basic'일 수 있다. 표 11.1에 유효한 속성 문자열 집합이 나열되어 있다. 만일 properties가 문자열 'all'이면, 표 11.1의 모든 묘사자들이 계산된다. 만일 properties가 지정되지 않거나 문자열 'basic 이라면, 계산되는 묘사자들은 'Area', 'Centroid', 'BoundingBox'가 된다.

regionprops

여기서 논의되는 이진 영상에 대한 측정 외에도, 함수 regionprops는 그레이스케일 영상에 대한 몇 가지 측정치도 계산한다. 자세한 내용은 도움말을 참조한다.

예제 11.9

함수 regionprops 사용하기.

■ 영상 B의 각 영역에 대해 면적과 바운딩 박스를 얻기 위해 regionprops를 사용한다. 다음과 같이 시작한다:

```
>> B = bwlabel(B); % Convert B to a label matrix.
>> D = regionprops(B, 'area', 'boundingbox');
```

면적과 영역 수를 추출하기 위해 다음과 같이 쓴다.

표 11.1 함수 regionprops로 계산되는 영역 묘사자들.

properties의 유효 문자열	설명
'Area'	영역의 화소 수.
'BoundingBox'	영역을 포함하는 최소 직사각형을 정의하는 1×4벡터. BoundingBox는 [ul_corner width]로 정의되며, 여기서 ul_corner는 [x y]의 형태로서 바운딩 박스의 좌측 상단 코너를 지정하고, width는 [x_width y_width] 형태로서 각 차원 방향의 바운딩 박스의 폭을 지정한다.
'Centroid'	1×2벡터; 영역의 질량중심. Centroid의 첫 번째 요소는 질량중심의 수평 좌표이고, 두 번째는 수직 좌표이다.
'ConvexArea'	스칼라; 'ConvexImage'의 화소 수(아래 참조).
'ConvexHull'	$n \times 2$ 매트릭스; 영역을 포함하는 최소 볼록 다각형. 매트릭스의 각 행은 다각형의 n 개 꼭지점들 중 하나에 대한 수평 및 수직 좌표들을 포함한다.
'ConvexImage'	이진 영상; 깍지 안의 모든 화소가 채워진(즉, on으로 설정된) 볼록 깍지. (볼록 깍지의 경계에 있는 화소들에 대해, regionprops와 똑 같은 로직을 사용해서 화소가 볼록 깍지의 내부 또는 외부에 있는지를 결정한다.)
'Eccentricity'	스칼라; 영역과 같은 2차 적률을 갖는 타원의 이심률. 이심률은 타원의 초점들 간 거리와 장축† 길이의 비이다. 값은 0과 1 사이이고, 0과 1은 축퇴 경우이다(이심률이 0인 타원은 원이고, 이심률이 1인 타원은 선분이다).
'EquivDiameter'	스칼라; 영역과 같은 면적을 갖는 원의 지름. sqrt(4*Area/pi)로 계산된다.
'EulerNumber'	스칼라; 영역의 객체 수 빼기 객체들의 구멍 수.
'Extent'	스칼라; 영역 안에 있는 바운딩 박스 안에 있는 화소 수의 비율. 바운딩 박스의 면적으로 나뉜 Area로 계산된다.
'Extrema'	8×2 매트릭스; 영역의 극점들. 이 매트릭스의 각 행은 한 점의 수평 및 수직 좌표들을 포함한다. 행들의 포맷은 [top-left, top-right, right-top, right-bottom, bottom-right, bottom-left, left-bottom, left-top]이다.
'FilledArea'	'FilledImage'의 on 화소 수.
'FilledImage'	영역의 바운딩 박스와 같은 크기의 이진 영상. on 화소들은 모든 구멍이 채워진 영역에 해당한다.
'Image'	영역의 바운딩 박스와 같은 크기의 이진 영상; on 화소들은 영역에 해당하고, 다른 모든 화소들은 off이다.
'MajorAxisLength'	영역과 똑 같은 2차 적률을 갖는 타원의 장축†의 길이(화소 단위).
'MinorAxisLength'	영역과 똑 같은 2차 적률을 갖는 타원의 단축†의 길이(화소 단위).
'Orientation'	영역과 똑 같은 2차 적률을 갖는 타원의 장축†과 수평축 사이의 각도(도 단위).
'Perimeter'	영상의 k개 영역 각각의 경계를 따라서의 거리를 포함하는 k-요소 벡터.
'PixelList'	행들이 영역의 화소들의 [horizontal vertical] 좌표들인 $np \times 2$ 매트릭스.
'PixelIdxList'	영역의 화소들의 선형 인덱스를 포함하는 np-요소 벡터.
'Solidity'	스칼라; 영역 안에 있으며, 볼록 깍지 안에 있는 화소들의 비율. Area/ConvexArea로 계산된다.

† 이 맥락에서의 **장축**과 **단축**의 사용은 11.3.1절에서 논의한 기본 직사각형의 장축과 단축과는 다르다. 타원의 적률에 대한 논의는 Haralick과 Shapiro[1992]를 참고한다.

```
>> A = [D.Area];
>> NR = numel(A);
```

여기서 벡터 A의 요소들이 영역들의 면적이고, NR이 영역 수이다. 비슷하게, 다음 명령을 사용하면 행들이 각 영역의 바운딩 박스인 단일 매트릭스를 얻을 수 있다.

```
V = cat(1, D.BoundingBox);
```

이 배열의 크기는 NR × 4이다.

11.4.2 질감

영역을 묘사하는 중요한 접근법은 그 질감 콘텐트를 정량화하는 것이다. 이 절에서는 통계적 측정과 스펙트럼 측정에 기반해서 질감을 계산하는 두 개의 주문형 함수와 하나의 툴박스 함수의 사용을 보여준다.

통계적 접근법

질감 분석을 위해서 자주 사용되는 한 접근법이 밝기 히스토그램의 통계적 속성에 기반한다. 그런 측정치들의 한 부류는 밝기 값들의 통계적 적률에 기반한다. 4.2.4절에서 검토했듯이, 평균에 관한 n차 적률의 공식은 다음으로 제공된다.

$$\mu_n = \sum_{i=0}^{L-1} (z_i - m)^n p(z_i)$$

여기서 z는 밝기를 나타내는 랜덤 변수, $p(z)$는 영역의 밝기 레벨들의 히스토그램, L은 가능한 밝기 레벨 수, 그리고

$$m = \sum_{i=0}^{L-1} z_i p(z_i)$$

는 평균 밝기이다. 이 적률들은 4.2.4절에서 검토한 함수 statmoments로 계산될 수 있다. 표 11.2에 통계적 적률, 균일성, 엔트로피에 기초한 몇 가지 보편적 묘사자들이 나열되어 있다. 2차 적률 μ_2가 분산 σ^2과 같음을 기억하라.

주문형 함수 statxture(부록 C 참고)가 표 11.2의 질감 척도들을 계산한다. 그 문법은

```
t = statxture(f, scale)
```

statxture

이며, 여기서 f는 입력 영상(또는 부영상), t는 그 요소들이 표 11.2에서와 같은 순서로 배치된 묘사자들인 6-요소 행 벡터이다. 파라미터 scale도 6-요소 행 벡터로서, 스케일링 목적으로 그 요소들이 t의 상응 요소들을 곱한다. 만일 생략되면, scale은 디폴트로 모두 1이 된다.

표 11.2 밝기 히스토그램에 기반한 질감 묘사자들.

적률	공식	측정 질감
평균	$m = \sum_{i=0}^{L-1} z_i p(z_i)$	평균 밝기.
표준편차	$\sigma = \sqrt{\mu_2} = \sqrt{\sigma^2}$	평균 콘트라스트.
부드러움	$R = 1 - 1/(1 + \sigma^2)$	영역의 밝기의 상대적 부드러움을 측정한다. R은 일정한 밝기의 영역에 대해서는 0이고, 밝기가 크게 변하는 영역에 대해서는 1에 접근해 간다. 실제에서는 이 척도에서 사용되는 분산은 $(L-1)^2$으로 나뉘어 [0, 1] 범위로 정규화된다.
3차 적률	$\mu_3 = \sum_{i=0}^{L-1} (z_i - m)^3 p(z_i)$	히스토그램의 비대칭도를 측정한다. 이 척도는 대칭인 히스토그램에 대해서는 0; 평균을 기준으로 오른쪽에 몰린 히스토그램에 대해서는 양; 왼쪽으로 몰린 히스토그램에 대해서는 음이다. 이 척도의 값도 분산을 정규화할 때 사용한 것과 같은 $(L-1)^2$으로 나눔으로써 다른 다섯 척도들과 비교 가능한 값의 범위로 들어온다.
균일도	$U = \sum_{i=0}^{L-1} p^2(z_i)$	균일성을 측정한다. 이 척도는 모든 명암도 값이 같을 때(최대로 균일할 때) 최대이며, 그로부터 줄어든다.
엔트로피	$e = -\sum_{i=0}^{L-1} p(z_i)\log_2 p(z_i)$	랜덤성.

예제 11.10

통계적 질감의 측정치들.

■ 그림 11.21의 흰 상자로 표시된 세 영역은 각각 부드럽고, 거칠고, 주기적인 질감에 대한 예이다. 함수 `imhist`로 얻은 이 영역들의 히스토그램을 그림 11.22가 보여준다. 표 11.3의 엔트리들은 그림 11.21의 각 부영상에 함수 `statxture`를 적용해서 얻었다. 이 결과들은 각 부영상의 질감 콘텐트와 전체적으로 일치한다. 예를 들어, 거칠은 영역[그림 11.21(b)]의 엔트로피는 화소 값들이 다른 영역들에서보다 더 랜덤하므로 다른 것들보다 더 높다. 이 경우 콘트라스트와 평균 밝기에 대해서도 그러하다. 그 반면에 이 영역은 R과 균일성 척도 값들이 나타내듯이 가장 덜 부드럽고 균일하다. 거친 영역의 히스토그램은 그림 11.22(b)가 명확히 보여주고, 표 11.3의 가장 큰 3차 적률값에 의해서 알 수 있듯이, 평균값에 관한 가장 낮은 대칭성을 갖고 있다.

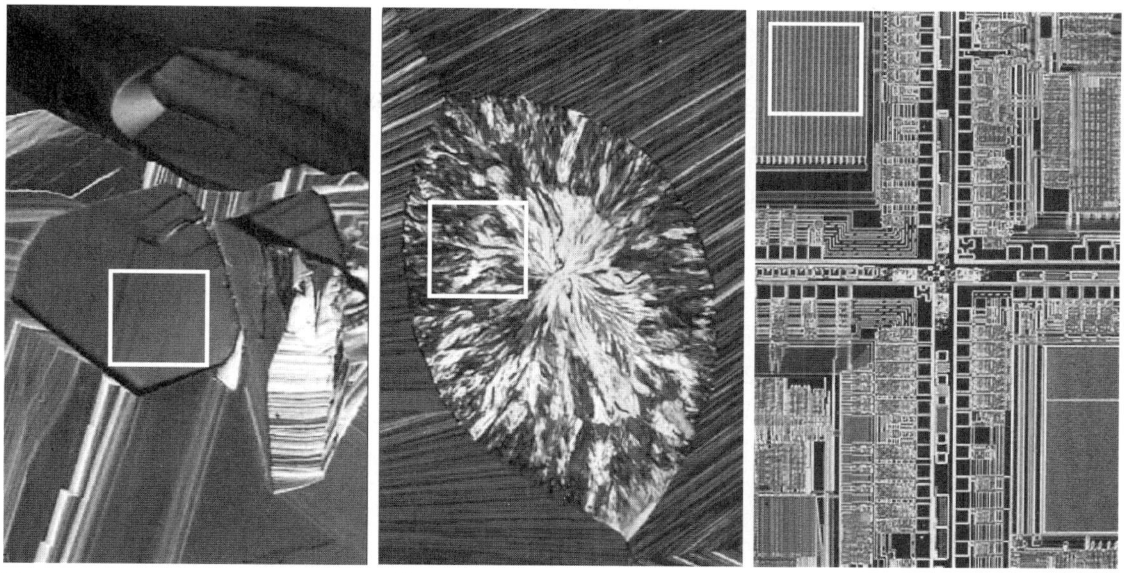

(a) (b) (c)

그림 11.21 흰 상자 안의 부영상들은 각각 부드럽고, 거칠고, 주기적인 질감의 샘플이다. 이들은 초전도체, 인간 콜레스테롤, 마이크로프로세서의 광학현미경 영상이다. (사진 제공: Dr. Michael W. Davidson, Florida State University.)

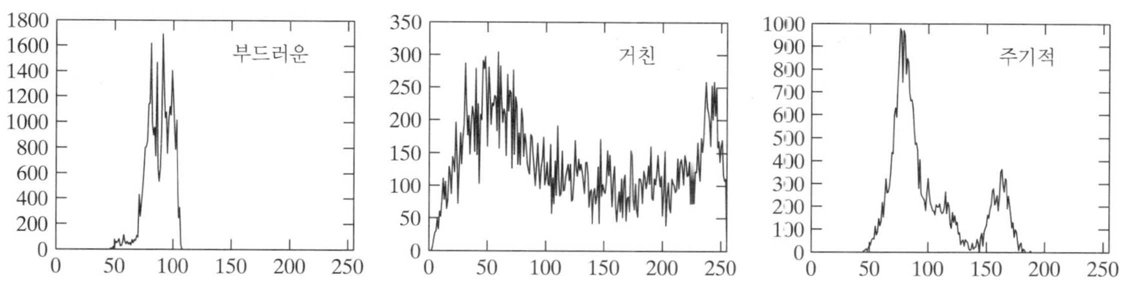

(a) (b) (c)

그림 11.22 그림 11.21의 부영상들에 해당하는 히스토그램들.

질감	평균 밝기	평균 콘트라스트	R	3차 적률	균일도	엔트로피
부드러운	87.02	11.17	0.002	− 0.011	0.028	5.367
성긴	119.93	73.89	0.078	2.074	0.005	7.842
주기적	98.48	33.50	0.017	0.557	0.014	6.517

표 11.3 그림 11.21에서 흰색 정사각형으로 둘러싸인 영역들에 대한 질감 측정치.

히스토그램만 사용해서 계산된 질감 측정은 화소 간 상대적 위치에 관한 정보를 수반하지 않는다. 이 정보는 질감을 묘사할 때 중요하며, 이 정보를 질감 분석에 구체화하는 하나의 방법은 밝기 분포뿐만 아니라 화소 간 **상대적 위치**도 감안하는 것이다.

O를 두 화소의 상대적 위치를 정의하는 연산자라고 하고, L개의 가능한 밝기 레벨을 갖는 영상 $f(x, y)$를 고려하자. $\mathbf{G}$는 그 요소 g_{ij}가 밝기가 z_i와 z_j인 화소 쌍이 f에서 O로 규정된 위치에서 발생하는 횟수인 매트릭스라고 하자. 여기서 $1 \le i, j \le L$이다. 이렇게 만든 매트릭스를 **그레이-레벨** (또는 밝기) **동시발생**(*co-occurrence*) **매트릭스**라고 부른다. 흔히 $\mathbf{G}$를 단순히 **동시발생 매트릭스**라고 부른다.

그림 11.23은 $L = 8$과 "오른쪽으로 바로 옆 한 화소"로 정의되는 위치 연산자 O를 사용해서 동시발생 매트릭스를 만드는 방법의 예를 보여준다. 그림 11.23의 왼쪽 배열이 고찰 대상인 영상이며, 오른쪽 배열이 매트릭스 $\mathbf{G}$이다. $\mathbf{G}$의 요소 (1, 1)은 그의 바로 오른쪽에 값이 1인 화소가 있는 값이 1인 화소가 f에서 단 한 번 발생하므로 1임을 알 수 있다. 비슷하게, $\mathbf{G}$의 요소 (6, 2)는 그의 바로 오른쪽에 값이 2인 화소를 갖는 값이 6인 화소가 f에서 3회 발생하므로 3이다. $\mathbf{G}$의 다른 요소들도 이런 식으로 계산된다. 만일 O를, 예를 들어 "오른쪽으로 한 화소, 그리고 위쪽으로 한 화소"로 정의했다면, $\mathbf{G}$의 (1, 1) 위치는 O에 의해 규정된 위치에 또 다른 1을 갖는 1이 f에 없기 때문에 0이 되었을 것이다. 그 반면, $\mathbf{G}$의 (1, 3), (1, 5), (1, 7) 위치들은 O에 의해 규정된 위치에 3, 5, 7 값을 갖는 이웃이 있는 밝기 값 1이 한 번씩 발생하므로, 모두 1이 될 것이다.

영상의 가능한 밝기 레벨 수가 매트릭스 $\mathbf{G}$의 크기를 결정한다. 8-비트 영상(256개의 가능한 레벨들)에 대하여, $\mathbf{G}$의 크기는 256×256이 될 것이다. 이것은 한 개의 매트릭스를 다룰 때는 문제가 되지 않으나, 곧 보게 되듯이, 동시발생 매트릭스들이 시퀀스로 사용될 때가 있으며, 그 경우, $\mathbf{G}$의 크기는 계산 부하 관점에서 중요하다. 계산 부하를 줄이기 위해 사용되는 한 접근 방법은 매트릭스 $\mathbf{G}$의 크기를 다루기 쉬운 크기로 유지하기 위해서 밝기들을 몇 개의 띠로 양자화하는 것이다. 예를 들면,

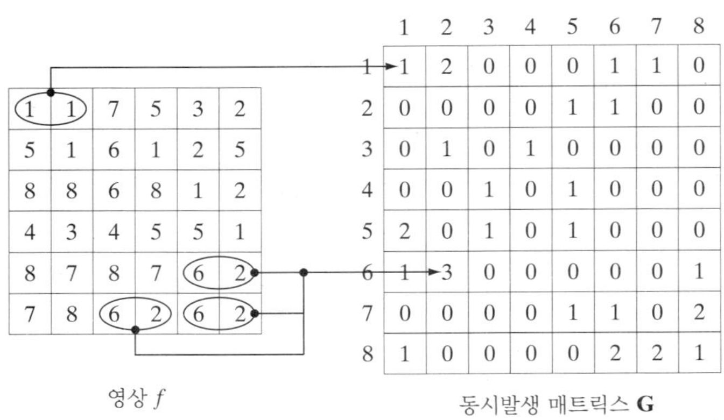

그림 11.23 동시발생 매트릭스를 만드는 방법.

256개의 밝기의 경우, 처음 32개 밝기 레벨을 1, 그 다음 32개를 2로 놓는 식이다. 이렇게 하면 동시발생 매트릭스의 크기가 8×8이 된다.

O를 충족시키는 전체 화소 쌍 수 n은 **G**의 요소들의 합이다(앞의 예에서 $n = 30$). 그러면, 수량

$$p_{ij} = \frac{g_{ij}}{n}$$

는 O를 충족시키는 점 쌍들이 값 (z_i, z_j)를 가질 확률에 대한 추정이다. 이 확률들의 범위는 [0, 1]이며, 합은 1이다:

$$\sum_{i=1}^{K}\sum_{j=1}^{K} p_{ij} = 1$$

여기서 K는 정사각형 매트릭스 **G**의 행(또는 열) 길이이다. **정규화된** 동시발생 매트릭스는 각각 항을 n으로 나눠서 만든다:

$$\mathbf{G}_n = \frac{1}{n}\mathbf{G}$$

이로부터 $\mathbf{G}_n$의 각 항이 p_{ij}임을 알 수 있다.

IPT의 함수 graycomatrix가 동시발생 매트릭스를 계산한다. 우리가 관심 있는 문법은

```
[GS, FS] = graycomatrix(f, 'NumLevels', n, 'Offset', offsets)
```

graycomatrix

이다. 여기서 f는 아무 유효한 클래스 영상이다. 이 문법은 GS에 저장되는 일련의 동시발생 매트릭스를 생성한다. 생성되는 매트릭스의 수는 q × 2 매트릭스 offsets의 행 수에 종속된다. 이 매트릭스의 각 행은 [row_offset, col_offset] 형태를 가지며, 여기서 row_offset은 관심 화소와 그의 이웃들 사이의 행 수를 규정하며, col_offset에 대해서도 비슷하다. 예를 들어, 그림 11.23의 예에 대해 offsets = [0 1]이다. 파라미터 'NumLevels'는 f의 밝기들이 나뉘는 레벨 "띠"의 수를 앞에서 설명한 것같이 규정하며(디폴트는 8), FS는 결과 영상으로서 GS를 만들기 위해 이 함수에서 사용된다. 예를 들어, 그림 11.23의 동시발생 매트릭스를 다음과 같이 만든다:

```
>> f = [1 1 7 5 3 2;
5 1 6 1 2 5;
8 8 6 8 1 2;
4 3 4 5 5 1;
8 7 8 7 6 2;
7 8 6 2 6 2];

>> f = mat2gray(f);
```

```
>> offsets = [0 1];
>> [GS, IS] = graycomatrix(f, 'NumLevels', 8, 'Offset',...
                         offsets)

GS =

     1     2     0     0     0     1     1     0
     0     0     0     0     1     1     0     0
     0     1     0     1     0     0     0     0
     0     0     1     0     1     0     0     0
     2     0     1     0     1     0     0     0
     1     3     0     0     0     0     0     1
     0     0     0     0     1     1     0     2
     1     0     0     0     0     2     2     1

IS =

     1     1     7     5     3     2
     5     1     6     1     2     5
     8     8     6     8     1     2
     4     3     4     5     5     1
     8     7     8     7     6     2
     7     8     6     2     6     2
```

그림 11.23을 만드는 데 필요한 NumLevels의 값이 디폴트와 같지만, 교육 목적으로 여기에 명시적으로 보여줬다.

동시발생 매트릭스(또는 매트릭스 시리즈)가 질감 묘사를 위해 사용되는 방법은 **G**가 O에 종속되기 때문에, 적당한 위치 연산자들을 선정하고 결과로 얻은 **G**의 요소들을 분석하면 밝기 질감 패턴의 존재가 검출될 수 있다는 사실에 기반한다. 툴박스는 묘사자들을 생성하기 위해서 함수 graycoprops를 사용한다:

graycoprops

```
stats = graycoprops(GS, properties)
```

여기서 stats는 그 필드들이 표 11.4의 속성들인 구조체이다. 예를 들어, 만일 속성으로 'Correlation' 또는 'All'을 지정하면, 필드 stats.Correlation은 상관성 묘사자를 계산한 결과를 제공한다(예제 11.11에 이를 예시한다).

상관성 묘사자에서 사용되는 수량들은 다음과 같다:

$$m_r = \sum_{i=1}^{K} iP(i)$$

$$m_c = \sum_{j=1}^{K} jP(j)$$

$$\sigma_r^2 = \sum_{i=1}^{K} (i - m_r)^2 P(i)$$

표 11.4 함수 graycoprops가 지원하는 속성들. 확률 p_{ij}는 $\mathbf{G}/n$의 ij번째 요소이며, 여기서 n은 $\mathbf{G}$의 요소들의 합과 같다.

속성	설명	공식
'Contrast'	전체 영상에 대해, 한 화소와 그의 이웃 간의 밝기 콘트라스트의 측정치를 반환한다. 범위 = [0 (size(G, 1) −1) ^ 2] Contrast는 일정한 영상에 대해 0이다.	$\sum_{i=1}^{K}\sum_{j=1}^{K}(i-j)^2 p_{ij}$
'Correlation'	전체 영상에 대해, 한 화소가 그의 이웃과 어떻게 상관(correlate)되는지에 관한 측정치를 반환한다. 범위 = [−1 1] Correlation은 완전하게 양 또는 음으로 상관되는 영상에 대해 각각 1 또는 −1이다. 상관성은 일정한 영상에 대해 NaN이다.	$\sum_{i=1}^{K}\sum_{j=1}^{K}\frac{(i-m_r)(j-m_c)p_{ij}}{\sigma_r\sigma_c}$ $\sigma_r \neq 0; \sigma_c \neq 0$
'Energy'	G의 요소들의 제곱의 합을 반환한다. 범위 = [0 1] Energy는 일정한 영상에 대해 1이다.	$\sum_{i=1}^{K}\sum_{j=1}^{K}p_{ij}^2$
'Homogeneity'	G의 요소들의 분포가 G의 대각 요소들에 얼마나 가까운지를 측정한 값을 반환한다. 범위 = [0 1] Homogeneity는 대각선형 G에 대해 1이다.	$\sum_{i=1}^{K}\sum_{j=1}^{K}\frac{p_{ij}}{1+\lvert i-j\rvert}$
'All'	모든 속성을 계산한다.	

$$\sigma_c^2 = \sum_{j=1}^{K}(j-m_c)^2 P(j)$$

여기서

$$P(i) = \sum_{j=1}^{K} p_{ij} \quad \text{이고} \quad P(j) = \sum_{i=1}^{K} p_{ij}$$

수량 m_r은 $\mathbf{G}$의 행들을 따라서 계산된 평균의 형태이며, m_c는 열들을 따라 계산된 평균이다. 비슷하게, σ_r과 σ_c는 각각 행들과 열들을 따라서 계산된 표준편차들의 형태이다. 이 항들 각각은 스칼라이며, $\mathbf{G}$의 크기와 무관하다.

$\mathbf{G}_n$의 요소들로부터 직접 계산될 수 있는 두 가지 추가적 척도는 **최대 확률**(등시 발생 매트릭스의 최대 응답을 측정하기 위한)

$$\text{maximum probability} = \max_{i,j}(p_{ij})$$

그리고 앞에서와 같이 랜덤성의 척도인 **엔트로피**

$$\text{entropy} = -\sum_{i=1}^{K}\sum_{j=1}^{K} p_{ij}\log_2 p_{ij}$$

이다.

예제 11.11 동시발생 매트릭스에 기반하는 질감 묘사자들.

■ 그림 11.24(a)~(c)는 각각 랜덤하고, 수평으로 주기적이고, 혼합된 질감을 보여준다. 이 예제에서의 우리의 목표는 다음을 보여주는 것이다: (1) 질감 묘사를 위해 개별 동시발생 매트릭스를 사용하는 방법; (2) 영상의 질감 패턴을 "발견"하기 위해서 동시발생 매트릭스 시퀀스를 사용하는 방법. 우리는 한 영상(주기적 질감)에 대해 그 절차를 보여주고, 나머지 둘에 대해서는 결과를 나열한다.

우리는 가장 간단한 수평 위치 연산자 `offsets = [0 1]`—이것이 디폴트—을 사용해서 동시발생 매트릭스를 계산하는 것에서 시작한다(이 예제에서 우리가 관심 있는 질감 패턴은 수평이다). 묘사자들의 가능성 있는 가장 미세한 구별을 얻기 위해서 모든 레벨 수(`uint8` 영상에 대해 256)를 사용한다:

```
>> f2 = imread('Fig1124(b).tif');
>> G2 = graycomatrix(f2,'NumLevels', 256);
>> G2n = G2/sum(G2(:)); % Normalized matrix.
>> stats2 = graycoprops(G2, 'all'); % Descriptors.
```

그 다음, `G2n`의 요소들을 사용해서 계산한 두 묘사자를 포함해서, 모든 묘사자를 계산하고 열거한다:

```
>> maxProbability2 = max(G2n(:));
>> contrast2 = stats2.Contrast;
>> corr2 = stats2.Correlation;
>> energy2 = stats2.Energy;
>> hom2 = stats2.Homogeneity;
>> for I = 1:size(G2n, 1);
      sumcols(I) = sum(-G2n(I,1:end).*log2(G2n(I,1:end)...
                                      + eps));
```

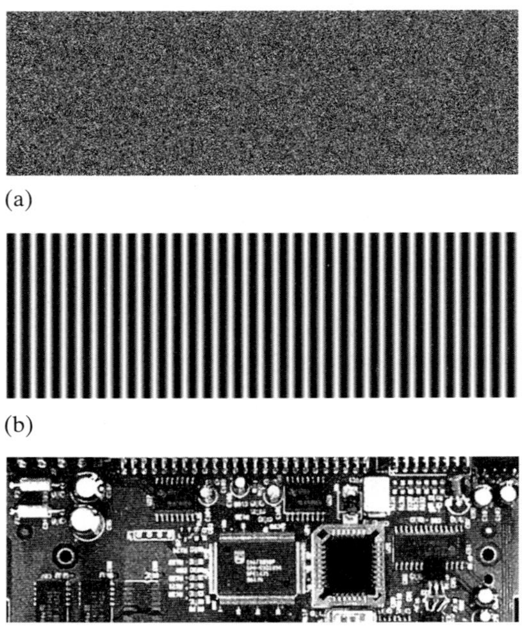

(a) (b) (c)

그림 11.24 화소들이 (a) 랜덤하고, (b) 주기적이며, (c) 혼합된 질감 패턴을 보여주는 영상들. 모든 영상의 크기는 263 × 800이다.

```
end
>> entropy2 = sum(sumcols);
```

이 묘사자들의 값들이 표 11.5의 둘째 행에 열거되어 있다. 나머지 두 행은 다른 두 영상을 사용하고, 똑 같은 절차에 의해 생성되었다. 이 표의 엔트리들은 그림 11.24의 영상들을 보고 예상한 것과 일치한다. 예를 들어, 표 11.5의 최대 확률 열을 보자. 최고 확률이 세 번째 동시발생 매트릭스에 해당하는데, 이는 이 매트릭스가 다른 두 매트릭스보다 더 높은 카운트 수(O의 위치들과 관련해서, 영상에서 발생한 가장 큰 화소 쌍 수)를 가짐을 알려준다. 그림 11.24(c)를 들여다보면, 수평 방향으로 밝기 변화도가 낮은 큰 영역들이 있으므로, $\mathbf{G}_3$의 카운트가 높을 것으로 예상할 것임을 알 수 있다.

두 번째 열은 최고 상관성이 $\mathbf{G}_2$에 해당한다는 것을 나타낸다. 이는 두 번째 영상의 밝기들의 상관도가 높음을 알려준다. 그림 11.24(b)의 주기적 패턴의 반복성이 그 이유를 밝혀준다. $\mathbf{G}_1$에 대한 상관성은 본질적으로 0으로서, 인접 화소들 간에 상관성이 거의 없음을 나타내며, 이는 그림 11.24(a)의 영상 같은 랜덤 영상의 특징이다. 콘트라스트 묘사자는 $\mathbf{G}_1$에 대해 최고, $\mathbf{G}_2$에 대해 최저이다. 영상이 덜 랜덤할수록, 영상의 콘트라스트가 더 낮은 경향이 있다. 비록 $\mathbf{G}_1$의 최대 확률이 가장 낮지만, 다른 두 매트릭스들은 0 또는 0에 가까운 확률들을 훨씬 더 많이 갖고 있다. 정규화된 동시발생 매트릭스의 값들의 합이 1임을 명심하면, 콘트라스트 묘사자가 랜덤성의 함수로서 증가하는 경향이 있는 이유를 쉽게 알 수 있다.

나머지 세 묘사자들은 비슷한 방식으로 설명된다. 에너지는 제곱된 확률 값들의 함수로서 증가한다. 따라서, 영상에서 랜덤성이 적을수록, 표 11.5의 다섯 번째 열이 보여주듯이, 균일성 묘사자는 더 높아질 것이다. 균질성은 주대각선에 관한 $\mathbf{G}$의 값들의 집결도를 측정한다. 이 묘사자의 분모 항의 값들은 동시발생 매트릭스 셋 모두에 대해 똑 같으며, i와 j가 값이 서로 가까워질수록(즉, 주대각선에 더 가까울수록) 감소한다. 따라서, 주대각선 근처에서 가장 높은 확률 값들(분자 항)을 갖는 매트릭스가 가장 높은 균질성 값을 가질 것이다. 그러한 매트릭스는 풍부한 그레이-레벨 콘텐트와 밝기 값들이 서서히 변하는 영역들을 갖는 영상들에 해당한다. 표 11.5의 여섯 번째 열의 엔트리들은 이 해석과 일치한다.

이 표의 마지막 열의 엔트리들은 동시발생 매트릭스들의 랜덤성의 측정치이며, 이것은 결국 해당 영상에서의 랜덤성의 척도가 된다. 예상대로, $\mathbf{G}_1$이 완전히 랜덤한 영상에서 나왔기 때문에 가장 높은 값을 가졌다. 다른 두 엔트리들도 이 맥락에서 자명하다.

이제까지 단일 영상들과 그들의 동시발생 매트릭스들을 다뤘다. 이 영상들에 반복적 성분(즉, 주기적 질감)을 포함하는 부분이 있는지를 "발견"(영상을 보지 않고)하고 싶다고 하자. 이 목표를 달성하기 위한 하나의 방법은 이웃 간의 거리를 증가시키면서 이 영상들로부터 도출되는 동시발생 매트릭스 시퀀스들에 대한 상관성 묘사자를 조사하는 것이다. 앞서 언급했듯이, 동시발생 매트릭스들의 시퀀스를 다룰 때는 매트릭스 크기 및 관련 계산 부하를 줄이기 위하여 밝기를 양자화하는 것이 관례이다. 다음의 결과들은 `L = 8`을 사용해서 얻어졌다. 앞에서와 같이, 주기적 영상을 사용해서 절차를 예시한다:

정규화된 동시발생 매트릭스	묘사자					
	최대 확률	상관성	콘트라스트	에너지	균질성	엔트로피
$\mathbf{G}_1/n_1$	0.00006	−0.0005	10838	0.00002	0.0366	15.75
$\mathbf{G}_2/n_2$	0.01500	0.9650	570	0.01230	0.0824	6.43
$\mathbf{G}_3/n_3$	0.05894	0.9043	1044	0.00360	0.2005	13.63

표 11.5 그림 11.24의 영상에 대한 개별적 동시발생 매트릭스들에 기반한 질감 묘사자들.

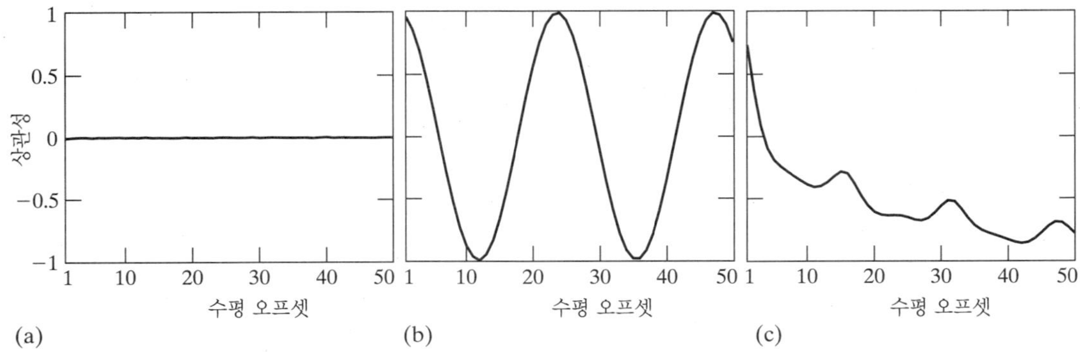

그림 11.25 그림 11.24의 (a) 노이즈 낀, (b) 정현, (c) 회로기판 영상들에 해당하는 수평 오프셋(인접 화소들 간 거리)의 함수로서의 상관성 묘사자의 값들.

```
>> % Look at 50 increments of 1 pixel to the right.
>> offsets = [zeros(50,1) (1:50)']; %
>> G2 = graycomatrix(f2, 'Offset', offsets);
>> % G2 is of size 8-by-8-by-50.
>> stats2 = graycoprops(G2, 'Correlation');
>> % Plot the results.
>> figure, plot([stats2.Correlation]);
>> xlabel('Horizontal Offset')
>> ylabel('Correlation')
```

다른 두 영상도 같은 방식으로 처리된다. 그림 11.25가 상관성 묘사자들의 플롯을 수평 오프셋의 함수로서 보여준다. 그림 11.25(a)는 모든 상관성 값들이 0에 가까움을 보여주는데, 이는 랜덤 영상에서는 상관관계 패턴이 발견되지 않았음을 나타낸다. 그림 11.25(b)의 상관성 모양은 입력 영상이 수평 방향으로 주기적임을 분명하게 나타낸다. 상관성 함수가 높은 값에서 시작해서 이웃 간 거리가 증가함에 따라 감소하기를 반복함을 주목한다.

그림 11.25(c)는 회로기판 영상에 해당하는 상관성 묘사자가 초기에는 감소하지만, 오프셋 거리가 16 화소일 때 강한 피크를 가짐을 보여준다. 그림 11.24(c)의 영상에 관한 분석은 위쪽 납땜 접속부들이 대략 16 화소 떨어진 반복 패턴을 형성함을 보여준다. 그 다음 주요 피크는 32에 있으며, 같은 패턴에 의해 야기되었다. 이 피크의 진폭이 더 낮은 이유는 이 거리에서의 반복 횟수가 16 화소 때보다 작기 때문이다. 비슷한 관찰이 48 화소 오프셋 때의 더 작은 피크를 설명해 준다.

질감의 분광 측정

질감의 분광 측정(spectral measure)은 영상의 주기적 또는 거의 주기적인 2차원 패턴의 방향성을 묘사하는 데 적합한 푸리에 스펙트럼에 기반한다. 이러한 전역적 질감 패턴들은 스펙트럼에서 높은 에너지 폭발(burst)이 집중된 형태이므로 쉽게 구별할 수 있지만, 공간적 기법들은 지역적 특성을 갖기 때문에 공간적 방법들로는 검출하기가 매우 어렵다. 따라서, 스펙트럼 질감이 주기적 질감 패턴과 비주기적 질감 패턴을 구별하고, 더 나아가 주기적 패턴들 간의 차이를 정량화하는 데 유용하다.

스펙트럼 특징들의 해석은 스펙트럼을 극좌표 함수 $S(r, \theta)$로 표현하면 단순화된다–여기서, S는 스펙트럼 함수, r과 θ는 극좌표계의 독립변수들이다. 각 방향 θ에 대해, $S(r, \theta)$는 $S_\theta(r)$로 쓸 수 있는 1차원 함수이다. 마찬가지로, 각 주파수 r에 대해서 $S(r, \theta)$를 $S_r(\theta)$로 쓸 수 있다. 어떤 고정된 θ값에 대해서 $S_\theta(r)$를 분석하면 원점으로부터 반지름 방향을 따라서의 스펙트럼의 특성(피크의 존재 여부와 같은)을 알 수 있다. 반면, 어떤 고정된 r값에 대해 $S_r(\theta)$를 분석하면 원점을 중심으로 하는 원을 따라서의 특성을 알 수 있다.

여기서의 원점은 주파수 직사각형의 중앙을 의미한다.

전역적 묘사는 이 함수들을 적분해서(이산 변수들을 더해서) 얻어진다:

$$S(r) = \sum_{\theta=0}^{\pi} S_\theta(r)$$

그리고

$$S(\theta) = \sum_{r=1}^{R_0} S_r(\theta)$$

여기서, R_0는 원점을 중심으로 하는 원의 반지름이다.

이들 두 공식의 결과는 각 좌표 쌍 (r, θ)에 대한 $[S(r), S(\theta)]$값 쌍이다. 이 좌표들을 바꿔서, 전체 영상 또는 영역의 질감에 대한 스펙트럼 에너지 묘사를 구성하는 두 개의 1차원 함수 $S(r)$와 $S(\theta)$를 생성할 수 있다. 게다가, 이 함수들의 묘사자들 자체는 그들의 특성을 정량적으로 특징짓기 위해서 계산될 수 있다. 이 목적에 사용되는 전형적인 묘사자들은 최고값의 위치, 진폭 및 축의 편차 도두의 평균과 분산, 함수의 평균과 최고값 사이의 거리이다.

함수 specxture(리스팅은 부록 C 참고)를 앞의 두 질감 척도를 계산하기 위해 사용될 수 있다. 그 문법은 다음과 같다.

specxture

```
[srad, sang, S] = specxture(f)
```

여기서 srad는 $S(r)$, sang은 $S(\theta)$, S는 스펙트럼 영상(3장에서의 설명에서와 같이, 로그(log)를 사용해서 표시된다)이다.

예제 11.12

스펙트럼 질감을 계산하기.

■ 그림 11.26(a)는 랜덤하게 분포된 객체들을 가진 영상을, 그림 11.26(b)는 같은 객체들이 주기적으로 배열된 영상을 보여준다. 이들에 대해 함수 specxture로 계산한 푸리에 스펙트럼을 그림 11.26(c)와 (d)가 보여준다. 이 푸리에 스펙트럼들에서 에너지 폭발이 사변형으로 주기적으로 퍼져나가는 것은 성냥개비들이 놓인 거칠은 배경 재질의 주기적 질감에 기인한다. 그림 11.26(c) 스펙트럼의 다른 성분들은 그림 11.26(a)의 강한 에지들의 랜덤한 방향에 의해 야기되었다. 그에 반해서, 배경과 관련 없는 그림 11.26(d)의 주 에너지는 수평축을 따라서 있으며, 그림 11.26(b)의 강한 수직 에지에 해당된다.

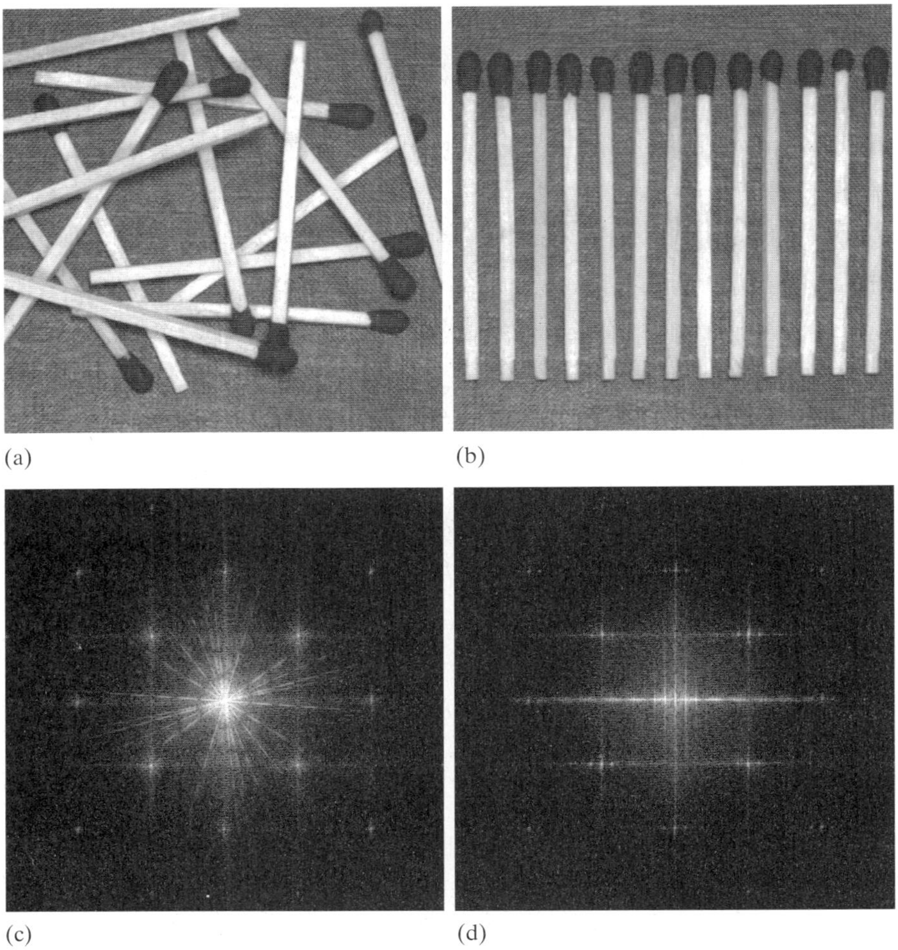

그림 11.26 (a)와 (b) 정렬되지 않은 객체와 정렬된 객체들의 영상들. (c)와 (d) 해당 스펙트럼들.

그림 11.27(a)와 (b)는 랜덤한 성냥개비들에 대한 $S(r)$과 $S(\theta)$의 플롯이고, (c)와 (d)는 정렬된 성냥개비들에 대한 플롯으로서, 이들은 모두 함수 `specxture`로 계산되었다. 플롯들은 `plot(srad)`와 `plot(sang)` 명령으로 얻어졌다. 그림 11.27(a)와 (c)의 축들은 그림 11.27(a)로부터 얻어진 최대값과 최소값과 함께, 2.3.1절에서 설명한 다음 명령에 의해 스케일링되었다.

```
>> axis([horzmin horzmax vertmin vertmax])
```

랜덤하게 배열된 성냥개비들에 해당하는 $S(r)$ 플롯은 강한 주기적인 성분을 보여주지 않는다(즉, 스펙트럼에서 DC 성분인 원점의 피크를 제외하면 피크가 없다). 한편, 정렬된 성냥개비들에 대한 $S(r)$ 플롯에서는 $r = 15$ 부근에서 강한 피크, $r = 25$ 부근에서 그보다 약간 작은 피크를 볼 수 있다. 비슷한 결과로, 그림 11.26(c)의 에너지 폭발들의 랜덤한 특성이 그림 11.27(b)의 $S(\theta)$ 플롯에서 매우 뚜렷하다. 반대로, 그림 11.27(d)의 플롯은 원점 부근과 90°, 180° 영역에서 강한 에너지 성분들을 보여준다. 이것은 그림 11.26(d)의 에너지 분포와 일관된다.

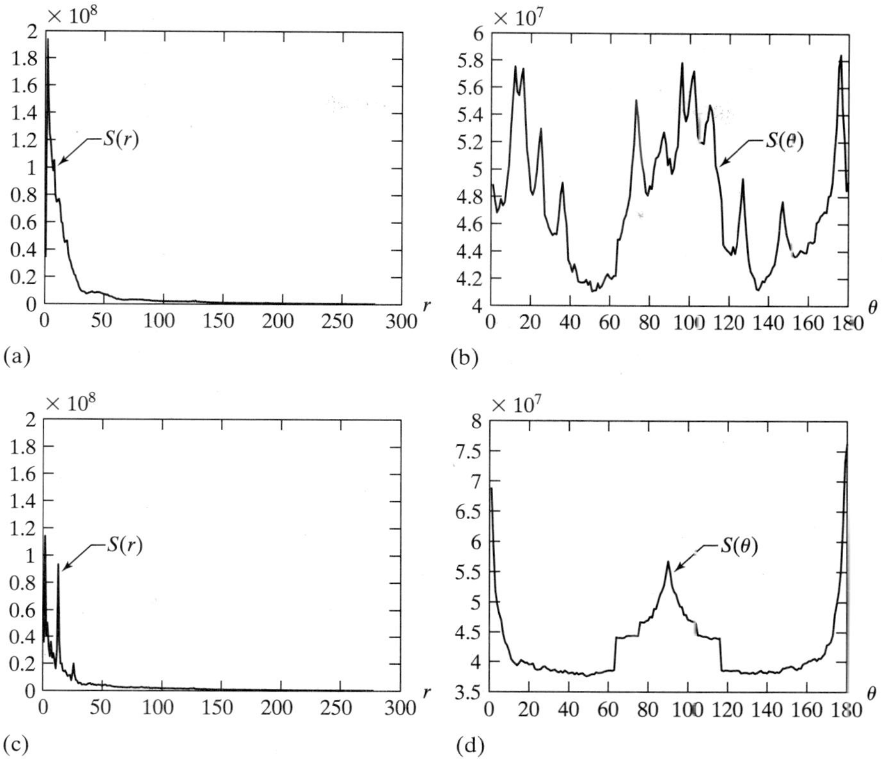

그림 11.27 그림 11.26(a)의 랜덤 영상에 대한 (a) $S(r)$과 (b) $S(\theta)$의 플롯들. (c)와 (d) 정렬된 영상에 대한 $S(r)$과 $S(\theta)$의 플롯들.

11.4.3 적률 불변량

크기가 $M \times N$인 디지털 영상 $f(x, y)$의 $(p+q)$차 2-D 적률은

$$m_{pq} = \sum_{x=0}^{M-1} \sum_{y=0}^{N-1} x^p y^q f(x, y)$$

로 정의된다. 여기서, $p = 0, 1, 2, \ldots, q = 0, 1, 2, \ldots$은 정수이다. 해당 $(p+q)$차 중심적률(*central moment*)은 $p = 0, 1, 2, \ldots$과 $q = 0, 1, 2, \ldots$에 대해서

$$\mu_{pq} = \sum_{x=0}^{M-1} \sum_{y=0}^{N-1} (x - \bar{x})^p (y - \bar{y})^q f(x, y)$$

로 정의된다. 여기서

$$\bar{x} = \frac{m_{10}}{m_{00}} \text{ and } \bar{y} = \frac{m_{01}}{m_{00}}$$

이다. $(p+q)$차의 정규 중심적률(*normalized central moment*)은 $p + q = 2, 3, \ldots$ 에 대해

$$\eta_{pq} = \frac{\mu_{pq}}{\mu_{00}^{\gamma}}$$

표 11.6 일곱 개의 적률 불변량들.

적률 차수	공식
1	$\phi_1 = \eta_{20} + \eta_{02}$
2	$\phi_2 = (\eta_{20} - \eta_{02})^2 + 4\eta_{11}^2$
3	$\phi_3 = (\eta_{30} - 3\eta_{12})^2 + (3\eta_{21} - \eta_{03})^2$
4	$\phi_4 = (\eta_{30} + \eta_{12})^2 + (\eta_{21} + \eta_{03})^2$
5	$\phi_5 = (\eta_{30} - 3\eta_{12})(\eta_{30} + \eta_{12})[(\eta_{30} + \eta_{12})^2 - 3(\eta_{21} + \eta_{03})^2] + (3\eta_{21} - \eta_{03})(\eta_{21} + \eta_{03})[3(\eta_{30} + \eta_{12})^2 - (\eta_{21} + \eta_{03})^2]$
6	$\phi_6 = (\eta_{20} - \eta_{02})[(\eta_{30} + \eta_{12})^2 - (\eta_{21} + \eta_{03})^2] + 4\eta_{11}(\eta_{30} + \eta_{12})(\eta_{21} + \eta_{03})$
7	$\phi_7 = (3\eta_{21} - \eta_{03})(\eta_{30} + \eta_{12})[(\eta_{30} + \eta_{12})^2 - 3(\eta_{21} + \eta_{03})^2] + (3\eta_{21} - \eta_{30})(\eta_{21} + \eta_{03})[3(\eta_{30} + \eta_{12})^2 - (\eta_{21} + \eta_{03})^2]$

로 정의되며, 여기서

$$\gamma = \frac{p+q}{2} + 1$$

이다.

이 공식들로부터 이동, 크기 변화, 거울 반사(mirroring)[마이너스 부호 내에서 (표 11.7의 ϕ_7 참고)], 회전에 둔감한 일곱 개의 2-D **적률 불변량**(*moment in ariant*)들을 유도할 수 있다.† 표 11.6에 이들이 열거되어 있다.

주문형 M-함수 `invmoments`가 이들 7개 공식을 구현한다. 문법은 다음과 같다(코드는 부록 C 참조):

`invmoments`

```
phi = invmoments(f)
```

여기서, `f`는 입력 영상, `phi`는 방금 정의한 적률 불변량을 포함하는 7-요소 행 벡터이다.

† 이 결과들에 대한 유도는 이 논의의 범주 밖이다. Bell[1965]의 책과 Hu[1962]의 논문이 이 개념들에 관한 자세한 논의를 담고 있다. 7차 이상의 적률 불변량을 만들려면 Flusser[2000]을 참고한다. 적률 불변량들은 *n*차원으로 일반화될 수 있다(Mamistvalov [1998] 참조).

예제 11.13

적률 불변량들.

■ 그림 11.28(a)의 영상은 400×400 크기의 원본으로부터 다음 명령들로 얻어졌다:

```
>> f = imread('Fig1128(a).tif');
>> fp = padarray(f, [84 84], 'both'); % Padded for display.
```

이 영상은 디스플레이된 영상들이 아래에서 설명하는 것처럼 가장 큰 면적(568×568)을 점유하는 45° 회전된 영상과 크기가 일치하도록 제로 패딩을 사용해서 만들어졌다. 이 패딩은 디스플레이 용도일 뿐이며, 적률 계산에는 사용되지 않았다. 이동된 영상은 다음 명령들로 만들었다:

```
>> ftrans = zeros(568, 568, 'uint8');
>> ftrans(151:550,151:550) = f;
```

반으로 축소되고 패딩된 영상을 다음 명령들로 얻었다:

```
>> fhs = f(1:2:end, 1:2:end);
>> fhsp = padarray(fhs, [184 184], 'both');
```

거울 반사 영상을 함수 fliplr을 이용해서 얻었다:

```
>> fm = fliplr(f);
>> fmp = padarray(fm, [84 84], 'both'); % Padded for display.
```

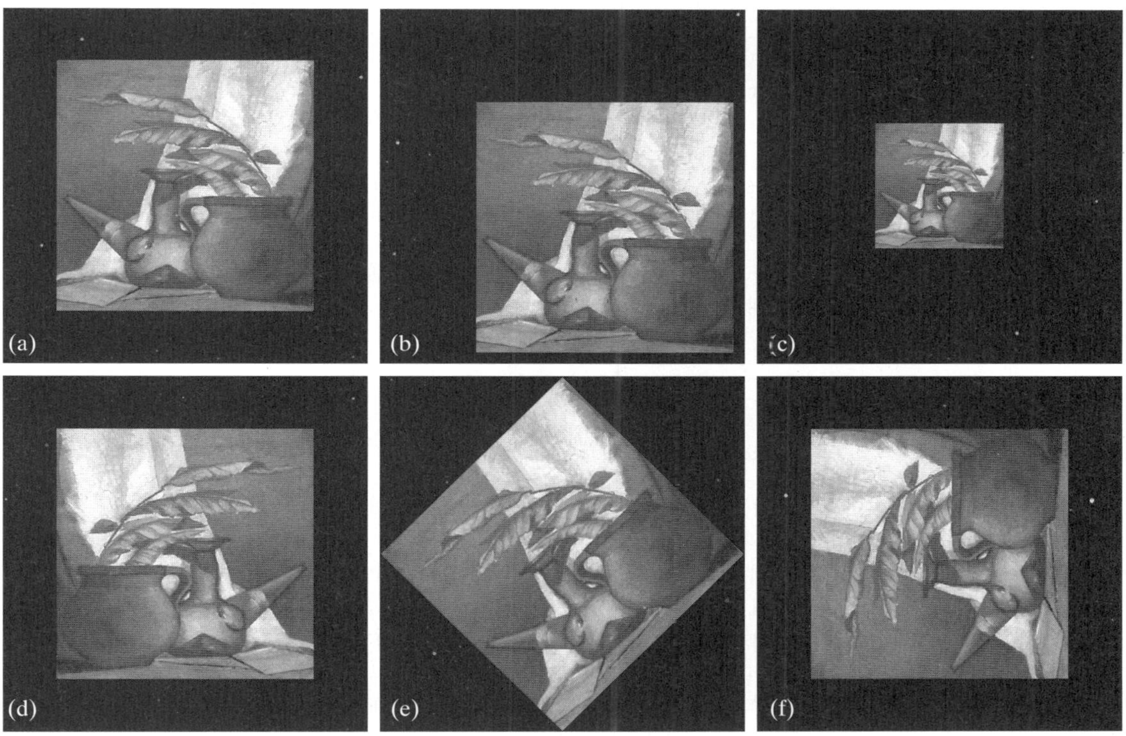

그림 11.28 (a) 패딩된 오리지널 영상. (b) 이동된 영상. (c) 반으로 축소된 영상. (d) 거울 반사된 영상. (e) 45° 회전 영상. (f) 90° 회전 영상.

영상을 회전하기 위해서는 함수 imrotate를 사용한다:

imrotate

```
g = imrotate(f, angle, method, 'crop')
```

이 명령은 f를 반시계 방향으로 angle도만큼 회전시킨다. 파라미터 method는 다음 중의 하나가 될 수 있다:

- 'nearest'는 최근접 보간법을 사용하고,
- 'bilinear'는 쌍일차 보간법을 사용하며(일반적으로 좋은 선택),
- 'bicubic'은 쌍삼차 보간법을 사용한다.

영상 크기는 회전에 맞춰 패딩시켜서 자동으로 커진다. 인자에 'crop'이 포함되면, 회전된 영상의 중앙부를 잘라내서(cropping) 원본 영상과 같은 크기로 만든다. 디폴트는 angle만 지정하는 것이며, 이 경우 'nearest' 보간법이 사용되고 잘라내기는 하지 않는다.

이 예제의 회전된 영상들은 다음과 같이 해서 생성되었다:

```
>> fr45 = imrotate(f, 45, 'bilinear');
>> fr90 = imrotate(f, 90, 'bilinear');
>> fr90p = padarray(fr90, [84 84], 'both');
```

첫 번째 영상은 영상 집합에서 가장 크기 때문에 패딩이 필요 없었다. fr45의 0들은 imrotate가 자동으로 생성했다.

적률 불변량들을 함수 invmoments를 사용해서 계산한다:

```
>> phi = invmoments(f);
```

은 원본 영상의 적률 불변량들이다. 대개 적률 불변량 값들은 작고, 자리 수가 몇 자리씩 다름을 알 수 있다:

```
>> format short e
>> phi
phi =
    1.3610e-003  7.4724e-008  3.8821e-011  4.2244e-011
    4.3017e-022  1.1437e-014 -1.6561e-021
```

이 숫자들을 log10 변환을 사용해서 동적 범위를 줄임으로써 분석하기 더 쉬운 범위로 가져오자. 원래 수량의 부호는 유지한다:

```
>> format short
>> phinorm = -sign(phi).*(log10(abs(phi)))
phinorm =
    2.8662  7.1265 10.4109 10.3742  21.3674 13.9417  -20.7809
```

여기서 숫자들 중 하나가 음수이기 때문에 abs가 필요했다. -sign(phi)를 사용함으로써 원래 숫자의 부호를 보존했는데, 여기서 마이너스 부호는 숫자들이 모두 진분수라서 log10이 계산될 때 음 값이 나오기 때문에 사용되었다. 중요한 사실은 우리가 이 숫자들의 실제값이 아닌 불변성에 관심이 있다는 것이다. 부호는 영상이 거울 반사되었는지를 검출하기 위해서 ϕ_7에서 사용되기 때문에 보존될 필요가 있다.

앞의 접근법을 그림 11.28의 모든 영상들과 사용하면 표 11.7의 결과가 나온다. 이 값들이 가까움을 주목하고, 이는 높은 불변성을 나타낸다. 이것은 특히 반으로 축소되고 회전된 것 같은 영상의 변화를 고려할 때 주목할 만하다. 기대한 대로, 거울 반사된 영상의 부호는 다른 것들과 다르다.

적률 불변량	원본 영상	이동	절반 크기	거울 반사	45° 회전	90° 회전
ϕ_1	2.8662	2.8662	2.8664	2.8662	2.8661	2.8662
ϕ_2	7.1265	7.1265	7.1257	7.1265	7.1266	7.1265
ϕ_3	10.4109	10.4109	10.4047	10.4109	10.4115	10.4109
ϕ_4	10.3742	10.3742	10.3719	10.3742	10.3742	10.3742
ϕ_5	21.3674	21.3674	21.3924	21.3674	21.3663	21.3674
ϕ_6	13.9417	13.9417	13.9383	13.9417	13.9417	13.9417
ϕ_7	−20.7809	−20.7809	−20.7724	20.7809	−20.7813	−20.7809

표 11.7 그림 11.28의 영상들에 대한 7개의 적률 불변량들. 이 값들은 다룰 수 있는 범위로 스케일링하고 동시에 각 적률의 부호를 보존하기 위해서 $-\text{sgn}(\phi_i)\log_{10}(|\phi_i|)$로 변환된 것이다.

11.5 묘사를 위한 주성분 사용

Using Principal Components for Description

그림 11.29에 보인 배치로 "적층된(stacked)" n개의 공간 정합된(spatially-registered) 영상들이 있다고 하자. 임의의 주어진 좌표쌍 (i, j)에 대해서 n개의 화소가 존재하며, 각 영상마다 그 위치에 한 화소씩 있다. 이 화소들은 다음과 같이 열 벡터 형태로 배치될 수 있다.

$$\mathbf{x} = \begin{bmatrix} x_1 \\ x_2 \\ \vdots \\ x_n \end{bmatrix}$$

영상들이 $M \times N$ 크기일 경우, n개의 영상들의 모든 화소들을 구성하는 총 MN개의 n-차원 벡터가 있을 것이다.

어떤 벡터군의 평균 벡터 $\mathbf{m}_\mathbf{x}$는 다음과 같은 샘플 평균으로 근사화될 수 있다:

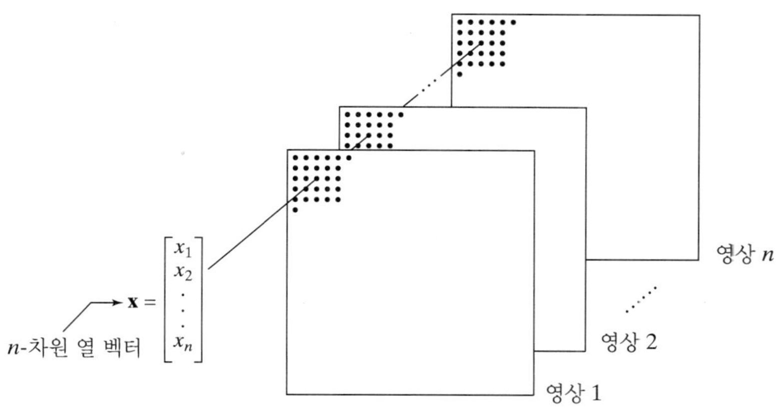

그림 11.29 같은 크기의 영상 스택의 상응 화소들로부터 벡터를 형성하기.

$$\mathbf{m_x} = \frac{1}{K}\sum_{k=1}^{K}\mathbf{x_k}$$

여기서, $K = MN$이다. 마찬가지로, 벡터군의 $n \times n$ 공분산 매트릭스 $\mathbf{C_x}$는 다음과 같이 근사화될 수 있다:

$$\mathbf{C_x} = \frac{1}{K-1}\sum_{k=1}^{K}(\mathbf{x_k} - \mathbf{m_x})(\mathbf{x_k} - \mathbf{m_x})^T$$

여기서, 샘플로부터 $\mathbf{C_x}$의 무편향 추정을 얻기 위해서 K 대신 $K-1$을 사용한다.

주성분 변환[*principal components transform*, 호텔링 변환(*Hotelling transform*)이라고도 부름]은 다음 식으로 주어진다.

$$\mathbf{y} = \mathbf{A}(\mathbf{x} - \mathbf{m_x})$$

매트릭스 $\mathbf{A}$의 행들은 단위 길이로 정규화된 $\mathbf{C_x}$의 고유벡터들이다. $\mathbf{C_x}$가 실수이고 대칭이기 때문에 이 벡터들은 직교정규(orthonormal) 집합을 형성한다. 다음을 보여줄 수 있다(Gonzalez와 Woods[2008]):

$$\mathbf{m_y} = \mathbf{0}$$

그리고

$$\mathbf{C_y} = \mathbf{A}\mathbf{C_x}\mathbf{A}^T$$

매트릭스 $\mathbf{C_y}$는 대각선형이며, 그의 주대각선 상에 있는 요소들은 $\mathbf{C_x}$의 고유값들이다. $\mathbf{C_y}$의 i번째 행의 주대각선 요소는 벡터 요소 y_i의 분산이며, 비대각선 요소 (j, k)는 y_j와 y_k 요소들 간의 공분산이다. $\mathbf{C_y}$의 비대각선 항들은 0으로서, 이는 변환된 벡터 $\mathbf{y}$의 요소들이 무상관적(uncorrelated)임을 나타낸다.

$\mathbf{A}$의 행들이 직교정규적이므로, 그의 역은 그의 전치(transpose)와 같다. 따라서 다음의 역변환을 수행해서 $\mathbf{x}$를 복원할 수 있다.

$$\mathbf{x} = \mathbf{A}^T\mathbf{y} + \mathbf{m_x}$$

주성분 변환의 중요성은 q $(q < n)$개의 고유벡터만 사용될 때 명백해진다. 이 경우, $\mathbf{A}$는 $q \times n$ 매트릭스 $\mathbf{A_q}$가 된다. 이제 복구는 다음의 근사화가 된다:

$$\hat{\mathbf{x}} = \mathbf{A}_q^T\mathbf{y} + \mathbf{m_x}$$

$\mathbf{x}$의 참값과 근사화 복구값 간의 평균 제곱오차는 다음 공식으로 주어진다.

$$\begin{aligned} e_{ms} &= \sum_{j=1}^{n}\lambda_j - \sum_{j=1}^{q}\lambda_j \\ &= \sum_{j=q+1}^{n}\lambda_j \end{aligned}$$

이 식의 첫 줄은 $q = n$일 때(즉, 모든 고유벡터가 역변환에 사용될 때) 오차가 0익을 나타낸다. 이 식은 또한 $\mathbf{A_q}$를 위해 가장 큰 고유값들과 관련된 q거의 고유벡터를 선택함으로써 에러가 최소화될 수 있다는 것을 보여준다. 따라서, 주성분 변환은 벡터 $\mathbf{x}$와 그들의 근사화 $\hat{\mathbf{x}}$ 간의 평균 제곱오차를 최소화시킨다는 의미에서 최적이다. 이 변환의 이름은 공분산 매트릭스의 가장 큰(주) 고유값들에 상응하는 고유벡터들을 사용하기 때문에 그렇게 붙여졌다. 이 절에서 나중에 주어지는 예제가 이 개념을 더욱 명확히 해준다.

n개의 정합된 영상들의 집합(각각의 크기는 $M \times N$)은 다음 명령에 의해서 그림 11.29에 보인 형태의 스택으로 전환된다:

```
>> S = cat(3, f1, f2,..., fn);
```

크기가 $M \times N \times n$인 이 영상 스택 배열은 다음의 주문형 함수 imstack2vectors(코드는 부록 C 참고)에 의해 행들이 n차원 벡터인 배열로 전환된다:

```
[X, R] = imstack2vectors(S, MASK)
```

imstack2vectors

여기서 S는 영상 스택이고, X는 그림 11.29의 방법을 사용해서 S르부터 추출된 벡터들의 배열이다. 입력 MASK는 $M \times N$ 논리 또는 수치 배열로서, S의 요소들이 X를 형성하는 데 사용되는 위치에서는 요소가 0이 아니고, 무시되는 위치에서는 0이다. 예를 들어, 스택의 영상들의 우측 상단 사분면에 있는 벡터들만 사용하려면, 우리는 MASK를 그 사분면에서만 1을 갖고, 그 외의 영역에서는 0을 갖도록 설정한다. 디폴트 MASK는 모두 1이며, 이는 영상의 모든 위치가 X를 형성하는 데 사용됨을 의미한다. 끝으로, R은 열 벡터로서, S로부터 추출되는 벡터들의 위치들에 해당하는 선형 인덱스들을 포함한다.

다음의 주문형 함수 covmatrix가 X의 평균 벡터와 벡터들의 공분산 매트릭스를 계산한다.

covmatrix

```
function [C, m] = covmatrix(X)
%COVMATRIX Computes the covariance matrix and mean vector.
%   [C, M] = COVMATRIX(X) computes the covariance matrix C and the
%   mean vector M of a vector population organized as the rows of
%   matrix X. This matrix is of size K-by-N, where K is the number
%   of samples and N is their dimensionality. C is of size N-by-N
%   and M is of size N-by-1. If the population contains a single
%   sample, this function outputs M = X and C as an N-by-N matrix of
%   NaN's because the definition of an unbiased estimate of the
%   covariance matrix divides by K - 1.

K = size(X, 1);
X = double(X);
% Compute an unbiased estimate of m.
```

```
m = sum(X, 1)/K;
% Subtract the mean from each row of X.
X = X - m(ones(K, 1), :);
% Compute an unbiased estimate of C. Note that the product is X'*X
% because the vectors are rows of X.
C = (X'*X)/(K - 1);
m = m'; % Convert to a column vector.
```

다음 함수는 이 절에서 이제까지 전개된 개념들을 구현한다. 출력 인자들을 단순화하기 위해서 구조체를 사용하고 있다.

principalcomps

```
function P = principalcomps(X, q)
%PRINCIPALCOMPS Principal-component vectors and related quantities.
%   P = PRINCIPALCOMPS(X, Q) Computes the principal-component
%   vectors of the vector population contained in the rows of X, a
%   matrix of size K-by-n where K (assumed to be > 1)is the number
%   of vectors and n is their dimensionality. Q, with values in the
%   range [0, n], is the number of eigenvectors used in constructing
%   the principal-components transformation matrix. P is a structure
%   with the following fields:
%
%     P.Y       K-by-Q matrix whose columns are the principal-
%               component vectors.
%     P.A       Q-by-n principal components transformation matrix
%               whose rows are the Q eigenvectors of Cx corresponding
%               to the Q largest eigenvalues.
%     P.X       K-by-n matrix whose rows are the vectors
%               reconstructedfrom the principal-component vectors.
%               P.X and P.Y are identical if Q = n.
%     P.ems     The mean square error incurred in using only the Q
%               eigenvectors corresponding to the largest
%               eigenvalues. P.ems is 0 if Q = n.
%     P.Cx      The n-by-n covariance matrix of the population in X.
%     P.mx      The n-by-1 mean vector of the population in X.
%     P.Cy      The Q-by-Q covariance matrix of the population in
%               Y. The main diagonal contains the eigenvalues (in
%               descending order) corresponding to the Q
%               eigenvectors.

K = size(X. 1);
X = double(X);
% Obtain the mean vector and covariance matrix of the vectors in X.
[P.Cx, P.mx] = covmatrix(X);
P.mx = P.mx'; % Convert mean vector to a row vector.

% Obtain the eigenvectors and corresponding eigenvalues of Cx.  The
% eigenvectors are the columns of n-by-n matrix V.  D is an n-by-n
% diagonal matrix whose elements along the main diagonal are the
```

```
% eigenvalues corresponding to the eigenvectors in V, so that X*V =
% D*V.
[V, D] = eig(P.Cx);

% Sort the eigenvalues in decreasing order.  Rearrange the
% eigenvectors to match.
d = diag(D);
[d, idx] = sort(d);
d = flipud(d);
idx = flipud(idx);
D = diag(d);
V = V(:, idx);

% Now form the q rows of A from the first q columns of V.
P.A = V(:, 1:q)';

% Compute the principal component vectors.
Mx = repmat(P.mx, K, 1); % M-by-n matrix.  Each row = P.mx.
P.Y = P.A*(X - Mx)'; % q-by-K matrix.

% Obtain the reconstructed vectors.
P.X = (P.A'*P.Y)' + Mx;

% Convert P.Y to a K-by-q array and P.mx to n-by-1 vector.
P.Y = P.Y';
P.mx = P.mx';

% The mean square error is given by the sum of all the
% eigenvalues minus the sum of the q largest eigenvalues.
d = diag(D);
P.ems = sum(d(q + 1:end));

% Covariance matrix of the Y's:
P.Cy = P.A*P.Cx*P.A';
```

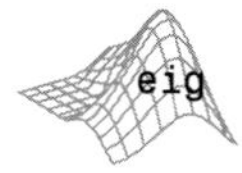

[V, D] = eig(A)는 A의 고유벡터들을 매트릭스 V의 열들로 반환하고, 해당 고유값들은 대각선 매트릭스 D의 주대각선에 반환한다.

예제 11.14

주성분 사용하기.

■ 그림 11.30은 크기가 512 × 512 화소인 6개의 위성 영상을 보여준다. 각 영상은 청색 가시광(450~520 nm), 녹색 가시광(520~600 nm), 적색 가시광(630~690 nm), 근적외선(760~900 nm), 중적외선(1550~1750 nm), 열적외선(10,400~12,500 nm)의 여섯 스펙트럼 대역에 해당한다. 이 예제의 목표는 주성분 작업을 위해 함수 `principalcomps`를 사용하는 방법을 예시하는 것이다. 첫 번째 단계는 앞에서 논의 한 것처럼 여섯 영상 요소들을 512 × 512 × 6 크기의 스택으로 정돈하는 것이다:

```
>> S = cat(3, f1, f2, f3, f4, f5, f6);
```

여기서, f들은 방금 논의한 여섯 개의 다중 스펙트럼 영상들에 해당된다. 그런 다음, 스택을 전환해서 배열 X에 넣는다:

```
>> X = imstack2vectors(S);
```

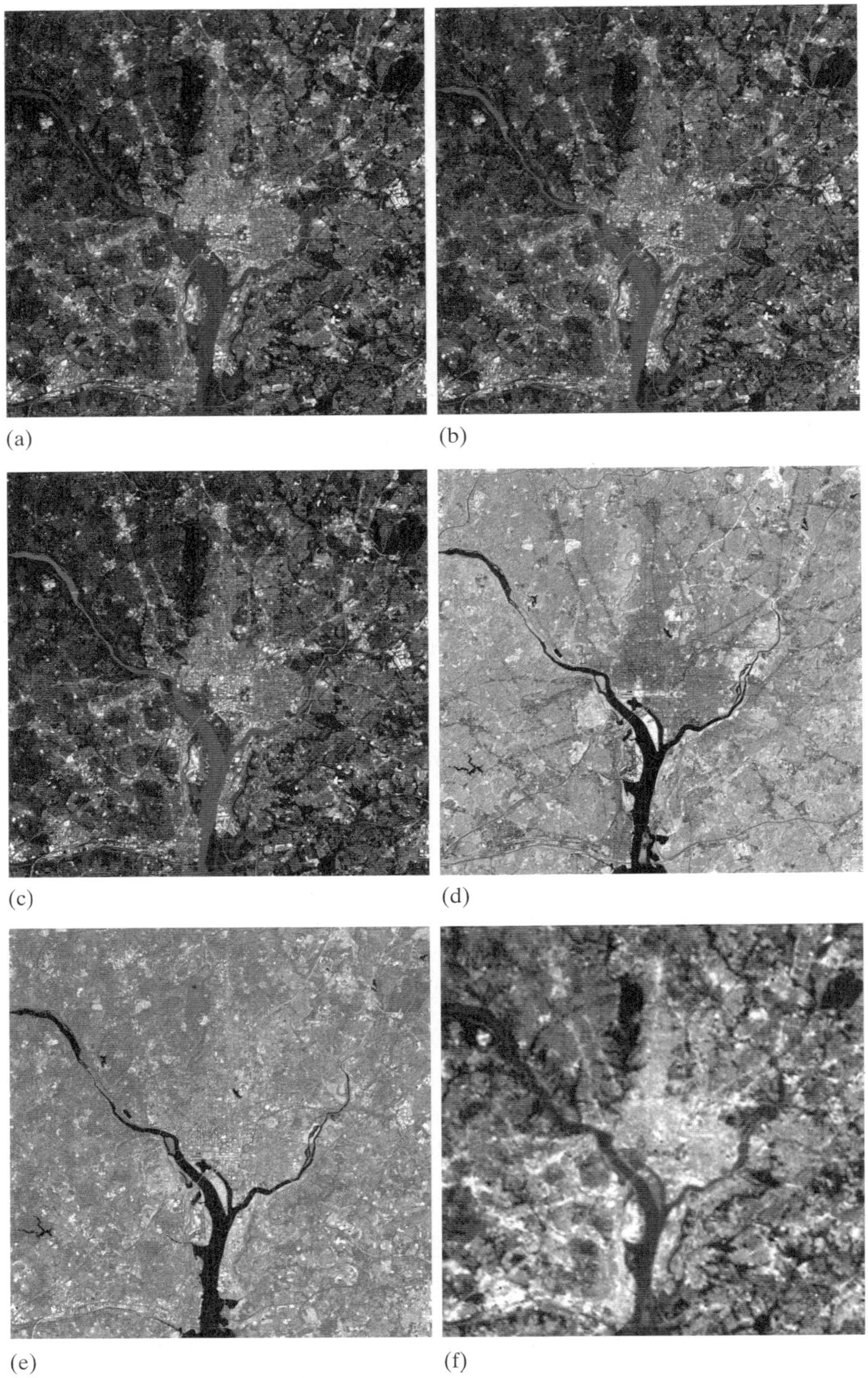

그림 11.30 (a) 청색 가시광, (b)녹색 가시광, (c) 적색 가시광, (d) 근적외선, (e) 중적외선, (f) 열적외선 대역의 여섯 개 다중 스펙트럼 영상들. (사진 제공: NASA.)

그 다음, 함수 principalcomps에 q = 6을 사용해서 여섯 개의 주성분 영상들을 얻는다:

```
>> P = principalcomps(X, 6);
```

첫 번째 성분 영상을 다음 명령들로 생성 및 표시한다:

```
>> g1 = P.Y(:, 1);
>> g1 = reshape(g1, 512, 512);
>> imshow(g1, [ ])
```

나머지 다섯 영상도 같은 방식으로 얻어서 표시한다. 고유값들은 P.Cy의 주대각선에 놓여 있으므로, 다음과 같이 구한다.

```
>> d = diag(P.Cy);
```

여기서 d는 이 함수에 q = 6을 사용했기 때문에 6차원 열벡터이다.

그림 11.31은 방금 계산한 여섯 개의 주성분 영상들을 보여준다. 가장 명백한 특징은 콘트라스트 디테일의 상당한 부분이 처음 두 영상에 포함되어 있으며, 그 다음부터는 급격히 감소한다는 것이다. 그 이유는 고유값을 조사해 보면 쉽게 설명될 수 있다. 표 11.8이 보여주듯이, 처음 두 고유값들이 다른 것들에 비해서 상당히 크다. 고유값들은 **y** 벡터들의 요소들의 분산들이며, 분산은 콘트라스트의 척도이므로, 우세한 고유값에 해당하는 영상이 훨씬 더 높은 콘트라스트를 보여준다는 것은 예상 가능하다.

q = 2와 같이 더 작은 q값을 사용한다고 하자. 그러면, 복구에 두 개의 주성분 영상가 사용된다. 각 영상에 대해서 명령

적은 수의 성분 영상들을 사용해서 더 큰 영상 집합을 묘사하는 것은 데이타 압축의 한 형태이다.

```
>> P = principalcomps(X, 2);
```

그리고, 다음 형태의 명령들

```
>> h1 = P.X(:, 1);
>> h1 = mat2gray(reshape(h1, 512, 512));
```

P.X(:, 1)의 값들은 [0, 1] 범위를 벗어난다. mat2gray를 사용하면 h1의 밝기들을 이 범위로 스케일링한다.

을 사용하면, 그림 11.32의 복원 영상들을 얻는다. 시각적으로, 이 영상들은 그림 11.30의 원본에 상당히 가깝다. 실제로, 차 영상들도 거의 화질 열화를 보여주지 않는다. 예를 들어, 원본과 복원된 1번 대역 영상과 비교하려면 다음과 같이 쓴다.

```
>> D1 = tofloat(f1) - h1;
>> imshow(D1, [])
```

그림 11.33(a)가 결과를 보여준다. 이 영상의 낮은 콘트라스트는 원래의 영상을 복구하는 데 두 개의 주성분 영상만을 사용했을 때 시각적 데이타가 거의 손실되지 않았음을 의미한다. 그림 11.33(b)는 6번 대역 영상들의 차이를 보여준다. 여기서의 차이는 원래의 6번 대역 영상이 실제로 흐릿하기 때문에 더 현저하다. 그러나, 복원에 사용된 드 주성분 영상들은 선명하고, 이들이 복원에 가장 큰 영향을 준다. 단지 두 개의 주성분 영상들을 이용함으로써 생기는 평균 제곱오차는 다음과 같이 주어진다.

```
P.ems
ans =
    1.7311e+003
```

이것은 표 11.7의 가장 작은 4개의 고유값들의 합이다.

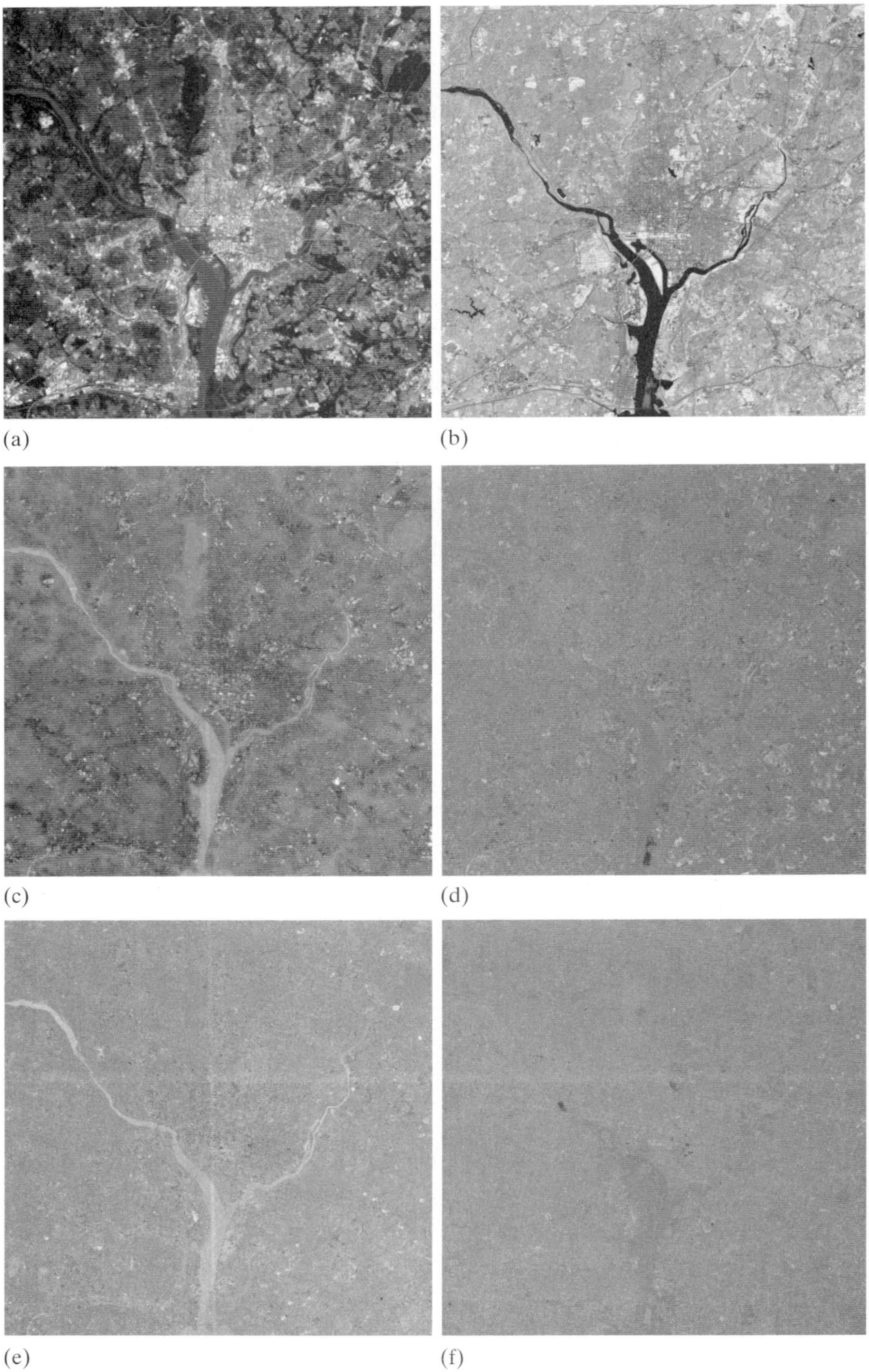

그림 11.31 그림 11.30의 영상들에 해당하는 주성분 영상들.

표 11.8 q = 6일 때의 P.Cy의 고유값들.

λ_1	λ_2	λ_3	λ_4	λ_5	λ_6
10352	2959	1403	203	94	31

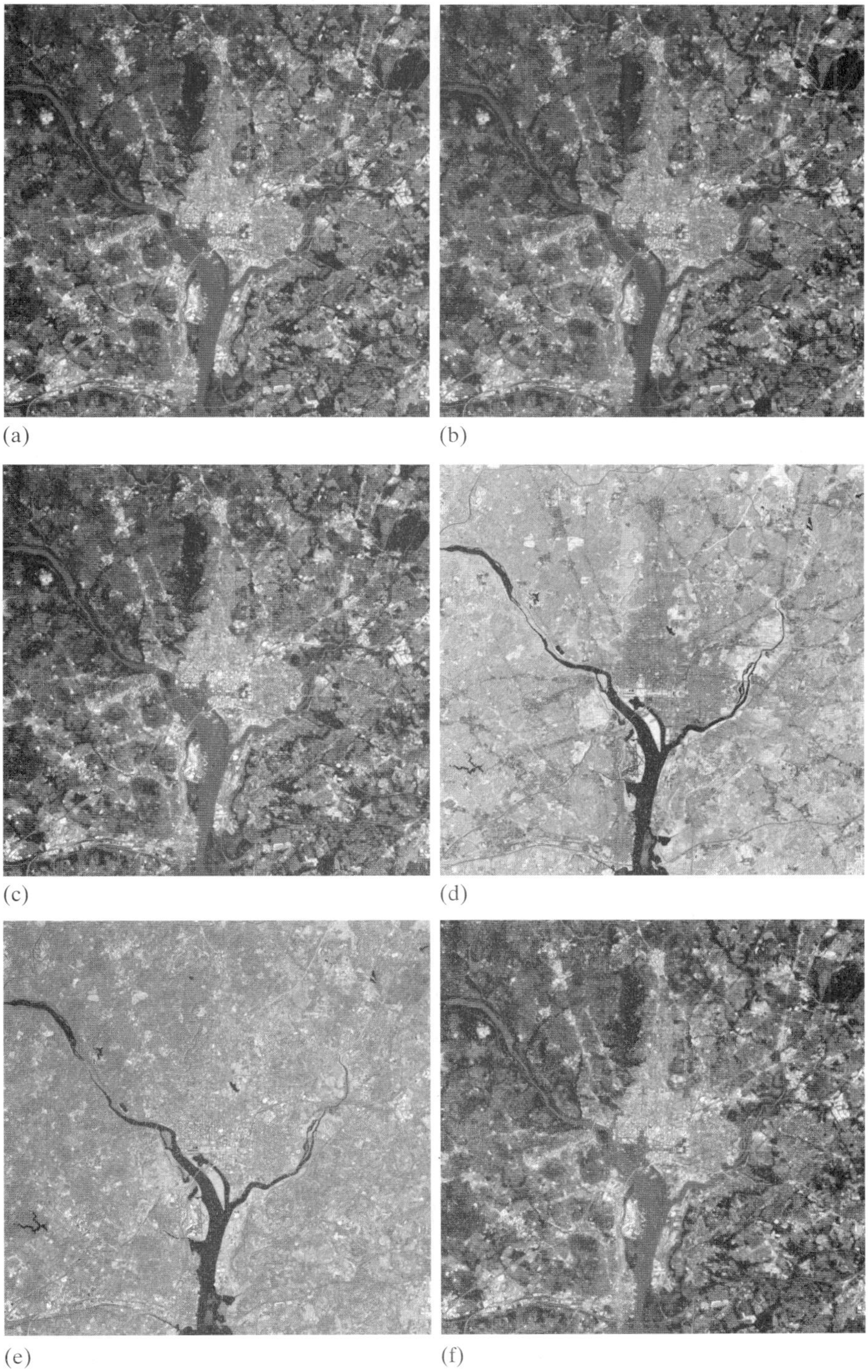

그림 11.32 분산이 가장 큰 두 개의 주성분 영상들만을 사용해서 복원된 다중 스펙트럼 영상들. 그림 11.30의 원본과 비교해 본다.

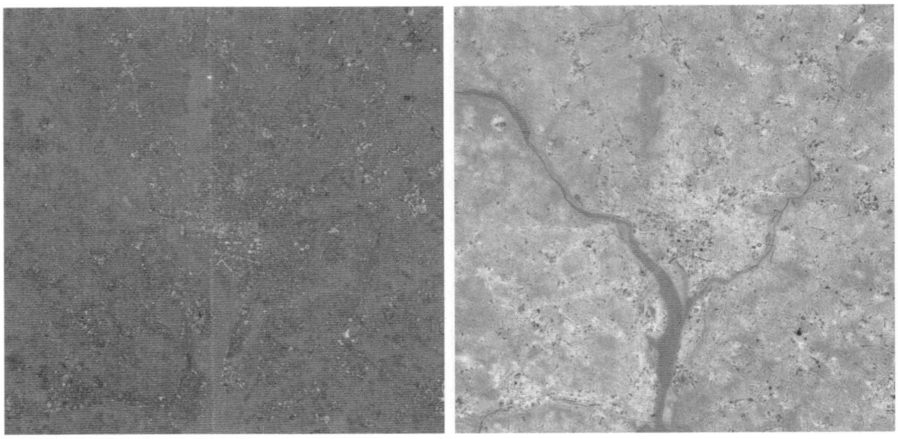

(a) (b)

그림 11.33 (a) 그림 11.30(a)와 그림 11.32(a) 간의 차이. (b) 그림 11.30(f)와 그림 11.32(f) 간의 차이. 두 영상 모두 전체 [0, 255]의 8-비트 밝기 스케일로 스케일링됨.

이 절을 마치기 전에, 함수 `principalcomps`를 사용해서 객체들을 주요 고유값들에 해당하는 고유벡터들의 방향으로 정렬시키는 방법을 예시한다.[†] 앞에서 언급했듯이 고유값은 분산(데이타의 확산)에 비례한다. 이 접근법의 기본 아이디어는 객체의 2-D 좌표들로부터 X를 형성함으로써, 공간적으로 객체를 주 데이타 확산 방향으로 정렬하는 것이다. 예제를 이용해서 이 방법을 예시한다.

예제 11.15

객체 정렬을 위해 주성분을 사용하기.

■ 그림 11.34의 첫 행은 랜덤한 방향으로 놓인 세 글자들의 영상을 보여준다. 이 예제에서의 목표는 주성분을 사용해서 글자들을 수직으로 정렬하는 것이다. 이 절차는 자동 영상 분석에서 객체 방향을 가늠해서, 후속 객체 인식 작업을 단순화하기 위해 사용되는 전형적인 기법이다. 다음에서, 그림 11.34(a)에 대해 세부 단계를 수행해 보자. 나머지 영상들도 같은 방법으로 처리된다.

맨 먼저 데이타를 이진 형태로 전환한다. 즉, 첫 영상에 대해 다음 연산을 수행한다.

```
>> f = im2bw(imread('Fig1134(a).tif'));
```

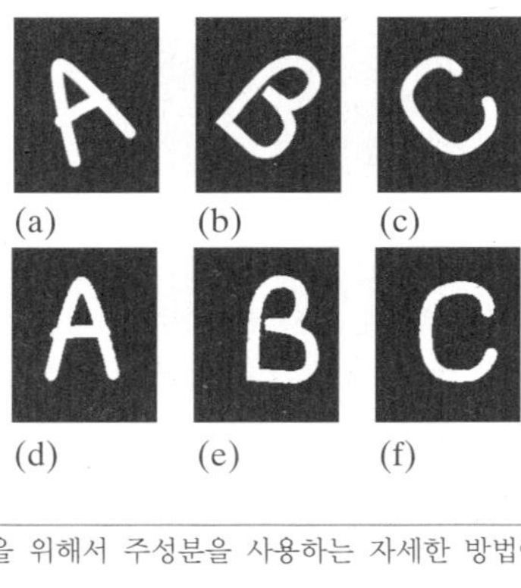

그림 11.34 첫 행: 원래 글자들. 둘째 행: 주성분을 사용해서 정렬된 글자들.

[†] 2-D 데이타 정렬(alignment)을 위해서 주성분을 사용하는 자세한 방법에 관해서는 Gonzalez와 Woods [2008]를 참고한다.

그 다음 단계는 모든 1 값 화소들의 좌표들을 추출하는 것이다:

```
>> [x1 x2] = find(f);
```

그러고 나서, 이 좌표들로부터 배열 X를 형성하고,

```
>> X = [x1 x2];
```

함수 principalcomps를 적용하고,

```
>> P = principalcomps(X, 2);
```

입력 좌표들을 변환 매트릭스 **A**를 이용해서 출력 좌표들로 변환한다:

```
>> A = P.A;
>> Y = (A*(X'))';
```

여기서 전치는 X의 모든 요소들이 단일 벡터에 의해 기술된 원래 식과 달리, 한 단위로서 처리되기 때문에 필요하다. 또한 원래 공식에서와 달리 평균 벡터를 빼지 않은 것도 주목한다. 그 이유는 평균을 빼면 변환된 좌표들의 원점이 바뀌기 때문이다. 우리는 출력을 입력과 비슷한 위치에 놓는 데 관심이 있으며, 이것은 데이타로부터 직접 위치 정보를 추출해서 하면 더 쉽다. 이 작업을 다음과 같이 한다:

```
>> miny1 = min(Y(:, 1));
>> miny2 = min(Y(:, 2));
>> y1 = round(Y(:, 1) - miny1 + min(x1));
>> y2 = round(Y(:, 2) - miny2 + min(x2));
```

여기서 마지막 두 명령은, 최소 좌표들이 변환 전의 원래 데이타에 대해서와 대충 같게 되도록 좌표들을 옮긴다.

최종 단계는 변환된 (Y) 데이타로부터 출력 영상을 형성하는 것이다:

```
>> idx = sub2ind(size(f), y1, y2);
>> fout = false(size(f)); % Same size as input image.
>> fout(idx) = 1;
```

sub2ind

함수 sub2ind는 주어진 첨자(subscript) 값 집합에 해당하는 등가의 단일 인덱스를 계산하는데 사용된다.

처음 명령은 변환된 좌표들로부터 선형 인덱스를 형성하며, 마지막 명령은 그 좌표들을 1로 설정한다. X로부터 Y로의 변환과 y1과 y2를 형성할 때 사용된 정수화 연산이 일반적으로 출력 객체들의 영역에 작은 틈(0값 화소)들을 만든다. 이들은 3×3 구조 요소로 데이타를 팽창 후 침식(즉, 닫기)시킴으로써 채워진다:

```
>> fout = imclose(fout, ones(3));
```

끝으로, 이 영상을 표시하면 그림의 글자 **A**가 거꾸로 보일 것이다. 일반적으로 주성분 변환은 데이타를 주 확산 방향으로 정렬하지만, 그 정렬이 반대 방향으로 180°가 아닐 것이라는 보장은 없다. 이를 보장하려면 이 과정에 어떤 "지능"이 내장될 필요가 있다. 이것은 현재 논의를 벗어나므로, 우리는 시각적 분석을 이용해서 글자가 제대로 향하도록 데이타를 회전시킨다.

```
>> fout = rot90(fout, 2);
>> imshow(fout) % Figure 11.34(d).
```

그림 11.34(d)의 결과가 보여주듯이, 이 방법은 객체를 그의 주방향(principal direction)으로 정렬시키는 일을 그런대로 잘 해냈다. 그림 11.34(a)의 좌표들은 (x_1, x_2)이고, 그림 11.34(d)에서는 (y_1, y_2)이다. 방금 논의된 접근법의 중요한 특징은 출력을 얻는 데 사용되

는 변환 매트릭스를 형성할 때 입력의 모든 좌표 점들(X에 포함된)을 사용한다는 것이다. 그러므로, 이 방법은 무관한 점들(outliers)에 대해 적당히 둔감하다. 그림 11.34(e)와 (f)의 결과들은 비슷한 방식으로 생성되었다.

요약

영상으로부터 분할된 객체 또는 영역을 표현 및 묘사하는 것은, 차후에 자동화에서 사용하기 위한 영상 데이타 준비의 초기 단계이다. 이 장에서 다뤄진 것들과 같은 묘사자들은 다음 장에서 전개되는 객체 인식 알고리듬들의 입력이 된다. 앞 절들에서 전개한 주문형 함수들은 영상의 표현과 묘사를 위해 쓸 수 있는 IPT 함수들의 능력을 현저히 개선한다. 다른 유형들에 우선해서 특정 유형의 묘사자를 선택하는 것은 주어진 문제에 의해 크게 좌우된다는 사실은 지금쯤은 분명할 것이다. 이것은 유연성을 얻고 개발 시간을 줄이기 위해서 기존 함수들이 새로운 코드와 통합될 수 있는 유연한 프로토타입화 환경을 갖추는 것이 영상처리 문제 해결에 크게 도움을 주는 주요 이유들 중 하나이다. 이 장의 내용은 그런 환경의 기초를 구축하는 방법에 관한 훌륭한 예이다.

부록 A M-함수 정리

M-Function Summary

개요 *Preview*

이 부록의 A.1절은 Image Processing Toolbox(이하 IPT)의 모든 함수와 앞 장들에서 전개된 모든 새로운 (주문형) 함수의 목록을 담고 있다. 후자의 함수들을 *DIPUM* 함수라고 부르는데, 이 용어는 이 책의 제목 단어들의 첫 글자를 따온 것이다. A.2절에서는 이 책에서 사용된 MATLAB 함수의 목록을 보여준다. 목록의 페이지 번호들은 함수가 이 책에서 처음 사용 및 예시된 곳을 나타낸다. 둘 이상의 위치가 주어진 경우는, 응용에 따라 달리 설명되었음을 나타낸다. 페이지 레퍼런스에 회색 줄 "–"이 사용된 것은 이 책에서 사용되지 않은 툴박스 함수임을 표시한다; 이들에 관한 정보는 제품 문서에서 얻을 수 있다. A.2절에 나열된 모든 MATLAB 함수는 이 책에서 사용된 것이다. 이 절의 각 페이지 번호는 표시된 MATLAB 함수가 처음 사용된 위치를 나타낸다.

다음 함수들은 IPT 문서에서와 비슷하게 부류별로 느슨하게 그룹 지어져 있다. 툴박스 부류가 존재하지 않는 경우(예: 웨이블릿)에 새 부류가 만들어졌다.

A.1 IPT와 DIPUM 함수

Image Processing Toolbox and DIPUM Functions

다음 함수들은 IPT 문서에 있는 것과 비슷하게 부류별로 대략적으로 그룹 지어져 있다.

함수의 부류 및 이름	설명	페이지
영상 표시 및 탐구		
`ice` (DIPUM)	대화형 칼라 편집기.	302, 719
`immovie`	다중 프레임 영상으로부터 동영상 생성.	–
`implay`	동영상, 비디오, 영상 시퀀스를 재생.	355, 423
`imshow`	Handle Graphic 그림에 영상을 표시.	–
`imtool`	Image Tool에 영상을 표시.	–
`montage`	여러 영상 프레임을 직사각형 몽타주로 표시.	423
`rgbcube` (DIPUM)	MATLAB 데스크탑에 RGB 큐브를 표시.	270
`subimage`	한 그림에 여러 영상을 표시.	–
`warp`	텍스처-매핑된 표면으로 영상을 표시.	–
영상 파일 I/O		
`analyze75info`	Mayo Analyze 7.5 데이타셋의 헤더 파일로부터 메타데이타를 읽음.	–
`analyze75read`	Mayo Analyze 7.5 데이타셋의 영상 파일을 읽음.	–
`dicomanon`	DICOM 파일을 익명화.	–
`dicomdict`	활성 DICOM 데이타 사전을 얻기 또는 설정.	–
`dicominfo`	DICOM 메시지로부터 메타데이타를 읽음.	–
`dicomlookup`	DICOM 데이타 사전에서 속성을 찾음.	–
`dicomread`	DICOM 영상을 읽음.	–
`dicomuid`	DICOM Unique Identifier를 생성.	–
`dicomwrite`	DICOM 영상을 기록.	–
`hdrread`	Radiance HDR 영상을 읽음.	–
`hdrwrite`	Radiance HDR 영상을 기록.	–
`makehdr`	넓은 동적 범위 영상을 생성.	–
`interfileinfo`	Interfile 파일로부터 메타데이타를 읽음.	–
`interfileread`	Interfile 파일로부터 영상을 읽음.	–
`isnitf`	파일이 NIFF인지 확인.	–
`movie2tifs` (DIPUM)	MATLAB 동영상으로부터 다중 프레임 TIFF 파일을 생성.	425
`nitfinfo`	NIFT 파일에서 메타데이타를 읽음.	–
`nitfread`	NITF 영상을 읽음.	–
`seq2tifs` (DIPUM)	MATLAB 시퀀스로부터 다중 프레임 TIFF 파일을 생성.	424
`tifs2movie` (DIPUM)	다중 프레임 TIFF 파일로부터 MATLAB 동영상을 생성.	425
`tifs2seq` (DIPUM)	다중 프레임 TIFF 파일로부터 MATLAB 시퀀스를 생성.	424
영상 산수		
`imabsdiff`	두 영상의 절대 차이를 계산.	–
`imcomplement`	영상을 반전시킴.	37, 282
`imlincomb`	영상들을 선형 결합.	–
`ippl`	IPPL (Intel Performance Primitives Library)의 존재를 확인	–

기하 변환

`checkerboard`	서양장기판 영상을 생성.	190
`findbounds`	공간 변환을 위한 출력 경계를 계산.	–
`fliptform`	TFORM 구조체의 입력과 출력의 역할을 바꾼.	–
`imcrop`	영상을 잘라냄.	–
`impyramid`	영상 피라미드 축소 및 확장.	–
`imresize`	영상 크기 조절.	–
`imrotate`	영상 회전.	241, 604
`imtransform`	영상에 2-D 공간 변환 적용.	240
`imtransform2` (DIPUM)	고정된 출력 위치로 2-D 영상 변환	247
`makeresampler`	재 샘플링 구조체 생성.	–
`pixeldup` (DIPUM)	양 방향으로 영상 화소 복제.	190
`pointgrid` (DIPUM)	그리드에 배열된 점들.	233
`reprotate` (DIPUM)	영상을 반복적으로 회전.	253
`tformarray`	공간 변환을 N차원 배열에 적용.	–
`tformfwd`	공간 변환 적용.	232
`tforminv`	역방향 공간 변환 적용.	232
`vistformfwd` (DIPUM)	점 집합에 대한 시각적 변환 효과.	233

영상 정합

`cpstruct2pairs`	CPSTRUCT를 제어점 쌍으로 전환.	–
`cp2tform`	제어점 쌍들로부터 기하 변환 추정.	257
`cpcorr`	교차 코릴레이션에 의해 제어점 위치를 튜닝.	–
`cpselect`	제어점 선정 툴.	257
`normxcorr2`	정규화된 2차원 교차-코릴레이션.	263
`visreg` (DIPUM)	정합된 영상들을 시각화.	259

화소 값과 통계

`corr2`	2차원 코릴레이션 계수.	–
`imcontour`	영상 데이타의 윤곽선 플롯을 생성.	–
`imhist`	영상 데이타의 히스토그램을 화면 출력.	49
`impixel`	화소 칼라값.	–
`improfile`	선분을 따라 화소값 단면을 계산.	–
`localmean` (DIPUM)	지역 평균의 배열을 계산.	517
`mean2`	매트릭스 원소들의 산술평균 또는 평균.	47
`regionprops`	영상 영역의 특성을 측정(블롭 분석).	587
`statmoments` (DIPUM)	영상 히스토그램의 통계적 중심 적률을 계산.	177
`std2`	매트릭스 원소들의 표준편차.	–

영상 분석

`bound2eight` (DIPUM)	4-연결 경계를 8-연결 경계로 전환.	550
`bound2four` (DIPUM)	8-연결 경계를 4-연결 경계로 전환.	551
`bound2im` (DIPUM)	경계를 영상으로 전환.	546
`bsubsamp` (DIPUM)	경계를 서브샘플링(부표본화).	551

bwboundaries (DIPUM)	이진 영상에서 영역 경계를 추적.	545
bwtraceboundary	이진 영상에서 객체를 추적.	–
colorgrad (DIPUM)	RGB 영상의 벡터 기울기를 계산.	319
colorseg (DIPUM)	칼라 영상 분할을 수행.	322
connectpoly (DIPUM)	다각형의 정점들을 연결.	551
cornermetric	영상으로부터 코너 메트릭 매트릭스를 생성.	583
diameter (DIPUM)	영상 영역의 지름 및 관련 특성들을 측정.	571
edge	밝기 영상에서 에지를 찾음.	488
fchcode (DIPUM)	경계에 대한 프리먼 체인 코드를 계산.	553
frdescp (DIPUM)	푸리에 묘사자를 계산.	574
ifrdescp (DIPUM)	역 푸리에 묘사자를 계산.	575
im2minperpoly (DIPUM)	최단 둘레 다각형.	562
imstack2vectors (DIPUM)	영상 스택에서 벡터들을 추출.	607
invmoments (DIPUM)	영상의 불변 적률을 계산.	602
hough	하프 변환.	498
houghlines	하프 변환에 기반해서 선분을 추출.	501
houghpeaks	하프 변환에서 피크를 식별.	501
localthresh (DIPUM)	지역 문턱처리.	518
mahalanobis (DIPUM)	마할라노비스 거리를 계산.	322x
movingthresh (DIPUM)	이동 평균 문턱치를 사용한 영상 분할.	521
otsuthresh (DIPUM)	히스토그램이 주어졌을 때 Otsu의 최적 문턱치.	510
principalcomps (DIPUM)	주성분 벡터 및 관련 수량.	608
qtdecomp	쿼드트리 분해.	529
qtgetblk	쿼드트리 분해에서 블록 값을 가져옴.	529
qtsetblk	쿼드트리 분해에서 블록 값을 설정.	–
regiongrow (DIPUM)	영역 성장에 의해 분할을 수행.	525
signature (DIPUM)	경계의 시그니처를 계산.	566
specxtrue (DIPUM)	영상의 스펙트럼 질감을 계산.	599
splitmerge (DIPUM)	분할-합병 알고리듬에 의해 영상을 분할.	530
statxture (DIPUM)	영상의 질감의 통계 척도들을 계산.	589
x2majoraxis (DIPUM)	좌표 x를 영역의 주축에 정렬.	572

영상 압축

compare (DIPUM)	두 매트릭스 간의 오차를 계산 및 화면 출력.	372
cv2tifs (DIPUM)	TIFS2CV 압축 영상 시퀀스를 디코딩.	431
huff2mat (DIPUM)	허프먼 부호화된 매트릭스를 디코딩.	389
huffman (DIPUM)	기호 소스에 대한 가변-길이 허프먼 코드를 생성.	378
im2jpeg (DIPUM)	JPEG 근사화를 이용해서 영상을 압축.	407
im2jpeg2k (DIPUM)	JPEG 2000 근사화를 이용해서 영상을 압축.	415
imratio (DIPUM)	두 영상/변수의 바이트 비를 계산.	370
jpeg2im (DIPUM)	IM2JPEG 압축 영상을 디코딩.	410
jpeg2k2im (DIPUM)	IM2JPEG2K 압축 영상을 디코딩.	417
lpc2mat (DIPUM)	1차원 무손실 예측 부호화된 매트릭스를 압축 해제.	400

선형 2차원 필터 설계

`bandfilter` (DIPUM)	주파수 도메인 대역 필터를 계산.	150
`cnotch` (DIPUM)	원 대칭 노치 필터를 생성.	153
`freqz2`	2차원 주파수 응답.	132
`fsamp2`	주파수 샘플링에 의한 2차원 FIR 필터.	–
`ftrans2`	주파수 변환에 의한 2차원 FIR 필터.	–
`fwind1`	1차원 윈도우 방법에 의한 2차원 FIR 필터.	–
`fwind2`	2차원 윈도우 방법에 의한 2차원 FIR 필터.	–
`hpfilter` (DIPUM)	주파수 도메인 고역통과 필터를 계산.	145
`lpfilter` (DIPUM)	주파수 도메인 저역통과 필터를 계산.	–
`recnotch` (DIPUM)	직사각형 노치(축) 필터를 생성.	156

퍼지 논리

`aggfcn` (DIPUM)	퍼지 시스템용 종합(aggregation) 함수.	100
`approxfcn` (DIPUM)	근사화 함수.	104
`bellmf` (DIPUM)	종 모양 멤버십 함수.	96
`defuzzify` (DIPUM)	퍼지 시스템의 출력.	101
`fuzzyfilt` (DIPUM)	퍼지 에지 검출기.	113
`fuzzysysfcn` (DIPUM)	퍼지 시스템 함수.	102
`implfcns` (DIPUM)	퍼지 시스템용 함축(implication) 함수.	99
`lambdafcns` (DIPUM)	퍼지 규칙 집합용 람다 함수.	98
`makefuzzyedgesys` (DIPUM)	`FUZZYFILT`가 사용하는 MAT-file을 만들기 위한 스크립트.	112
`onemf` (DIPUM)	상수 멤버십 함수(1).	97
`sigmamf` (DIPUM)	시그마 멤버십 함수.	95
`smf` (DIPUM)	S-모양 멤버십 함수.	96
`trapezmf` (DIPUM)	사다리꼴 멤버십 함수.	95
`triangmf` (DIPUM)	삼각형 멤버십 함수.	94
`truncgaussmf` (DIPUM)	잘린 가우스 멤버십 함수.	97
`zeromf` (DIPUM)	상수 멤버십 함수(0).	97

영상 변환

`dct2`	2차원 이산 여현 변환.	–
`dctmtx`	이산 여현 변환 매트릭스.	
`fan2para`	부채-빔(fan-beam) 투영을 평행-빔으로 전환.	225
`fanbeam`	부채-빔 변환.	221
`idct2`	2차원 역 이산 여현 변환.	–
`ifanbeam`	역 부채-빔 변환.	223
`iradon`	역 Radon 변환.	215
`para2fan`	평행-빔 투영을 부채-빔으로 전환.	226
`phantom`	머리의 팬톰 영상을 생성.	213
`radon`	Radon 변환.	212

이웃과 블록 처리

`bestblk`	블록 처리를 위한 최적 블록 크기.	–

blkproc	영상에 대한 분리된 블록 처리.	408
col2im	매트릭스의 열을 블록으로 재배열.	410
colfilt	열별 이웃 연산.	70
im2col	영상 블록을 열로 재배열.	409
nlfilter	범용 이웃-이동(sliding-neighborhood) 연산.	–

형태학적 연산(그레이 스케일 영상과 이진 영상)

conndef	디폴트 연결성 배열.	–
imbothat	bottom-hat 필터링.	475
imclearborder	영상 경계에 연결된 밝은 구조를 억압.	468
imclose	형태학적으로 영상을 닫기.	449
imdilate	영상을 팽창.	441
imerode	영상을 침식.	448
imextendedmax	확장된 극대 변환.	–
imextendedmin	확장된 극소 변환.	–
imfill	영상 영역과 구멍을 채움.	538
imhmax	H-극대 변환.	467, 548
imhmin	H-극소 변환.	–
imimposemin	극소값을 부과.	477
imopen	형태학적으로 영상을 열기.	549
imreconstruct	형태학적 재구성.	449
imregionalmax	영역 극대값.	465
imregionalmin	영역 극소값.	–
imtophat	Top-hat 필터링.	538
watershed	분수선 변환.	475

형태학적 연산(이진 영상)

applylut	룩업 테이블을 이용한 이웃 연산.	454
bwarea	이진 영상의 객체의 면적.	–
bwareaopen	이진 영상을 형태학적으로 열기(작은 객체들을 제거).	–
bwdist	이진 영상의 거리 변환.	534
bweuler	이진 영상의 오일러 수.	–
bwhitmiss	이진 hit-miss 연산.	453
bwlabel	2차원 이진 영상의 연결 성분들을 레이블링.	462
bwlabeln	N차원 이진 영상의 연결 성분들을 레이블링.	–
bwmorph	이진 영상에 대한 형태학적 연산.	458
bwpack	이진 영상을 패킹.	
bwperim	이진 영상의 객체들의 둘레를 찾아냄.	545
bwselect	이진 영상에서 객체를 선택.	–
bwulterode	Ultimate 침식.	–
bwunpack	이진 영상을 언패킹(unpack).	–
endpoints (DIPUM)	이진 영상의 끝점들을 계산.	455
makelut	APPLYLUT와 함께 사용하기 위해 대조표를 생성.	454

구조요소(STREL) 생성 및 다루기

`getheight`	STREL의 높이를 가져옴.	–
`getneighbors`	STREL 이웃들의 오프셋 위치와 높이를 가져옴.	–
`getnhood`	STREL 이웃을 가져옴.	–
`getsequence`	분해된 STREL 시퀀스를 가져옴.	445
`isflat`	평탄 STREL에 대해 true.	–
`reflect`	중심에 대해 STREL을 반사.	441
`strel`	형태학적 STREL을 생성.	443
`translate`	STREL을 이동.	–

질감 분석

`entropy`	밝기 영상의 엔트로피.	–
`entropyfilt`	밝기 영상의 지역 엔트로피.	–
`graycomatrix`	그레이-레벨 동시-발생 매트릭스를 생성.	593
`graycoprops`	그레이-레벨 동시-발생 매트릭스의 특성들.	594
`rangefilt`	영상의 지역 범위.	–
`specxture` (DIPUM)	영상의 스펙트럼 질감을 계산.	599
`statxture` (DIPUM)	영상의 통계적 질감 척도들을 계산.	589
`stdfilt`	영상의 지역 표준편차.	517

영역 기반 처리

`histroi` (DIPUM)	영상의 ROI의 히스토그램을 계산.	179
`poly2mask`	ROI 다각형을 마스크로 전환.	–
`roicolor`	칼라에 기반해서 ROI를 선정.	–
`roifill`	그레이스케일 영상의 지정된 다각형을 채움.	–
`roifilt2`	관심 영역을 필터링.	–
`roipoly`	다각형 관심 영역을 선정.	177

웨이블릿

`appcoef2`	2-D 근사화 계수를 추출.	347
`detcoef2`	2-D 상세 계수를 추출.	347
`dwtmode`	이산 웨이블릿 변환 확장 모드.	337
`waveback` (DIPUM)	다중-레벨 분해용 2차원 역 FWT를 계산.	358
`wavecopy` (DIPUM)	웨이블릿 분해 구조체의 계수를 가져옴.	351
`wavecut` (DIPUM)	웨이블릿 분해 구조체의 계수들을 0으로 설정함.	351
`wavedec2`	다중 레벨 2-D 웨이블릿 분해.	358
`wavedisplay` (DIPUM)	웨이블릿 분해 계수들을 표시.	353
`wavefast` (DIPUM)	'3-D 확장' 2-D 배열의 FWT를 계산.	340
`wavefilter` (DIPUM)	웨이블릿 분해 및 재구성 필터들을 생성.	337
`wavefun`	1-D 웨이블릿 및 스케일링 함수들.	333
`waveinfo`	웨이블릿에 관한 정보.	332
`waverec2`	다중 레벨 2-D 웨이블릿 재구성.	358
`wavework` (DIPUM)	웨이블릿 분해 구조체를 수정.	348
`wavezero` (DIPUM)	웨이블릿 변환 상세 계수들을 0으로 설정.	364

`wfilters`	웨이블릿 필터들.	332
`wthcoef2`	2-D 웨이블릿 계수 문턱처리.	347

칼라맵 다루기

`cmpermute`	칼라맵의 칼라들을 재배열.	–
`cmunique`	인덱스 영상의 칼라맵에서 불필요한 칼라들을 제거.	–
`imapprox`	인덱스 영상을 더 적은 칼라로 근사화.	273

칼라 공간 전환

`applycform`	장치-독립적 칼라 공간 변환을 적용.	295
`hsi2rgb` (DIPUM)	HSI 영상을 RGB로 전환.	289
`iccfind`	기술에 의해 ICC 프로필을 찾음.	–
`iccread`	ICC 칼라 프로필을 읽음.	297
`iccroot`	시스템 ICC 프로필 저장소를 찾아냄.	–
`iccwrite`	ICC 칼라 프로필을 기록.	–
`isicc`	완전 프로필 구조체에 대해 참.	–
`lab2double`	L*a*b* 칼라값을 double로 전환.	–
`lab2uint16`	L*a*b* 칼라값을 uint16으로 전환.	–
`lab2uint8`	L*a*b* 칼라값을 uint8로 전환.	–
`makecform`	장치-독립 칼라 공간 변환 구조체를 생성(CFORM).	295
`ntsc2rgb`	NTSC 칼라값을 RGB 칼라 공간으로 전환.	280
`rgb2hsi` (DIPUM)	RGB 영상을 HSI로 전환(MATLAB).	288
`rgb2ntsc`	RGB 칼라값을 NTSC 칼라 공간으로 전환.	279
`rgb2ycbcr`	RGB 칼라값을 YCbCr 칼라 공간으로 전환.	280
`whitepoint`	표준 광원의 XYZ 값.	–
`xyz2double`	XYZ 칼라값을 double로 전환.	–
`xyz2uint16`	XYZ 칼라값을 uint16으로 전환.	–
`ycbcr2rgb`	YCbCr 칼라값을 RGB 칼라 공간으로 전환.	280

배열 연산

`dftuv` (DIPUM)	그물 격자 주파수 매트릭스를 계산.	137
`padarray`	배열을 덧붙임.	71
`paddedsize` (DIPUM)	FFT에서 사용하기 위해 패딩된 크기를 계산.	126

영상 유형과 유형 전환

`demosaic`	Bayer 패턴 인코딩 영상을 트루 칼라 영상으르 전환.	–
`dither`	디더링을 이용해서 영상을 전환.	275
`gray2ind`	밝기 영상을 인덱스 영상으로 전환.	276
`grayslice`	문턱처리에 의해 밝기 영상으로부터 인덱스 영상을 생성.	276
`graythresh`	Otsu 방법을 이용한 전역적 영상 문턱처리.	508
`im2bw`	문턱처리에 의해 이진 영상으로 전환.	–
`im2double`	배정도 영상으로 전환.	–
`im2int16`	영상을 16비트 부호 정수로 전환.	–
`im2java2d`	영상을 자바 버퍼링 영상으로 전환.	–

im2single	단정도 영상으로 전환.	–
im2uint8	영상을 8비트 무부호 정수로 전환.	–
im2uint16	영상을 16비트 부호 정수로 전환.	–
ind2gray	인덱스 영상을 밝기 영상으로 전환.	276
label2rgb	레이블 매트릭스를 RGB 영상으로 전환.	–
mat2gray	매트릭스를 밝기 영상으로 전환.	–
rgb2gray	RGB 영상 또는 칼라맵을 그레이스케일로 전환.	279
rgb2ind	RGB 영상을 인덱스 영상으로 전환.	297
tofloat (DIPUM)	영상을 부동소수점으로 전환.	–
tonemap	보는 편의상 넓은 동적 범위 영상으로 만듦.	–

툴박스 속성

iptgetpref	IPT 속성 값을 가져옴.	–
iptsetpref	IPT 속성 값을 설정.	242

툴박스 유틸리티 함수

getrangefromclass	클래스에 기반해서 영상의 동적 범위를 가져옴.	–
intline	정수-좌표 선 긋기.	552
iptcheckconn	연결성 인자의 유효성을 확인.	–
iptcheckinput	배열의 유효성을 확인.	–
iptcheckmap	칼라맵의 유효성을 확인.	–
iptchecknargin	입력 인자 수를 확인.	–
iptcheckstrs	텍스트 문자열의 유효성을 확인.	–
iptnum2ordinal	양의 정수를 서수 문자열로 전환.	–

모듈형 대화형 툴

imageinfo	영상 정보 툴.	–
imcontrast	콘트라스트 조절 툴.	–
imdisplayrange	범위 표시 툴.	–
imdistline	드래깅 가능 거리 툴.	–
imgetfile	영상 열기 대화상자.	–
impixelinfo	화소 정보 툴.	–
impixelinfoval	텍스트 레이블이 없는 화소 정보 툴.	–
impixelregion	화소 영역 툴.	–
impixelregionpanel	화소 영역 툴 패널.	–
imputfile	영상 저장 대화상자.	–
imsave	영상 저장 툴.	–

영상 스크롤 패널용 내비게이션 툴

imscrollpanel	대화형 영상 내비게이션을 위해 패널을 스크롤.	–
immagbox	스크롤 패널용 확대상자.	–
imoverview	스크롤 패널에 표시된 영상용 오버뷰 툴.	–
imoverviewpanel	스크롤 패널에 표시된 영상용 오버뷰 툴 패널.	–

대화형 툴용 유틸리티 함수

axes2pix	축 좌표를 화소 좌표로 전환.	–
getimage	축으로부터 영상 데이타를 가져옴.	–
getimagemodel	영상 객체로부터 영상 모델 객체를 가져옴.	–
imagemodel	영상 모델 객체.	–
imattributes	영상 속성에 관한 정보.	–
imhandles	모든 영상 핸들을 가져옴.	–
imgca	영상을 포함하는 현재 축들에 대한 핸들을 가져옴.	–
imgcf	영상을 포함하는 현재 그림에 대한 핸들을 가져옴.	–
imellipse	드래깅 및 크기 조절 가능한 타원을 생성.	–
imfreehand	끌 수 있는, 손으로만 그린 영역을 생성.	–
imline	드래깅 및 크기 조절 가능한 선을 생성.	–
impoint	드래깅 가능한 점을 생성.	–
impoly	드래깅 및 크기 조절 가능한 다각형을 생성.	–
imrect	드래깅 및 크기 조절 가능한 직사각형을 생성.	–
iptaddcallback	콜백 목록에 함수 핸들을 추가.	–
iptcheckhandle	핸들의 유효성을 확인.	–
iptgetapi	핸들에 대한 API (Application Programmer Interface)를 가져옴.	–
iptGetPointerBehavior	HG 객체로부터 포인터 움직임을 검색.	–
ipticondir	IPT 및 MATLAB 아이콘들을 포함하는 디렉터리들.	–
iptPointerManager	그림에 마우스 포인터 관리자를 설치.	–
iptremovecallback	콜백 목록에서 함수 핸들을 삭제.	–
iptSetPointerBehavior	HG 객체에 포인터 움직임을 저장.	–
iptwindowalign	그림 창들을 정렬.	–
makeConstrainToRectFcn	직사각형에 갇힌 위치 제한 함수를 생성.	–
truesize	영상의 표시 크기를 조절.	–

대화형 마우스 유틸리티 함수

getline	마우스로 폴리라인을 선택.	–
getpts	마우스로 점들을 선택.	–
getrect	마우스로 직사각형을 선택.	–

기타 함수

conwaylaws (DIPUM)	한 화소에 대해 Conway의 유전 법칙을 적용.	457
i2percentile (DIPUM)	밝기 값이 주어졌을 때 백분위수를 계산.	513
iseven (DIPUM)	배열의 어느 원소가 짝수인지를 결정.	154
isodd (DIPUM)	배열의 어느 원소가 홀수인지를 결정.	154
manualhist (DIPUM)	2-모드 히스토그램을 대화식으로 생성.	59
timeit (DIPUM)	함수 실행에 필요한 시간을 측정.	–
percentile2i (DIPUM)	백분위수가 주어졌을 때 밝기 값을 계산.	513
tofloat (DIPUM)	입력을 단정도 실수로 전환.	–
twomodegauss (DIPUM)	2-모드 가우스 함수를 생성.	58

A.2 MATLAB 함수 MATLAB Functions

알파벳 순으로 열거된 다음 MATLAB 함수들은 이 책에서 사용되었다.

함수의 부류 및 이름	설명	페이지
A		
`abs`	절대 값.	119
`angle`	위상 각도.	122
`annotation`	주석 객체를 생성.	55
`atan2`	4상한 역 탄젠트.	121
`autumn`	적황 칼라맵의 색조.	275
`axis`	축 스케일링 및 모양을 제어.	50
`axis`	축 스케일링 및 모양을 제어.	142
B		
`bar`	막대 그래프.	49
`bin2dec`	이진 문자열을 십진 정수로 전환.	387
`bone`	청색 칼라맵 빛깔의 그레이스케일.	275
`break`	FOR 또는 WHILE 루프의 실행을 종료.	21
C		
`cart2pol`	직교 좌표를 극 좌표로 변환.	566
`cat`	배열을 연결.	270
`catch`	CATCH 블록을 시작.	21
`ceil`	양의 무한대 방향으로 정수화.	122
`cell`	셀 배열을 생성.	380
`celldisp`	셀 배열 내용을 표시.	381
`cellplot`	셀 배열의 그래프 묘사를 표시.	381
`char`	문자 배열(문자열)을 생성.	15, 386
`circshift`	배열을 순환 쉬프트.	550
`colon`	벡터 형성 및 인덱싱을 위한 콜론 연산자.	22
`colorcube`	개선된 칼라-큐브 칼라맵.	275
`colormap`	칼라 대조표.	142, 274
`continue`	FOR 또는 WHILE 루프의 다음 반복에 제어권을 넘김.	21
`conv2`	2차원 컨볼루션.	343
`cool`	청록과 자홍 칼라맵의 색조.	275
`copper`	선형 구리-톤 칼라맵.	274
`cumsum`	원소들의 누적 합.	55
D		
`dec2bin`	10진 정수를 2진 문자열로 변환.	385
`diag`	대각선 매트릭스와 매트릭스의 대각선.	323
`diff`	차이 및 근사 미분.	476

dither	디더링에 의해 영상을 전환.	276
double	배정도로 전환.	15

E

edit	M-파일을 편집.	18
eig	고유 값과 고유 벡터.	609
else	IF와 함께 사용됨.	21
elseif	IF 구문 조건.	21
end	FOR, WHILE, SWITCH, TRY, IF 명령문의 스크우프를 종료.	21
eval	MATLAB 표현을 갖고 있는 문자열을 실행.	645

F

false	거짓 배열.	532
fft2	2차원 이산 푸리에 변환.	119
fftshift	주파수가 0인 성분을 스펙트럼의 중앙으로 이동.	120
figure	그림 창을 생성.	13
filter	1차원 디지털 필터.	521
find	0이 아닌 원소들의 인덱스를 찾음.	168
fix	0쪽으로 정수화	104
flag	교번 적, 백, 청, 흑 칼라맵.	275
fliplr	매트릭스를 좌/우 방향으로 뒤집음.	214
flipup	매트릭스를 상/하 방향으로 뒤집음.	214
floor	음의 무한대 방향으로 정수화.	122
for	명령문들을 정해진 횟수만큼 반복.	21
fplot	함수를 플롯.	52

G

gca	현재 축의 핸들을 가져옴.	50
gcf	현재 그림의 핸들을 가져옴.	648
get	객체 성질을 가져옴.	303
getfield	구조체 필드 콘텐트를 가져옴.	648
global	전역 변수를 정의.	380
gray	선형 그레이스케일 칼라맵.	275
grid	격자선.	142
gui_mainfcn	GUI GUI의 생성 및 콜백 발송을 위한 함수를 지원.	641
guidata	응용 데이타를 저장 또는 검색.	647
guide	GUI 설계 환경을 열기.	717

H

help	명령 창에 도움말 텍스트를 표시.	18
hist	히스토그램.	172
histc	히스토그램 카운트.	386
hold	현재 그래프를 유지.	52
hot	흑-적-황-백 칼라맵.	275

stem	이산 시퀀스 또는 "stem" 플롯.	51
strcmp	문자열을 비교.	45
strcmpi	대소문자 구분 없이 문자열을 비교.	403
subplot	타일 위치에 축을 생성.	334
sum	원소들의 합.	23
summer	녹-황 칼라맵의 색조.	275
surf	3차원 칼라 표면.	143
switch	표현식에 기반해서 몇 개의 경우 중 하나로 이동.	21
T		
text	텍스트 주석.	51
tic	스톱워치 타이머를 시작.	27
title	현재 그래프에 제목을 붙임.	51
toc	스톱워치 타이머를 읽음.	27
transpose	전치.	22
true	참 배열.	532
try	TRY 블록을 시작.	21
U		
uicontrol	UI 콘트롤을 생성.	642
uint16	무부호 16비트 정수로 변환.	15
uint32	무부호 32비트 정수로 변환.	15
uint8	무부호 8비트 정수로 변환.	15
uiresume	블로킹된 M-파일의 실행을 재개.	648
uiwait	실행을 블로킹하고 재개 때까지 대기.	648
unique	unique를 설정.	550
upper	문자열을 대문자로 전환.	152
V		
varargin	가변 길이 입력 인자 목록.	43
vararout	가변 길이 출력 인자 목록.	43
view	3-D 그래프 관찰점 설정.	142
W		
waitbar	대기 막대를 표시.	103
while	명령문들을 무한정 반복.	21
white	모두 백색인 칼라맵.	275
whitebg	축 배경 칼라를 바꿈.	273
whos	현재 변수들을 나열. 긴 서식.	371
winter	청색과 녹색 칼라맵의 색조.	275
X		
xlabel	X축 레이블.	51
xlim	X 한계.	52

부록 B ICE와 MATLAB의 GUI

ICE and MATLAB Graphical User Interfaces

개요 *Preview*

이 부록에서는 6장에서 소개한 `ice` 대화형 칼라 편집기를 개발한다. 이 내용은 독자가 6.4절의 내용에 친숙해 있다고 가정한다. 6.4절은 의사 칼라 및 풀 칼라 영상 처리(예제 6.5부터 6.9까지)에서 `ice`를 사용하는 많은 보기를 제공하며, `ice` 호출 문법, 입력 파라미터, 그래픽 인터페이스 요소를 설명한다(이들은 표 6.7~6.9에 요약되어 있다). `ice` 덕분에 사용자는 칼라 변환 곡선을 대화형 및 그래픽적으로 생성할 수 있으며, 생성된 변환 결과를 영상에 실시간 내지 거의 실시간으로 표시할 수 있다.

B.1 ICE의 GUI 생성 Creating ICE's Graphical User Interface

MATLAB의 *GUI* 개발 환경(*Graphical User Interface De elopment En ironment, GUIDE*)은 M-함수에 GUI를 넣기 위한 풍부한 도구를 제공한다. GUIDE를 사용하면, (1) GUI(즉, 그의 버튼, 팝업 메뉴 등)를 배치하고, (2) GUI의 연산을 프로그래밍하는 과정이 쉽게 관리되고 상대적으로 독립적인 두 개의 작업으로 편리하게 나뉜다. 결과로 얻는 그래픽적 M-함수는 이름이 같은(확장자를 무시하면) 두 개의 파일로 구성된다:

1. `.fig` 확장자를 갖는 파일. *FIG*-파일로 불린다. 모든 함수의 GUI 객체 또는 요소들과 그들의 공간 배치에 관한 완전한 그래픽적 기술을 포함한다. FIG-파일은 연동되는 GUI 기반 M-함수가 실행될 때, 파싱될 필요가 없는 이진 데이타를 담고 있다. ICE를 위한 FIG-파일(`ice.fig`)은 이 절의 후반부에서 설명된다.
2. 확장자가 `.m`인 파일. *GUI M*-파일로 불린다. GUI 연산을 제어하는 코드를 담고 있다. 이 파일은 GUI가 시작되고 끝날 때 호출되는 함수들과, 버튼을 누르는 것과 같이 사용자가 GUI 객

체와 상호작용할 때 실행되는 콜백 함수들을 포함한다. ICE를 위한 GUI M-파일(`ice.m`)은 다음 절에서 설명된다.

MATLAB 명령 창에서 GUIDE를 기동시키려면, 다음과 같이 입력한다.

guide

```
guide filename
```

여기서, `filename`은 현재 경로 상의 기존 FIG-파일의 이름이다. `filename`이 생략되면, GUIDE는 새로운(즉, 빈) 창을 연다.

그림 B.1은 ICE(Interactive Color Editor)를 위한 GUIDE 배치 편집기(*Layout Editor*)를 보여준다. MATLAB 프롬프트 `>>`에서 `guide ice`를 입력해서 시작시켰다. 이 배치 편집기는 개발 중인 사용자 인터페이스의 모형(mock-up) 상의 그래픽 객체들을 선택, 배치, 크기 조절, 정렬, 조작하는 데 사용된다. 그 왼쪽 버튼들은 지원되는 GUI 객체들[푸쉬 버튼, 슬라이더, 라디오 버튼(*Radio Button*), 체크 박스(*Checkbox*), 에디트 텍스트(*Edit Text*), 정적 텍스트(*Static Text*), 팝업 메뉴(*Popup Menu*), 리스트박스, 토글 버튼, 표, 축, 패널, 버튼 그룹, *Acti eX* 컨트롤]을 포함하고 있는 요소 팔레트(*Component Palltte*)를 형성한다. 각 객체의 동작은 표준 윈도우즈의 해당 객체와 비슷하다. 아무 객체 조합이든 배치 편집기의 우측의 배치

그림 B.1 ICE GUI의 GUIDE 배치 편집기 모형.

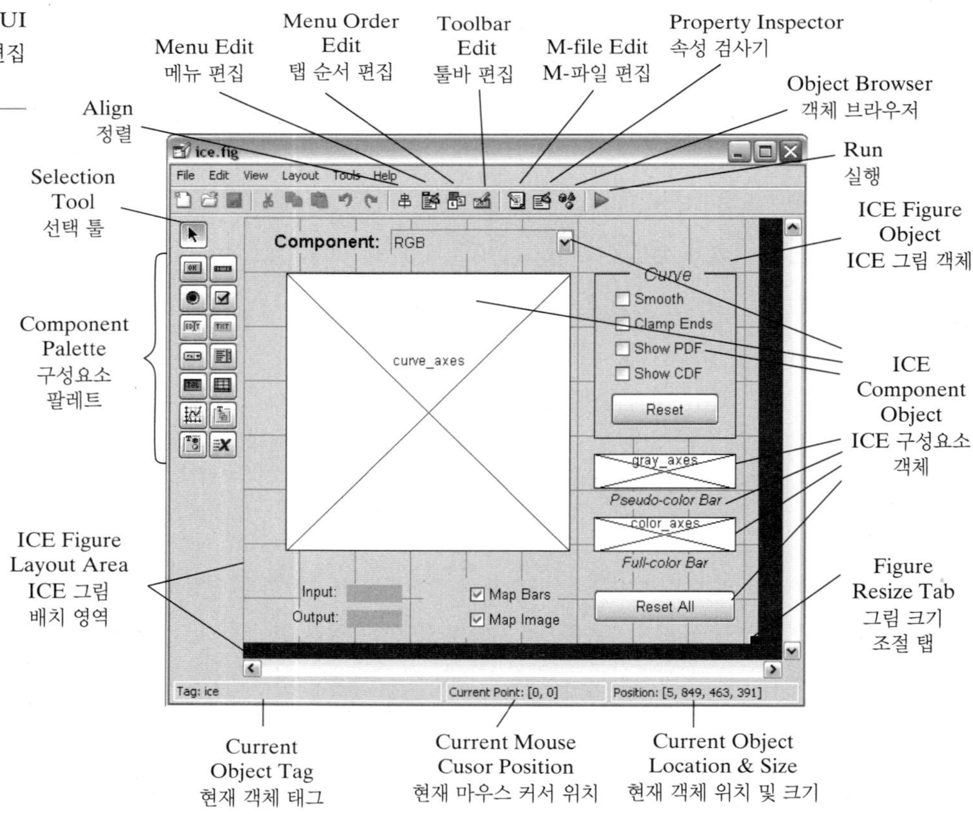

영역의 그림 객체에 추가될 수 있다. ICE GUI가 체크박스(`Smooth`, `Clamp Ends`, `Show PDF`, `Show CDF`, `Map Bars`, `Map Image`), 정적 텍스트("Component:", "Input", ...), 곡선 컨트롤들을 담고 있는 패널, 두 개의 버튼(Reset과 Reset All), 칼라 변환 곡선을 선택하기 위한 팝업 메뉴, 선택된 곡선들(관련된 제어 점들로)과 이들이 그레이스케일 웨지(wedge) 및 색상 웨지에 주는 효과를 화면 출력하기 위한 3개의 `axes` 객체를 포함함을 주목한다.

ICE를 구성하는 요소들의 계층적 목록[배치 편집기의 상단의 작업 막대에 있는 객체 브라우저(*Object Browser*) 버튼을 클릭하여 얻음]을 그림 B.2(a)가 보여준다. 각 요소에 고유한 이름 또는 태그가 부여되었음을 주목한다. 예를 들면, 곡선의 화면 출력을 위한 축 객체(목록의 상단)에는 `curve_axes`라는 식별자[이 식별자는 그림 B.2(a)의 여는 괄호 다음의 첫 번째 엔트리이다]가 할당되어 있다.

태그는 모든 GUI 객체의 공통된 몇 가지 속성 중 하나이다. 특정 객체를 특징짓는 속성들의 스크롤 목록은 그 객체를 선택[그림 B.2(a) 객체 브라우저 목록 또는 그림 B.1의 배치 영역에서 선택 툴(*Selection Tool*)을 이용해서]하고, 배치 편집기의 작업 막대의 속성 조사기(*Property Inspector*) 버튼을 클릭하면 얻을 수 있다. 그림 B.2(b)는 그림 B.2(a)의 `figure` 객체가 선택될 때 생성되는 목록을 보여준다. `figure` 객체의 `Tag` 속성[그림 B.2(b)에 강조 표시된]이 `ice`임을 주목한다. 이 속성은 GUIDE가 이 속성을 이용해서 자동으로 `figure` 콜백 함수 이름을 만들기 때문에 중요하다. 따라서, 예를 들어, 그림 창을 마우스로 누르면 실행되는 스크롤 가능

GUIDE가 생성한 `figure` 객체는 인터페이스의 다른 모든 객체들에 대한 컨테이너이다.

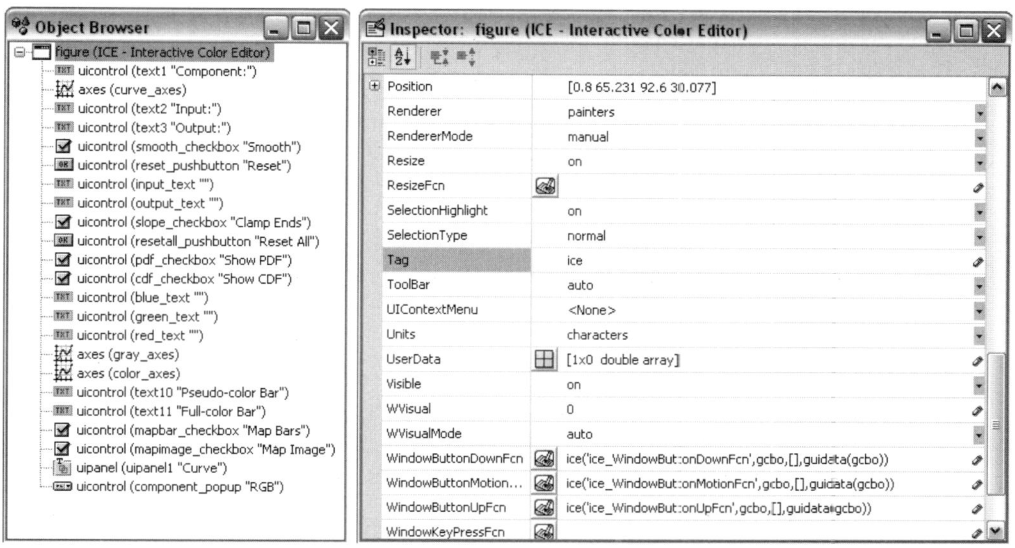

(a) (b)

그림 B.2 (a) GUIDE 객체 브라우저와 (b) ICE "그림" 객체에 대한 속성 조사기.

한 Property Inspector 창의 하단에 있는 `WindowButtonDownFcn` 속성에는 `ice_WindowButtonDownFcn`이란 이름이 할당되어 있다. 콜백 함수는 사용자가 GUI 객체와 상호작용(대화)할 때 실행되는 M-함수에 지나지 않음을 기억한다. 다른 주목할 만한(그리고 모든 GUI 객체에 공통인) 속성들에는 `Position`과 `Units`가 있다. 이들은 객체의 크기와 위치를 정의한다.

끝으로, 일부 속성은 특정 객체에 고유함을 알 수 있다. 예를 들어, 푸쉬 버튼은 버튼이 눌릴 때 실행되는 함수를 정의하는 콜백 속성과, 버튼의 레이블을 결정하는 `String` 속성을 가진다. ICE `Reset` 버튼의 콜백 속성은 `reset_pushbutton_Callback`이며[그림 B.2(a)로부터의 그의 `Tag` 속성이 콜백 함수 이름에 들어갔음을 주목한다]; 그의 `String` 속성은 "Reset"이다. 그러나, `Reset` 푸쉬버튼이 `WindowButtonMotionFcn` 속성을 갖지 않음을 주목한다; 이것은 "figure" 객체에 한정된다.

B.2 ICE 인터페이스 프로그래밍 Programming

앞 절의 ICE FIG-파일이 처음 저장될 때, 또는 GUI가 처음 실행될 때(예를 들어, 배치 편집기의 작업 막대의 *Run* 버튼을 클릭해서), GUIDE는 `ice.m`이라고 부르는 시작 *GUI M*-파일을 만든다. 표준 텍스트 편집기 또는 MATLAB M-파일 편집기를 이용해서 수정할 수 있는 이 파일은 인터페이스가 사용자의 동작에 어떻게 반응할지를 결정한다. ICE를 위해 자동 생성된 GUI M-파일은 다음과 같다:

M-파일 생성을 시작하려면, **Tools**와 **GUI Options ...**를 선택하고, "Generate FIG-file과 M-file" 옵션을 체크한다.

`ice`

GUIDE가 생성한 시작 M-파일.

```
function varargout = ice(varargin)
% Begin initialization code - DO NOT EDIT
gui_Singleton = 1;
gui_State = struct('gui_Name',         mfilename, ...
                   'gui_Singleton',    gui_Singleton, ...
                   'gui_OpeningFcn',   @ice_OpeningFcn, ...
                   'gui_OutputFcn',    @ice_OutputFcn, ...
                   'gui_LayoutFcn',    [], ...
                   'gui_Callback',     []);
if nargin & ischar(varargin{1})
   gui_State.gui_Callback = str2func(varargin{1});
end
if nargout
   [varargout{1:nargout}] = gui_mainfcn(gui_State, varargin{:});
else
   gui_mainfcn(gui_State, varargin{:});
end
% End initialization code - DO NOT EDIT

function ice_OpeningFcn(hObject, eventdata, handles, varargin)
handles.output = hObject;
guidata(hObject, handles);
% uiwait(handles.figure1);
```

```
function varargout = ice_OutputFcn(hObject, eventdata, handles)
varargout{1} = handles.output;
function ice_WindowButtonDownFcn(hObject, eventdata, handles)
function ice_WindowButtonMotionFcn(hObject, eventdata, handles)
function ice_WindowButtonUpFcn(hObject, eventdata, handles)
function smooth_checkbox_Callback(hObject, eventdata, handles)
function reset_pushbutton_Callback(hObject, eventdata, handles)
function slope_checkbox_Callback(hObject, eventdata, handles)
function resetall_pushbutton_Callback(hObject, eventdata, handles)
function pdf_checkbox_Callback(hObject, eventdata, handles)
function cdf_checkbox_Callback(hObject, eventdata, handles)
function mapbar_checkbox_Callback(hObject, eventdata, handles)
function mapimage_checkbox_Callback(hObject, eventdata, handles)
function component_popup_Callback(hObject, eventdata, handles)
function component_popup_CreateFcn(hObject, eventdata, handles)
if ispc && isequal(get(hObject,'BackgroundColor'), ...
        get(0,'defaultUicontrolBackgroundColor'))
    set(hObject,'BackgroundColor','white');
end
```

`ispc`

MATLAB의 PC(윈도우즈) 버전에 대해서는 1을 반환하고, 아니면 0을 반환한다.

이 자동 생성된 파일은 완전하게 기능하는 `ice` 인터페이스를 개발하기 위한 유용한 시작점 또는 프로토타입이다. (이 파일에서 GUIDE가 생성한 많은 주석들은 공간을 절약하기 위해서 뺐다.) 다음 절들에서 이 코드를 네 개의 기론 절로 나눈다: (1) 2개의 "`DO NOT EDIT`" 주석 줄 사이의 초기화 코드, (2) 그림 열기 및 출력 함수들(`ice_OpeningFcn`과 `ice_OutputFcn`), (3) 그림 콜백 함수들(즉, `ice_WindowButtonDownFcn`, `ice_WindowButtonMotionFcn`, `ice_WindowButtonUpFcn`), (4) 객체 콜백 함수들(예: `reset_pushbutton_Callback`). 각 절을 고찰할 때, 이 절에 포함된 완벽하게 개발된 `ice` 함수의 버전이 제공되며, 논의는 대부분의 GUI M-파일 개발자들의 보편적 관심 대상 특징에 초점을 맞춘다. 각 절에서 소개되는 코드는 하나의 종합적 `ice.m`으로 통합되지 않을 것이며(간략화를 위해), 단편적으로 소개된다.

`ice`의 동작은 6.4절에서 설명하였다. 또한 완전히 개발된 `ice.m` M-함수로부터의 다음 도움말 텍스트 블록에도 정리되어 있다:

`ice`

최종 버전의 도움말 텍스트 블록.

```
%ICE Interactive Color Editor.
%
%   OUT = ICE('Property Name', 'Property Value', ...) transforms an
%   image's color components based on interactively specified mapping
%   functions. Inputs are Property Name/Property Value pairs:
%
%     Name            Value
%     ------------    -----------------------------------------------
%     'image'         An RGB or monochrome input image to be
%                     transformed by interactively specified
%                     mappings.
```

```
%    'space'         The color space of the components to be
%                    modified. Possible values are 'rgb', 'cmy',
%                    'hsi', 'hsv', 'ntsc' (or 'yiq'), 'ycbcr'. When
%                    omitted, the RGB color space is assumed.
%    'wait'          If 'on' (the default), OUT is the mapped input
%                    image and ICE returns to the calling function
%                    or workspace when closed. If 'off', OUT is the
%                    handle of the mapped input image and ICE
%                    returns immediately.
%
%  EXAMPLES:
%    ice OR ice('wait', 'off')            % Demo user interface
%    ice('image', f)                      % Map RGB or mono image
%    ice('image', f, 'space', 'hsv')      % Map HSV of RGB image
%    g = ice('image', f)                  % Return mapped image
%    g = ice('image', f, 'wait', 'off');  % Return its handle
%
%  ICE displays one popup menu selectable mapping function at a
%  time. Each image component is mapped by a dedicated curve (e.g.,
%  R, G, or B) and then by an all-component curve (e.g., RGB). Each
%  curve's control points are depicted as circles that can be moved,
%  added, or deleted with a two- or three-button mouse:
%
%    Mouse Button    Editing Operation
%    ------------    -----------------------------------------------
%    Left            Move control point by pressing and dragging.
%    Middle          Add and position a control point by pressing
%                    and dragging. (Optionally Shift-Left)
%    Right           Delete a control point. (Optionally
%                    Control-Left)
%
%  Checkboxes determine how mapping functions are computed, whether
%  the input image and reference pseudo- and full-color bars are
%  mapped, and the displayed reference curve information (e.g.,
%  PDF):
%
%    Checkbox        Function
%    ------------    -----------------------------------------------
%    Smooth          Checked for cubic spline (smooth curve)
%                    interpolation. If unchecked, piecewise linear.
%    Clamp Ends      Checked to force the starting and ending curve
%                    slopes in cubic spline interpolation to 0. No
%                    effect on piecewise linear.
%    Show PDF        Display probability density function(s) [i.e.,
%                    histogram(s)] of the image components affected
%                    by the mapping function.
%    Show CDF        Display cumulative distributions function(s)
%                    instead of PDFs.
%                    <Note: Show PDF/CDF are mutually exclusive.>
%    Map Image       If checked, image mapping is enabled; else
%                    not.
%    Map Bars        If checked, pseudo- and full-color bar mapping
%                    is enabled; else display the unmapped bars (a
```

```
%                     gray wedge and hue wedge, respectively).
%
%   Mapping functions can be initialized via pushbuttons:
%
%     Button             Function
%     ------------       ------------------------------------------------
%    Reset            Init the currently displayed mapping function
%                     and uncheck all curve parameters.
%    Reset All        Initialize all mapping functions.
```

B.2.1 초기화 코드

시작 GUI M-파일(B.2절의 시작 부분)에서 코드의 첫 섹션은 초기화 코드의 표준 GUIDE-생성 블록이다. 그 목적은 M-파일의 자매 FIG-파일(B.1절 참고)을 이용해서 ICE의 GUI를 만들어 화면 출력하고, 모든 내부 M-함수들에 대한 접근을 제어하는 것이다. 둘러싸는 "DO NOT EDIT" 주석 줄들이 나타내듯이, 초기화 코드는 수정하면 안 된다. ice가 호출될 때마다 초기화 블록은 ice 함수에 접근하는 데 필요한 정보를 갖고 있는 gui_State라고 불리는 구조체를 만든다. 예를 들면, 이름이 붙여진 필드 gui_Name(즉, gui_State.gui_name)은 MATLAB 함수 mfilename을 포함하며, 이것은 현재 실행되고 있는 M-파일의 이름을 반환한다. 유사한 방식으로, gui_OpeningFcn와 gui_OutputFcn 필드는 ice의 열기와 출력 함수들(다음 절에서 논의됨)의, GUIDE가 생성한 이름에 의해 불려온다. ICE GUI 객체가 사용자에 의해 활성화되면(예: 버튼이 눌러지면), 객체의 콜백 함수의 이름이 gui_Callback 필드로서 추가된다[이 콜백의 이름은 varargin(1)에 문자열로 전달되었을 것이다].

mfilename

gui_State 구조체가 형성되면, gui_mainfcn 함수에 varargin(:)의 형태로 입력 인자로 넘겨진다. 이 MATLAB 함수가 GUI 생성, 배치, 콜백 발송을 다룬다. ice를 위해 이 함수는 사용자 인터페이스를 구축 및 화면 출력하고, 그의 열기, 출력, 콜백 함수들에 대한 필요한 모든 호출을 생성한다. MATLAB의 구 버전에는 이 함수가 없을 것이므로, GUIDE는 **File** 메뉴에서 **Export...**를 선택하여 정상적인 GUI M-파일(즉, FIG-파일이 MAT-파일로 대체된 파일)의 독립형 버전을 생성할 수 있다. 독립형 버전에서, gui_mainfcn 함수와 ice_LayoutFcn과 local_openfig를 포함하는 몇몇 지원 루틴들이 보통은 FIG-파일에 종속적인 M-파일에 연결된다. ice_LayoutFcn의 역할은 ICE GUI를 생성하는 것이다. ice의 독립형 버전에서는 주 그림 창을 만들기 위해서 다음 명령을 포함한다.

gui_mainfcn

호환성 모드를 선택하려면 **File**과 **Preferences...**을 선택하고, *General* and *MAT-Files*를 선택하고, MAT-파일 저장 포맷을 선택한다.

```
h1 = figure(...
'Units', 'characters',...
'Color', [0.87843137254902 0.874509803921569 0.890196078431373],...
'Colormap', [0 0 0.5625;0 0 0.625;0 0 0.6875;0 0 0.75;...
```

```
              0 0 0.8125;0 0 0.875;0 0 0.9375;0 0 1;0 0.0625 1;...
              0 0.125 1;0 0.1875 1;0 0.25 1;0 0.3125 1;0 0.375 1;...
              0 0.4375 1;0 0.5 1;0 0.5625 1;0 0.625 1;0 0.6875 1;...
              0 0.75 1;0 0.8125 1;0 0.875 1;0 0.9375 1;0 1 1;...
              0.0625 1 1;0.125 1 0.9375;0.1875 1 0.875;...
              0.25 1 0.8125;0.3125 1 0.75;0.375 1 0.6875;...
              0.4375 1 0.625;0.5 1 0.5625;0.5625 1 0.5;...
              0.625 1 0.4375;0.6875 1 0.375;0.75 1 0.3125;...
              0.8125 1 0.25;0.875 1 0.1875;0.9375 1 0.125;...
              1 1 0.0625;1 1 0;1 0.9375 0;1 0.875 0;1 0.8125 0;...
              1 0.75 0;1 0.6875 0;1 0.625 0;1 0.5625 0;1 0.5 0;...
              1 0.4375 0;1 0.375 0;1 0.3125 0;1 0.25 0;...
              1 0.1875 0;1 0.125 0;1 0.0625 0;1 0 0;0.9375 0 0;...
              0.875 0 0;0.8125 0 0;0.75 0 0;0.6875 0 0;0.625 0 0;...
              0.5625 0 0],...
'IntegerHandle', 'off',...
'InvertHardcopy', get(0, 'defaultfigureInvertHardcopy'),...
'MenuBar', 'none',...
'Name', 'ICE - Interactive Color Editor',...
'NumberTitle', 'off',...
'PaperPosition', get(0, 'defaultfigurePaperPosition'),...
'Position', [0.8 65.2307692307693 92.6 30.0769230769231],...
'Renderer', get(0, 'defaultfigureRenderer'),...
'RendererMode', 'manual',...
'WindowButtonDownFcn', 'ice(''ice_WindowButtonDownFcn'', gcbo, [],...
                        guidata(gcbo))',...
'WindowButtonMotionFcn', 'ice(''ice_WindowButtonMotionFcn'', gcbo,...
                        [], guidata(gcbo))',...
'WindowButtonUpFcn', 'ice(''ice_WindowButtonUpFcn'', gcbo, [],...
                        guidata(gcbo))',...
'HandleVisibility', 'callback',...
'Tag', 'ice',...
'UserData',[],...
'CreateFcn', {@local_CreateFcn, blanks(0), appdata} );
```

그런 후, GUI 객체는 다음과 같은 명령으로 추가된다.

uicontrol

함수 uicontrol ('PropertyName1', Value1, ...)은 현재 창에 특정 속성의 사용자 인터페이스 컨트롤을 생성해서 그에 대한 핸들을 반환한다.

```
h11 = uicontrol(...
'Parent',h1,...
'Units','normalized',...
'Callback',mat{5},...
'FontSize',10,...
'ListboxTop',0,...
'Position',[0.710583153347732 0.508951406649616 0.211663066954644
0.0767263427109974],...
'String','Reset',...
'Tag','reset_pushbutton',...
'CreateFcn', {@local_CreateFcn, blanks(0), appdata} );
```

이 명령은 그림에 Reset 푸쉬버튼을 추가한다. 이 명령들은 애당초 GUIDE 버치 편집기의 속성 조사기를 사용해서 정의된 속성들을 명시적으로 규정한다. 끝으로, figure 함수는 1.7.6절에서 소개되었으며; uicontrol은 속성 이름/값 쌍(예: 'Tag'와 'reset_pushbutton')에 기반해서 현재 그림 창의 사용자 인터페이스 컨트롤(즉, GUI 객체)을 만들고 그에 대한 핸들을 반환함을 주목한다.

B.2.2 열기 함수와 출력 함수

B.2절의 앞 부분의 시작 GUI M-파일에 있는 초기화 블록 다음의 처음 2개의 함수를 각각 열기(*opening*) 함수와 출력 함수라고 부른다. 이들은 GUI가 사용자에게 보여지기 직전과 GUI가 출력을 명령줄 또는 호출 루틴에 반환할 때 실행되는 코드를 담고 있다. 두 함수 모두 hObject, eventdata, handles 인자를 넘겨받는다. (이 인자들은 다음 두 절의 콜백 함수들의 입력이기도 하다.) 입력 hObject는 그래픽 객체 핸들이고, eventdata는 미래에 사용하기 위해 예약되어 있으며, handles는 인터페이스 객체와 특정 응용 또는 사용자 정의 데이타에 대한 핸들을 제공하는 구조체이다. 원하는 ICE 인터페이스(도움말 문서 참조) 기능을 구현하기 위해서, ice_OpeningFcn과 ice_OutputFcn은 시작 GUI M-파일의 "골자" 버전을 넘어서 확장되어야 한다. 확장된 코드는 다음과 같다:

ice

최종 M-파일로부터.

```
%-------------------------------------------------------------------%
function ice_OpeningFcn(hObject, eventdata, handles, varargin)
%  When ICE is opened, perform basic initialization (e.g., setup
%  globals, ...) before it is made visible.

% Set ICE globals to defaults.
handles.updown = 'none';             % Mouse updown state
handles.plotbox = [0 0 1 1];         % Plot area parameters in pixels
handles.set1 = [0 0; 1 1];           % Curve 1 control points
handles.set2 = [0 0; 1 1];           % Curve 2 control points
handles.set3 = [0 0; 1 1];           % Curve 3 control points
handles.set4 = [0 0; 1 1];           % Curve 4 control points
handles.curve = 'set1';              % Structure name of selected curve
handles.cindex = 1;                  % Index of selected curve
handles.node = 0;                    % Index of selected control point
handles.below = 1;                   % Index of node below control point
handles.above = 2;                   % Index of node above control point
handles.smooth = [0; 0; 0; 0];       % Curve smoothing states
handles.slope = [0; 0; 0; 0];        % Curve end slope control states
handles.cdf = [0; 0; 0; 0];          % Curve CDF states
handles.pdf = [0; 0; 0; 0];          % Curve PDF states
handles.output = [];                 % Output image handle
handles.df = [];                     % Input PDFs and CDFs
handles.colortype = 'rgb';           % Input image color space
handles.input = [];                  % Input image data
handles.imagemap = 1;                % Image map enable
handles.barmap = 1;                  % Bar map enable
```

```
handles.barmap = 1;                % Bar map enable
handles.graybar = [];              % Pseudo (gray) bar image
handles.colorbar = [];             % Color (hue) bar image

% Process Property Name/Property Value input argument pairs.
wait = 'on';
if (nargin > 3)
   for i = 1:2:(nargin - 3)
      if nargin - 3 == i
         break;
      end
      switch lower(varargin{i})
      case 'image'
         if ndims(varargin{i + 1}) == 3
            handles.input = varargin{i + 1};
         elseif ndims(varargin{i + 1}) == 2
            handles.input = cat(3, varargin{i + 1}, ...
                                   varargin{i + 1}, varargin{i + 1});
         end
         handles.input = double(handles.input);
         inputmax = max(handles.input(:));
         if inputmax > 255
            handles.input = handles.input / 65535;
         elseif inputmax > 1
            handles.input = handles.input / 255;
         end

      case 'space'
         handles.colortype = lower(varargin{i + 1});
         switch handles.colortype
         case 'cmy'
            list = {'CMY' 'Cyan' 'Magenta' 'Yellow'};
         case {'ntsc', 'yiq'}
            list = {'YIQ' 'Luminance' 'Hue' 'Saturation'};
            handles.colortype = 'ntsc';
         case 'ycbcr'
            list = {'YCbCr' 'Luminance' 'Blue' ...
                    'Difference'  'Red Difference'};
         case 'hsv'
            list = {'HSV' 'Hue' 'Saturation' 'Value'};
         case 'hsi'
            list = {'HSI' 'Hue' 'Saturation' 'Intensity'};
         otherwise
            list = {'RGB' 'Red' 'Green' 'Blue'};
            handles.colortype = 'rgb';
         end
         set(handles.component_popup, 'String', list);

      case 'wait'
         wait = lower(varargin{i + 1});
      end
   end
end

% Create pseudo- and full-color mapping bars (grays and hues). Store
% a color space converted 1x128x3 line of each bar for mapping.
```

```
xi = 0:1/127:1;      x = 0:1/6:1;      x = x';
y = [1 1 0 0 0 1 1; 0 1 1 1 0 0 0; 0 0 0 1 1 1 0]';
gb = repmat(xi, [1 1 3]);        cb = interp1q(x, y, xi');
cb = reshape(cb, [1 128 3]);
if ~strcmp(handles.colortype, 'rgb')
   gb = eval(['rgb2' handles.colortype '(gb)']);
   cb = eval(['rgb2' handles.colortype '(cb)']);
end
gb = round(255 * gb);     gb = max(0, gb);      gb = min(255, gb);
cb = round(255 * cb);     cb = max(0, cb);      cb = min(255, cb);
handles.graybar = gb;     handles.colorbar = cb;

% Do color space transforms, clamp to [0, 255], compute histograms
% and cumulative distribution functions, and create output figure.
if size(handles.input, 1)
   if ~strcmp(handles.colortype, 'rgb')
      handles.input = eval(['rgb2' handles.colortype ...
                           '(handles.input)']);
   end
   handles.input = round(255 * handles.input);
   handles.input = max(0, handles.input);
   handles.input = min(255, handles.input);
   for i = 1:3
      color = handles.input(:, :, i);
      df = hist(color(:), 0:255);
      handles.df = [handles.df; df / max(df(:))];
      df = df / sum(df(:));   df = cumsum(df);
      handles.df = [handles.df; df];
   end
   figure;     handles.output = gcf;
end

% Compute ICE's screen position and display image/graph.
set(0, 'Units', 'pixels');      ssz = get(0, 'Screensize');
set(handles.ice, 'Units', 'pixels');
uisz = get(handles.ice, 'Position');
if size(handles.input, 1)
   fsz = get(handles.output, 'Position');
   bc = (fsz(4) - uisz(4)) / 3;
   if bc > 0
      bc = bc + fsz(2);
   else
      bc = fsz(2) + fsz(4) - uisz(4) - 10;
   end
   lc = fsz(1) + (size(handles.input, 2) / 4) + (3 * fsz(3) / 4);
   lc = min(lc, ssz(3) - uisz(3) - 10);
   set(handles.ice, 'Position', [lc bc 463 391]);
else
   bc = round((ssz(4) - uisz(4)) / 2) - 10;
   lc = round((ssz(3) - uisz(3)) / 2) - 10;
   set(handles.ice, 'Position', [lc bc uisz(3) uisz(4)]);
end
set(handles.ice, 'Units', 'normalized');
graph(handles);     render(handles);
```

eval

s가 문자열인 함수 eval(s)는 MATLAB이 이 문자열을 표현 또는 명령으로서 실행하게 한다.

```
% Update handles and make ICE wait before exit if required.
guidata(hObject, handles);
if strcmpi(wait, 'on')
   uiwait(handles.ice);
end
```

ice_OutputFcn

최종 M-파일로부터.

```
%-------------------------------------------------------------------%
function varargout = ice_OutputFcn(hObject, eventdata, handles)
%  After ICE is closed, get the image data of the current figure
%  for the output. If 'handles' exists, ICE isn't closed (there was
%  no 'uiwait') so output figure handle.

if max(size(handles)) == 0
   figh = get(gcf);
   imageh = get(figh.Children);
   if max(size(imageh)) > 0
      image = get(imageh.Children);
      varargout{1} = image.CData;
   end
else
   varargout{1} = hObject;
end
```

이 함수들을 자세히 뜯어보기 보다는(특정 함수의 도움말에 대해서는 코드의 주석문과, 부록 A 또는 도움말 인덱스를 참고한다), 대부분의 GUI 열기 함수와 출력 함수에 나타나는 다음의 공통점에 주목한다:

1. handles 구조체(코드에서 여러 번 참조된 사실로부터 알 수 있듯이)는 대부분의 GUI M-파일에서 중심적인 역할을 하며, 두 가지 중요한 기능을 한다. 이 구조체가 인터페이스의 모든 그래픽 객체에 대해 핸들을 제공하므로, 객체의 속성에 접근해서 수정하기 위해 사용될 수 있다. 예를 들면, ice 열기 함수는 ICE GUI의 크기와 위치(화소 단위)를 얻기 위해서

   ```
   set(handles.ice, 'Units', 'pixels');
   uisz = get(handles.ice, 'Position');
   ```

   을 사용한다. 이것은 그 핸들을 handles.ice에서 가져올 수 있는 ice 그림의 Units 속성을 'pixels'로 설정하고, 그림의 Position 속성을 읽음(get 함수를 이용해서)으로써 달성된다. 그래픽 객체와 관련된 속성의 값 get 반환하는 get 함수는, 열기 함수의 끝 근처에서 ssz = get(0, 'Screensize') 명령을 통해서 컴퓨터의 화면 출력 면적을 얻기 위해서 사용되기도 한다. 여기서, 0은 컴퓨터 디스플레이(즉, 루트 그림)의 핸들이고, 'Screensize'는 그 크기를 담는 속성이다.

   GUI 객체에 대한 접근을 제공하는 것 외에, handles 구조체는 응용 데이타를 공유하기 위한 강력한 전달자이다. 이것이 23개의 전역 ice 파라미터들(handles.updown의 마우스 상태에서부터 handles.input의 전체 입력 영상까지의 범위에 거쳐 있는)에 대한 디폴트 값을 가짐을 주목한다. 이들은 ice에

대한 모든 호출에 대해서도 존속해야 하며, ice_OpeningFcn의 시작 단계에서 handles에 추가된다. 예를 들어, handles.set1 전역 값은 다음 명령으로 생성된다.

```
handles.set1 = [0 0; 1 1]
```

여기서, set1은 handles 구조체에 추가되는 칼라 매핑 함수의 제어 점들을 담는 필드이고, [0 0; 1 1]은 그 디폴트 값[곡선의 끝점인 (0,0)과 (1,1)]이다. handles가 수정되는 함수를 빠져나오기 전에, 변수 handles를 핸들 hObject를 갖는 그림의 응용 데이타로서 저장하기 위해

```
guidata(hObject, handles)
```

가 호출되어야 한다.

guidata

함수 guidata(H, DATA)는 지정된 데이타를 그림의 응용 데이타에 저장한다. H는 그림을 식별하는 핸들이고, 여기서의 그림은 그림 그 자체 또는 그림에 포함된 아무 객체가 될 수 있다.

2. 여러 내장 그래픽 함수들처럼, ice_OpeningFcn은 속성 이름 및 값 쌍들의 입력 인자들(hObject, eventdata, handles를 제외하고)을 처리한다. 4개 이상의 입력 인자(즉, nargin > 3이면)가 있을 때는, 입력 인자들을 쌍으로 건너뛰는 루프[for i = 1:2:(nargin – 3)]가 실행된다. 각 입력 쌍에 대해, 첫 번째 파라미터는 switch 구조를 구동

```
switch lower(varargin{i})
```

하기 위해서 사용되며, 이 구조에서 두 번째 파라미터를 적절히 처리한다. 예를 들면, case 'space'에 대해서 명령

```
handles.colortype = lower(varargin{i + 1});
```

이 필드 colortype을 입력 쌍의 두 번째 인자의 값으로 설정한다. 그런 후, 이 값은 ICE의 칼라 성분 팝업 옵션(즉, 객체의 String 속성 component_popup)을 설정하기 위해 사용된다("set(handles.component_popup, 'String', list);"). 나중에 이것은 다음 명령을 통해 입력 영상의 성분들을 원하는 매핑 공간으로 변환하기 위해 사용된다.

```
handles.input = eval(['rgb2' ...
    handles.colortype '(handles.input)']);
```

eval

함수 eval은 MATLAB 표현을 포함하는 문자열을 평가한다.

여기서, 내장 함수 eval(s)는 MATLAB이 문자열 s를 표현 또는 명령으로서 실행하게 한다. 만일 handles.input이 예를 들어 'hsv'이면, eval 인자 ['rgb2' 'hsv' '(handles.input)']는 연결된 문자열 'rgb2hsv(handles.input)'이 되고, 이것은 입력 영상의 RGB 성분들을 HSV 칼라 공간으로 변환하는 표준 MATLAB 표현으로서 실행된다(6.2.3절 참고).

3. 시작 GUI M-파일의 명령

```
% uiwait(handles.figure1);
```

은 ice_OpeningFcn의 최종 버전에서 다음의 조건부 명령으로 바뀐다.

```
if strcmpi(wait, 'on') uiwait(handles.ice); end
```

일반적으로,

uiwait
uiresume
gcf

```
uiwait(fig)
```

는 uiresume이 실행되거나 그림 fig가 소멸(즉, 닫힘)될 때까지 MATLAB 코드 스트림의 실행을 막는다[입력 인자가 없으면 uiwait는 uiwait(gcf)와 같으며, 여기서 MATLAB 함수 gcf는 현재 그림의 핸들을 반환한다]. ice가 입력 영상의 매핑된 버전을 반환하지 않고 즉시(즉, ICE GUI가 닫히기 전에) 되돌아갈 것으로 예상될 때는, 입력 속성 이름/값 쌍 'wait'/'off'가 호출에 포함되어야 한다. 그러지 않으면, ICE는 닫히기 전까지[즉, 사용자가 이 인터페이스(그리고 칼라 매핑 함수들)와 대화를 끝낼 때까지]는 호출 루틴이나 명령줄로 돌아가지 않을 것이다. 이 상황에서 함수 ice_OutputFcn은 GUI가 닫히면 존재하지 않으므로, 매핑된 영상 데이타를 handles 구조체로부터 얻을 수 없다. 이 함수의 최종 버전에서 볼 수 있듯이, ICE는 살아남은 매핑된 영상 출력 그림의 CData 속성으로부터 영상 데이타를 추출한다. 만일 매핑된 출력 영상이 ice에 의해 반환되지 않을 것이라면, ice_OpeningFcn의 uiwait 명령이 실행되지 않고, 열기 함수 직후에(GUI가 닫히기 훨씬 전에) ice_OutputFcn이 호출되며, 매핑된 영상 출력 그림의 핸들이 호출 루틴이나 명령줄로 반환된다.

끝으로, 몇몇 내부 함수가 ice_OpeningFcn에 의해 호출됨을 주목한다. 이들(그리고 다른 ice 내부 함수들)의 리스팅이 다음에 제공된다. 또한, 이들이 MATLAB GUI의 handles 구조체의 유용성을 보여주는 추가적 보기들을 제공함을 주목한다. 예를 들면, 각각 내부 함수 graph와 render에 있는

```
nodes = getfield(handles, handles.curve)
```

그리고

```
nodes = getfield(handles, ['set' num2str(i)])
```

명령들은 ICE의 다양한 칼라 매핑 곡선들의 대화식으로 정의된 제어 점들에 접근하기 위해서 사용된다. 표준 형태

getfield

```
F = getfield(S,'field')
```

는 구조체 S의 필드 'field'의 내용을 F로 반환한다.

ice
내부 함수

```
%-------------------------------------------------------------------%
function graph(handles)
%  Interpolate and plot mapping functions and optional reference
%  PDF(s) or CDF(s).
```

```
nodes = getfield(handles, handles.curve);
c = handles.cindex;     dfx = 0:1/255:1;
colors = ['k' 'r' 'g' 'b'];

% For piecewise linear interpolation, plot a map, map + PDF/CDF, cr
% map + 3 PDFs/CDFs.
if ~handles.smooth(handles.cindex)
   if (~handles.pdf(c) && ~handles.cdf(c)) || ...
         (size(handles.df, 2) == 0)
      plot(nodes(:, 1), nodes(:, 2), 'b-', ...
           nodes(:, 1),  nodes(:, 2), 'ko', ...
           'Parent', handles.curve_axes);
   elseif c > 1
      i = 2 * c - 2 - handles.pdf(c);
      plot(dfx, handles.df(i, :), [colors(c) '-'], ...
           nodes(:, 1), nodes(:, 2), 'k-', ...
           nodes(:, 1), nodes(:, 2), 'ko', ...
           'Parent', handles.curve_axes);
   elseif c == 1
      i = handles.cdf(c);
      plot(dfx, handles.df(i + 1, :), 'r-', ...
           dfx, handles.df(i + 3, :), 'g-',  ...
           dfx, handles.df(i + 5, :), 'b-', ...
           nodes(:, 1), nodes(:, 2), 'k-',  ...
           nodes(:, 1), nodes(:, 2), 'ko', ...
           'Parent', handles.curve_axes);
   end

% Do the same for smooth (cubic spline) interpolations.
else
   x = 0:0.01:1;
   if ~handles.slope(handles.cindex)
      y = spline(nodes(:, 1), nodes(:, 2), x);
   else
      y = spline(nodes(:, 1), [0; nodes(:, 2); 0], x);
   end
   i = find(y > 1);        y(i) = 1;
   i = find(y < 0);        y(i) = 0;

   if (~handles.pdf(c) && ~handles.cdf(c)) || ...
         (size(handles.df, 2) == 0)
      plot(nodes(:, 1), nodes(:, 2), 'ko',  x, y, 'b-', ...
           'Parent', handles.curve_axes);
   elseif c > 1
      i = 2 * c - 2 - handles.pdf(c);
      plot(dfx, handles.df(i, :), [colors(c) '-'], ...
           nodes(:, 1), nodes(:, 2), 'ko', x, y, 'k-', ...
           'Parent', handles.curve_axes);
   elseif c == 1
      i = handles.cdf(c);
      plot(dfx, handles.df(i + 1, :), 'r-', ...
           dfx, handles.df(i + 3, :), 'g-', ...
           dfx, handles.df(i + 5, :), 'b-', ...
           nodes(:, 1), nodes(:, 2), 'ko', x, y, 'k-', ...
           'Parent', handles.curve_axes);
   end
```

```
end

% Put legend if more than two curves are shown.
s = handles.colortype;
if strcmp(s, 'ntsc')
    s = 'yiq';
end
if (c == 1) && (handles.pdf(c) || handles.cdf(c))
   s1 = ['-- ' upper(s(1))];
   if length(s) == 3
      s2 = ['-- ' upper(s(2))];       s3 = ['-- ' upper(s(3))];
   else
      s2 = ['-- ' upper(s(2)) s(3)];  s3 = ['-- ' upper(s(4)) s(5)];
   end
else
   s1 = '';    s2 = '';    s3 = '';
end
set(handles.red_text, 'String', s1);
set(handles.green_text, 'String', s2);
set(handles.blue_text, 'String', s3);

%-------------------------------------------------------------------%
function [inplot, x, y] = cursor(h, handles)
%  Translate the mouse position to a coordinate with respect to
%  the current plot area, check for the mouse in the area and if so
%  save the location and write the coordinates below the plot.

set(h, 'Units', 'pixels');
p = get(h, 'CurrentPoint');
x = (p(1, 1) - handles.plotbox(1)) / handles.plotbox(3);
y = (p(1, 2) - handles.plotbox(2)) / handles.plotbox(4);
if x > 1.05 || x < -0.05 || y > 1.05 || y < -0.05
   inplot = 0;
else
   x = min(x, 1);      x = max(x, 0);
   y = min(y, 1);      y = max(y, 0);
   nodes = getfield(handles, handles.curve);
   x = round(256 * x) / 256;
   inplot = 1;
   set(handles.input_text, 'String', num2str(x, 3));
   set(handles.output_text, 'String', num2str(y, 3));
end
set(h, 'Units', 'normalized');

%-------------------------------------------------------------------%
function y = render(handles)
%  Map the input image and bar components and convert them to RGB
%  (if needed) and display.

set(handles.ice, 'Interruptible', 'off');
set(handles.ice, 'Pointer', 'watch');
ygb = handles.graybar;      ycb = handles.colorbar;
yi = handles.input;         mapon = handles.barmap;
imageon = handles.imagemap & size(handles.input, 1);

for i = 2:4
   nodes = getfield(handles, ['set' num2str(i)]);
```

```
   t = lut(nodes, handles.smooth(i), handles.slope(i));
   if imageon
      yi(:, :, i - 1) = t(yi(:, :, i - 1) + 1);
   end
   if mapon
      ygb(:, :, i - 1) = t(ygb(:, :, i - 1) + 1);
      ycb(:, :, i - 1) = t(ycb(:, :, i - 1) + 1);
   end
end
t = lut(handles.set1, handles.smooth(1), handles.slope(1));
if imageon
   yi = t(yi + 1);
end
if mapon
   ygb = t(ygb + 1);     ycb = t(ycb + 1);
end

if ~strcmp(handles.colortype, 'rgb')
   if size(handles.input, 1)
      yi = yi / 255;
      yi = eval([handles.colortype '2rgb(yi)']);
      yi = uint8(255 * yi);
   end
   ygb = ygb / 255;        ycb = ycb / 255;
   ygb = eval([handles.colortype '2rgb(ygb)']);
   ycb = eval([handles.colortype '2rgb(ycb)']);
   ygb = uint8(255 * ygb);     ycb = uint8(255 * ycb);
else
   yi = uint8(yi);   ygb = uint8(ygb);     ycb = uint8(ycb);
end

if size(handles.input, 1)
   figure(handles.output);    imshow(yi);
end
ygb = repmat(ygb, [32 1 1]);    ycb = repmat(ycb, [32 1 1]);
axes(handles.gray_axes);        imshow(ygb);
axes(handles.color_axes);       imshow(ycb);
figure(handles.ice);
set(handles.ice, 'Pointer', 'arrow');
set(handles.ice, 'Interruptible', 'on');

%-------------------------------------------------------------------%
function t = lut(nodes, smooth, slope)
%  Create a 256 element mapping function from a set of control
%  points. The output values are integers in the interval [0, 255].

%  Use piecewise linear or cubic spline with or without zero end
%  slope interpolation.

t = 255 * nodes;    i = 0:255;
if ~smooth
   t = [t; 256 256];   t = interp1q(t(:, 1), t(:, 2), i');
else
   if ~slope
      t = spline(t(:, 1), t(:, 2), i);
   else
      t = spline(t(:, 1), [0; t(:, 2); 0], i);
```

```
   end
end
t = round(t);       t = max(0, t);         t = min(255, t);

%-------------------------------------------------------------------%
function out = spreadout(in)
%  Make all x values unique.

% Scan forward for non-unique x's and bump the higher indexed x--
% but don't exceed 1. Scan the entire range.
nudge = 1 / 256;
for i = 2:size(in, 1) - 1
   if in(i, 1) <= in(i - 1, 1)
      in(i, 1) = min(in(i - 1, 1) + nudge, 1);
   end
end

% Scan in reverse for non-unique x's and decrease the lower indexed
% x -- but don't go below 0. Stop on the first non-unique pair.
if in(end, 1) == in(end - 1, 1)
   for i = size(in, 1):-1:2
      if in(i, 1) <= in(i - 1, 1)
         in(i - 1, 1) = max(in(i, 1) - nudge, 0);
      else
         break;
      end
   end
end

% If the first two x's are now the same, init the curve.
if in(1, 1) == in(2, 1)
   in = [0 0; 1 1];
end
out = in;

%-------------------------------------------------------------------%
function g = rgb2cmy(f)
%   Convert RGB to CMY using IPT's imcomplement.

g = imcomplement(f);

%-------------------------------------------------------------------%
function g = cmy2rgb(f)
%   Convert CMY to RGB using IPT's imcomplement.

g = imcomplement(f);
```

B.2.3 그림 콜백 함수

B.2절의 앞 부분에서 시작 GUI M-파일의 ICE 열기 함수와 닫기 함수 바로 다음에 나오는 3개의 함수는 그림 콜백인 `ice_WindowButtonDownFcn`, `ice_WindowButtonMotionFcn`, `ice_WindowButtonUpFcn`이다. 자동 생성된 M-파일에서, 이들은 지원하는 코드가 없는 MATLAB `function` 정의 명령인 **함수 토막**(*function stub*)이다. 그 연합 임무가 마우스 이벤트(ICE의 `curve_axes` 객체의 매핑 함수 제

어 점들에 대한 클릭 및 드래그)를 처리하는 것인 이들 세 함수의 완전히 개발된 버전은 다음과 같다:

ice
그림 콜백

```
%-------------------------------------------------------------------%
function ice_WindowButtonDownFcn(hObject, eventdata, handles)
% Start mapping function control point editing. Do move, add, or
% delete for left, middle, and right button mouse clicks ('normal',
% 'extend', and 'alt' cases) over plot area.

set(handles.curve_axes, 'Units', 'pixels');
handles.plotbox = get(handles.curve_axes, 'Position');
set(handles.curve_axes, 'Units', 'normalized');
[inplot, x, y] = cursor(hObject, handles);
if inplot
   nodes = getfield(handles, handles.curve);
   i = find(x >= nodes(:, 1));      below = max(i);
   above = min(below + 1, size(nodes, 1));
   if (x - nodes(below, 1)) > (nodes(above, 1) - x)
      node = above;
   else
      node = below;
   end
   deletednode = 0;

   switch get(hObject, 'SelectionType')
   case 'normal'
      if node == above
         above = min(above + 1, size(nodes, 1));
      elseif node == below
         below = max(below - 1, 1);
      end
      if node == size(nodes, 1)
         below = above;
      elseif node == 1
         above = below;
      end
      if x > nodes(above, 1)
         x = nodes(above, 1);
      elseif x < nodes(below, 1)
         x = nodes(below, 1);
      end
      handles.node = node;     handles.updown = 'down';
      handles.below = below;   handles.above = above;
      nodes(node, :) = [x y];
   case 'extend'
      if ~any(nodes(:, 1) == x)
         nodes = [nodes(1:below, :); [x y]; nodes(above:end, :)];
         handles.node = above;   handles.updown = 'down';
         handles.below = below;  handles.above = above + 1;
      end
   case 'alt'
      if (node ~= 1) && (node ~= size(nodes, 1))
         nodes(node, :) = [];   deletednode = 1;
      end
```

```
      handles.node = 0;
      set(handles.input_text, 'String', '');
      set(handles.output_text, 'String', '');
   end

   handles = setfield(handles, handles.curve, nodes);
   guidata(hObject, handles);
   graph(handles);
   if deletednode
      render(handles);
   end
end
```

setfield

함수 S = setfield(S, 'field', V)는 지정된 필드의 내용을 값 V에 설정한다. 바뀐 구조체가 반환된다.

```
%-------------------------------------------------------------------%
function ice_WindowButtonMotionFcn(hObject, eventdata, handles)
%  Do nothing unless a mouse 'down' event has occurred. If it has,
%  modify control point and make new mapping function.

if ~strcmpi(handles.updown, 'down')
   return;
end
[inplot, x, y] = cursor(hObject, handles);
if inplot
   nodes = getfield(handles, handles.curve);
   nudge = handles.smooth(handles.cindex) / 256;
   if (handles.node ~= 1) && (handles.node ~= size(nodes, 1))
      if x >= nodes(handles.above, 1)
         x = nodes(handles.above, 1) - nudge;
      elseif x <= nodes(handles.below, 1)
         x = nodes(handles.below, 1) + nudge;
      end
   else
      if x > nodes(handles.above, 1)
         x = nodes(handles.above, 1);
      elseif x < nodes(handles.below, 1)
         x = nodes(handles.below, 1);
      end
   end
   nodes(handles.node, :) = [x y];
   handles = setfield(handles, handles.curve, nodes);
   guidata(hObject, handles);
   graph(handles);
end

%-------------------------------------------------------------------%
function ice_WindowButtonUpFcn(hObject, eventdata, handles)
%  Terminate ongoing control point move or add operation. Clear
%  coordinate text below plot and update display.

update = strcmpi(handles.updown, 'down');
handles.updown = 'up';      handles.node = 0;
guidata(hObject, handles);
if update
   set(handles.input_text, 'String', '');
   set(handles.output_text, 'String', '');
   render(handles);
end
```

일반적으로, 그림 콜백은 활성 uicontrol 객체가 아닌 그림 객체 또는 창과의 상호작용에 대한 응답으로 기동된다. 더 구체적으로,

- WindowButtonDownFcn은 커서가 활성화된 uicontrol(예: 푸쉬 버튼 또는 팝업 메뉴) 위가 아닌, 그림에 있을 때 사용자가 마우스 버튼을 누를 대 실행된다.
- WindowButtonMotionFcn은 마우스 버튼이 눌러진 상태로 사용자가 이동시키면 실행된다.
- WindowButtonUpFcn은 활성화된 uicontrol 위가 아닌 그림 안에서 마우스 버튼을 누른 다음에 마우스 버튼을 놓을 때 실행된다.

ice의 그림 콜백의 목적과 동작은 코드에 (주석으로) 기술되어 있다. 다음은 최종 구현에 관한 설명이다:

1. ice_WindowButtonDownFcn이 ice 그림 안(활성 그래픽 객체 위는 제외)에서의 모든 마우스 버튼 클릭 때마다 호출되므로, 콜백 함수의 첫 임무는 커서가 ice의 플롯 영역(즉, curve_axes 객체 영역) 내에 있는지를 조사하는 것이다. 만일 커서가 이 영역 바깥에 있으면, 마우스가 무시되어야 한다. 이를 위한 검사는 앞 절에서 리스팅이 제공된 내부 함수 cursor에 의해 수행된다. cursor("function [inplot, x, y] = cursor(h, handles)") 안에서, 명령

   ```
   p = get(h, 'CurrentPoint');
   ```

   이 현재 커서 좌표를 반환한다. 변수 h는 ice_WindowButtonDownFcn으로부터 전해 받으며, 입력 인자 hObject이다("[inplot, x, y] = cursor(hObject, handles);"). 모든 그림 콜백에서, hObject는 그림 요청 서비스의 핸들이다. 속성 'CurrentPoint'는 그림을 기준으로 한 커서 위치를 두 요소 행 벡터 $[x\ y]$로 포함한다.
2. ice가 2-버튼 마우스와 3-버튼 마우스로 동작하도록 설계되므로, ice_WindowButtonDownFcn은 각 콜백을 호출한 마우스 버튼이 어느 것인지를 결정해야 한다. 코드에서 볼 수 있듯이, 이것은 그림의 'SelectionType' 속성을 이용하는 switch 구조에 의해 수행된다. 'normal', 'extent', 'alt'의 case들은 각각 3-버튼 마우스의 왼쪽, 중간, 오른쪽 버튼 클릭(또는 2-버튼 마우스의 왼쪽, 시프트-왼쪽, 콘트롤-왼쪽 클릭)에 해당하며, 제어 점 추가, 제어 점 이동, 제어 점 삭제 연산을 작동시키기 위해 사용된다.
3. 화면 출력된 ICE 매핑 함수는 제어 점이 수정될 때마다 (내부 함수인 graph를 통해) 수정되지만, 핸들이 handles.output에 저장되는 출력 그림은 마우스 버튼이 놓여질 때만 갱신된다. 그 이유는 내부 함수 render에 의해 수행되는 출력 영상 계산이 시간이 많이 걸릴 수 있기 때문이다. 이것은 입력 영상의 세 칼라 성

분을 각각 따로 칼라 매핑하고, 각각을 "all-component(모든 성분)" 곡선에 의해 다시 매핑하고, 매핑된 성분들을 화면 출력을 위해 RGB 칼라 공간으로 전환하기 때문이다. 충분히 주의하지 않으면, 이 긴 출력 매핑 과정 동안 매핑 함수의 제어 점들이 부주의로 수정될 수도 있음을 유념한다.

이를 방지하기 위해서, ice는 그의 다양한 콜백들의 인터럽트 가능성(interruptibility)을 제어한다. 모든 MATLAB 그래픽 객체는 자신의 콜백이 인터럽트 걸릴 수 있을지를 결정하는 Interruptible 속성을 가진다. 각 객체의 'Interruptible' 속성의 디폴트 값은 객체 콜백이 인터럽트 걸릴 수 있음을 의미하는 'on'이다. 'off'로 바뀌면, 현재 인터럽트 불가 콜백이 실행되는 동안 발생하는 콜백들은 무시(즉, 취소)되거나, 추후 처리되도록 **이벤트 큐**(*e ent queue*)에 저장된다. 인터럽트를 거는 콜백의 성향은 인터럽트 걸릴 객체의 'BusyAction' 속성에 의해 결정된다. 만일 'BusyAction'이 'cancel'이면 콜백은 버려지며; 'queue'이면 콜백은 인터럽트 불가 콜백이 끝난 후에 처리된다.

ice_WindowButtonUpFcn 함수는 방금 기술된 메커니즘을 사용해서, 매핑 함수 제어 점을 다루는 사용자 권한을 일시적으로(즉, 출력 영상을 계산하는 동안) 유보한다. 내부 함수 render의 시퀀스

```
set(handles.ice, 'Interruptible', 'off');
set(handles.ice, 'Pointer', 'watch');

set(handles.ice, 'Pointer', 'arrow');
set(handles.ice, 'Interruptible', 'on');
```

이 출력 영상과 의사-칼라 막대 및 완전-칼라 막대를 매핑하는 동안의 ice 그림 창의 'Interruptible' 속성을 'off'로 설정한다. 이것이 매핑이 수행되는 동안 사용자가 매핑 함수 제어 점을 수정하는 것을 막는다. 또한, 그림의 'Pointer' 속성은 ice가 busy 상태임을 화면에 나타내기 위해서 'watch'로 설정되고, 출력 계산이 끝날 때 'arrow'로 리셋됨도 유념한다.

B.2.4 객체 콜백 함수

B.2절의 앞 부분의 시작 GUI M-파일의 마지막 14줄(즉, 10개 함수)은 객체 콜백 함수 토막이다. 앞 절의 자동 생성된 그림 콜백들처럼, 이들은 초기에는 코드가 비어 있다. 이 함수들의 완전히 개발된 버전은 다음과 같다. 각 함수가 서로 다른 ice uicontrol 객체(푸쉬 버튼 등)에 의한 사용자 상호작용(명령)을 처리하며, 그 Tag 속성을 문자열 '_Callback'과 연결해서 작명됨을 주목한다. 예를 들어, 화면 출력된 매핑 함수의 선택을 담당하는 콜백 함수는 component_popup_Callback라고 작명된다. 이것은 사용자가 팝업 선택기를 활성화(즉, 클릭)할 때 호출된다. 입력 인자 hObject는 ice 그림의 핸들(앞 절의 그림 콜백들에서와 같은)이 아니라 팝업

그래픽 객체의 핸들임도 유의한다. ICE의 객체 콜백들은 최소한의 코드를 포함하며 자체 문서화되어 있다. ice가 문맥 감지(즉, 우 클릭에 의해 시작되는) 메뉴를 사용하지 않으므로, 함수 토막 component_popup_CreateFcn은 그의 초기에 빈 상태이다. 객체 생성 동안 실행되는 것은 콜백 루틴이다.

ice
객체 콜백

```
%-------------------------------------------------------------------%
function smooth_checkbox_Callback(hObject, eventdata, handles)
%  Accept smoothing parameter for currently selected color
%  component and redraw mapping function.

if get(hObject, 'Value')
   handles.smooth(handles.cindex) = 1;
   nodes = getfield(handles, handles.curve);
   nodes = spreadout(nodes);
   handles = setfield(handles, handles.curve, nodes);
else
   handles.smooth(handles.cindex) = 0;
end
guidata(hObject, handles);
set(handles.ice, 'Pointer', 'watch');
graph(handles);      render(handles);
set(handles.ice, 'Pointer', 'arrow');
%-------------------------------------------------------------------%
function reset_pushbutton_Callback(hObject, eventdata, handles)
%  Init all display parameters for currently selected color
%  component, make map 1:1, and redraw it.

handles = setfield(handles, handles.curve, [0 0; 1 1]);
c = handles.cindex;
handles.smooth(c) = 0;  set(handles.smooth_checkbox, 'Value', 0);
handles.slope(c) = 0;   set(handles.slope_checkbox, 'Value', 0);
handles.pdf(c) = 0;     set(handles.pdf_checkbox, 'Value', 0);
handles.cdf(c) = 0;     set(handles.cdf_checkbox, 'Value', 0);
guidata(hObject, handles);
set(handles.ice, 'Pointer', 'watch');
graph(handles);      render(handles);
set(handles.ice, 'Pointer', 'arrow');

%-------------------------------------------------------------------%
function slope_checkbox_Callback(hObject, eventdata, handles)
%  Accept slope clamp for currently selected color component and
%  draw function if smoothing is on.

if get(hObject, 'Value')
   handles.slope(handles.cindex) = 1;
else
   handles.slope(handles.cindex) = 0;
end
guidata(hObject, handles);
if handles.smooth(handles.cindex)
   set(handles.ice, 'Pointer', 'watch');
   graph(handles);      render(handles);
   set(handles.ice, 'Pointer', 'arrow');
```

```
end

%-------------------------------------------------------------------%
function resetall_pushbutton_Callback(hObject, eventdata, handles)
% Init display parameters for color components, make all maps 1:1,
% and redraw display.

for c = 1:4
   handles.smooth(c) = 0;      handles.slope(c) = 0;
   handles.pdf(c) = 0;         handles.cdf(c) = 0;
   handles = setfield(handles, ['set' num2str(c)], [0 0; 1 1]);
end
set(handles.smooth_checkbox, 'Value', 0);
set(handles.slope_checkbox, 'Value', 0);
set(handles.pdf_checkbox, 'Value', 0);
set(handles.cdf_checkbox, 'Value', 0);
guidata(hObject, handles);
set(handles.ice, 'Pointer', 'watch');
graph(handles);      render(handles);
set(handles.ice, 'Pointer', 'arrow');

%-------------------------------------------------------------------%
function pdf_checkbox_Callback(hObject, eventdata, handles)
% Accept PDF (probability density function or histogram) display
% parameter for currently selected color component and redraw
% mapping function if smoothing is on. If set, clear CDF display.

if get(hObject, 'Value')
   handles.pdf(handles.cindex) = 1;
   set(handles.cdf_checkbox, 'Value', 0);
   handles.cdf(handles.cindex) = 0;
else
   handles.pdf(handles.cindex) = 0;
end
guidata(hObject, handles);      graph(handles);

%-------------------------------------------------------------------%
function cdf_checkbox_Callback(hObject, eventdata, handles)
% Accept CDF (cumulative distribution function) display parameter
% for selected color component and redraw mapping function if
% smoothing is on. If set, clear CDF display.

if get(hObject, 'Value')
   handles.cdf(handles.cindex) = 1;
   set(handles.pdf_checkbox, 'Value', 0);
   handles.pdf(handles.cindex) = 0;
else
   handles.cdf(handles.cindex) = 0;
end
guidata(hObject, handles);      graph(handles);

%-------------------------------------------------------------------%
function mapbar_checkbox_Callback(hObject, eventdata, handles)
% Accept changes to bar map enable state and redraw bars.

handles.barmap = get(hObject, 'Value');
guidata(hObject, handles);      render(handles);
```

```
%-------------------------------------------------------------------%
function mapimage_checkbox_Callback(hObject, eventdata, handles)
%  Accept changes to the image map state and redraw image.

handles.imagemap = get(hObject, 'Value');
guidata(hObject, handles);      render(handles);

%-------------------------------------------------------------------%
function component_popup_Callback(hObject, eventdata, handles)
%  Accept color component selection, update component specific
%  parameters on GUI, and draw the selected mapping function.

c = get(hObject, 'Value');
handles.cindex = c;
handles.curve = strcat('set', num2str(c));
guidata(hObject, handles);
set(handles.smooth_checkbox, 'Value', handles.smooth(c));
set(handles.slope_checkbox, 'Value', handles.slope(c));
set(handles.pdf_checkbox, 'Value', handles.pdf(c));
set(handles.cdf_checkbox, 'Value', handles.cdf(c));
graph(handles);

%-------------------------------------------------------------------%
% --- Executes during object creation, after setting all properties.
function component_popup_CreateFcn(hObject, eventdata, handles)
% hObject    handle to component_popup (see GCBO)
% eventdata  reserved - to be defined in a future version of MATLAB
% handles    empty - handles not created until all CreateFcns called
% Hint: popupmenu controls usually have a white background on Windows.
%       See ISPC and COMPUTER.
if ispc && isequal(get(hObject,'BackgroundColor'), ...
        get(0,'defaultUicontrolBackgroundColor'))
    set(hObject,'BackgroundColor','white');
end
```

부록 C M-함수

Additional Custom M-Function

개요 *Preview*

이 부록은 이 책의 앞에서 열거되지 않은 모든 M-함수들의 목록을 수록한다. 함수들은 알파벳 순으로 정리되어 있다. 각 함수의 첫 두 줄은 함수를 찾고 요약을 읽기 용이하도록 고딕체 문자로 나타내었다. 이 책의 일부로서, 다음의 므든 함수는 저작권 보호 대상이며, 이 책의 구매자들로 사용이 제한된다. 출판사로부터 서류상 동의 없이, 임의의 형태로 복사하거나, 지역 서버나 인터넷 등의 어떠한 수단에 의해서도 전자적으로 게시하는 것을 포함한, 어떠한 형태의 전파에 대해서도 국가 및 국제 저작권법에 대한 위반이 성립한다.

A

```
function f = adpmedian(g, Smax)
%ADPMEDIAN Perform adaptive median filtering.
%   F = ADPMEDIAN(G, SMAX) performs adaptive median filtering of
%   image G.  The median filter starts at size 3-by-3 and iterates
%   up to size SMAX-by-SMAX. SMAX must be an odd integer greater
%   than 1.

% SMAX must be an odd, positive integer greater than 1.
if (Smax <= 1) || (Smax/2 == round(Smax/2)) || (Smax ~= round(Smax))
   error('SMAX must be an odd integer > 1.')
end

% Initial setup.
f = g;
f(:) = 0;
```

```
alreadyProcessed = false(size(g));

% Begin filtering.
for k = 3:2:Smax
   zmin = ordfilt2(g, 1, ones(k, k), 'symmetric');
   zmax = ordfilt2(g, k * k, ones(k, k), 'symmetric');
   zmed = medfilt2(g, [k k], 'symmetric');

   processUsingLevelB = (zmed > zmin) & (zmax > zmed) & ...
       ~alreadyProcessed;
   zB = (g > zmin) & (zmax > g);
   outputZxy  = processUsingLevelB & zB;
   outputZmed = processUsingLevelB & ~zB;
   f(outputZxy) = g(outputZxy);
   f(outputZmed) = zmed(outputZmed);

   alreadyProcessed = alreadyProcessed | processUsingLevelB;
   if all(alreadyProcessed(:))
      break;
   end
end

% Output zmed for any remaining unprocessed pixels. Note that this
% zmed was computed using a window of size Smax-by-Smax, which is
% the final value of k in the loop.
f(~alreadyProcessed) = zmed(~alreadyProcessed);
```

```
function av = average(A)
%AVERAGE Computes the average value of an array.
%   AV = AVERAGE(A) computes the average value of input array, A,
%   which must be a 1-D or 2-D array.

% Check the validity of the input. (Keep in mind that
% a 1-D array is a special case of a 2-D array.)
if ndims(A) > 2
   error('The dimensions of the input cannot exceed 2.')
end

% Compute the average
av = sum(A(:))/length(A(:));
```

B

```
function rc_new = bound2eight(rc)
%BOUND2EIGHT Convert 4-connected boundary to 8-connected boundary.
%   RC_NEW = BOUND2EIGHT(RC) converts a four-connected boundary to an
%   eight-connected boundary.  RC is a P-by-2 matrix, each row of
%   which contains the row and column coordinates of a boundary
%   pixel.  RC must be a closed boundary; in other words, the last
```

```
%   row of RC must equal the first row of RC.  BOUND2EIGHT removes
%   boundary pixels that are necessary for four-connectedness but not
%   necessary for eight-connectedness.  RC_NEW is a Q-by-2 matrix,
%   where Q <= P.

if ~isempty(rc) && ~isequal(rc(1, :), rc(end, :))
   error('Expected input boundary to be closed.');
end

if size(rc, 1) <= 3
   % Degenerate case.
   rc_new = rc;
   return;
end

% Remove last row, which equals the first row.
rc_new = rc(1:end - 1, :);

% Remove the middle pixel in four-connected right-angle turns.  We
% can do this in a vectorized fashion, but we can't do it all at
% once. Similar to the way the 'thin' algorithm works in bwmorph,
% we'll remove first the middle pixels in four-connected turns where
% the row and column are both even; then the middle pixels in the all
% the remaining four-connected turns where the row is even and the
% column is odd; then again where the row is odd and the column is
% even; and finally where both the row and column are odd.

remove_locations = compute_remove_locations(rc_new);
field1 = remove_locations & (rem(rc_new(:, 1), 2) == 0) & ...
         (rem(rc_new(:, 2), 2) == 0);
rc_new(field1, :) = [];

remove_locations = compute_remove_locations(rc_new);
field2 = remove_locations & (rem(rc_new(:, 1), 2) == 0) & ...
         (rem(rc_new(:, 2), 2) == 1);
rc_new(field2, :) = [];

remove_locations = compute_remove_locations(rc_new);
field3 = remove_locations & (rem(rc_new(:, 1), 2) == 1) & ...
         (rem(rc_new(:, 2), 2) == 0);
rc_new(field3, :) = [];

remove_locations = compute_remove_locations(rc_new);
field4 = remove_locations & (rem(rc_new(:, 1), 2) == 1) & ...
         (rem(rc_new(:, 2), 2) == 1);
rc_new(field4, :) = [];

% Make the output boundary closed again.
rc_new = [rc_new; rc_new(1, :)];
```

```
%--------------------------------------------------------------------%
function remove = compute_remove_locations(rc)

% Circular diff.
d = [rc(2:end, :); rc(1, :)] - rc;

% Dot product of each row of d with the subsequent row of d,
% performed in circular fashion.
d1 = [d(2:end, :); d(1, :)];
dotprod = sum(d .* d1, 2);

% Locations of N, S, E, and W transitions followed by
% a right-angle turn.
remove = ~all(d, 2) & (dotprod == 0);

% But we really want to remove the middle pixel of the turn.
remove = [remove(end, :); remove(1:end - 1, :)];

function rc_new = bound2four(rc)
%BOUND2FOUR Convert 8-connected boundary to 4-connected boundary.
%   RC_NEW = BOUND2FOUR(RC) converts an eight-connected boundary to a
%   four-connected boundary.  RC is a P-by-2 matrix, each row of
%   which contains the row and column coordinates of a boundary
%   pixel.  BOUND2FOUR inserts new boundary pixels wherever there is
%   a diagonal connection.

if size(rc, 1) > 1
   % Phase 1: remove diagonal turns, one at a time until they are
   % all gone.
   done = 0;
   rc1 = [rc(end - 1, :); rc];
   while ~done
      d = diff(rc1, 1);
      diagonal_locations = all(d, 2);
      double_diagonals = diagonal_locations(1:end - 1) & ...
          (diff(diagonal_locations, 1) == 0);
      double_diagonal_idx = find(double_diagonals);
      turns = any(d(double_diagonal_idx, :) ~= ...
                  d(double_diagonal_idx + 1, :), 2);
      turns_idx = double_diagonal_idx(turns);
      if isempty(turns_idx)
         done = 1;
      else
         first_turn = turns_idx(1);
         rc1(first_turn + 1, :) = (rc1(first_turn, :) + ...
                                   rc1(first_turn + 2, :)) / 2;
         if first_turn == 1
            rc1(end, :) = rc1(2, :);
         end
      end
```

```
   end
   rc1 = rc1(2:end, :);
end

% Phase 2: insert extra pixels where there are diagonal connections.

rowdiff = diff(rc1(:, 1));
coldiff = diff(rc1(:, 2));

diagonal_locations = rowdiff & coldiff;
num_old_pixels = size(rc1, 1);
num_new_pixels = num_old_pixels + sum(diagonal_locations);
rc_new = zeros(num_new_pixels, 2);

% Insert the original values into the proper locations in the new RC
% matrix.
idx = (1:num_old_pixels)' + [0; cumsum(diagonal_locations)];
rc_new(idx, :) = rc1;

% Compute the new pixels to be inserted.
new_pixel_offsets = [0 1; -1 0; 1 0; 0 -1];
offset_codes = 2 * (1 - (coldiff(diagonal_locations) + 1)/2) + ...
    (2 - (rowdiff(diagonal_locations) + 1)/2);
new_pixels = rc1(diagonal_locations, :) + ...
    new_pixel_offsets(offset_codes, :);

% Where do the new pixels go?
insertion_locations = zeros(num_new_pixels, 1);
insertion_locations(idx) = 1;
insertion_locations = ~insertion_locations;

% Insert the new pixels.
rc_new(insertion_locations, :) = new_pixels;

function image = bound2im(b, M, N)
%BOUND2IM Converts a boundary to an image.
%   IMAGE = BOUND2IM(b) converts b, an np-by-2 array containing the
%   integer coordinates of a boundary, into a binary image with 1s
%   in the locations of the coordinates in b and 0s elsewhere. The
%   height and width of the image are equal to the Mmin + H and Nmin
%   + W, where Mmin = min(b(:,1)) - 1, N = min(b(:,2)) - 1, and H
%   and W are the height and width of the boundary. In other words,
%   the image created is the smallest image that will encompass the
%   boundary while maintaining the its original coordinate values.
%
%   IMAGE = BOUND2IM(b, M, N) places the boundary in a region of
%   size M-by-N. M and N must satisfy the following conditions:
%
%       M >= max(b(:,1)) - min(b(:,1)) + 1
%       N >= max(b(:,2)) - min(b(:,2)) + 1
```

```
%
%   Typically, M = size(f, 1) and N = size(f, 2), where f is the
%   image from which the boundary was extracted. In this way, the
%   coordinates of IMAGE and f are registered with respect to each
%   other.

% Check input.
if size(b, 2) ~= 2
   error('The boundary must be of size np-by-2')
end

% Make sure the coordinates are integers.
 b = round(b);

% Defaults.
if nargin == 1
   Mmin = min(b(:,1)) - 1;
   Nmin = min(b(:,2)) - 1;
   H = max(b(:,1)) - min(b(:,1)) + 1; % Height of boundary.
   W = max(b(:,2)) - min(b(:,2)) + 1; % Width of boundary.
   M = H + Mmin;
   N = W + Nmin;
end

% Create the image.
image = false(M, N);
linearIndex = sub2ind([M, N], b(:,1), b(:,2));
image(linearIndex) = 1;
```

```
function [dir, x0 y0] = boundarydir(x, y, orderout)
%BOUNDARYDIR Determine the direction of a sequence of planar points.
%   [DIR] = BOUNDARYDIR(X, Y) determines the direction of travel of
%   a closed, nonintersecting sequence of planar points with
%   coordinates contained in column vectors X and Y. Values of DIR
%   are 'cw' (clockwise) and 'ccw' (counterclockwise). The direction
%   of travel is with respect to the image coordinate system defined
%   in Chapter 2 of the book.
%
%   [DIR, X0, Y0] = BOUNDARYDIR(X, Y, ORDEROUT) determines the
%   direction DIR of the input sequence, and also outputs the
%   sequence with its direction of travel as specified in ORDEROUT.
%   Valid values of this parameter as 'cw' and 'ccw'. The
%   coordinates of the output sequence are column vectors X0 and Y0.
%
%   The input sequence is assumed to be nonintersecting, and it
%   cannot have duplicate points, with the exception of the first
%   and last points possibly being the same, a condition often
%   resulting from boundary-following functions, such as
%   bwboundaries.
```

```
% Preliminaries.
% Make sure coordinates are column vectors.
x = x(:);
y = y(:);

% If the first and last points are the same, delete the last point.
% The point will be restored later.
restore = false;
if x(1) == x(end) && y(1) == y(end)
   x = x(1:end-1);
   y = y(1:end-1);
   restore = true;
end
% Check for duplicate points.
if length([x y]) ~= length(unique([x y],'rows'))
   error('No duplicate points except first and last are allowed.')
end

% The topmost, leftmost point in the sequence is always a convex
% vertex.
x0 = x;
y0 = y;
cx = find(x0 == min(x0));
cy = find(y0 == min(y0(cx)));
x1 = x0(cx(1));
y1 = y0(cy(1));
% Scroll data so that the first point in the sequence is (x1, y1),
% the guaranteed convex point.
I = find(x0 == x1 & y0 == y1);
x0 = circshift(x0, [-(I - 1), 0]);
y0 = circshift(y0, [-(I - 1), 0]);

% Form the matrix needed to check for travel direction. Only three
% points are needed: (x1, y1), the point before it, and the point
% after it.
A = [x0(end) y0(end) 1; x0(1) y0(1) 1; x0(2) y0(2) 1];
dir = 'cw';
if det(A) > 0
   dir = 'ccw';
end

% Prepare outputs.
if nargin == 3
   x0 = x; % Reuse x0 and y0.
   y0 = y;
   if ~strcmp(dir, orderout)
      x0(2:end) = flipud(x0(2:end)); % Reverse order of travel.
      y0(2:end) = flipud(y0(2:end));
   end
   if restore
```

```
      x0(end + 1) = x0(1);
      y0(end + 1) = y0(1);
   end
end

function [s, sUnit] = bsubsamp(b, gridsep)
%BSUBSAMP Subsample a boundary.
%   [S, SUNIT] = BSUBSAMP(B, GRIDSEP) subsamples the boundary B by
%   assigning each of its points to the grid node to which it is
%   closest.  The grid is specified by GRIDSEP, which is the
%   separation in pixels between the grid lines. For example, if
%   GRIDSEP = 2, there are two pixels in between grid lines. So, for
%   instance, the grid points in the first row would be at (1,1),
%   (1,4), (1,6), ..., and similarly in the y direction. The value
%   of GRIDSEP must be an integer. The boundary is specified by a
%   set of coordinates in the form of an np-by-2 array.  It is
%   assumed that the boundary is one pixel thick and that it is
%   ordered in a clockwise or counterclockwise sequence.
%
%   Output S is the subsampled boundary. Output SUNIT is normalized
%   so that the grid separation is unity.  This is useful for
%   obtaining the Freeman chain code of the subsampled boundary. The
%   outputs are in the same order (clockwise or counterclockwise) as
%   the input. There are no duplicate points in the output.

% Check inputs.
[np, nc] = size(b);
if np < nc
   error('b must be of size np-by-2.');
end
if isinteger(gridsep)
   error('gridsep must be an integer.')
end

% Find the maximum span of the boundary.
xmax = max(b(:, 1)) + 1;
ymax = max(b(:, 2)) + 1;

% Determine the integral number of grid lines with gridsep points in
% between them that encompass the intervals [1,xmax], [1,ymax].
GLx = ceil((xmax + gridsep)/(gridsep + 1));
GLy = ceil((ymax + gridsep)/(gridsep + 1));

% Form vector of grid coordinates.
I = 1:GLx;
J = 1:GLy;
% Vector of grid line locations intersecting x-axis.
X(I) = gridsep*I + (I - gridsep);
% Vector of grid line locations intersecting y-axis.
Y(J) = gridsep*J + (J - gridsep);
```

```
[C, R] = meshgrid(Y, X); % See CH 02 regarding function meshgrid.
% Vector of grid all coordinates, arranged as Nunbergridpoints-by-2
% array to match the horizontal dimensions of b. This allows
% computation of distances to be vectorized and thus be much more
% efficient.
V =  [C(1:end); R(1:end)]';

% Compute the distance between every element of b and every element
% of the grid.  See Chapter 13 regarding distance computations.
p = np;
q = size(V, 1);
D = sqrt(sum(abs(repmat(permute(b, [1 3 2]), [1 q 1])...
        - repmat(permute(V, [3 1 2]), [p 1 1])).^2, 3));

% D(i, j) is the distance between the ith row of b and the jth
% row of V. Find the min between each element of b and V.
new_b = zeros(np, 2); % Preallocate memory.
for I = 1:np
   idx = find(D(I,:) == min(D(I,:)), 1); % One min in row I of D.
   new_b(I, :) = V(idx, :);
end

% Eliminate duplicates and keep same order as input.
[s, m] = unique(new_b, 'rows');
s = [s, m];
s = fliplr(s);
s = sortrows(s);
s = fliplr(s);
s = s(:, 1:2);

% Scale to unit grid so that can use directly to obtain Freeman
% chain codes.  The shape does not change.
sUnit = round(s./gridsep) + 1;
```

C

```
function image = changeclass(class, varargin)
%CHANGECLASS changes the storage class of an image.
%  I2 = CHANGECLASS(CLASS, I);
%  RGB2 = CHANGECLASS(CLASS, RGB);
%  BW2 = CHANGECLASS(CLASS, BW);
%  X2 = CHANGECLASS(CLASS, X, 'indexed');

%  Copyright 1993-2002 The MathWorks, Inc.  Used with permission.
%  $Revision: 211 $  $Date: 2006-07-31 14:22:42 -0400 (Mon, 31 Jul
2006) $

switch class
case 'uint8'
   image = im2uint8(varargin{:});
```

```
case 'uint16'
   image = im2uint16(varargin{:});
case 'double'
   image = im2double(varargin{:});
otherwise
   error('Unsupported IPT data class.');
end
```

```
function H = cnotch(type, notch, M, N, C, D0, n)
%CNOTCH Generates circularly symmetric notch filters.
%   H = CNOTCH(TYPE, NOTCH, M, N, C, D0, n) generates a notch filter
%   of size M-by-N. C is a K-by-2 matrix with K pairs of frequency
%   domain coordinates (u, v) that define the centers of the filter
%   notches (when specifying filter locations, remember that
%   coordinates in MATLAB run from 1 to M and 1 to N). Coordinates
%   (u, v) are specified for one notch only. The corresponding
%   symmetric notches are generated automatically. D0 is the radius
%   (cut-off frequency) of the notches. It can be specified as a
%   scalar, in which case it is used in all K notch pairs, or it can
%   be a vector of length K, containing an individual cutoff value
%   for each notch pair. n is the order of the Butterworth filter if
%   one is specified.
%
%       Valid values of TYPE are:
%
%           'ideal'     Ideal notchpass filter. n is not used.
%
%           'btw'       Butterworth notchpass filter of order n. The
%                       default value of n is 1.
%
%           'gaussian'  Gaussian notchpass filter. n is not used.
%
%       Valid values of NOTCH are:
%
%           'reject'    Notchreject filter.
%
%           'pass'      Notchpass filter.
%
%       One of these two values must be specified for NOTCH.
%
%  H is of floating point class single. It is returned uncentered
%  for consistency with filtering function dftfilt. To view H as an
%  image or mesh plot, it should be centered using Hc = fftshift(H).

% Preliminaries.
if nargin < 7
   n = 1; % Default for Butterworth filter.
end

% Define tha largest array of odd dimensions that fits in H. This is
```

```
% required to preserve symmetry in the filter. If necessary, a row
% and/or column is added to the filter at the end of the function.
MO = M;
NO = N;
if iseven(M)
   MO = M - 1;
end
if iseven(N)
   NO = N - 1;
end

% Center of the filter:
center = [floor(MO/2) + 1, floor(NO/2) + 1];

% Number of notch pairs.
K = size(C, 1);
% Cutoff values.
if numel(DO) == 1
       DO(1:K) = DO; % All cut offs are the same.
end

% Shift notch centers  so that they are with respect to the center
% of the filter (and the frequency rectangle).
center = repmat(center, size(C,1), 1);
C = C - center;

% Begin filter computations. All filters are computed as notchreject
% filters. At the end, they are changed to notchpass filters if it
% is so specified in parameter NOTCH.
H = rejectFilter(type, MO, NO, DO, K, C, n);

% Finished. Format the output.
H = processOutput(notch, H, M, N, center);

%-------------------------------------------------------------------%
function H = rejectFilter(type, MO, NO, DO, K, C, n)
% Initialize the filter array to be an "all pass" filter. This
% constant filter is then multiplied by the notchreject filters
% placed at the locations in C with respect to the center of the
% frequency rectangle.
H = ones(MO, NO, 'single');

% Generate filter.
for I = 1:K
   % Place a notch at each location in delta. Function hpfilter
   % returns the filters uncentered. Use fftshit to center the
   % filter at each location. The filters are made larger than
   % M-by-N to simplify indexing in function placeNotches.
   Usize = MO + 2*abs(C(I, 1));
   Vsize = NO + 2*abs(C(I, 2));
```

```
   filt = fftshift(hpfilter(type, Usize , Vsize, D0(I), n));
   % Insert FILT in H.
   H = placeNotches(H, filt, C(I,1), C(I,2));
end

%-------------------------------------------------------------------%
function P = placeNotches(H, filt, delu, delv)
% Places in H the notch contained in FILT.

[M N] = size(H);
U = 2*abs(delu);
V = 2*abs(delv);

% The following calculations are to determine the (common) area of
% overlap between array H and the notch filter FILT.
if delu >= 0 && delv >= 0
   filtCommon = filt(1:M, 1:N); % Displacement is in Q1.
elseif delu < 0 && delv >= 0
   filtCommon = filt(U + 1:U + M, 1:N); % Displacement is in Q2.
elseif delu < 0 && delv < 0
   filtCommon = filt(U + 1:U + M, V + 1:V + N); % Q3
elseif delu >= 0 && delv <= 0
   filtCommon = filt(1:M, V + 1:V + N); % Q4
end

% Compute the product of H and filtCommon. They are registered.
P = ones(M, N).*filtCommon;

% The conjugate notch location is determined by rotating P 180
% degress. This is the same as flipping P left-right and up-down.
% The product of P and its rotated version contain FILT and its
% conjugate.
P = P.*(flipud(fliplr(P)));
P = H.*P; % A new notch and its conjugate were inserted.

%-------------------------------------------------------------------%
function Hout = processOutput(notch, H, M, N, center)
% At this point, H is an odd array in both dimensions (see comments
% at the beginning of the function). In the following, we insert a
% row if M is even, and a column if N is even. The new row and
% column have to be symmetric about their center to preserve
% symmetry in the filter. They are created by duplicating the first
% row and column of H and then making them symmetric.
centerU = center(1,1);
centerV = center(1,2);
newRow = H(1,:);
newRow(1:centerV - 1) = fliplr(newRow(centerV+1:end)); %Symmetric now
newCol = H(:,1);
newCol(1:centerU - 1) = flipud(newCol(centerU+1:end)); %Symmetric.
% Insert the new row and/or column if appropriate.
```

```
if iseven(M) && iseven(N)
   Hout = cat(1, newRow, H);
   newCol = cat(1, H(1,1), newCol);
   Hout = cat(2, newCol, Hout);
elseif iseven(M) && isodd(N)
   Hout = cat(1, newRow, H);
elseif isodd(M) && iseven(N)
   Hout = cat(2, newCol, H);
else
   Hout = H;
end

% Uncenter the filter, as required for filtering with dftfilt.
Hout = ifftshift(Hout);

% Generate a pass filter if one was specified.
if strcmp(notch, 'pass')
   Hout = 1 - Hout;
end
```

```
function [VG, A, PPG]= colorgrad(f, T)
%COLORGRAD Computes the vector gradient of an RGB image.
%   [VG, VA, PPG] = COLORGRAD(F, T) computes the vector gradient, VG,
%   and corresponding angle array, VA, (in radians) of RGB image
%   F. It also computes PPG, the per-plane composite gradient
%   obtained by summing the 2-D gradients of the individual color
%   planes. Input T is a threshold in the range [0, 1]. If it is
%   included in the argument list, the values of VG and PPG are
%   thresholded by letting VG(x,y) = 0 for values <= T and VG(x,y) =
%   VG(x,y) otherwise. Similar comments apply to PPG.  If T is not
%   included in the argument list then T is set to 0. Both output
%   gradients are scaled to the range [0, 1].

if (ndims(f) ~= 3) || (size(f, 3) ~= 3)
   error('Input image must be RGB.');
end

% Compute the x and y derivatives of the three component images
% using Sobel operators.
sh = fspecial('sobel');
sv = sh';
Rx = imfilter(double(f(:, :, 1)), sh, 'replicate');
Ry = imfilter(double(f(:, :, 1)), sv, 'replicate');
Gx = imfilter(double(f(:, :, 2)), sh, 'replicate');
Gy = imfilter(double(f(:, :, 2)), sv, 'replicate');
Bx = imfilter(double(f(:, :, 3)), sh, 'replicate');
By = imfilter(double(f(:, :, 3)), sv, 'replicate');

% Compute the parameters of the vector gradient.
gxx = Rx.^2 + Gx.^2 + Bx.^2;
```

```
gyy = Ry.^2 + Gy.^2 + By.^2;
gxy = Rx.*Ry + Gx.*Gy + Bx.*By;
A = 0.5*(atan(2*gxy./(gxx - gyy + eps)));
G1 = 0.5*((gxx + gyy) + (gxx - gyy).*cos(2*A) + 2*gxy.*sin(2*A));

% Now repeat for angle + pi/2. Then select the maximum at each point.
A = A + pi/2;
G2 = 0.5*((gxx + gyy) + (gxx - gyy).*cos(2*A) + 2*gxy.*sin(2*A));
G1 = G1.^0.5;
G2 = G2.^0.5;
% Form VG by picking the maximum at each (x,y) and then scale
% to the range [0, 1].
VG = mat2gray(max(G1, G2));

% Compute the per-plane gradients.
RG = sqrt(Rx.^2 + Ry.^2);
GG = sqrt(Gx.^2 + Gy.^2);
BG = sqrt(Bx.^2 + By.^2);
% Form the composite by adding the individual results and
% scale to [0, 1].
PPG = mat2gray(RG + GG + BG);

% Threshold the result.
if nargin == 2
   VG = (VG > T).*VG;
   PPG = (PPG > T).*PPG;
end

function I = colorseg(varargin)
%COLORSEG Performs segmentation of a color image.
%   S = COLORSEG('EUCLIDEAN', F, T, M) performs segmentation of color
%   image F using a Euclidean measure of similarity. M is a 1-by-3
%   vector representing the average color used for segmentation (this
%   is the center of the sphere in Fig. 6.26 of DIPUM). T is the
%   threshold against which the distances are compared.
%
%   S = COLORSEG('MAHALANOBIS', F, T, M, C) performs segmentation of
%   color image F using the Mahalanobis distance as a measure of
%   similarity. C is the 3-by-3 covariance matrix of the sample color
%   vectors of the class of interest. See function covmatrix for the
%   computation of C and M.
%
%   S is the segmented image (a binary matrix) in which 0s denote the
%   background.

% Preliminaries.
% Recall that varargin is a cell array.
f = varargin{2};
if (ndims(f) ~= 3) || (size(f, 3) ~= 3)
   error('Input image must be RGB.');
end
```

```
M = size(f, 1); N = size(f, 2);
% Convert f to vector format using function imstack2vectors.
f = imstack2vectors(f);
f = double(f);
% Initialize I as a column vector.  It will be reshaped later
% into an image.
I = zeros(M*N, 1);
T = varargin{3};
m = varargin{4};
m = m(:)'; % Make sure that m is a row vector.

if length(varargin) == 4
   method = 'euclidean';
elseif length(varargin) == 5
   method = 'mahalanobis';
else
   error('Wrong number of inputs.');
end

switch method
case 'euclidean'
   % Compute the Euclidean distance between all rows of X and m. See
   % Section 12.2 of DIPUM for an explanation of the following
   % expression. D(i) is the Euclidean distance between vector X(i,:)
   % and vector m.
   p = length(f);
   D = sqrt(sum(abs(f - repmat(m, p, 1)).^2, 2));
case 'mahalanobis'
   C = varargin{5};
   D = mahalanobis(f, C, m);
otherwise
   error('Unknown segmentation method.')
end

% D is a vector of size MN-by-1 containing the distance computations
% from all the color pixels to vector m. Find the distances <= T.
J = find(D <= T);

% Set the values of I(J) to 1.  These are the segmented
% color pixels.
I(J) = 1;

% Reshape I into an M-by-N image.
I = reshape(I, M, N);
```

```
function c = connectpoly(x, y)
%CONNECTPOLY Connects vertices of a polygon.
%   C = CONNECTPOLY(X, Y) connects the points with coordinates given
%   in X and Y with straight lines. These points are assumed to be a
%   sequence of polygon vertices organized in the clockwise or
```

```
%   counterclockwise direction. The output, C, is the set of points
%   along the boundary of the polygon in the form of an nr-by-2
%   coordinate sequence in the same direction as the input. The last
%   point in the sequence is equal to the first.

v = [x(:), y(:)];

% Close polygon.
if ~isequal(v(end, :), v(1, :))
   v(end + 1, :) = v(1, :);
end

% Connect vertices.
segments = cell(1, length(v) - 1);
for I = 2:length(v)
   [x, y] = intline(v(I - 1, 1), v(I, 1), v(I - 1, 2), v(I, 2));
   segments{I - 1} = [x, y];
end

c = cat(1, segments{:});
```

```
function cp = cornerprocess(c, T, q)
%CORNERPROCESS Processes the output of function cornermetric.
%   CP = CORNERPROCESS(C, T, Q) postprocesses C, the output of
%   function CORNERMETRIC, with the objective of reducing the
%   number of irrelevant corner points (with respect to threshold T)
%   and the number of multiple corners in a neighborhood of size
%   Q-by-Q. If there are multiple corner points contained within
%   that neighborhood, they are eroded morphologically to one corner
%   point.
%
%   A corner point is said to have been found at coordinates (I, J)
%   if C(I,J) > T.
%
%   A good practice is to normalize the values of C to the range [0
%   1], in im2double format before inputting C into this function.
%   This facilitates interpretation of the results and makes
%   thresholding more intuitive.

% Peform thresholding.
cp = c > T;

% Dilate CP to incorporate close neighbors.
B = ones(q);
cp = imdilate(cp, B);

% Shrink connnected components to single points.
cp = bwmorph(cp, 'shrink','Inf');
```

```
function cv2tifs(y, f)
%CV2TIFS Decodes a TIFS2CV compressed image sequence.
%   Y = CV2TIFS(Y, F) decodes compressed sequence Y (a structure
```

```
%   generated by TIFS2CV) and creates a multiframe TIFF file F.
%
%   See also TIFS2CV.

% Get the number of frames, block size, and reconstruction quality.
fcnt = double(y.frames);
m = double(y.blksz);
q = double(y.quality);

% Reconstruct the first image in the sequence and store.
if q == 0
    r = double(huff2mat(y.video(1)));
else
    r = double(jpeg2im(y.video(1)));
end
imwrite(uint8(r), f, 'Compression', 'none', 'WriteMode', 'overwrite');

% Get the frame size and motion vectors.
fsz = size(r);
mvsz = [fsz/m 2 fcnt];
mv = int16(huff2mat(y.motion));
mv = reshape(mv, mvsz);

% For frames except the first, get a motion conpensated prediction
% residual and add to the proper reference subimages.
for i = 2:fcnt
    if q == 0
        pe = double(huff2mat(y.video(i)));
    else
        pe = double(jpeg2im(y.video(i)) - 255);
    end
    peC = im2col(pe, [m m], 'distinct');

    for col = 1:size(peC, 2)
        u = 1 + mod(m * (col - 1), fsz(1));
        v = 1 + m * floor((col - 1) * m / fsz(1));
        rx = u - mv(1 + floor((u - 1)/m), 1 + floor((v - 1)/m), ...
           1, i);
        ry = v - mv(1 + floor((u - 1)/m), 1 + floor((v - 1)/m), ...
           2, i);

        subimage = r(rx:rx + m - 1, ry:ry + m - 1);
        peC(:, col) = subimage(:) - peC(:, col);
    end

    r = col2im(double(uint16(peC)), [m m], fsz, 'distinct');
    imwrite(uint8(r), f, 'Compression', 'none', ...
        'WriteMode', 'append');
end
```

D

```
function s = diameter(L)
%DIAMETER Measure diameter and related properties of image regions.
%   S = DIAMETER(L) computes the diameter, the major axis endpoints,
%   the minor axis endpoints, and the basic rectangle of each labeled
%   region in the label matrix L. Positive integer elements of L
%   correspond to different regions. For example, the set of elements
%   of L equal to 1 corresponds to region 1; the set of elements of L
%   equal to 2 corresponds to region 2; and so on.  S is a structure
%   array of length max(L(:)). The fields of the structure array
%   include:
%
%     Diameter
%     MajorAxis
%     MinorAxis
%     BasicRectangle
%
%   The Diameter field, a scalar, is the maximum distance between any
%   two pixels in the corresponding region.
%
%   The MajorAxis field is a 2-by-2 matrix.  The rows contain the row
%   and column coordinates for the endpoints of the major axis of the
%   corresponding region.
%
%   The MinorAxis field is a 2-by-2 matrix.  The rows contain the row
%   and column coordinates for the endpoints of the minor axis of the
%   corresponding region.
%
%   The BasicRectangle field is a 4-by-2 matrix.  Each row contains
%   the row and column coordinates of a corner of the
%   region-enclosing rectangle defined by the major and minor axes.
%
%   For more information about these measurements, see Section 11.2.1
%   of Digital Image Processing, by Gonzalez and Woods, 2nd edition,
%   Prentice Hall.

s = regionprops(L, {'Image', 'BoundingBox'});

for k = 1:length(s)
    [s(k).Diameter, s(k).MajorAxis, perim_r, perim_c] = ...
        compute_diameter(s(k));
    [s(k).BasicRectangle, s(k).MinorAxis] = ...
        compute_basic_rectangle(s(k), perim_r, perim_c);
end

%-------------------------------------------------------------------%
function [d, majoraxis, r, c] = compute_diameter(s)
%   [D, MAJORAXIS, R, C] = COMPUTE_DIAMETER(S) computes the diameter
%   and major axis for the region represented by the structure S. S
```

```
%   must contain the fields Image and BoundingBox.  CCMPUTE_DIAMETER
%   also returns the row and column coordinates (R and C) of the
%   perimeter pixels of s.Image.

% Compute row and column coordinates of perimeter pixels.
[r, c] = find(bwperim(s.Image));
r = r(:);
c = c(:);
[rp, cp] = prune_pixel_list(r, c);

num_pixels = length(rp);
switch num_pixels
case 0
   d = -Inf;
   majoraxis = ones(2, 2);

case 1
   d = 0;
   majoraxis = [rp cp; rp cp];

case 2
   d = (rp(2) - rp(1))^2 + (cp(2) - cp(1))^2;
   majoraxis = [rp cp];

otherwise
   % Generate all combinations of 1:num_pixels taken two at a time.
   % Method suggested by Peter Acklam.
   [idx(:, 2) idx(:, 1)] = find(tril(ones(num_pixels), -1));
   rr = rp(idx);
   cc = cp(idx);

   dist_squared = (rr(:, 1) - rr(:, 2)).^2 + ...
       (cc(:, 1) - cc(:, 2)).^2;
   [max_dist_squared, idx] = max(dist_squared);
   majoraxis = [rr(idx,:)' cc(idx,:)'];

   d = sqrt(max_dist_squared);

   upper_image_row = s.BoundingBox(2) + 0.5;
   left_image_col = s.BoundingBox(1) + 0.5;

   majoraxis(:, 1) = majoraxis(:, 1) + upper_image_row - 1;
   majoraxis(:, 2) = majoraxis(:, 2) + left_image_col - 1;
end

%-------------------------------------------------------------------%
function [basicrect, minoraxis] = compute_basic_rectangle(s, ...
                                          perim_r, perim_c)
%   [BASICRECT,MINORAXIS] = COMPUTE_BASIC_RECTANGLE(S, PERIM_R,
%   PERIM_C) computes the basic rectangle and the minor axis
```

```
%   end-points for the region represented by the structure S.  S must
%   contain the fields Image, BoundingBox, MajorAxis, and
%   Diameter. PERIM_R and PERIM_C are the row and column coordinates
%   of perimeter of s.Image. BASICRECT is a 4-by-2 matrix, each row
%   of which contains the row and column coordinates of one corner of
%   the basic rectangle.

% Compute the orientation of the major axis.
theta = atan2(s.MajorAxis(2, 1) - s.MajorAxis(1, 1), ...
              s.MajorAxis(2, 2) - s.MajorAxis(1, 2));

% Form rotation matrix.
T = [cos(theta) sin(theta); -sin(theta) cos(theta)];

% Rotate perimeter pixels.
p = [perim_c perim_r];
p = p * T';

% Calculate minimum and maximum x- and y-coordinates for the rotated
% perimeter pixels.
x = p(:, 1);
y = p(:, 2);
min_x = min(x);
max_x = max(x);
min_y = min(y);
max_y = max(y);

corners_x = [min_x max_x max_x min_x]';
corners_y = [min_y min_y max_y max_y]';

% Rotate corners of the basic rectangle.
corners = [corners_x corners_y] * T;

% Translate according to the region's bounding box.
upper_image_row = s.BoundingBox(2) + 0.5;
left_image_col = s.BoundingBox(1) + 0.5;

basicrect = [corners(:, 2) + upper_image_row - 1, ...
             corners(:, 1) + left_image_col - 1];

% Compute minor axis end-points, rotated.
x = (min_x + max_x) / 2;
y1 = min_y;
y2 = max_y;
endpoints = [x y1; x y2];

% Rotate minor axis end-points back.
endpoints = endpoints * T;

% Translate according to the region's bounding box.
minoraxis = [endpoints(:, 2) + upper_image_row - 1, ...
```

```
            endpoints(:, 1) + left_image_col - 1];

%-------------------------------------------------------------------%
function [r, c] = prune_pixel_list(r, c)
%   [R, C] = PRUNE_PIXEL_LIST(R, C) removes pixels from the vectors
%   R and C that cannot be endpoints of the major axis.  This
%   elimination is based on geometrical constraints described in
%   Russ, Image Processing Handbook, Chapter 8.

top = min(r);
bottom = max(r);
left = min(c);
right = max(c);

% Which points are inside the upper circle?
x = (left + right)/2;
y = top;
radius = bottom - top;
inside_upper = ( (c - x).^2 + (r - y).^2 ) < radius^2;

% Which points are inside the lower circle?
y = bottom;
inside_lower = ( (c - x).^2 + (r - y).^2 ) < radius^2;

% Which points are inside the left circle?
x = left;
y = (top + bottom)/2;
radius = right - left;
inside_left = ( (c - x).^2 + (r - y).^2 ) < radius^2;

% Which points are inside the right circle?
x = right;
inside_right = ( (c - x).^2 + (r - y).^2 ) < radius^2;

% Eliminate points that are inside all four circles.
delete_idx = find(inside_left & inside_right & ...
                  inside_upper & inside_lower);
r(delete_idx) = [];
c(delete_idx) = [];
```

F

```
function  c = fchcode(b, conn, dir)
%FCHCODE Computes the Freeman chain code of a boundary.
%   C = FCHCODE(B) computes the 8-connected Freeman chain code of a
%   set of 2-D coordinate pairs contained in B, an np-by-2 array. C
%   is a structure with the following fields:
%
%     c.fcc    = Freeman chain code (1-by-np)
```

```
%     c.diff   = First difference of code c.fcc (1-by-np)
%     c.mm     = Integer of minimum magnitude from c.fcc (1-by-np)
%     c.diffmm = First difference of code c.mm (1-by-np)
%     c.x0y0   = Coordinates where the code starts (1-by-2)
%
%   C = FCHCODE(B, CONN) produces the same outputs as above, but
%   with the code connectivity specified in CONN. CONN can be 8 for
%   an 8-connected chain code, or CONN can be 4 for a 4-connected
%   chain code. Specifying CONN = 4 is valid only if the input
%   sequence, B, contains transitions with values 0, 2, 4, and 6,
%   exclusively. If it does not, an error is issued. See table
%   below.
%
%   C = FHCODE(B, CONN, DIR) produces the same outputs as above,
%   but, in addition, the desired code direction is specified.
%   Values for DIR can be:
%
%     'same'      Same as the order of the sequence of points in b.
%                 This is the default.
%
%     'reverse'   Outputs the code in the direction opposite to the
%                 direction of the points in B.  The starting point
%                 for each DIR is the same.
%
%   The elements of B are assumed to correspond to a 1-pixel-thick,
%   fully-connected, closed boundary. B cannot contain duplicate
%   coordinate pairs, except in the first and last positions, which
%   is a common feature of boundary tracing programs.
%
%   FREEMAN CHAIN CODE REPRESENTATION The table on the left shows
%   the 8-connected Freeman chain codes corresponding to allowed
%   deltax, deltay pairs. An 8-chain is converted to a 4-chain if
%   (1) conn = 4; and (2) only transitions 0, 2, 4, and 6 occur in
%   the 8-code.  Note that dividing 0, 2, 4, and 6 by 2 produce the
%   4-code. See Fig. 12.2 for an explanation of the directional 4-
%   and 8-codes.
%
%       ----------------------- ----------------
%       deltax | deltay | 8-code  corresp 4-code
%       ----------------------- ----------------
%         0        1       0            0
%        -1        1       1
%        -1        0       2            1
%        -1       -1       3
%         0       -1       4            2
%         1       -1       5
%         1        0       6            3
%         1        1       7
%       ----------------------- ----------------
%
```

```
%   The formula z = 4*(deltax + 2) + (deltay + 2) gives the
%   following sequence corresponding to rows 1-8 in the preceding
%   table: z = 11,7,6,5,9,13,14,15. These values can be used as
%   indices into the table, improving the speed of computing the
%   chain code. The preceding formula is not unique, but it is based
%   on the smallest integers (4 and 2) that are powers of 2.

% Preliminaries.
if nargin == 1
   dir = 'same';
   conn = 8;
elseif nargin == 2
   dir = 'same';
elseif nargin == 3
   % Nothing to do here.
else
   error('Incorrect number of inputs.')
end
[np, nc] = size(b);
if np < nc
   error('B must be of size np-by-2.');
end

% Some boundary tracing programs, such as bwboundaries.m, output a
% sequence in which the coordinates of the first and last points are
% the same. If this is the case, eliminate the last point.
if isequal(b(1, :), b(np, :))
   np = np - 1;
   b = b(1:np, :);
end

% Build the code table using the single indices from the formula
% for z given above:
C(11)=0; C(7)=1; C(6)=2; C(5)=3; C(9)=4;
C(13)=5; C(14)=6; C(15)=7;

% End of Preliminaries.

% Begin processing.
x0 = b(1, 1);
y0 = b(1, 2);
c.x0y0 = [x0, y0];

% Check the curve for out-of-order points or breaks.
% Get the deltax and deltay between successive points in b. The
% last row of a is the first row of b.
a = circshift(b, [-1, 0]);

% DEL = a - b is an nr-by-2 matrix in which the rows contain the
% deltax and deltay between successive points in b. The two
% components in the kth row of matrix DEL are deltax and deltay
```

```
% between point (xk, yk) and (xk+1, yk+1).  The last row of DEL
% contains the deltax and deltay between (xnr, ynr) and (x1, y1),
% (i.e., between the last and first points in b).
DEL = a - b;

% If the abs value of either (or both) components of a pair
% (deltax, deltay) is greater than 1, then by definition the curve
% is broken (or the points are out of order), and the program
% terminates.
if any(abs(DEL(:, 1)) > 1) || any(abs(DEL(:, 2)) > 1);
   error('The input curve is broken or points are out of order.')
end

% Create a single index vector using the formula described above.
z = 4*(DEL(:, 1) + 2) + (DEL(:, 2) + 2);

% Use the index to map into the table. The following are
% the Freeman 8-chain codes, organized in a 1-by-np array.
fcc = C(z);

% Check if direction of code sequence needs to be reversed.
if strcmp(dir, 'reverse')
   fcc = coderev(fcc); % See below for function coderev.
end

% If 4-connectivity is specified, check that all components
% of fcc are 0, 2, 4, or 6.
if conn == 4
   if isempty(find(fcc == 1 || fcc == 3 || fcc == 5 ...
                    || fcc ==7 , 1))
       fcc = fcc./2;
    else
       error('The specified 4-connected code cannot be satisfied.')
   end
end

% Freeman chain code for structure output.
c.fcc = fcc;

% Obtain the first difference of fcc.
c.diff = codediff(fcc,conn); % See below for function codediff.

% Obtain code of the integer of minimum magnitude.
c.mm = minmag(fcc); % See below for function minmag.

% Obtain the first difference of fcc
c.diffmm = codediff(c.mm, conn);

%-------------------------------------------------------------------%
function cr = coderev(fcc)
%   Traverses the sequence of 8-connected Freeman chain code fcc in
```

```
%   the opposite direction, changing the values of each code
%   segment. The starting point is not changed. fcc is a 1-by-np
%   array.

% Flip the array left to right.  This redefines the starting point
% as the last point and reverses the order of "travel" through the
% code.
cr = fliplr(fcc);

% Next, obtain the new code values by traversing the code in the
% opposite direction. (0 becomes 4, 1 becomes 5, ... , 5 becomes 1,
% 6 becomes 2, and 7 becomes 3).
ind1 = find(0 <= cr & cr <= 3);
ind2 = find(4 <= cr & cr <= 7);
cr(ind1) = cr(ind1) + 4;
cr(ind2) = cr(ind2) - 4;

%-------------------------------------------------------------------%
function z = minmag(c)
%      Finds the integer of minimum magnitude in a given
%   4- or 8-connected Freeman chain code, C. The code is assumed to
%   be a 1-by-np array.

% The integer of minimum magnitude starts with min(c), but there
% may be more than one such value. Find them all,
I = find(c == min(c));
% and shift each one left so that it starts with min(c).
J = 0;
A = zeros(length(I), length(c));
for k = I;
   J = J + 1;
   A(J, :) = circshift(c,[0 -(k - 1)]);
end

% Matrix A contains all the possible candidates for the integer of
% minimum magnitude. Starting with the 2nd column, succesively find
% the minima in each column of A. The number of candidates decreases
% as the seach moves to the right on A.  This is reflected in the
% elements of J.  When length(J) = 1, one candidate remains.  This
% is the integer of minimum magnitude.
[M, N] = size(A);
J = (1:M)';
D(J, 1) = 0; % Reserve memory space for loop.
for k = 2:N
   D(1:M, 1) = Inf;
   D(J, 1) = A(J, k);
   amin = min(A(J, k));
   J = find(D(:, 1) == amin);
   if length(J)==1
      z = A(J, :);
      return
```

```
   end
end

%--------------------------------------------------------------------%
function d = codediff(fcc, conn)
%   Computes the first difference of code, FCC. The code FCC is
%   treated as a circular sequence, so the last element of D is the
%   difference between the last and first elements of FCC.  The
%   input code is a 1-by-np vector.

% The first difference is found by counting the number of direction
% changes (in a counter-clockwise direction) that separate two
% adjacent elements of the code.
sr = circshift(fcc, [0, -1]); % Shift input left by 1 location.
delta = sr - fcc;
d = delta;
I = find(delta < 0);

type = conn;
switch type
case 4 % Code is 4-connected
   d(I) = d(I) + 4;
case 8 % Code is 8-connected
   d(I) = d(I) + 8;
end
```

G

```
function v = gmean(A)
%GMEAN Geometric mean of columns.
%   V = GMEAN(A) computes the geometric mean of the columns of A.  V
%   is a row vector with size(A,2) elements.
%
%   Sample M-file used in Chapter 3.

m = size(A, 1);
v = prod(A, 1) .^ (1/m);

function g = gscale(f, varargin)
%GSCALE Scales the intensity of the input image.
%   G = GSCALE(F, 'full8') scales the intensities of F to the full
%   8-bit intensity range [0, 255].  This is the default if there is
%   only one input argument.
%
%   G = GSCALE(F, 'full16') scales the intensities of F to the full
%   16-bit intensity range [0, 65535].
%
%   G = GSCALE(F, 'minmax', LOW, HIGH) scales the intensities of F to
%   the range [LOW, HIGH]. These values must be provided, and they
%   must be in the range [0, 1], independently of the class of the
```

```
%   input. GSCALE performs any necessary scaling. If the input is of
%   class double, and its values are not in the range [0, 1], then
%   GSCALE scales it to this range before processing.
%
%   The class of the output is the same as the class of the input.

if length(varargin) == 0 % If only one argument it must be f.
   method = 'full8';
else
   method = varargin{1};
end

if strcmp(class(f), 'double') & (max(f(:)) > 1 || min(f(:)) < 0)
   f = mat2gray(f);
end

% Perform the specified scaling.
switch method
case 'full8'
   g = im2uint8(mat2gray(double(f)));
case 'full16'
   g = im2uint16(mat2gray(double(f)));
case 'minmax'
   low = varargin{2}; high = varargin{3};
   if low > 1 || low < 0 || high > 1 || high < 0
      error('Parameters low and high must be in the range [0, 1].')
   end
   if strcmp(class(f), 'double')
      low_in = min(f(:));
      high_in = max(f(:));
   elseif strcmp(class(f), 'uint8')
      low_in = double(min(f(:)))./255;
      high_in = double(max(f(:)))./255;
   elseif strcmp(class(f), 'uint16')
      low_in = double(min(f(:)))./65535;
      high_in = double(max(f(:)))./65535;
   end
   % imadjust automatically matches the class of the input.
   g = imadjust(f, [low_in high_in], [low high]);
otherwise
   error('Unknown method.')

end
```

I

```
function P = i2percentile(h, I)
%I2PERCENTILE Computes a percentile given an intensity value.
%   P = I2PERCENTILE(H, I) Given an intensity value, I, and a
%   histogram, H, this function computes the percentile, P, that I
%   represents for the population of intensities governed by
```

```
%   histogram H. I must be in the range [0, 1], independently of the
%   class of the image from which the histogram was obtained. P is
%   returned as a value in the range [0 1]. To convert it to a
%   percentile multiply it by 100. By definition, I = 0 represents
%   the 0th percentile and I = 1 represents 100th percentile.
%
%   Example:
%
%   Suppose that h is a uniform histogram of an uint8 image. Typing
%
%       P = i2percentile(h, 127/255)
%
%   would return P = 0.5, indicating that the input intensity
%   is in the 50th percentile.
%
%   See also function percentile2i.

% Normalized the histogram to unit area. If it is already normalized
% the following computation has no effect.
h = h/sum(h);

% Calculations.
K = numel(h) - 1;
C = cumsum(h); % Cumulative distribution.
if I < 0 || I > 1
    error('Input intensity must be in the range [0, 1].')
elseif I == 0
   P = 0; % Per the definition of percentile.
elseif I == 1
   P = 1; % Per the definition of percentile.
else
   idx = floor(I*K) + 1;
   P = C(idx);
end
```

```
function [X, Y, R] = im2minperpoly(B, cellsize)
%IM2MINPERPOLY Minimum perimeter polygon.
%   [X, Y, R] = IM2MINPERPOLY(B, CELLSIZE) outputs in column vectors
%   X and Y the coordinates of the vertices of the minimum perimeter
%   polygon circumscribing a single binary region or a
%   (nonintersecting) boundary contained in image B. The background
%   in B must be 0, and the region or boundary must have values
%   equal to 1. If instead of an image, B, a list of ordered
%   vertices is available, link the vertices using function
%   connectpoly and then use function bound2im to generate a binary
%   image B containing the boundary.
%
%   R is the region extracted from the image, from which the MPP
%   will be computed (see Figs. 12.5(c) and 12.6(e)). Displaying
%   this region is a good approach to determine interactively a
```

```
%   satisfactory value for CELLSIZE. Parameter CELLSIZE is the size
%   of the square cells that enclose the boundary of the region in
%   B. The value of CELLSIZE must be a positive integer greater than
%   1. See Section 12.2.2 in the book for further details on this
%   parameter, as well as a description and references for the
%   algorithm.

% Preliminaries.
if cellsize <= 1
    error('cellsize must be an integer > 1.');
end
% Check to see that there is only one object in B.
[B, num] = bwlabel(B);
if num > 1
   error('Input image cannot contain more than one region.')
end

% Extract the 4-connected region encompassed by the cellular
% complex. See Fig. 12.6(e) in DIPUM 2/e.
R = cellcomplex(B, cellsize);

% Find the vertices of the MPP.
[X Y] = mppvertices(R, cellsize);

%-----------------------------------------------------------------%
function R = cellcomplex(B, cellsize)
% Computes the cellular complex surrounding a single object in
% binary image B, and outputs in R the region bpounded by the
% cellular complex, as explained in DIPUM/2E Figs. 12.5(c) and
% 12.6(e). Parameter CELLSIZE is as explained earlier.

% Fill the image in case it has holes and compute the 4-connected
% boundary of the result. This guarantees that will be working with
% a single 4-connected boundary, as required by the MPP algorithm.
% Recall that in function bwperim connectivity is with respect to
% the background; therefore, we specify a connectivity of 8 to get a
% connectivity of 4 in the boundary.
B = imfill(B, 'holes');
B = bwperim(B, 8);
[M, N] = size(B);

% Increase image size so that the image is of size K-by-K
% with (a) K >= max(M,N), and (b)  K/cellsize = a power of 2.
K = nextpow2(max(M, N)/cellsize);
K = (2^K)*cellsize;

% Increase image size to the nearest integer power of 2, by
% appending zeros to the end of the image. This will allow
% quadtree  decompositions as small as cells of size 2-by-2,
% which is the smallest allowed value of cellsize.
M1 = K - M;
```

```
N1 = K - N;
B = padarray(B, [M1 N1], 'post'); % B is now of size K-by-K

% Quadtree decomposition.
Q = qtdecomp(B, 0, cellsize);

% Get all the subimages of size cellsize-by-cellsize.
[vals, r, c] = qtgetblk(B, Q, cellsize);

% Find all the subimages that contain at least one black pixel.
% These will be the cells of the cellular complex enclosing the
% boundary.
I = find(sum(sum(vals(:, :, :)) >= 1));
LI = length(I);
x = r(I);
y = c(I);

% [x', y'] is an LI-by-2 array.  Each member of this array  is the
% left, top corner of a black cell of size cellsize-by-cellsize.
% Fill the cells with black to form a closed border of black cells
% around interior points. These are the cells are the cellular
% complex.
for k = 1:LI
   B(x(k):x(k) + cellsize - 1, y(k):y(k) + cellsize - 1) = 1;
end
BF = imfill(B, 'holes');

% Extract the points interior to the cell border. This is the
% region, R, around which the MPP will be found.
B = BF & (~B);
R = B(1:M, 1:N); % Remove the padding and output the region.

%-------------------------------------------------------------------%
function [X, Y] = mppvertices(R, cellsize)
%   Outputs in column vectors X and Y the coordinates of the
%   vertices of the minimum-perimeter polygon that circumscribes
%   region R. This is the region bounded by the cellular complex. It
%   is assumed that the coordinate system used is as defined in
%   Chapter 2 of the book, in which the origin is at the top, left,
%   the positive x-axis extends vertically down from the origin and
%   the positive y-axis extends horizontally to the right. No
%   duplicate vertices are allowed. Parameter CELLSIZE is as
%   explained earlier.

% Extract the 4-connected boundary of the region. Reuse variable B.
% It will be a boundary now. See Fig. 12.6(f) in DIPUM 2/e.
B = bwboundaries(R, 4, 'noholes');
B = B{1};
% Function bwbcundaries outputs the last coordinate pair equal
% to the first.  Delete it.
```

```
B = B(1:end - 1, :);

% Obtain the xy coordinates of the boundary. These are column
% vectors.
x = B(:, 1);
y = B(:, 2);

% Format the vertices in the form required by the algorithm.
L = vertexlist(x, y, cellsize);
NV = size(L, 1); % Number of vertices in L.
count = 1;       % Index for the vertices in the list.
k = 1;           % Index for vertices in the MPP.
X(1) = L(1,1);   % 1st vertex, known to be an MPP vertex.
Y(1) = L(1,2);

% Find the vertices of the MPP.
% Initialize.
cMPPV = [L(1,1), L(1,2)]; % Current MPP vertex.
cV = cMPPV;               % Current vertex.
classV = L(1,3);          % Class of current vertex (+1 for convex).
cWH = cMPPV;              % Current WHITE crawler.
cBL = cMPPV;              % Current BLACK crawler.

% Process the vertices. This is the core of the MPP algorithm.
% Note: Cannot preallocate memory for X and Y because their length
% is variable.
while true
   count = count + 1;
   if count > NV + 1
      break;
   end
   % Process next vertex.
   if count == NV + 1  % Have arrived at first vertex again.
      cV = [L(1,1), L(1,2)];
      classV = L(1,3);
   else
      cV = [L(count, 1), L(count, 2)];
      classV = L(count, 3);
   end
   [I, newMPPV, W, B] = mppVtest(cMPPV, cV, classV, cWH, cBL);
   if I == 1 % New MPP vertex found;
      cMPPV = newMPPV;
      K = find(L(:,1) == newMPPV(:, 1) & L(:,2) == newMPPV(:, 2));
      count = K; % Restart at current location of MPP vertex.
      cWH = newMPPV;
      cBL = newMPPV;
      k = k + 1;
      % Vertices of the MPP just found.
      X(k) = newMPPV(1,1);
      Y(k) = newMPPV(1,2);
```

```
   else
      cWH = W;
      cBL = B;
   end
end
% Convert to columns.
X = X(:);
Y = Y(:);

%-------------------------------------------------------------------%
function L = vertexlist(x, y, cellsize)
%   Given a set of coordinates contained in vectors X and Y, this
%   function outputs a list, L, of the form L = [X(k) Y(k) C(k)]
%   where C(k) determines whether X(k) and Y(k) are the coordinates
%   of the apex of a convex, concave, or 180-degree angle. That is,
%   C(k) = 1 if the coordinates (x(k - 1) y(k - 1), (x(k), y(k)) and
%   (x(k + 1), y(k + 1)) form a convex angle; C(k) = -1 if the angle
%   is concave; and C(k) = 0 if the three points are collinear.
%   Concave angles are replaced by their corresponding convex angles
%   in the outer wall for later use in the minimum-perimeter polygon
%   algorithm, as explained in the book.

% Preprocess the input data. First, arrange the the points so that
% the first point is the top, left-most point in the sequence. This
% guarantees that the first vertex of the polygon is convex.
cx = find(x == min(x));
cy = find(y == min(y(cx)));
x1 = x(cx(1));
y1 = y(cy(1));
% Scroll data so that the first point in the sequence is (x1, y1)
I = find(x == x1 & y == y1);
x = circshift(x, [-(I - 1), 0]);
y = circshift(y, [-(I - 1), 0]);

% Next keep only the points at which a change in direction takes
% place. These are the only points that are polygon vertices. Note
% that we cannot preallocate memory for the loop because xnew and
% ynew are of variable length.
J = 1;
K = length(x);
xnew(1) = x(1);
ynew(1) = y(1);
x(K + 1) = x(1);
y(K + 1) = y(1);
for k = 2:K
   s = vsign([x(k - 1),y(k - 1)], [x(k),y(k)], [x(k + 1),y(k + 1)]);
   if s ~= 0
      J = J + 1;
      xnew(J) = x(k); %#ok<AGROW>
      ynew(J) = y(k); %#ok<AGROW>
```

```
   end
end
% Reuse x and y.
x = xnew;
y = ynew;

% The mpp algorithm works with boundaries in the ccw direction.
% Force the sequence to be in that direction. Output dir is the
% direction of the original boundary. It is not used in this
% function.
[dir, x, y] = boundarydir(x, y, 'ccw');

% Obtain the list of vertices.
% Initialize.
K = length(x);
L(:, :, :) = [x(:) y(:) zeros(K,1)]; % Initialize the list.
C = zeros(K, 1); % Preallocate memory for use in a locp later.

% Do the first and last vertices separately.
% First vertex.
s = vsign([x(K) y(K)], [x(1) y(1)], [x(2) y(2)]);
if s > 0
   C(1) = 1;
elseif s < 0
   C(1) = -1;
   [rx ry] = vreplacement([x(K) y(K)], [x(1) y(1)],...
                          [x(2) y(2)], cellsize);
   L(1, 1) = rx;
   L(1, 2) = ry;
else
   C(1) = 0;
end
% Last vertex.
s = vsign([x(K - 1) y(K - 1)], [x(K) y(K)], [x(1) y(1)]);
if s > 0
   C(K) = 1;
elseif s < 0
   C(K) = -1;
   [rx ry] = vreplacement([x(K - 1) y(K - 1)], [x(K) y(K)], ...
                          [x(1) y(1)], cellsize);
   L(K, 1) = rx;
   L(K, 2) = ry;
else
   C(K) = 0;
end

% Process the rest of the vertices.
for k = 2:K - 1
   s = vsign([x(k - 1) y(k - 1)], [x(k) y(k)], [x(k + 1) y(k + 1)]);
    if s > 0
```

```
      C(k) = 1;
    elseif s < 0
      C(k) = -1;
       [rx ry] = vreplacement([x(k - 1) y(k - 1)], [x(k) y(k)], ...
                        [x(k + 1) y(k + 1)], cellsize);
       L(k, 1) = rx;
       L(k, 2) = ry;
    else
      C(k) = 0;
    end
end

% Update the list with the C's.
L(:, 3)= C(:);

%-------------------------------------------------------------------%
function s = vsign(v1, v2, v3)
%   This function etermines whether a vertex V3 is on the
%   positive or the negative side of straight line passing through
%   V1 and V2, or whether the three points are colinear.  V1, V2,
%   and V3 are 1-by-2 or 2-by-1 vectors containing the [x  y]
%   coordinates of the vertices.  If V3 is on the positive side of
%   the line passing through V1 and V2, then the sign is positive (S
%   > 0), if it is on the negative side of the line the sign is
%   negative (S < 0).  If the points are collinear, then S = 0.
%   Another important interpretation is that if the triplet (V1, V2,
%   V3) form a counterclockwise sequence, then S > 0; if the points
%   form a clockwise sequence then S < 0; if the points are
%   collinear, then S = 0.
%
%   The coordinate system is assumed to be the system is as defined
%   in Chapter 2 of the book.
%
%   This function is based in the result from matrix theory that if
%   we arrange the coordinates of the vertices as the matrix
%
%        A = [V1(1) V1(2) 1; V2(1) V2(2) 1; V3(1) V3(2) 1]
%
%   then, S = det(A) has the properties described above, assuming
%   the stated coordinate system and direction of travel.

% Form the matrix on which the test if based:
A = [v1(1) v1(2) 1; v2(1) v2(2) 1; v3(1), v3(2), 1];
% Compute the determinant.
s = det(A);

%-------------------------------------------------------------------%
function [rx ry] = vreplacement(v1, v, v2, cellsize)
%   This function replaces the coordinates V(1) and V(2) of concave
%   vertex V by its diagonal mirror coordinates [RX, RY]. The values
```

```
%   RX and RY depend on the orientation of the triplet (V1, V, V2).
%   V1 is the vertex preceding V and V2 is the vertex following it.
%   All Vs are 1-by-2 or 2-by-1 arrays containing the coordinates of
%   the vertices. It is assumed that the triplet (V1, V, V2) was
%   generated by traveling in the counterclockwise direction in the
%   coordinate system defined in Chapter 2 of the book, in which the
%   origin is at the top left, the positive x-axis extends down and
%   the positive y-axis extends to the right. Parameter CELLSIZE is
%   as explained earlier.

% Perform the replacement.

if v(1)>v1(1) && v(2) == v1(2) && v(1) == v2(1) && v(2)>v2(2)
    rx = v(1) - cellsize;
    ry = v(2) - cellsize;
elseif v(1) == v1(1) && v(2) > v1(2) && v(1) < v2(1) && ...
    v(2) == v2(2)
    rx = v(1) + cellsize;
    ry = v(2) - cellsize;
elseif v(1) < v1(1) && v(2) == v1(2) && v(1) == v2(1) &&...
    v(2) < v2(2)
    rx = v(1) + cellsize;
    ry = v(2) + cellsize;
elseif v(1) == v1(1) && v(2) < v1(2) && v(1) > v2(1) &&...
    v(2)== v2(2)
    rx = v(1) - cellsize;
    ry = v(2) + cellsize;
else
   % Only the preceding forms are valid arrangements of vertices.
   error('Vertex configuration is not valid.')
end

%-------------------------------------------------------------------%
function [I, newMPPV, W, B] = mppVtest(cMPPV, cV, classcV, cWH, cBL)
%      This function performs tests for existence of an MPP vertex.
%      The parameters are as follows (all except I and class_c_V) are
%      coordinate pairs of the form [x y]).
%     cMPPV         Current MPP vertex (the last MPP vertex found).
%     cV            Current vertex in the sequence.
%     classcV       Class of current vertex (+1 for convex
%                   and -1 for concave).
%     cWH           The current WHITE (convex) vertex.
%     cBL           The current BLACK (concave) vertex
%     I             If I = 1, a new MPP vertex was found
%     newMPPV       Next MPP vertex (if I = 1).
%     W             Next coordinates of WHITE.
%     B             Next coordinates of BLACK.
%
%   The details of the test are explained in Chapter 12 of the bock.
```

```
% Preliminaries
I = 0;
newMPPV = [0 0];
W = cWH;
B = cBL;
sW = vsign(cMPPV, cWH, cV);
sB = vsign(cMPPV, cBL, cV);

% Perform test.
if sW > 0
   I = 1; % New MPP vertex found.
   newMPPV = cWH;
   W = newMPPV;
   B = newMPPV;
elseif sB < 0
   I = 1; % New MPP vertex found.
   newMPPV = cBL;
   W = newMPPV;
   B = newMPPV;
elseif (sW <= 0) && (sB >= 0)
   if classcV == 1
      W = cV;
   else
      B = cV;
   end
end
```

```
function [p, pmax, pmin, pn] = improd(f, g)
%IMPROD Compute the product of two images.
%   [P, PMAX, PMIN, PN] = IMPROD(F, G) outputs the element-by-element
%   product of two input images, F and G, the product maximum and
%   minimum values, and a normalized product array with values in the
%   range [0, 1]. The input images must be of the same size.  They
%   can be of class uint8, unit16, or double. The outputs are of
%   class double.
%
%   Sample M-file used in Chapter 2.

fd = double(f);
gd = double(g);
p = fd.*gd;
pmax = max(p(:));
pmin = min(p(:));
pn = mat2gray(p);
```

```
function [X, R] = imstack2vectors(S, MASK)
%IMSTACK2VECTORS Extracts vectors from an image stack.
%   [X, R] = imstack2vectors(S, MASK) extracts vectors from S, which
%   is an M-by-N-by-n stack array of n registered images of size
%   M-by-N each (see Fig. 12.29). The extracted vectors are arranged
```

```
%   as the rows of array X. Input MASK is an M-by-N logical or
%   numeric image with nonzero values (1s if it is a logical array)
%   in the locations where elements of S are to be used in forming X
%   and 0s in locations to be ignored. The number of row vectors in
%   X is equal to the number of nonzero elements of MASK. If MASK is
%   omitted, all M*N locations are used in forming X.  A simple way
%   to obtain MASK interactively is to use function roipoly.
%   Finally, R is a column vector that contains the linear indices
%   of the locations of the vectors extracted from S.

% Preliminaries.
[M, N, n] = size(S);
if nargin == 1
   MASK = true(M, N);
else
   MASK = MASK ~= 0;
end

% Find the linear indices of the 1-valued elements in MASK. Each
% element of R identifies the location in the M-by-N array of the
% vector extracted from S.
R = find(MASK);

% Now find X.

% First reshape S into X by turning each set of n values along the
% third dimension of S so that it becomes a row of X. The order is
% from top to bottom along the first column, the second column, and
% so on.
Q = M*N;
X = reshape(S, Q, n);

% Now reshape MASK so that it corresponds to the right locations
% vertically along the elements of X.
MASK = reshape(MASK, Q, 1);

% Keep the rows of X at locations where MASK is not 0.
X = X(MASK, :);
```

```
function [x, y] = intline(x1, x2, y1, y2)
%INTLINE Integer-coordinate line drawing algorithm.
%  [X, Y] = INTLINE(X1, X2, Y1, Y2) computes an
%  approximation to the line segment joining (X1, Y1) and
%  (X2, Y2) with integer coordinates.  X1, X2, Y1, and Y2
%  should be integers.  INTLINE is reversible; that is,
%  INTLINE(X1, X2, Y1, Y2) produces the same results as
%  FLIPUD(INTLINE(X2, X1, Y2, Y1)).

dx = abs(x2 - x1);
dy = abs(y2 - y1);
```

```
% Check for degenerate case.
if ((dx == 0) && (dy == 0))
   x = x1;
   y = y1;
  return;
end

flip = 0;
if (dx >= dy)
   if (x1 > x2)
      % Always "draw" from left to right.
      t = x1; x1 = x2; x2 = t;
      t = y1; y1 = y2; y2 = t;
      flip = 1;
   end
   m = (y2 - y1)/(x2 - x1);
   x = (x1:x2).';
   y = round(y1 + m*(x - x1));
else
   if (y1 > y2)
      % Always "draw" from bottom to top.
      t = x1; x1 = x2; x2 = t;
      t = y1; y1 = y2; y2 = t;
      flip = 1;
   end
   m = (x2 - x1)/(y2 - y1);
   y = (y1:y2).';
   x = round(x1 + m*(y - y1));
end

if (flip)
   x = flipud(x);
   y = flipud(y);
end

function phi = invmoments(F)
%INVMOMENTS Compute invariant moments of image.
%   PHI = INVMOMENTS(F) computes the moment invariants of the image
%   F. PHI is a seven-element row vector containing the moment
%   invariants as defined in equations (11.3-17) through (11.3-23) of
%   Gonzalez and Woods, Digital Image Processing, 2nd Ed.
%
%   F must be a 2-D, real, nonsparse, numeric or logical matrix.

if (ndims(F) ~= 2) || issparse(F) || ~isreal(F) || ...
           ~(isnumeric(F) || islogical(F))
   error(['F must be a 2-D, real, nonsparse, numeric or logical' ...
           'matrix.']);
end
```

```
F = double(F);

phi = compute_phi(compute_eta(compute_m(F)));

%-------------------------------------------------------------------%
function m = compute_m(F)

[M, N] = size(F);
[x, y] = meshgrid(1:N, 1:M);

% Turn x, y, and F into column vectors to make the summations a bit
% easier to compute in the following.
x = x(:);
y = y(:);
F = F(:);

% DIP equation (11.3-12)
m.m00 = sum(F);
% Protect against divide-by-zero warnings.
if (m.m00 == 0)
   m.m00 = eps;
end
% The other central moments:
m.m10 = sum(x .* F);
m.m01 = sum(y .* F);
m.m11 = sum(x .* y .* F);
m.m20 = sum(x.^2 .* F);
m.m02 = sum(y.^2 .* F);
m.m30 = sum(x.^3 .* F);
m.m03 = sum(y.^3 .* F);
m.m12 = sum(x .* y.^2 .* F);
m.m21 = sum(x.^2 .* y .* F);

%-------------------------------------------------------------------%
function e = compute_eta(m)

% DIP equations (11.3-14) through (11.3-16).

xbar = m.m10 / m.m00;
ybar = m.m01 / m.m00;

e.eta11 = (m.m11 - ybar*m.m10) / m.m00^2;
e.eta20 = (m.m20 - xbar*m.m10) / m.m00^2;
e.eta02 = (m.m02 - ybar*m.m01) / m.m00^2;
e.eta30 = (m.m30 - 3 * xbar * m.m20 + 2 * xbar^2 * m.m10) / ...
          m.m00^2.5;
e.eta03 = (m.m03 - 3 * ybar * m.m02 + 2 * ybar^2 * m.m01) / ...
          m.m00^2.5;
e.eta21 = (m.m21 - 2 * xbar * m.m11 - ybar * m.m20 + ...
         2 * xbar^2 * m.m01) / m.m00^2.5;
e.eta12 = (m.m12 - 2 * ybar * m.m11 - xbar * m.m02 + ...
```

```
            2 * ybar^2 * m.m10) / m.m00^2.5;

%-------------------------------------------------------------------%
function phi = compute_phi(e)

% DIP equations (11.3-17) through (11.3-23).

phi(1) = e.eta20 + e.eta02;
phi(2) = (e.eta20 - e.eta02)^2 + 4*e.eta11^2;
phi(3) = (e.eta30 - 3*e.eta12)^2 + (3*e.eta21 - e.eta03)^2;
phi(4) = (e.eta30 + e.eta12)^2 + (e.eta21 + e.eta03)^2;
phi(5) = (e.eta30 - 3*e.eta12) * (e.eta30 + e.eta12) * ...
         ( (e.eta30 + e.eta12)^2 - 3*(e.eta21 + e.eta03)^2 ) + ...
         (3*e.eta21 - e.eta03) * (e.eta21 + e.eta03) * ...
         ( 3*(e.eta30 + e.eta12)^2 - (e.eta21 + e.eta03)^2 );
phi(6) = (e.eta20 - e.eta02) * ( (e.eta30 + e.eta12)^2 - ...
                                 (e.eta21 + e.eta03)^2 ) + ...
         4 * e.eta11 * (e.eta30 + e.eta12) * (e.eta21 + e.eta03);
phi(7) = (3*e.eta21 - e.eta03) * (e.eta30 + e.eta12) * ...
         ( (e.eta30 + e.eta12)^2 - 3*(e.eta21 + e.eta03)^2 ) + ...
         (3*e.eta12 - e.eta30) * (e.eta21 + e.eta03) * ...
         ( 3*(e.eta30 + e.eta12)^2 - (e.eta21 + e.eta03)^2 );
```

```
function E = iseven(A)
%ISEVEN Determines which elements of an array are even numbers.
%   E = ISEVEN(A) returns a logical array, E, of the same size as A,
%   with 1s (TRUE) in the locations corresponding to even numbers
%   in A, and 0s (FALSE) elsewhere.

%   STEVE: Needs copyright text block. Ralph

E = 2*floor(A/2) == A;
```

```
function D = isodd(A)
%ISODD Determines which elements of an array are odd numbers.
%   D = ISODD(A) returns a logical array, D, of the same size as A,
%   with 1s (TRUE) in the locations corresponding to odd numbers in
%   A, and 0s (FALSE) elsewhere.


D = 2*floor(A/2) ~= A;
```

M

```
function D = mahalanobis(varargin)
%MAHALANOBIS Computes the Mahalanobis distance.
%   D = MAHALANOBIS(Y, X) computes the Mahalanobis distance between
%   each vector in Y to the mean (centroid) of the vectors in X, and
%   outputs the result in vector D, whose length is size(Y, 1). The
%   vectors in X and Y are assumed to be organized as rows. The
```

```
%   input data can be real or complex. The outputs are real
%   quantities.
%
%   D = MAHALANOBIS(Y, CX, MX) computes the Mahalanobis distance
%   between each vector in Y and the given mean vector, MX. The
%   results are output in vector D, whose length is size(Y, 1). The
%   vectors in Y are assumed to be organized as the rows of this
%   array. The input data can be real or complex. The outputs are
%   real quantities. In addition to the mean vector MX, the
%   covariance matrix CX of a population of vectors X must be
%   provided also. Use function COVMATRIX (Section 11.5) to compute
%   MX and CX.

% Reference: Acklam, P. J. [2002]. "MATLAB Array Manipulation Tips
% and Tricks," available at
%     home.online.no/~pjacklam/matlab/doc/mtt/index.html
% or in the Tutorials section at
%     www.imageprocessingplace.com

param = varargin; % Keep in mind that param is a cell array.
Y = param{1};

if length(param) == 2
   X = param{2};
   % Compute the mean vector and covariance matrix of the vectors
   % in X.
   [Cx, mx] = covmatrix(X);
elseif length(param) == 3 % Cov. matrix and mean vector provided.
   Cx = param{2};
   mx = param{3};
else
   error('Wrong number of inputs.')
end
mx = mx(:)'; % Make sure that mx is a row vector for the next step.

% Subtract the mean vector from each vector in Y.
Yc = bsxfun(@minus, Y, mx);

% Compute the Mahalanobis distances.
D = real(sum(Yc/Cx.*conj(Yc), 2));
```

```
function movie2tifs(m, file)
%MOVIE2TIFS Creates a multiframe TIFF file from a MATLAB movie.
%   MOVIE2TIFS(M, FILE) creates a multiframe TIFF file from the
%   specified MATLAB movie structure, M.

% Write the first frame of the movie to the multiframe TIFF.
imwrite(frame2im(m(1)), file, 'Compression', 'none', ...
    'WriteMode', 'overwrite');
```

```
% Read the remaining frames and append to the TIFF file.
for i = 2:length(m)
    imwrite(frame2im(m(i)), file, 'Compression', 'none', ...
        'WriteMode', 'append');
end
```

P

```
function I = percentile2i(h, P)
%PERCENTILE2I Computes an intensity value given a percentile.
%       I = PERCENTILE2I(H, P) Given a percentile, P, and a histogram,
%       H, this function computes an intensity, I, representing the
%       Pth percentile and returns the value in I. P must be in the
%       range [0, 1] and I is returned as a value in the range [0, 1]
%       also.
%
%   Example:
%
%   Suppose that h is a uniform histogram of an 8-bit image.  Typing
%
%       I = percentile2i(h, 0.5)
%
%   would output I = 0.5. To convert to the (integer) 8-bit range
%   [0, 255], we let I = floor(255*I).
%
%   See also function i2percentile.

% Check value of P.
if P < 0 || P > 1
   error('The percentile must be in the range [0, 1].')
end

% Normalized the histogram to unit area. If it is already normalized
% the following computation has no effect.
h = h/sum(h);

% Cumulative distribution.
C = cumsum(h);

% Calculations.
idx = find(C >= P, 1, 'first');
% Subtract 1 from idx because indexing starts at 1, but intensities
% start at 0. Also, normalize to the range [0, 1].
I = (idx - 1)/(numel(h) - 1);

function B = pixeldup(A, m, n)
%PIXELDUP Duplicates pixels of an image in both directions.
%   B = PIXELDUP(A, M, N) duplicates each pixel of A M times in the
```

```
%   vertical direction and N times in the horizontal direction.
%   Parameters M and N must be integers.  If N is not included, it
%   defaults to M.

% Check inputs.
if nargin < 2
   error('At least two inputs are required.');
end
if nargin == 2
   n = m;
end

% Generate a vector with elements 1:size(A, 1).
u = 1:size(A, 1);

% Duplicate each element of the vector m times.
m = round(m); % Protect against nonintegers.
u = u(ones(1, m), :);
u = u(:);

% Now repeat for the other direction.
v = 1:size(A, 2);
n = round(n);
v = v(ones(1, n), :);
v = v(:);
B = A(u, v);
```

```
function flag = predicate(region)
%PREDICATE Evaluates a predicate for function splitmerge
%   FLAG = PREDICATE(REGION) evaluates a predicate for use in
%   function splitmerge for Example 11.14 in Digital Image
%   Processing Using MATLAB, 2nd edition. REGION is a subimage, and
%   FLAG is set to TRUE if the predicate evaluates to TRUE for
%   REGION; FLAG is set to FALSE otherwise.

% Compute the standard deviation and mean for the intensities of the
% pixels in REGION.
sd = std2(region);
m = mean2(region);

% Evaluate the predicate.
flag = (sd > 10) & (m > 0) & (m < 125);
```

R

```
function H = recnotch(notch, mode, M, N, W, SV, SH)
%RECNOTCH Generates rectangular notch (axes) filters.
%   H = RECNOTCH(NOTCH, MODE, M, N, W, SV, SH) generates an M-by-N
%   notch filter consisting of symmetric pairs of rectangles of
%   width W placed on the vertical and horizontal axes of the
```

```
%   (centered) frequency rectangle. The vertical rectangles start at
%   +SV and -SV on the vertical axis and extend to both ends of the
%   axis. Horizontal rectangles similarly start at +SH and -SH and
%   extend to both ends of the axis. These values are with respect
%   to the origin of the axes of the centered frequency rectangle.
%   For example, specifying SV = 50 creates a rectangle of width W
%   that starts 50 pixels above the center of the vertical axis and
%   extends up to the first row of the filter. A similar rectangle
%   is created starting 50 pixels below the center and extending to
%   the last row. W must be an odd number to preserve the symmetry
%   of the filtered Fourier transform.
%
%       Valid values of NOTCH are:
%
%           'reject'    Notchreject filter.
%
%           'pass'      Notchpass filter.
%
%
%       Valid values of MODE are:
%
%           'both'          Filtering on both axes.
%
%           'horizontal'    Filtering on horizontal axis only.
%
%           'vertical'      Filtering on vertical axis only.
%
%       One of these three values must be specified in the call.
%
%   H = RECNOTCH(NOTCH, MODE, M, N) sets W = 1, and SV = SH = 1.
%
%  H is of floating point class single. It is returned uncentered
%  for consistency with filtering function dftfilt. To view H as an
%  image or mesh plot, it should be centered using Hc = fftshift(H).

% Preliminaries.
if nargin == 4
   W = 1;
   SV = 1;
   SH = 1;
elseif nargin ~= 7
   error('The number of inputs must be 4 or 7.')
end
% AV and AH are rectangle amplitude values for the vertical and
% horizontal rectangles: 0 for notchreject and 1 for notchpass.
% Filters are computed initially as reject filters and then changed
% to pass if so specified in NOTCH.
if strcmp(mode, 'both')
   AV = 0;
```

```
   AH = 0;
elseif strcmp(mode, 'horizontal')
   AV = 1; % No reject filtering along vertical axis.
   AH = 0;
elseif strcmp(mode, 'vertical')
   AV = 0;
   AH = 1; % No reject filtering along horizontal axis.
end
if iseven(W)
   error('W must be an odd number.')
end

% Begin filter computation. The filter is generated as a reject
% filter. At the end, it are changed to a notchpass filter if it
% is so specified in parameter NOTCH.
H = rectangleReject(M, N, W, SV, SH, AV, AH);

% Finished computing the rectangle notch filter. Format the
% output.
H = processOutput(notch, H);

%-------------------------------------------------------------------%
function H = rectangleReject(M, N, W, SV, SH, AV, AH)
% Preliminaries.
H = ones(M, N, 'single');
% Center of frequency rectangle.
UC = floor(M/2) + 1;
VC = floor(N/2) + 1;
% Width limits.
WL = (W - 1)/2;
% Compute rectangle notches with respect to center.
% Left, horizontal rectangle.
H(UC-WL:UC+WL, 1:VC-SH) = AH;
% Right, horizontal rectangle.
H(UC-WL:UC+WL, VC+SH:N) = AH;
% Top vertical rectangle.
H(1:UC-SV, VC-WL:VC+WL) = AV;
% Bottom vertical rectangle.
H(UC+SV:M, VC-WL:VC+WL) = AV;

%-------------------------------------------------------------------%
function H = processOutput(notch, H)
% Uncenter the filter to make it compatible with other filters in
% the DIPUM toolbox.
H = ifftshift(H);
% Generate a pass filter if one was specified.
if strcmp(notch, 'pass')
   H = 1 - H;
end
```

S

```
function seq2tifs(s, file)
%SEQ2TIFS Creates a multi-frame TIFF file from a MATLAB sequence.

% Write the first frame of the sequence to the multiframe TIFF.
imwrite(s(:, :, :, 1), file, 'Compression', 'none', ...
    'WriteMode', 'overwrite');

% Read the remaining frames and append to the TIFF file.
for i = 2:size(s, 4)
    imwrite(s(:, :, :, i), file, 'Compression', 'none', ...
        'WriteMode', 'append');
end

function v = showmo(cv, i)
%SHOWMO Displays the motion vectors of a compressed image sequence.
%   SHOWMO(CV, I) displayes the motion vectors for frame I of a
%   TIFS2CV compressed sequence of images.
%
%   See also TIFS2CV and CV2TIFS.

frms = double(cv.frames);
m = double(cv.blksz);
q = double(cv.quality);

if q == 0
    ref = double(huff2mat(cv.video(1)));
else
    ref = double(jpeg2im(cv.video(1)));
end

fsz = size(ref);
mvsz = [fsz/m 2 frms];
mv = int16(huff2mat(cv.motion));
mv = reshape(mv, mvsz);
v = zeros(fsz, 'uint8') + 128;

% Create motion vector image.
for j = 1:mvsz(1) * mvsz(2)

    x1 = 1 + mod(m * (j - 1), fsz(1));
    y1 = 1 + m * floor((j - 1) * m / fsz(1));

    x2 = x1 - mv(1 + floor((x1 - 1) / m), ...
          1 + floor((y1 - 1) / m), 1, i);
    y2 = y1 - mv(1 + floor((x1 - 1) / m), ...
          1 + floor((y1 - 1) / m), 2, i);

    [x, y] = intline(x1, double(x2), y1, double(y2));
```

```
    for k = 1:length(x) - 1
        v(x(k), y(k)) = 255;
    end
    v(x(end), y(end)) = 0;
end

imshow(v);
```

```
function [dist, angle] = signature(b, x0, y0)
%SIGNATURE Computes the signature of a boundary.
%   [DIST, ANGLE, XC, YC] = SIGNATURE(B, X0, Y0) computes the
%   signature of a given boundary. A signature is defined as the
%   distance from (X0, Y0) to the boundary, as a function of angle
%   (ANGLE). B is an np-by-2 array (np > 2) containing the (x, y)
%   coordinates of the boundary ordered in a clockwise or
%   counterclockwise direction. If (X0, Y0) is not included in the
%   input argument, the centroid of the boundary is used by default.
%   The maximum size of arrays DIST and ANGLE is 360-by-1,
%   indicating a maximum resolution of one degree. The input must be
%   a one-pixel-thick boundary obtained, for example, by using
%   function bwboundaries.
%
%   If (X0, Y0) or the default centroid is outside the boundary, the
%   signature is not defined and an error is issued.

% Check dimensions of b.
[np, nc] = size(b);
if (np < nc || nc ~= 2)
   error('b must be of size np-by-2.');
end

% Some boundary tracing programs, such as boundaries.m, result in a
% sequence in which the coordinates of the first and last points are
% the same. If this is the case, in b, eliminate the last point.
if isequal(b(1, :), b(np, :))
   b = b(1:np - 1, :);
   np = np - 1;
end

% Compute the origin of vector as the centroid, or use the two
% values specified. Use the same symbol (xc, yc) in case the user
% includes (xc, yc) in the output call.
if nargin == 1
   x0 = sum(b(:, 1))/np; % Coordinates of the centroid.
   y0 = sum(b(:, 2))/np;
end

% Check to see that (xc, yc) is inside the boundary.
IN = inpolygon(x0, y0, b(:, 1), b(:, 2));
if ~IN
```

```
   error('(x0, y0) or centroid is not inside the boundary.')
end

% Shift origin of coordinate system to (x0, y0).
b(:, 1) = b(:, 1) - x0;
b(:, 2) = b(:, 2) - y0;

% Convert the coordinates to polar.  But first have to convert the
% given image coordinates, (x, y), to the coordinate system used by
% MATLAB for conversion between Cartesian and polar cordinates.
% Designate these coordinates by (xcart, ycart). The two coordinate
% systems are related as follows:  xcart = y and ycart = -x.
xcart = b(:, 2);
ycart = -b(:, 1);
[theta, rho] = cart2pol(xcart, ycart);

% Convert angles to degrees.
theta = theta.*(180/pi);

% Convert to all nonnegative angles.
j = theta == 0; % Store the indices of theta = 0 for use below.
theta = theta.*(0.5*abs(1 + sign(theta)))...
        - 0.5*(-1 + sign(theta)).*(360 + theta);
theta(j) = 0; % To preserve the 0 values.

% Round theta to 1 degree increments.
theta = round(theta);

% Keep theta and rho together for sorting purposes.
tr = [theta, rho];

% Delete duplicate angles.  The unique operation also sorts the
% input in ascending order.
[w, u] = unique(tr(:, 1));
tr = tr(u,:); % u identifies the rows kept by unique.

% If the last angle equals 360 degrees plus the first angle, delete
% the last angle.
if tr(end, 1) == tr(1) + 360
   tr = tr(1:end - 1, :);
end

% Output the angle values.
angle = tr(:, 1);

% Output the length values.
dist = tr(:, 2);
```

```
function [srad, sang, S] = specxture(f)
%SPECXTURE Computes spectral texture of an image.
%   [SRAD, SANG, S] = SPECXTURE(F) computes SRAD, the spectral energy
%   distribution as a function of radius from the center of the
%   spectrum, SANG, the spectral energy distribution as a function of
%   angle for 0 to 180 degrees in increments of 1 degree, and S =
%   log(1 + spectrum of f), normalized to the range [0, 1]. The
%   maximum value of radius is min(M,N), where M and N are the number
%   of rows and columns of image (region) f. Thus, SRAD is a row
%   vector of length = (min(M, N)/2) - 1; and SANG is a row vector of
%   length 180.

% Obtain the centered spectrum, S, of f. The variables of S are
% (u, v), running from 1:M and 1:N, with the center (zero frequency)
% at [M/2 + 1, N/2 + 1] (see Chapter 4).
S = fftshift(fft2(f));
S = abs(S);
[M, N] = size(S);
x0 = M/2 + 1;
y0 = N/2 + 1;

% Maximum radius that guarantees a circle centered at (x0, y0) that
% does not exceed the boundaries of S.
rmax = min(M, N)/2 - 1;

% Compute srad.
srad = zeros(1, rmax);
srad(1) = S(x0, y0);
for r = 2:rmax
   [xc, yc] = halfcircle(r, x0, y0);
   srad(r) = sum(S(sub2ind(size(S), xc, yc)));
end

% Compute sang.
[xc, yc] = halfcircle(rmax, x0, y0);
sang = zeros(1, length(xc));
for a = 1:length(xc)
   [xr, yr] = radial(x0, y0, xc(a), yc(a));
   sang(a) = sum(S(sub2ind(size(S), xr, yr)));
end

% Output the log of the spectrum for easier viewing, scaled to the
% range [0, 1].
S = mat2gray(log(1 + S));

%-------------------------------------------------------------------%
function [xc, yc] = halfcircle(r, x0, y0)
%   Computes the integer coordinates of a half circle of radius r and
```

```
%   center at (x0,y0) using one degree increments.
%
%   Goes from 91 to 270 because we want the half circle to be in the
%   region defined by top right and top left quadrants, in the
%   standard image coordinates.

theta=91:270;
theta = theta*pi/180;
[xc, yc] = pol2cart(theta, r);
xc = round(xc)' + x0; % Column vector.
yc = round(yc)' + y0;

%-------------------------------------------------------------------%
function [xr, yr] = radial(x0, y0, x, y)
%   Computes the coordinates of a straight line segment extending
%   from (x0, y0) to (x, y).
%
%   Based on function intline.m.  xr and yr are returned as column
%   vectors.

[xr, yr] = intline(x0, x, y0, y);
```

```
function [v, unv] = statmoments(p,  n)
%STATMOMENTS Computes statistical central moments of image histogram.
%   [W, UNV] = STATMOMENTS(P, N) computes up to the Nth statistical
%   central moment of a histogram whose components are in vector
%   P. The length of P must equal 256 or 65536.
%
%   The program outputs a vector V with V(1) = mean, V(2) = variance,
%   V(3) = 3rd moment, . . . V(N) = Nth central moment. The random
%   variable values are normalized to the range [0, 1], so all
%   moments also are in this range.
%
%   The program also outputs a vector UNV containing the same moments
%   as V, but using un-normalized random variable values (e.g., 0 to
%   255 if length(P) = 2^8). For example, if length(P) = 256 and V(1)
%   = 0.5, then UNV(1) would have the value UNV(1) = 127.5 (half of
%   the [0 255] range).

Lp = length(p);
if (Lp ~= 256) && (Lp ~= 65536)
   error('P must be a 256- or 65536-element vector.');
end
G = Lp - 1;

% Make sure the histogram has unit area, and convert it to a
% column vector.
p = p/sum(p); p = p(:);

% Form a vector of all the possible values of the
```

```
% random variable.
z = 0:G;

% Now normalize the z's to the range [0, 1].
z = z./G;

% The mean.
m = z*p;

% Center random variables about the mean.
z = z - m;

% Compute the central moments.
v = zeros(1, n);
v(1) = m;
for j = 2:n
   v(j) = (z.^j)*p;
end

if nargout > 1
   % Compute the uncentralized moments.
   unv = zeros(1, n);
   unv(1)=m.*G;
   for j = 2:n
      unv(j) = ((z*G).^j)*p;
   end
end
```

```
function t = statxture(f, scale)
%STATXTURE Computes statistical measures of texture in an image.
%   T = STATXURE(F, SCALE) computes six measures of texture from an
%   image (region) F. Parameter SCALE is a 6-dim row vector whose
%   elements multiply the 6 corresponding elements of T for scaling
%   purposes. If SCALE is not provided it defaults to all 1s.  The
%   output T is 6-by-1 vector with the following elements:
%     T(1) = Average gray level
%     T(2) = Average contrast
%     T(3) = Measure of smoothness
%     T(4) = Third moment
%     T(5) = Measure of uniformity
%     T(6) = Entropy

if nargin == 1
   scale(1:6) = 1;
else % Make sure it's a row vector.
   scale = scale(:)';
end

% Obtain histogram and normalize it.
p = imhist(f);
```

```
p = p./numel(f);
L = length(p);

% Compute the three moments. We need the unnormalized ones
% from function statmoments. These are in vector mu.
[v, mu] = statmoments(p, 3);

% Compute the six texture measures:
% Average gray level.
t(1) = mu(1);
% Standard deviation.
t(2) = mu(2).^0.5;
% Smoothness.
% First normalize the variance to [0 1] by
% dividing it by (L - 1)^2.
varn = mu(2)/(L - 1)^2;
t(3) = 1 - 1/(1 + varn);
% Third moment (normalized by (L - 1)^2 also).
t(4) = mu(3)/(L - 1)^2;
% Uniformity.
t(5) = sum(p.^2);
% Entropy.
t(6) = -sum(p.*(log2(p + eps)));

% Scale the values.
t = t.*scale;
```

```
function s = subim(f, m, n, rx, cy)
%SUBIM Extract subimage.
%   S = SUBIM(F, M, N, RX, CY) extracts a subimage, S, from the input
%   image, F.  The subimage is of size M-by-N, and the coordinates of
%   its top, left corner are (RX, CY).
%
%   Sample M-file used in Chapter 2.

s = zeros(m, n);
rowhigh = rx + m - 1;
colhigh = cy + n - 1;
xcount = 0;
for r = rx:rowhigh
   xcount = xcount + 1;
   ycount = 0;
   for c = cy:colhigh
      ycount = ycount + 1;
      s(xcount, ycount) = f(r, c);
   end
end
```

T

```
function m = tifs2movie(file)
%TIFS2MOVIE Create a MATLAB movie from a multiframe TIFF file.
%   M = TIFS2MOVIE(FILE) creates a MATLAB movie structure from a
%   multiframe TIFF file.

% Get file info like number of frames in the multi-frame TIFF
info = imfinfo(file);
frames = size(info, 1);

% Create a gray scale map for the UINT8 images in the MATLAB movie
gmap = linspace(0, 1, 256);
gmap = [gmap' gmap' gmap'];

% Read the TIFF frames and add to a MATLAB movie structure.
for i = 1:frames
    [f, fmap] = imread(file, i);
    if (strcmp(info(i).ColorType, 'grayscale'))
        map = gmap;
    else
        map = fmap;
    end
    m(i) = im2frame(f, map);
end

function s = tifs2seq(file)
%TIFS2SEQ Create a MATLAB sequence from a multi-frame TIFF file.

% Get the number of frames in the multi-frame TIFF.
frames = size(imfinfo(file), 1);

% Read the first frame, preallocate the sequence, and put the first
% in it.
i = imread(file, 1);
s = zeros([size(i) 1 frames], 'uint8');
s(:,:,:,1) = i;

% Read the remaining TIFF frames and add to the sequence.
for i = 2:frames
    s(:,:,:,i) = imread(file, i);
end

function [out, revertclass] = tofloat(in)
%TOFLOAT Convert image to floating point
%   [OUT, REVERTCLASS] = TOFLOAT(IN) converts the input image IN to
%   floating-point. If IN is a double or single image, then OUT
%   equals IN.  Otherwise, OUT equals IM2SINGLE(IN).  REVERTCLASS is
```

```
%   a function handle that can be used to convert back to the class
%   of IN.

identity = @(x) x;
tosingle = @im2single;

table = {'uint8',   tosingle, @im2uint8
   'uint16',  tosingle, @im2uint16
   'int16',   tosingle, @im2int16
   'logical', tosingle, @logical
   'double',  identity, identity
   'single',  identity, identity};

classIndex = find(strcmp(class(in), table(:, 1)));

if isempty(classIndex)
   error('Unsupported input image class.');
end

out = table{classIndex, 2}(in);

revertclass = table{classIndex, 3};
```

X

```
function [C, theta] = x2majoraxis(A, B)
%X2MAJORAXIS Aligns coordinate x with the major axis of a region.
%   [C, THETA] = X2MAJORAXIS(A, B) aligns the x-coordinate
%   axis with the major axis of a region or boundary. The y-axis is
%   perpendicular to the x-axis.  The rows of 2-by-2 matrix A are
%   the coordinates of the two end points of the major axis, in the
%   form A = [x1 y1; x2 y2]. Input B is either a binary image (i.e.,
%   an array of class logical) containing a single region, or it is
%   an np-by-2 set of points representing a (connected) boundary. In
%   the latter case, the first column of B must represent
%   x-coordinates and the second column must represent the
%   corresponding y-coordinates. Output C contains the same data as
%   the input, but aligned with the major axis. If the input is an
%   image, so is the output; similarly the output is a sequence of
%   coordinates if the input is such a sequence. Parameter THETA is
%   the initial angle between the major axis and the x-axis. The
%   origin of the xy-axis system is at the bottom left; the x-axis
%   is the horizontal axis and the y-axis is the vertical.
%
%   Keep in mind that rotations can introduce round-off errors when
%   the data are converted to integer (pixel) coordinates, which
%   typically is a requirement.  Thus, postprocessing (e.g., with
%   bwmorph) of the output may be required to reconnect a boundary.

% Preliminaries.
```

```
if islogical(B)
   type = 'region';
elseif size(B, 2) == 2
   type = 'boundary';
   [M, N] = size(B);
   if M < N
      error('B is boundary. It must be of size np-by-2; np > 2.')
   end
   % Compute centroid for later use. c is a 1-by-2 vector.
   % Its 1st component is the mean of the boundary in the x-direction
   % The second is the mean in the y-direction.
   c(1) = round((min(B(:, 1)) + max(B(:, 1))/2));
   c(2) = round((min(B(:, 2)) + max(B(:, 2))/2));

   % It is possible for a connected boundary to develop small breaks
   % after rotation. To prevent this, the input boundary is filled,
   % processed as a region, and then the boundary is re-extracted.
   % This guarantees that the output will be a connected boundary.
   m = max(size(B));
   % The following image is of size m-by-m to make sure that there
   % there will be no size truncation after rotation.
   B = bound2im(B,m,m);
   B = imfill(B,'holes');
else
   error('Input must be a boundary or a binary image.')
end

% Major axis in vector form.
v(1) = A(2, 1) - A(1, 1);
v(2) = A(2, 2) - A(1, 2);
v = v(:);  % v is a col vector

% Unit vector along x-axis.
u = [1; 0];

% Find angle between major axis and x-axis. The angle is
% given by acos of the inner product of u and v divided by
% the product of their norms. Because the inputs are image
% points, they are in the first quadrant.
nv = norm(v);
nu = norm(u);
theta = acos(u'*v/nv*nu);
if theta > pi/2
   theta = -(theta - pi/2);
end
theta = theta*180/pi;  % Convert angle to degrees.

% Rotate by angle theta and crop the rotated image to original size.
C = imrotate(B, theta, 'bilinear', 'crop');

% If the input was a boundary, re-extract it.
```

```
if  strcmp(type, 'boundary')
   C = boundaries(C);
   C = C{1};
   % Shift so that centroid of the extracted boundary is
   % approx equal to the centroid of the original boundary:
   C(:, 1) = C(:, 1) - min(C(:, 1)) + c(1);
   C(:, 2) = C(:, 2) - min(C(:, 2)) + c(2);
end
```

참고문헌

Bibliography

모든 장에 적용 가능한 참고문헌:

Gonzalez, R. C. and Woods, R. E. [2008]. *Digital Image Processing*, 3rd ed., Prentice Hall, Upper Saddle River, NJ.

Hanselman, D. and Littlefield, B. R. [2005]. *Mastering MATLAB 7*, Prentice Hall, Upper Saddle River, NJ.

Image Processing Toolbox, Users Guide, Version 6.2. [2008], The MathWorks, Inc., Natick, MA.

Using MATLAB, Version 7.7 [2008], The MathWorks, Inc., Natick, MA

인용된 그 밖의 참고문헌:

Acklam, P. J. [2002]. "MATLAB Array Manipulation Tips and Tricks." Available for download at http://home.online.no/~pjacklam/matlab/doc/mtt/ and also from the Tutorials section at www.imageprocessingplace.com.

Bell, E.T, [1965]. Men of Mathematics, Simon & Schuster, NY.

Brigham, E. O. [1988]. *The Fast Fourier Transform and its Applications*, Prentice Hall, Upper Saddle River, NJ.

Bribiesca, E. [1981]. "Arithmetic Operations Among Shapes Using Shape Numbers," *Pattern Recog*., vol. 13, no. 2, pp. 123–138.

Bribiesca, E., and Guzman, A. [1980]. "How to Describe Pure Form and How to Measure Differences in Shape Using Shape Numbers," *Pattern Recog*., vol. 12, no. 2, pp. 101–112.

Brown, L. G. [1992]. "A Survey of Image Registration Techniques," *ACM Computing Surveys*, vol. 24, pp. 325–376.

Canny, J. [1986]. "A Computational Approach for Edge Detection," *IEEE Trans. Pattern Anal. Machine Intell*., vol. 8, no. 6, pp. 679–698.

CIE [2004]. *CIE 15:2004. Technical Report: Colorimetry*, 3rd ed. (can be obtained from www.techstreet.com/ciegate.tmpl)

Dempster, A. P., Laird, N. M., and Ruben, D. B. [1977]. "Maximum Likelihood from Incomplete Data via the EM Algorithm," *J. R. Stat. Soc. B*, vol. 39, pp. 1–37.

Di Zenzo, S. [1986]. "A Note on the Gradient of a Multi-Image," *Computer Vision, Graphics and Image Processing*, vol. 33, pp. 116–125.

Eng, H.-L. and Ma, K.-K. [2001]. "Noise Adaptive Soft-Switching Median Filter," IEEE Trans. Image Processing, vol.10, no. 2, pp. 242–251.

Fischler, M. A. and Bolles, R. C. [1981]. "Random Sample Consensus: A Paradigm for Model Fitting with Application to Image Analysis and Automated Cartography," *Comm. of the ACM*, vol. 24, no. 6, pp. 381–395.

Floyd, R. W. and Steinberg, L. [1975]. "An Adaptive Algorithm for Spatial Gray Scale," *International Symposium Digest of Technical Papers, Society for Information Displays*, 1975, p. 36.

Foley, J. D., van Dam, A., Feiner S. K., and Hughes, J. F. [1995]. *Computer Graphics: Principles and Practice in C*, Addison-Wesley, Reading, MA.

Flusser, J. [2000]. "On the Independence of Rotation Moment Invariants," Pattern Recog., vol. 33, pp. 1405–1410.

Gardner, M. [1970]. "Mathematical Games: The Fantastic Combinations of John Conway's New Solitaire Game 'Life'," *Scientific American*, October, pp. 120–123.

Gardner, M. [1971]. "Mathematical Games On Cellular Automata, Self-Reproduction, the Garden of Eden, and the Game 'Life'," *Scientific American*, February, pp. 112–117.

Goshtasby, A. A. [2005]. *2-D and 3-D Image Registration*, Wiley Press., NY

Hanisch, R. J., White, R. L., and Gilliland, R. L. [1997]. "Deconvolution of Hubble Space Telescope Images and Spectra," in *Deconvolution of Images and Spectra*, P. A. Jansson, ed., Academic Press, NY, pp. 310–360.

Haralick, R. M. and Shapiro, L. G. [1992]. *Computer and Robot Vision*, vols. 1 & 2, Addison-Wesley, Reading, MA.

Harris, C. and Stephens, M. [1988]. "A Combined Corner and Edge Detector," *Proc. 4th Alvey Vision Conference*, pp. 147–151.

Holmes, T. J. [1992]. "Blind Deconvolution of Quantum-Limited Incoherent Imagery," *J. Opt. Soc. Am. A*, vol. 9, pp. 1052–1061.

Holmes, T. J., et al. [1995]. "Light Microscopy Images Reconstructed by Maximum Likelihood Deconvolution," in *Handbook of Biological and Confocal Microscopy*, 2nd ed., J. B. Pawley, ed., Plenum Press, NY, pp. 389–402.

Hough, P.V.C. [1962]. "Methods and Means for Recognizing Complex Patterns." U.S. Patent 3,069,654.

Hu, M. K. [1962]. "Visual Pattern Recognition by Moment Invariants," *IRE Trans. Info. Theory*, vol. IT-8, pp. 179–187.

ICC [2004]. *Specification ICC.1:2004-10 (Profile version 4.2.0.0): Image Technology Colour Management—Architecture, Profile Format, and Data Structure*, International Color Consortium.

ISO [2004]. *ISO 22028-1:2004(E). Photography and Graphic Technology—Extended Colour Encodings for Digital Image Storage, Manipulation and Interchange. Part 1: Architecture and Requirements*. (Can be obtained from www.iso.org.)

Jansson, P. A., ed. [1997]. *Deconvolution of Images and Spectra*, Academic Press, NY.

Keys, R. G. [1983]. "Cubic Convolution Interpolation for Digital Image Processing," *IEEE Trans. on Acoustics, Speech, and Signal Processing*, vol. ASSP-29, no. 6, pp. 1153–1160.

Kim, C. E. and Sklansky, J. [1982]. "Digital and Cellular Convexity," *Pattern Recog.*, vol. 15, no. 5, pp. 359–367.

Klete, R. and Rosenfeld, A. [2004]. Digital Geometry—Geometric Methods for Digital Picture Analysis, Morgan Kaufmann, San Francisco.

Leon-Garcia, A. [1994]. *Probability and Random Processes for Electrical Engineering*, 2nd. ed., Addison-Wesley, Reading, MA.

Lucy, L. B. [1974]. "An Iterative Technique for the Rectification of Observed Distributions," *The Astronomical Journal*, vol. 79, no. 6, pp. 745–754.

Mamistvalov, A. [1998]. "*n*-Dimensional Moment Invariants and Conceptual Mathematical Theory of Recognition [of] *n*-Dimensional Solids," *IEEE Trans. Pattern Anal. Machine Intell.*, vol.20, no. 8. pp. 819–831.

McNames, J. [2006]. "An Effective Color Scale for Simultaneous Color and Gray-scale Publications," *IEEE Signal Processing Magazine*, vol. 23, no. 1, pp. 82–96.

Meijering, E. H. W. [2002]. "A Chronology of Interpolation: From Ancient Astronomy to Modern Signal and Image Processing," *Proc. IEEE*, vol. 90, no. 3, pp. 319–342.

Meyer, F. [1994] . "Topographic Distance and Watershed Lines," *Signal Processing*, vol. 38, pp. 113-125.

Moravec, H. [1980]. "Obstacle Avoidance and Navigation in the Real World by a Seeing Robot Rover," *Tech. Report CMU-RI-TR-3*, Carnegie Mellon University, Robotics Institute, Pittsburgh, PA.

Morovic, J. [2008]. *Color Gamut Mapping*, Wiley, NY.

Noble, B. and Daniel, J. W. [1988]. *Applied Linear Algebra*, 3rd ed., Prentice Hall, Upper Saddle River, NJ.

Otsu, N. [1979] "A Threshold Selection Method from Gray-Level Histograms," *IEEE Trans. Systems, Man, and Cybernetics*, vol. SMC-9, no. 1, pp. 62–66.

Peebles, P. Z. [1993]. *Probability, Random Variables, and Random Signal Principles*, 3rd ed., McGraw-Hill, NY.

Prince, J. L. and Links, J. M. [2006]. *Medical Imaging Signals and Systems*, Prentice Hall, Upper Saddle River, NJ.

Poynton, C. A. [1996]. *A Technical Introduction to Digital Video*, Wiley, NY.

Ramachandran, G. N. and Lakshminarayanan, A. V. [1971]. "Three-Dimensional Reconstruction from Radiographs and Electron Micrographs: Applications of Convolution instead of Fourier Transforms," *Proc. Natl. Aca. Sc.*, vol. 68, pp. 2236–2240.

Richardson, W. H. [1972]. "Bayesian-Based Iterative Method of Image Restoration," *J. Opt. Soc. Am.*, vol. 62, no. 1, pp. 55–59.

Rogers, D. F. [1997]. *Procedural Elements of Computer Graphics*, 2nd ed., McGraw-Hill, NY.

Russ, J. C. [2007]. *The Image Processing Handbook*, 4th ed., CRC Press, Boca Raton, FL.

Sharma, G. [2003]. *Digital Color Imaging Handbook*, CRC Press, Boca Raton, FL.

Shep, L. A. and Logan, B. F. [1974]. "The Fourier Reconstruction of a Head Section," *IEEE Trans. Nuclear Sci.*, vol. NS-21, pp. 21–43.

Shi, J. amd Tomasi, C. [1994]. "Good Features to Track," *IEEE Conf. Computer Vision and Pattern Recognition* (CVPR94), pp. 593–600.

Sklansky, J., Chazin, R. L., and Hansen, B. J. [1972]. "Minimum-Perimeter Polygons of Digitized Silhouettes," *IEEE Trans. Computers*, vol. C-21, no. 3, pp. 260–268.

Sloboda, F., Zatko, B., and Stoer, J. [1998]. "On Approximation of Planar One-Dimensional Continua," in *Advances in Digital and Computational Geometry*, R. Klette, A. Rosenfeld, and F. Sloboda (eds.), Springer, Singapore, pp. 113–160.

Soille, P. [2003]. *Morphological Image Analysis: Principles and Applications*, 2nd ed., Springer-Verlag, NY.

Stokes, M., Anderson, M., Chandrasekar, S., and Motta, R. [1996]. "A Standard Default Color Space for the Internet—sRGB," available at http://www.w3.org/Graphics/Color/sRGB..

Sze, T. W. and Yang, Y. H. [1981]. " A Simple Contour Matching Algorithm," *IEEE Trans. Pattern Anal. Machine Intell.*, vol. PAMI-3, no. 6, pp. 676–678.

Szeliski, R. [2006]. "Image Alignment and Stitching: A Tutorial," *Foundations and Trends in Computer Graphics and Vision*, vol. 2, no. 1, pp. 1–104.

Trucco, E. and Verri, A. [1998]. *Introductory Techniques for 3-D Computer Vision*, Prentice Hall, Upper Saddle River, NJ.

Ulichney, R. [1987], *Digital Halftoning*, The MIT Press, Cambridge, MA.

Hu, M. K. [1962]. "Visual Pattern Recognition by Moment Invariants," *IRE Trans. Inform. Theory*, vol. IT-8, pp. 179–187.

Van Trees, H. L. [1968]. Detection, Estimation, and Modulation Theory, Part I, Wiley, NY.

Vincent, L. [1993]. "Morphological Grayscale Reconstruction in Image Analysis: Applications and Efficient Algorithms, " *IEEE Trans. on Image Processing* vol. 2, no. 2, pp. 176–201.

Vincent, L. and Soille, P. [1991]. "Watersheds in Digital Spaces: An Efficient Algorithm Based on Immersion Simulations, " *IEEE Trans. Pattern Anal. Machine Intell.*, vol. 13, no. 6, pp. 583–598.

Wolbert, G. [1990]. *Digital Image Warping*, IEEE Computer Society Press, Los Alamitos, CA.

Zadeh, L. A. [1965]. "Fuzzy Sets," *Inform and Control*, vol. 8, pp. 338–353.

Zitová B. and Flusser J. [2003]. "Image Registration Methods: A Survey," *Image and Vision Computing*, vol. 21, no. 11, pp. 977–1000.

찾아보기

국문 찾아보기

ㅈ

ㅊ

기타

영문 찾아보기